KB135734

上代 日本語의 音韻體系

萬葉假名의 借用音韻論

上代日本語의 音韻體系

萬葉假名의 借用音韻論

이승재 · 강인선 지음

일조각

〈책머리에〉

젊은 날의 좌절

우리는 처음부터 일본어학에 뜻을 두지는 않았다. 석사학위 논문의 주제가 일본어 연구가 아니라는 점에서 이렇게 말할 수 있다. 그런데도 일본의 상대 가요가 어떻게 표기되었고, 그 표기를 어떻게 해독하는지 늘 궁금했다. 그리하여 틈틈이 萬葉假名(만요가나)로 표기된 일본의 상대 가요를 곁눈질해 보았다.

그럴 때마다 우리는 좌절했다. 신라의 향가 표기를 읽어 본 경험만으로는 도저히 만요가나 표기를 읽어낼 수가 없었기 때문이다. 일본 학자들이 베풀어 놓은 각종의 주석을 보고서는 또 한 번 좌절했다. 어떻게 주석이 이렇게 치밀하고 정밀할 수 있을까? 우리의 능력과 지식이 너무나도 초라하여 그 경지를 도저히 따라갈 수가 없었으므로, 만요가나 공부를 포기할 수밖에 없었다.

어느덧 40여 년의 세월이 흘렀다. 그 사이에 강인선은 4,516수에 달하는 『만엽집』 가요의 전자 병렬 코퍼스를 입수해 아래아한글로 정리했고, 이승재는 갑년을 넘긴 나이에야 비로소 한자음 분석 방법을 터득하여 『前期 中古音』(일조각 2018)을 저술했다. 이 두 가지를 토대로 삼아 우리는 만요가나에 다시 도전해 보기로 했다.

만요가나 표기를 읽어 내려면 최소한 두 가지 기초 지식을 갖추어야 한다.

첫째로 음표기(音表記)와 훈표기(訓表記)를 구별할 줄 알아야 한다. 가장 기초적이면서 아주 쉬운 일 같지만 거꾸로 이것이 가장 어렵다. 외국의 어느 저명학자가 음소의 개념을 정확히 알고 있으면 이미 언어학자라고 말한 것이 기억에 생생한데, 이와 마찬가지로 만엽가의 음표기와 훈표기를 구별할 줄 알면 이미 일본어학자라고 단정해도 된다.

둘째로 음가나를 정확히 읽어 내려면 한어(漢語) 중고음(中古音)의 구조를 알아야 한다. 모든 한자음 연구에서 가장 기초가 되는 것은 『切韻』계 운서에 반영된 한어 중고음이다. 그런데 이것을 정확하게 이해하는 것이 여간 어려운 일이 아니다. 한어 중고음을 음운론적으로 체계화한 연구 업적이 세계적으로도 아주 드물다는 것이 이것을 대변해 준다. 이에 따라, 만요가나에서 중고음을 어떻게 수용했는지를 체계적으로 정리한 연구도 별로 눈에 띄지 않는다. 有坂秀世(1933/55)와 森博達(1991) 등의 업적을 들 수 있지만, 음운론적 연구라기보다는 음성학적 연구에 가깝다.

첫 번째 관문을 통과하는 데에는 전자 병렬 코퍼스가 결정적인 역할을 담당했다. 이 코퍼스는 세 줄로 구성된다. 첫째 줄은 만요가나로 표기된 가요 원문이고, 둘째 줄은 이것을 현대 일본어로 뒤친 해독문이며, 셋째 줄은 이 해독문을 모두 현용 가나로 바꾼 전자문(轉字文)이다. 이 세 가지를 대비해 가면서 만엽가를 읽어 보았는데, 2018년 가을의 어느 날, 갑자기 소리가 터졌다. 늘그막에 처음으로 판소리를 배우던 선무당이 엉겁결에 득음을 했다고나 할까? 음가나와 훈가나를 구별해 가면서 낭송할 수 있다면, 표기법뿐만 아니라 음운론 연구도 가능하다.

이 낭송 단계에 도달할 수 있었던 것은 전적으로 한어 중고음이라는 둘째 관문을 돌파한 경험 덕택이다. 전기 중고음을 분석해 본 경험이 있었으므로, 음가나가 중고음을 어떻게 대체하여 수용한 것인지 알아차릴 수 있었다. 차용음운론의 관점에서 차용 규칙을 하나둘 정리하다 보니 어느덧 음가나 전체의 음운체계가 시야에 들어왔다.

우리가 적용한 연구 방법은 아주 간단하고도 기초적인 방법이지만, 기존의 방법을 답습하거나 모방한 것이 아니므로 생소할지도 모른다. 따라서 여기에서 간단히 연구 방법을 설명하되 중요한 결론을 곁들이기로 한다.

첫째, 연구 대상을 가요로 한정하여, 만요가나 텍스트를 6종으로 나눈다. 『고사기』 가요, 일본어 관습이 암암리에 들어간 『일본서기』 β군의 가요, 정통 한문으로 작성된 『일본서기』 α군의 가요, 음가나 위주로 표기한 『만엽집』 P군의 가요, 훈표기 위주로 표기한 『만엽집』 Q군의 가요, 목간 가요의 6종이다. 이처럼 가요 텍스트를 분리하지 않고 한 덩어리로 묶어서 분석하면, 음운체계를 왜곡하게 되고 아주 중요한 통시적 변화를 포착할 수 없게 된다. 『만엽집』 가요를 P군과 Q군의 둘로 나누는 과정에서 이 둘이 정확하게 권별로 나누어진다는 사실을 새로 알게 되었다.

둘째, 개별 텍스트에 사용된 음가나의 전체 집합을 모두 구하되, 텍스트 상호 간의 표기법 대비를 위하여 107자 집합을 따로 작성한다. 이 대표자 집합을 서로 대비하여 텍스트 상호 간의 친소관계를 확인한다. 그 결과 『일본서기』의 β군과 α군은 표기법뿐만 아니라 음가나에서도 가장 가까운 관계임이 드러난다. 『만엽집』의 P군과 Q군은 표기법에서 아주 크게 차이가 나지만 음가나에서는 차이가 거의 없다. 따라서 음운론적 분석에서는 6종의 텍스트를 『고사기』, 『일본서기』, 『만엽집』, 목간의 4종으로 다시 조정한다. 목간 가요의 표기는 『만엽집』과 가장 가깝다. 목간 가요를 정리하는 과정에서 우리는 기존의 연구에서 산문이라고 한 것을 새로 해독하여 만엽가 하나를 추가했다. 또한 목간의 음표기 가요가 훈표기 가요로 바뀌어 『만엽집』 Q군에 수록된다는 가설도 세워 보았다. 그러나 목간 음가나는 총 68종에 불과하여 음운론적 분석에서는 제외했다.

셋째, 텍스트별로 선정된 음가나 대표자를 50음도에 채워 넣는다. 그러다 보면 어떤 음절은 공백으로 남지만, 어떤 음절에는 2~6자의 음가나가 몰리기도 한다. 동일 음절을 표기하는 2~6자의 상호 관계를 동음 관계와 이음 관계의 둘로 나눈다. 두 음가나가 동음 관계인지 이음 관계인지를 판정할 때에는 동음 이표기 쌍의 유무를 기준으로 삼는다. 예컨대, 『고사기』 음가나에서 KI 음절의 표기에는 '岐, 伎, 紀'의 세 자가 사용되었는데, '岐'와 '伎'가 동일어의 동일 음절을 표기한 예가 있으므로 '岐'와 '伎'는 동음 관계 즉 '岐=伎'이다. 동음 관계가 확인되는 두 음가나에는 반드시 동일 음가를 배당한다. 반면에 이 '岐=伎'와 '紀'는 동일어의 동일 음절을 표기하는 일이 없으므로 이음 관계이다. 따라서 '紀'에는 '岐=伎'와 다른 음가를 배당해야 한다. 이러한 방법은 『일본서기』나 『만엽집』의 음가나에도 일률적으로 적용한다.

넷째, 후대 일본어와 한어 중고음을 참고하여 음가나에 구체적인 음가를 배당한다. 『고사기』 KI 음절의 '岐'와 '伎'는 중고음 운모가 支韻/je~ɪe/으로 동일한데, 이것은 용례 분석에서 '岐'와 '伎'가 동음 관계라고 한 것과 일치한다. '岐=伎'의 支韻/je~ɪe/이 『고사기』 음가나에서 갑류(甲流) 모음 /i/로 대체되어 수용되는 것이 원칙이므로 이들 음가나에 キ/ki/를 배당한다. '紀'는 '岐=伎'와 이음 관계인데, '紀'의 중고음 운모가 마침 之韻/ɪə/이다. 之韻/ɪə/은 을류(乙流) 모음으로 수용되는 운의 일종이므로 '紀'에는 キ乙/kə/를 배당한다. 갑류 모음은 기본모음 /a, i, u, e, o/를 가리키고, 을류 모음은 기타의 모음을 가리킨다.

다섯째, 상대 일본어에서 한어 중고음을 수용하는 과정은 차용음운론의 대체(代替) 차용 과정과 같다. 외국어의 음가를 수용할 때에는 항상 자국어의 음운체계와 음절구조에 맞게 음가를 대체하여 수용한다. 이와 마찬가지로, 상대 일본어에서 한어 중고음을 수용할 때에도 항상 대체 차용이 일어난다.

여섯째, 동일 행(行)의 서로 다른 열(列)에 오는 음가나에 동일 음가를 배당하지 않았는지를 검토한다. 만약에 서로 다른 열의 음가나에 동일 음가를 배당했다면, 다시 그 두 음가나의 용례를 대비하여 동음 이표기 쌍의 유무를 검토한다. 일본 학자들의 연구에서는 이 검토 과정이 대개는 누락되어 있다. 예컨대, 우리는 『고사기』 음가나의 K행에서 KI 음절의 '紀'에 을류의 キ乙/kə/를 배당했는데, KO 음절의 '許'에도 을류의 コ乙/kə/를 배당했다. '紀'와 '許'에 동음 /kə/를 배당했으므로, 이 둘의 동음 이표기 쌍이 있는지 다시 검토해 보아야 한다. 그랬더니 '나무'(木, 樹)를 KI 음절인 '紀'뿐만 아니라 KO 음절인 '許'로도 표기했다. 즉 キ乙과 コ乙이 동음 관계이다. 따라서 '紀'와 '許'에 공통적으로 /kə/를 배당하더라도 잘못될 것이 없다. 오히려 이 음가 배당이 가장 정확하다. 이 예는 KI 음절의 キ乙과 KO 음절의 コ乙이 『고사기』 음가나에서 /kə/ 하나로 합류했음을 말해 준다.

일곱째, 10행으로 나누어 정리한 음가 배당표를 하나로 종합한다. 이 과정에서 텍스트별 음가나의 모음체계와 자음체계가 드러난다. 을류 모음이 거의 설정되지 않는다면 50음도로 정리해야 하지만 을류의 모음이 하나 추가된다면 60음도로 정리해야 정확하다.

여덟째, 텍스트별로 한어 중고음의 수용 양상을 정리한다. 그리하여 중고음이 음가나로 수용되는 과정에서 일어난 합류와 분화를 정리한다. 합류나 분화가 아닌 것도 항상 대체 수용의 과정을 겪는다.

아홉째, 텍스트별로 나누어 정리했던 자음체계와 모음체계를 통시적 관점으로 종합한다.

『고사기』·『일본서기』·『만엽집』의 음가나에서 자음체계는 통시적 변화를 거의 겪지 않는다. 우연한 공백인 음절이 많거나 적거나 하는 정도의 차이에 불과하다. 또는 표기하는 음가나가 서로 달라질 뿐이다.

그러나 모음체계에서는 아주 큰 변화가 있었다. 『고사기』에서는 G·B·M의 3행에서 제7의 모음 /ɨ/를 설정할 필요가 있지만, 나머지 행에서는 기본모음 /a, i, u, e, o/에다 제6의 모음 /ə/를 더한 6모음이면 충분하다. 『일본서기』 음가나도 기본적으로 /a, i, u, e, o, ə/의 6모음체계인데, M행에서는 제7의 모음 /ɨ/를 설정할 필요가 있다. 『만엽집』에서는 G행에서 /ɨ/가 설정되고 K·G·M의 3행에서 을류 모음 /ə/가 설정되지만, 나머지 행은 5모음이면 충분하다. 3종의 가요 텍스트에서 모두 8모음체계설이 부정된다.

우리의 연구 방법과 기존의 연구 방법이 크게 차이가 나는 것을 두어 가지 지적해 둔다. 일본에서는 대부분 음가나뿐만 아니라 훈가나도 포함하여 분석한다. 그러나 훈가나 독법은 대응하는 음가나의 음가를 대입한 것이므로 음운론 연구 자료로는 부적절하다. 또한 모든 텍스트에 사용된 모든 음가나를 망라함으로써 1~2회의 용례뿐인 음가나에도 음가를 부여하기도 한다. 그런데 용례가 극소수인 음가나는 여타의 음가나와 동음 관계인지 이음 관계인지를 가려내기가 아주 어렵다. 용례가 희소하여 이음 관계로 판정할 가능성이 크므로, 희귀한 음가나를 포함하면 설정해야 할 모음의 종류가 자연히 많아지게 된다. 그러나 이렇게 설정한 모음은 음성학적 차원의 음성일 뿐이고, 음운대립을 기반으로 설정한 음소가 아니라고 본다.

일본에서는 대개 『고사기』·『일본서기』·『만엽집』에 나오는 만요가나를 하나로 뭉쳐서 연구한다. 그러다 보면 이 3종 텍스트 상호 간의 차이와 이들 사이에서 일어난 음운변화를 놓치게 된다. 우리는 이 세 가지 텍스트를 서로 나누어 공시적으로 분석한 다음에 통시적으로 아우르는 방법을 택했다. 그랬더니 시간의 흐름에 따라 모음체계가 '7모음 〉 6모음 〉 5모음'의 통시적 변화를 겪었다는 사실이 한눈에 들어왔다.

가장 중요한 것이므로, 이 통시적 변화를 다시 정리해 둔다. 『고사기』 음가나는 7모음체계에서 6모음체계로 변화하는 마지막 단계이다. 『일본서기』 음가나는 이 변화가 완성되기 바로 직전이다. 『만엽집』 음가나는 6모음체계에서 5모음체계로 변화하는 마지막 단계이다. 갑류와 을류 모음의 음운대립, 을류와 을류 모음의 음운대립이 하나씩 소멸하면서 7모음체계가 5모음체계로 변화한다. 헤이안 초기의 훈점 자료를 활용하면, 5모음체계가 최종적으로 확립된 시기는 9세기 4/4분기이다. 대비를 위하여 수치로 비유하면, 상대 일본어의 모음체계는 '6.3모음 〉 6.1모음 〉 5.3모음 〉 5.0모음'의 통시적 변화를 겪었다. "일본어학의 세계적 상식"이라고 하는 8모음설이 실증되지 않는다는 것을 이 통시적 변화가 증명해 준다.

일본인의 정서를 대변하는 만엽가가 4,750여 수나 남아 있다. 향가 25수 가지고 버둥대고 있는 우리로서는 여간 부러운 일이 아니다. 기초적인 이본 연구부터 만엽인의 소리를 복원해 내는 일까지 연구의 목적·대상·방법도 아주 다양하다. 우리는 그 깊고도 넓은 세계 중에서 표기법과 음운론 분야에 도전하여 8모음설을 무너뜨렸다.

초고 작성을 마치고 나서 상대 일본어의 음운론에 관한 논문과 저서를 챙겨보기 시작했다. 이 과정에서 상대 특수가나 표기에 대한 논쟁이 바로 우리의 학창 시절에 최고조에 이르렀음을 알게 되었다. 橋本進吉(1917/49)와 有坂秀世(1933/55: 446) 이래의 8모음설에 도전하여 松本克己(1975)가 5모음설을 주장한 것이 그 발단이 되었지만, 宋敏(1975)의 6모음설도 아주 이른 시기의 업적이다. 그런데 그 시절에는 갑류와 을류의 구별 정도를 귀동냥으로 듣고서도 그냥

흘렸다. 40여 년이 지나서야 비로소 70년대의 최대 히트곡을 따라 부르게 되다니, 한심하고 부끄러울 뿐이다. 흘러간 히트곡을 새로 편곡하여 최신의 전자 악기와 참신한 목소리로 재생했다는 점에서 그나마 다행이다.

우리는 상대 일본어의 형태론적 구조나 어원에 대한 지식이 부족하고 음절결합 또는 모음교체에 관련된 여러 법칙에도 익숙하지 않다. 활용의 발생과 그 변화 과정도 잘 모른다. 상대 일본어 연구에서 제기되었던 각종의 자료나 학설을 두루 숙지하고 있는 것도 아니다. 우리의 지식이 아직도 초라하므로 우리의 한계임이 분명하다. 잘못된 자료나 해석상의 문제점도 있을 것이다. 우리의 한계나 잘못을 꾸짖어 깨우쳐 주시기를 기대한다.

우리는 梅田博之(우메다 히로유키) 선생님과 安秉禧 선생님의 추천을 받아 일본에 체류하면서 일본의 학계를 직접 체험할 수 있었다. 영광스럽게도 大野晋(오노 스스무)・築島裕(쓰키시마 히로시)・小林芳規(고바야시 요시노리)・石塚晴通(이시쓰카 하루미치) 선생님께 직접 배우거나 함께 자료를 조사할 수 있었고, 菅野裕臣(간노 히로미)・藤本幸夫(후지모토 유키오)・沖森卓也(오키모리 다쿠야)・月本雅之(쓰키모토 마사유키)・濱之上幸(하마노우에 미유키) 선생님은 체류 중에 각종의 편의를 제공해 주셨다. 국내에서는 허웅・김방한・성백인 선생님과 李崇寧・李基文・金完鎭 선생님이 항상 우리를 격려해 주셨다. 여러 선생님께 두 손 모아 이 책을 올린다. 그러나 이미 돌아가신 선생님께는 드릴 수가 없으니 뒤늦은 것이 한스러울 뿐이다.

자료 조사를 도와 준 서울대의 박진호 교수, 초록을 수려한 日文으로 번역해 준 일본 龍谷(류코쿠) 대학의 伊藤貴祥(이토 다카요시) 교수, 스스로 나서서 교정을 맡아 준 서울대 대학원의 김미경 박사께 머리 숙여 감사드린다. 상업성이 전혀 없는 이 책의 출판을 쾌히 맡아 주신 일조각의 김시연 사장님과 방대한 분량을 한 치의 착오 없이 편집해 주신 편집부 여러분께도 진심으로 감사드린다.

2020년 7월, 호암교수회관에서

저자 일동

차례

1. 머리말

萬葉假名(만요가나)는 한자의 글꼴을 유지하면서도 한자의 음을 빌리거나 한자의 일본어 훈을 빌려서 일본어를 기록한 문자를 가리킨다. 음을 빌린 것을 음가나(音假名)라고 하고 훈을 활용한 것을 훈가나(訓假名)라고 한다.

현용 平假名(히라가나)의 'か'는 한자 '加'의 음 /ka/를 취한 대신에 '더하다'의 의미는 버린 것이고, 片假名(가타카나)의 'エ'는 한자 '江'의 음을 버린 대신에 일본의 훈(즉 의미) {e}를 취한 것이다. 한자의 글꼴인 '加'와 '江'에 변형이 크게 일어나 'か'와 'エ'가 되었으므로, 비록 한자에 기원을 두고 있다 하더라도 'か'와 'エ'를 한자의 범주에 넣지 않는다. 그 대신에 'か'와 'エ'를 일본의 독자적 문자로 보아 가나(假名)라고 지칭한다.

그런데 8세기의 奈良(나라) 시대에는 'か'와 'エ'의 글꼴로 기록한 것은 극히 드물고 거의 대부분 한자의 글꼴 '加'와 '江'을 그대로 사용하여 /ka/와 /e/를 표기했다. 이런 '加'와 '江'을 만요가나라고 지칭한다. 따라서 가나와 만요가나는 표기 기능은 동일하되, 오직 글꼴에서만 차이가 난다고 정의할 수 있다.

1.1. 연구 목적과 연구 대상

稲荷山古墳鐵劍銘(471년)은 만요가나로 표기된 첫 번째 자료이다(沖森卓也 2009: 14). 이것은 음가나 표기로 일관했는데, 훈가나 표기는 岡田山一号墳鐵劍銘(6세기 3/4분기)의 '各田マ臣'{ぬかたべおみ}이 최초이다. 이들을 비롯하여 推古期遺文에 이르기까지 만요가나로 기록된 자료는 적지 않다. 그런데도 우리는 이들을 연구 대상에서 제외한다. 어휘를 단편적으로 표기한 자료이므로 체계적 연구가 불가능하기 때문이다. 체계적·구조적 연구에서는 일단 자료가 많아야 하고 전형적인 용례가 포함되어 있어야 한다. 이 점에서 각종의 금석문·고문서에 나오는 어휘표기 자료는 만족할 만한 자료가 아니다.

반면에 만요가나로 기록된 노래는 자료가 많을 뿐만 아니라 문장표기이기 때문에 체계적·구조적 연구가 가능하다. 따라서 우리는 상대(上代)[1] 일본의 가요표기에 사용된 만요가나를 분석 대상으로 삼아 그 표기법과 음운체계를 연구하기로 한다.

『고사기』(古事記)와 『일본서기』(日本書紀)에는 역사 기록의 사이사이에 각종의 노래가 만요가나로 기록되었고, 『만엽집』(萬葉集)에는 무려 4,516수에 이르는 노래가 만요가나로 기록되어 전한다. 이 만요가나의 표기법을 제대로 이해하여 만요가나 상호 간의 관계를 정리하면, 상대 일본어의 음운체계를 재구할 수 있다. 따라서 상대 일본어를 연구할 때에 일본의 수많은 학자들이 이들 가요의 만요가나를 핵심적인 자료로 삼아 왔다. 우리도 이 만요가나를 핵심적인 자료로 삼아 그 표기법을 정리하고 나아가서 만요가나에 반영되어 있는 음운체계를 재구할 것이다.

그런데 하필이면 분석 대상을 가요로 한정하는가 하는 의문을 제기할 수 있다. 일본의 상대 가요는 노래로 구연되었다는 점에서 구어(口語)의 성격이 짙다. 『일본서기』에 "노래를 잘하는 남녀, 侏儒, 伎人을 뽑아 보내라"(675년)고 하거

---

1 일본의 국어학에서는 645년 이전을 '고대'라 하고 645~794년을 '상대'라고 하여 둘을 구별하기도 하지만(宋敏 1981: 12~13), 상대·중고·중세·근세·근대의 5분법에서는 나라시대 이전도 '상대'에 포함한다(한미경·권경애·오미영 2006).

나 "歌男, 歌女, 피리 부는 사람은 자손에 전하여 歌笛을 배우도록 하라"(685년)는 기사가 나온다. 이것은 記紀 가요가[2] 민간에서 불렸던 노래의 가사를 채록하여 문자화한 것임을 말해 준다(沖森卓也 2000: 134~137, 瀨間正之 2015: 285~286). 이들 민간의 노래를 궁정 가요로 연주하거나 사서(史書)에 채록하려면 반드시 문자로 기록하는 과정을 거치게 된다. 이와는 반대로 기록을 전제로 하여 개인이 제작한 노래도 있다(稻岡耕二 1999). 대표적인 초창기 작가로 天智천황을 들 수 있다. 그는 문인을 초빙하여 주연을 베풀고 한시를 모방하여 스스로 100편 이상의 시문을 지었다. 패전 이후에 백제에서 망명한 學職頭 鬼室集斯, 法官大輔 沙宅紹明·吉大尙 등이 近江 大津宮에 집결하여 이 문화의 지도적 위치를 담당했다(瀨間正之 2015: 290).

역사언어학 연구에서는 문어(文語)보다는 구어를 핵심적인 자료로 간주하고, 구어의 대표적인 예가 대화문 또는 구연된 가요이다. 『고사기』나 『일본서기』에 나오는 대화문은 한문으로 기록되었으므로 일본어 연구 자료가 아니다. 반면에, 이 사서에 기록된 가요에서는 일본어의 어순에 따라 만요가나로 일본어 단어와 문법 형태를 표기했다. 『만엽집』에 수록된 가요에서도 마찬가지이다. 따라서 상대 일본어를 연구할 때에 만요가나로 표기된 가요보다 더 좋은 자료가 없다고 해도 지나친 말이 아니다.

宣命(센묘)나 祝詞(노리토)도 구어의 성격이 강하지만, 가요가 아니라서 논의 대상에서 제외했다. 후술하겠지만, 문장 훈표기와 한문의 통사구조를 사용한 『만엽집』 가요 즉 Q군도 사실은 상대 일본어의 연구 자료로는 부적절하다. 그러나 이 Q군 덕분에 음가나만으로 표기된 가요의 의미를 정확히 파악할 수 있다는 점에서 Q군은 존재 그 자체만으로도 가치가 크다.

『고사기』에 수록된 가요는 112수이고 이들 가요의 표기에 사용된 만요가나는 모두 123자이다. 『일본서기』의 가요에서 만요가나를 모두 모아 보면 대략 450자에 가깝다. 그런데 『고사기』의 만요가나와 『일본서기』의 만요가나를 대비해 보

2 『古事記』 가요와 『日本書紀』 가요를 총칭하여 기기가요라고 부른다.

면 아주 크게 차이가 난다. 두 텍스트에서 동일 음절을 표기하는 만요가나가 서로 다르다. 예컨대 KO[3] 음절을 표기할 때에 『고사기』에서는 '許'를 주로 사용하고, 『일본서기』에서는 '虛'와 '古'를 주로 사용한다. 이처럼 텍스트마다 표기에서 서로 차이가 나기 때문에 『고사기』의 만요가나와 『일본서기』의 만요가나를 한 덩어리로 묶어서 연구하면 안 된다.

『고사기』 가요만을 대상으로 만요가나 표기법을 정리해 보면 일정한 표기 규칙이 나온다. 훈가나는 사용하지 않고 음가나만 사용한다는 원칙이다.[4] 이 원칙은 『일본서기』 가요에서도 마찬가지이다. 이 점에서 『고사기』와 『일본서기』 가요는 음가나만으로 표기되었다고 해도 틀리지 않는다.

그런데 『일본서기』 가요의 표기에 사용된 음가나를 상호 대비해 보면 『일본서기』 가요가 β군과 α군의 둘로 나뉜다. 森博達(1977, 1991)은 『일본서기』 30권을 권별로 대비해 보면 정통 한문으로 작성된 권이 있는가 하면 일본인의 표기 관습이 적잖게 섞여 들어간 권이 있다고 했다. 森博達(1977, 1991)은 이것을 각각 α군과 β군으로 지칭하고, α군에 수록된 가요의 표기와 β군에 수록된 가요의 표기가 서로 차이가 난다고 했다. 우리도 이를 좇아서 『일본서기』 가요를 α군과 β군의 둘로 나눈다.[5]

그러나 『일본서기』 α군과 β군의 차이보다 훨씬 더 큰 차이가 『만엽집』 가요의 표기에서 발견된다. 『만엽집』 가요의 표기법을 정리하여 흔히 음가나 표기 위주와 정훈자 표기 위주의 둘로 나누고 있으나, 우리는 음표기 위주의 가요와 훈표

3 우리는 음가가 결정되기 이전의 음절을 이렇게 대문자로 표기한다. 반면에 분석 결과를 반영하여 최종적으로 배당한 음운론적 음가는 コ/ko/ 또는 ゴ/go/처럼 가타카나와 로마자의 소문자로 표기한다. 이하 같다.

4 극소수의 예외가 있는데, 이것은 3장에서 자세히 다룬다.

5 모리 히로미치(2006: 56)(심경호 역)에 따르면 『일본서기』 구분론은 1929년의 岡田正之부터 시작된다. 그런데 瀨間正之(2015: 232~235)에 따르면 1930년대의 津田左右吉(1963)이다. 그 뒤로 본격적으로 구분론을 전개한 학자가 많은데, 太田善麿(1962)에 여러 학설이 종합되었다고 한다. 그런데 중국어학을 본격적으로 수용하고 한자음을 이용하여 구분론을 전개한 것은 森博達(1977, 1991)이 처음이다. 이것이 森博達의 독자적 업적이다.

기 위주의 가요로 나누고 편의상 이 둘을 각각 P군과[6] Q군이라 지칭한다.

P군에서는 음가나로 표기하는 것이 원칙이지만 가끔 훈가나도 사용한다. Q군에서는 정훈자 위주로 표기하지만 음가나도 적잖게 사용한다. 따라서 음가나와 정훈자만으로는 P군인지 Q군인지 구별하기 어려울 때가 많다. 따라서 P군과 Q군을 구별할 때에 우리는 문장 훈표기의 유무와 한어(漢語) 통사구조의 차용 여부를 가장 중요한 기준으로 삼는다.

문장 훈표기가 무엇을 지칭하는지 '者'를 예로 들어 설명해 둔다. '者'는 훈가나의 일종으로서 주제·대조의 조사 'は'를 표기하기도 하고, 조건·가정의 '-ば'를 표기하기도 한다. 조건·가정의 '-ば'를 표기할 때에 '者'를 사용했다면 그 가요는 바로 Q군으로 분류한다. '者'가 문장 전체에 걸리기 때문이다. 반면에, 주제·대조의 조사 'は'를 표기할 때로 한정하여 '者'를 사용했다면 그 가요는 P군으로 분류한다. '者'의 의미역이 단어 차원으로 한정되기 때문이다. 이처럼 문장 훈표기와 단어 훈표기를 구별하면 아주 효과적으로 P군과 Q군을 구별할 수 있다.

한어 통사구조의 차용 여부도 P군과 Q군을 구별할 때에 핵심적인 기준이 된다. 예컨대, Q군에는 '不 # 동사'나 '將 # 동사'의 통사구조가 아주 많이 나오는데, 이 통사구조는 한어의 부정법이나 시상법을 일본 가요의 표기에 그대로 차용한 것이다. 반면에 『만엽집』 P군에서는 이러한 한어 통사구조를 사용하지 않는다. 따라서 한어 통사구조의 차용 여부가 『만엽집』 가요를 P군과 Q군의 둘로 구분할 때에 결정적 기준이 된다.

위의 두 가지 기준에 따라 『만엽집』 가요를 둘로 나누면, 권5·권14~15·권17~18·권20의 여섯 권에 수록된 가요는 모두 P군으로 분류된다.[7] 반면에, 권1~4·권6~13·권16의 열세 권에 수록된 가요는 모두 Q군이다. 권19에 수록된 가요는 기본적으로는 P군에 속하지만 아주 많은 가요에서 Q군의 특징도 공유한다. 가요마다 표기가 달라지는 권19를 논외로 하면, 『만엽집』 20권을 P군 여섯 권과 Q군 열세 권의 둘로 분류할 수 있다.

6 P는 Phone, Phonetics, Phonology의 P를 딴 것이다.
7 3957번과 4074번 가요는 예외이다.

위에서 우리는 가요 텍스트를 『고사기』, 『일본서기』 α군과 『일본서기』 β군, 『만엽집』 P군과 『만엽집』 Q군의 5종으로 나누었다. 그런데 여기에 목간(木簡) 가요를 추가할 필요가 있다. 목간은 잘 다듬은 나무토막에 써 넣은 문자 기록을 가리키는데, 기록 시기를 정확히 알 수 없지만 공반(共伴) 유물을 통하여 기록 시기를 추정할 수 있다.

목간은 『고사기』·『일본서기』·『만엽집』처럼 후대에 편찬된 것이 아니라 1차 실물자료이고 기록 당시의 글꼴을 그대로 간직하고 있다는 점에서 자료적 가치가 아주 크다. 현재까지 출토된 상대 일본의 가요 목간은 18점이나 되고, 기록 시기는 7세기 중엽부터 9세기 후반기까지 다양하다. 대부분은 만요가나로 기록되었지만 9세기 후반기에 기록된 가요에는 가나 글꼴이 등장하여 글꼴 변화의 과정도 여실히 보여 준다.

우리는 가요 텍스트에 이 목간 가요를 추가하여, 가요 텍스트를 『고사기』 가요, 『일본서기』 β군, 『일본서기』 α군, 『만엽집』 P군, 『만엽집』 Q군, 목간 가요의 6종으로 확정한다. 이 6종의 텍스트를 별개의 자료로 보아 그 표기법과 음운체계를 따로따로 기술해야만 혼란을 피할 수 있다.

『만엽집』 가요 중에는 나라시대의 중앙어를 반영하지 않은 것도 포함되어 있다. 권14와 권20이 대표적인데, 이들에는 東國[8] 방언 즉 현대의 관동 지방 방언이 섞여 있다고 한다. 우리의 기술 대상은 나라시대의 중앙어 즉 大和語(야마토코토바)이므로, 방언적 요소를 분석 대상에서 제외하기로 한다. 권14에는 225수의 東歌(아즈마 노래)가 실려 있고 5수의 防人歌(사키모리 노래)가 실려 있다. 권20에도 군데군데 93수의 사키모리 노래가 섞여 있는데, 이들 전체 323수는 동국 방언을 반영하므로 분석 대상에서 제외한다.

有坂秀世(1957/80: 162~177)에 따르면, 권14의 아즈마 노래와 권20의 사키모

8 구체적으로는 현재의 静岡·長野·新潟의 동쪽을 가리키지만, 나라시대의 지명으로는 遠江·信濃의 동쪽을 가리킨다(福田良輔 1965/88: 81). 福田良輔(1965/88)의 부록에는 중앙어계와 동국방언의 음운론적 차이가 일람표로 제시되어 있고, 그 지리적 분포는 474~479쪽의 지도에 제시되어 있다. 이 지도를 참고하면 동북 지방과 북해도 지방에서는 아이누어처럼 상대 일본어라고 하기 어려운 언어가 사용되었다.

리 노래에 기록된 동국 방언에서 문제가 되는 것은 知類(즉 [ti])가 斯類(즉 [ʧi, tsi, tsï])로 표기된 파찰음화이다. 이 파찰음화를 보이는 지역은 현대어의 /i/ 모음을 중설의 [ï]로 발음하는 지역과 일치한다. 또한 上總國, 下總國, 常陸國, 下野國, 上野國, 信濃國 등에서는 I열 모음의 갑류와 을류가 혼용된다. 이 두 가지를 종합하면 下總國, 常陸國, 下野國에서는 I열 모음이 중설의 /ï/였을 가능성이 있다. 또한 有坂秀世(1933/55: 443)에 따르면, 중앙어의 '祁·幣·賣'와 '延'을 동국 방언에서 각각 '加·波·麻'와 '夜'로 표기할 때가 있지만 중앙어의 '氣·閇·米'를 동국 방언에서 각각 '加·波·麻'로 표기하지는 않는다. 이것은 중앙어의 갑류를 동국 방언에서 여타의 갑류로 표기할 때가 있지만, 중앙어의 을류를 동국 방언에서 갑류로 표기하지 않는다는 것을 뜻한다. 이 밖에도 방언 현상이라고 할 수 있는 것들이 적지 않은데, 이들을 분석 대상에 포함하면 결론이 달라지므로 모든 방언 자료를 일괄적으로 분석 대상에서 제외한다.

한편, 『出雲風土記』·『常陸風土記』 등의 풍토기에도 적지 않은 양의 가요가 실려 있는데, 이들에도 방언적 요소가 적지 않게 포함되어 있으리라 예상된다.[9] 8세기의 방언적 요소를 포함한다는 점에서 이들은 매우 귀중한 자료이다. 그러나 우리는 나라시대의 중앙어가 연구 대상이고, 8세기의 중앙어 자료로는 『만엽집』 가요만으로도 이미 충분하다. 따라서 풍토기에 실린 노래도 논의 대상에서 제외하기로 했다.

1.2. 연구 방법

이제, 연구 방법을 간단히 제시하기로 한다.

만요가나 연구에서 가장 기초가 되는 작업은 음가나와 훈가나를 가려내는 일이다. 만요가나 대상의 음운론 연구는 음가나로 한정되기 때문이다. 그런데 실

9 有坂秀世(1957/80: 182)에 따르면, 『常陸風土記』에서는 ズ와 ツ가 동음이었다.

제로는 훈가나와 음가나를 구별하는 일이 아주 어렵다. 2018년에 들어서서야 비로소 우리는 이 관문을 통과했다. 늦게나마 음가나와 훈가나를 구별할 수 있었던 요인으로는 아래의 두 가지를 꼽을 수 있다.

첫째는 연구 자료의 전자 병렬 코퍼스를 갖추었다는 점이다. 이 전자 병렬 코퍼스는 가요의 원문(原文) 표기, 이것을 현대 일본어로 해독한 문장, 이 문장을 가나(또는 로마자)로 전자(轉字)한 문장의 세 가지로 구성된다. 『고사기』와 『일본서기』 가요는 『日本古典文學大系』(岩波書店 1962)를 토대로 전자 파일을 구축하고,[10] 『만엽집』 가요는 일찍이 인터넷에 공개된 吉村誠(요시무라 마코토)·岡島昭浩(오카지마 아키히로)의 전자 텍스트를 기초로 삼아 이 세 가지를 병렬한 전자 파일을 구축했다.[11] 이들 전자 파일을 활용하여 문제가 되는 표기를 수시로 검색할 수 있었다. 검색 결과를 종합하면 음표기인지 훈표기인지가 바로 드러난다. 이 전자 파일이 구축되어 있었으므로 이 연구에 착수하게 되었다고 해도 과언이 아니다.

둘째는 한어 중고음(中古音)의 음운체계에 대한 이해가 높아졌다는 점이다. 한어 중고음을 모르면 아주 단순한 질문에도 답할 수가 없다. '能'이 어찌하여 음가나로서 /no/를 표기한다고 하고, '跡'이 어찌하여 훈가나로서 /to/를 표기한다고 하는가? 이런 기초적인 질문에 답할 수 있으려면, 만요가나로 사용된 한자의 한어 중고음을 반드시 알아야 한다. 이승재(2018)의 『前期 中古音』을 통하여 마침 전기 중고음을 분석해 본 경험이 있으므로, 이를 토대로 병렬 코퍼스의 만요가나 표기를 읽어 보았다. 그랬더니 어느 날 갑자기 가요 표기를 소리 내어 읽을 수 있게 되었다.[12] 『고사기』나 『일본서기』의 가요에서 한어 중고음을 어떻게 대체하

10 이 과정에서 서울대 박진호 교수의 도움을 받았음을 밝혀 감사드린다. 『日本古典文學大系』를 아래에서는 『대계』로 약칭한다.

11 가요의 원문은 角川文庫本 『萬葉集』(伊藤博 1985)을 저본으로 하고 교정을 더한 것이다. 『만엽집』 대상의 이 전자 파일을 아래에서는 '코퍼스'로 약칭한다. 康仁善(2004)에서 이 코퍼스 원문을 塙書房의 텍스트라고 한 것은 잘못이었으므로 여기에서 수정한다. 1999년에 고려대학교 이한섭 교수의 호의로 吉村誠(요시무라 마코토)·岡島昭浩(오카지마 아키히로)의 공개 텍스트(1996년)를 파일로 입수했고, 컴퓨터 전문가의 도움을 받아 아래아한글 파일로 병렬 코퍼스를 구축했다.

12 이것만으로는 가요의 의미를 정확하게 이해했다고 말할 수 없다. 그렇더라도 소리 내

여 수용했는지 비로소 그 윤곽을 터득하게 된 것이다. 우리의 경험을 소개한 셈이지만, 한어 중고음에 대한 이해는 만요가나 연구에 필수적인 기초 지식임을 강조해 둔다.

가나 발달사가 연구 목표라면 음가나 목록뿐만 아니라 훈가나 목록도 정확히 제시해야 한다. 그러나 가나 발달사를 기술하는 것은 우리의 연구 목표가 아니다. 우리는 만요가나 중에서 음가나만 골라내어 상대 일본어의 음운체계를 세우는 데에 목표를 둔다. 이에 따라 논의 대상을 음가나로 한정한다.

6종의 가요 텍스트를 대상으로 우리는 3장에서 표기법을 정리할 것이다. 위에서 음가나와 훈가나의 예로 각각 '加'와 '江'을 들었지만, 가요의 표기에 사용된 음가나와 훈가나를 가려내어 텍스트별로 음가나 목록을 작성할 것이다. 그런 다음에 이 6종의 음가나 목록을 상호 대비하면 텍스트 상호 간의 친소(親疎) 관계가 드러난다. 이 과정에서 『만엽집』 가요를 P군과 Q군으로 분류하는 기준도 상세히 제시할 것이다.

텍스트 상호 간의 친소관계를 효과적으로 논의하기 위하여 우리는 각 텍스트별 대표자 집합을 따로 작성한다.[13] 『고사기』 가요에 사용된 123자의 만요가나 중에서 2회 이상 사용된 음가나는 107자이다. 반면에 『일본서기』 가요의 음가나는 대략 450자나 된다. 『고사기』와 『일본서기』의 표기법을 효과적으로 대비하려면 『일본서기』 α군과 β군을 대표하는 음가나 107자 집합을 따로따로 작성할 필요가 있다. 그래야만 『고사기』의 107자와 동등 비교가 가능해지고 대비의 효율이 높아지기 때문이다. 대표자 107자를 선정할 때에는 물론 사용 횟수가 많고 용례가 다양한 것을 우선적으로 선정한다. 이 107자 집합은 구조주의가 강조하는 전형적 자료라고 할 수 있다.

다음으로, 『고사기』 음가나 107자를 대상으로 삼아 음소(音素)를 설정하는 방법을 간단히 제시해 본다.

어 읽을 수 있다면 그것은 음운론 연구 자료가 된다.

13 우리가 대표자라고 지칭한 것을 大野透(1962)와 沖森卓也(2009: 210)는 常用가나라고 지칭하고, 대표자가 아닌 것을 準常用가나 또는 非常用가나라고 지칭한다.

일본어의 음소를 설정할 때에는 50음도를 활용하는 것이 아주 효과적이다. 50음도는 일본의 가나를 행에는 자음을 배열하고 열에는 모음을 배열한 도표를 가리킨다. 자음 중에서 カ행·サ행·タ행·ハ행의[14] 네 행에서는 청음(清音) 즉 무성음과 탁음(濁音) 즉 유성음의 구별이 있으므로[15] 청탁을 구별하면 실제로는 70음도가 된다. 그런데도 일반적인 관행을 좇아 50음도라고 지칭하기로 한다.

『대계』에서 해독한 바에 따라, 『고사기』 음가나 107자를 50음도에 넣어 보면 아래의 (1)과 같다. K·S·T·P의 네 행은 청탁을 구별하여 두 행으로 나누었다.

(1) 『고사기』 가요 음가나의 50음도(2회 이상, 107자)

모음 / 자음	A (ア)	I (イ)	U (ウ)	E (エ)	O (オ)
ø (ア)	阿	伊	宇		淤 意
K (カ)	加 迦	岐 紀 伎	久 玖 具	祁 氣	許 古 故 碁 其
	賀 何	藝 疑		宜	胡
S (サ)	佐	斯 志	須	勢 世	曾 蘇
	邪	士	受	是	叙 曾
T (タ)	多	知	都	弖	登 斗 杼 等
	陀	遲 治	豆	傳	度
N (ナ)	那	爾 迩	奴	泥	能 怒 乃
P (ハ)	波	比 斐 肥	布	幣 閇	富 本
	婆	備 毘	夫	倍 辨	煩
M (マ)	麻 摩	美 微 彌	牟	米 賣	母 毛
J (ヤ)	夜		由	延	余 用 與
R (ラ)	良 羅	理	流 留	禮	呂 漏 路
W (ワ)	和	韋		惠	袁 遠

14 이해의 편의를 위하여, 이것을 아래에서는 각각 K행·S행·T행·P행이라고 지칭할 것이다.

15 무성음·유성음이라는 용어는 주로 한어(중국어)에 사용하고, 청음·탁음이라는 용어는 일본어에 사용하기로 한다. 이하 같다.

이 50음도에는 음가나로 채워지지 않은 공백이 있는가 하면, 동일 칸에 둘 이상의 음가나가 배열된 것도 있다. 공백은 øE·GU·JI·WU의 네 가지 음절이다. 이 중에서 GU 음절은 우연한 공백이고, øE·JI·WU의 세 음절은 체계적인 공백이다. 우연한 공백은 자료가 부족하여 발생하지만, 체계적 공백은 음운구조에서 공백 발생의 원인을 찾을 수 있다. 현대 일본어에서는 øE 음절과 JE 음절이 'え' 하나로 표기되어 구별되지 않는다. 그러나 『고사기』 가요에서는 øE 음절을 표기하는 음가나는 보이지 않고, JE 음절을 표기하는 '延'만 사용되었다.[16] JI·WU 음절은 동기관적 음소가 연속되므로 실제로는 하나의 음소 /i/·/u/로 각각 실현되었고, 그 결과로 JI·WU 음절이 공백이 되었다고 할 수 있다.

위의 50음도에서 서로 다른 칸에 온 음가나는 음가가 서로 다르다. 동일 행의 서로 다른 칸에 온 음가나는 모음이 서로 다르고, 동일 열의 서로 다른 칸에 온 음가나는 자음이 서로 다르다.

중요한 것은 동일 칸에 온 둘 이상의 음가나가 동일한 음가인가 서로 다른 음가인가 하는 문제이다. 예컨대, 위의 (1)에 제시한 것처럼 KI 음절을 표기하는 데에 '岐, 紀, 伎'의 3자가 사용되었는데, 이들이 동음(同音) 관계인지 이음(異音) 관계인지를 어떻게 논증할 것인가?

우리는 두 가지 방법으로 동일 칸에 온 음가나의 상호 관계를 논증한다. 첫째는 두 음가나가 동일어의 동일 음절을 표기한 적이 있는지를 용례 대비를 통하여 확인하는 방법이요, 둘째는 두 음가나의 한어 중고음을 참고하여 그 같고 다름을 논의하는 방법이다.

먼저 첫째 방법에 따라, '岐, 紀, 伎'의 상호 관계를 논의해 보자. 『고사기』 가요에서 '岐'는 70여 개의 단어[17] 표기에, '紀'는 10개의 단어 표기에, '伎'는 5개의 단어 표기에 사용되었다. 이들 단어에서 '岐'와 '伎'가 동음 관계인 것을 찾아보면 '那岐=那伎奴'{泣, 鳴}, '迦豆岐=迦豆伎'{潛き}, '岐許=伎許'{聞}의 세 단어를 찾을 수

16 이것은 4~6장의 øE 음절에서 자세히 논의할 예정이다.
17 이때의 단어는 단일어뿐만 아니라 조사, 활용, 복합어, 관용구 등을 포함한 개념으로 사용했다. 구체적인 용례는 4장의 KI 음절을 참고하기 바란다.

있다. 여기에서 '岐=伎'의 등식이 성립하므로, '岐'와 '伎'는 음가가 같다고 할 수 있다. 그런데 이 '岐, 伎'의 용례와 '紀'의 용례를 대비해 보면 일치하는 단어가 전혀 없으므로, 이 둘은 이음 관계이다. 이것은 '岐=伎'와 '紀'의 음가가 서로 다름을 뜻한다. 결론적으로, '岐'와 '伎'는 동음 관계이므로 동일한 음가를 배당해야 하고, 이들과 '紀'는 이음 관계이므로 '紀'에는 다른 음가를 배당해야 한다.

이러한 연구 방법을 창안한 것은 사실은 契沖阿闍梨(1640～1701년)와 本居宣長(1730～1801년)으로 거슬러 올라간다. 契沖은 상대 일본어에서 '入る'와 '居る'의 표기가 서로 다름을 발견했고, 本居宣長은 ø행의 'イ, エ, オ'와 W행의 'ウィ, ウェ, ウォ'를 표기하는 두 행의 가나가 서로 다른 음가일 수 있다는 것을 처음으로 지적했다. 또한 '여자, 女'를 뜻하는 단어는 '賣'로 표기하고 '米'로는 표기하지 않는다는 사실을 발견했다. 우리의 용어로 '賣'와 '米'는 이음 관계이다. 따라서 우리의 동음/이음 관계를 처음으로 발견한 것은 本居宣長이라고 할 수 있다. 本居宣長의 제자인 石塚龍麿가 50음도의 모든 가나를 대상으로 삼아 『假名遣奧山路』(1798년)에서 구체적인 예를 들어 가면서 이것을 증명했다.[18] 상대 일본어에서 청탁이 구별되었다고 한 것도 石塚龍麿가 처음이다.

우리의 동음 관계는 크게 보면 한어 중고음 연구의 숨통을 텄던 청나라 학자 陳澧(1810～ 1882)의 계련법(系聯法)과도 상통한다. '東'은 德紅切이고 '紅'은 戶公切이며 '公'은 古紅切이다. 여기에서 '東, 紅, 公'의 운모가 동음 관계임을 알 수 있다. 한편, '冬'은 都宗切이고 '宗'은 作冬切이므로 즉 '冬'과 '宗'은 계련 관계이므로 '冬'과 '宗'의 운모는 동음이다. 그런데 '東, 紅, 公'의 운모는 '冬, 宗'의 운모로 기술하지 않는다. '東, 紅, 公'과 '冬, 宗'이 서로 엄격히 구별되므로 이 둘은 이음 관계이다. 이에 따라 '東, 紅, 公'을 東韻으로 아우르고 '冬, 宗'을 冬韻으로 아우르되, 東韻과 冬韻이 이음 관계임을 반영하여 이들에 서로 다른 음가인 /uŋ/과 /oŋ/을 각각 배당한다. 이 예에서 볼 수 있듯이, 계련 관계는 우리의 동음 관계이고, 계련이 되지 않으면 우리의 이음 관계이다.

18 'エ, キ, ケ, コ, ソ, ト, ヌ, ヒ, ヘ, ミ, メ, ヨ, ロ'의 13종 음절에서 두 가지 종류의 구별이 있다고 했다. 이것을 재발견한 것은 橋本進吉(1917/49)이다.

우리는 石塚龍麿와 陳澧의 연구 방법을 현대 언어학에 맞추어 변용했다. 우리의 동음 관계는 영어로는 interchangeable relation이고, 이음 관계는 non-interchangeable relation이다.

상대 일본어의 동음/이음 관계를 알기 쉽게 도표화하면 아래와 같다. 이 도표에서 음영을 넣은 부분은 '岐'로도 표기되고 '伎'로도 표기되는 단어를 가리킨다. 구체적으로는 '那岐=那伎奴'{泣, 鳴}, '迦豆岐=迦豆伎'{潛き}, '岐許=伎許'{聞}의 세 단어이다. 이처럼 두 음가나의 용례 중에서 동음 이표기 쌍을 찾을 수 있으면 두 음가나는 동음 관계이다. 반면에 '紀'처럼 용례가 동떨어져 있어서 동음 이표기 쌍을 찾을 수 없으면 이음 관계이다.

(2) 동음 관계와 이음 관계

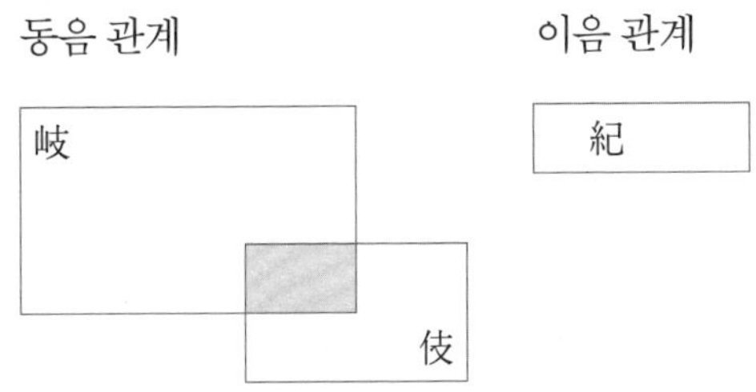

『고사기』와 『일본서기』 자료는 『만엽집』 자료에 비하여 전체 총량이 아주 적다. 따라서 『고사기』와 『일본서기』에서는 동음 이표기 쌍이 딱 한 쌍에 불과하더라도 바로 동음 관계를 인정한다. 반면에 『만엽집』 자료는 그 총량이 아주 많으므로 동음 이표기 쌍을 적어도 세 쌍 이상 찾을 수 있을 때에만 동음 관계를 인정한다. 다만, 조사나 활용형 등의 문법 형태가 동음 이표기 쌍일 때에는 바로 동음 관계를 인정한다. 문법 형태는 대부분 출현 횟수가 아주 많기 때문이다.

우리는 위와 같은 방법으로 만요가나를 음운론적 분석에 적극적으로 이용한다. 그런데 有坂秀世(1933/55: 192)는 "우리나라 음을 확정할 때에 만요가나는 거의 도움이 되지 않는다"고 하여 만요가나의 한계를 지적했다. 만요가나의 목록에 한정하여 관찰한다면 이 말이 전적으로 옳다. 대부분의 일본 학자들이 만요가나의 목록에만 관심을 가지고 그 전체 용례에 대해서는 별로 관심을 기울이지 않는다. 그러나 특정 텍스트에 나오는 만요가나의 용례를 모두 모아 서로 대비해 보면, (2)에 보인 것처럼 동음 관계인 만요가나가 있는가 하면 이음 관계인 만요가나가 있다. 이 동음 관계와 이음 관계를 정확히 구별해 낼 수 있다면, 만요가나보다 더 좋은 자료가 달리 없다. 이 점에서 우리는 有坂秀世(1933/55: 192)와 정반대의 견해에 선다.

우리의 두 번째 연구 방법은 50음도의 동일 칸에 온 여러 음가나를 한어 중고음으로 상호 대비하는 방법이다. 우리는 이토 지유키(2011)(이진호 역)을 좇아서 한어 중고음을 아래의 (3)에 제시한 것처럼 [ ] 안에 표시한다. 예컨대 '岐'의 중고음 음가를 [群開A平支]의 다섯 자리로 표시한다.

(3) 『고사기』 '岐, 伎, 紀'의 중고음과 그 수용

1. 岐[群開A平支]=/gje/^{L} 〉 キ/ki/
2. 伎[群開B上支]=/gɪe/^{R} 〉 キ/ki/
3. 紀[見開C上之]=/kɪə/^{R} 〉 キ^{乙}/kə/

이때에 첫째 자리의 '群'은 성모(聲母)의 자리이다. 이토 지유키(2011)(이진호 역)에서는 성모를 42종으로 나누었다. 다섯째 자리의 '支'는 운모(韻母)의 자리이고, 중고음 운모에는 64종이 있다. 이때의 운모는 平上去入의 성조(聲調) 구별을 무시한 운목(韻目) 단위이다. 넷째 자리의 '平'은 성조를 나타낸다. 여기에서 성조를 平·上·去·入의 네 가지로 나누어 명시하기 때문에 운모를 운목 단위로 제시해도 문제될 것이 없다. 둘째 자리는 개합(開合)을 표시하는 자리인데, 개구·합구·중립의 세 가지로 표시한다. 셋째 자리는 等의 자리이고, 등에는 1·2·3·4의 네 가지 등이 있다. 그런데 3등은 다시 하위분류하여 A·B·C의 셋으로 나눈다. '岐'의 [群開A平支]에서 셋째 자리를 A라고 표시했으므로 '岐'는 등이 3등 A이다. 중고음 표시 방법에 대한 더 자세한 설명은 이승재(2018: 45~55)로 미룬다.

위의 (3)에서 '='의 뒤에 표시한 음가는 이승재(2018)이 재구한 전기 중고음

음가이다. 오른쪽 어깨에 표시한 것은 성조 표시이다. 평성은 L(level), 상성은 R(rising), 거성은 D(departing), 입성은 E(entering)로 표시한다.

(3)에서 '〉'의 뒤에 둔 것이 『고사기』 음가나에서의 음가이다. 용례 분석에서 '岐'와 '伎'가 동음 관계였으므로, 이 두 음가나에 공통적으로 갑류의 キ/ki/를 배당한다. キ/ki/는 キ[甲]/ki/의 '[甲]'을 생략한 것이다. 반면에 '紀'는 이들과 이음 관계였으므로, '紀'에는 キ/ki/를 배당하지 않고 을류의 キ[乙]/kə/를 배당한다.

용례 분석의 결과를 제대로 반영하려면 '岐'와 '伎'의 음가는 같아야 하고, 이들과 '紀'의 음가는 서로 달라야 한다. '岐'와 '伎'의 동음 관계는 한어 중고음에서 바로 확인된다. '岐'와 '伎'의 성모가 群母/g/로 동일하고, 운모도 支韻/je~ɪe/으로 동일하기 때문이다. 반면에 '紀'는 이들과 성모도 다르고 운모도 다르다. 見母/k/·之韻/ɪə/이다. 따라서 '紀'가 '岐, 伎'와 이음 관계라는 사실을 한어 중고음으로 금방 확인할 수 있다.

그런데 (3)과 같이 『고사기』 음가나에 음가를 배당할 때에, 두 가지 질문이 제기된다. 첫째, 한어 중고음에서 유성음인 群母/g/가 『고사기』 음가나에서 어찌하여 청음 /k/로 수용된다고 하는가? 둘째, 중고음의 支韻/je~ɪe/이 『고사기』 음가나에서 어찌하여 /i/ 모음으로 수용된다고 하는가? 중고음의 음가를 그대로 수용하여 '岐, 伎'가 『고사기』 음가나에서 ゲ/ge/로 수용된다고 해도, 위의 용례 분석 결과를 두루 충족하기 때문에 이런 의문을 제기할 수 있다.

동일 칸에 온 음가나의 상호 관계를 논증할 때에, 위에서 두 가지 방법을 제시했다. 첫째는 용례 대비를 통하여 동음/이음 관계를 논증하는 방법이고, 둘째는 한어 중고음 음가를 참고하여 논증하는 방법이다. 그런데 이 두 가지 논증 방법과 더불어 항상 고려해야 할 것으로 후대 일본어 어형이 있다. 후대 일본어 어형은 오히려 위의 두 가지 방법보다 더 우선적인 판단 기준이 된다. 만요가나의 음가나를 50음도에 배치할 때에 후대의 일본어 어형이 가장 중요한 기준이 되기 때문이다.

4장의 (132~134)에 열거한 것처럼, '岐, 伎'와 '紀'는 『고사기』 가요에서 항상 청음 /k/를 표기하고 탁음 /g/는 표기하지 않는다. 가요 해독에 활용된 언어가 비록 현대 일본어이기는 하지만, 현대 일본어가 이처럼 규칙적으로 상대 일본어에 대응한다면 '岐, 伎'와 '紀'의 자음이 청음 /k/라고 믿을 수밖에 없다. 이에 따라 우리는 '岐, 伎'의 중고음 성모인 群母/g/가 『고사기』 음가나에서 청음 /k/로 수용되었다고 기술한다. 이와 마찬가지로, 중고음의 支韻/je~ɪe/이 『고사기』 음가나에서 /i/ 모음으로 수용되었다고 본다. 『고사기』 음가나 중에서 운모가 支韻/je~ɪe/인 것은 '岐, 伎, 斯, 爾, 迩, 知, 彌, 宜, 是'의 9자인데, 현대 일본어로 해독한 결과에 따르면 '宜, 是'의 두 자는 모음이 /e/이지만 나머지 일곱 자는 모음이 /i/이다. 다수의 『고사기』 음가나에서 支韻/je~ɪe/이 모음 /i/에 대응하므로, 支韻/je~ɪe/이 모음 /i/로 수용된다는 원칙을 세울 수 있다.

『고사기』 음가나가 한어 중고음을 수용하는 과정은 사실은 차용음운론의 일종이다. 현대 한국어에는 순치마찰음 /f, v/가 없으므로 영어의 /f, v/를 각각 양순파열음 /ㅍ, ㅂ/으로 대체하여 수용한다. 또한 유성의 치조마찰음 /z/가 없으므로, 영어의 /z/를 구개파찰음 'ㅈ'으로 대체하여 수용한다. 외국어를 차용할 때에 이와 같이 항상 대체 수용이 일어나는데, 이것은 현대 일본어에서도 마찬가지이다. 현대 일본어의 모음은 /a, i, u, e, o/의 5종뿐이므로, 'super(market)'의 /ə/ 모음을 'スーパ'의 /a/ 모음으로 대체하여 수용한다. 영어의 1음절 단어 'cup'을 일본어의 음절구조에 맞추어 'カップ'로 수용한다.[19]

이와 마찬가지로, 상대 일본어에서 한어 중고음을 수용할 때에도 대체 수용이 일어난다. 외국어를 자국어로 차용할 때에 이 대체 수용 현상이 항상 일어나므로, 『고사기』 음가나에서 중고음의 유성음 群母/g/를 청음 /k/로 대체하여 수용하거나 중고음의 支韻/je~ɪe/을 모음 /i/로 대체하여 수용하는 현상이 전혀 이상할 것이 없다. 이 대체 수용 과정을 통하여 상대 일본어의 음운체계와 음절구조를 오히려 더 선명하게 그려낼 수 있다.

결론적으로, 위의 (3.1~2)에서 '岐, 伎'에 공통적으로 キ/ki/를 배당한 것은 차용음운론의 대체 수용으로 이해하면 잘못될 것이 없다. '紀'의 성모인 見母/k/와

19 橋本進吉(1942)는 대체 수용의 예로, 'Tibet, medias'를 각각 'チベット, メリヤス'로 수용한 것을 들었다.

운모인 之韻/ɪə/를 각각 /k/와 /ə/로 수용한 것도 사실은 대체 수용의 일종이다.

전기 중고음에서는 /k, kʰ, g/가 자음체계에서 삼지적 상관(三肢的 相關)을 이루지만, 상대 일본어에서는 /k, g/가 이지적 상관(二肢的 相關)을 이룬다. 이것은 전기 중고음의 /k/가 가지는 대립적 가치가 상대 일본어와 다르다는 것을 뜻한다. 따라서 중고음의 /k/와 『고사기』 음가나의 /k/는 표기상으로 동일하지만 음운대립의 관점에서는 서로 다른 존재이다. 전기 중고음에서 之韻/ɪə/의 운복모음 /ə/는 전설저모음 /ɛ/와 음운론적으로 대립하지만, 상대 일본어에서는 전설저모음 /ɛ/가 없으므로 /ə/와 /ɛ/의 음운대립이 없다. 중고음의 之韻 운복모음 /ə/와 『고사기』 음가나 '紀'의 모음 /ə/가 표기상으로 동일하지만, 구조주의 관점에서는 그 음운론적 대립관계가 서로 다르다. 따라서 '紀'의 음가 キ乙/kə/에서도 대체 차용이 일어났다고 보아야 한다. 결론적으로, 외국어를 차용할 때에는 항상 대체 수용이 일어난다고 일반화할 수 있다.

'岐, 伎'에 공통적으로 キ/ki/를 배당하면서 '紀'에 キ乙/kə/를 배당하면, 기본모음 /a, i, u, e, o/의 5종에 /ə/ 모음을 더하여 6모음이 된다는 문제가 발생한다. 여기에서 상대 일본어의 모음체계가 5모음체계가 아니라 6모음체계, 7모음체계, 8모음체계였다는 논의가 성립한다.

우리도 이 문제를 본격적으로 다룰 예정이므로, 여기에서 먼저 갑류(甲流)와 을류(乙流) 모음의[20] 차이를 알기 쉽게 정리해 둔다. 갑류 모음은 기본모음 /a, i, u, e, o/의 5종을 가리키고, 을류 모음은 여섯째, 일곱째, 여덟째로 설정되는 모음을 가리킨다. 이것이 가장 이해하기 쉬운 정의이다. 만약에 8모음설을 취한다면, 을류 모음으로 /i, e, o/의 짝이 되는 세 가지 모음을 새로 설정한다. 반면에, /a, u/의 두 가지 모음에는 을류 짝이 없다.

그런데 학자마다 을류 모음 세 가지를 표기하는 방법이 서로 다르다. /ï, ë, ö/

20 갑류 모음과 을류 모음이라는 명칭은 橋本進吉(1942)에서 사용되기 시작했다. 갑류와 을류의 구별이 없는 음절도 있는데, 이런 음절의 모음을 우리는 갑류로 간주한다. 또한 특정 음가나의 모음을 갑류로 볼 것인지 을류로 볼 것인지 학자마다 조금씩 차이가 난다는 점도 지적해 둔다.

로 표기하기도 하고 /î, ê, ô/로 표기하기도 하며 /ɨ, ə, ɔ/로 표기하기도 한다. 어느 것이 정확한 것인지 확정할 수 없으므로, 음가를 구체적으로 명시하지 않고 각각 イ乙, エ乙, オ乙로 지칭하는 것이 일반적이다. 7모음설에서는 이 셋 중에서 둘을 취하고, 6모음설에서는 이 셋을 하나로 통칭하여 바로 을류 모음이라고 하면 된다. 5모음설에서는 을류 모음을 하나도 설정하지 않는다.[21]

8모음설을 대표하는 것으로 橋本進吉(1917/49), 有坂秀世(1933/55), 大野晋(1953, 1974, 1982) 등이 있다. 이 8모음설은 "일본어학의 세계적 상식"으로 널리 알려져 있다. 7모음설은 森博達(1981)과 馬淵和夫(1973/1999)를 들 수 있다. 구체적으로 7모음설이라고 표현하지 않았지만, 馬淵和夫(1999: 128~129)는 [â, i, ə, u, e, ɛ, o]의 7모음을 사용했다. オ乙의 [o]와 구별하기 위하여 オ甲의 표기에 [uo]를 사용했는데, [uo]가 단모음이라면 이 학설은 8모음설이 된다.[22] 森博達(1981)은 エ乙을 복합모음 /əi/로 보았으므로, エ乙이 을류 모음에서 제외된다. 원시일본어가 주요 대상이지만, Bjarke and Whitman(2004)도 7모음설의 일종이다. 6모음설을 대표하는 것으로 服部四郎(1959, 1976a, 1976b), Martin(1959), 宋敏(1975), 山口佳紀(1985: 123)가 있다. 5모음설은 Lange(1973), 松本克己(1975, 1976, 1995)가 대표적이다.

특히 8모음설에서는 세 가지 음절결합 법칙을 세워 상대 일본어에서 모음조화의 흔적을 찾아낸다.

(4) 상대 일본어의 음절결합 법칙

1. 갑류의 オ열음과 을류의 オ열음은 동일 결합단위 내에서 공존하는 일이 없다.
2. ウ열음과 을류의 オ열음은 동일 결합단위 내에서 공존하는 일이 적다.
3. ア열음과 을류의 オ열음은 동일 결합단위 내에서 공존하는 일이 적다.

---

21 상대 일본어 대상의 모음체계 연구사는 山口佳紀(1985: 96~104)에 잘 정리되어 있다.

22 馬淵和夫(1970, 1973, 1979)의 만요가나 음가 추정은 집필 때마다 달라진다는 문제가 있다.

이 법칙을 有坂秀世(1933/55)와 池上禎造(1932)가 거의 동시에 세웠으므로 有坂·池上법칙이라고 부르는데, 한마디로 요약하면 을류의 オ열음은 갑류의 オ·ウ·ア열음과 동일 결합단위 내에서 공존하지 않는다는 법칙이다. 달리 말하면 オ열음에서는 을류 모음은 을류 모음끼리 서로 어울린다는 법칙이므로, 이것을 모음조화의 특수 형태라고 할 수도 있다.

그러나 우리는 이 음절결합 법칙이 オ열음에 한정되므로 이것을 모음조화라고 부르지 않는다. 이 법칙을 모음조화라고 지칭하려면 이러한 음절결합 법칙이 イ열과 エ열에서도 설정되어야 하는데, イ열과 エ열에서는 음절결합 법칙이라고 부를 만한 것이 제시된 바 없다. 또한 갑류의 オ甲, イ甲, エ甲이 서로 결합하고 을류의 オ乙, イ乙, エ乙이 서로 결합하는 현상도 발견되지 않는다. 예컨대, オ乙과 イ乙이 결합하는 사례와 オ乙과 エ乙이 결합하는 사례가 거의 없다(福田良輔 1965/88: 146~148). 반면에 중세 한국어에는 양성모음 /ㅏ, ㅗ, ㆍ/와 이에 대립하는 음성모음 /ㅓ, ㅜ, ㅡ/가 있는데, 중성모음 /ㅣ/를 별도로 하면 양성모음은 양성모음끼리 결합하고 음성모음은 음성모음끼리 결합한다. 따라서 중세 한국어에는 모음조화가 있지만, 상대 일본어에는 모음조화가 없었다고 간주한다.

위의 (3.1)에서 우리는 '岐'의 음가를 キ/ki/라고 표시했는데, 이것을 キ[甲]/ki/라고 표시하는 것이 더 정확하다. 그런데도 우리는 キ/ki/를 선호한다. 모음 /i/가 갑류인 기본모음에 속하므로 잉여적인 甲을 생략해도 무방하기 때문이다.

중요한 것은 KI 음절뿐만 아니라 KO 음절에서도 을류 모음을 설정할 필요가 있다는 점이다. 위의 (3.3)에서 KI 음절의 '紀'에 キ[乙]/kə/를 배당했는데, 4장의 KO 음절에서 논의하겠지만 KO 음절인 '許'에도 コ[乙]/kə/를 배당하게 된다. 이것은 キ乙과 コ乙에 동일 음가 /kə/를 배당한 것이므로, 그래도 되는 것인지 당연히 의심해야 한다.

그런데 『고사기』 음가나에서는 '나무' 즉 '木, 樹'를 KI 음절인 '紀'뿐만 아니라 KO 음절인 '許'로도 표기했다. 이것은 '紀'와 '許'가 (2)의 동음 관계임을 뜻하므로, '紀'와 '許'에 동일 음가를 배당하는 것이 오히려 정확하다. 더욱이 '紀'와 '許'의 중고음 수용 양상을 참고하면 이것이 더 분명해진다. '紀'의 중고음 운모는 之韻/ɪə/이고, 아후음 뒤의 之韻/ɪə/은 만요가나에서 항상 을류의 /ə/로 수용된다. '許'의 중고음 운모는 魚韻/ɪo~ɪə/인데, 魚韻/ɪo~ɪə/도 만요가나에서 항상 을류의 /ə/로 수용된다.[23] 之韻/ɪə/과 魚韻/ɪo~ɪə/이 항상 /ə/로 대체되어 수용되므로, 전기 중고음으로도 '紀'와 '許'의 동음 관계가 증명된다.

위의 논의에 따르면, 세 가지 을류 모음이 설정된다고 하여 바로 8모음설을 주장해서는 안 된다. 예컨대 K행에서 キ乙, ケ乙, コ乙의 세 가지 을류 모음이 설정된다면, 이들 상호 간에 동음 이표기 쌍이 있는지 없는지를 반드시 다시 검토해야 한다. 『고사기』 음가나에서는 '紀'의 キ乙, '氣'의 ケ乙, '許'의 コ乙이 동음 관계임이 드러난다. '나무'(木)를 표기하는 '紀'와 '許'가 동음 이표기 쌍이고, 이와 같은 방법으로 '氣'와 '許'의 동음 이표기 쌍도 찾을 수 있기 때문이다. 따라서 『고사기』 음가나의 K행에서는 을류 모음으로 /ə/ 하나만 설정해도 된다.

동일 음절을 둘 이상의 음가나로 표기하면, 일본 학자들은 바로 이들 음가나에 서로 다른 음가를 배당하려는 경향이 있다. 大野晉(1953)과 大野透(1962) 이후로는 대부분의 학자들이 이들 음가나가 동음 관계인지 이음 관계인지를 별로 따지지 않는다. 선배 학자들이 갑류와 을류로 분류해 놓은 것을 신빙해서일까, 너무나 당연한 것이라서 논의를 생략한 것일까?

우리는 용례 대비를 통하여 두 가지 음가나가 이음 관계임이 확인될 때에만 갑류 모음과 구별되는 을류 모음을 설정한다. 일본 국어학자들도 최소대립 쌍을 제시함으로써 이음 관계임을 논증하고 을류 모음을 설정한다. 그러나 대개 여기에서 그친다는 점이 문제이다. 을류 모음 상호 간의 관계를 거의 묻지 않는다. 이 태도에 따르면 상대 일본어의 모음은 당연히 8모음체계가 된다.

이와는 달리 우리는 을류 모음 상호 간의 관계가 동음 관계인지 이음 관계인지를 다시 검토한다. 이 검토 과정을 반드시 거친다는 점에서 우리는 기존의 연구와 크게 차이가 난다. 예컨대 キ乙과 コ乙이 동음 관계임이 확인되므로 우리는

23 [부록]의 '가요 텍스트별 한어 중고음의 대체 수용'을 참고하기 바란다.

이 둘에 동음 /kə/를 배당한다. 그러다 보면 8모음설은 자동적으로 부정된다. 기존의 연구에서는 을류 모음을 설정할 때에 갑류 모음과의 구별에만 초점을 맞추었지만, 우리는 을류 모음 상호 간의 음운대립도 반드시 검토한다.

우리의 연구 결과에 따르면, 『고사기』 음가나는 7모음체계에서 6모음체계로 변화하는 마지막 단계이고, 『일본서기』 음가나는 6모음체계가 완성되기 직전이다. 『만엽집』 음가나는 6모음체계에서 5모음체계로 변화하는 마지막 단계이고, 5모음체계가 완성된 것은 平安(헤이안) 초기 구체적으로는 9세기 4/4분기이다. 모음체계의 통시적 변화를 체계적이고도 효과적으로 보여 준다는 점에서 우리의 이 결론보다 더 나은 것은 없다.

그런데도 우리의 결론과 달리 8모음설을 주장한다면 그것은 아마도 아래 셋 중의 하나일 것이다.

첫째, 『고사기』·『일본서기』·『만엽집』 자료를 텍스트별로 분리하지 않고 한 덩어리로 합쳤을 것이다. 이 전통은 石塚龍麿(1798)의 『假名遣奥山路』로부터 시작한다. 동일 음절의 표기에 두 가지 가나가 사용되었다면 이 두 가지 가나의 용례를 따로따로 정리하되 『고사기』·『일본서기』·『만엽집』의 순서로 정리했다. 이것이 大野透(1962)까지도 그대로 이어진다. 이처럼 모든 종류의 모든 자료를 망라하여 모으면, 거꾸로 논지가 불분명해질 때가 많아진다.

자료를 망라하여 한 군데로 모으는 방법은 『고사기』·『일본서기』·『만엽집』 음가나가 동일한 언어를 반영한다는 전제를 깔고 있다. 그러나 馬淵和夫(1999: 153~154)가 제기한 것처럼, 상대어가 모두 단일 언어인가 하는 문제가 제기된다. 음운조직·음가·음운법칙·어휘·어법이 모두 동일하다면 단일 언어로 묶을 수 있지만, 이들의 동일성이 아직 증명된 바 없다고 했다. 우리는 이 문제 제기에 동의하여, 자료를 『고사기』·『일본서기』·『만엽집』의 셋으로 분리하여 기술한다. 그리하여 시간의 흐름에 따라 음운체계가 점진적으로 변화한다는 것을 증명하려고 한다.

만약에 기존의 연구 방법처럼 상대어를 단일 언어로 보아, 모든 상대 일본어 자료를 망라하여 한 곳으로 모으면 음가나의 총량이 아주 커진다. 그리하여

1,000자[24] 이상의 음가나를 대상으로 용례를 분석하다 보면 여덟 번째 모음까지도 설정해야 할 가능성이 있다. 그러나 이 방법은 텍스트 상호 간의 표기법 차이를 무시한 것이므로 옳지 않다. 예컨대, 『고사기』와 『만엽집』에서는 한어 중고음의 유성음을 탁음으로 수용하지만 『일본서기』에서는 탁음청화를 반영하여 청음으로 수용한다. 이것이 정확한데도 3종 가요 텍스트의 음가나를 하나로 묶어서 기술하게 되면, 상대어에 청탁 구별이 없었다는 아주 엉뚱한 결론이 나올 가능성이 있다. 이처럼 잘못된 결론이 나올 가능성을 배제할 수 없으므로, 무턱대고 자료를 하나로 합치면 안 된다.

또한 3종의 자료를 한 덩어리로 뭉쳐 놓으면, 연구 결과로 나온 모음체계가 구체적으로 어느 시기의 모음체계인지를 특정할 수가 없다. 상대 일본어 내에서 일어나는 미세하고도 점진적인 변화를 포착하지 못한다는 점에서 우리는 이 방법을 따르지 않는다.

모든 상대어 자료를 한 덩어리로 묶어서는 안 된다는 것을 MO 음절의 '母'와 '毛'로 확인해 보자. 『고사기』에서는 MO 음절을 표기하는 음가나로 '母'와 '毛'가 사용되었다. 『고사기』에서 이들의 용례를 대비해 보면 이 둘이 이음 관계이므로, '母'와 '毛'에 서로 다른 음가를 배당해야 한다. '母'의 한어 중고음은 [明中1上侯]이고, 이승재(2018)이 재구한 전기 중고음은 /məu/^{R}이다. 반면에 '毛'의 중고음은 [明中1平豪]=/mɑu/^{L}이다. 이에 따라 '母'에는 갑류의 モ/mo/를 배당하고 '毛'에는 을류의 モ^{乙}/mə/를 배당하면, '母'와 '毛'의 이음 관계 즉 음운론적 대립관계를 정확히 기술할 수 있다.

그런데 『만엽집』에서는 상황이 달라진다. '母'와 '毛'의 동음 이표기 쌍으로 '伊母=伊毛{妹}, 古騰母/胡藤母=古杼毛{子ども}, 等母=等毛{件}' 등이 있다. 『만엽집』에서는 '母'와 '毛'가 동음 관계임이 분명하므로, 이들에 동일 음가를 배당해야 한다. 이에 따라 우리는 '母=毛'의 등식을 세우고 이들에 동일 음가 モ/mo/를 배당한다. 『고사기』에서 을류의 モ^{乙}/mə/였던 '毛'가 『만엽집』에서 갑류의 モ/mo/로

24 上代語編修委員會(1967/83)의 『時代別 國語大辭典-上代編』(三省堂)의 부록에 수록된 음가나는 1,000종이 넘는다.

합류한다. 이것을 우리는 『고사기』의 MO 음절에서 갑류와 을류의 구별이 있었지만 『만엽집』에서는 갑류와 을류가 モ/mo/ 하나로 합류하는 통시적 변화가 일어났다고 기술한다.[25]

이처럼 동일 음가나라 하더라도, 텍스트에 따라 배당되는 음가가 얼마든지 서로 달라질 수 있다. 따라서 『고사기』 음가나와 『만엽집』 음가나를 무턱대고 하나로 합쳐서는 안 된다. 서로 분리해서 기술해야만 갑류와 을류의 합류 과정, 을류와 을류의 합류 과정을 정확히 기술할 수 있다.

둘째, 텍스트별로 자료를 나누어 정리했다 하더라도, 딱 한 번만 사용된 음가나까지 분석의 대상으로 삼는다면[26] 여덟 번째 모음까지도 설정하게 된다. 그런데 두 음가나의 용례가 극소수라면, 용례를 대비하여 동음 관계인지 이음 관계인지를 판단하기가 아주 어렵다. 두 음가나의 용례가 적으면 적을수록, 동음 관계일 가능성은 줄어들고 이음 관계일 가능성은 커진다. 이음 관계가 많아질수록 설정되는 모음의 종류도 많아지므로, 모든 음가나를 망라하여 분석하면 여덟째 모음까지도 설정하게 된다.

그러나 용례가 극소수인 두 음가나의 이음 관계는 사실은 자료의 부족에서 비롯된 우연한 이음 관계일 가능성이 크다. 자료 부족 탓으로 우연히 이음 관계가 된 두 음가나에 서로 다른 음가를 배당하는 것은 옳지 않다. 이에 따라 우리는 용례가 많은 텍스트별 대표자를 중심으로 동음 관계인지 이음 관계인지를 판단한다. 그래야만 용례 분석의 신빙성이 커지고, 나아가서 변이음 기술이 아니라 음소 위주의 음운론적 기술이 가능해지기 때문이다.

용례가 극소수라서 믿을 수 없는 음가나의 예로 『일본서기』에서 지명 '奈良'을 표기한 '乃樂'을 들 수 있다. '乃'의 한어 중고음은 [泥開1上咍]이고, 이승재(2018)에 따르면 그 전기 중고음이 /nəi/^{R}로 추정된다. 그런데도 이 '乃'가 지명 '奈良'의

25 이 합류는 『일본서기』 음가나에서 이미 확인된다.

26 용례가 극소수인 음가나는 편찬자 개인의 취향에 따라 사용되었을 가능성이 있으므로 편찬자 집단에 공유된 것이 아니라고 할 수 있다(馬淵和夫 1999: 116). 또한 오자·오사·오독의 혐의가 상존하므로, 신뢰도가 떨어진다.

'奈'를 표기하므로 독특하게도 咍韻/əi/이 ナ/na/의 /a/로 수용되었다고 보아야 한다.

그런데 이 특이성은 '乃樂'이 문장표기가 아니라 어휘표기라는 데에서 비롯된다. 大野透(1962: 80, 372)와 森博達(1991: 21~22)이 논의한 바 있듯이, 『일본서기』 본문 기사에 '乃樂山'이 나오고 이 기사의 '乃樂'이 가요의 표기에 그대로 채용되었다. 이 '乃樂'은 한문 기사에 나오는 어휘표기를 그대로 채용한 것이므로 표의적 표기일 가능성이 크다. 이 가능성은 '乃樂'의 '樂'에서도 확인된다. 『일본서기』 가요에서는 입성자를 사용하지 않는 것이 원칙인데도 /-k/ 운미를 가지는 '樂'을 사용했으므로, '乃樂'은 예외적인 표기임이 분명하다. 『일본서기』 한문 기사에서는 고유명사의 표기에 입성자를 사용하기도 하므로 '乃樂'이 정상적인 표기이다. 그러나 『일본서기』 가요에서는 입성자를 사용하지 않는 것이 원칙이므로 '樂'은 분명히 예외적인 표기이다.

고유명사 표기에서는 義字的 음가나 특히 좋은 의미를 가지는 글자가 사용될 때가 많고, 운미가 있는 글자를 사용함으로써 連合가나·二合가나로 표기될 때가 많다(大野透 1962: 773). 이 점에서 우리는 가요 표기에 나오는 고유명사 표기를 별로 신용하지 않는다.[27] 차용 한자어도 마찬가지이므로, 음운론적 분석에서는 고유명사 표기와 차용 한자어를 분석 대상에서 제외한다. 가요에 표기된 일상어·상용어만을 분석한다는 점에서 우리는 大野透(1962)보다는 大野晋(1953, 1982)의 태도에 가깝다.

중요한 것은 '乃樂'과 같은 예외적 표기가 대부분 극소수의 용례밖에 없는 음가나에서 발견된다는 점이다. '乃'뿐만 아니라 '樂'이 『일본서기』 전체에서 딱 한 번 사용되었다. 『일본서기』 음가나에서 운모가 /a/로 수용된 '乃, 幡, 伽, 作, 樂' 등도 1~2회밖에 사용되지 않았다. 더욱이 '幡'는 '播'의 오자일 가능성이 크다(森博達 1991: 23). 극소수의 용례뿐인 음가나는 표의적 성격이 강하거나 오자일 가능성이 항상 제기된다. 신뢰도가 떨어지고 한편으로는 음운분석을 오도할 수도 있으

27 福田良輔(1965/88: 142~145)은 고유명사 표기에서는 有坂·池上법칙이 적용되지 않는다고 했는데, 이것도 고유명사 표기의 특수성을 대변해 준다.

므로 우리는 이들을 분석 대상에서 일괄적으로 제외한다.

우리는 『고사기』 음가나의 107자, 『일본서기』의 199자, 『만엽집』의 176자를 음운 분석의 대상으로 삼는다. 이들은 용례가 상대적으로 많은 음가나이다. 언뜻 보기에 아주 적은 분량의 가나만 분석했다고 오해할 수도 있다. 그러나 有坂秀世(1933/55)가 모음의 음운론적 분석을 끝내고 음가를 열거한 가나가 겨우 98자이고[28] 자음론을 마치고 음가를 열거한 가나가 92자였다.[29] 이에 비하면 우리의 분석 대상이 결코 적은 양이 아니다. 3종의 텍스트에 나오는 음가나를 종합하면 총 332자나 된다(권미의 [부록] 참조).

셋째, 우리는 음운론적 분석에서 훈가나를 모두 제외했지만, 훈가나도 분석 대상에 포함하다 보면 여덟째 모음까지도 설정할 수 있다. 『고사기』 음가나에서는 KI 음절을 표기할 때에 (3)의 '岐, 伎, 紀'가 사용된다고 했는데, 여기에 훈가나 '寸'을 추가하여 용례를 분석하다 보면 모음이 하나 더 추가될 가능성이 있다. 훈가나 '寸'의 용례와 음가나 '岐, 伎, 紀'의 용례가 전혀 일치하지 않는다면 즉 이음 관계라면 KI 음절에서 제3의 모음 하나를 더 추가해야 한다.

그런데 이때에는 훈가나 '寸'에 어느 음가를 배당해야 할지 머뭇거리게 된다. 한어 중고음과 같은 기원적 음가를 훈가나에서는 제시할 수 없기 때문이다. 그런데 이보다 더 심각한 문제가 우리를 기다린다. 『고사기』와 『일본서기』 텍스트에서는 훈가나가 사용되지 않고 『만엽집』에서 주로 사용된다는 점이다. 따라서 훈가나를 분석 대상에 포함하면 텍스트별 대비가 무의미해지고 자료의 균일성이 한꺼번에 무너진다. 이것을 미연에 방지하기 위하여 우리는 모든 훈가나를 분석 대상에서 제외한다.

훈가나에 음가를 배당하는 방법이 없지는 않다. MI 음절을 표기하는 훈가나 '身'과 '見'을 그 예로 들어 보자. '身'은 을류의 ミ乙이라 하고 '見'은 갑류의 ミ甲

28 有坂秀世(1933/55: 446)에 열거되어 있는데, 이 중에서 有坂秀世가 스스로 확신하지 못하여 의문부를 단 것이 32자이므로 믿을 만한 음가나는 66자로 줄어든다.

29 有坂秀世(1933/55: 667~668)에 열거되어 있는데, 의문부를 달지 않은 것과 중복되지 않은 것은 72자에 불과하다.

이라 하는데(犬飼隆 2005a: 80), 이것이 일본의 정설이다. 그런데 이 갑을 구별은 음가나의 음가에 의존하여 유추한 것이다. 『만엽집』 P군에서 '見る' 동사의 '見'을 '美, 彌'로 표기했으므로, 음가나 '美, 彌'의 음가 ミ/mi/를 훈가나 '見'에 대입하여 '見'을 ミ甲이라 한다.[30] 반면에, 『만엽집』 P군에서 명사 '身'의 표기에 '未, 微'가 사용되었고 음가나 '未, 微'가 을류의 모음을 가지므로, 훈가나 '身'도 을류의 모음을 가진다고 기술한다. 이와 같은 방법으로 훈가나에도 갑류와 을류 모음을 구별하여 배당할 수 있다.

그러나 훈가나의 음가 배당은 항상 텍스트별 음가나에 의존하여 연동된다는 점을 잊어서는 안 된다. 『고사기』·『일본서기』 가요에서는 훈가나 '身'이 사용되지 않았지만, 『고사기』에서는 음가나 '味, 微'로 명사 '身'을 표기했고 『일본서기』에서는 음가나 '微'로 '身'을 표기했다. 이것을 활용하여 훈가나 '身'이 을류의 ミ乙을 표기한다고 예측할 수 있다. 이것은 훈가나의 음가를 추정할 때에 결국은 음가나의 음가에 의존할 수밖에 없다는 것을 잘 보여 준다.

그런데 이때에도 주의할 것이 있다. 훈가나가 대부분 『만엽집』에 와서야 비로소 사용되기 시작한다는 점이다. 『고사기』와 『일본서기』 가요에서는 훈가나를 사용하지 않는 것이 원칙이므로, 훈가나에 음가를 배당하는 것은 엄격히 말하면 『만엽집』 가요의 훈가나로 한정해야 한다. 만약에 훈가나에도 음가를 배당했다면, 그것은 대부분 『만엽집』 음가나의 음가를 대입한 것이라 해도 틀리지 않는다.

한편, 상대 일본어의 음절에 몇 가지가 있었는지 관심을 기울이기도 한다. 예컨대, 有坂秀世(1933/55) 이래로 1~2회 사용된 극소수 음가나까지도 분석의 대상으로 삼아 『일본서기』 가요에서 88종(또는 87종)의 음절을 확인할 수 있다고 한다. 8모음설을 따르고 있기 때문이다. 그러나 6모음설을 따르거나 자료를 정리하는 방법을 달리하면 음절의 총수는 얼마든지 달라질 수 있다.

우리의 연구 결과에 따르면 『일본서기』 음가나는 6모음체계에 가장 가까우

30 이것도 '美'의 ミ甲과 '彌'의 ミ乙이 『만엽집』에서 하나로 합류했음을 증명해 준다. 森博達(1991: 40)에서는 '美'가 갑류인지 을류인지 판단하기 어렵다고 했는데, 그 원인은 『일본서기』의 MI 음절에서 이미 갑류와 을류가 합류했다는 데에서 찾을 수 있다.

므로[31] 이론적으로 84종의[32] 음절이 가능하다. 6모음체계에서는 체계적 공백인 øE·JI·WU의 세 음절을 제외하면 81종의 음절이 최대치이다. 우리처럼 『일본서기』 가요에서 5~6회 이상 사용된 199자의 음가나로 한정하여 분석하면, 『일본서기』 β군 음가나의 음절은 67종이고, α군의 음절은 66종이다. β군에서는 øO·GE·GƎ[33]·ZA·ZI·ZE·ZƎ·ZO·DI·DO·NU·BU·BE·RO·WƎ의 15음절이 우연한 공백이고, α군에서는 øO·GI·GE·GO·SO·ZA·ZE·ZƎ·ZO·DI·DO·BU·BE·BƎ·RO·WƎ의 16음절이 우연한 공백이다.

일본 국어학자들처럼 『일본서기』의 모든 음가나를 분석 대상으로 삼으면, 이 공백을 많이 줄일 수 있다. 그러나 우리는 이것이 언어학적으로 무의미하다고 본다. 자료의 총량이 적을수록 우연한 공백이 많아지고, 자료의 총량이 많을수록 우연한 공백이 줄어들기 때문이다. 예컨대 『만엽집』 P군의 모음체계를 5모음체계로 간주하면 우연한 공백이 하나도 없다. 『만엽집』 P군의 음가나 총량이 아주 많고 더욱이 어휘 형태를 표기한 음가나가 아주 많으므로 여기에서는 공백이 발생하지 않는다. 반면에 『만엽집』 Q군의 음가나 총량은 P군에 비하여 적고 어휘 형태를 표기한 음가나도 상대적으로 아주 적은 편이므로, Q군에서는 우연한 공백이 발생하여 ZE·BO의 두 음절이 공백이다. 이것은 특정 텍스트를 대상으로 몇 종의 음절이 존재했는지를 논의하는 것이 언어학적으로 무의미하다는 것을 보여 준다.

오히려 더 중요한 것은 각 텍스트별로 몇 종의 모음을 모음체계에 등록할 것인가 하는 문제이다. 자음과 모음의 종류가 많아질수록 설정되는 음절의 종류가 많아지고, 종류가 줄어들수록 설정되는 음절의 종류도 줄어든다. 따라서 우리는 자음체계에 몇 종의 자음을 설정하고, 모음체계에 몇 종의 모음을 설정할 것인가 하는 문제에만 집중하기로 한다.

---

31 MI 음절에서만 제7의 모음 /ɨ/가 설정된다.

32 '10열 × 6모음'의 60종에다 K·S·T·P행의 탁음 '4행 × 6모음'의 24행을 더한 수치이다.

33 제6의 여섯째 모음을 여기에서는 Ǝ로 표기했다. 이하 같다.

2. 만요가나·만엽가·『만엽집』

萬葉假名(만요가나)란 일본의 현행 가나와 대조되는 문자로, 예전에 일본어를 표기하고자 사용한 한자를 이르는 명칭이다. 한자를 眞名(마나)라고 하는 것과 구분하여 假名(가나)라고 하는데, 가나는 한자의 일부를 취하거나 자형을 변형하여 생겨난 片假名(가타카나)와 平假名(히라가나)를 가리킨다. 그러므로 만요가나는 자형이 온전한 한자이므로 眞假名(마가나)라고도 한다.[1] 히라가나와 가타카나가 성립하기 이전에는 한자 자형을 유지하는 만요가나로 일본어를 표기해 왔다. 한자 자형의 차용문자인 만요가나는 히라가나와 가타카나 발생의 기반이며, 만요가나라는 용어는 일본어 가요를 수록한 『萬葉集』에 쓰인 가나라는 의미에서 나왔다고 한다.

2장에서는 만요가나, 만엽가, 『만엽집』에 관련된 제반 사항을 정리하는 데에 목표를 둔다. 나아가서 가요 표기를 어떻게 해독하는지 그 역사도 정리하고, 우리의 가장 큰 관심사인 상대 일본어의 모음체계 논쟁도 간단하게 정리한다.

---

1 헤이안시대에는 히라가나를 '칸나', 가타카나를 '가타칸나'라고 불렀다. '칸나'는 '카리나(かりな)'의 음편형이며, '가타칸나'의 '가타'는 불완전·부조화의 의미를 나타낸다(築島裕 1969/78: 254).

2.1. 만요가나

만요가나는 한자가 일본에 전래된 후로 일본의 고유명사를 표기하는 데에 처음으로 쓰이기 시작한다. 그 뒤로 일본어의 일반 어휘를 표기하거나 일본어의 문장을 표기할 때에도 사용되고 이 만요가나가 히라가나와 가타카나 발생의 기반이 된다.

2.1.1. 만요가나의 발생과 발달

2.1.1.1. 금석문과 고문서

만요가나 중에서 한자의 음을 이용한 음가나(혹은 字音가나)가 먼저 발생했고, 한자의 뜻을 이용한 훈가나(혹은 字訓가나)는 한자의 숙달에 의해 그 뒤에 나타난다. 한자의 전래와 숙달·보급에 관한 역사적 기록은 『일본서기』에 나타나 있다.

(1) 한자 전래의 역사적 기록

1. 応神 8년: 阿花王, 王子直支를 파견하다. (3월조 백제기 인용)
2. 応神 14년: 秦씨의 선조인 弓月君 백제에서 來朝. (是歲條)
3. 応神 15년: 백제왕, 阿直岐를 파견하여 좋은 말 2필을 바치다. (8월 정묘조)
   태자 菟道稚郎子 이에 師事하다
4. 応神 16년: 王仁 내조, 태자 菟道稚郎子 이에 師事하다. (2월조)
   왕인이 『논어』, 『천자문』을 가져오다. (『고사기』)
5. 応神 20년: 倭漢直의 선조 阿知使主, 그 아들 都加使主들이 도래하다. (9월조)

이들 기술은 応神조인 4세기 말에서 5세기에 걸쳐 많은 백제인이 도해한 것을 상징적으로 보여 준다. 『논어』와 『천자문』 전래 이후에는 한자 표기가 일본에서 본격적으로 시작되었다고 보아도 될 것이다. 그 한 예가 「稻荷山古墳鐵劍銘」이다.

(2) 5~6세기의 문자 기록

1. 辛亥年七月中記乎獲居臣上祖名意富比垝其兒多加利足尼其兒名弖已加利獲居其兒名多加披次獲居其兒名多沙鬼獲居其兒名半弖比 (稻荷山古墳鐵劍銘, 471년 표면)

   其兒名加差披余其兒名乎獲居臣世々爲杖刀人首奉事來至今獲加多支鹵大王寺在斯鬼宮時吾左治天下令作此百錬利刀記吾奉事根原也 (稻荷山古墳鐵劍銘, 471년 뒷면)
2. 癸未年八月日十大王年男弟王在意柴沙加宮時斯麻念長泰遣辟中費直穢人今州利二人等所白上同二百早所此竟 (隅田八幡宮人物畵像鏡銘, 503년?)
3. 治天下獲加多支鹵大王世奉事典曺人名无利弖八月中用大鐵釜四尺廷刀八十練九十振三寸上好刊刀服此刀者長壽子孫洋々得三恩也不失其所統作刀者名伊太和書者張安也 (江田船山古墳太刀銘, 5세기 후반)

(2.1)의 「稻荷山古墳鐵劍銘」은 1978년에 발견되었으며 이 발견 이전에는 (2.2)와 (2.3)의 금석문이 최고의 문자 기록으로 알려져 있었다. 일본에서 제작된 것 중에서 가장 오래된 것으로 알려진 「稻荷山古墳鐵劍銘」은 신해년(471년)으로 시작되는 115자의 한자로 표기되었다. 여기에는 '乎獲居'[ヲワケ]를 비롯하여 십여 개의 인명과 지명이 기록되었다. '意富比垝[オホヒコ], 多加利足尼[タカリスクネ], 弖已加利獲居[テヨカリワケ]' 등에서 '意[オ], 富[ホ], 已[ヨ]'는 일본 한자음 중에서도 오래된 오음과도 다른 음 즉 古音 또는 古韓音이다. '足尼[スクネ], 獲居[ワケ]'와 같이 운미(韻尾)가 있는 한자를 이용한 연합가나 표기도 섞여 있고, '足'[スク]와 같이 한 글자가 두 음절을 표기하는 이합가나도 등장한다. 이들 고한음·연합가나·이합가나는 이 철검명을 일본인이 작성한 것이 아니라 도해인(渡海人)이[2] 작

2 도해인은 기존의 귀화인 또는 도래인을 대신하는 명칭이다. 역사적으로 고분문화를 가져온 4~5세기 기술자 집단과 6~7세기 아스카문화를 형성한 韓民族의 왕족과 문

성한 것임을 증명해 준다(沖森卓也 2003: 20~21).

금석문 자료 중에서 6~7세기의 것은 매우 적으며 推古(스이코, 593~628년) 유문으로 정리된 6세기 말에서 7세기 초까지의 문자 자료는 10점 정도이다. 姜斗興(1971/82)에 의하면 여기에 쓰인 음가나가 모두 80자인데 이중 65자가 상용가나이며 이 중에서 64자가 한국의 고대 이두자(吏讀字)와 일치한다.

한문으로 작성한 문장이 7세기의 불상과 석비에 적혀 있으나 수적으로 많지 않다. 몇 예를 들되, 일본어가 섞여 있는 부분에 밑줄을 쳤다.

(3) 7세기의 금석문

1. 歲次丙寅年正月生十八日記高屋大夫爲分韓婦夫人名阿麻古願南无頂礼作奏也 (法隆寺藏菩薩半跏像銘, 606)
2. 戊子年十二月十五日朝風文將其零濟師慧燈爲嗽加大臣誓願敬造釋迦佛像以此願力七世四恩六道四生俱成正覺 (釋迦如來及脇侍像銘, 628)
3. 池邊大宮治天下天皇大御身勞賜時歲次丙午年召於大王天皇与太子而誓願賜我大御病太平欲坐故將造寺藥師像作仕奉詔然當時崩賜造不堪者小治田大宮治天下大王天皇及東宮聖王大命受賜而歲次丁卯年仕奉 (法隆寺金堂 藥師佛光背銘, 667)
4. 辛己歲集 月三日記 佐野三家定賜建守命孫黑賣刀自此新川臣兒斯多丶弥足尼孫大兒臣娶 生兒長利僧母爲記定文也放光寺僧 (山ノ上碑, 681?)

(3.1)의 '阿麻古'[アマコ]와 (3.2)의 '嗽加'[ソガ]는 인명이고, (3.2)의 '以'에는 일본어 어순이 반영되어 있다. (3.3)은 일본어 어순으로 작성되었는데, 그 중에서 '賜'는 한국어 주체 경어법 '-시-'의 영향을 받은 것이라고 한다. (3.4)는 군마현 高崎(다카사키)시의 고분 앞에 세워진 묘비인데, 석비 중에서는 이른 시기의 일본

화인을 구분한다. 전자의 사람들은 중국에서 한반도를 거쳐 온 사람들로서 주로 중앙에 거주한 반면에, 학문·불교·책력·의술 등을 전한 후자의 사람들은 주로 동북 지방에 정주하였다고 한다.

어 표기가 반영된 것으로 알려져 있다. 밑줄 친 동사 '定賜'와 '爲'가 한문 어순과 다른 일본어 어순이고, 높임의 조동사 '賜'가 사용되었으며 '佐野'[サノ]와 '斯多弥'[シタタミ]는 인명 표기에 해당한다.

7세기 전반의 자료로 推古(스이코) 유문이라고 불리는 聖德(쇼토쿠) 태자 관계 문헌이 있다. 그러나 이들은 단편적 기록일뿐더러 현재 남아 있는 사본이 후세의 것이라서 신용할 수가 없다. 예를 들면 이들을 논거로 삼아 상대 특수가나 표기법에서 U열에도 갑을 구별이 있었다는 학설이 제기된 적이 있다. 그러나 O열 을류와 U열의 만요가나가 하나의 의미 단위 안에서 공기한다고 하더라도 鎌倉(가마쿠라) 시대의 사본이므로 믿을 수가 없다.

7세기 후반의 금석문도 몇 점 전해진다. 예를 들면 (3.3)의 『법륭사약사불광배명』은 이른 시기의 변체한문으로 작성되었다고 하여 자주 거론된다. (3.4)에 인용한 군마현 高崎(다카사키)시의 『山ノ上碑』는 지방의 일본어 구문이 반영된 예로 알려져 있다.

일본에 한자가 전래된 이후로 推古유문까지의 자료에 출현하는 만요가나를 모아 보면 아래의 (4)와 같다.[3] 탁음자는 '°' 표로 표시하고, 딱 한 번 출현하는 만요가나도 '*' 표를 붙여 포함했다.

이들 만요가나는 후세에까지 전해진 것도 있고, 사라진 것도 있다. '意[オ^{乙}], 止[ト^{乙}], 乃[ノ^{乙}], 富[ホ^{甲}], 賣[メ^{甲}], 米[メ^{乙}]'는 吳音과 다르지만 후세에까지 사용되었다. '宜[ガ], 義[ゲ], 至[チ], 移[ヤ], 里[ロ]'는 후세에는 쓰이지 않았으나, 표음이 달라져서 '宜'와 '里'가 각각 [ギ・ゲ]와 [リ]를 표기한다. 또한 [ヤ]를 표기할 때에는 '移' 대신에 '也' 또는 '八'처럼 자체가 간단한 가나로 대체되기도 한다. 그러나 '宜[ガ], 義[ゲ], 移[ヤ]'는 大寶 2년(702년) 戶籍帳에서도 보이므로 이때까지는 명맥이 이어진 것으로 보인다.

3 春日政治(1933: 16) 假名發達史序說의 推古朝遺文假名字母表에 새로운 자료를 더한 것이다. 姜斗興(1971/82)의 가나 자모표도 稻荷山古墳鐵劍銘 발견 이전의 것이다.

(4) 5세기에서 7세기 전반까지의 만요가나

	A	I		U	E		O	
ø (ア)	阿	伊夷		有宇汙			意	
K (カ)	加宜°奇°	岐吉支	歸己鬼	久	居擧介支*	希義	古垝	己
S (サ)	佐沙作差	斯司思次°自°					巷	
T (タ)	太多侈陁°	知至智遲°		都	弖代帝		刀	止等
N (ナ)	那奈	尒		蕤奴	尼		乃	
P(ハ)	波披半	比	非	布夫	俾		凡富菩	
M (マ)	麻明末	弥	未	牟无	賣弥*馬*	米	-	母
J (ヤ)	夜移			由			-	与已余
R (ラ)	羅良	利里*		留鹵*	礼		里	
W (ワ)	和獲	韋					乎	
SUKU				宿足				

일본의 인명·지명을 표기하는 한자는 한자의 음을 기초로 한 음가나이다. 이처럼 음가나가 먼저 발생한 이래로, 한자의 훈을 익혀서 7세기 말엽에 이르러 훈가나가 성립하였다. 소위 正倉院 문서라고 하는 1차 실물자료 중에서 大寶 2년 호적장에는 특히 훈가나가 많이 나타난다.[4] 이 호적장은 세금을 걷기 위한 호구조사의 문서이다.

御野國(뒤에 美濃國)·筑前國·豊前國·豊後國의 호적장에 나타난 702년의 글자를 推古朝의 것과 비교해 보면, 어려운 글자가 많이 사라지는 변화가 나타난다. 이들 고문서에서는 그 대신에 '衣[エ], 於[オ], 志[シ], 世[セ], 曾[ソ], 万[マ], 武[ム], 毛[モ], 也[ヤ], 流[ル]' 등 평이한 글자가 새롭게 사용되고, 이들이 후세의 가나에서 중요한 위치를 차지한다. 'つムつ𛀙' 같은 약체문자가 발생한 것, 훈가나가 많이 생긴 것, '蘇我·巷宜'처럼 동일 인명을 서로 다른 글자로 적을 수 있게 된 것, '姉つ賣, 移和妻, 縣主族つ止女' 등에서처럼 음가나와 훈가나의 교용표기가 나타난 것

4 이러한 훈가나의 발생과 일본어 어순으로 된 문장쓰기에는 한자의 훈을 이용하는 신라인의 경험이 관여했을 것이라고 한다(河野六郎 1957).

등도 고문서 표기의 특징이라 할 수 있다(春日政治 1933, 築島裕 1981: 27~28).

이 호적장에서 많은 수의 인명 표기에 사용된 만요가나를 표로 보이면 아래와 같다. 탁음의 뒤에는 '°' 표를 붙이고, 훈가나는 '/' 표의 뒤에 두었다.

(5) 大寶 戸籍帳(702년)에 쓰인 만요가나[5]

	A	I		U	E		O	
ø (ア)	安阿	伊以		汗宇	衣/得		意於	
K (カ)	加智賀°我°何°宜°	支伎吉	貴	久	祁下義°	–	古吾°	己許其°
S (サ)	佐沙	志師斯自司		須	世西°		蘇所/衣	曾
T (タ)	多當/田	知智治°/千		都つ豆/津	弖代提/手		刀斗度°	止等杼
N (ナ)	奈那/名	尒		奴	尼泥年/根		怒弩/野	乃
P(ハ)	波方?把婆°	比毗/日	非肥斐	布夫甫福	[illegible]	倍閇[illegible]	富/穗	
M (マ)	麻万/眞	弥美/見	尾/身	牟ム武	賣咩/女	米/目	毛	母
J (ヤ)	夜也移/屋八			由遊	/江		–	与余
R (ラ)	良羅	利理里		留流	礼		漏	呂
W (ワ)	和	爲/猪井			惠		乎	

7세기까지의 금석문 등의 만요가나는 아마도 한반도 서적의 음차자나 불전의 梵語音譯字母와 밀접한 연관을 가졌을 것이다. 후세에 전할 의도로 금석문이라는 형태를 택하여 매우 신중하고 정성을 들여 표기했을 것으로 추측된다. 전적의 경우도 마찬가지이다.

이에 비해 문서와 같은 실용의 세계에서는 후세에 길이 전하려는 의식은 별로 없이 실용 본위로 당시 상용하는 평이한 글자를 즐겨 사용했을 것이다. 702

5 春日政治(1933: 35)을 참조하여 작성하였다.

년 호적장의 가나를 보면 일반적으로 평이한 글자가 많고, 그 중에 '怒[ノ], 弩[ノ], 福[フ], 甫[フ]'와 같은 특이한 자형도 있지만 소수이고 또 사용되는 범위도 筑前國 등 일부에 편중되어 있었던 것으로 보인다. 또 '義[ゲ], 代[テ], 移[ヤ]' 등 7세기에 사용된 글자도 소수에 불과하다.

2.1.1.2. 목간

나라시대의 목간에서 새로이 가나로 정착한 것으로는 '於[オ], 志[シ], 蘇[ソ], 卩[ヘ], 万[マ], 美[ミ], 也[ヤ], 流[ル], 爲[ヰ]' 등이 있다. 아래 (6)의 표는 長屋王家 木簡(708~716년)의 만요가나인데 비슷한 시기의 자료인 『고사기』가 탁음과 청음을 구분하여 표기한 것과 달리 하나의 글자가 탁음과 청음에 다 쓰이는 특징이 있다. 행을 나누어 표를 제시하였으므로, 탁음과 청음 양쪽에 다 쓰이는 글자를 확인할 수 있다.

犬飼隆(2005/11)의 서론의 기술에 의하면, 일본의 금석문과 8세기 문헌자료 사이에는 언어자료의 공백이 있었다. 그러나 목간이 발굴됨에 따라 7세기의 언어를 살펴볼 수 있게 되었다. 일본이 국가체제를 갖추면서 율령의 제정(669년 近江令, 701년 大寶令), 대학의 운영 등으로 문서행정을 위한 한자·한문의 보급이 늘어나게 되는데, 7세기 중엽 지방 관아의 한자 사용 양상을 보이는 목간(木簡)이 근년에 다량으로 발굴되면서 많은 언어자료를 얻게 되었다.

목간은 문헌사학에도 큰 영향을 주었다. 7세기 말엽까지 사용되던 '評'이 『일본서기』에서는 律令을 좇아 예외 없이 모두 '郡'으로 바뀐다. 그런데 藤原京址에서 나온 목간에서 이것이 확인되었고(岸俊男 2011: 111), 이로 말미암아 郡評 논쟁에 종지부를 찍을 수 있게 되었다.

『일본서기』·『속일본기』는 8세기에 성립된 문헌이지만, 종래에는 나라시대의 인식에서 작성된 것이 아니라고 의심해 왔다. 그러나 나라현 飛鳥池 유적에서 '天皇'이라는 어구를 가진 목간이 출토되어, 7세기 후반에 '天皇' 개념이 실제로 존재했음이 증명되었다. 天智천황·天武천황·額田왕이 살아 있던 시대에 이미

‘天皇’이라는 칭호가 사용되었음이 실증된 것이다.

(6) 長屋王家 木簡에 쓰인 만요가나 (708~716년)[6]

	A	I		U	E		O	
ø	阿安	伊		宇	衣依		意於隱	
K	加可賀香/鹿	岐吉伎癸	紀貴(旣)	久玖	祁	氣	古高	許己
G	我加宜	支		久	祁	宜氣	古	期
S	佐舍相	志		須周	勢西/背瀨		蘇宗	曾
Z	射社佐	自						
T	多	知智/千		都/津	弖/手		斗刀/戸	止等
D	太	遲治地		豆頭都	弖		土	
N	那奈嚢/名	尒		奴努濃	尼祢/根		–	乃
P	波播	比毗	斐	布夫		閇	保富太	
B	婆波	毗比(美)	斐	夫		倍餅	保	
M	麻摩萬磨 万末/間(目)	美彌/三	/身	牟武 无務	賣	米	毛母茂	
J	夜屋			由			–	余与 豫/已
R	良羅	理利		流瑠	礼		漏	呂侶
W	和	/井					乎	

수도 주변뿐만 아니라 지방에서도 행정에 관련된 용어를 적은 목간이 많이 출토되었다. 德島縣 관음사유적은 阿波國府의 자리로 추정되는데, ‘國守’와 ‘五十戶’라고 적힌 7세기 후반의 목간이 출토되었다. ‘さと’라는 행정단위가 7세기에 시행되었고 그 표기가 ‘五十戶’이었으며 50호가 ‘一里’임이 드러났다. 長野縣 屋代 유적의 목간은 7세기 후반에서 8세기 초까지 걸치는데, 8세기 초의 목간 중에 ‘郡符木簡’이 있다. 상급기관에서 하급기관에 명령하는 문서임을 나타내는 ‘符’라

6 犬飼隆(2005/11)에서 제시한 『고사기』와 목간의 가나 대조표를 참고하여 이 표를 작성했다.

는 글자가 모두에 적혀 있고, 그 아래에 '屋代鄕長' 또 그 아래에 '里正'이라는 문구가 있다. 이 문구는 鄕·里라는 대소의 행정구획을 정하고 각각에 총괄책임자를 두어 율령제도를 실시했음을 증명해 준다.

이들 목간으로 7세기 후반에는 8세기와 마찬가지로 관인들이 한자를 써서 업무를 보았음이 확실해졌고, 한자가 보급되었다고 보는 시기도 더욱 거슬러 올라가게 되었다. 한자의 학습 자취를 보이는 7세기 자료도 출토되었다. 예를 들어 飛鳥池 유적에서 출토된 목간의 '推位讓國'은 『천자문』의 제23구이다. 관음사유적에서는 7세기 중엽의 『논어』 목간도 출토되었다.

이들 목간을 통하여 7세기에 이미 한자를 상당히 잘 사용했다는 사실이 드러났다. 이 한자 사용 능력을 전제하지 않으면 한자의 음독과 훈독, 일본어의 어휘와 문장을 적는 방법 등을 설명할 수가 없다. 음독에서는 소위 古韓音이 쓰였던 시기의 하한을 종래보다 내려잡을 필요가 있다. 아마도 수도를 나라로 옮기기 전까지 고한음의 양상이 농후한 음독이 일반 관인들 사이에서 정착되었고, 그것이 나라시대에 들어서도 어휘적으로 유지되었다. 훈독은 7세기 중에 대규모로 정비되었던 것이 분명하고, 일본어에 알맞은 자서도 편찬했을 가능성이 있다. 그것을 써서 일본어의 어휘와 문장을 표기하는 방법도 일찍부터 다양하게 개발되었다고 보아야 한다.

일본어사의 연구에서 7세기에서 8세기 초두의 목간은 일본어를 토대로 해서 작성되었다는 점에서 아주 귀중하다. 목간학회의 초기 연구에서는 목간의 문자열이 중국의 한어 문장이 아닐까 하고 신중하게 접근한 적이 있다.

그러나 1988년에 출토된 長屋王家 목간을 계기로 삼아 인식의 전환이 일어난다. 8세기 목간이기는 하지만, 東野治之(1999)는 왕가의 저택 내에서 주고받은 사적인 성격의 목간에서는 한자열에 일본어가 투영되어 있다고 지적하였다. 이에 앞서 1984년부터 행해진 滋賀縣 森ノ內 유적 발굴조사에서 7세기 말의 和文을 적은 것으로 보이는 목간이 출토되었으나, 고립적인 것일 가능성이 없지 않았다. 그러나 만 점 규모의 長屋王家 목간 중에서 일본어를 토대로 문장을 기록한 것이 적지 않으므로, 서기 700년 전후에는 전반적으로 일본어를 토대로 문장을

작성했다고 믿게 되었다. 藤原京 출토 목간의 '雪多降而甚寒'에 대하여, 東野治之(2002)는 정월원단 연회에서 참가 관리들을 위로하기 위해서 내리는 조칙의 초안이라고 지적했다. 또한 7세기 중반의 목간(大阪府 難波 궁적 출토)에 나오는 문장을 "やつこわれ罷る間, 盜みて此を以て"(그 자가 내가 쉬는 사이 훔쳐서 이것을 갖고)로 해독하여 和文을 쓴 것이 틀림없다는 견해를 제시했다. 만약에 이 견해를 수용하면, 위에서 언급한 금석문의 표기 양태도 이와 비슷하다고 해석할 수 있게 된다.

그 후에도 7세기의 목간이 속속 출토되어 그 표기법이 일본어 문장을 토대로 해서 작성된 것임이 증명되고 있다. 예전에 정격 한문에서 벗어난 문체라고 보았던 것은 나라시대 중기 이후의 平城京 목간에 토대를 둔 가상적 시나리오였음이 드러나게 되었다. 예컨대 옛 藤原京보다 새 平城京의 목간이 정격 한문에 더 가까운 것이 문제가 된 적이 있는데, 그 원인을 밝힐 수 있게 된 것이다. 시간이 흐름에 따라 후대의 관리들이 한문 서식에 훨씬 더 숙달되었기 때문이다.

언어사에서의 이 변화는 문학사 연구에도 수정을 요구하게 된다. 지금까지와는 다른 인식의 토대 위에서 『고사기』·『만엽집』을 읽지 않으면 안 된다. 일본어 운문을 쓴 목간이나 토기 등의 묵서·각서는 많지는 않으나 무시할 수 없을 정도의 출토 양이다. 이들의 대부분은 難波津(나니하쓰) 노래이다. 『만엽집』의 노래와 어구가 일치하는 것도 있으나 표기 양태와 歌句가 나타내는 의미 내용이 다르다.

이 사실을 그대로 수용하면 『만엽집』 표기는 관인들의 일상과 다른 특별하고 별난 것이 되고, 일반적 역사 기록에 나타나는 일본어의 표기법으로 『만엽집』 노래의 표기법을 진단하는 연구 방법은 과거의 것이 된다. 『만엽집』은 8세기 후반 이후에 편집된 하나의 텍스트이다. 그 내부에서 표기사의 변천을 보려고 해서는 안 된다. 7세기의 요소가 있다고 해도, 그것은 과거로부터의 투영이다. 『고사기』의 원본이 한자의 훈으로 기록되었는지 만요가나로 기록되었는지 하는 종류의 논의는 7세기 목간에서 이미 양쪽이 다 보인다는 사실 앞에서 무의미하게 되었다.

2.1.1.3. 한반도와의 관계[7]

7세기 목간은 고대 일본과 한반도의 관계를 기술하는 길을 열어 주었다. 일찍이 河野六郎(1957)이 "일본에서의 한자 사용은 한반도에서의 실험을 전제로 한다"고 했다. 대부분의 일본어사 연구자가 이 지적을 수용한다. 5세기의 中原高句麗碑에는 한문으로 읽을 수 없는 부분이 포함되어 있다. 그 내용은 고구려에서 신라를 향하여 권위를 세우는 것인데, 신라인이 읽을 것을 상정해서 고유어에 맞추어서 개조된 문체로 기록한 것이라고 추측하기도 한다(후지이 모리 2001). 고대 한일 관계를 논의할 때에 가장 중요한 것은 6~7세기의 목간이다. 이들과 일본열도의 한자 사용과의 관계에 대한 연구는 2004년에 한국의 국립창원문화재연구소가 『한국의 고대목간』을 일본어로 간행한 이후로 급속하게 그 성과가 올라가고 있다.

藤原京 목간 등 7세기 말의 일본 목간에는 '恐々受賜申大夫前筆'처럼 '前'자를 수신자 아래에 붙여 경의를 나타내는 용법이 나온다. 일본의 역사학에서 申前文書라고 부르는 형식인데, 이것이 藤原京 목간에서는 용례가 많지만 나라시대 이후에는 적어졌다. 李成市(1996)은 이 '前'자의 용법이 한반도 문서형식과 관계가 있다고 지적하였다. '戊辰年正月十二日'이라는[8] 어구로 시작하는 목간이 한국 하남시 이성산성이라는 백제 혹은 신라의 유적에서 출토되었다. 이 목간에서는 관직명에 해당하는 '須城道使村主'의 뒤에 '前'이 나오고, 아마도 그 위쪽에는 '申す'에 해당하는 글자가 있었던 것으로 추정된다. 수신자명에 '前'을 붙이는 전통적 편지 형식은 현대 한국에서도 그대로 쓰이고 있다. 따라서 한반도의 이 전통이 고대 일본의 申前文書로 전파되었을 가능성이 크다.

다음으로 한국 경주의 月池(안압지)에서 출토된 유물도 주목의 대상이다. 679년에 조영된 동궁에 월지가 있는데, 이 동궁의 연못은 앞서 674년에 조성되었다고 한다. 여기에서 출토된 유물 중에 '東宮衙鎰'이라는 어구가 새겨진 자물쇠가

7 犬飼隆(2005/11)의 기술을 따른다.
8 '戊辰'이라는 간지는 608년일 가능성이 있다.

있다. 李成市(1997, 2005)가 이 '鎰'의 용법을 보고하고, 犬飼隆(2005c)가 수용했다. '鎰'의 본래 뜻과 다른 의미의 용법이 고대 한반도와 일본 열도에서 공통적으로 행해졌던 것이 판명된 것이다. 즉 '鎰'자는 중국에서는 중량의 단위인데 일본에서는 예전부터 '열쇠, 자물쇠'의 뜻으로 사용한다. 『和名類聚抄』에 '今案俗人印鑰之處用鎰字非也'라고 있어, '鎰'이 오용으로 인식되면서도 널리 사용되었다는 것을 알 수 있다. '鎰'의 오용이 한반도와 공통적 현상이었음이 판명된 것이다. 아마도 한반도의 '鎰' 용법이 열도로 전파되었을 것이다.

중국에서의 본래 形音義와는 전혀 다르게 사용한 한자가 고대 한반도와 일본 열도에서 공통된다. 이것은 고유어에 맞추어 한자를 변용하여 수용한 것이므로, 고유어와 한자·한문과의 언어접촉을 연구할 때에는 동아시아 전체를 시야에 넣는 태도가 필요하다. 위에서 목간의 한자열이 일본어의 구조에 맞추어져 있다고 기술했는데, 이것이 백제·신라에서 비롯된 것은 아닌지 항상 비교·대조해 볼 필요가 있다.

일본에서 작성된 문자 자료가 한국에서 출토된 경우도 있다. 국립창원문화재연구소(2006)에 수록된 쌍북리 목간 중에서 '那尒波連公'이 특히 눈길을 끈다. '那尒波'는 일본 지명 '難波'의 이표기이고, '連'은 일본어의 'むらじ'에 해당하기 때문이다. 이 '那尒波連公'은 7세기 중반의 왜국과 백제의 긴밀한 외교 관계와 천무조 이전의 姓(가바네) '連公'의 실재를 증명하는 증거가 된다. 아마도 이 목간은 왜국에서 물품의 부찰로 보내졌는데, 백제의 관아에서 폐기되었을 가능성이 크다.

이승재(2017)은 목간 자료를 논거로 삼아 고대 한국과 일본의 관계를 심도 있게 논의하였다. 특히 기존의 구결·이두·향찰 등의 차자표기 전체를 아우르는 韓國字라는[9] 개념을 세우고 이것이 고대 일본에 전파되었음을 강조했다. 대표적인 것으로 '部'를 표기하는 한국자 '卩, 阝'가 일본에 전해져 '部'를 '卩, マ'로 표기하고, 곡물의 계량 단위를 표기하는 한국자 '石'{섬}이 平城京 목간에 그대로 전해져

9 독법을 기준으로 韓訓字와 韓音字로 나누고, 자형을 기준으로 韓半字와 韓製字로 나누었다. Lee SeungJae(2016)에서 자세히 논하고 있다.

'二石'{두 섬}에 사용된 것을 들었다. 백제의 표기법인 음가나 위주의 표기가 8세기 중엽까지의 고대 일본에서 널리 행해졌는데, 8세기 중엽 이후의 일본에서는 『만엽집』 표기에서 볼 수 있듯이 신라의 훈주음종 표기를 수용한다는 가설도 제기한 바 있다(李丞宰 2011, Lee SeungJae 2014b).

2.1.2. 8세기의 만요가나

8세기 나라시대(710~794년)에는 한문에 대한 친숙도와 숙련도가 높아져서 서적 형태가 나오게 되었다. 『고사기』(712년)·『일본서기』(720년) 등의 역사서가 편찬되고 각 지역(國)의 지지인 『風土記』(715~730년)가 나오며, 순한문 시집인 『懷風藻』(751년)가 편찬되고, 歌集 『만엽집』(745~783년)이 편찬되면서 인명·지명 등 고유명사뿐만 아니라 가요를 표기하는 데도 만요가나가 사용되었다.

2.1.2.1. 『고사기』의 만요가나

『고사기』의 훈주와 가요는 모두 1자 1음가나인데, 지명·인명에는 훈가나도 병용되고 있다. 훈주와 가요에 사용된 만요가나는 비교적 단순하여 하나의 음절에 한두 가나가 대응한다. 청음과 탁음이 구별되었으며 '迦[カ], 弊[ヘ甲], 微[ミ乙], 袁[ヲ]' 등은 대보 호적장에서는 보이지 않는 가나이다.

만요가나가 불전의 다라니 자모를 원용하였다는 견해도 있다. 본래 한문 안에서 표음적 표기와 표의적 표기를 혼용하는 것은 별로 예가 없으나, 한역 불전에서 음역된 범어를 교용한 예가 있다. 예를 들면 묘법연화경(구마라습 역)의 '耆闍崛山 觀世音菩薩 乾達婆王' 같은 것이다(神田秀夫 1950: 36). 이 예에서 밑줄 친 것이 음역자이다.

2.1.2.2. 『일본서기』의 만요가나

『일본서기』 만요가나의 특징은 자획이 많거나 복잡한 글자가 많다는 점이다. 이것은 아마도 본문 찬술의 동기나 의도와 관계가 깊을 것이다. 『고사기』와 달리 당과 한국 등의 외국에 대해서 자국의 입장을 선양하려는 의식이 작용했다는 것은 예전부터 지적되어 왔다. 정격 한문을 사용하고 중국의 사서와 경서 등에서 전거를 많이 인용하여 문장을 윤색한 것은 중국에 대해 일본 문화의 수준이 높음을 과시하려 한 것이다. 이 과정에서 전체적으로 어려운 자를 의도적으로 채용했다고 할 수 있다. 이 만요가나의 자모가 다라니 이외에도 전거가 있을 듯하지만 아직 증명된 바 없다.

『일본서기』 가나는 그 이전의 자료에서 사용된 바 없는 것이 대부분이고, 따라서 이 독자적 가나가 다음 시대에까지 전해지지도 않았다. 이렇게 특이한 글자는 일종의 장식적 의미를 가지는 데에 지나지 않고 실용성의 흐름 밖에 서 있는 것이었다. 따라서 헤이안 초기의 히라가나·가타카나의 성립과도 직접적으로 관련되지 않는다.

『일본서기』에 이어 『속일본기』·『일본후기』 등이 六國史로 찬술되었으나, 이들의 자모가 『일본서기』의 가나를 계승한 것이 아니다. 후대에는 평이하고 실용적인 가나를 사용했는데, 이것은 가나의 계승에 관한 한 실용성이 무엇보다도 중요한 기준이었음을 말해 준다(築島裕 1981: 41).

大野晉(1953)은 『일본서기』에 수록된 128수 가요와 훈주의 만요가나를 정리하고, 그 특징을 논한 바 있다. 청탁 표기가 혼란스러워 보이는 것은 만요가나의 배경음이 되는 중국 한자음의 차이에 기인한다고 했으며, 이 만요가나의 음이 중국 한자음을 재구할 때에 크게 기여할 것이라고 전망했다. 또한 만요가나를 제1기 推古조, 제2기 『고사기』·『만엽집』, 제3기 『일본서기』의 세 가지로 구분하여 각각의 만요가나 일람표를 제시한 바 있다. 이 세 가지 만요가나의 배경이 되는 중국 자음이 상고음에서 중고음으로 이행하는 양상과 방언적 편차를 보이고 있으므로, 시대구분을 고려한 만요가나 연구는 거꾸로 중국 상고음에서 중고음으로 바뀌는 과정을 기술할 때에 중요한 논거가 된다(大野晋 1976: 63).

森博達(1977)은 『일본서기』 전체 30권을 α군(권14~17, 권19, 권24~27)과 β군(권1~13, 권22~23)의 둘로 나눈다. α군은 단일한 한자음 체계를 따라 표기를 한 가요군이지만, β군은 부분적으로 왜습이 섞인 한자음을 사용한 가요군이다. 뿐만 아니라 문장에 쓰인 어휘·어법·문체에서도 일본식 전통이 β군에 편중되어 나타남을 밝혔다(森博達 1988). 전형적인 것 가운데 '有'와 '在'의 용법을 예로 들면, 원래 한문에서는 불특정한 사물의 존재를 나타내는 데에 '有'를 사용하고 특정한 사물의 소재에는 '在'를 사용하는 것이 원칙이다. 그런데 『일본서기』에서 '是玉今有石上神宮'{이 玉은 石上神宮에 있다}(권6)과 같이 '有'를 쓴 일본식 문장은 16예가 있는데, 14예가 β군에 속하고 2예가 α군에 속한다고 한다. 중요한 것은 α군의 2예가 권26의 주에 인용된 일본인의 문장이라는 점이다.

여기에서 α군을 집필한 사람이 누구일까 하는 의문이 제기된다. 고대사 연구에 중요한 14권부터는 續守言이 집필하고, 24권부터는 薩弘恪이 집필했다고 한다. 당나라 사람인 속수언은 660년 전쟁에서 백제군의 포로로 잡혀 일본에 와서 대학의 음박사를 지낸 사람이었다. 한편, 집필의 순서에서 β군이 α군보다 뒤진다는 것은 역법에서 잘 드러난다. α군은 오래된 元嘉曆을 이용한 반면에 β군은 새로운 儀鳳曆을 이용했다. 이것을 논거로 삼아 森博達(1999)는 β군의 찬술자로 山田史御方(야마다노후히토 미카타)를 지목한다. 미카타는 소위 도래인 집안의 인물로 신라에 학승으로 유학했고 귀국 후에 대학에서 가르쳤는데, 이는 『일본서기』의 β군이 불전이나 불교한문의 영향을 보이는 특색과도 합치한다.

(7) 『일본서기』 구분론

α군: 권14~17, 권19, 권24~27

β군: 권1~13, 권22~23

森博達의 연구에서 획기적인 것은 『일본서기』 α군의 原音依據說이다. 그 이전에는 有坂秀世(1957)의 만요가나 倭音依據說이 널리 알려져 있었다.

(8) 有坂秀世의 만요가나 왜음의거설

1. カ행 두자음이 牙音인 k-류 자음 외에 喉音 h-계통자를 쓰는 것.
2. 일본어 청음(カ행, サ행, タ행, ハ행) 두자음에 전청음자와 차청음자를 쓰고 있는 것.
3. ア열 모음을 나타내는 데에 歌韻의 후설 한자와 麻韻 2등의 전설 한자를 병용하는 것.

그러나 森博達의 연구에 따르면, (8.1)의 후음자와 (8.2)의 차청음자를 사용하는 권은 모두 β군에 속하고 (8.3)의 麻韻 2등은 α군에서도 두자음이 순음인 MA 음절의 표기에만 사용된다고 한다. 뿐만 아니라 α군에 쓰인 만요가나에는 8세기 당대 장안음의 특징인 전탁음의 無聲音化(약음화 또는 탁음청화)와 비음 성모의 非鼻音化(비음 요소 약화 또는 탈비음화)가 반영되어 있다. 이러한 특징이 반영된 한자음은 소위 일본의 한음이다. 여기에서 중국인이 『일본서기』 α군을 집필했다는 논리가 성립하므로 森博達의 일련의 연구를 획기적이라 평가할 수 있다.[10] 森博達(1981)은 α군의 한자음을 근거로 상대어의 모음체계를 7모음체계라 했으나, 더 이상 연구가 심화되지는 않았다.

2.1.2.3. 『만엽집』의 만요가나

『만엽집』 만요가나의 사용 양상은 매우 복잡하다. 현존하는 형태는 동일 편자가 일시에 만든 것이 아니며 예전부터 전해진 것을 그대로 적어 두거나 당시의 노래를 새로 적거나 해서 여러 요소가 복합되어 이루어진 것이다.

『만엽집』의 체재를 보면 노래 앞에 그 취지를 설명한 題詞, 노래 다음에 주를

---

10 이에 대한 반론으로 α군의 용자가 반드시 중국인에 의한 것이 아니라 왜음에서의 취향 선택일 가능성이 있다고 한 平山久雄(1982)가 있다. 이에 대한 답으로 森博達(1982)가 있고, 또 이에 대한 재론으로 平山久雄(1983)이 있으나 자세한 소개는 생략한다.

단 左注는 모두 한문이다. 그 사이에 和歌가 삽입되는 형식이므로, 漢詩集의 한시 부분을 和歌로 바꾼 형식으로 이해할 수 있다.

노래 부분의 표기는 천차만별이어서, 거의 한자의 正訓만으로 된 부분도 있고, 一字一音의 만요가나로 적힌 것도 있다. 전자는 금석문이나 『고사기』에 보이는 和化漢文과 통하는 면이 있고, 후자는 記紀가요와 같은 종류에 속한다. 그러나 『만엽집』의 가나 용법은 여러 종류의 중간적 혼합형태가 존재한다는 데에 특징이 있다. 正訓字 뒤의 어미 등에 만요가나를 첨가하거나 일자일음인 만요가나 속에 正訓의 한자를 섞어 쓴 것이 아주 많은데, 분량으로는 이러한 종류가 대부분을 차지한다. 개개의 가나에서도 복잡한 용법을 가진 것이 많아서 훈가나인지 음가나인지 가리기 어려울 때도 많은데, 이러한 특징으로는 달리 유례가 없을 정도이다.

『만엽집』의 소재에는 여러 가지가 있고, 대부분은 어느 정도 원형대로 모은 것일 것이다. 시기적으로 보아도 舒明朝(7세기 전반)에서 柿本人麻呂 등의 7세기 중엽을 거쳐 가장 늦은 연대인 天平寶字 3년(759년) 정월초하루의 大伴家持의 노래(권20, 4516)까지 100년 이상에 걸쳐 있다. 『만엽집』의 노래는 『고사기』와 『일본서기』처럼 전체가 일정한 규준에 의해서 정리된 것이 아니다. 자의적으로 써놓은 것도 있고 특이한 작가의식이나 기교의식에 의해 바뀐 것도 적지 않아서, 표기법의 관점에서는 여러 가지가 병존하고 있다.

2.1.2.4. 「仏足石歌碑」와 『歌經標式』의 만요가나

나라시대 후반에는 「仏足石歌碑」와 『歌經標式』이라는 문헌이 주목된다. 「仏足石歌碑」는 남도 藥師寺에 있는 것으로 傍의 仏足石記의 기사에서 天平勝宝 4년(752년)에 文室眞人智努가 기록한 것으로 되어 있다. 높이 187.9cm 폭 50cm 정도의 돌 면에 21수의 노래를 새겨 넣었고, 각 구의 음절 수가 5·7·5·7·7·7이라는 불족석체의 노래이다. 일자일음의 만요가나로 표기되어 있고 그 자체는 아래와 같다.

(9) 「仏足石歌」의 만요가나[11] ('°'는 탁음절)

	A	I		U	E		O	
ø	阿	伊		宇	衣		於	
K	可賀加我°(迦)	支伎岐	–	久具°	祁下家	氣義°	–	己期°
S	佐(舍)	志		須受°			–	曾敍°
T	多	知		都	弖		刀	止等
N	奈	尒		奴	祢		–	乃能
P	波婆	比鼻	–	布夫	覇	閇倍°	保	
M	麻	弥美	微	牟无	賣	米	毛母	
J	夜			由			–	与
R	良羅	利理		留流	礼		–	呂
W	和	爲胃			惠		乎	

이 중에는 '賀·祁·鷄·覇·羅·胃'처럼 자획 수가 많은 것도 포함되어 있고, 또 '我·具·義·期·受·敍·鼻·夫·倍'와 같이 탁음 가나도 쓰이고 있어서 문서와는 다른 면도 보인다.

한편, 『歌經標式』은 宝龜 3年(772년)에 藤原浜成에 의해 만들어진, 和歌 학문에 관한 책이다. 한문의 사이에 例歌를 제시하면서 일자일음의 만요가나를 사용하고 있다. 여기에 나오는 가나는 아래의 (10)과 같다.

이 문헌에서도 역시 '愛·伽·基·旨·詩·隄·遲·都[ト]·苫·努·破·婢·幣·摩·咩' 처럼 획수가 많은 글자를 사용하고 그중에는 '馬[バ]·哺[ヨ]·呼[ヲ]·烏[ヲ]'와 같이 다른 문헌에서는 잘 보이지 않는 것도 쓰고 있다. SO·NO 음절에서 갑류와 을류가 혼동된다는 점이 특징적이다.

11 築島裕(1981:63)의 표 10을 옮긴 것이다.

(10) 『歌經標式』의 만요가나[12] ('°'는 탁음절)

	A	I		U	E		O	
ø	阿	伊		宇	愛		於	
K	可何伽我°(迦)	岐伎	紀基宜°疑°	俱久具°	計	氣	古胡	己其°御°
S	佐	旨之詩		須受°	勢是		蘇	曾
T	他多陁太陞	知遲治		都豆°	弖		吐斗都	等止登苫
N	那奈	尒		奴努	祢		努	能
P	破婆馬°	比婢	非	不	弊幣	陪倍閇	保	
M	麻摩	美弥	味	牟	咩賣	–	母毛	
J	夜			由			喁	与
R	羅	利		留流	礼		路	侶呂
W	和	爲			惠		呼烏	

「仏足石歌」는 佛足石 찬가 신앙에 의한 경건한 종교의식의 표현이고, 『歌經標式』은 중국 시학에 근거하여 일본 和歌의 규범을 세우려고 한 학술적 저술이다. 이들은 실용을 취지로 한 것이 아니기 때문에 복잡한 자획의 가나를 채용한 것이 부자연스럽지 않다.

2.1.2.5. 『新譯華嚴經音義私記』의 만요가나

『新譯華嚴經音義私記』는[13] 당나라 實叉難陀가 번역한 80권본 『華嚴經』에 대한 音義인데,[14] 당의 慧遠이 찬술한 음의를 기본으로 해서 일본의 누군가가 가필한 것으로 생각된다. 그중에서 160여 항목에 만요가나로 和訓과 字音을 달았다. 아래에서 볼 수 있듯이 일자일음의 경향이 있었다.

---

12 築島裕(1981:64)의 표 11을 옮긴 것이다.

13 본서의 유일한 전본은 小川広巳씨 장본으로 나라시대 후반기의 사본이며 성립 연대도 그즈음으로 보인다.

14 음의는 경전에서 어려운 한자나 난해어를 골라 그것에 음과 의미의 주를 더한 것이다.

(11) 『新譯華嚴經音義私記』의 만요가나[15] ('°'는 탁음절)

	A	I		U	E	O	
ø	阿安	伊		宇于		於矣	
K	可加何°我°	伎技岐	奇	久具°	氣 偈°	古	己後°
S	左佐	之 士°自°		須受°	世	祖	曾
T	太多	知智 地°		都川豆°	天	刀止度等土°	
N	奈那	尒尼二而		奴	祢年	乃	
P	波	比鼻°	非飛°	布夫°	閇	保	
M	末麻	弥美		牟		毛	
J	夜			由	延頴叡	与	
R	良	利里		流留	礼	呂	
W	和汙				惠廻	乎	

그러나 キ는 '支, 技, 岐'로, ニ는 '二, 尒, 尼'로 표기하여 일음다자인 것도 있고, '智·都·年·閇·叡'와 같이 자획이 많은 자와 희귀한 자도 사용한다. '我[ガ]·何[ガ]·偈[ゲ甲]·士[ジ]·自[ジ]·受[ズ]·地[ヂ]·豆[ヅ]·飛[ビ乙]·夫[ブ]' 등의 탁음 전용가나를 사용한다는 점, 상대 특수가나 표기법의 구별이 적어도 キ·コ·ソ·ヒ 음절에는 남아 있다는 점 등에 주의할 필요가 있다.

이상, 나라시대의 만요가나를 문헌의 성격과 함께 살펴보았다. 편찬의식을 가지고 찬술한 서적류에서는 복잡한 자체의 글자를 사용하므로 반드시 실용 본위의 목적은 아니었다. 일자일음의 표기법을 택하면서도 훈가나보다 음가나를 상대적으로 많이 사용하며 청탁을 구별할 때가 많다. 반면에 목간을 포함하여 고문서류에서는 실용성의 추구가 본질이므로 일자일음을 기본으로 하면서도 자획이 적은 것을 택하는 경향이 강하고 음가나뿐만 아니라 훈가나도 섞어서 병용했다.

헤이안 초기에 들어가면 만요가나에서 히라가나와 가타카나가 파생되는데, 그 모체가 된 것은 서적류의 자모가 아니라 실용성을 기반으로 한 고문서와 목간의

15 築島裕(1981:65) 표 12를 옮긴 것이다.

가나였다. 히라가나와 가타카나의 성립 기반이 고문서 표기 또는 훈점 기입이라는 실용의 세계였으므로, 고문서와 목간의 가나가 채택된 것은 당연한 일이다.

2.2. 만요가나의 분류

먼저, 『만엽집』의 노래 표기는 크게 네 가지로 분류할 수 있다(春日政治 1946/83: 113~115).

(12) 『만엽집』의 노래 표기 양식

1. 白玉 從二手纏一 不レ忘 念 何畢 (권11: 2447)
2. 垂乳根乃 母之手放 如是許 無二爲便一事者 未レ爲國 (권11: 2368)
3. 何所爾可 船泊爲良武 安禮乃埼 榜多味行之 棚無小舟 (권1: 58)
4. 餘能奈可波 牟奈之伎母乃等 志流等伎子 伊與餘麻須萬須 加奈之可利家理 (권5: 793)

(12.1)의 표기는 人麻呂 가집의 노래에서 보이는데, 모두 정훈자만 사용하고 虛字를 사용하지 않으며 역독이 있어 가장 한문에 가깝다.[16] (12.2)의 표기는 일본어의 동사·명사를 정훈자로 표기하고 일본어 조사·조동사를 한문 조자로 표기하고 역독을 한다. 우리에게는 이 양식이 가장 읽기 어렵다. (12.3)의 표기는 음훈교용체 중에서 정연한 형식이다. 역독하지 않고 실자를 훈차 정훈 표기로 사용하고, 허자를 1자 1음가나로 사용한다. (12.4)의 표기는 1자 1음가나이고 記紀가요와 같은 종류에 속한다.

『만엽집』의 용자는 일본어를 표기하는 데 쓰이는 한자의 正用과 한자의 假用으로 나누고 각각 음과 훈으로 나누어 생각할 수 있다.

16 역독의 표시는 전도 표기 (レ), 숫자 표기(一, 二 등)으로 훈점 표기에서 유래한 것이다.

(13) 용자 분류의 틀

한자의 정용	한자의 가용
1. 字音으로 대응 〈정음자〉	3. 字音으로 대응 〈음가나〉
2. 字訓으로 대응 〈정훈자〉	4. 字訓으로 대응 〈훈가나〉

(13.1)은 정음자로서 法師[ほふし], 塔[たふ], 餓鬼[がき] 등에 해당한다. (13.2)는 정훈자인데, 앞의 (12.1～2)에서 본 대로 역독을 포함한 문장에서 'はな'를 '花'로 표기하고 'さく'를 '咲'으로 표기하는 것처럼, 한자의 본래 의미에 한자 본래의 일본어 훈을 대응시켜 표기한 것을 가리킨다. 그러나 (12.2)에서는 일본어의 조사·조동사의 자리에 한문 조자를 사용한다. 부정 조동사 'ず'를 '不'로 적거나, 의문조사 'か'를 '歟'로 표기하고 'かも'를 '哉'로 표기한다. 역독의 사용이 유지된다. (12.3)에서는 실사의 자리에 정훈자를 쓰고 허사의 자리에 만요가나를 사용한다. (12.4)는 실사의 자리에까지 만요가나를 사용하는 것이다.

(12)의 문장을 용자로 분석해 보면 아래와 같다.

(14) 용자 분석 예 (밑줄을 친 것이 정훈자이고, 아라비아 숫자는 글자 수를 가리킴)

1. 白玉 從ニ手纏一 不レ忘 念 何畢 (권11: 2447)
   정훈정훈 정훈역독정훈정훈 정훈역독정훈 정훈 정훈정훈
   → 白玉を 手に巻きしより 忘れじと 思ひけらくは 何か終ら
2. 垂乳根乃 母之手放 如是許 無ニ爲便一事者 未レ爲國 (권11: 2368)
   정훈*3조자 정훈조자정훈*2 정훈*2조자 정훈역독정훈*3조자 정훈역독정훈*2
   → たらちねの ははがてはなれ かくばかり すべなきことは いまだせなくに
3. 何所爾可 船泊爲良武 安禮乃埼 榜多味行之 棚無小舟 (권1: 58)
   정훈*2음가*2 정훈*3음가*2 정음*2음가정훈 정훈*2음가정훈음가 정훈*4
   → いづくにか 船泊てすらむ 安禮の崎 漕ぎ廻み行きし 棚無し小舟
4. 餘能奈可波 牟奈之伎母乃等 志流等伎子 伊與餘麻須萬須 加奈之可利家理 (권5: 793)
   음가*5 음가*7 음가*5 음가*7 음가*7
   → 世間は 空しきものと 知る時し いよよますます 悲しかりけり

2.2.1. 음가나와 훈가나

한자의 정용이란 표의문자로서의 용법이고, 가용이란 한자의 원뜻을 버리고 음훈을 빌려 사용하는 것이다. 이 가용이 만요가나인데, 만요가나는 音假名(음가나)와 訓假名(훈가나)의 둘로 나뉜다. 음가나는 한자의 음을 빌리되 의미 즉 훈을 버린 글자이고, 훈가나는 뜻을 빌리되 음을 버린 글자이다.

春登上人의 『萬葉用字格』의 분류에 따른 鶴久(1977: 221)을 소개한다.

(15) 한자용법의 틀에서 본 음가나와 훈가나 분류

1) 正用 (1) 정음문자 ---------------------- 法師[ほふし], 塔[たふ], 婆羅門[ばらもん]

(2) 정훈문자 (a) 1자 1훈문자 ---- 木{き}, 目{め}, 手{て}

(b) 1자 다훈문자 -- 山{やま}, 川{かは}, 春{はる}

(c) 숙자 훈문자 ---- 織女{たなばた}, 白檮{かし}

(3) 의훈문자 ---------------------- 金風{あさかぜ}, 不穢{きよし}

2) 假用 (1) 음가나 (a) 1자 1음절가나 ---- 阿[あ], 伊[い], 加[か] 伎[き]

(b) 약음가나 ---------- 安[あ], 吉[き], 君[く]

(c) 연합가나 --------- 南牟[なむ], 君尒[くに], 獲居[わけ]

(d) 1자 다음절가나 --- 有濫(あるらむ), 越乞(をちこち)

(2) 훈가나 (a) 1자 1음절가나 ---- 八間跡{やまと}, 等六{らむ}

(b) 1자 다음절가나 --- 苅核{からさね}, 櫃{ひつ}

(c) 숙합 가나 ---------- 十方{とを}, 左右手{まで}

(3) 戲書 --------------------------- 喚犬{ま}, 馬聲{い}

(15.1.3)의 義訓字는 한자에 숙달된 경우에 쓰이는 것으로 한자에 대해 특별한 해석을 한 뜻글자이다. 앞의 예 외에도 不行{よど}·不通{よどむ}·不遠{まちかさ}·無有{なし} 등을 비롯하여 輕引{たなびく}·吾{ひとり}·遣悶{なぐさむ}·重石{いかり}·去家{たび} 등 아주 많다.

(15.2.1)의 음가나는 사용된 한자의 종류에 따라 분류한 것이다. 無韻尾文字로 1음절을 표기한 것이 全音가나 곧 (a)의 1자 1음절가나이며, 有韻尾文字의 경우 운미를 생략하여 1음절을 표기한 것을 (b)의 略音가나라고 하고 후속자의 어두음을 일치시킨 것을 (c)의 連合가나라고 한다. 한 글자로 2음절을 표기하는 유운미문자를 (d)의 二合가나라고 한다(春日政治 1933: 14).

『시대별국어대사전』(上代語編修委員會 1967/83)의 주요 만요가나 일람표는 자료별로 해당 문자의 출현이 표시되어 있어 이용하기에 편리하다. 아래의 (16)은 이것을 정리한 것인데, 여기에는 음가나의 全音가나·略音가나·二合가나와 훈가나의 1음 훈가나가 망라되어 있다. 그리고 한 음절을 나타내는 戯書의 예도 실렸다. 그러나 연합가나는 표기 현상을 나타내는 것이라서 가나 일람표에는 실리지 않는 것이 보통이다. 또한, 다음절 훈가나도 아래의 일람표에서는 빠져 있다.

(16) 주요 만요가나 일람표[17] ('/'의 뒤에 둔 가나는 훈가나이며, エ$_{ア}$ エ$_{ヤ}$는 구별함)

음 \ 가나	만요가나
ア	阿安婀 英(ア,アガ) / 吾 足 嗚呼
イ	伊夷怡以異已移 揖(イヒ,イフ)因(イ,イナ)印(イ,イナ)壹(イ,イチ) / 射膽 五十 馬聲
ウ	汙有宇于羽烏 雲(ウ,ウナ)鬱(ウツ) / 菟 鵜 卯 鸕 得
エ$_{ア}$	衣愛依哀埃 / 榎 荏 得 可愛
オ	意於隱飫淤憶 邑(オヒ,オホ)礙(オノ)乙(オ,オト)
カ	加可賀珂哿河迦訶箇嘉架伽歌舸軻柯介 甘(カ,カム)敢(カ,カム)甲(カ,カヒ)漢(カニ)干(カニ)葛(カツ)香(カ,カグ)角(カク)覺(カク)/ 髮 鹿 蚊 香 芳 欺
ガ	奇宜何我賀河峨餓蛾俄鵝
キ^{甲}	支吉岐伎棄枳企耆祇祁寸 / 杵 來
キ^{乙}	歸貴紀幾奇騎綺寄記基機己既氣 / 城 木 樹 黃

17 『시대별국어대사전』(1976)의 일람표를 『일본어학연구사전』(2007)을 참조하여 재구성했다. 음표기 열은 히라가나를 가타카나로 바꾸었다.

ギ[甲]	藝祇岐伎儀蟻嶠
ギ[乙]	疑宜義擬
ク	久玖口句群苦丘九鳩俱區矩勾屨 君(ク,クニ) 訓(ク,クニ) 菊(クク)/ 來
グ	具遇求隅虞愚 群(グ,グリ)
ケ[甲]	祁家計鷄介谿價係結稽啓 兼(ケム)監(ケム)険(ケム) / 異
ケ[乙]	居氣希擧既該戒階開愷凱慨槪 / 毛 食 飼 消 笥
ゲ[甲]	下牙雅夏霓
ゲ[乙]	義宜㝵礙皚
コ[甲]	古故高庫祜姑孤枯固顧 / 子 兒 籠 小 粉
コ[乙]	己許居去虛忌擧莒據渠 金(コム)今(コム)近(コノ)乞(コチ)興(コ,コゴ) / 木
ゴ[甲]	胡呉候後虞吾誤悟娯
ゴ[乙]	其期碁凝語御馭
サ	佐沙作左者柴娑紗磋瑳舍差草三(サム)雜(サハ,サヒ)匝(サ,サヒ)颯(サフ)讃(サ,サヌ)散(サ,サニ)淺(サノ)薩(サチ,サツ)相(サガ,サグ)尺(サ,サカ)作(サカ,サク)積(サ,サカ) / 狹 猨 羅
ザ	射藏邪奢社謝座裝奘 暫(ザミ)
シ	斯志之師紫新四子思司資茲芝詩旨寺時指此至次死偲事詞絁矢始尸試伺璽辭嗣施洎 信(シ,シナ)鐘(シグ)色(シキ,シコ)餝(シコ)式(シキ)拭(シキ)叔(シキ) / 磯 位 羊蹄
ジ	自士慈尽時寺仕貳兒爾珥餌耳 甚(ジム) / 下
ス	須周酒州洲珠主數素秀輸殊蒭 駿(スル)足(スク)宿(スカ,スク)/ 酢 簀 樔 栖 渚 爲
ズ	受授聚殊孺儒
セ	勢世西齊栖細制是劑贍 / 瀬 湍 背 脊迫 石花
ゼ	是筮噬
ソ[甲]	嗽蘇宗祖素 泝 / 十 麻 追馬
ソ[乙]	思曾所僧增則贈諸層賊 / 衣 背 基 苑 襲 彼
ゾ[甲]	俗
ゾ[乙]	叙存序賊鐏茹鋤

タ	侈多太大他陁柂哆駄黨 塔(タフ)丹(タ,タニ)旦(タニ)但(タニ,タヂ) 當(タギ) / 田 手
ダ	陁太大驒娜囊儻彈
チ	至知智恥陳致笞池馳珍直 / 道 千 路 血 茅
ヂ	遲治地膩尼泥
ツ	都豆通追頭菟途屠突徒覩図川 筑(ツキ,ツク)竹(ツク)竺(ツキ,ツク)/ 津
ヅ	豆頭逗図弩砮 曇(ヅミ)
テ	氐弖提天帝底堤諦題 点(テム) / 手 代 価 直
デ	提代伝殿田低泥埿耐弟涅
ト[甲]	刀斗都土度覩妬杜圖屠塗渡 / 戸 聰 門 利 礪
ト[乙]	止等登騰苔台騰藤劒德得 / 鳥 十 跡 迹 常
ド[甲]	度渡土奴怒
ド[乙]	杼騰縢藤特耐迺
ナ	那奈乃寧儺娜 南(ナ,ナミ)冉(ナミ)難(ナニ)諾(ナキ) / 名 魚 中 葉 七 莫
ニ	爾迩仁日二而尼耳人珥儞貮 / 丹 荷 煮 似 瓊
ヌ	蕤奴怒努濃農沼宿寐渟
ネ	尼祢泥埿年涅念 / 根
ノ[甲]	努怒奴弩 / 野
ノ[乙]	乃能迺笑荷箆
ハ	波播幡芳婆破方防八房半皤薄伴泊叵簸巴絆泮 法(ハフ)愽(ハカ) / 羽 葉 齒 者
バ	婆伐麼魔磨縻
ヒ[甲]	比卑必嬪賓毗臂避 / 日 檜 氷
ヒ[乙]	非斐肥悲飛被彼秘妃費 / 火 樋 干 乾 簸 熯
ビ[甲]	毗鼻妣婢弥弭寐
ビ[乙]	備肥媚眉縻
フ	布不敷富甫賦府否負符輔赴浮 粉(フニ)福(フ,フク) / 經 歷 乾
ブ	夫父部扶步矛鶩 服(フキ) / 蜂音
ヘ[甲]	俾平弊覇幣敝陛遍返反弁蔽鞞鼙
ヘ[乙]	閇倍拜沛陪背杯俳珮 / 戸 瓱 綜 經

ベ^{甲}	婢弁便別謎
ベ^{乙}	倍陪毎謎
ホ	富菩保宝本番蕃朋倍抱方褒裒陪報袍譜 凡(ホ,ホム)品(ホ,ホム)法(ホフ) / 穗 火 帆
ボ	煩
マ	麻磨万馬末摩滿莽魔 望(マガ,マグ)莫(マク)幕(マク) / 眞 間 目 信 貴 喚犬
ミ^{甲}	弥美民瀰湄弭寐 敏(ミヌ) / 三 御 見 水 參 視
ミ^{乙}	未味微尾 / 身 實 箕
ム	牟武无模務無謀儛鵡霧夢茂目 / 六 牛鳴
メ^{甲}	賣咩馬面謎迷綿 / 女 婦
メ^{乙}	米梅迷味每妹 / 目 眼 海藻
モ	毛母茂望文聞忘蒙畝問門勿木暮謨模慕謀梅悶墓莽物(モ,モチ) / 裳 藻 哭 喪 裙
ヤ	移夜楊陽耶益野也椰琊揶 / 屋 八 矢 箭
ユ	由喩遊油庾踰愈臾 / 弓 湯
エ$_{\text{ヤ}}$	叡延曳遙要 / 兄 江 枝 吉
ヨ^{甲}	用欲容庸 / 夜
ヨ^{乙}	已余与予餘預譽 / 世 吉 四 代
ラ	羅良浪邏蘿囉攞 濫(ラム)藍(ラム)覽(ラム)臘(ラフ)樂(ラ,ラク) 落(ラク)
リ	利理里隣梨離唎釐
ル	留流琉類瑠屢蘆樓漏盧婁
レ	礼例列烈連黎戾 廉(レム)
ロ^{甲}	漏魯婁路盧樓露
ロ^{乙}	里呂慮廬稜
ワ	和倭涴丸輪
ヰ	韋爲位威萎偉委 / 井 猪 居
ヱ	惠廻慧佪衛隈穢 / 畫 坐 座 咲
ヲ	乎袁烏曰遠怨呼鳴搗弘椀 越(ヲ,ヲチ) / 小 尾 少 麻 男 雄 緒 綬 叨

記紀가요에서는 한 글자가 한 음절을 표기하는 일자일음이 원칙이지만, 『만엽집』에는 한 글자로 두 음절을 나타내는 것 즉 二合가나가[18] 보인다.

(17) 『만엽집』의 /−m/과 /−n/ 운미자 용례

1. 古爾 有險人母 → いにしへに ありけむ人も (권7, 1118)
2. 大宮人者 去別南 → 大宮人は 行き別れなむ (권2, 155)
3. 風爾加妹之 梅乃散覽 → 風にか妹が梅の散るらむ (권10, 1856)
4. 鬱瞻乃 世人有者 → うつせみの 世の人なれば (권4, 729)
5. 湯按干 妹心 乘來鴨 → ゆくらかに妹は心に乗りにけるかも (권12, 3174)
6. 散頰相 色者不出 → さにつらふ色には出でず (권11, 2523)
7. 愛等 思篇來師 → うつくしと思へりけらし (권11, 2558)

위의 예에서 'けむ, せみ'의 'む, み'를 표기하는 데에 /−m/ 운미를 가지는 한자 '險, 瞻'을 사용하고, 'かに, へり'의 'に, り'를 표기하는 데에 /−n/ 운미를 가지는 한자 '干, 篇'을 사용했다.

(18) 『만엽집』의 /−p/와 /−t/ 운미자 용례

1. 吉野川 奧名豆颯 → 吉野の川の沖になづさふ (권3, 430)
2. 大宮人毛 越乞爾 思自仁思有者 → 大宮人もをちこちに繁にしあれば (권6, 920)
3. 可敝流散爾 伊母爾見勢武爾 → 歸るさに妹に見せむに (권15, 3614)

(18.1∼2)의 'さふ, こち'에서 'ふ, ち'를 표기하는 데에 /−p, −t/ 운미를 가지는 한자 '颯, 乞'을 사용하였다. 이처럼 한자 한 자로 일본어 두 음절을 나타내

18 尾山慎(2007)에 따르면 二合가나는 정훈자주체표기에서 압도적으로 많이 나타나며, 略音가나로 사용된 비중은 't 〉 k (〉p)'의 순서이고, 이합가나로 사용된 비중은 거꾸로 '(p 〉) k 〉 t'의 순서라고 한다.

는 음가나는 『만엽집』 이전에는 별로 예가 없고 후세에도 거의 전해지지 않았다. (18.3)의 'さに'에 쓰인 '散'은 다른 곳에서는 'さ'를 표기하는 것이 보통이고, (18.2)의 'をち'를 표기하는 '越'도 다른 곳에서는 'を'를 표기하는 것이 일반적이며[19] 후세에는 '越'이 'を' 가나의 자원(字源)이 되었다.

이처럼 한자음의 /-n, -t/ 운미를 버리고 그 성모와 운복모음만을 써서 일본어의 1음절을 나타내는 것이 일반적인데, 이를 略音가나라고 한다.

한자 1자로 일본어 2음절을 표기하는 예는 일시적인 것이라서 후세에 히라가나·가타카나가 발생할 때에는 대개는 사라진다. 아마도 『만엽집』 편자의 자의적인 기교에 의한 것으로 생각된다.[20] 이 수법이 보이는 것은 권13까지 비교적 1자1음절이 적은 부분과, 기교가 더해진 권16 등의 노래이다. 1자1음절이 많은 권17 이후에서는 기교적 표기가 별로 나타나지 않는다.

『만엽집』에서는 훈가나의 면에서도 일본어사에서 가장 복잡한 구성을 보인다. 1자1음절뿐만 아니라, 1자2음절과 2자1음절도 많고, 또한 1자1음절 중에서도 특이한 용법이 적지 않다. 1자1음절 훈가나는 『고사기』의 지명·인명 표기와 大寶 호적장의 인명 표기에서 이미 사용되었으나 모두 실용을 위주로 한 것이고 평이한 상용자가 많다. 그에 비해 『만엽집』에서는 그 이전에는 볼 수 없었던 자모가 적지 않다. 이들 가운데에는 '礪[と], 煮[に], 甕[へ], 湯[ゆ]'처럼 자획이 많은 것과 비상용 자모도 적지 않다. 그러나 이들은 『만엽집』 이후에는 전승되지 않았다.[21]

훈가나의 다양한 용법을 예를 들어 제시하면 다음과 같다.

(19) 훈가나의 다양한 용법

1. 1자로 1음절을 표기한 것

---

19 아래의 예에서 '越'에 'を'가 대응한다.
等己與能久爾能 阿麻越等賣可忘 → 常世の國の あまをとめかも (권5, 865)

20 尾山愼(2012)에 의하면 二合가나는 『만엽집』 2기에 많이 나타나 3기에 쓰이다가 4기에 이르러 소멸의 길을 걸었으며, 그중에서 '作, 廉, 臘, 喝, 雜, 颯, 壹, 險, 點, 丸'은 柿本人麻呂가 단독으로 사용한 것이라고 한다.

21 단, 헤이안시대의 『新撰萬葉集』은 예외이다.

戀爲道 相與勿湯目 → 戀する道にあひこすなゆめ (권11, 2375)

朝名藝爾 玉藻苅管 → 朝なぎに 玉藻刈りつつ (권6, 935)

2. 2자로 1음절을 표기한 것

百不足 五十日太爾作 → 百足らず いかだにつくり (권1, 50)

如是爲哉 猶八成牛鳴 → かくしてや なほやなりなむ (권11, 2839)

3. 1자로 2음절 또는 3음절 이상을 표기한 것

流涙 止曾金鶴 → 流るる涙 止めぞかねつる (권2, 178)

大船 香取海 慍下 → 大船の香取の海にいかり下ろし (권11, 2436)

4. 2자 또는 3자 이상으로 2음절을 표기한 것

獵路乃小野爾 十六社者 伊波比拜目 → 狩路の小野に ししこそは い匍ひ拜め (권3, 239)

高北之 八十一隣之宮爾 → 高北の くくりの宮に (권13:3242)

5. 戲書

垂乳根之 母我養蠶乃 眉隱 馬聲蜂音石花蜘蟵荒鹿 異母二不相而 → たらちねの母が飼ふ蠶の繭隱りいぶせくもあるか妹に逢はずして (권12, 2991)

(19.1)은 위에서 다루었고, (19.2~4)는 다소 차이가 있으나 모두 기교적인 서법이고 일반적이지 않다. (19.4)는 소위 '구구법'(구구단)의 용법이다. 그 극단을 달린 것이 戲書인데, 예를 들면 (19.5)에서 '馬聲'으로 'い'를 표기하고 '蜂音'으로 'ぶ'를 표기하면서, 동시에 '馬·蜂·石花·蜘蟵·鹿' 등의 동물 이름을 적었다.

2.2.2. 『만엽집』의 권별 만요가나

『만엽집』은 권에 따라 만요가나의 용법이 다르다. 권5·14·15·17·18·19·20에서는 1자1음절 가나가 많이 쓰이고 있어 가나주체표기 권이라 하는데, 특히 권5에는 다른 권에서 보이지 않는 특이한 것이 많다. 增田正(1940)은 山上憶良만의 독특한 용자로 '迦[か]·周[す]·提[て]·農[ぬ]·摩[ま]·咩[め]·羅[ら]·尾[み]' 등이

있음을 지적하고, 또 稲岡耕二(1976)은 '加·枳·斯·周' 등의 가나에 주목하여 憶良·旅人의 수기와 원고를 大伴家持가 자기의 용자로 고친 것이라고 했다. 有坂秀世(1957: 94)은 5권의 대부분에 대하여, 『고사기』 이전에만 보이는 'も'의 갑류와 을류가 구별되어 있음을 지적하고, 憶良·旅人가 당시 60~70세의 고령자였기 때문에 문자 사용의 옛 습관이 보존된 것이라고 했다.

山上憶良은 齊明천황 6년(660)에 태어나 天平 5년(733)경까지 살았고, 大伴旅人는 天智천황 4년(665)에 태어나 天平 3년(731)까지 살았다. 두 사람 다 7세기 후반에 장년시대를 지낸 사람이다. 이 두 시인이 '迦, 斯, 提, 咩'를 독창적으로 사용했다는 견해가 있지만, '迦'는 『고사기』에서 이미 사용되고 '斯, 提, 咩'는 대보호적장(702년)에도 보이는 가나이다. 이 두 시인의 장년시대에는 다른 문헌에서도 '迦, 斯, 提, 咩'가 사용되었으므로, 이들의 용례를 두 시인의 독창성과 결부 짓는 것은 문제가 있을 것이다.

우리는 『만엽집』 가요를 음표기 가요와 훈표기 가요의 둘로 크게 나눈다. 3장에서 자세히 논의하겠지만, 문장 훈표기와 한어 통사구조의 유무를 기준으로 하면 권5·14·15·17·18·20의 여섯 권에는 음표기 가요가 수록되었고 권1~4·6~13·16의 열세 권에는 훈표기 가요가 수록되었다. 독특하게도 권19에는 음표기 가요와 훈표기 가요가 혼재하는데, 하나의 가요 내에서 음표기와 훈표기가 혼재하는 음훈표기 가요도 있다.

2.2.3. 약체와 비약체

柿本人麻呂의 노래를 중심으로 그 표기법이 略體와 非略體로 대별된다는 논의가 근래의 작가론과 문예사론에서 널리 성하였다. 아래의 (20)은 약체 또는 생략필법이라 불리는 표기법이고, (21)은 비약체 표기법이다.

(20) 약체 표기법

1. 春楊葛山發雲立座妹念 → 春柳 葛城山に 立つ雲の 立ちても坐ても 妹をし

ぞ思ふ (권11, 2453)

2. 風吹海荒明日言應久公隨 → 風吹きて 海は荒るとも 明日と言はば 久しかるべし 君がまにまに (권7, 1309)

(21) 비약체 표기법

1. 春過而 夏來良之 白妙能 衣乾有 天之香來山 → 春過ぎて 夏來るらし 白栲の 衣干したり 天の香具山 (권1, 28)
2. 兒等手乎 卷向山者 常在常 過往人爾 往卷目八方 → 子らが手を 卷向山は 常にあれど 過ぎにし人に 行きまかめやも (권7, 1268)

(20)처럼 정훈 한자만을 늘어놓고 활용어미나 조동사·조사를 표기하지 않는 것이 약체 표기이다.[22] 반면에, 비약체는 (21)처럼 '良之[らし], 能[の], 乎[を], 常[ど], 爾[に], 目八方[めやも]' 등의 조동사와 조사를 만요가나로 표기한다. 이러한 명칭은 (21)의 비약체가 애초에 존재했고 그것에서 (20)의 약체가 파생되었다는 데에 근거를 두고 있다.

그런데 稲岡耕二(1976: 209)은 (20)을 古体, (21)을 新体라고 이름 짓고, (20)에서 (21)로 표기법이 역사적으로 발전하고 변모한 것이라고 주장하였다. 春日政治(1946/83: 111)은 가요 표기의 연혁을 논하면서, 아래 (22.1)의 『常陸風土記』에 실려 있는 祖神尊의 노래를 고가요라고 했다. 漢詩 형식으로 쓰여진 아래의 고가요를 작위적 기법으로 모방한 것이 (20)의 약체라 하고, 여기에는 약간 부자연스러운 것과 작위적인 것이 들어가 있다고 보았다. 築島裕(1981)은 『常陸風土記』의 고가요를 일본 가요의 가장 오래된 형식이라고 보며, 또한 「法隆寺金堂藥師佛造像記」와도 유사한 아래 (22.2)의 大化 2년(646) 「宇治橋 斷碑」의 비문 형식도 참고한다.

22 (20.2)의 '應'을 'べし'로 읽는 것만 예외라고 할 수 있다.

(22) 고가요와 석비문

1. 愛乎我胤, 巍哉神宮, 天地竝齊, 日月共同, 人民集賀, 飮食富豊, 代代無絶, 日日弥榮, 千秋萬歲, 道樂不窮 (祖神尊『常陸風土記』)
2. 浼浼橫流 其疾如箭 修修征人 停騎成市 欲社重深 人馬忘命 從古至今 莫知抗竿 (宇治橋 斷碑『常陸風土記』)

한편 (21)처럼 조사나 조동사를 만요가나로 첨가하여 표기한 것은 (20)의 다음 단계에 발생한 것으로 본다. (21)의 비약체는 宣命 표기와 유사하기 때문이다.

(23) 宣命(센묘) 표기

1. 祖父父兄良我仕奉祁留次在故止 → 祖父父兄ラガ仕ヘ奉りケル次に在るが故にト (天平20年(748) 他田日奉部直神護解)
2. 皆尒受所賜貴刀夫倍支物尒雖在 → 皆ニ受け賜はり貴トブベキ物ニ在りと雖も (中務卿宣命,天平勝宝九歲三月)
3. 御前尒 □□□□布布加多/□荒□□□□□ (屋代遺跡 목간 26호)
4. 世牟止言而/ □止飛鳥寺 (飛鳥池遺跡 출토 목간)

센묘 표기는 명사와 용언을 正訓으로 적고 조사·조동사와 활용어미를 만요가나로 적는 방식이다. 일반적 선명서는 정훈을 대자로, 어말의 만요가나는 소자로 적는 것이 관례가 되었으나, 藤原宮 유적에서 발굴된 목간 중에서 선명의 案文 같은 것이 나왔는데, 정훈과 만요가나가 판별은 되지만 모든 글자를 같은 크기로 적음으로써 대자와 소자로 구별하지 않았다. 그러나 정창원 문서 중에 보이는 天平勝宝 9년(757)의 선명안과 天平宝字 2년(758)의 선명에서는 이미 조사와 어미류를 소자로 적는 것이 일반화되었다. 대자와 소자로 구별한 것은 아마도 8세기 중엽부터 발달한 서식이었을 것이다. 이러한 점을 고려하면 (20)의 약체가 고형이고, 거기에서 (21)의 비약체로 발전해 갔다는 역사적 변화를 상정할 수 있을 것이다. 春日政治(1946/83)에 이어 築島裕(1981)의 이러한 논의를 발전시킨 것이 沖森卓也(2000, 2003)의 문체발달체계이다.

그러나, 이에 대한 반론이 있다. 賀茂眞淵이 柿本人麻呂 가집의 노래를 常体와 詩体로 명명하여 구별하여 왔고, 阿蘇端枝(1956)에서 비약체와 약체로 이름을 바꾸어 가리켰던 것을 1968년 이래로 稻岡耕二(1976)이 신체와 고체라고 하여 시간적으로 약체가 앞선다고 보았다. 표기법의 발달 과정으로 볼 때에 비약체가 일본어의 특징을 보이는 표기를 명시적으로 보여 주므로 나중에 등장했고, 훈자주체표기가 성립하고 난 다음에 이어서 가나주체표기가 발달했다고 본 것이다. 예컨대 만엽집 권5의 수록가를 8세기 전반의 것으로 본 것처럼, 두 표기에 시간적 발달 순서를 부여한 것이다. 이 稻岡설에 대립하면서 기존의 설을 지지하는 견해에서는 원래 眞淵이 보인 표현 태도를 일반적인 표현과 정제된 표현의 차이로 보아야 한다고 주장한다.

이러한 '노래의 문자화 논쟁'은 많은 연구자들의 관심사였다(犬飼隆 2008: 120). 稻岡설에 근거하여 비약체표기가 산문에 적용되면 센묘대자 표기이고 7세기 말 藤原京지에서 발굴된 센묘목간이 대자표기였다. (19.1~2)와 같은 정창원문서 센묘소자 표기는 시기가 늦어서 8세기 중엽경에 생긴 것으로 본 것이다. 그러나 (19.3)과 같은 센묘소자 표기가 7세기 목간에서 확인되었고, (19.4)와 같이 센묘대자 표기와 센묘소자 표기가 공존하는 7세기 목간이 출토되면서 稻岡설의 근거가 약화되었다.

7세기 중엽과 후반의 '노래목간'에서[23] 음가나 표기가 확인됨으로써 稻岡설을 반대하는 기존의 학설이 힘을 얻게 되었다. 음가나로 적힌 なにはつ 노래목간이 관음사지를 비롯하여 전국 여러 곳에서 발견되었으며, 그 결정판은 紫香樂(시가라키) 궁적의 1997년 조사에서 발굴된 목간이었다. 2007년 말에 양면에 노래가 적혀 있는 것이 판명되었는데, 한 면에는 なにはつ 노래가 다른 면에는 あさかやま(安積山) 노래가 모두 음가나로 표기되어 있었다. 이 두 노래는 헤이안시대의

23 榮原永遠男(2011)은 노래가 적혀 있는 목간을 歌木簡이라 부를 것을 제안하면서 노래목간의 유형, 규격, 발굴 경과 등을 자세히 기술한 바 있다. 시기적으로 가장 이른 것은 7세기 중엽으로 추정되는 はるくさ 목간(2006년 출토)이다.

칙찬 和歌集인 10세기의 『古今和歌集』(고킨와카슈)의 서문에서 '歌의 부모'라고 불리던 것이었다. なにはつ 노래는 조정의 전례에서 불릴 정도로 널리 알려진 노래라서 『만엽집』에 등재되지 않았으나(犬飼隆 2008), あさかやま 노래는 『만엽집』의 훈자주체표기인 권16에 등재되어 있다(제3장 3.4.1.9 참조).

(24) なにはつ 노래와 あさかやま 노래

a. 奈迩波ッ尓 …… □夜己能波□□由己×

b. 1. 阿佐可夜 …… [ ]流夜眞× (목간 표기)

2. 安積香山 影副所見 山井之 淺心乎 吾念莫國 (『만엽집』 16: 3807)

이 목간은 매몰 하한이 744년 말에서 745년 초인데, 『만엽집』의 성립 과정을 연구한 伊藤博(1974)에 의하면, 권1~15와 부록으로 된 15권본은 745년 이후 수년 내에 성립되었다. 이 あさかやま 노래는 부록 부분에 포함되어 있었다. 그 후 782~783년에 부록을 증보하여 16권으로 하고 大伴家持의 노래일기 4권을 합하여 전체 20권이 되었다고 한다. 이 목간은 매몰년도 이전에 작성되었으므로 『만엽집』의 표기인 (24.b.2)가 나중 것이 된다. 그러므로 『만엽집』의 표기는 그 노래를 부를 당시의 서기형이 아니다.

이 목간의 출현으로 稻岡설은 설 자리를 잃게 되었다. 훈자주체표기와 가나주체표기를 발전의 관점에서 볼 것이 아니라 노래를 書記하는 과정에서의 선택으로 보는 것이 합당하며, 약체가가 오히려 한문적 세련을 더한 것이라 할 수 있다(犬飼隆 2008). 또한, 『만엽집』 편찬과 관련하여 乾善彦(2005)에서도 각 권마다 훈자주체표기인 것과 가나주체표기가 편집방침으로 정해지면 채집한 노래를 등재하는 단계에서 각기 표기가 바뀌었을 것으로 상정하고 있다.

훈자주체표기에서 가나주체표기가 발달한 것이 아니라면, 훈자주체의 표기는 어디에서 왔을까? 그 연원을 탐구하는 데에 신라의 표기법인 훈주음종의 표기가 기여하는 바가 있을 것이다(이승재 2011, Lee SeungJae 2014a 참조).

2.3. 『만엽집』과[24] 만엽가

『만엽집』의 '萬葉'이란 명칭이 어디에서 온 것인지, 그 유래에 대한 학설이 두어 가지 있다. 『古今集』의 서문에서 '만엽'을 '만 가지 말'(よろずのことのは)이라고 한 것을 인용하여 모든 말을 모은 것으로 해석하는 설, 시문을 나뭇가지 잎에 비유하는 한적의 용례를 따라 '葉'을 노래의 비유로 해석해서 다수의 노래를 집성한 것이라고 보는 설, 마찬가지로 한적에서 '萬葉'이 '萬世, 萬代'의 뜻으로 쓰이는 예에 의거해서 이 가집이 만대에 전해지도록 축하하는 뜻이 들어 있다는 만세설 등이 있다. 『만엽집』은 칙찬인지 사찬인지 불명하나, 만세설이 맞는다면 공적인 성격이 짙은 가집이라고 할 수 있지만 '集'은 한적에서 원래 개인의 시문집에 붙이는 것이 일반적이다.

2.3.1. 『만엽집』 성립사와 권별 특징

『만엽집』이 어떻게 성립했는지 확정된 정설은 없지만, 편찬의 소재로 柿本人麻呂 가집 등 여러 가집이 이미 있었다는 것을 注記에서 추측할 수 있다. 또한 권별로 표기와 편찬 형식이 서로 다르므로, 전체가 일거에 성립된 것이 아니라 단계적으로 성립되었다는 것이 일반적 견해이다. 전체 20권에 4,516수의[25] 노래를 수록했으며 그 가운데 권14의 아즈마 노래(東歌)와 권20의 사키모리 노래(防人歌)는 당시의 東國 방언을 반영한 특이한 권이다. 그 성립 연대와 경위에 대해서는 명확한 기록이 전하지 않아 확실한 것은 알 수 없다.

『만엽집』은 전체 20권이 두 번에 걸쳐 편찬된다. 제1부는 권1부터 권16까지 天平 17년(745) 이후 수년 간에 성립되었고, 이후 延喜 원년(782)부터 2년에 걸

24 神野志降光(編)(2003)의 제2부 '만엽집을 읽기 위한 기초지식 162'에서 항목을 취하여 기술하였고 飛田良文(外編)(2007)의 기술도 참고하였다.

25 寬永版本을 저본으로 삼아 국가대관에서 정리한 가요번호에 의해 4,516수가 되었다. 그러나 西本願寺本을 저본으로 삼은 『신편국가대관』(1983)에서는 漢詩도 넣어서 4,540수로 세고 있으나, 이 번호는 잘 쓰이지 않는다.

쳐 제2부인 권17부터 권20까지의 家持 노래와 일기 노래들이 합쳐져 현존하는 20권 본과 거의 같은 형태가 되었다. 또한 『만엽집』이 공적으로 재확인된 것은 家持가 藤原種繼 암살 사건에 연좌된 죄로부터 방면되고 복위된 후인 大同 2년(807)부터 3년경이었던 것으로 보인다(일본학연구사전 2007: 629). 편찬 작업은 최후의 편찬자인 大伴家持의 죽음(延曆 4년, 785)에 앞서 와병 이전에 종료되었을 것이다. 편찬 과정을 더 자세하게 나누어 정리하면 아래와 같다.

(25) 『만엽집』의 편찬 과정

1. 원『만엽집』, 持統萬葉 – 권1 전반부(1~53) 완성, 持統上皇 시대?(大寶 2년, 702년 이전)
2. 권1 완성기, 元明萬葉 – 권1(전권)·권2 완성, 和銅 5년(712년)~養老 5년(721년, 元明천황 붕어 즈음)
3. 15권 본(권1~16) 완성기(권16은 부록), 元正萬葉 – 본체 권1~15 완성, 天平 17년(745년경)
4. 20권 본 완성기, 大伴家持 수집 자료에 의한 증보 – 권19의 원형인 私撰集은 天平勝宝 5년(753년) 완성, 권17·18의 원형인 私撰集은 天平宝子 2년(758년) 완성, 20권 본 완성은 延喜 원년(782년)~2년.

『만엽집』에는 서문이 없어서 편자와 편찬 배경도 분명하지 않다. 『古今集』 眞假名序와 '天平勝宝五年左大臣橘諸兄萬葉集を撰ぶ'이라는 元曆校本의 방서로 橘諸兄(다치바나노 모로에)를 중심으로 한 칙찬설이 있어 왔으나 내부적 증거는 없다. 다만 편찬 작업이 광범한 자료를 모은 것으로 생각되므로 모로에와 같은 유력자의 후견이 있었다고 보는 것이 자연스럽다. 권별 양태가 다르므로 편찬의 실무는 몇 차례에 걸쳐 이루어졌고, 권에 따라서는 田辺福麻呂, 市原王 등이 편찬자로 거론된다. 단 권3~5·8·17~20은 특히 大伴家持의 영향이 지대하고 편찬의 대부분이 그의 영향 하에서 이루어졌을 가능성이 크다.

현존하는 『만엽집』 사본에는 대부분이 수록가의 일람을 보이는 목록을 갖고 있으나, 가마쿠라시대의 仙覺에 따르면 20권 모두에 목록이 있는 사본, 권15까지만 목록이 있는 사본, 목록이 없는 사본 등 3종이 전해졌다고 한다. 권15까지의 목록을 갖고 있는 것은 元暦校本(1184년의 奥書)이라 불리는 고사본에 전한다. 20권 전체에 목록이 있는 다른 현존 제본에서 15권까지의 목록에 비해 16권 이후의 목록은 기술이 소략하다고 한다.

성립사와 관련해서 권별 구성은 아래의 (26)과 같다. 권별 내용 가운데, 가요의 내용을 모아 분류하여 표목을 두는 것을 部立(부다테, 내용분류)라고 하는데, 雜歌·相聞·挽歌의 3대 부류와 표현 형식에 따라 譬喩歌·正述心緒·寄物陳思·問答·羈旅發思·悲別歌·有由緣歌 등으로 나뉜다. 다만, 권15와 권17～20에는 내용분류가 없다.

(26)『만엽집』의 권별 구성

1. 권1 전반 – 舒明조～持統조 宮廷歌(國見歌 등)
2. 권1 후반 – 元明조의 宮廷歌(雜歌)
3. 권2 – 모두는 仁德조, 이하 近江～藤原조의 相聞·挽歌
4. 권3·4 – 각 部立의 전반에 白鳳期, 후반에 奈良조
5. 권5·6 – 奈良조 雜歌
6. 권7～10 – 고금 雜歌·相聞·挽歌·四季
7. 권11·12 – 고금 相聞
8. 권13 – 大和의 長歌(무기명)
9. 권14 – 東歌
10. 권15 – 歌物語적 歌群(내용분류 없음)
11. 권16 – 由緣 있는 雜歌(부록)
12. 권17～19 – 大伴家持 수집 노래
13. 권20 – 大伴家持 수집 노래와 防人歌

2.3.2. 『만엽집』의 典據

『만엽집』에서는 아래의 여섯 가지 歌集을 인용했다.

(27) 인용 가집

1. 柿本人麻呂歌集
2. 類聚歌林
3. 古歌集·古集
4. 笠金村歌集
5. 高橋虫麻呂歌集
6. 田辺福麻呂歌集

(27.1)의 柿本人麻呂歌集은 선행 가집 중에서 가장 오래된 것으로, 노래를 문자로 기록하는 길을 열어준 가집이다. 총 364수가 권3(244, 1수), 권7(1068, 1087~8, 1092~4, 1100~1, 1118~9, 1187, 1247~50, 1268~9, 1271~94, 1296~310, 56수), 권9(1682~709, 1720~5, 1773~5, 1782~3, 1795~9, 44수), 권10(1812~18, 1890~6, 1996~2033, 2094~5, 2178~9, 2234, 2239~43, 2312~5, 2333~4, 68수) 권11(2351~62, 2368~516, 161수), 권12(2481~63, 3127~30, 27수), 권13(3253~4, 3309, 3수), 권14(3417, 3470, 3481, 3490, 4수)에 나뉘어 수록된다.

작가 연차를 명기한 노래는 天武 9년(680)으로 비정되는 한 수(권10, 2033)뿐이며, 표기법에서 略體와 非略體의 둘로 대별된다. 이와 함께 '人麻呂作歌'로 적히는 歌集歌 이외의 노래는 689년경까지 지은 것이고, 가집으로 구성된 것은 持統朝(687~696년)라고 한다. 노래를 어떻게 표기할 것인가 하는 문제에 최초로 직면한 人麻呂(히토마로)가 당시의 일본어를 문자로 표기하는 두 가지 표기법을 개척했는데, 略體 표기와 非略體 표기가 바로 그것이다. 원가집은 略體部와 非略體部의 2부로 구성되었으며, 약체부는 '正述心緖'와 '寄物陳思'의 내용분류로, 비약체부는 춘추동 계절별로 분류된 노래와 계절불명의 노래로 이루어졌다. 이 人麻

呂歌集의 분류가 권7·10·11·12의 내용분류·항목으로 이어지고, 『만엽집』의 노래 세계를 확립하는 틀이 되었다. 또 이들 권의 내용분류·항목에서 가집 노래가 다른 노래보다 앞에 배열된 것에서도 알 수 있는 것처럼 人麻呂歌集의 노래는 후세 詠歌의 규범으로 자리 잡게 되었다.

(27.2)의 類聚歌林은 권1(6~8, 12, 18), 권2(85, 90, 202), 권9(1673)의 9수의 노래 左注에서 山上憶良(야마노우에노 오쿠라) 撰이라 하였다. 모두 작자의 異伝이나 작자 사정에 관한 것이지만 이들이 『만엽집』 수록가의 직접 전거인지 여부는 불명이다. 인용에서 알 수 있는 것은, 황족을 중심으로 한 궁정관계 노래를 주로 하고 仁德朝(420~430?)에 가탁된 노래 외에 舒明朝(629~641)에서 文武朝 大寶원년(701)까지의 노래를 실었다. 노래마다 상세한 題詞나 左注를 갖고 있었던 것으로 생각된다.

선행 가집 중에서 유일하게 후세의 歌學書 등에도 이름이 보이고 가마쿠라시대까지는 전해졌었다. 정창원 문서 天平勝宝 3년(751)조에 보이는 '歌林七卷'이 이 책을 가리키는 것이라면 상당히 방대했을 것이며, 『藝文類聚』 같은 중국의 유서를 본 따 和歌를 분류·편찬한 것으로 추측된다. 성립연대는 미상이지만, 오쿠라가 황태자 시절의 聖武천황을 섬긴 養老 5년(721)부터 神龜 2년(725) 사이에 성립하였다고 보는 설이 유력하다. 다만 인용된 『일본서기』가 현존의 것과 일부 체재가 달라서, 보다 이른 시기에 원고가 성립되었으리라 추측하기도 한다.

(27.3)의 古歌集·古集은 '古歌集(中)出'이라는 注記에서 드러나는 선행 가집이다. 권2(89, 162), 권7(1251~67, 1270), 권10(1937~8), 권11(2363~7)의 6곳 27수에 이 注記가 있다. 무기명 노래를 주로 하고, 장가·단가·선두가 등의 각종 형식을 포함하고 있으며 복수 가인의 노래를 모은 것으로 추측된다. 『만엽집』에 채록된 부분은 가집의 원래 모습을 전하는 것으로 보이며, 이에 따르면 問答·臨時·就所發思·寄物發思 등의 항목으로 분류되었던 듯하다. 권7·10의 배열 순서에서 柿本人麻呂歌集과 동등하거나 선행하지만, 성립은 나라시대 이후로 보는 견해가 유력하다. 또 '古集(中)出'이라는 左注를 가진 노래가 권7(1196~246), 권9(1770~1)에 38수가 있다. '古集'은 '古歌集'과는 별개로 보이며 羈旅歌를 중심으

로 한 단가만이 『만엽집』에 채록되었다. 성립연대는 미상이며, 복수 가인의 작품을 수록한 것으로 보인다.

(27.4)의 笠金村歌集은 권2의 230~232번 노래에 달린 '笠金村歌集出'이라는 左注에서 그 존재를 알 수 있다. 그리고 '笠朝臣金村之歌中出'이라 한 노래가 10수(권3 369, 권6 950~3, 권9 1785~6, 1787~9)가 있다. 柿本人麻呂歌集·高橋虫麻呂歌集을 포함하여 '歌集出'이란 注記가 『만엽집』 수록가에 보이는데, '歌中出'이라는 注記는 수록가와 동일한 노래가 다른 조건 하에서 다른 작자가 읊은 노래 중에도 보이는 것을 나타낸다. 예를 들면 950~953번의 左注에 '右笠朝臣金村之歌中出也 惑云車持朝臣千年作也'라고 한 것은 이들 노래를 車持千年의 작이라고 하는 설도 있지만, 金村의 작에도 같은 노래가 보인다는 뜻이다. 따라서 '歌中出'이라고 注가 붙은 노래를 바로 歌集歌로 볼 수는 없으나 가집의 노래였을 가능성은 충분하다.

(27.5)의 高橋虫麻呂歌集은 '高橋連虫麻呂歌集中出'라는 주석에서 그 존재가 드러난다. 이 주석이 붙은 노래는 권9 雜歌부에 23수(1738~9, 1740~1, 1742~3, 1744, 1745, 1746, 1747~50, 1751~2, 1753~4, 1755~6, 1757~8, 1759~60)가 있고, 동 挽歌부에 5수(1807~8, 1809~11)가 있으며, '高橋連虫麻呂之歌中出'이라고 한 노래가 모두 4수(권3 321, 권8 1497, 권9 1780~1) 존재한다. 虫麻呂歌集을 출전으로 하는 것이 확실한 것은 전자의 28수이지만, 후자 4수도 虫麻呂歌集에 있었던 것으로 생각된다. 수록가에 제작연차를 명기한 것이 없지만, 내용과 작자의 추정 경력으로 보아 대개 養老(717~723)에서 神龜(724~748)에 걸친다는 설과 天平 6~7년(734~735)경이라는 설이 대립하고 있다. 다른 가집에 보이는 형식적 특징은 적지만 '詠一歌', '見一歌', '一歌' 같은 題詞의 차이는 의식적으로 내용에 맞추어 구분한 것이다.

(27.6)의 田辺福麻呂歌集은 '田辺福麻呂之歌集(中)出'이라는 注記에서 알 수 있다. 권6의 21수(1047~9, 1050~8, 1059~61, 1062~4, 1065~7), 권9 相聞부의 3수(1792~4), 동 挽歌부의 7수(1800, 1801~3, 1804~6) 등 모두 31수에 이 주기가 있다. 長歌를 10수 포함하고 短歌 21수는 모두 反歌이다. 작가 연차가 드러나는

작품은 없으나, 권6 중의 수록 위치와 恭仁 新京과 難波宮 行幸을 읊은 노래의 내용을 근거로 天平 13~16년(741~744)경의 작이라고 추정한다. 福麻呂歌集에 채록된 노래는 용자법에서 현저한 특색을 보인다. 동일 특색을 보이는 일군의 歌群(모두 記名歌)과 관련하여, 福麻呂歌集이 다른 가인의 작품도 포함했거나 福麻呂가 스스로 제작하기 위해 적어 두었을 가능성이 있다.

2.3.3. 만엽가의 시대별 구분과 작가

『만엽집』에 수록된 노래를 시대별로 구분하고 각 시대의 작가와 특성을 정리하면 아래와 같다.

(28) 만엽가의 시대별 구분과 작가

1. 만엽시대 이전: 5세기~推古조(628), 磐姫황후·雄略천황
2. 제1기: 舒明조(629)~壬申의 난(672), 舒明천황·齊明천황·天智천황·有間황자·額田왕·間人황녀 등
3. 제2기: ~平城경 천도(和銅 3년 710), [전반] 天武천황·高市황자·大伯황녀·但馬황녀 등, [후반] 柿本人麻呂·高市黑人·長意吉麻呂·石川郎女·大伴田主 등
4. 제3기: ~天平 5년(733), 山上憶郎·大伴旅人·笠金村·高橋虫麻呂·山部赤人 등
5. 제4기: ~天平寶字 3년(759), 大伴家持·大伴坂上郎女·笠女郎·湯原왕·田辺福麻呂 등

(28.2)의 제1기에는 口誦性과 공유되는 인간관계에서 생기는 노래가 있고, 동시에 가요보다 내면화한 강력한 노래도 나타난다. 고대 가요로부터 개성적인 창작으로 넘어가는 과도기라고 할 수 있다.

(28.3)의 제2기 후반에 人麻呂가 등장한 것은 일본 和歌史에서 획기적이다. 웅

대한 구상과 장중한 어조로 독자적 작풍을 이루고 특히 장가에서 그 특색을 발휘하였다. 또한 그의 표기법은 일본어 표기 발달사에서 매우 중요하다.

(28.4)의 제3기에는 중국의 문학과 사상이 가장 두드러진다. 세련된 우아함의 풍조가 생김으로써 지적인 경향과 개인의 자각이 심화되어 개성 넘치는 가인이 많이 활약한 시기이다. 天平 5년(733)은 憶郎(오쿠라)가 죽은 해로 추정된다.

(28.5)의 제4기에는 강력한 생명감에 넘치는 노래가 점차 자취를 감추고 섬세하고 탐미적 경향의 가풍으로 바뀌게 되었다. 家持는 우수를 띤 감상적 심정을 노래하여 독자적 경지를 개척하였다.

2.3.4. 만엽가의 형식과 노래 표현

만엽가는 크게 短歌, 長歌, 旋頭歌의 셋으로 나뉜다. 그 표현 형식과 관련하여 枕詞, 序詞, 懸詞, 글자초과(字余り) 등의 용어도 간단히 설명해 둔다.

短歌는 음수율이 5·7·5·7·7의 다섯 구인 노래이다. 가장 짧은 형식이라 하여 단가라고 지칭하고 『만엽집』에 수록된 노래 중에서 9할 이상을 차지한다. 長歌와는 다른 기반 위에서 발생·전개된 것으로 생각되며, 그 오랜 형태로서 2구짜리 전반부에서 노래의 주제를 제시하고, 후반부에서는 설명을 하는 구조가 記紀가요 혹은 초기의 만엽가에서 보인다.

柿本人麻呂 가집 수록가의 대부분이 단가이고, 人麻呂를 거쳐 급속히 서정성의 성숙과 심화가 촉진되어 노래의 기본 형식으로 자리 잡았다. 人麻呂 작품 중에서 持統 6년(692) 이후의 것부터 長歌에 첨부된 反歌를 短歌로 적게 된다(권1, 46~49). 서정시로서의 가능성이 개척된 단가라는 명칭을 反歌 대신에 제시함으로써, 내용을 환언하는 성격이 강한 종래의 반가에서 독립성을 갖는 反歌로 의식적 전환을 기도했다고 한다.

長歌는 5·7의 둘째 句를 반복해서, 5·7·7로 노래를 맺는 형식의 노래이다. 구수에 제한이 없고, 한두 수의 단가 형식인 反歌가 붙는 일이 많다. 마지막을 7·7로 맺는 형식(권1, 16 등)과 5·3·7로 맺는 형식(권1, 17 등) 등 특수한 종지 형태를 취하는 것도 더러 있다.

長歌라는 명칭은 권13의 3344~5번 가요 左注에 보이고, 권5의 897~903번 가요에서 題詞를 '長一首 短六首'라 했는데 이곳의 '長'은 長歌를 가리킨다. 의미의 한 단락으로서는 5字句와 7字句가 조합되어 구성되는 것이 일반적이고, 5·7조는 만엽풍의 특징이다. 『고사기』·『일본서기』에 보이는 장가에는 악곡명이 있는 예도 많으므로, 원래는 음악적 선율을 갖고 영창되었던 것이라고 한다. 그러나 『만엽집』 長歌의 題詞에는 단지 '歌'로 된 것이 보통이고, 『만엽집』에 260수 이상 채록되었지만 헤이안시대 이후에는 쇠퇴일로였다.

反歌는 장가의 뒤에 붙여진 短歌를 가리키는데 예외적으로 旋頭歌가 놓이는 경우도 있다(권13, 3233). 장가 한 수당 한두 수의 반가를 붙이는 예가 현저하지만, 반가를 수반하지 않거나 3~6수의 반가를 수반하는 예도 적지 않다. 장가에 단가가 조합되는 것은 자연발생적으로 성립된 것이 아니라, 본래 별개의 문학양식이었던 장가와 단가가 문자로 노래를 기록할 때에 동일 평면에서 접점을 갖게 되었다. 여기에서 장가의 내용을 요약 혹은 부연하는 형식으로 단가 형식의 반가가 의식적으로 발생했다고 한다. 원래는 장가에 소속되어 요약·반복하는 기능이었지만, 그 양상은 柿本人麻呂의 단계에서 커다란 전환점을 맞게 된다. 장가라는 틀을 넘어서 내용을 보족·전개하는 것으로 발전했고, 복수 반가에 의한 연작 의식도 싹터서 결국에는 문학적 독자성을 획득하게 되었다.

旋頭歌는 가체로 분류한 것의 하나로, 5·7·7·5·7·7의 6구로 구성되는 노래를 가리킨다. 권4·6·7~11·13·15~17에 산재한다. 권11의 첫 부분에는 하나의 부로 분류되어 있다. 전체 61수 중에서 35수가 柿本人麻呂歌集 노래이고 人麻呂 이전에는 확실한 예가 없다. 旋頭歌는 거의 대부분 내용적으로 제3구에서 끊기는 577·577의 2단 구조로 되어 있다. 3구씩 주고받으며 불리는 것을 상정한 형식이지만, 人麻呂歌集 약체가에서 기재되기 시작한 노래가 집단적인 口誦性을 띠면서 특별한 양식으로 성립하게 된다. 이는 和歌 세계에서 새로운 표현 영역을 개척하려 한 시도였으며, 이후 人麻呂歌集 비약체가를 통하여 노래가 개인의 서정을 표현하는 것이 되고 그 기본 형식으로서 단가가 정착함에 따라 旋頭

歌는 쇠퇴하게 되었다.

枕詞(마쿠라코토바)는 'ひさかたの, あしひきの' 등 통상 5음절이고, 아래에 이어지는 특정한 말(앞의 예로 말하자면 '天/月, 山' 등)을 수식하는 관용구이다. 내용에는 직접 관여하지 않는데, 수식되는 말을 편의상 被枕詞, 被枕, 受詞라고 부른다. 마쿠라코토바는 神名·人名 같은 고유명사에 대한 칭찬이나 고마움의 표현을 본질로 하지만, 『만엽집』에서는 보통명사에 얹히는 예가 현저하고 용언에 얹히는 예도 있다. 枕詞와 被枕詞의 관계는 의미를 반복하는 것(예, ま玉手の-玉手), 동일 내용을 바꾸어 말하는 것(예, 島つ鳥-鵜), 枕詞가 被枕詞의 속성을 표현하는 것(예, 若草の-妻), 주어와 술어 관계에 준하는 것(예, ぬばたまの-黑) 등이 있다. 또 懸詞에 의해 연접하는 경우(예, まそがよし-蘇我)도 있는데, 기본적으로 枕詞와 被枕詞란 바꾸어 말하는 관계라고 할 수 있다.

序詞는 일정한 서술성을 갖고 主想部에 이어지는 특정한 단어를 가리키는데, 특히 용언을 도출하는 기능을 가진다. 계절에 따라 달라지는 경치에 의해 파악되는 예가 많고 '君が家の 池の白波 磯に寄せ しばしば見とも 飽かむ君かも'(권20, 4503)의[26] 앞쪽 세 구가 그 전형적인 예이다. 序詞와 연접부(연결부)와의 관계는 일반적으로 동음·유음의 반복, 비유, 현사로 대별되어 '天雲に 翼打ち付けて 飛ぶ鶴の たづたづしかも 君しいまさねば'(권11, 2490)처럼[27] 동음·유음의 관계에서 나아가 비유로 되는 경우도 있다. 懸詞로 연접하는 경우는 지명 혹은 보통명사를 이끄는 예가 일반적이고, 枕詞와는 구의 장단에 차이가 있을 뿐이다.

懸詞는 동음·유음의 음 형식으로 두 개의 단어 혹은 그 일부를 암시하고 연상하게 하는 기교를 가리킨다. 『고금집』 이후에 緣語를 수반해서 쓰는 수사기교로 현저히 발달했으나, 『만엽집』에서는 주로 枕詞와 그것이 암시하는 단어로 쓰이거나, 序詞와 主想部를 이끄는 단어와의 연접에서 쓰이는 것이 두드러진다. 연

26 '그대의 집의요/ 연못의 흰 물결이/ 바위에 치듯/ 자주 본다고 해도/ 싫증 나잖는 그대' (이연숙 2018: 395)

27 '하늘 구름에/ 날개를 스치듯이/ 나는 학처럼/ 마음 쓸쓸하다네/ 그대가 없으므로' (이연숙 2016: 115)

접에 관련되지 않는 예로는, '思ひやる すべの知らねば 片もひの[28] 底にぞ我は恋なりにける'(권4, 707)처럼,[29] 노래 속 어구의 의미와 노래의 主意에 즉시 응해서 그것과 유연관계를 갖는 의미를 상기시킨다. 또는 物名에 관련시키는 것을 목적으로 해서 'さし鍋に 湯沸かせ子ども 櫟津{いちひつ}の[30] 檜橋より來む[31] 狐に浴むさむ'(권16, 3824)라고[32] 읊은 예도 보인다. 또 『만엽집』에서는 『遊仙屈』에 근거해서 '梨{なし}棗{なつめ}黍{きみ}に[33] 粟{あは}嗣ぎ[34]'(권16, 3834)의 '梨(り), 棗(そう)'에 '離, 早'의 의미를 환기시키는데, 한자에 의한 표기 특성을 살린 것으로 주목된다.

하나의 구에서 다섯 자가 여섯 자가 되거나 일곱 자가 여덟 자가 됨으로써 음수율인 5·7·5·7·7을 지키지 않는 것을 字余り(지아마리, 글자초과)라고 부른다. 노래의 각 구에 모음 ア·イ·ウ·オ가 포함되면 글자초과가 발생하는데, 이것은 어디까지나 글자가 넘치는 것일 뿐이고 리듬까지 깨트리는 파격은 아니었다. 글자초과는 모음 문자와 그 앞의 글자가 결합도가 높고 두 개의 글자가 한 덩어리를 이루므로, 한 구의 음수율은 5음과 7음의 규정을 넘지 않았다고 기술한다. 句 안에 모음 음절이 있는 경우에 글자초과가 발생하는 경우와 그렇지 않은 경우가 있어서, 기본적으로 단가의 제 1·3·5구와 장가의 5음구·결구는 거의가 글자초과를 일으키는 데 비하여, 단가의 2·4구와 장가의 7음구는 글자초과보다도 글자초과가 아닌 경우가 훨씬 많은 경향을 보인다.

---

28 片口가 붙은 그릇 즉 '片垸'{かたもひ}는 '片思ひ'를 연상시킨다.
29 '생각 벗어날/ 방법 모르므로/ 짝사랑이란/ 구덩에 빠진 나는/ 애가 타버렸지요' (이연숙 2012: 233)
30 지명 '櫃{ひつ}'를 연상시킨다.
31 'コン' 즉 여우가 내는 소리를 연상시킨다.
32 '냄비에다가/ 물 끓여요 여러분/ 이치히츠의/ 히바시에서 오는/ 여우에게 확 끼얹자' (이연숙 2017: 241)
33 '黍{きみ}'는 '君'을 연상시킨다.
34 '粟{あは}'는 '逢ふ'를 연상시킨다.

2.4. 독법 연구사

2.4.1. 『만엽집』의 훈점본

『만엽집』이 편찬되고 얼마동안은 읽는 법이 알려지지 않았다. 한자 텍스트인 『만엽집』에 가나 훈점을 기재하는 독법은 헤이안시대에 시작되었고, 가마쿠라 시대의 常陸國 출신의 천태종 학승 仙覺에 의해 완성되었다.[35] 훈점본은 古点본, 次點본, 新点본으로 분류한다.

天暦 5년(951) 村上천황의 칙명에 의해 梨壺(나시쓰보)의 5인(清原元輔·紀時文·大中臣能宣·源順·坂上望城)이 훈점을 달았는데, 이것이 고점본이다. 독립된 사본은 전하지 않으나 신점본에서 合点이 없는 墨点이 그것에 해당하는 것으로 본다.

고점본 이후 仙覺의 신점본이 나올 때까지의 기간에 藤原道長·大江佐國·藤原敦隆·惟宗孝言·源國信·顯昭 등등의 훈점본을 次點본이라고 한다. 선각의 文永본(1265년)인 신점본에서는 異說 가운데 정훈으로 생각되는 것을 한자 오른편에 가나를 붙이고 고점·차점의 훈을 채용할 때는 검은색으로, 고점·차점을 수정하였을 때는 감청색으로, 선각이 신점을 달 때에는 붉은색으로 적었다. 또한 체제를 바꾸었으니, 차점본에서는 훈을 노래가 끝난 다음에 줄을 바꾸어 적었으나 신점본에서는 본문 한자 오른편에 작은 크기로 가나를 붙여 적었다. 훈이 없었던 장가 등에도 훈을 적어 넣어 『만엽집』 전체에 훈을 붙이게 되었다.

차점본의 헤이안시대 사본 중에서 『만엽집』의 5대 사본이라 불리는 桂本·藍紙本·元暦校本·金澤本·天治本이 있고, 이 외에 尼崎本·『類聚古集』도 있으며,

35 寛元 4년(1246)에 장군 藤原頼經(후지와라 요리쓰네)의 명을 받아 源親行의 작업을 이어서 仙覺은 헤이안시대의 선본을 모아 『만엽집』을 교감하여 神宮文庫本을 완성하였다. 그러나 이에 만족하지 않은 仙覺은 오류를 바로 잡고 새로운 해석을 붙이는 등 체제와 방식을 달리하여 文永 2년(1265)에 완성본을 내게 되었는데, 이를 新点本 또는 문영본이라고 한다.

에도시대의 사본이지만 차점본 가운데 유일한 완본인 廣瀨本이 있다.

新点본으로서 가장 오래된 완본인 西本願寺本(니시혼간지본)이 있다. 1955년 이후 현대의 주석서는 대부분이 이 니시혼간지본을 저본으로 하고 있다.

2.4.2. 근대와 현대의 연구

2.4.2.1. 근대의 연구

진언종 승려 契沖(1640~1701)은 젊은 시절부터 和漢 고전연구에 힘써 병을 얻은 우인 下河辺長流를 대신해서(代匠記라는 이름의 유래) 徳川光圀의 의뢰에 의해 『만엽집』 주석에 착수하여 元祿 원년(1688)경에 완성하여 헌상하였다. 이것이 『萬葉代匠記』의 초고본이다. 다시 수정을 요구받아 寬永版本 외에 유력한 네 가지 사본을 대조하여 元祿 3년(1690)에 완성한 것이 精選本이다. 사본으로 세상에 유포된 것은 초고본이고, 정선본은 오래 비장되었다.

가학의 전통 가운데 만엽가를 이해하는 것뿐만 아니라 和漢 전적에서 널리 용례를 구하여 고대어의 문맥을 찾아 거기에 『만엽집』 속의 어구를 위치 짓는 실증적 이해 방법을 확립하고 실천했다. 또한 어석뿐만 아니라 노래에 대해서도 자신의 감정과 논리에 근거하여 자유로운 비평을 전개하였고, 이 점에서도 契沖의 연구는 현대 『만엽집』 해석의 원형을 이루고 있다.

국학 확립에 기여한 고전학자인 賀茂眞淵(1697~1769)은 荷田春滿에게 배우고 加藤千蔭, 本居宣長(1730~1801) 등을 제자로 두었다. 특히 『만엽집』 연구에 힘을 기울여 枕詞(마쿠라코토바)의 체계적 연구인 『冠辭考』 등 다수를 저작했는데, 주저는 『萬葉集考』(또는 萬葉考)이다. 현행 『만엽집』을 불완전하다고 간주하여 본문과 권의 배열을 바꾸어, 권1·2·13·11·12·14를 '옛 만엽집'의 순서로 고쳤다. 권1~6의 주석과 총론인 「萬葉集大考」 및 보주인 「別記」 6권은 眞淵 자신의 원고였지만, 권7 이후의 주석은 유고를 이어받은 제자가 증정하여 완성하였다. 『만엽집』을 고대인의 마음 표현으로 파악하는 契沖 이래의 틀을 받아들이면서 고대어의 용법을 탐구함으로써, 스스로 노래에 친숙해지고 고대의 마음을 직관하는 방법으로 고대 일본의 진심을 읽어 내는 것을 목표로 했다.

慶長(1596～1614)부터 元和(1615～1623) 연간에 고활자로 훈이 없는 판본이 출판되고, 이어서 그것에 훈을 더해 본문을 보정한 소위 고활자 附訓本이 나왔다. 또 민간의 출판이 왕성하게 되어 정판 인쇄가 활발해지면서 부훈본을 정판화한 판본 20책이 寛永 20년(1642)에 간행되었다. 이 저렴하고 인쇄부수가 많은 관영판본이 세상에 유포되었기 때문에 『만엽집』 연구는 일거에 폭넓게 확산되었다. 텍스트로서는 본문과 훈의 계통이 달라서 각기 문제가 있지만, 契沖을 비롯해서 眞淵, 宣長에 이르는 국학의 『만엽집』 연구는 이 판본에 의거하여 이루어졌으므로 그 축적을 이어받은 근대의 연구에서도 오랫동안 정본이 되었다. 에도시대의 주석서는 물론이고, 『國歌大觀』(구판), 『校本萬葉集』, 『萬葉集總索引』도 이를 저본으로 하였다.

2.4.2.2. 상대 특수가나 표기법(上代特殊假名遣)의 발견

19세기 말에서 20세기 초에 걸쳐 일본어에 관한 연구는 계통론적 관점에서 대륙의 언어들, 특히 몽골어를 비롯한 알타이어와의 비교가 활발하였다. 문어몽고어의 6모음, 터키어의 8모음 등과 비교할 때 현대 일본어는 5모음이어서 대조에 어려움이 있었다.

그런데 1917년 橋本進吉(하시모토 신키치) 박사는 「國語假名遣研究史上의 一發見-石塚龍麿의 假名遣奧山路에 대하여」라는 논문에서 현대어와는 다른 표기법 즉 上代特殊假名遣이 있었음을 발표하였다.

上代特殊假名遣이란 7～8세기 문헌에서는 특정한 음절에서 두 가지 이상의 만요가나가 구분되어 사용되고 있다는 것인데, 예를 들면 'カミ'(上)와 'カミ'(神)는 현대어 발음에서는 같은 음이지만, 7～8세기에는 '上'의 'ミ'에는 '美, 弥'가 사용되고 '神'의 'ミ'에는 '微, 米'가 사용됨으로써 표기가 구분되었던 것이다. 이 두 종류를 각각 갑류의 'ミ'와 을류의 'ミ'로 칭하고, 이처럼 갑류와 을류의 구분이 있는 음절로 ‘キ・ヒ・ミ・ケ・ヘ・メ・コ・ソ・ト・ノ・ヨ・ロ’와[36] ‘ギ・ビ・ゲ・ベ・ゴ・ゾ・ド’ 음절을 들었다. 『고사기』의 ‘モ’ 음절을 추가하면 총 20종의 음절인데, 이들의 표기에 사용된 만엽가나의 음가와 용법을 橋本進吉(1917/49)는 上代特殊仮名遣이라고 명명하였다. 이는 정설로 받아들여져 상대 일본어의 중요한 특징으로 자리 잡았다. (2.1)의 철검명문에서 ‘比’는 ヒ甲류이고 ‘居’는 ケ乙류이므로 그 구분이 5세기까지 거슬러 올라간다.

현대어의 동일 음절이 상대에는 두 가지 글자로 표기되었음을 최초로 언급한 것은 本居宣長(모토오리 노리나가)의 『古事記傳』(1790년)이다. 서문의 논의를 따라 그 제자인 石塚龍麿(이시즈카 다쓰마로)가 『고사기』·『일본서기』·『만엽집』에 쓰인 만요가나를 조사하여, 두 종류의 글자를 가진 음절이 청음의 13종과 탁음의 7종이라 했다. 橋本進吉(1917/49)가 이것을 발견하여 높이 평가하고, ‘エ’는 성질이 다르므로 빼고 ‘ヌ’ 대신에 ‘ノ’를 넣는 등의 수정을 가하였다. 아래와 같이 각각 갑류와 을류로 지칭하여 구별한 것도 橋本進吉(1942)에서 비롯된다.

(29) 갑류와 을류의 구별

	キ	ケ	コ	ソ	ト	ノ	ヒ	ヘ	ミ	メ	ヨ	ロ	ギ	ゲ	ゴ	ゾ	ド	ビ	ベ
甲	伎	祁	古	蘇	斗	怒	比	幣	美	賣	用	漏	藝	下	吳	俗	度	毗	弁
乙	紀	氣	許	曾	登	能	毘	閇	微	米	余	呂	疑	氣	其	曾	杼	備	倍

2.4.2.3. 상대 일본어의 모음체계 연구

갑류 가나와 을류 가나는 서로 음가가 다르다고 보고 그 음가 차이를 모음에서 구하게 된다. 그런데 위의 (29)에서 볼 수 있듯이, 갑을 구별이 있는 음절은 모두 I열·E열·O열이고 A열·U열에서는 갑을 구별이 없다. 따라서 I열·E열·O열의 갑류가 각각 /イ・エ・オ/ 즉 /i·e·o/ 모음이라고 하면 그 을류 짝을 각각 /イ^{乙}・エ^{乙}・オ^{乙}/ 즉 /i^{乙}·e^{乙}·o^{乙}/이라 할 수 있다. 이들에 A열·U열의 모음 /ア・ウ/ 즉

36 『고사기』에서는 ‘モ’가 추가된다.

/a·u/를 합하면 전체 모음이 8종이 된다.

알기 쉽게 정리하면 갑류는 기본모음 /a·i·u·e·o/이고 을류는 /i^{乙}·e^{乙}·o^{乙}/이라고 할 수 있다. 3종의 을류 모음 イ^{乙}·エ^{乙}·オ^{乙}이 구체적으로 어느 음가이고 어떻게 표기할 것인가 하는 문제에서 학자들의 견해가 조금씩 다르다. /ï, ë, ö/, /î, ê, ô/, /ɨ, ə, ɔ/, /i^{乙}, e^{乙}, o^{乙}/, /i_2, e_2, o_2/ 등으로 다양한데, 우리는 3종의 을류 모음을 イ^{乙}·エ^{乙}·オ^{乙} 또는 イ乙·エ乙·オ乙로 표시하기로 한다.

갑류의 기본모음 /a·i·u·e·o/에 을류의 イ乙·エ乙·オ乙을 더하여, 모두 8종의 모음이 음운론적으로 대립했다고 보는 것이 상대 일본어의 8모음설이다. 橋本進吉(1917/49), 有坂秀世(1933/55), 大野晉(1953, 1955, 1976, 1980) 등의 이 8모음설은 "일본어학의 세계적 상식"이라 불릴 만큼 널리 알려져 있다. 헤이안 시대에는 3종의 을류 모음이 사라져서 현대어와 같은 5모음으로 바뀌었다고 기술한다.

池上禎造(1932)와 有坂秀世(1933/55)는 『고사기』의 'モ' 음절에 두 종류의 문자가 있었고 총 88종의 음절이 구별되었다고 발표하였다.[37] 이것이 정설로 받아들여졌으며, 橋本進吉의 제자인 大野晉는 이 8모음설에 따라 어원을 논하였고 이를 『일본서기』·『만엽집』의 언어 연구에 적용하였다. 음운론은 물론이고 어휘론과 문법 부분에서도 8모음설이 기본이 되었다. 大野晉외(編)(1974)의 『岩波古語辭典』은 그 결과물이다. 上代語編修委員會(1967/83)의 『時代別 國語大辭典 – 上代編』도 8모음을 기본으로 하고 있으며, 木下正俊이 작성한 (16)의 만요가나 일람표에는 87종 음절의 만요가나가 두루 망라되어 있다.

8모음설에서는 당연히 을류 모음의 분포에 관심을 가지게 된다. 모음이 8종이나 되므로 여러 알타이어처럼 상대 일본어에도 모음조화가 있었으리라 추정할 수 있다. 이에 유의하면서 각 모음이 단어 내에서 어떠한 결합관계를 갖는가에 관심이 집중되었는데, 有坂秀世(1933/55)는 オ乙의 분포에 주목하여, 소위 음절 결합 법칙으로 아래의 세 가지를 들었다.

37 한편 馬淵和夫(1971)은 더 나아가 『고사기』 이전에는 'シオホジボ' 음절에도 구별이 있었을 가능성을 들어, 상대의 음운으로 총 93종의 음절을 제시하기도 하였다.

(30) 음절결합 법칙

1. オ甲과 オ乙은 공존하지 않는다.
2. ウ와 オ乙은 공존하는 일이 적다. 'ウオ'로 결합한 2음절 형식에서 オ는 オ乙이 아니다.
3. ア는 オ乙과 공존하는 일이 없다.

그러나 服部四郎(1959, 1960)은 알타이 제어의 모음조화와의 비교를 통해 상대 일본어에 모음조화가 없었다고 기술한다. 우리도 이에 동의한다. 모음조화가 있었다고 하려면 オ乙뿐만 아니라 イ乙이나 エ乙에서도 음절결합 법칙이 발견되어야 하는데, (30)에서 볼 수 있듯이 음절결합 법칙은 オ乙에서만 확인되기 때문이다.

服部四郎(1959)가 일찍이 6모음설을 제기한 바 있지만, 8모음설에 대한 본격적인 의문은 1975년에 와서야 비로소 제기된다. 松本克己(1975)가 구조주의의 내적재구 방법론으로 상대 일본어의 모음이 5종이라는 결론을 얻었다. 내적재구란 한 언어의 공시태에 나타나는 변이 상황 즉 형태음소적 교체를 통하여 통시적 제 관계를 재구성하는 것이다. 이 연구는 상대 일본어의 모음조직 즉 모음체계에 대한 논쟁을 촉발하는 계기가 되었다.

松本克己(1975)는 イ열과 エ열에서 갑류와 을류가 구별되는 것은 모음의 차이에 의한 것이라기보다도 오히려 선행자음의 차이에 근거한다고 주장한다. 'イ甲 : イ乙'과 'エ甲 : エ乙'의 대립은 모음의 차이가 아니라 'Cji : Ci'와 'Cje : Ce'의 차이라고 했다. 즉 'Cj : C'에서 활음 'j'의 유무로 갑류와 을류의 차이가 날 뿐이고, 갑류와 을류의 모음은 동일하다고 주장한다.

松本克己(1975)는 또한 オ열의 갑을 대립 즉 オ甲과 オ乙의 구별은 동일한 음소 /o/의 변이음 현상을 반영하는 것에 지나지 않으며 이것은 외래적 표기와 고유적 음소체계가 서로 어긋난 데에서 비롯된다고 주장한다. 有坂秀世가 음절결합 법칙이라고 명명한 것도 사실은 オ열음에서 변이음인 オ甲과 オ乙이 상보적으로 분포하는 현상에 지나지 않으며, 알타이어의 모음조화와는 전혀 관계가 없

다고 했다. 우리도 松本克己(1975)의 논의에 동의하여 제7의 모음 /ɨ/가[38] 설정 된다 하더라도 이 /ɨ/는 전기 중고음의 중뉴 대립을 그대로 수용한 외래적 표기임을 강조할 것이다.

위와 같은 방법으로 松本克己(1975)는 을류 모음 イ乙·エ乙·オ乙의 존재를 부정하고 5모음설을 주장했다. 그런데 1975년에 한국에서도 독자적으로 상대 일본어의 8모음설을 부정하고 6모음설을 제창하는 논의가 나온다. 宋敏(1975)가 イ乙·エ乙·オ乙의 세 가지를 부정하고 을류 모음으로 /ə/ 하나만 인정하는 6모음설을 제기한 것이다.

宋敏(1975)는 을류 모음이 거의 대부분 한국 중세 한자음의 'ㅡ, ㅓ'에 대응한다는 점에 주목한다. 위의 (29)에서 이미 갑류와 을류 대표자를 제시한 바 있는데, 이들의 한국 중세 한자음을 제시하면 아래와 같다.

(31) 갑류 대표자의 한국 중세 한자음

1. 伎[기], 祁[긔], 比[비], 美[미], 幣/弊[폐], 賣[매], 藝[예], 下[하], 毗[비], 弁[변]
2. 古[고], 蘇[소], 怒[노], 用[용], 斗[두], 漏[루], 吳[오], 俗[쇽], 度[도]

(32) 을류 대표자의 한국 중세 한자음

1. 紀[긔], 氣[긔], 曾[증], 登[등], 能[능], 毘[비], 微[미], 米[미], 疑[의], 其[기], 備[비], 倍[배]
2. 許[허], 閇/閉[폐], 余[여], 呂[려], 杼[뎌]

한국 중세 한자음에서는 아후음 'ㄱ, ㅇ'의 뒤에서 '기 : 긔' 또는 '이 : 의'의 음운대립이 성립한다.[39] 반면에 여타의 자음 뒤에서는 'ㅣ : ㅢ'의 음운대립이 없으므로 '비, 피'라는 한자음은 있지만 '븨, 픠'라는 한자음은 없다. 아후음 뒤에서만 'ㅣ : ㅢ'의 음운대립이 성립하는데, 이것이 결정적인 계기가 되어 有坂秀世

38 우리의 논의에서는 제8의 모음은 전혀 설정되지 않는다.

39 한국 중세 한자음에는 '히'로 반영된 한자가 없으므로 '히 : 희'의 음운대립은 성립하지 않는다.

(1944/80)이 전기 중고음의 중뉴 대립을 발견하게 된다.

중요한 것은 한국 한자음에서 'ㅣ'로 반영된 한자음은 주로 상대 만요가나의 갑류에 속하고 'ㅢ'로 반영된 한자음은 주로 을류에 속한다는 점이다.[40] 이것을 강조하여 宋敏(1975)는 상대 일본어의 을류 모음이 한국 한자음의 'ㅡ'에 대응한다고 했다.

또한 (31.2)와 (32.2)의 대비에서 볼 수 있듯이, 상대 일본어의 갑류 모음은 한국 한자음에서 원순모음 'ㅗ, ㅜ'에 대응하지만 이와 대립하는 을류 모음은 평순모음 'ㅓ'에 대응한다. 이 평순모음 'ㅓ'와 위의 평순모음 'ㅡ'를 하나로 묶어 宋敏(1975)는 상대 일본어의 을류 모음을 하나만 설정하고 그 음가를 원순모음 /ö/가 아니라 평순모음 /ə/라고 했다. 우리도 이 6모음설에 동의하여 宋敏(1975)를 선구적인 업적으로 높이 평가한다.

한편, 服部四郎(1976a, 1976b)는 松本克己(1975, 1976)의 논의를 부분적으로 수용하여 6모음설을 주장한다. オ열음에서 オ甲과 オ乙이 구별된다는 것은 인정하면서도 'イ甲 : イ乙'의 대립과 'エ甲 : エ乙'의 대립을 부정한다. 'イ甲, エ甲'을 각각 'Cji, Cje'로 해석하고 'イ乙, エ乙'을 각각 'Ci, Ce'로 해석함으로써, 갑류와 을류의 대립이 모음의 차이에서 비롯된 것이 아니라 모음 앞에 오는 'j'의 유무에서 차이가 난다고 기술했다.

8모음설에 대한 비판을 받은 후에, '음운의 변천'이라는 제목하에 大野晉(1977a, 1980)은 8개의 모음 중에서 4개의 모음은 8세기 이전에 새롭게 생긴 것으로 보고 일본어의 기원적 모음은 /*a, *i, *u, *ö/의 4개라고 주장하였다. 8모음설을 재천명이면서 동시에 원시 4모음설을 주장한 것이다.

이 원시 4모음설은 山口佳紀(1985), 松本克己(1995), 沖森卓也(2011) 등이 수용했다. 특히 沖森卓也(2011: 56~57)은 "일본어 고층에는 エ모음이 없었고, イ

40 이 점에서 (31.1)의 '祁'를 일본 학자들이 갑류로 분류한 것은 재고할 필요가 있다. 4장에서 기술하겠지만, 우리는 '祁'를 을류로 분류한다. '幣'를 갑류라고 하면서 '閇'를 을류라고 한 것도 문제가 된다. '幣'의 한어 중고음은 [並中A去祭]이고 '閇'의 중고음은 [幫中4去齊]인데, 祭韻과 齊韻은 공통적으로 갑류의 /e/로 수용되기 때문이다(森博達 1991).

乙 모음도 모음연속에 의해서 생겨났으며, オ甲은 'しつおり{倭文} → しとり'의 축약에서 볼 수 있는 '*tuo乙 → to甲'의 변화로 생겼을 가능성이 높다" 고 하여 원시 일본어가 /*a, *u, *o乙, *i甲/의 4모음체계였다고 추정했다. 8모음설을 부정하는 학자들은 대개 6모음설이 타당할 것이라는 태도를 취하는데, オ甲과 オ乙의 최소대립쌍을 다수 찾을 수 있기 때문이다.

イ열과 エ열에서는 松本克己(1975, 1976), 宋敏(1975), 服部四郎(1976a, 1976b)가 공통적으로 CjV의 음절형을 가정하여 갑류와 을류의 음운대립을 기술한다. 그러나 橋本進吉(1942)가 강조한 바 있듯이, 가요 표기에서는 CV나 V 음절형만 있고 CjV 음절형이 없다는 점에 유의해야 한다. CjV 음절형이 원천적으로 부정되므로, 이 기술 방법은 설득력이 떨어진다.

우리는 이들과 달리 3종의 을류 모음 'イ乙, エ乙, オ乙'이 음운론적으로 서로 대립했는지를 검토한다. 1장의 서론에서 간단히 소개한 바 있듯이, イ열의 을류인 '紀'에 キ乙/kə/를 배당하고 オ열의 을류인 '許'에 コ乙/kə/를 배당한다. 이처럼 배당하면 '紀'와 '許'가 공통적으로 /kə/를 표음하는데, 마침 기초 어휘인 '나무' 즉 '木'이 '紀'로도 표기되고 '許'로도 표기된다. 동일어의 동일 음절을 '紀'로도 표기하고 '許'로도 표기했으므로 이 두 가나에 동음을 배당하는 것이 원칙이다. 이에 따라 우리는 '紀'의 キ乙과 '許'의 コ乙이 하나로 합류하여 공통적으로 /kə/를 표음한다는 논리를 세운다.

이처럼 우리는 3종의 을류 모음이 음운론적으로 대립했는지를 용례 대비를 통하여 일일이 검토한다. 이 점이 기존의 논의와 크게 다른 점이다. 이러한 검토 과정을 생략한 채, 기존의 연구에서는 キ乙과 キ甲이 음운론적으로 대립하고 コ乙과 コ甲이 음운대립을 이룬다는 점만 강조한다. 그리하여 을류 모음 상호 간에 음운대립이 성립하는지 그 여부를 검토하지 않는다. キ乙과 コ乙이 하나로 합류했는데도 이들에 서로 다른 음가를 부여하는 것은 옳지 않다.

이러한 합류의 예로 池上禎造(1932)와 有坂秀世(1933/55)는 MO 음절의 '母'와 '毛'를 든 바 있다. 『고사기』에서는 '母'와 '毛'의 용례가 엄격히 구별되어 갑류와 을류가 음운론적으로 대립했지만 『일본서기』·『만엽집』에서는 갑류와 을류가 하나로 합류함으로써 '母'뿐만 아니라 '毛'가 갑류의 /mo/를 표음한다고 했다. 우리도 이 논의에 적극적으로 동의한다.

'母'와 '毛'의 예는 텍스트에 따라 갑류와 을류의 대립이 서로 달라질 수 있음을 보여 주는 대표적인 예이다. 이것은 『고사기』·『일본서기』·『만엽집』의 3종 텍스트를 하나로 통합하여 기술하면 안 된다는 것을 증명해 준다. 그런데도 텍스트를 『고사기』·『일본서기』·『만엽집』의 셋으로 나누어 각각 공시적으로 기술한 다음에, 갑류와 을류의 합류 여부를 통시적으로 조감한 논의를 찾을 수가 없다.

이러한 연구가 없었던 원인으로는 만요가나의 음운론적 연구가 부족했다는 점을 들 수 있다. 이합가나와 연합가나의 발생에 관련된 연구, 가나와 정훈자의 관계에 대한 연구, 일본어 또는 왜어의 문체 발달에 관한 연구, 한반도에서 발굴된 언어자료와의 대비 연구 등이 일본 국어학계의 주요 관심사였다. 이처럼 문자·표기 분야의 연구는 활발했지만, 정작 음운론적 연구는 희소하였다. 널리 알려져 있듯이, 통시 음운론에서는 음운의 합류와 분화가 가장 기초적인 연구 대상이다. 그런데도 이에 대한 관심이 부족했으므로, 상대 일본어의 8모음체계가 헤이안시대에 5모음체계로 바뀐다는 막연한 기술에 머물고 말았다.

또한 만요가나의 음운론적 연구에서는 한어 중고음에 대한 이해가 필수적이다. 이에 대한 이해를 바탕으로 有坂秀世(1933/55), 大野晋(1953), 森博達(1977, 1991)이 중고음과의 대응 양상을 정리한 바 있지만, 이들은 음운론적 연구라기보다는 음성학적 연구에 가깝다. 또한 일본 吳音의 모태가 되는 위진남북조 한어음을 명확히 제시하면서 그 대체 수용 과정을 정리한 것도 아니다.

우리는 가요 표기를 『고사기』·『일본서기』·『만엽집』의 3종으로 나누어, 4~6장에서 'イ乙, エ乙, オ乙'의 을류 모음 상호 간에 음운대립이 성립하는지 그 여부를 꼼꼼히 검토하고, 또한 갑류와 을류 모음의 합류 여부도 텍스트별 용례 대비를 통하여 일일이 검토할 것이다. 이 검토 과정을 거친다는 점에서 우리의 연구는 기존의 연구와 크게 다르다. 또한 3종의 텍스트에서 각각 한어 중고음을 어떻게 대체하여 수용했는지를 일일이 정리할 것이다. 이때에 일본 오음의 모태가 되는 5세기 전반기의 한어음을 명확히 제시한다는 점에서도 기존의 연구와 차이가 난다.

3. 가요 표기

상대 일본어의 표기법은 텍스트마다 서로 달라질 정도로 아주 복잡하다. 그러나 만요가나로 표기된 가요만을 연구 대상으로 삼으면, 그 표기법을 어느 정도 체계적으로 정리할 수 있다.

그런데 만엽가 안에서도 『고사기』 가요와 『일본서기』 가요의 표기법이 서로 다르고, 『일본서기』 안에서도 α군와 β군의 만요가나가 서로 차이가 난다. 이들과 『만엽집』 가요의 표기법이 또한 서로 다르다. 『만엽집』 가요는 크게 보아 음표기 위주의 가요(P群)와 훈표기 위주의 가요(Q群)의 둘로 나뉘는데, 이 둘의 표기법이 또한 차이가 크다. 이들 상호 간의 차이를 밝히고 정리하는 데에 이 3장의 목표를 둔다.

표기법을 체계적으로 정리하는 것이 3장의 일차적 목표이지만, 이것이 음운체계 연구의 디딤돌이 된다는 점에 항상 주의를 기울인다. 상대 일본어의 음운체계를 연구할 때에는 각종의 음가나가 분석 대상이므로, 각종의 훈가나·정훈자·의훈자(義訓字)를 걸러내고 음가나만 모아 따로 정리하는 일에 힘을 쏟기로 한다.

이 정리 방법의 일종으로서 우리는 가요 텍스트를 일단 『고사기』 가요, 『일본서기』 가요, 『만엽집』 가요, 목간 가요의 4종으로 나눈다. 이 중에서 『일본서기』

가요를 α군과 β군의 둘로 다시 나누고, 『만엽집』 가요도 P군 즉 음표기 위주의 가요와 Q군 즉 훈표기 위주의 가요로 나눈다. 『만엽집』 가요를 다시 둘로 나누는 까닭은 『만엽집』 가요에서는 음표기와 훈표기의 두 가지 방법을 채용함으로써 『만엽집』 P군과 Q군의 표기법 차이가 음표기만으로 일관한 『일본서기』의 α군과 β군보다 차이가 훨씬 더 크기 때문이다. 이처럼 『일본서기』 가요를 α군과 β군으로 나누고 『만엽집』 가요를 P군과 Q군으로 각각 나누면, 일본의 상대 가요 텍스트는 표기법의 관점에서 6종이 된다. 이 6종에 목간 가요가 포함된다.

이 6종의 텍스트를 하나로 통합하여 기술하면 올바른 결론에 도달할 수 없다. 특히 표기법과 음운체계의 통시적 변화 과정을 포착할 수가 없다. 이 통시적 변화를 반영하지 않은 상태에서는 상대 일본어 연구가 실패할 수밖에 없다. 따라서 우리는 6종의 텍스트를 철저하게 분리하여 분석한 다음에, 그 결과를 상호 대비하여 상대 일본어의 통시적 변화를 기술할 것이다.

3.1. 『고사기』 가요의 표기

먼저 712년에 편찬된 『고사기』 가요를 논의 대상으로 삼는다. 『고사기』 만엽가는 문헌 자료 중에서 기록 시기가 가장 이르고, 표기법이 하나로 통일되어 있다는 점에서 가장 단순하다. 따라서 『고사기』 만요가나는 『일본서기』나 『만엽집』의 만요가나와 대비할 때에 기준이 된다.

3.1.1. 『고사기』 만요가나의 표기법

『고사기』에는 신화 시대로부터 顯宗천황 재위 시까지 즉 486년에 이르기까지 112수의 노래가 실려 있다. 5세기 말엽까지의 노래가 수록되었지만, 『고사기』의 편찬 시점이 712년이므로 나라시대의 표기법을 반영한 것으로 본다. 이들은 항상 음가나로 표기된다. 『고사기』에서 맨 처음에 나오는 가요를 예로 들어 보자.

(1)『고사기』1번 가요 (88쪽)[1]

1. 夜久毛多都 伊豆毛夜幣賀岐 都麻碁微爾
   夜幣賀岐都久流 曾能夜幣賀岐袁
2. jakumotatu idumojapegaki tumagomini
   japegakitukuru sonojapegakiwo
3. 八雲立つ 出雲八重垣 妻篭みに
   八重垣作る その八重垣を

위의 (1.1)에 배열한 것이『고사기』가요의 원문이다.『고사기』가요의 표기법 연구는 바로 이 원문을 대상으로 한다. 이와 같은 원문은 712년 또는 그 이전에 기록되었다.

(1.2)는 원문 표기에 사용된 글자를 모두 음으로 읽어 로마자로 표음한 것이다. 독자들의 편의를 위하여 히라가나 대신에 로마자로 전자(轉字)했다.

이 전자에서 일본어의 ハ행과 バ행을 어떻게 표기할 것인지가 문제가 된다. 현대 일본어에서는 자음이 청음(清音) 즉 무성음인 'は·ひ·ふ·へ·ほ'를 각각 'ha·hi·fu·he·ho'로 전자하고, 탁음(濁音) 즉 유성음인 'ば·び·ぶ·べ·ぼ'를 각각 'ba·bi·bu·be·bo'로 전자하는 것이 일반적이다. 그러나 상대 일본어에서는 이들이 어느 음가였는지가 확실하지 않으므로 자음체계에서는 이것이 주요 연구 대상이다. 그런데도 논의의 편의를 위하여 우리는 상대 일본어의 'は·ひ·ふ·へ·ほ'를 각각 'pa·pi·pu·pe·po'로 전자하고, 'ば·び·ぶ·べ·ぼ'를 각각 'ba·bi·bu·be·bo'로 전자한다.『고사기』가요의 표기에 사용된 음가나 중에서 ハ행과 バ행에 오는 것은 그 중고음 성모(聲母)가 대부분 양순파열음이기 때문이다.[2]

첫째 행의 원문을 둘째 행의 로마자로 전자할 때에는 두 가지 지식이 필요하

1 이것은『日本古典文學大系』(1962/86)의 수록 면이다. 이하 같다.
2 상대의 東國(현재의 관동 지방) 방언에서는 ハ행 자음이 'p' 또는 이와 유사한 자음이었다.

다. 첫째로 『고사기』 가요의 전반적인 표기법을 알아야 하고, 둘째로 『고사기』 가요 기록 당시의 한자음을 알아야 한다. 첫째의 표기법은 아주 간단하다. 『고사기』 가요의 표기는 모두 한자의 음을 빌린 것이므로 한자를 모두 음독(音讀)하면 된다. 그러나 기록 당시의 한자음에 대한 둘째의 지식은 갖추기가 어렵다. 한어 중고음에 대한 전문 지식을 갖추어야 하고 이것을 일본에서 수용할 때의 대체 수용 과정을 알아야 한다.

여기에서 대체 수용을 간단히 설명해 두기로 한다. 영어의 /f, v/를 한국어에서 수용할 때에 한국어의 음운체계에 /f, v/가 없으므로 각각 /ㅍ, ㅂ/으로 대체하여 수용한다. 이와 마찬가지로 일본에서 한자음을 수용할 때에도 이 대체 수용이 일어난다. (1.1)의 '曾'은 한어 중고음이 [精開1平登][3] 즉 /tsəŋ/ᴸ이지만,[4] 상대 일본어에는 파찰음 /ts/와 마찰음 /s/의 구별이 불분명하고 음절말자음 /ŋ/이 없다. 따라서 중고음에서 파찰음인 精母/ts/를 파찰음 /ts/ 또는 마찰음 /s/로[5] 대체하여 수용하고, 登韻/əŋ/을 운미(韻尾)가 없는 모음 /ə/로 대체하여 수용한다. 이에 따라 『고사기』 가요에서 '曾'이 /tsə/ 또는 /sə/를 표기했다고 간주하고 이를 'ぞ'로 해독하게 된다.

현대 일본어의 'ぞ'는 /so/이므로, /sə/(또는 /tsə/)를 'ぞ'로 해독하는 것이 의아하게 느껴질 것이다. 모음이 서로 다르기 때문이다. 이 문제를 해결하기 위하여 일본 학자들은 'ぞ'에 두 가지가 있다고 보아, /so/를 ソ甲이라 하고 /sə/를 ソ乙이라 하여 둘을 구별한다. 그리하여 '曾'을 을류(乙流) 음가나라고 지칭하는데, 이에 따르면 (1.1)의 '能'도 을류 음가나가 된다. '能'의 한어 중고음은 [泥開1平登]=/nəŋ/ᴸ인데 이것이 ノ甲의 /no/로 수용되는 것이 아니라 ノ乙의 /nə/로 수용된다. 따라서 (1.1)의 『고사기』 가요 원문을 로마자로 치환할 때에, 엄격히 말하면 '曾'을 /sə/(또는 /tsə/)로 치환하고 '能'을 /nə/로 치환하는 것이 정확하다.

3 이것은 이토 지유키(2011)(이진호 역)의 자료집에 정리된 음가 표시를 그대로 옮긴 것이다. 이 자료집에 나오지 않는 것은 이승재(2018)을 참고하여 재구했다. 이하 같다.

4 이 음가 추정은 이승재(2018)을 따른다. 이하 같다.

5 절충안을 택하여 이것을 [ˢ]로 표시하기도 한다. 후술할 예정이다.

그런데도 (1.2)에서 이들을 각각 /so/와 /no/로 치환한 것은 현대 일본어의 가나에 /sə/와 /nə/를 표기하는 가나가 없기 때문이다. 현대 일본어에는 없지만 상대 일본어에는 존재했던 /sə/와 /nə/를 지칭할 때에 각각 ソ乙과 ノ乙이라고 지칭한다는 점을 기억해 두자.[6]

(1.3)은 (1.2)에 해당하는 상대 일본어 단어를 대입한 것이다. (1.3)에서는 현대 일본어의 표기법을 따라 갑류와 을류를 구별하지 않고 갑류 하나로 통일하여 전자했다. (1.2)를 (1.3)으로 치환할 때에는 당연히 상대 일본어의 어휘와 문법에 대한 지식이 필수적이다. (1.1)의 '爾' 즉 /ni/는 처격조사 'に'로, '流' 즉 /ru/는 동사 기본형의 'る'로, '能' 즉 /nə/는 속격조사 'の'로, '袁' 즉 /wə/는 대격조사 'を'로 각각 해독한다.[7] 여기에다 (1.2)에 해당하는 각종 어휘를 골라 대입한다. 이 대입 과정이 끝나면, (1.3)과 같이 『고사기』 만엽가요를 해독했다고 말할 수 있다.

중요한 것은 『고사기』 가요는 모두 음가나로 표기된다는 사실이다. 따라서 한어 중고음에 대한 지식을 갖추고 한자음의 대체 수용 과정만 이해하면 누구나 『고사기』 가요를 읽을 수 있다. 이 읽기 과정에서 (1)과 같은 병렬 코퍼스가 크게 도움을 준다는 것은 두말할 필요가 없다. 우리는 『고사기』의 병렬 코퍼스로 『日本古典文學大系』(岩波書店 1962)를[8] 택했지만, 여기에도 잘못된 해독이 여러 군데 있다는 점에 유의하기로 한다.

3.1.2. 『고사기』 음가나 목록

『고사기』 만엽가요는 총 6,110여 자의 분량이다. 이들을 항상 음독하므로 자료 정리 방법은 아주 간단하다. 이 만요가나를 모두 모아 정리하기만 하면 된다. 『고사기』 만요가나는 아래의 124자이다. 각각의 가나에 덧붙인 숫자는 출현 횟수를 가리킨다.

---

6 이에 대해서는 4장에서 자세히 다룰 예정이다.
7 속격조사 '能'의 /nə/와 대격조사 '袁'의 /wə/는 각각 ノ乙과 ヲ乙에 해당한다.
8 이것을 아래에서는 『대계』로 약칭한다.

(2) 『고사기』 가요의 음가나 목록 (124자)

能277 多232 波232 登209 麻204 美181 斯176 夜159 岐158 理153 賀143 加142 母141 都138 那136 比136 久135 阿131 許127 佐121 袁120 伊119 爾104 志104 良103 迩99 婆86 流85 須85 知81 牟77 迦76 和73 弖66 宇60 陀59 布57 泥56 禮56 由53 豆52 曾50 淤49 富44 古41 祁38 呂37 毛37 米37 勢36 遠33 意33 幣31 受29 延28 斗27 賣27 氣26 余25 紀24 本24 夫22 用22 奴21 杼20 藝19 閇19 具16 微16 碁15 怒15 毘15 蘇15 韋15 傳14 惠13 斐10 世10 玖9 邪9 與9 士8 遲8 伎7 漏7 摩7 倍7 煩7 叙7 宜6 何6 疑5 備4 是4 等3 路3 留3 肥3 故2 其2 乃2 度2 治2 羅2 彌2 辨2 胡2(107자) 疊2 可1 棄1 貴1 當1 刀1 盧1 味1 菩1 奢1 牙1 畏1 者1 存1 芝1 此1 他1

이 124자 중에서 '疊'은 의성어의 표기에 사용되었으므로 표기법과 음운체계를 논의할 때에는 제외할 수 있다. 이 목록 중에서 入聲字는 '疊' 하나뿐이므로 이 '疊'이 예외적인 글자임을 금방 알 수 있다. 나머지 123자 중에서 딱 한 번만 사용된 16자는 상대적으로 신뢰도가 떨어진다. 우리는 이 16자를 논의 대상에서 제외하고 2회 이상 사용된 107자만을 분석의 대상으로 삼는다. 이 107자가 연구의 출발점이다.

딱 한 번만 사용된 16자를 논외로 하는 까닭을 구체적인 예를 들어 설명해 둔다. 『대계』에서는 11번 가요를 아래의 (3.3)과 같이 해독했다.

(3) 『고사기』 11번 가요 (156쪽)

1. 伊知佐加紀 微能意富祁久袁 許紀陀斐惠泥
   疊疊志夜胡志夜 此者伊能碁布曾
2. itisakaki minoopokekuwo kokidapiwene
   eesijagosija kopainogopuzo
3. 柃 實の多けくを こきだひゑね
   ええしやごしや 此は嘲咲ふぞ

(3.1)은 『고사기』 가요의 원문을 그대로 옮긴 것인데, 표기에 사용된 31자가 모두 음가나이다. 5·7·5·7·7의 음수율(音數律)을 정확하게 갖추었다. 그런데 (3.1)의 만요가나 '疊疊'에는 의성어의 일종이라는 주석이 달려 있다.[9] 이에 따라 (3.3)에서 볼 수 있는 것처럼 『대계』에서는 이것을 의성어 'ええ'로 해독했다.[10] 그러나 이 '疊疊'은 『고사기』 가요의 일반적 표기 원칙을 위반 것이다. 『고사기』 가요에서는 입성자(入聲字)를 사용하지 않는 것이 원칙이기 때문이다. 또한 『고사기』 가요에서는 모든 만요가나를 음독하는 것이 원칙인데, 'ええ'에는 '疊'의 음이 전혀 반영되지 않았다. 따라서 만요가나의 음가나 목록에서 '疊'을 제외하는 것이 안전하다.

『대계』에서는 의성어 '疊疊'을 일본어의 의성어 'ええ'로 해독했지만, 이것은 '疊'의 한어 중고음과는 동떨어진 음가이다. 더욱이 '疊'이 표음자로 사용된 것 자체가 의심스럽다. 『고사기』 가요에서는 순내(脣內) 입성자를[11] 전혀 사용하지 않는데, 이것은 『일본서기』 가요에서도 마찬가지이다. 그런데도 예외적으로 (3.1)에서는 순내 입성자인 '疊'을 사용했다.

여기에서 이 '疊'이 일본인이 표기한 것이 아니라 고구려·백제·신라에서 이주한 도해인(渡海人)이 표기한 것이라고 추정할 수 있다. 한국의 고대 삼국에서는 상대 일본과 달리 /-p/ 운미를 가지는 표음자를 자주 사용했기 때문이다. '疊'의 한어 중고음과 고대 삼국의 한자음을 고려하면 (3.1)의 '疊疊'을 한국어의 의성어 '첩첩' 또는 '쩝쩝'으로 해독해야 한다는 논의가 성립한다. 상대 일본의 표기법과 음운체계를 분석할 때에는, '疊疊'처럼 고대 한국인이 표기한 것으로 추정되는 것을 논의 대상에서 제외하는 것이 안전하다. '疊疊'에는 고대 한국의 표기법

9 이 주석은 물론 헤이안시대에 단 것인데, 本居宣長의 『古事記傳』에서 이를 '盈'의 誤寫로 보고 있다. 그런데 '盈'이 헤이안 초기까지 가나로 사용된 적이 전혀 없으므로(橋本進吉 1949: 204), 이 주석을 그대로 믿기가 어렵다. 또한 현존 最古의 사본인 眞福寺本 『고사기』에서 '疊疊'으로 기록하고 그 옆에 '亞亞'라고 주를 달았다. 『琴歌譜』에서 '亞'가 ア행의 エ를 나타내고 나라시대 자료인 『新譯華嚴經音義』에서도 그러하므로, 橋本進吉(1949: 204~211)는 '亞亞' 즉 의성어 'ええ'로 읽었다.

10 (3.2)의 'ee'는 이것을 轉字한 것이다.

11 순내 입성자는 음절말 위치에 /-p/가 온 글자를 가리킨다.

과 음운체계가 반영되었을 가능성이 있기 때문이다.

또한 (3.1)의 '此者'를 '此は[こは]'로 해독했는데, 이것은 『고사기』 가요의 표기법에 비추어 보면 역시 예외적이다. 『고사기』 가요의 표기에서는 모든 만요가나가 표음자(表音字) 즉 음가나이다. 표의자(表義字) 즉 훈가나로 사용된 예가 없다. 이것이 원칙인데도 '此'로써 지시대명사 'こ/ko/'를 표기했으므로 (3.1)의 '此者'는 예외적인 표기이다.

이것은 '此者'의 '者'에 주제·대조의 'は/pa/'를 대응시킨 것에서도 드러난다. '者'를 음독하면 결코 'は'가 될 수 없지만, '者'를 훈독하면 'は'가 될 수 있다. 따라서 (3.3)에서 '者'로써 'は'를 표기한 것은 '者'의 훈독에서 비롯된 것이다.

이 훈독은 어디에서 비롯된 것일까? 『고사기』 가요에서는 훈차(訓借) 표기가 없으므로 이 질문을 던지게 된다. 훈독(訓讀)의 기원은 아마도 고대 한국의 문장 표기로 거슬러 올라갈 것이다. 널리 알려져 있듯이 고대 한국에서는 '者'가 주제 표지의 '-은/는'에 대응한다. 이에 영향을 받아 상대 일본에서도 'は'의 표기에 (3.1)의 '者'를 사용했다고 할 수 있다.

'疊疊'은 고대 한국어의 의성어일 가능성이 크고, '此, 者'를 훈독하는 것도 그 기원을 따지면 고대 한국으로 거슬러 올라간다. 河野六郎(1957/1980)은 "일본에서의 한자 사용은 한반도에서 한 실험을 전제로 한다"고 했다. 이것은 大野晉, 姜斗興, 馬淵和夫, 犬飼隆, 沖森卓也 등의 지지를 얻어 정설로 굳어졌다. 그렇다면 이들처럼 고대 한국 표기법의 영향을 받은 것은 우리의 연구에서 제외하는 것이 안전하다. 더욱이 상대 일본어의 음운체계를 연구할 때에 '此, 者'와 같은 훈가나는 제외해야 마땅하다.

후술하겠지만, '者'는 훈가나로서 주제·대조의 'は'를 표기하기도 하고 조건·가정의 'ば'를 표기하기도 한다. 沖森卓也(2009: 253~254)에서는 '者'처럼 청음절뿐만 아니라 탁음절도 표기하는 훈가나로 '寸, 木, 子, 常'을 들고 있다. 人麻呂歌集에서 이들을 탁음절 표기에 사용한 것은 筆錄者의 표기의식이 반영된 결과라고 한다. 그러나 그 표기의식이 무엇이든 간에 청탁 구별을 무시하고 사용한 훈가나는 음운론 연구에서 배제하는 것이 안전하다.

그런데 흥미롭게도 '疊疊, 此, 者'가 딱 한 번만 사용되었다. 이에 맞추어 딱 한 번만 사용된 만요가나는 일괄적으로 분석 대상에서 제외하기로 한다. 상대 일본의 표기법과 음운체계를 논의할 때에는 일본인의 표기법과 음운체계가 반영된 것만을 분석 대상으로 삼아야 할 뿐만 아니라, 2회 이상 사용됨으로써 신뢰도가 높은 자료를 택하는 것이 안전하기 때문이다. 이처럼 정리하면 (2)에서 2회 이상 사용된 만요가나는 모두 107자이고, 이들은 모두 훈가나가 아니라 음가나이다.

3.1.3. 『고사기』 음가나의 운미별 분류

상대 일본어는 CV 또는 V 음절형을 가지는 대표적인 언어이다. 현대 일본어에는 C_1VC_2의 C_2 위치에 즉 음절말 위치에 'ん/N/'이 올 수 있지만, 상대 일본어에서는 이 'ん'이 아직 발달하지 않았다. 촉음(促音)도 아직 발달하지 않았으므로 상대 일본어의 음절형은 (C)V 하나뿐이라고 말할 수 있다.[12] 이것은 橋本進吉(1950)에서 누누이 강조한 바 있고, 현재까지도 정설로 알려져 있다.

『고사기』 음가나에서 상대 일본어의 음절구조를 확인할 때에는 107자를 한어 중고음의 운미별로 정리해 보는 것이 가장 빠른 길이다.

(4) 『고사기』 음가나의 운미별 분류 (107자)

1. /-ø/ 운미 - 多 波 麻 美 斯 夜 岐 理 賀 加 都 那 比 阿 許 佐 伊 爾 志 迩 婆 須 知 迦 和 宇 陀 布 淤 古 祁 呂 意 余 紀 夫 奴 杼 具 碁/棋 怒 毘 蘇 邪 與 士 遲 伎 摩 叙 宜 何 疑 備 是 路 故 其 度 治 羅 彌 胡 (63자, 58.9%)
2. /-u/ 운미 - 母 久 流 牟 由 豆 富 毛 受 斗 玖 漏 留 (13자, 12.1%)
3. /-i/ 운미 - 弖 泥 禮 米 勢 幣 賣 氣 藝 閇 微 韋 惠 斐 世 倍 肥 乃 (18자, 16.8%)
4. /-ŋ/ 운미 - 能 登 良 曾 用 等 (6자, 5.6%)

---

12 그러나 차용 한자어와 어휘표기에서는 CGV 음절이 허용된다. 한자음의 수입에 따른 CGV 음절의 발생은 헤이안시대 이후에 일어난다.

5. /−n/ 운미 − 袁 遠 延 本 傳 煩 辨 (7자, 6.6%)

6. /−m/ 운미 − 없음

7. /−p, −t, −k/ 운미 − 없음

(4.1)의 /−ø/[13] 운미를 가지는 가나가 58.9%, (4.3)의 /−i/ 운미를 가지는 가나가 16.8%, (4.2)의 /−u/ 운미를 가지는 가나가 12.1%, (4.5)의 /−n/ 운미를 가지는 가나가 6.6%, (4.4)의 /−ŋ/ 를 가지는 가나가 5.6%를 차지한다. 반면에, (4.6)의 /−m/ 운미나 (4.7)의 입성운미 /−p, −t, −k/를 가지는 가나는 하나도 없다.

4장에서 다시 거론하겠지만, /−i, −n, −ŋ/ 등의 운미는 가나의 음가에 반영되지 않는 것이 원칙이다.[14] 이것은 『고사기』 음가나에서 한어 중고음의 음가를 수용할 때에 운복(韻腹) 모음만 수용하고 운미는 수용하지 않았음을 말해 준다. 이 수용 과정은 『고사기』 음가나의 음절형이 (C)V 하나로 통일되어 있었음을 뜻한다. 이때의 C는 물론 /j, w/ 등의 활음(또는 반자음)도 포괄하는 자음이다.

3.1.4. 『고사기』 음가나의 50음도

한국어에는 수천 종의 음절이 있으므로 음절문자는 한국어에 적합한 문자가 아니다. 음절을 더 세분한 음소 단위에 글자를 배당하는 체계가 한국어에는 훨씬 효과적이다. 따라서 음절을 초성·중성·종성의 셋으로 나누고 이들에 글자를 배당하는 음소문자를 고안하게 되는데, 이것이 세종의 훈민정음이다.

그러나 일본어에서는 사정이 다르다. 일본어에서 사용되는 음절은 50여 종에 지나지 않으므로 50여 종의 글자를 사용하여 모든 일본어를 표기할 수 있다. 이에 따라 50여 종의 음절문자로 일본어를 표기하는 것이 가장 효과적인 체계가 된다. 이 음절문자의 시초가 만요가나이다.

그런데 『고사기』 만요가나는 총 124자나 되므로 널리 알려져 있는 50여 종의

13 이것은 운미가 없음을 가리킨다. 'ø'는 항상 음가가 없음을 가리킨다. 이하 같다.
14 반면에 /−u/ 운미는 대개 음가에 반영된다.

음절과 크게 차이가 난다. 『고사기』 가요에서 2회 이상 사용된 음가나로 한정하더라도 107자인데, 이것도 50여 음절의 두 배나 된다. 여기에서 107자가 모두 서로 다른 음가인지, 두 가지 이상의 음가나가 사실은 동일한 음가를 표음했던 것은 아닌지 등을 논의할 필요가 있다.

(5) 『고사기』 가요 음가나의 50음도 (2회 이상, 107자)

자음 \ 모음	A (ア)	I (イ)	U (ウ)	E (エ)	O (オ)
ø (ア)	阿	伊	宇		淤意
K (カ)	加迦	岐紀伎	久玖具	祁氣	許古故碁其
	賀何	藝疑		宜	胡
S (サ)	佐	斯志	須	勢世	曾[15] 蘇
	邪	士	受	是	叙曾
T (タ)	多	知	都	弖	登斗杼等
	陀	遲治	豆	傳	度
N (ナ)	那	爾迩	奴	泥	能怒乃
P (ハ)	波	比斐肥	布	幣閇	富本
	婆	備毘	夫	倍辨	煩
M (マ)	麻摩	美微彌	牟	米賣	母毛
J (ヤ)	夜		由	延[16]	余用與
R (ラ)	良羅	理	流留	禮	呂漏路
W (ワ)	和	韋		惠	袁遠

이것을 논의하기 위하여 우리는 107자를 우선 50음도(音圖)에 넣어 보기로 한다. 50음도에 음가나를 넣을 때에는 일단 『대계』의 해독을 따르기로 한다. 50음도에 107자를 넣게 되므로 위에서 볼 수 있듯이 한 칸에 둘 이상의 음가나가 올 때가 많다. 이럴 때에는 출현 횟수가 많은 것을 앞에 두었다.

15 이처럼 밑줄을 친 것은 음가가 둘 이상인 多音字이다. 이하 같다.
16 우리의 분석 결과에 따르면, '延'은 øE 음절을 표기한 것이 아니라 JE 음절을 표기한다.

이 50음도의 행(行)에는 음절의 첫머리에 오는 자음을 배열하고 열(列)에는 그 뒤에 오는 모음을 배열했다. '10×5'이므로 50칸이고, 여기에 가나를 배치한 것을 50음도라고 한다. 상대 일본어에는 음절말자음이[17] 없으므로 자음과 모음만으로도 50음도를 작성할 수 있다. 현대 일본어에는 음절말 위치에 오는 'ん' 즉 /N/과 촉음 즉 'っ'가 있지만『고사기』가요에는 이에 대응하는 음가나가 없다.

(5)의 K행(カ행), S행(サ행), T행(タ행), P행(ハ행)은 각각 두 줄로 나누어 배열했다. 윗줄에 배열한 것은 청음 계열이고 아랫줄에 배열한 것은 탁음 계열이다. 이처럼 청탁을 구별하면 70음도가 되지만 관행을 따라 50음도라고 지칭한다.

현대 일본어에서는 청음과 탁음이 음운론적으로 대립하지만, 상대 일본어에서도 그러했는지는 알 수 없다. 우리의 주요 연구 대상이다. 청음과 탁음을 서로 대비해 가면서 검증하기 위하여 두 줄로 배열하되, 대문자를 사용하여 두 줄을 하나로 묶어 각각 K행, S행, T행, P행이라 지칭했다는 점에 주의하기 바란다. 즉 우리는 청음과 탁음을 하나로 묶어 통칭할 때에 대문자 K, S, T, P 등을 사용한다. 탁음 계열임을 특별히 강조할 필요가 있을 때에는 G, Z, D, B 등을 사용한다. 이들은 항상 대문자로 표기하는데, 음운론적 분석이 끝나지 않은 상태의 모음도 A, I, U, E, O의 대문자로 표기한다. 음운 분석이 끝난 뒤에는 /k, z, t, b/와 /a, i, u, e, o/ 등의 소문자를 사용한다.

청탁 구별 여부에 대한 논의에서 大野晉(1953)과 大野透(1962)는 시각 차이가 크다. 大野晉(1953: 37)에서는 청탁이 비교적 잘 구별되었다고 보고, 고문서 등의 일부 자료에서 청탁 구별이 혼란스러운 것은 청탁을 구별하지 않고 표기한 것이고 이런 簡易化 시기가 있다고 보았다. 반면에 大野透(1962: 529)는 가요 표기 등의 자료만 보고 청탁 구별이 있었다고 함부로 단정해서는 안 된다고 하면서 청탁 구별이 반영되지 않은 고문서 등의 자료를 강조한다.[18]

그런데 자료를 가요 표기로만 한정하여 관찰하면, 한어 중고음의 유·무성 구

17 중국 음운학의 자음운미에 해당한다.

18 특히 大野透(1962: 529~772)는 각종 자료를 망라하여 청탁 표기를 논하고 있다. 무려 244쪽 분량이다.

별이 상대 가요 표기에 청탁으로 잘 반영되어 있다. 다만 『일본서기』 가요의 표기는 후기 중고음을 반영하므로(森博達 1991), 후기 중고음에서 일어난 탁음청화가 반영되어 마치 청탁 구별이 없는 것처럼 보인다. 그러나 『일본서기』 가요 표기의 탁음청화를 논외로 하면, 『고사기』·『만엽집』 가요 표기에서 대부분 청탁을 정확히 구별했다는 결론이 나온다.

위의 50음도에서 두 가지가 한눈에 들어온다.

첫째, 50음도의 50칸을 기준으로 하면 가나로 채워지지 않은 칸이 거의 없다는 점이다. 47칸이 모두 채워지고, øE 음절의 '延'을 JE 음절로 옮기고 나면 øE, JI, WU 음절의 세 칸만 빈칸이다. 그런데 이 3종의 빈칸은 음운론적 동기를 가지고 있다. 현대 일본어에서는 /e/와 /je/를 구별하지 않고 'え' 하나로 표기하지만, 상대의 가요 표기에서는 øE 음절이 공백인 대신에 JE 음절을 표기하는 음가나가 반드시 있다. 달리 말하면 øE 음절과 JE 음절이 항상 배타적 관계이므로, øE 음절이 공백인 것을 체계적 현상이라고 볼 수 있다. 또한 활음(반자음) J는 전설모음 I 앞에서 변별적 기능을 상실하고, 활음 W는 후설고모음 U 앞에서 음운론적 대립 기능을 잃을 때가 많다. 이 점에서 øE, JI, WU 음절이 빈칸으로 남은 것은 체계적인 공백이라고 할 수 있다. 이 세 음절을 제외하여, 50음도에 47종의 음절이 있다고 기술하는 것이 일반적이다.

반면에 청탁을 구별하여 70칸을 기준으로 했을 때에, G행의 GU 음절이 빈칸으로 남은 것은 우연한 공백이다. 가요의 양이 많아지면 GU 음절을 표기한 음가나를 찾을 수 있기 때문이다. 후술하겠지만, 『일본서기』 β군에서는 GU 음절을 '遇'로 표기한다. 『고사기』에서는 GE 음절을 '宜'로 표기하지만, 거꾸로 『일본서기』 β군에서는 이 음절의 표기를 담당하는 음가나가 없다. 이것도 우연한 공백이다.

50음도에서는 체계적 공백인 세 칸을 제외하고 나머지 47칸이 모두 채워진다. 청음과 탁음을 구별하여 70음도를 기준으로 삼을 때에는 67칸이 모두 채워지는 것이 이상적이다. 만약에 가나로 채워지지 않은 칸이 있다면 전반적·체계적 관점의 연구가 위태로워진다. 구조주의 연구에서는 이것을 강조하므로, 이 67칸을 모두 채울 수 있을 때까지 음가나를 최대한으로 확보할 필요가 있다.

둘째, 위의 50음도에서 확인할 수 있듯이, 둘 이상의 음가나가 동일 칸에 올 때가 많다. 예컨대, KO 음절 칸에는 '許, 古, 故, 碁, 其'의 5자가 들어가 있다. 전체 107자를 67칸에 채워 넣으므로 둘 이상의 가나가 동일 칸에 오는 것은 당연하다. 중요한 것은 상대 일본어의 음운체계를 연구할 때에는 동일 칸에 온 음가나를 주요 분석 대상으로 삼는다는 점이다. 예컨대, KO 음절 칸에 온 '許, 古, 故, 碁, 其'의 5자가 음운론적으로 서로 동일한지 다른지를 연구한다.

전기 중고음이나 한국의 고대 삼국을 대상으로 한자음의 음운체계를 논의할 때에는 성모(聲母)나 운모(韻母)의 분포 분석표를 따로따로 작성하는 것이 필요하다. 그러나 상대 일본어 대상의 연구에서는 이 분포 분석표가 50음도보다 오히려 불편하므로, (5)의 50음도를 기준으로 음가나 상호 간의 관계를 따지기로 한다. 일본어의 표기법과 음운체계를 논의할 때에는 이 방법이 가장 효과적이요, 일본 학계의 연구 결과를 충실히 수용하기 위해서도 50음도가 가장 적절하기 때문이다.

『고사기』 가요의 표기에 사용된 음가나는 (5)의 50음도로 요약한 것과 같은 음가를 표기한다. 예컨대, '許, 古, 故, 碁, 其'의 5자는 KO 음절을 표기하는데, 이들의 음가는 기본적으로 한자음을 기반으로 한다. 이때 『고사기』 음가나의 모태음(母胎音)이 무엇인가 하는 문제가 제기된다. 『고사기』는 7세기 말엽에 편찬되기 시작했으므로 그 이후에 편찬된 운서는 사실은 쓸모가 없다. 반면에 『切韻』은 601년에 편찬되었으므로 『고사기』 음가나의 음운체계를 분석할 때에는 안성맞춤이다.

『고사기』의 기사가 推古천황(554~628년)까지의 이야기를 기록한 것이므로 『고사기』에 수록된 한자음은 일본의 한음(漢音)이 아니라 오음(吳音)으로 기록되었다고 할 수 있다. 널리 알려져 있듯이, 일본의 오음은 위진남북조(魏晉南北朝) 시기에 백제를 거쳐서 일본에 들어왔고 한음은 당대(唐代)에 직접 들어왔다고 한다.[19] 이것을 기준으로 삼으면 『고사기』 음가나의 음가를 추정할 때에는 위진남

19 犬飼隆(2000: 51)에서는 시간적 경계를 더 올려 잡았다. 일본 오음은 6세기 이전이라 하고 한음은 6세기 이후라고 했다. 오음과 한음을 엄격히 구별하여 정리한 업적으로

북조 시기의 한어음(漢語音)을 그 모태로 삼을 수 있다.

우리는 위진남북조 시기의 전기 중고음을 일본 오음의 모태음이라고 본다. 이 시기의 저술 중에서 가장 유명한 것이 5세기 전반기의 『世說新語』이다. 이것은 劉宋의 황족이었던 劉義慶(403~444년)이 저술한 일화집인데, 여기에는 대화문이 아주 많이 나온다. 이 대화문 용자를 대상으로 삼아 이승재(2018)에서 전기 중고음의 음운체계를 재구한 바 있다.

유의경은 江蘇省 출신이므로 지리적으로 한어의 吳방언 지역에서 태어났다. 그의 언어는 시기적으로도 일본 오음의 모태라고 할 수 있는 5세기 전반기의 한어이다. 따라서 일본의 오음을 연구할 때에 지리적으로나 시기적으로 유의경의 『세설신어』보다 더 좋은 텍스트는 없다. 이승재(2018)은 이 자료의 대화문 표음자를 분석하여 전기 중고음의 음운체계를 설정한 것이므로, 『고사기』 음가나를 음운론적으로 분석할 때에 이것을 출발점으로 삼을 것이다.

3.2. 『일본서기』 가요의 표기

『일본서기』 가요의 표기법은 모든 단어를 음가나로 표기한다는 점에서 기본적으로 『고사기』 가요의 표기법과 동일하다. 그러나 구체적으로 들어가면 『고사기』와 『일본서기』의 음가나가 서로 일치하지 않는다는 차이가 드러난다.

『일본서기』 전체 30권 중에는 일본에 귀화한 중국인이 정통 한문으로 기록한 권이 있는가 하면, 한문으로 기록하기는 했지만 전통적인 왜습(倭習)이 곳곳에 섞여 있는 권이 있다. 첫째를 α群이라 하고 둘째를 β群이라 하여 엄격히 구별하는데, 森博達(1977, 1991)은 가요 표기에서 특히 이 둘이 서로 다르다고 한다. 우리도 이를 좇아서 α군 가요와 β군 가요를 구별하여 표기법을 정리하기로 한다.

는 沼本克明(1997)이 있다.

3.2.1. 『일본서기』의 α군과 β군

森博達(1977, 1991)에 따르면 권1～13·권22～23은 β군이고, 권14～17·권19·권24～27은 α군이다.[20] 먼저 이 두 군의 가요를 각각 두 수씩 예로 들어 본다.

(6) 『일본서기』 76번 가요 (α群 권14, 489쪽)

1. 耶麼能謎能 故思麼古喩衛爾 比登涅羅賦
   宇麼能耶都擬播 鳴思稽矩謀那欺
2. jamanobeno kosimakojuweni pitonerapu
   umanojatugipa wosikekumonasi
3. 山邊の 小嶋子ゆゑに 人ねらふ
   馬の八匹は 惜しけくもなし

(7) 『일본서기』 111번 가요 (α群 권26, 하333쪽)

1. 阿須箇我播 瀰儺蟻羅毘都都 喩矩瀰都能
   阿比娜謨儺俱母 於母保喩屢柯母 〈其三〉
2. asukagapa minagirapitutu jukumiduno
   apidamonakumo omopojurukamo
3. 飛鳥川 漲ひつつ 行く水の
   間も無くも 思ほゆるかも

(8) 『일본서기』 1번 가요 (β群 권1, 123쪽)

1. 夜句茂多菟 伊都毛夜覇餓岐 菟磨語昧爾
   夜覇餓枳菟俱盧 贈迺夜覇餓岐廻
2. jakumotatu idumojapegaki tumagomeni

---

20 권4, 6, 8, 18, 20, 21, 28, 29, 30의 9권에는 가요가 수록되지 않았다.

japegakitukuru sonojapegakiwe

3. や雲たつ 出雲八重垣 妻ごめに

や八重垣作くる その八重垣ゑ

(9) 『일본서기』 98번 가요 (β群 권22, 하197쪽)

1. 訶句志茂餓茂 知余珥茂 訶句志茂餓茂 訶之胡瀰弖

菟伽陪摩都羅武 烏呂餓瀰弖 菟伽陪摩都羅武 宇多豆紀麻都流

2. kakusimogamo tijonimo kakusimogamo kasikomite

tukapematuramu worogamite tukapematuramu utadukimaturu

3. 斯くしもがも 千代にも 斯くしもがも 畏みて

仕へ奉らむ 拜みて 仕へまつらむ 歌獻きまつる

이들의 원문 표기를 (1)과 (3)의 『고사기』 표기와 대비해 보면 적지 않은 차이가 발견된다. 『고사기』에서는 'ku'의[21] 표기에 '久'를 사용했지만, 『일본서기』의 α군에서는 '矩, 俱'를 사용했고 β군에서는 '句, 俱'를 사용했다. 『고사기』에서는 'ka'의 표기에 '加'를 사용했지만, 『일본서기』의 α군에서는 '箇, 柯'를 사용했고 β군에서는 '伽, 訶'를 사용했다. 이것은 『고사기』와 『일본서기』의 음가나가 서로 차이가 많이 난다는 것을 의미한다.

『고사기』 가요에서는 'tu'를 '都'로 표기하는 것이 원칙이다. 『일본서기』의 α군에서도 'tu'를 '都'로 표기했지만 β군에서는 '菟'가 '都'보다 훨씬 더 많이 사용된다. 『고사기』에서는 'ja'를 '夜'로 표기하는 것이 원칙이다. 'ja'를 『일본서기』의 α군에서는 '耶'로 표기했지만 β군에서는 '夜'로 표기했다. 『고사기』에서는 'si'를 '志'로 표기하고, α군에서는 '思, 斯'로 표기하며, β군에서는 '志, 之'로 표기했다.

이러한 차이를 반영하기 위하여 우리도 森博達(1977, 1991)처럼 『일본서기』 가요를 α군 가요와 β군 가요의 두 가지 텍스트로 나눈다. 그리하여 이 둘 중에서

21 이처럼 작은따옴표를 사용하여 'ku'라고 한 것은 표기법의 차원이고, 두 사선을 사용하여 /ku/라고 한 것은 음운 분석이 끝난 뒤의 음가 표시이다. 이하 같다.

『고사기』 가요의 표기법과 어느 쪽이 더 가까운지를 논의할 것이다. 이 과정에서 어느 것이 구형 표기이고 어느 것이 신형 표기인지 자연스레 드러날 것이다. 눈치 빠른 독자라면 『고사기』 가요의 표기법과 대비하여, β군의 표기가 구형이고 α군의 표기가 신형임을 금방 알아차릴 것이다.

자료 처리 과정에서 한 가지 덧붙여 둘 것이 있다. 전혀 해독된 바 없는 가요도 분석의 대상으로 삼는다는 점이다.

(10) 『일본서기』 113번 가요 (α群 권26, 하349쪽)

摩比邏矩都 能俱例豆例於能 幣陀乎邏賦
mapirakutu nokureturewono hetaworapu
俱能理歌理鵝 美和陀騰能理 歌美烏能
kunorikariga miwatatonori kamiwono
陛陀烏邏賦 俱能理歌理鵝甲子 騰和與騰
petaworapu kunorikariga甲子 towajoto
美烏能陛陀烏邏賦 俱能理歌理鵝
miwonopetaworapu kunorikariga

위의 가요는 『대계』에서 그 의미가 무엇인지 해독하지 않고 남겨 두었다. 그러나 위에서 원문을 로마자로 전자한 것처럼 이 가요를 소리 내어 읽을 수는 있다. 즉 표기법이나 음운론적 분석의 대상으로 삼을 수 있다. 따라서 우리는 이 가요도 논의 대상에 포함한다. 다만, 이 가요의 3행에 나오는 '甲子'는 논의 대상에서 제외한다. 한자어의 일종으로서 干支임이 분명하기 때문이다.

3.2.2. 『일본서기』 β군의 음가나 목록

『일본서기』의 α군과 β군 가요 중에서 α군보다 β군이 상대적으로 오래된 표기법이므로 β군을 먼저 논의한다. β군에는 모두 3,174자가 사용되었고, 여기에 사

용된 음가나는 아래의 296자이다.[22]

(11) 『일본서기』 β群 음가나 목록 (296자)

能137 多88 珥80 阿71 瀰69 摩61 波60 利58 等58 餓57 菟54 羅53 破50 伊46 茂46 和46 那44 辭44 佐43 枳41 之41 烏41 比40 區40 伽38 夜37 苔36 虚34 彌30 箇30 于30 弖/氐30 豫29 莽29 毛28 於28 㢠27 介26 志26 智25 朋23 塢23 椰23 例23 呂22 儺22 勾/句22 泥21 豆21 梅21 揶21 知21 務20 屢18 須18 異18 都17 邏17 臂17 曾17 孺/儒17 磨16 企16 許16 奈15 望15 鷄15 古15 耆15 播14 陪14 赴14 迺13 瑳13 哆13 由13 輸13 弊/幣13 訶12 儀12 宇12 流12 勢11 藝11 爾10 齊10 倍10 喩10 岐9 禰9 牟9 譬9 紀9 曳9 武9 素8 保8 始8 俱7 怒7 娜7 弭7 禮7 遇7 麻7 蘆7 布6(107자) 輔6 謎6 以6 耐6 誤6 離6 玖6 涅6 柁5 嗣5 譽5 母5 用5 蘇5 陀4 飫4 我4 妬4 而4 固4 毘4 開4 惠4 寐4 奴4 層4 未4 斗4 氣4 邇4 斯4 去4 語3 覇3 避3 渡3 據3 理3 鄧3 故3 殊3 農3 久3 胡3 廼3 賣3 暮3 裝3 疑3 周3 絺3 旎3 敷3 舍3 余3 留3 資3 贈2 妹2 登2 軻2 太2 瀰2 易2 致2 涴2 末2 頭2 祁2 受2 魔2 加2 霧2 具2 徒2 姑2 池2 濃2 夫2 奘2 委2 咩2 備2 慕2 刀2 閇2 士2 愚2 漏2 步2 駄2 弘2 貳2 泮2 杜2 礙2 諸2 昧1 盧1 慮1 廻1 乙1 婆1 汚1 顧1 西1 憶1 陛1 戻1 黨1 謂1 馭1 剄1 珮1 計1 筮1 費1 露1 鶩1 時1 愛1 詩1 隈1 途1 屠1 答1 餌1 弟1 階1 庸1 卑1 煩1 縻1 微1 位1 試1 延1 左1 槪1 秀1 擬1 祇1 野1 墓1 芝1 作1 沙1 湄1 府1 戒1 居1 叙1 淤1 俄1 吉1 褒1 報1 磋1 序1 尼1 韋1 瑠1 鵝1 慨1 梨1 娑1 犇1 度1 沛1 帝1 絆1 閉1 媚1 鐏1 主1 裒1 鋤1 惋1 幡1 酒1 河1 差1 提1 迷1 祗1 干1 家1 吳1 嵴1

이 296자를 모두 분석의 대상으로 삼는 것은 비효율적이다. 『고사기』 가요에서는 124자가 촘촘히 뭉쳐 있는 분포였다. 이에 비하여 『일본서기』 β군 가요에서는 296자가 사용되었으므로 만요가나의 총량이 2.5배 가량이나 되고, 296자

22 모리 히로미치(2006: 63)(심경호 역)에서는 『일본서기』 전체에 사용된 가나를 약 460자, 전체 사용 횟수는 5,400여 회라고 했다.

가 넓게 퍼져 있는 분포를 보인다. 그리하여 이들 모두를 대비의 대상으로 삼기가 어렵다.

따라서 우리는 출현 횟수의 다소를 기준으로 삼아 대표자를 선정한다. 용례가 많으면 대표성을 가지지만 상대적으로 적게 사용된 것은 대표성이 떨어지는데, 이 기준을 용례 다양성 기준이라 지칭하기로 한다. 『고사기』 가요에서는 107자가 『고사기』 표기법을 대표한다. 『고사기』 음가나 107자가 항상 대비의 기준이 되므로 여타 텍스트에서도 107자를 선정하는 것이 효과적이다. 이 수치는 또한 50음도의 두 배가 약간 넘는 수치이므로 음가나의 음가를 분석할 때에도 효과적이다.

『일본서기』 β군 음가나 중에서 7회 이상 사용된 것이 106자이므로, 여기에 한 자를 더하여 107자로 맞춘다. 이처럼 추가할 때에는 6회 사용된 9자 중에서 텍스트 다양성을 기준으로 한 자를 골라 추가한다. 텍스트 다양성 기준은 『일본서기』의 여러 권에서 두루 사용된 글자와 여러 가요에서 두루 사용된 글자를 선택한다는 기준이다. 이에 따라 '布'를[23] 골라 추가한다. 이처럼 107자로 맞추면 대비의 효과가 커진다.

β군 가요에 사용된 대표자 107자를 『고사기』의 107자와 대비하여 아래의 두 가지로 나눌 수 있다.

(12) 『고사기』 가요와 『일본서기』 β군에 공통되는 음가나 (41자)

能137 多88 阿71 摩61 波60 等58 羅53 伊46 和46 那44 佐43 比40 夜37 彌30 弖/氐30 毛28 志26 呂22 泥21 豆21 知21 須18 都17 曾17 許16 古15 由13 弊/幣13 宇12 流12 勢11 藝11 爾10 倍10 岐9 牟9 紀9 怒7 禮7 麻7 布6

23 6회 사용된 9자의 출현 권차를 정리하면 아래와 같다.
布(9, 10, 12, 13), 玖(7, 9, 11), 謎(2, 11, 12), 誤(3, 5, 9), 以(2, 11), 耐(2, 11), 離(3, 10), 輔(2, 10), 涅(11, 13)

(13)『일본서기』β군 대표자로 새로 등장한 음가나 (66자)

珥80 瀰69 利58 餓57 菟54 破50 茂46 辭44 枳41 之41 烏41 區40 伽38 苕36 虛34 箇30 于30 豫29 莾29 於28 麽27 介26 智25 朋23 塢23 椰23 例23 儺22 勾/句22 梅21 揶21 務20 屢18 異18 邏17 臂17 孺/儒17 磨16 企16 奈15 望15 鷄15 耆15 播14 陪14 赴14 迺13 瑳13 哆13 輸13 訶12 儀12 齊10 喩10 禰9 譬9 曳9 武9 素8 保8 始8 俱7 娜7 弭7 遇7 蘆7

위에서 볼 수 있듯이,『일본서기』β군의 대표자 107자 중에서『고사기』가요의 대표자와 일치하는 것이 41자(38.3%)이고,『일본서기』에서 새로이 대표자로 등장한 것이 67자(61.7%)이다. 그렇다면『고사기』가요와『일본서기』β군의 표기법이 서로 다르다고 보아야 할 것이다. 책이름에서 이미 차이가 나지만, 이 두 사서에 기록된 가요도 표기법의 관점에서 서로 다른 텍스트이다.

『고사기』의 107자 중에서 아래의 66자가『일본서기』β군 대표자에서 제외된다. 사용 빈도가 아주 높은 '登, 美, 斯, 理, 賀, 加, 母' 등이『일본서기』β군에서 갑자기 사라지거나 대표자에서 제외된다. 따라서『고사기』와『일본서기』β군의 가요가 표기법적으로 서로 다른 텍스트임이 분명하다.

(14)『고사기』대표자이지만『일본서기』β군 대표자에서 제외된 만요가나

登209 美181 斯176 理153 賀143 加142 母141 久135 袁120 良103 迩99 婆86 迦76 陀59 淤49 富44 祁38 米37 遠33 意33 受29 延28 斗27 賣27 氣26 余25 本24 夫22 用22 奴21 杼20 閇19 具16 微16 碁15 毘15 蘇15 韋15 傳14 惠13 斐10 世10 玖9 邪9 與9 士8 遲8 伎7 漏7 煩7 叙7 宜6 何6 疑5 備4 是4 路3 留3 肥3 故2 其2 乃2 度2 治2 辨2 胡2 (66자)

한편, (12)에 열거한 41자는 초창기 가요 표기를 대표한다.『고사기』와『일본서기』β군 텍스트에서 공통적으로 대표성을 가지기 때문이다. 반면에 (13)과 (14)에 열거한 66자는 초창기 가요 표기법이 어떻게 변화해 가는지를 보여 주는

방향타가 된다.

두 텍스트에 공통되는 41자 안에서도 변화를 감지할 수 있다. 아래에서 '〉'의 앞에 둔 것이 『고사기』에서의 출현 횟수이고 그 뒤에 둔 것이 『일본서기』 β군에서의 출현 횟수이다.

(15) 41자 내에서의 출현 횟수 변화

1. 羅(2 〉 53), 彌(2 〉 30), 等(3 〉 58), 摩(7 〉 61)
2. 麻(204 〉 7), 岐(158 〉 9), 爾(104 〉 10), 流(85 〉 12)

『일본서기』 β군에서 '羅, 彌, 等, 摩'는 용례가 대폭적으로 늘어 각각 RA, MI, TO, MA 음절을 대표하는 가나로 성장하지만, '麻, 岐, 爾, 流'는 각각 MA, KI, NI, RU 음절의 대표자 지위를 위협받게 된다. 특히 MA 음절 표기에서, 『고사기』의 '麻'가 『일본서기』 β군의 '摩'로 대체되는 변화를 실감할 수 있다.

3.2.3. 『일본서기』 β군 음가나의 운미별 분류

『일본서기』 β군 음가나를 운미별로 분류해 보면 아래와 같다.

(16) 『일본서기』 β군 음가나의 운미별 분류 (107자)

1. /-ø/ 운미 - 多 珥 阿 瀰 摩 波 利 餓 菟 羅 破 伊 和 那 辭 佐 枳 之 烏 比 伽 夜 區 虛 彌 箇 于 豫 於 麼 志 智 塢 椰 呂 儺 勾/句 揶 知 務 屢 須 異 都 邏 臂 孺/儒 磨 企 許 古 耆 播 陪 赴 瑳 哆 輸 訶 宇 爾 喩 岐 譬 紀 武 素 始 俱 怒 娜 弭 遇 麻 蘆 布 (76자, 71.0%)
2. /-u/ 운미 - 茂 毛 豆 由 流 牟 保 (7자, 6.5%)
3. /-i/ 운미 - 苔 弖/氐 介 例 泥 梅 奈 鷄 迺 弊/幣 勢 藝 齊 倍 禰 曳 禮 (17자, 15.9%)
4. /-ŋ/ 운미 - 能 等 莽 朋 曾 望 儀 (7자, 6.5%)

5. /-n/ 운미 - 없음

6. /-m/ 운미 - 없음

7. /-p, -t, -k/ 운미 - 없음[24]

이것을 위에서 정리한 『고사기』 가요에서의 운미별 점유율과 대비해 보면 아주 크게 차이가 난다. 이에 대해서는 아래에서 『일본서기』 α군에서의 점유율을 제시한 다음에 한꺼번에 논의하기로 한다.

3.2.4. 『일본서기』 β군 음가나의 50음도

이제, 『일본서기』 β군에 사용된 음가나를 50음도에 넣어 보기로 한다. 이때에는 (11)의 296자 모두를 50음도에 채워 넣는 것이 원칙이지만 67음절의 4배 이상이나 되는 가나를 분석 대상으로 삼는 것은 비효율적이다. 또한 용례가 적은 가나는 상대적으로 신뢰도가 떨어지므로, 우리는 분석 대상을 용례가 많은 음가나로 한정한다.

위에서 표기법 대비를 위해 선정했던 대표자 107자는 모두 분석 대상이다. 이들을 50음도에 넣어 보면 채워지지 않고 남는 칸이 있다. WI 음절과 WE 음절이다. 여기에서 더 많은 양의 음가나를 분석할 필요가 있다는 사실이 드러난다.

WI 음절과 WE 음절의 표기에는 '委'와 '惠'가 사용되었는데, 이들은 각각 2회와 4회만 사용되었다. 그런데 4회 이하로 사용된 음가나는 한두 수의 가요에 집중되는 경향이 있다. 이런 가나는 분포가 좁아서 대표성을 가진다고 할 수 없다. 이에 따라 우리는 5회 이상 사용된 121자만을 분석 대상으로 삼는다. 『일본서기』 β군에서는 이 121자에다 '委'와 '惠'를 보충하여 모두 123자를 분석할 것이

24 森博達(1991: 29)에서도 /-n/ 운미자와 /-m/ 운미자가 사용된 바 없다고 했다. 아래의 α군에서도 마찬가지이다. 또한 森博達(1991: 30~31)에서는 /-p, -t, -k/ 운미자가 간혹 사용되었지만 異本의 차이가 있음을 들어 입성자도 사용되지 않은 것으로 보았다.

다. 이 123자를 50음도에 넣어 보면 아래와 같다.[25]

(17) 『일본서기』 β군 음가나의 50음도 (123자)

자음＼모음	A (ア)	I (イ)	U (ウ)	E (エ)	O (オ)
ø (ア)	阿	伊 異 以6	于 宇		於
K (カ)	伽 箇 介 訶	枳 企 耆 岐 紀	區 勾/句 俱 玖6	鷄	虛 許 古
	餓	藝	遇		誤6
S (サ)	佐 瑳	辭 之 志 始 嗣5	須 輸 素	勢 齊	曾 素 蘇5
			孺/儒		
T (タ)	多 哆	智 知	菟 都	弖/氐	等 苔
	儺 娜		豆 都	涅6 泥	迺 耐6
N (ナ)	那 儺 奈 娜	珥 爾	怒	泥 禰	能 迺 怒
P (ハ)	波 破 播	比 臂 譬	赴 布 輔6	弊/幣 陪 倍	朋 保 陪 倍
	麽	弭		陪 倍	朋
M (マ)	摩 莽 磨 麻 麽	瀰 彌 弭	務 牟 武	梅 謎6	茂 毛 望 母5
J (ヤ)	夜 椰 揶		由 喩	曳[26]	豫 用5 譽5
R (ラ)	羅 邏	利 離6	屢 流 蘆	例 禮	呂
W (ワ)	和	委2		惠4	烏 塢

위의 50음도에는 채워지지 않은 빈칸이 적지 않다. 청음과 탁음을 하나로 합하여 계산하면 즉 47음절을 기준으로 하면, 체계적 공백인 øE, JI, WU 음절만 빈칸이다. 그러나 청음과 탁음 행을 별개로 나누어 계산하면 즉 67음절을 기준으로 하면 GE, ZA, ZI, ZE, ZO, DI, PU의 일곱 가지 음절이 공백이다. 『고사기』에서는 GU 음절 하나만 우연한 공백이었지만 『일본서기』 β군에서는 7종의 음절이

25 대표자 107자의 집합에 들지 않는 가나에는 사용 횟수를 덧붙였다.

26 '曳'가 øE 음절을 표기한다고 할 수 있으나, 우리의 논의 결과에 따르면 JE 음절을 표기한다.

우연한 공백이므로, 두 텍스트는 아주 크게 차이가 난다. 『일본서기』 β군에서는 대부분의 공백이 탁음절이므로 마치 청탁 구별이 없어진 것처럼 보이기도 한다.

『고사기』와 『일본서기』 β군의 차이를 논의할 때에 반드시 주목해야 할 것이 또 있다. 위의 50음도에서 '素, 都, 娜, 泥, 迺, 怒, 陪, 倍, 朋'의 9자를 두 칸 또는 세 칸에 중복하여 배치했다는 점이다. 『대계』에서는 가요를 해독할 때에 一字一音을 해독의 기본 원칙으로 삼았지만,[27] 이 9자에는 이 원칙을 적용하지 않았다. 『고사기』 가요에서는 이런 예외가 거의 없으므로 이 9자는 분명히 특이한 음가나이다.

『대계』에 따르면, '素'는 SU 음절과 SO 음절의 두 가지를 표음했다. 아래에 제시한 것처럼 각각 4회의 용례가 있으므로 어느 한쪽으로 통합할 수가 없다. 이것은 NU 음절과 NO 음절을 표기하는 '怒'도 마찬가지이다.

(18) 『일본서기』 β군의 '素' 용례

SU: 素磨屢{統}(2),[28] 素企{耜}(2), 以和多邏素{い渡らす}(2), 和素邏珥{忘らじ}(2)

SO: 那素寐須望(5), 那素寐殊望{遊すも}(5), 阿羅素破儒{爭はず}(10), 揶素麼能{八十葉の}(11)

(19) 『일본서기』 β군의 '怒' 용례

NU: 阿黨播怒介茂譽{與はぬかもよ}(2), 隈怒{飢ぬ}(3), 枳許瑳怒{聞さぬ}(11)

NO: 伽豆怒塢{葛野を}(10), 怒珥{野に}(10), 訶羅怒烏{枯野を}(10), 菟怒瑳破赴{つのさはふ}(11)

'素'의 한어 중고음은 [心中1去模]=/so/^{D}이고, '怒'는 [泥中1上模]=/no/^{R}이다.

---

27 한국의 고대어 연구에서 일자일음의 원칙을 강조한 대표적인 업적이 李崇寧(1955/78)이다.

28 ( ) 안에 넣은 '2'는 권2를 가리킨다. 『일본서기』 용례를 제시할 때에는 지면 절약을 위해 권차만 제시하고 가요 번호는 생략한다. 이하 같다.

4~5장에서 자세히 논의하겠지만 중고음의 模韻/o/을 『고사기』·『일본서기』 음가나에서는 /o/로 수용하는 것이 원칙이므로 '素'와 '怒'가 각각 SO 음절과 NO 음절을 표기하는 것이 맞다. 그런데도 이들이 SU 음절과 NU 음절도 표기한 것은 일부의 음절에서는 /o/ 모음과 /u/ 모음이 잘 구별되지 않았음을 의미한다.

有坂秀世(1933/55: 386)는 방언이 섞인 것이라고 할 수도 있으나 /o/와 /u/ 모음이 가까웠기 때문에 표기에서 동요가 일어난다고 보았다. 그러나 沼本克明(1997: 189)은 /u/와 /o/의 혼재가 중국 측의 실태를 반영한 것으로 보았다. 馬淵和夫(1999: 227~229)는 표기자의 음운 의식에 NO와 NU의 구별이 없었을 가능성을 고려해야 한다고 보았다. 그런 예로 山上憶良이 ヌ의 표기에 '奴, 努, 農'을 두루 사용한 예를 들면서 그의 언어에는 ヌ와 ノ乙의 구별이 없었다고 했다.

우리는 /o/와 /u/ 모음이 동요를 보이는 것은 모음추이와 관련이 있다고 기술한다. 6장의 6.3.1에서 거론하겠지만, 기원적 일본어 또는 원시 일본어의 모음 /*e/가 후설화하여 /ə/가 된다. ø행에서는 이 후설화의 결과로, /ə/ 모음과 /*o/ 모음의 음운대립을 유지하기 위하여 /*o/가 /u/로 상승한다. /*o/ 모음이 /u/ 모음으로 상승한 것은 기존의 /*o/ 모음과 새로 후설화한 /ə/ 모음의 음운대립을 유지하기 위한 조치의 일환이다. 그런데 여타의 행에서는 부분적으로만 /*o/가 /u/로 상승한다. 이 /*o → u/의 모음 상승에 따라 S행과 N행에서 부분적으로 /o/와 /u/ 모음이 혼동되었을 가능성이 있다. 결론적으로, 우리는 이 혼동 현상을 /*e/의 후설화에 연동되어 /*o/ 모음이 /u/ 모음으로 상승했기 때문이라고 기술한다.

한편, 둘 이상의 모음으로 해독되는 가나로 '倍'와 '陪'가 있다. (20)의 '倍'는 PO 음절 표기에 5회, PE·BE 음절 표기에 5회 사용되어 어느 음절로 귀속된다고 해야 할지 판단하기 어렵다. (21)의 '陪'에서는 PE·BE 음절이 압도적으로 우세하지만 '陪'가 PO 음절도 표기한다.

(20) 『일본서기』 β군의 '倍' 용례

PO: 茂等倍屢{廻る}(3), 茂等倍離{廻り}(3), 摩倍邏摩{まほらま}(7), 珥倍迺利能{鳰

鳥の}(9), 異枳迺倍呂之茂{憤しも}(9)

PE: 等邏倍菟{捕へつ}(9), 宇倍能{上の}(11), 宇倍之訶茂{若しかも}(22)

BE: 奈倍氐{並べて}(7), 勾倍枳{來べき}(13)

(21)『일본서기』β군의 '陪' 용례

PO: 茂苔陪之{廻ほし}(9)

PE: 易陪迺毛{云へども}(3), 多多介陪麼{戰へば}(3), 多具陪{副へ}(9), 破陪鶏區{延へけく}(10), 等虛辭陪邇[とこしへに](13), 菟伽陪{仕へ, 2회}(22)

BE: 奈羅陪氐{並べて}(11), 那羅陪務{並べむ}(11), 于陪儺{宜な, 2회}(11), 資利奴陪瀰{知りぬべみ}(13)

'倍'와 '陪'는 한어 중고음으로 각각 [並中1上灰]와 [滂中1平灰]이고, 둘 다 灰韻字이다. 灰韻의 전기 중고음은 /wəi/로 추정되는데, 4~6장에서 논의하겠지만 이 추정음의 운복모음 /ə/가 『고사기』·『만엽집』 음가나에서는 /e/로 수용되고 『일본서기』 음가나에서는 /ə/로 수용되는 것이 원칙이다. 그런데 운두개음 /w-/ 또는 양순자음의 원순성에 동화되어 /ə/가 /o/인 것처럼 인식될 수도 있다. 그리하여 (20~21)의 '倍'와 '陪'가 PE·BE 음절뿐만 아니라 PO 음절도 표기하게 되었을 것이다.

(18~21)의 예들은 하나의 음가나로 두 가지 이상의 음절을 표기했다는 점에서 공통된다. 이처럼 하나의 음가나가 둘 이상의 음절에 걸쳐서 사용된 것이 '素, 怒, 倍, 陪'의 넷이나 되므로, 『일본서기』 β군의 표기법은 『고사기』 가요의 표기법보다 덜 정제되었다고 보아야 할 것이다.

그런데 이것을 단순히 표기법의 불안정성 탓이라고 할 수 있을지 의문이다. 음운론의 관점에서는 (18~21)의 예들이 8세기 초엽의 현실 언어 상황을 있는 그대로 반영한다고 해석할 수도 있다. '素, 怒, 倍, 陪'의 용례를 통하여, /o/ 모음이 /u/ 모음뿐만 아니라 /e/ 모음과도 음운론적으로 아주 가까웠다고 말할 수도 있기 때문이다.

기존의 연구에서는 (17)과 같은 50음도를 이용하여 모든 음가나의 음가를 구별하는 데에서 그칠 때가 많다. 예컨대, PE 음절과 PO 음절을 좀처럼 대비하지 않는다. 일본어 연구의 관습에서는 'へ'와 'ぼ'는 전혀 별개의 가나요, 전혀 다른 음가를 가지기 때문이다. 그러나 이 두 음절이 만요가나에서는 동일 가나인 '倍' 또는 '陪'로 표기될 때가 있으므로, /o/ 모음의 용례와 /e/ 모음의 용례를 유심히 대비해 볼 필요가 있다.

한편, (17)에서 '都, 泥, 迺, 陪, 倍, 朋'의 6자를 청음 행과 탁음 행의 두 곳에 중복하여 배치했다는 점에도 주의할 필요가 있다. 『대계』에서 이들을 청음으로 읽기도 하고 탁음으로 읽기도 했으므로, 이를 좇아 두 곳에 배치했다. 위의 (20~21)에서 이미 '倍, 陪'가 자음이 청음인 PE 음절뿐만 아니라 탁음인 BE 음절도 표기함을 보인 바 있다.

이러한 음가나가 『고사기』 가요에서는 보이지 않는다. 『고사기』에서는 TU 음절을 '都'로 표기하고 DU 음절을 '豆'로 표기하여 엄격히 구별했다. 그런데 『일본서기』 β군에서는 '都'가 TU 음절뿐만 아니라 DU 음절도 표기한다. 비록 하나의 예에 불과하지만, '伊都毛'(出雲)(권1)의 '都'가 DU 음절을 표기했다. 이와 동일어인 '伊頭毛'(권5)에서도 자음이 탁음인 '頭'로 표기했다. 이것은 『일본서기』 β군에서는 청탁 구별이 무의미했음을 암시한다.

그러나 『일본서기』 β군에서 청탁 구별이 없었다고 함부로 확대 해석해서는 안 된다. K행의 '餓, 藝, 遇, 誤'는 각각 탁음을 가지는 /ga, gi, gu, go/를 표기하는 데에만 사용될 뿐이고, 청음 계열은 표기하지 않는다. 이것은 S행에서도 마찬가지이다. '佐, 瑳, 辭, 之, 志, 始, 嗣, 須, 輸, 素, 勢, 齊, 曾, 素, 蘇' 등이 청음 계열만 표기하고 탁음 계열은 표기하지 않는다. 이것은 K행과 S행에서 청탁 구별이 잘 유지되었음을 말해 준다.

이런 상황에서는 음운론적 환경을 유심히 살필 필요가 있다. 위에서 거론한 '陪, 倍'가 P행 음가나이고, 마침 '朋'도 P행 음가나이다. '朋'은 청음 계열을 표기하는 것이 원칙이지만 'のぼる'(上, 泝)의 표기에 사용된 '朋'은 분명히 탁음인 'ぼ'를 표기한다. 그렇다면 청탁 구별이 엄격하지 않은 것은 P행의 특수성에서 비롯된다고 기술할 수 있다.

이와 마찬가지로 '泥'가 NE와 DE·DI의 두 가지 음절을 표기하고 '迺'가 NO와 DO의 두 가지 음절을 표기하는 현상도 음운론적으로 기술할 수 있다. '娜'가 DA 음절을 표기하는 것이 원칙이지만 NA 음절을 표기할 때도 있는데, 이것도 음운 변화로 기술할 수 있다.

(22) 『일본서기』 β군의 '泥' 용례

NE: 彌曳泥麽{見えねば}(9), 泥辭區塢{寝しくを}(10), 赴泥{船, 2회}(11), 菟藝泥赴[つぎねふ](11), 泥{根}(11), 鵝泥{料}(11), 等羅佐泥{取らさね}(11), 佐瑳餓泥能[ささがねの](13), 泥受邇{寝ずに}(13), 輪區泥{宿禰}(13), 豫羅泥{寄らね}(13), 于泥{畝}(23)

DE: 異泥{出で}(22)

DI: 阿泥{味}(2), 于泥珥{菟道に}(9)

(23) 『일본서기』 β군의 '迺' 용례

NO: 迺{속격 の}(1, 2, 3)

DO: 易陪迺毛{云へども}(3), 珥倍迺利{鳰鳥}(9), 異枳迺倍呂之茂{憤しも}(9), 用迺盧{夜床}(11), 謎迺利{雌鳥}(11)

(24) 『일본서기』 β군의 '娜' 용례

NA: 泮娜布例{膚觸れ}(13)

DA: 阿軻娜磨{赤玉}(2), 娜濃芝{樂し}(9), 區娜輸{壞す}(11), 多娜武枳{腕}(11), 椰摩娜{山田}(13), 椰摩娜箇彌{山高み}(13)

'泥, 迺, 娜'는 한어 중고음으로 각각 [泥開4平齊]=/nei/$^{L/D}$, [泥開1上咍]=/nəi/^{R}, [泥開1上歌]=/nɑ/^{R}이다. 셋 다 泥母字인데, 중고음의 泥母/n/를 『일본서기』 음가나에서는 탈비음화(脫鼻音化)가 일어난 상태로 수용할 때가 많다. /n/에 탈비음화

가 일어나면 /n/이 /d/로 바뀐다. 그 결과로 '泥, 迺, 娜'가 각각 DE·DI, DO, DA 음절을 표기할 수 있게 된다. '泥, 迺, 娜'의 셋 중에서 탈비음화가 가장 많이 진척된 것은 물론 '娜'이다.

탈비음화의 완성과 관련하여 '儾, 涅, 耐'가 주목된다. 이들도 모두 泥母字인데, 이들은 모두 DA, DE, DO 음절만 표기한다. 이들이 원래의 NA, NE, NO 음절을 표기한 예가 없으므로 이들 세 자에서는 탈비음화가 완성되었다고 할 수 있다.

이왕에 탈비음화를 논의했으므로 순음에서 일어난 탈비음화도 같이 논의하기로 한다. '麼, 弭'는 전기 중고음으로 각각 [明中1上戈]=/mwɑ/[R]과 [明中A上支]=/mje/[R]이다. 이들 明母字에도 탈비음화가 일어나 '麼, 弭'가 각각 BA 음절과 BI 음절을 표기한다.

(25) 『일본서기』 β군의 '麼' 용례

MA: 多曳麼{絶え間}(11)

BA: 麼{조건·가정의 ば}(3, 7, 9, 10, 11, 12, 13, 22), 烏麼志{小橋}(7), 珥比麼利{新治}(7), 麻菟麼邏/摩菟麼邏{松原}(9), 知麼{千葉}(10), 多智麼那{橘}(10), 伊奘佐伽麼曳那[いざさかばえな](10), 揶素麼{八十葉}(11), 箇儺麼多{金機}(11)

(26) 『일본서기』 β군의 '弭' 용례

MI: 企弭{君}(2)

BI: 勾致弭比倶{口疼く}(3), 那羅弭{並び}(10, 11), 等弭{飛び}(11), 佐杜弭等{里人}(13)

'麼, 弭'는 대부분의 예에서 탈비음화가 일어났다. 그렇다면 탈비음화는 한어 중고음의 /m, n/이 비음성을 잃고 각각 /b, d/로 바뀌는 변화라고 정의할 수 있다. 또한 이 변화는 『일본서기』 β군에서 거의 완성 단계였다고 결론지을 수 있다.

한편, 한어 중고음에서 성모가 日母/n/인 '孺/儒'가 『일본서기』 β군에서 ZU 음절을 표음한 예가 있어 주목된다.

(27) 『일본서기』 β군의 '孺/儒' 용례

ZU: -儒{부정 활용 ず}(3, 9, 10, 11), 須儒赴泥{鈴船}(11), -孺{부정 활용 ず}(5, 9, 12, 13), 輸孺{鈴}(13)

'儒'와 '孺'는 한어 중고음으로 각각 [日中C平虞]과 [日中C去虞]이므로 성조만 차이가 나고 나머지 음운론적 성분은 동일하다. 더욱이 『일본서기』 β군에서 /zu/를 표음한다는 점도 동일하고 (27)에서 볼 수 있듯이 표음하는 단어도 같다. 따라서 우리는 이 둘을 동일자로 보아 '孺/儒' 하나로 묶는다.

그런데 (27)의 예도 탈비음화에 넣을 수 있을지 의문이다. 탈비음화는 泥母/n/와 明母/m/일 때에 일어나는 것이 원칙이기 때문이다. 泥母/n/와 明母/m/는 1등운과 4등운의 앞에 오는 데에 비하여 '孺/儒'의 日母/n/는 3등운의 앞에 온다. 더욱이 /n/이 탈비음화하여 /d/로 바뀐다고 하면서 동시에 /n/이 탈비음화하여 /z/로도 바뀐다고 하는 것은 논리적으로 불합리하다. 따라서 우리는 (27)의 예를 탈비음화에서 제외한다. 'n > z' 변화는 이른바 한어의 兒化('ər'화)와 관련이 깊다. 'n > z'의 변화를 경험한 한자는 근대 한어에서 대부분 'ər'로 바뀌기 때문이다. 이 점을 강조하여 日母/n/가 /z/로 변화한 것을 우리는 유사 탈비음화라 지칭한다.

위의 여러 예에서 음가나의 각종 음가를 기술할 때에 음운론적 환경이나 음운 변화를 반드시 고려해야 함을 알 수 있다. 표기의 변화가 음운의 변화와 밀접하게 관련되어 있다는 것은 주지의 사실이지만, 이것을 논증할 때에 『일본서기』 β군의 음가나는 아주 흥미로운 자료를 제공한다.

3.2.5. 『일본서기』 α군의 음가나 목록

이제, 『일본서기』 α군으로 넘어간다. 『일본서기』 α군은 구체적으로 권14~

17·권19·권24～27이다. 이 텍스트에는 모두 2,090여 자가 사용되었고, 여기에 사용된 음가나는 아래의 243자이다.[29]

(28) 『일본서기』 α群의 음가나 목록 (243자, 5회 이상 105자, 4회-2 이상 122자)

能115 枳49 阿47 俱46 羅45 儞44 柯41 陀38 播36 都35 縢/騰35 瀰33 我33 嗚/鳴33 麻31 底29 毋29 之28 野27 須26 矩25 拕/柁25 比24 武23 儺23 古22 斯22 於22 那20 磨20 倭20 志20 多19 哀19 麼19 爾19 屢19 波17 例17 咢16 彌15 謀15 岐15 曳15 飫14 陛14 擧14 耶14 喩14 婆13 理13 登12 舸12 魔12 賦12 利12 摩11 等11 曾11 烏11 孺/儒11 始10 佐10 于10 慕10 豆9 制8 與8 泥8 擬8 梅8 箇8 梨8 暮7 該7 絁7 婀7 娑7 農7 每7 寐7 逗7 簸6 符6 謎6 歌6 囉6 謨6 唎6 娜6 樓6 美6 提6 乎6 倍5 宇5 企5 和5 甫5 致5 鵝5 紀5 黎5 以5 渠5 毘4-4 奴4-3(107자) 度4-3 尼4-3 智4-3 世4-3 余4-3 衛4-3 慮4-2 西4-2 虞4-2 稽4-2 左4-2 基4-2 珥4-2 駄4-2 思4-2 矢4-1 輔4-1 邏4-1 夜4-1 皤4-1 鞞4-1 據3 伺3 御3 蘇3 盧3 流3 陪3 故3 涅3 旨3 預3 禰3 氐3 夢3 姑3 蟻3 圖3 栖3 杯3 禹3 微3 威3 庾3 弘3 居2 娛2 施2 謂2 导2 偉2 彼2 廬2 弭2 保2 膩2 揄2 茹2 皚2 避2 吾2 怒2 堤2 朋2 屨2 譜2 幡2 魯2 鷄2 摸/模2 弊/幣2 知2 弩2 奈2 伽1 諦1 遙1 賊1 題1 譬1 固1 里1 筮1 欺1 呵1 泝1 凱1 已1 指1 尸1 莒1 贈1 用1 牟1 斗1 瑜1 膳1 耳1 爲1 鼇1 必1 遲1 乃1 樂1 貳1 祁1 莽1 棄1 藏1 洎1 開1 啓1 愷1 所1 祇1 禮1 稜1 務1 庸1 礙1 作1 父1 可1 努1 遇1 留1 餓1 悲1 報1 素1 兒1 愛1 疑1 藤1 悟1 馬1

이 243자 중에서 5회 이상 사용된 것이 105자이다. 여기에 두 자를 더하여 107자 집합을 만들 때에는 4회 사용되고 용례가 넓게 분포하는 '毘, 奴'를 추가한다. 이 107자가 『일본서기』 α군을 대표한다고 간주하여 『고사기』, 『일본서기』 β군, 『일본서기』 α군의 대표자를 상호 대비해 본다.

29 森博達(1991: 15)에서는 262자종이고, 전체 2,208자라고 했다. 우리의 계산과 차이가 나는데, 이 차이는 '縢/騰', '拕/柁', '孺/儒' 등을 각각 동일자로 보는가 서로 다른 글자로 보는가 하는 데에서 비롯된다.

107자를 기준으로 했을 때에 『고사기』와 『일본서기』 α군에 공통되는 음가나는 아래의 35자이다. 『고사기』와 『일본서기』 β군에서 공통되는 음가나가 (12)의 41자였으므로, 『일본서기』 α군은 『일본서기』 β군에 비하여 『고사기』와의 친소 관계가 더 멀다. 이것은 한어에 정통한 중국인이 α군을 작성했지만 β군에는 왜습이 섞여 있다는 森博達(1991)의 주장과 어느 정도 부합한다.

(29) 『고사기』와 『일본서기』 α군에 공통되는 만요가나 (35자)

能115 阿47 羅45 陀38 都35 麻31 母29 須26 比24 古22 斯22 那20 志20 多19 爾19 波17 彌15 岐15 婆13 理13 登12 摩11 等11 曾11 佐10 豆9 與8 泥8 美6 倍5 宇5 和5 紀5 毘4 奴4

『일본서기』 α군에서 새로이 대표자의 지위에 오른 음가나는 아래 (30)의 72자이다. 『고사기』에서는 대표자였지만 『일본서기』 α군에서 대표자의 지위를 상실한 것은 아래 (31)의 72자이다.

(30) 『일본서기』 α군의 대표자로 새로 사용된 음가나 (72자)

枳49 俱46 儞44 柯41 播36 縢/騰35 瀰33 我33 嗚/鳴33 底29 之28 野27 矩25 拕/柁25 武23 儺23 於22 磨20 倭20 哀19 麼19 屢19 例17 笥16 謀15 曳15 飫14 陛14 擧14 耶14 喩14 舸12 魔12 賦12 利12 烏11 孺/儒11 始10 于10 慕10 制8 擬8 梅8 箇8 梨8 暮7 該7 絁7 婀7 娑7 農7 每7 寐7 逗7 簸6 符6 謎6 歌6 囉6 謨6 唎6 娜6 樓6 提6 乎6 企5 甫5 致5 鵝5 黎5 以5 渠5

(31) 『고사기』 대표자이지만 『일본서기』 α群 대표자에서 제외된 음가나 (72자)

夜159 賀143 加142 久135 許127 袁120 伊119 良103 迩99 流85 知81 牟77 迦76 弖66 布57 禮56 由53 淤49 富44 祁38 呂37 毛37 米37 勢36 遠33 意33 幣31 受29 延28 斗27 賣27 氣26 余25 本24 夫22 用22 杼20 藝19 閇19 具16 微16 碁15 怒15 蘇15 韋15 傳14 惠13 斐10 世10 玖9 邪9 士8 遲8 伎7 漏7 煩7 叙7 宜6 何6 疑

5 備4 是4 路3 留3 肥3 故2 其2 乃2 度2 治2 辨2 胡2

(30)이 『일본서기』 α군에서 자주 사용됨으로써 새로이 대표자로 부상한 음가나라고 한다면 (31)은 『고사기』 이후에 점점 사라져 가는 음가나라고 할 수 있다. 달리 말하면 이들은 통시적 변화를 여실히 보여 주는 음가나이다.

이제, 『일본서기』 α군과 β군의 대표자를 서로 대비해 본다. 대표자 107자 중에서 이 두 텍스트에 공통되는 것은 아래의 47자이다.

(32) 『일본서기』 α군과 β군에 공통되는 음가나 (47자)

能115 枳49 阿47 俱46 羅45 播36 都35 瀰33 麻31 之28 須26 比24 武23 儺23 古22 於22 那20 磨20 志20 多19 麼19 爾19 屢19 波17 例17 彌15 岐15 曳15 喩14 利12 摩11 等11 曾11 烏11 孺/儒11 始10 佐10 于10 豆9 泥8 梅8 箇8 娜6 倍5 宇5 企5 和5

아래의 표는 대표자 107자 중에서 3종의 텍스트 상호 간에 공통되는 음가나 수치를 종합한 것이다. 『고사기』와 『일본서기』 α군에 공통되는 음가나가 35자(32.7%)로 가장 적다. 이것은 이 두 텍스트의 표기법 차이가 가장 크다는 것을 뜻한다. 반면에, 『일본서기』 β군과 α군은 공통되는 음가나가 가장 많아서 47자(43.9%)나 된다. 따라서 이 두 텍스트의 표기법 차이는 상대적으로 가장 작다.

(33) 3종의 텍스트 상호 간에 공통되는 음가나 (107자 기준)

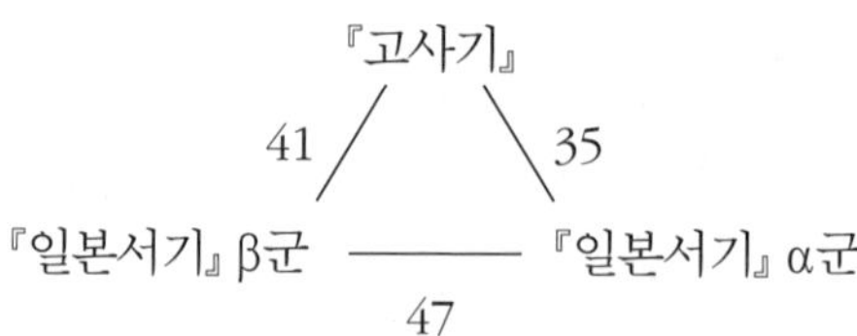

森博達(1991)에서는 『일본서기』의 α군과 β군이 표기법에서도 차이가 크다는 것을 강조했지만, 그 차이는 『일본서기』와 『고사기』 가요의 표기법 차이보다는 상대적으로 작은 것임이 드러난다. 그렇다면 『일본서기』만 분석할 것이 아니라, 만요가나로 기록된 텍스트를 모두 망라하여 서로 대비해야만 객관적 결론이 도출된다고 할 수 있다. 또한 그리해야만 통시적 변화 과정도 여실히 드러난다. 『고사기』 표기법과 가까운 것은 『일본서기』 β군 표기법이고 거리가 먼 것은 『일본서기』 α군 표기법이므로, 위의 (33)에서 일단 '『고사기』 〉 『일본서기』 β군 〉 『일본서기』 α군'의 통시적 변화 과정을 읽어낼 수 있다.

3.2.6. 『일본서기』 α군 음가나의 운미별 분류

『일본서기』 α군의 대표자 107자를 이제 운미별로 분류해 보면 아래와 같다.

(34) 『일본서기』 α군 음가나의 운미별 분류 (107자)

1. /-ø/ 운미 - 枳 阿 俱 羅 儞 柯 陀 播 都 瀰 我 麻 之 野 須 矩 比 武 儺 古 斯 於 那 磨 嗚/鳴 倭 志 多 麼 爾 屢 波 拕/柁 磨 彌 岐 飫 擧 耶 喩 婆 理 舸 魔 賦 利 摩 烏 孺/儒 始 佐 于 慕 與 擬 箇 梨 暮 絁 婀 娑 寐 簸 符 歌 囉 謨 唎 娜 美 乎 宇 企 和 甫 致 鵝 紀 以 渠 毘 奴 (82자, 76.6%)
2. /-u/ 운미 - 母 裒 謀 豆 逗 樓 (6자, 5.6%)
3. /-i/ 운미 - 底 例 曳 陛 制 泥 梅 該 毎 謎 提 倍 黎 (13자, 12.1%)
4. /-ŋ/ 운미 - 能 縢/騰 登 等 曾 農 (6자, 5.6%)
5. /-n/ 운미 - 없음
6. /-m/ 운미 - 없음
7. /-p, -t, -k/ 운미 - 없음

위의 (4)와 (16)에서 각각 『고사기』와 『일본서기』 β군의 음가나를 운미별로 분류한 바 있다. 이들과 (34)의 분류 결과를 한 군데로 모아 대비해 보면 아래와 같다.

(35) 텍스트별 운미의 점유율 (107자, %)

운미 \ 텍스트	『고사기』	『일본서기』 β군	『일본서기』 α군
/-ø/	63자, 58.9%	76자, 71.0%	82자, 76.6%
/-u/	13자, 12.1%	7자, 6.5%	6자, 5.6%
/-i/	18자, 16.8%	17자, 15.9%	13자, 12.1%
/-ŋ/	6자, 5.6%	7자, 6.5%	6자, 5.6%
/-n/	7자, 6.6%	-	-
/-m/	-	-	-
/-p, -t, -k/	-	-	-

이 표에서 다음과 같은 것을 알 수 있다.

첫째, 운미의 분포가 가장 독특한 것은 『고사기』 만요가나이다. 『고사기』에서는 /-n/ 운미를 가지는 음가나가 7자나 되지만, 『일본서기』 α군과 β군의 음가나에서는 /-n/ 운미자가 전혀 사용되지 않았다.

둘째, 3종의 텍스트 중에서 운미의 분포가 가장 유사한 것은 『일본서기』의 β군과 α군이다. /-ø/ 운미와 /-i/ 운미의 점유율에서만 약간 차이가 날 뿐이다. 그런데 /-ø/ 운미에서 '『고사기』 〉 『일본서기』의 β군 〉 『일본서기』 α군'의 통시적 변화를 감지할 수 있다. 이 순서대로 /-ø/ 운미의 점유율이 큰 폭으로 높아지기 때문이다.

셋째, 3종 텍스트의 음가나에서 공통적으로 /-m/ 운미와 /-p, -t, -k/의 입성 운미가 사용되지 않았다. 이 특징과 관련하여 『고사기』에서 /-n/ 운미자 '袁, 遠, 延, 本, 傳, 煩, 辨'을 사용한 것은 『일본서기』와 크게 차이가 난다.

그러나 4~5장에서 자세히 논의하겠지만, 이 특수성은 음운론적 관점에서는 큰 의미가 없다. 『고사기』뿐만 아니라 『일본서기』 β군과 α군에서도 /-ŋ/ 운미자를 사용하지만 이 /-ŋ/ 운미가 음운론적으로 항상 삭제되어 수용되기 때문이다. 이와 마찬가지로 『고사기』에서 /-n/ 운미자를 사용했다 하더라도 이 /-n/ 운미도 항상 삭제된다. 따라서 『고사기』와 『일본서기』의 음가나에서 공통적으로 "한어의 모든 양성운미 /-m, -n, -ŋ/는 항상 삭제하여 수용한다"는 규칙을 세울 수 있다. 이 대체 수용 규칙을 기준으로 하면, 『일본서기』와 달리 『고사기』에서 /-n/ 운미자가 사용되었다 하더라도 음운론적으로는 『고사기』와 『일본서기』가 차이가 나지 않는다.

3.2.7. 『일본서기』 α군 음가나의 50음도

이제, 『일본서기』 α군의 음가나를 50음도에 채워 넣기로 한다. α군에 사용된 243자를 모두 50음도에 넣는 것이 원칙이지만, β군과 균형을 맞추기 위하여 용례 다양성을 기준으로 123자만 50음도에 넣는다. 전체 243자 중에서 5회 이상 사용된 음가나가 105자이고, 4회 사용되고 2권 이상에 분포하는 17자를 더하면 122자이다. WI 음절은 구조적으로 용례가 적은 음절임을 감안하여, 3회 사용된 WI 음절의 '威'를 추가하면 모두 123자 집합이 된다.

이 123자를 50음도에 집어넣으면 아래 (36)의 50음도가 된다. 동일 칸에서는 용례가 많은 것을 앞에 배치했다.

이 123자를 50음도에 채워 넣으면 øE, JI, WU의 세 음절만 공백으로 남는다. 이 세 음절은 위에서 논의한 체계적인 공백이므로, 청탁 구별을 무시했을 때의 47칸을 모두 채웠다고 할 수 있다. 그러나 청음 행과 탁음 행을 구별하면 즉 67칸을 기준으로 하면 사정이 달라진다. GE, ZA, ZE, ZO, DI, BU의 여섯 가지 음절이 공백이다. 이들은 『일본서기』 β군에서도 공백이었으므로 이 공백이 『일본서기』 전체의 표기법적 특징을 대표한다고 할 수 있다. 『일본서기』 α군에서는 ZI 음절의 표기에 '珥'를 새로 사용하기 시작했다는 점에서만 β군과 차이가 난다.

(36)의 50음도에서도 一字一音의 원칙에서 벗어나지만 하나의 음가나를 둘 이상의 칸에 배치한 것이 있다. 이들을 중심으로 『일본서기』 α군 음가나의 표기법적 특징을 논의하기로 한다.

먼저, U열과 O열의 두 곳에 배치한 음가나가 있다. T행의 '都', N행의 '奴', R행의 '樓' 등이다.

(36) 『일본서기』 α군 가나의 50음도 (4회-2 이상 122자 + 威)

모음 자음	A (ア)	I (イ)	U (ウ)	E (エ)	O (オ)
ø (ア)	阿 婀	以	于 宇		於 飫
K (カ)	柯 哿 舸 箇 歌	枳 岐 企 紀 基	俱 矩	該 稽	古 擧 渠
	我 鵝	擬	虞		渠
S (サ)	佐 娑 左	之 斯 志 始 絁 思	須	制 世 西	曾
		珥	孺/儒 須		
T (タ)	陀 拕/柁 多 駄	致 智	都 豆	底 提	縢/騰 登 等 度 都
	娜 陀 拕 多		豆 逗 都	泥 提 底	縢/騰
N (ナ)	儺 那 娜	儞 爾 尼	農 奴	泥	能 奴
P (ハ)	播 波 婆 簸	比 毘	賦 符 甫	陛 倍	裒
	麼 播 磨 婆 魔	寐		謎	裒
M (マ)	麻 磨 麼 魔 摩	瀰 彌 美 寐	武	梅 每 謎	母 謀 慕 暮 謨
J (ヤ)	野 耶		喩	曳[30]	與 余
R (ラ)	羅 囉	理 利 梨 唎	屢 樓	例 黎	慮 樓
W (ワ)	倭 和	威3		衛	嗚/鳴 烏 乎

(37) 『일본서기』 α군의 '都' 용례

TU: 都{조사 つ, の}(17, 24, 25), 魔都登{伏つと}(14), 麻都登{待つと}(14), 麼都羅符[まつらふ](14), 播都制{泊瀬}(14), 都矩屢{盡くる}(14), 都柯陪{仕へ}(14), 麻都羅武騰{奉らむと}(14), 耶都擬播{八匹は}(14), 都奴娑之{角刺}(15), 都摩/都麼{妻}(16, 17), 之都{倭文}(16), 禹都麻佐{太秦}(24), 于都俱之{愛し}(25, 26), 紀都該{着け}(25), 瀰都羅武箇{見つらむか}(25), 都那遇{認ぐ}(26), 瀰儺蟻羅毘都都{漲ひつつ}(26), 摩比邏矩都[まひらくつ](26), 都梅能{集樂の}(27), 都底擧騰{傳言}(27)

DU: 瀰都{水}(26)

30 '曳'가 øE 음절을 표기한다고 볼 수도 있지만 우리의 논의 결과에 따르면 JE 음절을 표기한다.

TO: 阿都圖唎{脚取り}(17)

(38) 『일본서기』 α군의 '奴' 용례

NU: 奴底喩羅俱{鐸ゆらく}(15)

NO: 奴{野}(14, 17), 都奴娑之{角刺}(15)

(39) 『일본서기』 α군의 '樓' 용례

RU: 能朋樓{上る}(17), 枳駄樓{來る}(17), 武哿左履樓[むかさくる](17)

RO: 於母之樓枳[おもしろき](26)

전기 중고음으로 '都, 奴'는 각각 [端中1平模]=/to/^{L}, [泥中1平模]=/nu/^{L}이고 둘 다 模韻字이다. 模韻을 『일본서기』에서는 O열로 수용하는 것이 원칙이지만 U열로 수용하기도 한다. '樓'는 중고음에서 [來中1平侯]=/rəu/^{L}인데, 『일본서기』에서 侯韻을 수용하는 양상은 아주 복잡하다. 이것은 5장에서 논의하기로 하고, '都, 奴'와 '樓'가 O열과 U열 사이에서 동요하는 모음을 표기한다는 점만 지적해 둔다.

청음뿐만 아니라 탁음도 표기함으로써 표기법에서 동요를 보이는 음가나도 적지 않다. 이 중에서 '拕, 多, 都,[31] 底, 播'는 한어 중고음의 성모가 무성음이지만, '渠, 騰, 婆, 裒, 提'는 유성음이다.

(40) 『일본서기』 α군의 '拕' 용례

TA: 柯拕俱{堅く}(14), 拕俱彌{工匠}(14), 阿拕羅[あたら](14), 婀拕羅[あたら](14), 拕例{誰}(14), 儺拕{繩}(14), 拕磨/拕摩{玉}(14, 16), 逗拕甫{傳ふ}(15), 波拕{服}(16), 拕{誰}(24), 可拕{方}(24)

DA: 伊麻拕{いまだ}(27), 多拕尼{直に}(27)

31 '都'의 용례는 위의 (37)에서 이미 제시했다.

(41)『일본서기』α군의 '多' 용례

TA: 多倍{栲}(14), 簸多泥{鰭手}(16), 多黎{垂れ}(16), 多搬氏{立ちて}(16), 多多企{たたき}(17), 多礙底{食げて}(24), 岐多麻須{懲ます}(24), 多例{誰}(25), 多多婆{立たば}(26), 多麻{玉}(27), 多致播那{橘}(27), 多拕尼{直に}(27)

DA: 渠梅多儞{米だに}(24), 曳多{枝}(27), 陛多爾{重だに}(27)

(42)『일본서기』α군의 '底' 용례

TE: －底{활용 て}(14, 15, 16, 17, 19, 24, 25, 26), 奴底喩羅俱{鐸ゆらく}(15), 陀底屢{立てる}, 底{手}(24), 婆底底{泊てて}(26), 都底擧騰{傳言}(27)

DE: 伊底{出で}(14), 底能{出}(14)

(43)『일본서기』α군의 '播' 용례

PA: 播{조사 は}(14, 15, 16, 17, 24, 25, 26, 27), 儞播{庭}(14, 17), 播都制{泊瀨}(14), 播枳{佩き}(16), 播志{橋}(16), 娑播儞{多に}(16), 播屢{春}(16, 17), 阿藏播梨{交はり}(17), 以播孺底{言はずて}(17), 播羅{原}(24, 27), 耶麻鵝播{山川}(25), 舸播/我播{川}(26), 多致播那{橘}(27)

BA: －播{활용 ば}(14), 農播[ぬば](14)

위의 '拕, 多, 底, 播'는 한어 중고음의 성모가 각각 透母/t^h/, 端母/t/, 端母/t/, 幇母/p/이므로 무성음이다. 이들 무성음이『고사기』가요에서는 청음으로 수용되는 것이 원칙이다.『일본서기』β군에서도 '都'를 제외하면 이 원칙을 따른다. 반면에『일본서기』α군에서는 '都'뿐만 아니라 '拕, 多, 底, 播'가 각각 DA, DA, DE, BA 음절을 표기하기도 한다. 중고음에서 성모가 무성음인데도, 이들이『일본서기』α군에서 탁음절을 표기하는 예가 이처럼 많다. 이것은 범상한 일이 아니다.

그런데 일본어에서는 복합어에서 후행 성분의 청음이 탁음으로 바뀔 때가 있는데, 이것을 연탁(連濁) 현상이라 부른다. 이에 따라 (40～43)에서 탁음을 가지는 DA, DA, DE, BA 음절이 연탁의 결과인지를 유심히 검토해 보았다. 그러나 이들은 모두 복합어가 아니므로 연탁 현상과 전혀 관계가 없다. 따라서 이들 탁음을 연탁 이외의 방법으로 기술해야 한다.

『고사기』 이래로 일본에서는 청탁 구별이 계속 유지되었으므로, 상대 일본어 고유의 변화로는 (40~43)의 탁음 표기를 기술할 수가 없다. 일본어의 내재적 변화로는 이것을 기술할 수 없으므로 일본 학자들은 외래적 원인에 주목한다. 그리하여 8세기 초엽 이전의 당나라에서 이미 탁음청화(濁音淸化)가 일어나서 유·무성 구별이 없어졌다고 기술한다.[32] 즉 당나라에서 탁음청화가 7세기 말엽 이전에 이미 일어났고, 『일본서기』 α군에서 바로 이 당대의 한어음을 수용했다고 본다. 제반 사항을 고려하면 이것이 거의 유일한 해결책임이 분명하다.

중요한 것은 『일본서기』 β군에서는 이런 청탁 혼란이 아직 미미한 데에 비하여 『일본서기』 α군에서는 이 혼란이 본격화된다는 점이다. 이것은 유성음을 가지는 '渠, 騰, 婆, 裒, 提' 등이 청음의 표기에도 사용된다는 점으로도 증명할 수 있다.

(44) 『일본서기』 α군의 '渠' 용례

KO: 渠梅{米}(24), 渠騰{言}(24), 渠等{毎}(25)

GO: 模騰渠等{本毎}(25)

(45) 『일본서기』 α군의 '騰' 용례

TO: 騰{조사 と}(14, 24, 25, 26), 騰余{動}(16), 擧騰{琴}(16), 野廡騰{大和}(24), 騰裒囉栖{通らせ}(24), 騰羅毎{取らめ}(24), 渠騰/擧騰{言}(24, 27), 騰余謀佐儒/騰余謀須{響}(24), 比騰{人}(24, 25), 騰擧{常}(24), 模騰/母騰{本/下}(25, 27), 母騰倶/母騰矩{解く}(27), 比騰{一}(27)

32 水谷眞成(1957: 5~6)에 따르면, 마찰음인 匣母/ɦ/와 常母/ʑ/는 7세기 후반에 탁음청화가 시작되었지만 파열음과 파찰음에서는 진행 속도가 느렸다. 8세기 후반에서 9세기 전반에 걸치는 돈황자료를 대상으로 삼아, 羅常培(1933: 36~42)은 유독 定母/d/ 仄聲字에서는 탁음청화가 일어나지 않았다고 했다. 姜信沆(2015)는 8세기 이래로 수백 년에 걸쳐 탁음청화가 일어났다고 했다.

DO: 禰始柯騰{寝しかど}(24), 左該騰摸{咲けども}(25), 那例例騰母{生れれども}(27)

(46) 『일본서기』 α군의 '婆' 용례

PA: 婆{조사 は}(15, 16), 於婆武登{負はむと}(14), 婆利{榛}(14), 婆陀志氏謀{果しても}(16), 阿婆例[あはれ](16), 婆娑摩{谷}(16), 婆絁稽矩謨{愛しけくも}(17), 那儞婆{難波}(19), 婆那{花}(25), 謨婆{思は}(26), 婆底底{泊てて}(26)

BA: 多多婆{立たば}(26)

(47) 『일본서기』 α군의 '裒' 용례

PO: 飫裒/於裒{大}(14, 16), 伊裒{五百}(14), 之裒{潮}(16), 裒屢{欲る}(16), 嗚佐裒{小佐保}(16), 曾裒遲{沾ち}(16), 于之裒{潮}(26), 姑裒之枳{戀しき}(26)

BO: 能裒利{緣り}(14), 騰裒囉栖{通らせ}(24)

(48) 『일본서기』 α군의 '提' 용례

TE: 於謀提{面}(24)

DE: 伊提麻栖{出でませ}, 伊提麻志{出でまし}, 提{手}(이상 27)

위의 '渠'는 한어 중고음의 성모가 群母/g/이고, '騰'과 '提'는 定母/d/이며, '婆'와 '裒'는 並母/b/이다. 『고사기』 가요에서는 群母/g/가 청음인 /k/로 수용되지만, 定母/d/와 並母/b/는 탁음인 /d/와 /b/로 수용되는 것이 원칙이다. 그런데도 『일본서기』 α군에서는 '騰'과 '提'가 청음 /t/와 탁음 /d/를 표기하고 '婆'와 '裒'가 청음 /p/와 탁음 /b/를 표기했다.

이처럼 유성음인 전탁자(全濁字)로도 『일본서기』의 청음을 표기했다는 것은 한어에서 탁음청화가 일어나 유·무성 구별이 사라졌음을 의미한다. 한어에서 유성음을 가지는 한자로 일본의 청음절을 표기하기도 했다는 것은 한어에서 탁음청화가 일어났음을 말해 줌과 동시에 유·무성 구별이 혼란스러웠음을 말해 주는 결정적인 자료이다.

그러나 탁음청화를 지나치게 강조하면 오히려 표기법을 전반적·체계적으로 기술할 수 없다는 점에 주의해야 한다. 『일본서기』 α군 음가나의 K행과 S행에서는 여전히 탁음청화가 거의 일어나지 않았기 때문이다. 우리는 위에서 『일본서기』 β군 음가나를 기술하면서 유독 P행에서 청탁 구별이 혼란스럽다고 기술한 바 있다. 그런데 α군 음가나에서는 P행뿐만 아니라 T행에서도 혼란스러워진다. β군과 α군의 표기법 차이를 거론할 때에 이 차이를 놓쳐서는 안 될 것이다. 이것을 알기 쉽게 표로 보이면 아래와 같다.

(49) 텍스트별 탁음청화의 수용 여부

행 \ 텍스트	『고사기』	『일본서기』 β군	『일본서기』 α군
K (カ)	×	×	×
S (サ)	×	×	×
T (タ)	×	×	○
P (ハ)	×	○	○

『일본서기』와 달리 『고사기』 표기법에서는 무성음 계열의 음가나와 유성음 계열의 음가나를 엄격하게 구별해서 사용했다. 그런데 『일본서기』 β군의 P행에서 동일 음가나로 청음과 탁음을 표기하기 시작하고, 『일본서기』 α군에서 이 현상이 T행으로 확대된다. 여기에서도 β군과 α군의 차이가 잘 드러난다.

다음으로, (36)의 『일본서기』 α군 50음도에서 탈비음화와 관련된 음가나를 찾아본다. NA 음절의 '娜', NE 음절의 '泥', MA 음절의 '麽, 磨, 魔', MI 음절의 '寐', ME 음절의 '謎'에서 탈비음화가 일어난다.

(50) 『일본서기』 α군의 '娜' 용례

NA: 舸娜紀都該{鉗着け}(25)

DA: 伊麻娜[いまだ](17), 俱謨娜尼母{雲だにも}, 阿比娜謨{間も}, 矩娜利/俱娜梨[くだり](이상 26)

(51) 『일본서기』 α군의 '泥' 용례

NE: 泥{根}(15), 磨祁㳙泥底{枕きかねて}(17), 藤柯泥波{解かねは}(27)

DE: 麻泥爾[までに](14), 泥{手}(16, 24)

(52) 『일본서기』 α군의 '麼' 용례

MA: 麼都羅符[まつらふ], 野麼/夜麼/耶麼{山}, 思麼{嶋}, 宇麼{馬}(이상 14), 都麼{端}(17), 麼{眞}(17)

BA: －麼{활용 ば}(14, 15, 16, 17), 阿蘇麼斯志{遊ばしし}(14), 烏麼野始{小林}(24)

(53) 『일본서기』 α군의 '磨' 용례

MA: 野磨等, 磨陛{前}, 柁磨磨枳{玉纏}, 拕磨{玉}, 志儺磨志{死なまし}(이상 14), 野磨{山}(15), 絁磨{島}, 都磨{妻}, 磨祁㳙泥底{枕きかねて}(이상 17), 磨陀[また](25), 古磨{駒}(14, 25), 伊磨{今}(26)

BA: －磨{활용 ば}(16), 磨{葉}(19)

(54) 『일본서기』 α군의 '魔' 용례

MA: 魔枳{纏}, 魔都登{伏つと}(이상 14), 陀魔{珠}(16), 魔志{坐し}, 魔俱囉{枕}, 魔柯斯每(纏かしめ)(이상 17), 耶魔等{日本}(19)

BA: －魔{활용 ば}(16), 之魔{柴}(16)

(55) 『일본서기』 α군의 '寐' 용례

MI: 寐逗{水}(15)

BI: 阿蘇寐{遊び}, 思寐{鮪}, 婀波寐{鰒}, 於寐{帶}, 夢須寐{結び}(이상 16)

(56) 『일본서기』 α군의 '謎' 용례

ME: 必謎/比謎{媛}(16), 謎{女}(17)

BE: 謎{邊}(14), 偉儺謎{韋那部}(14)

위의 '娜, 泥'는 한어 중고음의 성모가 泥母/n/이고, '麼, 磨, 魔, 寐, 謎'는 明母 /m/이다. 泥母/n/에 탈비음화가 일어나면 [nd]를 거쳐 /d/가 되고, 明母/m/에 탈비음화가 일어나면 [mb]를 거쳐 /b/가 된다. 그리하여 원래는 각각 N행과 M행만을 표기했지만, 『일본서기』 α군에서는 T행과 P행의 탁음 /d/와 /b/도 표기하게 된다. 『고사기』 가요에서는 탈비음화를 알려 주는 표기가 없지만, 『일본서기』에서는 β군뿐만 아니라 α군에서도 탈비음화를 확인할 수 있다. 탈비음화에서는 α군과 β군의 차이가 거의 없다.

한편, (57)의 '孺/儒'가 ZU 음절을 표기하는 현상을 탈비음화라고 하기가 어렵다는 것을 위의 β군에서 이미 말한 바 있다. '孺/儒'가 후대의 한어에서 兒化('ər' 화)하기 때문이다. 이것은 α군에서도 마찬가지인데, (58)의 '珥'가 이 부류에 새로 추가되었다는 점만 다르다. '珥'도 후대의 한어에서는 兒化하므로, 우리는 (57~58)의 표기를 탈비음화라고 부르지 않고 유사 탈비음화라고 부른다.

(57) 『일본서기』 α군의 '孺/儒' 용례

ZU: 儒{부정 조동사 ず}(14, 15, 16, 24, 25), 孺{부정 조동사 ず}(14, 15, 17, 24), 麻矩儒播羅{眞葛原}(27)

(58) 『일본서기』 α군의 '珥' 용례

ZI: 倭須羅庾麻旨珥{置らゆましじ}(26), 度珥{刀自}, 阿羅珥茹[あらじぞ](이상 27)

지금까지 (36)의 α군 50음도에서 둘 이상의 칸에 배치되는 음가나를 설명했다. 이들을 기준으로 말한다면 α군과 β군 음가나가 차이가 난다면 그것은 (49)의 도표로 기술한 것처럼 T행에서 탁음청화의 예가 발견되는가의 여부로 귀결된다. β군의 T행에서는 탁음청화의 예가 아주 드물지만 α군의 T행에서는 탁음청화가 두루 반영되어 있다. 이 차이를 제외한다면 α군과 β군 음가나의 차이는 미미한 것이라고 할 수 있다.

3.2.8. 3종 텍스트의 음절별 대표자 대비

지금까지 『고사기』, 『일본서기』 β군, 『일본서기』 α군의 3종 텍스트에 사용된 만요가나를 정리했다. 이제 3종 텍스트의 음절별 대표자를 중심으로 이들 상호 간의 친소관계와 통시적 변화 과정을 논의해 보기로 한다.

위의 (33)에서는 『고사기』의 107자를 기준으로 표기법을 대비했는데, 이것은 용례 다양성 즉 양적 기준을 택한 것이었다. 표기법의 변화를 논의할 때에는 이와는 달리 각 음절의 대표자를 기준으로 삼는 방법도 있다. 이 기준을 따르면 질적 대비의 효과가 커진다.

『고사기』, 『일본서기』 β군, 『일본서기』 α군의 3종 텍스트에서 공통적으로 확인되는 음절은 47종이다. 이 47종의 음절 표기가 어떻게 변화하는지를 기술할 때에는 (5)의 『고사기』 50음도, (17)의 『일본서기』 β군 50음도, (34)의 『일본서기』 α군 50음도를 상호 대비하면 된다. 그러나 이 대비는 지나치게 번잡하므로 우리는 각 음절의 대표자에 초점을 맞추어 통시적 변화 과정을 논의하기로 한다.

47종의 음절 표기에 가장 많이 사용된 음가나를 3종의 텍스트별로 정리해 보면 아래 (59)와 같다. 청음과 탁음을 구별하면 20종의 음절이 추가되어 모두 67종의 음절이 된다. (59)의 표에서 '‖'의 앞에 둔 것은 『고사기』 음가나이고, '|'의 앞에 둔 것은 『일본서기』 β군 음가나이며, '|'의 뒤에 둔 것은 『일본서기』 α군 음가나이다.

(59)의 표에서 3종 텍스트의 대표자가 서로 일치하는 것은 (60)의 8자이다. 이들이 상대 일본 가요의 표기법을 대표하는 가나라고 할 수 있다. 표기의 변화에도 흔들리지 않고 대표자의 지위를 꾸준히 유지하기 때문이다. 이 8자에 ZU 음절의 '豆'가 포함된다는 점이 주목된다. 상대 일본어에 탁음이 있었음을 논의할 때에 이 '豆'가 가장 중요한 논거가 된다.

(59) 3종 텍스트의 음절별 대표자

<table>
<tr><th>모음
자음</th><th>A (ア)</th><th>I (イ)</th><th>U (ウ)</th><th>E (エ)</th><th>O (オ)</th></tr>
<tr><td>ø (ア)</td><td>阿‖阿|阿</td><td>伊‖伊|以</td><td>宇‖于|于</td><td></td><td>淤‖於|於</td></tr>
<tr><td rowspan="2">K (カ)</td><td>加‖伽|柯</td><td>岐‖枳|枳</td><td>久‖區|俱</td><td>祁‖鷄|該</td><td>許‖虛|古</td></tr>
<tr><td>賀‖餓|我</td><td>藝‖藝|</td><td>‖遇|虞</td><td>宜‖</td><td>胡‖誤|渠</td></tr>
<tr><td rowspan="2">S (サ)</td><td>佐‖佐|佐</td><td>斯‖辭|之</td><td>須‖須|須</td><td>勢‖勢|制</td><td>曾‖曾|曾</td></tr>
<tr><td>邪‖</td><td>士‖ |珥</td><td>受‖儒|儒</td><td>是‖</td><td>敘‖</td></tr>
<tr><td rowspan="2">T (タ)</td><td>多‖多|陀</td><td>知‖智|致</td><td>都‖菟|都</td><td>弖‖氐|底</td><td>登‖等|騰</td></tr>
<tr><td>陀‖儾|娜</td><td>遲‖</td><td>豆‖豆|豆</td><td>傳‖涅|泥</td><td>度‖迺|騰</td></tr>
<tr><td>N (ナ)</td><td>那‖那|儺</td><td>爾‖珥|儞</td><td>奴‖怒|農</td><td>泥‖泥|泥</td><td>能‖能|能</td></tr>
<tr><td rowspan="2">P (ハ)</td><td>波‖波|播</td><td>比‖比|比</td><td>布‖赴|賦</td><td>幣‖幣|陛</td><td>富‖朋|裒</td></tr>
<tr><td>婆‖麼|麼</td><td>備‖弭|寐</td><td>夫‖</td><td>倍‖陪|謎</td><td>煩‖朋|裒</td></tr>
<tr><td>M (ヌ)</td><td>麻‖摩|麻</td><td>美‖瀰|瀰</td><td>牟‖務|武</td><td>米‖梅|梅</td><td>母‖茂|母</td></tr>
<tr><td>J (ヤ)</td><td>夜‖夜|野</td><td></td><td>由‖由|喩</td><td>延‖曳|曳</td><td>余‖豫|與</td></tr>
<tr><td>R (ラ)</td><td>良‖羅|羅</td><td>理‖利|理</td><td>流‖屢|屢</td><td>禮‖例|例</td><td>呂‖呂|慮</td></tr>
<tr><td>W (ワ)</td><td>和‖和|倭</td><td>韋‖委|威</td><td></td><td>惠‖惠|衛</td><td>袁‖烏|嗚</td></tr>
</table>

(60) 3종 텍스트 상호 간의 음절별 대표자 일치 (8자)

阿[あ], 佐[さ], 須[す], 曾[そ], 豆[づ], 泥[に], 能[の], 比[ひ]

다음으로, 두 가지 텍스트에서 서로 공통되는 대표자를 찾아보면 아래와 같다. 『고사기』와 『일본서기』 β군의 대표자가 서로 일치하는 것은 12자인 데에 비하여, 『고사기』와 『일본서기』 α군의 대표자가 서로 일치하는 것은 4자뿐이다. 이것은 『고사기』의 표기법이 『일본서기』 α군의 표기법과는 거리가 아주 먼 데에 반하여, 『일본서기』 β군의 표기법과는 상대적으로 가깝다는 것을 의미한다.

(61) 『고사기』와 『일본서기』 β군 대표자의 일치 (12자)[33]

伊[い], 勢[せ], 多[た], 弖/氐[て], 那[な], 波[は], 弊/幣[へ], 夜[や], 由[ゆ], 呂[ろ], 和[わ], 惠[ゑ]

(62) 『고사기』와 『일본서기』 α군 대표자의 일치 (4자)

都[つ], 麻[ま], 母[も], 理[り]

(63) 『일본서기』 β군과 α군 대표자의 일치 (11자)

于[う], 曳[え], 於[お], 枳[き], 儒[ず], 麽[ば], 瀰[み], 梅[め], 羅[ら], 屢[る], 例[れ]

(61~63)을 서로 대비하여, 3종 텍스트 상호 간의 표기법 친소관계를 아래와 같이 나타낼 수 있다. 수치가 클수록 거리가 가깝다. 이 상대적 거리에 따르면, 『고사기』 표기법은 『일본서기』 β군과 가깝고 『일본서기』 α군과는 거리가 아주 멀다.

(64) 3종 텍스트 상호 간의 표기법 친소관계

『일본서기』 β군을 기준으로 하면, β군의 표기법은 『고사기』 표기법과 α군 표기법의 거의 중간에 온다. 『일본서기』 α군을 기준으로 하면, α군 표기법은 『일본서기』 β군과는 거리가 가깝지만 『고사기』 표기법과는 거리가 아주 멀다. 이것은 위의 (33)에서 3종의 텍스트 상호 간에 공통되는 음가나를 기준으로 3종 텍스트

33 '藝'[ぎ]를 포함하면 13종의 음절이다.

의 친소관계를 정리한 것과 마찬가지 결과이다.

따라서 우리는 일본의 상대 가요 표기법에서 '『고사기』 〉『일본서기』 β군 〉『일본서기』 α군'의 통시적 변화가 일어났다고 결론짓는다. 양적 기준과 질적 기준의 두 가지에서 모두 이 결론이 도출되기 때문이다.

이 통시적 변화를 정확하게 보여 주는 것은 아마도 3종 텍스트의 대표자가 서로 다른 음절일 것이다.

(65) '『고사기』 〉『일본서기』 β군 〉『일본서기』 α군'의 변화를 보여주는 음절 (23음절)

1. K행: KA=加〉伽〉柯, GA=賀〉餓〉我, KU=久〉區〉俱, KE=祁〉鷄〉該, KO=許〉虛〉古, GO=胡〉誤〉渠 (6)
2. S행: SI=斯〉辭〉之 (1)
3. T행: DA=陀〉儺〉娜, TI=知〉智〉致, DE=傳〉涅〉泥, TO=登〉等〉騰, DO=度〉迺〉騰 (5)
4. N행: NI=爾〉珥〉儞, NU=奴〉怒〉農 (2)
5. P행: BI=備〉弭〉寐, PU=布〉赴〉賦, BE=倍〉陪〉謎, PO=富〉朋〉裒, BO=煩〉朋〉裒 (5)
6. M행: MU=牟〉務〉武 (1)
7. J행: JO=余〉豫〉與 (1)
8. W행: WI=韋〉委〉威, WO=袁〉烏〉嗚 (2)

위의 (65)에서는 ø행(즉 ア행)과 R행(즉 ラ행)이 빠져 있다. 이것은 아마도 이 두 행에서는 표기 변화가 더디게 일어났음을 의미하고 나아가서 이 두 행의 표기법이 상대적으로 안정적이었음을 의미한다. 반면에, K(カ)·T(タ)·P(ハ)·W(ワ)의 4행에서는 상대적으로 표기법이 불안했고, 이것이 원인이 되어 표기 변화가 자주 일어나게 되었다고 말할 수 있다.

(65)에 열거한 23종의 음절 중에서 A 모음이 3종, I 모음이 5종, U 모음이 4종, E 모음이 3종, O 모음이 8종이다. O 모음이 8종이나 된다는 것은 O 모음 표기가

특히 불안했고 이에 따라 O 모음에서 표기 변화가 빈번하게 일어났음을 뜻한다. 4~6장에서 논의하겠지만, O 모음에는 갑류와 을류의 두 가지가 있어서 실제로도 O 모음 표기가 가장 복잡하다.

3.3. 『만엽집』 가요의 표기

『만엽집』에 수록된 가요는 무려 4,516수나 된다. 『고사기』 112수와 『일본서기』 128수에 비하면 엄청난 양이다. 이 4,516수의 표기법이 하나로 통일되어 있을까? 그렇지 않다. 양이 많은 만큼 표기법도 아주 다양하다. 이것을 알기 쉽게 정리해 보기로 한다.

『고사기』와 『일본서기』의 가요에서는 일관하여 음가나로 표기했다. 따라서 표기에 사용된 한자의 음만 알고 있으면 누구나 그 음을 활용하여 기기가요를 해독할 수 있다. 예컨대 '奈加'라는 표기는 그대로 음으로 읽으면 /naka/인데 이것을 '中'으로 해독하면 된다. '可母'라는 표기는 음독하면 /kamo/인데, 이것을 일본어의 조사 'かも'로 해독하면 된다. 따라서 기기가요에서는 한자음이 해독 및 연구의 기반이 된다.

그러나 『만엽집』에서는 사정이 달라진다. 기존의 가요에서 채택했던 음표기(音表記) 방식을 그대로 수용하기도 하지만, 새로이 훈표기(訓表記)를 사용하여 일본어를 표기하기도 한다. 이해의 편의를 위하여 훈표기의 일종인 '中'과 '鴨'을 예로 들어 둔다. 『만엽집』 가요의 '中'과 '鴨'은 각각 /naka/와 /kamo/에 대응한다. '中'과 '鴨'은 한국어로는 훈 즉 의미가 각각 '가운데'와 '오리'이지만, 일본어로는 각각 /naka/와 /kamo/이다. 이 의미 대응 관계를 활용하여 일본어의 명사 /naka/와 조사 /kamo/를[34] 『만엽집』에서는 각각 '中'과 '鴨'으로 표기하기도 한다. 이처럼 /naka/를 '中'으로 표기하거나 /kamo/를 '鴨'으로 표기하는 방법을

34 『만엽집』에서 '鴨'이 '오리'를 표기할 때가 있지만 오히려 조사 'かも'를 표기할 때가 훨씬 더 많다.

훈표기라고 정의한다.

일본에서는 '鴨'이 '오리'를 표기하면 정훈자라 하고 조사 'かも'를 표기하면 훈가나라고 하여 정훈자와 훈가나를 엄격히 구별한다. '오리'를 표기하는 '鴨'은 한자로 분류하지만, 조사 'かも'를 표기하는 '鴨'은 가나로 분류하기 때문이다. 이 둘을 하나로 아우를 때에 우리는 훈표기라는 용어를 사용한다. 우리의 훈표기라는 용어는 그 밖에도 'こころなき'{心なき, Q2226}를 '無心'으로 표기한 것도 포함한다. 이때의 '無心'은 사실은 한어의 통사구조를 그대로 차용한 것인데, 어순 도치를 전제해야 하기 때문에 기존의 정훈자와 훈가나라는 용어만으로는 '無心'과 같은 표기를 포괄하기가 어렵다. 우리의 훈표기는 '無心'과 같은 표기도 포함하므로, 범위가 아주 넓고 포괄적인 의미를 가진다고 할 수 있다.

요컨대, 일본어의 /naka/와 /kamo/를 각각 '奈加'와 '可母'로 표기한 것을 음표기라고 지칭하고, '中'과 '鴨'으로 표기한 것을 훈표기라고 지칭한다. '奈, 加, 可, 母'의 네 자를 음가나라고 부르는 것은 아주 자연스럽지만, '中'과 '鴨'처럼 2음절 이상의 단어를 표기하는 것을 훈가나라고 부르는 것은 어색하다. 가나라는 용어는 대부분 1음절에 한정하여 사용할 때가 많기 때문이다. 따라서 우리는 2음절 이상의 단어를 표기한 것은 훈가나라고 지칭하지 않고 훈표기라고 지칭한다.

『만엽집』의 표기법을 논의할 때에 가장 먼저 해야 할 일은 가요를 음자(音字)로 표기한 것과 훈자(訓字)로 표기한 것을 구별하는 일이다. 음자 위주로 표기한 노래를 음표기 가요라 지칭하고 훈자 위주로 표기한 노래를 훈표기 가요라고 지칭하기로 한다. 이처럼 『만엽집』 가요를 두 가지로 나누는 원인은 이 둘의 표기법적 차이가 아주 크다는 데에 있다.

앞에서 『일본서기』에서 β군과 α군이 표기법적으로 차이가 난다고 했지만, 『만엽집』의 음표기 가요와 훈표기 가요는 이보다도 훨씬 크게 차이가 난다. 따라서 『만엽집』 가요를 둘 또는 그 이상으로 분류하더라도 잘못될 것이 없다. 우리는 편의상 음표기 가요를 P군이라 지칭하고 훈표기 가요를 Q군이라고 지칭할 것이다. P군과 Q군의 어느 하나로 분류하기 어려운 가요도 있는데, 이것을 간단히 음

훈표기 가요 또는 R군이라고 부를 것이다.[35]

3.3.1. 음표기 가요(P군)와 훈표기 가요(Q군)의 구별

목간, 『고사기』, 『일본서기』에 기록된 가요에서는 표음자로 가요를 표기하는 것이 원칙이다. 그러나 『만엽집』 가요 중에는 표훈자(또는 표의자)를 사용하여 표기한 것이 아주 많다. 훈자의 등장은 괄목할 만한 변화이므로 이 표기법 변화의 원인과 과정을 깊이 있게 논의할 필요가 있다. 물론 하나의 가요에서 음표기와 훈표기가 공존하기도 하므로 P군과 Q군을 나누는 것이 쉬운 일이 아니다.

그런데 이 표기법의 변화 즉 훈표기의 등장을 기술하기 이전에 명확히 해 두어야 할 것이 있다. 첫째는 음표기 가요와 훈표기 가요를 왜 구별하는가 하는 문제요, 둘째는 음표기 가요와 훈표기 가요를 어떻게 구별할 것인가 하는 문제이다. 둘째 문제는 뒤에서 자세히 논의하기로 하고 여기에서는 첫째 문제만 간단히 설명해 둔다.

우리의 연구 목표는 만요가나의 표기법을 효과적으로 정리하여 만요가나에 반영된 상대 일본어의 음운체계를 재구하는 것이다. 그런데 음운체계를 재구하기 위해서는 음가나만을 우선적으로 추출해 낼 필요가 있다. 이 추출 과정에서 P군에 사용된 음가나와 Q군에 사용된 음가나가 서로 차이가 난다는 점이 드러난다. 예컨대, TO 음절을 표기하는 훈가나 '跡'은 항상 Q군에서만 사용하고 P군에서는 사용하지 않는다. 이와 마찬가지로 TE 음절을 표기하는 훈가나 '而'도 Q군에서 주로 사용하고 P군에서는 거의 사용하지 않는다. 반면에, P군에서는 TO 음절의 표기에 음가나 '等, 登'을 사용하는 것이 원칙이고, TE 음절의 표기에는 음가나 '弖'가 원칙이되 부분적으로 '提, 天'도 사용한다. 여기에서 '跡'이나 '而'를 사

35 稲岡耕二(1979: 40)는 음가나주체표기와 훈자주체표기로 대별한다. 『만엽집』의 권 5·14·15·17·18·19·20의 일곱 권을 전자에 속하는 것으로 보고, 『고사기』·『일본서기』와는 달리 『만엽집』 가요에서는 약간의 훈자가 섞인 예가 많다고 했다. 나머지 13권에서는 훈자가 대량으로 사용된다.

용한 가요는 Q군인 데에 반하여, '等, 登'이나 '弖'를 사용한 가요는 P군이라는 상관관계가 성립한다. 이 상관관계가 드러나기 때문에 P군과 Q군을 구별할 필요가 있다.

이 상관관계는 상대 일본어의 표기법 변화뿐만 아니라 음운체계의 변화도 암시한다. 변화가 일어나기 이전과 이후의 자료를 뒤섞어 놓으면 상대 일본어의 표기법과 음운체계를 정확하게 기술할 수 없다. 따라서 통시적 변화가 일어나기 이전의 자료와 일어난 이후의 자료를 엄격하게 구별하여 기술할 필요가 있다. 뒤에서 자연스럽게 드러나겠지만, 변화가 일어나기 이전의 가요는 대부분 음표기 가요 즉 P군이고 변화가 일어난 이후의 가요는 대부분 훈표기 가요 즉 Q군이다.

『일본서기』는 α군과 β군의 두 가지 텍스트로 나뉜다. α군은 중국인이 정통 한문으로 작성한 것이고 β군은 왜습이 자주 포함되어 있으므로 왜인이 작성한 것이다(森博達 1991). 이처럼 『일본서기』를 둘로 구별할 때에 『일본서기』에 수록된 가요의 표기법과 음운체계가 중요한 논거가 된다.

이와 마찬가지로, 『만엽집』의 가요도 일단 둘로 나눌 수 있다. 우리가 음표기 가요 즉 P군이라고 한 것은 『일본서기』의 β군에 비유할 수 있고, 훈표기 가요 즉 Q군이라고 한 것은 α군에 비유할 수 있다. 훈표기 가요의 표기에는 한어의 통사구조가 자주 사용되지만 음표기 가요에서는 한문 구성이 사용되지 않는다.[36] 따라서 『만엽집』의 P군을 『일본서기』의 β군에, Q군을 α군에 비유할 수 있다.

기존의 음가나가 점점 사라지고 새로 등장한 음가나가 점점 세력을 확대해 가는 변화도 목격할 수 있다. 이것을 관찰하여 효과적으로 기술하기 위해서도 음표기 가요 즉 P군과 훈표기 가요 즉 Q군을 일단 구별할 필요가 있다.

3.3.2. 『만엽집』 가요의 표기법적 이중성

위에서 단어와 조사를 대상으로 이 두 가지 표기법의 차이를 간단히 설명했지

36 한문 구성만으로 표기한 만엽가는 없다(橋本進吉 1951/83: 38). Q군에서도 항상 부분적으로만 한문 구성을 사용한다.

만, 하나의 가요 전체가 P군인지 Q군인지를 가리는 것이 사실은 쉽지 않다. 그 원인은 동일 가요인데도 음표기와 훈표기의 특징을 동시에 가지는 가요가 적지 않다는 데에서 찾을 수 있다. 연구의 첫 단계에서는 Q군으로 분류했다가 다시 P군으로 수정한 794번 장가(長歌)를 그 예로 들 수 있다.

자료를 제시할 때에는 먼저 원문(原文)을 들고 그 아래에 전자문(轉字文)과 해독문(解讀文)을 둔다. 원문을 제시할 때에는 훈독하는 표기에는 항상 밑줄을 그어 음독하는 표기와 구별했다. 전자문과 해독문에서는 이해의 편의를 위하여 논의 대상에 항상 밑줄을 친다.[37]

(66) 『만엽집』 794번 가요

1. 大王能 等保乃朝廷等 斯良農比 筑紫國爾 泣子那須 斯多比枳摩斯提
   おほきみの とほのみかどと しらぬひ つくしのくにに なくこなす したひきまして
   大君の 遠の朝廷と しらぬひ 筑紫の國に 泣く子なす 慕ひ來まして
2. 伊企陀爾母 伊摩陀夜周米受 年月母 伊摩他阿良祢婆 許々呂由母
   いきだにも いまだやすめず としつきも いまだあらねば こころゆも
   息だにも いまだ休めず 年月も いまだあらねば 心ゆも
3. 於母波奴阿比陀爾 宇知那毗枳 許夜斯努禮 伊波牟須弊 世武須弊斯良爾
   おもはぬあひだに うちなびき こやしぬれ いはむすべ せむすべしらに
   思はぬ間に うち靡き 臥やしぬれ 言はむすべ 爲むすべ知らに
4. 石木乎母 刀比佐氣斯良受 伊弊那良婆 迦多知波阿良牟乎 宇良賣斯企
   いはきをも とひさけしらず いへならば かたちはあらむを うらめしき
   岩木をも 問ひ放け知らず 家ならば 形はあらむを 恨めしき
5. 伊毛乃美許等能 阿禮乎婆母 伊可爾世與等可 爾保鳥能 布多利那良毗爲

37 이하에서도 훈표기에는 항상 밑줄을 친다. 위에서 『고사기』·『일본서기』 대상의 예시에서는 독자의 편의를 위하여 전자문을 로마자로 표기했으나 지금부터는 히라가나로 표기하기로 한다.

いものみことの あれをばも いかにせよとか にほどりの ふたりならびゐ

妹の命の 我れをばも いかにせよとか にほ鳥の ふたり並び居

6. 加多良比斯 許々呂曾牟企弖 伊弊社可利伊摩須

かたらひし こころそむきて いへざかりいます

語らひし 心背きて 家離りいます

위의 예에서 밑줄 친 '大王{おほきみ}, 朝廷{みかど}, 國{くに}, 子{こ}, 年月{としつき}, 石木{いはき}, 鳥{どり}'[38] 등의 7개 단어는 훈표기이다. 나머지는 모두 음표기인데, 특히 (66.3)과 (66.6)에서는 음표기로 일관했다. 이럴 때의 794번 전체 장가를 음표기 가요라 할 것인가 훈표기 가요라 할 것인가?

7개의 단어가 훈으로 표기되었다는 점을 강조하면 794번 가요를 훈표기 가요 즉 Q군이라 할 수도 있다. 그런데도 우리는 이것을 음표기 가요 즉 P군으로 분류한다. 이들 7개의 단어가 훈으로 표기되었다 하더라도, 이것은 단어 차원의 훈표기일 뿐이고 문장 차원의 훈표기가 아니다. 기본적으로는 음표기 가요인데도 단어 차원의 훈표기가 간혹 섞여 있을 뿐이다. 이들을 우리는 큰 범주의 음표기 가요 즉 P군으로 분류한다.

794번 가요가 P군에 속한다는 것은 분권(分卷)으로 다시 확인된다. 『만엽집』은 모두 20권으로 편찬되었는데, 권차(卷次)에 따라 음표기와 훈표기가 뚜렷이 구별된다. 권5에는 793~906번의 114수가 수록되었으므로 794번 가요는 권5의 두 번째에 수록된 가요이다. 중요한 것은 권5에 수록된 114수가 모두 음표기 가요라는 점이다. 이 점에서도 794번 가요를 P군으로 분류하는 것이 옳다고 할 수 있다. 반면에 1~792번 가요는 권1~4에 수록되었는데 이 792수가 모두 훈표기 가요 즉 Q군이다.

따라서 『일본서기』 가요를 수록된 권차에 따라 α군과 β군으로 나누듯이, 『만엽집』 가요에서도 권차를 기준으로 삼아 P군인지 Q군인지를 가릴 수 있다. 다만

38 훈표기의 주석은 {}로 감싸서, 음표기의 주석인 []와 구별한다. 이하 같다.

권19는 아래의 (71)에 제시한 것처럼 사정이 복잡하므로 뒤에서 다시 거론하기로 한다.

위에서 지적한 것처럼 794번 가요에서 7개 단어가 훈으로 표기되었다는 것은 분명하다. 그런데도 우리는 이 가요를 음표기 가요 즉 P군으로 분류한다. 이 7개의 훈표기는 단어 훈표기일 뿐이고, 문장 훈표기가 아니다. 그렇다면 훈표기를 단어 훈표기와 문장 훈표기의 두 가지로 나누는 것이 효용성이 크다고 말할 수 있다. 이 구별만으로도 794번 가요가 훈표기 가요가 아니라 음표기 가요임을 정확하게 예측할 수 있었기 때문이다.

그렇다면 어떤 것을 문장 훈표기라고 정의할 것인가 하는 문제가 새로이 제기된다. 이 문제에 답하기 전에 우선 문장 훈표기의 예를 하나 들어 두기로 한다.

(67) 양보의 '雖'와 조건·가정의 '者'

櫻花 今曾盛等 雖人云 我佐不之毛 支美止之不在者 (4074)
さくらばな いまぞさかりと ひとはいへど われはさぶしも きみとしあらねば
櫻花 今ぞ盛りと 人は言へど 我れは寂しも 君としあらねば

4074번 가요의 앞과 뒤에 수록된 가요는 P군 가요이므로 4074번 가요도 음표기 가요라고 오해하기가 쉽다. 더욱이 이 가요가 권18에 수록되었는데, 권18은 모두 음표기 가요이므로 4074번 가요도 음표기 가요로 분류할 수 있다. 그러나 우리는 이 가요를 훈표기 가요로 분류한다. '櫻花, 今, 盛'이 훈표기라는 것을 기준으로 삼아 이처럼 분류하는 것이 아니다. 이 3개 단어가 훈으로 표기되었다 하더라도 (66)의 794번 가요처럼 음표기 가요로 분류할 수 있다.

그런데도 이 4074번 가요를 굳이 훈표기 가요 즉 Q군으로 분류한 까닭은 밑줄 친 '雖人云'과 '不在者'가 한문의 문장 구성이라는 데에 있다. 널리 알려져 있듯이, 한문에서 양보절을 이끄는 대표적인 한자가 '雖'이다. 이 '雖'가 4074번 가요의 '雖人云'에서도 양보절을 이끌고, 해독문에서 이 양보의 의미를 '言へど'의 /-edo/에 반영했다. 따라서 '雖人云'의 '雖'는 양보절 전체에 걸리는 문장 훈표기라고 할 수 있다. 이것은 '不在者'의 '者'도 마찬가지이다. 한문에서 '者'는 주제·대조를 나타내거나 조건·가정의 의미를 가진다. 4074번 가요에서 '不在者'의 '者'는 가정문을 이끌고 해독문에서 가정의 의미를 'あらねば'의 /-eba/로 반영했다. 따라서 '者'도 가정문 전체에 걸리는 문장 훈표기라고 할 수 있다.

우리는 양보의 '雖'가 사용된 가요를 모두 훈표기 가요 즉 Q군으로 분류한다. 4,516수의 가요 중에서 이 분류에 어긋나는 가요가 하나도 없으므로 이 분류 기준은 아주 강력하고도 효과적이다. 4074번 가요를 굳이 Q군으로 분류한 것은 이 분류 기준을 따른 것이다.

권19에는 P군인지 Q군인지를 가리기 어려운 가요가 혼재한다. 이때에도 '雖'의 사용 여부는 중요한 기준이 된다. 4176, 4182, 4198, 4214, 4236번 가요는 양보의 '雖'가 사용되었으므로 이 5수는 Q군이라고 할 수 있다. 그런데 권19의 가요 전체가 전반적으로는 P군의 속성을 가지고 있다. 따라서 이 5수는 양보의 '雖'를 기준으로 하면 Q군에 속하지만 음가나가 상대적으로 많이 사용되었다는 점에서는 P군에 속한다. 이처럼 양면적 속성을 가지는 가요를 우리는 음훈표기 가요라고 지칭하고 간단히 줄여서 R군이라 지칭한다.

P군과 Q군을 가릴 때에 양보의 '雖'는 예외가 없으므로 절대적 기준이 된다. '雖'가 사용된 가요는 Q군 또는 R군이므로, '雖'는 P군이 아니라는 징표가 된다. 반면에 조건·가정의 '者'는 예외가 적지 않으므로 절대적 기준이 아니다. 조건·가정의 '者'가 사용된 가요는 대부분 훈표기 가요 즉 Q군이지만, 음표기 가요에서도 가끔 조건·가정의 '者'가 사용된다. 3909, 3913, 3914, 3917, 4026, 4094, 4095번 가요가 그런 예외에 해당하는데, 이들은 권17과 권18에 몰려 있다. 권19에는 음표기의 P군과 음훈표기의 R군이 혼재하는데, 특히 R군에서 조건·가정의 '者'가 많이 사용되었다.

중요한 것은 (67)의 4074번 가요에서 '雖'와 '者'의 용법이 한문에 기원을 두고 있다는 점이다. 이러한 훈표기를 우리는 항상 문장 훈표기라고 지칭하여 단어 훈표기와 엄격하게 구별한다. 그리하여 P군인지 Q군인지를 가릴 때에 이 구별을 가장 중요한 판별 기준으로 적용한다. 요컨대, 단어 훈표기가 존재한다는 점만으로는 그 가요를 Q군이라고 단정하지 않는다. 반면에 문장 훈표기가 존재한다면 그 가요를 바로 Q군으로 분류한다. 이 기준에 따라 우리는 794번 가요를 음표기 가요 즉 P군으로 분류하고 4074번 가요를 훈표기 가요 즉 Q군으로 분류한다.

일본에서는 단어 훈표기와 문장 훈표기를 명시적으로 구별하지 않는다. 沖森卓也(2009: 70~174)가 부독자(不讀字)로 조자(助字)인 '也·所', 한문법의 반전표기(逆讀表記)인 '不-, 將-, 令-', 한문의 조자인 '者·於·之·而', 부정의 용자인 '無·莫·勿·毋·蔑·靡·罔' 등을 상대의 문자법으로 다루고 있을 뿐이다. 그리하여 이들을 만요가나와는 별개로 취급하지만, 우리는 『만엽집』 가요의 표기법을 분류할 때에 이들을 적극적 논거로 삼는다.

일본의 연구 관습에 따르면 아래의 (68.1)은 정훈자의 예이고, (68.2)는 한문 용자법의 예이다.

(68) 正訓字와 義訓字의 예

1. 眞{ma}, 田{ta}, 津{tu}, 手{de/te}, 香{ka}, 木{ki/ko}, 葉{ba/pa}, 野{no}, 山{jama}, 原{para}, 戶{to}, 日{pi}, 江{e}, 小{wo}, 靑{awo}, 見{mi}, 出{ide}
2. 不{-zu/-ne/naku}, 勿{na}, 無{naku/nasi}, 未{imada # 부정}

(68.1)에서 '眞'과 '見'이 각각 {ma}와 {mi}를[39] 표기하는데, 이것은 한어의 '眞'과 '見'의 기본 의미에 해당하는 것을 일본어 단어 중에서 골라 서로 대응시킨 것이다. 따라서 정훈자는 일본어의 기본 의미가 정확하게 반영된 훈자를 지칭한다.

(68.2)는 의훈자 중에서 否定의 의미를 가지는 '不, 勿, 無, 未'를 예로 든 것이다. 『만엽집』 가요에서는 '不 # V, 勿 # V, 無 # N' 등으로 일본어의 부정 형식을 표기한 것이 많다. 이때 이들의 어순(語順)이 일본어 어순이 아니라 한어의 어순이라는 점에 주의할 필요가 있다. 또한 '不, 勿, 無'에 대응하는 일본어가 무엇이

39 표기와 해독 결과가 모두 음표기인 것은 [ ]를 사용하여 주석한다. 반면에 훈표기와 관계될 때에는 { }를 사용한다. 이하 같다.

냐고 물으면 선뜻 답하기가 어렵다. 부정의 의미가 있다는 것은 분명하지만 이것을 어느 하나로 꼭 찍어서 확정할 수가 없다. 『만엽집』 가요에는 '不 # V, 勿 # V, 無 # N'과 같은 표기가 아주 많이 나오는데, '不, 勿, 無'처럼 의미 대응관계를 활용하기는 했지만 이들은 그 의미가 어느 하나로 고정되지 않으므로 의훈자라고 지칭할 때가 많다. 예컨대, '金風'{あきかぜ}나 '不穢'{きよし}의 네 글자는 의훈자이다.

우리는 정훈자를 이용한 표기를 단어 훈표기라고 지칭하고, 한문 용자법을 이용한 표기를 문장 훈표기라고 지칭한다. '정훈자'라는 기존의 용어로는 단어 차원의 표기와 통사 차원의 표기가 부각되지 않으므로 기존의 정훈자 또는 의훈자라는 용어를 채택하지 않는다. 그 대신에 통사 차원의 표기인가 아닌가가 아주 중요하다고 보기 때문에 우리는 단어 훈표기와 문장 훈표기라는 용어를 주로 사용한다.

대표적인 예로 어순을 들 수 있다. 문장 훈표기의 일종인 '不 # V'는 분명히 한어 어순인데, 일본어 문장을 '不 # V'로 표기했다면 이것은 어순 치환을 전제한 표기이다. 이처럼 문장 훈표기에서는 어순 치환이 아주 중요한 역할을 담당한다. 반면에 단어 훈표기에서는 어순이 전혀 문제가 되지 않는다.

(68.2)의 '未 # V'는 더욱 흥미롭다. 단어 차원에서 '아직'에 해당하는 부사 {imada}를 '未'로 표기하지만, '未'의 뒤에 오는 동사가 반드시 부정 형식이어야 한다. 이것은 한국어의 '아직 -지 않았다'에서 '아직'이라는 단어와 '-지 않았다'의 부정 형식이 서로 호응하는 것과 같다. 일본어에서도 '未 # V'을 일단 부사 {imada}로 훈독하고 뒤에서 다시 동사에 부정 형식을 더하여 훈독한다. 이처럼 두 번 읽는 것을 강조하여 일본의 훈점(訓點) 연구에서는 '未'를 재독(再讀)한다고 하는데, 재독하는 표기가 『만엽집』 가요에 적지 않다. 그런데 이 '未'를 단순히 의훈자라고 지칭하는 데에서 그친다면 부사 {imada}와 부정 형식의 호응관계를 도외시하게 된다. 따라서 우리는 단어 훈표기와 문장 훈표기로 나누고, '未 # V'를 문장 훈표기에 넣는다.

훈표기를 단어 훈표기와 문장 훈표기로 나눌 때에 '者'는 아주 효과적인 기준을

제공한다. 조건·가정의 '者'는 아주 중요한 지표가 되지만, 주제·대조를 나타내는 '者'는 그렇지 않다. 아래의 3377번 가요에서 '吾者'의 '者'가 주제·대조의 'は'를 표기한 것이 분명하다. 이것을 논거로 삼아 이 가요를 훈표기 가요라고 할 수 있을까? 우리는 이에 대해 부정적이다.

(69) 주제·대조의 '者'

武藏野乃 久佐波母呂武吉 可毛可久母 伎美我麻爾末爾 吾者餘利爾思乎 (3377)
むざしのの くさはもろむき かもかくも きみがまにまに わはよりにしを
武藏野の 草葉もろ向き かもかくも 君がまにまに 我は寄りにしを

『만엽집』의 가요에 주제·대조의 '者'가 아주 많이 사용되었지만, 이 용법의 '者'는 훈표기 가요뿐만 아니라 음표기 가요에서도 두루 사용된다. 주제·대조의 '者'가 4152, 4165, 4229, 4233, 4234, 4236, 4251, 4257, 4264, 4266, 4268, 4276번 가요에 사용되었는데, 이들 가요는 모두 훈표기 가요 즉 Q군이다. 그러나 3382, 3399, 3591, 3592, 3593, 3651, 3663, 3670, 3672, 3685, 3703, 3746, 3758, 3985, 4111, 4279, 4280, 4360번 가요에도 주제·대조의 '者'가 역시 사용되었지만, 이들 가요는 모두 음표기 가요 즉 P군에 속한다. (69)의 3377번 가요도 음표기 가요의 일종이다. 따라서 주제·대조의 '者'는 P군 가요와 Q군 가요를 나눌 때에 결정적 증거가 아니다.

이 점을 강조한다면, 상대 일본어에서는 조건·가정의 '者'와 주제·대조의 '者'가 동일 형태가 아니다. 고대 한국어에서는 이 두 가지 문법 형태의 음성형이 동일하게 '-은/는'으로 추정되므로 하나의 형태로 묶을 수 있다. 그러나 상대 일본어에서는 조건·가정의 '者'가 /-eba/에 대응하는 반면에, 주제·대조의 '者'는 /-pa/에 대응한다. 조건·가정의 '者'는 탁음 계열의 'ば'이지만 주제·대조의 '者'는 청음 계열의 'は'이다. 더욱이 주제·대조의 '者'와는 달리 조건·가정의 '者'는 'ば'의 바로 앞에 항상 /e/를 요구한다. 이처럼 음성형이 서로 다르므로, 상대 일본어에서는 조건·가정의 '者'와 주제·대조의 '者'를 동일시할 수 없다. 이 차이는

단어 훈표기와 문장 훈표기로 간단히 기술할 수 있다. 주제·대조의 '者'는 단어 훈표기의 일종인 데에 반하여 조건·가정의 '者'는 문장 훈표기의 일종이다.

이처럼 음표기 가요와 훈표기 가요가 차이가 나는 현상은 상대 일본의 표기법 발달 과정과도 관련된다. 주제·대조의 '者'는 『고사기』에서 이미 나타나지만, 조건·가정의 '者'는 『만엽집』에 와서야 비로소 등장한다. 이와 평행적으로 『고사기』와 『일본서기』에 수록된 가요는 항상 음표기 가요이지만, 『만엽집』에 수록된 가요에서는 음표기 가요와 훈표기 가요가 혼재한다.

이것은 『만엽집』에 수록된 가요가 표기법에서 이중성을 보인다는 것을 뜻한다. 이 이중성을 알기 쉽게 표로 제시하면 아래와 같다. 이해의 편의를 위하여 양보의 '雖'와 모든 만엽가 표기에 두루 나타나는 처격의 '爾' 즉 /ni/를 포함했다.

(70) 음표기 가요와 훈표기 가요의 구별

자료 / 표기	『고사기』	β군	α군	P군	Q군
처격의 '爾'	○	○	○	○	○
주제·대조의 '者'	○	–	–	○	○
조건·가정의 '者'	×	×	×	×	○
양보의 '雖'	×	×	×	×	○

위의 표에서 우리는 『만엽집』 가요를 P군과 Q군의 두 가지로 구별해서 제시했다. 이것은 『일본서기』를 β군과 α군의 두 가지 텍스트로 나눈 것과 유사하다. 『일본서기』에서는 권차를 기준으로 삼아 둘로 나누므로 별로 어렵지 않다. 그러나 『만엽집』에서는 한 수마다 일일이 P군인지 Q군인지를 확인해야만 한다. 이것이 현재까지의 상황이다. 그런데 우리는 아래의 (71)에 정리한 것처럼 『만엽집』에서도 P군인지 Q군인지를 권별로 바로 결정할 수 있다고 본다. 물론 극소수의 예외가 있다.

『고사기』와 『일본서기』에서는 사용된 바 없는 표기가 『만엽집』에서 새로 등장하는가 하면, 『고사기』와 『일본서기』에서 사용하던 표기를 그대로 물려받은 것도 있다. 위에서 음표기 가요라 지칭한 것은 기존의 표기법을 그대로 물려받은 가요이고, 훈표기 가요라고 지칭한 것은 새로 등장한 표기법을 채용한 가요이다. 『고사기』나 『일본서기』에 수록된 가요와는 달리, 『만엽집』에 수록된 가요는 표기법에 관한 한 신구(新舊)의 표기가 섞여 있으므로 이중성을 보인다.

결론적으로, 『만엽집』에는 표기법적으로 두 가지 종류의 텍스트가 뒤섞여 있다. 하나는 음표기 가요이고, 다른 하나는 훈표기 가요이다. 『만엽집』 가요 연구에서 이 P군과 Q군을 구별하는 것이 가장 기초적인 작업이다.

우리의 분석 결과에 따르면, 『만엽집』에 수록된 4,516수의 표기법은 아래의 (71)과 같이 분류된다.

(71) 『만엽집』 4,516수의 표기법 분류

<table>
<tr><th>표기
권차</th><th>음표기 가요
P군 (수)</th><th>훈표기 가요
Q군 (수)</th><th>음훈표기 가요
R군 (수)</th></tr>
<tr><td>1~4</td><td></td><td>1~792 (792)</td><td></td></tr>
<tr><td>5</td><td>793~906 (114)</td><td></td><td></td></tr>
<tr><td>6~13</td><td></td><td>907~3347 (2441)</td><td></td></tr>
<tr><td>14~15</td><td>3348~3785 (438)</td><td></td><td></td></tr>
<tr><td>16</td><td></td><td>3786~3889 (104)</td><td></td></tr>
<tr><td rowspan="5">17~18</td><td>3890~3956 (67)</td><td></td><td></td></tr>
<tr><td></td><td></td><td>3957 (1)</td></tr>
<tr><td>3958~4073 (115)</td><td></td><td></td></tr>
<tr><td></td><td>4074 (1)</td><td></td></tr>
<tr><td>4075~4138 (64)</td><td></td><td></td></tr>
<tr><td rowspan="6">19</td><td></td><td></td><td>4139~4208 (70)</td></tr>
<tr><td>4209~4210 (2)</td><td></td><td></td></tr>
<tr><td></td><td></td><td>4211~4219 (9)</td></tr>
<tr><td>4220~4223 (4)</td><td></td><td></td></tr>
<tr><td></td><td></td><td>4224~4261 (38)</td></tr>
<tr><td>4262~4263 (2)</td><td></td><td></td></tr>
</table>

			4264～4277 (14)
	4278～4281 (4)		
			4282～4283 (2)
	4284～4292 (9)		
20	4293～4397 (105)		
			4398 (1)
	4399～4516 (118)		
총 4,516수	1,043 (−323=720)수	3,338수	135수

위와 같이 분류할 때에 문장 훈표기의 유무와 한어 통사구조의 유무가 아주 중요한 분류 기준임을 강조했지만 음가나의 수량도 무시할 수 없는 기준이다. 5·7·5·7·7의 기본 음수율에 따르면 정형의 단가는 31개의 음절로 이루어진다. 31개의 음절을 표기할 때에 16자[40] 이상의 음가나를 사용했다면 그 가요는 대부분 음표기 가요 즉 P군에 속한다.

16자 이상이라는 양적 기준에 따르면 권19에 수록된 가요 중에서 P군으로 분류해야 할 가요가 적지 않다. 그런데 음가나를 16자 이상 사용했으면서도 동시에 문장 훈표기를 가질 때가 적지 않다. 즉 음표기의 속성을 가지면서 동시에 훈표기의 속성도 가지는 가요가 흥미롭게도 권19에서 자주 발견된다. 이처럼 표기법이 이중적인 가요는 음표기 가요에 넣기도 불안하고 훈표기 가요에 넣기도 불안하다. 이런 가요를 우리는 음훈표기 가요라고 지칭하고, 간단히 줄여서 R군이라 지칭한다. 위의 (71)에서는 권17～20에 한하여 R군을 따로 설정했다.

P군의 1,043수 중에는 동국 방언을 반영한 노래가 적지 않다. 권14에 실린 3348～3577의 230수 중에서 3567～3571의 5수는 사키모리 노래이고 나머지 225수는 아즈마 노래이다. 권20에 실린 노래 중에서 4321～4330(10), 4335～4360(26), 4363～4384(22), 4388～4394(7), 4401～4407(7), 4413～4432(20),

40 이 수치는 31자의 과반수 이상이라는 뜻으로 사용했다.

4436(1)의 93수가 사키모리 노래이다. 동국 방언을 반영한 노래가 모두 323수나 되는데, 이들은 분석 자료에서 제외하기로 한다. 우리는 나라시대의 중앙어 즉 야마토코토바를 연구하는 데에 목표를 두기 때문에, 중앙어를 반영한 720수만 분석할 것이다.

우리는 독자적으로 설정한 기준 즉 문장 훈표기의 유무, 한어 통사구조 차용 여부 등을 기준으로 음표기 가요와 훈표기 가요의 구별을 시도했다. 『만엽집』의 분권 상황을 전혀 고려하지 않고 표기법적 특징만으로 개별 가요의 분류를 시도한 것이다. 그런데 우리의 분류 결과를 『만엽집』의 분권 상황과 대비해 보니 정확하게 일치했다. 권19를 제외한 나머지 권차는 음표기와 훈표기의 어느 하나로 통일되어 있었던 것이다.[41] 이 점에서 (71)의 분류가 객관성을 갖추었다고 말할 수 있다.

『만엽집』의 가요 표기가 권별로 달라진다는 것은 권별로 편찬자가 달랐음을 암시한다.[42] 沖森卓也(2009: 256)에 따르면 입성자인 '勿'을 사용한 표기는 권5로 한정되고 '勿'의 용례는 大伴旅人의 용자법으로 한정된다고 한다. 이에 따르면 권5의 편찬자가 大伴旅人였을 가능성이 있다. 이러한 방법으로 각 권의 편찬자를 추정할 때에 (71)의 분류는 일종의 지침이 될 수 있다.

그러나 (71)의 분류가 절대적인 것은 아니다. 하나의 가요에 훈표기와 음표기의 속성이 혼재할 때가 있기 때문이다. 그런 대표적인 예로 권13의 3299번 가요를 들 수 있다.

(72) 훈표기와 음표기의 혼재 예 (권13의 3299번)

1. 見渡爾 妹等者立志 是方爾 吾者立而 思虛

   みわたしに いもらはたたし このかたに われはたちて おもふそら

   見わたしに 妹らは立たし この方に 我れは立ちて 思ふそら

---

41 위에서 거론한 4074번과 3957, 4398번의 가요만 예외이다.

42 『일본서기』 대상의 모리 히로미치(2006)(심경호 역)에서는 β군의 편찬자를 山田史御方으로, α군의 편찬자를 續守言으로 추정했다.

2. 不安國 嘆虚 不安國 左丹柒之 小舟毛鴨 玉纏之

やすけなくに なげくそら やすけなくに さにぬりの をぶねもがも たままきの

安けなくに 嘆くそら 安けなくに さ丹塗りの 小舟もがも 玉巻きの

3. 小楫毛鴨 榜渡乍毛 相語妻遠

をかぢもがも こぎわたりつつも かたらふつまを

小楫もがも 漕ぎ渡りつつも 語らふ妻を

4. 己母理久乃 波都世乃加波乃 乎知可多爾 伊母良波多多志 己乃加多爾

こもりくの はつせのかはの をちかたに いもらはたたし このかたに

こもりくの 泊瀬の川の 彼方に 妹らは立たし この方に

5. 和禮波多知弖

われはたちて

我れは立ちて

5행의 장가인 3299번 가요는 (72.1~3)의 3행이 훈표기이지만, (72.4~5)의 2행은 음표기임이 분명하다. 이것은 음가나의 수량에서도 바로 드러난다. 위의 세 행에서는 음가나가 각각 3자, 2자, 3자에 불과하지만 아래의 두 행에서는 전체가 음가나로 표기되었다. 이처럼 훈표기와 음표기가 하나의 가요 안에서 혼재할 때에는 Q군으로 분류해야 할지 P군으로 분류해야 할지 머뭇거리게 된다.

이런 가요는 일단 훈표기 가요로 분류하는 것이 아마도 안전할 것이다. 훈표기는 『만엽집』 가요에서 새로 등장한 표기이기 때문에 3299번 가요는 개신적 표기를 수용했다고 할 수 있다. 반면에 마지막 두 행의 음표기는 기존의 표기를 그대로 답습한 것이므로 3299번 가요 전체의 표기법을 대표한다고 할 수 없다. 이 판단에 따라 우리는 3299번 가요를 Q군으로 분류했는데, 이 가요가 수록된 권13이 마침 Q군으로 일관되어 있다.

이처럼 판단하면 권19에서 따로 R군이라 지칭한 가요도 사실은 Q군에 포함할 수 있다. 개신적인 표기가 기존의 보수적 표기보다 더 중요한 분류 기준이라면 R

군의 음훈표기에서도 훈표기가 음표기보다 우선적인 분류 기준이기 때문이다.

이 점에서 우리는 『만엽집』의 표기법을 음표기와 훈표기의 둘로 한정한다. 이 둘로 한정하는 것이 오히려 상대 일본의 표기법 변화를 기술할 때에 더 효과적이기 때문이다. 또한 우리가 설정한 분류 기준에 따르면 권19의 가요도 이 둘 중의 어느 하나로 분류할 수 있다. 즉 권19에서 따로 R군이라 지칭한 가요는 Q군의 하위 부류에 넣을 수 있다. 권19의 나머지 가요는 물론 P군에 속한다. 결론적으로 우리는 『만엽집』의 표기법에서 음표기와 훈표기의 이분법을 택한다.

3.3.3. 훈표기 가요의 분류 기준

음표기 가요와 훈표기 가요를 분류할 때에 가장 먼저 적용하는 기준은 "처음부터 끝까지 음가나로 일관하여 표기했는가?" 하는 기준이다. 가요의 처음부터 끝까지 음가나만으로 표기한 대표적인 예는 『고사기』와 『일본서기』의 기기가요이다. 그런데 『만엽집』에 수록된 4,516수 중에서 700여 수가 처음부터 끝까지 음가나만으로 표기되었다. 적지 않은 양인데, 이들은 바로 음표기 가요 즉 P군으로 분류된다. 또한 기본적으로는 음표기이면서 부분적으로 단어 훈표기를 허용한 가요가 300여 수에 이른다. 우리는 이들도 P군으로 분류하므로 P군에 속하는 가요는 모두 1,043수에 이른다.

나머지 가요에는 항상 훈표기가 사용된다. 부분적으로 훈표기를 사용한 가요가 있는가 하면 전면적으로 훈표기를 사용한 가요도 있다. 단어 차원에서 훈표기를 도입한 것이 있는가 하면 문장 차원에서 훈표기를 도입한 것도 있다. 위에서 이미 논의한 것처럼 우리는 단어 차원의 훈표기가 섞여 있더라도 이것을 바로 훈표기 가요의 증거로 삼지 않는다. 절이나 문장 전체에 걸리는 문장 훈표기를 포함하고 있거나 한어의 통사구조를 그대로 차용했을 때에만 진정한 의미의 훈표기 가요 즉 Q군으로 분류한다. Q군은 모두 3,338수에 이른다.

단어 훈표기와 문장 훈표기의 차이를 여실히 보여 주는 것이 위에서 이미 논의한 바 있는 주제·대조의 '者'와 조건·가정의 '者'이다. 그렇다면 P군과 Q군을 분류할 때에 절이나 문장 전체에 걸치는 훈표기의 유무를 확인하는 것이 가장 빠른 길이다. 또한 한어의 통사구조를 그대로 차용하여 표기했는지 검토하면 된다. 『만엽집』 가요에 나타나는 한어의 통사구조 중에서 절이나 문장 전체에 영향을 미치는 구성은 Q군에 속함을 말해 주는 결정적 단서이다. 아래에서는 이들을 우선적으로 찾아보기로 한다.

3.3.3.1. 부정

『만엽집』 가요에는 한어의 부정 형식인 '不 # V'의 구성이 적지 않게 사용되었다. 이것은 기기가요에서는 볼 수 없는 새로운 표기이다. 우리의 음표기와 훈표기 구별을 명시적으로 드러내기 위하여, 번거롭더라도 예문을 많이 제시했다. 이 예문을 통하여 음표기와 훈표기의 구별이 정확한지도 살펴보기 바란다. 아래의 원문에서는 훈표기에 밑줄을 치고, 전자문과 해독문에서는 논의의 대상에 밑줄을 쳤다.

(73) 不 # V → V(a)+zu/zi

1. <u>皇子之宮人</u> <u>行方不知</u>毛 (Q167)[43] → みこのみやひと ゆくへ<u>しらず</u>も / 皇子の宮人 ゆくへ<u>知らず</u>も
2. <u>夢</u>爾<u>谷</u> <u>不見在</u>之<u>物</u>乎 <u>鬱悒</u> (Q175) → いめにだに <u>みず</u>ありしものを おほほしく / 夢にだに <u>見ず</u>ありしものを おほほしく
3. <u>八</u>多<u>蘢</u>良我 <u>夜晝</u>登<u>不云</u> <u>行路</u>乎 (Q193) → はたこらが よるひると<u>いはず</u> ゆくみちを / 畑子らが 夜晝と<u>いはず</u> 行く道を
4. <u>荒</u>備<u>勿行</u> <u>君不座十方</u> (Q172) → あらびなゆきそ きみ<u>まさず</u>とも / 荒びな行きそ 君<u>座さず</u>とも
5. <u>吾妹子之</u> <u>不止出見</u>之 (Q207) → わぎもこが <u>やまず</u>いでみし / 我妹子が <u>や</u>

43 이것은 『만엽집』 가요 번호이다. 이하 같다.

まず出で見し

6. 妹我可悔 心者不持 (Q437) → いもがくゆべき こころはもたじ / 妹が悔ゆべき 心は持たじ
7. 吾者不忘 命不死者 (Q504) → われはわすれじ いのちしなずは / 我れは忘れじ 命死なずは
8. 不奉仕 立向之毛 露霜之 (Q199) → まつろはず たちむかひしも つゆしもの / まつろはず 立ち向ひしも 露霜の

(74) 不 # V → Ve/a # ne/ni/me

1. 人音毛不爲者 眞浦悲毛 (Q189) → ひとおともせねば まうらがなしも / 人音もせねば まうら悲しも
2. 人社不知 松者知良武 (Q145) → ひとこそしらね まつはしるらむ / 人こそ知らね 松は知るらむ
3. 將言爲便 世武爲便不知爾 聲耳乎 (Q207) → いはむすべ せむすべしらに おとのみを / 言はむすべ 爲むすべ知らに 音のみを
4. 大寸御門乎 入不勝鴨 (Q186) → おほきみかどを いりかてぬかも / 大き御門を 入りかてぬかも
5. 旅宿鴨爲留 不相君故 (Q194) → たびねかもする あはぬきみゆゑ / 旅寢かもする 逢はぬ君故
6. 時爾波不有跡 雲隱座 (Q441) → ときにはあらねど くもがくります / 時にはあらねど 雲隱ります
7. 我念人之 事毛告不來 (Q583) → 我が思ふ人の 言も告げ來ぬ / わがおもふひとの こともつげこぬ
8. 千磐破 人乎和爲跡 不奉仕 國乎治跡 (Q199) → ちはやぶる ひとをやはせと まつろはぬ くにををさめと / ちはやぶる 人を和せと 奉ろはぬ 國を治めと

(75) 不 # V → Va # naku

1. 山爾標結 君毛不有國 (Q154) → やまにしめゆふ きみもあらなくに / 山に標結ふ 君もあらなくに
2. 年曾經來 不相念者 (Q535) → としぞへにける あはなくおもへば / 年ぞ經にける 逢はなく思へば
3. 幣者將賜 妹爾不相國 (Q558) → ぬさはたばらむ いもにあはなくに / 幣は賜らむ 妹に逢はなくに

(73)에서는 한어의 '不 # V'를 그대로 사용하여 가요를 표기했다. 이 '不 # V'는 일본어의 어순과 맞지 않고 일본어의 부정 형식과도 어긋난다. 한어의 부정 형식을 그대로 차용하여 표기한 것임이 분명한데, 이것은 후대의 학자들이 '不 # V'를 일본어의 부정 형식인 'V(a)+zu/zi'로 해독한 데에서 여실히 드러난다. 이 해독 과정에서 (74)에서처럼 'Ve/a # ne/ni/me'의 부정 형식을 이용하기도 하고, (75)의 'Va # naku'에서 볼 수 있듯이 부정 조동사 'なく'를 이용하기도 한다.

후대의 학자들은 (73~75)의 세 가지 부정 형식 중에서 하나를 골라 해독한다. 이것은 (73.8)과 (74.8)에서 동일 표기 '不奉仕'를 각각 'まつろはず'와 'まつろはぬ'로 해독한 데에서 잘 드러난다. 이 선택 과정에서 문맥에 맞고 형태·통사적 구성이 자연스러운 것을 고르는 것이 일차적 기준이지만, 이에 못지않게 음수율 기준도 중시한다. 부정 형식이 세 가지 이상이므로 이 중에서 5·7·5·7·7의 음수율에 알맞은 것을 고르게 된다.

그런데 한 가지 주의할 것이 있다. '不 # V'의 부정 형식이지만 이에 대응하는 긍정 동사가 있을 때에는 굳이 부정 형식을 취하지 않고 바로 긍정 동사를 사용하기도 한다는 점이다. 한어의 '不知'는 한국어의 '모르다' 동사에 대응하는데, 이와 마찬가지로 『만엽집』에서는 '不怜'을 긍정 동사 'さぶし, さびく'로 해독한다. 한어의 '不 # V' 형식이 상대 일본어에서 고유의 긍정 동사로 해독되는 예가 한국어보다 훨씬 많다는 점이 독특하다.

한어의 부정 형식에는 '勿 # V'과 '莫 # V'도 있다. 대개는 부정 명령의 의미를 가지는데, 이 형식이 『만엽집』 가요의 표기에 적지 않게 사용되었다.

(76) 勿 # V → na # V+(so/zo)

1. 目串毛勿見 事毛咎莫 (Q1759) → めぐしもなみそ こともとがむな / めぐしもな見そ 事もとがむな
2. 不答爾 勿喚動曾 (Q1828) → こたへぬに なよびとよめそ / 答へぬに な呼び響めそ
3. 甚毛 夜深勿行 道邊之 (Q2336) → はなはだも よふけてなゆき みちのへの / はなはだも 夜更けてな行き 道の辺の
4. 朝烏 早勿鳴 吾背子之 (Q3095) → あさがらす はやくななきそ わがせこが / 朝烏 早くな鳴きそ 我が背子が
5. 人丹勿告 事者棚知 (Q3279) → ひとになつげそ ことはたなしれ / 人にな告げそ 事はたな知れ
6. 君者聞之二々 勿戀吾妹 (Q3318) → きみはきこしし なこひそわぎも / 君は聞こしし な戀ひそ我妹

(77) 莫 # V → na # V+(so/zo)

1. 水嶋爾將去 浪立莫勤 (Q246) → みづしまにゆかむ なみたつなゆめ / 水島に行かむ 波立つなゆめ
2. 馬莫疾 打莫行 氣竝而 (Q263) → うまないたく うちてなゆきそ けならべて / 馬ないたく 打ちてな行きそ 日ならべて
3. 吾背子波 物莫念 事之有者 (Q506) → わがせこは ものなおもひそ ことしあらば / 我が背子は 物な思ひそ 事しあらば
4. 汝乎社念 莫戀吾妹 (Q622) → なをこそおもへ なこひそわぎも / 汝をこそ思へ な戀ひそ我妹
5. 遊乎將見登 莫津左比曾來之 (Q1016) → あそぶをみむと なづさひぞこし / 遊ぶを見むと なづさひぞ來し

6. 此何有跡 莫語之花 (Q1290) → ここにしありと なのりその花 / ここにしありと なのりそのはな

7. 霍公鳥 痛莫鳴 汝音乎 (Q1465) → ほととぎす いたくななきそ ながこゑを / 霍公鳥 いたくな鳴きそ 汝が聲を

위의 (76)과 (77)에 제시한 것처럼, 한어의 구성인 '勿 # V'와 '莫 # V' 구성이 사용된 가요는 예외 없이 훈표기 가요 즉 Q군으로 분류된다. 이 구성은 일본어의 부정 명령문 구조에 맞추어 'na # V+(so/zo)'로 해독하는 것이 원칙이다.

그런데 '莫'이 동사로 사용되어 'なく, なし'로 해독된 예도 적지 않게 눈에 띈다. 'na # V+(so/zo)'의 'na'가 이 부정 동사 'なく, なし'의 'な'에 기원을 두고 있다는 것은 두말할 필요도 없다.

이 'な'에 대응하는 '莫'이 부정 명령과 전혀 관계가 없는 용법으로 사용된 예도 있다. '宿莫奈那里爾思'[寝ななりにし](3487)와 '宿莫敝兒由惠爾'[寝なへ子ゆゑに](3555)의 '莫'이 그런 예인데, 이들은 모두 음표기 가요 즉 P군에서만 발견된다. 이것은 '莫'이 『만엽집』 시기에 이미 'な'를 표기하는 훈가나로 정착했음을 암시한다.

다음으로 부정 형용사 '無'를 논의한다. 일본어의 어순에 따르면 'N # 無'의 어순이 원칙이지만 『만엽집』 가요에는 한어의 어순인 '無 # N' 구성도 나온다. 아래의 (78)은 한어의 어순이 일본어의 어순으로 바뀐 것이고, (79)는 '無 # N'의 어순을 유지하되 '無'가 뒤에 오는 명사를 수식하는 구조이다.

(78) 無 # N → N # na-

1. 伎須賣流玉者 無二 (Q412) → きすめるたまは ふたつなし / きすめる玉は 二つなし
2. 無暇 (Q562) → いとまなく / 暇なく
3. 無心 (Q2226) → こころなき / 心なき
4. 戀無乏 夢見 (Q2412) → 戀ひすべながり 夢に見むと / こひすべながり いめにみむ

(79) 無 # N → na(ki/si) # N

1. 棚無小舟 (Q272) → たななしをぶね / 棚なし小舟
2. 世間乎 常無物跡 (Q1045) → よのなかを つねなきものと / 世間を 常なきものと
3. 見者悲霜 無人思丹 (Q434) → みればかなしも なきひとおもふに / 見れば悲しも なき人思ふに
4. 無國爾 (Q460) → なきくにに / なき國に
5. 風不吹 浦爾浪立 無名乎 (Q2726) → かぜふかぬ うらになみたち なきなをも / 風吹かぬ 浦に波立ち なき名をも
6. 無禮恐 (Q2915) → なめしかしこし / なめし畏し

(78)과 (79)에서 공통적으로 '無'를 'なく, なし'로 훈독한다. 그런데 이처럼 훈독하는 '無'는 흥미롭게도 모두 훈표기 가요 즉 Q군에만 분포한다. 음표기 가요에도 '無'가 사용되지만 P군의 '無'는 항상 'む'로 음독한다는 사실이 더욱 흥미롭다.

여기에는 예외가 전혀 없으므로, '無'를 훈독하는 가요는 Q군이고 음독하는 가요는 P군이라는 등식이 성립한다. 따라서 '無'의 독법은 『만엽집』 가요를 Q군과 P군으로 나눌 때에 매우 중요한 기준이 된다.

여기에서 새로운 문제 하나를 제기할 수 있다. '有'를 훈독하는 가요도 모두 훈표기 가요일까? '有'의 훈독에는 'ある/あり', 'なる/なり', 'たる/たり' 등이 있는데, 훈표기 가요에서만 이처럼 훈독한다. 음표기 가요에서는 정반대로 '有'를 항상 'う'로 음독한다. 우리의 분류에 따르면 이것을 위반하는 가요가 없으므로, '有'가 훈독인지 음독인지를 살피기만 해도 그 가요가 Q군에 속하는지 P군에 속하는지가 바로 드러난다. 따라서 표기법을 분류할 때에 '無'뿐만 아니라 '有'의 용법도 결정적인 지표가 된다.

한어에는 부정 형식의 일종으로 '未 # V'의 구성이 있다. 위에서 이미 간단히 거론한 바 있지만, 여기에서 더 보충하기로 한다.

(80) 未 # V → いまだ # V+부정

1. 未渡 朝川渡 (Q116) → いまだわたらぬ あさかはわたる / いまだ渡らぬ 朝川渡る
2. 未服而 色爾出來 (Q395) → いまだきずして いろにいでにけり / いまだ着ずして 色に出でにけり
3. 吾泣涙 未干爾 (Q469) → わがなくなみた いまだひなくに / 我が泣く涙 いまだ干なくに
4. 生有代爾 吾者未見 事絶而 (Q746) → いけるよに われはいまだみず ことたえて / 生ける世に 我はいまだ見ず 言絶えて

위의 예에서처럼 '未 # V'를 부사 'いまだ'에 부정 형식을 더하여 해독한 것은 한국어에서 '未 # V'를 '아직 V-지 아니/못하다'로 해독하는 것과 유사하다. 일본의 훈점 연구에서는 '未'를 두 번 읽는다고 하여 재독한다고 한다. 중요한 것은 『만엽집』 가요에서 이런 방식으로 해독되는 '未 # V'는 모두 Q군에만 분포한다는 점이다.

한편, '未通女'(娘子)의 '未'는 독특하게도 'を'로 훈독하여 '未通女'를 'をとめ'로 읽는다. '未'의 음독은 'み'이기 때문에 이 'を'는 훈독이라 할 수밖에 없다. 이처럼 독특하게도 '未'를 'を'로 해독하는 단어는 역시 Q군에만 분포한다.

'未'를 'み'로 음독하는 예는 대부분 P군에 분포한다. 그런데 일부의 Q군에서도 '未'를 'み'로 음독하기도 한다. 71, 1799, 2363, 3867번 가요에서는 예외적으로 '未'를 'み'로 음독했다. 이들 소수의 예외는 '未'를 음가나로 이용하는 것이 기원적인 용법이었음을 알려 준다. 기원적 용법에서는 '未'를 'み'로 음독했고, 이것을 후대의 가요에서 답습한 결과로 예외가 발생했다고 기술할 수 있다.

3.3.3.2. 의문

한어의 '歟'는 문장의 끝에서 선행하는 문장이 의문문임을 나타내는 어조사(語

助辭)이다.[44] '歟'가 일종의 의문 형태임을 고려하여『만엽집』가요에서는 일본어의 의문조사 'か'를 한어의 '歟'로 표기한다. 원래는 직접 의문문에 한정하여 'か'를 '歟'로 표기하기 시작했을 것이다.[45] 그러나 나중에는 이 표기법을 간접 의문문이나 수사 의문문으로 확대하여 적용하고, 결국에는 의문문이 아닐 때에도 일본어의 'か'를 '歟'로 표기하게 된다. 아래의 (81.1~3)은 직접 의문문, (81.4~5)는 간접 의문문, (81.6~7)은 평서문이므로 '歟'를 'か'로 일본어화하는 과정이 여기에서 잘 드러난다.

(81) 歟 → ka

1. 豈不益歟 奧嶋守 (Q596) → あにまさらじか おきつしまもり / あにまさらじか 沖つ島守
2. 如是念二 相益物歟 (Q620) → かかるおもひに あはましものか / かかる思ひに 逢はましものか
3. 手觸之罪歟 君二遇難寸 (Q712) → てふれしつみか きみにあひかたき / 手觸れし罪か 君に逢ひかたき
4. 我背兒我 使將來歟跡 出立之 (Q1674) → わがせこが つかひこむかと いでたちの / 我が背子が 使來むかと 出立の
5. 夫香有良武 橿實之 獨歟將宿 (Q1742) → つまかあるらむ かしのみの ひとりかぬらむ / 夫かあるらむ 橿の實の 獨りか寢らむ
6. 上丹不出 吾念情 安虛歟毛 (Q1792) → うへにいでず あがおもふこころ やすきそらかも / 上に出でず 我が思ふ心 安きそらかも
7. 多知婆奈波 常花爾毛歟 保登等藝須 (P3909) → たちばなは とこはなにもが ほととぎす / 橘は 常花にもが 霍公鳥

중요한 것은 의문의 '歟'가 Q군에서만 사용되고 P군에서는 사용되지 않는다

44 '豈不益歟[あにまさらじか]'(Q596)의 의문 부사 '豈[あに]'에서 이것이 확인된다.
45 의문조사 'か'를 '疑'로 표기할 때도 있지만, 여기에서는 정리하지 않았다.

는 점이다. 위의 (81.7)에서는 '常花'와 '歟'를 제외한 나머지 글자가 모두 음가나로 표기되었다. 따라서 3909번 가요를 P군으로 분류할 수도 있다. (81.7)의 '歟'는 의문이라는 문법 기능이 없는데, 이런 종류의 '歟'는 음표기 가요에서도 사용된다. 그러나 의문의 기능을 가지는 '歟'는 Q군에서만 발견된다.

또 하나 강조해 둘 것이 있다. '歟'가 음가나가 아니라는 점이다. '歟'는 전기 중고음에서 歟[羊中C平魚]=/jɪo~jɪə/[L]의 음가이다. 이 음가는 일본어의 'か[ka], が[ga]'와 음성적 동질성이 전혀 없으므로 'か, が'의 표기에 사용된 '歟'는 음가나가 아니다. 이처럼 음성적 동질성이 확보되지 않는 것을 우리는 모두 훈가나 또는 훈자로 분류한다. 훈가나로 표기된 것은 그 음성형을 정확하게 제시할 수 없다. 위의 (81.1~6)에서는 '歟'가 'か[ka]'를 표기하지만, (81.7)에서는 'が[ga]'를 표기한다. 이처럼 음성형이 일정하지 않다는 점이 훈가나와 훈자 표기의 단점이다.

다음으로 '哉'를 논의한다. 한어의 '哉'는 감탄문이나 의문문에 사용된다. 이 '哉'가 기기가요에서는 사용된 바 없지만 『만엽집』 가요에서는 아주 많이 사용된다. '哉'는 항상 훈독하여 'や, か, やし' 등으로 읽는다.

(82) 哉 → ja

1. 將持辰爾 將不相哉 (Q2978) → まてらむときに あはざらめやも / 待てらむ時に 逢はざらめやも
2. 還等氷見乍 誰子其迹哉 (Q3791) → かへらひみつつ たがこぞとや / かへらひ見つつ 誰が子ぞとや
3. 鯨魚取 海哉死爲流 山哉死爲流 (Q3852) → いさなとり うみやしにする やまやしにする / 鯨魚取り 海や死にする 山や死にする

(83) 哉 → ka

1. 狂語香 逆言哉 隱口乃 (Q1408) → たはことか およづれことか こもりくの / たはことか およづれことか こもりくの
2. 眉根削 鼻鳴紐解 待哉 (Q2408) → まよねかき はなひひもとけ まつらむか /

眉根掻き 鼻ひ紐解け 待つらむか

3. 戀哉許母禮留 雪乎持等可 (R4283) → こひかこもれる ゆきをまつとか / 戀か隠れる 雪を待つとか

(84) 哉 → jasi

1. 吉哉 雖不直 奴延鳥 (Q2031) → よしゑやし ただならずとも ぬえどりの / よしゑやし 直ならずとも ぬえ鳥の
2. 吉惠哉 不來座公 何爲 (Q2378) → よしゑやし きまさぬきみを なにせむに / よしゑやし 來まさぬ君を 何せむに
3. 早敷哉 誰障鴨 玉鉾 (Q2380) → はしきやし 誰が障ふれかも 玉鉾の / はしきやし たがさふれかも たまほこの

이처럼 세 가지로 훈독되지만, '哉'는 항상 Q군에서만 사용된다. (83.3)은 권19의 R군에 속하지만 크게 보면 역시 Q군에 속한다. 따라서 '哉'는 Q군과 P군을 분류할 때에 중요한 기준이 된다. P군에서는 (82)의 'や'가 '夜, 也'로, (83)의 'か'가 '可, 加'로, (84)의 'やし'가 '夜之'로 표기된다.

의문문과 호응하여 사용되는 부사로 한어의 '豈'가 있다. 『만엽집』 가요에서도 '豈'의 'あに'와 (82~83)의 의문조사 'や, か'가 호응하여 '어찌 –하랴/이랴?'의 의미를 나타낸다. '豈'가 사용된 네 수의 가요가 모두 Q군 가요이다.

(85) 豈 → ani ~ ja

1. 情乎遣爾 豈若目八方 (Q346) → こころをやるに あにしかめやも / 心を遣るに あにしかめやも
2. 豈不益歟 奧嶋守 (Q596) → あにまさらじか おきつしまもり / あにまさらじか 沖つ島守
3. 豈藻不在 自身之柄 人子之 (Q3799) → あにもあらじ おのがみのから ひとのこの / あにもあらじ おのが身のから 人の子の

3.3.3.3. 시상

사건·사태가 아직 일어나지 않았음을 드러내는 형식으로 한어에는 '將 # V'와 '欲 # V' 구성이 있다. 이들의 '將'과 '欲'을 일본어 문법에서는 미연(未然)이라 지칭하는데, 이들이 『만엽집』 가요에서 아주 많이 사용되었다.

'將 # V'의 구성은 아래의 (86)에서 볼 수 있듯이 항상 'V(a/e) # mu'로 해독된다. 이곳의 'mu' 즉 'む'는 미연의 조동사이다. 중요한 것은 '將 # V'의 '將'은 항상 Q군에만 등장한다는 점이다. P군에는 '將'이 나오지 않으므로[46] '將'의 사용 여부도 Q군과 P군을 분류할 때에 아주 중요한 논거가 된다. (86.6)은 권19의 R군에 속하지만 크게 보면 역시 Q군에 속한다.

(86) 將 # V → V(a/e) # mu

1. 將會跡母戶八 (Q31) → あはむともへや / 逢はむと思へや
2. 絶事無 亦毛來而將見 (Q991) → たゆることなく またもきてみむ / 絶ゆることなく またも來て見む
3. 屋戶爾今夜者 明而將去 (Q1040) → やどにこよひは あかしてゆかむ / やどに今夜は 明かして行かむ
4. 明日之夕 將照月夜者 片因爾 (Q1072) → あすのよひ てらむつくよは かたよりに / 明日の宵 照らむ月夜は 片寄りに
5. 秋去者 影毛將爲跡 吾蒔之 (Q1362) → あきさらば うつしもせむと わがまきし / 秋さらば 移しもせむと 我が蒔きし
6. 伎美爾將別 日近成奴 (R4247) → きみにわかれむ ひちかくなりぬ / 君に別れむ 日近くなりぬ

46 딱 하나의 예외가 있다. 음표기 가요인 P894번 가요의 '美船播將泊'{みふねははてむ}에 '將'이 사용되었다.

(87) V # 將 → Va # mu

1. 付賜將 嶋之埼前 依賜將 (Q1021) → つきたまはむ しまのさきざき よりたまはむ / 着きたまはむ 島の崎々 寄りたまはむ
2. 丹穗氷因將 友之隨意 (Q3802) → にほひよりなむ とものまにまに / にほひ寄りなむ 友のまにまに

그런데 위의 (87)에서는 '將'이 동사의 뒤에 왔다. 극소수의 예에 불과하지만, 이들은 한어의 '將'을 일본어의 '–a # mu'로 대체하여 훈독했다는 결정적인 증거가 된다. 그런데도 일본의 훈점 연구에서는 이들의 '將'을 부독자(不讀字)라고 지칭하여, 마치 '將'을 읽지 않고 생략한 것처럼 기술한다. 우리는 부독자라는 명칭이 부정확하다고 본다. (87)에서는 '將'을 '–a # mu'로 훈독했다고 기술해야만 정확하기 때문이다.

'欲 # V'도 미연형의 일종인데, 이곳의 '欲'이 일본어의 'ほし, ほり'에 대응한다. 이처럼 대응하는 예가 『만엽집』 가요에 아주 많이 나온다.

(88) 欲 # V → V # hosi(ki)/hori

1. 朝爾食爾 欲見 其玉乎 (Q403) → あさにけに みまくほりする そのたまを / 朝に日に 見まく欲りする その玉を
2. 曰師時從 欲服所念 (Q1311) → いひしときより きほしくおもほゆ / 言ひし時より 着欲しく思ほゆ

(89) 欲 # V → hosi(ku)/hori(si) # V

1. 見欲將有 山川乎 (Q907) → みがほしくあらむ やまかはを / 見が欲しからむ 山川を
2. 短命乎 長欲爲流 (Q975) → みじかきいのちを ながくほりする / 短き命を長く欲りする
3. 公目尙 欲嘆 (Q2369) → きみがめすらを ほりしなげかむ / 君が目すらを 欲

りし嘆かむ

(90) V # 欲 → V # hosiki

不時 斑衣 服欲香 (Q1260) → ときならぬ まだらのころも きほしきか / 時ならぬ 斑の衣 着欲しきか

위의 (88)에서는 '欲 # V'를 'V # hosi(ki)/hori'의 어순으로 해독했고, (89)에서는 'hosi(ku)/hori(si) # V'로 해독했다. 극소수이지만 (90)에서는 '欲'이 동사의 뒤에 오는데, 이 어순은 일본어의 어순에 맞추되 '欲'을 조동사로 이해한 것이라고 할 수 있다.

(88~90)의 예는 모두 '欲'을 'hosi/hori-'로 읽었는데 이처럼 훈독한 예가 있는 가요는 모두 Q군에 속한다. 반면에 P군에서는 '欲'을 항상 'よ'로 음독한다. 그렇다면, '欲'을 'よ'로 음독한 예가 있으면 그 가요를 바로 P군 가요라고 할 수 있을까? Q군 가요에서도 '欲'을 'よ'로 음독하는 예가 아주 많으므로 이 등식은 성립하지 않는다. '欲'을 'hosi-/hori-'로 훈독하면 Q군에 속한다는 등식만 성립할 뿐이다.

많지는 않지만 '不欲 # V' 구성은 'ina # V'로 해독한다. 이곳의 'na'는 아마도 부정의 'な'일 것이다. 코퍼스에서는 아래 (91.4)의 '不欲惠'를 'よしゑ'로 읽었지만, 'ina(to) # V'에 맞추어 해독해야 하지 않을까? 3191번 가요는 분명히 Q군에 속하기 때문에 '不欲'뿐만 아니라 '惠'도 훈독해야 할 가능성이 있다. 차후의 연구 과제로 남겨 둔다.

(91) 不欲 # V → ina(to) # V[47]

1. 不欲常將言可聞 (Q96) → いなといはむかも / いなと言はむかも

47 아래의 '不欲'은 독특하게 'いさよひ'로 해독했다.
村肝 心不欲 解衣 (Q2092) → むらきもの こころいさよひ とききぬの / むらきもの 心いさよひ 解き衣の

2. 不欲常云者 將强哉吾背 菅根之 (Q679) → いなといはば しひめやわがせ すがのねの / いなと言はば 强ひめや我が背 菅の根の
3. 不欲見野乃 淺茅押靡 左宿夜之 (Q940) → いなみのの あさぢおしなべ さぬるよの / 印南野の 淺茅押しなべ さ寢る夜の
4. 不欲惠八師 不戀登爲杼 木綿間山 (Q3191) → よしゑやし こひじとすれど ゆふまやま / よしゑやし 戀ひじとすれど 木綿間山

'欲'이 미연의 의미를 가진다는 것은 '欲得'을 독특하게도 'が(も)' 또는 'こそ'로 읽는 독법에서도 확인된다. 그런데 'が(も)'의 바로 앞에는 'も'가 오는 것이 일반적인데, 이럴 때의 'が(も)'는 의미를 첨기하는 기능을 갖는다. 따라서 'かも'에 연탁 규칙이 적용되어 'がも'가 된 것 같다. '欲得'을 'こそ'로 읽는 독법은 이상하게도 'ある' 동사에서만 확인된다.

(92) 欲得 → gamo

1. 吾毛事無久 今裳見如 副而毛欲得 (Q534) → あれもことなく いまもみるごと たぐひてもがも / 我れも事なく 今も見るごと たぐひてもがも
2. 船梶毛欲得 浪高友 (Q936) → ふなかぢもがも なみたかくとも / 舟楫もがも 波高くとも
3. 千歲毛欲得跡 吾念莫國 (Q1375) → ちとせもがもと わがおもはなくに / 千年もがもと 我が思はなくに
4. 數妹乎 見因欲得 (Q2735) → しくしくいもを みむよしもがも / しくしく妹を 見むよしもがも
5. 墨吉之 岸爾家欲得 奧爾邊爾 (Q1150) → すみのえの きしにいへもが おきにへに / 住吉の 岸に家もが 沖に辺に
6. 霍公鳥 汝始音者 於吾欲得 (Q1939) → ほととぎす ながはつこゑは われにもが / 霍公鳥 汝が初聲は 我れにもが

(93) 欲得 → koso

1. 吾思吾子 眞好去有欲得 (Q1790) → あがおもふあこ まさきくありこそ / 我が思ふ我子 ま幸くありこそ
2. 言之故毛 無有欲得 木綿手次 (Q3288) → ことのゆゑも なくありこそと ゆふたすき / 言の故も なくありこそと 木綿たすき

(92)의 '欲得'을 'が(も)'로 읽거나 (93)의 '欲得'을 'こそ'로 읽는 독법이 있다면 그 가요는 바로 Q군에 속한다고 말할 수 있다. P군에서는 '欲得'과 같은 표기가 아예 사용되지 않기 때문이다.

이제, 이연(已然) 또는 기연(旣然)의 의미를 가지는 '旣, 已'와 '去, 過'를 정리해 보기로 한다.

'旣'는 『만엽집』 가요의 표기에 8회 사용되었는데, 그중에서 7회는 음가나로 사용되어 'け/げ'를 표기한다. 이 독법의 '旣'가 있으면 모두 P군 가요이다. 그런데 2986번 가요에서는 '旣'를 부사 'すでに'로 훈독했고, 이 가요는 Q군으로 분류된다. 따라서 '旣'가 음가나인지 아닌지를 기준으로 P군인지 Q군인지 구별할 수 있다.

12회 사용된 '已'도 음가나로 사용되어 'い'를 표기하는 것이 원칙이다. 따라서 '已'를 'い'로 음독한 가요는 P군이라는 등식이 성립한다. 훈독한 것은 2회뿐인데, 둘 다 '아직 -하지 않았다'의 의미를 가지는 부정문이다. 207번 가요에서는 '不已'를 'やまず'로, 3260번 가요에서는 '已時毛無'를 'やむときもなし'로 읽었다. 따라서 '已'를 훈독한 가요는 모두 Q군에 속한다는 등식도 성립한다.

'去'는 『만엽집』 가요에서 수백 회 사용되었는데, 대부분 Q군 가요에 사용되었다. 동사 'ゆく, きく, さる, ぬる, なむ'로 해독되는 '去'와 복합어 '去來{いざ}, 經去{へなむ}, 去年{こぞ}' 등의 '去'는 모두 Q군에서만 사용된다. '去'를 음독하면 'こ'로 읽히는데, 이처럼 음독하는 것은 4390과 4431의 두 수뿐이다.

이 점에서 3957번과 4398번 가요의 '好去而'는 특이한 표기이다. 이 두 수에서 '好去而'의 '去'를 'まさきくて'의 'きく'로 훈독했지만, 이 두 가요는 P군 권차에

속하므로 이 훈독 표기는 분명히 특이한 표기이다. 그런데 稲岡耕二(1976) 이래로 '而'는 한문식 표기의 지표라고 알려져 있으므로, 3957번과 4398번 가요를 Q군으로 분류해야 한다. P군과 Q군의 특성을 동시에 가지므로 우리는 이 두 가요를 R군으로 분류했다.

'すぎ'로 훈독되는 '過'도 '去'와 마찬가지로 Q군에서 주로 사용된다. 그런데 3957번 가요의 '里乎往過'를 'さとをゆきすぎ'로 읽어서 '過'를 훈독한 것은 예외적인 표기이다. 3957번 가요는 P군에 속하는데도, '過'를 'すぎ'로 훈독했기 때문이다. '去'와 '過'에서 공통적으로 예외적이므로, 3957번 가요의 표기법이 아주 독특하다는 것만은 분명하다. 이것은 4011번 가요의 표기에서 다시 확인된다. P군에 속하는데도 이 가요에서도 예외적으로 'すぎて'를 '過弖'로 표기했다. 이 가요의 다른 곳에서는 'すぎ'를 음가나 표기인 '須疑'로 표기했으므로 '過弖'의 '過'는 분명히 예외적 표기이다.

지금까지의 논의를 간단히 요약해 보자. 미연의 의미를 가지는 '將, 欲'이나 기연의 뜻을 가지는 '旣, 已, 去, 過' 등이 사용되었으면 그 가요를 바로 Q군으로 분류할 수 있다. 다만, '去, 過'가 예외적으로 P군에도 사용되는데 그런 예외는 극소수에 불과하다. 한편, 이연이나 기연의 의미를 가지는 시상 관련 한자는 대부분 어휘 형태로 해독되므로, 상대 일본어 단계에서는 시제 형태가 아직 문법화하지 않았다고 말할 수 있다.

3.3.3.4. 사동과 피동

한어의 사동 형식에 '令 # V'와 '使 # V'가 있다. 『고사기』와 『일본서기』의 가요에서는 '令'과 '使'가 전혀 사용되지 않았지만, 『만엽집』에서는 이들이 아주 많이 사용되었다.

'令'은 명령의 의미가 기본적이지만 부수적으로 사동의 의미를 가지기도 한다. 아래의 (94)에서는 '令'의 의미가 명령의 활용형 '-(r)e'에 반영될 뿐 어휘 형태로는 드러나지 않는다. 그러나 (95)에서는 어휘 형태의 일종인 조동사 'se/sa/si-'

를 사용함으로써 사동의 의미를 반영한다. (96)은 확실하지 않지만 (94)의 명령형 앞에 다시 사동 조동사 'sime-'가 옴으로써 사동의 의미를 강조한 것으로 보인다.

(94) 令 # V → V+(r)e

1. 吾念乎 人爾令知哉 玉匣 (Q591) → わがおもひを ひとにしるれか たまくしげ / 我が思ひを 人に知るれか 玉櫛笥
2. 吾乎令憑而 不相可聞 (Q740) → われをたのめて あはざらむかも / 我れを頼めて 逢はざらむかも
3. 山裳動響爾 左男鹿者 妻呼令響 (Q1050) → やまもとどろに さをしかは つまよびとよめ / 山もとどろに さを鹿は 妻呼び響め

(95) 令 # V → V(a) # se/sa/si-

1. 吾妹兒二 猪名野者令見都 名次山 (Q279) → わぎもこに ゐなのはみせつ なすきやま / 我妹子に 猪名野は見せつ 名次山
2. 遠家路乎 令還念者 (Q631) → とほきいへぢを かへさくおもへば / 遠き家路を 歸さく思へば
3. 人情乎 令盡念者 (Q692) → ひとのこころを つくさくおもへば / 人の心を盡さく思へば
4. 野干玉能 昨夜者令還 今夜左倍 (Q781) → ぬばたまの きぞはかへしつ こよひさへ / ぬばたまの 昨夜は歸しつ 今夜さへ
5. 河蝦不令聞 還都流香聞 (Q1004) → かはづきかせず かへしつるかも / かはづ聞かせず 歸しつるかも
6. 將相跡令聞 戀之名種爾 (Q3063) → あはむときこせ こひのなぐさに / 逢はむと聞こせ 戀のなぐさに
7. 令變賜根 本國部爾 (Q1021) → かへしたまはね もとのくにへに / 歸したまはね もとの國辺に

8. 氏河乎 船令渡呼跡 雖喚 (Q1138) → うぢがはを ふねわたせをと よばへども / 宇治川を 舟渡せをと 呼ばへども
9. 衣爾書付 令服兒欲得 (Q1344) → きぬにかきつけ きせむこもがも / 衣にかき付け 着せむ子もがも

(96) 令 # V → V(a/i) # sime-

1. 吾妹兒乎 相令知 人乎許曾 (Q494) → わぎもこを あひしらしめし ひとをこそ / 我妹子を 相知らしめし 人をこそ
2. 山菅 亂戀耳 令爲乍 (Q2474) → やますげの みだれこひのみ せしめつつ / 山菅の 亂れ戀のみ せしめつつ
3. 今谷毛 目莫令乏 不相見而 (Q2577) → いまだにも めなともしめそ あひみずて / 今だにも 目な乏しめそ 相見ずて

중요한 것은 이 사동의 '令'이 사용된 가요는 모두 Q군으로 분류된다는 점이다. 여기에는 예외가 없으므로 이 기준은 아주 강력한 것이라고 할 수 있다.

사동의 의미가 '令'보다 더 확실한 것은 '使'이다. 그런데 『만엽집』 가요에서는 '使'는 '하게 하다, 시키다'의 의미를 표기하기에 부적절했던 것 같다. 아래의 (97)에서 확인할 수 있듯이, '使'가 동사의 활용 형태에 대응하는 예는 전혀 보이지 않고 명사형 'つかひ'로만 사용되므로 이렇게 말할 수 있다. 더욱이 '使 # V'의 어순을 'V # 使'의 어순으로 고치지도 않는다. 따라서 상대 일본어의 사동 형식에는 조동사 'se/sa/si-'뿐이었다고 해도 무방하다.

(97) 使 # V → tukapi # V

1. 常不止 通之君我 使不來 (Q542) → つねやまず かよひしきみが つかひこず / 常やまず 通ひし君が 使ひ來ず
2. 家人 使在之 春雨乃 (Q1697) → いへびとの つかひにあらし はるさめの / 家人の 使ひにあらし 春雨の

3. 零雪爾 間使遣者 其將知奈 (Q2344) → ふるゆきに まつかひやらば それとしらなむ / 降る雪に 間使遣らば それと知らなむ
4. 召而使 夕者 召而使 遣之 (Q3326) → めしてつかひ ゆふへには めしてつかひ つかはしし / 召して使ひ 夕には 召して使ひ 使はしし

'使'를 사용하여 표기한 가요는 대부분 Q군에 속한다. 그런데 P군인데도 3957, 3962, 3969의 세 가요에서는 '使'를 사용했다. 이것은 이들 가요가 기본적으로는 음표기 가요이지만 훈표기의 성격도 일부 가지고 있음을 뜻한다. 위의 시상 형태에서 3957번 가요의 표기법이 아주 독특하다는 것을 논의한 바 있는데, 3957번 가요는 '使'의 용법에서도 예외적인 특징을 보여 아주 흥미롭다.

이제, 피동 형식으로 넘어간다. 한어의 피동 구문으로 '所 # V'가 있는데, 『만엽집』 가요에서도 이것을 활용한 표기가 아주 많다. 고대 한국어에서는 피동형이 거의 나타나지 않는 대신에 상대적으로 사동형이 많이 나타난다. 이와는 거꾸로, 『만엽집』 가요에서는 사동형보다 피동형이 생산적으로 사용된다.

『만엽집』 가요에서 '所 # V'는 아래의 네 가지 유형으로 해독된다.

(98) 所 # V → V(a/o)+e-

1. 影爾所見乍 不所忘鴨 (Q149) → かげにみえつつ わすらえぬかも / 影に見えつつ 忘らえぬかも
2. 御名不所忘 (Q198) → みなわすらえぬ / 御名忘らえぬ
3. 目二破見而 手二破不所取 月内之 (Q632) → めにはみて てにはとらえぬ つきのうちの / 目には見て 手には取らえぬ 月の內の
4. 匣內之 珠社所念 (Q635) → くしげのうちの たまをこそおもへ / 櫛笥のうちの 玉をこそ思へ
5. 如是許 面影耳 所念者 (Q752) → かくばかり おもかげにのみ おもほえば / かくばかり 面影にのみ 思ほえば
6. 袖左倍所沾而 朝菜採手六 (Q957) → そでさへぬれて あさなつみてむ / 袖

さへ濡れて 朝菜摘みてむ

7. 沫雪爾 所落開有 梅花 (Q1641) → あわゆきに ふらえてさける うめのはな / 淡雪に 降らえて咲ける 梅の花

8. 獨所生而 己父爾 (Q1755) → ひとりうまれて ながちちに / 獨り生れて 己が父に

(99) 所 # V → V(a/o) # ju

1. 心戀敷 可古能嶋所見 (Q253) → こころこほしき かこのしまみゆ / 心戀しき 加古の島見ゆ

2. 嶋門乎見者 神代之所念 (Q304) → しまとをみれば かむよしおもほゆ / 島門を見れば 神代し思ほゆ

3. 毎見 哭耳所泣 古思者 (Q324) → みるごとに ねのみしなかゆ いにしへおもへば / 見るごとに 音のみし泣かゆ いにしへ思へば

4. 客乃屋取爾 梶音所聞 (Q930) → たびのやどりに かぢのおときこゆ / 旅の宿りに 楫の音聞こゆ

5. 丹穗日手有者 毎見 益而所思 (Q1629) → にほひてあれば みるごとに ましてしのはゆ / にほひてあれば 見るごとに まして偲はゆ

(100) 所 # V → Va # si/su/se/sa-

1. 吉跡所聞而 問放流 親族兄弟 (Q460) → よしときかして とひさくる うがらはらから / よしと聞かして 問ひ放くる 親族兄弟

2. 御輿立之而 久堅乃 天所知奴禮 (Q475) → みこしたたして ひさかたの あめしらしぬれ / 御輿立たして ひさかたの 天知らしぬれ

3. 吾王 天所知牟登 不思者 (Q476) → わがおほきみ あめしらさむと おもはねば / 我が大君 天知らさむと 思はねば

4. 和期大王 國所知良之 御食都國 (Q933) → わごおほきみ くにしらすらし みけつくに / 我ご大君 國知らすらし 御食つ國

5. 高所知流 稲見野能 大海乃原笑 (Q938) → たかしらせる いなみのの おふみのはらの / 高知らせる 印南野の 大海の原の

(101) 所 # V → V(a/o) # sime−

1. 所知食之乎 (Q29) → しらしめししを / 知らしめししを
2. 何方爾 所念食可 神風乃 伊勢能國者 (Q162) → いかさまに おもほしめせか かむかぜの いせのくには / いかさまに 思ほしめせか 神風の 伊勢の國は
3. 所聞見爲 背友乃國之 眞木立 (Q199) → きこしめす そとものくにの まきたつ / きこしめす 背面の國の 眞木立つ
4. 所知食跡 百代爾母 不可易 大宮處 (Q1053) → しらしめさむと ももよにも かはるましじき おほみやところ / 知らしめさむと 百代にも 變るましじき 大宮所

(98)에서는 파생접사 '−e−'를 활용했지만, (99～101)에서는 각각 조동사 'ゆ−, し−, しめ−'를 활용하여 피동의 의미를 나타낸다. 피동 형식이 아주 다양하다는 점에서 사동과 대조적이다.

현대 한국어에서 사동형과 피동형이 동일형일 때가 적지 않다. '잡히다, 실리다, 들리다' 등의 예가 있다. 이와 마찬가지로 『만엽집』 가요에서도 사동형과 피동형이 동일할 때가 많아 아주 흥미롭다.

(95)의 사동형 'V(a) # se/sa/si−'가 사실은 (100)의 피동형 'Va # si/su/se/sa−'와 동일 형식이다. 사동형인 '令聞'이 (95.5～6)에서 'きかせ, きこせ'로 해독되었는데, 피동형인 '所聞'이 (100.1)에서 '聞かし'로 해독되었다. 더욱이 '令 # V'의 사동형 중에 (96)의 'V(a/i) # sime−'가 있는데, 이것이 (101)의 피동형 'V(a/o) # sime−'와 일치한다. 사동형인 '令知'가 (96.1)에서 'しらしめし'로 해독되었는데, 피동형인 '所知'가 (101.1)에서 역시 'しらしめし'로 해독되었다. 이러한 예들은 상대 일본어에서 사동형과 피동형이 동일 형식일 때가 있음을 말해 주므로 주목할 필요가 있다.

중요한 것은 피동형 '所 # V'가 Q군에서만 사용되고 P군에서는 사용되지 않는다는 점이다.[48] 따라서 '所 # V'의 사용 여부도 Q군과 P군으로 분류할 때에 중요한 지표가 된다.

3.3.3.5. 양태

한어에는 양태 의미를 가지는 구성으로 가능·능력의 의미를 가지는 '可 # V'와 당위의 의미를 가지는 '應 # V'가 있다. 『만엽집』 가요의 표기에도 이들이 많이 사용되어 눈길을 끈다. 그런데 상대 일본에서는 위의 한어 어순이 'V # 可/應'의 일본어 어순으로 바뀌고, '可'와 '應'의 의미를 구별하지 않고 'besi/beku/beki' 하나로 해독한다.

한어의 어순인 '應 # V'는 항상 Q군에서만 사용하고 '應'을 'べき, べし, べく'로 훈독한다. 이때의 'べき, べし, べく'는 당위의 의미를 갖는다.

(102) 應 # V → V # besi/beku/beki

1. 應還 時者成來 京師爾而 (Q439) → かへるべく ときはなりけり みやこにて / 歸るべく 時はなりけり 都にて
2. 太莫逝 人之應知 (Q1370) → いたくなゆきそ ひとのしるべく / いたくな行きそ 人の知るべく
3. 君之三行者 今西應有 (Q1749) → きみがみゆきは いまにしあるべし / 君がみ行きは 今にしあるべし

한어의 '可 # V' 구성도 Q군에만 등장한다. 그런데 '可'는 '應'과는 달리 음가나로 자주 사용되었다는 점에 주의할 필요가 있다. 이때에는 '可'가 'べき, べし, べく'를 표기하지 않고 'か'를 표기한다.

---

48 딱 하나의 예외가 있다. 3914번 가요는 음표기 가요인데, '所念可毋'{おもほゆるかも}에 '所 # V' 구성이 사용되었다.

(103) 可 # V → V # besi/beku/beki

1. 濁酒乎 可飲有良師 (Q338) → にごれるさけを のむべくあるらし / 濁れる酒を 飲むべくあるらし
2. 妹我可悔 心者不持 (Q437) → いもがくゆべき こころはもたじ / 妹が悔ゆべき 心は持たじ
3. 吾二可緣跡 言跡云莫苦荷 (Q684) → われによるべし といふといはなくに / 我れに依るべしと 言ふといはなくに

P군에서는 양태의 조동사 'べし, べく, べき'를 '倍思, 倍久, 倍吉, 部寸' 등으로 표기한다. 그런데 이때에는 이 조동사가 당위의 의미를 가지는지 가능·능력의 의미를 가지는지가 얼른 드러나지 않는다. 따라서 당위의 의미인지 가능·능력의 의미인지는 문맥으로 구별할 수밖에 없다.

3.3.3.6. 비교

한어에는 '如 # N/V'로 동등 비교의 의미를 나타내는데, 『만엽집』 가요에도 이 '如 # N/V'의 구성이 생산적으로 사용된다.

'如 # 此/是'는 '이와 같이, 이처럼'의 의미를 가지는데 한어에서도 마치 관용어처럼 자주 사용된다. 이것이 『만엽집』에서는 (104)의 'かく, かかる'로 해독된다. 131번 가요에 나오는 '彼緣此依[かよりかくより]'의 예를 참고하면 'かく'가 '此/是'에 해당하는 고어(古語)임을 알 수 있다. 'かかる'도 고어로서 '이러한, 이런'의 의미를 가진다. 한어의 '如何 # N/V'도 관용구로 취급하여 (105)의 예에서처럼 'いかに # N/V'로 해독되는데, 상대 일본어에서는 'いかに'가 '틀림없이, 아마도'의 의미를 가진다. 위의 여러 예는 모두 한어의 관용구에 일본어 고유의 어휘를 대응시킨 것이라 할 수 있다.

(104) 如 # 此/是 → kaku/kakaru

1. 神代從 如此爾有良之 (Q13) → かむよより かくにあるらし / 神代より かくにあるらし
2. 如此許 戀乍不有者 高山之 (Q86) → かくばかり こひつつあらずは たかやまの / かくばかり 戀ひつつあらずは 高山の
3. 如是有乃 懷知勢婆 大御船 (Q151) → かからむと かねてしりせば おほみふね / かからむと かねて知りせば 大御船
4. 如是戀乎毛 吾者遇流香聞 (Q559) → かかるこひにも われはあへるかも / かかる戀にも 我れは逢へるかも
5. 如是念二 相益物歟 (Q620) → かかるおもひに あはましものか / かかる思ひに 逢はましものか

(105) 如何 # N/V → ikani # N/V

1. 如何君之 獨越武 (Q106) → いかにかきみが ひとりこゆらむ / いかにか君が ひとり越ゆらむ
2. 如何爲鴨 從手不離有牟 (Q403) → いかにせばかも てゆかれずあらむ / いかにせばかも 手ゆ離れずあらむ

그런데 관용구가 아닐 때에는 사정이 달라진다. '如'의 바로 뒤에 명사구나 동사구가 올 때에는 '如'에 해당하는 'ごと'를 명사구나 동사구의 뒤로 후치하여 해독한다. 아래에서 (106.1~5)는 '如'의 뒤에 명사구가 온 예이고, (106.6~8)은 동사구가 온 예이다. 여기에서는 한어의 어순을 일본어의 어순으로 고치고 '如'를 'ごと'로 해독한다는 점에서 위의 관용구와 크게 차이가 난다.

(106) 如 # N/V → N/V # goto

1. 戀爾將沈 如手童兒 (Q129) → こひにしづまむ たわらはのごと / 戀に沈まむ たわらはのごと

2. 如千歲 憑有來 (Q470) → ちとせのごとく たのみたりけり / 千年のごとく 頼みたりけり
3. 古爾 有兼人毛 如吾歟 (Q497) → いにしへに ありけむひとも あがごとか / いにしへに ありけむ人も 我がごとか
4. 如年月 所念君 (Q579) → としつきのごと おもほゆるきみ / 年月のごと 思ほゆる君
5. 如夢 所念鴨 愛八師 (Q787) → いめのごと おもほゆるかも はしきやし / 夢のごと 思ほゆるかも はしきやし
6. 如聞 眞貴久 奇母 (Q245) → ききしごと まことたふとく くすしくも / 聞きしごと まこと尊く くすしくも
7. 眞毛君爾 如相有 (Q2813) → まこともきみに あひたるごとし / まことも君に 逢ひたるごとし
8. 如去見耶 手不纒爲 (Q2843) → ゆくごとみめや てにまかずして / 行くごと見めや 手にまかずして

흥미롭게도, (104)의 'かく'와 (106)의 'ごと'가 결합하여 '如是'의 의미를 가질 때가 있다. 위의 (104)에서는 '如'의 의미를 확인하기 어렵지만, 아래의 (107)에서는 'ごと'가 '如'의 의미를 정확히 반영한다.

(107) 如 # 是 → kakuno # goto
1. 所思而在 如是 (Q3791) → おもはえてある かくのごと / 思はえてある かくのごと
2. 白髮爲 子等母生名者 如是 (Q3793) → 白髮し 子らに生ひなば かくのごと / しろかみし こらにおひなば かくのごと

중요한 것은 관용구이든 통사적 구성이든 '如'가 들어간 구성은 항상 Q군에 분포한다는 점이다. P군에서는 '如'를 사용하지 않으므로[49] '如'의 사용 여부는 Q군과 P군을 분류할 때에 중요한 기준이 된다.

P군에서는 관용구의 'かく'와 'かかる'가 각각 '可久'와 '可加流'로 표기되고, 통사적 구성의 'ごと'는 '其等, 其等久, 其登' 등으로 표기된다. 여기에서 주의할 것이 있다. '如'의 의미인 'ごと'는 항상 '其等, 其登'로만 표기하고 '許等, 許登'로 표기하는 일이 없다는 사실이다.[50] 이것은 KO 음절을 표기할 때에 탁음 /g/의 '其'와 청음 /k/의 '許'를 엄격하게 구별하여 표기했다는 것을 말해 주므로 아주 중요하다.

이 'ごと'와 관련하여 함께 거론해야 할 것이 있다. 한어의 '每'에 대응하는 일본어의 정훈이 역시 'ごと'이다. '每'는 한국어로 '-마다'의 의미를 가지는데 상대 일본어에서도 '-마다, -할 때마다'의 의미를 갖는다. 시간부사 '每日, 每夜, 每時'도 이 의미의 일종인데, 'ひごとに, よごとに, ときごとに'에서처럼[51] '每'의 'ごと'가 시간명사의 뒤로 후치된다. 이것은 (108)에서 볼 수 있듯이 '每'의 바로 뒤에 동사가 올 때에도 마찬가지이다.

(108) 每 # V → V # gotoni

1. 每見 哭耳所泣 古思者 (Q324) → みるごとに ねのみしなかゆ いにしへおもへば / 見るごとに 音のみし泣かゆ いにしへ思へば
2. 秋芽子之 上爾白霧 每置 (Q2259) → あきはぎの うへにしらつゆ おくごとに / 秋萩の 上に白露 置くごとに

중요한 것은 '每'가 Q군에서만 사용되고 P군에서는 사용되지 않았다는 점이다. 여기에는 예외가 없으므로 '每'의 사용 여부도 Q군과 P군을 구별할 때에 중

---

49 두 개의 예외가 있다. P892번 가요의 '云之如'{いへるがごとく}와 P3902번 가요의 '如此乃未君波'{かくのみ君は}이다.

50 '許等, 許登'는 '言'의 표기에, '美許等, 美許登'는 '命'의 표기에 사용된다.

51 '每年'은 독특하게도 'としのは'로 해독된다. 여기에서는 'のは'가 '每'에 대응한다.

요한 기준이 된다. P군에서는 '每'의 'ごと'를 '其等, 其登, 期等' 등으로 표기한다. 탁음 /g/를 가지는 '其, 期'로 'ごと'의 'ご'를 표기하고, 청음 /k/를 가지는 '許'로 'こと'의 'こ'를 표기한다. 이것은 『만엽집』 가요 표기에서 청탁을 엄격히 구별하여 표기에 반영했음을 뜻한다. 예컨대, '久奴知許等其等'{國內事每}(797)에서 '許等[koto]'는 '事'의 뜻이지만 '其等[goto]'는 '每'의 뜻이다. 이러한 음운론적 차이를 드러낼 때에 음표기가 훈표기보다 훨씬 효과적이라는 것은 두말할 필요도 없다.

3.3.3.7. 원인·시발과 결과·종착

한어에서는 '從 # N'의 구성이 다양한 의미로 해석된다. 이곳의 '從'이 원인, 근거, 시발 등의 다양한 의미를 가지기 때문이다. 그런데 『만엽집』 가요에서도 '從'이 적잖이 사용되어 눈길을 끈다. 대개 'N # 從'의 어순으로 사용되고 '從 # N'의 어순이 많지 않은 것을 보면 이 구성에서는 일본어화가 일찍부터 진척된 것으로 보인다. 어느 어순을 택하든, 이들의 '從'을 'ゆ' 또는 'より'로 읽는 것이 일반적이다.

(109) 從 # N → N # jori/ju

1. 宇都曾見乃 人爾有吾哉 從明日者 (Q165) → うつそみの ひとにあるわれや あすよりは
   うつそみの 人にある我れや 明日よりは
2. 從今者 秋風寒 將吹焉 (Q462) → いまよりは あきかぜさむく ふきなむを / 今よりは 秋風寒く 吹きなむを
3. 天雲之 外從見 吾妹兒爾 (Q547) → あまくもの よそにみしより わぎもこに / 天雲の 外に見しより 我妹子に
4. 從蘆邊 滿來鹽乃 彌益荷 (Q617) → あしへより みちくるしほの いやましに / 葦辺より 滿ち來る潮の いや增しに
5. 從元 長謂管 不令恃者 (Q620) → はじめより ながくいひつつ たのめずは /

初めより 長く言ひつつ 頼めずは

6. 盖從門 將返却可聞 (Q777) → けだしかどより かへしてむかも / けだし門より 歸してむかも

7. 如何爲鴨 從手不離有牟 (Q403) → いかにせばかも てゆかれずあらむ / いかにせばかも 手ゆ離れずあらむ

8. 從情毛 吾者不念寸 山河毛 (Q601) → こころゆも わはおもはずき やまかはも / 心ゆも 我は思はずき 山川も

9. 從明日後爾波 見縁母奈思 (Q959) → あすゆのちには みむよしもなし / 明日ゆ後には 見むよしもなし

그런데 위의 여러 예에서 '從 # N'의 한어 어순을 택하여 표기했다. 이 어순이 'N # 從'의 일본어 어순보다 용례가 적지만, 한어의 통사 구성을 그대로 사용했다는 점이 눈길을 끈다.

흥미롭게도, 이 용법의 '從'이 Q군에서만 사용되고 P군에서는 전혀 사용되지 않았다. 예외가 없으므로 이것도 Q군과 P군을 구별할 때에 중요한 기준이 된다. P군에서는 'より'를 '欲利, 欲里, 欲理, 與利'로 표기하고, 'ゆ'를 '由'로 표기하는 것이 보통이다.

원인·연유·근거의 의미를 가지는 한자로 '依, 因, 緣' 등이 있다. 이들은 공통적으로 『만엽집』 가요에서 'よる, より, よす' 등으로 훈독된다. 따라서 이들을 '依, 因, 緣'으로 표기한 가요는 바로 Q군이라고 말할 수 있다.[52]

그런데 '依, 因, 緣'은 한어의 어순을 따르지 않고 항상 일본어의 어순을 따른다. 즉, '依/因/緣 # N'의 어순은 보이지 않고 항상 'N # 依/因/緣'의 어순을 따른다. 이것은 원인·연유·근거를 나타내는 구성에서는 일찍부터 일본어화가 일어났음을 의미한다.

위에서 논의한 바를 '自'로 요약해 보자. 한어의 어순인 '自 # N'이 『만엽집』 가

52 '緣'은 딱 하나 예외가 있다. '遣緣毛奈美'[やるよしもなみ](3969)에서는 P군인데도 '緣'을 {よし}로 훈독했다.

요에서 그대로 유지되기도 하고 어순이 일본어화하여 'N # 自'로 바뀌기도 한다. 이들의 '自'는 물론 훈독하여 'より' 또는 'ゆ'로 읽는다.

(110) 自 # N → N # jori/ju

1. 自宮 (Q29) → みやゆ / 宮ゆ
2. 自雲間 (Q135) → くもまより / 雲間より
3. 自明門 (Q255) → あかしのとより / 明石の門より
4. 二見自道 (Q276) → ふたみのみちゆ / 二見の道ゆ
5. 自神代 (Q1006) → かむよより / 神代より
6. 自荒礒毛 (Q1202) → ありそゆも / 荒礒ゆも
7. 自山跡 (Q1221) → やまとより / 大和より
8. 自花者 (Q1365) → はなよりは / 花よりは
9. 神自御世 (Q2002) → かみのみよより / 神の御代より
10. 自古 (Q2019) → いにしへゆ / いにしへゆ
11. 自心毛 (Q2835) → こころゆも / 心ゆも
12. 自此巨勢道柄 (Q3257) → こゆこせぢから / こゆ巨勢道から

(111) N # 自 → N # jori/ju

1. 神之御代自 (Q1047) → かみのみよより / 神の御代より
2. 神世自 (Q1067) → かむよより / 神代より
3. 湊自 (Q1402) → みなとより / 港より
4. 馬咋山自 (Q1708) → うまくひやまゆ / 馬咋山ゆ
5. 戀心自 (Q2016) → こふるこころゆ / 戀ふる心ゆ

중요한 것은 'より' 또는 'ゆ'로 읽는 '自'는 Q군에서만 발견된다는 점이다. P군에서는 '自'를 'じ'로 음독할 뿐이다. 따라서 '自'의 독법도 Q군과 P군을 구별할 때에 중요한 기준이 된다. P군에서는 'より'를 '欲利, 欲里, 欲理, 用利, 餘利, 與利,

與里' 등으로 표기하고 'ゆ'를 '由'로 표기한다.

'故'도 원인·연유·근거의 의미를 나타내는 대표적인 한자이다. 이 '故'를 훈독할 때에는 'ゆゑ'로 읽지만 '故'를 '古'의 뜻인 'ふる'로 훈독할 때도 있으므로, 그 구별에 주의할 필요가 있다. 더욱이 '故'가 음가나로서 'こ'를 표기할 때가 많으므로 '故'를 기준으로 Q군과 P군을 구별하기가 쉽지 않다. 그러나 P군에서는 항상 '故'를 'こ'로 음독한다는 등식이 성립한다. 반면에 Q군에서는 'ゆゑ' 또는 'ふる'로 훈독하는 것이 일반적이지만 가끔 'こ'로 음독하기도 한다.

한편, 시발·시점의 의미를 가지는 'から'는 『만엽집』 가요에서는 찾기가 어렵다. 이와는 달리 종착·종결을 뜻하는 'まで'의 용례는 많은 편이다. Q군에서는 'まで'가 '左右, 二手, 及' 등으로 표기되는데, 명사구의 뒤에 '及'을 붙여 'まで'를 표기한 것은[53] 어순이 일본어화한 것이다. 한어에서는 '及＃N, 至＃N, 迄＃S' 등에서 볼 수 있듯이, 종착·종결을 나타내는 '及, 至, 迄' 등이 앞에 오고 명사구나 명사절이 뒤에 오는 구성이다. 이 한어의 어순을 따르는 표기가 『만엽집』 가요에 적지 않게 등장한다.

(112) 及 # N → N # made

1. 及萬代 (Q196) → よろづよまでに / 萬代までに
2. 益及常世 (Q261) → いやとこよまで / いや常世まで
3. 及乏 (Q1702) → すべなきまでに
4. 及還來 (Q1747) → かへりくるまで / 歸り來るまで
5. 及雲隱 (Q2009) → くもがくるまで / 雲隱るまで

(113) 至 # N → N # made

1. 至家左右 (Q547) → いへにいたるまで / 家にいたるまで
2. 至耆 (Q563) → おゆるまで / 老ゆるまで

53 '及'을 어휘 형태로 훈독하면 'しく, しき'가 된다.

3. 日母至闇 (Q619) → ひもくるるまで / 日も暮るるまで

4. 至于今日 (Q703) → けふまでに / 今日までに

5. 至于相日 (Q3188) → あはむひまでに / 逢はむ日までに

(114) 迄 # N → N # made

1. 迄吾來 (Q1188) → わがくるまでに / 我が來るまでに

2. 迄萬代 (Q1531) → よろづよまでに / 萬代までに

위의 예에서 대부분은 '及, 至, 迄'의 어휘 요소인 'しく, いたる' 등이 나오지 않지만, (113.1)에서는 '至'의 어휘 요소인 'いたる'가 반영되어 있다. 따라서 이 예는 '及, 至, 迄'이 'まで'로 문법화하는 과정의 마지막 단계임을 말해 준다.

(112~114)처럼 한어의 어순으로 표기한 것은 당연히 Q군에서만 발견할 수 있다. 음가나를 이용하여 'まで'를 표기한 '麻低, 麻泥, 麻弖, 麻提, 末弖, 末低, 麻而, 麻天, 麻田, 萬代, 萬田' 등은 P군뿐만 아니라 Q군 가요에서도 자주 사용된다.

3.3.3.8. 수혜

『만엽집』 가요에서 '爲'로써 'する' 동사를 표기할 때가 가장 많지만, '爲'가 '爲하다'의 의미인 'ため'를 표기하기도 한다. 한국어에서는 '爲하다'에 해당하는 고유어가 없었으므로, 한어의 '爲'를 '爲하다'로 차용하여 사용해 왔다. 그러나 일본어에는 이 의미를 가지는 고유어 'ため'가 있었으므로, 일찍부터 '爲'를 'ため'로 훈독해 왔다. 이 'ため'가 일본어에서는 '爲하다'의 의미뿐만 아니라 '덕택에, 덕분에'의 의미도 가지므로, 이 두 가지 의미를 '수혜'로 아우르기로 한다.

한어에서는 '爲 # N/V'의 어순인데, 일본어에서는 'Nno/Vga # tame'의 어순이다. 『만엽집』 가요에서는 이 일본어 어순이 훨씬 더 많이 사용되지만, 한어의 어순도 적잖이 사용된다.

(115) 爲 # N/V → Nno/Vga # tame

1. 明日去而 於妹言問 爲吾 妹毛事無 爲妹 (Q534) → あすゆきて いもにことどひ あがために いももことなく いもがため / 明日行きて 妹に言どひ 我がために 妹も事なく 妹がため
2. 爲君 釀之待酒 安野爾 (Q555) → きみがため かみしまちざけ やすののに / 君がため 釀みし待酒 安の野に
3. 朝霜之 消安命 爲誰 (Q1375) → あさしもの けやすきいのち たがために / 朝霜の 消やすき命 誰がために
4. 不消有 妹爲見 (Q2312) → けたずてあらむ いもがみむため / 消たずてあらむ 妹が見むため

현대 일본어에서는 'ため'의 바로 앞에 항상 'の'가 오므로 'ため'가 속격을 지배한다고 할 수 있다. 『만엽집』 가요에서는 'ため'의 바로 앞에 'の' 대신에 항상 'が'가 오므로, 상대 일본어의 'が'가 속격조사의 일종임을 알 수 있다.

중요한 것은 'ため'의 표기에 '爲'가 사용된 것은 모두 Q군이라는 사실이다. P군에서는 'ため'의 표기에 '多米, 丹米'를 사용한다. Q군에서도 '多米'를 사용할 때가 있는데 이것은 P군 표기의 전통을 답습한 것이다.

Q군에서는 동사 '爲'를 'する, せむ, ため' 등으로 대부분 훈독한다. 반면에 P군에서는 한두 가지 예외를 제외하면 항상 '爲'를 'ゐ'로 음독한다. 따라서 '爲'를 훈독했는지 음독했는지를 살피기만 해도 Q군과 P군이 구별된다.

3.3.3.9. 인용

한어에서 '云'은 '말하다' 동사로 쓰이지만 '云曰'에서는 남의 말을 인용하는 기능을 갖는다. 기기가요에서는 이 '云'을 사용하지 않지만 『만엽집』 가요에서는 아주 많이 사용한다. '云'이 보통의 동사로 사용될 때에는 'いふ'를 표기하지만, '云曰'의 의미일 때에는 그 앞에 인용조사 'と'를 수반한다. (116)은 인용조사가 표기되지 않은 예이고 (117)은 표기된 예이다. 인용조사 'と'는 P군에서는 '常,[54] 登, 等, 跡' 등으로 표기된다.

(116) 云 → ipu

1. 木路爾有云 名二負勢能山 (Q35) → きぢにありといふ なにおふせのやま / 紀路にありといふ 名に負ふ背の山
2. 好渡 人者年母 有云乎 (Q523) → よく渡る 人は年にも ありといふを / よくわたる ひとはとしにも ありといふを
3. 往過奴禮婆 將云爲便 (Q481) → ゆきすぎぬれば いはむすべ / 行き過ぎぬれば 言はむすべ

(117) 云 → to # ipu

1. 神曾著常云 不成樹別爾 (Q101) → かみぞつくといふ ならぬきごとに / 神ぞつくといふ ならぬ木ごとに
2. 八多蘿良我 夜晝登不云 行路乎 (Q193) → はたこらが よるひるといはず ゆくみちを / 畑子らが 夜晝といはず 行く道を
3. 妹座等 人云者 石根割見而 (Q213) → いもはいますと ひとのいへば いはねさくみて / 妹はいますと 人の言へば 岩根さくみて
4. 如是故爾 不見跡云物乎 樂浪乃 (Q305) → かくゆゑに みじといふものを ささなみの / かく故に 見じと言ふものを 樂浪の
5. 梅花 開而落去登 人者雖云 (Q400) → 梅の花 咲きて散りぬと 人は言へど / うめのはな さきてちりぬと ひとはいへど

위의 '云'이 등장하는 가요는 항상 Q군이다. P군에서는 '云'을 사용하지 않으므로[55] '云'의 유무를 기준으로 Q군과 P군을 구별할 수 있다.

---

54 '常'은 'とこ, と'로 읽는데, 대부분 훈표기 가요에서 사용한다.
55 두 가지 예외가 있다. '端伎流等 云之如'{はしきると いへるがごとく}(P892)와 '云傳

지금까지 한어의 한문 구성을 그대로 차용한 『만엽집』 표기를 논의했다. 결론적으로 한어의 통사구조를 차용한 표기는 대부분 Q군에만 나온다. 단어 훈표기는 P군 가요에서도 사용하지만 문장 훈표기는 거의 대부분 Q군에서만 확인된다. 따라서 Q군과 P군을 구별할 때에 가장 중요한 기준은 한어의 통사구조에서 비롯된 문장 훈표기의 유무라고 할 수 있다.

3.3.4. 한자 의미와 일본어 형태의 대응

위에서는 『만엽집』 가요의 표기가 아예 한어의 통사 구성인 것을 기술했다. 이와는 별도로 훈가나인지 음가나인지 구별하기 어려운 예를 따로 정리하기로 한다. 훈가나는 한자의 음은 버리는 대신에, 한어의 한자가 가지는 의미와 일본어 형태의 대응관계를 활용한 가나이다. 반면에 음가나는 한자의 의미는 버리는 대신에, 그 음만을 차용한 가나이다. 이처럼 간단한 것 같지만 사실은 훈가나인지 음가나인지 구별하기 어려운 표기가 적지 않다.

무엇 때문에 이 둘을 엄격히 구별하려고 하는가? 우리는 상대 일본어의 표기법을 정리하는 것뿐만 아니라 음운체계를 정립하는 데에도 목표를 둔다. 만약에 『만엽집』에서 'て'로 읽히는 '而'가 음가나로 사용되었다면 음운체계 분석에 당연히 '而'를 포함해야 한다. 반면에 '而'가 훈가나로 사용된 것이 확인된다면 음운체계 분석에서 당연히 '而'를 제외해야 한다. 이 필요성 때문에, 음가나와 훈가나의 경계선상에 있거나 음가나와 훈가나의 두 가지로 사용되어 구별하기 어려운 만요가나를 논의 대상으로 삼는다.

3.3.4.1. 之

한어의 '之'는 실로 다양한 용법으로 사용된다. 『만엽집』 가요에서도 이를 생산

久良久'{いひつてくらく}(P894)의 '云'은 P군에 사용되었다.

적으로 사용하는데, 크게 보면 '之'의 의미를 버리고 음만을 택한 음가나 용법과, 음은 버리고 그 의미만을 취한 훈표기 용법으로 나뉜다. 한어의 '之'가 일본어의 'し'에 대응하면 '之'가 음가나로 사용된 것이다. 한어에서 '之'가 뒤에 오는 명사를 수식하는 용법이 있는데, 이 용법의 '之'에는 일본어의 문법 형태 'の' 또는 'が'가 대응한다. 이 대응관계를 살려 『만엽집』 가요에서는 일본어의 속격조사 'の' 또는 'が'를 '之'로 표기할 때가 아주 많다. 이때에는 '之'의 의미를 취한 것이므로 이 용법으로 사용된 '之'를 훈표기의 일종이라 할 수 있다.

『고사기』 가요에서는 '之'가 사용된 적이 없고, 『일본서기』 가요에서는 '之'를 항상 음가나로 사용하여 'し'를 표기한다. 그러나 『만엽집』 가요에서는 '之'가 음가나와 훈표기의 두 가지로 사용되므로, '之'를 'し'로 읽어야 할지 'の' 또는 'が'로 읽어야 할지 판단하기 어려울 때가 아주 많다.

(118) 之 → si

1. 曾許之恨之 秋山吾者 (Q16) → そこしうらめし あきやまわれは / そこし恨めし 秋山吾は
2. 在立之 見之賜者 日本乃 (Q52) → ありたたし めしたまへば やまとの / あり立たし 見したまへば 大和の

위의 예에서는 '之'를 음가나로 보아 'し'로 읽었다. 우리는 만엽가 원문을 제시할 때에 음가나로 사용된 글자에는 밑줄을 치지 않으므로 (118)의 원문에서는 '之'에 밑줄을 치지 않았다. 그러나 아래의 (119~120)에서는 '之'가 훈표기이므로 '之'에 밑줄을 쳤다.

(119) 之 → no

1. 所知食兼 天皇之 神之御言能 (Q29) → しらしめしけむ すめろきの かみの みことの / 知らしめしけむ 天皇の 神の命の
2. 淡海乃國之 衣手能 (Q50) → あふみのくにの ころもでの / 近江の國の 衣

手の

(120) 之 → ga

1. 海處女等之 燒鹽乃 (Q5) → あまをとめらが やくしほの / 海人娘子らが 焼く鹽の
2. 白浪乃 濱松之枝乃 手向草 (Q34) → しらなみの はままつがえの たむけくさ / 白波の 浜松が枝の 手向けぐさ

(118)에서는 '之'가 통합된 단어와 뒤따르는 단어가 통사론적 직접 지배 관계가 아니다. 이럴 때에 주로 '之'를 'し'로 읽는다. 달리 말하면 속격 관계가 아닐 때에 '之'를 'し'로 읽는다. (119~120)처럼 두 단어가 통사론적으로 직접 지배 관계일 때에 즉 속격 관계일 때에는 그 두 단어 사이에 온 '之'를 'の'나 'が'로 읽는다. 이 직접 지배 가설이 올바른 것일지 확신할 수 없으나, '之'의 독법을 'し'와 'の, が'로 구별할 때에 상당히 효과적이다.

그런데 (119)의 'の'와 (120)의 'が'는 어떻게 구별할 것인가? 중세 한국어에서는 속격 형태에 '-의/이'와 '-ㅅ'의 두 계열이 있는데, 이 둘을 [±有情] 즉 [±animate] 자질로 기술할 수 있다. 이때에 [+존칭] 명사는 [-animate]처럼 행동한다. 또한 중세 한국어에 일반적인 속격이 있는가 하면 통사론적으로 주어 역할을 하는 주어적 속격도 있다. 이들을 활용하여 상대 일본어의 'の'와 'が'를 구별할 수 있을까?[56]

중요한 것은 'の'와 'が'로 읽히는 '之'는 Q군에서만 사용되고 P군에서는 거의 사용되지 않는다는 점이다. P군에 속하는 몇몇 가요에서 예외적으로 '之'를 'の' 또는 'が'로 읽는다.[57] 그러나 '之'의 전체 용례 수가 아주 많다는 점을 고려하면

---

56 존칭명사에는 'の'를, 비존칭에는 'が'를 사용한다는 연구가 있었다(大野晉 1977).

57 구체적으로는 다음의 '之'이다. 多那禮之美巨騰[たなれのみこと](P812), 君之由久[きみがゆく](P3580), 妹之衣袖[いもがころもで](P3945), 大夫之[ますらをの](P3962), 君之心乎[きみがこころを](P3969), 宇惠木之樹間乎[うゑきのこまを](P4495).

이런 예외는 극소수라고 할 수 있다.

3.3.4.2. 而

한어에서는 '而'가 선행절과 후행절을 접속하는 기능을 담당한다. 역접 관계에 주로 사용되지만 순접 관계에도 사용된다. 『고사기』 가요에서는 이 '而'가 사용되지 않았으나, 『일본서기』 가요에서는 조사 'に'의 표기에 4회 사용되었다. '而'가 'に'를 표기한다는 것은 '而'가 음가나임을 뜻한다. 반면에 『만엽집』 가요에서는 '而'가 1,240여 회나 사용되었으므로 『만엽집』에서 용례가 대폭적으로 늘어난 대표적인 예이다. 중요한 것은 『만엽집』의 '而'가 'に'를 표기하는 것이 아니라 'て'를 표기한다는 점이다.

(121) 而 → te

1. 木葉乎見而者 黃葉乎婆 取而曾思努布 青乎者 置而曾歎久 (Q16) → このはをみては もみちをば とりてぞしのふ あをきをば おきてぞなげく / 木の葉を見ては 黃葉をば 取りてぞ偲ふ 青きをば 置きてぞ嘆く
2. 黙然居而 賢良爲者 飲酒而 (Q350) → もだをりて さかしらするは さけのみて / 黙居りて 賢しらするは 酒飲みて
3. 不見而往者 益而戀石見 (Q382) → みずていかば ましてこほしみ / 見ずて行かば まして戀しみ

위의 예에서 볼 수 있듯이, 『만엽집』의 '而'는 항상 'て'를 표기한다. 이 '而'를 음가나라고 해야 할까, 훈가나라고 해야 할까? 『일본서기』에서 '而'가 음가나로 사용되어 'に'를 표음하기 때문에 일단 음가나일 가능성이 제기된다. 그러나 이것을 『만엽집』에 바로 대입할 수는 없다. 한어의 '而'와 마찬가지로 일본어의 'て'가 절 또는 문장을 접속하는 기능을 가지기 때문이다. 더군다나 '而'가 『일본서기』 가요에서는 'に'를 표음하지만, 이와 달리 『만엽집』 가요에서는 'て'를 표음한다.

이 점도 『만엽집』 가요의 '而'가 훈가나일 가능성을 높여 준다.[58]

'而'를 훈가나로 분류하면 '而'가 일본어의 'て'에 대응하는 현상을 음운론적으로 설명하지 않아도 된다. 훈가나에서는 문법적·의미적 대응만이 중시되기 때문이다. 반면에 '而'를 음가나로 분류하면 '而'와 'て/te/' 상호 간의 음운론적 유연성을 기술할 수 있어야 한다.

'而'의 전기 중고음은 [日開C平之]=/nɪə/[L]인데, 『만엽집』 가요에서는 日母/n/에 탈비음화가 일어나 일단 /d/가 된다. 이어서 후기 중고음 시기에 일어나기 시작한 탁음청화가 적용되면 /d/가 /t/가 된다. 더욱이 중고음의 之韻/ɪə/이 『만엽집』 가요에서 이른바 エ乙 즉 /ə/로 수용될 가능성도 있다. 이에 따르면 '而'가 /tə/에 대응하는 음가나가 된다. 이것이 '而'를 음가나로 간주할 때의 가상 시나리오지만, 이것이 올바른 음운사적 기술일까? 후술하겠지만, 우리는 이에 대해 부정적이다.

'而'는 음가나인지 훈가나인지를 가리기 어려운 대표적인 가나이다. 우리는 편의상 (118)에서 '而'가 훈가나인 것으로 보아 밑줄을 쳤다. '而'가 음가나가 아니라 훈가나라는 사실을 음운론적 논거를 들어 아래에서 다시 논의할 예정이다.

그런데 위의 (71)에서 P군이라 한 1,043수 중에서 892, 3519, 3525, 3544, 3550, 3583, 3593, 3908, 3957, 3969, 3999, 4106, 4116, 4398번 가요에서만 '而'가 사용된다. 이것을 예외라고 한다면 권14~15와 권17~18에서 예외가 자주 발견된다고 할 수 있다. 이들 가요에서 'て'의 표기에 '而'가 사용된다 하더라도, P군에서는 'て'의 표기에 '弖, 氐, 天' 등의 음가나를 사용하는 것이 원칙이다.

3.3.4.3. 於

『고사기』 가요에서는 '於'가 사용되지 않았지만, 『일본서기』 가요에서는 음가나로 사용되어 'お'를 표기한다. 『만엽집』의 P군뿐만 아니라 Q군에서도 '於'가

58 稻岡耕二(1976)도 '而'가 한문의 조자로서 비약체가와 약체가를 구분하는 중요한 표지라고 했다.

'お'를 표기하는 음가나로 사용된다. 그런데 아래의 (122)에 열거한 것처럼 '於'가 Q군에서는 한어의 통사구조인 '於 # N'에도 사용된다. (123)은 어순이 일본어화한 'N # 於'의 구성인데, 이때의 '於'는 항상 'うへ'로 훈독한다.

(122) 於 # N → N+ni

1. 於君副而 (Q520) → きみにたぐひて / 君にたぐひて
2. 於妹言問 (Q534) → いもにことどひ / 妹に言どひ
3. 於萬世見 (Q1148) → よろづよにみむ / 萬代に見む
4. 於石蘿生 (Q1334) → いはにこけむし / 岩に苔生し
5. 於吾欲得 (Q1939) → われにもが / 我れにもが
6. 於鴈不相常 (Q2126) → かりにあはじと / 雁に逢はじと
7. 於黃葉 (Q2307) → もみちばに / 黃葉に
8. 於是蚊寸垂 (Q3791) → ここにかきたれ / ここにかき垂れ

(123) N(之) # 於 → N(no) # upe(ni)

1. 濱松之於 (Q444) → はままつのうへに / 浜松の上に
2. 高屋於 (Q1706) → たかやのうへに / 高屋の上に
3. 吾山之於爾 (Q1912) → わがやまのうへに / 我が山の上に
4. 湯小竹之於爾 (Q2336) → ゆささのうへに / 齋笹の上に
5. 諸刃之於荷 (Q2636) → もろはのうへに / 諸刃の上に
6. 城於道從 (Q3324) → きのへのみちゆ / 城上の道ゆ

중요한 것은 '於'가 조사 'に'에 대응하거나 명사 '上'에 대응하는 예는 Q군에서만 보이고 P군에서는 보이지 않는다는 점이다. 따라서 '於'의 용법도 Q군과 P군을 구별할 때에 중요한 지표가 된다. 또한 한어의 어조사 '於'가 문법화하기 이전에는 '上'(うへ)의 의미를 가지는 명사였음을 (123)에서 읽을 수 있다.

3.3.4.4. 與/共

한어에서 '與'는 동반의 의미를 가진다. 기기가요에서는 '與'가 음가나로 사용되어 항상 'よ'를 표기한다. 그런데 『만엽집』 가요에는 동반의 의미를 가지는 일본어의 조사 'と'를 '與'로 표기한 예가 나온다.[59] 한어의 어순대로 '與 # N'으로 표기한 것보다 일본어화한 'N # 與'의 어순이 더 많이 사용된다.

(124) 與 # N → N+to

1. 與妹來之 (Q449) → いもとこし / 妹と來し
2. 與妹爲而 (Q452) → いもとして / 妹として
3. 與孰可宿良牟 (Q564) → たれとかぬらむ / 誰れとか寢らむ
4. 與日月共 (Q3234) → ひつきとともに / 日月とともに

(125) N # 與 → N+to

1. 鶱與高部共 (Q258) → をしとたかべと / 鴛鶱とたかべと
2. 天地與 (Q478) → あめつちと / 天地と
3. 客毛妻與 (Q634) → たびにもつまと / 旅にも妻と
4. 汝乎與吾乎 (Q660) → なをとあを / 汝をと我を
5. 吾背子與 (Q1039) → わがせこと / 我が背子と
6. 誰與共可 (R4238) → たれとともにか / 誰れとともにか

그런데 동반의 'と'를 표기한 '與'는 Q군에서만 사용되고 P군에서는 사용하지 않는다. 따라서 이 용법의 유무도 Q군과 P군을 구별할 때에 중요한 기준이 된다. P군에서 이 'と'를 표기할 때에는 '等, 騰, 得'을 사용한다.

---

59 (125.1)에서처럼 '共'도 조사 'と'를 표기할 때가 있으나 예가 많지 않다.

3.3.4.5. 里

'里'는 『고사기』와 『일본서기』 가요에서는 사용되지 않았는데, 『만엽집』 가요에서 갑자기 대폭적으로 용례가 많아진다. 그런데 이 '里'가 음가나로서 'り'를 표기할 때도 있고 훈가나로서 'さと'를 표기할 때도 있어서 이 둘을 구별하기가 쉽지 않다.

(126) 里 → ri

1. 尙戀二家里 (Q117) → なほこひにけり / なほ戀ひにけり
2. 泊流登麻里能 (Q122) → はつるとまりの / 泊つる泊りの
3. 可久婆可里 (P892) → かくばかり / かくばかり

(127) 里 → sato

1. 明日香能里乎 (Q78) → あすかのさとを / 明日香の里を
2. 吾里爾 (Q103) → わがさとに / 我が里に
3. 故去之里乎 (Q334) → ふりにしさとを / 古りにし里を

중요한 것은 '里'를 'さと'로 훈독하는 것은 Q군 가요에서만 확인된다는 점이다. 3957번 가요의 '里乎往過'{さとをゆきすぎ}만 예외인데, 이 가요의 다른 곳에서는 '里'를 모두 'り'로 음독했다. P군 가요에서는 'さと'를 '佐刀'로 표기하는 것이 원칙이다.

3.3.4.6. 許

'許'는 『고사기』와 『일본서기』 가요에서 'こ'를 표기하는 음가나로 사용되었다. 『만엽집』 가요에서도 음가나로서 'こ'를 표기할 때가 아주 많다. 그런데 『만엽집』 가요에서는 '許'가 사물의 정도·범위를 한정해서 말하는 데 쓰이는 'ばかり'에 대응할 때가 많다.

(128) 許 → ko

1. 久奴知許等其等 (P797) → くぬちことごと / 國內ことごと
2. 許能提羅周 (P800) → この照らす / このてらす
3. 鬼之志許草 (Q3062) → しこのしこくさ / 醜の醜草

(129) 許 → bakari

1. 然許 (Q631) → しかばかり / しかばかり
2. 七許 (Q743) → ななばかり / 七ばかり
3. 袖衝許 (Q1381) → そでつくばかり / 袖漬くばかり
4. 執許乎 (Q2943) → とらふばかりを / 捕ふばかりを
5. 如此許 (R4233) → かくばかり / かくばかり

(129)처럼 'ばかり'로 읽는 '許'는 항상 Q군 가요에서만 찾을 수 있다.[60] P군 가요에서는 'ばかり'를 표기할 때에 음가나를 사용하여 '婆加利, 婆可里'로 표기한다. Q군에서도 'ばかり'를 음가나로 표기하기도 하는데, 이때에는 '伐加利'라고 표기한다.

3.3.4.7. 虚

『고사기』 가요에서는 '虚'가 전혀 사용되지 않았으나 『일본서기』 가요에서는 음가나로서 'こ'를 표기한 예가 34회나 된다. 『만엽집』 가요에서도 '虚'가 음가나로 사용되기는 했으나 그 예가 극소수이고, 대부분은 'そら' 또는 'うつ'를 표기한다. 아래의 (130)은 '虚'가 음가나로 사용된 예이고, (131)과 (132)는 훈표기로 사

60 'ばかり'를 '斤, 憚'으로 표기한 예도 각각 하나씩 있다.

용된 예이다.

(130) 虚 → ko

虚知期知爾 (Q213) → こちごちに / こちごちに

(131) 虚 → sora

1. 虚見 (Q29) → そらみつ / そらみつ
2. 嘆虚, 水空往 (Q534) → なげくそら, みそらゆく / 嘆くそら, み空行く

(132) 虚 → utu

1. 虚蟬毛 (Q13) → うつせみも / うつせみも
2. 空蟬之 (Q3107) → うつせみの / うつせみの
3. 空蟬與人 (Q3332) → うつせみよひと / うつせみ世人

(131.2)의 예에서 '虚'와 '空'이 모두 'そら'로 훈독되므로, '虚'와 '空'이 동의어임이 잘 드러난다. 이와 마찬가지로 (132)에서 '虚蟬'과 '空蟬'이 枕詞(마쿠라코토바)의[61] 일종으로서 '매미 허물' 또는 '現世'를 뜻하는 동의어임을 알 수 있다. 이처럼 'そら'나 'うつ'로 읽히는 '虚'나 '空'은 모두 Q군 가요에서만 사용된다. P군 가요에서는 (131)의 'そら'는 '蘇良'로 표기되고, (132)의 '虚蟬'과 '空蟬'은 '宇都世美, 宇都勢美'로 표기된다.

3.3.4.8. 野

『고사기』 가요에서는 '野'가 전혀 사용되지 않았지만 『일본서기』 가요에서는 '野'가 항상 음가나로 사용되어 'や'를 표기한다. 그런데 『만엽집』에서는 음가나

61 이것은 관용적으로 덧붙는 수식구를 뜻한다.

뿐만 아니라 훈가나의 용례가 공존한다. 음가나일 때에는 'や'를 표기하고 훈가나일 때에는 'の'를 표기한다.

(133) 野 → ja
1. 周具斯野利都禮 (P804) → すぐしやりつれ / 過ぐしやりつれ
2. 餘乃奈迦野 (P804) → よのなかや / 世間や
3. 伊野那都可子岐 (P846) → いやなつかしき / いやなつかしき
4. 許能野麻能閇仁 (P872) → このやまのへに / この山の上に

(134) 野 → no
1. 武良前野逝 標野行 野守者不見哉 (Q20) → むらさきのゆき しめのゆき のもりはみずや / 紫野行き 標野行き 野守は見ずや
2. 三吉野之 蜻乃小野爾 (Q3065) → みよしのの あきづのをのに / み吉野の秋津の小野に

그런데 '野'가 음가나로 사용되어 'や'를 표기하는 것은 (133)의 넷뿐이다. 이들이 모두 793~906번의 가요, 즉 권5에 수록된 가요라는 점이 눈에 띄어 흥미를 끈다. 이것은 1,043수의 P군 중에서도 권5의 114수가 전형적인 음표기 가요임을 암시한다. (133)의 넷을 제외한 나머지 용례에서는 '野'가 훈가나로 사용되어 (134)처럼 항상 'の'를 표기한다.

3.3.4.9. 然

한어에서는 '然'이 접속부사의 일종으로서 역접의 의미를 가진다. 이 의미를 취하여 『만엽집』 가요에서는 '然'이 'しか'를 표기할 때가 아주 많다. 양보절에서는 이 'しか'가 겉으로 드러나지 않기도 하고, '灼然'과 '黙然毛將有'를 각각 'いちしろく'와 'もだもあらむ'로 읽는 등의 예외가 있다. '自然'도 'おのづから'로 읽고

'然而毛有金'도 'かくてもあるがね'로 읽는다. 그렇더라도 'しか'를 '然'으로 표기하는 것이 기본이다.

(135) 然 → しか

1. 然爾有許曾 (Q13) → しかにあれこそ / しかにあれこそ
2. 然爲蟹 (Q1832) → しかすがに / しかすがに
3. 雖然 (Q2123) → しかれども / しかれども
4. 然海部之 (Q3177) → しかのあまの / 志賀の海人の

(135.1~3)에서는 한어 '然'의 의미가 어떤 방식으로든 유지된다. 그러나 (135.4)에서는 '然'이 지명의 일종인 '志賀'를 표기한다. 이것은 '然'과 'しか'의 의미론적 관계에 얽매이지 않고 '然'을 마치 훈가나의 일종인 것처럼 사용하는 변화가 이미 일어났음을 말해 준다.

위에서 '然'을 'しか' 이외의 형태로 읽는 특수 독법을 열거했는데, 이들은 모두 Q군에서만 찾을 수 있다. 또한 'しか'를 '然'으로 표기하는 예도 모두 Q군에만 나온다. 반면에 P군에서는 'しか'를 음가나인 '斯可, 之可, 志可'로 표기하고 여기에는 예외가 없다.

3.3.4.10. 日

기기가요에서는 '日'을 사용하지 않지만 『만엽집』 가요에서는 아주 많이 사용한다. 코퍼스에서는 '日'을 거의 대부분 'ひ'로 훈독했다. 그러면서도 87번 가요에서는 '萬代日'을 'までに'로 읽음으로써 '日'이 'に'에 대응하는 것으로 보았다. 복합어인 '今日=けふ=家布, 五十日=いかだ, 明日=あすか/あす'에서도 '日'을 'に'로 읽지 않으므로, '萬代日'의 '日'은 아주 독특하다.

그런데 한어 중고음을 참고하면 '日'을 'に'로 읽는 특이성을 해결할 수 있다. '日'은 전기 중고음으로 [日開AB入眞]=/nɪit/[E]이므로 '日'이 'に'를 표음할 수 있다.

아래 (136~137)의 '日'을 코퍼스에서는 모두 훈독하여 'ひ'로 읽었지만, (137)의 '日'은 음독하여 'に'로 읽을 수 있다.

(136) 日 → pi

1. 船出將爲日者 (Q1181) → ふなでせむひは / 舟出せむ日は
2. 將衣日不知毛 (Q1361) → きむひしらずも / 着む日知らずも
3. 縵將爲日 (Q1955) → かづらにせむひ / かづらにせむ日

(137) 日 → ni

1. 加豆良爾勢武日 (P4035) → かづらにせむひ〈→に〉/ かづらにせむ日〈→に〉
2. 美奴日佐末祢美 (P4116) → みぬひ〈→に〉さまねみ / 見ぬ日〈→に〉さまねみ

(136)에서는 '日'이 'ひ'를 표기한 것일 가능성이 크다. 1181, 1361, 1955번 가요는 Q군에 속하기 때문이다. 반면에 (137)의 4035와 4116번 가요는 우리의 분류에 따르면 P군에 속한다. 특히 4116번 가요는 10행의 장가인데, 단어를 훈자로 표기한 것이 섞여 있지만 문장 훈표기는 전혀 사용하지 않았다. 이 점에서도 (137)의 가요가 P군임이 분명하므로, '日'을 음독하여 'に'로 읽을 가능성이 제기된다. 우리의 해독을 (137)에서는 〈→に〉로 제시했다.

3.3.4.11. 萬

기기가요에서는 '萬'을 사용하지 않았지만, 『만엽집』 가요에서는 자주 사용했다. 음가나의 용법으로는 'ま'를 표기하고, 정훈자로 사용되면 'よろづ'를 표기한다.

(138) 萬 → ma

1. 霜乃置萬代日 (Q87) → しものおくまでに / 霜の置くまでに

2. 吉民萬通良楊滿 (P883) → きみまつらやま / 君松浦山

3. 萬太良夫須麻爾 (P3354) → まだらぶすまに / まだら衾に

(139) 萬 → jorodu

1. 八百萬 千萬神之 (Q167) → やほよろづ ちよろづかみの / 八百萬 千萬神の

2. 萬世爾 (P830) → よろづよに / 萬代に

3. 萬調 (P4122) → よろづつき / 萬調

'萬'이 'ま'를 표기한 예는 Q군과 P군에서 두루 발견된다. 그러나 '萬'을 'よろづ'로 훈독한 예는 Q군에서 주로 발견된다. 이 점에서 (139.2~3)에서 '萬'을 훈독한 것은 예외라고 하기 쉽다. 우리의 분류에 따르면 830번과 4122번 가요는 P군에 속하기 때문이다. 그러나 정훈자는 단어 훈표기의 일종이므로 P군에서도 사용할 수 있다. 이 점에서는 진정한 예외가 아니다. 이 두 수에서 '萬世, 萬調'를 제외한 나머지 표기는 모두 음표기이다. P군에서는 'よろづ'를 '萬'으로 표기하지 않고 '餘呂豆'로 표기하는 것이 원칙이다.

중요한 것은 (138)의 음가나 용법에서 '萬'의 운미 /-n/이 삭제되어 수용된다는 점이다. /-n/ 운미를 삭제하고 수용하는 예들에는 아래의 '邊, 便, 田, 天' 등도 있으므로 이 삭제 수용을 믿을 만하다.

3.3.4.12. 邊

음가나인지 정훈자인지를 가리기 어려운 것으로 '邊'이 있다. 음독하든 훈독하든 동일하게 'へ/べ'를 표기하기 때문이다. 여기에서도 운미 /-n/을 삭제하고 수용한다.

(140) 邊 → pe (음가나)

1. 知弊仁邊多天留 (P866) → ちへにへだてる / 千重に隔てる

2. 新羅邊伊麻須 (P3587) → しらきへいます / 新羅へいます
3. 須流須邊乃奈左 (P3928) → するすべのなさ / するすべのなさ
4. 須邊能思良難久 (P3937) → すべのしらなく / すべの知らなく
5. 蘇泥布理可邊之 (P3993) → そでふりかへし / 袖振り返し

(141) 邊 → pe (훈가나)

1. 上邊者, 下邊者 (Q920) → かみへには, しもべには / 上辺には, 下辺には
2. 繁谿邊乎, 可蘇氣伎野邊 (R4192) → しげきたにへを, かそけきのへに / 茂き谷辺を, かそけき野辺に
3. 清濱邊爾, 清濱邊爾 (R4271) → きよきはまへに, きよきはまへに / 清き浜辺に, 清き浜辺に

우리는 위의 (140)에 사용된 '邊'을 음독한다. '邊'의 전기 중고음 [幫中4平先]=/pen/ᴸ으로 일본어의 'へ'를 정상적으로 표음할 수 있다고 보기 때문이다. '邊'의 의미와 전혀 관계없는 문맥에서 '邊'을 사용했을 뿐만 아니라 이들이 모두 P군에 사용되었기 때문에 (140)의 '邊'이 음가나일 가능성이 있다.

반면에 (141)의 '邊'은 해독의 결과에서 볼 수 있듯이 '辺' 즉 '-가'의 의미를 유지한다. 이것은 '邊'이 정훈자일 가능성을 높여 준다.[62] 더군다나 이런 용법의 '邊'이 주로 Q군과 R군에서 사용되었다. 이 두 가지를 감안하면 (141)의 '邊'을 정훈자로 분류할 수도 있다. 음가나일지 정훈자일지 판단하기 가장 어려운 것이 '邊'이라는 점을 강조해 둔다.

3.3.4.13. 便

기기가요에서는 '便'을 사용하지 않았지만 『만엽집』에서는 자주 사용한다. P

62 上代語編修委員會(1967/83)의 『時代別 國語大辭典-上代編』에 따르면 기존의 연구에서는 훈가나로만 보았다.

군에서는 용례가 '世武須便乃'{爲むすべの}(904) 하나뿐이지만 Q군에서는 훈가나 '爲' 또는 음가나 '須'의 바로 뒤에 온 것이 62회나 된다.

(142) 便 → be

1. 爲便知之也 (Q196) → せむすべしれや / 爲むすべ知れや
2. 將爲須便毛奈思 (Q475) → せむすべもなし / 爲むすべもなし
3. 爲便乃田時毛 (Q2881) → すべのたどきも / すべのたどきも
3. 將爲須便不知 (Q3291) → せむすべしらに / 爲むすべ知らに

따라서 '便'이 Q군에 편재한다고 해도 무방하다. 권19의 4236, 4237번 가요에도 '便'이 사용되었는데, 이 두 가요는 (71)의 R군에 속한다. R군은 Q군의 하위부류에 속하므로 '便'의 사용 여부도 Q군과 P군을 구별할 때에 중요한 지표가 된다.

'便'은 분명히 음가나의 일종이다. 그런데도 훈표기 가요에서 주로 사용된다는 점이 흥미롭다. '便'은 한어 중고음이 [並中A平仙]와 [並中A去仙]이므로 /bjɛn/$^{L/D}$ 정도로 추정된다. 이것이 『만엽집』에서 'べ'를 표기하므로, 수용 과정에서 유·무성 대립을 제대로 유지한 반면에 운미 /-n/은 삭제한 것이 분명하다.

3.3.4.14. 田

기기가요에서는 '田'을 전혀 사용하지 않았지만, 『만엽집』 가요에서는 '田'을 적잖이 사용한다. '田'을 대부분 훈독하여 'た'로 읽지만,[63] 음가나로 사용되었을 때에는 'で'로 읽는다. 'た'로 읽은 것은 '田'이 훈가나임을 뜻하는데, 이 훈가나는 Q군 가요뿐만 아니라 P군 가요에서도 사용되었다. 문장 훈표기가 아니라 단어 훈표기에 속하기 때문이다. 아래의 예에서 '田'을 'で'로 읽는다는 것은 '田'이 음가나로도 사용되었다는 것을 뜻한다.

---

63 복합어 '田葛'은 '칡'을 뜻하는데, 독특하게도 '田葛'을 'くず'로 읽는다.

(143) 田 → de

1. 聞戀麻田, 答響萬田 (Q1937) → ききこふるまで, あひとよむまで / 聞き戀ふるまで, 相響むまで
2. 伊田何 (Q2400) → いでなにか / いで何か
3. 伊田弖麻可良武 (P4330) → いでてまからむ / 出でて罷らむ
4. 蘇田遠利加敝之 (P4331) → そでをりかへし / 袖折り返し
5. 伊田弖伊氣婆 (P4332) → いでていけば / 出でて行けば

'田'은 전기 중고음으로 [定開4平先]=/den/L이므로 '田'이 'で'를 표음하는 것은 전혀 이상할 것이 없다. 표기법의 관점에서 (143.1～2)는 Q군 가요이고, (143.3～5)는 P군 가요임을 금방 알 수 있다. 'で'를 표음하는 '田'은 음가나이고, 음가나가 Q군 가요에 사용되는 것은 흔한 일이다. 따라서 (143.1～2)의 '田'은 Q군 가요와 P군 가요를 구별할 때에 예외적인 존재가 아니다.

3.3.4.15. 天

기기가요에서는 '天'이 전혀 사용된 바 없다. 그런데 『만엽집』 가요에서는 음가나로[64] 사용되어 'て'를 표기할 때가 있다. 이때의 'て'는 어휘의 일부분이 아니라 대부분 선행절과 후행절을 연결할 때의 활용형 'て'이다. 『만엽집』에서 새로 사용되기 시작했지만, '天'은 음가나이기 때문에 P군뿐만 아니라 Q군에서도 사용된다. 아래의 (144.1～2)는 P군의 예이고, (144.3～4)는 Q군의 예이다.

(144) 天 → te

1. 於久禮爲天 (P864) → おくれゐて / 後れ居て
2. 撰多麻比天 (P894) → えらひたまひて / 選ひたまひて

64 '天'을 훈자로 사용할 때도 있는데, 이때에는 물론 'あま, あめ'로 읽는다.

3. 時爾不在之天 (Q443) → ときにあらずして / 時にあらずして
4. 面影思天 (Q1794) → おもかげにして / 面影にして

'天'의 전기 중고음은 [透開4平先]=/tʰen/ᴸ으로 추정된다. 이것이 『만엽집』에서 'て'를 표기하므로, 역시 운미 /-n/을 삭제하고 수용한 것이라 할 수 있다.

3.3.4.16. 君

'君'도 기기가요에서는 사용하지 않는다. 그런데 『만엽집』에서는 P군뿐만 아니라 Q군에서도 '君'이 음가나로 사용된다. P군에서는 'く'만 표기하지만, Q군에서는 'く'뿐만 아니라 'くに'도 표기한다는 점에서 약간 차이가 난다. (146)처럼 '君'을 'くに'로 읽는 독법은 Q군에서만 발견되므로, 이 독법도 P군과 Q군을 구별할 때에 하나의 지표가 된다.

(145) 君 → ku
1. 都久紫能君仁波 (P866) → つくしのくには / 筑紫の國は
2. 乎加能久君美良 (P3444) → をかのくくみら / 乎加能久君美良
3. 伊久豆君麻弖爾 (P3458) → いくづくまでに / 息づくまでに
4. 佐乎思賀奈君母 (P3680) → さをしかなくも / さを鹿鳴くも
5. 美夫君志持 (Q1) → みぶくしもち / み堀串持ち
6. 知跡言莫君二 (Q97) → しるといはなくに / 知ると言はなくに
7. 盛須疑由君 (Q1600) → さかりすぎゆく / 盛り過ぎゆく

(146) 君 → kuni
1. 雖見不飽君 (Q1721) → みれどあかなくに / 見れど飽かなくに
2. 所思君 (Q2184) → おもほゆらくに / 思ほゆらくに
3. 人毛不有君 (Q2321) → ひともあらなくに / 人もあらなくに

4. 吾念名君 (Q2523) → わがおもはなくに / 我が思はなくに

5. 憎不有君 (Q2729) → にくくあらなくに / 憎くあらなくに

6. 未猒君 (Q2807) → いまだあかなくに / いまだ飽かなくに

7. 妻毛不在君 (Q3156) → つまもあらなくに / 妻もあらなくに

8. 嶋楯名君 (Q3166) → しまならなくに / 島ならなくに

그런데 어찌하여 '君'을 2음절인 'くに'로 읽는가 하는 의문을 제기할 수 있다. '君'의 전기 중고음은 [見合C平文]=/kɥən/[L] 정도로 추정된다. 상대 일본어에서는 한국의 고대 삼국과 마찬가지로 전설원순활음과 후설중모음의 연쇄인 /ɥə/를 후설원순고모음 /u/로 수용한다. 따라서 'くに'의 /u/ 모음은 문제될 것이 없다.

그러나 운미 /-n/에 /i/ 모음을 첨가하여 'に'를 표기한 것은 중요한 문제를 제기한다. 위에서 이미 논의한 '萬, 邊, 便, 田, 天'에서는 운미 /-n/에 /i/ 모음을 추가하여 'に'를 표기한 일이 없었기 때문이다. 유독 '君'에서만 /i/ 모음을 추가하여 'くに'로 읽는 원인은 아마도 부정 조동사 'なく'에 'に'가 자주 통합된다는 데에 있을 것이다.

3.3.4.17. 兼

'兼'도 기기가요에서는 사용되지 않았지만, 『만엽집』에서는 자주 사용되었다. '兼'을 훈독하면 'かね'가 되고 음독하면 'けむ'가 된다. 아래의 (147)에서는 '兼'을 훈독하므로 밑줄을 쳤지만 (148)에서는 음독하므로 밑줄을 치지 않았다. '兼'은 항상 Q군 가요에서만 사용되고 P군 가요에서는 사용되지 않는다. 따라서 '兼'이 사용된 가요는 Q군 가요라고 바로 단정할 수 있다.

(147) 兼 → kane

1. 待八兼手六 (Q619) → まちやかねてむ / 待ちやかねてむ

2. 豫 兼而知者 (Q948) → かねて知りせば / かねてしりせば

3. 千年矣兼而 (Q1047) → ちとせをかねて / 千年を兼ねて

(148) 兼 → kemu

1. 有兼人毛 (Q497) → ありけむひとも / ありけむ人も
2. 相見始兼 (Q750) → あひみそめけむ / 相見そめけむ
3. 遊兼 (Q1725) → あそびけむ / 遊びけむ

중요한 것은 '兼'이 (148)에서 2음절인 'けむ'로 읽힌다는 점이다. '兼'의 전기 중고음이 [見中4平添]=/kem/[L]인데, 이곳의 운미 /−m/에 /u/ 모음이 첨가되어 'む'가 된다. 『고사기』와 『일본서기』의 가요에서는 일본어의 음절구조에 맞추어 운미를 모두 삭제하여 수용했기 때문에 운미가 표기에 전혀 반영되지 않는다. 그런데도 『만엽집』 가요에서는 'けむ'를 '兼'으로 표기했으므로 '兼'의 운미 /−m/이 표기에 반영되었다고 보아야 한다. 이 운미 뒤에 /−u/를 덧붙인 것은 물론 일본어의 음절구조에 맞추어 CVC를 CVCV로 수용하기 위한 조치이다. 비유하면, 현대 일본어에서 영어의 1음절 단어 'cup'에 /−u/를 덧붙여 'コップ'로 수용하는 것과 같다.

3.3.4.18. 南

'南'도 기기가요에서는 사용되지 않았지만, 『만엽집』 가요에서는 훈독하여 'みな(み)'로 읽기도 하고 음독하여 'なむ'로 읽기도 한다.

(149) 南 → mina(mi)

1. 南淵之 (Q1330) → みなぶちの / 南淵の
2. 南吹 (P4106) → みなみふき / 南風吹き

(150) 南 → na(mu/mi)

1. 去別南 (Q155) → ゆきわかれなむ / 行き別れなむ
2. 計布夜須疑南 (P884) → けふやすぎなむ / 今日や過ぎなむ
3. 阿我和加禮南 (P891) → あがわかれなむ / 我が別れなむ
4. 戀度南 (Q997) → こひわたりなむ / 戀ひわたりなむ
5. 印南野者[65] (Q1178) → いなみのは / 印南野は
6. 之多具毛安良南敷 (P3516) → したぐもあらなふ / 下雲あらなふ

(150)에서 '南'을 'なむ/なみ'로 음독한 것은 1음절을 2음절로 수용했다는 점에서 위의 '兼'과 같다. '南'의 한어 중고음은 [泥中1平覃]인데 전기 중고음에서는 /nəm/^{L}으로 추정된다. 이 /nəm/^{L}을 2음절의 'なむ/なみ'로 수용한 것이므로 8세기 3/4분기경에는 운미 /-m/을 'む/み'로 수용하는 변화가 일어났다고 보아야 한다. 『만엽집』 가요에 처음 등장하는 '兼'에서도 이 변화가 확인되기 때문이다.

그런데 '南'의 용법에서는 P군과 Q군의 차이가 거의 없으므로, '南'은 표기법 분류의 기준으로 삼을 수 없다. 이 점에서 '兼'과 차이가 난다.

3.3.4.19. 濫

한어의 운미 /-m/이 표기에 반영된 예로 '濫'도 있다. '濫'은 기기가요에서는 사용되지 않고 『만엽집』에서 처음으로 사용되었는데, 13회의 용례가 모두 Q군에만 나오고 항상 'らむ'를 표기한다. 따라서 '濫'의 사용 여부는 P군과 Q군을 가릴 때에 일종의 지표가 된다.

(151) 濫 → ramu

1. 待戀奴濫 (Q651) → まちこひぬらむ / 待ち戀ひぬらむ

65 지명 '印南'을 Q1772번 가요에서는 '稻見'으로 표기했다.

2. 君爾戀濫 (Q3329) → きみにこふらむ / 君に戀ふらむ

'濫'의 전기 중고음은 [來開1去談]=/ram/[D]이다.[66] 『만엽집』 가요에서는 이곳의 운미 /-m/에 모음 /u/를 첨가하여 'む'로 수용했다. 운미 /-m/이 'む'로 수용된 예가 여럿인데, 이들이 모두 『만엽집』에서 처음으로 등장한다. 따라서 운미 /-m/이 표기에 반영된 시기를 8세기 3/4분기라고 단정해도 될 것이다.

양성운미 /-m/을 'む/み'로 수용한 것은 여타의 운미와 비교하면 아주 독특하다. 양성운미 /-n/과 /-ŋ/은 『만엽집』 가요에서 항상 삭제되어 수용되기 때문이다. '聞, 安, 文, 仁, 難, 便, 印' 등의 운미 /-n/과 '曾, 良, 登, 能, 等' 등의 운미 /-ŋ/은 표기에 반영되지 않는다.[67] 이것은 순내(脣內) 양성운미 /-m/이 독특한 대접을 받았음을 의미하는데, 이 특수성의 원인은 아마도 일본어 음절구조에서 찾아야 할 것이다.

3.3.4.20. 世

'世'는 'せ'로 읽으면 음가나이고, 'よ'로 읽으면 훈자이다. 그런데 이 '世'가 P군에서는 'せ'를 표음하고 Q군에서는 'よ'를 표음하는[68] 것이 아니다. 그리하여 일반적인 등식과는 차이가 난다.

(152) 世 → se (음가나)

安須可河泊 世久登之里世波 安麻多欲母 爲祢弖己麻思乎 世久得四里世婆 (P3545)

あすかがは せくとしりせば あまたよも ゐねてこましを せくとしりせば

あすか川 堰くと知りせば あまた夜も 率寝て來ましを 堰くと知りせば

---

66 '濫'은 다음자로서 [匣開2上銜]의 음가도 가진다.

67 앞에서 이미 '君'이 예외적임을 말한 바 있다.

68 이 'よ'를 표음하는 음가나는 '與'이다.

(153) 世 → jo (훈자)

1. 世間波 (P886) → よのなかは / 世間は
2. 朕御世爾 (P4094) → わがみよに / 我が御代に

'世'가 음가나로 사용된 것인지 훈자로 사용된 것인지는 오히려 '世'가 한어의 단어에 사용되었는가 그렇지 않은가에 달려 있다. 예컨대, 한자어인 '世間, 世人, 大御世, 常世, 萬世' 등의 '世'는 P군에 사용되었다고 하더라도 항상 훈독하여 'よ'로 읽는다. 이때의 '世'는 정훈자의 용법으로 사용되었다. 이것은 만요가나가 음가나와 훈가나의 두 가지 용법을 가진다면 우선적으로 한자어 단어에 사용된 것인지 아닌지를 먼저 검토해야 한다는 것을 뜻한다. 이것은 여타의 만요가나에서도 마찬가지이다.

3.3.5. 『만엽집』 P군의 표기

『일본서기』 가요를 β군과 α군으로 나누었듯이, 『만엽집』 가요를 음표기 가요와 훈표기 가요, 즉 P군과 Q군의 둘로 나누어야만 표기법과 음운체계 논의가 정확해진다. 이를 위해 지금까지 『만엽집』 가요에서 P군과 Q군을 분류해야 할 필요성과 그 분류 기준을 장황하게 논의했다.

이제 『만엽집』 P군의 표기법을 정리하기 위하여 P군에 사용된 음가나 목록과 그 대표자의 50음도를 작성해 보기로 한다.

3.3.5.1. 『만엽집』 P군의 음가나 목록

위에서 논의한 분류 기준에 따라 우리는 『만엽집』의 4,516수를 아래와 같이 둘로 나눈다. 위의 (71)에 제시한 것을 편의상 아래에 다시 반복했다.

(154) 『만엽집』 4,516수의 표기법 분류

표기 / 권차	음표기 가요 P군 (首)	훈표기 가요 Q군 (首)	음훈표기 가요 R군 (首)
1~4		1~792 (792)	
5	793~906 (114)		
6~13		907~3347 (2441)	
14	3348~3577 (230)[69]		
15	3578~3785 (208)		
16		3786~3889 (104)	
17~18	3890~3956 (67)		
			3957 (1)
	3958~4073 (115)		
		4074 (1)	
	4075~4138 (64)		
19			4139~4208 (70)
	4209~4210 (2)		
			4211~4219 (9)
	4220~4223 (4)		
			4224~4261 (38)
	4262~4263 (2)		
			4264~4277 (14)
	4278~4281 (4)		
			4282~4283 (2)
	4284~4292 (9)		
20	4293~4397 (105)[70]		
			4398 (1)
	4399~4516 (118)[71]		
총 4,516	1,043 (−323=720)수	3,338수	135수

우리는 독자적 기준을 제시해 가면서 음표기 가요 즉 P군과 훈표기 가요 즉 Q군의 둘로 나누고, 음표기와 훈표기가 섞여 있는 것을 음훈표기 가요 즉 R군이라 분류했다. 그런데 大野透(1962: 35, 556)가 이와 비슷한 분류를 시도한 바 있다. 우리의 P군을 B部라 하고 Q군을 A部라 하여, A부는 권1～4·권6～13의 12권이고, B부는 권5·권14～15·권17～20의 8권이라 했다. 그러나 권19의 분류에서 우리와 차이가 난다. 우리는 권19에 음표기 가요와 음훈표기 가요가 혼재한다고 했고, 음훈표기 가요를 R군이라 지칭했다. 반면에 大野透는 권19를 음표기 가요로 분류했고, 권20만은 독자적으로 사키모리 노래(防人歌)와 그 나머지 가요의 둘로 또 나누었다. 그러나 전체적 분류 기준이 무엇인지 구체적으로 제시하지 않았으므로, 우리는 우리의 독자적 분류를 따른다.

우리가 P군으로 분류한 가요는 모두 1,043수인데, 이 중에서 323수는 동국 방언을 반영하므로 논의에서 제외한다. P군에 사용된 음가나는 총 40,400여 자의 분량이지만, 아즈마 노래와 사키모리 노래의 음가나 15,500여 자를 제외하면 24,800여 자이다. P군에 총 339자가 사용되었지만, 아즈마 노래와 사키모리 노래에서만 사용된 37자를 제외하면 301자로 줄어든다. 아래의 목록에서는 P군의 전체 출현 횟수에서 동국 방언 자료에서의 출현 횟수를 제외한 출현 횟수를 음가나 목록에 덧붙였다. 예컨대, '爾1582-587=995'에서 1582는 '爾'의 전체 출현 횟수이고, 587은 방언 자료에서의 출현 횟수이다. 우리는 이 587회의 용례를 제외한 995회의 용례를 대상으로 삼아 '爾'의 P군 용례를 분석할 것이다.

(155) 『만엽집』 P군의 음가나 목록 (총 40,402-15,532=24,870자, 338-37=301자)

(27회(那) 이상 107자, 17회(无/無) 이상 123자)

爾1582-587=995 能1281-411=870 之1193-402=791 奈1311-550=761 多1107-

69 3348～3566의 219수는 아즈마 노래이고, 3567～3571의 5수는 사키모리 노래이며, 3572～3577의 6수는 아즈마 노래이다.

70 이 중에서 4321～4330(10), 4335～4360(26), 4363～4384(22), 4388～4394(7) 등이 사키모리 노래이다.

71 이 중에서 4401～4407(7), 4413～4432(20), 4436(1) 등이 사키모리 노래이다.

378=729 波1357-644=713 可1193-486=707 麻1081-439=642 等934-317=617 良936-331=605 久990-388=602 安865-310=555 都881-365=516 伎853-343=510 母839-337=502 毛762-269=493 伊770-299=471 美815-352=463 比716-259=457 流688-232=456 乎783-352=431 禮524-147=377 弖/氐626-263=363 乃729-391=338 我618-280=338 須545-207=338 許504-171=333 里471-158=313 佐519-214=305 婆421-126=295 布475-185=290 牟439-154=285 於408-150=258 登375-119=256 夜452-197=255 和433-178=255 由406-155=251 保385-137=248 宇312-107=205 奴295-97=198 知426-149=197 吉259-68=191 利285-95=190 加346-167=179 家251-88=163 氣274-116=158 米228-80=148 敝226-78=148 祢321-174=147 倍227-86=141 曾257-116=141 思285-154=131 欲162-47=115 受182-70=112 左197-88=109 呂249-141=108 阿186-80=106 志193-89=104 故141-40=99 豆170-72=98 古213-117=96 藝132-38=94 餘121-38=93 武145-53=92 也142-52=90 斯98-10=88 理124-37=87 太147-60=87 己170-87=83 世152-69=83 具125-45=80 勢100-27=73 未89-28=71 與124-60=64 夫85-21=64 蘇110-48=62 末88-27=61 追77-16=61 妣87-32=55 杼103-49=54 非81-28=53 射69-16=53 奇67-16=51 遠56-5=51 藤/騰67-17=50 刀109-61=48 敷48-4=44 惠71-27=44 延60-18=42 泥48-6=42 其75-34=41 梅44-5=39 賣58-21=37 自65-30=35 度57-22=35 枳52-17=35 賀73-40=33 治53-20=33 留53-21=32 烏34-2=32 彌38-7=31 何32-1=31 提40-10=30 要56-27=29 意34-5=29 疑48-20=28 那49-22=27(107자) 悲29-2=27 弊53-27=26 爲47-21=26 迦27-1=26 努77-52=25 天34-9=25 孤25-1=24 周23-0=23 河35-13=22 仁31-9=22 聞25-5=20 備24-4=20 路36-17=19 岐26-7=19 婢37-19=18 无/無30-13=17(123자) 播19-2=17 得18-2=16 例40-25=15 宜21-6=15 支14-0=14 毗14-0=14 底14-0=14 野28-15=13 尾13-0=13 萬24-12=12 邊13-1=12 邇12-0=12 吳12-0=12 苦14-3=11 摩11-0=11 紀11-1=10 農10-0=10 是29-20=9 低19-10=9 不17-8=9 必12-3=9 羅10-1=9 頭15-7=8 而13-5=8 遊11-3=8 企8-0=8 陀8-0=8 胡23-16=7 素16-9=7 問15-8=7 用11-4=7 遲10-3=7 袁8-1=7 口8-1=7

通8-1=7 旣7-0=7 民7-0=7 計7-0=7 期7-0=7 泊16-10=6 伴9-3=6 散8-2=6 有7-1=6 移7-1=6 衣7-1=6 飛6-0=6 漏6-0=6 于6-0=6 反6-0=6 智6-0=6 楊10-5=5 師8-3=5 南7-2=5 子5-0=5 止5-0=5 君11-7=4 勿4-0=4 越4-0=4 辨4-0=4 介4-0=4 謝4-0=4 馬15-12=3 兒10-7=3 難8-5=3 紫5-2=3 敍5-2=3 吾5-2=3 年5-2=3 時5-2=3 煩5-2=3 義4-1=3 名4-1=3 沙4-1=3 忘3-0=3 目3-0=3 事3-0=3 庫3-0=3 夏3-0=3 新3-0=3 导3-0=3 類3-0=3 洲3-0=3 筑11-9=2 富7-5=2 濃6-4=2 指4-2=2 巨3-1=2 半3-1=2 蒙3-1=2 浪3-1=2 社2-0=2 別2-0=2 斗2-0=2 地2-0=2 覇2-0=2 怨2-0=2 則2-0=2 列2-0=2 返2-0=2 滿2-0=2 面2-0=2 過2-0=2 柔2-0=2 問2-0=2 異2-0=2 綺2-0=2 味2-0=2 珠2-0=2 雄2-0=2 西20-19=1 祁9-8=1 酒7-6=1 他6-5=1 宿5-4=1 宮4-3=1 信4-3=1 去4-3=1 渚3-2=1 日3-2=1 文3-2=1 怒3-2=1 御2-1=1 慈1-0=1 愛1-0=1 帝1-0=1 丹1-0=1 昧1-0=1 樹1-0=1 茂1-0=1 迷1-0=1 儛1-0=1 僧1-0=1 耶1-0=1 隅1-0=1 肥1-0=1 遇1-0=1 陛1-0=1 卑1-0=1 微1-0=1 棄1-0=1 殊1-0=1 方1-0=1 賓1-0=1 嬪1-0=1 容1-0=1 俗1-0=1 羽1-0=1 伐1-0=1 印1-0=1 詞1-0=1 緇1-0=1 所1-0=1 此1-0=1 連1-0=1 扶1-0=1 憶1-0=1 偲1-0=1 增1-0=1 呼1-0=1 司1-0=1 川1-0=1 序1-0=1 油1-0=1 應1-0=1 授1-0=1 耳1-0=1 回1-0=1 傳1-0=1 喩1-0=1 敢1-0=1 便1-0=1 士1-0=1 施1-0=1 率1-0=1 八1-0=1 芳1-0=1 伯1-0=1 雅1-0=1 涅21-21=0 抱13-13=0 以8-8=0 已8-8=0 尼5-5=0 田4-4=0 作4-4=0 辯4-4=0 模2-2=0 叡2-2=0 求2-2=0 鷄2-2=0 四2-2=0 曳2-2=0 宗2-2=0 者2-2=0 盡1-1=0 湯1-1=0 井1-1=0 九1-1=0 代1-1=0 恥1-1=0 牙1-1=0 汝1-1=0 寐1-1=0 齊1-1=0 栖1-1=0 依1-1=0 價1-1=0 寶1-1=0 破1-1=0 祖1-1=0 特1-1=0 負1-1=0 二1-1=0 侶1-1=0 晩1-1=0

위의 '涅21-21=0, 抱13-13=0, 以8-8=0, 已8-8=0, 尼5-5=0'에서 볼 수 있듯이, 동국 방언에서만 사용된 음가나가 적지 않다. 모두 37자에 이르는데 이들은 동국 방언을 대표하는 음가나이므로 우리는 이들을 P군의 논의에서 모두 제외한

다.[72]

P군 중에서 중앙어인 야마토코토바를 반영하는 노래는 720수이고, 여기에 사용된 음가나는 모두 301자이다. 이 중에서 27회 이상 사용된 '那'까지가 마침 107자이고, 17회 사용된 '无/無'까지를 포함하면 123자가 된다. 이 두 가지 대표자 집합을 대상으로 여타 텍스트와 상호 대비하여 『만엽집』 P군의 표기법적 특징을 논의하기로 한다.

먼저, P군의 107자가 여타 텍스트의 107자와 공통되는 것을 정리해 보면 아래와 같다.

(156) P군 대표자와 여타 텍스트 대표자의 일치 (107자 기준)

1. P군 + 『고사기』 + β군 + α군 = 爾 波 能 多 麻 等 都 比 須 佐 和 宇 曾 倍 古 志 阿 豆 那 泥 彌 (21자, 19.6%)
2. P군 + 『고사기』 + β군 = 伊 毛 流 弖/氐 許 禮 布 夜 牟 知 由 呂 藝 勢 (14자, 13.1%)
3. P군 + 『고사기』 + α군 = 母 美 婆 登 奴 理 與 斯 (8자, 7.5%)
4. P군 + β군 + α군 = 之 於 利 武 枳 梅 烏 (7자, 6.5%)
5. P군 + 『고사기』 = 久 良 伎 乃 加 氣 米 受 世 故 具 蘇 杼 夫 其 賀 惠 延 賣 度 遠 治 留 疑 意 何 (26자, 24.3%)
6. P군 + β군 = 奈 保 禰/祢 (3자, 2.8%)
7. P군 + α군 = 乎 我 藤/騰 提 (4자, 3.7%)
8. P군 = 可 安 里 思 家 吉 敝 左 己 欲 太 也 餘 刀 未 末 妣 非 追 射 奇 自 要 敷 (24자, 22.4%)

위에 정리한 것을 간단히 요약해 보자. 『만엽집』 P군의 음가나가 『고사기』 음가나와 공통되는 것은 모두 69자이고, 『일본서기』 β군 음가나와 공통되는 것은

72 권14의 東歌와 권20의 防人歌는 동국의 언어로 야마토(大和) 또는 기타 중앙부와는 다른 언어이므로 제외해야 한다(橋本進吉 1950: 162).

45자이며, 『일본서기』 α군 음가나와 공통되는 것은 40자이다. 여기에서 『만엽집』 P군과 『고사기』가 음가나 목록이 가장 가깝다는 사실을 알 수 있다. 이것은 (156.5)가 26자인 데에 비하여 (145.6)과 (145.7)이 각각 3자와 4자에 불과하다는 데에서 여실히 드러난다. 더욱이 『일본서기』를 β군과 α군으로 나누지 않고 단일 텍스트로 간주하더라도 『만엽집』 P군과 『일본서기』에 공통되는 음가나는 57자에 불과하다. 『일본서기』와 공통되는 것보다 『고사기』와 공통되는 것이 12자가 더 많다. 따라서 『만엽집』 P군의 표기법이 『고사기』의 표기법과 가장 가깝다는 사실에는 변함이 없다.

(156.8)의 24자는 『만엽집』 P군에서 처음으로 대표자 지위에 오른 음가나이다. 전체의 24.3%이므로, 대략 1/4 정도에서 개신이 일어났다고 할 수 있다. 위의 (13)과 (30)에 제시한 것처럼, 『일본서기』 β군 대표자로 새로 사용된 음가나는 66자(61.7%)였고 『일본서기』 α군 대표자로 새로 사용된 음가나는 72자(67.3%)였다. 따라서 『만엽집』 P군에서 표기법의 변화가 크게 위축되었다고 말할 수 있다.

3.3.5.2. P군 대표자의 운미별 분류

『만엽집』 P군 가요의 대표자 107자를 운미별로 분류해 보면 아래와 같다.

(157) P군 가요 대표자의 운미별 분류 (107자 기준)

1. /-ø/ 운미 – 爾 波 可 之 多 麻 都 伎 美 乎 伊 比 我 須 佐 許 里 布 夜 和 知 婆 於 加 宇 奴 思 利 家 呂 古 左 志 阿 己 故 也 武 與 具 理 餘 蘇 斯 杼 妣 夫 非 追 其 賀 奇 射 自 度 枳 治 那 疑 敷 烏 彌 何 意 (64자, 59.8%)
2. /-u/ 운미 – 久 母 毛 流 牟 由 保 受 豆 刀 要 留 (12자, 11.2%)
3. /-i/ 운미 – 奈 乃 弖/氐 禮 祢 氣 米 敝 倍 世 太 藝 勢 未 惠 賣 梅 泥 提 (19자, 17.8%)
4. /-ŋ/ 운미 – 能 良 等 登 曾 藤/騰 (6자, 5.6%)
5. /-n/ 운미 – 安 延 遠 (3자, 2.8%)

6. /−m/ 운미 – 없음

7. /−p, −t, −k/ 운미 – 吉 欲 末 (3자, 2.8%)

위에서 특이한 변화 하나를 관찰할 수 있다. 『고사기』, 『일본서기』 β군, 『일본서기』 α군에서는 대표자 107자 집합에 /−p, −t, −k/의 입성운미를 가지는 음가나가 하나도 없었다. 그런데 『만엽집』 P군에서는 입성운미를 가지는 '吉, 欲, 末'의 세 자가 대표자에 포함되었다. 『만엽집』 P군의 독자성을 강조할 때에 이것을 가장 먼저 들어야 할 것이다.

『만엽집』 P군 가요의 운미별 점유율을 여타 텍스트의 점유율과 대비해 보면 P군의 대표자가 『고사기』 대표자와 가장 유사하다는 사실이 드러난다. 위의 (35)에 정리한 3종의 텍스트에 『만엽집』 P군 가요를 더하여 대비표를 작성해 보면 아래와 같다.

(158) **텍스트별 운미 점유율** (107자, %)

운미 \ 텍스트	『고사기』	β군	α군	『만엽집』 P군
/−ø/	63자 58.9%	76자 71.0%	82자 76.6%	64자 59.8%
/−u/	13자 12.1%	7자 6.5%	6자 5.6%	12자 11.2%
/−i/	18자 16.8%	17자 15.9%	13자 12.1%	19자 17.8%
/−ŋ/	6자 5.6%	7자 6.5%	6자 5.6%	6자 5.6%
/−n/	7자 6.6%	–	–	3자 2.8%
/−m/	–	–	–	–
/−p, −t, −k/	–	–	–	3자 2.8%

/-ø/, /-u/, /-i/, /-ŋ/ 운미 등의 점유율에서 『만엽집』 P군은 『고사기』 가요와 한두 자 정도밖에 차이가 나지 않는다. 양성운미 /-n/과 입성운미 /-p, -t, -k/에서만 서너 자의 차이가 난다. 반면에 『만엽집』 P군은 『일본서기』 β군뿐만 아니라 α군과는 아주 크게 차이가 난다.

일본 학자들도 『만엽집』의 표기법이 『고사기』 계통을 물려받은 것이라고 하는데, 위의 운미별 분포는 이것을 실증해 준다. 그렇다면 『만엽집』 가요를 연구할 때에는 『고사기』 가요의 표기법과 음운체계에 대한 연구가 필수적이라고 할 수 있다. 『만엽집』 가요의 표기법이 기존의 표기법과 동떨어진 것이 아니라 『고사기』 가요의 표기법을 어느 정도 계승한 것이 틀림없기 때문이다.

3.3.5.3. 『만엽집』 P군 대표자의 50음도

이제 『만엽집』 P군 가요의 대표자 123자를 대상으로 삼아 50음도를 작성해 보자. 동일 칸에 오는 음가나 중에서 출현 횟수가 많은 것을 앞에 두어 배치하면 아래의 (159)와 같다.

이 50음도에서 øE, JI, WU의 세 음절은 공백이다. 이것은 『고사기』, 『일본서기』 β군, 『일본서기』 α군에서와 마찬가지로 체계적인 공백이다. ZE 음절은 우연한 공백이다.

이 50음도에는 두 칸에 배치한 가나가 적지 않다. K행의 '河, 賀, 加, 可, 伎, 岐, 家', S행의 '須, 曾', T행의 '太, 知, 都, 提, 等, 登', P행의 '婆, 波, 妣, 比, 布, 弊, 倍, 敝, 保' 등 무려 24자나 된다.

그런데 실제로는 아주 간단하다. 즉 두 칸에 배치한 음가나는 모두 자음의 청탁 짝이다. 청음을 가지는 음가나가 탁음을 가지는 음절을 표기할 때도 있고, 반대로 탁음을 가지는 음가나가 청음을 가지는 음절을 표기할 때도 있다. 이리하여 하나의 음가나가 청음 행뿐만 아니라 탁음 행에도 배치되었을 뿐이다. 예컨대, KE 음절의 청음 행에는 '家, 氣'가 들어가 있는데, 탁음 행에는 순서만 바뀌어 '氣, 家'로 배열되어 있다. 이때에 소수의 몇몇 용례에만 나타나는 가나는 뒤쪽에 배치하여 다수의 용례와 구별했다. 즉 자음이 청음인 KE 음절은 '家'가 대표하고 탁음인 GE 음절은 '氣'가 대표한다. 한 음절 내에서 상하로 배치한 자음의 청탁 짝을 제외하면, 두 칸에 배치한 음가나가 없다.

(159) 『만엽집』 P군의 음가나 50음도 (17회(无/無) 이상 123자)

자음 \ 모음	A (ア)	I (イ)	U (ウ)	E (エ)	O (オ)
ø (ア)	安 阿	伊	宇 烏		於 意
K (カ)	可 加 迦 河 賀	伎 吉 奇 枳 岐	久	家 氣	許 古 己 故 孤
	我 賀 河 何 加 可	藝 疑 伎 岐	具	氣 家	其
S (サ)	佐 左	之 思 志 斯	須	世 勢	蘇 曾
	射	自	受 須		曾
T (タ)	多 太	知	都 追	弖/氐 提 天	等 登 刀 藤/騰
	太	治 知	豆 都	泥 提	杼 度 等 登
N (ナ)	奈 那	爾 仁	奴	祢	能 乃 努
P (ハ)	波 婆	比 非 悲 妣	布 敷	敝 倍 弊	保
	婆 波	妣 婢 比 備	夫 布	弊 倍 敝	保
M (マ)	麻 末	美 未 彌	牟 武 无/無	米 賣 梅	母 毛 聞
J (ヤ)	夜 也		由	要 延[73]	欲 與 餘
R (ラ)	良	里 利 理	流 留	禮	呂 路
W (ワ)	和	爲		惠	乎 遠

『일본서기』 음가나에서는 동일 음가나가 O열과 U열에 배치되는 것이 있었다. 이것은 O 모음과 U 모음이 서로 혼동될 수 있음을 의미한다. 그러나 『만엽집』 P군에서는 동일 음가나가 두 가지 모음에 배치되는 예가 없다. 딱 하나의 예외가 있는데, '努'가 NO 음절을 표기하는 것이 분명하지만, 코퍼스에서는 3395번 가

73 이 '要, 延'의 위치를 øE 음절에서 JE 음절로 옮겼다.

요의 '佐波太奈利努乎'과 3476번 가요의 '努賀奈敝由家婆'에 나오는 '努'는 NU 음절의 'ぬ'로 읽었다. 이 예외를 제외하면 두 가지 모음이 혼동되고 있음을 보여 주는 음가나가 없다. 이 점에서도 『만엽집』 P군의 표기법은 『일본서기』가 아니라 『고사기』의 표기법에 가깝다고 할 수 있다.

위의 50음도에서 가장 중시해야 할 것은 탈비음화한 음가나가 보이지 않는다는 점이다. 딱 하나 예외가 있다. デ/de/를 표기하는 '泥'이다. 원칙적으로 탈비음화가 일어나지 않았다는 것은 『만엽집』 P군이 표기법에서 『고사기』와 동일하고 『일본서기』와는 크게 차이가 남을 증명해 주는 결정적인 논거가 된다.

위에서 'て'를 표기하는 '而'가 음가나인지 훈가나인지 판정하기 어렵다고 했는데, 이제 『만엽집』 P군의 '而'가 훈가나라고 단정할 수 있다. '而'를 음가나라고 할 때에는 반드시 탈비음화가 일어났음을 전제한다. 그런데 『만엽집』 P군의 대표자 107자 집합에서는 탈비음화의 예가 거의 없으므로 '而'를 음가나라고 할 수가 없다. 또한 '而'의 한어 중고음은 [日開C平之]인데 4~6장에서 논의하겠지만 상대 일본어에서는 설치음 뒤의 之韻/ɪə/을 항상 /i/로 수용한다. 이 원칙에 따르면 '而'가 /ni~di/를 표음하는 것이 맞다. 그런데도 『만엽집』의 '而'가 'て'를 표기하므로 /ni~di/와 'て'가 부합하지 않는다. 이것은 '而'가 음가나가 아님을 뜻하므로, 위의 음가나 목록에서 '而'를 제외했다.

위의 (59)에서 우리는 『고사기』, 『일본서기』 β군, 『일본서기』 α군의 세 가지 텍스트를 대상으로 음절별 대표자를 대비한 적이 있다. 이제 그 대비표에 『만엽집』 P군을 더하여 음절별 대표자를 정리해 보면 아래 (160)과 같다. 각 칸의 마지막에 즉 넷째 자리에 배열한 것이 『만엽집』 P군의 음절별 대표자이다.

아래 (160)의 대비표를 활용하여 『만엽집』 P군의 대표자와 여타 텍스트의 대표자가 서로 일치하는 것을 정리해 보면 (161)과 같다.

(160) 4종 텍스트의 음절별 대표자

<table>
<tr><th>모음
자음</th><th>A (ア)</th><th>I (イ)</th><th>U (ウ)</th><th>E (エ)</th><th>O (オ)</th></tr>
<tr><td>ø (ア)</td><td>阿‖阿|阿‖安</td><td>伊‖伊|以‖伊</td><td>宇‖于|于‖宇</td><td></td><td>淤‖於|於‖於</td></tr>
<tr><td rowspan="2">K (カ)</td><td>加‖伽|柯‖可</td><td>岐‖枳|枳‖伎</td><td>久‖區|俱‖久</td><td>祁‖鷄|該‖家</td><td>許‖虛|古‖許</td></tr>
<tr><td>賀‖餓|我‖我</td><td>藝‖藝| ‖藝</td><td>‖遇|虞‖具</td><td>宜‖ ‖氣</td><td>胡‖誤|渠‖其</td></tr>
<tr><td rowspan="2">S (サ)</td><td>佐‖佐|佐‖佐</td><td>斯‖辭|之‖之</td><td>須‖須|須‖須</td><td>勢‖勢|制‖世</td><td>曾‖曾|曾‖蘇</td></tr>
<tr><td>邪‖ ‖射</td><td>士‖ |珥‖自</td><td>受‖儒|儒‖受</td><td>是‖ ‖是</td><td>叙‖ ‖曾</td></tr>
<tr><td rowspan="2">T (タ)</td><td>多‖多|陀‖多</td><td>知‖智|致‖知</td><td>都‖菟|都‖都</td><td>弖‖氐|底‖弖</td><td>登‖等|騰‖等</td></tr>
<tr><td>陀‖儺|娜‖太</td><td>遲‖ ‖治</td><td>豆‖豆|豆‖豆</td><td>傳‖涅|泥‖泥</td><td>度‖迺|騰‖杼</td></tr>
<tr><td>N (ナ)</td><td>那‖那|儺‖奈</td><td>爾‖珥|儞‖爾</td><td>奴‖怒|農‖奴</td><td>泥‖泥|泥‖袮</td><td>能‖能|能‖能</td></tr>
<tr><td rowspan="2">P (ハ)</td><td>波‖波|播‖波</td><td>比‖比|比‖比</td><td>布‖赴|賦‖布</td><td>幣‖幣|陛‖敝</td><td>富‖朋|裒‖保</td></tr>
<tr><td>婆‖麼|麼‖婆</td><td>備‖弭|寐‖妣</td><td>夫‖ ‖夫</td><td>倍‖陪|謎‖弊</td><td>煩‖朋|裒‖保</td></tr>
<tr><td>M (マ)</td><td>麻‖摩|麻‖麻</td><td>美‖瀰|瀰‖美</td><td>牟‖務|武‖牟</td><td>米‖梅|梅‖米</td><td>母‖茂|母‖母</td></tr>
<tr><td>J (ヤ)</td><td>夜‖夜|野‖夜</td><td></td><td>由‖由|喩‖由</td><td>延‖曳|曳‖要</td><td>余‖豫|與‖欲</td></tr>
<tr><td>R (ラ)</td><td>良‖羅|羅‖良</td><td>理‖利|理‖里</td><td>流‖屢|屢‖流</td><td>禮‖例|例‖禮</td><td>呂‖呂|慮‖呂</td></tr>
<tr><td>W (ワ)</td><td>和‖和|倭‖和</td><td>韋‖委|威‖爲</td><td></td><td>惠‖惠|衛‖惠</td><td>袁‖烏|嗚‖乎</td></tr>
</table>

(161) 음절별 대표자의 텍스트별 일치 양상

1. 『고사기』=β군=α군=P군 : 佐 須 豆 能 比 (5자)
2. 『고사기』=β군=P군 : 伊 藝 多 弖/氐 波 夜 由 呂 和 惠 (10자)
3. 『고사기』=α군=P군 : 都 麻 母 (3자)
4. β군=α군=P군 : 없음
5. 『고사기』=P군 : 宇 久 許 受 是 知 爾 奴 婆 布 夫 美 牟 米 良 流 禮 (17자)
6. β군=P군 : 等 (1자)
7. α군=P군 : 之 泥 (2자)

음절별 대표자에서 P군 대표자와 『고사기』 대표자가 서로 일치하는 것은 35(=5+10+3+17)자이다. 반면에, P군 대표자와 『일본서기』 β군 대표자가 서로 일치하는 것은 16(=5+10+1)자이고, P군 대표자와 『일본서기』 α군 대표자가 서로 일치하는 것은 10(=5+3+2)자이다. 여기에서도 『만엽집』 P군의 표기법이 『고사기』 가요의 표기법과 가장 가깝다는 사실이 여실히 증명된다. 특히 (161.4)의 세 가지 텍스트에서 서로 일치하는 대표자가 없다는 것은 『만엽집』 P군의 표기법이 『일본서기』 가요의 표기법과는 크게 차이가 남을 말해 준다.

(160)의 대비표에서 4종 텍스트의 대표자가 전혀 일치하지 않는 것을 모두 모아 보면 아래와 같다.

(162) 4종 텍스트의 대표자 불일치 음절 (12음절)

KA=加‖伽|柯‖可, KE=祁‖鷄|該‖家, GO=胡‖誤|渠‖其, DA=陀‖儺|娜‖太, DO=度‖迺|騰‖杼, BI=備‖弭|寐‖妣, BE=倍‖陪|謎‖弊, PO=富‖朋|裒‖保, BO=煩‖朋|裒‖保, JO=余‖豫|與‖欲, WI=韋‖委|威‖爲, WO=袁‖烏|嗚‖乎

동일 음절을 표기하는 대표자가 서로 일치하지 않는 음절은 그만큼 한 가지로 고정하여 표기하기 어려운 음절이었음을 뜻한다. 표기법의 통시적 발달 과정에 따라 표기가 하나로 고정되는 변화가 일어난다는 가설을 세울 수 있지만, (162)는 이 가설이 잘못된 것임을 말해 준다.

(162)의 12가지 음절 중에서 GO·DA·DO·BI·BE·BO의 여섯 가지 음절은 자음이 탁음이다. 따라서 자음이 탁음이면 하나의 가나로 고정하여 표기하기가 상대적으로 어려웠다고 할 수 있다. 또한 BI·BE·PO·BO의 네 가지 음절은 P·B행 음절이다. 따라서 P·B행 음절도 하나로 고정하여 표기하기가 어려웠다고 할 수 있다. JO·WI·WO의 세 가지 음절에서도 대표자가 하나로 고정되지 않는데, 그 원인은 아마도 활음(반자음) /j/나 /w/를 정확히 인지하기가 쉽지 않다는 데에 있을 것이다.

이와는 반대로, (161.1)의 SA·SU·DU·NO·PI 음절에서는 4종 텍스트의 대표자가 서로 일치한다. 여기에 탁음을 가지는 DU 음절의 '豆'가 포함되어 눈길을 끈다. 이것은 상대 일본어에 탁음이 있었음을 말해 주는 결정적인 자료이다. 세 가지 텍스트에 공통되는 (161.2)의 '藝'는 GI 음절을 표음하는데, 여기에서도 탁음을 확인할 수 있다.

3.3.6.『만엽집』Q군의 표기

이제『만엽집』Q군에 대한 논의로 넘어간다. 위의 (154)에 정리한 것처럼, 우리는 권19의 일부를 제3의 부류인 음훈표기 가요라고 하여 R군으로 약칭한 바 있다. Q군은 총 3,338수인 데에 비하여 R군은 135수이므로 R군은 양적으로 많지 않다.

표기법을 정리할 때에 이 R군을 어떻게 처리할 것인가 하는 문제가 제기된다. R군은 P군과 Q군의 표기법적 특징을 동시에 가지고 있으므로 어느 하나로 귀속하기가 어렵다. 새로운 표기법 즉 개신적 표기법이 사용되었다는 점에서는 R군을 Q군에 넣어서 기술할 수도 있다. 그러나 이렇게 Q군과 R군을 하나로 묶어서 자료를 분석하면 음표기 가요 즉 P군과 훈표기 가요 즉 Q군의 표기법적 차이가 선명하게 드러나지 않을 가능성이 있다. 이 표기법의 차이가 뚜렷이 드러나도록 자료를 처리하려면 순수한 P군과 순수한 Q군만을 분석 대상으로 삼는 것이 오히려 바람직하다. 따라서 표기법을 논의할 때에는 R군을 비교 대상에서 제외하고 순수한 Q군만 분석하기로 한다. 순수한 Q군만 해도 3,338수나 되므로 자료의 양은 충분하다.

3.3.6.1.『만엽집』Q군의 음가나 목록

『만엽집』의 훈표기 가요 즉 Q군은 총 3,338수이고 여기에 나오는 음가나는 총 15,400여 자이다. 여기에 사용된 음가나는 아래의 367자이다.

(163)『만엽집』Q군의 음가나 목록 (총 15,418자, 366자, 9회 이상 121자, 13회 이상 105자)

爾2264 乃1583 乎1243 毛926 之655 曾337 良325 可319 二278 波260 流254 奈

233 久222 毋212 能204 登178 家166 思165 左163 禮161 師145 聞140 四139 武137 都132 多131 等130 伊126 奴124 我121 佐118 也107 牟100 志92 麻91 里89 美83 倍81 許80 保75 須72 矣71 比68 和67 留60 便58 加55 婆55 杼55 世55 備55 文55 宇54 布51 安49 勢48 利47 具46 與45 伎43 太41 類40 己38 呂37 自37 賀37 米37 氣37 夜36 吉35 敍35 由35 南34 阿34 呼31 兼29 弖28 藝28 於28 難26 彌26 禰/祢26 計24 苦23 口22 仁21 萬20 豆20 鷄20 頭20 藤/騰20 知19 餘19 天19 理18 沙18 受17 努17 築/筑17 惠16 夫15 蘇14 邇14 祁14 敝13 遠12 九12(107자) 濫12 君11 羅11 不11 寶10 期10 欲9 射9 要9 妣9 刀9 巨9 年9 何9 末8 追8(123자) 邊8 盡8 智8 紫8 增8 得8 序8 代7 樂7 監7 斐7 耶7 甘7 斯6 治6 者6 低6 胡6 尼6 覽6 賣5 孤5 悲5 副5 所5 焉5 破5 古5 伐5 其5 侶5 指5 散4 播4 未4 怒4 無4 奚4 河4 爲4 粳4 三4 地4 開4 馬4 田4 戶3 問3 味3 遊3 陀3 泥3 位3 宜3 疑3 庫3 仕3 婢3 信3 士3 十3 餓3 鬼3 堤3 怜3 枳3 弩3 子3 列3 延3 紀3 小3 薄3 落3 蛾3 例3 邪3 岐3 止3 閇2 抒2 珠2 刺2 騎2 負2 當2 座2 寧2 日2 碁2 濃2 吾2 扶2 面2 虛2 是2 涅2 故2 薩2 遲2 有2 泊2 辨2 谿2 茂2 漏2 敢2 箇2 藍2 蒙2 度2 素2 經2 提2 凝2 吳2 印2 意2 于2 那2 勿2 門2 野2 尾2 寐2 見2 柴2 去2 此2 以2 企2 祇2 式2 忌2 叡2 朋2 遙2 雅2 弊1 閑1 紗1 障1 畝1 虞1 枯1 鼻1 潔1 死1 盖1 大1 弟1 人1 旨1 福1 路1 違1 塞1 伏1 用1 價1 作1 漬1 富1 甲1 間1 豫1 農1 越1 匐1 謀1 飫1 挂1 殿1 結1 示1 辛1 必1 拜1 目1 匕1 粉1 盤1 毗1 乞1 井1 架1 更1 嘉1 藻1 否1 幕1 奇1 凡1 拭1 鵡1 出1 丹1 姑1 消1 鳩1 渡1 事1 牛1 府1 酒1 西1 水1 八1 土1 群1 鳥1 繼1 就1 新1 點1 僧1 次1 塹1 宗1 馱1 彈1 干1 寺1 旱1 貴1 云1 彼1 各1 賓1 慈1 金1 積1 耳1 羽1 六1 塔1 鎌1 務1 五1 玖1 詩1 義1 支1

이 목록을 위에서 정리한 P군 음가나 목록과 대비해 보자.

P군에 등장하는 음가나는 방언 자료를 제외하면 모두 301자인 데에 비하여 Q군의 음가나는 모두 366자이다. Q군 음가나는 P군보다 대략 21.6%가 더 많다. 이것은 중앙어를 반영한 P군이 720수인 데에 비하여 Q군이 3,338수임을 감안하면 Q군에서 음가나가 크게 증가한 것이라고 할 수가 없다. 오히려 음가나의 수

량이 감소했다고 표현하는 것이 정확하다.

P군의 음가나 총량이 24,800여 자인 데에 비하여, Q군의 총량은 15,400여 자에 불과하다. P군으로 분류된 가요가 동국 방언 자료를 제외하면 720수이고 Q군으로 분류된 가요가 3,338수라는 점을 감안하면, 이 수치는 완전히 역전된 것이라 할 수 있다. Q군의 가요 수가 P군의 4.6배에 달하는데도 Q군의 음가나 총량은 P군의 1.6배 정도밖에 되지 않는다.

이처럼 역전된 원인은 Q군의 음가나가 대부분 조사나 활용형의 음절로 편중되어 있다는 데에서 찾을 수 있다. P군에서는 각종 어휘의 음절을 표기하는 음가나가 자주 사용된다. 반면에 Q군에서는 어휘의 음절을 표기하는 음가나가 대폭적으로 줄어드는 대신에 각종의 조사와 활용형을 표기하는 음가나는 대폭적으로 사용 횟수가 늘어난다.

Q군에서 조사나 활용형의 표기에 사용된 음가나의 사용 횟수가 대폭적으로 늘어난다는 것은 가장 많이 사용된 음가나와 107번째 음가나의 사용 횟수로도 다시 확인된다. P군과 Q군에서 가장 많이 사용된 음가나는 공통적으로 '爾'이다. 그런데 '爾'가 Q군에서는 2,264회나 사용되어 P군의 995회의 약 2.3배에 이른다. 반면에 107번째인 음가나의 사용 횟수는 완전히 역전된다. P군의 107번째 음가나인 '那'는 27회나 사용되었지만, Q군의 107번째 음가나는 12회밖에 사용되지 않았다. 이것은 P군에서는 각종 어휘의 다양한 음절을 음가나로 표기했지만, Q군에서는 어휘 음절의 표기에 사용된 음가나는 상대적으로 아주 적고 조사나 활용형의 음절을 표기한 것은 아주 많다는 것을 뜻한다.

이제, 여타 텍스트의 음가나와 대비하기 위하여 Q군의 대표자 107자와 123자 집합을 정리해 본다.

(163)의 목록에서 13회 이상 출현하는 음가나는 105자이다. 여기에 12회 사용된 '遠, 九'를 추가하여 107자 집합을 만들기로 한다. 12회 사용된 음가나는 '遠, 九, 濫'의 셋인데, '濫'이 2음절인 /ramu/를 표기하므로 '濫'을 제외했다.

다음으로 123자 집합을 작성한다. (163)의 목록에서 9회 이상 출현하는 음가나는 121자이다. 따라서 8회 출현하는 '末, 追, 邊, 盡, 智, 紫, 增, 得, 序'의 9자 중에서 '末, 追'를 추가하여 123자 집합을 만들기로 한다. 입성자의 희소성을 오히려 중시하여 '末'을 택했다.

이제, 107자 집합을 대상으로 삼아 위의 (156)과 마찬가지로 Q군 대표자와 여타 텍스트 대표자의 상호 일치 상황을 정리해 본다.

(164) Q군 대표자와 여타 텍스트 대표자의 일치 (107자 기준)

1. Q군 + 『고사기』 + β군 + α군 + P군 = 爾 曾 波 能 都 多 等 佐 志 麻 倍 須 比 和 宇 阿 豆 彌 (18, 16.8%)
2. Q군 + 『고사기』 + β군 + P군 = 毛 流 禮 伊 牟 許 布 勢 呂 夜 由 弖 藝 知 (14, 13.1%)
3. Q군 + 『고사기』 + α군 + P군 = 母 登 奴 美 婆 與 理 (7, 6.5%)
4. Q군 + β군 + α군 + P군 = 之 武 利 於 (4, 3.7%)
5. Q군 + 『고사기』 + β군 + α군 = 없음
6. Q군 + 『고사기』 + P군 = 乃 良 久 留 加 杼 世 具 伎 賀 米 氣 受 惠 夫 蘇 (16, 15.0%)
7. Q군 + β군 + P군 = 奈 保 禰/祢 (3, 2.8%)
8. Q군 + α군 + P군 = 乎 我 藤/騰 (3, 2.8%)
9. Q군 + 『고사기』 + β군 = 없음
10. Q군 + 『고사기』 + α군 = 없음
11. Q군 + β군 + α군 = 없음
12. Q군 + P군 = 可 家 思 左 也 里 安 太 己 自 吉 餘 (12, 11.2%)
13. Q군 + 『고사기』 = 備 祁 遠 (3, 2.8%)
14. Q군 + β군 = 鷄 (1, 0.9%)
16. Q군 + α군 = 없음
17. Q군 = 二 師 聞 四 矣 便 文 類 敍 南 呼 秉 難 計 苦 口 仁 萬 頭 天 沙 築/筑 邇 敝 九 努 (26, 24.3%)

위의 분석표에서 『만엽집』의 Q군 대표자가 P군 대표자와 일치하는 것을 모아 보면 모두 76자이고, 일치율이 71.0%나 된다. Q군 대표자가 『고사기』 대표자와 일치하는 것은 58자이고 일치율은 54.2%이다. Q군 대표자가 『일본서기』 β군과 일치하는 것은 40자이고 일치율은 37.4%이다. Q군 대표자가 『일본서기』 α군과 일치하는 것은 32자이고 일치율은 29.9%이다.

여기에서 『만엽집』의 Q군과 P군이 음가나 표기법에서 가장 가까운 관계임이 드러난다. 그 다음으로 『만엽집』의 Q군과 가까운 것은 『고사기』이다. 반면에 『만엽집』 Q군은 『일본서기』의 β군이나 α군과는 상대적으로 거리가 먼 편이다. 『만엽집』 P군에서 도출했던 결론과 Q군에서 도출한 결론이 서로 일치한다.

(164.1)의 18자는 5종의 텍스트에서 항상 대표자에 선정되므로, 상대 일본의 가요 표기에서 가장 중요한 위치를 차지한다. 반면에 『만엽집』 Q군의 특수성을 강조할 때에는 Q군에서만 대표자로 선정되는 (164.17)의 25자에 주목할 필요가 있다. 이 25자 중에서 양성운미나 입성운미를 가지는 것이 의외로 많다는 점이 눈길을 끈다.

3.3.6.2. Q군 대표자의 운미별 분류

Q군 대표자 107자를 운미별로 분류해 보면 아래와 같다.

(165) Q군 가요 대표자의 운미별 분류 (107자 기준)

1. /-ø/ 운미 – 爾 乎 之 可 二 波 家 思 左 師 四 武 都 多 伊 奴 我 佐 也 志 麻 里 美 許 須 矣 比 和 加 婆 杼 備 宇 布 利 具 與 伎 類 己 呂 自 賀 夜 敍 阿 呼 於 彌 苦 豆 知 餘 理 沙 努 夫 蘇 邇 祁 (60, 56.1%)
2. /-u/ 운미 – 毛 流 久 母 牟 保 留 由 口 頭 受 九 (12, 11.2%)
3. /-i/ 운미 – 乃 奈 禮 倍 世 勢 太 米 氣 弖 藝 禰/祢 計 鷄 惠 敝 (16, 15.0%)
4. /-ŋ/ 운미 – 曾 良 能 登 等 藤/騰 (6, 5.6%)
5. /-n/ 운미 – 聞 便 文 安 難 仁 萬 天 遠 (9, 8.4%)

6. /−m/ 운미 − 南 兼 (2, 1.9%)

7. /−p, −t, −k/ 운미 − 吉 築/筑 (2, 1.9%)

이 분류만으로는 Q군 음가나의 운미별 특징이 잘 드러나지 않으므로, 위의 (158)에 정리한 텍스트별 운미 점유율에 Q군에서의 점유율을 더하여 대비해 보기로 한다.

(166) 5종 텍스트별 운미 점유율 (107자, %)

텍스트 / 운미	『고사기』	β군	α군	P군	Q군
/−ø/	63자 58.9%	76자 71.0%	82자 76.6%	64자 59.8%	60자 56.1%
/−u/	13자 12.1%	7자 6.5%	6자 5.6%	12자 11.2%	12자 11.2%
/−i/	18자 16.8%	17자 15.9%	13자 12.1%	19자 17.8%	16자 15.0%
/−ŋ/	6자 5.6%	7자 6.5%	6자 5.6%	6자 5.6%	6자 5.6%
/−n/	7자 6.6%	−	−	3자 2.8%	9자 8.4%
/−m/	−	−	−	−	2자 1.9%
/−p, −t, −k/	−	−	−	3자 2.8%	2자 1.9%

위의 대비표에서 『만엽집』 Q군의 운미별 분류가 P군의 분류와 가장 가깝다는 것이 드러난다. 우선 입성운미 /−p, −t, −k/를 가지는 음가나가 각각 2~3자이고, /−ø/ 운미의 점유율도 별로 차이가 없다. Q군과 두 번째로 가까운 것은 『고사기』이다. 양성운미 /−n/을 가지는 대표자가 각각 9자와 7자로 비슷하고 /−ø/, /−u/, /−i/, /−ŋ/ 운미에서는 별로 차이가 나지 않는다. 입성운미의 점유율을 제

외하면 Q군은 P군보다는 오히려 『고사기』와 더 가깝다고 할 수 있을 정도이다. 운미별 점유율에서 가장 동떨어진 점유율을 보이는 텍스트는 역시 『일본서기』 α군과 β군이다.

『만엽집』 Q군의 특수성을 강조할 때에는 역시 /-m/ 운미를 가지는 음가나가 Q군의 대표자에 포함된다는 사실을 들어야 한다. 대표자에 든 '南, 兼'의 2자뿐만 아니라 '濫, 監, 覽' 등도 /-m/ 운미를 가진다. 따라서 /-m/ 운미를 가지는 음가나가 Q군에서 널리 사용된다고 결론지을 수 있다.

3.3.6.3. 『만엽집』 Q군 대표자의 50음도

이제 『만엽집』 Q군의 대표자를 50음도에 넣어 보기로 한다. 이때에는 위에서와 마찬가지로 123자 집합을 대상으로 한다.

아래의 50음도에서 아주 중요한 특징이 한눈에 들어온다. 123자만으로는 채워지지 않고 빈칸으로 남아 있는 공백이 의외로 많다는 점이다. KI, ME, RO, JU, WI 음절을 표기하는 대표자가 없다. 그 밖에도 GE, ZI, ZE, DA, DI, BO 음절도 공백이지만 이들은 탁음을 가지는 음절이므로 공백일 가능성이 있다. 또한 øE, JI, WU 음절도 공백이지만 이 세 음절은 위에서 이미 지적한 것처럼 체계적인 즉 음운론적 근거가 있는 공백이다. 그러나 KI, ME, RO, JU, WI의 다섯 가지 음절이 공백인 것은 처음이므로 갑자기 당황하게 된다. 이들은 청탁 구별과 관계가 없고 체계적인 공백도 아닐뿐더러, 『고사기』와 『일본서기』 가요의 대표자 중에는 KI, ME, RO, JU 음절을 표기하는 대표자가 항상 있었기 때문이다.

이처럼 공백인 음절이 많은 원인은 문법 형태에 해당하는 음절이 『만엽집』 Q군의 주요한 표기 대상인 반면에 어휘 형태의 음절은 주요 대상이 아니라는 데에서 찾을 수 있다. 이것은 『고사기』, 『일본서기』 α군, 『일본서기』 β군, 『만엽집』 P군에서는 볼 수 없는 『만엽집』 Q군만의 독특한 특징이다. 즉 5종의 텍스트 중에서 어휘 형태의 음절이 적극적 표기 대상이 아닌 것은 『만엽집』 Q군밖에 없다. 그 결과 대표자만으로는 채울 수 없는 공백이 남는다.

(167) 『만엽집』 Q군의 음가나 50음도 (123자, 9회 이상 121자 + 末, 追)

모음 / 자음	A (ア)	I (イ)	U (ウ)	E (エ)	O (オ)
ø (ア)	安	伊	宇		於
K (カ)	可 加	枳3	久 苦 口 九 君	家 兼 計 鷄 祁	許 巨
	我 何	藝	具		期
S (サ)	左 佐 沙	之 思 師 四 志	須	世 勢	蘇 曾
	射		受		曾
T (タ)	多	知	都 築/筑 追 豆	弖 天	登 等 藤 /騰 刀
			豆 頭 都	弖 天	杼 藤/騰 登 等
N (ナ)	奈 難	爾 二 仁 邇	奴	禰/祢 年	乃 能 努
P (ハ)	波	比	布 不	敝 倍	保 寶
	婆 波	備 妣	夫	便 倍	
M (マ)	麻 萬 末	美 彌	武 牟	賣5	毛 母 聞 文
J (ヤ)	也		遊3	要[74]	餘 欲
R (ラ)	良 濫 羅	里 利 理	流 留	禮	侶5
W (ワ)	和	爲4		惠	乎 矣 遠

KI, ME, RO, JU, WI의 다섯 가지 음절은 대표자 123자로는 채워 넣을 수 없으므로, 대표자가 아닌 음가나에서 골라 채워 넣기로 한다. 위의 50음도에서는 출현 횟수가 9회 이하인 음가나에서 골라 공백을 메웠다. KI 음절의 '枳3', ME 음절의 '賣5', RO 음절의 '侶5', JU 음절의 '遊3', WI 음절의 '爲4'가 추가된 음가나이다. 대표자가 아님을 나타내기 위하여 위의 50음도에서는 이들에 출현 횟수를 부기했다.

그런데 대표자를 선정하는 과정에서 여러 가지 문제를 만나게 된다.

첫째로, 음가나인지 아닌지를 가리기 쉽지 않은 글자가 있다는 점이다. 우리는

74 이 '要'의 위치를 øE 음절에서 JE 음절로 옮겼다.

처음에는 '雄'이 WO 음절을 표기하고 '迹/跡'이 TO 음절을 표기하는 음가나로 판단했다. 그런데 '雄'의 음독은 'ゆう'이고 훈독은 'お, おす'이므로 WO 음절을 표기한 '雄'을 훈가나로 보는 것이 더 타당하다. '迹/跡'의 음독도 TO 음절과는 음상이 연결되지 않는 'しゃく, せき'이다. 이러한 문제점을 늦게야 발견하고 '雄'과 '迹/跡'을 음가나 목록에서 제외하게 되었다.

둘째로, 하나의 글자가 두 가지 음가를 표기할 때에 하나로 합산할 수 있는가 하는 문제이다. 그런 예로는 '通'을 들 수 있다. '通'의 음독은 'つ, つう'이므로, '通'이 아래의 (168)에서 TU 음절을 표기한 것은 정상적인 음가나 용법이다.

(168) 『만엽집』 Q군의 '通' 용례

TU: 深去通都{更けにつつ}(282), 多藝通瀨每爾{たぎつ瀨ごとに}(314), 消通都{消ちつつ}(319), 通良久茂{つらくも}(485), 鞍四通{暮らしつ}(1220), 左耳通良布[さにつらふ](3811), 成通{成しつ}(4261)

TO: 未通女{娘子, をとめ}(366, 501, …)

그런데 이것만으로는 용례가 부족하여 '通'을 대표자에 넣을 수가 없다. 만약에 용례가 아주 많은 '未通女'{娘子, をとめ}를 추가하면 이것이 가능하다. 우리는 한국 한자음에 이끌려 처음에는 '通'이 TO 음절을 표기할 수 있다고 판단했다. 그러나 '通'의 일본어 음독은 'つ, つう'이므로, '通'이 TU 음절을 표기할 수 있지만 TO 음절은 표기할 수 없다. 이에 따르면 '通'이 음가나로 사용된 용례가 TU 음절의 여섯 가지뿐이므로 대표자 목록에서 '通'을 제외해야 마땅하다.[75]

이제, Q군의 대표자 중에서 자음의 청탁을 구별하지 않고 표기한 예를 찾아본다. '曾, 都, 豆, 弖, 天, 登, 等, 藤/騰, 波, 倍'의 10자가 청음절을 표기하기도 하고 탁음절을 표기하기도 한다.

75 그런데도 우리는 6장에서 '通'을 음운 분석의 대상으로 삼을 것이다. 透母/t^h/나 東韻/uŋ/의 수용 양상을 정리하려면 [透中1平東]의 음가를 가지는 '通'을 추가하는 것이 편리하기 때문이다.

먼저 '曾'의 용례를 살펴본다. '曾'은 대명사 'そ'를 비롯하여 계조사 'こそ'를 표기할 때에 사용되고, 스스로 강하게 다짐하거나 의문과 호응하여 부정하는 사물을 가리키는 종조사 'ぞ'를 표기하기도 한다. 그리하여 'そ'를 표기한 예와 'ぞ'를 표기한 예의 다소를 판정하기 어려울 정도로 용례가 비슷하다.

(169) 『만엽집』 Q군의 '曾' 용례

SO: 吾許曾{我れこそ}(1), 曾許之{そこし}(16), 於曾能{おその}(126), 亂曾{亂ひそ}(137), 波祢曾{撥ねそ}(153), 宇都曾見乃{うつそみの}(165), 曾知餘里{そちより}(199), …

ZO: 曾{종조사 ぞ}(5 …), 珠曾{玉ぞ}(12), 雲居爾曾{雲居にぞ}(52), 山曾{山ぞ}(84), 物乎曾{物をぞ}(125), 吾曾{我れぞ}(127), 伊久里爾曾{海石にぞ}(135), 吉雲曾無寸{よけくもぞなき}(210), …

'曾'은 한어 중고음에서 [從開1平登]과 [精開1平登]의 두 가지 음가를 가지는 다음자이다. 從母는 유성음 /dz/이고 精母는 무성음 /ʦ/이므로 '曾'은 한어에서 이미 유성음과 무성음의 두 가지 음가이다. 따라서 '曾'의 유·무성 논의에서는 한어 중고음보다는 일본에서의 수용 양상이 오히려 중요하다. 『고사기』 가요에서는 '曾'이 'そ'와 'ぞ'의 두 가지를 표기하지만 『일본서기』 가요에서는 무성의 'そ'만 표기한다. 그런데 위에 보인 것처럼 『만엽집』 Q군에서는 'そ'와 'ぞ'의 두 가지를 표기하므로 『만엽집』 Q군은 『고사기』와 계통이 같다고 말할 수 있다.

다음으로, TU 음절을 표기하면서 동시에 DU 음절도 표기하는 대표자를 찾아본다. 여기에는 '都'와 '豆'의 두 가지가 있다.

(170) 『만엽집』 Q군의 '都' 용례

TU: 多都{立つ}(2), 都久{つく}(19), 國都{國つ}(33), 四寶三都良武香{潮滿つらむか}(40), 都麻手乎{つまでを}(50), 都加倍{仕へ}(53), 都良々々爾[つらつらに](54), 見都良武香{見つらむか}(132), …

DU: 多都祢{たづね}(85), 伊伎都枳{息づき}(1520), 隱都麻鴨{こもりづまかも}(3266), 人都末乃{ひとづまの}(3314), 秋都氣婆{秋づけば}(4160, 4161), 伊夜目都良之久{いやめづらしく}(4166), 可都良久{かづらく}(4175), 之都久{しづく}(4199), 奈都美弖{なづみて}(4230)

(171) 『만엽집』 Q군의 '豆' 용례

TU: 佐豆{さつ}(1816), 見豆良牟可{見つらむか}(2353)

DU: 多豆乃{たづの}(90), 多豆多頭四{たづたづし}(709), 多豆水{たづみ}(4214), 多豆渡{鶴渡る}(1160), 和豆肝{わづきも}(5), 此美豆山者{この瑞山は}(52), 和多豆乃{柔田津の}(131), 名豆颯{なづさふ}(430), 河豆鳴{かはづ鳴く}(1106), 左豆我{さづが}(1326), 引豆良比{引こづらひ}(3300), 可豆久登毛{潜くとも}(3869), 己母利豆麻可母{隱り妻かも}(4148), …

'都'는 한어 중고음이 [端中1平模]이다. 端母/t/는 무성음이므로 DU 음절보다는 TU 음절을 표기하기에 알맞다. 그런데도 DU 음절을 표기한 예가 적지 않은데, 이것은 복합어 사이에서 일어나는 연탁 규칙에 그 원인이 있다. 대표적인 예로 '隱都麻'를 들 수 있다. 이것은 'こもり(隱) # つま(妻)'의 복합어이고, 후행하는 'つま'에 연탁 규칙이 적용되어 'づま'가 되었다. '人 # 都末'에도 연탁이 적용되어 'ひとづま'가 되었다. 따라서 자음이 탁음인 예들은 복합어인지 아닌지를 먼저 확인하고 나아가서 연탁 규칙으로 해석할 수 있는지 확인할 필요가 있다.

그렇다 하더라도 '都'와 '豆'가 DU 음절을 표기한 예 중에는 연탁으로 기술할 수 없는 것들이 적지 않다. 특히 '豆'는 전기 중고음이 [定中1去侯]=/dəu/^{D}로 재구되고, 이 定母/d/가 상대 일본어에서 탁음으로 수용되는 것이 원칙이다. (171)에서 TU 음절의 예는 아주 적지만 DU 음절의 예는 아주 많다는 데에서 이 원칙을 확인할 수 있다.

다음으로, TE 음절과 DE 음절을 동시에 표기하는 '弖, 天'의 용례를 검토해 본다.

(172) 『만엽집』 Q군의 '弖' 용례

TE: −弖{활용 て}(36, 38, …), 見我弖利{見がてり}(81), 弖流{照る}(177), 多弖爾{たてに}(1429), 須惠弖曾{据えてぞ}(4154)

DE: 麻弖/萬弖{조사 まで}(485, 1809, …)

(173) 『만엽집』 Q군의 '天' 용례

TE: −天{활용 て}(194, 443, …)

DE: 麻天{조사 まで}(1706)

위의 예에서 볼 수 있듯이, '弖'와 '天'이 DE 음절을 표기한 용례는 조사 'まで' 하나로 한정된다. 따라서 '弖'와 '天'이 원래는 TE 음절을 표기했지만, 독특하게도 'まで'에서는 모종의 형태론적 원인에 의해 탁음화가 일어났으리라 추정할 수 있다. '弖'는 '氐'의 古字로서(紅林幸子 2003, 이승재 2013: 68) 전기 중고음이 [端開4平齊]=/tei/^{L}이고, '天'은 [透開4平先]=/t^{h}en/^{L}이다. 상대 일본어에서는 端母/t/와 透母/t^{h}/가 청음 /t/로 반영되는 것이 원칙이므로, 'まで'의 'で'를 '弖' 또는 '天'으로 표기한 것은 분명히 예외적이다.

한편, 조사 'まで'의 표기에 '麻弖/萬弖'뿐만 아니라 '麻天'도 사용되었다는 점에 주목할 필요가 있다. 더욱이 활용형 '−て'를 표기할 때에도 '弖'뿐만 아니라 '天'도 사용되었다. 이것은 '弖'와 '天'이 동음 이표기 관계임을 뜻한다. 동일 형태를 서로 다른 두 가지의 음가나로 표기했다면 그 둘은 항상 동음 관계이고, 동음 관계인 두 음가나에는 동일 음가를 부여해야 한다. 따라서 우리는 6장에서 '弖'와 '天'에 동일 음가 /te/를 배당할 것이다.

다음으로, TO와 DO 음절로 넘어간다. 이들은 '登, 等, 藤/騰'으로 표기되었다.

(174) 『만엽집』 Q군의 '登' 용례

TO: 登{조사 と}(5, 8, …), 登麻里/登萬里{泊り}(122, 247/ 151), 能登[能登](314, 1861, …), 登保里{とほり}(458), 比登{人}(744), 久禮久禮登{くれくれと}(3237),

登保里{通り}(3811), 延於保登禮流{延ひおほとれる}(3855), 其登久{ごとく}(4160), 登麻良奴{止まらぬ}(4160), 乎登古{壯士}(4211), 登聞仁{ともに}(4254)

DO: 不成登裳{ならねども}(1860), 河波知登里{川千鳥}(4147), 待登待可祢{待てど待ちかね}(4253)

(175)『만엽집』 Q군의 '等' 용례

TO: 等{조사, 활용 と}(13, 26, …), 等保理/等保里{廻り}(239/ 4228), 伊等{いと}(786, 4219), 毛等奈也{もとなや}(1526), 等萬里{泊り}(1732), 保等穗跡{ほとほと}(1979), 毛等{本}(3817), 等母/等毛{伴}(4156/ 4189), 等寶利氏{通りて}(4156), 其等久{ごとく}(4160), 等騰米可祢都母{留めかねつも}(4160), 美許等/美己等{命}(4164/ 4164), 等理{取り}(4164), 其等{ごと}(4166, 4186), 等餘{響}(4177, 4180, …), 等之{年}(4189), 比等里{ひとり}(4208), 毛等{もと}(4245), 等母{艫}(4254), 等登能倍{整へ}(4254)

DO: -等{활용 edo}(2, 4255), 有等毛{あれども}(920), 登等美爾{とどみに}(1780), 知等理{千鳥}(4146)

(176)『만엽집』 Q군의 '藤/騰' 용례

TO: 騰{조사 と}(89), 碁騰{ごと}(112), 騰遠{とを}(217), 騰毛爾{艫に}(4245)

DO: -騰{활용 ど}(131, 135, …), 餘藤/與騰{淀}(325, 2712/ 490), 安騰毛比/阿騰母比{率ひ}(199/ 1780), 奈騰可聞{などかも}(509), 左乎騰流{さ躍る}(4148), 等騰米可祢都母{留めかねつも}(4160)

한어 중고음으로 '登'은 [端開1平登]이고 '等'은 [端開1上登]이다. 이 둘의 분절음은 /təŋ/으로 동일하고 성조에서만 차이가 난다. 둘 다 端母/t/를 가지므로 '登'과 '等'은 청음절 TO를 표기하는 것이 원칙이다. 그런데도 소수의 예에서 탁음절 DO를 표기한다. 이들은 아마도 예외적인 표기일 것이다.

반면에, '藤'과 '騰'의 전기 중고음은 [定開1平登]=/dəŋ/[L]으로 서로 같다. 이 '藤'

과 '騰'이 유성음 /d/를 가지는 데에 반하여 '登, 等'은 무성음 /t/를 가진다. (176)의 용례를 살펴보면, '藤/騰'이 'ど'를 표기하는 것이 원칙인 데에 반하여 'と'를 표기하는 것이 예외적임이 드러난다. 이것은 한어 중고음의 유·무성 대립을 『만엽집』 Q군에서 그대로 수용했음을 말해 준다.

한편, '登'과 '等'의 용례를 대비해 보면 동일 형태를 표기한 예가 아주 많다는 사실이 드러난다. 조사 'と'의 표기에 '登'뿐만 아니라 '等'도 사용되었고, '通り'의 표기에 '登保里'와 '等寶利'가 사용되었다. '如'의 뜻을 가지는 'ごとく'의 표기에 '其登久'도 사용되고 '其等久'도 사용되었다. 이들은 '登'과 '等'이 동음 관계임을 뜻하므로 이 두 음가나는 동일 음가를 가진다. 그런데 앞에서 이미 말한 것처럼 한어 중고음에서도 '登'과 '等'의 음가가 서로 일치한다.

다음으로, PA 음절과 BA 음절을 동시에 표기하는 '波'를 논의한다. 아래에서 확인할 수 있듯이, PA 음절을 표기한 것이 압도적으로 많다.

(177) 『만엽집』 Q군의 '波' 용례

PA: 波{조사 は}(2, 11, …), 波良{原}(14), 取波氣{取りはけ}(99), 波思吉/波之伎/波之吉{はしき}(113/ 131/ 474, 479), 加欲波久{通はく}(113), 波祢曾{撥ねそ}(153), 弓波{弓弭}(199), 波之爾{はしに}(199), 伊波比{い匍ひ}(199, 239), 宇波{うは}(221, 631), 難波{なには}(229, 312, …), 爾波{庭}(256, 388), 佐波二/左波爾/佐波爾{さはに}(273/ 322, 389, …/ 382), 阿波受{逢はず}(522), 波都波都爾{はつはつに}(701), 阿波{阿波}(998), 波祢{はね}(1112), 伊波比{齋ひ}(1262), 波豆麻{波豆麻}(1273), …

BA: -波{활용 ば}(36, 196, …), 和氣乎波{わけをば}(552), …

전기 중고음으로 '波'는 [幇中1平戈]=/pwɑ/^{L}이므로 청음인 PA 음절을 표기하는 것이 원칙이다. 이에 따라 '波'가 BA 음절을 표기한 것은 몇몇 특수 형태로 한정된다. 대표적인 예로 양보의 의미를 가지는 /-eba/의 /ba/를 들 수 있다. 이것을 제외하면 '波'는 대부분 PA 음절을 표기한다.

다음으로, PE 음절과 BE 음절을 동시에 표음하는 '倍'의 용례를 검토한다. '倍'는 '-까지도, -조차, -마저'의 의미를 가지는 조사 'さへ'를 표기하는 데에도 사용되고, 가능·능력이나 당위의 조동사 'べし, べき, べく'를 표기하는 데에도 사용된다. 청음절 'へ'뿐만 아니라 탁음절 'べ'도 표기하므로 매우 특이한 가나라고 할 수 있다.

(178) 『만엽집』 Q군의 '倍' 용례

PE: 左倍{조사 さへ}(198, 477, …), 奈倍/名倍{なへ}(209, 286, …/ 52), 宇倍{上}(50, 84, …), 都加倍{仕へ}(53), 可倍波{替へば}(285), 阿倍{阿倍}(359, 366), 安倍而{あへて}(388), 可倍弖{交へて}(481), 絶多倍{たゆたへ}(1389), 流倍{流らへ}(1420), 可欲倍杼母{通へども}(1521), 與曾倍弖{よそへて}(1641), 曾倍而{そへて}(1642), 常之倍爾{とこしへに}(1682), …

BE: 倍之/倍思/倍吉/倍久{조동사 べし, べき, べく}(17/ 18, 71, …/ 166, 422, …/ 199, 1478, …), 師吉名倍手{しきなべて}(1), 浮倍{浮かべ}(50), 阿倍{阿倍}(284), 宇倍{うべ}(310, 938, …), 夕倍爾{ゆふべに}(1520), …

그런데 '倍'의 용례 중에서 PE 음절을 가지는 '名倍, 阿倍, 宇倍'와 BE 음절을 가지는 '名倍, 阿倍, 宇倍'가 표기상으로 서로 일치하고 그 의미도 사실은 같다. 그렇다면 一字一音의 원칙에 따라 'へ'와 'べ'의 둘 중에서 어느 하나로 통일하여 해독하는 것이 원칙이다. 그런데도 코퍼스에서 이 둘로 구별하여 해독한 것은 아마도 후대 일본어의 청탁 구별을 의식한 결과일 것이다.

전기 중고음에서 '倍'는 [並中1上灰]와 [並中1去灰]의 음가 즉 /bəi/$^{R/D}$로 추정된다. 유성음인 並母/b/는 상대 일본어에서 탁음으로 수용하는 것이 원칙이므로 '倍'는 원칙적으로 'べ'를 표기한다고 할 수 있다. 그런데도 청음절 'へ'를 표기한 예가 아주 많다.

위의 여러 예에서 확인할 수 있듯이, 한어 중고음에서 성모가 무성음인 것은 『만엽집』 Q군에서도 청음절을 표기한 것이 대부분이고 탁음절을 표기한 것은

소수에 불과하다. 반면에, 한어 중고음에서 유성음인 것은 일본어의 탁음절을 표기한 것과 청음절을 표기한 것이 양적으로 거의 차이가 나지 않거나 탁음절을 표기한 용례가 더 많다. 그런데 '倍'가 'へ'를 표기한 용례와 'べ'를 표기한 용례는 양적으로 차이가 없다. 이것은 '倍'가 'べ'를 표기한 것이 원칙임을 암시한다. 이와는 달리 청음절 'へ'를 표기한 것은 후대의 어형이나 통시적 변화를 반영한 표기일 가능성이 있다. 예컨대, 탁음청화가 일어난 이후에는 '倍'로 'へ'를 표기하는 것이 가능해진다.

우리의 분석 대상에서 제외했지만, 세 가지 음가로 해독된 '部'를 참고삼아 정리해 둔다. 코퍼스에 따르면 '部'는 PE 음절과 BE 음절뿐만 아니라 PU 음절도 표음한다. '部'는 전기 중고음이 [並中1上侯]이므로 /bəu/[R]로 추정된다. 성모가 유성음인 並母/b/이므로 위에서 정리한 원칙에 따르면 'へ'가 아니라 'べ'를 표기하는 것이 원칙이다.

(179) 『만엽집』 Q군의 '部' 용례

PE: 部{조사 へ}(38, 271, …), ー部{활용 へ}(46, 199, …), 下部留{したへる}(217), 部都{辺つ}(1206), 吉野部{よしのへ}(3230), 都我部等{繼がへと}(3329), 部立丹{隔てに}(3339)

PU: 物部{もののふ}(76, 369, …), 物乃部{もののふ}(264), 伴部{伴の部}(971), 眞白部乃{眞白斑の}(4154)

BE: 部寸{조동사 べき}(642), 高部{たかべ}(258, 2804), 夷部{ひなべ}(1019), 三名部{みなべ}(1669), 守部{もりべ}(2251), 爲須部{爲むすべ}(3274, 3276, …), 須部奈見{すべなみ}(3286), 卜部{占部, うらべ}(3811, 3812)

그런데도 조사 'へ'뿐만 아니라 활용형의 'へ'도 표기한다. 더욱이 코퍼스에 따르면 '物部, 物乃部, 伴部, 眞白部' 등의 '部'가 'ふ'에 대응한다. 그리하여 '部'가 마치 'べ, へ, ふ'의 세 가지 음절을 표기한 것처럼 보인다. 이것은 일자일음의 원칙에 어긋난다. 이처럼 해독 결과가 다양한 것은 부명(部名)을 다양하게 읽은 데에

서 그 원인을 찾을 수 있다. 부명은 특정 전문직을 담당한 씨족 집단을 지칭하는데, '高部, 夷部, 三名部, 守部, 爲須部' 등의 '部'는 'べ'로 읽으면서도 '下部, 吉野部, 都我部'의 '部'는 'へ'로 읽고 '物部, 物乃部, 伴部, 眞白部'의 '部'는 'ふ'로 읽었다. 이것은 분명히 잘못된 해독이다.

沖森卓也(2009)는 이들 부명의 '部'를 'べ' 하나로 고정하여 읽고, '部'가 음가나가 아니라 훈가나라고 했다. 우리는 이것을 따라서 '部'를 분석 대상에서 제외했다. 음운론에서는 음가나만을 분석 대상으로 삼기 때문이다.

지금까지 『만엽집』 Q군에서 청음절과 탁음절을 동시에 표기하는 대표자들의 용례를 검토해 보았다. 그 결과를 요약하면 다음과 같다. "한어 중고음에서의 유·무성 대립이 『만엽집』 Q군에서도 청탁 대립으로 그대로 유지된다." 이 원칙에 어긋난 것들은 후대의 변화를 반영한 것이거나 해독이 잘못된 것들이다.

이 원칙을 아주 쉽게 확인하는 방법이 있다. 탁음절의 표기에만 사용되는 음가나가 한어 중고음에서도 성모가 유성음인가를 확인해 보는 방법이다. (167)의 50음도에서 탁음절의 표기에만 사용된 가나로는 '我, 藝, 具, 期, 射, 受, 頭, 杼, 婆, 備, 夫, 便'이 있다. 이들의 한어 중고음을 정리하면 아래와 같다.

(180) 『만엽집』 탁음절 표기자의 한어 중고음과 그 수용

1. 我[疑開1上歌]=/ŋɑ/^{R}〕ガ/ga/
2. 藝[疑開A去祭]=/ŋɪɛ/^{D}〕ギ/gi/
3. 具[群中C去虞]=/gɥo/^{D}〕グ/gu/
4. 期[群開C平之]=/gɪə/^{L}〕ゴ^{乙}/gə/
5. 射[船開AB去麻]=/dʑɛ/^{D}〕ザ/za/[76]
6. 受[常中C上尤]=/ʑɪəu/^{R}〕ズ/zu/
7. 頭[定中1平侯]=/dəu/^{L}〕ヅ/du/
8. 杼[澄中C上魚]=/dɪo/^{R}〕ド^{乙}/də/

76 '射'는 다음자로서 [船開AB入淸], [羊開AB去麻], [羊開AB入淸]의 음가일 때도 있다.

9. 婆[並中1平戈]=/bwɑ/[L] 〕バ/ba/～ハ/pa/

10. 備[並中B去脂]=/bɪi/[D] 〕ビ/bi/

11. 夫[非中C平虞]=/pɥo/[L] 〕ブ/bu/

12. 便[並中A平仙]=/bɪɛn/[L] 〕べ/be/

[並中A去仙]=/bɪɛn/[D]

유성음 성모를 탁음으로 수용한다는 원칙에 어긋나는 것은 위에 열거한 12종의 음가나 중에서 (180.11)의 '夫' 하나뿐이다. 예외인 '夫'는 6장에서 따로 기술하기로 하고, 여기에서는 이 수용 원칙이 성립한다는 점만 강조해 둔다. 이 수용 원칙은 『만엽집』 P군에도 적용된다. 따라서 『만엽집』 전체의 음가나 표기법은 『고사기』와 가깝고 『일본서기』와는 거리가 멀다고 결론지을 수 있다.

한편, P군에서는 デ/de/를 표기하는 '泥'가 대표자였지만 Q군에서는 대표자가 아니다. 이에 따라 『만엽집』 Q군의 대표자 집합에서는 탈비음화의 예가 전혀 보이지 않는다. 이것은 『만엽집』의 음가나 표기법이 『고사기』와 가깝고 『일본서기』와는 거리가 멀다는 우리의 결론을 결정적으로 지지해 준다.

이제, 음절별 대표자를 기준으로 5종의 텍스트 상호 간의 거리를 측정해 본다. 위의 (160)의 대비표에 『만엽집』 Q군의 음절별 대표자를 추가해 보면 아래 (181)과 같다.[77]

(181)의 대비표를 활용하여 『만엽집』 Q군의 대표자와 여타 텍스트의 음절별 대표자가 일치하는 것을 찾아본다. 대비를 위하여 위에서 이미 서술한 바 있는 P군의 상황도 정리해 본다.

77 여기에서는 øE 음절의 '延‖曳|曳‖要|要'를 JE 음절로 옮겼다. 4~6장에서 논의하겠지만, 이들은 øE 음절이 아니라 JE 음절을 표기하기 때문이다.

(181) 5종 텍스트의 음절별 대표자

<table>
<tr><th>모음
자음</th><th>A(ア)</th><th>I(イ)</th><th>U(ウ)</th><th>E(エ)</th><th>O(オ)</th></tr>
<tr><td>ø</td><td>阿‖阿|阿‖安|安</td><td>伊‖伊|以‖伊|伊</td><td>宇‖于|于‖宇|宇</td><td></td><td>淤‖於|於‖於|於</td></tr>
<tr><td rowspan="2">K</td><td>加‖伽|柯‖可|可</td><td>岐‖枳|枳‖伎|</td><td>久‖區|俱‖久|久</td><td>祁‖鷄|該‖家|家</td><td>許‖虛|古‖許|許</td></tr>
<tr><td>賀‖餓|我‖我|我</td><td>藝‖藝|　‖藝|藝</td><td>　‖遇|虞‖具|具</td><td>宜‖　　‖氣|</td><td>胡‖誤|渠‖其|期</td></tr>
<tr><td rowspan="2">S</td><td>佐‖佐|佐‖佐|左</td><td>斯‖辭|之‖之|之</td><td>須‖須|須‖須|須</td><td>勢‖勢|制‖世|世</td><td>曾‖曾|曾‖蘇|蘇</td></tr>
<tr><td>邪‖　　‖射|射</td><td>士‖　|珥‖自|</td><td>受‖儒|儒‖受|受</td><td>是‖　　‖是|</td><td>敍‖　　‖曾|曾</td></tr>
<tr><td rowspan="2">T</td><td>多‖多|陀‖多|多</td><td>知‖智|致‖知|知</td><td>都‖菟|都‖都|都</td><td>弖‖氐|底‖弖|弖</td><td>登‖等|騰‖等|登</td></tr>
<tr><td>陀‖儾|娜‖太|</td><td>遲‖　　‖治|</td><td>豆‖豆|豆‖豆|豆</td><td>傳‖涅|泥‖泥|</td><td>度‖迺|騰‖杼|杼</td></tr>
<tr><td>N</td><td>那‖那|儺‖奈|奈</td><td>爾‖珥|儞‖爾|爾</td><td>奴‖怒|農‖奴|奴</td><td>泥‖泥|泥‖祢|祢</td><td>能‖能|能‖能|乃</td></tr>
<tr><td rowspan="2">P</td><td>波‖波|播‖波|波</td><td>比‖比|比‖比|比</td><td>布‖赴|賦‖布|布</td><td>幣‖幣|陛‖敝|敝</td><td>富‖朋|裒‖保|保</td></tr>
<tr><td>婆‖麽|麽‖婆|婆</td><td>備‖弭|寐‖妣|備</td><td>夫‖　　‖夫|夫</td><td>倍‖陪|謎‖弊|便</td><td>煩‖朋|裒‖保|</td></tr>
<tr><td>M</td><td>麻‖摩|麻‖麻|麻</td><td>美‖瀰|瀰‖美|美</td><td>牟‖務|武‖牟|武</td><td>米‖梅|梅‖米|</td><td>母‖茂|母‖母|毛</td></tr>
<tr><td>J</td><td>夜‖夜|野‖夜|也</td><td></td><td>由‖由|喩‖由|</td><td>延‖曳|曳‖要|要</td><td>余‖豫|與‖欲|餘</td></tr>
<tr><td>R</td><td>良‖羅|羅‖良|良</td><td>理‖利|理‖里|里</td><td>流‖屢|屢‖流|流</td><td>禮‖例|例‖禮|禮</td><td>呂‖呂|慮‖呂|</td></tr>
<tr><td>W</td><td>和‖和|倭‖和|和</td><td>韋‖委|威‖爲|</td><td></td><td>惠‖惠|衛‖惠|惠</td><td>袁‖烏|嗚‖乎|乎</td></tr>
</table>

(182) 『만엽집』 Q군과 여타 텍스트의 음절별 대표자 일치

1. Q군=P군 : 46자　　2. Q군=『고사기』 : 27자
3. Q군=β군 : 11자　　4. Q군=α군 : 9자

(183) 『만엽집』 P군과 여타 텍스트의 음절별 대표자 일치

1. P군=Q군 : 46자　　2. P군=『고사기』 : 35자
3. P군=β군 : 16자　　4. P군=α군 : 10자

위에 정리한 것처럼 『만엽집』 Q군과 P군의 음절별 대표자가 일치하는 것은 46자나 된다. 음가나의 용법에서는 이 둘을 서로 구별할 필요가 없을 정도로 일치율이 높다. 반면에 Q군과 『일본서기』 α군이 일치하는 것은 9자에 불과하다. P군과 α군에서도 서로 일치하는 음가나도 겨우 10자에 지나지 않으므로, 『만엽집』의 음가나는 『일본서기』와 가장 크게 차이가 난다고 할 수 있다. 『만엽집』과 『고

사기』의 일치율은 중간 정도이다.

음가나 대표자 집합을 대비할 때뿐만 아니라 음절별 대표자를 대비할 때에도 Q군과 P군 텍스트가 가장 가깝다는 결과가 나온다. 그렇다면 음가나에 관한 한, 『만엽집』 P군과 『만엽집』 Q군의 두 가지 텍스트로 나누는 것보다는 이 둘을 하나의 단일 텍스트로 묶는 것이 나을 것이다.

(181)에서 5종의 텍스트에 공통되는 음절별 대표자를 찾아보면 SU 음절의 '須', DU 음절의 '豆', PI 음절의 '比' 등 3자에 불과하다. 여기에 탁음절인 DU가 포함된다는 사실이 무척 흥미롭다. 8세기의 상대 일본어에 탁음 계열이 꾸준히 구별되었음을 암시하기 때문이다.

『만엽집』 Q군에 처음으로 등장하는 대표자를 골라 보면 아래와 같다. 모두 7자인데, 이 중에서 4자가 O 모음을 가진다.

(184) 『만엽집』 Q군에 처음 등장하는 대표자 (7자)

GO=胡‖誤|渠‖其|期, SA=佐‖佐|佐‖佐|左, NO=能‖能|能‖能|乃, BE=倍‖陪|謎‖弊|便, MO=母‖茂|母‖母|毛, JA=夜‖夜|野‖夜|也, JO=余‖豫|與‖欲|餘

O 모음에서 특히 개신이 많이 일어난다는 것은 O 모음을 어느 하나로 고정하여 표기하기가 어려웠음을 뜻한다. 더욱이 우리가 O 모음이라고 지칭한 것 중에는 ォ甲과 ォ乙이 혼재한다. 쉽게 말하면, 정확하게 /o/인 모음 즉 갑류와 /o/인 듯하지만 /o/가 아닌 모음 즉 을류의 /ə/가 모두 O열에 배열되었다. 그리하여 O 열에서는 대표자가 바뀔 가능성이 상대적으로 크다.

3.4. 목간 가요의 표기

동아시아에서는 종이가 널리 사용되기 이전에는 평평하게 잘 다듬은 나무토막을 서사재료로 사용했다. 여기에 문자로 기록한 텍스트를 목간(木簡)이라고 한다. 나무토막 자체를 목간이라고 지칭하기도 하지만 문자 기록의 유무가 가장 중요하다. 문자가 기록되지 않은 것은 그저 나무토막일 뿐, 목간이 아니다.

『고사기』가 712년에, 『일본서기』가 720년에, 『만엽집』이 8세기 말엽에 편찬된 것은 분명하지만 현재까지 전해지는 것은 모두 平安(헤이안) 이후의 필사본(筆寫本)이다. 따라서 편찬 당시의 글꼴이 후대의 필사본에 그대로 전승된 것인지 의심할 수 있다. 또한 문헌자료에 기록된 각종의 주석도 헤이안 이후의 언어를 반영할 가능성이 크므로, 8세기의 상대 일본어가 아니라고 의심할 수 있다. 그러나 목간에 기록된 가요는 후대에 필사된 자료가 아니라 1차 실물자료이기 때문에 목간 제작 당시의 글꼴을 그대로 간직하고 있다. 문자생활의 단면을 실시간으로 여실히 보여 준다는 점에서 목간은 아주 중요한 가치를 가진다.

목간에는 가요를 기록한 것도 있는데 2000년 이후에야 비로소 이들도 주목의 대상이 되었다. 榮原永遠男(2011)은 이것을 歌木簡이라고 지칭할 것을 제안하면서, 목간의 가요 17수를 연구한 바 있다. 연구의 목표는 나무토막의 길이·폭·두께 등의 법량(法量, 규격)이 어떠하며, 부분적으로만 남아 있는 가요가 나무토막의 어느 위치에 기록되었을까를 밝히는 데에 두었다.[78] 短歌가 5·7·5·7·7의 음수율을 따르므로 일본에서는 이러한 연구도 가능하다.

우리는 榮原永遠男(2011)에서 정리한 17점의 목간과 吉野秋二(2015)가 발표한 なにはつ 목간(平安京 左京 四條一坊에서 출토)을 대상으로 삼아 목간 가요의 음가나를 정리하기로 한다. 목간이 출토된 직후에 바로 이루어진 판독에는 잘못 읽은 가나가 있을 수 있는데, 榮原永遠男(2011)에는 이것이 수정되어 있다. 물론 목간에 기록된 글자가 대개는 흐릿하므로 당연히 다양한 판독 안이 나올 수 있다. 그러나 판독의 일관성을 유지하면서 목간 가요를 체계적으로 종합한 대표적인 업적이 榮原永遠男(2011)이므로, 우리는 이를 기반으로 삼을 것이다. 吉野秋二(2015)가 논의한 목간은 2014년에 출토된 것이므로 榮原永遠男(2011)에 포함

78 그리하여 두 자 이상의 길이를 가지는 목간은 의식용으로 사용된 것이라 했다. 그러나 なにはつ 목간을 常用가나의 手本이라 하여, 가나 학습이 주요 목적이었다고 보는 견해도 있다(東野治之 1983, 內田賢德 2001).

되지 않았지만, 논의할 만한 가치가 아주 큰 목간이다.

3.4.1. 목간의 만엽가 18점[79]

목간의 제작 시기는 정확히 밝히기 어려울 때가 많다. 그렇더라도 공반 유물이나 유적의 조성 시기 등을 통하여 대개는 목간 제작의 시기를 추정할 수 있다. 우리는 제작 시기를 기준으로 18점의 목간을 아래와 같이 재배열한다. 아래에서 a와 b의 둘로 나누어 배열한 것은 양면 목간의 전면과 후면을 가리킨다. 한 면에만 기록한 것은 a와 b를 사용하지 않는다.

아래에서는 목간 가요에서 주의해야 할 것을 간단히 논의하거나, 가요의 해독이 미진하거나 잘못된 것을 독자적으로 수정해 가면서 해독해 본다. 독자적 해독이 끝나면, 목간에 사용된 음가나 목록을 작성할 수 있다. 음가나와 훈표기를 가려내어, 음가나 목록을 작성하는 것이 우리의 최종 목표이다.

3.4.1.1. はるくさ 목간

(185) はるくさ 목간 (7세기 중엽, 前期難波宮跡)

皮留久佐乃皮斯米之刀斯□

이 목간은 650년 무렵에 제작된 것으로 추정되므로 일본에서 출토된 목간 중에서 제작 시기가 가장 이른 것으로 알려져 있다. 만요가나로 가요를 표기한 것은 7세기 3/4분기부터라고 추정해 왔는데, 이 목간의 출현으로 말미암아 만요가나 표기의 최초 출현 시기를 20~30년 앞당기게 되었다.

현재는 상단부의 18.5cm만 남아 있고 여기에 위의 12자가 기입되어 있다. 이

79 노래를 헤아릴 때에는 단위명사 '首'를 사용하는 것이 원칙이지만 동일 노래 예컨대 なにはつ 노래가 여러 목간에 기록되므로, 혼란을 초래할 수 있다. 이에 따라 여기에서는 목간을 헤아리는 단위명사 '점'으로 지칭했다.

것을 기준으로 삼아 이 목간의 원형을 재구할 수 있다. 단가는 5·7·5·7·7의 음수율을 지키므로 총 31자로 이루어진다. 12자가 17.5cm의 공간에 기록되었으므로 31자를 기록하려면 49.3cm가 필요하다. 만엽가 중에서 단가에는 이러한 비례식을 항상 적용할 수 있다. 49.3cm에 약간의 여백을 더하여 榮原永遠男(2011: 36~37)은 이 목간의 원형(原形)이 약 두 자(60cm) 정도의 길이라고 추정했다.

(185)의 はるくさ 목간의 첫째 글자는 글꼴로는 '皮'이지만 사실은 '波'의 통가자(通假字)이다. 후술할 (192), (194), (200)의 '皮'도 마찬가지이다. 중국은 물론이요 한국이나 일본의 목간에서는 통가자가 자주 사용되므로, '皮'가 '波'의 통가자일 가능성이 크다. 이보다 더 중요한 것은 『고사기』·『일본서기』·『만엽집』에 수록된 가요에서는 '皮'가 음가나로 사용된 바가 없는 반면에 '波'는 5종의 가요 텍스트에서 두루 음가나로 사용되었다는 점이다. 이 점에서 목간 가요의 '皮'가 '波'의 통가자임이 분명하므로, 음가를 정리할 때에는 '皮'를 '波'로 대체한다.

(186) はるくさ 목간의 해독 (毛利正守 2009)

1. 皮留久佐乃皮斯米之刀斯□
2. はるくさの はしめのとし□
3. 春草の 初めの年□

(186.1)의 목간 표기를 毛利正守(2009)가 위의 (186.2~3)과 같이 해독했는데 우리도 이에 동의한다. 『만엽집』 가요에서는 '初年'의 어순은 보이지 않고 '年初'의 어순만 보인다. '年乃婆自米'(3925), '年之初'(4229, 4230), '年始'(4284), '年乃始'(4516)에서 볼 수 있듯이 항상 'とし'가 'はじめ'의 앞에 온다. 그러나 "봄의 풀이 初年에는" 정도의 뜻이라면, '皮斯米之刀斯'의 어순이 잘못되었다고 할 수 없다.

이처럼 해독할 때에 '之'는 음가나가 아니라 훈가나이므로, 목간 가요에서도 훈가나가 일찍부터 사용되었다는 논의가 성립한다. 한편, '斯'는 'はじめ'의 탁음 'じ'에 대응하는 음가나이다. 그러나 '刀斯'의 '斯'가 청음 'し'를 표기한 것처럼 원래는 청음을 표기한다. '斯'가 청음인 'し'뿐만 아니라 탁음인 'じ'도 표기하므로, 목간 표기에서는 청탁 구별이 무시된다는 논의가 성립한다.

3.4.1.2. なにはつ 목간

(187) なにはつ 목간 (7세기 664년, 石神遺跡)

a. 奈尔波ツ尔佐兒矢己乃波奈□□□

b. □　　　□倭ア物ア矢田ア丈ア□

이 목간은 세 토막으로 나누어진 것을 연결한 것인데, 하반부는 유실되었다. 榮原永遠男(2011: 58)은 전면에 なにはつ 노래를 한 줄로 기입한 것으로 추정하고 원형 목간의 길이를 두 자(60cm) 전후로 추정했다.

후면에 기록된 것은 부명이다. 여기에 나오는 'ア'는 어떨 때에는 'マ'처럼 보이기도 하는데, 그 글꼴의 기원은 백제 목간의 '卩, ア'로 거슬러 올라가고(이승재 2017: 348~350) 그 자원(字源)은 '部'이다. 이 'ア/マ'도 상대 특수가나의 일종으로 알려져 있고, '部'를 훈독하여 'ベ'로 읽는 것이 일반적이다(沖森卓也 2009). '部'는 『고사기』와 『일본서기』의 가요에서는 사용되지 않았지만, 『만엽집』의 P군과 Q군에서는 두루 사용되었다.

전면의 なにはつ 노래는 907년에 편찬된 『古今和歌集』에 전하는데, 7점의 목간에 기록되었을 정도로 상대 일본에서 가장 널리 유행했던 노래였다. (187.a)의 표기를 활용하되, 우리의 자료 정리 방법에 따라 이 노래를 소개하면 아래와 같다. 아래의 (188.1)은 (187.a)의 목간 표기이고, (188.2)는 이해의 편의를 위하여 5·7·5·7·7의 음수율에 맞추어 현용 가나로 표기한 것이며, (188.3)이 『古今和歌集』의 표기이다.

(188) なにはつ 노래

1. 奈尔波ツ尔佐兒矢己乃波奈□□□ …

2. なにはつに さくやこのはな ふゆこもり いまははるへと さくやこのはな

3. 難波津に 咲くやこの花 冬こもり 今は春へと 咲くやこの花[80]

이 목간과 후술할 (189), (194), (198)의 목간에는 'ッ'와 같은 모양의 글자가 나온다. 이것은 상대 특수가나의 일종인데, '都' 또는 '川'으로 읽는다. 沖森卓也(2009) 등 대부분의 일본 학자들이 'ッ'를 '川'으로 읽지만, 우리는 '都'를 택한다. 위에서 이미 정리한 것처럼, 『고사기』·『일본서기』·『만엽집』에 수록된 가요에서는 '川'을 음가나로 사용한 바가 없지만 '都'는 항상 음가나로 사용되었기 때문이다. 이에 따라 'ッ'의 음가는 '都'로 대체하여[81] 분석한다.

이 목간의 '皃'는 음가나인지 훈가나인지 얼른 가려내기가 어렵다. '皃'가 『고사기』 가요에서는 사용되지 않았고, 『일본서기』 가요에서는 '於野皃弘儞農俱'{同じ緖に貫く}(α군 권27)에 딱 한 번 사용되었다. 『일본서기』 가요는 모두 음가나로 표기되기 때문에 『대계』에서는 이곳의 '皃'를 음가나로 보아 'じ'로 읽었다. '皃'는 중고음 성모가 日母/n/이므로[82] 유사 탈비음화를 전제하면 'じ'를 표음할 수 있다.

반면에 『만엽집』 가요에서는 '皃'의 아주 많은 용례가 훈가나로 사용되어 모두 'こ/ご'를 표기한다. 이것을 감안하면 (187.a)의 '皃'가 음가나가 아니라 훈가나라고 할 수 있다. 특히 (187.a)의 '皃' 자리에 역시 なにはつ 목간인 아래의 (189)에서는 음가나 '久'가 온다. (189)의 '久' 즉 'く'가 (187.a)의 '皃' 즉 'こ/ご'와 대응하는 관계를 신빙한다면 (187.a)의 '皃'는 훈가나가 된다. 이때에는 'く'의 모음 U와 'こ/ご'의 모음 O의 차이가 문제로 남는다. 그러나 이 문제는 『일본서기』와 『만엽집』에 수록된 가요에서도 보았던 것이므로 생소한 것은 아니다.

우리는 (187.a)의 '皃'를 훈가나의 일종으로 본다. 바로 뒤에 온 '矢'도 'や'를 표기하는 훈가나이다. '矢'의 전기 중고음은 [書開AB上脂]=/ɕɪi/^{R}이므로, '矢'가 음

---

80 이 なにはつ 노래는 백제의 王仁이 지었다고 전한다. 이곳의 '咲'는 일본의 固有字이고, '(꽃이) 피다'의 의미를 가지는 동사이다.

81 이때에는 'ッ'의 자형이 '都'에서 유래되었다는 논거를 들기가 어렵다.

82 전기 중고음은 皃[日開AB平支]=/nɪe/^{L}이다.

가나라면 'や' 즉 /ja/를 표기할 수 없다. 이에 따르면 (187)의 '皃'와 '矢'는 (185)의 '之'와 더불어 훈가나의 선구적인 예가 된다. (187)의 목간과 제작 시기가 가까운 (192)의 とくとさだめて 목간(持統朝)에서는 '田, 目, 手'도 훈가나로 사용했다.

3.4.1.3. なにはつ 목간

(189) なにはつ 목간(7세기 후반, 觀音寺遺跡)

奈尓　　己　矢己

奈尓波ッ尓作久矢己乃波奈×

이 목간은 하반부가 유실된 단면 목간인데, なにはつ 노래를 두 줄로 기입하되 오른쪽 줄은 자간이 넓은 데에 비하여 왼쪽 줄은 자간이 좁다. 따라서 왼쪽 줄의 하단에는 공백이 남았을 가능성이 크다. 榮原永遠男(2011: 66)은 비례식에 따라 원형 목간의 길이를 한 자 반으로 추정했다.

이 목간의 '作'을 '佐'로 판독하기도 하지만(東野治之 1999), 글꼴로는 '作'에 더 가깝다. 이 '作'은 뒤에 오는 '久'와 연합하여 자연스럽게 'さく'를 표기하므로, 연합가나의 일종이다. 犬飼隆(2005a)에 따르면 이 목간의 용자(用字)는 7세기 말엽과 8세기 초두의 지방 행정문서에서 사용한 것과 일치한다고 한다.

그런데 『고사기』와 『일본서기』 가요에서는 '作'과 같은 입성운미자를 사용한 적이 없다. 따라서 이 글자를 '作'으로 판독하면 이 '作'은 입성운미자가 가요 표기에 사용된 가장 이른 시기의 예가 된다. 상대 일본어의 음절형에는 CV나 V만 있고 CVC가 없다. 그런데도 CVC의 음절형인 '作'을 사용하여 표기했으므로, 이런 종류의 표기는 고대 한국의 표기법을 원용한 것이라는 논의가 성립한다(沖森卓也 2009).

이 목간에서도 '矢'가 'や'를 표기하므로 훈가나임이 분명하고, 나머지는 모두 음가나이다. 이처럼 정리할 때에 '己'가 어떻게 'こ' 즉 /ko/를 표음하는지 의심할 수 있다. '己'의 전기 중고음은 [見開C上之]=/kɪə/[R]인데, 상대 일본어에서는 그 모음을 オ乙 즉 /ə/로 수용한다. 이 オ乙의 /ə/가 후대에 オ甲의 /o/에 합류하므로, ‘己’를 음가나로 보아도 전혀 문제될 것이 없다. ‘乃’도 마찬가지이다. ‘乃’의 전기 중고음은 [泥開1上咍]=/nəi/^{R}이고, 상대 일본어에서는 그 모음을 オ乙 즉 /ə/로 수용한다. 이것이 후대에 オ甲의 /o/에 합류하여 ‘乃’가 /no/를 표기하게 된다.

3.4.1.4. あさなぎ 목간

(190) あさなぎ 목간 (680년대, 石神遺跡)

　　々
　留之良奈弥麻久 (刻書)
　阿佐奈伎尓伎也

이 목간은 모필로 기입한 것이 아니라 나무에 금을 그어 기록했다는 점이 독특하지만, 언뜻 보기에 이 목간의 공식 명칭도 아주 독특하다.[83] 단면 목간의 전면에 2행으로 나누어 기입했는데, 어찌하여 오른쪽 행의 ‘留之良奈’를 명칭으로 삼지 않고 왼쪽 행의 ‘阿佐奈伎’를 기준으로 삼아 ‘あさなぎ’ 목간이라 부를까? 그 답은 이 목간은 독특하게도 왼쪽 줄을 먼저 쓰고 나서 이어서 오른쪽 줄을 썼다는 데에서 찾을 수 있다.

森岡隆(2009)가 밝힌 바 있듯이, 이 가요가 『만엽집』 권7의 1391번에 수록된 가요와 동일하기 때문에 이 서사 순서는 확실하다. 『만엽집』의 1391번 가요를 옮기면 아래의 (191.2)와 같다. 이해의 편의를 위하여 (190)을 (191.1)에 반복하고, (191.2)의 『만엽집』 표기와 그 해독에서는 목간 표기와 일치하는 부분에 밑줄을 쳤다.

(191) 『만엽집』 권7의 Q1391번 가요

　1. 阿佐奈伎尓 伎也留之良奈弥 弥麻久

83 이 목간은 공식 행사에서 사용할 목적으로 제작된 규격(法量)이 아니라는 점도 독특하다. 이 점을 들어 榮原永遠男(2011: 197)은 이 목간을 전형적인 歌木簡에서 제외했다.

2. 朝奈藝爾 來依白浪 欲見 吾雖爲 風許增不令依

あさなぎに きよるしらなみ みまくほり われはすれども かぜこそよせね

朝なぎに 來寄る白波 見まく欲り 我れはすれども 風こそ寄せね

목간의 (191.1)은 전형적인 음표기를 택한 데에 반하여 『만엽집』의 (191.2)는 전형적인 훈표기를 택했다. 이 목간의 제작 시기가 680년대로 추정되므로, 약 100년의 시간이 경과한 다음에 표기법이 음표기에서 훈표기로 완전히 바뀐 셈이다. 이 목간 가요가 『만엽집』에 수록되었다는 자체만으로도 귀중하지만, 가요 표기법의 변화를 여실히 보여 준다는 점에서도 아주 귀중하다.

그런데 이 목간의 '伎也留'에서 '也'가 정말로 (191.2)의 '依' 즉 'よ'에 대응할지 의문이다. 음가나 '也'는 『고사기』와 『일본서기』 가요에서는 사용되지 않고 『만엽집』 가요에서만 사용된다. 『만엽집』에서 '也'가 음가나로 사용될 때에는 항상 'や'를 표기할 뿐이고, 'よ'를 표기한 적이 없다. 이에 따르면 목간의 '伎也留'를 'きよる'가 아니라 'きやる'로 읽어야 한다. 그런데 'きやる'로 읽히는 단어를 상대 일본어에서는 찾을 수 없으므로[84] 현재로서는 'きよる'를 따를 수밖에 없다.

'也'가 이상하게도 'よ'를 표기한다는 문제를 해결할 수 있을까? '也'는 전기 중고음으로 [羊開AB上麻]=/jɪɛ/^{R}이다. 4~6장에서 다시 논의하겠지만 한어의 麻韻 /ɛ/을 『고사기』·『일본서기』·『만엽집』의 가요에서는 /a/로 수용하는 것이 원칙이다. 麻韻字로서 『고사기』 가요의 표기에 사용된 것은 '麻, 加, 夜, 邪'가 있고, 『일본서기』 가요에는 '麻, 加, 哆, 夜, 野, 椰/揶, 耶, 邪'가 사용되었다. 중요한 것은 이들의 麻韻/ɛ/이 모두 A열의 /a/ 모음으로 수용되고, 『만엽집』 가요에서도 마찬가지라는 점이다. 따라서 이 목간에서 '也'가 'よ'를 표기한다는 것은 분명히 예외적 수용이다. 해결할 수 없는 문제로 남겨 둔다.

---

84 예컨대 中田祝夫(編)(1983)의 『古語大辭典』에는 'きやる'가 없다.

3.4.1.5. とくとさだめて 목간

(192) とくとさだめて 목간(持統朝, 飛鳥池遺跡)

a. □止求止佐田目手和□

□□□

b. □[　　　　]□□[　　]

羅久於母閉皮

이 목간은 다섯 토막으로 조각난 것을 하나로 조립한 것인데, 고의적 폐기가 확인되는 목간이다. 榮原永遠男(2011: 117~118)은 이 목간이 短歌, 長歌, 旋頭歌, 佛足石歌 중에서 어느 것에 속하는지 확실하지 않지만 현재 남아 있는 부분은 목간의 하단부이고, 전면의 '止求止佐田目手和'는 이 목간의 말미에 가깝다고 추정했다.

이 추정은 정확한 것 같다. 후면의 '羅久於母閉皮' 즉 'らくおもへば'가 『만엽집』의 996, 1321, 1907, 2074, 2558, 3302번 가요에 각각 한 번씩 나오는데, 그 위치가 모두 가요의 끝 부분이기 때문이다. 또한 이 여섯 수의 가요 중에서 3302번 가요만 장가이고 나머지는 모두 단가이므로, 이 목간이 단가 형식일 가능성이 상대적으로 더 크다.

(193) とくとさだめて 목간의 '羅久於母閉皮'에 해당하는 『만엽집』 가요

1. 相樂念者 (Q996) → あへらくおもへば / あへらく思へば
2. 絶樂思者 (Q1321) → たゆらくおもへば / 絶ゆらく思へば
3. 戀良苦念者 (Q1907) → こふらくおもへば / 戀ふらく思へば
4. 逢有久念者 (Q2074) → あへらくおもへば / 逢へらく思へば
5. 解樂念者 (Q2558) → とくらくおもへば / 解くらく思へば
6. 戀思者 (Q3302) → こふらくおもへば / 戀ふらく思へば

위에서 볼 수 있듯이, 이 목간의 '羅久於母閉皮'가 『만엽집』에서 '樂/良苦/久 # 念者/思者'로 표기되었다. 흥미로운 것은 (193)의 여섯 수가 모두 『만엽집』 Q군에 속한다는 사실이다. 『고사기』·『일본서기』·『만엽집』 P군에서는 '羅久於母閉皮' 즉 'らくおもへば'와 정확하게 일치하는 것이 없다. 따라서 목간의 음표기를 『만엽집』에서는 훈표기로 바꾸어 표기했다는 가설을 세울 수 있다. 위의 (191)에서 목간 가요와 일치하는 『만엽집』 권7의 1391번 가요를 든 바 있는데, 이 1391번 가요도 Q군에 속한다.

이 목간의 '田, 目, 手'가 훈가나로 사용되었다는 것은 앞에서 이미 말했다. 이 세 자는 여러 훈가나 중에서도 자주 사용되기 때문에 각각 'た, め, て/で/た'로 바로 대체할 수 있다. 대체하면 (192.a)의 '□止求止佐田目手和□'가 '□とくとさためてわ□'가 된다. 犬飼隆(2005b: 83)는 이 전면을 '□とくと定めて 我□'로 해독하고 후면의 '羅久於母閉皮'를 'らく 思へば'로 해독함으로써 전면과 후면이 연결되는 것으로 보았다. 우리는 이 해독에 동의한다.

'止'가 'と'를 표기한 것으로는 이 목간의 '止'가 시기가 가장 이르다. 그런데 흥미롭게도 奈良縣 飛鳥池 유적에서 출토된 宣命(센묘) 목간에, 오른쪽 행에는 '世牟止言而…'로 기록하고 왼쪽 행에는 '□本止飛鳥寺…'라고 기록한 것이 있다(犬飼隆 2005b). 이 목간은 두 가지 점에서 눈길을 끈다. 첫째는 '止'의 용례로서는 とくとさだめて 목간과 더불어 시기가 가장 이르다는 점이고, 둘째는 오른쪽 행의 '止'는 큰 글자로 표기했으면서도 왼쪽 행의 '止'는 작은 글자로 표기했다는 점이다.

센묘는 천황의 명령을 구두로 전달하기 위해 작성한 문장을 가리킨다. 후대의 선명체에서는 낭독의 편의를 위하여 어휘부를 큰 글자로 표기하고 조사·활용 등의 문법 형태를 작은 글자로 표기한다. 犬飼隆(2005b: 80)는 이 목간이 선명체로 기록되었다고 하면서, 선명체의 초기에는 글자 크기의 대소를 구별하지 않았다는 것을 이 목간이 증명해 준다고 했다. 문법 형태를 표기한 것이 분명한데도 오른쪽 행의 '止'가 큰 글자로 표기되었기 때문이다.

그런데 왼쪽 행에서는 '止'를 작은 글자로 표기했으므로 이 '止'는 문법 형태를 표기한 것이 아니다. 따라서 작은 글자로 표기한 까닭을 설명할 수 있어야 한다.

이 작은 글자 '止'는 아마도 앞에 오는 '本'에 부속된 것으로서 '本'을 'もと'로 훈독하라고 지시하는 기능을 가졌을 것이다. 즉 'もと'의 'と'를 '止'로 표기하되 '本'에 부속된 것이므로 작은 글자로 표기한 것이다. '□本止飛鳥寺…'의 '□本止'가 '飛鳥寺'의 앞에 온 지명이었을[85] 가능성이 크므로 이렇게 추정할 수 있다.

이러한 기능의 표기로는 신라의 말음첨기(末音添記)가 대표적이다. 우리는 이 목간의 '止'가 앞에 온 글자로 훈독하라고 지시하는 말음첨기자의 일종이라고 본다. 이 용법은 신라에 고유한 것이므로, 7세기 말엽의 아스카시대에 이미 신라 표기법의 영향을 받았음을 이 '止'로 알 수 있다.

3.4.1.6. なにはつ 목간

(194) なにはつ 목간(701~702년, 藤原京跡)

a. 奈尓皮ッ尓佐久矢己乃皮奈布由[86]己母利伊眞皮皮[87]留ア止

佐久□[ ]□ □□ 職職 [ ]大□ □太夫与

b. [ ]皮皮職職職馬來田評

이 목간은 상단과 하단이 원형을 유지하고 있다는 점에서 매우 중요한 목간이다. 전면 오른쪽 끝에 기록된 노래 가사가 왼쪽 행의 첫머리로 바로 연결된다는 점에서 이것은 분명하다. 이 목간의 길이는 39cm 정도라고 한다. 중요한 것은 전면과 후면을 기록한 시기가 같지 않다는 점이다(榮原永遠男 2011: 61). 전면을 보면 전면에 노래를 기입한 이후에 목간의 왼쪽을 깎아 냈음을 알 수 있는데, 후면에 기록된 글자는 한가운데에 기록되어 있다. 이 차이는 전면과 후면의 기록 시기가 서로 다름을 말해 준다.

---

85 예컨대 奈良縣의 지명인 '櫟本' 또는 '柳本' 등에서 '本'을 훈독하여 'もと'로 읽는다.

86 沖森卓也(2009: 175)와 瀨間正之(2015: 286)에서는 '布由'를 '泊留'로 판독하고 '春'으로 해독한다. 이 견해에서는 '冬ごもり'를 語義 미상으로 보아, 이 목간의 '春ごもり'가 후대에 '冬ごもり'로 와전되었다고 본다.

87 同字符 '丨'로 표기되었다.

이 목간은 단가인 なにはつ 노래의 31자 중에서 26자나 남아 있는 목간이다. 전면 2행의 상단부까지 가요를 기록했는데, 그 아래에는 목간 소유자의 인적 사항이 기록된 것 같다.

나중에 기록된 후면은 상부에 습서한 다음에 '馬來田評' 또는 '來田評'이라는 지명으로 끝났다. 이것은 '(ま)きたこぼり'로 읽을 수 있다. 여기에서 지방 행정조직의 명칭인 'こぼり'가[88] '評'으로 기록되었다는 점이 중요하다. 이 '評'은 大寶律令이 시행되기 직전까지 사용되고, 율령이 시행된 이후에는 '郡'으로 바뀌어 표기된다(岸俊男 1977/2011). 이것을 기준으로 삼아 이 목간이 대보 율령 시행 이전에 제작되었다고 말할 수 있다.

(194.a)의 '矢'가 'や'로 읽히는 훈가나임을 이미 말했는데, '今'의 뜻인 'いま'를 이 목간에서는 '伊眞'로 표기했다. 이 '眞'도 훈가나의 대표적인 예이다. '矢'와 '眞'을 제외한 나머지는 모두 음가나이다.

3.4.1.7. たたなつく 목간

(195) たたなつく 목간 (藤原京 시기, 藤原宮跡)[89]

a. 多多[90]那都久

b. (習書, 落書)

원형의 상단부가 남아 있는 이 목간은 31자의 비례식에 맞추면 원형이 한 자 반 정도의 길이가 된다(榮原永遠男 2011: 85). 藤原宮跡에서 출토되었으므로 대보 율령이 시행되어 '評'이 '郡'으로 바뀐 직후의 목간이라고 한다. 이 목간에서는 전면의 넷째 글자가 정확하고도 뚜렷하게 '都'로 기입되어 있다. 이것을 고려하면

88 이 'こぼり'가 중세 한국어의 'ᄀᆞ볼'{村}에 대응한다는 사실이 널리 알려져 있다.

89 郡評論爭을 해소해 준 목간이 여기에서 출토되었다. 시기는 7세기 말엽에서 8세기 초엽 사이이다.

90 同字符 'ゝ'로 표기되었다.

상대 특수문자 'ッ'가 '都'일 가능성이 더욱 커진다.

중요한 것은 전면에 기록된 'たたなつく'가 『만엽집』 가요에서 확인된다는 점이다.

(196) 목간의 '多多那都久'에 해당하는 『만엽집』 가요[91]

1. 多田名附 柔膚尚乎 劍刀 於身副不寐者 烏玉乃 (Q194)
   たたなづく にきはだすらを つるぎたち みにそへねねば ぬばたまの
   たたなづく 柔肌すらを 劍太刀 身に添へ寢ねば ぬばたまの
2. 八隅知之 和期大王乃 高知爲 芳野宮者 立名附 青垣隱 (Q923)
   やすみしし わごおほきみの たかしらす よしののみやは たたなづく あをかきごもり
   やすみしし 我ご大君の 高知らす 吉野の宮は たたなづく 青垣隱り
3. 立名付 青垣山之 隔者 數君乎 言不問可聞 (Q3187)
   たたなづく あをかきやまの へなりなば しばしばきみを こととはじかも
   たたなづく 青垣山の 隔なりなばしば しば君を 言問はじかも

이 목간의 '多多那都久' 즉 'たたなづく'에 해당하는 구가 『만엽집』 가요에 세 번 나온다. (196)에서 'たたなづく'가 '立名附, 立名付' 즉 "이름을 세워 붙이다/붙여주다"의 의미임을 알 수 있다. 이와는 달리 枕詞(마쿠라코토바)로 보는 견해도 있다(瀨間正之 2015: 287). 그런데 『만엽집』 194번과 3187번 가요에서는 이 구가 첫째 구의 위치에 오므로 이 목간이 이 둘 중의 어느 하나를 기록했을 가능성도 있다.

목간의 음표기 '多多那都久'가 『만엽집』에서 훈표기 '立名附, 立名付'로 바뀌었다. 그런데 흥미롭게도 (196)의 세 가요가 모두 Q군에 속한다. 따라서 목간의 음표기가 훈표기로 바뀌어 『만엽집』 Q군에 전승된다는 가설을 지지해 준다.

91 榮原永遠男(2011: 84)에 이들이 인용되어 있다.

3.4.1.8. なにはつ 목간

(197) なにはつ 목간(和銅~養老期, 平城宮跡)

a. □矢己乃者奈夫由己□□伊眞者者留部止

b. □伊己册利伊眞役春部止作古矢己乃者奈

이 목간에서 중요한 것은 목간의 중간 위치에 기록된 것만 남았다는 점이다(榮原永遠男 2011: 69, 72). 양면 목간이므로 전면에 기록된 가요와 후면에 기록된 가요를 대비해 보면 이 결론이 나온다. 이 결론에 따라 동일 가요를 전면과 후면의 두 곳에 반복하여 기록했다는 사실과 원형 목간의 길이가 두 자 정도라는 사실도 드러난다. 榮原永遠男(2011)은 이처럼 길이가 긴 목간에 기록된 가요는 의식용으로 널리 불렸다고 보았다. 그런데 吉川眞司(2016)은 불교의 법회에서 실제로 歌木簡이 사용되었다고 보았다. 이에 따르면 불교 의식에서 なにはつ 노래와 같은 만엽가를 널리 불렀다는 의미가 된다.

이 목간에서는 4회 나오는 '者'가 모두 'は'를 표기하는 훈가나로 사용되었다. 우리는 『고사기』 11번 가요의 '此者'가 'こ(れ)は'로 해독되므로 '者'를 훈가나라고 한 바 있다. 이 훈가나가 '꽃'을 뜻하는 '者奈'의 표기에도 사용되었으므로 '者'가 8세기 초엽에 이미 훈가나로 사용된 것이 확실하다. 'いまは'를 표기한 (192.b)의 '伊眞役'에서도 '眞'과 '役'이 훈가나로 사용되었고, 'はる'를 표기하는 '春'도 정훈자로 사용되었다. 판독된 32자 중에서 훈가나·정훈자가 11자나 되므로 和銅에서 養老 연간에는 이미 훈가나가 일상적으로 사용되었다고 할 수 있다.

그런데 후면의 '□伊己册利'에 나오는 '册'이 음가나 '母'일 가능성이 있다. '册'의 훈 중에는 '己册利' 즉 'こもり'의 'も'와 음상이 비슷한 것이 없다. 그리하여 문제가 풀리지 않는데, 혹시 '母'를 '册'으로 오기 또는 오독한 것은 아닐까? '册'을 '母'로 수정하면 '己册利'가 なにはつ 노래에 나오는 'こもり'가 된다. 그런데 이때에는 '己册利'의 바로 앞에 온 '伊'가 문제로 남는다. 이 '伊'로는 '冬' 즉 'ふゆ'의 'ゆ'를 표기할 수 없기 때문이다. '伊'는 혹시 '由'의 오자·오독이 아닐까?

『만엽집』 가요에서 'こもり'로 읽히는 대표적 표기는 '숨다, 감추다, 차단되다' 등의 의미를 가지는 '隱, 絶, 牢, 藏, 內'이지만, 'こもり'의 바로 앞에 '冬'이 오면 대개 '冬木成'으로 표기된다.[92] 『古今和歌集』의 '冬こもり'가 『만엽집』 가요에서는 '冬木成'으로 표기되므로 '겨울나무가 되다' 또는 '裸木'의 뜻이다. 더욱이 '冬木成'이 대개는 '꽃이 피다' 또는 '새가 울다'의 대구가 되어 외롭고 쓸쓸하거나 황량한 상황을 표현하므로 '나목'의 뜻임이 분명하다.

흥미롭게도 복합어 'ふゆこもり'를 『만엽집』 P군에서는 찾을 수 없고 Q군에서만 찾을 수 있다. 16, 199, 199, 382, 971, 1705, 1824, 1891, 3221번 가요에서 '冬木成'으로 표기되었는데, 이들은 모두 Q군에 속한다. 여기에서도 목간의 음표기가 훈표기로 바뀌어 『만엽집』 Q군에 수록된다는 가설이 다시 확인된다.

3.4.1.9. あさかやま 목간

(198) あさかやま 목간(天平 16~17년, 紫香樂遺跡)

a. 奈迩波ッ尔 …… □夜己能波□□由己×

b. 阿佐可夜 …… [ ]流夜眞×

이 목간에는 두 수의 가요가 기입되어 있어 아주 특이하다. 전면에는 なにはつ 노래가, 후면에는 あさかやま 노래가 기입되어 서로 짝을 이루고 있다. 후면의 あさかやま를 목간의 명칭으로 삼은 것은 あさかやま 노래를 기록한 목간으로는 이것이 유일하기 때문이다. 이 목간은 중간 부분과 하단부가 유실되었지만 판독된 (198.a)의 '由己'와 (198.b)의 '流夜眞'이 기입된 위치를 고려하여 원형 목간의 길이를 측정할 수 있다. 측정 결과 대략 두 자 정도의 길이이므로, 이 목간은 공식 행사에서 사용한 A형 목간으로 분류된다(榮原永遠男 2011).

위의 길이 추정에는 31자라는 단가의 음수율이 출발점인데, あさかやま 노

92 1336번 가요에서는 예외적으로 '冬隱'이라 표기했다.

래가 마침 『만엽집』 권16의 3807번에 단가 형식으로 수록되어 있다. 아래의 (199.1)은 목간의 표기이고, (199.2)는 『만엽집』의 표기와 그 해독이다. 목간 표기에 해당하는 『만엽집』 부분에 밑줄을 쳤다.

(199) 목간과 일치하는 『만엽집』 권16의 Q3807번 가요

1. 阿佐可夜 … [ ]流夜眞
2. 安積香山 影副所見 山井之 淺心乎 吾念莫國
   あさかやま かげさへみゆる やまのゐの あさきこころを わがおもはなくに
   安積山 影さへ見ゆる 山の井の 淺き心を 我が思はなくに

(199.1)의 '眞'은 앞에서 이미 거론한 것처럼 훈가나이고, 나머지는 모두 음가나이다. 앞에서 우리는 목간의 음표기 가요가 훈표기 가요로 바뀌어 『만엽집』 Q군에 수록된다는 가설을 세운 바 있는데, 3807번 가요도 Q군에 속하므로 우리의 가설이 더욱 공고해진다.

3.4.1.10. たまにあれば 목간

(200) たまにあれば 목간 (天平 19년, 平城京跡)

a. 玉尓有皮手尓麻伎母知而伊□
b. □□皮伊加尓□□

이 목간은 원형 목간의 상단부만 남아 있고 그 아래는 유실되었다. 이 목간은 전면과 후면에 기록된 가요가 동일 가요인지 서로 별개의 가요인지가 문제가 된다. 犬飼隆(2008)은 별개의 노래라고 하면서 전면을 "玉にあれば手に蒔き持ちてい□"로, 후면을 "□□はいかに□□"로 해독했다. 榮原永遠男(2011)도 전면과 후면의 분위기가 다르고 서로 다른 필적이라 했는데, 우리도 이에 동의한다.

그런데 (200.a)의 목간 가요가 『만엽집』 권2의 150번 또는 권3의 436번 가요

와 동일하다는 견해가 있다.

(201) たまにあれば 목간과 유사한 『만엽집』 가요

1. 玉有者 手爾卷持而 衣有者 脫時毛無 吾戀 (150)
   たまならば てにまきもちて きぬならば ぬくときもなく あがこふる
   玉ならば 手に卷き持ちて 衣ならば 脫く時もなく 我が戀ふる
2. 人言之 繁比日 玉有者 手爾卷持而 不戀有益雄 (436)
   人言の 繁きこのころ 玉ならば 手に卷き持ちて 戀ひずあらましを
   ひとごとの しげきこのころ たまならば てにまきもちて こひずあらましを

榮原永遠男(2011: 77)은 直木孝次郎 선생의 이 견해를 소개하면서도 결국은 채택하지 않았다. (201.1)의 '玉有者'는 長歌의 중반 이후에 오고 (201.2)의 '玉有者'는 단가의 三句에 오므로, 기록 위치가 목간의 상단부 첫머리와 일치하지 않는다. 가요 목간에서는 기록 위치가 異同 판단의 중요한 기준이라는 점과 목간의 '尓'가 (201)에는 반영되지 않았다는 점을 들어 우리도 榮原永遠男(2011: 77)의 견해를 따른다.

기록 위치 기준은 (200.b)의 '皮伊加尓'에도 적용된다. '伊加尓'는 '如是, 如'의 의미를 가지는 부사 'いかに'임이 분명한데, 노래의 첫째 구에 '-は/ば いかに'가 오는 노래가 없다. 따라서 우리는 목간의 (200.b)와 일치하는 만엽가가 없다고 판단한다.

(201)의 두 가지 노래뿐만 아니라 아래의 『만엽집』 가요에서도 (200.a)의 '玉' 즉 '구슬'과 '手' 즉 '손'이 동시에 나온다. 이들도 기록 위치가 목간과 다르다.

(202) たまにあれば 목간과 유사한 『만엽집』 가요

1. (多麻 …) 手二所纏乎 (Q734) → てにまかれなむ / 手に卷かれなむ
2. 手爾纏古須 (… 多麻) (Q1326) → てにまきふるす / 手に卷き古す
3. (多麻 …) 手爾麻伎氏 (P3990) → てにまきて / 手に卷きて

4. (多麻 …) 手爾麻吉弖 (P4111) → てにまきて / 手に巻きて

(201)과 (202)에서 동시에 눈에 띄는 것은 '구슬'과 '손'을 연결해 주는 동사가 '纏' 또는 '巻き'라는 점이다. 따라서 목간의 '麻伎'를 犬飼隆(2008)의 '蒔き'로 해독하는 것보다 '纏' 또는 '巻き'로 해독하는 것이 나을 것이다.[93] 즉 목간에서는 '구슬을 손에 둘러/차'의 '둘러/차'를 '麻伎'로 표기했다고 보아야 할 것이다.

(200.a)의 '而'는 목간 가요에서는 처음으로 사용되었다. 이 목간은 天平 19년 즉 747년경에 제작된 것이므로 8세기 중엽에 '而'가 새로이 훈가나로 사용되기 시작했다고 말할 수 있다. 『고사기』 가요에서는 '而'의 용례가 없고 『일본서기』 가요에서는 '而'가 4회 사용되었지만 'て'를 표기하는 것이 아니라 'に'를 표기한다. 따라서 가요 중에서 '而'가 훈가나로 사용되어 'て'를 표기한 것으로는 이 목간의 '而'가 시기적으로 가장 이른 예가 된다. 이 목간에 사용된 훈가나는 '玉, 有, 而'의 세 자이고, 나머지는 모두 음가나로 사용되었다.

3.4.1.11. なにはつ 목간

(203) なにはつ 목간 (8세기, 姬路市 辻井宮跡)

a. □□□□尓佐久□□乃[ ] 夫□己毋利□

b. □知知知屋 屋屋 屋□屋 屋 屋 □□

이 목간은 다수의 제사 용구와 함께 출토되었으므로 제사 의식에 사용되었을 가능성이 있다(山本崇 2006). 전면에 なにはつ 노래 전체가 기록되었고 말미에 약간의 여백이 있었다고 보면 약 두 자 정도의 길이가 된다(榮原永遠男 2011: 94). 판독된 글자는 모두 なにはつ 노래를 음가나로 표기한 것이다. 후면은 글씨 연습이므로 특별히 언급할 것이 없다.

---

93 이 원고를 작성하고 난 다음에야 비로소 鈴木景二(2017: 321)이 '巻き'로 수정했음을 알게 되었다.

3.4.1.12. あまるとも 목간

(204) あまるとも 목간(762년경, 平城宮跡)

a. 阿万留止毛宇乎弥可可[94]多

b. □ [ ]

이 목간은 平城宮跡에서 출토된 목간 중에서 최초로 발굴된 목간의 하나이다. 이 목간과 같이 출토된 39점의 목간 중에 天平寶字六年이 기록된 목간이 있으므로 이 목간도 762년경에 제작되었다고 할 수 있다. 榮原永遠男(2011: 113~114)은 원래 전면에 2행으로 기록했는데 현재의 목간에 남은 것은 둘째 행이라고 추정했다. 우리도 이에 동의하면서 '阿万留止毛'가 노래의 중반 이후라고 본다.

그런데 이 '阿万留止毛'에서 '留'를 음가나로 보아 'る'로 읽어야 할지 의문이다. 'あまる'라는 동사로 '余る, 餘る'가 있지만 이 동사가 뒤에 오는 명사 '宇'{鵜}나 '可多'{潟}와 잘 호응하지 않는다. 더욱이 (204.a)가 전반의 5·7·5에 이어지는 7·7 부분이라는 느낌이 강한데, '阿万留止毛'를 'あまるとも'로 읽으면 5음절이라서 음수율이 맞지 않는다. 따라서 우리는 이 목간을 아래와 같이 해독한다.

(205) あまるとも 목간의 해독

1. 阿万<u>留</u>止毛 宇乎弥可可多
2. あま<u>とまる</u>とも うをみかかた
3. 海人<u>留</u>とも 鵜をみか潟

우리는 '阿万'가 'あま' 즉 '海人'이고 이것이 뒤에 오는 '宇'{鵜}나 '可多'{潟, 滷}와 잘 어울리는 시어라고 본다. '宇'는 'う' 즉 '鵜'이고, '可多'는 'かた' 즉 '潟, 滷'라고 해독한다. 한국어로 '阿万'{海人}은 '어부'요, 'う' 즉 '鵜'는 '가마우지'이며,[95] '可

94 同字符 '〻'로 표기되었다.
95 이연숙(2015)는 음수율 탓인지 '鵜'를 주로 '사다새'로 번역했다.

多'{潟, 滷}는 '갯벌, 소금벌'이다. 'あま'로 읽히는 '海人' 또는 '海子'는 '어부'의 뜻으로 『만엽집』 가요에서 수없이 사용되고, 'う'로 읽히는 '鵜'는 물고기를 잡을 때에 부리는 새로서 38, 359, 943, 3330, 4156, 4158, 4190, 4191번 가요에 나오며, 'かた'로 읽히는 '潟, 滷, 鹵'는 131, 138, 536, 919, 957, 958, 959, 1030, 1164, 1176, 1780, 3870번 가요에 사용되었다. 특히 '갯벌'을 뜻하는 'かた'가 지명에 통합될 때에는 '方'으로 표기되기도 한다. 대표적인 예로 'なにはがた' 즉 '難波潟'을 '難波方'으로 표기한 것을 들 수 있다.

따라서 이 가요를 "어부가 머물면서(살면서) 가마우지를 (부리는) 갯벌" 정도로 해석할 수 있다. 이 해독에서는 '阿万留止毛'를 'あま とまるとも' 즉 '海人 留とも'로 읽고, '宇乎弥可可多'를 'うを みかかた' 즉 '鵜を みか潟'로 읽는다. 이처럼 해독할 때에 '鵜を みか潟'의 'みか'가 무엇인가 하는 문제가 남는다. 이 'みか'는 '보다' 동사와 관계없는 枕詞(마쿠라코토바)일 것이다. '播磨{はりま} 速待{はやまち}'에 걸리는 마쿠라코토바 중에 'みかしほ'{みか潮}가 있는데, 'みかかた'{みか潟}는 그 대구(對句)가 될 수 있기 때문이다.

우리의 해독이 맞다면 이 목간의 '留'를 음가나 'る'로 읽지 말고 'とどめる, とまる'로 훈독해야 하고, 이에 따라 이 목간의 명칭도 바꿔야 할 것이다. 결론적으로, 이 목간에서는 '留'만 훈가나이고, 나머지는 모두 음가나이다.

3.4.1.13. あきはぎ 목간

(206) あきはぎ 목간 (760년대, 馬場南遺跡)

a. 阿支波支乃之多波毛美□
 □

b. □□□□
□□□ 馬馬馬馬□□□□

이 목간은 원형의 상단부가 남고 중반부 이후는 유실되었다. 글자가 남아 있는 부분의 길이가 대략 20cm 정도이므로 榮原永遠男(2011: 102)은 약간의 여백을 포함하여 원형의 길이를 두 자 반으로 추정했다. 또한 후면 상단의 좌측 세 글자를 '越中守'로 읽을 수 있고 越中國과 관련이 있는 大伴家持가 이 작품을 지었을 가능성이 크다고 했다(榮原永遠男 2011: 107).

이 목간의 전면 10자는 모두 음가나로 사용되었다. 중요한 것은 이 목간의 가요가 『만엽집』 권10의 2205번 가요와 일치한다는 점이다. 2205번 가요는 Q군에 속하므로, 목간의 음표기가 훈표기로 바뀌어 『만엽집』 Q군에 수록된다는 우리의 가설을 지지해 준다. 아래 (207.1)은 목간 표기이고, (207.2)는 『만엽집』의 표기이다. 목간과 일치하는 부분에 밑줄을 쳤다.

(207) 이 목간 가요와 일치하는 『만엽집』 가요

1. 阿支波支乃之多波毛美□
2. 秋芽子乃 下葉赤 荒玉乃 月之歷去者 風疾鴨 (Q2205)
   あきはぎの したばもみちぬ あらたまの つきのへぬれば かぜをいたみかも
   秋萩の 下葉もみちぬ あらたまの 月の經ぬれば 風をいたみかも

(207.2)의 '秋芽子'는 'しなふ, うつる'에 걸리는 마쿠라코토바로 사용되고, '荒玉'은 '해, 달, 날이 즉 시간이 지나가다'에 걸리는 마쿠라코토바로 자주 사용된다. 마쿠라코토바가 섞여 있어서 이 노래의 의미를 정확히 파악하기가 아주 어렵지만, 이연숙(2015: 권8 323)는 "가을 싸리의/ 아래 잎 물들었네/ 아라타마노/ 달이 경과하면요/ 바람 심해져서인가"로 번역했다.

이 목간 표기에서 '支'와 '波'가 청탁의 구별 없이 사용되었다는 것을 확인할 수 있다. '阿支'는 명사 '秋' 즉 'あき'에 해당하므로 '支'가 청음으로 사용되었지만, 명사 '波支'는 '芽' 즉 'はぎ'에 해당하므로 '支'가 탁음으로 사용되었다. '波支'에서는 '波'가 청음 'は'를 표기하지만 '之多波'의 '波'는 명사 '葉'의 탁음 'ば'를 표기하므로, 목간 표기에서는 청탁 구별이 무시된다고 할 수 있다.

또한 이 목간에서는 '支'가 특이하게도 KI 음절을 표기한다는 점도 기억해 둘 필요가 있다. 7장에서 다시 거론하겠지만 '支'가 KI 음절을 표기하는 현상을 '支'의 중고음 [章開AB平支]=/tɕɪe/ᴸ로는 기술할 수 없다. 4~6장에서 논의하겠지만, 나라시대에는 章母/tɕ/가 /s/로 수용되고 支韻/ɪe/이 /i/로 수용되는 것이 원칙이기 때문이다. 요컨대, '支'는 /si/를 표음하는 것이 정상이다. 그런데도 이 목간에서는 '支'가 특이하게도 KI 음절을 표기한다. 이 특수 음가를 해결하는 방법의 하나로 '支'가 '伎'와 통가자 관계였다고 가정하면,[96] '支'가 KI 음절을 표기할 수 있다. '伎'의 중고음은 [群開B上支]=/gɪe/ᴿ이고, 이것이 『고사기』 음가나에서는 キ/ki/로 수용된다. 이와 마찬가지로, 이 목간의 '支'도 キ/ki/를 표음한다.

3.4.1.14. ものさし 목간

(208) ものさし 轉用 목간 (774년, 平城宮東張出部)

a. 目毛美須安[97]流保連紀我許等乎志宜見賀毛美夜能宇知可礼弖□

b. 奈尓

이 목간은 네 토막으로 쪼개진 것을 접속하여 붙인 것인데 그 길이가 59cm나 되므로 원형은 71.5cm 즉 두 자 반 길이이고, 재활용한 목간으로 추정된다(榮原永遠男 2011: 79). 이 목간의 전면을 犬飼隆(2008)은 "目も見ずあるほれ木?が言を繁みかも宮の內離れて□"로 해독했다.

犬飼隆(2008)은 이 목간의 '紀'를 'き' 즉 '木'으로 해독하면서도 '나무'가 여타의 시어(詩語)와 잘 호응하지 않기 때문에 의문부를 달았다. 그런데 이 문제를 해결하는 방법이 있다. 'き'로 읽히는 단어에 '城'이 있으므로 '木'을 '城'으로 대체하면 이 목간에서 시어 상호 간의 통합 관계가 아주 자연스러워진다. 『만엽집』 가요 중에서 '紀'로써 '城'을 표기했거나 '城'으로 표기하고 'き'로 읽은 것으로는 823번과 1679번의 두 수가 있다. 더욱이 아래에 제시한 것처럼 『고사기』와 『일본서

---

96 平川南(編)(2000: 146~147)에 실린 토론문에서, 犬飼隆 선생이 稲荷山古墳出土鐵劍의 '支'를 '伎'로 교체할 수 있다고 한 바 있다.

97 우측의 顚倒符 'レ'가 지시하는 바대로, '安'을 '流'의 앞으로 옮겼다.

기』 가요에는 '紀'로써 '城'을 표기한 것이 적지 않다. 따라서 이 목간의 '紀'도 '城'으로 해독하는 것이 좋을 것이다.

(209) 『고사기』와 『일본서기』에서 '城'을 표기한 '紀'

1. 多加紀/多迦紀{高城}(고사기 11/ 62), 陀哿紀{高城}(일본서기 권15)
2. 迦豆良紀{葛城}(고사기 60), 箇豆羅紀{葛城}(일본서기 권11)
3. 美麻紀{御眞木}(고사기 24), 瀰磨紀{御間城}(일본서기 권5)
4. 毛毛志紀[ももしき](고사기 103)
5. 和岐豆紀{脇机}(고사기 103)
8. 菟菟紀{筒城}(일본서기 권11)
9. 伊磨紀/伊麻紀{今城}(일본서기 권26)

사족이지만 (209)의 예에 두 가지를 덧붙여 둔다.

첫째, (209.3)에서 『고사기』의 '美麻紀'를 『대계』에서는 '御眞木'로 해독했지만 이것은 '御間城'의 잘못일 것이다. 『일본서기』의 '瀰磨紀'를 '御間城'으로 해독한 것처럼 『고사기』의 '美麻紀'도 '御間城'으로 해독할 수 있다. 이 두 예에서 공통적으로 이동동사 '入'이 뒤따르기 때문이다.

둘째, 『대계』에서는 (209.4)의 '毛毛志紀'를 미해독으로 남겨 두었는데, 이것은 '毛毛志'와 '紀' 즉 '城'이 결합한 복합어이다. 『만엽집』에 수록된 가요에서 '毛毛志紀'가 '百礒城'(29, 36, 155, 257, 691, 920, 948, 1026, 1218, 1852, 1883, 3234)으로 표기되므로 이것은 확실하다. '毛毛志紀'는 음표기이고 '百礒城'은 훈표기이다. 음표기로는 '毛母之綺'(4040)도 있는데, 훈표기는 '百式(260), 百式紀(323), 百石木(923), 百師紀(1005), 百石城(1061), 百師木(1076, 1267)' 등으로 아주 다양하다. 여기에서 '毛毛志紀'의 '紀'가 '城'를 뜻하는 단어임을 알 수 있다.

이 '毛毛志紀'는 사실은 마쿠라코토바의 일종이다. 백제인들이 건너와 돌로 성을 쌓기 이전에는 일본의 성이 흙으로 쌓은 토성이었다고 한다. 토성에 비해 석축한 성은 무너지지 않고 견고했으므로 '百礒城, 百石城' 등의 명칭이 생겼고, 이

것이 단단하고 견고함을 표현할 때의 대명사로 전용되고 이것이 마쿠라코토바로 사용되었다(中西進의 『萬葉集』 1, p.64. 이연숙 2017: 권11의 33쪽). 이 마쿠라코토바가 회자되었다는 것은 'ももしき'로 읽히는 여러 표기가 『만엽집』 가요에 자주 나온다는 데에서 확인할 수 있다.

(210) 'ももしき'가 나오는 『만엽집』 가요

1. 百礒城乃 大宮人者 去別南 (Q155)
   ももしきの 大宮人は 行き別れなむ
2. 邊津方爾 味村左和伎 百礒城之 大宮人乃 退出而 (Q257)
   辺つ辺に あぢ群騒き ももしきの 大宮人の 退り出て
3. 百式乃 大宮人乃 去出 (Q260)
   ももしきの 大宮人の 退り出て
4. 御命恐 百礒城之 大宮人之 玉鉾之 道毛不出 戀比日 (Q948)
   大君の命畏み ももしきの 大宮人の 玉鉾の 道にも出でず 戀ふるこの頃
5. 百師木之 大宮人之 退出而 遊今夜之 月清左 (Q1076)
   ももしきの 大宮人の 罷り出て 遊ぶ今夜の 月のさやけさ
6. 布勢能宇良乎 由吉底之見弖婆 毛母之綺能 於保美夜比等爾 可多利都藝底牟 (P4040)
   布勢の浦を 行きてし見てば ももしきの 大宮人に 語り繼ぎてむ

이 6수의 내용을 하나로 종합해 보면, 'ももしき'가 모두 '大宮人'을 수식한다. 그리고 이 '大宮人'은 궁을 '出, 入'한다. 명사 '大宮人'과 동사 '出, 入'에 어울리는 시어는 '木'이 아니라 '城'이다. 따라서 ものさし 전용 목간의 '紀'도 '城'을 표기한다고 보아야 할 것이다.

3.4.1.15. なにはつ 목간

(211) なにはつ 목간 (8세기 후반, 西河原宮ノ內遺跡)

奈尓波都尓佐

이 목간은 현재 상단부의 14cm 정도만 남아 있지만, 榮原永遠男(2011: 154~155)은 원형의 길이를 두 자 반 정도로 추정했다. なにはつ 노래는 앞에서 이미 여러 번 거론했으므로, 여기에서는 논의를 생략한다. 6자 모두 음가나이다.

3.4.1.16. はるなれば 목간

(212) はるなれば 목간 (791~795년, 秋田城跡)

a. 波流奈礼波伊万志□□□□[ ]

b. 由米余伊母波夜久伊□□奴□止利阿波志□

榮原永遠男(2011: 52)은 이 목간의 원형이 한 자 남짓의 길이이며, 양면에 서로 다른 가요가 기록되었다고 보았다. 犬飼隆(2008)은 이들을 각각 "春なればいまし…"와 "勤めよ妹はやく … とりあはし"로 읽었다. 우리는 두 분의 견해에 동의한다.

공반 목간의 제작 시기가 791~795년에 집중되는 것으로 보아 이 목간도 바로 이때에 제작된 것으로 추정된다. 이때는 『만엽집』의 편찬이 끝난 뒤인데, 『만엽집』 가요에는 이들과 일치하는 가요가 없다. 831번 가요에 '波流奈例婆'{春なれば}가 나오지만 그 뒤에 오는 二句가 서로 다르다. 따라서 목간의 두 노래는 790년대에 들어 새로 창작된 것 같다.

(212.b)는 음수율을 정확하게 지킨 단가였을 것이다. 음수율에 따르면 "由米余伊母, 波夜久伊□□奴, □止利阿波, 志□…"로 분절되는데, 각 句의 끝이 언어학적 분절 단위와 일치하기 때문이다. 또한 정확하게 음가나만으로 표기했다는

점도 지적해 둘 만하다.

그런데 최근에 鈴木景二(2017: 321)이 이 목간을 새로 판독했다. 오른쪽 행의 일곱째 글자를 '河'로, 아홉째와 열째 글자를 '波万'으로 판독했다. 또한 왼쪽 행의 10~12번째 글자를 '和万始'로 읽었다. 해설이 없으므로 인용하는 데에서 그치기로 하되, 새로 판독한 글자에 밑줄을 쳤다.

(212′) **鈴木景二**(2017: 321)**의 판독** (791~795년, 秋田城跡)

a. 波流奈礼波伊河志波万□□[ ]

はるなればいかしはま□□[ ]

b. 由米余伊母波夜久伊和万始□止利阿波志□

ゆめよいもはやくいわまし□とりかわし□

3.4.1.17. なにはつ 목간

2014년에 平安京 左京 四條一坊에서 なにはつ 목간이 한 점 출토되었다. 이하의 서술은 吉野秋二(2015)를 참고한 것이다. 공반 토기를 기준으로 추정하면 제작 시기는 9세기 후반기이다. 길이는 34.5cm이고, 폭은 3.5cm이며, 두께는 0.4cm이다. 상단의 왼쪽 부분과 하단의 오른쪽 부분이 훼손되었고, 네 조각으로 부러진 것을 조립했다. 두 행으로 기록되었는데, 오른쪽 행에 기록한 것이 なにはつ 노래이다.

(213) **なにはつ 목간** (9세기 후반, 平安京 左京 四條一坊 출토)

1. □□波□尓左久也己能波奈不由己毛利以末波＞留阝度□久□□能波奈[98]

2. ×□□□□留末良度寸可多曾□天波阝留□度□

2′. ×□□□□留 末良度 寸可多 曾□天 波阝留 □度□

---

98 이 행의 '＞'는 同字符이다.

×□□□□る まらと すかた そ□て はへる □□□□[99]

吉野秋二(2015)는 위와 같이 판독하고, (213.1)처럼 なにはつ 노래의 全文 31자가 모두 남아 있는 목간으로는 이것이 최초라고 했다. 처음부터 끝까지 음가나로 일관했다는 점도 중요한 특징이다.

그런데 吉野秋二(2015)는 왼쪽 행에 기록한 (213.2)는 가요를 기록한 것이 아니라 散文을 기록했을 가능성이 있다고 했다. 그리하여 왼쪽 행은 오른쪽 행에 기록한 なにはつ 노래에 대한 주석이라고 추정했다. 그 논거로는 '末良度'가 '客人'으로 해독되고, '寸可多'가 '姿'로 해독되며, '波阝留'가 '侍る'로 해독된다는 점을 들었다. 즉 (213.2')와 같이 분절하여, 이 부분을 "客人의 姿를 얻습니다"[100] 정도의 산문이라고 했다. 이 견해에 犬飼隆(2017a)와 鈴木景二(2017: 322)도 동의하고 있다.

그런데 이처럼 분절할 수 있을지 의문이다. 이 분절에서는 '波阝留'의 '留'가 활용형 'る'에 대응하고, '曾□天'의 '天'도 활용형 'て'에 대응한다고 보는 듯하다. 그러나 이 '留'와 '天'이 항상 활용형만 표기하는 것은 아니다. 『만엽집』 가요에서는 '留'를 'とま-, とまり, ともし, とむれ, とまれる, とどむる, とどめ, とどめむ, とどめてむ, とどめえむ, とどまらむ' 등으로 훈독할 때가 많고, '天'도 'て'로 음독할 때보다 'あま, あめ, そら' 등으로 훈독할 때가 훨씬 더 많다. 이처럼 이 문장에 훈가나가 섞여 있다는 결정적인 증거로는 '寸'을 들 수 있다. 吉野秋二(2015)는 '寸'를 훈가나로 보아 'す'로 읽었는데, 이러한 용법은 『고사기』·『일본서기』·『만엽집』의 가요에서는 별로 보이지 않고[101] 헤이안시대의 훈점 자료에서만 찾을 수 있다. 9세기 후반기의 이 목간에서 '寸'이 훈가나로 사용되었으므로, '留'와 '天'도 훈독할 가능성이 남아 있다.

99 이것은 鈴木景二(2017: 322)을 인용했다.

100 客人の姿を得ております.

101 『만엽집』 Q군에서는 '寸'이 사용되었다. 그러나 '寸'이 'す'를 표기하지 않고 'き'를 표기한다.

더욱이 吉野秋二(2015)의 해독에서는 '曾□天'의 '曾'이 단어의 첫째 음절을 표기하는데, 『만엽집』 가요에서는 '曾'이 어휘 형태를 표기하는 일이 많지 않다. 『만엽집』에서는 '曾'이 문법형태를 표기할 때가 많은데, 종조사 또는 지시대명사 'そ'를 표기하거나 종조사 'こそ'의 'そ'를 표기할 때에 주로 사용된다.[102] 따라서 '曾'을 분절하는 방법에는 두 가지가 있다. 첫째는 앞 단어에 붙여서 분절하는 방법이고, 둘째는 단어의 첫머리에 온 것으로 보되, 지시대명사 'そ'로 읽는 방법이다.

우리는 이 목간의 오른쪽 행이 なにはつ 노래인 것처럼 왼쪽 행도 가요라고 본다. 서술의 편의상 그 제목을 あめなみ{天波} 노래라고 붙인다. 첫머리 부분이 훼손되어 없어졌으므로, 중간 이후의 명사를 따서 제목으로 삼았다.

노래라는 판단의 첫째 논거로는 5·7·5·7·7의 음수율이 반영되어 있다는 점을 들 수 있다. なにはつ 노래는 대부분 음가나로 표기되기 때문에 이 목간에서도 31자로 표기되었다. 반면에 あめなみ 노래에서는 훈가나가 많이 섞여 있으므로 吉野秋二(2015)의 판독처럼 24~25자로 줄어들 수 있다. 그러나 훈가나를 해독하면 31자의 음수율이 될 수 있다. 우리는 이 24~25자를 아래의 (214.2)처럼 분절한다.

(214) あめなみ{天波} 노래의 해독 (9세기 후반, 四條一坊 출토)

1. ×□□□□留末良度寸可多曾□天波阝留□度□
2. □□□□□ □□□留末良 度寸可多 曾□天波阝 留□度□
3. □□□□□ □□□とどまら わたすかた そ□あめなみへ とどめ□わた□
4. □□□□□ □□□留まら 渡す潟 そ□天波へ 留□度□

吉野秋二(2015)는 첫머리 부분에서 떨어져 나간 곳을 (214.1)의 ×로 표시하고 4자 정도가 없어졌다고 보았다. 우리도 이에 동의하되, (214.1)의 원문을 (214.2)처럼 분절한다. 이처럼 분절하고 '留, 度, 天, 波'를 모두 훈독하면, (214.3)

102 6장의 (264)를 참조하기 바란다.

처럼 5·7·5·7·7의 음수율이 된다. 단가의 음수율을 갖추었으므로, 우리는 이 문장을 노래라고 판단하고 (214.4)처럼 해독한다.

이처럼 해독하려면, '度'를 어찌하여 'わたる, わたす'로 읽는가 하는 문제에 답할 수 있어야 한다. '度'가 『만엽집』 P군에서는 주로 조사나 활용형을 표기하므로, 음독하여 DO 또는 TO 음절로 읽는다. 그러나 『만엽집』 Q군에서는 대부분의 '度'를 '渡'의 통가자로 사용하여 '度'가 'わたる, わたす'를 표기한다.[103] P군에서는 음독이 기본이지만 Q군에서는 '渡'의 뜻으로 훈독한다.

우리는 위에서 이미 목간의 음표기 가요가 『만엽집』 Q군에 수록될 때에는 훈표기 가요로 바뀐다는 가설을 제기한 바 있다. 그러나 이 목간은 『만엽집』이 편찬된 이후로 대략 100년이 경과한 뒤에 제작되었으므로, 이 목간에는 이 가설을 적용할 수 없다. 그렇더라도 『만엽집』 Q군과 마찬가지로 あめなみ 노래에서도 '留, 度, 天, 波'를 모두 훈독했을 가능성이 아주 크다. 시간의 흐름에 따라 훈표기가 점점 증가하기 때문이다.

또한 '可多' 즉 'かた'를 하필이면 '潟'으로 해독하는지도 설명해 둔다. '可多'는 다의어의 대표적인 예로서, '潟, 滷' 즉 '갯벌'의 의미뿐만 아니라 '形, 方, 肩, 片, 堅, 難'의 의미도 가진다. 이 여러 가지 의미 중에서 '渡' 즉 '건너다'와 '波' 즉 '물결'에 가장 어울리는 시어는 '潟, 滷' 즉 '갯벌'이므로, 우리는 '潟'을 택했다.

마지막으로 이 노래가 어찌하여 なにはつ 노래의 짝이 되어 좌우로 나란히 기록되었는지를 추정해 본다. なにはつ 노래에서는 '봄'{春}과 '겨울'{冬}이 교차되는데 그 매개가 '꽃'{花}이다. あめなみ 노래에서는 '머물다'{留}와 '건너다'{度}가 교차되는데 그 매개가 '갯벌'{潟}이다. 그런데 '꽃'이 지명 'なには'의 육지 즉 뭍에서 피는 것이라면 '갯벌'은 'なには'의 바다 또는 바닷가에 존재한다. 따라서 육지와 바닷가의 상황을 대비하기 위하여 좌우로 병렬했을 가능성이 있다. 또한 なにはつ 노래에서는 명사 '봄'{春}이 '삶, 생명'을 상징하는데, あめなみ 노래에서는 이것이 동사 '머물다, 살다'{留}로 변용되었다. なにはつ 노래에서 '쓸쓸함, 죽음'을

103 이런 노래는 207, 317, 588, 597, 663, 693, 983, 997, 1283, 1323, 1525, 1712, 1769, 1908, 1958, 2043, 2044, 2056, 2224, 2285, 2345, 2374, … 등 아주 많다.

상징하던 명사 '겨울'{冬}이 あめなみ 노래에서는 동사 '건너다'{度}로 변용되어 '이별하다, 죽다'를 상징한다.

이처럼 추정하면 이 두 노래가 전혀 관계없는 별개의 노래가 아니라, 짝으로 병렬될 수 있는 노래가 된다. 결론적으로, あめなみ 노래는 なにはつ 노래에 병렬되어 대구(對句)가 되는 노래이다. 이 노래는 산문이 아니라 운문이고, なにはつ 노래에 대한 주석이 아니라 대구가 되는 만엽가이다.

あめなみ 노래에서는 '末, 良, 可, 多, 曾'의 5자가 음가나로 사용되었다. 음가나의 용례가 아주 적다는 점에서 이 노래의 표기법은 『만엽집』 Q군과 아주 비슷하다.

3.4.1.18. はるべと 목간

(215) はるべと 목간 (9세기 후반 ~ 10세기 전반, 富山縣 東木津遺跡)

はルマ止左くや古乃は□

이 목간은 はるべと 목간이라 지칭했지만, 사실은 なにはつ 노래의 넷째 구(句)와 다섯째 구를 기록한 목간이다. 노래의 하단부가 기록되었으므로 이것을 기준으로 역산해 보면 원형 목간의 길이는 두 자 정도가 된다(榮原永遠男 2011: 90).

이 목간에서 가장 중요한 것은 한자 자형이 단순화하여 가나 자형으로 기록되었다는 점이다. 따라서 'は, ル, マ, く, や'의 5자는 만요가나가 아니라 가나라고 지칭하는 것이 정확하다. 이 5자는 각각 '波, 流, 部, 久, 也'가 그 字源이다.

가나 자형이 전면적으로 기록된 것으로는 828년의 奧記가 있는 『成實論』(東大寺 聖語藏本)이 최초이다(築島裕 1981). 그런데 최근에는 9세기 중엽의 土기 자료에서도 草假名(소가나) 글꼴이 확인되었다(鈴木景二 2009, 2013). 따라서 9세기 후반기에는 가타카나든 히라가나든 가나 자형이 널리 사용된 시기라고 해도 무방하다. 이것을 이 목간이 증명해 준다.

3.4.2. 목간 가요의 표기법

목간 가요는 기본적으로 음가나로 표기한다. 노래의 모든 음절을 음가나로 표기하는 것이 원칙이다. 물론 부분적으로 훈가나를 섞어서 사용하기도 하지만 이들이 모두 문장 훈표기가 아니라 단어 훈표기이다. 이런 훈가나 표기가 7세기 중엽부터 시간이 흐름에 따라 조금씩 늘어난다고 기술하는 것이 정확할 것이다. 목간 가요가 음가나 표기를 기본으로 한다는 점에서 목간 표기법은 『고사기』, 『일본서기』, 『만엽집』 P군과 같다. 그런데 부분적으로 훈가나를 구체적으로는 단어 훈표기도 허용한다는 점을 고려하면 목간 가요의 표기법은 『만엽집』 P군 표기법과 가장 가깝다.

3.4.2.1. 목간의 음가나

이제 18점의 가요 목간에 나오는 음가나를 정리해 본다. 통계 처리할 때에는 통가자 관계인 '皮'와 '波'를 '波' 하나로 묶고, '左'와 '佐'를 '佐'로 묶는다. 그리하면 목간 가요에서 68종의 음가나가 총 269회 사용되었다. 이 수치는 이미 가나의 단계에 들어선 'は, く, ッ, ル, や'를 각각 그 자원(字源)인 '波, 久, 都, 流, 也'로 치환하여 계산한 것이다.

(216) 목간 가요의 음가나 목록 (68자)[104]

皮/は/波28 尓17 奈17 己15 く/久12 左/佐11 乃9 伊9 止8 ッ/都6 阿5 母5 夜5 可5 留5 多5 由5 毛5 利5 ル/流4 能4 伎3 美3 志3 斯2 米2 之2 弥2 麻2 作2 夫2 古2 知2 万2 宇2 乎2 支2 礼2 や/也2 末2 良2 刀1 求1 和1 羅1 於1 閉1 布1 那1 迩1 加1 須1 安1 保1 連1 紀1 我1 許1 等1 宜1 賀1 弖1 余1 奴1 不1 以1 度1 曾1

104 井上幸(2017: 403)에서는 목간·『만엽집』·中國古籍에서 가장 많이 사용된 100자를 선정하여 서로 대비하고 있다. 가요 목간에 사용된 한자와 여타의 목간에 사용된 한자가 확연히 다르다는 점에 주의할 필요가 있다.

위에 정리한 것처럼 목간 가요에 사용된 음가나는 모두 68자이다. 가요가 기록된 목간이 18점에 불과하기 때문에 『고사기』, 『일본서기』, 『만엽집』의 가요에 사용된 음가나에 비하여 그 종류가 적을 수밖에 없다. (216)에서는 개별 음가나의 출현 횟수도 일일이 밝혔는데, なにはつ 목간이 7점이나 될 정도로 이 노래가 여러 번 중복되므로 음가나의 출현 횟수가 무의미하다고 할 수 있다. 그러나 이 노래가 그만큼 자주 불렸다는 점에서는 출현 횟수를 함부로 무시할 수 없다. 이처럼 두 가지 견해가 있을 수 있으므로 일단 출현 횟수를 명시해 두었다.

위의 68자를 기준으로 삼아 목간의 음가나가 어느 텍스트와 가까운지를 검토해 본다.

(217) 목간의 음가나 68자와 여타 텍스트 107자의 음가나 일치 여부

1. 목간과 『고사기』의 일치 : 46자 (불일치 22자 – 奈, 己, 止, 利, 可, 之, 作, 万, 末, 不, 以, 乎, 支, 刀, 求, 於, 閉, 安, 保, 連, 我, や/也)
2. 목간과 β군의 일치 : 34자 (불일치 34자 – 己, く/久, 乃, 止, 母, 留, 可, 伎, 美, 斯, 米, 作, 夫, 乎, 支, 万, 末, 不, 以, 度, 刀, 良, 求, 閉, 迩, 加, 安, 連, 我, 宜, 賀, 余, 奴, や/也)
3. 목간과 α군의 일치 : 29자 (불일치 39자 – 奈, 己, く/久, 乃, 伊, 止, 夜, 留, 由, 毛, 可, ル/流, 伎, 米, 作, 夫, 知, 万, 末, 不, 度, 支, 礼, 刀, 良, 求, 閉, 布, 迩, 加, 安, 保, 連, 許, 宜, 賀, 弖, 余, や/也)
4. 목간과 P군의 일치 : 54자 (불일치 14자 – 止, 弥, 作, 万, 支, 求, 羅, 不, 以, 閉, 迩, 連, 紀, 宜)
5. 목간과 Q군의 일치 : 51자 (불일치 17자 – 止, 斯, 作, 古, 支, 末, 不, 以, 度, 刀, 求, 羅, 閉, 那, 連, 紀, 宜)

(217)에 정리한 것처럼 목간 가요의 음가나와 가장 가까운 것은 『만엽집』의 P군과 Q군이다. 거꾸로 가장 거리가 먼 것은 『일본서기』 α군이다. 위의 (164)에서 이미 정리한 것처럼 『만엽집』의 P군 대표자와 Q군 대표자의 일치율이 현저하

게 높아서 무려 71.0%였다. (182)에 정리한 것처럼 음절별 대표자에서도 45자가 일치하여 『만엽집』 P군과 Q군의 일치율이 가장 높았다. 이와 마찬가지로, 목간 음가나와 대비해 보더라도 『만엽집』 P군과 Q군이 거의 차이가 없다는 결과가 나온다. 이에 따르면 목간, P군, Q군을 하나의 덩어리로 묶을 수 있다.

이처럼 가요 목간과 『만엽집』이 하나로 분류되는 현상을 어떻게 해석해야 할까? 기록 시기의 차이로는 이것을 설명할 수가 없으므로 역사와 문학의 범주 차이로 해석하는 것이 나을 것이다. 『고사기』와 『일본서기』는 사서의 일종이고, 역사적 사실을 기록하는 과정에서 가요를 부수적으로 포함하게 된다. 반면에 목간과 『만엽집』에 수록된 가요는 기본적으로는 역사 기술과 관계가 없고, 오히려 노래를 기록하는 데에 일차적인 목적을 두므로 문학의 범주에 들어간다. 따라서 역사를 기술하는 사람의 음가나 표기 체계와, 노래 즉 문학을 기술하는 사람의 음가나 표기 체계가 서로 달랐다고 추정해 둔다.

위의 (217)에서는 목간과 여타 텍스트의 음가나를 대비할 때에 서로 불일치하는 음가나를 남기고 일치하는 음가나를 생략했다. 5종의 여타 텍스트와 대비하여 목간 표기의 특수성을 지적할 때에는 이것이 효과적이기 때문이다. 목간 가요의 음가나 68자 중에서 '止, 作, 支, 不, 求, 閉, 連'의 7자는 여타 텍스트의 107자 집합에서 항상 제외된다. 따라서 목간 가요만의 표기법적 특수성을 이 7자를 기준으로 기술해도 무방할 것이다.

이 7자 중에서 반드시 거론해야 할 것으로 TO 음절을 표기하는 '止'가 있다. '止'는 『고사기』와 『일본서기』의 가요에서는 사용되지 않았고 『만엽집』 P군에서 5회, Q군에서 3회 사용되었다. 『만엽집』에서 사용되기는 했지만 그 출현 횟수가 많지 않아 107자나 123자의 대표자 집합에서 제외되었다. 5종의 문헌 텍스트에서 모두 대표성을 갖추지 못했지만, 목간 가요에서는 8회나 사용되었다. 목간 음가나 내부에서는 그 용례가 많기로는 아홉 번째이므로 '止'는 대표자의 자격을 충분히 갖추었다.

그런데 현재의 통설에 따르면 현용하는 가타카나 'ト'와 히라가나 'と'의 자원이 '止'이다. TO 음절을 대표하는 『고사기』와 『만엽집』 Q군의 '登', 『일본서기』 β

군과 『만엽집』 P군의 '等', 『일본서기』 α군의 '騰'을 모두 물리치고, 헤이안시대에는 '止'가 당당히 TO 음절의 대표자로 올라선다. 이처럼 '止'가 경쟁에서 결국은 승리하게 된 원인이 무엇인지 궁금한데, 우리는 그 원인을 다음의 세 가지로 추정한다.

첫째, '止'는 持統朝에 제작된 (192)의 とくとさだめて 목간에서 2회 사용되었으므로 7세기 말엽에 처음으로 등장한다. 그 이후로 목간에서는 꾸준히 명맥을 유지하여, 791～795년에 제작된 (212)의 はるなれば 목간과 9세기 후반에서 10세기 전반기에 걸치는 (215)의 はるべと 목간에서도 사용된다. 이처럼 목간 가요에서 대표자의 지위를 꾸준히 유지했기 때문에 마침내 승자가 될 수 있었을 것이다.

둘째, 글꼴의 단순성도 한몫했다고 보아야 할 것이다. 만요가나에서 가타카나 또는 히라가나로 발전할 때에는 필수적으로 자형의 간소화 과정을 거친다. 이 과정에서 '登, 等, 騰'의 3자보다 '止'가 비교 우위에 있었으므로, '止'가 승리할 수 있었을 것이다.

셋째, '登, 等, 騰'의 3자는 모두 /−ŋ/ 운미를 가지고 있는 데에 반하여 '止'는 운미가 없다. '止'의 전기 중고음은 [章開C上之]=/ʨɪə/[R]이므로 운미가 없다. 이 점에서도 위의 3자보다 '止'가 우위에 있었을 것이다.

그런데 셋째의 음운론적 조건은 운미만을 관찰 대상으로 삼았으므로 문제가 된다. 운미보다 성모에 초점을 맞추면 '止'는 TO 음절을 표기하기에 부적절하다. 한어의 章母/ʨ/를 상대 일본어에서는 /s/로 수용하는 것이 원칙이기 때문이다. 이것은 일본의 오음이나 한음에서 '止'를 항상 'し' 즉 /si/로 읽는다는 데에서 확인된다. 이에 따르면 '止'의 성모인 章母/ʨ/가 TO 음절의 /t/보다는 SI 음절의 /s/를 표기하는 것이 원칙이다. 그런데도 '止'가 목간 가요에서 TO 음절을 표기한 것이 분명하므로, '止'의 章母/ʨ/에 예외적으로 TO 음절의 /t/가 대응한다고 말할 수밖에 없다.

상대 일본어에서 '止'가 어찌하여 예외적으로 TO 음절을 표기하는지를 기술하는 방법이 있다. 대부분의 한어 상고음(上古音) 연구자들이 '止'를 /*tiəg/로 재구하므로[105] 바로 이 /*tiəg/로 TO 음절을 기술할 수 있다. 상고음의 성모 /*t/가 TO 음절의 T로 수용되고, 상고음의 운복 /*ə/가 TO 음절의 O로 수용되었다고 기술하면 된다.[106] 이때의 O는 갑류의 /o/가 아니라 을류의 /ə/인데, 9세기 4/4분기 이후에는 이 /ə/가 /o/와 합류한다. 상대 일본어에서 갑류와 을류가 구별된다는 것과 후대에 통시적 변화가 일어나 갑류와 을류가 하나로 합류한다는 것을 대부분의 학자가 인정한다. 따라서 이처럼 기술하면 모든 문제가 해결된다. 결론적으로, '止'가 TO 음절을 표기하는 현상은 한어 중고음 /ʨɪə/^{R}로는 기술할 수 없지만 한어 상고음 /*tiəg/로는 아주 자연스럽게 기술할 수 있다.

그렇다면 '止'의 상고음이 정말로 /*tiəg/인가 하는 문제만 남는다. 이것을 방증해 주는 증거를 한국의 구결 자료에서 찾을 수 있다. 12세기 초두의 석독구결 자료에서는 '부처'를 뜻하는 '佛'에 독특하게도 '知' 또는 '止'를 덧붙여 '佛知' 또는 '佛止'로 표기한다.[107] 이 '知'와 '止'는 15세기 한국어 어형 '부텨'의 '텨'를 말음첨기로 표기한 것이다. 또한 10세기에 기록된 均如의 향가에서는 '佛'에 '體'를 덧붙여 '부텨'를 '佛體'로 표기한다. '體'도 말음첨기의 일종인데, 한국의 말음첨기자는 대개 일본의 送り假名(오쿠리가나)에 해당한다.

그런데 말음첨기자 '知'의 중고음은 [知開AB平支]=/tɪe/^{L}이고 '體'는 [透開4上齊]=/t^{h}ei/^{R}이므로,[108] '知'와 '體'가 '부텨'의 '텨'를 표기하는 데에 안성맞춤이다. 이와 마찬가지로 '佛止'의 '止'도 '부텨'의 '텨'를 표기하므로 /tɪe/ 또는 /t^{h}e/ 정도의 음가를 가진다고 할 수 있다. 따라서 이 '止'의 음가도 /t́ɪe/ 또는 /t^{h}e/가 된다. 이 음가를 한어 중고음인 /ʨɪə/^{R}로는 기술할 수 없지만 한어 상고음의 /*tiəg/로는 아주 자연스럽게 기술할 수 있다.

이것을 알기 쉽게 표로 제시하면 아래와 같다.

---

105 다만 王力(1954)는 유성음 운미 /*-g/를 인정하지 않는다.

106 犬飼隆(2005b: 83~84)에서도 상고음이 한국의 古韓音으로 수용되었고, 이 古韓音이 상대 일본에 그대로 수용되었다고 했다.

107 이해의 편의를 위하여 한국의 구결자 '𠂉'와 '㐅'를 각각 '知'와 '止'로 대체하여 표기했다.

108 '體'는 엄격히 말하면 '부텨'에 주격조사 '-이'가 통합된 '톄' 즉 /t^{h}jei/를 표기한다.

(218) 한국과 일본의 '止' 음가 수용 과정

한어 상고음 /*tiəg/ → 중고음 /tɕɪə/ → 한국 한자음 /tsi/=지
↓ ㄴ 일본 한자음 /si/=シ
한국 고대음 /tjə/ → 한국 구결자 /tjə/=텨
↓
일본 음가나 /tə/ → 일본 현용 가나 /to/=ト

위의 표에서 우리는 한어 상고음의 /*tiəg/가 목간 가요의 음가나 /tə/로 수용될 때에 그 중간 단계로 한국 고대음 /tjə/의 단계를 거친다고 보았다. 일본에서 한어 상고음을 직접적으로 수용했다는 증거가 별로 없기 때문이다. 반면에 고대 한국에서는 지리적으로 중국과 가까워서 한사군(漢四郡)의 설치 이래로 상고음을 직접 접할 수 있었다. 그리하여 '止'의 상고음 /*tiəg/를 /tjə/로 수용했는데, 그 흔적을 후대의 구결자 'ㅿ' 즉 '止'에서 찾을 수 있다. 또한 한국 고대음 /tjə/가 일본에 그대로 전해짐으로써, 만요가나의 '止'가 ト乙/tə/를 표음하게 되었다고 기술해 둔다.

이처럼 한자음 수용 과정을 재구할 때에 현존하는 한국의 자료가 일본의 자료보다 시기적으로 뒤떨어진다는 문제가 남는다. 즉 '佛體'는 10세기 자료이고 한국의 구결자 'ㅿ' 즉 '止'는 12세기 초두의 고려시대 자료인 데에 비하여 일본에서는 '止'가 7세기 말엽의 목간에서 이미 음가나로 사용되었다. 그런데 함안 성산산성 151호 목간에 나오는 '古止□村'의 '止'를 /tjə/로 읽었을 가능성이 있다. 이 목간의 기록 시기는 6세기 중엽으로 추정되므로 일본 목간의 기록 시기보다 100년 이상 이르다.

3.4.2.2. 목간 가요 음가나의 운미별 분류

이제, (216)의 목간 가요 음가나를 운미별로 분류해 본다. 겨우 68자에 불과하기 때문에 운미의 특징을 논의하기에 자료가 턱없이 부족하지만, 여타 텍스트에

서 운미별로 분류했던 것처럼 목간의 음가나도 운미별로 분류해 둔다.

(219) 목간 가요 음가나의 운미별 분류 (68자)

1. /-ø/ 운미 - 皮/は/波 尓 己 左/佐 伊 止 ッ/都 阿 夜 利 多 可 伎 美 志 斯 之 弥 麻 夫 古 知 宇 乎 支 和 羅 於 布 那 迩 加 須 紀 我 許 宜 賀 余 奴 や/也 以 度 (43, 63.2%)
2. /-u/ 운미 - く/久 母 留 由 毛 ル/流 刀 求 保 不 (10, 14.7%)
3. /-i/ 운미 - 奈 乃 米 礼 閉 弖 (6, 8.8%)
4. /-ŋ/ 운미 - 能 良 等 曾 (4, 5.9%)
5. /-n/ 운미 - 万 安 連 (3, 4.4%)
6. /-m/ 운미 - 없음
7. /-p, -t, -k/ 운미 - 作, 末 (2, 2.9%)

이 분류만으로는 목간 텍스트의 특징을 논의할 수 없으므로 여타 텍스트의 운미별 분류와 대비해 보기로 한다. 목간 가요의 음가나는 68자에 불과하므로 용례 수는 제시하지 않고 각종 운미의 점유 비율만을 대비하기로 한다.

(220) 6종 텍스트별 운미 점유율 (%)

운미＼텍스트	『고사기』	β군	α군	P군	Q군	목간
/-ø/	58.9	71.0	76.6	59.8	54.2	63.2
/-u/	12.1	6.5	5.6	11.2	12.1	14.7
/-i/	16.8	15.9	12.1	17.8	14.0	8.8
/-ŋ/	5.6	6.5	5.6	5.6	7.5	5.9
/-n/	6.6	-	-	2.8	7.5	4.4
/-m/	-	-	-	-	1.9	-
/-p, -t, -k/	-	-	-	2.8	2.8	2.9

이 대비표에서 자음 운미를 기준으로 하면 목간 가요의 음가나가 『만엽집』의

P군 음가나와 가장 가깝다는 사실이 드러난다. 그 다음으로 가까운 것이 Q군이다. 반대로 목간과 가장 거리가 먼 것은 『일본서기』의 β군과 α군이다. 이것은 위의 음가나 대표자 대비와 음절별 대표자 대비에서도 이미 확인된 바 있다.

그러나 이 대비표에서 목간 음가나의 특징도 하나 지적할 수 있다. /-i/ 운미자는 여타 텍스트의 음가나에 비하여 가장 적지만, /-u/ 운미자는 가장 많다는 점이다. 이것이 우연한 현상인지 체계적인 현상인지 알 수 없지만, 목간 음가나의 특징이므로 일단 지적해 둔다.

3.4.2.3. 목간 가요 음가나의 50음도

마지막으로 목간 가요 음가나를 50음도에 넣어 보자. 이 음가나가 68자에 불과하기 때문에 50음도에서 채워지지 않고 공백으로 남는 칸이 있다. øE, SE, NE, PI, MU, JI, JE, RO, WI, WU, WE의 11종의 음절이 공백이다. 이 중에서 øE, JI, WU의 3종은 위에서 말한 것처럼 체계적인 공백이지만, 나머지 9종은 음가나가 양적으로 적기 때문에 발생한 우연한 공백이다.

(221) 목간 가요의 음가나 50음도 (68자)

자음 \ 모음	A (ア)	I (イ)	U (ウ)	E (エ)	O (オ)
ø (ア)	阿 安	伊 以	宇		於
K (カ)	可 加 我 賀	伎 支 紀	久 求	宜	己 古 許
S (サ)	佐 作	志 斯 之	須		曾
T (タ)	多	知	都	弖	止 刀 等 度
N (ナ)	奈 那	尓 迩	奴		乃 能
P (ハ)	波		夫 布 不	閉	保
M (マ)	麻 万 末	美 弥		米	母 毛
J (ヤ)	夜 也		由		余
R (ラ)	良 羅	利	留 流	礼 連	
W (ワ)	和				乎

위의 50음도에서 하나의 칸에 하나의 음가나가 사용된 것은 그 음가나가 바로 그 음절을 대표한다. 예컨대 TA, TI, TU, TE 음절의 표기에는 각각 '多, 知, 都, 弖' 가 사용되므로 '多, 知, 都, 弖'가 바로 /ta, ti, tu, te/를 표음한다고 기술하면 된다. 그러나 TO 음절에서는 '止, 刀, 等, 度'의 4자가 사용되어 이들의 음가가 서로 동일한지 다른지가 문제가 된다. TO 음절처럼 한 칸에 둘 이상의 음가나가 온 것이 20종이나 된다.

TO 음절에 온 '止, 刀, 等, 度'의 4자는 음운론적으로 동일 음가일까 서로 다른 음가일까? 이것을 밝히는 것이 4~6장의 핵심 주제이다. 동일 칸에 온 둘 이상의 음가나가 동음 관계인지 이음 관계인지를 어떻게 판단하는가? 이 판단 기준을 NO 음절에 오는 '乃'와 '能'을 예로 들어 설명해 보자.

(222) 목간 가요의 '乃' 용례

乃{조사 の}(185, 186, 187, 189, 194, 197, 203, 206, 215)[109]

(223) 목간 가요의 '能' 용례

能{조사 の}(198, 208, 213, 213)

목간 가요에서 '乃'가 9회 사용되었는데 모두 조사 'の'를 표기한다. 이와 마찬가지로 4회 사용된 '能'도 모두 조사 'の'를 표기한다. '乃'와 '能'이 조사 'の'를 표기한다는 점에서 일치하므로, 이 두 음가나의 음가가 같다고 말할 수 있다. 따라서 '乃'와 '能'은 동음 관계이다.

이와 같은 방법으로, MO 음절의 '母'와 '毛'의 용례를 검토해 본다.

(224) 목간 가요의 '母' 용례

於母閉皮{思へは}(192), 己母利{こもり}(194, 203), 母知而{持而}(200), 伊母波{妹は}(212)

109 이 숫자는 위에서 거론한 번호를 가리킨다. 이하 같다.

(225) 목간 가요의 '毛' 용례

留止毛{留とも}(204), 毛美{赤}(206), 目毛{目も}(208), 志宜見賀毛{繁みかも}(208), 己毛利{こもり}(213)

'母'와 '毛'의 용례를 서로 대비해 보면 서로 일치하는 것이 '己母利=己毛利' 하나뿐이다. 그런데 '己毛利'는 위의 (213)에서 이미 지적한 것처럼 9세기 후반기의 자료인데, 7장에서 논의하겠지만 이때는 갑류의 モ/mo/와 을류의 モ乙/mə/가 이미 하나로 합류한 시기이다. 쉽게 말하면 (213)의 なにはつ 목간은 MO 음절을 '母'로 표기해도 되고 '毛'로 표기해도 되는 시기에 제작되었다.

반면에 9세기 중엽 이전의 목간 자료로 한정하면 '己毛利'가 제외되므로, 이때에는 '母'와 '毛'가 동일 단어의 동일 음절을 표기하지 않는다. '母'는 모두 어휘 형태를 표기하는 데에 사용된다. 반면에 '毛'는 어휘 형태 'もみ'{赤}의 'も'를 표기할 때에도 사용되지만 조사 'も', 양보의 접속조사 'とも', 계조사 'かも'의 'も'를 표기할 때에 주로 사용되었다. 중요한 것은 9세기 중엽 이전의 목간 자료에서는 '母'의 용례와 '毛'의 용례가 하나도 일치하지 않는다는 점이다. 이것은 9세기 중엽 이전에는 '母'와 '毛'가 이음 관계임을 말해 준다. 이음 관계일 때에 우리는 음가가 서로 다르다고 간주한다.

현재의 한국 한자음에서는 '母'와 '毛'의 음가가 동일하여 둘 다 /mo/이다. 그러나 전기 중고음에서는 '母'가 [明中1上侯]=/məu/^{R}이고, '毛'가 [明中1平豪]=/mɑu/^{L}이다. 이 둘은 성모가 서로 같고 운모에서 음가 차이가 난다.[110] 중고음의 侯韻/əu/과 豪韻/ɑu/의 음가 차이가 일본의 목간 가요에도 그대로 반영되어 '母'와 '毛'가 서로 다른 음가를 표음한다고 해야만 '母'와 '毛'의 이음 관계를 제대로 기술할 수 있다.

이 음가 차이를 반영하기 위하여 일본 학자들이 모음을 갑류와 을류의 둘로 나눈다. 예컨대, O 모음을 オ甲의 オ/o/와 オ乙의 オ乙/ə/ 두 가지로 나눈다. オ甲은 바로 기본모음 /o/ 모음을 지칭하지만, オ乙은 크게 보면 O 모음 부류에 속하

110 성조도 차이가 나지만 성조는 분절음의 차이에 영향을 미치지 않는다.

지만 정확하게는 /o/가 아닌 모음을 지칭한다. 목간 가요에서는 자료가 적기 때문에 '毋'와 '毛' 둘 중에서 어느 것이 갑류이고 어느 것이 을류인지 확정할 수가 없다. 그러나 『고사기』, 『일본서기』, 『만엽집』의 가요에서는 음가나 상호 간의 대립관계를 이용하여 이것을 확정할 수 있다. 예컨대, 『고사기』에서는 '毋'가 갑류의 モ/mo/이고 '毛'가 을류의 モ乙/mə/이다. 이러한 논의는 4~6장에서 본격적으로 거론할 것이다.

다음으로, 음절별 대표자를 이용하여 목간 가요 표기법이 어느 텍스트의 표기법과 가까운지를 논의한다. (221)의 50음도에서 동일 칸에 둘 이상의 음가나가 오면 용례가 많은 음가나를 앞에 두었다. 용례가 많은 대표자를 위의 (181)에 추가하여 음절별 대표자의 대비표를 완성해 보면 아래와 같다. 우리의 결론에 해당하므로 여기에서는 øE 음절의 '延‖曳|曳‖要|要‖'를 JE 음절로 옮겼다. 후술하겠지만 '延, 曳, 要'는 반자음 /j/를 가지기 때문이다.

(226) 6종 텍스트의 음절별 대표자

<table>
<tr><th></th><th>A(ア)</th><th>I(イ)</th><th>U(ウ)</th><th>E(エ)</th><th>O(オ)</th></tr>
<tr><td></td><td>고‖β|α‖P|Q‖목</td><td>고‖β|α‖P|Q‖목</td><td>고‖β|α‖P|Q‖목</td><td>고‖β|α‖P|Q‖목</td><td>고‖β|α‖P|Q‖목</td></tr>
<tr><td>ø</td><td>阿‖阿|阿‖安|安‖阿</td><td>伊‖伊|以‖伊|伊‖伊</td><td>宇‖于|于‖宇|宇‖宇</td><td></td><td>淤‖於|於‖於|於‖於</td></tr>
<tr><td rowspan="2">K</td><td>加‖伽|柯‖可|可‖可</td><td>岐‖枳|枳‖伎| ‖伎</td><td>久‖區|俱‖久|久‖久</td><td>祁‖鷄|該‖家|家‖</td><td>許‖虛|古‖許|許‖己</td></tr>
<tr><td>賀‖餓|我‖我|我‖</td><td>藝‖藝| ‖藝|藝‖</td><td> ‖遇|虞‖具|具‖</td><td>宜‖ ‖氣| ‖宜</td><td>胡‖誤|渠‖其|期‖</td></tr>
<tr><td rowspan="2">S</td><td>佐‖佐|佐‖佐|左‖佐</td><td>斯‖辭|之‖之|之‖志</td><td>須‖須|須‖須|須‖須</td><td>勢‖勢|制‖世|世‖</td><td>曾‖曾|曾‖蘇|蘇‖曾</td></tr>
<tr><td>邪‖ ‖射|射‖</td><td>士‖ |珥‖自|</td><td>受‖儒|儒‖受|受‖</td><td>是‖ ‖是|</td><td>叙‖ ‖曾|曾‖</td></tr>
<tr><td rowspan="2">T</td><td>多‖多|陀‖多|多‖多</td><td>知‖智|致‖知|知‖知</td><td>都‖菟|都‖都|都‖都</td><td>弖‖氐|底‖弖|弖‖弖</td><td>登‖等|騰‖等|跡‖止</td></tr>
<tr><td>陀‖儾|娜‖太|</td><td>遲‖ ‖治|</td><td>豆‖豆|豆‖豆|豆‖</td><td>傳‖涅|泥‖泥|</td><td>度‖迺|騰‖杼|杼‖</td></tr>
<tr><td>N</td><td>那‖那|儺‖奈|奈‖奈</td><td>爾‖珥|儞‖爾|爾‖尓</td><td>奴‖怒|農‖奴|奴‖奴</td><td>泥‖泥|泥‖祢|祢‖</td><td>能‖能|能‖能|乃‖乃</td></tr>
<tr><td rowspan="2">P</td><td>波‖波|播‖波|波‖波</td><td>比‖比|比‖比|比‖</td><td>布‖赴|賦‖布|布‖</td><td>幣‖幣|陛‖敝|敝‖閉</td><td>富‖朋|裒‖保|保‖保</td></tr>
<tr><td>婆‖麽|麽‖婆|婆‖</td><td>備‖弭|寐‖妣|備‖</td><td>夫‖ ‖夫|夫‖夫</td><td>倍‖陪|謎‖弊|便‖</td><td>煩‖朋|裒‖保|</td></tr>
<tr><td>M</td><td>麻‖摩|麻‖麻|麻‖麻</td><td>美‖瀰|瀰‖美|美‖美</td><td>牟‖務|武‖牟|武‖</td><td>米‖梅|梅‖米| ‖米</td><td>母‖茂|母‖母|毛‖母</td></tr>
<tr><td>J</td><td>夜‖夜|野‖夜|也‖夜</td><td></td><td>由‖由|喩‖由| ‖由</td><td>延‖曳|曳‖要|要‖</td><td>余‖豫|與‖欲|餘‖余</td></tr>
<tr><td>R</td><td>良‖羅|羅‖良|良‖良</td><td>理‖利|理‖里|里‖利</td><td>流‖屢|屢‖流|流‖留</td><td>禮‖例|例‖禮|禮‖礼</td><td>呂‖呂|慮‖呂|</td></tr>
<tr><td>W</td><td>和‖和|倭‖和|和‖和</td><td>韋‖委|威‖爲|</td><td></td><td>惠‖惠|衛‖惠|惠‖</td><td>袁‖烏|嗚‖乎|乎‖乎</td></tr>
</table>

이 대비표에서 목간 가요의 음가나와 동일한 것을 정리해 보면 아래와 같다.

(227) 목간 가요와 여타 텍스트의 음절별 대표자 일치

1. 목간 = 『고사기』 : 26자
2. 목간 = 『일본서기』 β군 : 13자
3. 목간 = 『일본서기』 α군 : 8자
4. 목간 = 『만엽집』 P군 : 28자
5. 목간 = 『만엽집』 Q군 : 23자

여기에서 목간 가요와 『만엽집』 P군의 대표자가 가장 가깝고, 목간의 대표자와 『고사기』 또는 『만엽집』 Q군이 그 다음으로 가까운 관계임이 드러난다. 반면에 『일본서기』는 α군뿐만 아니라 β군도 목간 가요와의 거리가 아주 멀다.

3.5. 만엽가요 표기의 종합 정리

지금까지 아주 장황하게 만엽가요의 표기법을 정리해 보았다. 이 정리 과정에서 항상 염두에 둔 것은 음가나로 사용된 만요가나의 전체 목록을 작성하는 일이었다. 음가나의 전체 목록을 작성해야만 이것을 바탕으로 상대 일본어의 음소목록을 작성할 수 있고 나아가서 음소 상호 간의 음운론적 대립관계를 기술할 수 있기 때문이다.

그런데 음가나를 훈가나·정훈자·의훈자와 구별해 내는 일이 여간 어려운 일이 아니다. 이들이 섞여 있어서 분간하기 어려울 뿐만 아니라 음가나와 훈자의 경계가 모호한 때도 적지 않다. 그러나 가요 해독 결과를 두루 참고해 가면서 가요 표기를 꼼꼼히 분석해 보면 어느 것이 음가나이고 어느 것이 훈자인지가 드러난다. 이 구별 작업에 가장 크게 도움이 되었던 것은 전자 병렬 코퍼스이다. 이 병렬 코퍼스를 갖추면 어느 것이 음가나로 사용되었는지를 누구나 쉽게 가려낼

수 있다.

우리는 만엽가요를 수록한 텍스트를 『고사기』, 『일본서기』 β군, 『일본서기』 α군, 『만엽집』 P군, 『만엽집』 Q군, 목간의 6종으로 나누었다. 『일본서기』가 정통의 한어로 작성된 α군과 왜색이 부분적으로 들어가 있는 β군의 둘로 나뉜다는 것은 森博達(1977, 1991)을 비롯한 여러 학자들이 누누이 강조한 바 있다. 또한 『만엽집』 가요의 표기가 음표기 위주와 훈표기 위주의 두 가지로 구별된다는 것도 널리 알려져 있다. 이것을 우리는 각각 P군과 Q군이라 지칭하여 서로 구별했다.

이처럼 구별하지 않고 모든 가요를 하나로 뭉뚱그려서 기술하면 각 텍스트별 특징을 파악할 수가 없고, 나아가서 음가나를 활용하여 상대 일본어의 음운체계를 수립하는 일도 아주 어려워진다. 뿐만 아니라 모든 가요를 하나로 묶어 단일 텍스트인 것처럼 간주하면 표기법과 음운체계의 통시적 변화를 기술하는 것도 불가능해진다. 따라서 우리는 가요 텍스트를 6종으로 나누어 개별 텍스트의 표기법과 음가나를 정리한 다음에 그 결과를 텍스트별로 대비하는 방법을 택했다.

가요 전체를 음표기 위주로 표기한 것은 목간, 『고사기』, 『일본서기』의 α군과 β군, 『만엽집』 P군의 5종이고, 유독 『만엽집』 Q군만 훈표기 위주의 표기를 택했다. 이 Q군은 문장 훈표기를 사용하고 한어의 통사론적 구성을 일본의 가요 표기에 그대로 사용한다. 이 점에서 가장 독특한 표기법이고, 8세기 3/4분기경에 처음으로 등장한다는 점에서 가장 늦게 발달한 표기법이다.

이처럼 음표기 위주의 가요와 훈표기 위주의 노래를 구별하고 나면, 그 다음으로 음표기를 택한 텍스트가 서로 어떤 관계인지를 밝힐 필요가 있다.

음가나를 대비의 기준으로 삼으면, 6종의 텍스트 중에서 『만엽집』의 P군과 Q군의 음가나 사용 양상이 가장 가깝다. 『만엽집』의 P군과 Q군은 문장 훈표기의 유무와 한어적 통사구성의 사용 여부에서만 차이가 나고 음가나의 목록과 그 용법에서는 차이가 거의 없다. 따라서 『만엽집』에 사용된 음가나는 P군과 Q군의 둘로 구별하지 않고 하나로 묶어서 기술해도 된다.

목간 가요의 음가나는 『만엽집』 가요의 음가나와 가장 가깝다. 목간의 음가나를 『만엽집』의 음가나와 대비할 때에도 『만엽집』 P군과 Q군의 차이는 아주 미미한 것으로 드러난다. 그런데 목간 가요가 『만엽집』에 다시 수록될 때에는 그 표기가 한어의 통사구성을 사용하는 Q군의 표기법을 따른다는 점이 중요하다. 그 원인이 무엇인지 새로이 밝힐 필요가 있다.

중요한 것은 목간 가요의 음가나가 음운론적 분석 대상으로는 부적절하다는 점이다. 68자에 불과하고 청탁 구별을 반영하지 않으므로 우리는 목간 가요의 음가나를 음운론적 분석에서 제외한다.

『고사기』 가요는 음가나 분석의 기반을 제공한다. 50음도를 모두 채울 수 있을 만큼 음가나 목록을 충분히 갖춘 것은 『고사기』 가요가 처음이기 때문이다. 음가나 대표자 집합을 107자로 고정한 것도 바로 여기에서 비롯된다. 『고사기』 음가나를 여타의 텍스트와 대비해 보면 목간, 『만엽집』 P군, Q군과 가깝고 『일본서기』의 음가나와는 크게 차이가 난다.

음가나의 목록과 용법에서 여타의 텍스트와 가장 크게 차이가 나는 것은 『일본서기』의 α군과 β군이다. 여기에서는 탁음청화와 탈비음화가 반영된 음가나를 다수 사용하고 있다는 점이 아주 중요하다. 이것은 일본 오음이 아니라 일본 한음의 특징이므로, 일본 한자음의 변화를 논의할 때에 『일본서기』의 음가나는 핵심적인 자료가 된다. 『일본서기』보다 훨씬 뒤에 편찬되었지만, 『만엽집』에서는 탈비음화가 반영된 음가나가 거의 사용되지 않았고, 탁음청화도 부분적으로만 적용되었다. 이에 따라 『만엽집』 음가나를 오음 계통이라고 할 수 있다.

『일본서기』 α군은 정통 한어로 작성되었지만 β군에는 일본의 언어 관습이 암암리에 섞여 있다고 한다. 이 차이에 주목하여 α군과 β군의 둘로 나누었지만, 음가나의 목록과 그 용법을 기준으로 하면 이 두 텍스트는 서로 가장 가까운 관계이다. α군보다는 β군이 『고사기』, 『만엽집』 P군, Q군과 상대적으로 더 가까운 것은 사실이지만, 그 상대적 거리는 β군과 α군의 상대적 거리보다 훨씬 더 멀다.

위의 결론을 그림으로 그려 보면 아래와 같다. 상대적 거리가 가장 가까운 관계를 '='로 표시하고, 거리가 가장 먼 관계를 '…'로 표시했다. 상대적 거리가 중간 정도인 것은 실선 '—'으로 표시했다.

(228) 6종 텍스트 음가나의 친소관계

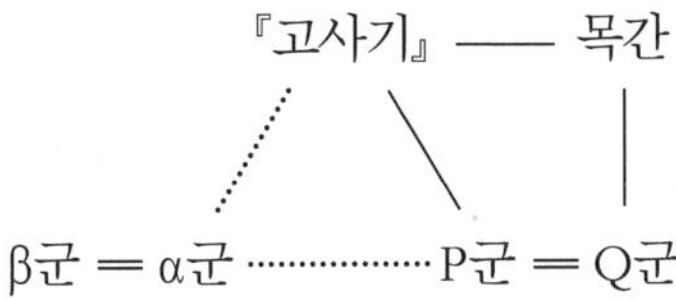

이에 따라 우리는 음운론적 분석에서 『만엽집』의 P군과 Q군을 하나로 합치고, 『일본서기』의 α군과 β군을 하나로 합친다. 한마디로 말하면, 『일본서기』 음가나는 중국인이 표기한 것이라는 점에서 외래적인 데에 반하여, 『고사기』·목간·『만엽집』의 음가나는 일본의 전통적 음가나이다.

위에서 우리의 논의를 정리했는데, 이것은 아래의 세 가지를 기준으로 대비한 것을 종합한 것이다. 첫째는 음가나 대표자 107자 집합의 상호 대비요, 둘째는 운미별 점유 비율의 상호 대비이며, 셋째는 음절별 대표자의 상호 대비이다. 이 세 가지 대비의 결과가 서로 어긋나지 않고 항상 일치했으므로, 우리의 논의가 타당성을 갖는다고 할 수 있다.

4. 『고사기』 음운

4장에서는 『고사기』 가요에 사용된 음가나를 음운론적으로 분석하여 그 음운체계를 수립하는 데에 목표를 둔다. 우리는 3장에서 이미 6종의 텍스트에 나오는 음가나 목록을 모두 작성한 바 있다. 이들 음가나 상호 간의 음운론적 대립관계를 확인해 보면 어떤 음가나는 변별적 기능이 없는가 하면 어떤 음가나는 음운론적으로 대립했음이 뚜렷이 드러난다. 우리는 이 음운대립의 유무를 기준으로 삼아 『고사기』 음가나의 음운체계를 설정할 것이다.

6종의 가요 텍스트가 서로 다른 음운체계를 가질지도 모르므로 이들을 별개의 텍스트로 간주하여 일단 따로따로 분석하는 것이 원칙이다. 그러나 텍스트를 지나치게 세분하면 작업이 번거로워질 뿐만 아니라, 때로는 음운대립을 실증해 줄 자료가 부족하여 음운체계 기술을 왜곡할 수도 있다. 이 점을 중시하여 우리는 텍스트를 『고사기』, 『일본서기』, 『만엽집』의 3종으로만 나눈다. 『일본서기』 α군과 β군이 서로 차이가 난다고 해도 여기에 기록된 가요의 음가나는 6종의 텍스트 중에서 가장 가깝다. 『만엽집』 P군은 음표기 위주이고 Q군은 훈표기 위주이므로 P군과 Q군의 표기법이 크게 다르다는 것은 분명하다. 그러나 P군의 음가나와 Q군의 음가나를 비교해 보면 거의 차이가 없다. 따라서 『만엽집』 가요도 둘로 나누지 않고 한 덩어리로 묶기로 한다.

구조주의 언어학에서는 첫째로 자료의 양이 충분한가를 먼저 묻는다. 『일본서기』 α군에는 2,090여 자가, 『일본서기』 β군에는 3,170여 자가 음가나로 사용되었다. 『고사기』 가요에는 6,110여 자, 『만엽집』 Q군에는 15,400여 자, 『만엽집』 P군에는 24,800여[1] 자가 음가나로 사용되었다. 이 정도의 분량이라면 음운체계 수립에 충분한 양이라고 판단한다.

구조주의 언어학에서는 둘째로 전형적인 자료가 포함되어 있는가를 묻는다. 이 전형성 조건은 일본어의 50음도를 모두 채울 수 있는가 하는 조건이라고 할 수 있다.[2] 목간 가요에서는 음가나의 총량이 부족하여 50음도를 채울 수가 없다. 더욱이 목간 표기에서는 청탁 구별이 무시되므로[3] 음운론 연구 자료로는 목간의 음가나가 부적절하다. 따라서 우리는 목간 음가나는 음운론적 분석 대상에서 제외한다.

우리는 전형성 조건을 충족하기 위하여 용례가 아주 희소한 음가나를 고의적으로 추가하기도 한다. WI 음절이나 WE 음절이 대표적이다. 그러면서도 우리는 모든 음가나를 분석의 대상으로 삼지는 않는다. 1~2회만 사용되어 용례가 극소수인 음가나는 동음/이음 관계를 판단하기가 아주 어렵다. 동음/이음 관계는 음운론적 분석의 기반인데, 두 음가나가 동음 관계인지 이음 관계인지를 정확히 판단하려면 용례가 많아야 한다. 이 점에서 용례가 극소수인 음가나는 논의 대상에서 제외하기로 한다. 그리하여 『고사기』에서는 2회 이상 사용된 음가나가 107자를 분석 대상으로 삼는다. 『일본서기』의 β군과 α군에서는 각각 123자 정도를 선정했는데, β군과 α군의 음가나를 하나로 합치면 모두 199자가 된다. 이와 마찬가지로 『만엽집』 P군과 Q군에서 123자를 각각 선정한 다음에 이 둘을 하나로 합치면 176자가 된다. 『일본서기』의 199자와 『만엽집』의 176자에는 대표

1 이것은 동국 방언을 반영한 노래를 모두 제외하고, 순수 야마토코토바 자료만 계산한 수치이다.

2 체계적 공백인 øE, JI, WU의 세 가지 음절은 항상 공백으로 남는다.

3 각종의 고문서 자료에 나오는 어휘표기도 청탁 구별을 무시하므로, 논의 대상에서 제외한다.

자가 아니지만 전형성 조건을 갖추기 위하여 추가한 몇몇 자가 포함되어 있다. 이들은 용례가 비록 적지만 음운론적 분석에 필요하여 추가한 것이다.

용례가 한둘뿐인 음가나는 논의 대상에서 제외하는데, 이들 음가나 중에는 이본(異本)의 차이에서 비롯된 것도 적지 않다. 그런 예의 하나로 '紗'를 들 수 있다. '伊理比紗之'(『만엽집』 권1 15)의 넷째 글자를 '紗'로 추정하기도 하지만, 이 '紗'는 『만엽집』 가요 전체에서 딱 한 번만 사용되었다. 그런데 沖森卓也(2009: 176)에서는 元暦校本과 類聚古集의 '弥'가 옳다고 보았다. '弥' 즉 '彌'는 『만엽집』 P군에서 38회, Q군에서 26회 사용되었으므로 沖森卓也(2009: 176)의 판단이 옳을 것이다.

우리는 吉村誠(요시무라 마코토)·岡島昭浩(오카지마 아키히로)의 코퍼스대로 '紗'를 택하여 자료를 정리했지만, 이 '紗'를 분석 대상에 포함하면 결론을 오도할 수 있다. 따라서 '紗'와 같은 오자·오사·오독을 분석 대상에서 제외할 필요가 있는데, 이때에 '紗'가 대표자가 아니라는 점을 활용한다. 이본의 차이에서 비롯된 극소수의 음가나, 오자·오사·오독의 혐의가 있는 음가나는 대부분 용례가 소수로 한정된다. 따라서 용례가 소수인 음가나를 일괄적으로 논의 대상에서 제외하면, 잘못된 음가나를 음운론의 논거에서 원천적으로 배제하는 효과를 거둘 수 있다.

『만엽집』 음가나를 정리할 때에는 권14의 아즈마 노래(東歌)와 권20의 사키모리 노래(防人歌)가 문제가 된다. 이들은 東國 방언이 섞인 가요이므로 연구 대상에서 제외할 필요가 있다. 권14는 모두 아즈마 노래(3348~3576)이므로[4] 음운론적 논거에서 모두 제외한다. 사키모리 노래는 권14에 5수(3567~3571), 권20의 93수가[5] 실려 있는데 이들도 자료에서 제외한다.

한편, 용례가 소수인 음가나는 특정 가요나 특정 권차에 편중되어 나타난다는 점에 유의할 필요가 있다. 『일본서기』 음가나 중에서 3~4회 사용된 음가나에서 이것을 확인할 수 있다. 이들 음가나 중에서 β군의 특정 권차에서만 사용한 음가나로는 '鄧(권2), 殊(권5), 裝(권9), 綿(권10), 敷(권10), 邇(권13), 去(권13), 舍(권13), 資(권13)' 등이 있고, α군의 특정 권차에서만 사용한 음가나로는 '伺(권14), 皤(권

4 다만, 3567~3571의 5수는 사키모리 노래이다.

5 4371번만 장가이고 나머지는 모두 단가이다.

14), 夢(권16), 矢(권17), 圖(권17), 庾(권26), 鞞(권27)' 등이 있다. 『일본서기』 구분론에서 β군과 α군의 표기법 차이를 드러낼 때에 이들이 결정적인 논거가 된다(森博達 1991).

그러나 이들은 용례가 3~4회 정도에 불과하므로 상용가나(常用假名)가 아니라 비상용가나(非常用假名)임이 분명하다. 이들 비상용가나를 음운론 기술에서 제외해도 되는지를 재검토해 보았다. 즉 199자의 대표자 집합에 3~4회 사용된 37자를 재추가하여 이들이 음운론 기술에 꼭 필요한 것인지를 확인해 보았다.[6] 그랬더니 236자 집합에서는 제7의 모음 /ɨ/를 설정해야 할 필요가 제기되었다.

이와 마찬가지로 『고사기』 대표자 107자에다 용례가 하나뿐인 14자를 재추가하여 121자를 대상으로 음운대립을 검토해 보았고, 『만엽집』 대표자 176자에 23자를 재추가하여 199자를 대상으로 음운대립을 검토해 보았다. 그랬더니 자음이든 모음이든 새로 추가해야 할 음소가 하나도 없었다.[7] 이것은 재추가한 『고사기』의 14자와 『만엽집』의 23자가 모두 음운론 기술에서 잉여적이었음을 뜻한다.

우리는 3장에서 선정한 대표자 집합이 언어학적으로 유의미하다고 본다. 이본에 따라 서로 다른 음가나, 오자·오사·오독의 혐의가 있는 음가나를 논의 대상에서 제외하는 효과가 있다. 또한 잉여적 분석을 최소화할 때에도 이 대표자 집합이 효과적이다. 이에 따라 『고사기』에서는 107자 집합을, 『일본서기』에서는 199자 집합을, 『만엽집』에서는 176자 집합을 일단 분석 대상으로 삼는다. 그런 다음에 3종의 텍스트에 각각 14자, 37자, 23자를 재추가하여 논의 결과를 재검토할 것이다.

4.1. 음운론적 분석 방법

음가나의 음운대립을 논의하기 이전에 우리의 음운론적 분석 방법을 먼저 설

6 재추가한 음가나의 음가와 용례는 각주에 제시할 예정이다.
7 50음도에서 우연한 공백이었던 음절이 한두 가지 줄어들 뿐이다.

명해 둔다.

상대 일본어의 음운론적 연구에서 핵심이 되는 자료는 음가나이다. 각종의 고유명사를 표기할 때에도 음가나가 사용되지만, 음가나를 가장 많이 가지고 있는 자료는 역시 만엽가요이다. 3장에서 이미 정리한 바 있듯이 『고사기』 가요에 6,110여 자, 『일본서기』 β군 가요에 3,170여 자, 『일본서기』 α군 가요에 2,090여 자, 『만엽집』 P군 가요에 24,800여 자, 『만엽집』 Q군 가요에 15,400여 자가 사용되었다. 이처럼 음가나 용례가 많으므로 만엽가요의 음가나는 상대 일본어의 음운론 연구에서 가장 신뢰도가 높은 자료이다. 더욱이 만엽가요는 노래로 구연되었으므로 음운론 연구 자료로는 적격이다. 음운론 연구는 음성언어로 발화된 것을 우선적으로 분석하기 때문이다.

상대 일본어의 음운론적 연구에서는 일본어의 표기에 사용된 음가나가 연구 대상이다. 가령, 『고사기』에서 2회 이상 사용된 음가나가 107자라면 이 107자가 모두 서로 다른 음가였는지를 따지는 것이 첩경이다.

표기가 서로 다른 음가나라면 그 음가도 서로 다를 것이라는 가정이 성립한다. 이 가정에서 107자 모두 서로 다른 음가를 가진다는 논의가 성립한다. 그러나 이것은 음운론적으로 서로 대립하는지를 검증하지 않은 상태의 음가이므로, 음성학적 차원의 음가이다. 예컨대, 목간 가요에서 '能'도 조사 'の'를 표기하고 '乃'도 조사 'の'를 표기한다. 그런데도 '能'과 '乃'가 서로 다른 표음자이므로 '能'의 음가와 '乃'의 음가가 서로 다르다고 말할 수 있다. 이 음가를 우리는 음성학적 음가라고 지칭하여 음운론적 음가와 구별한다.

우리는 음성학적 차원의 음가와 음운론적 차원의 음가를 엄격히 구별한다. 음성학적 차원에서는 『고사기』의 음가나 107자가 모두 서로 다른 음가를 표음한다고 가정할 수 있지만, 음운론적 대립관계를 기반으로 하는 음운론에서는 목간의 '能'과 '乃'가 동일 음가 'の'를 가진다고 말할 수 있다. '能'과 '乃'가 음성학적 차원에서는 서로 다른 음가일지라도, 조사 'の'를 표기할 때에 둘 다 사용되었기 때문에 음운론적 차원에서는 '能'과 '乃'의 음운론적 대립 기능이 없다. 즉 '能'과 '乃'는 의미 분화의 기능을 가지지 못한다. 따라서 '能'과 '乃'의 음가가 동일하다고 말할 수 있는데, 이때의 음가는 음성학적 차원이 아니라 음운론적 차원의 음가이다. 이 음운론적 차원의 음가를 보통 음소라고 하여 음성학적 차원의 음성과 구별한다. 우리는 동일한 'の'이지만 음소 차원의 'の'는 /no/로 표기하고 음성 차원의 'の'는 [no]로 표기하여 구별한다. '能'의 한어 중고음을 [泥開1平登]으로 표기한 것은 음성 차원의 음가이고, /nəŋ/^{L}으로 표기한 것은 음소 차원의 음가이다(이승재 2018 참조).

우리는 음가나를 음운론적으로 분석하여 상대 일본어의 음소에 어떤 것이 있었는지 그 목록을 설정하는 데에 연구 목표를 둔다. 또한 설정된 음소 상호 간의 대립관계가 무엇인지를 밝혀서 음운체계를 수립하는 것도 우리의 과제이다. 일본어의 음운체계를 대변해 주는 것이 50음도이므로, 우리의 상대 일본어 연구에서도 이 50음도를 중심으로 음운론적 대립관계를 기술할 것이다.

4.1.1. 해독 결과의 수용과 일자일음의 원칙

그런데 3종의 가요 텍스트는 항상 해독의 과정을 거친다. 만약에 해독이 잘못되었을 경우에는 이 가요 텍스트를 분석의 대상으로 삼아서는 안 된다. 우리는 3장에서 『대계』와 코퍼스의 몇몇 해독에 의문을 제기했고, 3장 5절에서 3수의 목간 가요를 해독하면서 해독이 잘못된 것을 지적한 바 있다.

코퍼스에서는 『만엽집』의 3191번 가요에서 一句의 '不欲惠八師'를 'よしゑやし'로 해독했지만, '不欲'을 다른 곳에서는 'いな'로 해독했으므로 'よし'는 의심스럽다. 코퍼스 해독에서는 '物部, 物乃部, 伴部, 眞白部' 등의 '部'를 'ふ'로 읽었지만, 이것은 일자일음(一字一音)의 원칙에 어긋난 해독이므로 '部'를 'べ' 하나로 통일하여 해독하는 것이 바람직하다.

あまるとも 목간에서는 '阿万留止毛'를 모두 음독하여 목간의 명칭으로 삼았지만, '留'를 훈독하여 '海人 留とも'로 해석하는 것이 정확하다. ものさし 목간의 '紀我許等乎志宜見賀毛'를 犬飼隆(2008)은 '木?が 言を 繁みかも'로 해독했지만 이곳의 '紀'는 '木'이 아니라 '城'으로 해독하는 것이 정확하다. 平安京 左京 四條

一坊에서 출토된 목간에서는 오른쪽 행에 なにはつ 노래가 기록되고, 그 왼쪽 행에 あめなみ 노래가 기록되었다. 吉野秋二(2015)는 이 왼쪽 행을 산문이라 추정했으나 우리의 해독으로는 만엽가이다.

위에 예시한 것처럼 모든 만엽가요를 대상으로 해독이 정확한지를 우선적으로 검토하는 원칙이다. 그런 다음에 음운론적 분석에 들어가야만 기술의 신뢰도가 높아지기 때문이다. 그러나 전체 4,750여 수의 가요를 대상으로 해독을 새로 시도한다는 것은 현실적으로 불가능하다. 또한 여러 곳에서 해독이 의심스럽다고 하더라도 음가나 전체의 용례에 비추어 보면 그것은 그야말로 구우일모(九牛一毛)에 불과하다. 따라서 우리는 일본 학자들의 해독을 일단 그대로 수용하기로 한다. 여기에는 수백 년 간의 만엽가 연구 업적이 축적되고 집약되어 있기 때문이다.

만엽가요는 항상 후대의 일본어로 해독되고, 해독 결과를 표음할 때에는 후대의 가나를 사용한다. 후대의 언어와 표기법으로 선대의 언어를 표음하다 보면 후대의 음가를 선대의 언어형에 그대로 대입하게 된다. 이것이 가장 기본적이고도 불가피한 해독 방법이지만 때때로 현대적 편견에 빠지게 되는 요인이 되기도 하다.

예를 하나 들어 보자. 3장의 (178)에서 이미 정리한 것처럼, 『만엽집』 Q군의 '倍'는 PE 음절을 표기하기도 하고 BE 음절을 표기하기도 한다. 현대 일본어에서 '-조차도, -까지, -마저'의 뜻을 가지는 조사 'さえ'는 그 고형이 'さへ'인데, 코퍼스에서는 'さへ'의 'へ'를 표기한 '倍'를 항상 'へ'로 표음했다. 반면에, 조동사 'べし, べき, べく'의 'べ'를 표기한 '倍'는 항상 'べ'로 표음했다. 따라서 조사 '左倍'의 '倍'를 'へ'로 읽고 조동사 '倍之/倍思/倍吉/倍久'의 '倍'를 'べ'로 읽은 것은 분명히 후대의 어형을 만요가나에 그대로 대입한 것이다. 이것은 현대적 편견에 빠져 일자일음의 원칙을 어긴 예이다.

'倍'와 같은 예외가 없지 않지만 만엽가의 표기법은 일자일음이 원칙이다.[8] 이것은 한 글자는 단 하나의 음가만을 가진다는 원칙이다. '初, 始'의 의미를 가지는

---

8 李崇寧(1955/78)이 이 원칙을 누누이 강조한 바 있다.

'はじめ'를 예로 들어 보자. 『만엽집』 P군에서는 'はじめ'를 '波自米(4094, 4098, 4116, 4137, 4360, 4435), 婆自米(3925)'로[9] 표기하여 'じ'를 항상 '自'로 표기했다. '自'의 전기 중고음은 [從開AB去脂]=/dzɪi/[D]이므로 성모가 유성음인 從母/dz/이다. 상대 일본어에서는 파찰음인 從母/dz/를 마찰음인 /z/로 수용하는데,[10] '波自米, 婆自米'의 '自'도 이 원칙을 지켜 정확하게 /zi/를 표음했다. 여타의 단어에서도 '自'는 항상 /zi/를 표음했다. 한편, '米'의 전기 중고음은 [明中4上齊]=/mei/[R]인데, '米'도 한자음 수용 규칙에 따라 정확하게 상대 일본어의 /me/를 표음했다. 여타의 단어에서도 '米'는 항상 /me/를 표음했다. '自'와 '米'에서 우리는 일자일음의 원칙을 확인할 수 있다.

반면에, 'はじめ'의 표기에서 '婆自米'의 '婆'는 예외적 표기이다. '婆'의 중고음은 [並中1平戈]=/bwɑ/[L]이므로 'はじめ'의 'は'를 표기하기에는 부적절하다. '婆'의 성모가 유성음인 並母/b/이므로, 상대 일본어의 청음 /pa/ 즉 'は'를 '婆'로 표기한 것은 부정확하다. 그런데 용례를 모두 검토해 보면 '波自米'가 6회 사용된 반면에 '婆自米'는 딱 한 번밖에 사용되지 않았다. 이 용례 수에서 '波自米'가 정확한 표기이고 '婆自米'가 예외적인 표기임이 드러난다. '婆自米'의 '婆'가 예외적인 표기임을 인식해서인지는 확실하지 않으나 코퍼스에서는 이 '婆'를 'ば'로 읽지 않고 후대의 어형을 따라 'は'로 읽었다.

'婆自米'의 '婆'처럼 일자일음의 원칙을 지키지 않고 후대의 어형으로 읽은 것은 대부분 예외적인 표기이다. 그런데 대부분의 예외적 표기는 용례가 소수에 불과하고 정상적인 표기는 용례가 아주 많다. 용례 수의 차이 등으로 예외적인 표기임을 정확히 밝힐 수 있으므로 일자일음의 원칙이 오히려 공고해진다는 역설을 우리는 믿기로 한다. 상대에는 음운 인식이 불분명하고 표기법이 정착되지 않은 상태이므로, 항상 예외적 표기가 발생할 수밖에 없다. 우리는 이들을 일괄적으로 논의 대상에서 제외한다.

9 廣瀨本과 全集本에서는 '婆自米'를 '波自米'로 표기했다.
10 후술하겠지만, 음성학적 기술을 택하여 파찰음 [ʤ]로 수용되었다고 기술하기도 한다.

4.1.2. 한어 중고음과 그 대체 수용

만엽가는 한자 자형으로 표기되고 그 음가는 한어 중고음을 기반으로 한다. 기존의 연구 결과에 따르면 『고사기』 음가나는 일본 오음의 일종이고, 위진남북조의 한어음이 그 모태가 된다고 한다. 반면에 『일본서기』 음가나는 일본 한음의 일종이고, 당나라의 한어음이 그 모태라고 한다.

일본 한음의 모태가 되는 당대의 한어음은 『廣韻』(1007년)과 慧琳의 『一切經音義』(9세기 초두)가 가장 중요한 자료인데, 이들의 전모가 어느 정도 밝혀져 있다. 그러나 일본 오음의 모태인 위진남북조의 한어음은 연구가 미진한 상태이다. 『切韻』(601년)을 자료로 삼아 위진남북조 시기의 한어음을 추정할 수 있지만, 이 시기에는 혜림의 『일체경음의』에 비유할 수 있는 한어음 자료가 없다.

그런데 최근에 사정이 달라졌다. 이승재(2018)은 劉義慶(403~444년)의 『世說新語』에서 대화문 용자를 모두 모은 다음에, 이들 상호 간에 성립하는 음운대립을 논거로 삼아 5세기 전반기 한어의 음운체계를 재구한 바 있다. 이것을 활용하면 『고사기』 음가나를 읽을 수 있고 나아가서 일본 오음의 정체도 밝힐 수 있다. 이것이 이 연구를 착수하게 된 결정적 동기이다.

우리는 논의의 편의를 위하여 『세설신어』의 대화문 용자 2,212자에 반영된 음운체계를 전기 중고음이라 지칭하여 당나라 때의 『일체경음의』에 반영된 후기 중고음과 구별한다. 그리하여 전기 중고음이 일본 오음의 모태이고, 일본 오음을 대표하는 자료가 『고사기』 음가나라고 본다. 『만엽집』과 목간 가요의 음가나는 크게 보면 이것을 계승한 것이다. 반면에 후기 중고음은 일본 한음의 모태이고, 일본 한음을 대표하는 자료가 『일본서기』 음가나라고 본다.

이러한 분류는 기존의 분류와 다를 것이 없다. 다만 기존의 연구에서는 일본 오음의 모태가 되는 전기 중고음을 정확히 제시하지 못했지만, 우리는 『세설신어』의 대화문 용자에 반영된 전기 중고음을 제시한다는 점에서 차이가 난다.

이승재(2018)에서 제시한 전기 중고음의 성모 체계를 간단히 요약하면 아래와 같다.

(1) 전기 중고음의 자음 음소 (중국 음운학)[11]

위치 \ 방식		전청	차청	전탁	차탁	%
순음		幫非/p/	滂敷/p^h/	並奉/b/	明微/m/	15.8
설음	치조	端知/t/	透徹/t^h/	定澄/d/	泥日娘/n/	15.5
	반설				來/l/	6.0
치음	파찰	精/ʦ/	淸初/ʦ^h/	從/dz/		8.5
		莊/ʈʂ/				0.6
		章/ʨ/	昌/ʨ^h/	船崇/ʥ/		5.2
	마찰	心/s/		邪/z/		5.4
		生/ʂ/				1.8
		書/ɕ/		常俟/ʑ/		4.8
아음		見/k/	溪/k^h/	群/g/	疑/ŋ/	18.6
후음		影/ʔ/	曉/h/	匣云/ɦ/	羊/j/	17.8
%		37.3	14.0	27.6	21.1	100

위의 성모 체계에서 주목해야 할 것은 泥母[n], 日母[ɲ], 娘母[ɳ]의 세 성모가 泥日娘/n/ 하나로 병합된다는 점이다. 『세설신어』의 2,212자 집합에서는 日母[ɲ]와 娘母[ɳ]의 최소대립 쌍은 있지만, 이들과 泥母[n]의 최소대립 쌍이 없으므로 세 성모를 泥日娘/n/ 하나로 병합할 수 있다. 이와 마찬가지로 淸母[ʦ^h]와 初母[ʈʂ^h]가 淸初/ʦ^h/로 병합되고, 船母[ʥ]와 崇母[ɖʐ]가 船崇/ʥ/으로 병합되며, 常母[ʑ]와 俟母[ʐ]가 常俟/ʑ/ 하나로 병합된다. 匣母[ɦ]는 항상 1·2·4등운의 앞에 오는 데에 반하여 云母[ɦ]는 항상 3등운의 앞에 오므로 분포가 상보적이다. 이 상보적 분포를 이용하여 이 두 성모를 匣云/ɦ/ 하나로 병합한다.

이처럼 상보적 분포의 여부와 최소대립 쌍의 유무를 기준으로 삼아, 전기 중고음의 자음 음소에 (1)의 29종이 있었다고 할 수 있다. 현대 음운론에서는 羊母/j/가 순수 자음이 아니라 활음이지만, 중국 음운학에서는 일반적으로 羊母/j/를 자

11 설음과 치음의 세부 분류에 사용한 '치조, 반설, 파찰, 마찰' 등의 용어는 중국 음운학의 전통적 용어가 아니지만, 이해의 편의를 위해 이들 용어를 사용했다.

음으로 간주한다.

(2) 전기 중고음의 운모 음가 배당표

F / MV		-ø	-i	-u	-ŋ	-n	-m
j : ɪ	i	$_{A}$脂 : $_{B}$脂				$_{A}$眞 :	: $_{B}$侵
	e	$_{A}$支 : $_{B}$支					
	ɛ		: $_{B}$祭, $_{C}$廢	$_{A}$宵 : $_{B}$宵	$_{A}$淸 : $_{B}$庚	: $_{B}$仙	$_{A}$鹽 : $_{B}$鹽, $_{C}$嚴, $_{C}$凡
	ə	: $_{C}$之	: $_{C}$微	$_{A}$幽 : $_{C}$尤	: $_{C}$蒸	: $_{C}$欣	
	ɑ				: $_{C}$陽	: $_{C}$元	
	u				: $_{C}$東		
	o	: $_{C}$魚			: $_{C}$鍾		
ɥ : w	i	$^{\text{合}}_{B}$脂 :				$^{\text{合}}_{B}$眞 :	
	e	$^{\text{合}}_{B}$支 :	: $^{\text{合}}_{4}$齊		: $^{\text{合}}_{4}$靑	: $^{\text{合}}_{4}$先	
	ɛ	: $^{\text{合}}_{2}$麻	$^{\text{合}}_{B}$祭, $^{\text{合}}_{C}$廢 : $^{\text{合}}_{2}$夬, $^{\text{合}}_{2}$皆			$^{\text{合}}_{B}$仙 : $^{\text{合}}_{2}$山, $^{\text{合}}_{2}$刪	
	ə		$^{\text{合}}_{C}$微 : $_{1}$灰, $^{\text{合}}_{1}$咍, $^{\text{合}}_{2}$佳		: $^{\text{合}}_{1}$登	$_{C}$文, $_{C}$諄 : $_{1}$魂	
	ɑ	: $_{1}$戈	: $^{\text{合}}_{1}$泰		$^{\text{合}}_{C}$陽 : $^{\text{合}}_{1}$唐	$^{\text{合}}_{C}$元 : $_{1}$桓	
	u						
	o	$_{C}$虞 :					
ø	i						
	e		$_{4}$齊	$_{4}$蕭	$_{4}$靑, $_{2}$耕	$_{4}$先	$_{4}$添
	ɛ	$_{2}$麻	$_{2}$皆	$_{2}$肴	$_{2}$庚	$_{2}$山, $_{2}$刪	$_{2}$咸, $_{2}$銜
	ə		$_{1}$咍, $_{2}$佳	$_{1}$侯	$_{1}$登	$_{1}$痕	$_{1}$覃
	ɑ	$_{1}$歌	$_{1}$泰	$_{1}$豪	$_{1}$唐	$_{1}$寒	$_{1}$談
	u				$_{1}$東		
	o	$_{1}$模			$_{2}$江, $_{1}$冬		

다음으로, 이승재(2018)에서 추정한 전기 중고음의 운모 음가를 간단히 요약하면 위의 (2)와 같다. 이 표에서 M은 운두개음(韻頭介音)을, V는 운복(韻腹) 모음을, F는 운미(韻尾)를 가리킨다. 운두개음에는 /j-, ɪ-, ɥ-, w-/의 네 가지가 있는데, 이들은 각각 자음적 전설평순활음, 모음적 전설평순활음, 전설원순활음, 후설원순활음을 가리킨다. /-ø/ 운미는 운미가 없음을 뜻한다. 또한 64종의 운(韻)을 이 배당표에 채워 넣을 때에 이해의 편의를 위하여 운의 등(等)을 왼쪽 아래첨자로 일일이 밝혔다. 등에는 1, 2, 3, 4등의 네 가지가 있지만, 3등운은 다시 A, B, C의 세 가지로 하위분류한다. 따라서 왼쪽 아래첨자 위치를 A, B, C로 채운 것은 모두 3등운의 하위분류이다.

위의 표에는 하나의 칸에 두 가지 이상의 운모가 배열된 것이 있다. 예컨대, 마지막 행에서 $_2$江韻과 $_1$冬韻이 동일 칸에 오는데, 이 두 운은 『세설신어』의 2,212자 집합에서 음운대립을 이루지 못한다. 이처럼 음운대립을 이루지 못하는 운은 동일 칸에 배열하여 동일 음가임을 나타냈다. 즉 $_2$江韻과 $_1$冬韻을 하나로 병합하여 $_1$江冬韻이라 할 수 있고, 여기에 /oŋ/을 배당한다.

동일 칸에 오기는 하지만, ':'의 앞에 둔 것과 뒤에 둔 것은 운두개음이 서로 다르다. 예컨대, 맨 첫째 칸의 '$_A$脂 : $_B$脂'에서 $_A$脂 즉 脂韻 3등 A는 /ji/이고, $_B$脂 즉 脂韻 3등 B는 /ɪi/이다. 이처럼 운두개음을 /j-/와 /ɪ-/의 둘로 구별한 것은 脂韻에서 중뉴(重紐) 대립이 성립하기 때문이다. 중뉴대립이 없는 운도 있는데, 이런 운은 ':'의 앞이나 뒤의 어느 한쪽에만 두었다.

이해의 편의를 위하여 여기에서 중뉴를 간단히 설명해 두기로 한다. 『韻鏡』 등의 송대 운도(韻圖)에서는 운을 크게 넷으로 나누어 정리한다. 첫째 줄에 배열한 것은 1등운, 둘째 줄에 배열한 것은 2등운, 셋째 줄에 배열한 것은 3등운, 넷째 줄에 배열한 것은 4등운이라 한다. 그런데 3등운에 속하는 한자인데도 넷째 줄에 배열한 것이 있어서, 결과적으로 3등운이 두 가지 띠로 배열된다. 이것을 중뉴라고 지칭하고, 넷째 줄에 배열한 3등운은 3등 A라고 하고 원래대로 셋째 줄에 배열한 3등운은 3등 B라고 지칭한다. 3등운 중에는 이 중뉴 구별이 없는 3등 전속 운도 있는데, 이것을 3등 C라고 지칭한다.[12]

위의 표에서 가장 중요한 것은 전기 중고음의 운복모음이 /i, e, ε, ə, ɑ, u, o/의 7종이라는 점이다. 이 7종의 모음은 음운론적으로 아래의 (3.B)와 같이 음운론적으로 대립한다. (3.A)는 모음 음성도라 부를 수 있는데, 여기에서는 모음 상호 간의 대립관계가 잘 드러나지 않는다. 반면에 (3.B)의 모음 체계도에서는 7종 모음 상호 간의 음운론적 대립관계가 잘 드러난다.

(3) 전기 중고음의 모음 음성도와 모음 체계도

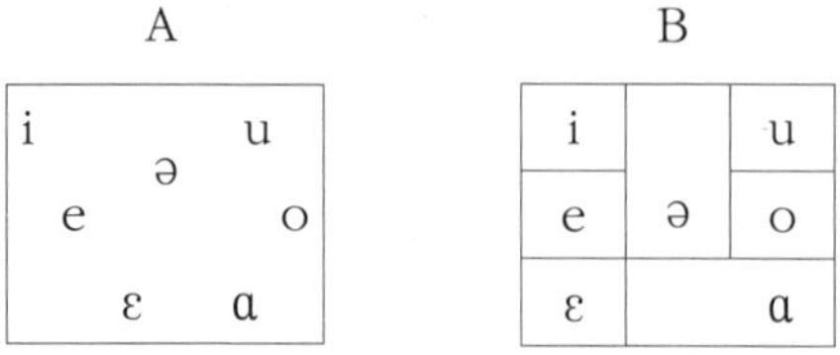

A

i	ə	u
e		o
	ε	ɑ

B

i		u
e	ə	o
ε		ɑ

전기 중고음에서는 전설모음과 후설모음이 음운론적으로 대립하고, 모음의 높이는 3단계로 구별된다. 고모음에서는 /i/와 /u/ 모음이 전설과 후설로 대립하고, 저모음에서는 /ε/와 /ɑ/가 대립한다. /ə/ 모음은 후설중모음인데, /e/와는 전·후설 짝이고 /o/와는 평순·원순의 짝이다.

지금까지 이승재(2018)의 결론에 해당하는 것을 간단히 요약했는데, 중국 음운학을 잘 모르는 상태에서는 아마도 이해하기가 아주 어려울 것이다. 독자들이 쉽게 이해할 수 있도록 우리는 幫母/p/와 歌韻/ɑ/처럼 성모나 운모의 전기 중고음을 항상 IPA로 부기한다. 이 음가 표시는 물론 (1)과 (2)에 종합되어 있다.

한자음 표시의 예로, '安'의 전기 중고음을 들어 둔다. '安'의 음가는 이토 지유키(2011)(이진호 역)에 따르면 [影開1平寒]으로 표시된다. 여기에서 '['의 바로 뒤에 둔 '影'은 影母를 줄인 것이고 ']'의 바로 앞에 둔 '寒'은 寒韻을 줄인 것이다. 影母는 위의 (1)에서 /ʔ/의 음가이고, 寒韻은 위의 (2)에서 ø 운두의 /ɑ/ 모음 행에서 /-n/ 운미 열에 배치되어 있다. 달리 말하면 '寒'의 성모인 影母는 /ʔ/이고 운

12 3등운을 A, B, C의 세 가지로 하위분류한 것은 伊藤智ゆき(2002)를 따른다. 중뉴에 대한 더 자세한 설명은 이승재(2018: 238~239)로 미룬다.

모인 寒韻은 /ɑn/이다. 이 둘을 연결하면 /ʔɑn/이 되는데, '寒'의 성조(聲調)가 평성이므로 L을 오른쪽 어깨에 덧붙인다. 그리하면 '安'의 중고음 음가인 [影開1平寒]이 /ʔɑn/^{L}로 표시된다.

현대 일본어에서 '安'을 음독하면 'アン' 즉 /aN/이다. 이 현대음은 한어 중고음 /ʔɑn/에서 /ʔ/을 삭제한 것이다. 한어의 /ʔ/은 성대 파열음(또는 폐쇄음)이라 하는데, 일본어의 자음 목록에는 이것이 없다. 따라서 /ʔ/은 삭제하고 /ɑn/만 수용한 것이 현대 일본어의 'アン' 즉 /aN/이다.

이처럼 외국어를 수용할 때에 자국어의 음운 목록에 맞추어, 삭제하거나 음가를 대체하여 수용하는 것이 원칙이다. 한국이나 일본의 관점에서는 중국의 한어가 외국어이므로 한어의 자음(字音)을 수용할 때에는 이 대체 수용이 항상 일어난다.

그런데 만요가나에서는 '安'의 /ʔɑn/에서 성모 /ʔ/뿐만 아니라 운미 /-n/도 삭제하여 '安'을 /a/로 수용한다. 春日政治(1933/82)는 가나를 全音가나, 略音가나, 連合가나, 二合가나의 넷으로 나누었는데,[13] 전음가나는 운미가 없고 1음절을 표기하는 가나를 지칭하고, 약음가나는 운미를 생략한 가나를 지칭한다. 상대 일본어에서는 운미가 없는 한자를 골라 전음가나로 사용하는 것이 원칙이지만, 만엽가요에서 운미가 있는 한자를 빌려 일본어를 표기할 때에는 /-p, -t, -k/의 입성운미뿐만 아니라 양성운미 /-n, -ŋ/과[14] 음성운미 /-i/도 생략된다. 그리하여 약음가나와 전음가나가 구별되지 않는데, 沖森卓也(2006: 324)는 그 시기를 7세기 4/4분기경이라고 했다. 후술하겠지만, 『고사기』·『일본서기』에서는 /-u/를 제외한 모든 운미를 생략하고 수용한다는 원칙이 성립한다.

결론적으로, 일본의 만요가나에서는 '安'이 ア/a/를 표기한다. 그렇다면 '安'의 중고음 /ʔɑn/^{L}을 만요가나에서는 /a/로 수용하므로 성모인 影母/ʔ/와 운미인 /-n/을 삭제하고 운복모음 /ɑ/만을 /a/로 수용한 것이라고 할 수 있다. 이것을 우

13 沖森卓也(2006: 325)은 다섯째 유형의 가나로 連結가나를 설정했다. 沖森卓也(2009)에서는 연결가나를 결합가나로 바꾸었는데, 음성운미 /-i/가 후속하는 음절의 모음과 결합한 가나를 가리킨다.

14 『만엽집』 Q군에서는 예외적으로 '險, 兼, 濫, 点' 등의 양성운미 /-m/을 /-mu/로 수용한다.

리는 "한어 중고음의 /ʔɑn/ᴸ을 만엽가요에서 /a/로 대체하여 수용했다"고 기술한다. 따라서 우리의 대체 수용이라는 용어에는 성모의 삭제와 운미의 삭제가 당연히 포함되어 있다. 달리 말하면 '삭제' 또는 '생략' 현상은 '대체'의 하위 개념이다.

대체 수용은 모음에서도 일어난다. 한어 중고음의 /ɑ/는 후설저모음인 데에 비하여 만요가나의 /a/는 중설저모음이다. 한어에서는 저모음에서도 전설저모음 /ɛ/와 후설저모음 /ɑ/가 음운론적으로 대립하므로 각각 /ɛ/와 /ɑ/로 구별하여 표기하지만, 일본어에서는 이 대립이 없으므로 중설저모음 /a/ 하나로 모든 저모음을 표기한다. 따라서 중고음의 /ɛ/ 또는 /ɑ/를 만요가나에서는 /a/로 대체하여 수용한다고 말할 수 있다.

이 대체 수용은 외국어를 자국어로 차용할 때에는 항상 일어난다. 현대 일본어에서 영어의 'word processor'를 'ワープロ'로 수용할 때에 'word'의 [ɜ](또는 [ə]) 모음을 /a/로 대체해서 수용하는 것도 대체 수용의 일종이다. 'word'의 'd'를 삭제 또는 생략하고 수용하는 것도 대체 수용에 들어간다. 또한 영어의 'straight'를 일본의 야구 용어로 수용할 때에 't'를 ト/to/로 수용하는 것도 대체 수용의 일종이다. 따라서 우리의 대체 수용은 분절음의 변형, 분절음의 삭제 또는 생략, 분절음의 추가를 두루 포괄하는 개념이다.

무엇 때문에 대체 수용 현상이 일어날까? 그 원인은 음소 단위와 음절 단위로 나누어 기술할 수 있다. 'word'의 [ɜ] 또는 [ə] 모음을 /a/로 대체해서 수용하는 원인은 현재의 일본어에서는 [ɜ] 또는 [ə]가 음소가 아니라는 데에 있다. 영어의 [ɜ] 또는 [ə]는 일본어의 모음 음소 중에서 ア/a/에 가장 가까우므로 ア/a/로 대체하여 수용한다. 'word'의 'd'가 'ワープロ'에서는 삭제되었는데, 이것은 일본어에서 (C)VC의 음절구조를 기피한다는 데에 그 원인이 있다. 'straight'의 't'를 ト/to/로 수용한 것도 일본어의 음절구조에서 CCV와 (C)VC를 기피한다는 데에 그 원인이 있다. 이것은 일본어에서 외국어를 수용할 때에 일본어의 음운체계를 기준으로 수용하고 일본어의 음절구조에 맞게 대체하여 수용한다는 것을 뜻한다.

이것은 상대 일본어에서도 마찬가지이다. 한자의 음을 수용하여 일본어를 표기하는 음가나에서도 항상 대체 수용이 일어나므로, 이 대체 수용을 정확하게 기술하는 것이 상대 일본어의 음운체계와 음절구조를 이해하는 지름길이 된다. 따라서 우리는 한어 중고음의 성모가 만요가나에서 어느 자음으로 수용되고, 중고음의 운모가 어느 모음으로 수용되는지를 일일이 기술할 것이다.

4.1.3. 동음 관계와 이음 관계의 확인

일본어의 음운체계를 논의할 때에 음절 단위를 기준으로 기술하는 것이 효과적이라는 점은 50음도가 대변해 준다. 그런데 각 텍스트별로 정리한 음가나를 이 50음도에 채워 넣다 보면, 공백으로 남는 칸도 있고 거꾸로 한 칸에 둘 이상의 음가나가 들어가는 칸도 있다. 빈칸으로 남은 공백은 체계적 공백과 우연한 공백의 두 가지로 다시 나뉘는데, 3장에서 이미 논의한 것처럼 øE, JI, WU의 세 가지 음절은 항상 체계적 공백이고 나머지는 모두 우연한 공백이다.

중요한 것은 하나의 칸에 둘 이상의 음가나가 들어갈 때에 이들의 상호 관계를 어떻게 기술할 것인가 하는 점이다. 예컨대 3장의 (5)에 정리한 『고사기』 음가나의 50음도에서 øO 음절에는 '淤, 意'의 두 자가 동일 칸에 들어가 있다. 그런데 '淤'와 '意'의 관계를 기술할 때에는 이 두 음가나의 용례를 기준으로 삼는 것이 가장 효과적이다.

(4) 『고사기』의 '淤' 용례[15]

淤岐{沖}(6, 54), 淤登{弟}(8), 淤{自}(55), 淤美{臣}(104, 108), 淤富{大}(7, 59, …), 淤斐{生ひ}(59, 92, …), 淤伊{老い}(94), 淤知{落ち}(7, 83, …), 淤岐{置き}(35, 112, …), 淤母{思}(53, 90, …), 淤曾夫{押そぶ}(2, 3), 淤須比{襲}(2, 3, …), 淤波{負は}(40, 98), 淤幣理{覆へり}(101), 淤呂須{織ろす}(68), 淤志弖流夜[おしてるや](55)

15 아래의 숫자는 『고사기』 가요의 번호이다. 용례를 열거할 때에 동일 용례가 계속 반복되는 것은 번거로움을 피하여 출전을 한 首에 하나씩 한정하여 두 번째 출전까지만 보이고 그 이후는 생략한다. 또한 의미를 밝힐 때에는 { }를 사용하고 음가를 밝힐 때에는 [ ]를 사용한다. 또한 용례를 열거하는 순서는 조사/활용형/조동사-명사-부사-형용사-동사-고유명사-복합어-관용구의 순서로 배열한다. 이하 같다.

(5)『고사기』의 '意' 용례

意岐{沖}(10), 意{已}(24), 意富{大/多}(11, 12, …), 意岐{置}(113), 意母{思}(29, 48, …), 意{忍}(12), 意須比{襲}(29, 30), 意斐志{大石}(15)[16]

위의 용례에서 '淤'가 16종의 단어를 표기할 때에 사용되었고, '意'가 8종의 단어를 표기할 때에 사용했음을 알 수 있다. 그런데 (4)와 (5)의 단어를 대비해 보면 '淤岐=意岐{沖}, 淤=意{已}, 淤富=意富{大/多}, 淤岐=意岐{置}, 淤母=意母{思}, 淤須比=意須比{襲}'의 6개 단어가 사실은 동일어이다. 이처럼 동일어의 동일 음절을 표기할 때에 '淤'도 사용하고 '意'도 사용했으므로, 이 두 음가나의 표음이 동일하다고 할 수 있다. 즉 '淤'와 '意'는 동음(同音) 이표기(異表記) 관계이다. 이것을 줄여서 동음 관계라고 지칭하고, 이 관계를 '淤=意'와 같이 '='를 사용하여 표기한다. 우리는 동음 관계인 음가나에는 항상 동일 음가를 배당한다.

그런데 『고사기』 가요에서는 위의 '淤'와 '意'가 대격조사 'を'를 표기하는 일이 없다는 점에 주목할 필요가 있다. 대격조사 'を'를 표기할 때에는 '袁'과 '遠'이 사용된다. '袁'은 대격조사 'を'뿐만 아니라 20여 개의 단어를 표기할 때에 사용되고, '遠'은 대격조사 'を'와 4개의 단어를 표기하는 데에 사용되었다.

(6)『고사기』의 '袁' 용례

袁{조사 を}(1, 11, …), 袁登賣{媛女}(17, 20, …), 袁美那{女人}(44, 97), 袁登{彼}(106), 袁{魚}(111), 袁{尾}(31, 103), 登袁{十}(28), 袁加{岡}(100), 袁{峡}(90), 袁{丘}(99), 袁{緒}(24), 佐袁{棹}(52), 袁{小}(21, 26, …), 阿袁{青}(32, 60), 袁許迩{愚に}(46), 袁佐閇{緒さへ}(9), 袁理/袁流{居}(12, 44, …), 袁勢{食せ}(41, 50), 麻袁須{申す}(64), 麻袁須{奏す}(98), 袁理{折り}(109), 袁遲那美{拙劣み}(107), 阿袁那{菘菜}(56)

16 '意斐志'의 '斐'는 '意富{大} + 伊志{石}'의 '富'와 '伊'가 하나로 결합한 二合가나이다.

(7) 『고사기』의 '遠' 용례

遠{を 조사}(2, 3, …), 遠登賣{孃子}(2, 3), 遠{男}(7), 遠{緒}(2, 3, 6), 阿遠{靑}(2, 3, 5)

그런데 '袁'과 '遠'의 용례를 대비해 보면, 단어 표기에서도 '袁登賣=遠登賣{孃子}, 袁=遠{緒}, 阿袁=阿遠{靑}'의 등식 관계가 성립한다. 이것은 '袁'과 '遠'이 동음 관계임을 뜻하므로 이 두 음가나의 음가가 동일하다고 판단한다.

'袁=遠'의 동음 관계는 (6)과 (7)의 용례가 서로 다른 가요에 분포한다는 점으로도 증명된다. 2~7번 가요에서는 '遠'을 사용한 대신에 나머지 가요에서는 항상 '袁'을 사용했다. 이처럼 '袁'과 '遠'의 용례가 상보적으로 분포하므로 '袁=遠'의 동음 관계를 믿을 수 있다. 나아가서 이 상보적 분포에서 '遠 〉 袁'의 통시적 변화를 감지할 수 있다. '遠'이 사용된 가요는 '袁'이 사용된 가요보다 시기적으로 이른 시기에 창작되었기 때문이다.

중요한 것은 '袁=遠'의 용례와 위에서 거론한 '淤=意'의 용례가 전혀 일치하지 않는다는 점이다. 달리 말하면 '袁=遠'과 '淤=意'는 이음(異音) 이표기(異表記) 관계이다. 아래에서는 이것을 이음 관계로 약칭할 것이다. 이음 관계이므로 '袁=遠'의 음가와 '淤=意'의 음가는 서로 다르다(馬淵和夫 1999: 144~145).

이 음가 차이를 운미 /-n/의 유무에서 구하려 들지도 모른다. 한어 중고음에서 '袁=遠'은 /-n/ 운미를 가지지만 '淤=意'는 /-n/ 운미가 없기 때문이다. 그러나 위에서 이미 말한 것처럼 한어 중고음의 운미 /-n/을 상대 일본어에서는 삭제하고 수용하는 것이 원칙이다. 따라서 /-n/ 운미의 유무로 '袁=遠'과 '淤=意'의 음가 차이를 기술할 수 없다. 일본 학자들은 그 음가 차이를 /w/의 유무에서 구한다. 우리도 이에 동의하여 '淤=意'는 øO 음절에 넣지만, '袁=遠'는 WO 음절에 넣어 서로 구별했다.

지금까지 음가나 상호 간의 동음 관계와 이음 관계를 설명했다. 동음 관계인 두 음가나에는 동일 음가를 배당하고, 이음 관계인 두 음가나에는 서로 다른 음가를 배당한다. 아주 간단한 음가 배당 원칙이지만, 아주 효과적이므로 우리는 이 원칙을 일관하여 적용한다. 구체적으로 어느 음가를 배당할 것인가 하는 문제는 한어 중고음과 후대 일본어의 음가를 고려하여 결정한다. 위에서 거론한 운미 삭제 수용의 원칙 등을 그 예로 들 수 있다.

그런데 50음도의 동일 칸에 오는 두 음가나가 그 용례가 적어서 겨우 한두 단어에서만 동음 관계가 확인될 때에도 동일 음가를 배당할 것인가 하는 문제가 제기된다. 우리는 텍스트를 두 가지로 나누어 이 문제를 해결한다. 『고사기』·『일본서기』의 가요는 각각 112·128수에 불과하여 자료가 상대적으로 적은 편이지만, 『만엽집』 가요는 4,516수나 되어 자료가 아주 많은 편이다. 따라서 『고사기』·『일본서기』에서는 단 하나의 이표기 쌍에서만 동음 관계가 확인되더라도 동일 음가를 배당한다. 반면에 『만엽집』에서는 세 가지 이상의 이표기 쌍에서 동음 관계가 확인될 때로 한정하여 동일 음가를 배당한다. 이처럼 차이를 두는 까닭은 전체 자료의 분량에서 『고사기』·『일본서기』의 가요가 『만엽집』 가요와 아주 크게 차이가 나기 때문이다.

또한 문법 형태를 표기한 것은 어떻게 처리할 것인가 하는 문제도 제기된다. 문법 형태는 여러 문장에서 반복해서 출현하므로, 가중치를 부여할 수 있다. 우리는 문법 형태에 3배의 가중치를 부여한다. 만약에 동일 문법 형태를 표기한 이표기 쌍이 하나라도 있다면, 바로 동음 관계가 성립하는 것으로 간주하여 그 이표기 쌍에 동일 음가를 배당한다. 이 기준은 『고사기』·『일본서기』뿐만 아니라 『만엽집』에서도 마찬가지로 적용한다.

그런데도 『고사기』 음가나에서는 용례가 아주 적어서 동음 관계인지 이음 관계인지를 확인하기 어려울 때가 있다. 이럴 때에는 『고사기』 음가나와 『만엽집』 음가나의 계통이 유사하다는 점을 활용한다. 즉 『만엽집』 음가나는 그 용례가 아주 다양하므로, 이것을 참고하여 『고사기』의 두 음가나가 동음 관계인지 이음 관계인지를 판정하기로 한다.

4.2. 『고사기』 음가나의 음절별 분석

이제, 본격적으로 『고사기』 음가나 상호 간의 음운대립 관계를 논의하기로 한다. 먼저, 3장에서 정리한 『고사기』 음가나의 50음도를 이곳에 옮겨 온다.

(8) 『고사기』 가요 음가나의 50음도[17] (2회 이상, 107자)

자음 \ 모음	A(ア)	I(イ)	U(ウ)	E(エ)	O(オ)
ø(ア)	阿	伊	宇	延	淤 意
K(カ)	加 迦	岐 紀 伎	久 玖 具	祁 氣	許 古 故 碁 其
	賀 何	藝 疑		宜	胡
S(サ)	佐	斯 志	須	勢 世	曾 蘇
	邪	士	受	是	叙 曾
T(タ)	多	知	都	弖	登 斗 杼 等
	陀	遲 治	豆	傳	度
N(ナ)	那	爾 迩	奴	泥	能 怒 乃
P(ハ)	波	比 斐 肥	布	幣 閇	富 本
	婆	備 毘	夫	倍 辨	煩
M(マ)	麻 摩	美 微 彌	牟	米 賣	母 毛
J(ヤ)	夜		由		余 用 與
R(ラ)	良 羅	理	流 留	禮	呂 漏 路
W(ワ)	和	韋		惠	袁 遠

위의 50음도에서는 행에 자음을 배열하고 열에 5종의 모음을 배열했다. 그런데 자음이 K·S·T·P인 행에서는 두 줄로 나누어 음가나를 배열했는데, 이것은 이 네 가지 행에서는 청음과 탁음의 두 가지 계열이 있기 때문이다.

(8)의 50음도에서 두 줄로 나누어 배열한 K·S·T·P행은 논의가 복잡한 반면

17 딱 한 번밖에 사용되지 않은 『고사기』 음가나는 14자이다. 이들을 분석 대상에서 제외하여 이 50음도에 넣지 않았다. 그러나 참고할 수 있도록 [부록]에서는 이들의 추정 음가도 제시했다.

에 ø·N·M·R의 4행은 그렇지 않다. 따라서 우리는 논의의 편의상 ø·N·M·R행을 먼저 논의하고 그 다음에 K·S·T·P행을 논의하기로 한다.

4.2.1. ø행, ア行

ø행 즉 ア行에[18] 오는 『고사기』 음가나는 많지 않은 편이다. øA 음절의 '阿', øI 음절의 '伊', øU 음절의 '宇', øE 음절의 '延', øO 음절의 '淤, 意'가 있을 뿐이다. 이들을 도표로 분류하여 보이면 아래와 같다.

(9) ø행의 『고사기』 음가나

자음 \ 모음	A (ア)	I (イ)	U (ウ)	E (エ)	O (オ)
ø (ア)	阿	伊	宇	延	淤[19] 意

4.2.1.1. øA 음절

『고사기』 가요에서는 øA 음절의 표기에 '阿' 하나만 사용되었다. '阿'의 용례는 아래와 같다.

(10) 『고사기』의 '阿' 용례

阿/阿禮{吾, 我}(7, 40, …/ 29, 44, …), 阿斯{足}(37, 86), 阿麻/阿米{天}(2, 3, …/ 8, 29, …), 阿米{雨}(6, 82), 阿良禮{霰}(81), 阿佐{朝}(5, 6, …), 阿須{明日}(113), 阿曾{朝臣}(73), 阿豆麻{東}(101), 阿麻{海人}(111), 阿夜{綾}(7), 阿夫良{脂}(101), 阿和{沫}(5, 7), 阿那{穴}(8), 阿波{粟}(13), 阿斯{葦}(21), 阿豆佐{梓}(53, 90), 阿牟{蜩}(98), 阿比{相}(47, 62), 阿遠{青}(2, 3, …), 阿加/阿可/阿迦{赤}(9/ 44/ 45), 阿佐{淺}(37, 112), 阿波{淡}(55), 阿佐受{乾さず}(41), 阿禮那牟{荒れなむ}(66), 阿多理[あたり]

18 일본에서는 ø行을 ア行이라고 부른다.

19 이처럼 밑줄을 친 것은 多音字임을 가리킨다. 이하 같다.

(60, 78), 阿理/阿禮婆/阿流{有}(2, 3, …/ 4, 7, …/ 56, 62), 阿蘇婆/阿蘇毘{遊}(99/ 109), 阿麻理/阿麻斯{餘}(76, 87/ 95), 阿宜弖{上げて}(57), 阿波/阿布/阿閇{遇, 合}(20, 44, …/ 79/ 103), 阿弖受{當てず}(44), 阿良蘇{爭}(48), 阿袁那{菘菜}(56), 阿布美{淡海}(40, 113), 阿由比{脚結}(83), 阿具良{呉床}(97, 98), 阿岐豆{蜻蛉}(98), 阿米都都{胡鷰子鶺鴒}(19), 阿良米/阿良牟/阿良受[あらめ/あらむ/あらず](4/ 62, 113/ 72), 阿夜爾/阿夜迩[あやに](5, 101/ 42), 阿多泥[あたね](6), 阿治志貴[阿治志貴](8), 阿波禮[あはれ](25, 90, …), 阿良多麻[あらたま](30), 阿勢/阿世[あせ](31, 105), 阿袁迩余志[あをによし](60), 阿多良[あたら](66), 阿志比紀[あしひき](80), 阿比泥[あひね](86), 阿加斯弖杼富禮[あかしてとほれ](86)

이 용례에서 아주 독특한 분포제약을 발견할 수 있다. 음가나 '阿'는 단어의 첫째 음절에만 오고 둘째 또는 그 이하의 음절에는 오지 않는다는 제약이다. 이것을 우연한 일이라고 할지도 모르지만, 예외가 전혀 없다는 점에서 체계적인 현상이라고 해야 할 것이다.

만약에 '阿'가 둘째 또는 그 이하의 음절에도 온다면 그것은 CVV의 음절구조를 허용한다는 것을 뜻한다. 그런데 그런 단어가 없으므로 『고사기』 가요에 반영된 상대 일본어에서는 CVV의 음절구조를 허용하지 않는다는 제약을 세울 수 있다.[20] 후술하겠지만, 이 제약은 øI, øU, øO 음절을 표기하는 '伊, 宇, 淤/意'에서도 두루 적용된다.

'阿'의 전기 중고음은 [影開1平歌]=/ʔɑ/^{L}이다. [影開1平歌]에서 '影'의 자리는 聲母를 표시하는 자리이고, '歌'의 자리는 韻母를 표시하는 자리이다. [影開1平歌]의 '開'의 자리는 開合을 표시하는 자리이고, '1'이라 적어 넣은 자리는 等의 자리

20 단어보다 더 큰 단위에서는 CVV가 허용된다. 5·7·5·7·7의 음수율을 지키지 않고, 하나의 구를 5자가 아니라 6자로 구성하거나 7자 대신에 8자로 구성한 만엽가가 적지 않다. 이것을 글자초과(字余り)라고 하는데, 이때의 6자구나 8자구는 대개 CV#V 음절구조를 가진다(毛利正守 2011). 橋本進吉(1950: 211~212)에 따르면 글자초과를 처음 지적한 학자는 本居宣長이다.

이다. '平'이라 적어 넣은 자리는 平上去入의 聲調를 표시하는 자리이다.[21] 성모, 개합, 등, 성조, 운모가 구체적으로 무엇을 가리키는 것인지는 이승재(2018)을 참고하기 바란다. 이승재(2018)에 따르면, '阿'의 음성학적 표시인 [影開1平歌]가 전기 중고음에서 음운론적으로 /ʔɑ/^{L}로 재구된다.

(10)의 용례에서 볼 수 있듯이, [影開1平歌]=/ʔɑ/^{L}를 『고사기』 음가나에서는 ア /a/로 수용한다. 이것을 우리는 아래와 같이 표시한다.

(11) '阿'의 중고음과 그 수용

阿[影開1平歌]=/ʔɑ/^{L} 〉 ア/a/

이 수용 과정에서도 影母/ʔ/를 삭제하고 수용했음을 알 수 있다. 만약에 影母/ʔ/를 삭제하지 않고 그대로 수용했다면 둘째 음절 또는 그 이하에서도 '阿'가 올 수 있다. CVCV 또는 CVCVCV는 일본어에 가장 적합한 음절구조이므로 'CVʔa' 또는 'CVCVʔa'의 둘째와 셋째 음절에 '阿'가 올 수 있다. 그런데도 이런 음절구조가 없으므로 '阿'를 자음이 없는 /a/로 수용했다는 것이 다시 확인된다. 이 분포제약을 더 일반화하여 상대 일본어에 모음충돌(hiatus) 회피 현상이 있었다고 할 수 있다.

(12) 모음충돌 회피

*VV : 상대 일본어의 동일 형태소 내부에서 두 모음의 연쇄를 허용하지 않는다.[22]

이제 아래에서 影母/ʔ/의 대체 수용을 정리해 둔다. 『고사기』의 107자 중에서 성모가 影母/ʔ/인 것은 '阿, 伊, 淤, 意'의 넷인데, 이들의 影母/ʔ/가 항상 삭제되어 수용된다. 이것은 『고사기』 음가나의 한어 중고음 수용 양상을 모두 검토한 뒤에

21 이러한 음가 표시는 이토 지유키(2011)(이진호 역)에서 비롯된다.

22 橋本進吉(1950: 76)에서는 かい{櫂}, まうく{設}, まうす{申} 등이 예외이고, 馬淵和夫(1999: 147)에서는 カイ{櫂}, オイ{老}, ウウ{植}, スウ{据} 등이 예외라고 했다.

내린 결론이지만 이해의 편의를 위하여 그 결론을 먼저 제시한다.[23]

(13) 『고사기』 음가나의 影母/ʔ/ 수용 양상

1. 阿[影開1平歌]=/ʔɑ/^{L} 〉 ア/a/
2. 伊[影開A平脂]=/ʔji/^{L} 〉 イ/i/
3. 於[影中C平魚]=/ʔɪo～ʔɪə/^{L} 〉 オ^{乙}/ə/
   [影中C去魚]=/ʔɪo～ʔɪə/^{D}
4. 意[影開C去之]=/ʔɪə/^{D} 〉 オ^{乙}/ə/

(14) 影母/ʔ/의 대체 수용

한어 중고음의 影母/ʔ/는 『고사기』 음가나에서 항상 삭제되어 수용된다.

『고사기』의 107자 중에서 歌韻字는 (15)의 8자이다. 이들의 歌韻/ɑ/은 『고사기』 음가나에서 항상 /a/로 대체되어 수용된다.

(15) 『고사기』 음가나의 歌韻/ɑ/ 수용 양상

1. 多[端開1平歌]=/tɑ/^{L} 〉 タ/ta/
2. 賀[匣開1去歌]=/ɦɑ/^{D} 〉 ガ/ga/
3. 那[泥開1平歌]=/nɑ/^{L} 〉 ナ/na/
4. 阿[影開1平歌]=/ʔɑ/^{L} 〉 ア/a/
5. 佐[精開1去歌]=/ʦɑ/^{D} 〉 サ/sa/
6. 陀[定開1平歌]=/dɑ/^{L} 〉 ダ/da/
7. 何[匣開1平歌]=/ɦɑ/^{L} 〉 ガ/ga/
8. 羅[來開1平歌]=/rɑ/^{L} 〉 ラ/ra/

23 이것은 뒤에서도 마찬가지이다. (13.3～4)에서 オ^{乙}/ə/로 표시한 것은 아래에서 논의한다.

(16) 歌韻/ɑ/의 대체 수용

한어 중고음의 歌韻/ɑ/은『고사기』음가나에서 항상 /a/로 대체되어 수용된다.

4.2.1.2. øI 음절

다음으로, øI 음절의 '伊'를 논의한다. 먼저 '伊'의 용례를 모두 정리해 보면 아래와 같다.

(17)『고사기』의 '伊' 용례

伊毛{妹}(6, 10, …), 伊能知{命}(4, 33), 伊幣{家}(78, 91), 伊{寢}(5, 7), 伊那{稻}(36), 伊知{市}(102), 伊斯{石}(12), 伊波{石, 岩}(41, 71), 伊蘇{磯}(7, 39), 伊多{板}(105), 伊知比{櫟}(44), 伊知佐加紀{柃}(11), 都都伊{椎}(12), 伊氣{池}(46), 伊麻{今}(4, 12, …), 伊久{幾}(27), 伊麻陀{未だ}(2, 3, …), 淤伊{老い}(94), 伊多{痛}(40, 82), 伊良那{苛な}(53), 伊都{嚴}(93), 伊理{入}(12, 24, …), 伊傳{出で}(5, 55), 伊多流{到る}(44), 伊那婆{往なば}(6), 伊麻世婆/伊麻須/伊麻斯{坐}(7/ 41, 59, …/ 59, 98, …), 伊由岐{い行き}(16, 24), 伊斯祁/伊斯岐{い及}(61/ 61), 伊賀幣理{い歸り}(87), 伊加久流{い隱る}(100), 伊岐良{い伐ら}(53), 伊斗良{い取ら}(53), 伊波比{い這ひ}(15), 伊蘇比{い添ひ}(44), 伊余理{い倚り}(105), 伊岐豆岐{い築き}(101), 伊麻勢婆{行ませば}(44), 伊岐豆岐{息づき}(44), 伊布/伊波米/伊波婆{言}(6/ 63, 66, …/ 91), 伊豆久{何處}(44), 伊本知{五百箇}(100), 伊豆毛{出雲}(1, 25), 伊多斗{板戸}(2, 3), 伊久理{海石}(76), 伊久比{齋杙}(91), 伊勢[伊勢](15), 伊知遲[伊知遲](44), 伊那佐[伊那佐](16), 伊夜{いや}(18, 21, …), 伊斯多布夜[いしたふや](2, 3, …), 伊刀古夜[いとこや](6), 伊須久波斯[いすくはし](11), 伊能碁布曾{?}(11), 伊佐用布[いさよふ](38), 伊奢{いざ}(40, 45), 伊邪佐佐[いざささ](45), 伊幣勢{いへせ}(65), 伊久美[いくみ](92)

위의 용례 중에서 '淤伊'{老い}와 '都都伊'{椎}의 두 예를 제외하면 '伊'가 항상 단어의 첫머리에 온다. 그런데 '淤伊'의 '伊'는 활용형의 일종이고 '都都伊'의 '伊'는 명사파생접사일 가능성이 있다. 활용형과 파생형의 '伊'를 제외하면, '伊'가 항상 단어의 첫째 음절을 표기한다.

'伊'는 『고사기』 가요에서 イ/i/로 수용된다. '伊'의 전기 중고음은 [影開A平脂]=/ʔji/^{L}인데, 影母/ʔ/가 『고사기』 음가나에서 삭제되어 수용된다는 것은 위의 (14)에서 이미 말한 바 있다.

(18) '伊'의 중고음과 그 수용

伊[影開A平脂]=/ʔji/^{L} 〉 イ/i/

문제는 중고음 脂韻/ʔji/^{L}의 운두개음 /j-/를 어떻게 수용했는가 하는 점이다. 우리는 (8)의 50음도에서 JI 음절이 체계적 공백임을 이미 지적한 바 있다. 그러나 이 공백과 관련된 기술은 모음이 /i/일 때에만 적용되므로 부분적 관찰이라 할 수 있다. 이 제약보다 더 범위가 큰 것은 CGV의 음절형을 기피한다는 제약이다. 이 제약에 따르면 한어 중고음의 '伊' 즉 /ʔji/^{L}를 수용할 때에 먼저 자음 /ʔ/의 뒤에 온 운두개음 /j-/가 삭제된다고 할 수 있다. 이 삭제 수용은 모음적 전설평순개음 /ɪ-/에도 적용된다. 아래 (34)의 예를 참고해 주기를 바란다.

(19) 자음 뒤에 온 운두개음 /j-/ 또는 /ɪ-/의 대체 수용

자음 뒤에 오는 한어 중고음의 운두개음 /j-/ 또는 /ɪ-/는 『고사기』 음가나에서 항상 삭제되어 수용된다.

운두개음 /j-/의 삭제 수용은 (14)에서 정리한 影母/ʔ/의 삭제보다 먼저 적용된다. (19)가 적용된 다음에 (14)가 적용되면, 중고음의 /ʔji/^{L}가 『고사기』 가요에서 イ/i/로 수용된다. 脂韻의 운복모음 /i/가 『고사기』에서 /i/로 수용된 것은 아래의 여러 예에서도 확인할 수 있다.

(20)『고사기』 음가나의 脂韻/ji~ɪi/ 수용 양상

1. 美[明中B上脂]=/mɪi/^{R} 〉 ミ/mi/
2. 比[幇中A去脂]=/pji/^{D} 〉 ヒ/pi/
3. 伊[影開A平脂]=/ʔji/^{L} 〉 イ/i/
4. 毘[並中A平脂]=/bji/^{L} 〉 ビ/bi/
5. 遲[澄開AB平脂]=/dɪi/^{L} 〉 ヂ/di/
6. 備[並中B去脂]=/bɪi/^{D} 〉 ビ^乙/bə→bɨ/[24]
7. 祁[見開B平脂]=/kɪi/^{L} 〉 ケ^乙/kə/~キ/ki/

위의 (20.1~5)에서는 脂韻/ji~ɪi/이 イ/i/로 수용된다. 이것이 정상적 수용인데에 반하여, (20.6~7)에서는 '備'와 '祁'의 脂韻/ji~ɪi/이 예외적으로 /ə/로 수용된다. 이것이 예외적 수용임은 분명하다.

(21) 脂韻/ji~ɪi/의 대체 수용

한어 중고음의 脂韻/ji~ɪi/은 『고사기』 음가나에서 /i/로 대체되어 수용된다. 다만, '備'와 '祁'의 脂韻은 독특하게도 /ə/로 수용된다.

'祁'는 중뉴에서 3등 A인지 3등 B인지 혼란스러운 대표적인 글자이다. 운도에서 3등 줄에 배열했다는 점에서는 '祁'를 3등 B라고 해야 하지만, 반절상자와 반절하자의 결합 관계를 고려하면 3등 A라고 보아야 한다. 辻本春彦(1954)에 따르면 반절상자가 3등 A이면 반절하자도 3등 A이고, 반절상자가 B이면 반절하자도 B이다. 반절상자가 C일 때에는 반절하자에 따라 결정된다. 이러한 결합 관계와 '祁'가 한국 한자음에서 '기'로 반영된다는(河野六郎 1968: 199) 점을 들어 森博達(1991: 73)에서는 3등 A로 보았다. 그러나 우리는 이토 지유키(2011)(이진호 역)을 좇아서 3등 B로 기술한다.

---

24 이곳의 '→'는 결론에서 제6의 모음 /ə/를 제7의 모음 /ɨ/로 수정한다는 것을 뜻한다. 이하 같다.

脂韻字인 '伊'는 イ/i/로 수용되는데, '伊'가 둘째 음절 이하에는 오지 않는다. 따라서 øI 음절에서도 (12)의 모음충돌 회피 현상을 확인할 수 있다. 동일 형태소 내부에서 모음충돌 회피 현상이 있었다는 것은 분명하다. 활용형이나 파생형은 예외적이다.

4.2.1.3. øU 음절

다음으로, øU 음절의 '宇'를 논의한다. 먼저 '宇'의 용례를 모두 모아 보면 아래와 같다.

(22) 『고사기』의 '宇' 용례

宇禮/宇良{心}(2, 3/ 111), 宇多{歌}(42), 宇知{内}(73), 宇斯呂{後}(44), 宇良{末}(101), 宇那{項}(6, 8), 宇岐{盞}(101), 宇須{臼}(42), 宇泥{畝}(22, 23), 宇美{海, 湖}(15, 38, …), 宇良{浦}(4), 宇{鵜}(16), 宇豆良{鶉}(103), 宇流波志/宇流波斯{愛し}(48/ 32, 81), 宇岐志{浮きし}(101), 宇知/宇多婆{打, 擊}(2, 3, …/ 12, 13), 宇弖{棄て}(6), 宇惠{植ゑ}(14, 38), 宇迦迦{窺}(24), 宇倍{諾}(30, 74), 宇多岐{唸き}(99), 宇波那理{後妻}(11), 宇受{髻華}(33), 宇陀[宇陀](11), 宇遲[宇遲](52, 53), 宇多多氣陀[うたたけだ](44), 宇麻良[うまら](50), 宇受須麻理[うずすまり](103)

위의 예에서 볼 수 있듯이, '宇'는 단어의 첫째 음절만 표기한다. 따라서 øU 음절에서도 동일 형태소 내부에서 모음충돌 회피 현상이 있었다는 것을 다시 확인할 수 있다.

(23) '宇'의 중고음과 그 수용

宇[云中C上虞]=/ɦɥo/R 〉 ウ/u/

'宇'의 전기 중고음은 [云中C上虞]=/ɦɥo/R이다. 이것이 『고사기』 가요에서 ウ

즉 /u/로 수용되므로, 중고음의 성모인 云母/ɦ/가 삭제되고 수용되었다고 할 수 있다. 『고사기』 음가나 중에서 云母字인 것을 모두 골라 보면 아래와 같다.

(24) 『고사기』 음가나의 云母/ɦ/ 수용 양상

1. 袁[云合C平元]=/ɦɥɑn/^{L} 〉 ヲ^{乙}/wə/
2. 宇[云中C上虞]=/ɦɥo/^{R} 〉 ウ/u/
3. <u>遠</u>[云合C上元]=/ɦɥɑn/^{R} 〉 ヲ^{乙}/wə/
   [云合C去元]=/ɦɥɑn/^{D}
4. 韋[云合C平微]=/ɦɥəi/^{L} 〉 ヰ^{乙}/wə/

위의 예에서 볼 수 있듯이, 『고사기』 음가나에서 云母/ɦ/는 항상 삭제되어 수용된다. 이것을 아래와 같이 정리해 둔다.

(25) 云母/ɦ/의 대체 수용

한어 중고음의 云母/ɦ/는 『고사기』 음가나에서 항상 삭제되어 수용된다.

이때에 반드시 확인해 둘 것이 있다. (24)에서 볼 수 있듯이, 『고사기』 가요에 사용된 云母/ɦ/는 그 뒤에 항상 3등 합구가 뒤따른다는 점이다. 3등 합구는 한어 중고음에서 운두개음이 전설원순활음 /ɥ-/이다. (24.1)과 (24.3~4)에서는 이 /ɥ-/의 원순성이 후설원순활음 /w-/로 반영된다. 상대 일본어의 활음에 전설원순활음 /ɥ-/가 없기 때문에 /ɥ-/를 후설원순활음 /w-/로 대체하여 수용한다.

(24.2)의 '宇'에서는 /w-/가 반영되지 않으므로 마치 '宇'가 이 수용 규칙을 위반한 것처럼 보인다. '宇'는 虞韻字이고 전기 중고음의 虞韻은 /ɥo/로 추정된다. 그런데 한어의 /ɥ-/를 주변 국가에서 수용할 때에는 전설원순활음 /ɥ-/가 후행하는 원순모음 /o/를 고모음 /u/로 끌어올리는 힘을 가진다(이승재 2016: 435~436). 이 고모음화는 고구려어에서 거론된 것이지만 상대 일본어에도 그대로 적용할 수 있다. 중고음의 /ɥo/에서 이 고모음화가 일어나면 일단 /ɥu/로 바뀐다.

이 /ɥu/ 단계에서 /ɥ-/가 /w-/로 바뀌면 다시 /wu/가 된다. 그런데 상대 일본어에서는 WU 음절이 체계적 공백이다. W의 후설 원순성과 U의 후설 원순성이 겹치기 때문이다. 이에 따라 /wu/가 이론적으로는 가정할 수 있지만 실제로는 /u/로 실현된다고 기술하게 된다. 결론적으로, 한어 중고음의 虞韻/ɥo/은 『고사기』 음가나에서 /u/로 대체되어 수용된다.

(26) 虞韻/ɥo/의 대체 수용

한어 중고음의 虞韻/ɥo/은 『고사기』 음가나에서 항상 /u/로 대체되어 수용된다.

이 대체 수용이 정확한지를 확인하기 위해 『고사기』 가요의 표기에 사용된 虞韻字를 모두 모아 보았다. 그랬더니 아래에 보인 것처럼 虞韻/ɥo/이 항상 /u/로 대체되어 수용되었다.

(27) 『고사기』 음가나의 虞韻/ɥo/ 수용 양상

1. 須[心中C平虞]=/sɥo/^{L} 〉 ス/su/
2. 宇[云中C上虞]=/ɦɥo/^{R} 〉 ウ/u/
3. 夫[非中C平虞]=/pɥo/^{L} 〉 ブ/bu/
4. 具[群中C去虞]=/gɥo/^{D} 〉 ク/ku/ → グ/gu/ (연탁)[25]

4.2.1.4. øE 음절

다음으로, øE 음절의 '延'을 논의한다. 먼저 '延'의 용례를 모두 모아 보면 아래와 같다.

25 여기에서 '→'로 표시한 것은 연탁 규칙이 적용되었음을 의미한다. 이하 같다. 연탁 규칙은 아래에서 설명한다.

(28) 『고사기』의 '延' 용례

延袁斯{兄をし}(18), 延{枝}(45, 99, …), 奴延{鵼}(2, 3, …), 延{江}(96), 美延受{見えず}(113), 岐許延{聞え}(47, 86), 佐迦延{榮え}(4), 美延斯怒{み吉野}(98), 夜賀波延那須[やがはえなす](65)

용례가 많지 않지만, '延'은 둘째 이하의 음절을 표기할 때에도 사용되었다는 점이 한눈에 들어온다. 특히 위의 (28)에서 '奴延'{鵼}은[26] 활용형이나 파생형과 관계없는 단일 형태소이다.

지금까지 우리는 '延'이 øE 음절을 표기한 것으로 보고 '延'을 ø행에 넣었다. 그런데 '延'이 エ/e/를 표기한 것이라고 하면 '奴延'이 /nue/가 되어 VV의 모음 연쇄를 허용하게 된다. 따라서 모음충돌 회피 현상이 없다고 해야만 정확하다.

그러나 øA, øI, øU, øO 음절에서는 모음충돌 회피 현상이 분명히 확인되므로 ø행(ア행)에서는 øE 음절이 오히려 예외적이라고 할 수 있다. 이 예외를 해결하는 방법이 있다. '延'이 /e/를 표기한 것이 아니라 /je/를 표기했다고 수정하면 된다. 이처럼 수정하면 '奴延'이 /nuje/를 표기하고 '佐迦延'이 /sakaje/를 표기한 것이 되므로 상대 일본어에 모음충돌 회피 현상이 있었다는 우리의 견해를 그대로 유지할 수 있다.

(29) '延'의 중고음과 그 수용

延[羊開AB平仙]=/jɪɛn/ᴸ 〉 エ/je/

'延'이 『고사기』 가요에서 /e/가 아니라 /je/를 표기한 것이라면, /je/의 활음 /j/를 설명할 수 있어야 한다. '延'의 전기 중고음은 [羊開AB平仙]=/jɪɛn/ᴸ이다. '延'은 성모가 羊母/j/이므로, 이 羊母/j/가 『고사기』 음가나에서 '延' 즉 /je/의 /j/로 수용되었다고 할 수 있다.

26 이것은 상상 속의 동물을 뜻한다.

『고사기』 음가나에서 羊母/j/를 어떻게 수용하는지를 확인하기 위해 羊母字의 수용 양상을 검토해 보았다.

(30) 『고사기』 음가나의 羊母/j/ 수용 양상

1. 夜[羊開AB去麻]=/jɪɛ/^{D} 〉 ヤ/ja/
2. 由[羊中C平尤]=/jɪəu/^{L} 〉 ユ/ju/
3. 余[羊中C平魚]=/jɪo~jɪə/^{L} 〉 ヨ^{乙}/jə/
4. 用[羊中C去鍾]=/jɪoŋ/^{D} 〉 ヨ^{乙}/jə/
5. 與[羊中C平魚]=/jɪo~jɪə/^{L} 〉 ヨ^{乙}/jə/
   [羊中C上魚]=/jɪo~jɪə/^{R}
6. 延[羊開AB平仙]=/jɪɛn/^{L} 〉 エ/je/

위의 (30.1~5)에서 볼 수 있듯이, 羊母/j/는 『고사기』 음가나에서 항상 /j/로 수용된다. 그런데 '延'의 羊母/j/만 이와 다르게 삭제되어 수용된다고 하면 아주 부담이 크다. 반면에, '延'의 羊母/j/도 '夜, 由, 余, 用, 與'의 羊母/j/와 마찬가지로 /j/로 수용된다고 기술하면 수용 규칙이 아주 자연스러워지고 간단해진다.

결론적으로, 『고사기』 가요의 '延'은 /e/를 표기한 것이 아니라 /je/를 표기한 것이다. 이처럼 수정하면 모음충돌 회피 현상을 그대로 유지할 수 있고 羊母/j/의 수용 양상도 아주 자연스럽고도 간단한 규칙으로 기술할 수 있다.

(31) 羊母/j/의 대체 수용

한어 중고음의 羊母/j/는 『고사기』 음가나에서 항상 /j/로 수용된다.

이처럼 기술할 때에는 새로운 문제가 제기된다. '延袁斯{兄をし}, 延{枝}, 延{江}'처럼 '延'이 단어의 첫째 음절을 표기할 때에도 '延'을 /je/로 읽을 것인가 하는 문제이다. 둘째 또는 그 이하의 음절에 온 '延'은 모음충돌을 방지하기 위해서 반드시 /je/로 읽어야 한다. 그러나 첫째 음절에 온 '延'을 반드시 /je/로 읽어야 한다

는 필연성을 아직은 찾지 못했다. 그렇더라도 羊母/j/를 /j/로 수용한다는 원칙을 지키려면 첫째 음절의 '延'도 /je/로 읽는 것이 바람직하다.

현대 일본어에서는 ø행의 'エ'와 J행의 'エ'가 구별되지 않지만, 헤이안 초기 이전에는 이 두 가지 음가가 서로 달랐다(橋本進吉 1950: 192). 이 문제는 契沖阿闍梨(1640~1701년)를 비롯하여 石塚龍麿(1798)의 『假名遣奥山路』와 大野透(1962)에서 논제로 삼은 바 있듯이, 일본어 음운사에서 아주 중요한 연구 주제였다.

그런데 øE 음절과 JE 음절을 구별할 때에 기존의 연구에서는 모음충돌 회피 현상을 별로 거론하지 않는다. 橋本進吉(1950: 203)에서 모음 음절의 첫째 특이성이라 하여 자세히 다루었지만, 이것은 ø행의 'エ'와 J행의 'エ'가 구별되었을까 하는 문제로 한정되어 있다. 우리는 『고사기』·『일본서기』·『만엽집』의 가요 표기를 대상으로 삼아 ø행에서 모음충돌 회피 현상이 있었는지를 두루 관찰해 보았다. 그 결과 『고사기』의 '延', 『일본서기』의 '曳', 『만엽집』의 '要, 延'이 모두 JE 음절의 /je/를 표기했다. 반면에 3종 텍스트의 대표자 중에서 øE 음절의 /e/를 표기한 음가나는 하나도 없었다. 즉 øE 음절의 /e/가 체계적 공백이다.

헤이안시대에 들어서면 øE 음절의 /e/를 표기한 예가 나오지만, 항상 훈가나로 표기한다는 점이 문제점이다. 그런 예로 橋本進吉(1950: 206)은 '得エ, 荏エ, 榎エ, 衷エ, 棧エ, 鰕エビ, 鰩エヒ, 鼠姑エメムシ, 疫エヤミ, 選エラブ'을 들었다. 그런데 이들 훈가나의 음가가 /je/가 아니라 /e/임을 어떻게 증명할 수 있을까? /je/와 /e/의 구별이 없는 후대 어형을 대입하는 것은 올바른 증명 방법이 아니므로, 우리는 /e/가 체계적 공백이라는 견해를 유지한다.

현대 일본어에서는 거꾸로 /je/가 공백이고, /e/만 エ로 표기한다. 일반적으로 /je/와 /e/가 헤이안 중기인 950년대에 /je/로 합류했다고 기술하지만(橋本進吉 1950: 222), 나라시대부터 전국시대까지 /je/만 있었을 가능성이 있다. 3종의 가요 텍스트에서는 /e/가 항상 공백이기 때문이다. 따라서 우리는 이 상태가 나라시대부터 전국시대까지 지속되다가, 에도시대에 와서야 비로소 /je/가 /e/로 바뀌는 변화가 일어났다고 본다(6장의 6.3.1 참조).

ø행에서 /a, i, u, ə/의 네 가지 모음은 확인되지만 /e/가 확인되지 않는다는 것은 상대 이전으로 거슬러 올라가 기원적 일본어를 재구할 때에 결정적인 증거가 된다. 즉, ø행의 /e/가 없다는 점을 논거로 삼아 기원적 일본어의 모음체계를 /*a, *i, *u, *ö/의 4모음체계로 재구할 수 있다(大野晉 1976). 실제로 5종의 기본모음 중에서 용례가 가장 적은 것이 /e/ 모음이다. 따라서 /e/ 모음은 기원적 모음체계에는 없었고, /je/ 또는 /a+i/의 음소 연쇄에서 축약이 일어나 새로이 발달한 모음이라고 할 수 있다.

이제, '延'의 운모인 仙韻에 대한 논의로 넘어간다. '延'의 仙韻/ɪɛn/^{L}이 『고사기』 음가나에서 /je/로 수용되므로 운미 /-n/이 삭제되어 수용된다. 이것을 확인하기 위해 『고사기』의 107자 집합에서 /-n/ 운미를 가지는 것을 따로 모아 보았다.

(32) 『고사기』 음가나의 /-n/ 운미 수용 양상

1. 袁[云合C平元]=/ɦɥɑn/^{L} 〉 ヲ^{乙}/wə/
2. 遠[云合C上元]=/ɦɥɑn/^{R} 〉 ヲ^{乙}/wə/
   [云合C去元]=/ɦɥɑn/^{D}
3. 延[羊開AB平仙]=/jɪɛn/^{L} 〉 エ/je/
4. 本[幇中1上魂]=/pwən/^{R} 〉 ホ/po/
5. 傳[澄合AB平仙]=/dɪɛn/^{L} 〉 デ/de/
   [澄合AB去仙]=/dɪɛn/^{D}
6. 煩[奉中C平元]=/bɪɑn/^{L} 〉 ボ^{乙}/bə/
7. 辨[並中B上仙]=/bɪɛn/^{R} 〉 ベ/be/

『고사기』 음가나 중에서 /-n/ 운미를 가지는 것은 仙韻·元韻·魂韻의 세 가지이다. 이 세 운의 운미 /-n/은 위에서 볼 수 있는 것처럼 항상 삭제되어 수용된다. 따라서 아래와 같이 대체 수용 규칙을 세울 수 있다.

(33) 운미 /−n/의 대체 수용

한어 중고음의 운미 /−n/은 『고사기』 음가나에서 항상 삭제되어 수용된다.

문제는 운두개음 /j−, ɪ−/를 어떻게 수용하는가 하는 데에 달려 있다. 전기 중고음의 /j−/는 자음적 전설평순활음이고 /ɪ−/는 모음적 전설평순활음인데(이승재 2018: 215), 위의 (19)에 정리한 것처럼, 이들은 자음 뒤에서 항상 삭제되어 수용된다. 아래의 (34.1∼6)은 운두개음이 /j−/인 예이고 나머지는 운두개음이 /ɪ−/인 예이다.

(34) 『고사기』 음가나의 운두개음 /j−, ɪ−/ 수용 양상

1. 岐[群開A平支]=/gje/^{L} 〉 キ/ki/
2. 比[幇中A去脂]=/pji/^{D} 〉 ヒ/pi/
3. 伊[影開A平脂]=/ʔji/^{L} 〉 イ/i/
4. 毘[並中A平脂]=/bji/^{L} 〉 ビ/bi/
5. 彌[明中A平支]=/mje/^{L} 〉 ミ/mi/
6. 藝[疑開A去祭]=/ŋjɛi/^{D} 〉 ギ/gi/
7. 美[明中B上脂]=/mɪi/^{R} 〉 ミ/mi/
8. 斯[心開AB平支]=/sɪe/^{L} 〉 シ/si/[27]
9. 夜[羊開AB去麻]=/jɪɛ/^{D} 〉 ヤ/ja/
10. 理[來開C上之]=/rɪə/^{R} 〉 リ/ri/
11. 久[見中C上尤]=/kɪəu/^{R} 〉 ク/ku/
12. 許[曉中C上魚]=/hɪo∼hɪə/^{R} 〉 コ^{乙}/kə/
13. 爾[日開AB上支]=/nɪe/^{R} 〉 ニ/ni/
14. 志[章開C去之]=/ʨɪə/^{D} 〉 シ/si/

---

27 '斯'의 3등 자리는 AB로 표시했는데, 이 AB는 설치음 뒤에서 중뉴대립이 없음을 가리킨다. 이승재(2018: 238∼239)에서는 이 AB가 음운론적으로 B 또는 C와 같다고 보아 운두개음을 /ɪ−/로 표시했다.

15. 良[來開C平陽]=/rɪɑŋ/^{L} 〉 ラ/ra/

16. 迩[日開AB上支]=/nɪe/^{R} 〉 ニ/ni/

17. 流[來中C平尤]=/rɪəu/^{L} 〉 ル/ru/

18. 知[知開AB平支]=/tɪe/^{L} 〉 チ/ti/

[知開AB去支]=/tɪe/^{D}

19. 牟[明中C平尤]=/mɪəu/^{L} 〉 ム/mu/

20. 由[羊中C平尤]=/jɪəu/^{L} 〉 ユ/ju/

21. 淤[影中C平魚]=/ʔɪo～ʔɪə/^{L} 〉 オ^{乙}/ə/

[影中C去魚]=/ʔɪo～ʔɪə/^{D}

22. 富[非中C去尤]=/pɪəu/^{L} 〉 ホ/po/

23. 祁[見開B平脂]=/kɪi/^{L} 〉 ケ^{乙}/kə/～キ/ki/

24. 呂[來中C上魚]=/rɪo～rɪə/^{R} 〉 ロ^{乙}/rə/

25. 勢[書開AB去祭]=/ɕɪɛi/^{D} 〉 せ/se/

26. 意[影開C去之]=/ʔɪə/^{D} 〉 オ^{乙}/ə/

27. 幣[並開A去祭]=/bɪɛi/^{D} 〉 ヘ/pe/

28. 受[常中C上尤]=/ʑɪəu/^{R} 〉 ズ/zu/

29. 延[羊開AB平仙]=/jɪɛn/^{L} 〉 エ/je/

30. 氣[溪開C去微]=/k^{h}ɪəi/^{D} 〉 ケ^{乙}/kə/

31. 余[羊中C平魚]=/jɪo～jɪə/^{L} 〉 ヨ^{乙}/jə/

32. 紀[見開C上之]=/kɪə/^{R} 〉 キ^{乙}/kə/

33. 用[羊中C去鍾]=/jɪoŋ/^{D} 〉 ヨ^{乙}/jə/

34. 杼[澄中C上魚]=/dɪo～dɪə/^{R} 〉 ド^{乙}/də/

35. 微[微中C平微]=/mɪəi/^{L} 〉 ミ^{乙}/mə→mɨ/

36. 碁/棋[群開C平之]=/gɪə/^{L} 〉 コ^{乙}/kə/ → ゴ^{乙}/gə/ (연탁)

37. 傳[澄合AB平仙]=/dɪɛn/^{L} 〉 デ/de/

[澄合AB去仙]=/dɪɛn/^{D}

38. 斐[敷中C上微]=/p^{h}ɪəi/^{R} 〉 ヒ^{乙}/pə/

39. 世[書開AB去祭]=/ɕɪɛi/D > セ/se/

40. 玖[見開C上尤]=/kɪəu/R > ク/ku/

41. 邪[邪開AB平麻]=/zɪɛ/L > ザ/za/

[羊開AB平麻]=/jɪɛ/L

42. 與[羊中C平魚]=/jɪo～jɪə/L > ヨ乙/jə/

[羊中C上魚]=/jɪo～jɪə/R

43. 士[崇開C上之]=/dʑɪə/R > ジ/zi/

44. 遲[澄開AB平脂]=/dɪi/L > ヂ/di/

45. 伎[群開B上支]=/gɪe/R > キ/ki/

46. 煩[奉中C平元]=/bɪɑn/L > ボ乙/bə/

47. 叙[邪開C上魚]=/zɪo～zɪə/R > ゾ乙/zə/

48. 宜[疑開B平支]=/ŋɪe/L > ゲ/ge/

49. 疑[疑開C平之]=/ŋɪə/L > ギ乙/gə→gɨ/

50. 備[並中B去脂]=/bɪi/D > ビ乙/bə→bɨ/

51. 是[常開AB上支]=/ʑɪe/R > ゼ/ze/

52. 留[來中C平尤]=/rɪəu/L > ル/ru/

53. 肥[奉中C平微]=/bɪəi/L > ビ乙/bə→bɨ/

54. 其[群開C平之]=/gɪə/L > コ乙/kə/ → ゴ乙/gə/ (연탁)

55. 治[澄開C平之]=/dɪə/L > ヂ/di/

[澄開C去之]=/dɪə/D

한어 중고음 중에서 개구 3등운을 가지는 한자는 운두개음 /j-/ 또는 /ɪ-/를 가진다. 3등 A일 때에 설정되는 /j-/는 자음적 전설평순활음이고, 3등 B 또는 3등 C일 때에 설정되는 /ɪ-/는 모음적 전설평순활음이다.[28] 이 /j-/와 /ɪ-/는 앞에 오는 자음을 구개음으로 바꾸는 힘을 갖는다. 따라서 상대 일본어가 6모음체

28 (34)에서 3등 AB로 표시한 것은 그 분포가 설치음 뒤로 한정된다. 이 3등 AB는 3등 B와 음운론적으로 동일하다(이승재 2018: 238～239).

계라고 보는 服部四郎(1959, 1976a, 1976b), 宋敏(1975) 등은 イ乙·エ乙과 イ甲·エ甲의 차이를 앞에 오는 자음 또는 활음의 차이에서 구하고, イ乙·エ乙의 순수 모음은 イ甲·エ甲의 모음과 동일했다고 기술한다.[29] 그 대신에 イ甲·エ甲을 음운론적으로 (35.①) 또는 (35.②)라고 해석하여 8모음설을 부정한다.

(35) 6모음설에서의 イ甲과 エ甲의 해석

1. C + イ甲 = ① C + j/ɪ + i = ② Č + i
2. C + エ甲 = ① C + j/ɪ + e = ② Č + e

이 학설에 따르면 한어 중고음의 운두개음 /j-, ɪ-/가 독자적 지위를 가지거나 앞에 오는 자음을 구개화한 다음에 사라진다고 기술한다. 그런데 우리의 관찰에 따르면 노래 표기의 음가나에서는 CGV의 음절형이 없으므로, 일단 (35.①)과 같은 해석이 원천적으로 불가능하다.

橋本進吉(1942)는 CGV의 음절형이 없음을 아이누어를 들어 설명한다. CGV의 음절형인 'シャ, シ, シュ, シェ, ショ'가 아이누어에서는 'サ, シ, ス, セ, ソ'와 구별되지 않는다. 우리는 가요에 기록된 상대 일본어도 이와 마찬가지라고 판단한다.

반면에『고사기』·『일본서기』의 한문 기사에 나오는 고유명사 표기에서는 CGV 음절형이 나온다. 우리는 가요의 문장표기와 지명·인명·관명의 어휘표기를 엄격히 구별한다. 3장에서 논의한 바 있듯이 본격적인 문장표기인『고사기』가요에서는 /-m/ 운미자와 /-p, -t, -k/ 입성 운미자를 사용하지 않는다.『일본서기』가요에서는 /-n/ 운미자도 사용하지 않는다. 이와는 달리『고사기』·『일본서기』의 훈주(訓注)[30] 등에 나오는 어휘표기에서는 이들 운미자가 사용된다. 이

29 5모음설을 주장하는 松本克己(1975, 1976)도 마찬가지이다. 6모음설에서는 5모음설과 달리 I열·E열을 O열과 구별한다는 점에서 차이가 난다.

30 훈주는 헤이안시대 이후에 단 것이므로, 훈주 표기는 8세기의 현실 언어를 그대로 반영한다고 하기가 어렵다.

러한 차이는 결국은 문장표기인가 어휘표기인가 하는 차이에서 비롯된다고 본다. 이와 평행적으로, 우리는 훈주 등의 어휘표기에서는 CGV의 음절형이 있었지만 본격적인 문장표기에서는 CGV 음절형이 없었다고 판단한다. 이에 따르면 (35.①)과 같은 음절형은 가요 표기에서 부정된다.

그런데 I열과 E열에서 갑류와 을류의 모음이 음운론적으로 대립하는 것은 /k, g, p, b, m/ 등의 아후음과 순음 뒤로 한정된다는 점에 주의해야 한다. 有坂秀世(1933/55: 423~424)가 이미 정리한 내용인데, 이 음운론적 환경에 주목한 논의가 별로 없다. 중뉴를 처음으로 발견한 것이 사실은 有坂秀世(1944/80)인데도, 중뉴대립이 아후음 또는 순음 뒤에서만 성립하고 설치음 뒤에서는 성립하지 않는다는 사실을 有坂秀世 스스로도 간과했던 것 같다.

松本克己(1975, 1976), 宋敏(1975), 服部四郎(1976a, 1976b)의 논의처럼 /k, g, p, b, m/ 등의 자음이 구개음화한다 하더라도, 이들은 언어 보편적으로 음소 /k, g, p, b, m/의 변이음인 [k^j, g^j, p^j, b^j, m^j]일 때가 많다.[31] 반면에 설치음인 /t, d, s, z, n/ 등이 구개음화하면 새로운 음소 /ʨ, ʥ, ɕ, ʑ, ɲ/ 등이 될 때가 많다. 따라서 /k, g, p, b, m/ 등의 뒤에서만 갑류와 을류가 대립하는 현상을 구개음화로 기술할 수 없다. 후술하겠지만, /k, g, p, b, m/ 등의 자음 뒤에서만 갑류와 을류의 대립이 성립한다는 사실을 우리는 한어 중고음의 중뉴대립으로 기술한다.

한편, (35.②)와 같은 음절형을 설정하는 것도 가요 표기에서는 부정된다. 한어 중고음에서 성모가 구개음인 것은 위의 (1)에서 이미 보인 것처럼 書母/ɕ/, 常母/ʑ/, 章母/ʨ/, 昌母/$ʨ^h$/, 船母/ʥ/ 등이다. 그런데 아래의 S행에서 논의하겠지만 이들이 만요가나에서는 치조음인 心母/s/, 邪母/z/, 精母/ʦ/, 淸母/$ʦ^h$/, 從母/dz/ 등과 각각 음운론적으로 대립하지 않는다. 중고음의 치조음뿐만 아니라 구개음도 만엽가요에서 /s/ 하나로 대체되어 수용되므로, 음운론적으로 구개음 계열을 자음체계에 설정할 수가 없다. 따라서 우리는 (35.②)와 같이 구개 자음을 자음체계에 설정하는 기술 방법을 택하지 않는다.

---

31 山口佳紀(1985: 120)에서도 구개음화한 /ki/가 음성적으로는 [kji]였을지 몰라도 음운적으로는 /ki/라고 했다.

위의 (35.①)과 (35.②)와 같은 음절형을 부정하게 되면 자음 뒤의 구개개음[32] /j-, ɪ-/가 만엽 가요에서는 모두 삭제되어 수용된다는 기술 방법만 남는다. (34)의 수용 양상을 두루 검토해 보면 이것이 가장 간단한 기술 방법이다.

이에 따르면 '延'의 羊母/j/·仙韻/ɪɛn/ᴸ 중에서 『고사기』 음가나에 반영되는 것은 羊母/j/와 운복모음 /ɛ/이다. 전기 중고음의 /ɛ/는 전설저모음으로서, /e/와는 [±low] 자질로 대립하고 /ɑ/와는 [±back] 자질로 대립한다. 그리하여 『고사기』 음가나에서는 중고음의 /ɛ/가 エ/e/로 수용되기도 하고, ア/a/로 수용되기도 한다.

(36) 한어 중고음 /ɛ/의 수용 양상

1. 延[羊開AB平仙]=/jɪɛn/ᴸ 〉 エ/je/
2. 傳[澄合AB平仙]=/dɪɛn/ᴸ 〉 デ/de/
   [澄合AB去仙]=/dɪɛn/ᴰ
3. 辨[並中B上仙]=/bɪɛn/ᴿ 〉 ベ/be/
4. 勢[書開AB去祭]=/ɕɪɛi/ᴰ 〉 セ/se/
5. 幣[並開A去祭]=/bɪɛi/ᴰ 〉 ヘ/pe/
6. 世[書開AB去祭]=/ɕɪɛi/ᴰ 〉 セ/se/
7. 藝[疑開A去祭]=/ŋjɛi/ᴰ 〉 ギ/gi/
8. 麻[明中2平麻]=/mɛ/ᴸ 〉 マ/ma/
9. 夜[羊開AB去麻]=/jɪɛ/ᴰ 〉 ヤ/ja/
10. 加[見開2平麻]=/kɛ/ᴸ 〉 カ/ka/
11. 邪[邪開AB平麻]=/zɪɛ/ᴸ 〉 ザ/za/
    [羊開AB平麻]=/jɪɛ/ᴸ

32 일본 학자들은 有坂秀世(1944/80)을 좇아서 3등 B나 3등 C의 운두개음을 구개음이 아니라 비구개음이라고 한다. 그러나 이승재(2018: 248~248)에서는 한어 중고음의 이 운두개음을 전설평순활음 /ɪ-/라 하여 구개음의 일종으로 본다. 이와는 달리, 이 전설평순활음이 고구려어나 한국 한자음에서는 후설평순활음 /ï-/로 대체되어 수용된다고 본다(이승재 2018: 430~432).

(36.1~6)에서는 중고음의 /ɛ/가 『고사기』에서 /e/로 수용되었지만, (36.8~11)에서는 /a/로 수용되었다. 이 둘의 차이는 운미의 유무로 기술할 수 있다. (36.1~3)의 仙韻은 /ɪɛn/이므로 /-n/ 운미가 있고 (36.4~6)의 祭韻은 /ɪɛi/이므로 /-i/ 운미가 있다. 반면에 (36.7~10)의 麻韻은 운미가 없다. 따라서 『고사기』 음가나에서는 운미가 있는 운의 운복모음 /ɛ/는 /e/로 수용했지만, 운미가 없는 운복모음 /ɛ/는 /a/로 수용했다고 말할 수 있다.

(37) 仙韻/ɪɛn/의 대체 수용

한어 중고음의 仙韻/ɪɛn/은 『고사기』 음가나에서 항상 /e/로 수용된다.

(38) 祭韻/ɪɛi/의 대체 수용

한어 중고음의 祭韻/ɪɛi/은 『고사기』 음가나에서 /e/로 수용된다. 다만, '藝'에서는 예외적으로 /i/로 수용된다.[33]

(39) 麻韻/ɛ/의 대체 수용

한어 중고음의 麻韻/ɛ/은 『고사기』 음가나에서 항상 /a/로 수용된다.[34]

지금까지 '延'의 한어 중고음 [羊開AB平仙]=/jɪɛn/[L]이 『고사기』 음가나에서 エ/je/로 수용될 때에 일어나는 여러 가지 대체 수용 현상을 기술했다. 상대 일본어에는 CGV와 CVC의 음절형이 없고 모음체계에 전설저모음 /ɛ/가 없기 때문

33 '藝'의 전기 중고음은 (36.7)의 [疑開A去祭]=/ŋjɛi/[D]인데, 이것이 『고사기』 음가나에서 독특하게도 ギ/gi/로 수용된다. 예외임이 분명하다. 瀨間正之(2015: 71~73)는 『고사기』의 '阿藝'를 한국어 '아기(兒)'로 해석하고, 이 단어가 한반도에서 차용된 것으로 보았다. 이에 따르면 '藝'를 독특하게 ギ/gi/로 읽는 것은 그 기원이 고대 한국어에 있다.

34 1회 사용된 '奢'와 '牙'도 麻韻字이다. '奢'는 이 규칙을 따르지만, '牙'의 麻韻은 독특하게도 /e/로 수용된다. 여기에서 딱 한 번 사용된 음가나를 신뢰하기 어렵다는 논의가 성립한다.
奢[書開AB平麻]=/ɕɪɛ/[L] 〉 ザ/za/, 伊奢{いざ}(40)
牙[疑開2平麻]=/ŋɛ/[L] 〉 ゲ/ge/, 佐夜牙流{騒げる}(23)

에 이런 대체 수용 현상이 항상 일어난다.

4.2.1.5. øO 음절

이제, ø행 마지막의 øO 음절로 넘어간다. 『고사기』 음가나 107자 중에서 øO 음절을 표기한 것으로는 '淤'와 '意'의 두 가지가 있다. 우리는 위의 (4)와 (5)에서 이미 '淤'와 '意' 용례를 모두 보인 바 있다. 이 용례를 통하여 '淤'와 '意'가 동음 관계임을 이미 확인했으므로, 이 둘에 같은 음을 배당하기로 한다.

(40) '淤'와 '意'의 중고음과 그 수용

1. 淤[影中C平魚]=/ʔɪo~ʔɪə/[L] 〉 オ[乙]/ə/
   [影中C去魚]=/ʔɪo~ʔɪə/[D]
2. 意[影開C去之]=/ʔɪə/[D] 〉 オ[乙]/ə/

'淤'의 전기 중고음은 [影中C平魚]=/ʔɪo~ʔɪə/[L]이고, '意'의 중고음은 [影開C去之]=/ʔɪə/[D]이다. 『고사기』 음가나에서 影母/ʔ/가 삭제되어 수용된다는 것은 위의 (14)에서 이미 정리한 바 있으므로, 바로 운모에 대한 논의로 넘어간다.

전기 중고음에서 '淤'의 魚韻은 /ɪo/로, '意'의 之韻은 /ɪə/로 추정된다. 이승재(2018: 263~264)에서는 후기 중고음에서 魚韻의 /ɪo/가 평순모음화를 겪어 /ɪə/로 바뀌었으리라 추정했다. 전기 중고음에서는 魚韻이 분명히 /ɪo/로 추정되지만, 魚韻을 한국 중세 한자음에서는 'ㅓ' 또는 'ㅕ'로 수용하므로 /ɪo 〉 ɪə/의 변화를 가정한 것이다.

그런데 전기 중고음 내부에서 이미 /ɪo 〉 ɪə/의 변화가 일어났던 것 같다. 『고사기』 음가나의 '淤'와 '意'는 전기 중고음 내부에서 일어난 /ɪo 〉 ɪə/의 변화를 결정적으로 지지해 준다. 『고사기』에서 '淤'의 魚韻/ɪo/과 '意'의 之韻/ɪə/이 동음 관계이기 때문이다. 『고사기』 가요의 표기가 이루어지기 이전의 중고음에서 /ɪo 〉 ɪə/의 변화가 있었다고 가정하면, '淤'와 '意'가 동음 관계임을 가장 쉽고도 자연스럽게 기술할 수 있다. 이에 따라 우리는 전기 중고음의 魚韻을 다음부터는 항상 /ɪo～ɪə/로 표시할 것이다.

『고사기』 음가나 '淤'가 魚韻字이므로 魚韻/ɪo～ɪə/의 수용 양상을 정리해 둔다.

(41) 『고사기』 음가나의 魚韻/ɪo～ɪə/ 수용 양상

1. 許[曉中C上魚]=/hɪo～hɪə/^{R} 〉 コ^{乙}/kə/
2. 淤[影中C平魚]=/ʔɪo～ʔɪə/^{L} 〉 オ^{乙}/ə/
   [影中C去魚]=/ʔɪo～ʔɪə/^{D}
3. 呂[來中C上魚]=/rɪo～rɪə/^{R} 〉 ロ^{乙}/rə/
4. 余[羊中C平魚]=/jɪo～jɪə/^{L} 〉 ヨ^{乙}/jə/
5. 杼[澄中C上魚]=/dɪo～dɪə/^{R} 〉 ド^{乙}/də/
6. 與[羊中C平魚]=/jɪo～jɪə/^{L} 〉 ヨ^{乙}/jə/
   [羊中C上魚]=/jɪo～jɪə/^{R}
7. 叙[邪開C上魚]=/zɪo～zɪə/^{R} 〉 ゾ^{乙}/zə/

위에서 볼 수 있듯이, 한어 중고음의 魚韻/ɪo～ɪə/은 『고사기』 음가나에서 항상 /ə/로 수용된다. 우리의 /ə/는 일본 학자들이 オ乙이라 지칭하는 것으로서 オ甲의 /o/와 음운론적으로 대립한다. 한어 중고음의 魚韻은 만요가나에서 オ乙로 수용되는 데에 비하여, 한어 중고음의 模韻에 기원을 둔 모음은 オ甲의 /o/라고 추정하는 것이 기본이다. 헤이안 초기 이후 구체적으로 9세기 4/4분기 이후에는 オ乙의 /ə/가 オ甲의 /o/와 합류함으로써 이 음운대립이 소멸한다(7장 참조).

(42) 魚韻/ɪo～ɪə/의 대체 수용

한어 중고음의 魚韻/ɪo～ɪə/은 『고사기』 음가나에서 항상 /ə/ 즉 オ乙로 수용된다.

8모음설에서는 을류의 모음 3종이 헤이안 초기에 "갑자기 사라졌다"고 기술한다. 이것을 믿을 수 있을까? 우리는 을류 모음에 제7의 모음 /ɨ/와 제6의 모음 /ə/ 두 가지가 있었는데 『고사기』 음가나에서는 제7의 /ɨ/가 사라지는 마지막 단계였고 『일본서기』 음가나에서는 /ɨ/가 사라지기 바로 직전이었다고 본다. 또한 제6의 모음 /ə/가 『만엽집』 음가나에서는 사라지는 마지막 단계였고 /ə/가 헤이안 초기에 완전히 사라져 5모음체계가 된다고 본다. 이처럼 을류 모음이 "점진적·단계적으로 사라졌다"고 보는 것이 우리의 결론이다. 이 을류 모음 소멸 과정에서 /ə/는 마지막까지 유지되었던 을류 모음이다.

'淤'와 동음 관계인 '意'는 之韻字이다. 『고사기』에서 之韻/ɪə/을 수용하는 양상을 정리해 보면 아래와 같다.

(43) 『고사기』 음가나의 之韻/ɪə/ 수용 양상

1. 理[來開C上之]=/rɪə/R 〉 リ/ri/
2. 志[章開C去之]=/ʨɪə/D 〉 シ/si/
3. 士[崇開C上之]=/ʥɪə/R 〉 ジ/zi/
4. 治[澄開C平之]=/dɪə/L 〉 ヂ/di/
   [澄開C去之]=/dɪə/D
5. 紀[見開C上之]=/kɪə/R 〉 キ乙/kə/
6. 疑[疑開C平之]=/ŋɪə/L 〉 ギ乙/gə→gɨ/
7. 意[影開C去之]=/ʔɪə/D 〉 オ乙/ə/
8. 碁/棋[群開C平之]=/gɪə/L 〉 コ乙/kə/ → ゴ乙/gə/ (연탁)
9. 其[群開C平之]=/gɪə/L 〉 コ乙/kə/ → ゴ乙/gə/ (연탁)

위에서 볼 수 있듯이, 한어 중고음의 之韻/ɪə/은 (43.1~4)에서는 갑류의 イ/i/로 수용되지만 (43.5~9)에서는 을류의 /ə/ 즉 イ乙 또는 オ乙로 수용된다. 동일한 之韻인데도 어떤 음가나에서는 갑류의 /i/로 수용되고 어떤 음가나에서는 을류의 /ə/로 수용되므로, 그 경계선이 무엇인지 궁금해진다.

우리는 그 경계선을 앞에 오는 자음에서 구한다. 그리하여 설치음[35] 뒤의 之韻/ɪə/은 갑류의 /i/로 수용되지만, 아후음[36] 뒤에서는 을류의 /ə/ 즉 イ乙 또는 オ乙로 수용된다고 본다. 한어 중고음에서도 설치음과 아후음이 음운론적으로 서로 다르게 행동할 때가 아주 많은데, 대표적인 것이 3등운의 중뉴(重紐)가 순음·아후음 뒤에서만 성립하고 설치음 뒤에서는 성립하지 않는다는 점이다. 또한 文韻은 순음·아후음의 뒤에 분포하고 諄韻은 설치음 뒤에 분포한다. 이와 마찬가지로 『고사기』 음가나에서도 아후음과 설치음이 음운론적으로 서로 다르게 행동한다.

이와 다른 가설도 성립한다. 止攝에 속하는 脂韻/ji~ɪi/, 支韻/je~ɪe/, 之韻/ɪə/의 세 운이 당나라의 후기 중고음에서 /i/로 합류한다는 점을 활용하는 가설이다. (43)의 '理, 志, 士, 治'에서는 이 합류가 일어난 뒤의 /i/를 수용한 반면에, '紀, 疑, 意, 碁/棋, 其'에서는 합류가 일어나기 이전의 之韻 음가 /ɪə/를 수용했다는 가설이다. 이 가설을 증명하는 방법의 하나로 사용 시기의 차이에 주목할 수 있는데, 예상과 달리 시기적으로 아주 이른 때의 『고사기』 가요에서 이미 '理, 志, 士, 治'가 사용되었다. 따라서 이 가설은 성립하지 않는다.

결론적으로 우리는 之韻/ɪə/의 수용 양상을 아래와 같이 기술한다.

(44) 之韻/ɪə/의 대체 수용

한어 중고음의 之韻/ɪə/은 설치음 뒤에서는 /i/로 수용되고, 아후음 뒤에서는 /ə/ 즉 을류로 수용된다.

『고사기』 음가나의 '意'에서는 之韻/ɪə/이 아후음의 뒤에 오므로 /ə/ 즉 オ乙로 수용된다. 이렇게 기술하면 '意'가 /ə/ 즉 オ乙의 음가를 가지므로, 역시 /ə/ 즉 オ乙로 수용된 '淤'와 정확하게 동음 관계가 된다.

35 우리는 설음과 치음을 병합하여 설치음이라는 용어를 사용한다.
36 아후음은 아음과 후음을 병합한 용어이다.

4.2.1.6. ø행의 요약 정리

지금까지 ø행에 오는 『고사기』 음가나의 음가를 추정해 보았다. ø행에서 설정되는 모음은 /a, i, u, ə/의 4종이다.

(45) ø행 『고사기』 음가나의 음가 배당

모음 / 자음	A (ア)	I (イ)	U (ウ)	E (エ)	O (オ)
ø (ア)	阿/a/	伊/i/	宇/u/	(延/je/)	淤=意/ə/

이 음가 배당표에서 두 가지 주의할 것이 있다. 첫째, '淤=意'의 /ə/가 일단 큰 범주의 øO 음절에 들어간다고 보았다는 점이다. 『고사기』의 모든 음가나를 분석한 결과 /ə/와 /o/가 서로 구별되는 모음이라는 사실이 확인된다면, 모음을 5열로 배열하지 않고 6열로 배열해야 할 것이다. 이에 대해서는 후술한다. 둘째, '延'이 /e/가 아니라 /je/를 표음하므로, 50음도에서 '延'의 위치를 øE 음절에서 JE 음절로 위치를 옮겨야 한다.

위에서 øE 음절을 논의하면서 우리는 /e/ 모음이 공백이라고 했다. 만약에 이 공백의 원인이 한어 중고음의 구조에 있다면, 이 공백을 체계적 공백이 아니라 우연한 공백이라고 할 수 있다. 이것을 검증하기 위하여 /e/를 한어 중고음으로 표기할 방법이 없는지를 검토해 보았다.

이때에는 성모가 影母/ʔ/이면서 운모가 齊韻/ei/, 祭韻/ɪɛi/, 咍韻/əi/, 先韻/en/, 仙韻/ɪɛn/인[37] 한자가 없는지를 확인하면 된다. 影母/ʔ/는 『고사기』 음가나에서 삭제되어 수용되고, 이 5종의 운모는 /e/로 수용되는 것이 원칙이기 때문이다. 검토해 보았더니, 일상적 상용자 중에서 哀[影開1平咍]=/ʔəi/^{L}, 愛[影開1去咍]=/ʔəi/^{D}, 焉[影開B平仙]=/ʔɪɛn/^{L}, 煙[影開4平先]=/ʔen/^{L}, 燕[影開4平先]=/ʔen/^{L}, 宴[影開4去先]=/ʔen/^{L}, 嬰[影開A平清]=/ɪɛŋ/^{L} 등의 예가 있다. 이들을 사용하여 /e/ 모음을 표

37 8장의 (15)에서 이들 운모가 /e/로 수용된다는 것을 정리했다.

기할 수 있는데도, 『고사기』 음가나에서는 이들을 음가나로 사용하지 않았다. 따라서 /e/ 모음이 공백인 것은 우연한 공백이 아니라 체계적 공백이라 할 수 있다.

위의 ø행 즉 ア행에서는 모음충돌 회피 현상을 확인하기 위하여 용례를 모두 들었다. 이와 마찬가지로 이음 관계를 확인할 때에도 용례를 확인하기 위하여 모든 용례를 열거할 필요가 있다. 그러나 아래에서는 지면을 절약하기 위하여 용례를 대폭적으로 생략할 것이다. 특히 두 음가나가 동음 관계일 때에, 동음 관계를 확인해 주는 용례만 남기고 나머지 잉여적인 용례를 대폭 생략한다.

4.2.2. N행, ナ行

N행의 표기에 사용된 『고사기』 음가나는 NA 음절의 '那', NI 음절의 '爾, 迩', NU 음절의 '奴', NE 음절의 '泥', NO 음절의 '能, 怒, 乃' 등이다.

(46) N행의 『고사기』 음가나

자음 \ 모음	A (ア)	I (イ)	U (ウ)	E (エ)	O (オ)
N (ナ)	那	爾 迩	奴	泥	能 怒 乃

4.2.2.1. NA 음절

NA 음절의 표기에는 '那' 하나만 사용되었다. '那'의 용례를 모아 보면 아래와 같다.

(47) 『고사기』의 '那' 용례

那{조사 な}(30, 37, …), 那流/那留/那牟{조동사 なる}(31, 62/ 2, 3, 8/ 5, 30), 那{접두사 な}(4, 5), 那{汝}(4, 6, …), 袁美那{女人}(44, 97), 那{名}(41, 86, …), 牟那{胸}(6), 加那{金}(82, 100), 美那{水}(101, 104), 布那{船}(87), 比那{鄙}(101), 那那{七}(17), 那都{夏}(86), 波那{花}(45, 59, …), 那志/那祁久{無し}(7, 25/ 11), 那賀{長}(5, 7, …),

那美{並み}(44), 那須{如す}(44, 91), 阿禮那牟{荒れなむ}(66), …

NA 음절의 표기에는 '那'만 사용되므로 '那'에 바로 /na/를 배당할 수 있지만, 한어 중고음을 확인해 둔다.

(48) '那'의 중고음과 그 수용

那[泥開1平歌]=/nɑ/^{L} 〉 ナ/na/

'那'는 한어 중고음에서 泥母字이고, 泥母/n/는 『고사기』 음가나에서 항상 /n/으로 수용된다. 『일본서기』 음가나에서는 泥母/n/가 /d/로 수용되는 일이 있으나, 『고사기』에서는 /n/으로만 수용된다.

(49) 『고사기』 음가나의 泥母/n/ 수용 양상

1. 能[泥開1平登]=/nəŋ/^{L} 〉 ノ^{乙}/nə/
2. 那[泥開1平歌]=/nɑ/^{L} 〉 ナ/na/
3. 泥[泥開4平齊]=/nei/^{L} 〉 ネ/ne/
   [泥開4去齊]=/nei/^{D}
4. 奴[泥中1平模]=/nu/^{L} 〉 ヌ/nu/
5. 怒[泥中1上模]=/no/^{R} 〉 ノ/no/
6. 乃[泥開1上咍]=/nəi/^{R} 〉 ノ^{乙}/nə/

(50) 泥母/n/의 대체 수용

한어 중고음의 泥母/n/는 『고사기』 음가나에서 항상 /n/으로 수용된다.

歌韻/ɑ/의 수용 양상은 이미 (16)에서 정리한 바 있다. 歌韻/ɑ/은 항상 /a/로 대체되어 수용되므로 『고사기』 음가나의 '那'는 /na/를 표음한다.

4.2.2.2. NI 음절

NI 음절의 표기에는 '爾'와 '迩'가 사용되었다. '迩'는 '邇'와 같은 자이다. 이들의 용례를 모아 보면 아래와 같다.

(51) 『고사기』의 '爾' 용례

－爾{조사 に}(1, 2, …), 久爾{國}(2, 3, …), 爾波{庭}(2, 3, …), 爾比{新}(101, 102), 阿夜爾[あやに](5, 101), …

(52) 『고사기』의 '迩' 용례

－迩{조사 に}(2, 3, …), 久迩/玖迩{國}(2, 3, …/ 54), 迩波{庭}(43), 迩比{新}(27), 阿夜迩[あやに](42), …

위의 용례에서 '爾'와 '迩'가 조사 'に'의 표기에 공통적으로 사용되고, '久爾=久迩/玖迩{國}, 爾=迩{土}, 爾波=迩波{庭}, 爾比=迩比{新}, 阿夜爾=阿夜迩[あやに]' 등이 동음 이표기 쌍이다. 따라서 '爾'와 '迩'는 동일 음가이다.

『고사기』 음가나에서 '爾'와 '迩'의 음가가 같은데, 한어 중고음에서도 음가가 일치한다.

(53) '爾'와 '迩'의 중고음과 그 수용

1. 爾[日開AB上支]=/nɪe/[R] 〉 ニ/ni/
2. 迩[日開AB上支]=/nɪe/[R] 〉 ニ/ni/

『고사기』 음가나 중에서 성모가 日母/n/인 것은 '爾'와 '迩'의 둘뿐이다. 일본의 오음에서는 이 日母/n/가 /n/으로 수용되므로, (51~52)는 『고사기』 음가나가 오음의 일종임을 말해 주는 결정적인 자료가 된다.

(54) 日母/n/의 대체 수용

한어 중고음의 日母/n/는 『고사기』 음가나에서 항상 /n/으로 수용된다.

'爾'와 '迩'는 支韻字이다. 支韻/je~ɪe/을 가지는 『고사기』 음가나를 모두 골라 보면 아래와 같다.

(55) 『고사기』 음가나의 支韻/je~ɪe/ 수용 양상

1. 岐[群開A平支]=/gje/^{L} 〉 キ/ki/
2. 伎[群開B上支]=/gɪe/^{R} 〉 キ/ki/
3. 斯[心開AB平支]=/sɪe/^{L} 〉 シ/si/
4. 爾[日開AB上支]=/nɪe/^{R} 〉 ニ/ni/
5. 迩[日開AB上支]=/nɪe/^{R} 〉 ニ/ni/
6. 知[知開AB平支]=/tɪe/^{L} 〉 チ/ti/
   [知開AB去支]=/tɪe/^{D}
7. 彌[明中A平支]=/mje/^{L} 〉 ミ/mi/
8. 宜[疑開B平支]=/ŋɪe/^{L} 〉 ゲ/ge/
9. 是[常開AB上支]=/ʑɪe/^{R} 〉 ゼ/ze/

위의 (55.1~7)에서 볼 수 있듯이 支韻/je~ɪe/은 대부분 /i/로 수용되고, (55.8)의 疑母/ŋ/ 또는 (55.9)의 常母/ʑ/ 뒤에서만 /e/로 수용된다.

(56) 支韻/je~ɪe/의 대체 수용

한어 중고음의 支韻/je~ɪe/은 『고사기』 음가나에서 대부분 /i/로 수용되고, 疑母/ŋ/나 常母/ʑ/ 뒤에서는 /e/로 수용된다.

(54)의 日母/n/ 대체 수용과 (56)의 支韻/je~ɪe/ 대체 수용을 참고하면 '爾'와 '迩'가 ニ/ni/로 수용된 것이 분명하다.

4.2.2.3. NU 음절

NU 음절의 표기에는 '奴'만 사용되었다. 그 용례는 아래와 같다.

(57) 『고사기』의 '奴' 용례

-奴{활용 ぬ}(2, 3, …), 岐奴{衣}(31, 101), 奴斯{主}(7), 奴延{鵼}(2, 3, 4), 奴那{蕚}(46), 奴岐/奴棄{脱き}(6/ 6), 奴須{盗}(24), 婆奴流{撥ぬる}(100), 奴弖由良久母{鐸響くも}(112), 都奴賀{角鹿}(44), 奴婆多麻能[ぬばたまの](5, 6)

'奴'의 한어 중고음은 아래와 같다.

(58) '奴'의 중고음과 그 수용

奴[泥中1平模]=/no/^{L} 〉 ヌ/nu/

泥母/n/는 /n/으로 수용되므로 문제될 것이 없지만, 중고음의 模韻/o/이 /u/로 수용된 것은 얼른 이해하기 어렵다. 模韻/o/은 『고사기』 음가나에서 /u/로 수용되는 것보다 /o/로 수용되는 것이 더 많기 때문이다.[38] 아래의 (59.1~3)에서는 /u/로 수용되지만 (59.4~10)에서는 /o/로 수용된다.

(59) 『고사기』 음가나의 模韻/o/ 수용 양상

1. 都[端中1平模]=/to/^{L} 〉 ツ/tu/
2. 布[幇中1去模]=/po/^{D} 〉 フ/pu/
3. 奴[泥中1平模]=/no/^{L} 〉 ヌ/nu/
4. 古[見中1上模]=/ko/^{R} 〉 コ/ko/

---

38 羅常培(1933)에서는 漢藏對音資料에서 模韻/o/이 순음자에서는 /u/로, 비순음자에서는 /o/로 전사된다고 했다. 그러나 『고사기』 음가나에서는 '都, 奴'가 비순음자인데도 '都, 奴'의 模韻/o/이 /u/로 수용되었다.

5. 怒[泥中1上模]=/no/^{R} 〉 ノ/no/

6. 蘇[心中1平模]=/so/^{L} 〉 ソ/so/

7. 路[來中1去模]=/ro/^{D} 〉 ロ/ro/

8. 故[見中1去模]=/ko/^{D} 〉 コ/ko/

9. 度[定中1去模]=/do/^{D} 〉 ド/do/

10. 胡[匣中1平模]=/ɦo/^{L} 〉 ゴ/go/

그런데 模韻/o/이 /u/로 수용되는 것과 /o/로 수용되는 것의 경계선을 긋기가 아주 어렵다. 대표적인 예가 '奴'와 '怒'이다. 이 둘은 성조만 서로 다른 성조 최소 대립 쌍인데, '奴'의 模韻/o/은 /u/로 수용되지만 '怒'의 模韻/o/은 /o/로 수용된다.[39] 이처럼 경계가 불분명하기 때문에 '都, 布, 奴'의 模韻은 /u/로 수용되고, 나머지는 /o/로 수용된다고 개별적으로 기술할 수밖에 없다.

(60) 模韻/o/의 대체 수용

한어 중고음의 模韻/o/은 『고사기』 음가나에서 대부분 /o/로 수용되지만, '都, 布, 奴'의 模韻/o/은 /u/로 수용된다.

4.2.2.4. NE 음절

NE 음절의 표기에는 '泥' 하나만 사용되었다. 그 용례는 아래와 같다.

(61) 『고사기』의 '泥' 용례

須久泥[宿禰](82), 牟泥{胸}(5, 7), 泥{音}(86), 夫泥{船}(54), 許泥{來ね}(16, 82), 登良

39 大野晋(1954)는 글꼴이 간단한 '奴'는 ヌ를 표기하고 글꼴이 복잡한 '努, 怒'는 ノ甲을 표기하는 용자법이 있다고 했다. 大野透(1962: 865~904)에서 이 학설을 비판하고 있지만, 논거로 든 자료가 가요 표기가 아니라 대부분 고문서에 나오는 표기이므로 우리는 大野透의 비판을 수용하지 않는다.

佐泥{取らさね}(70), 登加泥婆{解かねば}(2, 3), 斗波佐泥{問はさね}(86), 曾泥[そね](13), 迦泥弖[かねて](2), 許世泥[こせね](2, 3), …

위의 용례를 통하여 '泥'가 후대 일본어의 /ne/에 대응함을 알 수 있다. '泥'의 한어 중고음은 아래와 같다.

(62) '泥'의 중고음과 그 수용

泥[泥開4平齊]=/nei/^{L} 〉 ネ/ne/
　[泥開4去齊]=/nei/^{D}

'泥'의 성모인 泥母/n/는 /n/으로 수용되고(위의 (50) 참조), '泥'의 운모인 齊韻/ei/은 항상 /e/로 수용된다.

(63) 『고사기』 음가나의 齊韻/ei/ 수용 양상

1. 弖[端開4平齊]=/tei/^{L} 〉 テ/te/
　[知開B平脂]=/tɪi/^{L}
2. 泥[泥開4平齊]=/nei/^{L} 〉 ネ/ne/
　[泥開4去齊]=/nei/^{D}
3. 禮[來開4上齊]=/rei/^{R} 〉 レ/re/
4. 米[明中4上齊]=/mei/^{R} 〉 メ/me/
5. 閉/閇[幫中4去齊]=/pei/^{D} 〉 ヘ/pe/
6. 惠[匣合4去齊]=/ɦwei/^{D} 〉 ヱ/we/

(64) 齊韻/ei/의 대체 수용

한어 중고음의 齊韻/ei/는 『고사기』 음가나에서 항상 /e/로 수용된다. 다만, 齊韻 합구 /wei/는 /we/로 수용된다.

『일본서기』 음가나에서는 '泥'가 /de/를 표기할 때가 많다. 泥母/n/에 탈비음화가 적용되어 /d/가 된 것인데, 『고사기』 음가나에서는 그런 예가 보이지 않는다. 따라서 『고사기』 음가나는 일본 오음의 일종인 데에 비하여, 『일본서기』 음가나는 일본 한음의 일종이다.

4.2.2.5. NO 음절

NO 음절의 표기에는 '能, 乃, 怒'의 세 자가 사용되었다. 이들의 용례를 모아 보면 아래와 같다.

(65) 『고사기』의 '能' 용례

能{조사 の}(1, 2, …), 伊能知{命}(4, 33), 母能{物}(64, 77, …), 能知{後}(4, 81, …), 許許能{九}(28), 能須{如す}(49), 能煩理/能煩禮婆{上}(59, 60, …/ 59, 60, …), 能流/能良受{告}(79/ 79), 伊能碁布曾[伊能碁布曾](11)

(66) 『고사기』의 '乃' 용례

乃{조사 の}(82, 101)

(67) 『고사기』의 '怒' 용례

怒{野}(2, 3, …), 多怒斯/怒斯{樂}(56/ 42), 斯怒波米{偲はめ}(91), 多久豆怒{栲綱}(5, 7), 士怒波良{小竹原}(37)

위의 용례에서 '能'과 '乃'가 공통적으로 조사 'の'를 표기하므로 '能=乃'의 등식이 성립한다. 반면에 '怒'는 조사 'の'를 표기하지 않고, '怒'와 '能=乃'가 표기하는 단어가 서로 다르다. '怒'는 '能=乃'와 이음 관계이므로 이 둘은 서로 다른 음가이다. 이것을 한어 중고음으로 확인해 보자.

(68) '能, 乃, 怒'의 중고음과 그 수용

1. 能[泥開1平登]=/nəŋ/^{L} > ノ^{乙}/nə/
2. 乃[泥開1上咍]=/nəi/^{R} > ノ^{乙}/nə/
3. 怒[泥中1上模]=/no/^{R} > ノ/no/

'能, 乃, 怒'는 공통적으로 泥母字이므로 자음에서는 차이가 없다. 반면에 이들은 각각 登韻字, 咍韻字, 模韻字이므로 모음에서 차이가 날 수 있다.

'能'의 登韻/əŋ/은 『고사기』 음가나에서 운미 /-ŋ/이 삭제되어 /ə/로 수용된다. 아래의 예에서 登韻, 陽韻, 鍾韻의 운미 /-ŋ/이 항상 삭제되어 수용된다는 것을 확인할 수 있다. 따라서 『고사기』 음가나에서 '能'을 ノ^{乙}/nə/로 수용했음이 분명하다.

(69) 『고사기』 음가나의 운미 /-ŋ/ 수용 양상

1. 能[泥開1平登]=/nəŋ/^{L} > ノ^{乙}/nə/
2. 登[端開1平登]=/təŋ/^{L} > ト^{乙}/tə/
3. 曾[精開1平登]=/ʦəŋ/^{L} > ソ^{乙}/sə/
   [從開1平登]=/dzəŋ/^{L} > ゾ^{乙}/zə/
4. 等[端開1上登]=/təŋ/^{R} > ト^{乙}/tə/
5. 良[來開C平陽]=/rɪɑŋ/^{L} > ラ/ra/
6. 用[羊中C去鍾]=/jɪoŋ/^{D} > ヨ^{乙}/jə/

(70) 운미 /-ŋ/의 대체 수용

한어 중고음의 운미 /-ŋ/은 『고사기』 음가나에서 항상 삭제되어 수용된다.

'乃'는 咍韻字인데, 『고사기』 음가나 중에서 咍韻字는 '乃' 하나뿐이다. 전기 중고음의 咍韻은 /əi/인데, (68.2)에 제시한 것처럼 운미 /-i/가 삭제되어 /ə/로 수용된다. 이 운미 삭제를 확인하기 위하여 한어 중고음에서 /-i/ 운미를 가지는 것을 모두 모아 보았다. 한어 중고음에서 운미 /-i/를 가지는 운은 齊韻, 祭韻, 微韻, 灰韻, 咍韻, 佳韻 등이다.

(71) 『고사기』 음가나의 운미 /-i/ 수용 양상

1. 弖[端開4平齊]=/tei/^{L} 〉 テ/te/
2. 泥[泥開4平齊]=/nei/^{L} 〉 ネ/ne/
   [泥開4去齊]=/nei/^{D}
3. 禮[來開4上齊]=/rei/^{R} 〉 レ/re/
4. 米[明中4上齊]=/mei/^{R} 〉 メ/me/
5. 閉/閇[幫中4去齊]=/pei/^{D} 〉 ヘ/pe/
6. 惠[匣合4去齊]=/ɦwei/^{D} 〉 ヱ/we/
7. 勢[書開AB去祭]=/ɕɪɛi/^{D} 〉 セ/se/
8. 幣[並開A去祭]=/bɪɛi/^{D} 〉 ヘ/pe/
9. 世[書開AB去祭]=/ɕɪɛi/^{D} 〉 セ/se/
10. 藝[疑開A去祭]=/ŋjɛi/^{D} 〉 ギ/gi/[40]
11. 氣[溪開C去微]=/k^{h}ɪəi/^{D} 〉 ケ^{乙}/kə/
12. 微[微中C平微]=/mɪəi/^{L} 〉 ミ^{乙}/mə→mɨ/
13. 斐[敷中C上微]=/p^{h}ɪəi/^{R} 〉 ヒ^{乙}/pə/
14. 韋[云合C平微]=/ɦɥəi/^{L} 〉 ヰ^{乙}/wə/
15. 肥[奉中C平微]=/bɪəi/^{L} 〉 ビ^{乙}/bə→bɨ/
16. 倍[並中1上灰]=/bwəi/^{R} 〉 ベ/be/
   [並中1去灰]=/bwəi/^{D}
17. 乃[泥開1上咍]=/nəi/^{R} 〉 ノ^{乙}/nə/
18. 賣[明中2去佳]=/məi/^{D} 〉 メ/me/

40 이것이 예외적임은 아래의 KI 음절에서 다시 거론할 것이다.

위에서 확인할 수 있듯이, 『고사기』 음가나에서는 운미 /-i/를 항상 삭제하고 수용한다.

(72) 운미 /-i/의 대체 수용

한어 중고음의 운미 /-i/는 『고사기』 음가나에서 항상 삭제되어 수용된다.

위의 대체 수용에 따르면 '乃'가 ノ乙/nə/를 표기한 것이 분명하다. 위에서 '能'이 ノ乙/nə/임을 이미 논의했는데, '乃'가 '能'와 더불어 동시에 ノ乙/nə/를 표기한다. 따라서 '能=乃'의 등식이 한어 중고음의 수용 과정으로도 증명된다.

'怒'는 模韻字이다. 위의 (60)에서 模韻/o/의 수용 과정을 정리한 바 있는데, '怒'의 模韻/o/은 /o/로 수용된다. 따라서 『고사기』 음가나에서 '怒'는 /no/를 표기한다.

이 '怒'의 ノ/no/가 '能=乃'의 ノ乙/nə/와 음운론적으로 구별된다. 달리 말하면 '怒'는 갑류의 /no/이고 '能=乃'는 을류의 /nə/이다. 을류의 모음은 (69.1~4)와 (71.11~17)에서 볼 수 있듯이 거의 대부분 한어 중고음의 운복모음 /ə/에 대응한다.

이 대응 관계는 宋敏(1975)에서 이미 확인된 바 있다. 宋敏(1975)는 을류 모음이 한국 중세 한자음의 'ㅓ, ㅡ'에 대응한다는 것을 지적하면서 상대 일본어의 모음체계를 6모음체계라고 했다. 일본에서는 을류인 제6의 모음을 /ö/로 표기할 때가 많지만, 宋敏(1975)에서는 /ə/였을 가능성이 크다고 했다. 우리는 이 견해에 동의한다. 이승재(2018)에서 중설평순중모음 /ə/로 재구했던 전기 중고음의 운복모음이 거의 대부분 상대 일본어에서 /ə/로 수용되고, 이 /ə/가 을류 모음을 대표하기 때문이다. 일본에서는 イ乙, エ乙, オ乙의 세 가지 을류 모음이 음운론적으로 대립했다고 보는 8모음설이 정설이지만, 이들 을류 모음 상호 간의 음운 대립이 과연 성립했을지 의문이다. 이 점을 강조하여 우리는 모든 을류 모음에 일단 /ə/를 배당하는 방법 즉 6모음설에 따라 논의를 진행한다.

4.2.2.6. N행의 요약 정리

지금까지 N행의 NA, NI, NU, NE, NO 음절을 따로따로 나누어 논의했다. 거론된 것을 요약하여 정리하면 아래와 같다. N행에서는 /a, i, u, e, o, ə/의 6종 모음이 설정된다.

(73) N행『고사기』음가나의 음가 배당

자음 \ 모음	A (ア)	I (イ)	U (ウ)	E (エ)	O (オ)
N (ナ)	那/na/	爾=迩/ni/	奴/nu/	泥/ne/	能=乃/nə/, 怒/no/

여기에서 주목해야 할 것은 NO 음절에 ノ/no/와 ノ[乙]/nə/의 두 가지가 있다는 사실이다. ノ乙의 모음이 /ə, əĕ, ö/의[41] 셋 중에서 어느 것일지에 대해서는 학자마다 견해가 다르다. 우리는 전기 중고음과의 대응관계에 주목하여 이 셋 중에서 /ə/를 택한다.

한편, /nu/와 /no/가 음운론적으로 구별되었을지도 검토 대상이다. 이것을 확인하기 위하여 (57)의 '奴' 용례와 (67)의 '怒' 용례를 대비해 보았다. 그랬더니 '奴'와 '怒'가 동일 단어를 표기한 예가 보이지 않는다. 이것은 '奴'와 '怒'가 이음관계임을 뜻한다. 따라서 우리는 이 둘에 서로 다른 음가 /nu/와 /no/를 각각 배당한다.

이와 마찬가지로, '泥'의 용례를 '能=乃' 또는 '怒'의 용례와 대비해 보았다. 그랬더니 역시 동음 이표기 쌍을 찾을 수가 없다. 따라서 '泥'에 /ne/를 배당하고, '能=乃'에 /nə/를 배당하며, '怒'에 /no/를 배당하는 것이 정확하다.

41 /əĕ/에 대해서는 4.3.1에서 후술한다.

4.2.3. M행, マ行

M행의 표기에는 '麻, 摩, 美, 微, 彌, 牟, 米, 賣, 母, 毛'의 10자가 사용되었다. 이들을 음절별로 나누어 보면 아래와 같다. MU 음절의 표기에는 '牟'만 사용되었지만, 여타 음절의 표기에는 둘 이상의 음가나가 사용되었다.

(74) M행의 『고사기』 음가나

자음＼모음	A (ア)	I (イ)	U (ウ)	E (エ)	O (オ)
M (マ)	麻 摩	美 微 彌	牟	米 賣	母 毛

4.2.3.1. MA 음절

MA 음절의 표기에는 '麻'와 '摩'가 사용되었다. 이들의 용례를 모아 보면 아래와 같다. 아래의 세 단어에서 '麻=摩'의 등식이 성립하므로 '麻'와 '摩'는 동일 음가이다.

(75) 『고사기』의 '麻' 용례

都麻{妻}(1, 3, …), 麻久良{枕}(47), 斯麻/志麻{島}(2, 3, …/ 16, 44, …), …

(76) 『고사기』의 '摩' 용례

志摩{島}(55), 摩加牟{枕かむ}(17), 波斯豆摩{愛妻}(61), …

한어 중고음에서 '麻'와 '摩'는 둘 다 明母字이므로 자음이 동일하다. 반면에, 운모는 서로 달라서, '麻'는 麻韻字이고 '摩'는 戈韻字이다.

(77) '麻, 摩'의 중고음과 그 수용

1. 麻[明中2平麻]=/mɛ/^{L} 〉 マ/ma/

2. 摩[明中1平戈]=/mwɑ/^{L} 〉 マ/ma/

麻韻/ɛ/은 『고사기』 음가나에서 항상 /a/로 수용된다(위의 (39) 참조). 戈韻/wɑ/도 항상 /a/로 수용된다. 『고사기』 음가나 중에서 戈韻字를 모아 보면 아래와 같다.

(78) 『고사기』 음가나의 戈韻/wɑ/ 수용 양상

1. 波[幫中1平戈]=/pwɑ/^{L} 〉 ハ/pa/
2. 婆[並中1平戈]=/bwɑ/^{L} 〉 バ/ba/
3. 迦[見開C平戈]=/kɥɑ/^{L} 〉 カ/ka/
4. 和[匣合1平戈]=/ɦwɑ/^{L} 〉 ワ/wa/
   [匣合1去戈]=/ɦwɑ/^{D}
5. 摩[明中1平戈]=/mwɑ/^{L} 〉 マ/ma/

『고사기』 음가나에서는 戈韻이 순음이나 아후음의 뒤에 오므로, 상대 일본어의 음절구조에서 'Cw'의 C가 순음이나 아후음으로 한정된다. 그런데 'Cw'의 /w/가 자음 뒤에서 삭제되어 결국은 戈韻/wɑ/이 /a/로 수용되는 것이 원칙이다.

그러나 (78.4)의 '和'는 /wa/로 수용되는 것이 분명하므로, 'Cw'의 'C'가 없을 때에는 /w/가 그대로 유지된다고 기술해야 한다. 아래의 (130)에서 정리하겠지만, '和'의 성모인 匣母/ɦ/는 合口일 때에는 삭제되어 수용된다. 반면에 합구음 /w/는 앞에 자음이 없으면 삭제되지 않고 『고사기』 음가나에서 /w/로 수용된다. 이처럼 /w/로 수용된 것은 모두 /w/가 음절두음의 위치에 온다. 음절의 첫머리에 오는 /w/를 삭제하지 않는다는 것은 /w/가 CV 음절형의 C 자리에 온다는 것을 의미한다. 따라서 상대 일본어에서는 /w/를 자음의 일종으로 분류하는 것이 옳다.[42]

---

42 한국의 동부경남 방언도 이와 마찬가지이다.

(79) 戈韻/wɑ/의 대체 수용

한어 중고음의 戈韻/wɑ/은 『고사기』 음가나에서 /a/로 수용되는 것이 원칙이다. 다만, 합구음 /w/가 음절두음의 위치에 올 때에는 戈韻/wɑ/이 /wa/로 수용된다.

이에 따르면 한어 중고음을 수용할 때에도 '麻'와 '摩'는 동일하게 /ma/로 수용된다. 이것은 (75)와 (76)의 용례에서 '麻=摩'의 등식을 세운 것과 일치한다.

4.2.3.2. MI 음절

MI 음절의 표기에는 '美, 微, 瀰'의 세 자가 사용되었다. 이들의 용례를 모두 모아 보면 아래와 같다.

(80) 『고사기』의 '美' 용례

－美{활용 み}(44), 袁美那{女人}(44, 97), 夜美{病}(99), 岐美{君}(9, 26, …), 美古{王子}(110), 美{御}(6, 7, …), 美夜{宮}(60, 64, …), 加美{司}(41), 淤美{臣}(104, 108), 多久美{匠}(107), 加美{上}(91), 美許登/美許等{命}(2, 3, …/ 4, 6), 由美{弓}(53, 90), 都豆美{鼓}(42), 加賀美{鏡}(91), 多多美{疊}(21, 33, …), 美知{道}(44, 45, …), 美{三}(44, 45, …), 都美{摘み}(45), 美豆/美那{水}(46/ 101, 104), 宇美{海, 湖}(15, 38, …), 那美{波}(6), 美本{鳰}(44), 加美{椒}(14), 須美{隅}(106), 陀加美{高み}(80), 惠美{笑み}(5), 那美多具{涙ぐ}(64), 美陀禮{亂れ}(81), 加斯古美{畏み}(99), 美豆{瑞}(101), 袁遲那美{拙劣み}(107), 由良美{緩み}(108), 迦美{醸み}(42, 50, …), 古那美{前妻}(11), 阿布美{淡海}(40, 113), 志多陀美{細螺}(15), 美志麻{美島}(44), 美遲{美路}(44), 波那美{齒並み}(44), 余佐美{依網}(46), 美都美都斯[みつみつし](12, 13, …), 夜須美斯志[やすみしし](30, 98, …), 蘇良美都[そらみつ](73, 74, …), 伊久美[いくみ](92), 美豆久良斯[みづくらし](103)

(81) 『고사기』의 '微' 용례

微{身}(96), 迦微/加微{神, 雷}(2, 3, …/ 7, 95, …), 微{實}(11), 微流{廻る}(7), 都麻碁微{妻籠み}(1)

(82) 『고사기』의 '彌' 용례

岐彌{君}(67), 多多彌{疊}(87)

위의 용례에서 '岐美=岐彌{君}, 多多美=多多彌{疊}'의 동음 이표기 쌍을 찾을 수 있으므로, '美=彌'의 등식이 성립한다. 반면에 '微' 용례는 '美, 彌'의 용례와 일치하는 것이 하나도 없다.

이때에 '微'의 용례가 다섯 단어에 불과하여 우연히 '美, 彌'가 사용된 단어와 어긋난 것일 수도 있다. 용례 부족으로 인한 우연한 불일치인지, 그렇지 않고 체계적 불일치인지를 가리는 방법이 있다. 3장에서 이미 논의한 것처럼 『고사기』 음가나와 『만엽집』 음가나는 계통이 같으므로, '微'의 용례를 『만엽집』에서 추가하여 참고하는 방법이다.

(83) 『만엽집』 가요의 '微' 용례

微{身}(848)

『만엽집』에서는 음가나 '微'가 '身'을 표기하는 데에 딱 한 번 사용되었다. 이 용법은 (81)에도 예시한 것처럼 『고사기』 음가나의 용법과 일치한다. 『만엽집』에서 여타의 예가 더 추가되지 않으므로 (81)에 열거한 것이 '微'의 전체 용례라고 할 수 있다. 이처럼 『만엽집』 자료를 추가하더라도 '微'가 여전히 '美=彌'와 이음 관계이므로, 이 이음 관계는 체계적 현상이라고 할 수 있다.

'美, 彌'와 '微'의 한어 중고음과 『고사기』 음가나에서의 대체 수용은 아래와 같다.

(84) '美, 彌, 微'의 중고음과 그 수용

1. 美[明中B上脂]=/mɪi/^{R} 〉 ミ/mi/
2. 彌[明中A平支]=/mje/^{L} 〉 ミ/mi/
3. 微[微中C平微]=/mɪəi/^{L} 〉 ミ乙/mə→mɨ/[43]

'美, 彌'는 明母字인 데에 비하여 '微'는 微母字이다. 『고사기』 음가나 중에서 明母字와 微母字인 것을 모두 모아 그 수용 양상을 살펴본다. 明母字는 아래의 9자가 사용되었지만, 微母字는 (84.3)의 '微' 하나뿐이다. 여기에서 明母와 微母가 모두 /m/으로 수용된다는 사실을 알 수 있다.

(85) 『고사기』 음가나의 明母/m/ 수용 양상

1. 麻[明中2平麻]=/mɛ/^{L} 〉 マ/ma/
2. 美[明中B上脂]=/mɪi/^{R} 〉 ミ/mi/
3. 母[明中1上侯]=/məu/^{R} 〉 モ/mo/
4. 牟[明中C平尤]=/mɪəu/^{L} 〉 ム/mu/
5. 毛[明中1平豪]=/mɑu/^{L} 〉 モ乙/mə/
6. 米[明中4上齊]=/mei/^{R} 〉 メ/me/
7. 賣[明中2去佳]=/məi/^{D} 〉 メ/me/
8. 摩[明中1平戈]=/mwɑ/^{L} 〉 マ/ma/
9. 彌[明中A平支]=/mje/^{L} 〉 ミ/mi/

(86) 明母/m/와 微母/m/의 대체 수용

한어 중고음의 明母/m/와 微母/m/는 『고사기』 음가나에서 항상 /m/으로 수용된다.

43 아래의 (306)에서 제6의 모음 /ə/를 제7의 모음 /ɨ/로 수정할 예정이다.
한편, 1회 사용된 '味'도 이것과 음가가 같다고 본다.
味[微中C去微]=/mɪəi/^{D} 〉 ミ乙/mə→mɨ/, 佐味{さ身}(25)

'美, 彌, 微'의 운모는 각각 脂韻/ɪi/, 支韻/je/, 微韻/ɪəi/이다. 『고사기』 음가나에서 脂韻/ɪi/과 支韻/je/이 대부분 /i/로 수용된다(위의 (21)과 (56) 참조). 따라서 '美'도 /mi/로 추정되고 '彌'도 /mi/로 추정된다. 『고사기』 가요의 용례를 검토하여 세운 등식 '美=彌'과, 한어 중고음을 기반으로 삼아 기술한 음가가 서로 일치한다.

그런데 위에서 『고사기』 용례를 검토하여 '微'가 '美=彌'와 서로 다른 음가라고 했다. 우리는 '微'의 微韻/ɪəi/이 『고사기』 음가나에서 일단 /ə/로 수용된다고 본다. 자음 뒤의 운두개음 /j-, ɪ-/는 『고사기』 음가나에서 항상 삭제되고(위의 (19) 참조), 운미 /-i/도 항상 삭제되어 수용된다(위의 (72) 참조). 이에 따르면 微韻/ɪəi/이 『고사기』 음가나에서 /ə/로 대체되어 수용된다고 해야 마땅하다. 그런데 M행 전체를 종합하다 보면 '微'에 제6의 모음 /ə/보다 제7의 모음 /ɨ/를 배당하는 것이 합리적이다. 이것을 (84.3)에서 '微'가 ミ[乙]/mə→mɨ/로 수용된다고 기술했다.

결국, 『고사기』 음가나에서는 MI 음절에 두 가지가 있다는 결론이 나온다. '美=彌'는 갑류의 ミ/mi/이고, '微'는 을류의 ミ[乙]/mə→mɨ/이다.

기존의 일본 학자들도 '彌'를 갑류로 분류한다. 그리고 이에 대립하는 을류 음가나로 흔히 '未'를 든다(犬飼隆 2005a: 80). 그런데 '未'는 『고사기』 음가나로 사용된 적이 없고, 『일본서기』와 『만엽집』에서도 용례가 4회 정도에 불과하여 대표자에서 제외된다. 그런데도 '彌'를 갑류라 하고 '未'를 을류라고 한 것은 『고사기』·『일본서기』·『만엽집』에 나오는 음가나 전체를 한 덩어리로 뭉쳐서 분석한 결과일 가능성이 크다. 이처럼 모든 자료를 한 덩어리로 묶어서 분석하면 상대 일본어의 모음체계가 8모음체계가 될 수밖에 없다. 우리는 이러한 태도를 따르지 않고, 『고사기』·『일본서기』·『만엽집』 가요를 세 가지로 나누어 각 텍스트마다 모음체계가 서로 다르다고 본다.

4.2.3.3. MU 음절

MU 음절의 표기에는 '牟' 하나만 사용되었다. 그 용례를 제시하면 아래와 같다.

(87) 『고사기』의 '牟' 용례

-牟{활용 む}(2, 3, …), 牟泥/牟那{胸}(5, 7/ 6), 多陀牟岐{腕}(5, 7, 63), 加牟{神}(15, 41), 本牟{品}(49), 牟盧{室}(12), 牟良/牟禮{群}(6, 78/ 6), 阿牟{蜹}(98), 牟斯{苧}(7), 古牟良斯/加理古牟{生}(75/ 73, 74), 泥牟{寢む}(29, 77, …), 牟加閇{迎へ}(89), 牟迦比{對ひ}(44), …

'牟'의 한어 중고음은 明母/m/·尤韻/ɪəu/이다. 明母/m/는 『고사기』 음가나에서 /m/으로 수용되고(위의 (86) 참조), 尤韻/ɪəu/은 /u/로 수용된다.

(88) '牟'의 중고음과 그 수용

牟[明中C平尤]=/mɪəu/L 〉 ム/mu/

아래에 제시한 것처럼 尤韻/ɪəu/이 『고사기』 음가나에서 대부분 /u/로 수용되지만, '富'에서는 독특하게 /o/로 수용된다.

(89) 『고사기』 음가나의 尤韻/ɪəu/ 수용 양상

1. 久[見中C上尤]=/kɪəu/R 〉 ク/ku/
2. 流[來中C平尤]=/rɪəu/L 〉 ル/ru/
3. 牟[明中C平尤]=/mɪəu/L 〉 ム/mu/
4. 由[羊中C平尤]=/jɪəu/L 〉 ユ/ju/
5. 受[常中C上尤]=/ʑɪəu/R 〉 ズ/zu/
6. 玖[見中C上尤]=/kɪəu/R 〉 ク/ku/
7. 留[來中C平尤]=/rɪəu/L 〉 ル/ru/
8. 富[非中C去尤]=/pɪəu/L 〉 ホ/po/

(90) 尤韻/ɪəu/의 대체 수용

한어 중고음의 尤韻/ɪəu/은 『고사기』 음가나에서 /u/로 수용된다. 다만, '富'에서는 /o/로 수용된다.

한어 중고음의 /-u/ 운미는 여타의 운미와 달리 『고사기』 음가나에서 삭제되지 않는다. 운복모음보다도 /-u/ 운미가 힘이 강한 것처럼 느껴질 정도로, /-u/ 운미의 원순성이 항상 유지된다. 그리하여 (89)의 8자에서 尤韻/ɪəu/이 원순모음 /u/ 또는 /o/로 수용된다. 이것을 확인하기 위하여 『고사기』 음가나 중에서 /-u/ 운미자를 모두 골라 보았다. 尤韻/ɪəu/은 이미 (89)에 제시했으므로 중복을 피하여 侯韻/əu/을 가지는 것만 제시한다.[44]

(91) 『고사기』 음가나의 侯韻/əu/ 수용 양상

1. 母[明中1上侯]=/məu/^{R} 〉 モ/mo/
2. 斗[端中1上侯]=/təu/^{R} 〉 ト/to/
3. 漏[來中1去侯]=/rəu/^{D} 〉 ロ/ro/
4. 豆[定中1去侯]=/dəu/^{D} 〉 ヅ/du/

(89)의 尤韻/ɪəu/은 3등이라서 운두개음 /ɪ-/가 있지만, (91)의 侯韻/əu/은 1등이라서 개음이 없다. 尤韻과 侯韻은 이 개음 /ɪ-/의 유무에서만 차이가 나는데, 『고사기』 음가나에서 尤韻은 주로 /u/로 수용되고 侯韻은 주로 /o/로 수용된다.[45] 이처럼 侯韻이 원순모음 /u/ 또는 /o/로 수용되는 것은 운미 /-u/의 힘이 그만큼 강하다는 것을 뜻한다.

(92) 侯韻/əu/의 대체 수용

한어 중고음의 侯韻/əu/는 『고사기』 음가나에서 /o/로 수용된다. 다만, '豆'에서는 /u/로 수용된다.

---

44 豪韻/ɑu/도 운미 /-u/를 가지는데, 豪韻은 MO 음절에서 자세히 거론하기로 한다.
45 (88.8)의 '富'와 (90.4)의 '豆'는 예외적이다.

(90)과 (92)에 정리한 것처럼 尤韻/ɪəu/은 /u/로 수용하고 侯韻/əu/은 /o/로 수용하는 것이 원칙이다. 따라서 /u/로 수용하는 것은 대부분 전설평순활음 /ɪ-/가 있을 때이고, /o/로 수용하는 것은 이 운두개음이 없을 때라고 정리할 수 있다.

『고사기』 음가나에서 운두개음 /ɪ-/가 삭제되어 수용되기는 하지만, 후속하는 /əu/를 /u/로 수용할 것인지 /o/로 수용할 것인지를 삭제되기 이전의 개음 /ɪ-/가 결정한다. /ɪ-/가 있으면 중고음의 /əu/를 /u/로 수용하고, /ɪ-/가 없으면 /əu/를 /o/로 수용한다. 전설평순활음 /ɪ-/는 전설성과 더불어 고음성 즉 [+high] 자질도 갖고 있다. 따라서 侯韻/əu/이 주로 중모음 /o/로 수용되지만, 尤韻/ɪəu/이 주로 고모음 /u/로 수용되는 것은 /ɪ-/의 고음성 즉 [+high] 자질에 동화된 결과라고 할 수 있다. 이 동화가 일어난 다음에 개음 삭제 수용의 원칙에 따라 /ɪ-/가 삭제된다.

4.2.3.4. ME 음절

ME 음절의 표기에는 '米'와 '賣'가 사용되었다. 그 용례를 모두 모아 본다.

(93) 『고사기』의 '米' 용례

-良米{활용 らめ}(4, 7), 米{目, 芽}(13, 19, …), 阿米{天}(8, 29, …), 阿米{雨}(6, 82), 須受米{雀}(103), 由米[ゆめ](83, 87), 由加米{行かめ}(91), 那米弖{並めて}(16), 夜米{止め}(2, 3, 82), 伊波米{言はめ}(63, 66, 87), 曾米/斯米{染}(6), 都米婆{採めば}(56), 和須禮米夜{忘れめや}(57), 斯怒波米{偲はめ}(91), 阿米{胡鷰子}(19), 久米[久米](12, 13, 14), 夜都米佐須[やつめさす](25)

(94) 『고사기』의 '賣' 용례

賣{女}(2, 3, …), 遠登賣/袁登賣{嬢子}(2, 3/ 17, 20, …), 那加佐陀賣流[なかさだめる](90)

위의 용례에서 '米'와 '賣'가 공통되는 단어가 없다. 이에 따르면 '米'와 '賣'는 이음 관계이고, 둘의 음가는 서로 다르다.

그런데 이 이음 관계의 원인을 『고사기』에서 '賣'가 별로 사용되지 않았다는 데에서 찾을 수도 있다. 즉 '賣'의 용례가 많아지면, '賣'와 '米'의 동음 관계가 확인될지도 모른다. 따라서 『만엽집』 P군에 사용된 '賣'를 골라 '賣'의 용례를 추가해 보았다.

(95) 『만엽집』 P군의 '賣' 용례

志賣之/之賣師/之賣須{조동사 しめ-}(4094, 4360, …/ 4098/ 4361), 賣{婦}(4016, 4023), 越等賣/乎等賣{娘子}(865/ 3661, 3969, …), 比賣{姬}(868, 869, …), 須賣呂伎{天皇}(3688, 4006, …), 祢之賣刀良{寢しめとら}(3518), 安由賣{步め}(3441), 都賣流/都賣杼{摘}(4455/ 3444), 宇良賣斯企/宇良賣之久{恨めしき}(794/ 4496), 麻多賣{待ため}(3493), 那乎可家奈波賣{懸けなはめ}(3394), 賣之/賣須{見}(4098, 4360, …/ 4099, 4510), 之賣須奈/之賣良爾{示}(3736, 3765/ 3969), 須賣{統め}(3985, 4000, …), 敷布賣利{含めり}(4077), 安夜賣具左[あやめぐさ](4035), 布敷賣里之[ふふめりし](4435), 須賣良弊爾[すめらへに](4465)

'賣'가 사용된 『만엽집』 P군의 용례 중에서 '麻多賣{待ため}, 那乎可家奈波賣{懸けなはめ}'의 활용형 /-ame/가 (93)의 활용형 '-良米'의 /-ame/와 일치한다. 이처럼 『만엽집』의 '賣' 용례를 『고사기』의 '賣' 용례에 추가하여 (93)의 '米'와 대비하면 '賣'와 '米'가 동음 관계가 된다.

MI 음절에서는 『만엽집』 자료를 추가하더라도 여전히 '微'와 '美=彌'가 이음 관계였다. 이와는 달리, ME 음절에서는 『만엽집』 자료를 추가했더니 이음 관계였던 '米'와 '賣'가 동음 관계로 바뀐다. 이처럼 원래의 『고사기』 자료에서는 이음 관계이지만 『만엽집』 자료를 추가함으로써 동음 관계로 바뀌는 음가나를 우리는 '≒' 부호로 연결하기로 한다. 예컨대, '米'와 '賣'의 관계를 '米≒賣'로 표시한다.

(96) '米, 賣'의 중고음과 그 수용

1. 米[明中4上齊]=/mei/R 〉 メ/me/

2. 賣[明中2去佳]=/məi/D 〉 メ/me/

한어 중고음에서 '米'와 '賣'는 성모가 동일하므로, 그 음가 차이는 운모에서 구해야 한다. '米'의 齊韻/ei/은 /e/로 수용되는 것이 원칙이다(위의 (64) 참조). 『고사기』 음가나 중에서 佳韻字는 '賣' 하나뿐인데, '賣'의 佳韻/əi/에서도 운미 /-i/가 삭제되고 /ə/로 수용된다. 따라서 '米'는 갑류의 メ/me/이고, '賣'는 을류의 メ乙/mə/라고 할 수 있다.

그러나 『만엽집』 자료를 추가하면 '米'와 '賣'가 동음이다. 이 동음은 メ乙/mə/가 メ/me/에 합류한 것이라고 할 수 있다. 우리는 동음 이표기 자료를 항상 중시하므로 (96.2)처럼 '賣'가 갑류인 メ/me/로 수용되었다고 기술한다. 『고사기』 음가나 중에서 佳韻字는 '賣' 하나뿐이므로, 佳韻/əi/이 갑류인 /e/로 수용되었다고 기술해도 여타의 음가나에 영향을 미치지 않는다.

4.2.3.5. MO 음절

MO 음절의 표기에는 '母, 毛'가 사용되었다. 이들의 용례를 모으면 아래와 같다.

(97) 『고사기』의 '母' 용례

母{조사 も}(2, 3, …), 登母{조사 とも}(6, 12, …), 加母/迦母{조사 かも}(42, 93, …/ 44, 59, …), 用母{조사 よも}(16), -杼母{-ども}(17, 45, …), 登母/等母{伴, 共}(16/ 56), 母呂{諸}(62, 93, …), 許呂母{衣}(6), 母能{物}(64, 77, …), 許母/碁母{薦}(33, 81, …/ 77), 母登{本, 下}(6, 14, …), 母登{莖}(13), 許母理/碁母禮流{隱}(58, 90, …/ 32), 登母志{羨し}(96), 母知/母多受/母多勢良米{持}(12, 50, …/ 66/ 7), 意母布/意母閇杼/淤母比/母閇杼/淤母波受{思}(48, 90/ 29/ 53, 90/ 53/ 62), 母登富理/母登本斯

/母登富呂布{廻}(15/ 41, 110/ 15, 36), 斯叙母[しぞも](48), 迦母賀登[かもがと](44), 迦久母賀登[かくもがと](44), 麻志母[ましも](64)

(98) 『고사기』의 '毛' 용례

伊毛{妹}(6, 10, …), 岐毛{肝}(62), 久毛/玖毛{雲}(22, 23, …/ 57), 斯毛{下}(91, 101), 加毛{鴨}(10), 毛毛{百}(5, 7, …), 毛古迩{許に}(52), 毛由流{燃ゆる}(26, 78), 夜久毛{八雲}(1), 伊豆毛{出雲}(1, 25), 古和藝毛{子吾妹}(54), 毛毛志紀[ももしき](103), 麻毛良比[まもらひ](16), 本都毛理[ほつもり](45)

위의 용례에서 '母'와 '毛'가 동음 이표기 쌍인 단어가 없다. 따라서 '母'와 '毛'는 동음이 아니라 이음이다. 池上禎造(1932)와 有坂秀世(1933/55)에서 '母'와 '毛'가 구별되었음을 증명했고, 橋本進吉(1942)도 나라시대 이후에는 '母'와 '毛'의 구별이 없어졌지만 推古천황까지의 노래를 기록한 『고사기』 가요에서는 '母'와 '毛'가 구별되었다고 했다. 더욱이 '母'와 '毛'의 용례가 적지 않은 편이므로 이들의 이음 관계를 그대로 신뢰하기로 한다.

'母'는 侯韻字이고 '毛'는 豪韻字이다. 侯韻/əu/은 『고사기』 가요에서 /o/로 수용되는 것이 원칙이므로(위의 (92) 참조), '母'에 モ/mo/를 배당할 수 있다. 이와 동시에 '毛'에도 モ/mo/를 배당하면, '母'와 '毛'가 이음 관계가 아니라 동음 관계가 된다. 따라서 豪韻/ɑu/의 '毛'에는 モ/mo/ 대신에 モ乙/mə/를 배당한다. 이것은 '母'를 갑류로 보고, '毛'를 을류로 보는 방법이다.[46] 『고사기』 가요에 사용된 豪韻字는 '毛' 하나뿐이므로 바로 이처럼 결정한다.

(99) '母, 毛'의 중고음과 그 수용

1. 母[明中1上侯]=/məu/R 〉 モ/mo/

46 有坂秀世(1933/55: 399~400)는 편찬자인 太安萬侶의 발음에서 갑류의 '毛'와 을류의 '母'가 구별되었지만, 8세기 초엽에는 고령자의 언어에서만 MO 음절의 갑을 대립이 있다고 했다. 그러나 갑을 배당이 우리와 정반대라는 점에 유의하기를 바란다.

2. 毛[明中1平豪]=/mɑu/[L] 〉 モ[乙]/mə/

한어 중고음의 侯韻/əu/은 豪韻/ɑu/에 비하여 개구도가 크지 않다. 개구도가 클수록 원순성은 약해지고 개구도가 작아질수록 원순성은 강해진다. 따라서 侯韻/əu/이 원순모음 /o/로 수용되는 데에 비하여 豪韻/ɑu/이 평순모음 /ə/로 수용되는 차이를, 侯韻/əu/과 豪韻/ɑu/ 운복모음의 개구도 차이에서 구할 수 있다.

4.2.3.6. M행의 요약 정리

『고사기』 자료로 한정하여 위에서의 논의를 간단히 정리하면 아래와 같다. M행에서는 일단 /a, i, u, e, o, ə/의 6종 모음이 설정된다.

(100) M행 『고사기』 음가나의 음가 배당

자음 \ 모음	A (ア)	I (イ)	U (ウ)	E (エ)	O (オ)
M (マ)	麻=摩 /ma/	美=彌/mi/, 微/mə→mɨ/	牟/mu/	米≒賣 /me/	母/mo/, 毛/mə/

위와 같이 음가를 배당할 때에 우리는 새로운 문제를 만나게 된다. /mə/로 추정되는 음가나가 MI 음절의 微/mə→mɨ/와 MO 음절의 毛/mə/ 두 가지라는 문제점이다. 이 두 자가 동일 음가를 가지려면 동음 이표기 관계임을 증명할 수 있어야 한다.

그런데 『고사기』 자료로 한정하여 微/mə→mɨ/와 毛/mə/의 용례를 서로 대비해 보면 서로 일치하는 단어가 하나도 없다. 용례 부족에 원인이 있을지도 모르므로, 『만엽집』 가요에서 '微'와 '毛'의 용례를 추가해 보았다. 그랬더니 '微'와 '毛'가 역시 이음 관계이다. 따라서 이들에 공통적으로 /mə/를 배당해서는 안 되고 서로 다른 음가를 배당해야 한다.

여기에서 /mə/를 세분하여 ミ[乙]/mə→mɨ/와 モ[乙]/mə/의 둘로 나누는 방법이

제기된다. 이 둘이 동일한 음가라면 M행의 모음이 6종이 되지만, 서로 다른 음가라면 7종이 된다. 이 둘이 이음 관계이므로 『고사기』 음가나가 7모음체계였을 가능성이 제기된다. MI 음절의 微/mə→mɨ/에서 /mə/를 /mɨ/로 수정하면 '微'와 '毛'의 이음 관계를 충족한다. 이때에는 을류 모음이 /ə/와 /ɨ/의 두 가지이므로 『고사기』 음가나가 7모음체계가 된다. 이제 겨우 ø·N·M의 세 행만 분석했기 때문에 6모음체계일지 7모음체계일지 확정하지 않는다. 10행을 다 분석한 다음에 결론을 내리기로 한다.

4.2.4. R행, ラ行

R행의 표기에는 '良, 羅, 理, 流, 留, 禮, 呂, 漏, 路'의 9자가 사용되었다. 이들을 50음도에 맞추어 분류해 보면 아래와 같다.

(101) R행 『고사기』 음가나

모음 / 자음	A (ア)	I (イ)	U (ウ)	E (エ)	O (オ)
R (ラ)	良 羅	理	流 留	禮	呂 漏 路

4.2.4.1. RA 음절

RA 음절의 표기에는 '良'와 '羅'가 사용되었다. 이들의 용례를 모두 모아 보면 아래와 같다.

(102) 『고사기』의 '良' 용례

良比{조사 らひ}(2, 3, …), −良{복수접미사}(12, 13, …), −良米{활용 らめ}(4, 7), −良牟{활용 らむ}(4, 62), −良婆{활용 らば}(5, 78), −良世{활용 らせ}(7, 102, …), −良牟{らむ}(53, 95, …), −良布{활용 らふ}(44), −良須{활용 らす}(8, 54, 104), −良受{활용 らず}(11, 41, …), −良斯{활용 らし}(12, 45, …), 波良{腹}(62), 麻久良{枕}(47), 久良

{倉}(71, 72), 阿夫良{脂}(101), 牟良{群}(6, 78), 波良{原}(21, 37, …), 宇良{心}(111), 宇良{末}(101), 蘇良{空}(37), 阿良禮{霰}(81), 加良[から](49), 由良美{緩み}(108), 加良{枯}(76), 迦豆良{葛}(60), 賀美良{韮}(13), 伊良那{苛な}(53), 宇良{浦}(4), 宇豆良{鶉}(103), 斯良{白}(9), 阿可良{赤ら}(44, 45), 由良久母{響くも}(112), 阿良蘇{争}(48), 布良婆{觸らば}(101), 斯良{知ら}(25, 46, …), 登良佐泥/登良須母{取}(70/ 71, 104), 阿具良{呉床}(97, 98), 伊那賀良{稻幹}(36), 都豆良{黒葛}(25), 登許呂豆良{野老蔓}(36), 多古牟良{手腓}(98), 麻那婆志良{鶺鴒}(103), 那良[奈良](60), 由良[由良](76), 久治良[くぢら](11), 阿良多麻[あらたま](30), 宇麻良{うまら}(50), 阿多良[あたら](66), 蘇良美都[そらみつ](73, 74, …)

(103) 『고사기』의 '羅' 용례

都羅羅玖{連らく}(54)

위의 용례에서 '良'과 '羅'가 단어의 첫째 음절에 오지 않는다는 것을 확인할 수 있다. 만약에 R행 전체에서 /r/이 단어의 첫째 음절에 오지 않는다면 상대 일본어에도 고대 한국어와 마찬가지로 두음법칙이 있었다고 말할 수 있다.

현대 일본어에서는 /r/이 어두에 오기도 하는데 이들은 '連濁, 料理, ローマ, レンズ' 등 대부분 한어 또는 서양어 차용어이다. 따라서 상대의 고유 일본어에서는 /r/이 어두에 오는 것을 회피하는 제약이 있었다고 할 수 있다. 또한, 상대 일본어에서는 탁음이 어두에 오지 않는다는 제약도 있었다. 현대 일본어에서는 'だれ'{誰}, 'どこ'{何處} 등에서 탁음이 어두에 오지만, 이들은 후대에 언어 변화가 일어난 것들이다. 'だれ'는 원래 'たれ'였는데 'どれ' 등에 유추되어 변화한 것이고, 'どこ'는 'いづこ'에서 비롯된 'いどこ'의 'い'가 탈락한 것이다(橋本進吉 1950: 75). 따라서 상대 일본어에서는 /r/과 탁음이 어두에 오지 않는다는 두음법칙을 설정할 수 있다.

『고사기』 가요에서 '羅'가 표기하는 단어는 (103)의 '都羅羅玖'{連らく} 하나뿐이다. 용례가 부족하여 '良'과 '羅'의 관계를 정확히 기술할 수 없으므로, 『만엽집』

가요에서 '羅'의 용례를 추가한다.

(104) 『만엽집』의 '羅' 용례

可羅{唐}(804), 麻通羅{松浦}(873), 赤羅/朱羅{赤ら}(619, 3868/ 1999), 阿羅慈迦/阿羅祢婆{ある 동사 활용형}(800/ 804), 行羅二{ゆくらに}(3274), 湯羅{由良}(1670), 提羅周{照らす}(800), 吹羅之{吹くらし}(1231), 湯良羅爾{ゆららに}(3243), 相思羅霜{相思ふらしも}(3243), 麻周羅[ますら](804)

(102)와 (104)의 용례를 대비해 보면, '加良=可羅{唐}, 宇良=(麻通)羅{浦}), 阿可良=赤羅/朱羅{赤ら}, 由良=湯羅{由良}'가 동음 이표기 쌍이다. 여기에서 '良=羅'라는 등식이 성립하므로, '良'과 '羅'는 음가가 같다고 할 수 있다. 이것은 물론 『만엽집』 자료를 추가해서 얻은 결론이므로 정확하게는 '良≒羅'로 표시해야 한다.

'良'과 '羅'의 한어 중고음과 그 수용은 아래와 같다.

(105) '良, 羅'의 중고음과 그 수용

1. 良[來開C平陽]=/rɪɑŋ/^{L} 〉 ラ/ra/
2. 羅[來開1平歌]=/rɑ/^{L} 〉 ラ/ra/

위의 (19)에서 정리한 운두개음 /j-, ɪ-/의 삭제 수용과 (70)에서 정리한 운미 /-ŋ/의 삭제 수용을 고려하면, '良'의 /rɪɑŋ/^{L}을 『고사기』 음가나에서 /ra/로 수용하게 된다. 반면에 '羅'는 운복모음 /ɑ/만 /a/로 대체해도 『고사기』 음가나에서 바로 /ra/가 된다. 이처럼 '良'뿐만 아니라 '羅'의 한어 중고음도 /ra/로 수용되므로, 자연스럽게 '良'과 '羅'의 동음 관계를 예측할 수 있다.

그런데 위에서 논의한 것처럼 『고사기』 음가나만으로는 '良'과 '羅'의 동음 관계가 증명되지 않는다. 『만엽집』 자료를 추가할 때에만 이 관계가 증명되므로, '良'과 '羅'가 『고사기』 음가나에서 이음 이표기 관계인 것은 우연한 일이고 그 우연성의 원인은 '羅'의 용례 부족에서 찾을 수 있다.

4.2.4.2. RI 음절

RI 음절의 표기에는 '理'만 사용되었다. 그 용례를 모두 찾아보면 아래와 같다.

(106) 『고사기』의 '理' 용례

－理{활용 り}(2, 3, …), 比登理{獨}(67), 布多理{二人}(21), 加理{生}(73), 加多理/迦多理{言, 語}(2, 3, …/ 5), 斯理{後}(24, 47, …), 波理{張}(31, 90), 加理{刈}(81), 波久理{繰り}(46), 波理{榛}(99), 登理{鳥}(2, 3, …), 加理{雁}(74, 75), 伊久理{海石}(76), 疑理{霧}(6), 阿麻理{餘り}(76, 87), 士麻理{結り}(110), 許母理{隱}(58, 90, …), 宇波那理{後妻}(11), 迩比婆理{新治}(27), 幣具理{平群}(33, 92), 本陀理{秀樽}(104), 美都具理{三つ栗}(44, 45), 賣杼理{女鳥}(68), 和杼理{我鳥}(4), 那杼理{汝鳥}(4), 蘇迩杼理{鵄鳥}(6), 迩本杼理/美本杼理{鳰鳥}(40/ 44), 知登理/知杼理{千鳥}(39/ 19), 比婆理{雲雀}(70), 那賀理[ながり](5, 7), 本都毛理[ほつもり](45), 阿多理[あたり](78), 宇受須麻理[うずすまり](103), 須須許理[須須許理](51)

위의 예에서 '理'가 단어의 첫째 음절에는 오지 않는다는 것을 알 수 있다. 앞에서 이미 말한 것처럼 상대 일본어에서 /r/이 어두에 오지 않는다는 두음법칙의 적용 결과일 것이다.

'理'의 한어 중고음과 그 수용 과정을 보이면 아래와 같다.

(107) '理'의 중고음과 그 수용

理[來開C上之]=/rɪə/^{R} 〉 リ /ri/

'理'의 之韻/ɪə/은 설치음 뒤에서는 /i/로 수용되고 아후음 뒤에서는 /ə/ 즉 을류로 수용된다(위의 (44) 참조). 來母/r/는 설음의 일종이므로 그 뒤에 온 之韻/ɪə/은 /i/로 수용된다.

(102～104)의 '良, 羅'와 더불어 '理'의 성모도 來母/r/이다.

(108) 『고사기』 음가나의 來母/r/ 수용 양상

1. 理[來開C上之]=/rɪə/^{R} 〉リ/ri/
2. 良[來開C平陽]=/rɪɑŋ/^{L} 〉ラ/ra/
3. 流[來中C平尤]=/rɪəu/^{L} 〉ル/ru/
4. 禮[來開4上齊]=/rei/^{R} 〉レ/re/
5. 呂[來中C上魚]=/rɪo~rɪə/^{R} 〉ロ^{乙}/rə/
6. 漏[來中1去侯]=/rəu/^{D} 〉ロ/ro/
7. 路[來中1去模]=/ro/^{D} 〉ロ/ro/
8. 留[來中C平尤]=/rɪəu/^{L} 〉ル/ru/
9. 羅[來開1平歌]=/rɑ/^{L} 〉ラ/ra/

(109) 來母/r/의 대체 수용

한어 중고음의 來母/r/는 『고사기』 음가나에서 항상 /r/로 수용된다.

來母/r/가 /r/로 수용되는 것은 분명하지만, 來母字가 단어의 첫째 음절을 표기한 예가 없으므로 상대 일본어에 어두의 /r/을 회피하는 두음법칙이 있었다고 말할 수 있다.

4.2.4.3. RU 음절

RU 음절의 표기에는 '流, 留'의 두 자가 사용되었다. 이들의 용례를 모두 모아 보면 아래와 같다. 아래의 용례에서 '流'와 '留'가 단어의 첫째 음절을 표기하지 않는다. 따라서 RU 음절에서도 두음법칙을 확인할 수 있다.

(110) 『고사기』의 '流' 용례

-流{활용 る}(1, 5, …), 須麻流{統}(8), 久流{栗}(94), 比流{蒜}(45), 斯流{汁}(6), 加流{輕}(84, 85), 玖流本斯{狂ほし}(41), 比流{晝}(23), 多祁流{建}(25), 布流{振}(40), 宇流

波志{愛し}(48), 怒毘流{野蒜}(45), 宇流波斯[うるはし](32, 81), 都流岐[つるぎ](35)

(111) 『고사기』의 '留' 용례

-留{활용 る}(2, 3, 11)

위의 용례에서 '流'와 '留'가 동시에 활용형의 '-る'를 표기한다. '流'와 '留'가 동음 관계이므로, '流=留'의 등식이 성립한다.

(112) '流, 留'의 중고음과 그 수용

1. 流[來中C平尤]=/rɪəu/^{L} 〉 ル/ru/

2. 留[來中C平尤]=/rɪəu/^{L} 〉 ル/ru/

'流'와 '留'의 한어 중고음은 완전히 일치한다. 來母/r/은 『고사기』 음가나에서 /r/로 수용되고(위의 (109) 참조), 尤韻/ɪəu/은 /u/로 수용된다(위의 (90) 참조). 따라서 '流'와 '留'가 『고사기』 가요에서 공통적으로 ル/ru/를 표기한다.

4.2.4.4. RE 음절

RE 음절의 표기에는 '禮' 하나만 사용되었다. 그 용례는 아래와 같다. '禮'가 단어의 첫째 음절을 표기하는 예가 없으므로 RE 음절에서도 두음법칙이 확인된다.

(113) 『고사기』의 '禮' 용례

-禮婆{활용 れば}(2, 3, …), -禮杼{활용 れど}(9, 29), -禮士/禮志{활용 れじ}(10/14), -禮流{활용 れる}(32), -禮牟{활용 れむ}(110), -禮{활용 れ}(6, 42. …), 許禮{대명사 これ}(6), 和禮/阿禮{吾, 我}(14, 16, …/ 29, 74), 多禮{誰}(17, 98), 宇禮{心}(2, 3), 比禮{領巾}(103), 阿良禮{霰}(81), 阿禮{荒れ}(66), 和須禮{忘れ}(57), 布禮{觸れ}(76, 80), 阿波禮[あはれ](25, 90, …), 登富禮[とほれ](85, 88)

'禮'의 한어 중고음과 그 수용은 아래와 같다.

(114) '禮'의 중고음과 그 수용

禮[來開4上齊]=/rei/[R] 〉 レ/re/

來母/r/는 /r/로 수용되고, 齊韻 개구 /ei/는 『고사기』 음가나에서 항상 /e/로 수용된다(위의 (64) 참조). 따라서 '禮'는 レ/re/를 표기한 것이 확실하다.

4.2.4.5. RO 음절

RO 음절의 표기에는 '呂, 漏, 路'의 세 자가 사용되었다. 이들의 용례를 모두 들어 보면 아래와 같다. 이들 용례에서도 두음법칙이 확인된다.

(115) 『고사기』의 '呂' 용례

呂迦母/呂加母{조사 ろかも}(59, 68/ 96), 許許呂{心}(4, 46, …), 麻呂[まろ](50), 志呂/斯呂{代}(59, 63, …/ 60, 61), 許呂母{衣}(6), 宇斯呂{後}(44), 母呂{諸}(62, 93, …), 比呂理{廣り}(59, 102), 與呂志{宜し}(6), 淤呂須{織ろす}(68), 母登富呂布{廻ろふ}(15, 36), 波毘呂{葉廣}(59, 92, …), 袁陀弖呂{小楯ろ}(44), 登許呂豆良{野老蔓}(36), 淤能碁呂志摩{自凝島}(55), 麻本呂婆[まほろば](32), 許袁呂許袁呂爾[こをろこをろに](101)

(116) 『고사기』의 '漏' 용례

斯漏{白}(63, 98), 泥士漏{根白}(63), 迩具漏岐{丹黒き}(44), 袁牟漏[袁牟漏](98), 久漏邪夜能[くろざやの](54), 迦藝漏肥[かぎろひ](78)

(117) 『고사기』의 '路' 용례

斯路岐{白き}(5, 7), 久路岐{黒き}(6)

(116)과 (117)의 용례에서 '漏=路'의 등식이 성립하므로 '漏'와 '路'의 음가는 동일하다. 반면에, '漏=路'와 '呂'는 동일 단어를 표기하는 일이 없으므로 음가가 서로 다르다.

'呂, 漏, 路'의 한어 중고음과 그 수용을 정리하면 아래와 같다.

(118) '呂, 漏, 路'의 중고음과 그 수용

1. 呂[來中C上魚]=/rɪo～rɪə/^{R} 〉 ㅁᄅ/rə/
2. 漏[來中1去侯]=/rəu/^{D} 〉 ㅁ/ro/
3. 路[來中1去模]=/ro/^{D} 〉 ㅁ/ro/[47]

'呂'의 魚韻/ɪo～ɪə/은 『고사기』 음가나에서 항상 /ə/ 즉 을류로 수용된다(위의 (42) 참조). 반면에 '漏, 路'의 운모는 각각 侯韻과 模韻이다. 侯韻/əu/은 /o/로 수용되고(위의 (92) 참조), 模韻/o/은 대부분 /o/로 수용된다(위의 (60) 참조). 따라서 '呂'의 모음은 을류인 /ə/인 데에 반하여, '漏=路'의 모음은 갑류인 /o/라고 할 수 있다. 결론적으로 '呂'는 ㅁᄅ/rə/로 추정되고 '漏=路'는 ㅁ/ro/로 추정되는데, 한어 중고음을 기반으로 한 이 추정음이 (116～118)의 용례로 추정한 것과 정확히 일치한다.

4.2.4.6. R행의 요약 정리

지금까지 R행의 『고사기』 음가나를 대상으로 그 음가를 추정해 보았다. 위의 논의를 알기 쉽게 요약하면 아래와 같다. R행에서는 /a, i, u, e, o, ə/의 6종 모음이 설정된다. R행에서는 /r/이 어두에 오지 않는다는 두음법칙을 두루 확인할 수 있다.[48]

47 1회 사용된 '盧'도 이것과 음가가 같다고 본다.
盧[來中1平模]=/ro/^{L} 〉 ㅁ/ro/, 牟盧{室}(12)

48 그러나 '流行, 禮法' 등의 차용 한자어에서는 두음법칙이 적용되지 않는다. 한국에서는 이들에도 두음법칙이 적용되므로, 일본의 두음법칙과 차이가 난다.

(119) R行『고사기』 음가나의 음가 배당

모음 / 자음	A(ア)	I(イ)	U(ウ)	E(エ)	O(オ)
R(ラ)	良≒羅/ra/	理/ri/	流=留/ru/	禮/re/	呂/rə/, 漏=路/ro/

RA 음절의 '良'과 '羅'는 『고사기』 음가나로 한정하면 이음 관계이다. 그러나 '羅'의 용례가 하나뿐이므로 『만엽집』 가요의 '羅' 용례를 참고하면, '良'과 '羅'가 동음 관계로 바뀐다. RI 음절은 '理'로 표기되고 RE 음절은 '禮'로 표기되므로, '理'와 '禮'에 각각 /ri/와 /re/를 바로 배당할 수 있다. 한어 중고음의 수용 과정을 참고하더라도 이 /ri/와 /re/는 정확하다. RU 음절에서는 '流=留'의 등식이 성립하므로 '流=留'에 동일한 음가 /ru/를 배당할 수 있고, 이 음가 배당이 한어 중고음의 수용 과정과 정확히 일치한다. RO 음절의 '呂, 漏, 路'는 그 용례를 기준으로 하면 '呂'와 '漏=路'의 둘로 나뉜다. '呂'는 을류의 /rə/를 표기하고 '漏=路'는 갑류의 /ro/를 표기한다는 사실을 한어 중고음으로 정확히 기술할 수 있다.

RO 음절에서 을류의 呂/rə/와 갑류의 漏=路/ro/가 음운론적으로 대립하므로, R행에서도 N행과 마찬가지로 6종의 모음이 설정된다.

4.2.5. K행, カ行

『고사기』 음가나 중에서 K행 즉 カ行에 오는 것은 21자나 된다. 이 21자를 50음도에 맞추어 정리하면 아래와 같다. K·S·T·P의 네 행에서는 청음과 탁음의 구별이 있기 때문에 K행을 청음과 탁음의 둘로 나누어 배열한다.

(120) K행의 『고사기』 음가나

모음 / 자음	A(ア)	I(イ)	U(ウ)	E(エ)	O(オ)
K(カ)	加 迦	岐 紀 伎	久 玖 具	祁 氣	許 古 故 碁 其
	賀 何	藝 疑		宜	胡

4.2.5.1. KA 음절

K행에 오는 음가나 중에서 KA 음절로 분류되는 것은 '加, 迦, 賀, 何'의 4자이다. 먼저, '加'와 '迦'의 용례를 모두 제시해 둔다.

(121) 『고사기』의 '加' 용례[49]

KA: 加{종조사 か}(2, 3, …), 加母{계조사 かも}(42, 89, …), 加微/加牟/加微{神}(7/ 15, 41/ 95, 97), 那加{中}(76, 101), 加豆{葛}(43), 佐加{坂}(12), 加岐{垣}(7, 14, 32, 95, 108, …), 波士加美{椒}(14), 伊知佐加紀{柃}(11), 袁加{岡}(100), 多加/陀加{高}(11, 17, …/ 80, 102), 阿加{赤}(9), 那加{泣か}(6, 84), 邪加由流{榮ゆる}(92), 比加流{光る}(101, 102, …), 牟加布{向ふ}(62), 豆加比/都加比{使}(2, 3/ 86), 登加{解か}(2, 3), 久佐加辨{日下部}(92), 都加佐{高處}(102), 迦伎加泥弖[かきかねて](71)

GA: 和加{我が}(20), 登許余爾母加母{常世にもがも}(97)

(122) 『고사기』의 '迦' 용례

KA: 迦{종조사 か}(56, 66), 迦母{계조사 かも}(44, 59, …), 迦微{神}(2, 3, …), 那迦{中}(26, 44, …), 迦豆良{葛}(60), 佐迦/邪迦{坂}(79/ 78), 多迦{高}(8, 30, …), 阿迦{赤}(45), 佐迦延{榮え}(5), 比迦禮杼/比迦流{光}(9/ 30, 74), 那迦士{泣かじ}(6), 豆迦比{使}(4), 登迦受弖{解かずて}(3), 牟迦幣流{向へる}(31), 久佐迦{日下}(96), 迦伎加泥弖[かきかねて](71)

GA: 宇迦迦波久{窺はく}(24)

위의 KA 음절에 열거한 것은 모두 '加'와 '迦'의 동음 이표기 쌍이다. '加=迦'임이 확실하므로 이 두 음가나는 음가가 같다.

'賀'와 '何'의 용례는 아래와 같다.

49 주격 조사를 표기하는 '和加'{我が}(20)의 '加'는 탁음절을 표기했다는 점에서 예외적이다.

(123) 『고사기』의 '賀' 용례

KA: 賀美良{韮}(13), 由賀受{行かず}(37)

GA: 賀{조사 が}(2, 3, …), …

(124) 『고사기』의 '何' 용례

KA: 없음[50]

GA: 何{조사 が}(2, 3, …)

위의 용례에서 '賀'와 '何'가 공통적으로 조사 'が'의 표기에 사용되었다. 이것은 '賀'와 '何'가 동음 관계임을 뜻하므로 '賀=何'의 등식이 성립한다. 이 두 음가나가 표기한 것은 대부분 후대 일본어의 조사 'が'이므로, 바로 '賀'와 '何'에 /ga/를 배당하기로 한다.[51]

그런데 (121~122)의 '加, 迦'의 용례와 (123)의 '賀'의 용례를 대비해 보면 아래에 제시한 것처럼 동일 단어가 적지 않다. 이들을 고려하면 '賀'에도 '加=迦'와 마찬가지로 /ka/를 배당해야 한다는 논의가 성립한다.

(125) '加=迦'와 '賀'의 동일어 표기

1. 迦波{河} : 狹井賀波{狹井河}, 夜麻志呂賀波{山代河}, 波都勢能賀波{泊瀨の河}
2. 加那{金} : 美淤須比賀泥{御襲料}
3. 加岐{畫き} : 麻用賀岐{眉畫き}
4. 加岐{垣} : 夜幣賀岐{八重垣}
5. 加良{枯} : 登理韋賀良斯{鳥居枯らし}, 比登登理賀良斯{人取り枯らし}
6. 加多久{堅く} : 斯多賀多久{下堅く}, 夜賀多久{彌堅く}
7. 伊加久流, 迦久良婆{隱る} : 美夜麻賀久理弖{み山隱りて}

---

50 지면 절약을 위하여 아래에서는 용례가 없다는 정보도 생략한다.

51 '由賀受'{行かず}(37)에서는 '賀'가 /ka/에 대응하므로, 이곳의 '賀'는 예외이다.

그러나 '加, 迦'의 용례는 대부분 단일어이지만 '賀'의 용례는 대부분 복합어라는 점에 주목할 필요가 있다. 일본어의 복합어에서는 연탁(連濁) 현상이 있어서, 복합어의 후행 성분에 연탁 규칙이 적용되어 청음이 탁음으로 변한다. 널리 알려져 있듯이 이것을 정확하게 기술하는 것이 아주 어렵지만, 이해의 편의를 위해 간단히 규칙화하면 아래와 같다.

(126) 복합어의 연탁 규칙

C → [+voiced] / #__ ('#'는 복합어 경계)

이 연탁 현상을 활용하면 위의 (125)에서 '賀'로 표기된 것은 연탁 규칙이 적용된 이후의 음가라고 할 수 있다. 즉 '加=迦'에 청음의 /ka/를 배당하고 '賀'에 탁음의 /ga/를 배당해도 우리의 음가 배당 원칙에 어긋나지 않는다. 결론적으로, 우리는 '加=迦'에는 /ka/를 배당하고 '賀=何'에는 /ga/를 배당한다.

전기 중고음에서 '加'는 [見開2平麻]=/kɛ/^{L}이고, '迦'는 [見開C平戈]=/kɥɑ/^{L}이다. 이들의 성모인 見母/k/가 『고사기』 음가나에서 /k/로 수용되므로 이것은 규칙적 수용의 전형적인 예가 된다. 『고사기』 음가나 중에서 見母字인 것을 모두 골라 그 수용 양상을 정리해 보면 아래와 같다. 여기에서 확인할 수 있듯이, 한어 중고음의 見母/k/는 항상 /k/로 수용된다.

(127) 『고사기』 음가나의 見母/k/ 수용 양상

1. 加[見開2平麻]=/kɛ/^{L} 〉 カ/ka/
2. 久[見中C上尤]=/kɪəu/^{R} 〉 ク/ku/
3. 迦[見開C平戈]=/kɥɑ/^{L} 〉 カ/ka/
4. 古[見中1上模]=/ko/^{R} 〉 コ/ko/
5. 祁[見開B平脂]=/kri/^{L} 〉 ケ^{乙}/kə/～キ/ki/
6. 紀[見開C上之]=/kɪə/^{R} 〉 キ^{乙}/kə/
7. 玖[見開C上尤]=/kɪəu/^{R} 〉 ク/ku/

8. 故[見中1去模]=/ko/^{D} 〉 コ/ko/

(128) 見母/k/의 대체 수용

한어 중고음의 見母/k/는 『고사기』 음가나에서 항상 /k/로 수용된다.

다음으로, '賀=何'의 성모를 논의한다. 전기 중고음에서 '賀'는 [匣開1去歌]=/ɦɑ/^{D}이고 '何'는 [匣開1平歌]=/ɦɑ/^{L}인데, 이들의 匣母/ɦ/가 『고사기』 음가나에서 /g/로 수용된다. 『고사기』 음가나에서 匣母字를 모두 골라, 그 수용 양상을 정리해 보면 아래와 같다.

(129) 『고사기』 음가나의 匣母/ɦ/ 수용 양상

1. 賀[匣開1去歌]=/ɦɑ/^{D} 〉 ガ/ga/
2. 何[匣開1平歌]=/ɦɑ/^{L} 〉 ガ/ga/
3. 胡[匣中1平模]=/ɦo/^{L} 〉 ゴ/go/
4. 和[匣合1平戈]=/ɦwɑ/^{L} 〉 ワ/wa/
   [匣合1去戈]=/ɦwɑ/^{D}
5. 惠[匣合4去齊]=/ɦwei/^{D} 〉 ヱ/we/

匣母/ɦ/는 후속하는 운이 개구일 때는 /g/로 수용되고, 합구일 때에는 /w/의 앞에서 삭제된다. (129.3)의 模韻/o/은 개합이 중립이지만 합구음 /w/가 없는 음가이므로, 개구라고 해석할 수 있다.

(130) 匣母/ɦ/의 대체 수용

한어 중고음의 匣母/ɦ/는 『고사기』 음가나에서 개구 앞에서는 /g/로 수용되고, 합구음 /w/ 앞에서는 삭제되어 수용된다.

이제, 운모에 대한 논의로 넘어간다. '加'는 麻韻字인데, 麻韻/ɛ/은 항상 /a/로 수용된다(위의 (39) 참조). '迦'는 戈韻字이고 중고음의 戈韻은 /wɑ/이다. 그런데 '迦'는 [見開C平戈]에서 볼 수 있듯이 3등운자이므로, 운두개음 /w-/가 전설원순활음 /ɥ-/로 바뀌어 /kɥɑ/ᴸ가 된다. 그렇더라도 『고사기』 음가나에서 戈韻 3등 /ɥɑ/을 수용할 때에는 /a/로 수용하는 것이 원칙이다(위의 (79) 참조).

결론적으로, '加, 迦, 賀, 何'의 한어 중고음과 그 수용 양상은 아래와 같다.

(131) '加, 迦, 賀, 何'의 중고음과 그 수용

1. 加[見開2平麻]=/kɛ/ᴸ 〉 カ/ka/
2. 迦[見開C平戈]=/kɥɑ/ᴸ 〉 カ/ka/
3. 賀[匣開1去歌]=/ɦɑ/ᴰ 〉 ガ/ga/
4. 何[匣開1平歌]=/ɦɑ/ᴸ 〉 ガ/ga/

한어 중고음을 기준으로 하더라도 '加=迦'의[52] 등식과 '賀=何'의 등식이 성립하는데, 이 등식이 음가나의 용례를 기준으로 한 음가 구별과 정확히 일치한다.

4.2.5.2. KI 음절

KI 음절의 표기에는 '岐, 紀, 伎, 藝, 疑'의 5자가 사용되었다. 이 중에서 먼저 '岐, 伎, 紀'의 용례를 모두 모아 보면 아래와 같다.

(132) 『고사기』의 '岐' 용례

KI: 岐美/岐彌{君, 王}(9, 26, …/ 67, 108, …), 岐奴{衣}(101), 多陀牟岐{腕}(5, 7, …), 岐毛{肝}(62), 岐{酒}(7, 41, …), 宇岐{盞}(101), 須岐{鉏}(100), 登岐{時}(6, 86), 由岐{雪}(5, 7), 淤岐/意岐{沖}(6, 54/ 10), 佐岐{崎}(31, 55). 佐岐{埼}(7), 加岐{垣}(7, 14, …), 岐藝斯{雉}(2, 3), 佐邪岐{雀,鷦鷯 }(49, 70), 加岐{蛎}(86), 佐岐{先}

52 1회 사용된 '可'도 이것과 음가가 같다고 본다.
可[溪開1上歌]=/kʰɑ/ᴿ 〉 カ/ka/, 阿可良氣美{赤らけみ}(44)

(18), 阿遠岐{青き}(6), 久路岐{黒き}(6), 斯路岐{白き}(5, 7), 須須岐{薄}(6), 登母志岐呂{羨しきろ}(96), 淤岐/意岐{置}(35, 112, …/ 113), 麻岐斯{蒔きし}(6), 岐弖{來て}(5), 伊斯岐{い及き}(61), 由岐{行, 往}(16, 24, …), 淤知爾岐登{落ちにきと}(83), 布岐{吹き}(57), 曾岐{退き}(57), 奴岐{脱き}(6), 伊岐豆岐{息づき}(44), 本岐/菩岐{壽き}(41/ 41), 那岐{泣き}(80, 84), 斗岐{著き}(44), 麻岐{枕き}(2, 3, …), 夜岐{燒き}(76), 久夜斯岐{悔しき}(46), 岐禮牟{切れむ}(110), 岐加志弖/岐許/岐久/岐加受{聞}(2, 3/ 5, 47, …/ 73/ 74), 宇多岐{唸き}(99), 岐弖{除て}(7), 加岐{畫き}(44), 迦豆岐{潛き}(40), 都岐/都婆岐{春}(6/ 59, 102), 麻岐{纏き}(25, 101), 斯岐弖{敷きて}(21), 伊岐良{い伐ら}(53), 伊岐豆岐{い築き}(101), 和岐幣{吾家}(34), 夜幣賀岐{八重垣}(1), 阿岐豆{蜻蛉}(98), 和岐豆紀{脇机}(105), 岐奴岐{衣著}(31), 岐蘇那布{著具ふ}(98), 佐岐邪岐{埼埼}(7), 迩具漏岐{丹黒き}(44), 岐伊理{來入り}(12, 65), 麻用賀岐{眉畫き}(44), 岐布禮婆/岐閇{來經れば}(30/ 30), 岐備[吉備](56), 加岐[かき](7, 76), 都岐[つき](95), 曾陀多岐[そだたき](5), 多多岐麻那賀理[たたきまながり](5), 曾陀多岐[そだたき](7), 多多岐麻[たたきま](7), 志祁志岐[しけしき](21), 那豆岐[なづき](36), 多麻岐波流[たまきはる](73), 加岐都岐[かきつき](98)

GI: 都流岐[つるぎ](35)

(133) 『고사기』의 '伎' 용례

KI: 那伎奴{鳴}(2, 3), 迦豆伎{潛き}(44), 伎許志弖{聞こして}(2, 3), 迦伎加泥弖[かきかねて](71), 由由斯伎加母[ゆゆしきかも](93)

(134) 『고사기』의 '紀' 용례

KI: 紀{城}(11, 60, …), 都紀{月}(29, 30), 紀{木}(6, 24, …), 伊知佐加紀{柃}(11), 都紀{槻}(101), 和岐豆紀{脇机}(105), 許紀志斐惠泥[こきしひゑね](11), 許紀陀斐惠泥[こきだひゑね](11), 阿志比紀[あしひき](80), 毛毛志紀[ももしき](103)

위에서 먼저 '岐'와 '伎'의 동음 이표기 쌍을 찾아보면 那岐=那伎奴{泣, 鳴}, 迦豆岐=迦豆伎{潛き}, 岐許=伎許{聞}의 세 단어를 찾을 수 있다. 따라서 '岐=伎'의 등식이 성립한다. 그런데 이 '岐=伎'의 용례와 '紀'의 용례를 대비해 보면 일치하는 단어가 전혀 없다. 이것은 '岐=伎'와 '紀'의 음가가 서로 다름을 뜻한다.

다음으로, '藝'와 '疑'의 용례를 모두 모아 본다.

(135) 『고사기』 가요의 '藝' 용례

GI: 阿藝{吾}(40, 54, …), 志藝{鴫}(11), 岐藝斯{雉}(2, 3), 佐夜藝奴{騷ぎぬ}(22), 母登都流藝{本つるぎ}(49), 都那藝弖{繫ぎて}(13), 當藝麻[當藝麻](79), 波多多藝[はたたぎ](6), 都藝泥布[つぎねふ](59, 60, …), 迦藝漏肥[かぎろひ](78)

(136) 『고사기』 가요의 '疑' 용례

KI: 疑理{霧}(6)

GI: 須疑{過ぎ}(27, 60, …)

우선 '疑'의 용례가 둘뿐이라서 '疑'가 KI 음절을 표기한 것인지 GI 음절을 표기한 것인지 분명하지 않다. 따라서 『만엽집』 가요의 '疑' 용례를 추가해 보았더니 GI 음절을 표기한 것이 맞다.

(137) 『만엽집』 가요의 '疑' 용례

GI: 也疑/夜疑/楊疑/楊奈疑{柳}(817/ 825/ 3455, 3603/ 3491, 3492, …), 須疑{杉}(3363), 乎疑/波疑{荻}(3446/ 3656, 3677, …), 祢疑多麻比[ねぎたまひ](4331), 餘母疑{蓬}(4116), 須疑/周疑{過ぎ}(884, 885, …/ 886), 奈疑之/奈疑牟等{なぎ-}(4177/ 4185), 安佐疑理{朝霧}(4008, 4319), 由布疑里{夕霧}(3691)

그런데 『만엽집』 가요에서 '疑'의 용례를 추가하더라도 '藝'와 '疑'가 동일 단어를 표기한 예를 찾을 수 없다. 따라서 '藝'와 '疑'가 이음 관계임이 분명하다. 우리는 이 관계를 우연한 것이 아니라 체계적인 것으로 간주하여 '藝'와 '疑'의 음가가 서로 다르다고 본다.

중요한 것은 '藝'가 위의 '岐=伎'나 '紀'의 자리에 오는 일이 없고, '疑'도 마찬가지이다. 즉 연탁 규칙으로 이들의 상호 관계를 기술할 수 없다. 그렇다면 KI 음절에서는 '岐=伎, 紀, 藝, 疑'의 4종에 서로 다른 음가를 배당해야 한다. 아주 복잡한 것 같지만, 이들에 각각 /ki, kə, gi, gə/를 배당하면 모든 문제가 말끔히 해소된다. 이때에 /ki, gi/의 모음은 갑류이고 /kə, gə/의 모음은 을류이다.

우리는 선험적으로 '岐=伎, 紀, 藝, 疑'에 각각 /ki, kə, gi, gə/를 배당하면 된다고 했는데, 이것을 경험적으로 확인하는 방법이 있다. 이들 음가나의 한어 중고음을 참고하는 방법이다.

먼저, 전기 중고음에서 '岐'는 [群開A平支]=/gje/^{L}이고, '伎'는 [群開B上支]=/gɪe/^{R}이다. 둘 다 성모가 群母/g/인데, 『고사기』 음가나 중에서 群母字를 모두 모아 보면 아래와 같다.

(138) 『고사기』 음가나의 群母/g/ 수용 양상

1. 岐[群開A平支]=/gje/^{L} 〉 キ/ki/
2. 具[群中C去虞]=/gɥo/^{D} 〉 ク/ku/ → グ/gu/ (연탁)
3. 碁/棋[群開C平之]=/gɪə/^{L} 〉 コ乙/kə/ → ゴ乙/gə/ (연탁)
4. 伎[群開B上支]=/gɪe/^{R} 〉 キ/ki/
5. 其[群開C平之]=/gɪə/^{L} 〉 コ乙/kə/ → ゴ乙/gə/ (연탁)

群母/g/는 유성음이므로 『고사기』에서도 탁음 /g/로 수용되리라 예상할 수 있다. 그러나 이 예상과는 달리 『고사기』 가요에서는 群母/g/가 청음 /k/로 수용된다. 여기에는 예외가 없으므로 群母/g/를 /k/로 대체해서 수용했다고 말할 수밖에 없다.

(139) 群母/g/의 대체 수용

한어 중고음의 群母/g/는 『고사기』 음가나에서 항상 /k/로 수용된다.

흥미롭게도 見母/k/가 KI 음절을 표기하는 일이 없다. 따라서 KI 음절에서는 見母字 대신에 群母字를 선택하여 /k/를 표기했다는 논리가 성립한다. 이와 연동되어 탁음 /g/를 표기할 때에는 群母字를 사용하지 않고 疑母字를 사용했다. 『고사기』 음가나 중에서 성모가 疑母/ŋ/인 것을 모두 모아 보면 아래의 (140)과 같다. 疑母/ŋ/가 항상 /g/로 수용되므로, (141)과 같이 疑母/ŋ/의 대체 수용을 정리할 수 있다.

(140) 『고사기』 음가나의 疑母/ŋ/ 수용 양상

1. 藝[疑開A去祭]=/ŋjɛi/^{D} 〉 ギ/gi/
2. 宜[疑開B平支]=/ŋɪe/^{L} 〉 ゲ/ge/
3. 疑[疑開C平之]=/ŋɪə/^{L} 〉 ギ^{乙}/gə→gɨ/

(141) 疑母/ŋ/의 대체 수용

한어 중고음의 疑母/ŋ/는 『고사기』 음가나에서 항상 /g/로 수용된다.[53]

'岐'와 '伎'는 운모도 支韻으로 동일하다. 한어 중고음의 支韻/je~ɪe/은 『고사기』 음가나에서 대부분 /i/로 수용되는 것이 원칙이다(위의 (56) 참조). 이에 따르면 '岐'와 '伎'는 /ki/를 표기한 것이 분명하다.

반면에, '紀'는 중고음이 [見開C上之]=/kɪə/^{R}이므로 '紀'에는 바로 /kə/를 배당할 수 있다. 見母/k/는 /kə/의 /k/로, 之韻/ɪə/은 /kə/의 /ə/에 해당한다. 之韻/ɪə/

53 瀨間正之(2015: 71~73)가 주장한 것처럼 '藝'를 독특하게 ギ/gi/로 읽는 것은 그 기원이 고대 한국어에 있다(위의 각주 31 참조). 우리가 /g/라고 표기한 것이 음성학적으로는 [ŋg]였을 가능성도 있다(森博達 1991: 111). 그러나 우리는 음운론적 대립 관계를 중시하여 /g/라고 표기한다.

은 설치음 뒤에서는 /i/로 수용되고 아후음 뒤에서는 /ə/ 즉 을류로 수용되기 때문이다(위의 (44) 참조). '紀'의 見母/k/는 아후음의 일종이므로 '紀'에서는 之韻/ɪə/이 /ə/로 수용된다.

'紀'의 /ə/는 물론 イ乙이다. 반면에, 위의 (44)에서는 之韻/ɪə/이 /ə/로 수용된 것을 オ乙이라 했다. 따라서 イ乙의 /ə/와 オ乙의 /ə/가 정말로 동음 /ə/일지 의심할 수 있다. 그러나 한어 중고음을 기준으로 하면 イ乙의 /ə/와 オ乙의 /ə/는 동음이다. 한어 중고음에서는 둘 다 之韻에 속하기 때문이다.

다음으로, KI 음절의 '藝'에 음가를 배당해 본다. '藝'의 전기 중고음은 [疑開A去祭]=/ŋjɛi/^{D}이다.[54] 疑母/ŋ/는 /g/로 수용되고(위의 (141) 참조), 祭韻/ɪɛi/은 /e/로 수용된다(위의 (38) 참조). 이에 따르면 '藝'가 ゲ/ge/를 표음해야 하지만, 『고사기』 음가나에서는 독특하게도 '藝'가 GI 음절의 ギ/gi/를 표기한다. 이처럼 '藝'가 ギ/gi/를 표기하는 것은 예외적인 수용이라 하여 널리 알려져 있다.

마지막으로, '疑'의 음가를 정리한다. '疑'의 중고음은 [疑開C平之]=/ŋɪə/^{L}인데, 疑母/ŋ/는 /g/로 수용되고 之韻은 아후음 뒤에 오므로 /ə/로 수용되어 '疑'가 /gə→gɨ/를 표음한다. 이 /gə→gɨ/의 모음은 물론 을류이다.

(142) '岐, 伎, 紀, 疑, 藝'의 중고음과 그 수용

1. 岐[群開A平支]=/gje/^{L} 〉 キ/ki/
2. 伎[群開B上支]=/gɪe/^{R} 〉 キ/ki/
3. 紀[見開C上之]=/kɪə/^{R} 〉 キ^{乙}/kə/
4. 疑[疑開C平之]=/ŋɪə/^{L} 〉 ギ^{乙}/gə→gɨ/[55]
5. 藝[疑開A去祭]=/ŋjɛi/^{D} 〉 ギ/gi/

---

54 전기 중고음에서는 祭韻 3등 A와 3등 B의 중뉴대립이 없다(이승재 2018: 293). 그런데 상대 일본어에서는 독특하게도 '藝'의 祭韻이 3등 A인 것처럼 행동한다.

55 아래의 (306)에서 ギ^{乙}/gə/를 ギ^{乙}/gɨ/로 수정할 예정이다.

결국, '岐=伎'에는 キ/ki/를,[56] '紀'에는 キ乙/kə/를,[57] '疑'에는 ギ乙/gə→gɨ/를, '藝'에는 ギ/gi/를 배당할 수 있다. 위에서 우리는 용례 대비를 통하여 이 음가 배당을 예측했는데, 한어 중고음을 토대로 삼아 이것을 경험적으로 증명할 수 있다. 다만, '藝'의 祭韻/jɛi/을 /i/로 수용한 것은 예외적인 수용임을 다시 강조해 둔다.

4.2.5.3. KU 음절

KU 음절의 표기에는 '久, 玖, 具'의 세 자가 사용되었다. 이들의 용례를 모아 보면 아래와 같다.

(143) 『고사기』의 '久' 용례

KU: −久{활용 く}(2, 3, …), −久母{활용 くも}(2, 3, …), 久志{酒}(41), 久須{臼}(50), 久良{倉}(71, 72), 久爾/久迩/久{國}(2, 3, …/ 2, 3, …/ 90, 91), 久毛{雲}(1, 22, …), 久麻{熊}(33, 92), 久佐{草}(4, 6, …), 久流{栗}(94), 久比{杙}(91), 久路岐{黒き}(6), 由久{往, 行}(58, 69), …

(144) 『고사기』의 '玖' 용례

KU: −玖{활용 く}(54), 玖迩{國}(54), 玖毛{雲}(57), 玖麻{熊}(40), 由玖{往く}(58, 70), …

(145) 『고사기』의 '具' 용례

GU: 宇惠具佐{植ゑ草}(38), 迩具漏岐{丹黒き}(44), 美都具理{三つ栗}(44, 45), 韋具

---

56 1회 사용된 '棄'도 이것과 음가가 같았다고 본다.
棄[溪開A去脂]=/k^hji/^{D} 〉 キ/ki/, 奴棄{脱き}(6)

57 1회 사용된 '貴'도 이것과 음가가 같았다고 본다.
貴[見合C去微]=/kwəi/^{D} 〉 キ乙/kə/, 阿治志貴{阿治志貴}(8)

比{堰杙}(46), 許登那具志{事無酒}(51), 惠具志{笑酒}(51), …

(143~144)의 '久'와 '玖'의 용례에서 '－久=玖'{활용 －く}, '久爾/久迩/久=玖迩'{國}, '久毛=玖毛'{雲}, '久麻=玖麻'{熊}, '由久=由玖'{往く} 등이 동음 이표기 쌍이므로, '久=玖'의 등식이 성립한다. 따라서 '久'와 '玖'에는 동일한 음가를 배당한다.

반면에 (145)의 '具'는 '久=玖'의 탁음 짝임이 5쌍에서 확인된다. 단일어에서는 '久'가 사용되지만 복합어의 후행 성분에서는 '具'가 사용되므로, (126)의 연탁 규칙으로 '久'와 '具'의 관계를 기술할 수 있다.

'久'와 '玖'는 중고음에서 [見中C上尤]=/kɪəu/^{R}로 음가가 동일하다. 見母/k/는 『고사기』 음가나에서 /k/로 수용된다(위의 (128) 참조). '具'는 [群中C去虞]=/gɥo/^{D}이지만, 群母/g/도 항상 /k/로 수용된다(위의 (139) 참조). 그렇다면 '久=玖'와 '具'는 『고사기』 음가나에서 자음은 /k/로 같고, 모음이 서로 다르다고 해야 한다.

그러나 이것은 피상적인 관찰에 불과하다. 見母/k/와 群母/g/가 『고사기』 음가나에서 /k/로 수용된다는 것은 움직일 수 없는 사실이지만, '具'의 용례가 복합어의 후행 성분이라는 점에 주목할 필요가 있다. 즉 '具'의 群母/g/가 /k/로 수용된다 하더라도 여기에 다시 연탁 규칙이 적용되어 /g/가 된다. 따라서 '久=玖'와 '具'는 모음에서 서로 다른 것이 아니라 자음에서 이미 서로 다르다. 즉 '久=玖'의 자음은 /k/이고, '具'의 자음은 /g/이다.

이처럼 자음이 서로 다르다고 하면 '久=玖'와 '具'의 모음은 같아도 된다. '具'는 '久=玖'와 달리 虞韻字이지만, 한어 중고음의 虞韻/ɥo/은 『고사기』 음가나에서 항상 /u/로 대체되어 수용된다(위의 (26) 참조). 그런데 '久=玖'의 尤韻/ɪəu/도 또한 『고사기』 음가나에서 /u/로 수용된다(위의 (90) 참조).

(146) '久, 玖, 具'의 중고음과 그 수용

1. 久[見中C上尤]=/kɪəu/^{R} 〉 ク/ku/
2. 玖[見中C上尤]=/kɪəu/^{R} 〉 ク/ku/
3. 具[群中C去虞]=/gɥo/^{D} 〉 ク/ku/ → グ/gu/ (연탁)

지금까지의 논의를 위에 정리했다. 한어 중고음을 기준으로 하면 '久=玖'도 /ku/로 수용되고 '具'도 /ku/로 수용된다. 그런데 '具'는 연탁 규칙이 적용되는 복합어의 후행 성문만 표기하므로, '具'의 최종 음가는 /gu/라고 할 수 있다. 연탁 규칙의 적용 결과를 (146.3)에서는 '→'로 표시했다.

4.2.5.4. KE 음절

KE 음절의 표기에는 '祁, 氣, 宜'의 세 자가 사용되었다. 이들의 용례를 모두 모아 보면 아래와 같다.

(147) 『고사기』의 '祁' 용례

KE: 祁牟/祁理/祁禮/祁流/祁久/祁婆/祁杼{조동사 け-}(33, 42, …/ 9, 29, …/ 42, 107/ 46, 94/ 46, 53/ 63/ 72), 祁斯{衣}(6), 祁布{今日}(103), 迦祁{鷄}(2, 3), 那祁久{無けく}(11), 意富祁久{多けく}(11), 麻祁流{蒔ける}(56), 伊斯祁{い及け}(61), 波祁流{佩ける}(25), 祁勢流{著せる}(29, 30), 多祁流{建}(25), 佐祁流{黥ける}(19, 20), 志祁志岐[しけしき](21), 祁夜斯[けやし](34)

(148) 『고사기』의 '氣' 용례

KE: 氣流/氣美{조동사 け-}(101/ 44), 伊氣{池}(46), 多氣{嶽}(98), 和氣{別}(69, 70), 氣那賀久{け長く}(89), 迦氣流{翔る}(70), 由氣婆{行けば}(38), 比氣{引け}(6, 94), 須氣爾{助けに}(16), 波氣麻斯{佩けまし}(31), 佐氣{放}(55), 加氣{懸け}(91, 103), 夜氣牟{燒けむ}(110), 多氣知{高市}(102), 伊久美陀氣/多斯美陀氣{いくみ竹/たしみ竹}(92/ 92), 宇多多氣陀[うたたけだ](44)

(149) 『고사기』의 '宜' 용례

GE: 須宜{菅}(66, 67), 加宜{蔭}(82), 阿宜{上げ}(57), 爾宜{逃げ}(99)

(147～148)의 용례에서 '祁流=氣流{조동사 け-}'와 '波祁流=波氣麻斯{佩けまし}'의 등식이 성립한다. 동음 관계이므로 '祁'와 '氣'에 동일 음가를 배당해야 한다.

반면에, '宜'의 용례 중에는 '祁=氣'의 용례와 일치하는 것이 없다. 이것이 '宜'의 용례가 부족하여 일어난 우연적 불일치일지도 모르므로 『만엽집』 P군에서 '宜'의 용례를 추가해 본다.

(150) 『만엽집』의 '宜' 용례

GE: 可宜{影}(4220), 多比良宜弖{平らげて}(813), 斯宜志{繁し}(819), 安宜{上げ}(4129), 都宜都夜{告げつや}(4138), 那宜久/奈宜伎/奈宜吉思{嘆}(799/ 886/ 4135), 久之宜{櫛笥}(4220), 咩佐宜多麻波祢{召上げたまはね}(882), 麻宜伊保{曲廬}(892), 比宜[ひげ](892)

GI: 也奈宜/楊那宜/夜宜{柳}(826/ 840/ 3443), 奈宜{水葱}(3415, 3576), 須宜{過ぎ}(3388, 3423), 安左宜理{朝霧}(3665), 由布宜里{夕霧}(3570),

『만엽집』의 '宜' 용례 중에는 『고사기』의 '宜'와 일치하는 것이 있다. '阿宜{上げ}'가 두 자료에 공통되므로 『고사기』와 『만엽집』 P군이 음운론적으로 동일 계통임이 여기에서도 확인된다. 그런데 『만엽집』의 '宜' 용례를 추가하더라도 '宜'가 『고사기』의 '祁=氣'와 더불어 동일어를 표기하는 예가 없다. 이것은 '宜'가 체계적 요인에 의해 '祁=氣'와 음운론적으로 대립함을 뜻하므로, '宜'는 '祁=氣'와는 서로 다른 음가이다.

이제, 한어 중고음을 기준으로 '祁=氣'와 '宜'의 음가 수용 과정을 정리해 본다.

'祁'의 전기 중고음은 [見開B平脂]=/kɪi/^{L}이다. 見母/k/는 항상 /k/로 수용되고 (위의 (128) 참조), 脂韻/ji～ɪi/은 /i/로 대체되어 수용되는 것이 원칙이다(위의 (21) 참조). 이에 따르면 『고사기』 음가나에서 '祁'가 /ki/를 표음하는 것이 맞다. 그런데 脂韻字 중에서 유독 '祁'만 脂韻/ji～ɪi/을 /e/로 수용하여 ケ/ke/를 표기한다. 이 특수성의 원인이 어디에 있는지 아직 분명하지 않다.

그런데 KE 음절의 '祁' 용례와 KI 음절의 '岐' 용례를 대비해 보면, 놀랍게도 '祁'

와 '岐'가 동일어의 동일 음절을 표기할 때가 있다. 有坂秀世(1933/55: 422)는 '波斯祁(고사기 중), 波之吉(만엽집 권7)'{愛}의 동음 이표기 쌍을 든 바 있는데, 이곳의 '祁'와 '吉'은 출전이 서로 다르므로 진정한 의미의 동음 관계라고 하기가 어렵다. 그러나 아래에서는 '祁'와 '岐'가 출전이 공통적으로 『고사기』이므로 동음 관계라고 할 수 있다.

(151) KE 음절의 '祁'와 KI 음절의 '岐' 상호 간의 일치

1. 麻祁流{蒔ける}=麻岐斯{蒔きし}
2. 祁斯{衣}=岐奴{衣}=岐奴(岐){衣(著)}
3. 祁勢流{著せる}=岐蘇(那布){著(具ふ)}
4. 伊斯祁{い及け}(鳥山)=伊斯岐{い及き}(遇はむ)

(151.1)의 '麻祁流'와 '麻岐斯'는 '-る' 활용과 '-し' 활용의 차이가 있지만, 동일어임이 분명하다. (151.2~3)에서도 활용 부분은 차이가 나지만 어기(語基)에 해당하는 부분이 한쪽은 '祁'이고 한쪽은 '岐'이다. (151.4)에서는 활용 부분에서 한쪽은 '祁'이고 한쪽은 '岐'이므로 일치의 예에서 제외해야 할지도 모른다. 그렇더라도 (151.1~3)의 세 쌍에서 '祁'와 '岐'가 동음 관계이다. 이것을 고려하면 '祁'를 KE 음절에 넣지 않고 KI 음절에 넣어 '岐'와 동음이라고 해야 한다. 한어 중고음을 기준으로 할 때에 '祁'를 /ki/로 수용하는 것이 원칙인데, 이 /ki/가 (151)의 동음 이표기 자료로 증명된다고 할 수 있다.

그러나 (147)과 (148)의 용례에서 이미 '祁'와 '氣'가 동음 관계였다는 점을 상기할 필요가 있다. 이것을 고려하면 '祁'가 '氣'와도 동음이면서 동시에 '岐'와도 동음이라는 이중성을 보인다. 이 이중성을 어떻게 기술할 것인지가 '祁'의 음가를 결정할 때에 관건이 된다.

이럴 때에는 '氣'의 중고음 음가가 중요한 기준이 되는데, '氣'의 중고음은 [溪開C去微]=/k^hɪəi/^{D}이다. 『고사기』 음가나 107자 중에서 溪母/k^h/를 가지는 것은 '氣' 하나뿐이다. 현대 일본어와 마찬가지로 상대 일본어에도 유기음 계열이 없

었으므로 溪母/k^h/를 /k/로 대체하여 수용했다.

(152) 溪母/k^h/의 대체 수용

한어 중고음의 溪母/k^h/는 『고사기』 음가나에서 항상 /k/로 수용된다.

『고사기』 음가나에서는 한어 중고음의 微韻/ɪəi/을 아래에서 볼 수 있듯이 /ə/로 수용되는 것이 원칙이다. 다만, 微韻 합구 /ɥəi/는 /wə/로 수용된다. 이에 따르면 '氣'는 ケ乙/kə/를 표음한 것이 된다. 『고사기』 음가나에서 '氣'가 ケ乙/kə/를 표음했다는 것은 움직일 수 없는 사실이다.

(153) 『고사기』 음가나의 微韻/ɪəi/ 수용 양상

1. 氣[溪開C去微]=/k^hɪəi/^{D} 〉 ケ乙/kə/
2. 微[微中C平微]=/mɪəi/^{L} 〉 ミ乙/mə→mɨ/
3. 斐[敷中C上微]=/p^hɪəi/^{R} 〉 ヒ乙/pə/
4. 肥[奉中C平微]=/bɪəi/^{L} 〉 ビ乙/bə→bɨ/
5. 韋[云合C平微]=/ɦɥəi/^{L} 〉 ヰ乙/wə/

(154) 微韻/ɪəi/의 대체 수용

한어 중고음의 微韻/ɪəi/은 『고사기』 음가나에서 /ə/로 수용된다. 다만, 微韻 합구 /ɥəi/는 /wə/로 수용된다.

'氣'를 ケ乙/kə/로 고정하면 자동적으로 '祁'에도 ケ乙/kə/를 배당해야 한다. 그러면서도 '祁'가 KI 음절의 '岐' 즉 キ/ki/와도 동음 관계이므로 '祁'의 음가가 キ/ki/와 동일하거나 유사할 수도 있다. 그렇다면 '祁'는 『고사기』 음가나에서 /ki/와 /kə/ 사이에서 동요하는 음가였다고 할 수 있다. 즉 '祁'의 음가를 갑류와 을류로 동요하는 /ki~kə/라고 기술할 수 있다.

마지막으로, '宜'를 논의한다. '宜'의 전기 중고음은 [疑開B平支]=/ŋɪe/^{L}이다. 疑

母/ŋ/는 『고사기』 음가나에서 항상 /g/로 수용된다(위의 (141) 참조). 支韻/je～ɪe/은 대부분 /i/로 수용되지만 疑母/ŋ/ 뒤에서는 /e/로 수용된다(위의 (56) 참조). '宜'는 疑母字이므로 '宜'의 음가는 /ge/가 된다.

이제, KE 음절에 대한 논의를 종합해 보자. '祁'가 후대의 자료에서 ケ/ke/를 표기한 것으로 널리 알려져 있지만, 『고사기』 음가나에서는 '祁'가 ケ乙/kə/를 표기하면서 동시에 '岐'의 キ/ki/와도 동음 관계이다. 따라서 『고사기』 시기의 '祁'가 /ki～kə/의 이중적 음가를 가진다고 기술할 수밖에 없다. 이 /ki～kə/에 모종의 변화가 일어나 헤이안시대 이후에는 '祁'가 ケ/ke/를 표기하게 된다. 이러한 통시적 변화의 원인으로는 갑류와 을류의 합류를 들 수 있다. 이 합류 과정에서 キ/ki/의 갑류를 택하면서도 갑류 모음 /i/와 /e/ 중에서 하나를 택할 때에는 /ə/와 마찬가지로 중모음인 /e/를 택함으로써, '祁'가 ケ/ke/를 표기하게 되었다고 본다.

한편, 『고사기』 음가나의 '氣'는 ケ乙/kə/를 표기하고, '宜'는 ゲ/ge/를 표기한다. 위의 논의를 종합하여 정리하면 아래와 같다. 헤이안 초기의 음가는 '】'의 뒤에 두었다.

(155) '祁, 氣, 宜'의 중고음과 그 수용

1. 祁[見開B平脂]=/kɪi/^{L} 〉 ケ乙/kə/～キ/ki/ 】 ケ/ke/ (헤이안 초기)
2. 氣[溪開C去微]=/k^{h}ɪəi/^{D} 〉 ケ乙/kə/
3. 宜[疑開B平支]=/ŋɪe/^{L} 〉 ゲ/ge/[58]

4.2.5.5. KO 음절

KO 음절의 표기에는 '許, 古, 故, 碁, 其, 胡'의 6자가 사용되었다. 이 중에서 먼저 '古, 故, 胡'의 용례를 모아 본다.

---

58 1회 사용된 '牙'도 이것과 음가가 같았다고 본다. 다만, '牙'의 麻韻이 /e/로 수용된 것은 독특하다.
牙[疑開2平麻]=/ŋɛ/^{L} 〉 ゲ/ge/, 佐夜牙流{騷げる}(23)

(156) 『고사기』의 '古' 용례

KO: 古{子}(12, 13, …), 毛古迩{許に}(52), 古{小}(102), 加斯古美/加志古志{畏, 恐}(99, 101), 爾古{柔}(7), 古斐{戀ひ}(5), 美古{王子}(110), 古那美{前妻}(11), 比古泥{日子根}(8), 加理古牟{雁卵生}(73, 74), 古牟良斯{卵生らし}(75), 多古牟良{手腓}(98), 伊刀古夜[いとこや](6), 古波陀[古波陀](47, 48)

(157) 『고사기』의 '故' 용례

KO: 故志[高志](2, 3)

(158) 『고사기』의 '胡' 용례

KO: 宇良胡本斯{心戀し}(111)

GO: 志夜胡志夜[しやごしや](11)

(157)의 '故'는 『고사기』에서 지명 '高志'의 표기에 두 번 사용되었을 뿐이므로 '古'와의 관계를 논의하기 어렵다. 따라서 『만엽집』 P군에서 '故'의 용례를 추가해 보았더니, '故'가 KO 음절을 표기한 것이 분명해진다.

(159) 『만엽집』 P군의 '故' 용례

KO: 故{子}(813, 845, …), 比故/妣故{彥}(3657/ 3680), 夜都故{奴}(4082, 4132), 故呂{言}(3368), 美夜故/美也故/彌夜故{都}(876, 880, …/ 3612, 3613, …/ 3676, 4116), 波故{箱}(3370), 故{蘢}(3444), 牟故{浦}(3595), 可故{水手}(4331), 故{小}(3493), 可斯故斯/可之故美/可之故伎/加思故美{畏}(813/ 3644, 3673/ 3694, 4480/ 3730), 故飛/故非/故悲/故布/故敷{戀}(858, 862/ 3603, 3605, …/ 3620/ 3382, …/ 4078, 4116), 故保斯苦{戀しく}(875), 故要/故延/故之/故事/故酒/故由{越}(3523, 3734, …/ 3590, 3722/ 3730, 3969, …/ 4081/ 4295/ 4305), 伊故麻{生駒}(3589, 3590), 故奈[故奈](3478)

『고사기』의 '古' 용례와 『만엽집』 P군의 '故' 용례 중에서 古=故{子}, 古=故{小}, 加斯古美/加志古志=可之故美/加思故美/可斯故斯{畏}, 古斐=故飛/故非/故悲{戀}의 네 단어가 동일어이다. 여기에서 '古≒故'의 등식이 성립하므로, 『고사기』 가요의 '古'와 '故'에 동일 음가를 배당하기로 한다.

(158)의 '胡'도 용례가 둘뿐이다. 그런데 '宇良胡本斯'{心戀し}에서 '胡'가 복합어 경계의 바로 뒤에 오므로 '胡'는 (126)의 연탁 규칙이 적용된 결과라고 할 수 있다. 특히 '宇良胡本斯'{心戀し}의 '胡本斯'는 (156)의 '古斐'{戀ひ}와 동일어이다. 따라서 '古=故'는 자음이 청음이지만 '胡'는 탁음이고, 이 둘의 모음은 서로 같다.

다음으로, '許, 碁, 其'의 용례를 모아 본다.

(160) 『고사기』의 '許' 용례

KO: 許{대명사 こ}(2, 3, …), 許曾{계조사 こそ}(4, 7, …), 許登{事}(2, 3, …), 許登{言}(66, 87, …), 許呂母{衣}(6), 許{木, 樹}(16, 22, …), 許母{薦}(33, 81, …), 許母理{隱}(58, 90, …), …

(161) 『고사기』의 '碁' 용례

GO: 加多理碁登{語言}(4, 5, …), 夜麻碁母禮流{山隱れる}(32), 多都碁母{立薦}(77), 許登碁登[ことごと](10), …

(162) 『고사기』의 '其' 용례

GO: 加多理其登{語言}(2, 3)

우선, (162)의 '其'는 용례가 '加多理其登'{語言} 하나뿐이지만 이 예가 '碁'의 용례인 (161)의 '加多理碁登'{語言}과 일치하므로 '碁=其'의 등식을 세울 수 있다. 그런데 '許'와는 달리 '碁=其'는 단어의 첫머리에 오지 않는다. 실제로 '碁=其'는 항상 복합어 경계의 바로 뒤에만 오므로, (126)의 연탁 규칙이 적용되어 '碁=其'에 탁음화가 일어났다고 할 수 있다. 이 탁음화는 (160)의 단일어 '許登'{言}이 (161)

과 (162)의 복합어에서 각각 '碁登'과 '其登'으로 표기되었으므로 분명히 확인된다. 따라서 '許'의 자음은 청음이고 '碁=其'의 자음은 탁음이지만, 이들의 모음은 동일하다고 할 수 있다.

위의 용례 분석을 통하여 우리는 '古=故'와 '胡'는 자음이 각각 /k/와 /g/이지만 모음이 서로 같고, '許'와 '碁=其'도 이와 마찬가지 관계임을 알 수 있다. 그런데 '古=故, 胡'의 용례가 '許, 碁=其'의 용례와 동일한 것이 없다. 따라서 이 둘의 모음이 서로 달랐다고 보아야 한다.

이것을 한어 중고음으로 기술해 보자. '古=故'의 성모는 見母/k/인데, 見母/k/는 『고사기』 음가나에서 항상 /k/로 수용된다(위의 (128) 참조). '胡'의 성모는 匣母/ɦ/인데, 匣母/ɦ/는 개구 앞에서 /g/로 수용되므로(위의 (130) 참조) '胡'의 자음은 /g/로 수용된다. 따라서 용례 분석을 통한 우리의 예상과 중고음 수용 과정이 정확히 일치한다.

'許'의 성모는 曉母/h/이고 '碁=其'의 성모는 群母/g/이다. 群母/g/는 『고사기』 음가나에서 /k/로 수용된다(위의 (139) 참조). 반면에 『고사기』 음가나 107자 중에서 曉母/h/를 가지는 것은 '許' 하나뿐이라서 그 수용 양상을 논의하기 어렵다. 그러나 '許'의 曉母/h/가 청음 계열이면서 동시에 匣母/ɦ/의 무성음 짝이라는 사실을 고려하면, 曉母/h/가 『고사기』 음가나에서 /k/로 수용된다고 말할 수 있다. 匣母/ɦ/가 개구 앞에서는 /g/로 수용되기 때문이다.

(163) 曉母/h/의 대체 수용

한어 중고음의 曉母/h/는 『고사기』 음가나에서 /k/로 수용된다.

여기에서 『고사기』 음가나의 특징 하나를 정리해 둘 필요가 있다. 『고사기』 음가나에서는 아음과 후음의 구별이 없다는 점이다.[59] 후음에 속하는 匣母/ɦ/가 개구운 앞에서 아음인 /g/로 수용되고 역시 후음의 일종인 曉母/h/가 아음인 /k/로

59 이것은 『일본서기』 음가나에서도 마찬가지이다(森博達 1991). 우리의 논의에 따르면 『만엽집』 음가나도 마찬가지이다.

수용된다. 전기 중고음에서는 아음과 후음의 구별이 뚜렷하지만, 『고사기』 음가나에서는 이처럼 아음과 후음의 구별이 없다. 이것은 상대 일본어의 자음체계를 논의할 때에 반드시 거론해야 할 중요한 특징이다.

이제, 운모에 대한 논의로 넘어간다. '古=故'와 '胡'는 운모가 셋 다 模韻/o/이다. 模韻/o/은 대부분 /o/로 수용되므로(위의 (60) 참조), '古=故'는 /ko/를 표음하고 '胡'는 /go/를 표음한다.

한편, '許'와 '碁=其'의 운모는 각각 魚韻/ɪo~ɪə/과 之韻/ɪə/이다. 魚韻/ɪo~ɪə/은 『고사기』 음가나에서 /ə/ 즉 을류로 수용된다(위의 (42) 참조). 之韻/ɪə/은 설치음 뒤에서는 /i/로 수용되고 아후음 뒤에서는 /ə/ 즉 을류로 수용되는데(위의 (44) 참조), '碁=其'의 성모는 아후음의 일종인 群母/g/이므로 '碁=其'의 之韻/ɪə/은 /ə/로 수용된다. 따라서 '許'는 /kə/를 표음하고 '碁=其'는 /gə/를 표음한다.

(164) '古, 故, 胡, 許, 碁, 其'의 중고음과 그 수용

1. 古[見中1上模]=/ko/^{R} 〉 コ/ko/
2. 故[見中1去模]=/ko/^{D} 〉 コ/ko/
3. 胡[匣中1平模]=/ɦo/^{L} 〉 ゴ/go/
4. 許[曉中C上魚]=/hɪo~hɪə/^{R} 〉 コ乙/kə/
5. 碁/棋[群開C平之]=/gɪə/^{L} 〉 コ乙/kə/ → ゴ乙/gə/ (연탁)
6. 其[群開C平之]=/gɪə/^{L} 〉 コ乙/kə/ → ゴ乙/gə/ (연탁)

결론적으로, 『고사기』 음가나에서 '古=故'는 /ko/이고 '胡'는 /go/이며, '許'는 /kə/이고 '碁=其'는 /gə/이다. '古=故'와 '胡'의 모음은 갑류의 /o/이지만, '許'와 '碁=其'의 모음은 을류의 /ə/이다.

KO 음절의 표기에 '古' 계열의 '故, 固, 枯, 孤, 庫'와 '許' 계열의 '己, 去, 巨, 據, 居'가 엄격하게 구별되어 사용되었다는 것은 本居宣長의 제자인 石塚龍麿가 이미 논의한 바 있다. 橋本進吉(1942)는 이 두 학자의 연구를 재발견하여 '古' 계열을 갑류, '許' 계열을 을류라고 지칭했다.

4.2.5.6. K행의 요약 정리

K행에 오는 『고사기』 음가나는 무려 21자나 되는데, 이들의 음가는 아래와 같이 추정된다. K행에서 설정되는 모음은 /a, i, u, e, o, ə/의 6종이다. 아래의 표에서 '祁'가 KI 음절과 KE 음절의 두 곳에 들어가 있다는 점에 주의하기를 바란다.

(165) K행의 『고사기』 음가나의 음가 배당

모음 / 자음	A (ア)	I (イ)	U (ウ)	E (エ)	O (オ)
K (カ)	加=迦/ka/	岐=伎=祁/ki/, 紀/kə/	久=玖/ku/	祁=氣/kə/	古=故/ko/, 許/kə/
	賀=何/ga/	藝/gi/, 疑/gə→gɨ/	具/gu/	宜/ge/	胡/go/, 碁=其/gə/

위의 음가 추정표에서 아주 흥미로운 것이 하나 숨겨져 있다. KE 음절을 대표하는 것은 /ke/라고 할 수 있는데, 정작 /ke/를 표기하는 음가나가 없다는 사실이다. 헤이안 초기에 갑류와 을류의 모음이 합류하는 과정에서 /ke/를 표기하는 음가나 하나가 추가되는데 그것이 바로 '祁'이다. 나라시대에는 '祁'가 /ki/와 /kə/의 사이에서 동요하는 음가였지만, /ke/ 음절의 공백을 채우기 위해 '祁'가 선택되었다고 말할 수 있다.

그런데 이보다 훨씬 중요한 문제가 도사리고 있다. KI 음절의 紀/kə/, KE 음절의 祁=氣/kə/, KO 음절의 許/kə/가 한결같이 /kə/의 음가를 가진다고 한 점이다. '紀', '祁=氣', '許'의 3종이 동일 음가 /kə/를 가진다고 할 수 있을까? 이것을 부정하는 학자는 이 셋을 각각 キ乙, ケ乙, コ乙이라 지칭하면서 서로 음가가 달랐다고 기술한다. 이들은 /a, i, u, e, o/의 기본 5모음에 을류의 이 셋을 더하여, 상대 일본어의 모음체계가 8모음체계였다고 기술한다. 이 8모음설은 橋本進吉(1917/49), 有坂秀世(1933/55)에서 시작되는데 大野晋(1953), 犬飼隆(2005a:

77)까지도 이어지고 있다.

8모음설에서는 기본모음 /a, i, u, e, o/의 5모음에 キ乙, ケ乙, コ乙의 모음을 더하여 8모음이 된다. 이때에 キ乙, ケ乙, コ乙의 모음을 각각 /ï, ë, ö/로 표기할 수도 있고, 각각 /î, ê, ô/로 표기할 수도 있다. 또한 각각 /ü, ə, ö/로 표기할 수도 있고, /ɨ, ə, ɔ/로 표기할 수도 있다. 이처럼 음가를 어느 하나로 확정하여 고정하기가 어려우므로, 이 세 가지 모음을 을류 하나로 통칭하고 각각 イ乙, エ乙, オ乙이라 지칭하게 된다. 이 8모음설에서는 이 イ乙, エ乙, オ乙의 세 가지 모음이 음운론적으로 서로 대립했다고 본다는 점이 중요하다.

그러나 K행에서 キ乙, ケ乙, コ乙의 모음이 동일한 음가 /ə/였다는 견해도 성립한다. '紀'의 キ乙 모음은 한어 중고음의 之韻/ɪə/에, '氣'의 ケ乙 모음은 微韻/ɪəi/에, '許'의 コ乙 모음은 魚韻/ɪo~ɪə/에 각각 그 기반을 두고 있다. 전기 중고음에서 之韻·微韻·魚韻의 운복모음이 모두 /ə/이므로, 『고사기』 음가나에서 3종의 음가나 '紀, 氣, 許'가 공통적으로 /ə/ 모음을 가졌을 가능성이 가장 크다. 이에 따르면 『고사기』 음가나의 모음체계는 기본 5모음에 /ə/ 모음을 합하여 6모음체계가 된다.

'紀, 氣, 許'가 공통적으로 /ə/ 모음을 가진다는 것은 '紀, 氣, 許'의 용례에서도 확인할 수 있다. 『고사기』 음가나에서는 아래의 (166.1)에 제시한 것처럼, 상대 일본어의 '나무' 즉 '木, 樹'를 (134)의 '紀'뿐만 아니라 (160)의 '許'로도 표기했다. 이것은 '紀'와 '許'가 동음 관계임을 말해 주므로, '紀'와 '許'에는 동일 음가를 배당해야 한다. KI 음절의 '紀'와 KO 음절의 '許'는 둘 다 을류에 속하므로 /ə/ 모음을 배당하면 이 동음 관계를 말끔하게 기술할 수 있다. 이 예를 통하여 キ乙과 コ乙이 서로 다른 음가가 아니라, 사실은 동일한 음가임을 증명할 수 있다.

(166) '紀, 氣, 許'의 용례 일치

1. 紀{木, 樹} : 許{木, 樹}

2. 岐奴{衣} : 祁斯{衣} : 許呂母{衣}

3. 比氣登理{引け鳥}, 比氣多{引田}, 比氣伊那婆{引け往なば} : 比許豆良比{引こづ

らひ}

4. 麻岐斯{蒔}：麻祁流{蒔}

5. 夜岐{燒}：夜氣牟{燒}

(166.1)의 '紀'와 '許'는 동음 관계임이 분명하지만, (166.2)의 '岐奴'와 '許呂母'도 동음 관계라고 할 수 있을지는 의문이다. '岐奴/祁斯/許呂母'의 셋 다 '옷' 즉 '衣'의 뜻이지만, 첫째 음절뿐만 아니라 둘째 음절의 표기도 서로 다르기 때문이다. 달리 말하면 이들은 표기의 최소대립 쌍이 아니다. 이와 마찬가지로, (166.4~5)도 활용형에서 '岐 : 祁'가 대립하고 '岐 : 氣'가 대립하는데, 이들은 서로 다른 활용형일 가능성이 크므로 이들의 동음 관계를 신빙하기가 어렵다.

반면에, (166.3)의 '比氣伊那婆'{引け往なば}와 '比許豆良比'{引こづらひ}는 동일 동사 '끌다' 즉 '引'을 표기하므로 이들의 '氣'와 '許'는 동음 관계이다. '比許'의 바로 뒤에는 미지의 '豆良比'[づらひ]가 오는데,[60] '豆良比'는 '比氣'의 바로 뒤에 온 '往なば'처럼 동사일 가능성이 크다. 그렇다면 '比氣'와 '比許' 둘 다 연용형일 가능성이 크고, 이에 따라 이 둘이 동음 관계라고 할 수 있다. KE 음절의 '氣'와 KO 음절의 '許'가 동음 관계라는 사실을 기술할 때에는 '氣'와 '許'에 동일 모음 /ə/를 배당하면 된다. '氣'와 '許' 둘 다 을류에 속하기 때문에 이것이 가능하다. 따라서 ケ乙과 コ乙도 동일 음가 /kə/였다고 할 수 있다.

요컨대, (166.1)에서 キ乙과 コ乙이 동음 관계이고, (166.3)에서 ケ乙과 コ乙이 동음 관계이다. 有坂秀世(1933/55: 425~427)에서도 이런 종류의 예로 '紀, 氣'{木}, '備, 閇·倍'{傍}, '備, 辨'{邊}을 들고 있다. 橋本進吉 선생의 강의안에는 'ヒ, ヘ'{日}, 'キ, ケ'[祁], 'ギ, ゲ'[義]의 쌍도 있었다고 한다.

그런데 우리의 관찰에 따르면 『고사기』 음가나에서 이상하게도 KI 음절의 '紀'와 KE 음절의 '氣'가 동일어의 동일 음절을 표기하는 예가 없다. 둘 다 10단어 이상의 용례가 있으므로 용례가 적지 않지만, 혹시나 하여 『만엽집』 가요에서 '紀'

60 '豆良比'는 中田祝夫(編)(1983)의 『古語大辭典』에 나오지 않는다.

와 '氣'가 동일어를 표기한 것이 있는지 검토해 보았다. 그랬더니 '나무'를 '紀'{木}(800, 812, 1875)로도 표기하고 '氣'{木}(4342, 4375)로도 표기했다. 그런데 '氣'{木}의 예가 사키모리 노래인 4342, 4375번에만 나온다. 우리는 방언 자료를 논거에서 항상 제외하므로 '紀'와 '氣'가 동음 관계임을 말해 주는 예가 없다고 본다.

그렇더라도 '紀=許'와 '氣=許'의 두 가지 등식이 성립하므로 '許'를 매개로 삼아 '紀=許=氣'라는 등식을 세울 수 있고, 이 세 음가나에 동일 음가를 배당할 수 있다. 이들이 모두 을류이므로 우리는 제6의 모음 /ə/를 배당하여 이들의 음가를 /kə/라고 추정한다.

이때에는 상대 일본어의 모음체계가 6모음체계가 되는데, 이 6모음설을 주장하는 학자로 服部四郎(1959, 1976a, 1976b)와 宋敏(1975)가 있다. 위의 (35)에서 논의한 바 있듯이, 이들은 イ乙과 エ乙의 모음이 각각 갑류의 イ/i/와 エ/e/라고 보는 대신에, 갑류와 을류의 차이를 활음 또는 자음의 차이로 기술한다. 그러나 우리는 (166)의 동음 이표기 관계를 들어 キ乙, ケ乙, コ乙이 하나로 합류했다고 기술한다. 이 점에서 우리의 6모음설은 服部四郎와 宋敏의 6모음설과 질적으로 차이가 난다.

우리의 논의에 대한 반론도 존재한다. '나무'를 표기하는 '紀, 氣, 許'의 상호 관계를 모음교체로 기술하는 방법에서는 '*ko(許)+i 〉 ki(紀)'로 해석한다(森博達 1981, 松本克己 1995: 135). 이 모음교체설에 따르면, '許'는 단일 형태이지만 '紀' 또는 '氣'는 기원적 형태인 '許'에 /i/ 모음이 덧붙은 복합 형태이다. 이와 마찬가지로 '술'{酒}을 뜻하는 'sake乙'가 기원적으로는 '*saka+i'에서 비롯된 것이라고 기술한다. 일본어의 기원적 모음체계를 /*a, *i, *u, *ö/의 4모음체계로 보고, 새로이 /e/를 추가하는 과정에서 '*a+i 〉 e'라는 통시적 변화를 가정한다.[61]

이러한 모음교체는 'sake乙'처럼 2음절 이상일 때에는 잘 맞아떨어질지 몰라도,[62] 단음절 단어에도 모음교체를 적용할 수 있을지 의문이다. 'くる'{來} 동사는

61 이러한 모음교체설은 有坂秀世(1933/55: 425~426)로 거슬러 올라간다. 'a+i'는 エ乙로, 'i+a'는 エ甲이라 하여 구별한 바 있다.

62 ama-ame(雨), woto-woti(遠), maro-mari(鞠), kamu-kami(神) 등의 예가 있다. 이

현대어의 첫째 음절이 'き-, こ-, く-'의 세 가지인데, 『고사기』 음가나에서도 이들이 각각 '岐-, 許-, 久-'로 표기된다. 이들 キ甲, コ乙, ク甲의 상호 관계를 파생접미사의 유무로 기술할 수 없다는 것은 자명하다. 이 동사의 어간이 단음절인데, '나무'의 '許, 紀'도 마침 단음절 어간이다.

단음절 어간은 그 수가 극소수라서 모음교체를 확인하기 어렵다. 『類聚名義抄』(12세기)에 수록된 1음절 단어는 전체 음절의 0.1%에 불과하고, 나라시대의 언어를 반영하는 『時代別國語大辭典-上代編』의 1음절 단어는 전체 음절의 0.7%에 불과하다(吉田金彥 1976). 반면에 두 사전에서 공통적으로 3음절 단어가 가장 많아서 각각 48%와 38%에 이르고, 2~4음절 단어를 합산하면 각각 95%와 84%에 이른다. 따라서 2~4음절 단어로 모음교체를 확인할 수는 있어도 단음절 단어에서는 모음교체를 확인하기가 어렵다. 이에 따라 우리는 '나무'를 표기하는 '紀, 許'의 상호 관계를 모음교체로 기술하지 않는다.

또한 "*ko(許)+i 〉 ki(紀)'의 변화를 통시적으로는 가정할 수 있을지 몰라도, 공시적으로는 확인할 수 없다는 것도 문제점이다. 다섯째 모음 /e/의 생성 과정을 끌어들여 모든 을류 모음이 마치 새로 생성된 것처럼 기술하면 지나친 일반화의 오류에 빠지게 된다. 우리는 공시적 분석에 충실하므로 이러한 통시적 기술을 배제한다.

한국 한자음을 아는 이라면 상대 일본어에 을류 모음이 적어도 하나는 있었다는 것을 금방 알아차린다. 대표적인 예가 宋敏(1975)이다. 우리는 宋敏(1975)의 논의를 활용하여 동음 관계인 '許, 紀'{木}가 /kə/를 표음한다고 본다. 표기법이 1음절1자체(字體)로 정착하지 않은 상태에서는 /kə/를 '許'와 '紀'처럼 두 가지로 표기할 수 있기 때문이다. 이와 같은 다양한 표기를 松本克己(1995: 145)는 "외래적 표기에 반영된 동일 음소의 변이음 현상"이라고 불렀다. 또한 '許, 紀'의 전

들 교체에 통합되는 /i/ 모음은 지시나 강조의 의미를 가진다고 한다(松本克己 1995: 111). 大野晋(1976)에서는 1음절 어간 'ト フ'{問ふ}와 'ト ル'{取る}를 동일 어원으로 보았는데, 이곳의 'ト'는 갑을 양용이라 했다. 그러고 보면 모음교체로 설명할 수 있는 1음절 단어가 많지 않다.

기 중고음을 고려하더라도 동일한 결론이 나온다. 이들의 운모는 각각 魚韻/ɪo ~ɪə/, 之韻/ɪə/인데 이들이 『고사기』 음가나에서 규칙적으로 /ə/로 수용되기 때문이다.

8모음설에서는 キ甲과 キ乙의 음운대립, ケ甲과 ケ乙의 음운대립, コ甲과 コ乙의 음운대립을 강조한다. 그러면서도 을류 모음인 キ乙, ケ乙, コ乙이 서로 음운론적으로 대립하는지에 대해서는 관심을 기울이지 않는다. 이 세 가지 을류 모음이 /ə/ 하나로 합류했다고 하더라도, 이 /ə/가 キ甲/ki/, ケ甲/ke/, コ甲/ko/의 세 가지 갑류 모음과 얼마든지 음운론적으로 대립할 수 있다. 이것을 아래에서 자세히 논의하기로 한다.

(167) 8모음설의 음운대립 관계

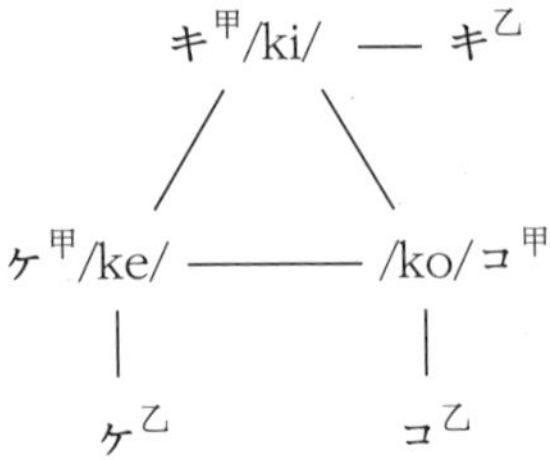

8모음설에서는 갑류 모음인 キ甲/ki/, ケ甲/ke/, コ甲/ko/의 세 가지가 음운론적으로 서로 대립하는 것으로 보아 이것을 일단 (167)의 삼각 대립관계로 그린다. 그런 다음에 이 세 가지 갑류 모음에 각각 하나씩의 을류 모음 キ乙, ケ乙, コ乙이 음운론적으로 대립한다고 기술한다.

반면에 우리의 6모음설에서는 을류 모음이 /ə/ 하나이므로, 을류 모음 /ə/와 갑류 모음 /i, e, o/의 음운론적 대립 관계를 아래와 같이 그린다. 갑류인 キ甲/ki/, ケ甲/ke/, コ甲/ko/의 상호 간에도 직선을 그어야 하지만 아래에서는 편의상 이 직선을 생략했다.

(168) 6모음설의 음운대립 관계

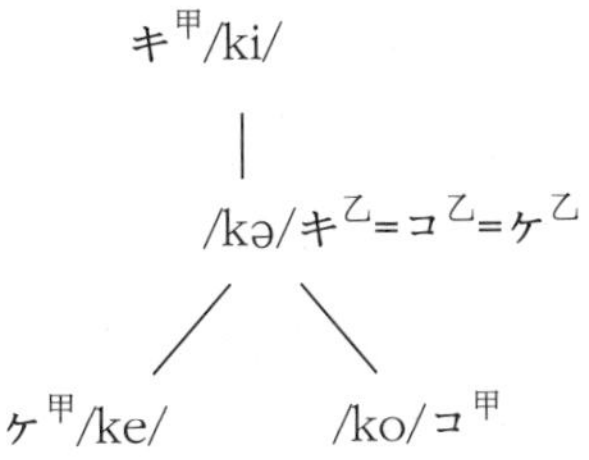

만약에 キ乙=ケ乙=コ乙의 등식이 성립한다면 위와 같이 음운대립 관계를 그리는 것이 가장 합리적이고, 이때에는 모음체계에 6종의 모음만 설정하는 것이 가장 정확하다. 이러한 6모음체계설을 주장할 때에는 과연 キ乙=ケ乙=コ乙의 등식이 정말로 성립하는가 하는 문제가 제기되는데, 우리는 (166.1)과 (166.3)의 동음 이표기 쌍을 활용하여 이 등식을 충분히 증명할 수 있다고 본다. 후술하겠지만 이 증명 방법은 『일본서기』와 『만엽집』 음가나에도 일률적으로 적용한다.

(168)의 모음체계는 /a, i, u, e, o/의 기본모음에 /ə/가 추가된 6모음체계이다. 이 견해에서는 キ乙과 コ乙이 동음 관계이고, ケ乙과 コ乙이 동음 관계임을 강조한다. 이 6모음설은 한자음의 수용에서도 아주 합리적인 학설이다. 전기 중고음에서 운복모음이 /ə/인 운모가 『고사기』 음가나에서 대부분 을류 모음 /ə/ 하나로 수용되기 때문이다.

우리는 한어 중고음의 상황을 중시하므로 이 6모음설을 지지하지만 한 가지 해결되지 않는 문제가 있다. (165)의 음가 배당표에서 GI 음절의 疑/gə→gɨ/와 GO 음절의 碁=其/gə/가 동일 음가이므로, '疑'의 용례와 '碁=其'의 용례 중에서 동일어를 제시할 수 있어야 한다. 그런데 (136~137)의 '疑' 용례와 (161~162)의 '碁=其' 용례 중에서 동음 이표기 쌍을 찾을 수 없다.

혹시 용례 부족에서 비롯된 우연한 불일치인지를 확인하기 위하여 『만엽집』에서 '其'와 '碁/棋'의 용례를 추가해 보았다. 『만엽집』의 '疑' 용례는 위의 (137)에서 이미 추가한 바 있다.

(169) 『만엽집』의 '其' 용례

其{대명사 そ}(3742, 4014, …), 其呂毛/其呂母{衣}(3394/ 3625, 3666, …), 其問理{隱り}(3665, 3782), 其等/其等久/其登久{ごと, 如}(797, 800, …), 其禮留{濁れる}(3544), 加其佐倍{影さへ}(4322), 其比{拭ひ}(4398), 餘其騰{吉事}(4516), 刀其己呂{利心}(4479), 和其大王{我ご大君}(4360), 伊倍其登{家言}(4353), 比登其等/比登其等{人言}(3446, 3464/ 3556), 麻乎其母{まを薦}(3464, 3524), 波奈其米{花ごめ}(3998), 麻許等奈其夜[まことなごや](3499), 許等其等/許登其等[ことごと](892, 4000), 許呂其呂[ころごろ](4454), 許其志可[こごしか](4003)

(170) 『만엽집』의 '碁/棋' 용례

碁騰[ごと, 如](112), 己知碁知[こちごち](210)

이들과 『고사기』의 '疑' 용례를 대비해 보았더니 전혀 일치하지 않는다. 따라서 용례의 부족 탓으로 동음 이표기 쌍을 찾을 수 없다는 변명은 통하지 않는다. '疑'와 '碁=其'의 동음 이표기 쌍이 보이지 않는다는 것은 이 둘이 이음 관계임을 말해 준다. 따라서 6모음설로는 이것을 해결하기가 어렵다.

이에 따라 GI 음절의 을류 모음과 GO 음절의 을류 모음이 서로 다르다고 함으로써 이 문제를 해결해야 할 것이다. 예컨대, GI 음절의 갑류인 '藝'가 /gi/를 표음하는 데에 반하여, GI 음절의 을류인 '疑'는 /gɨ/를 표음한다고 보는 방법이다. /gɨ/의 /ɨ/는 중설평순고모음을 가리킨다. 이처럼 '疑'가 ギ乙/gɨ/를 표음한다고 하면, GO 음절의 을류인 '碁=其'의 ゴ乙/gə/와 자동적으로 음가가 달라진다. 이처럼 제7의 모음 /ɨ/를 설정하면 ギ乙과 ゴ乙의 이음 관계를 바로 기술할 수 있지만 거꾸로 단점도 있다. 한어 중고음에서 '疑'뿐만 아니라 '碁=其'의 운모도 之韻/ɪə/인데, '疑'의 之韻/ɪə/은 제7의 모음 /ɨ/로 수용되지만 '碁=其'의 之韻/ɪə/은 제6의 모음 /ə/로 구별되어 수용되는 까닭을 설명하기가 어렵다.

중설평순고모음 /ɨ/를 독자적인 모음으로 설정하는 방안은 7모음체계설의 일종이다. '疑'와 '碁=其'의 이음 관계를 기술할 때에는 제7의 모음 /ɨ/를 설정하는 것이 가장 쉬운 방법이다. 7모음설에서는 /gɨ/의 음운대립 상황을 아래와 같이 나타낸다.

(171) 7모음설의 음운대립 관계[63]

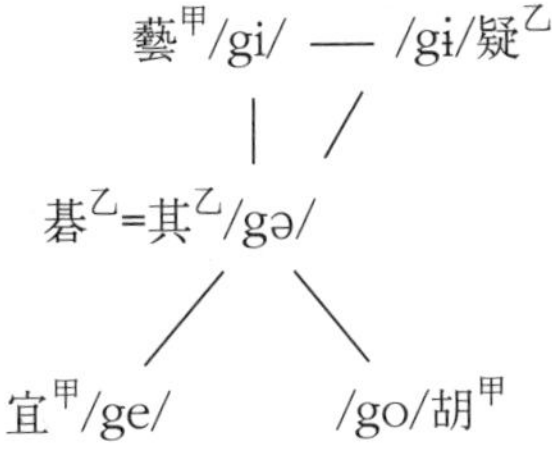

위에서 8모음설, 7모음설, 6모음설의 세 가지를 간단히 제시했다. 이 중에서 어느 학설을 택할 것인지는 모든 음절을 두루 다 논의한 다음에 결론을 내리기로 하고, 여기에서는 불규칙 동사 'くる'{來}가 『고사기』 음가나에서 어떠한 상황이었는지만 간단히 덧붙여 둔다.

일본어의 동사 중에서 불규칙 활용을 보이는 대표적인 동사로 'くる'{來}가 있다. 그런데 이 동사는 『고사기』 음가나에서 이미 불규칙 활용을 보인다. 'くる'{來} 동사는 현대어의 첫째 음절이 'き-, こ-, く-'의 세 가지인데, 이 중에서 'き-'와 'こ-'의 관계를 공시적으로 기술하기가 아주 어렵다.

(172) '來' 동사의 불규칙 활용

{來} : 岐/岐弖/岐伊, 許斯/許泥/許牟/許麻志, 久流/久禮/久良斯母/久母

『고사기』 음가나에서도 이 동사의 첫째 음절이 '岐-, 許-, 久-'의 세 가지이다. 현대 일본어와 달리, '許'가 갑류의 /ko/가 아니라 을류의 /kə/라는 점에서만 차이가 나므로 'くる'{來} 동사의 불규칙 활용은 『고사기』 음가나까지 거슬러 올라간다고 할 수 있다.

---

63 여기에서도 갑류 모음 사이에 성립하는 음운대립에는 직선을 긋지 않고 생략했다.

4.2.6. S행, サ行

S행에 오는 『고사기』 음가나로는 '佐, 邪, 斯, 志, 士, 須, 受, 勢, 世, 是, 曾, 蘇, 叙, 曾'의 14자가 사용되었다.

(173) S행의 『고사기』 음가나

모음 / 자음	A (ア)	I (イ)	U (ウ)	E (エ)	O (オ)
S (サ)	佐	斯 志	須	勢 世	曾 蘇
	邪	士	受	是	叙 曾

4.2.6.1. SA 음절

SA 음절의 표기에는 '佐'와 '邪'가 사용되었다. 이들의 용례는 아래와 같다.

(174) 『고사기』의 '佐' 용례

SA: 佐禮婆/佐婆/佐泥{조동사 さ-}(23/ 67/ 70, 86), 佐-{접두사 さ}(2, 3, …), 佐岐{埼, 崎}(7, 31, 55), 佐加/佐迦/佐{坂}(12/ 79/ 44), 佐迦延{榮え}(5), 佐夜佐夜[さやさや](49, 76), 佐和佐和[さわさわ](65), …

(175) 『고사기』의 '邪' 용례

ZA: 多知邪加由流{立ち榮ゆる}(92), 波迩布邪迦{波迩布坂}(78), 佐岐邪岐{埼埼}(7), 久漏邪夜[くろざや](54), …

(175)에서 '邪'가 단어의 첫머리에 오지 않고 주로 복합어의 후행 성분을 표기하므로, '邪'는 복합어에서 일어나는 연탁 규칙의 적용 결과라고 예측할 수 있다. '佐迦'{坂}와 '波迩布邪迦'{波迩布坂}의 쌍이 이것을 증명해 준다. 반면에 (174)의 '佐'는 단일어의 어두 음절 표기에도 아주 많이 사용되므로, 청음 サ/sa/를 표기

한 것임을 바로 알 수 있다.

(176) '佐, 邪'의 중고음과 그 수용

1. 佐[精開1去歌]=/ʦɑ/D 〉 サ/sa/
2. 邪[邪開AB平麻]=/zɪɛ/L 〉 ザ/za/[64]
   [羊開AB平麻]=/jɪɛ/L

한어 중고음에서 '佐'의 성모는 精母/ʦ/이고 운모는 歌韻/ɑ/이다. 歌韻/ɑ/은 『고사기』 음가나에서 항상 /a/로 수용된다(위의 (16) 참조).

精母/ʦ/의 대체 수용은 새로 정리할 필요가 있다. 후술하겠지만, 상대 일본어에는 파찰음이 없었으므로 精母/ʦ/를 /s/로 대체하여 수용한다. 이것을 확인하기 위해 『고사기』 음가나 중에서 精母字를 모두 찾아보았더니, 아래의 '佐'와 '曾' 두 자에 불과하다. 그렇더라도 精母/ʦ/가 『고사기』 음가나에서 항상 /s/로 대체되어 수용된다는 것만은 분명하다.

(177) 『고사기』 음가나의 精母/ʦ/ 수용 양상

1. 佐[精開1去歌]=/ʦɑ/D 〉 サ/sa/
2. 曾[精開1平登]=/ʦəŋ/L 〉 ソ乙/sə/
   [從開1平登]=/dzəŋ/L 〉 ゾ乙/zə/

(178) 精母/ʦ/의 대체 수용

한어 중고음의 精母/ʦ/는 『고사기』 음가나에서 항상 /s/로 대체되어 수용된다.

---

64 『대계』에서는 1회 사용된 '奢'도 이 음가로 해독했다. 그런데 이것은 무성음인 書母/ɕ/가 탁음 /z/로 수용되었다고 본 것이므로, 얼른 수긍하기 어렵다. 용례가 하나뿐인 음가나의 숙명적 한계이다.
奢[書開AB平麻]=/ɕɪɛ/L 〉 ザ/za/, 伊奢{いざ}(40)

'邪'는 '佐'의 탁음 짝임이 (175)의 용례에서 드러나는데, 이것을 한어 중고음으로 확인해 본다. '邪'의 중고음 성모는 邪母/z/이고 운모는 麻韻/ɛ/이다. 麻韻/ɛ/은 『고사기』 음가나에서 항상 /a/로 수용된다(위의 (39) 참조). 『고사기』 음가나에서 邪母字는 '邪'와 '叙'의 둘뿐이지만, 둘 다 탁음 /z/로 수용된다.

(179) 『고사기』 음가나의 邪母/z/ 수용 양상

1. 邪[邪開AB平麻]=/zɪɛ/^{L} 〉 ザ/za/
   [羊開AB平麻]=/jɪɛ/^{L}
2. 叙[邪開C上魚]=/zɪo～zɪə/^{R} 〉 ゾ乙/zə/

(180) 邪母/z/의 대체 수용

한어 중고음의 邪母/z/는 『고사기』 음가나에서 항상 /z/로 수용된다.

결론적으로, 『고사기』 음가나의 '佐'는 サ/sa/를 표음하고, '邪'는 ザ/za/를 표음한다. 이것은 용례 분석을 통한 우리의 예상과 정확히 일치한다.

그런데 우리의 결론과 달리, 有坂秀世(1957/80: 145～159)은 '佐'가 [ʦ]로 수용된다고 기술했다. 慈覺大師 『在唐記』의 悉曇字 기술과 '佐'의 중고음 성모가 파찰음인 精母/ʦ/라는 점을 들어 이 파찰음이 『고사기』 음가나에서도 그대로 유지된다고 보았다. 森博達(1991: 125～126)은 有坂秀世의 이 견해를 수용하여 『일본서기』 음가나에서 '佐, 左'의 자음을 [ᵗs]로 표기했다. 그런데 이처럼 파찰음의 속성을 가지는 음가나는 森博達(1991: 126)의 表23에[65] 제시한 것처럼 평순모음 앞에서만 설정된다. 원순모음 앞에서는 [ᵗs]로 표기하지 않고 [s]로 표기했다. 이것은 [ᵗs]와 [s]가 상보적으로 분포한다는 의미이므로, 음운론적 관점에서는 구태여 [ᵗs]와 [s]를 구별하지 않고 /s/ 하나로 통합해도 잘못될 것이 없다.

『고사기』 음가나에서 [ᵗs]와 [s]를 구별하는 태도에는 또 하나의 난제가 남아 있

65 이 표는 아래의 (300)에 제시했다.

다. 위의 용례 분석에서 이미 지적한 것처럼, '佐'의 탁음 짝이 '邪'이다. 만약 '佐'에 [^{t}s]를 배당한다면 그 탁음 짝인 '邪'에는 [^{d}z]를 배당해야 한다. 그러나 '邪'의 중고음 성모는 從母/dz/가 아니라 邪母/z/이다. 즉 '佐'의 성모는 파찰음이지만 '邪'의 성모는 마찰음이므로 서로 어긋난다. 이 문제를 해소하기 위해서도 '佐'에는 サ/sa/를 배당하고 '邪'에는 ザ/za/를 배당하는 것이 옳다.

우리는 음성학적 관점을 거부하고 음운론적 관점을 중시한다. 차용음운론에서는 음성학적 차이 예컨대 [^{t}s]와 [s]의 차이는 대부분 사상되는 대신에, 자국어의 음운체계와 음절구조에 맞추는 음운론적 대체 수용이 일어난다고 기술하기 때문이다. 이에 따라 우리는 중고음의 파찰음 精母/ʦ/를 『고사기』 음가나에서 마찰음 /s/로 대체하여 수용한다고 기술한다.

물론 역방향을 택하여 마찰음 성모가 모두 파찰음 /ʦ/로 대체되어 수용된다고 기술할 수도 있다.[66] 이때에는 상대 일본어에 마찰음 계열은 없었고 파찰음 계열만 있었다고 기술해야 한다. 이것이 옳을지, 파찰음 계열이 없었고 마찰음 계열만 있었다고 해야 할지 결정하기 어렵다. 그런데도 이해의 편의를 위하여 우리는 파찰음이 마찰음으로 대체되어 수용되었다는 기술을 택한다.

4.2.6.2. SI 음절

SI 음절의 표기에는 '斯, 志, 士'의 세 자가 사용되었다. 이들의 용례를 모아 보면 아래와 같다.

(181) 『고사기』의 '斯' 용례

SI: −斯{활용 し}(2, 3, …), 斯{대명사 其}(59, 76, …), 麻斯{조동사 まし}(94), 斯多/斯毛/斯豆[下](7, 59, …/ 91, 101/ 101), 志斯{猪鹿, 猪}(98, 99), 加斯{白梼}(92, 93), 斯毘{鮪}(111), 斯麻{島}(7, 10, …), 斯路/斯漏/斯良{白}(5, 7/ 63, 98/ 9), 加斯古

66 대표적인 예로 영어의 'zero'를 현대 한국어에서 '제로'로 수용하는 예를 들 수 있다. 치조음 /z/가 구개음 'ㅈ' 즉 /ʨ/로 대체되어 수용된다.

美{畏み}(99), 那斯{無し}(7), 伊麻斯{坐し}(59), 斯勢牟{殺せむ}(24), 宇流波斯/波斯{愛し}(81/ 34, 61), 斯麻理{結り}(110), …

(182)『고사기』의 '志' 용례

SI: 志{조동사 し}(4, 17, …), 志叙{조사 しぞ}(46), 倍志{조동사 べし}(84), 志多/志豆{下}(49, 58, …/ 45, 101), 志麻/志摩{島}(16, 44, …/ 55), 志斯/斯志{猪鹿}(98, 99/ 99), 志毘{鮪}(109, 111), 加志{白梼}(50, 93), 那志{無し}(7, 25), 加志古志{恐し}(101), 伊麻志{坐し}(98, 102), 宇流波志{愛し}(48), 志勢{殺せ}(4), 久麻加志{熊白梼}(33), …

(183)『고사기』의 '士' 용례

ZI: 那迦士{泣かじ}(6), 麻多士{待たじ}(89), 和須禮士{忘れじ}(10), 泥士漏{根白}(63), 夜布士麻理{八節結り}(110), …

'斯'와 '志'의 용례 중에서 동음 이표기 쌍이 10쌍이나 된다. '斯=志'의 등식이 성립하므로 '斯'와 '志'의 음가는 같다.

반면에 '士'는 단어의 첫머리에 오지 않고, 부정 조동사 'じ'를 표기하거나 복합어의 후행 성분을 표기한 것이 많다. 특히 '泥士漏'{根白}의 '士'는 '斯漏'{白}의 '斯'가 탁음화한 것이고, '夜布士麻理'{八節結り}의 '士'는 '斯麻理'{結り}의 '斯'가 탁음화한 것이다. 따라서 '士'가 '斯'의 탁음 짝임이 분명하다.

위의 용례 분석이 중고음의 수용 과정과 일치하는지를 논의해 본다.

(184) '斯, 志, 士'의 중고음과 그 수용

1. 斯[心開AB平支]=/sɪe/^{L} 〉 シ/si/
2. 志[章開C去之]=/ʨɪə/^{D} 〉 シ/si/[67]

67 1회 사용된 '芝'도 이것과 같은 음가를 가진다.
芝[章開C平之]=/ʨɪə/^{L} 〉 シ/si/, 芝賀{其が}(59)

3. 士[崇開C上之]=/dʑɪə/^{R} 〉 ジ/zi/

한어 중고음에서 '斯'는 心母字이고 『고사기』 음가나에서 心母/s/는 아래 (185)의 세 자 모두 /s/로 수용된다. 『고사기』 음가나에서 성모가 章母/tɕ/인 것은 (184.2)의 '志' 하나뿐이고, 崇母/dʑ/인 것은 (184.3)의 '士' 하나뿐이다. 각각 하나뿐이지만, 章母/tɕ/는 /s/로 수용되고 崇母/dʑ/는 /z/로 수용된다고 할 수 있다.

(185) 『고사기』 음가나의 心母/s/ 수용 양상

1. 斯[心開AB平支]=/sɪe/^{L} 〉 シ/si/
2. 須[心中C平虞]=/sɥo/^{L} 〉 ス/su/
3. 蘇[心中1平模]=/so/^{L} 〉 ソ/so/

(186) 心母/s/의 대체 수용

한어 중고음의 心母/s/는 『고사기』 음가나에서 항상 /s/로 수용된다.

(187) 章母/tɕ/의 대체 수용

한어 중고음의 章母/tɕ/는 『고사기』 음가나에서 /s/로 수용된다.

(188) 崇母/dʑ/의 대체 수용

한어 중고음의 崇母/dʑ/는 『고사기』 음가나에서 /z/로 수용된다.

'斯'의 운모인 支韻/je~ɪe/은 /i/로 수용되므로(위의 (56) 참조) '斯'의 음가는 /si/로 추정된다. '志'의 운모인 之韻/ɪə/도 설치음 뒤에서는 /i/로 수용되므로(위의 (44) 참조) '志'도 /si/로 추정된다. '士'도 之韻字이므로 모음은 /i/이지만, 자음이 탁음이므로 '士'는 /zi/로 추정된다. 이 결론은 위의 (184)에 반영되어 있다.

한어 중고음에서 무성 마찰음인 心母/s/와 무성 파찰음인 章母/tɕ/는 『고사기』 음가나에서 마찰음 /s/로 수용된다. '斯'와 '志'가 동음 관계이므로 이들의 자음은 동일해야 한다. '斯'가 [s]를 표기한다고 하고 '志'가 [ɕ]를 표기한다고 하여 둘을 구별하는 것은 음운론적 기술이 아니다.[68] '斯'와 '志'의 탁음 짝이 '士'인데, 이 청탁 관계를 기술하기 위해서도 '斯'와 '志'의 표음을 하나로 고정할 필요가 있다. 이에 따라 우리는 '斯'와 '志'가 /si/로 수용되고, '士'가 /zi/로 수용되었다고 본다.

4.2.6.3. SU 음절

SU 음절의 표기에는 '須, 受'가 사용되었다. 이들의 용례를 모아 보면 아래와 같다.

(189) 『고사기』의 '須' 용례

SU: −須{활용 す}(2, 3, …), 須−{동사 す−}(29, 97), 淤須比/意須比{襲}(2, 3, …/ 29, 30), 夫須麻{衾}(7), 須蘇{裾}(29, 30), 阿須{明日}(113), 須惠{末}(49, 53, …), 宇須{臼}(42), 須受{鈴}(83), 須岐{鉏}(100), 波知須{蓮}(96), 須賀/須宜{菅}(21, 66/ 66, 67), 須須岐{薄}(6), 須受米{雀}(103), 須久{少}(41), 須賀志{清し}(66), 夜須久{安く}(80), 須疑{過}(27, 60, …), 須氣{助け}(16), 和須禮志/和須禮士/和須禮米{忘}(10, 14, …), 須麻流{統}(8), 須久泥[宿禰](82), …

(190) 『고사기』의 '受' 용례

ZU: −受{부정 활용 ず}(6, 7, …), 須受{鈴}(83), 宇受{髻華}(33), 須受米{雀}(103), 登加受弖/登迦受弖{解かずて}(2/ 3), 宇受須麻理[うずすまり](103)

위의 용례 정리에서 '須'와 '受'가 동일어의 동일 음절을 표기한 예가 없다. '須受'{鈴}의 첫째 음절을 '受'로, 둘째 음절을 '須'로 표기하지는 않는다. '須受米'{雀}에서도 마찬가지이다. 이것은 '須'와 '受'가 엄격히 구별되어 표기되었음을 뜻하

68 有坂秀世(1957/80: 153)에서는 SI 음절의 두음이 치조음 [s]일지 구개음 [ʃ]일지를 논의하고 있지만, 우리는 이 둘의 차이를 음성학적 차이에 불과하다고 본다.

므로, '須'와 '受'는 이음 관계이고, 서로 다른 음가를 갖는다.

(191) '須, 受'의 중고음과 그 수용

1. 須[心中C平虞]=/sɥo/^{L} 〉 ス/su/
2. 受[常中C上尤]=/ʑɪəu/^{R} 〉 ズ/zu/

'須'의 한어 중고음은 心母/s/·虞韻/ɥo/이다. 心母/s/는 /s/로 수용되고(위의 (186) 참조) 虞韻/ɥo/은 /u/로 대체되어 수용된다(위의 (26) 참조). 따라서 '須'는 『고사기』 음가나에서 /su/를 표기한다.

'受'의 한어 중고음은 常母/ʑ/·尤韻/ɪəu/이다. 『고사기』 음가나에서 성모가 常母/ʑ/인 것은 '受'와 '是'의 둘인데, 이들이 모두 /z/로 대체되어 수용된다.

(192) 『고사기』 음가나의 常母/ʑ/ 수용 양상

1. 受[常中C上尤]=/ʑɪəu/^{R} 〉 ズ/zu/
2. 是[常開AB上支]=/ʑɪe/^{R} 〉 ゼ/ze/

(193) 常母/ʑ/의 대체 수용

한어 중고음의 常母/ʑ/는 『고사기』 음가나에서 항상 /z/로 대체되어 수용된다.

'受'의 尤韻/ɪəu/은 /u/로 수용된다(위의 (90) 참조). 따라서 '受'는 『고사기』 음가나에서 /zu/를 표기한다. 이 /zu/는 후대의 부정 조동사 'ず'와 정확히 일치한다.

4.2.6.4. SE 음절

SE 음절의 표기에는 '勢, 世, 是'가 사용되었다. 이들의 용례를 모아 보면 아래와 같다.

(194) 『고사기』의 '勢' 용례

SE: 勢流/勢禮婆/勢婆/勢良米{조동사 せ-}(49/ 2, 3/ 31, 77/ 7), 波勢{馳}(2, 3), 勢{瀨}(91, 109), 多弖麻都良勢{獻らせ}(102), 阿勢[あせ](31), …

(195) 『고사기』의 '世' 용례

SE: 世流{조동사 せる}(8), 波世{馳}(4), 世{瀨}(90), 多弖麻都良世{奉らせ}(7), 阿世袁[あせを](105), …

(196) 『고사기』의 '是' 용례

ZE: 加是{風}(15, 22, 23), 和多理是{渡り瀨}(53)

'勢'와 '世'의 용례에서 동음 이표기 쌍이 5쌍이나 되므로 '勢=世'의 등식이 성립한다. 반면에 (196)의 '和多理是'{渡り瀨}의 '是'는 복합어의 후행 성분으로서, (194~195)의 '勢=世'{瀨}에 연탁 규칙이 적용된 결과를 표기한다. 따라서 '勢=世'는 자음이 청음인 데에 반하여, '是'는 탁음이다.

이제, '勢, 世, 是'의 한어 중고음으로 우리의 용례 분석이 맞는지 확인해 본다. 아래에서 확인할 수 있듯이, '勢'와 '世'는 한어 중고음에서 성모가 書母/ɕ/인데 『고사기』 음가나 중에서 書母字는 이 둘뿐이다.

(197) '勢, 世, 是'의 중고음과 그 수용

1. 勢[書開AB去祭]=/ɕɪɛi/^{D} 〉 せ/se/
2. 世[書開AB去祭]=/ɕɪɛi/^{D} 〉 せ/se/
3. 是[常開AB上支]=/ʑɪe/^{R} 〉 ぜ/ze/

여기에서 중고음의 書母/ɕ/가 『고사기』 음가나에서 /s/로 대체되어 수용된다고 할 수 있다. 상대 일본어에서는 구개음 /ɕ/가 음소가 아니었고 중고음의 무성음을 청음으로 수용하기 때문이다.

(198) 書母/ɕ/의 대체 수용

한어 중고음의 書母/ɕ/는 『고사기』 음가나에서 항상 /s/로 대체되어 수용된다.

‘勢’와 ‘世’의 祭韻/ɪɛi/은 /e/로 수용된다(위의 (38) 참조). 따라서 ‘勢’와 ‘世’가 『고사기』 음가나에서 규칙적으로 せ/se/를 표음한다고 할 수 있다.

반면에, ‘是’는 한어 중고음이 常母/ʑ/·支韻/je~ɪe/이다. 常母/ʑ/는 『고사기』 음가나에서 항상 /z/로 대체되어 수용되고(위의 (193) 참조), 支韻/je~ɪe/은 常母/ʑ/ 뒤에서 독특하게도 /e/로 수용된다(위의 (56) 참조). 이에 따르면 『고사기』 음가나 ‘是’는 ぜ/ze/를 표음한다.

‘勢’와 ‘世’는 청음 せ/se/를 표음하고 ‘是’는 탁음 ぜ/ze/를 표음하므로, 용례 분석의 결과와 한어 중고음을 통한 분석 결과가 정확히 일치한다. 다만, ‘是’의 支韻/je~ɪe/이 常母/ʑ/ 뒤에서 독특하게도 /e/로 수용되는 원인이 무엇인지는 불투명하다.

4.2.6.5. SO 음절

SO 음절의 표기에는 ‘曾, 蘇, 叙’가 사용되었다. 이들의 용례를 모두 찾아보면 아래와 같다.

(199) 『고사기』의 ‘曾’ 용례

SO: 曾{대명사 そ}(1, 6, …), 許曾{계조사 こそ}(4, 7, …), 阿曾{朝臣}(73), 曾岐{退き}(57), 曾曾久{滌く}(104), 與曾比/余曾比斯{裝}(6/ 9), 淤曾夫{押そぶ}(2, 3), 比波煩曾{弱細}(29), 曾米紀{染木}(6), 曾婆{柧棱}(11), 多麻比曾[たまひそ](4), 曾陀多岐[そだたき](5), 曾陀多岐[そだたき](7), 伊能碁布曾[伊能碁布曾](11), 曾泥[そね](13)

ZO: 迦微曾{神ぞ}(8), 加是布加牟登曾{風吹かむとぞ}(23), 伊岐良受曾{い伐らずぞ}(53), 都加比曾{使ぞ}(86), 多禮曾{誰ぞ}(98)

(200)『고사기』의 '蘇' 용례

SO: 蘇良{空}(37), 須蘇{裾}(29, 30), 蘇弖{衣手}(98), 蘇迩{鴗}(6), 伊蘇{磯}(7, 39), 阿蘇婆/阿蘇毘{遊}(99, 109), 阿良蘇波受{爭はず}(48), 蘇比{添ひ}(44), 蘇良美都[そらみつ](73, 74, 98)

(201)『고사기』의 '叙' 용례

ZO: 叙{종조사 ぞ}(4, 6, …), 斯叙母[しぞも](48)

『대계』에서는 (199)의 SO 음절에서는 '曾'을 'そ'로 읽으면서도 (199)의 ZO 음절에서는 '曾'을 'ぞ'로 읽음으로써 스스로 일자일음의 원칙을 위반했다. 그런데 ZO 음절의 '曾'은 대부분 현대어의 종조사 'ぞ'에 해당하는 것들이므로, 현대어 어형을 상대어에 그대로 대입한 것이라고 할 수 있다. 大野晋(1953: 50~52)에서 탁음의 'ぞ'는 청음의 'そ'가 탁음화한 선구적인 예라고 추정했다. 이와는 달리, 大野透(1962: 555~556)에서는 용례의 많고 적음을 논거로 들어 청음의 'そ'가 오히려 탁음의 'ぞ'에서 비롯된 것이라고 했다. 우리는 이 종조사 'ぞ'를 (201)의 '叙'로 표기하는 것이 원칙이지만, (199)의 '曾'으로도 표기할 수 있었다고 기술해 둔다.

(199)의 ZO 음절에서는 '曾'이 종조사라는 특수 형태에 주로 사용된다는 점을 감안할 필요가 있다. 이 점에서 '曾'의 음가를 논의할 때에는 SO 음절의 '曾'을 기준으로 삼는 것이 바람직할 것이다. 그런데도 '曾'이 한어 중고음에서 다음자라는 점을 고려하면 '曾'이 탁음인 'ぞ'를 표기한 것도 규칙적인 표기라고 말할 수 있다. 이것은 아래에서 다시 거론한다.

SO 음절의 '曾' 용례를 (200)의 '蘇' 용례와 대비해 보면 서로 일치하는 단어가 하나도 없다. '曾'과 '蘇'는 이음 관계이므로 음가가 서로 다르다. 반면에 '曾'과 (201)의 '叙'는 공통적으로 종조사 'ぞ'를 표기한다는 점에서, '曾'의 두 가지 음가 중에서 하나가 '叙'의 음가와 같다고 말할 수 있다.

이제, '曾, 蘇, 叙'의 한어 중고음과 그 수용 양상을 정리해 보자.

(202) '曾, 蘇, 叙'의 중고음과 그 수용

1. 曾[精開1平登]=/tsəŋ/L 〉 ソ乙/sə/
   [從開1平登]=/dzəŋ/L 〉 ゾ乙/zə/
2. 蘇[心中1平模]=/so/L 〉 ソ/so/
3. 叙[邪開C上魚]=/zɪo~zɪə/R 〉 ゾ乙/zə/[69]

위에 보인 것처럼, '曾'은 성모가 精母/ts/이면서 동시에 從母/dz/인 다음자이다. 중고음의 精母/ts/는 무성음이고 從母/dz/는 유성음인데, 『고사기』 음가나에서는 한어의 무성음과 유성음을 엄격히 구별하여 거의 규칙적으로 수용한다. 전체 결론에서 다시 정리하겠지만, K행의 群母/g/를 탁음 /k/로 수용한다는 점만 예외적이고, 나머지는 한어 중고음의 유·무성 구별을 그대로 수용한다. 이에 따르면 무성음인 精母/ts/는 항상 청음 /s/로 대체되어 수용되고(위의 (178) 참조), 유성음인 從母/dz/는 탁음 /z/로 대체되어 수용된다고 할 수 있다. 『고사기』 음가나 중에서 從母字가 (202)의 '曾' 하나뿐이므로 이 대체 수용을 여타의 음가나로 확인하기가 어렵다. 그렇더라도 유성음을 탁음으로 수용한다는 일반적 원칙에 따라 從母/dz/의 대체 수용을 아래와 같이 정리할 수 있다.

(203) 從母/dz/의 대체 수용

한어 중고음의 從母/dz/는 『고사기』 음가나에서 /z/로 대체되어 수용된다.

우리는 (202)에 정리한 것처럼 精母/ts/인 '曾'은 ソ乙/sə/로 수용되고, 從母/dz/인 '曾'은 ゾ乙/zə/로 수용되었다고 본다. 이처럼 '曾'이 두 가지 음가를 가진다고 기술하면, '曾'의 용례가 종조사 'ぞ'를 표기한 (199)의 ZO 음절과 여타의 'そ'를 표기한 (199)의 SO 음절 두 가지로 나뉘는 현상을 정확히 기술할 수 있다.

'曾'의 운모는 登韻/əŋ/이다. 登韻/əŋ/의 운미 /-ŋ/은 항상 삭제되어 수용된다

69 1회 사용된 '存'은 갑류의 모음을 가지는 ZO 음절로 재구할 수 있다.
存[從合1平魂]=/dzwən/L 〉 ゾ/zo/, 許存{昨夜}(80)

(위의 (70) 참조). 반면에, 登韻/əŋ/의 운복모음 /ə/는 『고사기』 음가나에서 항상 을류의 /ə/로 수용된다. 이것을 확인하기 위해 『고사기』 음가나 중에서 登韻字를 모두 모아 보면 아래와 같다.

(204) 『고사기』 음가나의 登韻/əŋ/ 수용 양상

1. 能[泥開1平登]=/nəŋ/^{L} 〉 ノ^{乙}/nə/
2. 登[端開1平登]=/təŋ/^{L} 〉 ト^{乙}/tə/
3. <u>曾</u>[精開1平登]=/ʦəŋ/^{L} 〉 ソ^{乙}/sə/
    [從開1平登]=/dzəŋ/^{L} 〉 ゾ^{乙}/zə/
4. 等[端開1上登]=/təŋ/^{R} 〉 ト^{乙}/tə/

(205) 登韻/əŋ/의 대체 수용

한어 중고음의 登韻/əŋ/은 『고사기』 음가나에서 항상 /ə/로 수용된다.

따라서 '曾'은 ソ^{乙}/sə/와 ゾ^{乙}/zə/의 두 가지를 표음한다고 결론지을 수 있다. 반면에 '蘇'는 心母/s/·模韻/o/이므로 ソ/so/로 수용되었다. 心母/s/는 /s/로 수용되고(위의 (186) 참조), 模韻/o/은 /o/로 수용된다(위의 (60) 참조). '叙'는 邪母/z/·魚韻/ɪo~ɪə/이므로 ゾ^{乙}/zə/로 수용되었다. 邪母/z/는 /z/로 수용되고(위의 (180) 참조), 魚韻/ɪo~ɪə/은 /ə/ 즉 을류로 수용된다(위의 (42) 참조).

용례 분석을 통하여 (199)의 ZO 음절 '曾'과 (201)의 '叙'가 동음 관계임을 말한 바 있다. 그런데 한어 중고음을 통해서도 이 '曾'뿐만 아니라 '叙'가 동일 음가 ゾ^{乙}/zə/로 추정된다. 여기에서도 용례 분석의 결과와 한어 중고음을 분석하여 추정한 결과가 서로 일치한다.

'曾'과 '叙'의 동음 관계를 제대로 반영하려면 '曾'의 從母/dz/가 [^{d}z]로 수용되고 '叙'의 邪母/z/가 [z]로 수용된다고 기술해서는 안 된다. 이러한 음성학적 기술로는 동음 관계를 기술할 수 없기 때문이다. 설령 각각 [^{d}z]와 [z]로 구별되어 수용되었다 하더라도 이 둘은 음소 /z/의 변이음일 뿐이다.

4.2.6.6. S행의 요약 정리

지금까지의 논의를 종합하여, S행에 오는 13자의 음가를 추정해 보면 아래와 같다. 『고사기』 음가나의 S행에서 설정되는 모음은 /a, i, u, e, o, ə/의 6종이다.

(206) S행 『고사기』 음가나의 음가 배당

자음＼모음	A (ア)	I (イ)	U (ウ)	E (エ)	O (オ)
S (サ)	佐/sa/	斯=志/si/	須/su/	勢=世/se/	曾/sə/, 蘇/so/
	邪/za/	士/zi/	受/zu/	是/ze/	叙=曾/zə/

S행에서는 을류에 해당하는 음가나가 '曾'과 '叙'의 둘뿐이다. 특히 '曾'은 종조사 'ぞ'에 해당하는 용법과 'そ'로 읽히는 기타 용법의 둘로 나뉘는데, 한어 중고음에서 '曾'의 성모가 從母/dz/이면서 동시에 精母/ʦ/인 다음자라는 점을 활용하면 이 두 가지 용법을 아주 자연스럽게 기술할 수 있다.

그런데 한어 중고음의 다음자가 모두 『고사기』 음가나에서 둘 이상의 음가로 수용되는 것은 아니다. 『고사기』 음가나 107자 중에서 다음자인 것은 '曾' 이외에도 '淤, 邪, 弖, 知, 治, 傳, 泥, 倍, 與, 和, 遠' 등이 있다. 이 중에서 '淤, 知, 治, 傳, 泥, 倍, 與, 和, 遠' 등은 둘 이상의 성조를 가지는 성조 다음자이다. 이들을 제외하면 '曾'과 '邪, 弖'만이 분절음에서 차이가 나는 다음자이다. '邪'는 성모가 邪母/z/ 또는 羊母/j/인 다음자이지만, 『고사기』 음가나에서는 邪母/z/를 택하여 항상 ザ/za/로 수용한다. '弖'는 端母/t/·齊韻/ei/의 음가 또는 知母/ʈ/·脂韻/ɪi/의 음가이다. 후술하겠지만 '弖'는 이 두 음가 중에서 첫째의 /te/만 표음한다. 따라서 12자의 다음자 중에서 오직 '曾'만 두 가지 음가로 반영된다고 말할 수 있다.

(206)의 S행 음가나 중에서 중고음 성모가 파찰음인 것은 '佐, 志, 士, 曾'의 4자이다. 이들이 『고사기』 음가나에서 마치 파찰음으로 수용된 것처럼 기술하기도 하지만(有坂秀世 1957/80, 森博達 1991), 이런 기술은 항상 용례 분석을 무시하는 결과를 가져온다.

용례 분석에 따르면 성모가 精母/ʦ/인 '佐'는 성모가 邪母/z/인 '邪'의 청음 짝이다. 따라서 '佐'의 精母/ʦ/가 『고사기』 음가나에서 /s/로 수용되었다고 해야만, 성모가 邪母/z/인 '邪'의 청음 짝이 될 수 있다.

성모가 章母/ʨ/인 '志'는 성모가 心母/s/인 '斯'와 동음 관계이고, 성모가 崇母/ʥ/인 '士'는 '斯'의 탁음 짝이다. 이 관계를 정확히 기술하려면 章母/ʨ/가 파찰음 [^{t}ɕ]로 수용된 것이 아니라 마찰음 /s/로 수용되었다고 기술해야 한다. '士'의 崇母/ʥ/도 [^{d}ʑ]로 수용된 것이 아니라 /z/로 수용되었다고 해야만, '士'가 '斯'의 탁음 짝이 될 수 있다.

'曾'의 성모는 精母/ʦ/와 從母/dz/의 두 가지인데, 성모가 邪母/z/인 '敍'가 從母/dz/의 '曾'과 동음 관계이다. 이 동음 관계를 충족하려면 파찰음인 從母/dz/가 마찰음인 /z/로 수용되었다고 보아야 한다.

따라서 우리는 '佐, 志, 士, 曾'의 파찰음 성모가 『고사기』 음가나에서 항상 마찰음 /s/로 수용되었다고 기술한다. 그래야만 상대 일본어의 자음을 10행으로 나누어 배열하는 관습에도 부합한다. 중고음의 파찰음 성모가 『고사기』 음가나에서 파찰음으로 수용되었다고 하면서, 파찰음 행을 따로 추가하지 않은 것은 스스로 모순에 빠진 것이다.

4.2.7. T행, タ行

T행에 오는 『고사기』 음가나는 '多, 陀, 知, 遲, 治, 都, 豆, 弖, 傳, 登, 斗, 杼, 等, 度'의 14자이다. 이들을 50음도로 분류하면 아래와 같다.

(207) T행 『고사기』 음가나

모음 / 자음	A (ア)	I (イ)	U (ウ)	E (エ)	O (オ)
T (タ)	多	<u>知</u>	都	<u>弖</u>	登 斗 杼 等
	陀	遲 <u>治</u>	豆	<u>傳</u>	度

4.2.7.1. TA 음절

TA 음절의 표기에는 '多, 陀'가 사용되었다. 이들의 용례를 모아 보면 아래와 같다.

(208) 『고사기』의 '多' 용례

TA: 多麻{玉}(5, 7, …), 多{田}(36, 66, …), 多迩{谷}(8), 多氣{竹}(101), 多多{楯}(16), 多加/多迦{高}(11, 17, …/ 8, 30, …), 多怒斯久{樂しく}(56), 多禮{垂れ}(44), 多都/多弖/多知/多多斯/多多/多多須{立つ}(1, 76, …/ 42, 53, …/ 11, 22, …/ 2, 3/ 2, 3, …/ 41), …

(209) 『고사기』의 '陀' 용례

DA: 袁陀爾{小谷}(112), 余理陀多志/余理陀多須{倚り立た}(105/ 105), 古陀加流{小高る}(102), 袁陀弖呂/袁陀弖{小楯}(44/ 60), 淤斐陀弖流{生ひ立てる}(101, 102), 泥陀流{根垂る}(101), 多斯美陀氣{たしみ竹}(92), 伊久美陀氣{いくみ竹}(92), 波理陀弖{張り立て}(90), 夜麻陀加美{山高み}(80), 夜麻陀{山田}(80), 阿加陀麻{赤玉}(9), 阿那陀麻{穴玉}(8), 宇多陀怒斯{うた樂し}(42), 淤斐陀弖流{生ひ立てる}(59), …

(209)의 용례에서 '陀'가 단일어의 첫째 음절을 표기하지 않고 주로 복합어의 후행 성분을 표기한다는 것을 알 수 있다. 따라서 '多'에 연탁 규칙이 적용되어 '陀'로 바뀌어 표기되었다고 할 수 있다. 아래의 대응 예들이 이것을 증명해 준다.

(210) 단일어의 '多'와 복합어의 '陀'

1. 多迩{谷} – 袁陀爾{小谷}
2. 多都/多弖/多知/多多斯/多多/多多須{立} – 余理陀多志/余理陀多須{倚り立た}, 淤斐陀弖流{生ひ立てる}, 波理陀弖{張り立て}, 佐岐陀弖流{先立てる}

3. 多加/多迦{高} - 古陀加流{小高る}, 夜麻陀加美{山高み}

4. 多多{楯} - 袁陀弖呂/袁陀弖{小楯}

5. 多禮{垂} - 泥陀流{根垂る}

6. 多氣{竹} - 多斯美陀氣{たしみ竹}, 伊久美陀氣{いくみ竹}

7. 多{田} - 夜麻陀{山田}

8. 多麻{玉} - 阿加陀麻{赤玉}, 阿那陀麻{穴玉}

9. 多怒斯久{樂} - 宇多陀怒斯{うた樂し}

위의 용례 분석에서 '陀'가 '多'의 탁음임이 분명히 드러난다. 이것을 한어 중고음으로 검증해 보자.

(211) '多, 陀'의 중고음과 그 수용

1. 多[端開1平歌]=/tɑ/^{L} 〉 タ/ta/[70]

2. 陀[定開1平歌]=/dɑ/^{L} 〉 ダ/da/

위에서 볼 수 있듯이, 한어 중고음의 '多'와 '陀'는 성모의 최소대립 쌍이다. 즉 나머지 음운론적 성분은 완전히 동일하지만, '多'는 성모가 端母/t/인 데에 반하여 '陀'는 定母/d/이다. 중고음의 이 차이가 『고사기』 음가나에 그대로 수용되어 '多'는 청음 タ/ta/를 표기하고 '陀'는 탁음 ダ/da/를 표기한다.

이것을 확인하기 위해 『고사기』 음가나 중에서 端母字와 定母字를 모두 모아 보았다.

70 1회 사용된 '他'와 '當'도 이것과 음가가 같다고 본다.
他[透開1平歌]=/tʰɑ/^{L} 〉 タ/ta/, 他賀{誰が}(68)
當[端開1平唐]=/tɑŋ/^{L} 〉 タ/ta/, 當藝麻[當藝麻](79)
[端開1去唐]

(212)『고사기』 음가나의 端母/t/ 수용 양상

1. 多[端開1平歌]=/tɑ/[L] 〉 タ/ta/
2. 登[端開1平登]=/təŋ/[L] 〉 ト乙/tə/
3. 都[端中1平模]=/to/[L] 〉 ツ/tu/
4. 弖[端開4平齊]=/tei/[L] 〉 テ/te/
5. 斗[端中1上侯]=/təu/[R] 〉 ト/to/
6. 等[端開1上登]=/təŋ/[R] 〉 ト乙/tə/

(213)『고사기』 음가나의 定母/d/ 수용 양상

1. 陀[定開1平歌]=/dɑ/[L] 〉 ダ/da/
2. 豆[定中1去侯]=/dəu/[D] 〉 ヅ/du/
3. 度[定中1去模]=/do/[D] 〉 ド/do/

위에서 확인할 수 있듯이, 중고음의 端母/t/는 『고사기』 음가나에서 항상 /t/로 수용되고 定母/d/는 항상 /d/로 수용된다.

(214) 端母/t/의 대체 수용

한어 중고음의 端母/t/는 『고사기』 음가나에서 항상 /t/로 수용된다.

(215) 定母/d/의 대체 수용

한어 중고음의 定母/d/는 『고사기』 음가나에서 항상 /d/로 수용된다.

'多'와 '陀'는 둘 다 歌韻字이다. 歌韻/ɑ/은 『고사기』 음가나에서 항상 /a/로 수용된다(위의 (16) 참조). 결론적으로 '多'는 タ/ta/를 표기하고, '陀'는 ダ/da/를 표기한다.

4.2.7.2. TI 음절

TI 음절의 표기에는 '知, 遲, 治'의 세 자가 사용되었다. 이들의 용례를 모아 보면 아래와 같다.

(216) 『고사기』의 '知' 용례

TI: 許知{此}(92), 知{父}(50), 伊能知{命}(4, 33), 久知{口}(14), 知{千}(2, 3, …), 宇知{內}(73), 能知{後}(4, 81, …), 美知{道}(44, 45, …), 當藝麻知{當藝麻道}(79), 伊本知{五百箇}(100), 多氣知{高市}(102), 許知碁知{此方此方}(92), 伊知遲[伊知遲](44), …

(217) 『고사기』의 '遲' 용례

DI: 袁遲那美{拙劣み}(107), 阿遲摩佐{檳榔}(55), 阿佐遲{淺茅}(112), 多遲比怒{多遲比野}(77), 佐佐那美遲{佐佐那美路}(44), 伊知遲[伊知遲](44), 宇遲[宇治](52, 53), …

(218) 『고사기』의 '治' 용례

TI: 阿治志貴[阿治志貴](8)

DI: 久治良[くぢら](11)

위의 용례에서, '知'는 단일어의 첫째 음절뿐만 아니라 둘째 음절 이하의 음절도 두루 표기한다. 반면에 '遲'와 '治'는 단일어의 첫째 음절을 표기한 예가 없다. '遲'와 '治'의 용례가 많지 않으므로 『만엽집』의 용례를 추가해서 검토해 보았더니, '遲'와 '治'는 단일어의 첫째 음절을 표기한 용례가 없고 대부분 복합어의 후행 성분을 표기할 때에 사용되었다. 여기에서 연탁 규칙이 적용된 음절을 '遲'와 '治'로 표기했음을 알 수 있다. 이러한 용례 분석을 통하여 '知'가 청음절인 데에 반하여, '遲'와 '治'는 탁음절임이 드러난다.

이것이 한어 중고음을 통한 분석과 일치하는지 검토해 보자.

(219) '知, 遲, 治'의 중고음과 그 수용

1. 知[知開AB平支]=/tɪe/^{L} 〉 チ/ti/
   [知開AB去支]=/tɪe/^{D}
2. 遲[澄開AB平脂]=/dɪi/^{L} 〉 ヂ/di/
3. 治[澄開C平之]=/dɪə/^{L} 〉 ヂ/di/
   [澄開C去之]=/dɪə/^{D}

한어 중고음에서 '知'의 성모는 知母/t/인 데에 반하여, '遲'와 '治'의 성모는 澄母/d/이다. 따라서 '知'의 성모가 무성음인 데에 반하여 '遲'와 '治'의 성모가 유성음이라는 것은 중고음의 유·무성 구별이 『고사기』 음가나의 청탁에 그대로 수용되었음을 뜻한다.[71]

이것을 확인하기 위하여 『고사기』 음가나 107자 중에서 知母字와 澄母字를 모두 찾아보았다. 知母字는 (219.1)의 '知' 하나뿐이고, 澄母字는 아래의 4자이다. 여기에서 知母/t/를 /t/로 수용하고, 澄母/d/를 /d/로 수용했음을 확신할 수 있다.

(220) 『고사기』 음가나의 澄母/d/ 수용 양상

1. 杼[澄中C上魚]=/dɪo～dɪə/^{R} 〉 ド^{乙}/də/
2. 傳[澄合AB平仙]=/dɪɛn/^{L} 〉 デ/de/
   [澄合AB去仙]=/dɪɛn/^{D}
3. 遲[澄開AB平脂]=/dɪi/^{L} 〉 ヂ/di/
4. 治[澄開C平之]=/dɪə/^{L} 〉 ヂ/di/

71 馬淵和夫(1999: 127～128)에서는 헤이안시대 이후에 청탁이 구별되기 시작했다고 보았다. 그 이전의 나라시대에는 탁음이 항상 비음성을 가지는 [ng, nz, nd, mb]였다고 봄으로써 헤이안 이후의 [g, z, d, b]와 구별한 것이다. 그러나 우리는 음성학적 기술과 음운론적 기술을 엄격히 구별하므로, [ng, nz, nd, mb]와 [g, z, d, b]를 음소 /g, z, d, b/의 변이음으로 간주한다.

[澄開C去之]=/dɪə/[D]

(221) 知母/t/의 대체 수용

한어 중고음의 知母/t/는 『고사기』 음가나에서 /t/로 수용된다.

(222) 澄母/d/의 대체 수용

한어 중고음의 澄母/d/는 『고사기』 음가나에서 항상 /d/로 수용된다.

이제, 운모에 대한 논의로 넘어간다. 한어 중고음에서 '知'의 운모는 支韻/je~ɪe/이고, '遲'는 脂韻/ji~ɪi/이며, '治'는 之韻/ɪə/이다. 이 세 운은 후기 중고음에서 止攝 하나로 합류하지만 전기 중고음에서는 아직 합류가 일어나지 않은 상태였다(河野六郎 1968/79, 이승재 2018: 254). 위의 (56)과 (21)에 정리한 것처럼, 支韻/je~ɪe/과 脂韻/ji~ɪi/은 『고사기』 음가나에서 대부분 /i/로 수용된다. 위의 (44)에 정리한 바 있듯이 之韻/ɪə/은 설치음 뒤에서는 /i/로 수용되고 아후음 뒤에서는 /ə/ 즉 을류 모음으로 수용되는데, '治'의 성모가 설치음이므로 '治'의 之韻/ɪə/은 /i/로 수용된다. 요약하면 '知, 遲, 治'의 세 음가나에서 그 모음이 모두 /i/이다.

이에 따르면 '知'는 チ/ti/를 표음하고, '遲'와 '治'는 ヂ/di/를 표음한다. 이것은 용례 분석에서 얻은 예측과 일치한다.

그런데 문제가 하나 남는다. 이 결론에 따르면 '遲'와 '治'가 동음 관계이므로, 이것을 실증해 줄 동음 이표기 쌍을 제시할 수 있어야 한다. 그러나 이 동음 이표기 쌍을 위의 (217)과 (218)에서는 찾을 수 없다. 용례 부족에 그 원인이 있을지도 모르므로 『만엽집』 가요에서 '遲'와 '治'의 용례를 추가하여 검토하기로 한다.

(223) 『만엽집』의 '遲' 용례

伊弊遲{家道}(856), 奈良遲{奈良道}(867), 麻都良遲{松浦道}(870), 阿麻遲{天道}(801), 于遲[宇治](3236), …

(224) 『만엽집』의 '治' 용례

安佐治{淺茅}(3697), 安波治{淡路}(3627, 3720), 伊敝治{家路}(3635), 伊利麻治{入間道}(3378), 可波治{川路}(3405), 安豆麻治{東道}(3442), 奈良治{奈良道}(3973), 奈爾波治{難波道}(4404), 阿麻治{天道}(906), 蘇良治{空路}(3694), 故之治{越道}(3730), 佐保治{佐保路}(4477), 相模治{相模道}(3372), 宇治[うぢ](2427, 2428), …

(224)의 '安佐治'{淺茅}(3697)가 『고사기』의 '阿佐遲'{淺茅}와 동일어이고, (224)의 '宇治'[うぢ]가 『고사기』의 '宇遲'[宇治]와 동일어이다. 또한 '道, 路'의 의미를 가지는 『만엽집』의 '遲, 治'와 『고사기』의 '遲'가 동일어이다. '遲'와 '治'가 동음 관계임이 분명하므로, '遲≒治'의 등식이 성립한다. 이처럼 '遲'와 '治'가 동음 관계이므로, 이들에 동일 음가 ヂ/di/를 배당한 것은 정확하다.

4.2.7.3. TU 음절

TU 음절의 표기에는 '都, 豆'가 사용되었다. 이들의 용례를 모아 보면 아래와 같다.

(225) 『고사기』의 '都' 용례

TU: 都{조사 つ}(2, 3, …), 都{활용 つ}(1, 76, …), 都麻{妻}(1, 2, …), 都加比{使}(86), 都久流/都久理{作る}(1/ 50, 76), 本都延{上枝}(45, 101), 都久波[筑波](27), …

(226) 『고사기』의 '豆' 용례

TU: 豆久理{作り}(80)

DU: 美豆{水}(46), 阿豆麻{東}(101), 淤母比豆麻/意母比豆麻{思ひ妻}(90, 92/ 90), 波斯豆摩{愛妻}(61), 志豆延/斯豆延{下枝}(101/ 101), 阿麻波勢豆加比/豆迦比{天馳使}(2, 3/ 4), …

위의 용례에서 '都'는 단어의 첫째 음절을 표기할 때가 많지만, '豆'는 그런 예가 거의 없다. '都麻'{妻}와 '淤母比豆麻/意母比豆麻'{思ひ妻}의 쌍과 '都加比'{使}와 '阿麻波勢豆加比'{天馳使}의 쌍에서 '豆'가 '都'에 연탁 규칙이 적용된 탁음 짝임을 알 수 있다.

이것을 한어 중고음으로 확인해 본다. 중고음에서 '都'는 端母/t/·模韻/o/이고, '豆'는 定母/d/·侯韻/əu/이다. 『고사기』 음가나에서 端母/t/는 항상 /t/로 수용되고 定母/d/는 항상 /d/로 수용된다(위의 (214~215) 참조). 따라서 위의 예상이 잘 맞아떨어진다.

(227) '都, 豆'의 중고음과 그 수용

1. 都[端中1平模]=/to/^{L} 〉ッ/tu/
2. 豆[定中1去侯]=/dəu/^{D} 〉ヅ/du/

문제는 운모이다. 중고음의 模韻/o/은 『고사기』 음가나에서 대부분 /o/로 수용되지만 '都, 布, 奴'의 模韻/o/은 /u/로 수용된다(위의 (60) 참조). '都'에서 예외적으로 模韻/o/을 특별히 /u/로 수용한 원인을 제시하기가 아주 어렵다. 또한 중고음의 侯韻/əu/은 대부분 /o/로 수용되지만 '豆'의 侯韻만은 /u/로 수용된다(위의 (92) 참조). '都'와 '豆'의 운모가 예외적으로 수용된다는 점이 공통적이므로, 예외적 수용의 원인을 TU 음절의 특수성에서 찾아야 할 것 같다. 그러나 TU 음절의 특수성이 무엇인지 아직 구체적으로 지적하기가 어렵다.

4.2.7.4. TE 음절

TE 음절의 표기에는 '弖, 傳'이 사용되었다. '弖'는 '氐'의 고자(古字)인데(紅林幸子 2003, 이승재 2013: 68) 고구려와 백제 자료에서도 '弖'를 찾을 수 있다. '弖'와 '傳'의 용례를 모아 보면 아래와 같다.

(228) 『고사기』의 '弖' 용례

TE: －弖{활용 て}(2, 3, …), 弖{手}(71, 97), 弖理{照り}(60, 102), …

(229) 『고사기』의 '傳' 용례

DE: 傳/伊傳{出}(53/ 5, 55), 波多傳{端手}(106, 109), 多麻傳{玉手}(5, 7), 宇斯呂傳{後妻}(44), 比傳流{日照る}(101)

(228)의 단일어 '弖'{手}가 복합어의 후행 성분에서는 (229)의 '波多傳{端手}, 多麻傳{玉手}'에서 볼 수 있듯이 '傳'으로 표기된다. 또한 (228)의 단일어 '弖理'{照り}가 (229)의 복합어 '比傳流'{日照る}에서는 '傳流'로 표기된다. 여기에서 '傳'이 '弖'의 탁음 짝이라고 예상할 수 있다.[72]

한어 중고음에서 '弖'의 성모는 무성음인 端母/t/ 또는 知母/t/이고, '傳'의 성모는 유성음인 澄母/d/이다. 따라서 용례 분석에서 '傳'이 '弖'의 탁음 짝이라고 예상한 것과 정확히 일치한다.

(230) '弖, 傳'의 중고음과 그 수용

1. 弖[端開4平齊]=/tei/^{L} 〉 テ/te/

   [知開B平脂]=/tɪi/^{L}

2. 傳[澄合AB平仙]=/dɪɛn/^{L} 〉 デ/de/

   [澄合AB去仙]=/dɪɛn/^{D}

중고음의 '弖'는 다음자로서 齊韻/ei/과 脂韻/ɪi/의 두 가지 음가이지만, 『고사

72 沖森卓也(2009: 253)에서는 '弖'가 '仾'와 같은 자로 보아 탁음절을 표기하는 것이 원칙이라고 했다. 그러면서 '弖'가 청음절을 표기한 것은 탁음청화의 영향이라고 했다. 그러나 『고사기』 음가나에서는 (228)에서 볼 수 있듯이 청음절만 표기한다. 더욱이 『고사기』 음가나에서는 탁음청화가 아직 반영되지 않은 상태이다. 이런 문제가 있으므로, 우리는 '弖'가 '氐'와 같은 자이고 애초부터 청음절을 표기하는 것이 원칙이라고 본다.

기』 음가나에서는 '弖'를 齊韻字로 수용하여 (230.1)에 정리한 것처럼 テ/te/를 표음한다. '傳'도 다음자이지만 평성과 거성의 두 가지 성조를 가지는 성조 다음자이므로 분절음에서는 차이가 없다. 『고사기』 음가나에서 '傳'의 仙韻/ɪɛn/을 수용할 때에는 운미 /-n/을 삭제하고 仙韻의 운복 모음 /ɛ/를 /e/로 대체하여 수용한다(위의 (33)과 (37) 참조).

결론적으로, 『고사기』 음가나의 '弖'는 テ/te/를 표음하고, '傳'은 デ/de/를 표음한다. 한어 중고음을 이용한 기술과 용례 분석을 통한 예상이 서로 일치한다.

4.2.7.5. TO 음절

TO 음절의 표기에는 '登, 斗, 杼, 等, 度'가 사용되었다. 용례를 상호 대비하여 이들의 상호관계를 논의해 보자.

(231) 『고사기』의 '登' 용례

TO: 登{조사 と}(2, 3, …), -登母{활용 とも}(6, 12, …), 袁登{彼}(106), 比登{人}(12, 31, …), 袁登賣/遠登賣{媛女, 孃子}(17, 20, …/ 2, 3), 美許登{命}(2, 3, …), 登岐{時}(6), 登理{鳥}(2, 3, …), 登母{伴}(16), 登理{取り}(6), 淤岐都登理{沖つ鳥}(6), …

(232) 『고사기』의 '斗' 용례

TO: 斗{門}(76), 斗岐{著き}(44), 加那斗加宜{金門蔭}(82), 伊多斗{板戸}(2), …

(233) 『고사기』의 '杼' 용례

TO: 阿加斯弖杼富禮[あかしてとほれ](88)

DO: 杼母{조사 ども}(17, 45, …), -禮杼{활용 れど}(9, 29), -閇杼{활용 へど}(29, 53), -祁杼{활용 けど}(72), 和杼理{我鳥}(4), 那杼理{汝鳥}(4), 賣杼理{女鳥}(68), 知杼理{千鳥}(19), …

(234)『고사기』의 '等' 용례

TO: 美許等{命}(4, 6), 等母{共}(56)

(235)『고사기』의 '度' 용례

DO: 加度{門}(101), 加毛度久{鴨著く}(10)

위의 용례에서 (234)의 '美許等{命}, 等母{共}'가 (231)의 '美許登{命}, 登母{伴}'와 동음 이표기 쌍이다. 여기에서 '等=登'의 등식이 성립한다. (233)의 '杼'는 단어의 첫머리에 오지 않고 복합어의 후행 성분을 표기할 때가 많다. 특히 (231)에서 '登理'{鳥}로 표기되던 것이 (233)에서는 항상 '杼理'{鳥}로 표기된다. 따라서 '杼'가 '登'의 탁음 짝이라는 논의가 성립한다.

반면에 (232)의 '斗'와 (231)의 '登'은 동일어를 표기하지 않으므로 '斗'와 '登'은 이음 관계이다. (232)의 '斗'는 단어의 첫째 음절도 표기하지만, (235)의 '度'는 그렇지 않다. 『고사기』 가요에서는 '度'의 용례가 적어서 이것이 잘 드러나지 않지만, 『만엽집』 가요에서는 '度'가 둘째 음절 이하의 음절을 표기한다는[73] 것이 정확히 드러난다. 따라서 '度'가 '斗'의 탁음 짝이라는 논의가 성립한다.

결론부터 말하면, 이 용례 분석 결과가 한어 중고음으로 기술한 결과와 정확히 일치한다. '登=等'의 중고음 성모가 端母/t/인 데에 비하여 '杼'는 澄母/d/이고, '斗'가 무성음인 端母/t/인 데에 비하여 '度'는 유성음인 定母/d/이기 때문이다.

(236) '登, 等, 杼, 斗, 度'의 중고음과 그 수용

1. 登[端開1平登]=/təŋ/^{L} 〉 ト^{乙}/tə/
2. 等[端開1上登]=/təŋ/^{R} 〉 ト^{乙}/tə/[74]

---

73 6장에서 『만엽집』의 '度' 용례를 참고하기 바란다.

74 1회 사용된 '刀'도 이것과 음가가 같았다고 본다. 豪韻은 위의 (99.2)에서 볼 수 있듯이 을류로 수용된다.
刀[端中1平豪]=/tɑu/^{L} 〉 ト^{乙}/tə/, 伊刀古夜[伊刀古夜](6)

3. 杼[澄中C上魚]=/dɪo~dɪə/^{R} 〉 ド^{乙}/də/

4. 斗[端中1上侯]=/təu/^{R} 〉 ト/to/

5. 度[定中1去模]=/do/^{D} 〉 ド/do/

'登=等'의 운모는 登韻/əŋ/인데, 登韻/əŋ/은 『고사기』 음가나에서 /ə/로 수용된다(위의 (205) 참조). '杼'의 운모인 魚韻/ɪo~ɪə/은 /ə/로 수용된다(위의 (42) 참조). 『고사기』 음가나에서 '登=等'의 /ə/도 을류이고 '杼'의 /ə/도 을류임은 두말할 필요도 없다. 반면에, '斗'와 '度'는 『고사기』 음가나에서 갑류로 분류된다. '斗'의 侯韻/əu/뿐만 아니라 '度'의 模韻/o/도 /o/로 수용되기 때문이다(위의 (92)와 (60) 참조).

결론적으로, 『고사기』 음가나에서 '登=等'은 ト^{乙}/tə/를, '杼'는 ド^{乙}/də/를, '斗'는 ト/to/를, '度'는 ド/do/를 표기한다. 이 결론은 용례 분석을 통한 예상과 정확히 일치한다.

4.2.7.6. T행의 요약 정리

위에서 논의한 내용을 하나의 표로 요약해 보면 아래와 같다. T행에서도 N·R·S·T행과 마찬가지로 /a, i, u, e, o, ə/의 여섯 가지 모음이 설정된다.

(237) T행 『고사기』 음가나의 음가 배당

자음 \ 모음	A (ア)	I (イ)	U (ウ)	E (エ)	O (オ)
T (タ)	多/ta/	知/ti/	都/tu/	弖/te/	登=等/tə/, 斗/to/
	陀/da/	遲≒治/di/	豆/du/	傳/de/	杼/də/, 度/do/

T행에서는 빈칸이 전혀 없는 대신에 O열에서만 갑류와 을류의 구별이 있다. 아마도 이것이 전형적인 상대 일본어의 음절구조였을 가능성이 크다. 이에 따르면 갑류를 /o/ 칸에 넣는 대신에, 아래의 표처럼 을류를 따로 만들어서 /ə/ 칸에

넣는 것이 바람직할 것이다.

(238) T행 『고사기』 음가나의 음가 배당 (수정)

자음＼모음	A (ア)	I (イ)	U (ウ)	E (エ)	ᴲ	O (オ)
T (タ)	多/ta/	知/ti/	都/tu/	弖/te/	登=等/tə/	斗/to/
	陀/da/	遲≒治/di/	豆/du/	傳/de/	杼/də/	度/do/

이처럼 조정하면 상대 일본어의 모음체계가 꽉 짜여진 6모음체계가 된다. 한 칸에 하나의 음가만 배당하면서 빈칸이 없기 때문에 가장 체계적인 음가 배당표가 된다. 이 표에서 제6의 모음은 ᴲ로 표기하고 E열과 O열의 사이에 두었다. 을류 모음은 O열에 가장 많으므로 ᴲ열의 위치를 E열과 O열의 사이로 정했다. 이 ᴲ는 제6의 모음 즉 /ə/를 가리킨다.

4.2.8. P행, ハ行

독특하게도 현대 일본어에서는 순음과 후음이 하나의 계열을 이룬다. 위에서 우리는 『고사기』 음가나에서 아음과 후음의 구별이 없다고 했는데, 이것은 후음이 순음과 더불어 하나의 계열을 이루는 데에 그 원인이 있을 것이다. 순음과 후음이 한 덩어리로 병합된 것을 우리는 H행이라고 부르지 않고 P행이라고 부른다.

현대 일본어에서는 이 P행을 'ha, hi, fu, he, ho'로 전자(轉字)하는 것이 일반적이지만, 상대 일본어에서는 P행의 음가가 청음일 때에는 양순무성파열음 /p/이고 탁음일 때에는 양순유성파열음 /b/였다고 추정하여, P행을 /pa, pi, pu, pe, po/와 /ba, bi, bu, be, bo/로 표기한다. 양순음 /p/와 /b/로 추정하는 근거는 P행의 표기에 사용된 음가나 16자의 성모가 모두 양순음이라는 데에서 찾을 수 있다. 또한 현대의 동북 방언, 오키나와 방언, 出雲(이즈모) 방언에서 어두의 ハ행을 양순파열음으로 발음하는(橋本進吉 1942, 服部四郎 1976a: 12) 것도 그 논거가 된다. 室町(무로마치) 시대에 서양인이 P행을 'fa, fi, fu, fe, fo'로 전자한 것을 기준으로 삼아, 양순파열음이 무로마치시대에 양순마찰음으로 변했다고 기술하는 것이 현재의 통설이다.

P행의 표기에는 '波, 婆, 比, 斐, 肥, 備, 毘, 布, 夫, 幣, 閇, 倍, 辨, 富, 本, 煩'의 16자가 사용되었다. 이들을 50음도로 분류해 보면 아래와 같다.

(239) P행 『고사기』 음가나

모음 / 자음	A (ア)	I (イ)	U (ウ)	E (エ)	O (オ)
P (ハ)	波	比 斐 肥	布	幣 閇	富 本
	婆	備 毘	夫	倍 辨	煩

4.2.8.1. PA 음절

PA 음절의 표기에는 '波'와 '婆'가 사용되었다. 이들의 용례를 모아 보면 아래와 같다.

(240) 『고사기』의 '波' 용례

PA: 波{조사 は}(2, 3, …), 波良{原}(21, 37, …), 波{葉}(22, 23, …), 波知須{蓮}(96), …

BA: －禮波{활용 －れば}(72)

(241) 『고사기』의 '婆' 용례

PA: 婆{조사 は}(4, 6, …), 加用婆勢{通はせ}(2, 3)

BA: －婆{활용 －ば}(2, 3, …), －遠婆{복합조사 をば}(3, 4, …), 知婆{千葉}(43), 宇良婆{末葉}(101), 佐佐婆{笹葉}(81), 和加久流須婆良{若栗栖原}(94), 波那婆知須{花蓮}(30), …

위의 용례를 서로 대비해 보면 (240)의 단일어 '波'{葉}, '波良'{原}, '波知須'{蓮}에

서 '波'로 표기되던 것이 (241)의 복합어에서는 '婆'로 표기된다. 따라서 청음 '波'에 연탁 규칙이 적용되어 탁음 '婆'로 바뀐다는 관계를 설정할 수 있다.[75]

이 관계를 한어 중고음에서 확인해 보기로 한다. 중고음에서 '波'는 幫母/p/이고 '婆'는 並母/b/이므로 위의 연탁 규칙이 바로 확인된다.

(242) '波, 婆'의 중고음과 그 수용

1. 波[幫中1平戈]=/pwɑ/^{L} 〉 ハ/pa/
2. 婆[並中1平戈]=/bwɑ/^{L} 〉 バ/ba/

'波'와 '婆'의 운모는 둘 다 戈韻/wɑ/인데, 戈韻/wɑ/은 『고사기』 음가나에서 항상 /a/로 수용된다(위의 (79) 참조). 따라서 『고사기』 음가나의 '波'와 '婆'는 각각 ハ/pa/와 バ/ba/를 표기한 것이 틀림없다.

『고사기』 음가나에서 청탁을 구별하여 幫母/p/를 /p/로 수용하고 並母/b/를 /b/로 수용했다는 것을 여기에서 다시 확인해 두기로 한다.

(243) 『고사기』 음가나의 幫母/p/ 수용 양상

1. 波[幫中1平戈]=/pwɑ/^{L} 〉 ハ/pa/
2. 比[幫中A去脂]=/pji/^{D} 〉 ヒ/pi/
3. 布[幫中1去模]=/po/^{D} 〉 フ/pu/
4. 本[幫中1上魂]=/pwən/^{R} 〉 ホ/po/
5. 閉/閇[幫中4去齊]=/pei/^{D} 〉 ヘ/pe/

(244) 『고사기』 음가나의 並母/b/ 수용 양상

1. 婆[並中1平戈]=/bwɑ/^{L} 〉 バ/ba/

75 '-禮波'의 '波'가 활용형 'ば'를 표기하고 '婆'가 조사 'は'를 표기하며 '加用婆勢'{通はせ}에서 '婆'가 'は'에 대응하는 것은 예외로 간주한다. 극소수에서만 예외적 표기가 확인되기 때문이다.

2. 毘[並中A平脂]=/bji/[L] 〉 ビ/bi/

3. 倍[並中1上灰]=/bwəi/[R] 〉 べ/be/

   [並中1去灰]=/bwəi/[D]

4. 備[並中B去脂]=/bɪi/[D] 〉 ビ[乙]/bə→bɨ/

5. 辨[並中B上仙]=/bɪɛn/[R] 〉 べ/be/

6. 幣[並開A去祭]=/bɪɛi/[D] 〉 ヘ/pe/

위의 여러 예에서 볼 수 있듯이, 중고음의 幇母/p/는 『고사기』 음가나에서 /p/로 수용된다. 그런데 並母/b/는 /b/로 수용되는 것이 원칙이지만, 독특하게도 '幣'의 並母/b/는 /p/로 수용된다. 이 특수성은 후술한다.

(245) 幇母/p/의 대체 수용

한어 중고음의 幇母/p/는 『고사기』 음가나에서 항상 /p/로 수용된다.

(246) 並母/b/의 대체 수용

한어 중고음의 並母/b/는 『고사기』 음가나에서 /b/로 수용되지만, 예외적으로 '幣'에서는 /p/로 수용된다.

4.2.8.2. PI 음절

PI 음절의 표기에는 '比, 斐, 肥, 備, 毘'의 5자가 사용되었다. 이들의 용례를 모아 보면 아래와 같다.

(247) 『고사기』의 '比' 용례

PI: 比登{人}(12, 33, …), 比{日}(5, 8, …), 比登{一}(6, 13, …), 比流{蒜}(45), 比呂理{廣り}(59, 102), 淤母比/意母比{思ひ}(53, 90, …/ 90), 阿佐比{朝日}(5, 101), …

(248) 『고사기』의 '斐' 용례

PI: 淤斐{生ひ}(59, 92, …), 古斐{戀ひ}(5), 意斐志{大石}(15), 許紀志斐惠泥[こきしひゑね](11), 許紀陀斐惠泥[こきだひゑね](11)

(249) 『고사기』의 '毘' 용례

PI: 都毘迩{終に}(75)

BI: 志毘/斯毘{鮪}(109, 111/ 111), 阿蘇毘{遊び}(109), 佐斗毘登{里人}(83), 佐加理毘登{盛り人}(96), 伊理毘{入日}(24), 怒毘流{野蒜}(45), 波毘呂{葉廣}(59, 92, …)

(250) 『고사기』의 '備' 용례

BI: 岐備{吉備}(56), 宇泥備{畝火}(22, 23), 斯多備{下樋}(80)

(251) 『고사기』의 '肥' 용례

PI: 肥{火}(26), 迦藝漏肥[かぎろひ](78)

BI: 麻肥{眞火}(44), 乎加肥爾波{岡びには}(만엽 838)

(247～248)의 용례에서 볼 수 있듯이, '比'와 '斐'는 PI 음절만 표기하고 BI 음절을 표기하는 예가 없다. 반면에 (249～250)의 '毘, 備'는 BI 음절을 표기하는 것이 기본이다. (251)의 '肥'는 PI 음절을 표기하는지 BI 음절을 표기하는지 결정하기 어렵다.

그런데 PI 음절을 표기하는 '比'와 '斐'는 동일어를 표기하지 않는다. 이음 관계이므로 '比'와 '斐'의 모음은 서로 달라야 한다. 이와 마찬가지로, BI 음절을 표기하는 '毘'와 '備'도 동일어를 표기하지 않는다. 역시 이음 관계이므로 '毘'와 '備'의 모음도 서로 달라야 한다.

(251)의 '肥'는 PI 음절을 표기하는지 BI 음절을 표기하는지 용례만으로는 가리기가 어렵다. 그러나 복합어인 (251)의 '麻肥'{眞火}와 (250)의 '宇泥備'{畝火}에서 '肥=備'임이 드러나므로, '肥'는 PI 음절이 아니라 BI 음절을 표기한다고 할 수 있

다. 이 동음 관계에서 '肥'와 '備'의 모음이 동일하다는 것을 알 수 있다.

(249)의 복합어에서 '人, 日, 蒜, 廣'이 각각 '毘登, 毘, 毘流, 毘呂'로 표기된다. 이들이 (247)의 단일어에서는 각각 '比登, 比, 比流, 比呂理'로 표기되므로, '毘'는 연탁 규칙이 적용된 결과를 표기한다고 할 수 있다. 여기에서 탁음 '毘'는 청음 '比'의 짝임이 드러난다.

『고사기』 가요에는 '불'{火}을 '比'로 표기한 예가 없다. '比'는 (247)에서 확인할 수 있듯이 '해, 날'의 의미를 가지는 '日'만을 표기한다. 따라서 '肥'와 '比'는 서로 다른 음가임이 분명하다.

위의 용례 분석에 따라, 우리는 PI·BI 음절에서 '比', '斐', '毘', '肥=備'의 네 가지 음가가 서로 구별되었다고 본다. 한어 중고음을 고려하여 우리는 이 넷에 아래와 같이 음가를 배당한다.

(252) '比, 斐, 肥, 備, 毘'의 중고음과 그 수용

1. 比[幫中A去脂]=/pji/^{D} 〉 ヒ/pi/
2. 斐[敷中C上微]=/p^{h}ɪəi/^{R} 〉 ヒ^{乙}/pə/
3. 毘[並中A平脂]=/bji/^{L} 〉 ビ/bi/
4. 備[並中B去脂]=/bɪi/^{D} 〉 ビ^{乙}/bə→bɨ/[76]
5. 肥[奉中C平微]=/bɪəi/^{L} 〉 ビ^{乙}/bə→bɨ/[77]

'比'와 '毘'의 중고음 성모는 각각 幫母/p/와 並母/b/이므로 용례 분석을 통한 우리의 예상과 정확하게 맞아떨어진다. 더군다나 '比'와 '毘'의 운모는 둘 다 脂韻/ji/이다. 脂韻/ji/은 /i/로 수용되므로(위의 (21) 참조), '比'는 청음 ヒ/pi/를 표기하고 '毘'는 탁음 ビ/bi/를 표기한다.

76 아래의 (306)에서 제6과 제7의 모음을 종합하면서 ビ^{乙}/bə/를 ビ^{乙}/bɨ/로 수정할 예정이다. (252.5)의 '肥'도 마찬가지이다.

77 『대계』에서는 1회 사용된 '畏'를 BI 음절로 해독했다. 그러나 影母 합구가 /b/로 수용된 것은 정상적 수용이 아니다. 용례가 극소수인 음가나의 한계를 잘 보여 준다.
畏[影合C去微]=/ʔwəi/^{D} 〉 ビ^{乙}/bə/, 久畏{鵠}(29)

용례 분석을 통해서 우리는 '肥=備'의 등식이 성립한다고 했다. 한어 중고음의 성모에서 '肥'는 奉母/b/이고 '備'는 並母/b/이므로, 『고사기』 가요에서는 정상적으로 이들이 탁음 /b/로 수용되었다.

그런데 (251)에서 단일어인 '불' 즉 '火'를 '肥'로 표기했으므로, '肥'가 BI 음절을 표기한 것이 아니라 PI 음절을 표기한 것일 수도 있다.[78] 『고사기』의 '肥' 용례가 아주 적으므로 『만엽집』에서 '肥'의 용례를 찾아보았더니 '乎加肥爾波'{岡びには}(만엽 838)가 추가된다. 이에 따라 '肥'가 BI 음절에 속한다고 보았는데, '肥'의 중고음 성모가 마침 奉母/b/이다.

『고사기』의 음가나 중에서 奉母字는 '肥'와 '煩'의 둘뿐이다. '煩'의 奉母/b/가 『고사기』 음가나에서 /b/로 수용된다는 것이 확실하므로(아래의 PO 음절 참조), '肥'의 奉母/b/도 /b/로 수용된다고 보는 것이 자연스럽다.

(253) 『고사기』 음가나의 奉母/b/ 수용 양상

1. 煩[奉中C平元]=/bɪɑn/^{L} 〉 ボ^{乙}/bə/
2. 肥[奉中C平微]=/bɪəi/^{L} 〉 ビ^{乙}/bə→bɨ/

(254) 奉母/b/의 대체 수용

한어 중고음의 奉母/b/는 『고사기』 음가나에서 항상 /b/로 수용된다.

이에 따르면 '肥'가 정상적으로 ビ^{乙}/bə→bɨ/를 표음하게 된다. '肥'의 운모인 微韻/ɪəi/이 을류의 /ə/로 수용되기 때문이다(위의 (154) 참조).

그런데 (252)의 음가 배당에서 '備'의 운모에 문제가 있다. '備'는 운모가 脂韻/ɪi/이므로 /i/로 수용되는 것이 정상적이다(위의 (21) 참조). 그런데도 '備'의 脂韻/ɪi/은 '祁'의 脂韻/ɪi/과 더불어 특이하게도 /ə/로 수용된다. 『고사기』 음가나

78 이 예상에 따라 (251)의 '肥'{火}가 과연 단일어인지 되돌아보았더니, 시구가 '毛由流肥能'{燃ゆる 火の}이다. 이곳의 '肥'가 앞에 온 '毛由流'와 분절된다고 보아 '肥'{火}를 단일어로 간주했음을 밝혀 둔다.

에서 '備'의 모음이 을류의 /ə/라는 것은 용례에서 '肥=備'의 등식이 성립하기 때문에 의심의 여지가 없다.

'備'의 脂韻/ɪi/이 예외적으로 수용된다는 것은 전기 중고음의 중뉴(重紐)와 관계가 있다.[79] 위의 (252)에서 을류의 /ə/로 수용되는 '斐'와 '肥'는 중고음에서 등이 3등 C이고 '備'는 3등 B이다. 반면에 갑류의 /i/로 수용되는 '比'와 '毘'는 3등 A이다. 전기 중고음에서 3등 B와 3등 C는 모음적 전설평순활음 /ɪ-/로 해석하고, 3등 A는 자음적 전설평순활음 /j-/로 해석한다(이승재 2018: 257). 그런데『고사기』음가나에서는 자음 바로 뒤에 활음이 오는 음절형이 없다. 이에 따라 /ɪ-/와 /j-/의 차이를 활음의 차이로 수용하지 않고 모음의 차이로 수용한다. 그 결과로 3등 A는 갑류의 /i/ 모음으로 수용하는 대신에, 3등 B 또는 3등 C는 을류의 /ə/로 수용했다고 말할 수 있다.

이러한 논의를 얼른 이해하기 어려울 것이므로, 한어 중고음의 등(等)을 여기에서 간단히 설명해 둔다.『韻鏡』등의 운도(韻圖)에서 3등운자는 셋째 줄에 배열하는 것이 원칙이지만, 일부의 3등운자는 이상하게도 넷째 줄에 배열하여 마치 4등운자인 것처럼 배열되어 있다. 이처럼 두 줄로 배열된 3등운을 중뉴(重紐)라고 지칭하고 대부분의 학자들이 이 둘의 차이를 운두개음의 차이로 기술한다. 이토 지유키(2011)(이진호 역)은 넷째 줄에 배열한 3등운자를 3등 A라 하고 셋째 줄에 배열한 3등운자를 3등 B 또는 3등 C라고 지칭한 바 있다. 우리도 이를 따르되, 3등 A의 운두개음을 자음적 전설평순활음 /j-/로 표기하고 3등 B 또는 3등 C의 개음은 모음적 전설평순활음 /ɪ-/로 표기하여 구별한다. 이 /j-/와 /ɪ-/의 음운론적 차이를『고사기』음가나에서는 모음의 차이로 수용하여, /j-/가 있으면 갑류의 /i/로 수용하고 /ɪ-/가 있으면 을류의 /ə/로 수용했다고 말할 수 있다.

중요한 것은 운도에서 이 중뉴가 순음과 아후음의 뒤에서만 확인되고 설치음 뒤에서는 확인되지 않는다는 점이다. 그런데 예외적 수용이 일어난 '備'와 '祁'의

79 有坂秀世(1933/55: 403~405)는 한국 한자음에서 止攝의 /i/ 모음이 'ㅣ'와 'ㅢ'의 두 가지로 표기되는 것을 들어 I열의 갑류를 'i'로 을류를 'ï̯i'로 표기했다. 이것은 중뉴를 구별한 최초의 업적이다.

성모가 각각 순음과 아음이다. 즉 '備'의 성모는 순음의 일종인 並母/b/이고 '祁'의 성모는 아음의 일종인 見母/k/이다. 음운론적 환경이 서로 일치하므로, 예외적 수용은 전기 중고음의 중뉴에서 비롯된다는 가설을 제기할 수 있다. 이 가설이 맞는지는 전체 음절을 모두 분석한 다음에 다시 논의하기로 한다.

PI 음절 음가나 중에서 아직 음가를 논의하지 않은 것으로 '斐'가 있다. 위에서 용례 분석을 통하여 우리는 '斐'의 음가가 '比', '毘', '肥=備'의 음가와 다르다고 했다. 이 셋에 각각 ヒ/pi/, ビ/bi/, ビ^{乙}/bə→bɨ/를 배당했으므로, '斐'에는 ヒ^{乙}/pə/를 배당할 수 있다.

이 배당이 맞는지 한어 중고음으로 확인해 보자. 중고음에서 '斐'의 성모는 敷母/p^h/이고 운모는 微韻/ɪəi/이다. 『고사기』 음가나에서 敷母字는 '斐' 하나뿐이다. 그러나 중고음의 무성음은 『고사기』 음가나에서 대개 청음으로 수용되므로, '斐'의 敷母/p^h/도 청음 /p/로 수용된다고 할 수 있다.

(255) 敷母/p^h/의 대체 수용

한어 중고음의 敷母/p^h/는 『고사기』 음가나에서 /p/로 수용된다.

'斐'의 운모는 微韻/ɪəi/인데, 微韻/ɪəi/은 항상 /ə/로 수용된다(위의 (154) 참조). 따라서 우리가 '斐'에 을류의 ヒ^{乙}/pə/를 배당한 것이 정확하다고 할 수 있다.

결론적으로, PI 음절의 음가나 '比', '毘', '肥=備', '斐'는 각각 ヒ/pi/, ビ/bi/, ビ^{乙}/bə→bɨ/, ヒ^{乙}/pə/를 표음한다.

4.2.8.3. PU 음절

PU 음절의 표기에는 '布, 夫'가 사용되었다. 이들의 용례를 모아 보면 아래와 같다.

(256) 『고사기』의 '布' 용례

PU: －布{활용 ふ}(6, 15, …), 布{上}(50), 布多{二}(8, 21), 布那{船}(87), 祁布{今日}(103), 由布{夕}(23, 101, 105), 布由{冬}(49), 意布{大}(111), 多布斗久{貴く}(9), 布佐波受{適はず}(6), 布麻須{蹈ます}(88), 布流{振}(40), 布須{伏す}(98), 夜布{八節}(110), 阿波布{粟生}(13), 阿布美{淡海}(40, 113), …

(257) 『고사기』의 '夫' 용례

BU: 久夫{頭}(12), 阿夫良{脂}(101), 加多夫/加夫斯{傾}(106, 107/ 6), 登夫{飛ぶ}(86), 波夫良婆{放らば}(87), 淤曾夫良比{押そぶらひ}(2, 3), 袁夫泥{小船}(54), 牟斯夫須麻{苧衾}(7), …

위의 용례에서 '布'는 단어의 첫째 음절을 표기하지만, '夫'는 그런 예가 없다. 이에 따라 '夫'는 '布'의 탁음 짝이라 예상할 수 있다. 이것이 (256)의 '布那'{船}와 (257)의 '袁夫泥'{小船}에서 확인된다. 즉 '배'{船}를 뜻하는 단일어에서 '布'로 표기되던 음절이 복합어의 후행 성분에서는 '夫'로 교체된다.

'布'의 중고음 운모는 模韻/o/이고, '布'의 模韻/o/은 이상하게도 /o/로 수용되지 않고 /u/로 수용된다(위의 (60) 참조). 이처럼 /u/로 수용된다고 한 것은 '布'의 탁음 짝이 '夫'이고 '夫'의 虞韻/ɥo/이 항상 /u/로 수용되기 때문이다(위의 (26) 참조).

(258) '布, 夫'의 중고음과 그 수용

1. 布[幫中1去模]=/po/^{D} 〉 フ/pu/
2. 夫[非中C平虞]=/pɥo/^{L} 〉 ブ/bu/

그런데 '布'의 중고음 성모도 무성음인 幫母/p/이고 '夫'도 무성음인 非母/p/이므로, '夫'의 성모가 유성음일 것이라는 예상이 빗나간다. 전기 중고음에서 非母는 3등 C인 운모의 앞에 분포하고 幫母는 기타의 운모 앞에 분포한다. 그리하여 非母와 幫母가 상보적으로 분포하므로, 이 두 운모를 하나로 병합하여 幫非/p/

라고 할 수 있다. 이에 따르면 '布'의 성모인 幫母/p/가 『고사기』 음가나에서 /p/로 수용되듯이(위의 (245) 참조), 非母/p/도 /p/로 수용되어야 한다. 그런데도 非母/p/가 /b/로 수용되므로, 이것은 예외적 수용임이 분명하다.

우리는 위에서 (257)의 '袁夫泥'(小船)가 연탁 규칙이 적용될 수 있는 복합어라는 점을 지적했다. 이 점을 감안하면 非母/p/도 幫母/p/처럼 일단 /p/로 수용된다고 할 수 있다. 그런 다음에 연탁 규칙이 적용됨으로써 /b/를 표기한다고 할 수 있다. 더군다나 아래의 (259.1)의 '富'에서도 非母/p/가 /p/로 수용된다. 따라서 非母/p/가 /p/로 수용된다는 가설이 성립한다.

(259) 『고사기』 음가나의 非母/p/ 수용 양상

1. 富[非中C去尤]=/pɪəu/^{L} 〉 ホ/po/
2. 夫[非中C平虞]=/pɥo/^{L} 〉 ブ/bu/

그러나 위에서 연탁 규칙이 적용된다고 본 것은 모두 群母/g/였다. 群母/g/는 중고음에서 이미 유성음이므로 얼마든지 연탁 규칙을 적용할 수 있다. 반면에 非母/p/는 중고음에서 무성음이므로 유성음인 群母/g/와는 사정이 다르다.

非母/p/가 일률적으로 /p/로 수용되고 여기에 연탁 규칙이 적용되었다고 가정할 때에는 또 하나의 난제가 우리를 기다린다. 단일어에 사용된 '夫'를 기술하기 어렵다는 문제점이다. 非母/p/가 /p/로 수용된다고 하면 (257)의 '阿夫良'(脂)가 /apura/를 표기한 것이 되는데, 이것은 복합어가 아니기 때문에 연탁 규칙을 적용할 수 없다.

(260) 非母/p/의 대체 수용

한어 중고음의 非母/p/는 『고사기』 음가나에서 /p/로 수용되지만, '夫'에서는 특이하게도 /b/로 수용된다.

따라서 우리는 非母/p/의 대체 수용을 위와 같이 정리한다. 이것은 '夫'의 非母

/p/가 /b/로 수용된 것을 독특한 예외라고 보는 방법이다.[80] 이 예외적 수용의 원인을 밝힐 수가 없지만, 이 방법이 오히려 언어 현실을 있는 그대로 기술하는 방법이라고 본다. 더군다나 (256)과 (257)에서 '布'와 '夫'의 용례를 대비해 보면 공통되는 단어가 '배'{船} 하나뿐이다. 이것은 '布'와 '夫'가 이음 관계일 가능성을 암시한다.

4.2.8.4. PE 음절

PE 음절의 표기에는 '閇, 幣, 倍, 辨'이 사용되었다. 이들의 용례를 모아 보면 아래와 같다.

(261) 『고사기』의 '閇' 용례

PE: 多麻閇{조동사 たまへ}(74), 多閇{栲}(98), 袁佐閇{緒さへ}(9), 阿閇{合へ}(103), 多多加閇婆{戰へば}(16), 意母閇杼/母閇杼{思へど}(29/ 53), 波閇{延へ}(46, 58), 斗閇婆{問へば}(79), …

(262) 『고사기』의 '幣' 용례

PE: 幣{조사 へ}(54), 伊幣{家}(78, 91), 麻幣{前}(24, 82, 98), 幣{邊, 方}(6, 53, …), 淤幣理{覆へり}(101), 夜幣{八重}(1, 108), 幣具理{平群}(33, 92), 美幣{三重}(101), …

(263) 『고사기』의 '倍' 용례

BE: 倍志{조동사 べし}(84), 迦波能倍迩{河の邊に}(59), 宇倍志/宇倍那{諾}(74/ 30), 迦賀那倍弖[かがなべて](28)

80 '夫'는 推古조부터 유성음으로 쓰였고 長屋王家木簡(하한 710년)에서는 유·무성 양쪽에 사용되었다.

(264) 『고사기』의 '辨' 용례

BE: 登許能辨爾{床の邊に}(35), 久佐加辨能{日下部の}(92)

위의 용례에서 '閇'와 '幣'는 청음인 PE 음절을 표기하고 '倍'와 '辨'은 탁음인 BE 음절을 표기한다. 그런데 단일어 '邊'을 '幣'로 표기한 반면에, 복합어의 후행 성분에서는 '邊'을 '倍, 辨'으로 표기했다. 여기에서 '幣'의 탁음 짝이 '倍, 辨'임을 알 수 있다.

그런데 PE 음절의 '閇'와 '幣'가 동일어를 표기하지 않는다. 이음 관계이므로 '閇'와 '幣'의 음가는 달라야 한다. 반면에 BE 음절의 '倍'와 '辨'은 동일어 '邊'을 표기하므로 동음 관계이다. 따라서 '倍'와 '辨'의 음가는 같아야 한다. 더군다나 '倍, 辨'의 청음 짝이 '幣'이므로 '倍, 辨'과 '幣'의 자음은 서로 달라야 한다.

이 용례 분석에 따르면, 아래와 같이 '閇'는 ヘ/pe/를 표음하고 '倍, 辨'는 ベ/be/를 표음한다고 할 수 있다.

(265) '閇, 幣, 倍, 辨'의 중고음과 그 수용

1. 閉/閇[幫中4去齊]=/pei/^{D} 〉 ヘ/pe/
2. 幣[並開A去祭]=/bɪεi/^{D} 〉 ヘ/pe/
3. 倍[並中1上灰]=/bwəi/^{R} 〉 ベ/be/
   [並中1去灰]=/bwəi/^{D}
4. 辨[並中B上仙]=/bɪεn/^{R} 〉 ベ/be/

그런데 '幣'에서는 두 가지 논리가 충돌하고 있어서 문제가 된다. 첫째, (262)에서 '幣'가 BE 음절은 표기하지 않고 PE 음절만 표기한다는 점에서는 '幣'에 ヘ/pe/를 배당하는 것이 맞다. 둘째, '幣'와 '閇'가 이음 관계이므로 '幣'와 '閇'에 동시에 ヘ/pe/를 배당하면 안 된다. 따라서 만약에 '閇'가 ヘ/pe/라면, '幣'는 ヘ/pe/가 아니다. 이 모순을 해결하는 방법으로 '幣'에 을류의 ヘ^{乙}/pə/를 배당하는 방법이 있다. 이처럼 배당하면 첫째와 둘째의 모순 관계를 일단 해소할 수 있다.

그러나 이 방법도 만족스러운 것은 아니다. 위의 (38)에서 이미 정리한 바 있듯이 祭韻/ɪɛi/은 항상 갑류의 /e/로 수용된다. 이에 따르면 '幣'의 祭韻/ɪɛi/이 을류의 /ə/로 수용된다고 할 수가 없다. 만약에 '幣'에 ヘ乙/pə/를 배당하면, 그 탁음 짝인 '倍=辨'에는 ベ乙/bə/를 배당해야 한다. '幣'와 '倍=辨'은 자음의 청탁에서만 차이가 나기 때문이다. 그런데 이때에도 '辨'의 仙韻/ɪɛn/이 항상 갑류의 /e/로 수용된다는 (37)의 원칙을 위반하게 된다.

결론적으로, '幣'에 어느 음가를 배당하든 문제가 풀리지 않는다. 따라서 우리는 '幣'를 설명하기 어려운 예외적 음가나로 간주하여 (265.2)에서 막연하게 ヘ/pe/로 수용했다고 기술해 둔다.

(265.1)의 '閇'는 '閉'와 동자(同字)이고 그 한어 중고음은 幫母/p/·齊韻/ei/이다. 幫母/p/는 /p/로 수용되고(위의 (245) 참조), 齊韻/ei/은 항상 /e/로 수용된다(위의 (64) 참조). 따라서 '閇'는 『고사기』 음가나에서 정상적으로 /pe/를 표음한다고 할 수 있다.

(265.2)의 '幣'는 並母/b/·祭韻/ɪɛi/이다. 並母/b/는 /b/로 수용되는 것이 원칙이지만(위의 (246) 참조), 이상하게도 '幣'의 並母/b/는 /p/로 수용된다. 祭韻/ɪɛi/은 /e/로 수용되므로(위의 (38) 참조), 이에 따르면 '幣'가 『고사기』 음가나에서 /be/를 표음하는 것이 정상이다. 그런데 '幣'{邊}를 제외하면 (262)의 용례에서 확인할 수 있듯이, 실제로는 ヘ/pe/를 표음한다. 『고사기』 가요에서의 용례 분석과 한어 중고음 위주의 기술이 서로 일치하지 않는다. 따라서 『고사기』 음가나에서 '幣'가 ヘ/pe/를 표음한 것은 예외적 수용임이 분명하다.

만약 한어 중고음의 수용 양상을 중시하면, 용례 분석과 달리 '幣'에 /be/를 배당하는 것이 맞다. '幣'의 중고음이 무성음인 幫母/p/가 아니라 유성음인 並母/b/이기 때문이다. 반면에 후대의 일본어 어형을 중시하면 '幣'에 /pe/를 배당할 수밖에 없다. 방향의 의미를 가지는 조사는 후대 어형에서 'ベ'가 아니라 'ヘ'이고, '伊幣'{家}와 '麻幣'{前}의 '幣'도 후대 어형에서 'ベ'가 아니라 'ヘ'이기 때문이다.

우리는 후대의 어형을 중시하여 '幣'가 ヘ/pe/를 표음했다고 기술한다. 한어 중고음의 수용 양상을 좇아서 일단 '幣'가 /be/를 표기한 것이라고 할 때에는 탁

음 /b/가 후대에 청음 /p/로 변했다고 기술해야 하는데, 이 변화가 『고사기』 음가나에서는 확실하지 않기 때문이다. 어두의 /b/가 어두 청음화 규칙에 따라 /p/로 변했다고 기술할 수 있지만, '伊幣'{家}와 '麻幣'{前}의 '幣'는 단어의 첫째 음절이 아니기 때문에 어두 청음화 규칙도 적용할 수가 없다.

그런데 P행에서는 예외적 수용이 자주 관찰된다. 위의 PI 음절에서 이미 '夫'의 非母/p/가 /b/로 수용되는 것을 예외적 수용이라 규정한 바 있는데, PE 음절에서도 '幣'의 並母/b/가 특이하게도 /p/를 표음한다. 둘 다 예외적 수용임이 분명하므로, P행에서 예외적 수용을 인정하기로 한다.

궁여지책이지만, 이 예외적 수용을 한어 중고음으로 기술하는 방법이 있다. 여타의 並母/b/와는 달리 '幣'의 並母/b/에서는 일찍부터 탁음청화(濁音淸化)가 일어났고, 이것을 『고사기』 음가나에서 /p/로 수용했다고 기술할 수 있다. 달리 말하면, '幣'가 예외적 행동을 보이는 것은 상대 일본에서의 수용 과정에 그 원인이 있는 것이 아니라, '幣'의 중고음에 그 원인이 있다는 뜻이다. 우리는 탁음청화가 일어나기 이전과 이후의 두 가지 음가가 '幣'의 중고음에 이미 있었다고 가정한다. 그리하여 탁음청화 이전의 음가는 『고사기』 가요에서 '幣'{邊}의 /be/로 수용되고, 이후의 음가는 여타 단어에서 /pe/로 수용되었다고 기술한다. 『고사기』 가요에서 '幣'가 이중성을 보이는 원인을 한어 중고음의 탁음청화로 미룰 수 있다.

『고사기』 음가나에서 '辨'이 べ/be/를 표기한 것은 정상적이다. '辨'의 성모인 並母/b/가 /b/로 수용되고 운모인 仙韻/ɪɛn/이 항상 /e/로 수용되기 때문이다(위의 (37) 참조).

반면에, 『고사기』 음가나 '倍'가 べ/be/를 표음한 것은 예외적 수용이다. '倍'의 성모인 並母/b/가 탁음 /b/로 수용된 것은 정상적이지만, 운모인 灰韻/wəi/을 /e/로 수용한 것은 예외적 수용이다. 전기 중고음의 운복모음 /ə/는 『고사기』 음가나에서 대부분 을류의 /ə/로 수용되는데, '倍'의 灰韻/wəi/은 독특하게도 /e/로 수용되기 때문이다. 『고사기』 음가나로 사용된 灰韻字가 '倍' 하나뿐이라서 일반화하기 어렵지만, 일단 아래와 같이 灰韻/wəi/의 대체 수용을 정리하기로 한다.

(266) 灰韻/wəi/의 대체 수용

한어 중고음의 灰韻/wəi/은 『고사기』 음가나에서 /e/로 수용된다.

우리는 ME 음절을 논의하면서 '賣'가 佳韻字인데도 '米'와 동음 관계라는 점을 중시하여 독특하게 メ/me/를 표기한다고 한 바 있다. 전기 중고음에서 佳韻은 咍韻과 병합되어 咍佳韻/əi/이 되고(이승재 2018: 308~309), 灰韻/wəi/은 그 합구 짝이다. 그런데 『고사기』 음가나에서 佳韻/əi/도 /e/로 수용되고 灰韻/wəi/도 /e/로 수용되지만, 위의 (68)에 보인 것처럼 '乃'의 咍韻/əi/은 /ə/로 수용된다. 동음 관계에 따르면, 『고사기』 음가나에서는 咍韻/əi/과 佳韻/əi/을 한 덩어리로 병합할 수가 없다. 이것은 전기 중고음과 다른 상황이므로 특별히 강조해 둔다.

4.2.8.5. PO 음절

PO 음절의 표기에는 '富, 本, 煩'이 사용되었다. 이들의 용례는 아래와 같다.

(267) 『고사기』의 '富' 용례

PO: 富許{矛}(2, 3, …), 淤富/意富{大, 多}(7, 59, …/ 11, 12, …), 登富斯{遠し}(2, 3), 富母{秀も}(43), 母登富呂布/母登富理{廻}(15, 36/ 15), 登富禮/杼富禮[とほれ](85/ 88)

(268) 『고사기』의 '本' 용례

PO: 本{上}(45, 101), 本{火}(26), 志本{鹽}(76), 斯本{潮}(109), 美本/迩本{鳰}(44/ 40), 本岐{壽き}(41), 玖流本斯{狂ほし}(41), 母登本斯{廻し}(41, 110), 本斯{欲し}(60), 宇良胡本斯{心戀し}(111), 本陀理{秀樽}(104), 伊本知{五百箇}(100), 夜本{八百}(101), 本牟多[品陀](49), 麻本呂婆[まほろば](32), 本都毛理[ほつもり](45)

(269) 『고사기』의 '煩' 용례

BO: 能煩理/能煩理斯/能煩禮婆/能煩禮波{上, 登}(59, 60/ 99/ 59, 60/ 72), 比波煩曾{弱細}(29)

위의 용례에서 (267)의 '母登富呂布/母登富理'{廻}와 (268)의 '母登本斯'{廻し}가 동일어이다. 여기에서 '富=本'의 등식이 성립하므로, '富'와 '本'의 음가는 같다. 반면에, (269)의 '煩'이 사용된 단어는 '富=本'이 사용된 단어와 일치하지 않는다. 따라서 '煩'은 '富=本'과 이음 관계이다.

(270) '富, 本, 煩'의 중고음과 그 수용

1. 富[非中C去尤]=/pɪəu/^{L} 〉 ホ/po/
2. 本[幇中1上魂]=/pwən/^{R} 〉 ホ/po/[81]
3. 煩[奉中C平元]=/bɪɑn/^{L} 〉 ボ^{乙}/bə/

'富'의 한어 중고음은 非母/p/·尤韻/ɪəu/이다. 非母/p/는 『고사기』 음가나에서 /p/로 수용되고(위의 (260) 참조), 尤韻/ɪəu/이 /u/로 수용되는 것이 원칙이지만 독특하게도 '富'의 尤韻/ɪəu/은 /o/로 수용된다(위의 (90) 참조).

'本'의 한어 중고음은 幇母/p/·魂韻/wən/이다. 幇母/p/는 『고사기』 음가나에서 항상 /p/로 수용된다(위의 (245) 참조). 문제는 魂韻/wən/의 수용 양상인데, 『고사기』 음가나 중에서 魂韻字는 '本' 하나뿐이다. 한어 중고음의 魂韻은 항상 合口이므로 후설원순활음 /w-/를 가지고, /wən, wət/으로 재구한다. 이때의 /wə/가 하나의 분절음으로 축약되면 /o/가 될 수 있는데, 이것이 한국 한자음 '본'에서 확인된다. 이와 마찬가지로 『고사기』 음가나에서도 魂韻/wən/을 /o/로 대체하여 수용했던 것 같다. 이 대체 수용에 따르면 '本'은 ホ/po/를 표음한 것이 된다. 魂

81 『대계』에서는 1회 사용된 '菩'도 이것과 음가가 같다고 보았다. 그러나 유성음인 並母가 청음 /p/로 수용되었으므로 이것은 예외적 수용이다.
菩[並中1平模]=/bo/^{L} 〉 ホ/po/, 菩岐{壽き}(41)

韻/wən/의 운미 /-n/이 삭제된다는(위의 (33) 참조) 것은 두말할 필요가 없다.

(271) 魂韻/wən/의 대체 수용

한어 중고음의 魂韻/wən/은 『고사기』 음가나에서 /o/로 수용된다.

'煩'의 한어 중고음은 奉母/b/·元韻/ɪɑn/이다. 奉母/b/는 『고사기』 음가나에서 항상 /b/로 수용된다(위의 (254) 참조). 문제는 元韻/ɪɑn/의 수용 양상이다.

(272) 『고사기』 음가나의 元韻/ɪɑn/ 수용 양상

1. 袁[云合C平元]=/ɦɥɑn/^{L} 〉 ヲ^{乙}/wə/
2. 遠[云合C上元]=/ɦɥɑn/^{R} 〉 ヲ^{乙}/wə/
   [云合C去元]=/ɦɥɑn/^{D}
3. 煩[奉中C平元]=/bɪɑn/^{L} 〉 ボ^{乙}/bə/

『고사기』 가요의 표기에 사용된 元韻字는 위의 세 자이다. W행에서 후술하겠지만 '袁'과 '遠'은 ヲ^{乙}/wə/를 표음하므로 元韻 合口인 /ɥɑn/이 『고사기』 음가나에서 /wə/로 수용되었다고 할 수 있다. 반면에, '煩'은 순음 뒤의 환경이므로 개합이 합구가 아니라 중립이다. 이 환경에서는 합구음 /w-/가 없다고 해도 되므로, '煩'에서는 元韻/ɪɑn/이 /ə/로 수용되었다고 할 수 있다. 이처럼 평행적 기술이 가능하므로 우리는 元韻/ɪɑn/의 대체 수용을 아래와 같이 정리한다.

(273) 元韻/ɪɑn/의 대체 수용

한어 중고음의 元韻/ɪɑn/은 『고사기』 음가나에서 /ə/로 수용된다. 다만, 합구일 때에는 /wə/로 수용된다.

이 대체 수용에 따르면 『고사기』 음가나의 '煩'이 ボ^{乙}/bə/를 표기한 것이 된다. PO 음절에서는 '富=本'의 ホ/po/와 '煩'의 ボ^{乙}/bə/가 청탁뿐만 아니라 모음의 갑

류와 을류에서도 서로 구별된다.[82]

4.2.8.6. P행의 요약 정리

P행에 대한 논의를 요약하면 아래의 표와 같다. P행의 모음으로는 /a, i, u, e, o, ə/의 6종이 설정된다.

(274) P행 『고사기』 음가나의 음가 배당

모음 / 자음	A (ア)	I (イ)	U (ウ)	E (エ)	O (オ)
P (ハ)	波/pa/	比/pi/, 斐/pə/	布/pu/	閇/pe/, 幣/pe/	富=本/po/
	婆/ba/	毘/bi/, 肥=備/bə/	夫/bu/	倍=辨/be/	煩/bə/

P행에서는 예외적 수용이 적지 않다. 첫째, '備'의 운모인 脂韻/ɪi/을 독특하게도 을류인 /ə/로 수용했다. 둘째, '夫'의 성모인 非母/p/를 독특하게도 /b/로 수용했다. 셋째, '幣'의 성모인 並母/b/를 독특하게도 /p/로 수용했다. 이러한 특이성이 어디에서 비롯된 것인지 확실하지 않지만, P행에 유독 예외적 수용이 많다는 것만은 분명하다.

이 예외적 수용이 혹시 양순음의 마찰음화와 관련된 것은 아닐까? 非母/p/를 /b/로 수용하고 거꾸로 並母/b/를 /p/로 수용했다는 것은 P행에서 특히 청탁 구별이 혼란스러워졌음을 의미하는데, 마침 헤이안시대에는 P행에서 마찰음화가 일어나 /p/가 /ɸ/로[83] 변화한다. 이 변화의 원인을 청탁 혼동 현상에서 찾을 수 있을지도 모른다. 유독 P행에서만 청탁 구별이 혼란스러우므로 이 가설을 세울 수 있다.

---

82 有坂秀世(1933/55: 397)에서는 '煩'이 갑류일지 을류일지 분간하기 어렵다고 했다. 그러나 이것은 음절결합 규칙에 집착한 결과로 보인다.

83 有坂秀世(1933/55: 667)에서는 이것을 F로 표기했다. 자음론의 결론에서 /p/와 /F/의 두 가지로 나누어 정리했다는 것은 암암리에 마찰음화를 인정한 것이라고 할 수 있다.

그런데 이보다 더 큰 문제가 우리를 기다리고 있다. 만약에 '煩'이 /bə/를 표음한다면 '肥=備'에 배당한 /bə/와 동음이 된다는 문제점이다. '煩'과 '肥=備'가 동음 관계라면 이 두 가지가 동일어를 표기한 예가 있어야 한다. 그런데 열심히 찾아보아도 그런 예가 없다. 『만엽집』 가요의 용례를 추가하더라도 마찬가지이다. 따라서 '煩'과 '肥=備'는 이음 관계임이 분명하다.

이 문제점을 해결하는 방법에는 두 가지가 있다.

첫째는 '煩'이 /bə/가 아니라 /bo/를 표기했다고 보는 방법이다. 이 방법에 따르면, '煩'은 /bo/를 표음하고 '肥=備'는 /bə/를 표음하므로 이 둘은 이음 관계가 된다. 그런데 이때에는 중고음의 元韻/ɪɑn/이 /o/로 수용된다고 해야 되는데, '袁, 遠'에서 元韻/ɪɑn/이 을류의 /wə/로 수용될뿐더러 元韻/ɪɑn/의 운복모음이 원순모음이 아니라는 반론에 직면한다. 한국 한자음에서도 元韻의 운복 모음은 'ㅓ, ㅏ'로 수용되고 'ㅗ'로 수용되지 않는다. 따라서 이 방법은 썩 내키지 않는다.

둘째는 '煩'이 /bə/로 수용되었다고 보되, '肥=備'가 /bɨ/로 수용되었다고 보는 방법이다. 이렇게 기술하면 '煩'과 '肥=備'의 이음 관계를 정확히 기술할 수 있다. '比'와 '毘'는 3등 A인 데에 비하여 '肥=備'는 3등 C와 3등 B이므로 이 둘에 각각 /ɨ/와 /ə/를 배당할 수 있다.

이 /ɨ/는 제7의 모음으로서, 중설평순고모음이다. 위의 (171)에서 이미 기술한 바 있듯이, G행에서 ギ/gi/와 ギ乙/gɨ/가 음운론적으로 대립하고, 나아가서 ギ乙/gɨ/가 ゲ/ge/, げ乙=ゴ乙/gə/, ゴ/go/와 각각 음운대립을 이룬다. 이와 마찬가지로 B행에서도 '煩'의 ボ乙/bə/와 '肥=備'의 ビ乙/bɨ/가 음운론적으로 대립한다고 기술할 수 있다. 이 둘째 방법은 『고사기』 음가나의 모음체계에 제7의 모음 /ɨ/를 독자적인 모음으로 설정해야 한다는 것이 단점이다.

위의 두 가지 방법 중에서 우리는 둘째 방법을 택한다. 이 견해를 택한 까닭은 전체 모음체계를 종합하면서 다시 거론하기로 하고, 여기에서는 위의 (274)를 아래와 같이 수정하는 데에서 그치기로 한다.

(275) P행『고사기』 음가나의 음가 배당 (수정)

모음 자음	A (ア)	I (イ)	U (ウ)	E (エ)	O (オ)
P (ハ)	波/pa/	比/pi/, 斐/pə/	布/pu/	閇/pe/, 幣/pe~be/	富=本/po/
	婆/ba/	毘/bi/, 肥=備/bə→bɨ/	夫/bu/	倍=辨/be/	煩/bə/

(275)의 BI 음절에서는 肥=備에 /bə→bɨ/를 배당했다. /ə/는 6모음설에, /ɨ/는 7모음설에 따른 것이다. 제7의 모음 /ɨ/가 E·O열이 아니라 I열에서 설정된다는 점이 흥미롭다.

橋本進吉(1942)에 따르면, 石塚龍麿(1798)의 『假名遣奧山路』에서 『고사기』의 여타 음절은 가나의 종류를 항상 둘로 나누었지만 PI·BI 음절만은 세 가지로 나누었다고 한다. '比', '肥', '斐'의 세 가지인데, '比', '肥', '斐'의 모음을 기준으로 삼아 우리처럼 이들에 각각 /i/, /ɨ/, /ə/를 배당하면 PI·BI 음절의 음가나가 세 가지가 된다. 그러나 모음의 차이뿐만 아니라 자음의 청탁 차이까지도 고려하여 PI·BI 음절에서 '比', '斐', '毘', '肥=備'의 네 가지가 이음 관계였다고 보는 것이 정확하다.

4.2.9. J행, ヤ行

J행의 표기에는 '夜, 由, 余, 用, 與'의 다섯 자가 사용되었다. 이들을 음절별로 나누어 보면 아래와 같다.

(276) J행『고사기』 음가나

모음 자음	A (ア)	I (イ)	U (ウ)	E (エ)	O (オ)
J (ヤ)	夜		由	(延)	余 用 與

현대 일본어에서는 이 표의 JI 음절과 JE 음절이 공백이다. J행은 전설평순활음

/j-/가 모음 앞에 오는 행인데, 일본어의 음절구조에서는 이 /j/가 CV 음절형의 C 자리에 오므로 자음의 일종으로 분류된다. 이 /j/가 전설모음인 /i, e/의 바로 앞에 오지 않는다는 것은 일본어 음절구조제약의 일종이다.

그런데 현대 일본어와는 달리 『고사기』 음가나에서는 JE 음절이 공백이 아니다. 위의 ø행 즉 ア행의 øE 음절에 오는 '延'을 논의하면서, 우리는 '延'에 /je/를 배당한 바 있다. JE 음절을 이 延/je/로 채울 수 있으므로 JE 음절이 공백이 아니다. 이에 따르면 『고사기』 음가나에서의 음절구조제약과 현대 일본어에서의 음절구조제약이 서로 차이가 난다고 보아야 한다. 상대 일본어에서는 JI 음절만 공백이지만 현대 일본어에서는 JI 음절뿐만 아니라 JE 음절도 공백이다. 이 차이는 6장의 6.3.1에서 정리한다.

4.2.9.1. JA 음절

JA 음절의 표기에는 '夜' 하나만 사용되었다. 따라서 '夜'에 바로 /ja/를 배당해도 되지만, 번거롭더라도 균형적 기술을 위해 용례를 들어 둔다.

(277) 『고사기』의 '夜' 용례

JA: 夜{조사 や}(2, 3, …), 夜美{病}(99), 夜麻登{倭}(17, 32, …), 夜{屋, 家}(12, 21, …), 美夜{宮}(60, 64, …), 夜{八}(1, 2, …), 夜麻{山}(2, 3, …), 阿夜{綾}(7), 佐夜{清}(21), 和加夜流{若やる}(5, 7), 佐夜牙流{騷}(23), 波夜{速, 早}(52, 69, …), 夜須久{安く}(80), 夜岐{燒き}(76, 110), 許夜流{臥}(90/ 90), 夜麻牟/夜米{止め}(12, 13, …/ 2, 3), 佐夜流{障}(11), 久夜斯岐{悔しき}(46), …

'夜'는 한어 중고음에서 羊母/j/·麻韻 3등 /ɪɛ/이다. 羊母/j/는 『고사기』 음가나에서 항상 /j/로 수용된다(위의 (31) 참조). 전기 중고음에서는 麻韻 2등과 麻韻 3등의 음운대립이 없고(이승재 2018: 221~222), 麻韻/ɛ/은 『고사기』 음가나에서 항상 /a/로 수용된다(위의 (39) 참조). 따라서 『고사기』 가요의 '夜'는 ヤ/ja/를 표음한다.

(278) '夜'의 중고음과 그 수용

夜[羊開AB去麻]=/jɪɛ/^{D} 〉 ヤ/ja/

4.2.9.2. JU 음절

JU 음절의 표기에는 '由' 하나만 사용되었다. 용례는 아래와 같다.

(279) 『고사기』의 '由' 용례

JU: 由米{ゆめ}(83, 87), 由美{弓}(53, 90), 由布{夕}(23, 101, …), 布由{冬}(49), 由岐{雪}(5, 7), 由惠{故}(44), 由良美{緩み}(108), 加由登母{離ゆとも}(81), 由久/由岐/由賀受/由加牟{行, 往}(17, 30, …), 毛由流{燃ゆる}(26, 78), 美由{見ゆ}(43, 55, …), …

'由'의 한어 중고음은 羊母/j/·尤韻/ɪəu/이다. 羊母/j/는 『고사기』 음가나에서 항상 /j/로 수용된다(위의 (31) 참조). 尤韻/ɪəu/은 /u/로 수용되는 것이 원칙이다(위의 (90) 참조). 이에 따르면 '由'는 ユ/ju/를 표기한다.

(280) '由'의 중고음과 그 수용

由[羊中C平尤]=/jɪəu/^{L} 〉 ユ/ju/

4.2.9.3. JO 음절

JO 음절의 표기에는 '余, 用, 與'의 세 자가 사용되었다. 그 용례는 아래와 같다.

(281) 『고사기』의 '余' 용례

JO: 余{조사 よ}(30, 111), 余{世}(10, 41, …), 余許/余久{横}(44/ 50), 余良斯/余志{良}(12, 45/ 101, 111), 登余{豐}(41, 102), 余良牟/余理{依, 寄}(95/ 82, 85, …), 余曾比斯{装し}(9), 余佐美{依網}(46), 阿袁迩余志[あをによし](60), 登余牟[とよむ](83)

(282) 『고사기』의 '用' 용례

JO: 用{조사 よ}(16, 22, …), 用理{조사 より}(113), 麻用{眉}(44), 用{夜}(5, 27, …), 加用婆勢{通はせ}(2, 3), 用婆比{婚ひ}(2, 3), 伊佐用布[いさよふ](38)

(283) 『고사기』의 '與' 용례

JO: 與{조사 よ}(7), 與呂志{宜し}(6), 登與{豐}(7), 與曾比{裝ひ}(6), 登與牟[とよむ](2, 3), 與斯登[よしと](67)

위의 용례에서 '登余'{豐}와 '登與'{豐}, '余曾比斯'{裝し}와 '與曾比'{裝ひ}, '登余牟'[とよむ]와 '登與牟'[とよむ]가 각각 동일어이다. '余=與'의 등식이 성립하므로 이 둘에는 동일 음가를 배당해야 한다. 문제는 (282)의 '用'이다. '用'이 조사 'よ'를 표기한다는 점에서 (281)의 '余'나 (283)의 '與'와 동음 관계이다. 즉 '余=與=用'의 등식이 성립한다.

그러나 어휘 형태에서는 '用'과 '余=與'의 용례가 일치하지 않는다. 따라서 '余=與=用'에 하나의 음가를 배당할 것인지, 用'과 '余=與'의 둘로 나누어 서로 다른 음가를 배당할 것인지 하는 문제가 제기된다. 우리는 지금까지 동일 문법 형태를 두 가지 음가나로 표기할 때에도 두 가지 음가나에 동일 음가를 배당해 왔다. 따라서 '余=與=用'의 등식이 성립하는 것으로 보아, 이 세 음가나에 동일 음가를 배당해야만 일관성을 유지할 수 있다.

이것을 한어 중고음으로 확인해 보자.

(284) '余, 用, 與'의 중고음과 그 수용

1. 余[羊中C平魚]=/jɪo~jɪə/^{L} 〉 ヨ乙/jə/
2. 用[羊中C去鍾]=/jɪoŋ/^{D} 〉 ヨ乙/jə/
3. 與[羊中C平魚]=/jɪo~jɪə/^{L} 〉 ヨ乙/jə/
   [羊中C上魚]=/jɪo~jɪə/^{R}

운모가 鍾韻/ɪoŋ/인 '用'과 운모가 魚韻/ɪo~ɪə/인 '余, 與'의 동음 관계를 기술할 때에는 '用'보다 '余, 與'를 기준으로 삼는 것이 합리적이다. '用'의 용례보다 '余, 與'의 용례가 훨씬 많기 때문이다.

'余'와 '與'의 한어 중고음은 서로 동일하여 둘 다 羊母/j/·魚韻/ɪo~ɪə/이다. 羊母/j/는 『고사기』 음가나에서 /j/로 수용되고(위의 (31 참조), 魚韻/ɪo~ɪə/은 을류의 /ə/로 수용된다(위의 (42) 참조). 따라서 '余=與'는 /jə/를 표음한다.

'用'의 한어 중고음은 羊母/j/·鍾韻/ɪoŋ/이다. 鍾韻/ɪoŋ/과 魚韻/ɪo~ɪə/은 운미 /-ŋ/의 유무에서만 차이가 날 뿐이고 나머지는 동일하다. 『고사기』 음가나에서 鍾韻字는 '用' 하나뿐이므로, 鍾韻/ɪoŋ/의 수용 양상을 객관화하기가 어렵다. 그렇더라도 鍾韻/ɪoŋ/과 魚韻/ɪo~ɪə/의 평행성을 고려하여, 鍾韻/ɪoŋ/이 魚韻/ɪo~ɪə/과 마찬가지로 을류의 /ə/로 수용되었다고 할 수 있다.

(285) **鍾韻/ɪoŋ/의 대체 수용**

한어 중고음의 鍾韻/ɪoŋ/은 『고사기』 음가나에서 /ə/로 수용된다.

이 대체 수용에 따르면 『고사기』 음가나의 '用'이 /jə/를 표음한다. 이 /jə/는 '余=與'의 /jə/와 동일하다.

4.2.9.4. J행의 요약 정리

위에서의 논의를 요약하면 아래와 같다. J행에서 설정되는 모음은 /a, u, e, ə/의 4종이다. ø행의 延/je/을 이곳으로 옮겨 왔다.

(286) J행 『고사기』 음가나의 음가 배당

모음 / 자음	A (ア)	I (イ)	U (ウ)	E (エ)	O (オ)
J (ヤ)	夜/ja/		由/ju/	延/je/	余=用=與/jə/

여기에서 특징적인 것은 JO 음절의 모음이 모두 을류의 /ə/라는 점이다. J행에서는 /ji/뿐만 아니라 갑류의 /jo/도 없다.

4.2.10. W행, ワ行

W행 즉 ワ행의 표기에는 '和, 韋, 惠, 袁, 遠'의 다섯 자가 사용되었다. 이들을 50음도로 분류해 보면 아래와 같다.

(287) W행 『고사기』 음가나

자음 \ 모음	A (ア)	I (イ)	U (ウ)	E (エ)	O (オ)
W (ワ)	<u>和</u>	韋		惠	袁 <u>遠</u>

W행에는 WU 음절이 없다. 이것은 W와 U가 동기관적 조음위치에서 동일한 조음방식으로 발음되기 때문이다. 이것도 일본어에 적용되는 음절구조제약의 일종이다.

4.2.10.1. WA 음절

WA 음절의 표기에는 '和'가 사용되었다. 그 용례는 아래와 같다.

(288) 『고사기』의 '和' 용례

WA: 和{我, 吾}(2, 3, …), 和岐{脇}(105), 和氣{別}(69, 70), 阿和{沫}(5, 7), 和加夜流/和加{若}(5, 7/ 6, 7, …), 和志勢{走せ}(80), 迦豆岐勢那和{潛きせなわ}(40), 和須禮士/和須禮米夜{忘}(10/ 57), 和多流/和多須{渡}(29/ 65), 志藝和那{鴫罠}(11), 多和夜賀比那{手弱腕}(29), 和迩[丸迩](44), 佐和佐和爾[さわさわに](65)

'和'의 한어 중고음은 匣母/ɦ/·戈韻/wɑ/이다. 匣母/ɦ/는 『고사기』 음가나에서 개구 앞에서는 /g/로 수용되고 합구음 /w-/ 앞에서는 삭제되어 수용된다(위의 (130) 참조). 戈韻/wɑ/은 항상 합구음 /w-/를 가지는데, 匣母/ɦ/가 삭제되는 대신에 /w-/는 삭제되지 않는다. 그 결과로 戈韻/wɑ/의 /w-/가 음절의 첫머리에 오게 되어, 戈韻/wɑ/이 /wa/로 수용된다(위의 (79) 참조).

(289) '和'의 중고음과 그 수용

和[匣合1平戈]=/ɦwɑ/^{L} 〉 ワ/wa/

[匣合1去戈]=/ɦwɑ/^{D}

4.2.10.2. WI 음절

WI 음절의 표기에는 '韋'가 사용되었다. 그 용례는 아래와 같다.

(290) 『고사기』의 '韋' 용례

WI: 韋{猪}(62), 韋/韋弖{居}(34, 45/ 103), 阿具良韋{呉床座}(97), 韋具比{堰杙}(46), 伊知比韋{櫟井}(44), 佐韋賀波{狹井河}(22), 韋泥斯/韋泥受/韋泥弖{率寢}(10/ 92/ 81, 94), 久毛登韋{雲とゐ}(23), 麻韋久禮{參來れ}(65)

'韋'의 한어 중고음은 云母/ɦ/, 微韻 합구 /ɥəi/이다. 云母/ɦ/는 『고사기』 음가나에서 항상 삭제되어 수용되고(위의 (25) 참조), 微韻 합구 /ɥəi/는 /wə/로 수용된다(위의 (154) 참조). 한어 중고음에는 전설원순활음 /ɥ/가 있지만, 상대 일본어에는 /ɥ/가 없고 후설원순활음 /w/가 있을 뿐이다. 따라서 /ɥ/의 원순성을 /w/로 대체하여 수용함으로써 /ɥəi/가 『고사기』 음가나에서 /wə/로 수용된다.

(291) '韋'의 중고음과 그 수용

韋[云合C平微]=/ɦɥəi/^{L} 〉 ヰ^乙/wə/

결론적으로, 『고사기』 음가나의 '韋'는 ヰ乙/wə/를 표음한다. 이때의 /ə/는 을류에 속한다. 微韻/ɪəi/은 /ə/로 수용되는데, ヰ乙/wə/의 /ə/도 을류 모음이다.

우리의 관찰에 따르면 갑류와 을류 모음의 구별이 사라진 것은 9세기 4/4분기이다. 이때부터는 WI 음절이 ヰ/wi/가 되었을 가능성이 있는데, 이 ヰ/wi/가 가마쿠라시대에 イ/i/로 합류했다는 것이 일반적인 통설이다.

4.2.10.3. WE 음절

WE 음절의 표기에는 '惠'가 사용되었다. 용례는 아래와 같다.

(292) 『고사기』의 '惠' 용례

WE: 須惠{末}(49, 53, 92), 由惠{故}(44), 惠比迩{酔ひに}(51), 惠/惠美{笑}(51/ 5), 惠奴{飢ぬ}(16), 宇惠/宇惠志{植ゑ}(38/ 14), 許紀志斐惠泥[こきしひゑね](11), 許紀陀斐惠泥[こきだひゑね](11)

'惠'의 중고음 성모는 匣母/ɦ/이고 운모는 齊韻 합구 /wei/이다. 匣母/ɦ/는 『고사기』 음가나에서 합구음 /w-/ 앞에서는 삭제되어 수용되고(위의 (130) 참조), 齊韻 합구 /wei/는 /we/로 수용된다(위의 (64) 참조). 성모와 운모의 수용 과정이 모두 정상적이므로, '惠'가 ヱ/we/를 표음한다고 할 수 있다. 이 ヱ/we/는 가마쿠라시대에 /je/에 합류하여 사라진다.

(293) '惠'의 중고음과 그 수용

惠[匣合4去齊]=/ɦwei/D 〉 ヱ/we/

4.2.10.4. WO 음절

WO 음절의 표기에는 '袁, 遠'이 사용되었다. 이들의 용례는 아래와 같다.

(294) 『고사기』의 '袁' 용례

WO: 袁{조사 を}(2, 11, …), 袁登賣{媛女, 童女}(17, 20, …), 袁美那{女人}(44, 97), 袁登{彼}(106), 袁{尾}(31, 103), 登袁{十日}(28), 袁{峽}(90), 袁{丘}(99), 袁加{岡}(100), 袁{魚}(111), 袁{緖}(9, 24), 佐袁{棹}(52), 阿袁{菘}(56), 袁{小}(21, 26, …), 阿袁{青}(32), 袁許迩斯弖{愚にして}(46), 袁流/袁理{居}(44/ 12, 57, …), 袁勢{食せ}(41, 50), 麻袁須{申す}(64), 麻袁須{奏す}(98), …

(295) 『고사기』의 '遠' 용례

WO: 遠{조사 を}(2, 3, …), 遠登賣{孃子}(2, 3), 遠{男}(7), 遠{緖}(2, 3), 阿遠{青}(2, 3, …)

위의 용례에서 대격조사 '袁=遠'뿐만 아니라 '袁登賣=遠登賣'{孃子}, '袁=遠'{緖}, '阿袁=阿遠'{青}가 동음 이표기 쌍이다. '袁=遠'의 등식이 성립하므로, 이 둘은 음가가 같다.

한어 중고음에서 '袁'과 '遠'은 둘 다 성모가 云母/ɦ/이고, 운모가 元韻 합구 /ɥɑn/이다. 용례 분석을 통하여 동일 음가라고 예상했는데, 이것이 한어 중고음으로 증명된다.

(296) '袁, 遠'의 중고음과 그 수용

1. 袁[云合C平元]=/ɦɥɑn/^{L} 〉 ヲ^{乙}/wə/
2. 遠[云合C上元]=/ɦɥɑn/^{R} 〉 ヲ^{乙}/wə/
   [云合C去元]=/ɦɥɑn/^{D}

云母/ɦ/는 『고사기』 음가나에서 항상 삭제되어 수용되고(위의 (25) 참조), 元韻 합구 /ɥɑn/은 /wə/로 수용된다(위의 (273) 참조). 따라서 『고사기』 음가나에서 '袁=遠'은 ヲ^{乙}/wə/를 표음한다.

4.2.10.5. W행의 요약 정리

위의 논의를 요약하면 아래와 같다. W행에서 설정되는 모음은 /a, e, ə/의 3종이다.

(297) W행 『고사기』 음가나의 음가 배당

자음 \ 모음	A (ア)	I (イ)	U (ウ)	E (エ)	O (オ)
W (ワ)	和/wa/	韋/wə/		惠/we/	袁=遠/wə/

위와 같이 음가를 배당할 때에 WI 음절의 韋/wə/와 WO 음절의 袁=遠/wə/가 동음이라는 문제를 만나게 된다. 이 문제를 해소하기 위하여 '韋'와 '袁=遠'의 용례를 서로 대비해 보았더니, (290)의 '韋/韋弖'{居}와 (294)의 '袁流/袁理'{居}에서 '韋'와 '袁'이 동음 관계이다. 비록 하나의 예에 불과하더라도, 단어의 첫째 음절에서 '韋=袁'의 등식이 분명히 성립한다.

이 등식은 위의 음가 배당이 오히려 정확한 것이었음을 증명해 준다. 즉 WO 음절의 '袁=遠'에 갑류의 /wo/를 배당할 것인지 을류의 /wə/를 배당할 것인지 두 갈래 길이 있는데, /wə/를 택한 것이 옳았음을 '韋/韋弖'{居}와 '袁流/袁理'{居}의 동음 이표기 쌍에서 확인할 수 있다.

4.3. 『고사기』 음가나의 음운체계

위의 (8)에 제시한 50음도는 『고사기』 가요를 현대 일본어로 해독한 결과를 대상으로 삼아 작성한 것이었다. 따라서 이 (8)의 50음도는 현대 일본어의 자음 분류와 모음 분류를 토대로 한다. 그러나 상대 일본어의 분류는 현대 일본어와 얼마든지 다를 수 있다. 이제, 위의 논의를 종합하여 『고사기』 음가나의 음운체계를 재구하기로 한다.

4.3.1. 『고사기』 음가나의 음가 배당표

우리는 위의 논의에서 『고사기』 음가나를 대상으로 삼아 자음의 청탁을 구별하고 모음에서 갑류와 을류를 구별했다. 이제 그 논의 결과를 수용하여 (8)의 50음도를 수정해 보기로 한다. 일단 현대 일본어의 50음도 체계를 유지하면서 논의 결과를 종합하면 『고사기』 음가나의 음가 배당표는 아래와 같다.

(298) 『고사기』 음가나의 음가 배당

모음 / 자음	A (ア)	I (イ)	U (ウ)	E (エ)	O (オ)
ø(ア)	阿/a/	伊/i/	宇/u/		淤=意/ə/
K(カ)	加=迦/ka/	岐=伎=祁/ki/, 紀/kə/	久=玖/ku/	祁=氣/kə/	許/kə/, 古=故/ko/
	賀=何/ga/	藝/gi/, 疑/gə→gɨ/	具/gu/	宜/ge/	碁=其/gə/, 胡/go/
S(サ)	佐/sa/	斯=志/si/	須/su/	勢=世/se/	曾/sə/, 蘇/so/
	邪/za/	士/zi/	受/zu/	是/ze/	叙=曾/zə/
T(タ)	多/ta/	知/ti/	都/tu/	弖/te/	登=等/tə/, 斗/to/
	陀/da/	遲≒治/di/	豆/du/	傳/de/	杼/də/, 度/do/
N(ナ)	那/na/	爾=迩/ni/	奴/nu/	泥/ne/	能=乃/nə/, 怒/no/
P(ハ)	波/pa/	比/pi/, 斐/pə/	布/pu/	閇/pe/, 幣/pe/	富=本/po/
	婆/ba/	毘/bi/, 肥=備/bə→bɨ/	夫/bu/	倍=辨/be/	煩/bə/
M(マ)	麻=摩/ma/	美=彌/mi/, 微/mə→mɨ/	牟/mu/	米≒賣/me/	毛/mə/, 母/mo/
J(ヤ)	夜/ja/		由/ju/	延/je/	余=用=與/jə/

R(ラ)	良≒羅/ra/	理/ri/	流=留/ru/	禮/re/	呂/rə/, 漏=路/ro/
W(ワ)	和/wa/	韋/wə/		惠/we/	袁=遠/wə/

이 50음도에는 하나의 음가나가 두 군데에 들어간 것이 있다. '祁'가 /ki/와 /kə/를 표기하고, '曾'이 /sə/와 /zə/를 표기한다. 이에 따라 '祁, 曾'의 두 자는 두 군데로 나누어 넣었다. 또한 延/je/는 ø행에 넣지 않고 J행의 JE 음절로 옮겼다.

(298)의 음가 배당표에서 동일 음절에 갑류와 을류의 모음이 옴으로써 갑류와 을류가 음운론적으로 대립하는 음절을 정리해 본다. 번거로움을 피하여 갑을 대립이 있는 I·E·O열만 정리하되, 을류 모음 /ə/ 또는 /ɨ/가 설정되는 음절을 모두 정리한다.

(299) 『고사기』 음가나의 을류 모음과 갑을 대립

자음 \ 모음		I (イ)	E (エ)	O (オ)
ø (ア)				ə : −
K (カ)	K	i : ə	− : ə	ə : o
	G	i : ɨ		ə : o
S (サ)	S			ə : o[84]
	Z			ə : −
T (タ)	T			ə : o
	D			ə : o
N (ナ)				ə : o
P (ハ)	P	i : ə		
	B	i : ɨ		ə : −
M (マ)		i : ɨ		ə : o[85]
J (ヤ)				ə : −
R (ラ)				ə : o
W (ワ)		− : ə		ə : −

위에 정리한 것처럼 을류 모음 /ə/ 또는 /ɨ/가 설정되는 음절은 모두 20종의 음절이고, 동일 음절에서 갑류와 을류가 음운론적으로 대립하는 음절은 KI·GI·KO·GO·SO·TO·DO·NO·PI·BI·MI·MO·RO의 13종이다. 을류 모음이 설정되기는 하지만 갑류 모음과 음운론적으로 대립하지 않는 음절도 있는데, øO·KE·ZO·BO·JO·WI·WO의 7종이 이에 해당한다.

흥미롭게도 E열에서는 을류 모음이 KE 음절에 딱 한 번만 설정되는데, 마침 KE 음절에서는 을류의 /kə/에 음운론적으로 대립하는 갑류의 /ke/가 없다. 따라서 『고사기』 음가나의 E열에서는 갑류와 을류의 모음이 이미 하나로 합류했다고 일반화할 수 있다. 有坂秀世(1933/55: 423)도 '氣·宜·閇·倍·米'의 5종과 '祁·牙·幣·辨·賣'의 5종이 각각 나라시대에 이미 혼용되었음을 지적한 바 있다.

가장 중요한 것은 G·B·M의 세 행에서 /i : ɨ : ə/의 세 가지 모음이 음운론적으로 대립한다는 사실이다. 이 3행의 자음이 아음·순음이라는 점이 우리의 눈길을 끈다. 뒤에서 다시 거론하겠지만, 아음·순음의 뒤라는 음운론적 환경이 한어 중고음에서 중뉴대립이 성립하는 환경이라는 점을 놓쳐서는 안 될 것이다.

森博達(1991: 135)에서 인용한 아래의 (300)에서 볼 수 있듯이, 8모음설에서는 20종의 음절에서 갑류와 을류 모음이 음운론적으로 대립한다. 우리의 음가 배당표 (298)에 따르면 『고사기』 음가나에서 갑류와 을류 모음이 동일 칸에 온 것이 13종 음절이므로 8모음설에 비하면 갑류와 을류가 대립하는 음절이 7종이나 적다.

---

84 SO 음절의 음운대립을 처음으로 발견한 것은 有坂秀世이다(有坂秀世 1933/55: 185).

85 MO 음절의 음운대립을 처음으로 발견한 것은 池上禎造(1932)와 有坂秀世(1933/55: 186)이다. 池上禎造는 『고사기』 당시에 이미 /ə : o/의 음운대립이 사라지는 단계였다고 했고, 有坂秀世는 소수의 고령자는 이 음운대립을 인식했을 것이라고 했다.

(300) 8모음설의 추정 음가표(森博達 1991: 135)

	ア열	イ열			ウ열	エ열			オ열		
		갑	1	을		갑	1	을	갑	1	을
ア행	ɑ		i		u		əĕ			ə	
カ행	kɑ	ki		kɪ	ku	ke		kəĕ	ko		kə
ガ행	ŋgɑ	ŋgi		ŋgɪ	ŋgu	ŋge		ŋgəĕ	ŋgo		ŋgə
サ행	^{t}sɑ		^{t}ʃi		su		^{t}ʃe		so		^{t}sə
ザ행	^{d}zɑ		^{d}ʒi		zu		^{d}ʒe		zo		^{d}zə
タ행	tɑ		ti		tu		te		to		tə
ダ행	dɑ		di		du		de		do		də
ナ행	nɑ		ni		nu		ne		no		nə
ハ행	pɑ	pi		pɪ	pu	pe		pəĕ		po	
バ행	bɑ	bi		bɪ	bu	be		bəĕ		bo	
マ행	mɑ	mi		mɪ	mu	me		məĕ	mo		mə
ヤ행	jɑ				ju		je		jo		jə
ラ행	lɑ		li		lu		le		lo		lə
ワ행	wɑ		wi				we			wo	

이 추정 음가표에서는 A열과 U열에서는 항상 갑류와 을류 모음의 음운대립이 없고, I·E·O의 세 열에서만 갑류와 을류 모음이 음운론적으로 대립한다. 이 세 열에 속하지만 갑을 대립이 없는 음절을 이 음가표에서는 1열이라 지칭하고 1열에는 기본모음을 배당한다. 기본모음 /a, i, u, e, o/의 5종에다 I·E·O열의 을류 모음 세 가지 즉 /ɪ, əĕ, ə/를 추가하면 전체 모음이 8종이 된다. 이것이 橋本進吉(1917/49)와 有坂秀世(1933/55: 446) 이래의 전통적 8모음설이다. 이 8모음설에서는 K·G·M의 세 행에서 8모음이 음운론적으로 대립한다. P·B의 두 행에서는 7모음이 대립하고, 나머지 행에서는 4~6모음이 대립한다.

/ɪ, əĕ, ə/의 을류 모음 /əĕ/는 이중모음이 아니라, [ə]와 [ĕ]의 속성을 동시에 가지고 있는 단모음이다. 셋째의 을류 모음 /ə/와 구별하기 위하여 [ə]와 [ĕ]를 하나로 결속한 것이다. 有坂秀世(1933/55: 430)는 이것을 /ə̯e/로 표기하고, 森博

達(1991: 135)의 /ɪ/를 /ï̯i/로 표기했다. 이러한 기술 방법을 服部四郎(1976a)는 원자론적이라 하여 비판한 바 있다. 미시적·음성적 차이를 지나치게 강조하여 세세하게 나누면 안 되고, 거시적·구조적 관점에서 모음체계를 기술해야 한다고 했다.

8모음설의 E열에서는 KE·GE·PE·BE·ME의 5종 음절에서 갑류와 을류 모음이 구별된다. 예컨대, 姜斗興(1982: 68~69)에서는 만요가나 167자를 분석하여 18종의 음절에서 갑류와 을류가 대립한다고 보았다. 우리와 차이가 나는 것은 역시 KE(祁:氣)·GE(牙:宜)·PE(幣:閇)·BE(辨:倍)·ME(賣:米)의 5종 음절이고, 이들이 모두 E열이라는 점이 흥미롭다. 우리의 용례 분석에 따르면 '祁:氣', '幣:閇', '辨:倍', '賣:米'가 각각 동음 관계이다. '牙'는 용례가 딱 하나뿐이고 麻韻/ɛ/이 예외적으로 エ/e/로 수용되었으므로(위의 각주 34와 58 참조) '牙:宜'는 분석에서 제외했다. 우리가 정리한 『고사기』 음가나에서는 위의 (299)에서 볼 수 있듯이 E열에서는 갑류와 을류의 음운대립이 아예 없다.

왜 이렇게 크게 차이가 날까? 이 차이를 통하여 8모음설이 『고사기』 음가나뿐만 아니라 『일본서기』·『만엽집』의 음가나까지도 두루 포괄하여 분석했거나 희귀 음가나를 포함하여 분석했음을 알 수 있다. 텍스트를 구별하지 않고 모든 상대어 음가나를 한 군데로 모으거나 희귀 음가나를 포함하여 분석하면, (300)과 같이 8모음이 음운론적으로 대립할 수 있다.

그러나 이 망라주의는 두 가지 점에서 재고할 필요가 있다.

첫째는 『고사기』·『일본서기』·『만엽집』 가요의 표기법이 서로 차이가 난다는 점을 무시한다는 점이다. 『고사기』·『만엽집』에서는 한어 중고음의 유·무성 구별을 그대로 유지하지만 『일본서기』에서는 중고음의 유성음을 청음으로 수용한다. 이 차이를 무시하고 『고사기』·『만엽집』의 자료와 『일본서기』의 자료를 하나로 합쳐서는 안 된다. 또한 모든 텍스트 자료를 하나로 뭉친 다음에 분석하는 것은 중국에서 유래한 한자어와 일본 고유어를 하나로 뭉쳐서 분석하는 방법에 비유할 수 있다. 이 방법에 따르면 상대 일본어에서 /r/이 어두 위치에 오지 않는다는 두음법칙을 설정할 수 없다. 두음법칙은 일본 고유어에서만 확인되기 때문에 두음법칙을 확인하려면 자료를 분리할 필요가 있다. 이와 마찬가지로 우리는 3종의 가요 텍스트를 분리하여 기술한다. 가요 텍스트 상호 간에 표기법에서 차이가 난다고 보기 때문이다.

둘째, 망라주의를 택할 때에는 『고사기』·『일본서기』·『만엽집』 음가나의 모음체계가 동일하다는 전제가 성립해야 한다. 그런데 우리의 관찰에 따르면 세 가지 텍스트의 모음체계가 서로 다르다. 따라서 세 가지 텍스트를 분리해서, 세 가지 음가 추정표를 작성하는 것이 올바른 길이다. 그래야만 미세한 통시적 변화도 기술할 수 있다.

『고사기』 음가나의 E열에서는 갑류와 을류의 음운대립이 없다. 이것은 『만엽집』 음가나의 E열에서도 마찬가지이다. 따라서 3종의 을류 모음 イ乙, エ乙, オ乙 중에서 エ乙이 가장 먼저 소멸했다고 추정할 수 있다. 그런데 후술하겠지만 『일본서기』 음가나에서는 PE·ME의 두 가지 음절에서 갑류와 을류 모음이 대립한다. 이 차이를 우리는 일본 오음 계통인 『고사기』·『만엽집』과 일본 한음 계통인 『일본서기』의 차이라고 기술한다. 오음 계통에서는 エ乙이 이미 소멸했는데, 한음 계통에서는 PE·ME의 두 음절에서 갑류와 을류 모음이 음운론적으로 대립했다. 이에 따르면 (300)의 8모음설에서 을류 모음을 설정한 KE·GE·BE의 세 가지 음절은 『고사기』·『일본서기』·『만엽집』의 음가나를 하나로 합친 다음에 분석한 결과라고 추정할 수 있다.

4.3.2. 『고사기』 음가나의 자음체계

(298)의 『고사기』 50음도에서 동일 칸에 오는 음가나의 자음은 모두 동일하다. 청음과 탁음의 구별이 있는 행은 K·S·T·P의 넷이므로 자음의 차이를 반영하는 행은 전체 14행이 된다. 그러나 ø행 즉 ア행에는 자음이 없으므로 음운론적으로 대립하는 전체 자음은 13종이다. 여타의 언어에 비하여 자음이 적은 편인데, 이들을 조음위치와 조음방식에 따라 분류하면 아래와 같다.

(301)『고사기』 음가나의 자음체계

방식 \ 위치		순음	설치음	아음
파열	무성	p	t	k
	유성	b	d	g
마찰	무성		s	
	유성		z	
비음		m	n	
유음			r	
반자음			j	w

有坂秀世(1933/55)와 森博達(1991)은 '佐'의 精母/ʦ/가 마치 파찰음 [^{t}s]로 수용된 것처럼 기술했다. (300)의 8모음설에서 サ행과 ザ행을 [^{t}sɑ, ^{d}zɑ, ^{t}ʃi, ^{d}ʒi, ^{t}ʃe, ^{d}ʒe, ^{t}sə, ^{d}zə]로 표시한 것이다. 그러나 이것은 음성학적 기술을 좇아 상대 일본어에 한어 원음(原音)을 그대로 대입한 것에 불과하다.

상대 일본에서 한자음을 수용하는 것은 차용음운론으로 기술해야 하고, 차용음운론에서는 음성학적 차이를 사상(捨象)하고 항상 음운론적으로 대체하여 수용하는 과정을 밟는다. 여타 자음의 수용 과정에서는 이 대체 수용을 인정하면서도 유독 파찰음 성모에서만 독특하게 원음을 대입한 것은 형평을 잃은 것이라고 할 수 있다.

또한 중고음의 파찰음이 『고사기』 음가나에서 파찰음으로 수용된다고 기술한 것은 항상 용례 분석을 무시하는 결과를 가져온다. 성모가 心母/s/인 '斯'와 성모가 章母/ʨ/인 '志'가 『고사기』 음가나에서는 동음 관계이다. 이 동음 관계를 기술하기 위해서도 파찰음인 章母/ʨ/가 마찰음인 /s/로 대체되어 수용되었다고 보아야 한다. 성모가 邪母/z/인 '叙'가 從母/dz/의 '曾'과 동음 관계이다. 이 동음 관계를 충족하려면 파찰음인 從母/dz/가 마찰음인 /z/로 대체되어 수용되었다고 보아야 한다.

무엇보다 중요한 것은 (300)의 8모음설에서 파찰음 계열과 마찰음 계열이 상보적으로 분포한다는 점이다. [^{t}s, ^{d}z, ^{t}ʃ, ^{d}ʒ]의 파찰음 계열은 평순모음의 앞에 분포하고 [s, z]의 마찰음 계열은 원순모음의 앞에 분포한다. 또한 파찰음 계열 내부에서도 상보적 분포가 발견된다. 치조음인 [^{t}s, ^{d}z]는 후설모음 /ɑ, ə/의 앞에 분포하고, 구개음인 [^{t}ʃ, ^{d}ʒ]는 전설모음 /i, e/의 앞에 분포한다. 이처럼 파찰음 내부에서도 치조음과 구개음이 상보적으로 분포한다. 보편적 음소 설정 방법에 따르면, 이처럼 상보적으로 분포하는 것은 서로 다른 음소가 아니라 동일 음소의 여러 변이음이다. 이에 따라 우리는 파찰음과 마찰음의 차이뿐만 아니라 치조음과 구개음의 차이를 사상하여, [s, ^{t}s, ^{t}ʃ]를 음소 /s/의 변이음이라고 기술하고 [z, ^{d}z, ^{d}ʒ]를 음소 /z/의 변이음이라고 기술한다.

중고음의 파찰음이 상대 일본어에서 파찰음으로 수용된다고 하면서도 有坂秀世(1933/55)와 森博達(1991)은 자음체계에서 파찰음 행을 따로 분리하지 않았다. 이것은 서로 모순이라 할 수 있다. 이 모순을 해소하기 위해서라도 중고음의 파찰음이 『고사기』 음가나에서 마찰음 /s, z/로 대체되어 수용되었다고 기술하는 것이 옳다. 우리는 이에 따라 위의 (298~299)에서 파찰음 행을 설정하지 않았다.

또 하나 자음에서 중요한 것은 탈비음화의 예가 전혀 보이지 않는다는 점이다. 이것은 『고사기』 음가나가 당나라 이전의 전기 중고음에 그 기반을 두고 있다는 것을 뜻한다. 후술하겠지만, 『일본서기』 음가나에서는 탈비음화가 생산적으로 일어난다.

4.3.3. 『고사기』 음가나의 모음체계

(298)의 음가 배당표에서 동일 칸에 왔으면서도 모음이 서로 다른 음가나 쌍이 있다. 동일 칸에 /i/와 /ə/(또는 /ɨ/), /o/와 /ə/가 동시에 들어간다.

(302) 동일 칸에 들어가는 두 모음

1. /i/와 /ə/ — 岐=伎=祁/ki/와 紀/kə/, 藝/gi/와 疑/gə→gɨ/,[86] 比/pi/와 斐/pə/,

---

86 '疑'의 음가를 /gə→gɨ/라고 표시한 것은 6모음체계에서는 /gə/이지만 7모음체계설에서는 /gɨ/가 된다는 뜻이다. 이하 같다.

毘/bi/와 肥=備/bə→bɨ/, 美=彌/mi/와 微/mə→mɨ/

2. /o/와 /ə/ ― 古=故/ko/와 許/kə/, 胡/go/와 碁=其/gə/, 蘇/so/와 曾/sə/, 斗/to/와 登=等/tə/, 度/do/와 杼/də/, 怒/no/와 能=乃/nə/, 母/mo/와 毛/mə/, 漏=路/ro/와 呂/rə/

(302.1)의 /i/와 /ə/가 동일 칸에 오는 것은 5쌍이나 되고, (302.2)의 /o/와 /ə/가 동일 칸에 오는 것은 8쌍이나 된다. 따라서 『고사기』 음가나에서 제6의 /ə/를 독자적인 모음으로 설정해야 한다는 것은 두말할 필요가 없다. 을류의 /ə/가 독자적인 모음으로 추가되므로 50음도가 아니라 60음도를 택하여 『고사기』 음가나를 다시 정리해 보기로 한다.

(303) 『고사기』 가요 음가나의 60음도

모음/자음	A (ア)	I (イ)	U (ウ)	E (エ)	Ǝ	O (オ)
ø(ア)	阿/a/	伊/i/	宇/u/		淤=意/ə/	
K(カ)	加=迦 /ka/	岐=伎/ki/, 祁/ki/	久=玖 /ku/		紀≒氣=許 /kə/, 祁/kə/	古=故 /ko/
	賀=何 /ga/	藝/gi/	具/gu/	宜/ge/	疑/gə→gɨ/, 碁=其/gə/	胡/go/
S(サ)	佐/sa/	斯=志/si/	須/su/	勢=世/se/	曾/sə/	蘇/so/
	邪/za/	士/zi/	受/zu/	是/ze/	叙=曾/zə/	
T(タ)	多/ta/	知/ti/	都/tu/	弖/te/	登=等/tə/	斗/to/
	陀/da/	遲≒治/di/	豆/du/	傳/de/	杼/də/	度/do/
N(ナ)	那/na/	爾=迩/ni/	奴/nu/	泥/ne/	能=乃/nə/	怒/no/
P(ハ)	波/pa/	比/pi/	布/pu/	閇/pe/, 幣/pe～be/	斐/pə/	富=本 /po/
	婆/ba/	毘/bi/	夫/bu/	倍=辨/be/	肥=備/bə→bɨ/, 煩/bə/	
M(マ)	麻=摩 /ma/	美=彌/mi/	牟/mu/	米≒賣/me/	毛/mə/, 微/mə→mɨ/	母 /mo/

J(ヤ)	夜/ja/		由/ju/	延/je/	余=用=與/jə/	
R(ラ)	良≒羅 /ra/	理/ri/	流=留 /ru/	禮/re/	呂/rə/	漏=路 /ro/
W(ワ)	和/wa/			惠/we/	韋=袁=遠/wə/	

50음도를 60음도로 전환할 때에는 E열과 O열 사이에 Ǝ열을 추가하고, /ə/ 모음을 배당한 음가나를 모두 Ǝ열 위치로 이동한다. 이때에 음가가 동일한 WI 음절의 '韋'와 WO 음절의 '袁=遠'을 WƎ 음절 위치로 이동했다는 점에 주의할 필요가 있다. 또한 상대 일본어에는 모음충돌을 회피하는 음절구조제약이 있는데, 이에 따르면 øE 음절에서 논의한 延/je/을 JE 음절 위치로 이동해야 한다. 이 '延'의 한어 중고음 성모가 羊母/j/인데, 중고음의 羊母/j/가 『고사기』 음가나에서 항상 /j/로 수용된다(위의 (31) 참조). 이것에 맞추기 위해서도 延/je/을 JE 음절 위치로 이동할 필요가 있다.

(147~148)의 용례에서 '祁=氣'의 등식이 성립하고 (151)에서는 '祁=岐'의 등식이 성립한다. 이것은 '祁'가 氣/kə/와도 동음이면서 동시에 岐/ki/와도 동음임을 뜻한다. 이에 따라 위의 논의에서는 '祁'의 음가를 祁/kə~ki/라고 했는데, 60음도에서는 /kə/와 /ki/를 각각 Ǝ열과 I열에 넣었다. '祁'의 이중성을 있는 그대로 보이기 위해서이다.

이런 방법으로 50음도를 60음도로 전환하면 A열, I열, U열, E열, O열에 각각 /a/, /i/, /u/, /e/, /o/ 모음만 온다. 따라서 60음도가 위의 50음도보다 훨씬 합리적이라고 할 수 있다. 현대 일본어에서는 50음도가 적합하지만 『고사기』 음가나에서는 60음도가 적합하다. 이에 따르면 『고사기』 음가나의 모음체계는 기본모음 /a, i, u, e, o/에 /ə/ 모음을 추가한 6모음체계가 된다. 8모음설을 주장한다면 모음도를 80음도로 작성하는 것이 원칙인데, 우리는 80음도를 본 적이 없다.

6모음체계에서는 음가나로 표기된 음절이 모두 74종이다. 6모음체계에서는 전체 음절이 '6모음 × 14행 = 84음절'인데, 10종의 음절이 공백이다. 이 공백 중에서 øE·JI·WU 음절은 체계적 공백이지만, 나머지 øO·KE·ZO·BO·JO·WI·WO

음절은 우연한 공백이다. 흥미롭게도 제6의 모음인 Ə열에서는 공백이 없다. 이것은 상대로 거슬러 올라갈수록 Ə열 음절이 많았는데, 후대로 내려오면서 이것이 E열·I열·O열의 음절과 합류했음을 뜻한다.

그런데 위의 (303)처럼 을류의 모음을 모두 60음도의 Ə열에 몰아넣을 때에는 다시 확인할 것이 적지 않다. 예컨대, GƏ 음절에서 疑/gə→gɨ/와 碁=其/gə/가 동일 칸에 오므로 이 둘이 동음 관계임을 증명할 수 있어야 한다. 마찬가지로 BƏ 음절에서 동일 칸에 온 肥=備/bə→bɨ/와 煩/bə/의 동음 관계가 증명되어야 하고, MƏ 음절에서도 微/mə→mɨ/와 毛/mə/의 동음 관계가 증명되어야 한다.

M행에서는 이에 대한 논의를 뒤로 미루었으므로, 여기에서 MƏ 음절의 微/mə→mɨ/와 毛/mə/가 동음 관계인지 그 여부를 논의하기로 한다. 위의 (98)에 열거한 『고사기』 가요의 '毛' 용례와 (81)에 열거한 '微' 용례를 서로 대비해 보았더니, 동일어가 하나도 없다. '微'의 용례가 부족하여 『만엽집』 가요의 '微' 용례를 추가해 보았지만 결과는 마찬가지이다. 그렇다면 '毛'와 '微'는 동음 관계가 아니다. 이음 관계임이 분명하므로, 이 둘에는 서로 다른 음가를 배당해야 한다.

다음으로, B행의 BƏ 음절에 대한 논의로 넘어간다. 肥=備/bə→bɨ/와 煩/bə/가 동음 관계인지를 우리는 이미 논의한 바 있다. B행의 논의를 요약 정리하면서, '肥=備'와 '煩'이 동일어를 표기한 예가 없다고 했다. 따라서 '肥=備'와 '煩'이 이음 관계이고, 이 둘에는 서로 다른 음가를 배당해야 한다.

이 필요를 충족하기 위하여, 우리는 '煩'이 『고사기』 음가나에서 /bə/를 표기하는 대신에 '肥=備'가 /bɨ/를 표기한다는 가설을 제기한 바 있다. 이 가설은 제7의 중설평순고모음 /ɨ/를 설정하는 방법이다. 이 방법에 따르면 위의 MƏ 음절에서도 '微'에는 /mɨ/를 배당하고 '毛'에는 /mə/를 배당할 수 있다. 그리하면 '微'와 '毛'의 이음 관계를 말끔하게 기술할 수 있다.

마지막으로, GƏ 음절에 오는 疑/gə→gɨ/와 碁=其/gə/를 논의한다. 이 둘이 동음 관계인지 이음 관계인지를 확인하기 위하여 용례를 대비해 보았다. 그랬더니 『고사기』 음가나에서 이들이 동일어의 동일 음절을 표기하는 일이 없다. 즉 이음 관계이다. 용례의 부족 탓으로 이런 결과가 나온 것은 아닌지 의심하여 『만엽집』 가요의 용례를 추가해 보았지만, 역시 동일어를 표기하지 않는다. 따라서 疑/gə→gɨ/와 碁=其/gə/는 이음 관계임이 분명하다.

이 이음 관계를 기술할 때에는 疑/gə→gɨ/와 碁=其/gə/에 서로 다른 모음을 배당하는 것이 가장 쉬운 방법이다. K행을 요약하여 정리하면서 우리는 이미 '疑'에는 제7의 모음 /ɨ/를 배당하고 '碁=其'에는 /ə/ 모음을 배당하는 방법을 제시한 바 있다. 이 방법에 따라 (171)에서 '藝, 疑, 碁=其' 상호 간의 음운대립 관계도 제시했다.

이처럼 제7의 모음 /ɨ/를 설정할 때에는 60음도가 아니라 70음도를 작성하는 것이 원칙이다. 70음도에서는 (302)의 I열과 U열 사이에 제7의 Ɨ열을 두고, 이 Ɨ열에 肥=備/bɨ/, 微/mɨ/, 疑/gɨ/의 셋을 배열하면 된다. 그러나 번거로움을 피하여 70음도는 생략했다.

(298)의 50음도와 (303)의 60음도를 잘 살펴보면 설정되는 모음이 행별로 제각각임을 알 수 있다. 이것을 알기 쉽게 정리하면 아래와 같다. 이때에는 제7의 모음 /ɨ/도 독자적인 모음으로 간주한다.

(304) 『고사기』 음가나의 행별 모음 목록

1. W행 – 3모음 /a, e, ə/
2. ø행 – 4모음 /a, i, u, ə/
3. J행 – 4모음 /a, u, e, ə/
4. K행 – 5모음 /a, i, u, ə, o/
5. Z행 – 5모음 /a, i, u, e, ə/
6. S·T·D·N·P·R행 – 6모음 /a, i, u, e, ə, o/
7. B행 – 6모음 /a, i, ɨ, u, e, ə/
8. G·M행 – 7모음 /a, i, ɨ, u, e, ə, o/

W행에서 설정되는 모음은 /a, e, ə/의 3종에 불과하고 ø행의 모음은 /a, i, u, ə/의 4종에 불과하다. 반면에 G·M행에서는 /a, i, ɨ, u, e, ə, o/의 7모음이 설정

된다. 이러한 모음체계를 몇 모음체계라고 해야 할까? 8종의 모음이 설정되는 행이 하나도 없다는 점에서 8모음체계설은 일단 부정된다.

(304)처럼 행별로 설정되는 모음이 다양할 때에, 여러 행에서 공통적으로 설정되는 (304.6)의 6모음에 일단 초점을 맞출 수 있다. /a, i, u, e, ə, o/의 6모음이 설정되는 행이 S·T·D·N·P·R의 여섯 가지 행이나 되기 때문이다. 이것을 표준으로 삼아, 『고사기』 음가나의 모음체계를 일단 6모음체계라고 말할 수 있다.

그러나 설정되는 전체 모음이 /a, i, ɨ, u, e, ə, o/의 7종이라는 점을 무시해서는 안 된다. 제7의 모음 /ɨ/가 설정되는 행이 B행과 G·M행의 세 행이나 된다. 이 점을 강조하면 『고사기』 음가나의 모음체계를 7모음체계라고 해야 한다.

전체 74종의 음절 중에서 BƎ·MƎ·GƎ 음절의 3종에서는 아직도 7모음체계의 흔적이 남아 있다. 따라서 통시적 관점을 취하여 『고사기』 음가나의 모음체계는 7모음체계가 6모음체계로 변화해 가는 마지막 단계라고 할 수 있다. 구체적으로 말하면 제7의 모음인 중설평순고모음 /ɨ/가 전설고모음 /i/ 또는 중설평순중모음 /ə/와 합류하는 단계이다. 이것이 우리의 최종 결론이다. 후술하겠지만, 이와 비슷하게 『만엽집』 음가나의 모음체계는 6모음체계가 5모음체계로 변화해 가는 마지막 단계이다.

이제 우리의 논의를 마무리하기로 한다. 『고사기』 음가나는 13종의 자음과 6종의 모음이 결합한 것이다. BI·MI·GI 음절의 3종에서는 중설평순고모음 /ɨ/가 아직도 /ə/와 음운론적으로 대립하지만, 나머지 대부분의 음절에서는 이미 /ɨ/가 /i/ 또는 /ə/로 합류한 상태이다. 이 합류를 강조하면 『고사기』 음가나의 모음체계가 (305.1)의 6모음체계라고 말할 수 있다.

(305) 『고사기』 음가나의 모음체계

1. 6모음체계

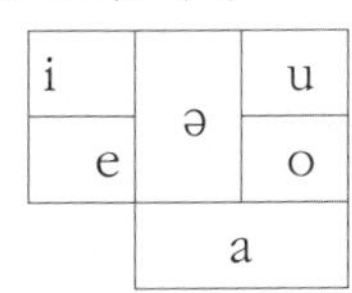

2. 7모음체계(외래적)

i	ɨ	u
e	ə	o
	a	

그런데 이 6모음체계로는 BI·MI·GI의 세 가지 음절에서 음운대립 관계를 정확히 기술할 수 없다. 60음도를 기준으로 할 때에 BƎ 음절의 '煩'에 /bə/를 배당하면 '肥=備'는 /bə/가 아니다. 이와 마찬가지로, MƎ 음절의 '毛'와 '微'는 이음 관계이므로, '毛'에 /mə/를 배당하면 '微'는 /mə/가 아니다. 또한 GƎ 음절에서도 '碁=其'가 /gə/라면, '疑'는 /gə/가 아니다. 이때에 '肥=備, 微, 疑'의 모음에 공통적으로 제7의 모음 /ɨ/를 배당할 수 있다. 그리하여 그런 모음체계가 (305.2)의 7모음체계이다.

흥미롭게도 이 세 음절의 자음 /b, m, g/가 모두 탁음이다. 자음이 청음일 때에는 6모음으로도 음운대립 관계를 충분히 기술할 수 있지만, 탁음일 때에는 7모음으로 기술해야 한다. 이것을 곧이곧대로 믿을 수 있을까? 청음 뒤에는 오지 않고 탁음 뒤에서만 제7의 모음 /ɨ/가 설정된다는 것은 언어 보편성에 비추어 보더라도 아주 기이하다. 이에 따라 다른 기술 방법이 없는지를 모색하게 된다.

6모음체계와 7모음체계의 차이는 한마디로 말하면 중설평순중모음 /ə/와 중설평순고모음 /ɨ/의 음운대립이 성립하는지 여부의 차이이다. 그런데 이 /ə/와 /ɨ/의 음운대립이 이승재(2018)의 전기 중고음에서는 성립하지 않는다. 전기 중고음은 7모음체계이지만 /ə/와 /ɨ/가 음운론적으로 대립하지 않는 대신에, 등에서 3등 A가 음운론적으로 3등 B·C와 대립한다. 이것을 중뉴대립이라 하는데, 전기 중고음의 중뉴대립이 제7의 모음 /ɨ/를 설정하는 데에 영향을 미쳤을 가능성이 있다.

『고사기』 음가나의 일부에서 /ɨ/가 /i/ 또는 /ə/와 음운론적으로 대립하는 원인이 무엇일까? 우리는 전기 중고음의 중뉴에서 그 원인을 찾는다. 『韻鏡』 등의 송나라 때 운도에서는 1등운자는 첫째 줄에, 2등운자는 둘째 줄에, 3등운자는 셋째 줄에, 4등운자는 넷째 줄에 배열한다. 그런데 3등운자인데도 운도의 셋째 줄에 배열하지 않고 넷째 줄에 배열한 글자가 적지 않다. 3등운자가 두 줄로 배열된다고 하여 이것을 중뉴라고 하는데, 넷째 줄에 배열한 것을 3등 A라 하고 셋째 줄에 배열한 것을 3등 B라고 지칭한다(이토 지유키 2011, 이진호 역). 셋째 줄에만 배열되는 3등운도 있는데, 이것을 3등 전속운(專屬韻)이라 하고(河野六郎 1968) 3등

C로 표시한다.

전기 중고음에서는 이 중뉴를 운복모음 앞에 오는 운두개음의 차이로 기술한다. 그리하여 3등 A에는 자음적 전설평순활음 /j-/를 배당하는 대신에, 3등 B·C에는 모음적 전설평순활음 /ɪ-/를 배당하여 서로 구별한다. 이처럼 자음적 활음과 모음적 활음을 구별한 것은 Karlgren(1954)에서 비롯된다. 예컨대 支韻 3등 A에는 /je/를 배당하고 支韻 3등 B에는 /ɪe/를 배당하여, 이 둘의 차이를 /j-/와 /ɪ-/의 차이로 구별한다(이승재 2018: 247).

그런데 『고사기』 음가나에서는 자음 뒤의 운두개음이 거의 대부분 삭제되어 수용되므로,[87] 중뉴 차이를 운두개음 /j-/와 /ɪ-/의 차이로는 기술할 수가 없다. 따라서 이 중뉴 차이를 운복모음의 차이로 대체하여 수용하게 되는데, 이때에 전기 중고음의 /i/ 또는 /ə/와 음운론적으로 대립하는 /ɨ/를 새로운 모음으로 설정하게 된다. 이렇게 기술하면 제7의 모음 /ɨ/는 한어의 중뉴대립이라는 외래적 요인에서 비롯된 것이라고 기술할 수 있다.

제7의 모음 /ɨ/의 설정 여부는 (305.1)의 6모음체계와 (305.2)의 7모음체계로 돌려서 기술할 수 있다. 전기 중고음에서는 /ə/와 /ɨ/의 음운대립이 없으므로 전기 중고음의 /ə/는 (305.1)의 /ə/이다. 반면에 『고사기』 음가나에서는 3종의 음절에서 /ɨ/가 음운론적으로 /i/ 또는 /ə/와 대립하는데, 이것은 (305.2)에 보인 것처럼 전기 중고음의 /ə/가 『고사기』 음가나에서 /ə/와 /ɨ/의 둘로 분화되어 수용된 것이다. 따라서 전기 중고음에서는 중뉴가 운두개음의 차이였지만, 『고사기』 음가나에서는 중뉴가 운복모음의 차이로 대체되어 수용되었다고 할 수 있다.

이처럼 『고사기』 음가나에서 /ɨ/가 /i/ 또는 /ə/와 음운론적으로 대립하는 현상은 전기 중고음의 중뉴에서 그 기원을 찾을 수 있다. /ɨ/는 상대 일본어에서 내재적으로 설정되는 모음이 아니라 한어 중고음이라는 외래적 요인으로 설정되는

87 위의 (89)와 (91)에서 尤韻/ɪəu/과 侯韻/əu/의 수용 양상을 정리하면서, 개음 /ɪ-/가 후속하는 모음을 끌어올리는 힘이 있다고 했다. 이처럼 /-u/ 운미를 가지는 운을 제외하면 대부분의 개음 /ɪ-/는 힘을 쓰지 못하고 삭제된다.

모음이다. 이렇게 말할 만한 근거가 있는가? 있다.

50음도를 기준으로 하면 제6의 /ə/와 제7의 /ɨ/ 모음이 설정되는 음절은 BI·MI·GI의 셋이다. 구체적으로는 『고사기』 음가나에서 '肥, 備, 微, 疑'의 넷에 제7의 모음 /ɨ/가 설정된다. 후술하겠지만 『만엽집』 음가나에서도 GI 음절에서 제7의 모음을 설정할 필요가 있는데, 이것을 (306.4)에 추가했다.

(306) 갑을 대립의 을류 모음 /ɨ/와 중고음의 중뉴

1. BI 음절: 毘[並中A平脂]=/bji/^{L} 〉 갑류 /i/
肥[奉中C平微]=/bɪəi/^{L}, 備[並中B去脂]=/bɪi/^{D} 〉 을류 /ɨ/
煩[奉中C平元]=/bɪɑn/^{L} 〉 을류 /ə/
2. MI 음절: 瀰[明中A平支]=/mje/^{L}, 美[明中B上脂]=/mɪi/^{R} 〉 갑류 /i/
微[微中C平微]=/mɪəi/^{L} 〉 을류 /ɨ/
毛[明中1平豪]=/mɑu/^{L} 〉 을류 /ə/
3. GI 음절: 藝[疑開A去祭]=/ŋjɛi/^{D} 〉 갑류 /i/
疑[疑開C平之]=/ŋɪə/^{L} 〉 을류 /ɨ/
碁[群開C平之]=/gɪə/^{L}, 其[群開C平之]=/gɪə/^{L} 〉 을류 /ə/
4. GI 음절: 藝[疑開A去祭]=/ŋjɛi/^{D} 〉 갑류 /i/
疑[疑開C平之]=/ŋɪə/^{L}, 宜[疑開B平支]=/ŋɪe/^{L} 〉 을류 /ɨ/
期[群開C平之]=/gɪə/^{L}, 其[群開C平之]=/gɪə/^{L} 〉 을류 /ə/

중요한 것은 이들 음절의 음운론적 환경이 전기 중고음에서 중뉴가 성립하는 음운론적 환경과 정확히 일치한다는 점이다. 첫째로, 제7의 모음이 설정되는 '肥, 備, 微, 疑, 宜'의 성모가 각각 /b, b, m, ŋ, ŋ/의 순음 또는 아음이다. 전기 중고음의 중뉴는 순음과 아후음의 뒤에서만 성립하고 설치음 뒤에서는 성립하지 않는다. 따라서 제7의 모음 /ɨ/가 설정되는 순음과 아후음의 뒤라는 환경이 전기 중고음에서 비롯된 것이라고 할 수 있다. 둘째, 을류의 '肥, 備, 微, 疑, 宜'는 중고음의 등이 3등 B 또는 3등 C인 데에 반하여, 이에 대립하는 갑류의 '毘, 瀰, 藝, 藝'는 3

등 A이고[88] (306.2)의 '美'만 3등 B이다. (306)에 열거한 을류와 갑류의 일곱 가지 대립 쌍 중에서 여섯 쌍이 3등 A와 3등 B·C의 대립이다. 이것은 전기 중고음의 중뉴대립 /j : ɪ/가 『고사기』 음가나의 갑을대립 /i : ɨ/에 영향을 미치고 있음을 말해 준다.

요컨대, 전기 중고음에서 순음과 아후음이라는[89] 음운론적 환경 뒤에서 중뉴가 성립하는데, 이것이 『고사기』 음가나의 I열에서 갑류와 을류가 음운론적으로 대립하는 환경과 같다. 전기 중고음에서 3등 A가 음운론적으로 3등 B·C와 대립하는(이승재 2018: 238~239) 현상이 『고사기』 음가나의 I열에서는 갑류와 을류의 음운대립으로 대체되어 수용된다. 이 두 가지를 감안하면 『고사기』 음가나의 I열에서 독특하게 을류의 /ɨ/가 설정되는 것은 전기 중고음의 중뉴를 대체하여 수용한 것이라고 말할 수 있다.

8모음설에서도 제7의 모음과 제8의 모음이 설정되는 음운론적 환경이 모두 순음·아후음의 뒤이다. 有坂秀世(1933/55: 446)에서는 제7의 모음 /ï̯i/가 설정되는 음가나로 '紀·疑·斐·備·微'를 들고, 제8의 모음 /ə̯e/(또는 /əï̯/)가 설정되는 음가나로 '氣·宜·閇·倍·米'를 들었다.[90] 그런데 이들 10종의 음가나 성모가 모두 순음·아후음이다. 따라서 제7과 제8의 모음이 설정된다 하더라도 이 두 모음은 전기 중고음의 중뉴대립에서 비롯된 외래적 모음이라고 할 수 있다. 반면에 有坂秀世(1933/55: 446)에서 제6의 모음 /ö/가 설정되는 음가나는 '許·碁·曾·叙·登·杼·能·余·呂'의 9자이다. 이 9자에서는 앞에 오는 자음을 음운론적 환경으로 특정할 수 없다. 즉 제6의 모음은 전기 중고음의 중뉴대립과는 전혀 관계가

88 전기 중고음에서는 祭韻 3등 A와 3등 B의 음운대립이 없다(이승재 2018: 293). 그러나 상대 일본어에서는 '藝'가 3등 A로 수용되어 3등 B·C와 음운론적으로 대립했던 것 같다. 이것을 중시하여 '藝'의 운두개음을 /j-/로 표시했다.

89 아후음이라는 용어는 전기 중고음의 아음과 후음을 하나로 병합한 용어이다. 위의 (301)에 정리한 바 있듯이, 『고사기』 음가나의 자음체계에서는 후음이 독자적 조음위치가 아니다. 따라서 『고사기』 음가나에서는 아후음이 아음을 지칭한다고 해도 무방하다.

90 이 부분은 有坂秀世(1933/55) 중에서 모음론의 결론에 해당한다. 有坂秀世가 스스로 의문부를 달아 확신하지 못한 음가나는 인용하지 않았다.

없으므로, 제6의 모음은 일본 고유의 모음이라고 할 수 있다.

후술하겠지만, 『일본서기』 음가나에서는 외래적인 /ɨ/가 갑류 모음 /i/로 합류하여 /i/가 되거나, 일본어 고유의 을류 모음 /ə/로 합류하여 /ə/가 된다. 이 합류와 관련하여 아주 흥미로운 예를 松本克己(1995: 109~110)가 소개한 바 있다. 고대 그리스에서 셈 문자를 수용할 때에 초창기에는 셈 문자의 K와 Q를 구별하여 표기했다. 그런데 고대 그리스어의 자음체계에 자음 Q가 없었으므로 시간이 흐름에 따라 Q에 해당하는 표기를 폐기하고 K 하나로 표기를 통일했다.

그런데 이와 비슷한 일이 훈민정음을 창제했을 때에도 일어났다. 정음 창제의 초창기에는 한자음의 유성음을 표기하기 위하여 各字竝書 'ㄲ, ㄸ, ㅃ, ㅆ, ㅉ' 등을 제정하여 '虯끃, 覃땀, 步뽕, 慈쫑, 洪홍' 등으로 표기했지만, 이들이 현실 한자음에서 'ㄱ, ㄷ, ㅂ, ㅅ, ㅈ'과 음운론적으로 구별되지 않았다. 그 결과로 각자병서 표기는 얼마 되지 않아 폐기되었다. 훈민정음의 中聲에서도 한자음 표기를 위하여 'ᆈ, ᆔ, ᆅ, ᆒ' 등을 제정했지만, 현실에 맞지 않아 이들도 역시 곧 폐지되었다.[91]

『고사기』 음가나에서 제7의 모음 /ɨ/를 구별하여 표기한 것은 고대 그리스에서 K와 Q를 구별하여 표기하거나, 조선 한자음에서 'ㄲ'과 'ㄱ'을 구별하여 표기한 것에 비유할 수 있다. 즉 외래적 요인에 말미암은 것이다. 더욱이 제7의 모음 /ɨ/가 /ə/로 합류한 것은 Q가 K로 합류하거나, 'ㄲ'이 'ㄱ'으로 합류한 것과 같다. 이 점에서 『고사기』의 일곱 번째 모음 /ɨ/가 외래적 요인 즉 한어의 중뉴를 반영하기 위하여 의도적·인위적으로 구별하여 표기한 것이라는 논의가 성립한다. 중뉴의 음운론적 환경에서만 제7의 모음 /ɨ/가 설정되기 때문이다.

우리의 견해와 달리 순음과 아후음이라는 음운론적 환경이 구개음화와 연결된다고 보는 학설이 있다. 예컨대, 松本克己(1975)와 服部四郎(1976a)는 /k, g, p, b, m/의 특징의 하나로 구개화의 가능성에서 /t, d, s, z, n/과 차이가 난다는 점을 들었다. 그런데 언어 보편적으로 /k, g, p, b, m/의 구개음화는 비변별적이

91 李基文(1977)에서는 자국어 표기와 외국어 표기를 구별함으로써 이 문제를 해결했다.

고 /t, d, s, z, n/의 구개음화는 변별적일 때가 많다. 따라서 순음과 아후음이라는 음운론적 환경은 구개음화와는 관계가 없다고 보는 것이 오히려 타당하다. 순음과 아후음에서는 구개음화가 아니라 원순음화가 일어날 때가 더 많고, 이 보편성을 한어 중고음에서도 그대로 확인할 수 있다.

4.3.4. 중고음 성모의 대체 수용

위의 (1)에서 우리는 전기 중고음의 성모 즉 자음 음소를 제시한 바 있다. 이제 중고음의 성모가 『고사기』 음가나에서 어떻게 대체되어 수용되는지 그 양상을 정리하기로 한다.

(307) 전기 중고음 성모의 대체 수용 (『고사기』 음가나)

위치 \ 방식		전청	차청	전탁	차탁
순음		幫/p/ 非/p~b/	滂 敷/p/	並/b~p/ 奉/b/	明微/m/
설음	치조	端知/t/	透徹	定澄/d/	泥日/n/ 娘
	반설				來/r/
치음	파찰	精/s/	淸初	從/z/	
		莊		船 崇/z/	
		章/s/	昌		
	마찰	心/s/		邪/z/	
		生		俟 常/z/	
		書/s/			
아음		見/k/	溪/k/	群/k/	疑/g/
후음		影/ø/	曉/k/	匣/g~w/ 云/ø/	羊/j/

위의 성모 대체 수용에서 음가를 달지 않은 滂母/p^{h}/, 透徹/t^{h}/, 娘母/n/, 莊母 /tʂ/, 淸初/ʦ^{h}/, 昌母/ʨ^{h}/, 船母/ʥ/, 生母/ʂ/, 俟母/ʑ/는 『고사기』 음가나의 표기

에 사용된 적이 없다. 이들은 중고음에서 유기음이거나, 권설음이거나, 구개음이거나 셋 중의 하나이다. 이들이 『고사기』 음가나에 사용된 바 없으므로, 8세기 초엽의 상대 일본어에 유기음, 권설음, 구개음이 없었다고 말할 수 있다.

한편, 『고사기』 음가나에서는 전기 중고음의 음가를 삭제하여 수용할 때도 있다. 위의 표에서 影母/ø/와 云母/ø/에서 /ø/로 표기한 것은 후음이 삭제되어 수용됨을 뜻한다. 그런데 후음의 일종인 曉母/h/와 匣母/ɦ/의 수용 양상까지를 고려하면 상대 일본어에는 아음과 후음의 구별이 없었다고 할 수 있다. 중고음에서 후음인 曉母/h/가 아음인 /k/로 수용되고, 역시 후음인 匣母/ɦ/도 개구운 앞에서 아음인 /g/로 수용되기 때문이다. 이처럼 중고음의 아음과 후음이 아후음 하나로 병합되는데, 이것을 보여 주지 못한다는 점에서 위의 (307)은 불완전하다.

또한, 순음에서 非母가 /p~b/로 수용되고 並母가 /b~p/로 수용된다고 했지만, '~'의 앞에 둔 /p/와 /b/는 각각 정상적인 수용인 데에 반하여 뒤에 둔 /b/와 /p/는 예외적 수용이다. 이 예외적 수용을 논외로 하면, 『고사기』 음가나에서는 항상 중고음의 무성음을 청음으로 수용하고 유성음을 탁음으로 수용한다. 이것은 8세기 초엽의 상대 일본어에 청탁 대립이 분명히 존재했음을 말해 준다.

아음과 후음을 아후음 하나로 병합하고 예외적 수용을 논외로 하면, 위의 (307)을 아래와 같이 수정할 수 있다. 아래의 표에서는 『고사기』 음가나의 수용 양상이 기준이 된다.

(308) 『고사기』 음가나의 성모 대체 수용

위치 \ 방식		청음	탁음	차탁
순음		幫非敷/p/	並奉/b/	明微/m/
설음	치조	端知/t/	定澄/d/	泥日/n/
	반설			來/r/
치음		心書精章/s/	邪從崇常/z/	羊/j/
아음		見曉溪群/k/	匣疑/g/	/w/
후음		影云/ø/		

여기에서는 중고음의 群母/g/가 청음 /k/로 수용되어 見曉溪/k/와 더불어 하나로 병합된다는 것이 중요하다. 이처럼 병합하여 아음의 청음 자리를 見曉溪群 /k/으로 채우면 아음의 탁음 자리가 비게 된다. 그런데 아음의 탁음 /g/를 『고사기』 음가나에서는 匣母/ɦ/(개구운 앞)와 疑母/ŋ/로 표기했으므로, 匣母/ɦ/와 疑母 /ŋ/가 중고음과는 달리 아음의 전탁 자리에 들어간다.

앞에서 이미 지적한 것처럼 影母와 云母는 음가가 없는 /ø/로 수용되므로 사실은 위의 표에서 후음 행을 삭제해도 된다. 이 방법을 택하면 羊母/j/의 위치를 이동할 필요가 있다. 마침 치음의 차탁 열이 비어 있으므로 그곳으로 羊母/j/의 위치를 바꾸었다. 마찬가지로 戈韻과 齊韻, 微韻, 元韻의 합구음이 『고사기』 음가나에서 /w/로 수용되는데, 이 /w/를 후음 행에서 아음 행으로 위치를 바꾸었다. 이처럼 위치를 바꾼 것은 틀 맞추기(pattern congruity)를(허웅 1965 참조) 적용한 것이다.

이와 같이 수용 양상을 재정리하면 상대 일본어의 조음위치는 순음, 설음, 치음, 아음의 4종으로 구별되고, 조음방식은 청음, 탁음, 차탁의 3종으로 구별된다. 이 4×3의 12자리에 각각 하나의 자음이 들어가는데, 여기에 유음 /r/를 더한 것이 『고사기』 음가나의 자음체계라고 할 수 있다. 아주 질서정연한 체계임이 분명하다.

4.3.5. 중고음 운모의 대체 수용

다음으로, 한어 중고음의 운모가 『고사기』 음가나에서 어떻게 대체되어 수용되는지를 종합해 보자. 이때에는 한어 중고음의 운미를 분류 기준으로 삼는 것이 편리하다. 아래 표에서 止攝·遇攝·果攝·假攝을 하나로 묶었는데, 이들에 속하는 운모에는 운미가 없다. 즉 /-ø/ 운미이다. 流攝·效攝의 운모는 /-u/ 운미를 가지고, 蟹攝 운모는 /-i/ 운미를 가진다. 通攝· 江攝·宕攝·曾攝·梗攝의 운모는 /-ŋ, -k/ 운미를 가지고, 臻攝·山攝의 운모는 /-n, -t/ 운미를 가지며, 深攝·咸攝의 운모는 /-m, -p/ 운미를 가진다.

(309) 중고음 운모의 수용 양상 (『고사기』 음가나)

등 개합 섭 운모		4등		3등		2등		1등	
		開	合	開	合	開	合	開	合
止遇果假 /-ø/	脂韻			i (ə~e, ɨ)					
	支韻			i (e)					
	之韻			i~ə (ɨ)					
	虞韻				u				
	魚韻			ə					
	模韻							o	
	麻韻					a			
	戈韻							a	wa
	歌韻							a	
流效 /-u/	幽韻								
	尤韻			u (o)					
	侯韻							o (u)	
	蕭韻								
	宵韻								
	肴韻								
	豪韻							ə	
蟹攝 /-i/	祭韻			e (i)					
	廢韻								
	夬韻								
	泰韻								
	齊韻	e	we						
	微韻			ə (ɨ)	wə				
	皆韻								
	佳韻					e			
	咍韻							ə	
	灰韻							ə	

通江宕曾梗 /-ŋ/	鍾韻			ə					
	江韻								
	冬韻								
	東韻								
	蒸韻								
	陽韻			a					
	登韻							ə	
	唐韻								
	青韻								
	淸韻								
	耕韻								
	庚韻								
臻山 /-n/	眞韻								
	臻韻								
	諄韻								
	文韻								
	欣韻								
	魂韻							o	
	痕韻								
	先韻								
	仙韻			e					
	元韻			ə	wə				
	删韻								
	山韻								
	桓韻								
	寒韻								
深咸 /-m/	添韻								
	侵韻								
	凡韻								
	嚴韻								
	鹽韻								

	咸韻								
	銜韻								
	覃韻								
	談韻								

『고사기』 음가나 중에서 /-m, -p/ 운미를 가지는 것은 아예 없고 /-u/, /-ŋ, -k/, /-n, -t/ 등의 운미를 가지는 음가나도 많지 않다. 대부분의 음가나가 /-ø/ 운미나 /-i/ 운미를 가진다.

위의 표에서 ( ) 안에 넣은 것은 예외적 수용이거나, 『고사기』 음가나에서 설정되는 제7의 모음이다. 전체 24종의 운모가 『고사기』 가요의 표기에 사용되었는데, 하나의 운모가 둘 이상의 음가로 수용되는 것은 脂韻·支韻·之韻·尤韻·侯韻·祭韻·微韻의 7종이다. 개구와 합구의 두 가지로 수용되는 것은 戈韻·齊韻·微韻·元韻의 4종이다.

한어 중고음의 脂韻/ji~ɪi/은 『고사기』 음가나의 '美, 比, 伊, 毘, 遲'에서는 /i/로 수용되지만 '祁'에서는 /ə/로 수용된다. 물론 '備'에서는 제7의 모음 /ɨ/로 수용된다.

支韻/je~ɪe/은 '岐, 伎, 斯, 爾, 迩, 知, 彌'에서는 /i/로 수용되지만 '宜, 是'에서는 /e/로 수용된다.

之韻/ɪə/은 '理, 志, 士, 治' 등의 설치음 뒤에서는 /i/로 수용되지만 '紀, 意, 碁/棋, 其' 등의 아후음 뒤에서는 /ə/로 수용된다. '疑'에서는 제7의 모음 /ɨ/로 수용된다.

尤韻/ɪəu/은 '久, 流, 牟, 由, 受, 玖, 留'에서는 /u/로 수용되지만 '富'에서는 /o/로 수용된다.

侯韻/əu/은 '母, 斗, 漏'에서는 /o/로 수용되지만 '豆'에서는 /u/로 수용된다.

祭韻/ɪɛi/은 '勢, 幣, 世'에서는 /e/로 수용되지만 '藝'에서는 독특하게도 /i/로 수용된다.

微韻/ɪəi/은 '氣, 斐'에서 /ə/로 수용되고, 微韻 합구 /ɥəi/는 '韋'에서 볼 수 있듯이 /wə/로 수용된다. 합구와 개구는 /w-/의 유무 차이이므로 『고사기』 음가나에서 微韻이 /ə/로 수용된다고 일반화할 수 있다. 그러나 '微, 肥'의 微韻은 독특하게도 제7의 모음 /ɨ/로 수용된다.

戈韻/wɑ/은 한어 중고음에서는 항상 합구이지만 『고사기』 음가나에서는 '摩, 迦, 波, 婆'의 戈韻은 /a/로 수용되고, '和'의 戈韻은 /wa/로 수용된다. 戈韻의 수용 양상도 사실은 정상적이다.

'弖, 泥, 禮, 米, 閉/閇'의 齊韻 개구 /ei/는 /e/로 수용되고, '惠'의 齊韻 합구 /wei/는 /we/로 수용된다. 이것도 정상적인 수용이다.

'煩'의 元韻 개구[92] /ɪɑn/은 /ə/로 수용되고, '袁, 遠'의 元韻 합구 /ɥɑn/은 /wə/로 수용된다. 이것도 정상적인 수용이다.

개합의 차이에 따라 두 가지로 수용되는 것은 모두 정상적인 수용이므로, 이것을 제외하면 예외적으로 수용된 것이 사실은 많지 않다. '夫'와 '幣'는 중고음의 성모가 유성음 /b/인데도 예외적으로 청음 /p/로 수용되었다. 脂韻字의 '備, 祁', 支韻字의 '宜, 是', 之韻字의 '疑', 微韻字의 '微', 尤韻字의 '富', 侯韻字의 '豆', 祭韻字 '藝' 등의 9자도 예외적으로 수용되었다고 할 수 있다. 之韻은 설치음 뒤에서 /i/로 수용되고 아후음 뒤에서 /ə/로 수용된다고 했는데, 이것은 음운론적 환경을 명시할 수 있으므로 정상적인 수용으로 분류한다. 之韻字의 '疑'와 微韻字의 '微'는 7모음체계에서 /ɨ/로 수용되므로 예외에 넣었지만, 7모음체계에서는 이 둘도 정상적으로 수용된다. 따라서 이 둘을 제외하면 진정한 의미의 예외는 '夫, 幣, 藝, 祁, 宜, 是, 備, 富, 豆'의 9자로 줄어든다. 논의 대상으로 삼은 『고사기』 음가나가 모두 107자였으므로 8.4%만 예외적으로 수용되고 나머지 91.6%는 정상적으로 수용된 셈이다. 이 정도면 정상적 수용의 비율이 아주 높은 편이라고 할 수 있다.

그런데 有坂秀世(1933/55: 192)는 "우리나라 음을 확정할 때에 만요가나는 거의 도움이 되지 않는다"고 하여 만요가나의 한계를 지적했다. 그러나 우리의 분석 결과는 정반대이다. 전체 음가나의 91.6%가 정상적·규칙적으로 수용되었으므로, 『고사기』 가요의 음가나야말로 상대어 음운체계를 재구할 때에 최상·최적

92 순음 뒤의 환경이므로 이토 지유키(2011)(이진호 역)에서는 개합이 중립이다.

의 자료이다.

어찌하여 이처럼 크게 차이가 날까? 첫째로, 자료 처리 방법에서 차이가 난다. 有坂秀世는 각종의 어휘 주석이나 고문서에 나오는 자료를 망라했고 훈가나까지도 포함하여 분석했다. 반면에 우리는 가요 표기로 분석 대상을 한정하고 각종의 훈가나를 논의 대상에서 모두 제외했다. 또한 有坂秀世는 『고사기』·『일본서기』·『만엽집』 텍스트를 하나로 뭉쳐서 기술했지만, 우리는 이 3종의 텍스트를 분리하여 기술했다. 둘째로, 有坂秀世는 음성형의 재구에 주력했지만 우리는 음운론적 대립 가치가 있는 음소를 논의 대상으로 삼았다. 有坂秀世는 특히 을류 모음 상호 간에 음운대립이 성립하는지를 검토하지 않았지만, 우리는 이것을 일일이 검토했다. 셋째로, 有坂秀世 시대에는 위진남북조의 전기 중고음에 대한 이해가 부족한 상태였지만, 우리는 『세설신어』의 대화문 용자에 반영된 전기 중고음을 기반으로 『고사기』 음가나를 기술했다. 즉 모태음의 제시 여부에서 차이가 난다. 넷째로, 有坂秀世는 대체 수용 현상을 이용하지 않았지만 우리는 차용음운론의 관점에서 대체 수용을 적극적으로 활용했다. 이런 여러 가지 차이로 말미암아, 정반대의 결론이 나오게 되었을 것이다.

위의 (309)는 한어 중고음의 운모를 기준으로 한 것이었는데, 이제 『고사기』 음가나에서의 모음을 기준으로 수용 양상을 아래 (310)과 같이 요약할 수도 있다. 예외적 수용에는 ( )를 쳤다.

『고사기』 음가나의 /i/ 모음은 脂韻/ji~ɪi/, 支韻/je~ɪe/, 之韻/ɪə/의 운복모음을 수용한 것이다. 따라서 止攝에 속하는 이 세 운모가 『고사기』 음가나에서는 하나로 합류했다는 논의가 성립한다. 다만, 之韻/ɪə/은 성모가 설치음일 때에만 /i/ 모음으로 합류하므로 성모도 이 합류의 음운론적 환경이 된다는 점에 유의할 필요가 있다. '藝'의 祭韻/jɛi/을 /i/로 수용한 것은 예외적 수용이다.

『고사기』 음가나의 /ə/ 모음은 微韻/ɪəi/, 佳韻/əi/, 魚韻/ɪo~ɪə/, 豪韻/ɑu/, 咍韻/əi/, 灰韻/wəi/, 鍾韻/ɪoŋ/, 登韻/əŋ/, 元韻/ɪɑn/과 아후음 뒤에 온 之韻/ɪə/의 운복모음을 수용한 것이다. 이들 운모 중에서는 전기 중고음의 운복모음이 /ə/인 것이 가장 많다.

(310) 『고사기』 음가나의 모음별 수용 양상

운모 \ 모음	a	i	ɨ	u	e	ə	o
脂韻		i	(ɨ)			(ə)	
支韻		i			(e)		
之韻		i	(ɨ)			ə	
微韻			(ɨ)			ə	
魚韻						ə	
豪韻						ə	
咍韻						ə	
灰韻						ə	
鍾韻						ə	
登韻						ə	
元韻						ə	
齊韻					e		
祭韻		(i)			e		
佳韻					e		
仙韻					e		
虞韻				u			
尤韻				u			(o)
侯韻				(u)			o
模韻							o
魂韻							o
麻韻	a						
戈韻	a						
歌韻	a						
陽韻	a						

『고사기』 음가나의 /e/ 모음은 祭韻/ɪɛi/, 齊韻/ei/, 佳韻/əi/, 仙韻/ɪɛn/의 운복 모음을 수용한 것이다. '宜, 是'의 支韻/je~ɪe/을 /e/로 수용한 것은 예외적이다.

이 예외적 수용은 支韻/je~ɪe/이 止攝에 합류하기 이전의 음가를 수용한 것이다. 佳韻/əi/을 /e/로 수용한 것은 을류의 /ə/가 갑류의 /e/로 합류한 결과이다.

『고사기』 음가나의 /u/ 모음은 虞韻/ɥo/, 尤韻/ɪəu/을 대체하여 수용한 것이다. 虞韻의 운두개음 /ɥ-/와 尤韻의 /-u/ 운미의 영향을 받아 이들 운모의 운복모음을 /u/로 인식했을 것이다. '豆'의 侯韻/əu/을 /u/로 수용한 것은 예외적 수용이다. 侯韻/əu/은 『고사기』 음가나에서 대개 /o/ 모음으로 수용되기 때문이다.

『고사기』 음가나의 /o/ 모음은 模韻/o/, 侯韻/əu/, 魂韻/wən/을 대체하여 수용한 것이다. '富'의 尤韻/ɪəu/을 /o/로 수용한 것은 예외적 수용이다. 尤韻/ɪəu/은 /u/로 수용되는 것이 원칙이기 때문이다.

『고사기』 음가나의 /a/ 모음은 麻韻/ɛ/, 戈韻/wɑ/, 歌韻/ɑ/, 陽韻/ɪɑŋ/의 운복모음을 대체하여 수용한 것이다. 여기에는 예외가 없다.

『고사기』 음가나의 모음체계에서 제7의 모음 /ɨ/를 설정할 수도 있다. 이때에는 '備'의 脂韻/ji~ɪi/, '微, 肥'의 微韻/ɪəi/, '疑'의 之韻/ɪə/이 /ɨ/로 수용되었다고 기술하게 된다.

그런데 제7의 모음 /ɨ/는 전기 중고음의 중뉴대립을 모음의 차이로 대체하여 수용한 것이다. 이 점을 강조하면 굳이 제7의 모음 /ɨ/를 설정할 필요가 있을까 하는 의문이 제기된다. 위에서 이미 지적했지만, 청음 뒤에서는 /ɨ/ 모음을 설정할 필요가 없다. 더욱이 /ɨ/ 모음이 설치음 뒤에는 오지 않고 순음이나 아후음의 뒤에만 오고, 을류의 /ɨ/와 갑류의 /i/가 대립하는 환경이 모두 중고음의 止攝이다. 지섭은 중뉴대립이 가장 뚜렷한 섭이므로, /ɨ/ 모음이 일본어의 내재적 필요에 의해 설정된 것이 아니라 한어 중고음이라는 외래적 요인에 의해 설정되었을 가능성이 있다.

따라서 우리는 『고사기』 음가나의 모음체계를 기본적으로는 6모음체계라고 하되, 극히 일부의 음운론적 환경에서만 제7의 /ɨ/ 모음을 설정하는 절충안을 택한다. 외래적 모음을 허용하지 않는 태도에 따르면 6모음체계가 바람직하지만, 외래적 모음도 인정한다면 7모음체계가 된다. 우리는 절충안을 택하여 『고사기』 음가나의 모음체계를 6.3모음체계라고 비유한다. 이 '6.3'은 6모음체계가 기본이되, 3종의 행에서는 7모음체계라는 뜻으로 사용한다.

마지막으로 한 가지만 덧붙여 둔다. 우리는 『고사기』 음가나의 음운체계를 논의할 때에 음가나 집합을 2회 이상 사용된 107자로 한정했다. 그런데 1회밖에 사용되지 않은 14자를[93] 추가하여 우리의 논의를 재검토해 보았다. 그랬더니 107자 집합과 121자 집합의 음운체계가 전혀 차이가 나지 않는다. 공백이었던 ZO 음절이 '存'으로[94] 채워지는 변동밖에 없었다. 따라서 우리는 107자 집합만으로도 『고사기』 음가나의 음운체계를 정확하게 그려낼 수 있다고 결론짓는다.

93 구체적으로는 '可, 貴, 棄, <u>當</u>, 刀, 盧, 味, 菩, 奢, 牙, 畏, 存, 芝, 他'의 14자이다.
94 '存'의 중고음 [從合1平魂]=/dzwən/^{L}이 ゾ/zo/를 표기한다.

5. 『일본서기』 음운

5장에서는 『일본서기』 가요를 대상으로 『일본서기』 음가나의 음운체계를 논의한다. 『일본서기』는 일본인의 언어 습관이 암암리에 배어 있는 β군과 중국인이 정통 한어로 작성한 α군으로 나뉜다. 3장에서 우리는 이 둘을 나누어서 표기법을 정리했으므로 여기에서도 β군과 α군을 별개의 텍스트로 보아 따로따로 분석하는 것이 원칙이다.

그러나 음가나에 초점을 맞추면 6종의 가요 텍스트 중에서 『일본서기』 α군과 가장 가까운 것은 역시 β군이다. 이 둘을 서로 나누어서 기술하면, 지면을 낭비할 수 있고 서술의 긴장감도 떨어진다. 따라서 우리는 이 둘을 하나의 텍스트로 묶어서 서술하되, α군과 β군이 차이를 보이는 곳에서는 그 차이를 집중적으로 강조하는 절충적 태도를 취하기로 한다.

5.1. 『일본서기』 음가나의 50음도

모리 히로미치(2006)(심경호 역)에 따르면 권1～13과 권22～23은 β군이고, 권

14~17 및 권19와 권24~27은 α군이다. 먼저, 3장에서 정리한 『일본서기』 β군과 α군의 50음도를 이곳에 옮겨 온다.

(1) 『일본서기』 β군 음가나의 50음도 (123자)

자음＼모음	A (ア)	I (イ)	U (ウ)	E (エ)	O (オ)
ø (ア)	阿	伊 異 以6	于 宇	曳	於
K (カ)	伽 箇 介 訶	枳 企 耆 岐 紀	區 勾/句 俱 玖6	鷄	虛 許 古
	餓	藝	遇		誤6
S (サ)	佐 瑳	辭 之 志 始 嗣5	須 輸 素	勢 齊	曾 素 蘇5
			孺/儒		
T (タ)	多 哆	智 知	菟 都	弖/氐	等 苔
	儾 娜		豆 都	涅6 泥	迺 耐6
N (ナ)	那 儺 奈 娜	珥 爾	怒	泥 禰	能 迺 怒
P (ハ)	波 破 播	比 臂 譬	赴 布 輔6	弊/幣 陪 倍	朋 保 陪 倍
	麼	弭		陪 倍	朋
M (マ)	摩 莽 磨 麻 麼	瀰 彌 弭	務 牟 武	梅 謎6	茂 毛 望 母5
J (ヤ)	夜 椰 揶		由 喩		豫 用5 譽5
R (ラ)	羅 邏	利 離6	屢 流 蘆	例 禮	呂
W (ワ)	和	委2		惠4	烏 塢

(2) 『일본서기』 α군 음가나의 50음도 (4회-2 이상 122자 + 威)

자음＼모음	A (ア)	I (イ)	U (ウ)	E (エ)	O (オ)
ø (ア)	阿 婀	以	于 宇	曳	於 飫
K (カ)	柯 哿 舸 箇 歌	枳 岐 企 紀 基	俱 矩	該 稽	古 擧 渠
	我 鵝	擬	虞		渠
S (サ)	佐 娑 左	之 斯 志 始 絁 思	須	制 世 西	曾
		珥	孺/儒 須		

T (タ)	陀 拕/柁 多 駄	致 智	都 豆	底 提	滕/騰 登 等 度
	娜 陀 拕 多		豆 逗 都	泥 提 底	滕/騰
N (ナ)	儺 那 娜	儞 爾 尼	農 奴	泥	能 奴
P (ハ)	播 波 婆 簸	比 毘	賦 符 甫	陛 倍	裒
	麼 播 磨 婆 魔	寐		謎	裒
M (マ)	麻 磨 麼 魔 摩	瀰 彌 美 寐	武	梅 每 謎	母 謀 慕 暮 謨
J (ヤ)	野 耶		喩		與 余
R (ラ)	羅 囉	理 利 梨 唎	屢 樓	例 黎	慮 樓
W (ワ)	倭 和	威3		衛	嗚/鳴 烏 乎

우리는 3장에서 『일본서기』 β군과 α군의 대표자를 123자로 한정하고 공백인 음절을 메우기 위해 각각 너댓 자를 추가한 바 있다. 그런데 β군과 α군의 대표자를 한군데로 모으면 전체 193자가 된다. β군과 α군의 대표자 중에 서로 다른 것이 있으므로, 전체 대표자 집합이 커진다는 것은 두말할 필요도 없다.

그런데 전체 193자 중에서 '歌'와 '唎'를 음운 분석의 대상에서 제외할 필요가 있다. '歌'는 모두 6회 사용되었지만, 미해독 가요에 집중적으로 사용되었다. 해독된 용례가 둘뿐이므로, '歌'를 음운 분석의 대상에서 제외한다. 또한 '唎'는 『광운』에 나오지 않아 음가를 알 수 없으므로 음운 분석 대상에서 제외했다. β군과 α군을 하나로 통합함으로써 새로이 용례 수가 커져서 분석 대상에 추가해야 할 음가나도 있다. '據6, 故6, 開5, 固5, 姑5, 避5, 弘5'의 7자는 대표자가 아니지만 전체 용례가 5~6회나 되므로 분석 대상에 추가했다. '謂3'도 특수 음절의 분석을 위해 추가했다.

이처럼 조정하여 우리는 아래의 199자를 음운론적 분석의 대상으로 삼는다. 『고사기』 음가나에서는 107자를 분석했지만, 『일본서기』 음가나에서는 그 1.9배에 달하는 199자를 분석한다는 차이를 먼저 지적해 둔다.

(3) 분석 대상인 『일본서기』 음가나 목록 (199자)

舸 訶 伽 哿 柯 介 開 箇 該 渠 據 擧 虛 許 稽 鷄 惠4 固 姑 古 故 乎 弘 和 矩 俱

區 勾/句 玖6 企 基 者 岐 紀 枳 娜 儺 那 奈 儾 迺/廼 耐6 涅6 奴 怒 農 能 儞 爾 珥 尼 泥 禰 多 哆 陀 拕/柁 馱 苔 底 提 弖/氐 度 都 菟 豆 逗 斗 登 等 縢/騰 致 智 知 囉 邏 羅 呂 黎 慮 禮 例 蘆 樓 屢 流 留 梨 離 利 理 摩 磨 魔 麼 麻 望 莽 寐 每 梅 慕 謨 暮 毛 牟 謀 母5 武 茂 務 弭 美 彌 瀰 謎6 波 破 婆 播 簸 陛 弊/幣 倍 陪 甫 保 輔6 布 褒/裒 符 賦 赴 朋 譬 比 毘 臂 避 思 娑 斯 辭 嗣5 西 世 勢 素 蘇5 須 輸 始 絁 婀 餓 鵝 我 阿 揶/椰 耶 夜 野 飫 於 余 與 曳 藝 豫 譽5 塢 烏 嗚/鳴 誤6 倭 用5 宇 虞 遇 于 衛 謂 委2 威3 喩 由 孺/儒 擬 以 伊 異 齊 制 左 佐 曾 志 之 瑳

이 199자를 50음도에 넣어 보면 아래와 같다. 아래의 50음도에서 음영을 넣은 칸은 α군 음가나이고, 그렇지 않은 것은 β군 음가나이다. 이 50음도가 음운 분석의 출발점이다.

(4) 『일본서기』 음가나의 50음도 (음영 부분은 α군 음가나)

모음 / 자음		A(ア)	I(イ)	U(ウ)	E(エ)	O(オ)
ø ア		阿	伊 異 以6	于 宇	曳	於
		阿 婀	以	于 宇	曳	於 飫
K カ	K	伽 箇 介 訶	枳 企 者 岐 紀	區 勾/句 俱 玖6	鷄 開	虛 許 古 據 故 固 姑
		柯 哿 舸 箇 歌	枳 岐 企 紀 基	俱 矩	該 稽	古 擧 渠
	G	餓	藝	遇		誤6
		我 鵝	擬	虞		渠
S サ	S	佐 瑳	辭 之 志 始 嗣5	須 輸 素	勢 齊	曾 素 蘇5
		佐 娑 左	之 斯 志 始 絁 思	須	制 世 西	曾
	Z			孺/儒		
			珥	孺/儒 須		

<table>
<tr><td rowspan="4">T タ</td><td rowspan="2">T</td><td>多 哆</td><td>智 知</td><td>菟 都</td><td>弖/氐</td><td>等 苔</td></tr>
<tr><td>陀 拕/柁 多 駄</td><td>致 智</td><td>都 豆</td><td>底 提</td><td>縢/騰 登 等 度</td></tr>
<tr><td rowspan="2">D</td><td>娜</td><td></td><td>豆 都</td><td>涅6 泥</td><td>迺 耐6</td></tr>
<tr><td>娜 陀 拕 多</td><td></td><td>豆 逗 都</td><td>泥 提 底</td><td>縢/騰</td></tr>
<tr><td colspan="2" rowspan="2">N ナ</td><td>那 儺 奈 娜</td><td>珥 爾</td><td>怒</td><td>泥 禰</td><td>能 迺 怒</td></tr>
<tr><td>儺 那 娜</td><td>儞 爾 尼</td><td>農 奴</td><td>泥</td><td>能 奴</td></tr>
<tr><td rowspan="4">P ハ</td><td rowspan="2">P</td><td>波 破 播</td><td>比 臂 譬 避</td><td>赴 布 輔6</td><td>弊/幣 陪 倍</td><td>朋 保 陪 倍</td></tr>
<tr><td>播 波 婆 簸</td><td>比 毘 避</td><td>賦 符 甫</td><td>陛 倍</td><td>裒</td></tr>
<tr><td rowspan="2">B</td><td>麼</td><td>弭</td><td></td><td>陪 倍</td><td>朋</td></tr>
<tr><td>麼 播 磨 婆 魔</td><td>寐</td><td></td><td>謎</td><td>裒</td></tr>
<tr><td colspan="2" rowspan="2">M マ</td><td>摩 莽 磨 麻 麼</td><td>瀰 彌 弭 未4</td><td>務 牟 武</td><td>梅 謎6</td><td>茂 毛 望 母5</td></tr>
<tr><td>麻 磨 麼 魔 摩</td><td>瀰 彌 美 寐 微3</td><td>武</td><td>梅 每 謎</td><td>母 謀 慕 暮 謨</td></tr>
<tr><td colspan="2" rowspan="2">J ヤ</td><td>夜 椰 揶</td><td></td><td>由 喩</td><td></td><td>豫 用5 譽5</td></tr>
<tr><td>野 耶</td><td></td><td>喩</td><td></td><td>與 余</td></tr>
<tr><td colspan="2" rowspan="2">R ラ</td><td>羅 邏</td><td>利 離</td><td>屢 流 蘆</td><td>例 禮</td><td>呂</td></tr>
<tr><td>羅 囉</td><td>理 利 梨 唎</td><td>屢 樓</td><td>例 黎</td><td>慮 樓</td></tr>
<tr><td colspan="2" rowspan="2">W ワ</td><td>和</td><td>謂 委2</td><td></td><td>惠4</td><td>烏 塢 弘</td></tr>
<tr><td>倭 和</td><td>謂 威3</td><td></td><td>衛</td><td>嗚/鳴 烏 乎 弘</td></tr>
</table>

우리는 위의 199자를 분석의 대상으로 삼았지만, 3~4회 사용된 음가나를 일률적으로 배제함으로써, 음운체계를 왜곡할지도 모른다. 이것을 방지하기 위하여 3~4회의 용례를 보이는 37자를[1] 재추가하여 우리의 논의를 다시 검토해 보았다. 그랬더니 MI 음절의 '未, 微'를 음운 분석에 포함해야 한다는 사실이 드러

1 재추가한 37자는 아래와 같다.
禹 邇 未 微 夢 賣 綿 盧 疑 蟻 久 氣 去 胡 御 語 舍 裝 矢 伺 旨 資 殊 周 栖 層 妬 渡 圖 鄧 旎 皤 敷 杯 韓 庾 預

났다. 이에 따라 위의 50음도에 '未, 微'를 재추가했다.

5.2. 『일본서기』 음가나의 음절별 분석

우리는 위의 (4)를 기준으로 삼아 『일본서기』 음가나를 음운론적으로 분석한다. 이들을 분석하는 방법은 4장의 『고사기』 음가나 분석 방법과 동일하다. 50음도에서 동일 칸에 온 음가나는 자음도 유사하고 모음도 유사하다. 동일 칸에 온 음가나 상호 간에 음운대립이 성립하는지를 논의하기 위하여, 우리는 개별 음가나의 용례를 모두 모아서 서로 대비한다. 그리하여 동일 칸에 온 음가나 상호 간의 관계가 동음 관계인지 이음 관계인지를 밝힐 것이다.

그런 다음에 음가나의 한어 중고음 음가를 제시하고, 이들이 『일본서기』 음가나에서 어떻게 수용되는지 그 대체 수용 과정을 정리한다. 한어 중고음의 음성학적 표시는 이토 지유키(2011)(이진호 역)을 따르고, 이들의 음운론적 표시는 이승재(2018)을 따른다. 대체 수용 과정을 정리할 때에는 어느 것이 정상적 수용이고 어느 것이 예외적 수용인지를 구별할 것이다. 그리하여 정상적 수용을 기준으로 삼아, 중고음의 여러 성모와 여러 운모가 『일본서기』 음가나에서 어떻게 대체되어 수용되는지를 정리하기로 한다.

용례 분석의 결과와 중고음의 수용 양상은 대부분의 경우에 합치한다. 이 합치는 우리의 연구 방법이 올바른 것임을 말해 주고, 이 합치를 토대로 삼아 『일본서기』 음가나의 음운체계를 설정할 수 있다.

아래에서는 동음 관계인 음가나에서는 지면 절약을 위하여 동음 관계인 용례만 남기고 용례를 대폭적으로 생략할 것이다. 다만, 이음 관계를 확인할 필요가 있을 때에는 용례 생략을 최소화했다.

5.2.1. ø행, ア行

『일본서기』 음가나 중에서 ø행 즉 ア行의 표기에 사용된 것은 '阿, 婀, 伊, 異, 以, 于, 宇, 曳, 於, 飫'의 10자이다. 이들을 음절별로 분류해 보면 아래와 같다.

(5) ø행의 『일본서기』 음가나 (음영 부분은 α군 음가나)

자음＼모음	A (ア)	I (イ)	U (ウ)	E (エ)	O (オ)
ø ア	阿	伊 異 以6	于 宇	曳	於
	阿 婀	以	于 宇	曳	於 飫

5.2.1.1. øA 음절

øA 음절의 표기에는 '阿, 婀'가 사용되었다. 이들의 용례를 모아 보면 아래의 (6)과 같다.

『일본서기』 가요에서는 α군과 β군의 구별이 중요하기 때문에, 자료를 제시할 때에는 (6)의 '권 2, 3, 4 … 26, 27 → β군과 α군'처럼 해당 음가나가 사용된 권차를 일일이 밝히고 그 분포를 β군과 α군으로 종합한다. 예컨대 아래 (7)의 '婀'는 α군에서만 사용되었다. 권차와 α·β군을 명시하는 대신에 지면 절약을 위해 권차만 남기고 가요의 번호를 생략한다. 따라서 『일본서기』에서 출전을 아라비아 숫자로 명시한 것은 모두 권차이다.

(6) 『일본서기』의 '阿' 용례 (권 2, 3, 5, 7, 9, 10, 11, 12, 13, 14, 15, 16, 17, 22, 24, 25, 26, 27 → β군과 α군)

阿{吾}, 阿母{母}, 阿{會}, 阿妹/阿磨{天}, 阿梅{雨}, 阿佐{朝}, 阿須{明日}, 阿企/阿耆{秋}, 阿娑理{漁り}, 阿喩{鮎}, 阿泥{味}, 阿岐豆{蜻蛉}, 阿黨{與}, 阿麻多{數}, 阿珥{豈}, 阿伽/阿箇{赤}, 阿烏{青}, 阿佐/阿娑{淺}, 阿利/阿例/阿羅-{有-}, 阿拕羅[あたら], …

(7) 『일본서기』의 '婀' 용례 (권 14, 16 → α군)

婀{吾}, 婀枳豆/婀岐豆{蜻蛉}, 婀波寐{鰒}, 婀拕羅[あたら], 婀嗚儞與志[あをによし]

위의 용례에서 '阿'뿐만 아니라 '婀'도 단어의 첫째 음절만 표기하고, 둘째 이하의 음절을 표기하는 예가 없다. 이것은 '阿'와 '婀'가 자음이 없는 음절임을 의미한다. 모음만 가지는 음절이 둘째 음절 이하의 위치에 오면 일본어에서는 항상 모음충돌이 일어난다. 이 모음충돌을 회피하기 위하여 모음만 가지는 '阿'와 '婀'가 둘째 이하의 음절에 오지 않는다.

'阿'와 '婀'의 용례를 대비해 보면 '阿=婀'{吾}, '阿岐豆=婀枳豆/婀岐豆'{蜻蛉}, '阿拕羅=婀拕羅'[あたら]의 세 쌍이 동음 이표기 쌍이다. 따라서 '阿=婀'의 등식이 성립하고, 이 두 음가나에는 동일 음가를 배당한다. 다만, '婀'의 용례가 α군에만 분포한다는 점에 주의할 필요가 있다.

(8) '阿, 婀'의 중고음과 그 수용

1. 阿[影開1平歌]=/ʔɑ/^{L} 》 ア/a/
2. 婀[影開1平歌]=/ʔɑ/^{L} 》 ア/a/
   [影開1上歌]=/ʔɑ/^{R}

한어 중고음에서 '阿'와 '婀'는 공통적으로 影母/ʔ/·歌韻/ɑ/이다. 아래에서 확인할 수 있듯이 影母/ʔ/는 『일본서기』 음가나에서 항상 삭제되어 수용된다.

(9) 『일본서기』 음가나의 影母/ʔ/ 수용 양상

1. 嗚/鳴[影中1平模]=/ʔo/^{L} 》 ヲ/wo/
2. 阿[影開1平歌]=/ʔɑ/^{L} 》 ア/a/
3. 婀[影開1平歌]=/ʔɑ/^{L} 》 ア/a/
   [影開1上歌]=/ʔɑ/^{R}
4. 於[影中C平魚]=/ʔɪo～ʔɪə/^{L} 》 オ^{乙}/ə/

[影中1平模]=/ʔɪo/[L]

5. 飫[影中C去魚]=/ʔɪo～ʔɪə/[D] 》 オ[乙]/ə/

6. 塢[影中1上模]=/ʔo/[R] 》 ヲ/wo/

7. 烏[影中1平模]=/ʔo/[L] 》 ヲ/wo/

8. 倭[影合1平戈]=/ʔwɑ/[L] 》 ワ/wa/

9. 威[影合C平微]=/ʔɥəi/[L] 》 ヰ/wi/

10. 委[影合B上支]=/ʔɥe/[R] 》 ヰ/wi/

11. 伊[影開A平脂]=/ʔji/[L] 》 イ/i/

(10) 影母/ʔ/의 대체 수용

한어 중고음의 影母/ʔ/는 『일본서기』 음가나에서 항상 삭제되어 수용된다.

『일본서기』 음가나의 歌韻字는 아래와 같다. 歌韻/ɑ/이 항상 /a/로 수용된다.

(11) 『일본서기』 음가나의 歌韻/ɑ/ 수용 양상

1. 舸[見開1上歌]=/kɑ/[R] 》 カ/ka/

2. 哿[見開1上歌]=/kɑ/[R] 》 カ/ka/

3. 柯[見開1平歌]=/kɑ/[L] 》 カ/ka/

4. 訶[曉開1平歌]=/hɑ/[L] 》 カ/ka/

5. 箇[見開1去歌]=/kɑ/[D] 》 カ/ka/

6. 娜[泥開1上歌]=/nɑ/[R] 》 ダ/da/

7. 那[泥開1平歌]=/nɑ/[L] 》 ナ/na/

8. 儺[泥開1平歌]=/nɑ/[L] 》 ナ/na/

9. 多[端開1平歌]=/tɑ/[L] 》 タ/ta/

10. 邏[來開1去歌]=/rɑ/[D] 》 ラ/ra/

11. 羅[來開1平歌]=/rɑ/[L] 》 ラ/ra/

12. 囉[來開4平歌]=/rɑ/[L] 》 ラ/ra/

13. 娑[心開1平歌]=/sɑ/^{L} 》 サ/sa/

14. 阿[影開1平歌]=/ʔɑ/^{L} 》 ア/a/

15. 婀[影開1平歌]=/ʔɑ/^{L} 》 ア/a/

[影開1上歌]=/ʔɑ/^{R}

16. 餓[疑開1去歌]=/ŋɑ/^{D} 》 ガ/ga/

17. 我[疑開1上歌]=/ŋɑ/^{R} 》 ガ/ga/

18. 鵝[疑開1平歌]=/ŋɑ/^{L} 》 ガ/ga/

19. 佐[精開1去歌]=/ʦɑ/^{D} 》 サ/sa/

20. 左[精開1上歌]=/ʦɑ/^{R} 》 サ/sa/

21. 瑳[清開1平歌]=/ʦ^{h}ɑ/^{L} 》 サ/sa/

[清開1上歌]=/ʦ^{h}ɑ/^{R}

22. 拕/柁[透開1平歌]=/t^{h}ɑ/^{L} 》 タ/ta/

[定開1上歌]=/dɑ/^{R}

23. 陁[定開1平歌]=/dɑ/^{L} 》 タ/ta/

24. 駄[定開1平歌]=/dɑ/^{L} 》 タ/ta/

(12) 歌韻/ɑ/의 대체 수용

한어 중고음의 歌韻/ɑ/은 『일본서기』 음가나에서 항상 /a/로 수용된다.

따라서 øA 음절에서는 '阿=婀'의 등식이 성립하고, 이들이 ア/a/로 수용되었다고 할 수 있다. 용례 분석의 결과와 한어 중고음의 수용 양상이 서로 합치한다.

5.2.1.2. øI 음절

øI 음절의 표기에는 '伊, 異, 以'의 세 자가 사용되었다. 이들의 용례를 모아 보면 아래와 같다. '伊, 以'는 β군과 α군에 두루 사용되었지만, '異'는 β군에서만 사용되었다.

(13) 『일본서기』의 '伊' 용례 (권 1, 2, 3, 5, 7, 9, 10, 11, 14, 15, 16, 17, 22, 24, 25, 26, 27 → β군과 α군)

伊{동사 접두사 い}, 伊茂/伊慕/伊暮/伊母{妹}, 伊能致{命}, 伊弊/伊鞞{家}, 伊儺{稻}, 都都伊{椎い}, 倭俱吾伊'{若子い}, 伊辭/伊須{石}, 伊波{岩}, 伊句{幾}, 伊珮/伊幣/伊波/伊比志{言}, 伊弟/伊底/伊提{出}, 伊比{飯}, 枳伊離{來入り}, 伊夜[いや], …

(14) 『일본서기』의 '異' 용례 (권 3, 5, 7, 9, 10, 13, 22 → β군)

異{동사 접두사 い}, 異能知{命}, 異之/異志{石}, 異玖{幾}, 異泮梅{言}, 異離/異利{入}, 異泥{出}, 異椰[いや], 異舍儺[いさな], …

(15) 『일본서기』의 '以' 용례 (권 2, 11, 17, 27 → β군과 α군)

以{동사 접두사 い}, 以嗣{石}, 以播/以破{岩, 磐}, 以播孺{言}, 以梨{入}, 企以利{來入り}, …

위의 용례에서 '伊, 異, 以'는 거의 모두 단어의 첫째 음절을 표기한다. '都都伊'{椎い}, '倭俱吾伊'{若子い}가 예외인데, 이들의 '伊'는 접미사에 속하므로 파생어의 일종이다. 따라서 모음충돌 회피 현상은 단일 형태소 내부로 그 범위를 한정한다. '俱伊'{悔}도 예외인데, 『만엽집』에서는 이 단어가 '久夜斯/久也思/久夜思/久夜之/久由'{悔}로 표기되지만 '久伊弖'{悔いて}에서는 모음충돌이 일어난다. 그런데 이것도 활용에서 일어난 모음충돌이므로, 단일 형태소 내부의 모음충돌이 아니다. 따라서 모음충돌 회피 현상은 단일 형태소 내부에만 적용된다고 결론지을 수 있다.

위의 용례에서 '伊=異=以'{동사 접두사 い}, '伊辭/伊須=異之/異志=以嗣'{石}, '伊珮/伊幣/伊波/伊比志=異泮梅=以播孺'{言}, '伊離=異離/異利=以利'{入り}의 등식이 성립한다. '伊=異=以'라는 등식이 성립하므로, 이들에는 동일 음가를 배당해야 한다. 더욱이 '異'와 '以'는 서로 다른 권차에 분포하므로 분포가 상보적이다.

(16) '伊, 異, 以'의 중고음과 그 수용

1. 伊[影開A平脂]=/ʔji/^{L} 》 イ/i/
2. 異[羊開C去之]=/jɪə/^{D} 》 イ/i/
3. 以[羊開C上之]=/jɪə/^{R} 》 イ/i/

'伊'의 한어 중고음은 影母/ʔ/·脂韻/ji~ɪi/인데, 影母/ʔ/는 『일본서기』 음가나에서 삭제되어 수용된다(위의 (10) 참조). 脂韻/ji~ɪi/은 아래에서 확인할 수 있듯이 항상 /i/로 수용된다.

(17) 『일본서기』 음가나의 脂韻/ji~ɪi/ 수용 양상

1. 耆[群開A平脂]=/gji/^{L} 》 キ/ki/
2. 尼[娘開AB平脂]=/nɪi/^{L} 》 ニ/ni/~ネ/ne/[2]
3. 利[來開AB去脂]=/rɪi/^{D} 》 リ/ri/
4. 梨[來開AB平脂]=/rɪi/^{L} 》 リ/ri/
   [來開4平齊]=/rei/^{L}
5. 寐[明中A去脂]=/mji/^{D} 》 ビ/bi/~ミ/mi/
6. 美[明中B上脂]=/mɪi/^{R} 》 ミ/mi/
7. 比[幇中A去脂]=/pji/^{D} 》 ヒ/pi/
8. 毘[並中A平脂]=/bji/^{L} 》 ヒ/pi/
9. 伊[影開A平脂]=/ʔji/^{L} 》 イ/i/
10. 致[知開AB去脂]=/tɪi/^{D} 》 チ/ti/

(18) 脂韻/ji~ɪi/의 대체 수용

한어 중고음의 脂韻/ji~ɪi/은 『일본서기』 음가나에서 항상 /i/로 수용된다.

2 ネ/ne/의 용례는 극소수이다.

'異, 以'의 한어 중고음은 羊母/j/·之韻/ɪə/이다. 『일본서기』 음가나 중에서 羊母字를 모두 모아 보면 아래와 같다. 羊母/j/는 (19.1~12)에서는 /j/로 수용되지만, (19.13~14)에서는 삭제되어 수용된다. 삭제되는 음운론적 환경은 /i/ 모음 앞이므로 羊母/j/의 대체 수용은 (20)처럼 정리할 수 있다. /ji/가 존재하더라도 /j/와 /i/는 조음위치가 동일하므로 실제로는 /i/로 실현될 수밖에 없다. 『고사기』 음가나에서도 羊母/j/의 대체 수용을 (20)과 같이 정리한 바 있다.

(19) 『일본서기』 음가나의 羊母/j/ 수용 양상

1. 椰/揶[羊開AB平麻]=/jɪɛ/L 》 ヤ/ja/
2. 夜[羊開AB去麻]=/jɪɛ/D 》 ヤ/ja/
3. 野[羊開AB上麻]=/jɪɛ/R 》 ヤ/ja/
4. 耶[羊開AB平麻]=/jɪɛ/L 》 ヤ/ja/
5. 余[羊中C平魚]=/jɪo~jɪə/L 》 ヨ乙/jə/
6. 與[羊中C平魚]=/jɪo~jɪə/L 》 ヨ乙/jə/
   [羊中C上魚]=/jɪo~jɪə/R
7. 豫[羊中C去魚]=/jɪo~jɪə/D 》 ヨ乙/jə/
8. 譽[羊中C去魚]=/jɪo~jɪə/D 》 ヨ乙/jə/
9. 用[羊中C去鍾]=/jɪoŋ/D 》 ヨ/jo/
10. 喩[羊中C去虞]=/jɥo/D 》 ユ/ju/
11. 由[羊中C平尤]=/jɪəu/L 》 ユ/ju/
12. 曳[羊開AB去祭]=/jɪɛi/D 》 エ/je/
13. 異[羊開C去之]=/jɪə/D 》 イ/i/
14. 以[羊開C上之]=/jɪə/R 》 イ/i/

(20) 羊母/j/의 대체 수용

한어 중고음의 羊母/j/는 『일본서기』 음가나에서 항상 /j/로 수용된다.

결론적으로, øI 음절의 '伊, 異, 以'는 『일본서기』 음가나에서 모두 イ/i/를 표기한다. 이것은 용례 분석에서 '伊=異=以'라고 한 것과 합치한다.

5.2.1.3. øU 음절

øU 음절의 표기에는 '于, 宇'가 사용되었다. 둘 다 β군과 α군에 두루 사용되었다.

(21) 『일본서기』의 '于' 용례 (권 3, 5, 7, 9, 10, 11, 14, 17, 23, 25, 26, 27 → β군과 α군)

于多{歌}, 于池/于知{內}), 于瀰/于那{海}, 于之裒{潮}, 于摩{貴}, 于屢破試{麗}, 于須{薄}, 于知{擊, 打}, 于介伽卑氏{窺}, 于蘆波辭/于都俱之{愛し}, …

(22) 『일본서기』의 '宇' 용례 (권 3, 5, 9, 10, 11, 13, 14, 15, 22, 24 → β군과 α군)

宇多{歌}, 宇知{內}, 宇彌{海}, 宇摩{貴}, 宇智{打}, …

위의 용례에서 '于'와 '宇'는 단어의 첫째 음절만 표기한다는 사실을 알 수 있다. 따라서 øU 음절에서도 모음충돌 회피 현상을 확인할 수 있다.

위의 용례에서 '于多=宇多'{歌}, '于池/于知=宇知'{內}, '于瀰=宇彌'{海}, '于摩=宇摩'{貴}, '于智/于知=宇智'{打}가 동음 이표기 쌍이다. 따라서 '于'와 '宇'의 음가는 같다.

(23) '于, 宇'의 중고음과 그 수용

1. 于[云中C平虞]=/ɦɥo/[L] 》 ウ/u/
2. 宇[云中C上虞]=/ɦɥo/[R] 》 ウ/u/[3]

한어 중고음에서 '于'와 '宇'는 성조만 차이가 나는 성조 최소대립 쌍이다. 이들

---

3 3~4회 용례뿐인 '禹'가 이것과 동음 관계이다.
禹[云中C上虞]=/ɦɥo/[R] 》 ウ/u/. 禹杯{上}(26), 禹知{中}(26), 禹都麻佐{太秦}(24)

의 云母/ɦ/는 아래에서 확인할 수 있는 것처럼 『일본서기』 음가나에서 항상 삭제되어 수용된다.

(24) 云母/ɦ/의 수용 양상

1. 宇[云中C上虞]=/ɦɥo/^{R} 》 ウ/u/
2. 于[云中C平虞]=/ɦɥo/^{L} 》 ウ/u/
3. 衛[云合B去祭]=/ɦɥɛi/^{D} 》 ヱ/we/
4. 謂[云合C去微]=/ɦɥəi/^{D} 》 ヰ/wi/

(25) 『일본서기』 음가나의 云母/ɦ/ 대체 수용

한어 중고음의 云母/ɦ/는 『일본서기』 음가나에서 항상 삭제된다.

『일본서기』 음가나 중에는 한어 중고음의 虞韻/ɥo/을 가진 것이 아주 많은데, 虞韻/ɥo/의 수용 양상을 모두 들어 보면 아래와 같다. 이들의 虞韻/ɥo/은 대부분 /u/로 대체되어 수용되므로 아주 규칙적이다. 다만, '武'는 일부에서 モ/mo/로도 수용되지만 그 용례가 극소수이다.

(26) 『일본서기』 음가나의 虞韻/ɥo/ 수용 양상

1. 勾/句[見中C去虞]=/kɥo/^{D} 》 ク/ku/
2. 矩[見中C上虞]=/kɥo/^{R} 》 ク/ku/
3. 俱[見中C平虞]=/kɥo/^{L} 》 ク/ku/
4. 區[溪中C平虞]=/k^{h}ɥo/^{L} 》 ク/ku/
5. 屢[來開C去虞]=/rɥo/^{D} 》 ル/ru/
6. 務[微中C去虞]=/mɥo/^{D} 》 ム/mu/
7. 輔[奉中C上虞]=/bɥo/^{R} 》 フ/pu/
8. 甫[非中C上虞]=/pɥo/^{R} 》 フ/pu/
9. 符[奉中C平虞]=/bɥo/^{L} 》 フ/pu/

10. 赴[敷中C去虞]=/p^hɥo/^{D} 》フ/pu/

11. 賦[非中C去虞]=/pɥo/^{D} 》フ/pu/

12. 輸[書中C平虞]=/ɕɥo/^{L} 》ス/su/

13. 須[心中C平虞]=/sɥo/^{L} 》ス/su/

14. 宇[云中C上虞]=/ɦɥo/^{R} 》ウ/u/

15. 于[云中C平虞]=/ɦɥo/^{L} 》ウ/u/

16. 遇[疑中C去虞]=/ŋɥo/^{D} 》グ/gu/

17. 虞[疑中C平虞]=/ŋɥo/^{L} 》グ/gu/

18. 孺/儒[日中C平虞]=/nɥo/^{L} 》ズ/zu/

孺[日中C去虞]=/nɥo/^{D}

19. 喩[羊中C去虞]=/jɥo/^{D} 》ユ/ju/

20. 武[微中C上虞]=/mɥo/^{R} 》ム/mu/～モ/mo/

(27)『일본서기』 음가나의 虞韻/ɥo/ 대체 수용

한어 중고음의 虞韻/ɥo/은『일본서기』음가나에서 /u/로 수용된다. 다만 '武'에서는 /o/로 수용되기도 한다.

결론적으로, øU 음절에서는 '于=宇'의 등식이 성립하고, 이들은『일본서기』음가나에서 ウ/u/를 표음한다.

5.2.1.4. øE 음절

øE 음절의 표기에는 '曳'만 사용되었다. '曳'는 β군과 α군에 두루 사용된다.

(28)『일본서기』의 '曳' 용례 (권 9, 10, 11, 14, 15, 17, 24, 26, 27 → β군과 α군)

曳/曳陀/曳多{枝}, 曳岐/曳鷄{良}, 波曳{榮}, 彌曳{見え}, 枳虛曳/枳擧曳{聞え}, 古曳{越え}, 多曳{絶え}, 曳之弩{吉野}, 伽破摩多曳{川俣江}, 輔曳輔枳/輔曳符枳{笛吹

き}, 伊奘佐伽麼曳那[いざさかばえな]

위의 용례에서 '曳'가 단어의 첫째 음절뿐만 아니라 둘째 이하의 음절도 표기한다는 것을 알 수 있다. 따라서 '曳'를 øE 음절로 보아 /e/를 표기한다고 해야 할지, JE 음절로 보아 /je/를 표기한다고 해야 할지 머뭇거리게 된다. 이럴 때에는 한어 중고음의 수용 양상을 참고하여 둘 중에서 하나를 택하기로 한다.

'曳'의 한어 중고음은 羊母/j/·祭韻/ɪɛi/이다. 羊母/j/는 항상 /j/로 수용된다(위의 (20) 참조). 『일본서기』 음가나에서 祭韻/ɪɛi/은 아래와 같이 수용된다. /e/로 수용되는 것이 정상적이고, '藝'의 祭韻/jɛi/만 독특하게 /i/로 수용된다.

(29) 『일본서기』 음가나의 祭韻/ɪɛi/ 수용 양상

1. 例[來開AB去祭]=/rɪɛi/ᴰ 》 レ/re/
2. 勢[書開AB去祭]=/ɕɪɛi/ᴰ 》 セ/se/
3. 世[書開AB去祭]=/ɕɪɛi/ᴰ 》 セ/se/
4. 曳[羊開AB去祭]=/jɪɛi/ᴰ 》 エ/je/
5. 衛[云合B去祭]=/ɦɥɛi/ᴰ 》 ヱ/we/
6. 制[章開AB去祭]=/ʨɪɛi/ᴰ 》 セ/se/
7. 弊/幣[並中A去祭]=/bɪɛi/ᴰ 》 ヘ/pe/
8. 藝[疑開A去祭]=/ŋjɛi/ᴰ 》 ギ/gi/

(30) 『일본서기』 음가나의 祭韻/ɪɛi/ 대체 수용

한어 중고음의 祭韻/ɪɛi/은 『일본서기』 음가나에서 /e/로 수용된다. 다만, '藝'에서는 예외적으로 /i/로 수용된다.

이에 따르면, '曳'가 JE 음절의 /je/를 표기한다고 정리하는 것이 부담이 적다. 羊母/j/의 수용 양상과 모음충돌 회피 현상을 정확히 기술할 수 있기 때문이다.

(31) '曳'의 중고음과 그 수용

曳[羊開AB去祭]=/jɪε/[D] 》 エ/je/

이처럼 정리하면 øE 음절을 표기하는 『일본서기』 음가나가 없다는 문제가 제기된다. 그러나 이것은 『고사기』 음가나에서도 마찬가지였다. 『고사기』에서 '延'을 øE 음절에서 논의했지만 사실은 JE 음절의 /je/를 표기한 것이었다. 따라서 이와 평행적으로 『일본서기』 음가나의 '曳'도 JE 음절의 /je/를 표기한 것이라고 할 수 있다.

5.2.1.5. øO 음절

øO 음절의 표기에는 '於, 飫'가 사용되었다. 둘 다 β군과 α군에 두루 사용된다.

(32) 『일본서기』의 '於' 용례 (권 3, 5, 9, 11, 12, 13, 14, 15, 16, 19, 22, 24, 26, 27 → β군과 α군)

於瀰/於彌{臣}, 於能{己}(116), 於朋/於裒/於譜/於費{大}, 於野兒{同じ}, 於岐/於柯{置}, 於辭{押}, …

(33) 『일본서기』의 '飫' 용례 (권 2, 5, 11, 14, 16, 17, 24, 26 → β군과 α군)

飫瀰{臣}, 飫迺{己}, 飫朋/飫裒{大}, 飫岐{置}, 飫斯{押}, …

위의 용례에서 '於'와 '飫'는 단어의 첫째 음절에 온다. '瀰於寐'{御帶}와 '瀰於須譬鵝泥'{御襲料}의 '於'가 예외이지만, 이들은 접두사 '瀰'{御}의 뒤에 '於'가 온 것이므로 '於'와 '飫'는 단일 형태소의 첫째 음절을 표기한다. 따라서 단일 형태소 내부에서 모음충돌을 회피한다는 규칙은 øO 음절에서도 유지된다. 이것을 아래의 형태소 구조 제약으로 나타낼 수 있다. 이것은 『고사기』 음가나의 (12)와 동일하다.

(34) 모음충돌 회피

*VV : 상대 일본어의 동일 형태소 내부에서 두 모음의 연쇄를 허용하지 않는다.

(32～33)의 용례 중에서 '於瀰=飫瀰'{臣}, '於能=飫迺'{己}, '於朋/於裒=飫朋/飫裒'{大}, '於岐=飫岐'{置}, '於辭=飫斯'{押} 등이 동음 이표기 쌍이다. '於=飫'의 등식이 성립하므로 '於'와 '飫'는 음가가 같다.

(35) '於, 飫'의 중고음과 그 수용

1. <u>於</u>[影中C平魚]=/ʔɪo～ʔɪə/^{L} 》 オ^{乙}/ə/
   [影中1平模]=/ʔɪo/^{L}
2. 飫[影中C去魚]=/ʔɪo～ʔɪə/^{D} 》 オ^{乙}/ə/

한어 중고음에서 '於'는 성모가 影母/ʔ/이지만, 다음자로서 魚韻/ɪo～ɪə/일 때와 模韻/o/일 때의 두 가지 음가가 있다. 이 둘 중에서 魚韻/ɪo～ɪə/을 택해야만, '於'와 '飫'가 동일 음가가 된다. '飫'가 影母/ʔ/·魚韻/ɪo～ɪə/이기 때문이다.

『일본서기』 음가나에서 魚韻/ɪo～ɪə/을 수용하는 양상을 정리하면 아래와 같다. 항상 을류의 /ə/로 수용하고, 예외가 없다.

(36) 『일본서기』 음가나의 魚韻/ɪo～ɪə/ 수용 양상

1. 據[見中C去魚]=/kɪo～kɪə/^{D} 》 コ^{乙}/kə/
2. 擧[見中C上魚]=/kɪo～kɪə/^{R} 》 コ^{乙}/kə/
3. 渠[群中C平魚]=/gɪo～gɪə/^{L} 》 コ^{乙}/kə/～ゴ^{乙}/gə/
4. 慮[來中C去魚]=/rɪo～rɪə/^{D} 》 ロ^{乙}/rə/
5. 呂[來中C上魚]=/rɪo～rɪə/^{R} 》 ロ^{乙}/rə/
6. <u>於</u>[影中C平魚]=/ʔɪo～ʔɪə/^{L} 》 オ^{乙}/ə/
   [影中1平模]=/ʔɪo/^{L}
7. 飫[影中C去魚]=/ʔɪo～ʔɪə/^{D} 》 オ^{乙}/ə/

8. 余[羊中C平魚]=/jɪo～jɪə/^{L} 》 ヨ乙/jə/

9. 與[羊中C平魚]=/jɪo～jɪə/^{L} 》 ヨ乙/jə/

[羊中C上魚]=/jɪo～jɪə/^{R}

10. 豫[羊中C去魚]=/jɪo～jɪə/^{D} 》 ヨ乙/jə/

11. 譽[羊中C去魚]=/jɪo～jɪə/^{D} 》 ヨ乙/jə/

12. 許[曉中C上魚]=/hɪo～hɪə/^{R} 》 コ乙/kə/

13. 虛[曉中C平魚]=/hɪo～hɪə/^{L} 》 コ乙/kə/

(37) 『일본서기』 음가나의 魚韻/ɪo～ɪə/ 대체 수용

한어 중고음의 魚韻/ɪo～ɪə/은 『일본서기』 음가나에서 항상 /ə/로 수용된다.

이에 따르면 øO 음절의 '於'와 '飫'는 공통적으로 을류의 オ乙/ə/을 표기한다. 『고사기』 음가나에서도 øO 음절을 을류의 '淤'와 '意'로 표기한 바 있다.

5.2.1.6. ø행의 요약 정리

지금까지의 논의를 요약하여 정리하면 아래와 같다. '曳'는 /je/의 음가이므로 ø행이 아니라 J행에 넣어야 하므로 여기에서는 논의 대상에서 제외한다. ø행에서 설정되는 모음은 갑류의 /a, i, u/와 을류의 /ə/이다. 4종의 모음이 설정되는데, 기본모음 /o/가 포함되지 않는다는 점이 독특하다. 이 특이성은 『고사기』 음가나에서도 마찬가지이다.

(38) ø행 『일본서기』 음가나의 음가 배당 (음영 부분은 α군 음가나)

자음＼모음	A (ア)	I (イ)	U (ウ)	E (エ)	O (オ)
ø (ア)	阿/a/	伊=異=以/i/	于=宇/u/	(曳/je/)	於/ə/
	阿=婀/a/	以/i/	于=宇/u/	(曳/je/)	於=飫/ə/

위의 배당표에서 음영이 없는 것은 β군 음가나이고 음영을 넣은 것은 α군 음가나이다. β군과 α군의 음가를 대비해 보면 전혀 차이가 없다. 음가나의 출입에서만 차이가 날 뿐이다.

5.2.2. N행, ナ行

N행의 표기에 사용된 『일본서기』 음가나를 분류하면 아래의 표와 같다. 음영이 없는 것이 β군 음가나이고 음영을 넣은 것은 α군 음가나이다.

(39) N행의 『일본서기』 음가나 (음영 부분은 α군 음가나)

자음 \ 모음	A (ア)	I (イ)	U (ウ)	E (エ)	O (オ)
N ナ	那 儺 奈 娜	珥 爾	怒	泥 禰	能 迺 怒
	儺 那 娜	儞 爾 尼	農 奴	泥	能 奴

5.2.2.1. NA 음절

NA 음절의 표기에는 '那, 儺, 奈, 娜'가 사용되었다. 이 네 가지 음가나가 모두 β군에도 사용되고 α군에도 사용되었다.

(40) 『일본서기』의 '那' 용례 (권 3, 5, 9, 10, 11, 13, 14, 16, 17, 19, 22, 25, 26, 27 → β군과 α군)

NA: −那{관형형 な}, −那{활용 な}, 那爾{何}, 那殊/那流/那屢{成}, 那羅弭/那羅陪{並}, 那者/那企{泣}, …

(41) 『일본서기』의 '儺' 용례 (권 7, 11, 13, 14, 15, 16, 17, 26 → β군과 α군)

NA: −儺{관형형 な}, −儺{활용 な}, 儺俱{無}, 儺須/儺屢/儺梨{成}, 儺勾/儺企/儺岐/儺俱{泣, 鳴}, …

(42) 『일본서기』의 '奈' 용례 (권 2, 3, 7, 9, 11, 13, 22, 27 → β군과 α군)

NA: -奈{활용 な}, 奈爾{何}, 奈屢/奈利{成}, 奈倍氐/奈羅陪氐{並}, 奈勾{泣}, 哆哆奈梅弖{楯並めて}, …

(43) 『일본서기』의 '娜' 용례 (권 2, 9, 11, 13, 17, 25, 26 → β군과 α군)

NA: 舸娜{鉗}

DA: 泮娜{膚}, 多娜武枳{腕}, 倶謨娜尼母{雲だにも}, 阿比娜{間}, 娜濃芝{樂}, 區娜輪{壞}, 椰摩娜{山田}, 椰摩娜箇彌{山高み}, 阿軻娜磨{赤玉}, 伊麻娜[いまだ], 矩娜利/倶娜梨[くだり]

위의 (40~42)에서 공통적으로 활용형 '-な'를 표기하므로 '那=儺=奈'의 등식이 성립하고, 이들 상호 간의 동음 이표기 쌍도 적지 않다. 따라서 이 세 음가나에는 동일 음가를 배당해야 한다.

반면에 (43)의 '娜'는 (40~42)의 '那=儺=奈'와 더불어 동일어의 동일 음절을 표기하지 않는다. '娜'는 '那=儺=奈'와 이음 관계이므로 '娜'에는 '那=儺=奈'와는 다른 음가를 배당해야 한다. (40~42)의 '那=儺=奈' 용례는 후대의 일본어에서 모두 /na/로 읽히지만, '娜'의 용례는 모두 후대의 /da/에 대응한다.

이것을 한어 중고음으로 확인해 보자. '那, 儺, 奈'와 '娜'의 성모는 泥母/n/로 동일하다. '那, 儺, 娜'의 운모는 歌韻/ɑ/이고 '奈'의 운모는 泰韻/ɑi/이다.

(44) '那, 儺, 奈, 娜'의 중고음과 그 수용

1. 那[泥開1平歌]=/nɑ/^{L} 》ナ/na/
2. 儺[泥開1平歌]=/nɑ/^{L} 》ナ/na/
3. 奈[泥開1去泰]=/nɑi/^{D} 》ナ/na/
4. 娜[泥開1上歌]=/nɑ/^{R} 》ダ/da/

한어 중고음의 歌韻/ɑ/은 『일본서기』 음가나에서 항상 /a/로 수용된다(위의

(12) 참조). 泰韻/ɑi/의 수용 양상을 정리하기 위해 『일본서기』 음가나 중에서 泰韻字를 찾아보았지만, (44.3)의 '奈' 하나뿐이다. 이 '奈'는 '那, 儺'와 동음 관계이므로, '奈'의 泰韻/ɑi/도 /a/로 수용되었다고 해야 한다.

(45) 『일본서기』 음가나의 泰韻/ɑi/ 대체 수용
　한어 중고음의 泰韻/ɑi/은 『일본서기』 음가나에서 /a/로 수용된다.

NA 음절의 '那, 儺, 奈, 娜'는 성모가 泥母/n/로 동일하고 이들의 歌韻/ɑ/과 泰韻/ɑi/이 모두 /a/로 수용되므로, 이 네 음가나는 『일본서기』 음가나에서 동일 음가 ナ/na/를 표음한다고 할 수 있다. 그런데도 (43)의 '娜'는 독특하게도 후대 일본어의 ダ/da/ 음절을 표기한다. 『일본서기』 음가나 중에서 泥母/n/를 가지는 것을 모두 모아 보면 아래와 같다.

(46) 『일본서기』 음가나의 泥母/n/ 수용 양상
1. 奈[泥開1去泰]=/nɑi/^{D} 》 ナ/na/
2. 那[泥開1平歌]=/nɑ/^{L} 》 ナ/na/
3. 儺[泥開1平歌]=/nɑ/^{L} 》 ナ/na/
4. 農[泥中1平冬]=/noŋ/^{L} 》 ヌ/nu/
5. 能[泥開1平登]=/nəŋ/^{L} 》 ノ^{乙}/nə/
6. 尼[娘開AB平脂]=/nɪi/^{L} 》 ニ/ni/～ネ/ne/
7. 禰[泥開4上齊]=/nei/^{R} 》 ネ/ne/
8. 怒[泥中1上模]=/no/^{R} 》 ノ/no/～ヌ/nu/～ド/do/
9. 奴[泥中1平模]=/no/^{L} 》 ノ/no/～ヌ/nu/～ド/do/
10. 迺/廼[泥開1上咍]=/nəi/^{R} 》 ノ^{乙}/nə/～ド^{乙}/də/
11. 泥[泥開4平齊]=/nei/^{L} 》 ネ/ne/～デ/de/
　　[泥開4去齊]=/nei/^{D}
12. 娜[泥開1上歌]=/nɑ/^{R} 》 ダ/da/

13. 儺[泥開1去唐]=/nɑŋ/^{D} 》 ダ/da/

14. 耐[泥開1去咍]=/nəi/^{D} 》 ド乙/də/

(47) 『일본서기』 음가나의 泥母/n/ 대체 수용

한어 중고음의 泥母/n/는 『일본서기』 음가나에서 /n/ 또는 /d/로 수용된다.

(46.1~7)의 '奈, 那, 儺, 農, 能, 尼, 禰'에서는 泥母/n/가 /n/으로 수용되지만, (46.12~14)의 '娜, 儺, 耐'에서는 /d/로 수용된다. (46.8~11)의 '怒, 奴, 迺/廼, 泥'의 泥母/n/는 /n/으로 수용되기도 하고 /d/로 수용되기도 하여 동요를 보인다.

泥母/n/가 /d/로 수용되는 것을 기술하기 위해 일본 학자들은 당나라 시기의 후기 중고음에서 泥母의 /n/에 탈비음화(脫鼻音化)가[4] 일어나 /d/가 되었다고 본다. 그리하여 『일본서기』 음가나에서 '娜'가 ダ/da/를 표기한 것은 후기 중고음에서 일어난 탈비음화를 그대로 수용한 것이라고 기술한다. 우리도 이에 동의하여 『일본서기』 음가나의 '娜'가 ダ/da/를 표기한다고 본다.

이처럼 탈비음화를 활용하여 일부의 泥母字가 /d/를 표기한다고 할 때에는, 여타의 泥母字 예컨대 (46.1~7)의 '奈, 那, 儺, 農, 能, 尼, 禰'에서는 어찌하여 탈비음화가 일어나지 않았는가 하는 의문을 제기할 수 있다. 탈비음화가 특정의 음운론적 환경으로 한정되지 않으므로 이 의문에 답하기가 쉽지 않다.

그렇더라도 일부의 泥母字에서 탈비음화가 일어났다는 사실만은 부인할 수 없다. 또한 『일본서기』 음가나가 탈비음화 현상을 보여 주는 대표적인 자료라는 점도 부정할 수 없다. 예컨대 한국 한자음이나 『고사기』 음가나에서는 탈비음화의 증거를 찾을 수 없고, 『만엽집』 음가나에서도 탈비음화의 증거가 극히 적다. 이 점에서 『일본서기』 음가나의 탈비음화는 후기 중고음의 대표적 특징으로서, 전기 중고음과 크게 차이가 난다. 탈비음화를 기준으로 삼으면 한국 한자음, 『고사기』 음가나, 『만엽집』 음가나는 전기 중고음을 수용한 것이고, 『일본서기』 음

4 탈비음화는 3장의 3.2.4에서 자세히 논의한 바 있다.

가나는 후기 중고음을 수용한 것이다.

탈비음화와 관련하여 한어 중고음의 日母/n/가 『일본서기』 음가나에서 어떻게 수용되는지도 논의할 필요가 있다. 전기 중고음에서 日母/n/는 3등운의 앞에 오고 泥母/n/는 1등운과 4등운의 앞에 오므로 분포가 상보적이다. 이에 따라 전기 중고음에서는 이 두 성모를 하나로 병합하여 泥日/n/이라 할 수 있다.

(48) 『일본서기』 음가나의 日母/n/ 수용 양상

1. 儞[日開AB上支]=/nɪe/R 》 ニ/ni/
2. 珥[日開C去之]=/nɪə/D 》 ニ/ni/～ジ/zi/
3. 孺/儒[日中C平虞]=/nɥo/L 》 ズ/zu/
   孺[日中C去虞]=/nɥo/D

(49) 『일본서기』 음가나의 日母/n/ 대체 수용

한어 중고음의 日母/n/는 『일본서기』 음가나에서 /n/으로 수용되지만, 예외적으로 /z/로 수용되기도 한다.

日母/n/가 (48.1)의 '儞'에서는 /n/으로, (48.3)의 '孺/儒'에서는 /z/로 수용된다. (48.2)의 '珥'는 /n/ 또는 /z/로 수용되어 동요를 보인다. 日母/n/의 수용 양상은 泥母/n/의 수용 양상과 평행적이므로, 日母/n/에도 탈비음화가 일어나 日母의 일부에서 /z/로 수용된다고 할 수 있다.

그러나 우리는 日母/n/가 /z/로 바뀐 것을 유사 탈비음화라고 지칭하여 泥母/n/가 /d/로 바뀐 탈비음화와 구별한다. 日母/n/에서 비롯된 /z/는 후대에 兒化('ər'화)가 일어나지만, 泥母/n/에서 비롯된 /d/는 兒化('ər'화)가 일어나지 않기 때문이다. 따라서 우리는 泥母/n/와 明母/m/가 각각 /d/와 /b/로 바뀐 것만 탈비음화라고 한정한다.

이제, NA 음절의 논의를 정리해 보자. NA 음절의 표기에 사용된 '那, 儺, 奈, 娜' 중에서 '那=儺=奈'의 등식이 성립하므로 이들에는 공통적으로 /na/를 배당한다. 반면에, '娜'의 용례는 '那=儺=奈'의 용례와 엄격히 구별되므로, '娜'의 음가는 /na/가 아니다. '娜'의 용례는 후대 일본어의 ダ/da/에 대응하므로, 『일본서기』 음가나의 '娜'에는 /da/를 배당한다. 이 /da/는 /na/에 탈비음화가 일어난 것이다. 탈비음화는 음운론적 환경으로 명시할 수 없는 일부의 泥母字에서 일어나고, 그 기원은 후기 중고음에서 찾을 수 있다.

5.2.2.2. NI 음절

NI 음절의 표기에는 '珥, 儞, 爾, 尼'가 사용되었다. '儞'는 α군에서만 사용되었고, 나머지는 β군과 α군에 두루 사용되었다.

(50) 『일본서기』의 '珥' 용례 (권 2, 3, 5, 7, 9, 10, 11, 12, 13, 22, 26, 27 → β군과 α군)

NI: 珥{조사 に}(3, 5, …), 區珥/倶珥{國}(7, 10, …/ 11), 珥比{新}(7), 阿珥{豈}(11), 那珥波{難波}(11), 夜珥波{家庭}(10), 阿烏珥{青丹}(11), 珥倍迺利{鳰鳥}(9), 阿椰珥[あやに](9), 須羅句塢志羅珥[すらくをしらに](5), 宇摩羅珥[うまらに](10), 佐和佐和珥[さわさわに](11)

ZI: 和素邏珥{忘らじ}(2), 度珥[刀自](27), 倭須羅庾麻旨珥{置らゆましじ}(26), 倶伊播阿羅珥茹{悔はあらじぞ}(27)

(51) 『일본서기』의 '儞' 용례 (권 14, 15, 16, 17, 19, 24, 26, 27 → α군)

NI: 儞{조사 に}, 矩儞/倶儞{國}, 儞播{庭}, 那儞婆[難波], 儺倶儞[なくに], 阿野儞于羅[あやにうら], …

(52) 『일본서기』의 '爾' 용례 (권 1, 2, 14, 19, 22, 24, 25, 26, 27 → β군과 α군)

NI: 爾{조사 に}, 倶爾{國}, 多爾{谷}, 那爾/奈爾{何}, 儺倶爾[なくに], …

(53) 『일본서기』의 '尼' 용례 (권 11, 14, 26, 27 → β군과 α군)

NI: 尼{조사 に}, 多拕尼{直に}, 尼導{逃げ}

NE: 赴尼{船}

위의 용례에서 '珥, 儞, 爾, 尼'의 네 자가 모두 처격조사 'に'를 표기한다. 또한 이 네 자 상호 간에 동음 이표기 쌍이 적지 않다. 네 자가 동음 관계이므로, 이들에는 동일 음가를 배당해야 한다.

그런데 (50)에서 볼 수 있는 것처럼, '珥'는 ZI 음절을 표기하기도 한다. ZI 음절을 표기하는 '珥'도 β군과 α군에서 두루 사용되었다. 또한 (53)의 '赴尼'{船}에서는 '尼'가 독특하게도 NE 음절을 표기한다. 이것은 NI 음절과 NE 음절의 차이가 아주 적었다는 것을 의미할 것이다.

(54) '珥, 儞,[5] 爾, 尼'의 중고음과 그 수용

1. 珥[日開C去之]=/nɪə/^{D} 》ニ/ni/～ジ/zi/
2. 儞[日開AB上支]=/nɪe/^{R} 》ニ/ni/
3. 爾[日開AB上支]=/nɪe/^{R} 》ニ/ni/[6]
4. 尼[娘開AB平脂]=/nɪi/^{L} 》ニ/ni/～ネ/ne/

'珥, 儞, 爾'의 중고음 성모는 日母/n/인데, 日母/n/는 『일본서기』 음가나에서 대부분 /n/으로 수용되지만 독특하게도 '珥'는 (50)의 ZI 음절에 열거한 것처럼 /z/로도 수용된다. 그런데 /z/로 수용된 용례가 /n/으로 수용된 용례에 비하여 아주 적다. '尼'의 성모는 娘母/n/인데, 『일본서기』 음가나 중에서 娘母字는 '尼' 하나뿐이다. 따라서 娘母/n/가 /n/으로 수용된다고 바로 말할 수 있다. '尼'가 『일본서기』 음가나에서 '珥, 儞, 爾'와 동음 관계이기 때문이다.

5 '儞'는 『광운』에 나오지 않아 '爾'와 동음으로 처리했다.

6 재추가한 '邇'가 이것과 동음 관계이다.
邇[日開AB上支]=/nɪe/^{R} 》ニ/ni/. 邇{조사 に}(13), 邇之枳{錦}(13)

(55) 『일본서기』 음가나의 娘母/n/ 대체 수용

한어 중고음의 娘母/n/는 『일본서기』 음가나에서 /n/으로 수용된다.

'珥'의 중고음 운모는 之韻/ɪə/인데, 『일본서기』 음가나의 之韻/ɪə/ 수용 양상은 아래의 (56)과 같다. 『고사기』 음가나에서는 之韻/ɪə/이 설치음 뒤에서는 /i/로, 아후음 뒤에서는 을류의 /ə/로 수용되었다. 『일본서기』 음가나에서도 이와 마찬가지이므로, 설치음과 아후음의 차이는 음운론적으로 아주 중요하다.

(56) 『일본서기』 음가나의 之韻/ɪə/ 수용 양상

1. 理[來開C上之]=/rɪə/R 》 リ/ri/
2. 辭[邪開C平之]=/zɪə/L 》 シ/si/
3. 始[書開C上之]=/ɕɪə/R 》 シ/si/
4. 異[羊開C去之]=/jɪə/D 》 イ/i/
5. 以[羊開C上之]=/jɪə/R 》 イ/i/
6. 珥[日開C去之]=/nɪə/D 》 ニ/ni/～ジ/zi/
7. 志[章開C去之]=/tɕɪə/D 》 シ/si/
8. 之[章開C平之]=/tɕɪə/L 》 シ/si/
9. 思[心開C平之]=/sɪə/L 》 シ/si/
10. 嗣[邪開C去之]=/zɪə/D 》 シ/si/
11. 紀[見開C上之]=/kɪə/R 》 キ乙/kə/
12. 基[見開C平之]=/kɪə/L 》 キ乙/kə/
13. 擬[疑開C上之]=/ŋɪə/R 》 ギ乙/gə/ → ゲ/ge/

(57) 『일본서기』 음가나의 之韻/ɪə/ 대체 수용

설치음 뒤의 之韻/ɪə/은 『일본서기』 음가나에서 /i/로 수용되고, 아후음 뒤의 之韻/ɪə/은 /ə/로 수용된다.

'爾'의 중고음은 日母/n/·支韻/je～ɪe/이다. 支韻/je～ɪe/은 『일본서기』 음가나에서 아래에 제시한 것처럼 항상 /i/로 수용된다.

(58) 『일본서기』 음가나의 支韻/je～ɪe/ 수용 양상

1. 企[溪合B上支]=/kʰɥe/R 》 キ/ki/
2. 岐[群開A平支]=/gje/L 》 キ/ki/
3. 離[來開AB平支]=/rɪe/L 》 リ/ri/
   [來開AB去支]
4. 弭[明中A上支]=/mje/R 》 ビ/bi/～ミ/mi/
5. 瀰[明中A上支]=/mje/R 》 ミ/mi/
6. 彌[明中A平支]=/mje/L 》 ミ/mi/
7. 譬[滂中A去支]=/pʰje/D 》 ヒ/pi/
8. 臂[幇中A去支]=/pje/D 》 ヒ/pi/
9. 斯[心開AB平支]=/sɪe/L 》 シ/si/
10. 絁[書開AB平支]=/ɕɪe/L 》 シ/si/
11. 爾[日開AB上支]=/nɪe/R 》 ニ/ni/
12. 儞[日開AB上支]=/nɪe/R 》 ニ/ni/
13. 委[影合B上支]=/ʔɥe/R 》 ヰ/wi/
14. 枳[見開A上支]=/kje/R 》 キ/ki/
15. 智[知開AB去支]=/tɪe/D 》 チ/ti/
16. 知[知開AB平支]=/tɪe/L 》 チ/ti/
   [知開AB去支]=/tɪe/D
17. 避[並中A去支]=/bje/D 》 ヒ/pi/

(59) 『일본서기』 음가나의 支韻/je～ɪe/ 대체 수용

한어 중고음의 支韻/je～ɪe/은 『일본서기』 음가나에서 항상 /i/로 수용된다.

'尼'의 중고음 운모는 脂韻인데, 脂韻/ji~ɪi/은 『일본서기』 음가나에서 항상 /i/로 수용된다(위의 (18) 참조). 일부의 용례에서 '尼'가 ネ/ne/를 표기하기도 하지만, 이것은 예외적 수용이다.

결국 脂韻/ji~ɪi/, 支韻/je~ɪe/, 설치음 뒤의 之韻/ɪə/이 『일본서기』 음가나에서 모두 /i/로 수용되었다.

위의 논의를 종합하면, '珥, 儞, 爾, 尼'의 네 가지 음가나가 모두 ニ/ni/를 표기한다. 일부의 '珥'가 ジ/zi/를 표기하기도 하지만, 이것은 예외적 수용이다(위의 (50) 참조). 일부의 '尼'가 ネ/ne/를 표기하지만 이것도 용례가 적은 예외적 수용이다. NI 음절에서 강조해야 할 것은 脂韻/ji~ɪi/, 支韻/je~ɪe/, 설치음 뒤의 之韻/ɪə/이 모두 /i/ 모음으로 수용되었다는 점이다. 이것은 『일본서기』 음가나가 전기 중고음이 아니라 후기 중고음에 기반을 두었음을 말해 준다. 후기 중고음에 와서야 止攝의 脂韻·支韻·之韻의 운복모음이 /i/로 합류하기 때문이다.

5.2.2.3. NU 음절

NU 음절의 표기에는 '怒, 奴, 農'가 사용되었다. 셋 다 β군과 α군에 두루 사용되었다.

(60) 『일본서기』의 '怒' 용례 (권 2, 3, 10, 11, 17 → β군과 α군)

NU: 怒{조동사 ぬ}(2, 3, 11)

NO: 怒{野}(10), 菟怒瑳破赴{つのさはふ}(11)

DO: 怒唎絁底{取して}(17)

(61) 『일본서기』의 '奴' 용례 (권 9, 10, 13, 14, 15, 17 → β군과 α군)

NU: 奴{조동사 ぬ}(13), 奴那{蓴}(10), 奴底{鐸}(15)

NO: 奴{野}(14, 17), 都奴{角}(15)

DO: 奴知/奴池[どち](9)

(62) 『일본서기』의 '農' 용례 (권 5, 7, 14, 15, 16, 25, 27 → β군과 α군)

NU: 農之{主}, 農俱/農矩{貫}, 農罸儒{抜かず}, 農殊末句{纏まく}, 農岐勢摩之{著せまし}, 於尸農瀰{忍海}, 涅渠農{出來ぬ}, 罸罸農俱彌柯枳{懸かぬ組垣}, 農播[ぬば]

'怒'와 '奴'는 각각 NU, NO, DO의 세 가지 음절을 표기한다. 그런데 조동사 'ぬ'를 표기하는 '怒=奴'뿐만 아니라 명사 '野'를 뜻하는 '怒=奴'가 동음 이표기 쌍이므로 '怒'와 '奴'는 음가가 같다. 반면에 '農'은 '怒=奴'와 동일어의 동일 음절을 표기하지 않는다.

'怒'와 '奴'는 한어 중고음에서 성조만 다르고 나머지 음운론적 성분이 동일한 성조 최소대립 쌍이다. 이들의 성모는 泥母/n/인데, 泥母/n/는 『일본서기』 음가나에서 /n/으로 수용되는 것이 원칙이지만 /d/를 표기하기도 한다. 泥母/n/가 /d/를 표기한 것은 탈비음화가 일어난 뒤의 음가 반영이다. (60)의 DO 음절 예는 β군에 속하고 (61)의 DO 음절 예는 α군에 속하므로, 탈비음화는 α군뿐만 아니라 β군에서도 일어났다.

(63) '怒, 奴, 農'의 중고음과 그 수용

1. 怒[泥中1上模]=/no/^{R} 》 ヌ/nu/～ノ/no/～ド/do/
2. 奴[泥中1平模]=/no/^{L} 》 ヌ/nu/～ノ/no/～ド/do/
3. 農[泥中1平冬]=/noŋ/^{L} 》 ヌ/nu/

'怒'와 '奴'의 중고음 운모는 模韻/o/이다. 『일본서기』 음가나에서 模韻/o/이 수용되는 양상은 아래와 같다. (64.1～10)에서는 /o/로 (64.14～17)에서는 /u/로 수용되고, (64.11～13)에서는 /o/와 /u/ 사이에서 동요한다. 模韻/o/의 바로 앞에 影母/ʔ/나 匣母/ɦ/ 등의 후음이 올 때에는 /wo/로 수용된다.

(64) 『일본서기』 음가나의 模韻/o/ 수용 양상

1. 固[見中1去模]=/ko/^{D} 》 コ/ko/

2. 古[見中1上模]=/ko/^{R} 》 コ/ko/

3. 故[見中1去模]=/ko/^{D} 》 コ/ko/

4. 姑[見中1平模]=/ko/^{L} 》 コ/ko/

5. 度[定中1去模]=/do/^{D} 》 ト/to/

6. 暮[明中1去模]=/mo/^{D} 》 モ/mo/

7. 慕[明中1去模]=/mo/^{D} 》 モ/mo/

8. 謨[明中1平模]=/mo/^{L} 》 モ/mo/

9. 蘇[心中1平模]=/so/^{L} 》 ソ/so/

10. 誤[疑中1去模]=/ŋo/^{D} 》 ゴ/go/

11. 怒[泥中1上模]=/no/^{R} 》 ノ/no/～ヌ/nu/～ド/do/

12. 奴[泥中1平模]=/no/^{L} 》 ノ/no/～ヌ/nu/～ド/do/

13. 素[心中1去模]=/so/^{D} 》 ス/su/～ソ/so/

14. 都[端中1平模]=/to/^{L} 》 ツ/tu/

15. 菟[透中1去模]=/tʰo/^{D} 》 ツ/tu/

16. 蘆[來中1平模]=/ro/^{L} 》 ル/ru/

17. 布[幫中1去模]=/po/^{D} 》 フ/pu/

18. 烏[影中1平模]=/ʔo/^{L} 》 ヲ/wo/

19. 嗚/鳴[影中1平模]=/ʔo/^{L} 》 ヲ/wo/

20. 塢[影中1上模]=/ʔo/^{R} 》 ヲ/wo/

21. 乎[匣中1平模]=/ɦo/^{L} 》 ヲ/wo/

현대 북경어에서는 중고음의 模韻이 대부분 [u] 모음으로 발음되지만 전기 중고음 시기에는 /o/로 추정된다(이승재 2018: 235~236). 따라서 전기 중고음에서 /o/의 음가였던 模韻이 후기 중고음에서는 /u/로 바뀌는 변화가 일어나기 시작했다고 할 수 있다. (64.14~17)의 『일본서기』 음가나에서 模韻을 /u/로 수용한 것은 模韻/o/이 /u/로 상승했음을 증명해 주는 자료가 된다.

(64.18~21)에서는 模韻/o/이 影母/ʔ/나 匣母/ɦ/의 후음 뒤에 온다. 그런데 影

母/ʔ/는 『일본서기』 음가나에서 항상 삭제되어 수용되고(위의 (10) 참조), 아래의 (372)에 정리한 것처럼 匣母/ɦ/도 항상 삭제되어 수용된다. 이 대체 수용에 따르면 (64.18~21)의 '烏, 嗚/鳴, 塢, 乎'가 オ/o/를 표기한 것이 된다.

그런데 '阿烏'{靑}와 '麻嗚須'{奏す}에서는 '烏'와 '嗚'가 둘째 음절에 오므로 이들에 オ/o/를 배당하면 결과적으로 모음충돌을 야기하게 된다. 상대 일본어에서는 동일 형태소 내부에서는 모음충돌을 회피하므로 '烏'와 '嗚'에 オ/o/를 배당할 수가 없다.

이 모음충돌을 어떻게 피할까? '烏, 嗚/鳴, 塢, 乎'가 øO 음절에 속하는 것이 아니라 WO 음절에 속한다고 하면 아주 간단하게 모음충돌을 피할 수 있다. 이때에는 다시 W가 어디에서 비롯된 것인가 하는 문제가 제기된다.

우리는 W의 기원을 합구음 /w/에서 찾는다. 이토 지유키(2011)(이진호 역)에서는 模韻의 개합을 모두 中立이라고 기술하지만, 중국의 학자들은 模韻에서도 개구와 합구가 구별된다고 기술한다. 이들에 따르면 (64.1~17)의 模韻은 개구이지만, (64.18~21)의 '烏, 嗚/鳴, 塢, 乎'는 합구라고 이해하면 된다. 합구는 후설원순활음 /w/를 가지지만, 개구는 이 /w/가 없다. 이 차이를 이용하면 (64.1~17)의 模韻은 /o/로 수용되지만, (64.18~21)의 '烏, 嗚/鳴, 塢, 乎'에서는 模韻이 후음 뒤에서 /wo/로 수용된다고 기술할 수 있다.[7] 이처럼 개구와 합구의 차이로 기술하면 위에서 제기한 모음충돌 문제를 해결할 수 있다.

위의 논의를 반영하여 模韻/o/의 대체 수용을 정리하면 아래와 같다.

(65) 『일본서기』 음가나의 模韻/o/ 대체 수용

한어 중고음의 模韻/o/ 개구는 『일본서기』 음가나에서 /o/로 수용되는 것이 원칙이지만, 일부의 模韻/o/ 개구는 /u/로 수용된다. 반면에 후음 뒤에 온 模韻/o/은 합구로 인식되어 항상 /wo/로 수용된다.

7 이것은 아래의 WO 음절에서 다시 거론한다.

模韻/o/이 /u/로 변하는 시기가 당나라의 후기 중고음이라고 할 때에 '怒'와 '奴'의 탈비음화도 바로 이 시기에 일어난다는 점이 흥미롭다. 그런데 『일본서기』 음가나에서 탈비음화를 반영한 '怒'와 '奴'가 ド/do/를 표음하면서도 ヅ/du/를 표음하지는 않는다. 이것은 模韻/o/의 모음 상승과 泥母/n/의 탈비음화가 동시에 일어나지 않는다는 것을 암시한다.

'農'의 성모도 泥母/n/이지만, 여기에서는 탈비음화의 증거를 찾을 수 없다. '農'의 중고음 운모는 冬韻/oŋ/인데, 전기 중고음에서는 冬韻과 江韻이 미분화 상태였으므로 이 두 운을 하나로 병합하여 江冬韻/oŋ/이라 지칭하게 된다(이승재 2018: 322). 『일본서기』 음가나 중에서 운모가 冬韻이나 江韻인 것은 '農' 하나뿐이다. '農'이 『일본서기』 음가나에서 'ぬ'를 표기하므로 冬韻/oŋ/의 대체 수용을 아래와 같이 정리할 수 있다.

(66) 『일본서기』 음가나의 冬韻/oŋ/ 대체 수용

한어 중고음의 冬韻/oŋ/은 『일본서기』 음가나에서 /u/로 수용된다.

冬韻/oŋ/이 『일본서기』 음가나에서 /u/로 수용되었다는 것은 후기 중고음 시기에 江冬韻/oŋ/이 江韻와 冬韻의 둘로 분화하기 시작했음을 암시한다. 한어에서는 江韻의 운복모음이 하강하여 /ɑ/가 되는 데에 반하여, 冬韻의 운복모음은 /u/로 상승한다. 그런데 '農'의 冬韻/oŋ/이 『일본서기』 음가나에서 /u/로 수용되므로, 한어에서 江韻의 운복모음이 하강하는 것과는 정반대로 冬韻의 운복모음은 상승한다고[8] 보아야 한다. 江韻와 冬韻의 분화를 암시한다는 점에서 (66)의 대체 수용은 자못 의의가 크다.

冬韻/oŋ/이 /u/로 수용되므로, 『일본서기』 음가나에서 운미 /-ŋ/이 삭제되었다고 보아야 한다. 운미 /-ŋ/의 대체 수용 양상은 아래와 같다. 운미 /-ŋ/이 항상 삭제되어 수용된다.

8 그리하여 慧琳音義에서는 冬韻/oŋ/이 東韻/uŋ/과 합류한다(河野六郎 1968/79).

(67) 『일본서기』 음가나의 운미 /-ŋ/ 수용 양상

1. 儾[泥開1去唐]=/nɑŋ/^{D} 》ダ/da/
2. 農[泥中1平冬]=/noŋ/^{L} 》ヌ/nu/
3. 能[泥開1平登]=/nəŋ/^{L} 》ノ乙/nə/
4. 等[端開1上登]=/təŋ/^{R} 》ト乙/tə/
5. 登[端開1平登]=/təŋ/^{L} 》ト乙/tə/
6. 騰[定開1平登]=/dəŋ/^{L} 》ト乙/tə/
7. 莽[明中1上唐]=/mɑŋ/^{R} 》マ/ma/
   [明中1上模]=/mo/^{R}
8. 望[微中C去陽]=/mɪɑŋ/^{D} 》モ/mo/
9. 朋[並中1平登]=/bəŋ/^{L} 》ホ/po/～ボ/bo/
10. 用[羊中C去鍾]=/jɪoŋ/^{D} 》ヨ/jo/
11. 曾[精開1平登]=/ʦəŋ/^{L} 》ソ乙/sə/
    [從開1平登]=/dzəŋ/^{L}
12. 弘[匣合1平登]=/ɦwəŋ/^{L} 》ヲ/wo/

(68) 『일본서기』 음가나의 운미 /-ŋ/ 대체 수용

한어 중고음의 운미 /-ŋ/은 『일본서기』 음가나에서 항상 삭제되어 수용된다.

지금까지의 논의에 따르면, NU 음절의 '怒'와 '奴'는 동음 관계이면서 각각 ヌ/nu/～ノ/no/～ド/do/를 표음한다. '農'은 '怒=奴'와 이음 관계이고 ヌ/nu/를 표음한다.

그런데 이 음가 배당에서 모순이 발생한다. '怒=奴'가 ヌ/nu/를 표음한다고 하면서 동시에 '農'도 ヌ/nu/를 표음한다고 하면 이 둘의 이음 관계를 반영할 수 없다. 우리는 이음 관계인 음가나에 서로 다른 음가를 배당해 왔으므로, '怒=奴'의 ヌ/nu/ 또는 '農'의 ヌ/nu/ 중에서 하나를 골라 음가를 수정해야 한다.

그 수정 방법의 하나로 '怒=奴'를 NU 음절에 넣지 않고 NO 음절에 넣는 방법

을 상정할 수 있다. 이것이 옳은지는 아래에서 NO 음절을 분석하면서 다시 논의하기로 한다. 이와는 달리, '農'이 갑류의 ヌ/nu/를 표기한 것이 아니라 을류의 ぬ乙/nə/를 표기한다고 보는 방법이 있다. 이처럼 수정하면 '農'과 '怒=奴'의 이음 관계를 말끔히 기술할 수 있다. 이 둘 중에서 어느 것이 나을지는 N행을 종합하면서 다시 거론하기로 한다.

5.2.2.4. NE 음절

NE 음절의 표기에는 '泥, 禰'가 사용되었다. 둘 다 β군과 α군에 두루 사용되었다.

(69) 『일본서기』의 '泥' 용례 (권 2, 9, 10, 11, 13, 14, 15, 16, 17, 22, 23, 24, 27 → β군과 α군)

NE: 泥{根}, 泥辭/泥受{寢}, 輸區泥[宿禰], …

DE: 異泥{出で}, 麻泥爾[までに], 儞古泥{柔手}, …

DI: 于泥{菟道}, 阿泥素企多伽{味耜高}

(70) 『일본서기』의 '禰' 용례 (권 2, 3, 5, 7, 9, 15, 17, 24 → β군과 α군)

NE: 禰{根}, 禰志/禰矢/禰始/禰菟流{寢}, 須區禰[宿禰], …

위의 용례에서 동음 이표기 쌍이 3쌍이다. 따라서 '泥'와 '禰'의 음가는 같다. 그런데 '泥'는 탈비음화가 일어나 DE 음절도 표기하는데, 이 점에서는 β군과 α군의 차이가 없다. '泥'는 (69)의 DI 음절도 표기하는데, 그 예가 둘뿐이라서 이것은 논외로 한다.

(71) '泥, 禰'의 중고음과 그 수용

1. 泥[泥開4平齊]=/nei/^{L} 》ネ/ne/～デ/de/

[泥開4去齊]=/nei/^{D}

2. 禰[泥開4上齊]=/ne/^{R} 》ネ/ne/

'泥'와 '禰'의 한어 중고음은 泥母/n/·齊韻/ei/이다. 『일본서기』 음가나에서 齊韻/ei/을 수용하는 양상은 아래와 같다. 항상 /e/로 수용한다.

(72) 『일본서기』 음가나의 齊韻/ei/ 수용 양상

1. 鷄[見開4平齊]=/kei/^{L} 》ケ/ke/
2. 稽[見開4平齊]=/kei/^{L} 》ケ/ke/
   [溪開4上齊]=/k^{h}ei/^{R}
3. 禰[泥開4上齊]=/nei/^{R} 》ネ/ne/
4. 泥[泥開4平齊]=/nei/^{L} 》ネ/ne/～デ/de/
   [泥開4去齊]=/nei/^{D}
5. 黎[來開4平齊]=/rei/^{L} 》レ/re/
6. 禮[來開4上齊]=/rei/^{R} 》レ/re/
7. 謎[明中4去齊]=/mei/^{D} 》メ/me/～ベ/be/
8. 底[端開4上齊]=/tei/^{R} 》テ/te/～デ/de/
   [章開AB上脂]=/tɕɪi/^{R}
9. 提[定開4平齊]=/dei/^{L} 》デ/de/～テ/te/
10. 西[心開4平齊]=/sei/^{L} 》セ/se/
11. 齊[從開4平齊]=/dzei/^{L} 》セ/se/
12. 陛[並中4上齊]=/bei/^{R} 》ヘ/pe/
13. 惠[匣合4去齊]=/ɦwei/^{D} 》ヱ/we/
14. 弖/氐[端開4平齊]=/tei/^{L} 》テ/te/
    [知開B平脂]=/tɪi/^{L}

(73) 『일본서기』 음가나의 齊韻/ei/ 대체 수용

한어 중고음의 齊韻/ei/은 『일본서기』 음가나에서 항상 /e/로 수용된다.

NE 음절에서는 '泥=禰'의 등식이 성립하므로 이 둘에는 ネ/ne/를 배당한다. 그런데 '泥'는 탈비음화한 음가도 표기하므로 ネ/ne/～デ/de/를 배당하고, '禰'에는 ネ/ne/만 배당한다.

5.2.2.5. NO 음절

NO 음절의 표기에는 '能, 迺/廼, 怒, 奴'가 사용되었다. 그런데 '怒'와 '奴'는 NU 음절도 표기하므로 NU 음절에서 이미 용례를 정리한 바 있다. '能'은 β군과 α군에서 두루 사용되지만, '迺/廼'는 β군에서만 사용된다. 따라서 β군과 α군의 차이를 강조할 때에 '迺/廼'는 중요한 논거가 된다.

(74) 『일본서기』의 '能' 용례 (권 2, 3, 5, 7, 9, 10, 11, 12, 13, 14, 15, 16, 17, 19, 22, 23, 24, 26, 27 → β군과 α군)

NO: 能{조사 の}, 能未{접미사 のみ}, 於能{己}, 能朋{泝, 上}, …

(75) 『일본서기』의 '迺/廼' 용례 (迺 : 권 5, 10, 廼 : 권 1, 2, 3, 9, 11 → β군)

NO: 廼{조사 の}, 飫迺{己}, 迺煩{登}

DO: 枳虚曳之介迺{聞えしかど}, 易陪廼毛{云へども}, 異枳廼倍呂之{憤し}, 珥倍廼利{鳰鳥}, 謎廼利{雌鳥}, 用廼虚{夜床}

'能'이 조사 'の'를 표기한 것은 200회가 넘는데, '廼'가 조사 'の'를 표기한 것도 8회나 된다. 또한 '於能=飫迺'{己}와 '能朋=迺煩'{泝, 上, 登}가 동음 이표기 쌍이다. 따라서 '能=迺/廼'의 등식이 성립하고 이 둘은 음가가 같다.

그런데 위의 (60～61)에 정리한 '怒'와 '奴'의 용례를 (74～75)의 용례와 대비해 보면 서로 일치하는 것이 하나도 없다. 이것은 '怒=奴'의 음가와 '能=迺/廼'의 음가가 서로 달라야 함을 뜻한다.

(76) '能, 迺/廼'의[9] 중고음과 그 수용

1. 能[泥開1平登]=/nəŋ/^{L} 》 ノ乙/nə/
2. 廼/迺[泥開1上咍]=/nəi/^{R} 》 ノ乙/nə/～ド乙/də/

'能'과 '迺/廼'의 한어 중고음과 『일본서기』 음가나에서의 수용은 위와 같다. '能'의 중고음 운모는 登韻/əŋ/인데, 登韻/əŋ/의 수용 양상은 아래와 같다. 登韻/əŋ/은 『일본서기』 음가나에서 대부분 /ə/로 수용되고, '朋'과 '弘'의 登韻/əŋ/만 /o/로 수용된다.

(77) 『일본서기』 음가나의 登韻/əŋ/ 수용 양상

1. 能[泥開1平登]=/nəŋ/^{L} 》 ノ乙/nə/
2. 等[端開1上登]=/təŋ/^{R} 》 ト乙/tə/
3. 登[端開1平登]=/təŋ/^{L} 》 ト乙/tə/
4. 騰[定開1平登]=/dəŋ/^{L} 》 ト乙/tə/
5. 曾[精開1平登]=/ʦəŋ/^{L} 》 ソ乙/sə/
   [從開1平登]=/dzəŋ/^{L}
6. 朋[並中1平登]=/bəŋ/^{L} 》 ホ/po/～ボ/bo/
7. 弘[匣合1平登]=/ɦwəŋ/^{L} 》 ヲ/wo/

(78) 『일본서기』 음가나의 登韻/əŋ/ 대체 수용

한어 중고음의 登韻/əŋ/은 『일본서기』 음가나에서 /ə/로 수용된다. 다만, '朋'

9 '廼'는 [精開C平尤]의 음가이므로 '迺'의 음가와 완전히 다르다. '迺'를 기준으로 삼되 '迺'가 『廣韻』에 나오지 않으므로 그 음가를 동음 관계인 '乃'의 음가로 대체했다.

과 '弘'에서는 /o/로 수용된다.[10]

'迺/迺'의 중고음 운모는 咍韻/əi/이다. 咍韻/əi/은 설치음 뒤에서는 /ə/로 수용되고 아후음 뒤에서는 /e/로 수용된다.

(79) 『일본서기』 음가나의 咍韻/əi/ 수용 양상

1. 耐[泥開1去咍]=/nəi/^{D} 》ド乙/də/
2. 迺/迺[泥開1上咍]=/nəi/^{R} 》ノ乙/nə/~ド乙/də/
3. 苔[定開1平咍]=/dəi/^{L} 》ト乙/tə/
4. 該[見開1平咍]=/kəi/^{L} 》ケ/ke/
5. 開[溪開1平咍]=/k^{h}əi/^{L} 》ケ/ke/

(80) 『일본서기』 음가나의 咍韻/əi/ 대체 수용

한어 중고음의 咍韻/əi/은 설치음 뒤에서는 /ə/로 수용되고, 아후음 뒤에서는 /e/로 수용된다.[11]

설치음과 아후음의 뒤에서 수용 양상이 달라지는 운으로 咍韻/əi/뿐만 아니라 之韻/ɪə/이 있다. 위의 (57)에 정리한 것처럼, 之韻/ɪə/은 설치음 뒤에서 /i/로 수용되고, 아후음 뒤에서 /ə/로 수용된다. 그런데 흥미롭게도 咍韻/əi/과 之韻/ɪə/의 운복모음이 공통적으로 /ə/이다.

결론적으로, NO 음절의 '能=迺/迺'는 ノ乙/nə/을 표기한다. 다만, '迺/迺'는 탈비음화가 일어나 ド乙/də/를 표기할 때도 있다.

---

10 이 예외적 수용은 5.2.10.4의 WO 음절에서 다시 거론한다.

11 E열의 모음을 표기할 때에 α군에서는 咍韻/əi/과 그 합구 짝인 灰韻/wəi/을 주로 사용하지만, β군에서는 기타의 운도 많이 사용한다(森博達 1991: 41~42). 그런데 그 기타의 운은 용례가 1~4회 정도에 불과하다.

5.2.2.6. N행의 요약 정리

이제 위의 논의를 요약하여 정리해 보자. 아래의 음가 배당표에서 왼쪽 어깨에 '*'을 단 것은 탈비음화가 일어난 예가 있음을 가리킨다. N행에서 설정되는 모음은 기본모음 /a, i, u, e, o/와 을류 모음 /ə/의 6종이다.

(81) N행 『일본서기』 음가나의 음가 배당 (음영 부분은 α군 음가나)

모음 / 자음	A (ア)	I (イ)	U (ウ)	E (エ)	O (オ)
N(ナ)	那=儺=奈 /na/, *娜/da/	爾/ni/, 珥/ni～zi/		禰/ne/, *泥/ne～de/	能/nə/, *迺/廼/nə～də/, *怒/no～do～nu/
	儺=那/na/, *娜/da/	儞=爾=尼/ni/	農/nu/	*泥/ne～de/	能/nə/, *奴/no～do～nu/

탈비음화를 반영한 음가나로는 '*娜, *泥, *迺/廼, *怒, *奴'의 다섯 자가 있는데, β군과 α군의 구별과 관계없이 탈비음화를 반영한다. '*娜'는 泥母字이지만, 泥母/n/가 /n/으로 수용되지 않고 항상 /d/로 수용된다. 따라서 '*娜'의 위치를 NA 음절에서 DA 음절로 바꾸어서 정리하는 것이 정확하다. 반면에, '*泥, *迺/廼, *怒, *奴'의 네 자는 NE, NU, NO 등의 N행 음가를 기본으로 가지면서 일부의 용례에서만 탈비음화가 일어난다.

그런데 우리는 NU 음절을 마무리하면서 '怒=奴'와 '農'이 이음 관계이므로 이 둘에 동일하게 ヌ/nu/를 배당하는 것이 모순임을 지적한 바 있다. 이 모순을 해소하는 첫째 방법으로 '怒=奴'를 NU 음절에 넣지 않고 NO 음절에 넣는 방법을 제시했는데, 위의 음가 배당표는 이 방법을 따른 것이다. '怒=奴'와 NO 음절의 '能'은 역시 이음 관계이므로 서로 음가가 달라야 한다. 그런데 마침 '能'이 을류의 ノ乙/nə/를 표기하는 데에 반하여, '怒=奴'는 갑류의 /no～nu/를 표기한다. 따라서 이 둘의 이음 관계를 을류와 갑류 모음의 차이로 정확히 반영할 수 있다.

이 첫째 방법에서는 '怒=奴'의 음가 ノ/no/와 ヌ/nu/의 둘 중에서 ノ/no/가 기본적인 음가이고 ヌ/nu/가 예외적인 음가라고 인정한다. '怒=奴'는 模韻字인데, 위의 (64)에 열거한 것처럼 『일본서기』 음가나에서는 실제로 개구인 模韻/o/을 /o/로 수용하는 것이 기본이고 /u/로 수용하는 것은 예외적이다. 따라서 이음 관계인 '怒=奴'와 '農'의 음가 차이를 ノ/no/와 ヌ/nu/의 차이로 기술할 수 있다. 위의 (81)은 이 방법을 택한 것이다.

'怒=奴'와 '農'의 이음 관계를 기술하는 둘째 방법으로 '農'이 갑류의 ヌ/nu/를 표기한 것이 아니라 을류의 ヌ[乙]/nə/를 표기한다고 보는 방법을 제시한 바 있다. 그런데 이때에는 새로운 문제가 제기된다. 갑류와 을류의 음운대립은 I열, E열, O열의 세 열에서만 성립하고, A열과 U열에서는 갑류와 을류의 음운대립이 없다. 이 둘째 방법은 U열에서 을류가 갑류와 음운론적으로 대립하는 것처럼 기술하는 방법이므로, 음운대립의 대원칙을 위반하는 방법이다. 또한 '農'에 /nə/를 배당하면 이번에는 '能=迺/廼'의 /nə/와 동음이 된다. 그런데 실제로는 '農'과 '能=迺/廼'이 이음 관계이다. 이런 문제가 제기되므로 우리는 둘째 방법을 택하지 않는다.

5.2.3. M행, マ行

M행의 표기에 사용된 『일본서기』 음가나는 25자나 된다. 이들을 음절별로 분류해 보면 아래와 같다.

(82) M행의 『일본서기』 음가나 (음영 부분은 α군 음가나)

자음＼모음	A(ア)	I(イ)	U(ウ)	E(エ)	O(オ)
M マ	摩 莽 磨 麻 麼	瀰 彌 弭	務 牟 武	梅 謎6	茂 毛 望 母5
	麻 磨 麼 魔 摩	瀰 彌 美 寐	武	梅 每 謎	母 謀 慕 暮 謨

5.2.3.1. MA 음절

MA 음절의 표기에는 '摩, 麼, 麻, 磨, 莽, 魔'의 여섯 자가 사용되었다. 여섯 자 모두 β군과 α군에 두루 사용되었다.

(83) 『일본서기』의 '摩' 용례 (권 3, 7, 9, 10, 11, 12, 13, 14, 16, 22, 23, 26 → β군과 α군)

MA: 摩之/摩辭/摩須{조동사 まし}, 菟摩/都摩{妻}, 拕摩{玉}, 摩{眞}, 夜摩/揶摩{山}, 辭摩/之摩{嶋}, 夜摩苔{倭}, …

(84) 『일본서기』의 '麼' 용례 (권 3, 7, 9, 10, 11, 12, 13, 14, 15, 16, 17, 22, 24 → β군과 α군)

MA: 麼{眞}, 麼{間}, 野麼/夜麼/耶麼{山}, 思麼{嶋}, …

BA: -麼{활용 ば}, 多智麼那{橘}, 阿蘇麼{遊ば}, 烏麼野始{小林}, 揶素麼{八十葉}, 知麼{千葉}, …

(85) 『일본서기』의 '麻' 용례 (권 7, 9, 11, 13, 14, 15, 17, 22, 24, 25, 26, 27 → β군과 α군)

MA: 麻泥{조사 まで}, 麻栖/麻西/麻志{조동사 まし}, 多麻/陀麻{玉}, 斯麻/之麻{嶋}, 耶麻{山}, 野麻登/野麻騰{倭}, 麻{眞}, 伊麻{今}, …

(86) 『일본서기』의 '磨' 용례 (권 1, 2, 5, 10, 11, 14, 15, 16, 17, 19, 25, 26 → β군과 α군)

MA: 菟磨/都磨/豆磨{妻}, 磨{間}, 伊磨{今}, 野磨{山}, 多磨/陀磨/娜磨{玉}, 野磨等/椰磨等{倭}, 志磨/絁磨{嶋, 島}, …

BA: 於譜磨故{大葉子}(19), 儺羅磨[ならば](16)

(87) 『일본서기』의 '莽' 용례 (권 3, 7, 11, 17 → β군과 α군)

MA: 莽{間}, 莽{眞}, 夜莽/揶莽{山}, 揶莽等/夜莽苔{倭}, 許莽{薦}, 辭莽{嶋}, 伊莽{今}, …

(88) 『일본서기』의 '魔' 용례 (권 7, 10, 14, 16, 17, 19 → β군과 α군)

MA: 陀魔{珠}, 之魔{嶋}, 耶魔等{日本}, …

BA: −魔{활용 ば}(16), 之魔{柴}(16)

위의 예에서 볼 수 있듯이, '麽, 磨, 魔'는 MA 음절을 표기할 뿐만 아니라 탈비음화가 일어나 BA 음절도 표기한다.

MA 음절을 기준으로 하면 명사 '島, 嶋'를 뜻하는 'しま'의 둘째 음절을 표기하는 데에 '摩, 麽, 麻, 磨, 莽, 魔'의 6자가 공통적으로 사용되었다. 또한 명사 '山'의 'やま'를 표기하는 데에 '摩, 麽, 麻, 磨, 莽'의 5자가 사용되고 국명 '倭, 日本'의 'やまと'을 표기하는 데에 '摩, 麻, 磨, 莽, 魔'의 5자가 사용되었다. 따라서 '摩, 麽, 麻, 磨, 莽, 魔'의 6자가 동음 관계라고 할 수 있다. '摩=麽=麻=磨=莽=魔'의 등식이 성립하므로 이들에는 동일 음가를 배당한다.

이 6자의 한어 중고음 성모는 모두 明母/m/이다. 明母/m/는 『일본서기』 음가나에서 아래와 같이 수용된다. (89.1～16)에서는 /m/으로, (89.17～21)에서는 /m/ 또는 /b/로, (89.22)에서는 /b/로 수용된다. (89.17～22)의 /b/는 중고음의 明母/m/에서 탈비음화가 일어났음을 말해 준다.

(89) 『일본서기』 음가나의 明母/m/ 수용 양상

1. 摩[明中1平戈]=/mwɑ/[L] 》 マ/ma/
2. 麻[明中2平麻]=/mɛ/[L] 》 マ/ma/
3. 莽[明中1上唐]=/mɑŋ/[R] 》 マ/ma/
   [明中1上模]=/mo/[R]
4. 梅[明中1平灰]=/mwəi/[L] 》 メ乙/mə/
5. 毎[明中1平灰]=/mwəi/[L] 》 メ乙/mə/
   [明中1上灰]=/mwəi/[R]
6. 暮[明中1去模]=/mo/[D] 》 モ/mo/
7. 慕[明中1去模]=/mo/[D] 》 モ/mo/

8. 母[明中1上侯]=/məu/^{R} 》モ/mo/

9. 謨[明中1平模]=/mo/^{L} 》モ/mo/

10. 毛[明中1平豪]=/mɑu/^{L} 》モ/mo/

11. 牟[明中C平尤]=/mɪəu/^{L} 》ム/mu/

12. 謀[明中C平尤]=/mɪəu/^{L} 》モ/mo/

13. 茂[明中1去侯]=/məu/^{D} 》モ/mo/

14. 瀰[明中A上支]=/mje/^{R} 》ミ/mi/

15. 彌[明中A平支]=/mje/^{L} 》ミ/mi/

16. 美[明中B上脂]=/mɪi/^{R} 》ミ/mi/

17. 魔[明中1平戈]=/mwɑ/^{L} 》マ/ma/～バ/ba/

18. 磨[明中1平戈]=/mwɑ/^{L} 》マ/ma/～バ/ba/
[明中1去戈]=/mwɑ/^{D}

19. 謎[明中4去齊]=/mei/^{D} 》メ/me/～べ/be/

20. 麽[明中1上戈]=/mwɑ/^{R} 》バ/ba/～マ/ma/

21. 弭[明中A上支]=/mje/^{R} 》ビ/bi/～ミ/mi/

22. 寐[明中A去脂]=/mji/^{D} 》ビ/bi/～ミ/mi/

(89.17～19)에서는 明母/m/가 /m/으로 수용된 예가 /b/로 수용된 예보다 더 많다. (89.20～22)에서는 이것이 역전되어 /b/로 수용된 예가 /m/으로 수용된 예보다 많다. 중요한 것은 어느 음운론적 환경에서 탈비음화가 일어나는지를 특정할 수가 없다는 점이다. 따라서 일부의 明母字에서 탈비음화가 일어난다고 막연하게 말할 수밖에 없다.

(90) 『일본서기』 음가나의 明母/m/ 대체 수용

한어 중고음의 明母/m/는 『일본서기』 음가나에서 /m/으로 수용된다. 그러나 일부에서는 /b/로도 수용된다.

'摩, 麽, 麻, 磨, 莽, 魔'의 6자 중에서 '摩, 麽, 磨, 魔'의 4자는 중고음 운모가 戈韻/wɑ/이다. 戈韻/wɑ/이 『일본서기』 음가나에서 어떻게 수용되는지를 알아보기 위해 『일본서기』 음가나의 戈韻字를 모두 모아 본다. (91.1～10)에서는 /a/로 수용되고 (91.11～12)에서는 /wa/로 수용된다. (91.11～12)의 '倭'와 '和'는 성모가 삭제되어 수용되는 影母/ʔ/와 匣母/ɦ/인 데에 반하여, 나머지는 성모가 삭제되지 않는다. 따라서 戈韻/wɑ/이 자음 뒤에서는 /a/로 수용되는 것이 원칙이지만, 자음이 없으면 /wa/로 수용된다고 정리할 수 있다.

(91) 『일본서기』 음가나의 戈韻/wɑ/ 수용 양상

1. 伽[群開C平戈]=/gɥɑ/^{L} 》 カ/ka/
2. 麽[明中1上戈]=/mwɑ/^{R} 》 バ/ba/～マ/ma/
3. 摩[明中1平戈]=/mwɑ/^{L} 》 マ/ma/
4. 魔[明中1平戈]=/mwɑ/^{L} 》 マ/ma/～バ/ba/
5. <u>磨</u>[明中1平戈]=/mwɑ/^{L} 》 マ/ma/～バ/ba/
   [明中1去戈]=/mwɑ/^{D}
6. 破[滂中1去戈]=/pʰwɑ/^{D} 》 ハ/pa/
7. 播[幫中1去戈]=/pwɑ/^{D} 》 ハ/pa/～バ/ba/
8. 波[幫中1平戈]=/pwɑ/^{L} 》 ハ/pa/
9. 簸[幫中1去戈]=/pwɑ/^{D} 》 ハ/pa/
10. 婆[並中1平戈]=/bwɑ/^{L} 》 ハ/pa/～バ/ba/
11. 倭[影合1平戈]=/ʔwɑ/^{L} 》 ワ/wa/
12. <u>和</u>[匣合1平戈]=/ɦwɑ/^{L} 》 ワ/wa/
    [匣合1去戈]=/ɦwɑ/^{D}

(92) 『일본서기』 음가나의 戈韻/wɑ/ 대체 수용

한어 중고음의 戈韻/wɑ/은 자음 뒤에서는 /a/로 수용된다. 그러나 앞에 자음이 없으면 /wa/로 수용된다.

역시 MA 음절의 표기에 사용된 '麻'는 중고음 운모가 麻韻/ɛ/이다. 아래에서 확인할 수 있듯이, 麻韻/ɛ/은 『일본서기』 음가나에서 항상 /a/로 수용된다.

(93) 『일본서기』 음가나의 麻韻/ɛ/ 수용 양상

1. 麻[明中2平麻]=/mɛ/^L 》 マ/ma/
2. 椰/揶[羊開AB平麻]=/jɪɛ/^L 》 ヤ/ja/
3. 夜[羊開AB去麻]=/jɪɛ/^D 》 ヤ/ja/
4. 野[羊開AB上麻]=/jɪɛ/^R 》 ヤ/ja/
5. 耶[羊開AB平麻]=/jɪɛ/^L 》 ヤ/ja/
6. 哆[徹開2平麻]=/tʰɛ/^L 》 タ/ta/

    [昌開AB上支]

(94) 『일본서기』 음가나의 麻韻/ɛ/ 대체 수용

한어 중고음의 麻韻/ɛ/은 『일본서기』 음가나에서 항상 /a/로 수용된다.[12]

역시 MA 음절의 표기에 사용된 '莽'은 중고음의 운모가 唐韻/ɑŋ/ 또는 模韻/o/인 다음자이다. 『일본서기』 음가나에서는 唐韻/ɑŋ/의 음가를 취하여 '莽'이 マ/ma/를 표기한다. 唐韻/ɑŋ/의 수용 양상은 아래와 같다.

(95) 『일본서기』 음가나의 唐韻/ɑŋ/ 수용 양상

1. 儾[泥開1去唐]=/nɑŋ/^D 》 ダ/da/
2. 莽[明中1上唐]=/mɑŋ/^R 》 マ/ma/

    [明中1上模]=/mo/^R

---

12 森博達(1991: 24)은 α군에서는 '麻'를 제외하면 麻韻/ɛ/이 후설의 /a/를 표기하지 않는다고 했다. 그런데 '麻'를 제외한다는 조건이 올바른 것인지 의문이다. '麻'는 β군에서는 6회 사용되었지만 α군에서는 33회나 사용되었다(森博達 1991: 199). α군의 특징을 논의하면서 33회나 사용된 '麻'를 제외해도 될까? 우리의 기술에 따르면 MA 음절 대표자가 α군에서는 '麻'이고, β군에서는 '摩'이다.

(96)『일본서기』 음가나의 唐韻/ɑŋ/ 대체 수용

한어 중고음의 唐韻/ɑŋ/은『일본서기』 음가나에서 항상 /a/로 수용된다.

위에서 논의한 바를 종합하여 MA 음절의 표기에 사용된 '摩, 麽, 麻, 磨, 莽, 魔'의 중고음과 그 수용을 정리하면 아래와 같다.

(97) '摩, 麽, 麻, 磨, 莽, 魔'의 중고음과 그 수용

1. 摩[明中1平戈]=/mwɑ/^{L} 》マ/ma/
2. 麽[明中1上戈]=/mwɑ/^{R} 》バ/ba/～マ/ma/
3. 麻[明中2平麻]=/mɛ/^{L} 》マ/ma/
4. 磨[明中1平戈]=/mwɑ/^{L} 》マ/ma/～バ/ba/
   [明中1去戈]=/mwɑ/^{D}
5. 莽[明中1上唐]=/mɑŋ/^{R} 》マ/ma/
   [明中1上模]=/mo/^{R}
6. 魔[明中1平戈]=/mwɑ/^{L} 》マ/ma/～バ/ba/

요컨대, 이 여섯 자는 동음 관계이고 동일 음가 マ/ma/를 표기한다. 다만, '麽, 磨, 魔'의 세 자는 탈비음화가 일어나 バ/ba/도 표기한다. 특히 '麽'는 マ/ma/보다도 バ/ba/를 표기할 때가 더 많다.

5.2.3.2. MI 음절

MI 음절의 표기에는 '瀰, 彌, 美, 弭, 寐'의 다섯 자가 사용되었다. '美'만 α군으로 한정되어 사용되고, 나머지는 β군과 α군에서 두루 사용된다.

(98) 『일본서기』의 '瀰' 용례 (권 3, 5, 7, 9, 10, 11, 12, 13, 14, 15, 16, 22, 25, 26 → β군과 α군)

MI: -瀰{활용 み}, 瀰{접두사 み}, 枳瀰/耆瀰{君}, 瀰智/瀰知/瀰致{道}, 瀰豆/瀰都/瀰{水, 江}, 由瀰{弓}, 瀰{見}, …

(99) 『일본서기』의 '彌' 용례 (권 2, 9, 10, 11, 13, 14, 15, 16, 22, 23, 27 → β군과 α군)

MI: -彌{활용 み}, 彌{접두사 み}, 枳彌/企彌{君}, 彌知{道}, 喩彌/由彌{弓}, 彌{水}, 彌{見}, …

(100) 『일본서기』의 '美' 용례 (권 17, 26, 27 → α군)

MI: 美{접두사 み}, 阿符美{近江}

(101) 『일본서기』의 '弭' 용례 (권 2, 3, 10, 11, 13, 15, 27 → β군과 α군)

MI: 企弭{君}, 儺弭企{靡き}

BI: 那羅弭{並び}, 等弭{飛び}, 阿素弭{遊}, 佐杜弭等{里人}, 勾致弭比倶{口疼く}

(102) 『일본서기』의 '寐' 용례 (권 5, 15, 16 → β군과 α군)

MI: 寐逗{水}

BI: 於寐{帶}, 婀波寐{鰒}, 思寐{鮪}, 那素寐/阿蘇寐{遊}, 夢須寐{結び}, 異利寐胡{入彥}, 於辭寐羅箇禰{押し開かね}

'瀰, 彌, 美, 弭, 寐'의 다섯 자 중에서 '弭'와 '寐'는 탈비음화가 일어나 BI 음절을 표기할 때가 더 많다. 그런데 MI 음절의 '企弭'{君}가 '枳瀰/耆瀰'{君}와 동음 이표기 쌍이므로 '弭=瀰'의 등식이 성립하고, '寐逗'{水}와 '瀰豆/瀰都'{水, 江}가 동음 이표기 쌍이므로 '寐=瀰'의 등식이 성립한다. 또한 BI 음절에서는 '阿素弭'{遊}와 '那素寐/阿蘇寐'{遊}가 동음 이표기 쌍이므로 '弭=寐'의 등식이 성립한다. 여기에서 '瀰=弭=寐'의 등식이 성립하므로 이 세 음가나는 음가가 같다. 또한 MI 음절에서 '瀰, 彌, 美'의 세 음가나가 접두사 '御' 즉 'み'를 표기하는 데에 사용되었으므로 '瀰=彌=美'의 등식이 성립한다. 결론적으로, MI 음절에서는 '瀰=彌=美=弭=寐'의 등식이 성립하므로 이 다섯 가지 음가나는 음가가 같다.

'瀰, 彌, 美, 弭, 寐'의 중고음 성모는 모두 明母/m/이고, 明母/m/는 『일본서기』 음가나에서 /m/으로 수용되지만 일부에서는 /b/로도 수용된다(위의 (90) 참조). '弭, 寐'의 明母/m/는 /b/로 수용된 것이 /m/으로 수용된 것보다 더 많다.

(103) '瀰, 彌, 美, 弭, 寐'의 중고음과 그 수용

1. 瀰[明中A上支]=/mje/^{R} 》ミ/mi/
2. 彌[明中A平支]=/mje/^{L} 》ミ/mi/
3. 美[明中B上脂]=/mɪi/^{R} 》ミ/mi/
4. 弭[明中A上支]=/mje/^{R} 》ビ/bi/～ミ/mi/
5. 寐[明中A去脂]=/mji/^{D} 》ビ/bi/～ミ/mi/

'瀰, 彌, 弭'의 중고음 운모는 支韻/je～ɪe/이고, 支韻/je～ɪe/은 『일본서기』 음가나에서 항상 /i/로 수용된다(위의 (59) 참조). '美, 寐'의 운모는 脂韻/ji～ɪi/이고, 脂韻/ji～ɪi/은 『일본서기』 음가나에서 항상 /i/로 수용된다(위의 (18) 참조).

결론적으로, '瀰=彌=美'의 세 가지 음가나는 ミ/mi/를 표기하고, '弭'와 '寐'는 ビ/bi/ 또는 ミ/mi/를 표기한다. '瀰, 彌, 美, 弭, 寐'가 모두 ミ/mi/를 표기하지만, '弭'와 '寐'는 탈비음화가 일어나 ビ/bi/를 표기한 것이 더 많다.

그런데 '未, 微'는 3～4회의 용례에 지나지 않아서 199자 집합에서 제외되었지만 재추가한 236자 집합에는 들어간다. '未'는 '能未{접미사 のみ}(13), 伽未{神}(9, 10), 未那{皆}(10)'의 표기에 사용되었고, '微'는 '微{身}(5), 柯微{神}(24)'에 사용되었다. 이 용례를 갑류인 '瀰, 彌, 美, 弭, 寐'의 용례와 대비해 보면 일치하는 것이 없다. 용례가 적어서 확신할 수 없으나 '未, 微'가 갑류의 '瀰=彌=美'와 이음 관계이므로, '未, 微'에는 을류의 ミ乙/mə/를 배당해야 한다.

(104) 재추가한 '未, 微'의 중고음과 그 수용

1. 未[微中C去微]=/mɪəi/^{D} 》 ミ乙/mə/. 能未{접미사 のみ}(β13), 伽未{神}(9, 10), 未那{皆}(10)
2. 微[微中C平微]=/mɪəi/^{L} 》 ミ乙/mə/. 微{身}(5), 柯微{神}(24)[13]

용례가 소수인 '未, 微'를 포함하면 MI 음절에서 갑류의 ミ/mi/와 을류의 ミ乙/mə/가 음운론적으로 대립하고, '未, 微'를 제외하면 갑을 대립이 없다. 둘 중에서 어느 쪽을 택할지는 아래에서 M행을 종합할 때에 결정하기로 한다.

5.2.3.3. MU 음절

MU 음절의 표기에는 '武, 務, 牟'가 사용되었다. 셋 다 β군과 α군에 두루 사용되었다.

(105) 『일본서기』의 '武' 용례 (권 9, 11, 14, 15, 17, 19, 22, 24, 25, 26, 27 → β군과 α군)

MU: -武{활용 む}, 柯武/訶武{神}, 武羅{群}, 武志呂/武斯廬{席}, 多娜武枳{腕}, 武岐/武伽/武舸{向}, …

MO: 柯武{조사 かも}(26)

(106) 『일본서기』의 '務' 용례 (권 3, 5, 7, 11, 24 → β군과 α군)

MU: -務{활용 む}, 務邏{群}, 務露{室}, 譬務始{蠶}, 那菟務始{夏蠶}

(107) 『일본서기』의 '牟' 용례 (권 3, 11, 13, 15, 23 → β군과 α군)

MU: -牟{활용 む}, 伽牟伽筮{神風}, 多牟伽毘{抵抗}

13 3회 출현하는 '柯微'{神}(24)를 제외하면 '未, 微'는 모두 β군에서 사용되었다.

위의 용례에서 '武, 務, 牟'가 공통적으로 활용의 '-む'를 표기한다. 또한 '武羅'{群}와 '務邏'{群}에서 '武=務'의 등식이, '柯武/訶武'{神}와 '伽牟'{神}에서 '武=牟'의 등식이 성립한다. '武=務=牟'의 등식이 성립하므로 이들에는 동일 음가를 배당해야 한다. 다만, '武'의 용례 중에서 '柯武'는 조사 'かも'도 표기하므로 '武'는 MO 음절도 표기한다.

(108) '武, 務, 牟'의 중고음과 그 수용[14]

1. 武[微中C上虞]=/mɥo/^{R} 》ム/mu/~モ/mo/
2. 務[微中C去虞]=/mɥo/^{D} 》ム/mu/
3. 牟[明中C平尤]=/mɪəu/^{L}》ム/mu/

'牟'의 중고음 성모는 明母/m/이고, 『일본서기』 음가나에서는 明母/m/가 /m/으로 수용되는 것이 원칙이다(위의 (90) 참조). 이와는 달리 '武, 務'의 성모는 微母/ɱ/이다. 『일본서기』 음가나 중에서 微母字는 아래의 세 자인데 모두 /m/으로 수용된다.

(109) 『일본서기』 음가나의 微母/ɱ/ 수용 양상

1. 望[微中C去陽]=/mɪaŋ/^{D} 》モ/mo/
2. 務[微中C去虞]=/mɥo/^{D} 》ム/mu/
3. 武[微中C上虞]=/mɥo/^{R} 》ム/mu/~モ/mo/

(110) 『일본서기』 음가나의 微母/ɱ/ 대체 수용

한어 중고음의 微母/ɱ/는 『일본서기』 음가나에서 항상 /m/으로 수용된다.

---

14 재추가한 '夢'이 이들과 동음 관계이다.
夢[明中C去東]=/mɪuŋ/^{D} 》ム/mu/. 阿波夢{會はむ}(16), 耶黎夢{破れむ}(16), 夢須寐{結び}(16)

MU 음절의 '武, 務'는 중고음 운모가 虞韻/ɥo/이고, 虞韻/ɥo/은 『일본서기』 음가나에서 대부분 /u/로 수용되지만 특이하게도 '武'에서는 /o/로도 수용된다(위의 (27) 참조). '牟'는 중고음 운모가 尤韻/ɪəu/이고, 『일본서기』 음가나 중에서 尤韻字는 아래의 6자이다. 5자에서는 尤韻/ɪəu/이 /u/로 수용되지만, '謀'에서는 특이하게도 /o/로 수용된다.

(111) 『일본서기』 음가나의 尤韻/ɪəu/ 수용 양상

1. 玖[見開C上尤]=/kɪəu/^{R} 》ク/ku/
2. 留[來中C平尤]=/rɪəu/^{L} 》ル/ru/
3. 流[來中C平尤]=/rɪəu/^{L} 》ル/ru/
4. 牟[明中C平尤]=/mɪəu/^{L} 》ム/mu/
5. 由[羊中C平尤]=/jɪəu/^{L} 》ユ/ju/
6. 謀[明中C平尤]=/mɪəu/^{L} 》モ/mo/

(112) 『일본서기』 음가나의 尤韻/ɪəu/ 대체 수용

한어 중고음의 尤韻/ɪəu/은 『일본서기』 음가나에서 /u/로 수용되지만, '謀'에서는 예외적으로 /o/로 수용된다.

위의 논의를 종합하면, MU 음절에서 '武=務=牟'의 등식이 성립하고 이들에는 ム/mu/를 배당할 수 있다. 다만, '武'는 소수의 예에서 モ/mo/를 표기하기도 한다.

5.2.3.4. ME 음절

ME 음절의 표기에는 '梅, 謎, 毎'가 사용되었다. '毎'는 α군에서만 사용되고, '梅, 謎'는 β군과 α군에서 두루 사용된다.

(113) 『일본서기』의 '梅' 용례 (권 3, 9, 11, 13, 16, 17, 24, 26, 27 → β군과 α군)

ME: −梅{활용 め}, 梅{目}, 渠梅{米}, 阿梅{天}, 阿梅{雨}, 梅{芽}, 梅涅/梅豆{愛}, 夜梅{止}, 奈梅{並め}, 都梅{集樂}

(114) 『일본서기』의 '謎' 용례 (권 2, 11, 12, 14, 16, 17 → β군과 α군)

ME: 謎{女}, 謎{雌}, 臂謎/必謎/比謎{媛}

BE: 謎{邊}(14), 偉儺謎{韋那部}(14)

(115) 『일본서기』의 '每' 용례 (권 14, 15, 17, 24 → α군)

ME: −每{활용 め}, 每{目}

위의 용례에서 활용형의 '−め'를 '−梅'와 '−每'로 표기하고 '梅, 每'{目}의 동음이표기 쌍도 있다. 따라서 '梅=每'{目}의 등식이 성립하고 '梅'와 '每'는 음가가 같다. 이 둘에 차이가 있다면 '每'가 α군에만 분포한다는 점뿐이다.

반면에, '謎'는 '梅=每'가 표기하는 단어를 표기하는 일이 없다. 이 둘은 이음 관계이므로 음가가 서로 다르다. 또한 '謎'는 탈비음화의 결과로 BE 음절을 표기할 때도 있다.

'梅, 每, 謎'의 중고음 성모는 모두 明母/m/인데, 明母/m/는 『일본서기』 음가나에서 /m/으로 수용되지만 일부에서는 /b/로도 수용된다(위의 (90) 참조). 위의 (114)에서 보인 것처럼 '謎'의 明母/m/가 /b/로 수용될 때도 있다.

(116) '梅, 每, 謎'의 중고음과 그 수용

1. 梅[明中1平灰]=/mwəi/^{L} 》 メ^{乙}/mə/
2. 每[明中1平灰]=/mwəi/^{L} 》 メ^{乙}/mə/
   [明中1上灰]=/mwəi/^{R}
3. 謎[明中4去齊]=/mei/^{D} 》 メ/me/[15]～ベ/be/

---

15 재추가한 '賣'와 '綿'이 이것과 동음 관계이다.

'梅, 每'의 중고음 운모는 灰韻/wəi/이다. 『일본서기』 음가나 중에서 灰韻字는 아래의 넷인데, 이 네 자에서 灰韻/wəi/이 항상 순음 뒤에 온다. 『일본서기』 음가나에서는 운두의 /w-/와 운미의 /-i/가 삭제되고, 운복모음 /ə/만 을류의 /ə/로 수용된다.

(117) 『일본서기』 음가나의 灰韻/wəi/ 수용 양상

1. 梅[明中1平灰]=/mwəi/^{L} 》メ^{乙}/mə/
2. 每[明中1平灰]=/mwəi/^{L} 》メ^{乙}/mə/
   [明中1上灰]=/mwəi/^{R}
3. 陪[滂中1平灰]=/p^{h}wəi/^{L} 》ヘ^{乙}/pə/～ベ^{乙}/bə/～ホ^{乙}/pə/
4. 倍[並中1上灰]=/bwəi/^{R} 》ヘ^{乙}/pə/～ホ^{乙}/pə/～ベ^{乙}/bə/
   [並中1去灰]=/bwəi/^{D}

(118) 『일본서기』 음가나의 灰韻/wəi/ 대체 수용

한어 중고음의 灰韻/wəi/은 『일본서기』 음가나에서 항상 /ə/로 수용된다.

'謎'의 중고음 운모는 齊韻/ei/이고, 齊韻/ei/은 『일본서기』 음가나에서 항상 /e/로 수용된다(위의 (73) 참조).

위의 논의에 따라, '梅=每'에는 을류의 メ^{乙}/mə/를 배당하고 '謎'에는 갑류의 メ/me/～ベ/be/를 배당한다.

5.2.3.5. MO 음절

MO 음절의 표기에는 '茂, 母, 毛, 望, 謀, 慕, 暮, 謨'의 8자가 사용되었다. 이 중에서 '茂, 毛, 望'은 β군에서만 사용되고, '謀, 謨'는 α군에서만 사용된다.

賣[明中2去佳]=/məi/^{D} 》メ/me/. 比賣{姬}(5), 悅等賣{孃子}(13)
綿[明中A平仙]=/mɪɛn/^{L} 》メ/me/. 塢等綿{孃女}(10), 伽綿蘆{釀める}(10)

(119)『일본서기』의 '茂' 용례 (권 1, 2, 3, 5, 9, 10, 11, 13, 22, 23 → β군)

MO: 茂{조사 も}, -茂{활용 も}, 伊茂{妹}, 茂能{物, 者}, 茂茂{百}, 茂等/茂苔{本}, 句茂{雲}, 茂{藻}, 茂布/茂赴{思}, 府保語茂利[ふほごもり], …

(120)『일본서기』의 '母' 용례 (권 2, 10, 13, 14, 15, 16, 19, 24, 25, 26, 27 → β군과 α군)

MO: 母{조사 も}, -母{활용 も}, 伊母{妹}, 阿母{母}, 母能[もの], 母縢{下}, 於母保{思}, …

(121)『일본서기』의 '毛' 용례 (권 1, 3, 5, 7, 11, 13 → β군)

MO: 毛{조사 も}, -毛{활용 も}, 毛毛{百}, 毛苔{本}, 句毛/區毛{雲}, 毛{藻}, …

(122)『일본서기』의 '望' 용례 (권 5, 11 → β군)

MO: -望{활용 も}, 望能{物}, 虚呂望{衣}, 望苔{本}, 於望臂/於望比/望閇{思}

(123)『일본서기』의 '謀' 용례 (권 14, 15, 16, 24, 26 → α군)

MO: 謀{조사 も}, -謀{활용 も}, 於謀提{面}, 謨謀{百}, 於謀{思}, 騰余謀{響}

(124)『일본서기』의 '慕' 용례 (권 10, 15, 16, 17, 25 → β군과 α군)

MO: -慕{활용 も}, 伊慕{妹}, 慕能{物}, 擧慕{鷹}, 倭蟻慕{我妹}

(125)『일본서기』의 '暮' 용례 (권 7, 11, 14, 16 → β군과 α군)

MO: -暮{활용 も}, 伊暮{妹}, 暮能[もの], 暮比{盌}, 擧暮利/據暮利/御暮梨/御暮屢{隱}

(126)『일본서기』의 '謨' 용례 (권 15, 17, 26 → α군)

MO: 謨{조사 も}, 哿謨{조사 かも}, 倶謨{雲}, 謨謀{百}, 謨婆{思は}

위의 용례에서 어말 활용의 '-も'를 표기할 때에 '茂, 母, 望, 慕, 暮, 毛, 謀'가 사용되고, 조사 'も'를 표기할 때에 '茂, 母, 毛, 謀, 謨'가 사용되었음을 알 수 있다. 명사 '妹'의 표기에는 '伊茂, 伊母, 伊慕, 伊慕, 伊暮'가 사용되었고, 명사 '物, 者' 즉 'もの'의 표기에는 '茂能, 母能, 望能, 慕能, 暮能'이 사용되었다. 동사 '思'의 표기에는 '茂布/茂赴, 於母保, 於望臂/於望比/望閇, 於謀, 謨婆'가 사용되었고, 수사 '百'의 표기에는 '茂茂, 毛毛, 謨謀, 謨謀'가 사용되었다. 이들을 모두 종합하면 '茂, 母, 毛, 望, 謀, 慕, 暮, 謨'의 8자가 동음 관계가 되므로, 이들의 음가는 모두 동일하다. 이처럼 많은 음가나가 동음이라는 것이 얼른 이해가 되지 않지만, '茂, 毛, 望'이 β군에 분포하고 '謀, 謨'가 α군에 분포한다는 상보적 분포를 감안하면 쉽게 이해가 된다.

이 8자 중에서 '望'만 중고음 성모가 微母/m/이고 나머지는 모두 明母/m/이다. 微母/m/는 『일본서기』 음가나에서 항상 /m/으로 수용되고(위의 (110) 참조), 明母 /m/도 /m/으로 수용되는 것이 원칙이다(위의 (90) 참조).

(127) '茂, 母, 謀, 毛, 慕, 暮, 謨, 望'의 중고음과 그 수용

1. 茂[明中1去侯]=/məu/^{D} 》モ/mo/
2. 母[明中1上侯]=/məu/^{R} 》モ/mo/
3. 謀[明中C平尤]=/mɪəu/^{L} 》モ/mo/
4. 毛[明中1平豪]=/mɑu/^{L} 》モ/mo/
5. 慕[明中1去模]=/mo/^{D} 》モ/mo/
6. 暮[明中1去模]=/mo/^{D} 》モ/mo/
7. 謨[明中1平模]=/mo/^{L} 》モ/mo/
8. 望[微中C去陽]=/mɪɑŋ/^{D} 》モ/mo/

'茂, 母'의 중고음 운모는 侯韻/əu/이고, 『일본서기』 음가나에서 侯韻/əu/을 수용하는 양상은 아래와 같다.

(128)『일본서기』 음가나의 侯韻/əu/ 수용 양상

1. 逗[定開1去侯]=/dəu/^{D} 》ヅ/du/

 [澄合C去虞]=/dɥo/^{D}

2. 豆[定中1去侯]=/dəu/^{D} 》ヅ/du/

3. 樓[來中1平侯]=/rəu/^{L} 》ル/ru/

4. 母[明中1上侯]=/məu/^{R} 》モ/mo/

5. 茂[明中1去侯]=/məu/^{D} 》モ/mo/

6. 斗[端中1上侯]=/təu/^{R} 》ト/to/

7. 褒/裒[並中1平侯]=/bəu/^{L} 》ホ/po/～ボ/bo/

侯韻/əu/이 (128.1～3)에서는 /u/로, (128.4～7)에서는 /o/로 수용된다. /u/와 /o/로 수용되는 음운론적 환경을 명쾌하게 구별하기가 어렵다. 따라서 侯韻/əu/ 수용 양상은 아래와 같이 개별적으로 기술할 수밖에 없다.

(129)『일본서기』 음가나의 侯韻/əu/ 대체 수용

한어 중고음의 侯韻/əu/은 『일본서기』 음가나의 '逗, 豆, 樓'에서는 /u/로, '母, 茂, 斗, 褒/裒'에서는 /o/로 수용된다.

'謀'의 운모는 尤韻/ɪəu/이고, 尤韻/ɪəu/은 /u/로 수용되는 것이 원칙이다(위의 (112) 참조). 그런데도 '謀'에서는 독특하게도 /o/로 수용된다.

'毛'의 운모는 豪韻/ɑu/이고, 『일본서기』 음가나 중에서 豪韻字는 아래의 두 자인데 둘 다 /o/로 수용된다.

(130)『일본서기』 음가나의 豪韻/ɑu/ 수용 양상

1. 毛[明中1平豪]=/mɑu/^{L} 》モ/mo/

2. 保[幫中1上豪]=/pɑu/^{R} 》ホ/po/

(131) 『일본서기』 음가나의 豪韻/ɑu/ 대체 수용

한어 중고음의 豪韻/ɑu/은 『일본서기』 음가나에서 /o/로 수용된다.

'慕, 暮, 謨'의 운모는 模韻/o/이고, 模韻/o/은 /o/로 수용되는 것이 원칙이다(위의 (65) 참조). 이에 따라 '慕, 暮, 謨'는 モ/mo/를 표기한다.

마지막으로, '望'의 중고음 운모는 陽韻/ɪɑŋ/이고, 『일본서기』 음가나로 사용된 陽韻字는 '望' 하나뿐이다. 陽韻/ɪɑŋ/의 운복모음은 후설저모음 /ɑ/인데, 중고음의 /ɑ/는 『일본서기』 음가나에서 /a/로 수용되는 것이 일반적이다. 그런데도 '望'의 /ɑ/는 /o/로 수용되므로 독특하다.[16]

MO 음절은 용례 분석의 결과와 한어 중고음의 대체 수용이 일치하지 않는 대표적인 음절이다. 용례 분석에 따르면 '茂, 母, 毛, 望, 謀, 慕, 暮, 謨'의 8자가 동일 음가이다. 그 음가로 モ/mo/를 택하면 模韻/o/뿐만 아니라 侯韻/əu/과 豪韻/ɑu/도 /o/로 수용된다고 보아야 한다. 더욱이 '謀'의 尤韻/ɪəu/과 '望'의 陽韻/ɪɑŋ/도 /o/로 수용된다고 기술해야 한다. 이 다섯 가지 운모가 한결같이 /o/ 모음 하나로 수용된다는 것이 얼른 믿기지 않는다.

여기에서 『일본서기』 음가나의 MO 음절에는 モ乙/mə/을 표기하는 음가나가 없다는 점에 주의할 필요가 있다. 원래는 MO 음절에도 갑류의 モ/mo/와 을류의 モ乙/mə/가 음운론적으로 대립했는데, 유독 MO 음절에서 갑류와 을류의 합류가 일찍 일어났다고 가정할 수 있다. 이 가정에서는 模韻/o/, 侯韻/əu/, 豪韻/ɑu/, 尤韻/ɪəu/, 陽韻/ɪɑŋ/이 한결같이 /o/로 수용된 것을 이해할 수 있다.

이 가정과 관련하여 주목할 만한 논의가 있다. 松本克己(1975, 1976)은 MO 음절에서 갑류와 을류의 대립이 없다고 했다. 순음 뒤에는 갑류가 오고 기타의 자음 뒤에는 을류가 온다는 상보적 분포를 활용한 것인데, 우리는 이것을 지지한다. 森博達(1991: 86)에서도 MO 음절의 갑을 대립을 『고사기』에서는 인정하면서도 『일본서기』에서는 인정하지 않았다. 우리도 이들에 동의하여 『일본서기』

16 독특하게도 '望'은 현대 중국의 客家話와 粵語에서 /mong/으로, 越南語에서도 /vọng/으로 발음된다.

음가나에서는 갑류와 을류 모음이 대립하지 않았다고 본다.

5.2.3.6. M행의 요약 정리

M행의 논의를 요약하면 아래와 같다. 탈비음화를 경험한 음가나에는 왼쪽 어깨에 '*'를 달았다. M행에서 설정되는 모음은 기본모음 /a, i, u, e, o/에 을류 모음 /ə/를 더한 6종이다.

(132) M행 『일본서기』 음가나의 음가 배당 (음영 부분은 α군 음가나)

자음＼모음	A (ア)	I (イ)	U (ウ)	E (エ)	O (オ)
M(マ)	摩=莽=麻=磨 /ma/, *麽/ba～ma/	瀰=彌/mi/, *弭=*寐/bi～mi/, 未/mə→mɨ/	務=牟=武/mu/	梅/mə/, 謎/me/	茂=母=毛=望 /mo/
	麻=摩/ma/, *磨=*魔 /ma～ba/, *麽/ba～ma/	瀰=彌=美/mi/, *弭=*寐/bi～mi/, 微/mə→mɨ/	武/mu ～mo/	梅=每/mə/, *謎/me～be/	母=謀=慕=暮=謨/mo/

199자 집합으로 한정하면 M행에서 을류 모음 /ə/를 가지는 음절은 ME 음절 하나로 한정된다. 즉 ME 음절의 梅=每/mə/에만 을류의 /ə/가 배당된다. ø행과 N행에서는 위의 (38)과 (81)에 요약한 것처럼 /ə/가 O열에만 배당되었는데, M행에서는 E열에만 배당된다. 이것은 M행의 뒤는 음운론적으로 원순모음화가 잘 일어나는 환경이라는 점에 그 원인이 있다. MO 음절에서는 을류의 /ə/가 원순모음화를 겪어 갑류의 /o/로 합류했을 것이다. 이 원순모음화는 아래의 PO 음절에서도 확인되므로 믿을 만하다.

그런데 37자를 재추가한 236자 집합에서는 MI 음절에 '未, 微'가 재추가되고, 이 '未, 微'가 갑류의 '瀰=彌'와 이음 관계이다. 이에 따라 '未, 微'에 을류의 ミ乙/mə/를 배당하면 ME 음절의 '梅, 每'에 배당한 メ乙/mə/와 음가가 같아진다. '未, 微'와

'梅, 每'가 정말로 동음 관계인지 용례를 대비해 보았더니 이 둘은 동일어를 표기하지 않는다. '未, 微'와 '梅, 每'가 이음 관계이므로 '未, 微'에는 제6의 모음 /ə/를 배당해서는 안 된다. 따라서 236자 집합에서는 제7의 모음 /ɨ/를 설정하여 '未, 微'에 ミ乙/mɨ/를 배당할 필요가 있다. 이에 따라 (132)에서 '未, 微'를 추가하고 그 음가를 /mə→mɨ/로 표시했다.

위의 음가 배당표에서 탈비음화와 관련하여 언급해 둘 것이 있다. '麼, 弭, 寐'의 세 가지 음가나는 β군과 α군에서 모두 탈비음화가 일어났으나, '磨, 魔, 謎'의 세 가지 음가나는 α군에서만 탈비음화가 일어난다. β군과 α군의 차이를 강조할 때에는 이 미세한 차이도 거론 대상이다.

N행과 M행에 대한 기술을 마쳤으므로 탈비음화를 경험한 음가나를 모두 모아 보기로 한다.

(133) 탈비음화를 겪은 『일본서기』 음가나

1. 泥[泥開4平齊]=/nei/^{L} 》ネ/ne/～デ/de/
   [泥開4去齊]=/nei/^{D}
2. 迺/廼[泥開1上咍]=/nəi/^{R} 》ノ乙/nə/～ド乙/də/
3. 怒[泥中1上模]=/no/^{R} 》ノ/no/～ヌ/nu/～ド/do/
4. 奴[泥中1平模]=/no/^{L} 》ノ/no/～ヌ/nu/～ド/do/
5. 涅[泥開4入先]=/net/^{E} 》デ/de/～ネ/ne/[17]
6. 娜[泥開1上歌]=/nɑ/^{R} 》ダ/da/ 13
7. 磨[明中1平戈]=/mwɑ/^{L} 》マ/ma/～バ/ba/
   [明中1去戈]=/mwɑ/^{D}
8. 魔[明中1平戈]=/mwɑ/^{L} 》マ/ma/～バ/ba/
9. 謎[明中4去齊]=/mei/^{D} 》メ/me/～ベ/be/
10. 麼[明中1上戈]=/mwɑ/^{R} 》バ/ba/～マ/ma/

17 이에 대해서는 아래의 TE 음절에서 다룬다.

11. 弭[明中A上支]=/mje/^{R} 》 ビ/bi/～ ミ/mi/

12. 寐[明中A去脂]=/mji/^{D} 》 ビ/bi/～ ミ/mi/

N행에서는 泥母/n/에 탈비음화가 일어나 *娜/da/, *泥/de/, *迺/廼/də/, *怒/do/, *奴/do/, *涅/de/의 /d/가 되었고, M행에서는 明母/m/에 탈비음화가 일어나 *磨/ba/, *魔/ba/, *麼/ba/, *弭/bi/, *寐/bi/, *謎/be/의 /b/가 되었다. 그런데 이들의 모음을 관찰해 보면 모음이 /u/인 것이 없다. (133.3～4)의 '怒'와 '奴'가 ヌ/nu/를 표기하기도 하지만 탈비음화가 일어난 ヅ/du/는 표기하지 않는다.

/u/ 모음 앞에서는 탈비음화가 확인되지 않는데, 그 원인이 무엇일까? 일단 D행의 ヅ/du/와 관련해서 그 답을 찾을 수 있을 것 같다. ヅ/du/의 표기에는 '豆'를 사용한다는 확고한 원칙이 있었다. 3장의 (224)에서 확인할 수 있듯이 『고사기』, 『일본서기』 β군과 α군, 『만엽집』 P군과 Q군의 5종의 텍스트에서 항상 '豆'가 ヅ/du/음절의 대표자였기 때문에 이렇게 말할 수 있다. 그러나 M행에서는 이 설명이 통하지 않는다. ブ/bu/의 표기에는 '豆'처럼 한결같이 사용된 음가나가 없다. 따라서 확고한 대표자가 탈비음화를 저지했다는 설명은 올바른 것이 아니다. 미해결의 문제로 남겨 둔다.

탈비음화는 한어 음운사를 기술할 때에도 아주 중요하다. 『일본서기』는 720년에 완성되었으므로, 한어에서 탈비음화가 일어난 것은 8세기 초엽 이전임을 말해 준다. 또한 (133)의 예에서 볼 수 있듯이, 개별 한자에 따라 탈비음화의 정도가 서로 차이가 난다는 점도 보여 준다. (133.3～4)의 '怒, 奴'는 이제 막 탈비음화가 일어나기 시작한 듯한 느낌을 주지만, (133.6)의 '娜'는 탈비음화가 이미 완성되었음을 보여 준다. '怒, 奴 〈 磨, 魔, 謎 〈 泥, 迺/廼, 麼 〈 涅, 弭, 寐 〈 娜'에서 뒤쪽에 둔 음가나의 탈비음화 완성도가 높다. 따라서 『일본서기』 음가나의 탈비음화는 Wang(1968)의 어휘확산 이론으로 기술하는 것이 바람직하다. 탈비음화가 처음에는 산발적으로 일어나다가 점진적으로 여러 어휘로 확산하는 양상을 보이기 때문이다.

5.2.4. R행, ラ行

R행의 표기에는 '羅, 邏, 利, 理, 梨, 唎, 屢, 流, 蘆, 樓, 例, 禮, 黎, 呂, 慮'의 15자가 사용되었다. 이들을 분류해 보면 아래와 같다.

(134) R행의 『일본서기』 음가나 (음영 부분은 α군 음가나)

자음 \ 모음	A(ア)	I(イ)	U(ウ)	E(エ)	O(オ)
R ラ	羅 邏	利 離	屢 流 蘆	例 禮	呂
	羅 囉	理 利 梨 唎	屢 樓	例 黎	慮 樓

5.2.4.1. RA 음절

RA 음절의 표기에는 '羅, 邏, 囉'가 사용되었다. '囉'는 α군에만 분포하므로 β군과 α군을 분류할 때에 '囉'가 일종의 기준이 될 수 있다. 그런데 '囉'와 '邏'의 분포를 대비해 보면 이들이 상보적으로 분포한다. '邏'가 β군뿐만 아니라 α군에서도 사용되었지만, 이 α군 권차를 제외한 여타의 권차에서 '囉'가 사용되었다. 이 상보적 분포는 '囉'와 '邏'가 동음 관계임을 암시한다.

(135) 『일본서기』의 '羅' 용례 (권 2, 5, 11, 14, 16, 17, 24, 26 → β군과 α군)

RA: −羅波/羅毘/羅秀/羅孺/羅儒/羅辭/羅珥/羅牟/羅齊/羅符/羅佐泥{활용 −ら}, 羅{복수 접미사 ら}, 武羅{群}, 播羅{原}, 摩區羅/摩矩羅{枕}, 箇豆羅{葛}, 之羅{白}, …

(136) 『일본서기』의 '邏' 용례 (권 2, 3, 5, 7, 9, 12, 26 → β군과 α군)

RA: −邏須/邏孺/邏珥/邏摩{활용 ら}, −邏{복수 접미사 ら}, 務邏{群}, 志邏{白}, 菟頭邏佐波{黒葛多}, 麻菟麼邏{松原}, …

(137) 『일본서기』의 '囉' 용례 (권 15, 17, 19, 24 → α군)

RA: −囉{복수 접미사 ら}, 簸囉{原}, 魔俱囉{枕}, 麼左棄逗囉{眞析葛}, …

위의 용례에서 '羅, 邏, 囉'가 공통적으로 단어의 첫째 음절을 표기하지 않는다. 이것은 상대 일본어에서 /r/이 어두 위치에 오지 않는다는 것을 말해 준다. 즉 어두 위치의 /r/를 기피하는 두음법칙이 있었다.

위의 용례에서 복수접미사 'ら'의 표기에 '羅, 邏, 囉'가 공통적으로 사용되었음을 알 수 있다. 또한 '播羅{原}, 麻菟麼邏{松原}, 簸囉{原}'에서 '羅, 邏, 囉'가 각각 동일어의 동일 음절을 표기한다. '羅=邏=囉'의 등식이 성립하므로 이들에는 동일 음가를 배당해야 한다.

'羅, 邏, 囉'의 한어 중고음 성모는 來母/r/이고, 來母/r/는 『일본서기』 음가나에서 항상 /r/로 수용된다.

(138) 『일본서기』 음가나의 來母/r/ 수용 양상

1. 邏[來開1去歌]=/rɑ/^{D} 》 ラ/ra/
2. 羅[來開1平歌]=/rɑ/^{L} 》 ラ/ra/
3. 囉[來開4平歌]=/rɑ/^{L} 》 ラ/ra/
4. 黎[來開4平齊]=/rei/^{L} 》 レ/re/
5. 慮[來中C去魚]=/rɪo～rɪə/^{D} 》 ロ^{乙}/rə/
6. 呂[來中C上魚]=/rɪo～rɪə/^{R} 》 ロ^{乙}/rə/
7. 禮[來開4上齊]=/rei/^{R} 》 レ/re/
8. 例[來開AB去祭]=/rɪɛi/^{D} 》 レ/re/
9. 廬[來中1平模]=/ro/^{L} 》 ル/ru/
10. 屢[來開C去虞]=/rɥo/^{D} 》 ル/ru/
11. 樓[來中1平侯]=/rəu/^{L} 》 ル/ru/
12. 流[來中C平尤]=/rɪəu/^{L} 》 ル/ru/
13. 留[來中C平尤]=/rɪəu/^{L} 》 ル/ru/

14. 利[來開AB去脂]=/rɪi/^{D} 》 リ/ri/

15. 離[來開AB平支]=/rɪe/^{L} 》 リ/ri/

[來開AB去支]

16. 梨[來開AB平脂]=/rɪi/^{L} 》 リ/ri/

[來開4平齊]=/rei/^{L}

17. 理[來開C上之]=/rɪə/^{R} 》 リ/ri/

(139) 『일본서기』 음가나의 來母/r/ 대체 수용

한어 중고음의 來母/r/는 『일본서기』 음가나에서 항상 /r/로 수용된다.

'羅, 邏, 囉'의 중고음 운모는 歌韻/ɑ/이고, 歌韻/ɑ/은 『일본서기』 음가나에서 항상 /a/로 수용된다(위의 (12) 참조).

(140) '羅, 邏, 囉'의 중고음과 그 수용

1. 羅[來開1平歌]=/rɑ/^{L} 》 ラ/ra/
2. 邏[來開1去歌]=/rɑ/^{D} 》 ラ/ra/
3. 囉[來開4平歌]=/rɑ/^{L} 》 ラ/ra/

결론적으로, RA 음절의 '羅, 邏, 囉'는 동음 관계이므로, 이들에는 공통적으로 ラ/ra/를 배당한다. 이것이 중고음 수용 과정과 일치한다.

5.2.4.2. RI 음절

RI 음절의 표기에는 '利, 梨, 理, 離, 唎'가 사용되었다. '利, 理, 梨'는 β군과 α군에서 두루 사용되지만, '離'는 β군에서만 사용되고 '唎'는 α군에서만 사용된다.

(141)『일본서기』의 '利' 용례 (권 2, 3, 5, 7, 9, 10, 11, 13, 14, 15, 17, 23, 26, 27 → β군과 α군)

RI: −利{활용 り}, 用利{조사 より}, −利{파생접미사 −り}, 毘儺利{一人}, 赴駄利{二人}, 等利/苔利/鄧利/迺利{鳥}, 箇利{鴈}, 之利{後}, 比訶利{光}, 菟遇利{栗}, 婆利{榛}, 制利{芹}, 波區利{繰り}, 幣遇利{平群}, 珥倍迺利{鳰鳥}, 珥比麼利{新治}, 末利[まり]

(142)『일본서기』의 '梨' 용례 (권 11, 16, 17, 24, 26 → β군과 α군)

RI: −梨{활용 り}, −梨{파생접미사 −り}

(143)『일본서기』의 '理' 용례 (권 2, 14, 16, 22, 26 → β군과 α군)

RI: −理{활용 り}, −理{파생접미사 −り}, 智耐理{千鳥}, 儺鳴理{波折}

(144)『일본서기』의 '離' 용례 (권 3, 10 → β군)

RI: −離{파생접미사 −り}, 阿摩離{餘}, 異句離{海石}

(145)『일본서기』의 '唎' 용례 (권 17 → α군)

RI: −唎{파생접미사 −り}, 等唎{鳥}

RI 음절에서도 /r/이 어두 위치에 오지 않는다는 두음법칙을 확인할 수 있다. '利, 梨, 理, 離'는 활용형의 '−り'와 명사파생접사 '−り'의 표기에 공통적으로 사용되고, 명사 '鳥'의 표기에 '利, 理, 唎'가 공통적으로 사용되었다. '利=梨=理=離=唎'의 등식이 성립하므로, 이들에는 동일 음가를 배당해야 한다.

'利, 梨'의 중고음 운모는 脂韻/ɪi/이고, '理'는 之韻/ɪə/이며, '離'는 支韻/ɪe/이다. '唎'는 『광운』에 나오지 않으므로 음가 논의를 생략한다. 脂韻/ji~ɪi/, 설치음 뒤의 之韻/ɪə/, 支韻/ɪe/은 『일본서기』 음가나에서 항상 /i/로 수용된다(위의 (18), (57), (59) 참조). 따라서 동음 관계인 '利=梨=理=離'에 공통적으로 リ/ri/를 배당한다.

(146) '利, 梨, 理, 離, 唎'의 중고음과 그 수용

1. 利[來開AB去脂]=/rɪi/[D] 》リ /ri/

3. 梨[來開AB平脂]=/rɪi/[L] 》リ /ri/

[來開4平齊]=/re/[L]

2. 理[來開C上之]=/rɪə/[R] 》リ /ri/

4. 離[來開AB平支]=/rɪe/[L] 》リ /ri/

[來開AB去支]

5. 唎(광운에 나오지 않음)

5.2.4.3. RU 음절

RU 음절의 표기에는 '屢, 流, 蘆, 樓'가 사용되었다. '屢, 流'는 β군과 α군에 두루 사용되었지만, '蘆'는 β군에만 사용되고 '樓'는 α군에만 사용되었다.

(147) 『일본서기』의 '屢' 용례 (권 2, 3, 5, 7, 9, 11, 14, 15, 16, 17, 22, 24, 25, 26, 27 → β군과 α군)

RU: －屢{활용 る}, 播屢{春}, 素磨屢{統}, 于屢破{麗}, 賦屢[布留], 古佐屢{小猿}, 旨屢俱之[しるくし], 瑜屢世登耶[ゆるせとや]

(148) 『일본서기』의 '流' 용례 (권 5, 7, 9, 10, 11, 12, 13, 14, 22, 27 → β군과 α군)

RU: －流{활용 る}, 由豆流{弦}, 俱流{苦}, 玖流{狂}, 辭流{著}, 多鶏流{梟帥}

(149) 『일본서기』의 '蘆' 용례 (권 10 → β군)

RU: －蘆{활용 る}, 比蘆{蒜}, 于蘆波{愛}

(150) 『일본서기』의 '樓' 용례 (권 17, 26 → α군)

RU: －樓{활용 る}

RO: 於母之樓枳[おもしろき](26)

(151) 『일본서기』의 '留' 용례 (권 13, 22, 26 → β군과 α군)

RU: －留{활용 る}[18]

RU 음절에서도 /r/이 어두 위치에 오지 않는다는 두음법칙이 확인된다.

위의 용례에서 '屢, 流, 蘆, 樓, 留'는 활용의 '－る'를 표기하는 데에 공통적으로 사용되었으므로, 바로 '屢=流=蘆=樓=留'의 등식이 성립한다. 따라서 이들의 음가는 같다. 그런데 『대계』에서는 (150)의 '於母之樓枳'를 'おもしろき'로 해독하여 '樓'를 RO 음절의 'ろ'로도 읽었다. 용례가 하나뿐이고 일자일음의 원칙에 어긋나므로 이것은 논의 대상에서 제외한다.

'屢'의 중고음 운모는 虞韻/ɥo/이고, 虞韻/ɥo/은 『일본서기』 음가나에서 /u/로 수용되는 것이 원칙이다(위의 (27) 참조). '流'의 중고음 운모는 尤韻/ɪəu/이고, 尤韻/ɪəu/은 /u/로 수용되는 것이 원칙이다(위의 (112) 참조). '蘆'의 운모는 模韻/o/ 개구인데, 模韻/o/은 /o/로 수용되는 것이 원칙이지만 일부에서는 /u/로 수용된다(위의 (65) 참조). 그 예외적 수용의 하나로, '蘆'의 模韻/o/이 특이하게도 /u/로 수용되었다. '樓'의 중고음 운모는 侯韻/əu/인데, 侯韻/əu/은 /u/ 또는 /o/로 수용된다(위의 (129) 참조). '樓'에서는 模韻/o/이 /u/로 수용되어 '樓'가 ル/ru/를 표기한다고 해야만 '屢=流=蘆=樓=留'의 동음 관계를 충족할 수 있다.

(152) '屢, 流, 蘆, 樓, 留'의 중고음과 그 수용

1. 屢[來開C去虞]=/rɥo/^{D} 》 ル/ru/
2. 流[來中C平尤]=/rɪəu/^{L} 》 ル/ru/
3. 蘆[來中1平模]=/ro/^{L} 》 ル/ru/
4. 樓[來中1平侯]=/rəu/^{L} 》 ル/ru/

18 구체적으로는 '箇留{輕}, 余留{寄る}, 許夜勢留{臥せる}, 倭柂留{渡る}, 梅豆留{愛づる}'의 '－留'이다.

5. 留[來中C平尤]=/rɪəu/^{L} 》ル/ru/

결론적으로 RU 음절의 '屢=流=蘆=樓=留'는 동음 관계이고, 이들은 공통적으로 ル/ru/를 표기한다.

5.2.4.4. RE 음절

RE 음절의 표기에는 '例, 禮, 黎'가 사용되었다. '例'와 '禮'는 β군과 α군에 두루 사용되었지만, '黎'는 α군에서만 사용되었다.

(153) 『일본서기』의 '例' 용례 (권 3, 5, 7, 9, 10, 11, 13, 14, 16, 17, 19, 24, 25, 26, 27 → β군과 α군)

RE: −例/例屢/例蘆/例儒/例麼/例椰{활용 −れ}, 和例/倭例/阿例{我, 吾}, 多例/柁例{誰}, 比例{領巾}, 俱例{暗}, 乎武例{小丘}, 阿波例[あはれ]

(154) 『일본서기』의 '禮' 용례 (권 5, 11, 19, 22 → β군과 α군)

RE: −禮/禮麼{활용 れ}, 那禮{汝}, 勾禮{吳}, 比禮{領巾}, 阿波禮[あはれ]

(155) 『일본서기』의 '黎' 용례 (권 16 → α군)

RE: 陀黎{誰}, 多黎/陀黎{垂れ}, 彌黎{見れ}, 耶黎夢{破れむ}

RE 음절에서도 /r/이 어두 위치에 오지 않는다는 두음법칙이 성립한다.

활용의 '−れ'를 표기할 때에 '例'와 '禮'가 공통적으로 사용되었다. 또한 '阿波例=阿波禮'[あはれ]에서 '例=禮'의 등식이 성립하고, '多例/柁例=陀黎'{誰}에서 '例=黎'의 등식이 성립한다. '例=禮=黎'의 등식이 성립하므로, 이들의 음가는 동일해야 한다.

'例'의 중고음 운모는 祭韻/ɪɛi/이고, 祭韻/ɪɛi/은 『일본서기』 음가나에서 /e/

로 수용되는 것이 원칙이다(위의 (30) 참조). '禮'와 '黎'의 운모는 齊韻/ei/이고, 齊韻/ei/은 항상 /e/로 수용된다(위의 (73) 참조).

(156) '例, 禮, 黎'의 중고음과 그 수용

1. 例[來開AB去祭]=/rɪɛi/[D] 》 レ/re/
2. 禮[來開4上齊]=/rei/[R] 》 レ/re/
3. 黎[來開4平齊]=/rei/[L] 》 レ/re/

결론적으로 '例, 禮, 黎'는 동음 관계인데, 중고음의 수용 양상으로도 이들이 공통적으로 レ/re/를 표기한다고 말할 수 있다.

5.2.4.5. RO 음절

RO 음절의 표기에는 '呂, 慮'가 사용되었다. '呂'는 β군에서만 사용되고, '慮'는 β군뿐만 아니라 α군에서도 사용되었다. 그런데 용례의 수록 권차를 유심히 대비해 보면 '呂'와 '慮'가 서로 다른 권차에서 사용되었다. 분포가 상보적이므로 '呂'와 '慮'가 동음 관계일 가능성이 크다.

(157) 『일본서기』의 '呂' 용례 (권 5, 9, 10, 11, 22 → β군)

RO: -呂{활용 ろ}, 許居呂/虛虛呂{心}, 磨呂[まろ], 虛呂望{衣}, 志呂{蓆}, 之呂/辭呂{背}, 豫呂{寄}, 豫呂豆{萬}, 異枳迺倍呂{憤}, 烏呂餓{拜}, 許呂{弑}, 飫朋呂伽珥[おほろかに]

(158) 『일본서기』의 '慮' 용례 (권 2, 14, 17 → β군과 α군)

RO: 妹慮{目ろ}, 之慮{代}, 與慮斯/與慮志{宜し}, 矢泊矩矢慮{鹿くしろ}

RO 음절에서도 /r/이 어두 위치에 오지 않는다는 두음법칙이 성립한다. 이 두

음법칙이 R행 전체에서 두루 확인되므로 상대 일본어에 이 두음법칙이 있었다고 일반화할 수 있다.

위의 용례에서 '呂'와 '慮'가 동일어의 동일 음절을 표기한 예가 없으므로, 이 둘은 이음 관계이다. 그러나 '慮'의 용례가 넷에 불과하여 우연히 이음 관계가 되었을지도 모른다. 이럴 때에는 '呂'와 '慮'의 한어 중고음을 참고할 수밖에 없다.

'呂'와 '慮'는 한어 중고음에서 성조만 다르고 나머지 음운론적 성분은 모두 동일하다. 이에 따라 우리는 '呂'와 '慮'가 동음 관계라고 기술한다. '呂'와 '慮'를 사용한 권차가 상보적이라는 점도 감안했다.

(159) '呂, 慮'의 중고음과 그 수용

1. 呂[來中C上魚]=/rɪo～ɪə/^{R} 》ㅁ^{乙}/rə/[19]
2. 慮[來中C去魚]=/rɪo～ɪə/^{D} 》ㅁ^{乙}/rə/

'呂'와 '慮'의 운모는 魚韻/ɪo～ɪə/인데, 魚韻/ɪo～ɪə/은 『일본서기』 음가나에서 항상 을류의 /ə/로 수용된다(위의 (37) 참조).

5.2.4.6. R행의 요약 정리

지금까지의 논의를 정리하면 아래와 같다. 이 음가 배당표에서는 『광운』에 나오지 않는 RI 음절의 '唎'를 제외했다. RO 음절을 표기한 '樓'도 용례가 하나뿐이라서 제외했다. R행에서는 /a, i, u, e, ə/의 다섯 가지 모음이 설정된다.

---

19 재추가한 '盧'가 이것과 동음 관계이다. '盧'의 운모는 원칙적으로 갑류인 模韻/o/이므로, RO 음절에서 갑류와 을류 모음이 하나로 합류했다고 할 수 있다.
盧[來中1平模]=/ro/^{L} 》ㅁ^{乙}/rə/. 與盧斯企[よろしき](14), 矩盧/俱盧{黑}(14), -盧{활용る}(1)

(160) R행 『일본서기』 음가나의 음가 배당 (음영 부분은 α군 음가나)

자음 \ 모음	A (ア)	I (イ)	U (ウ)	E (エ)	O (オ)
R(ラ)	羅=邏/ra/	利=離/ri/	屢=流=蘆/ru/	例=禮/re/	呂/rə/
	羅=囉/ra/	理=利=梨/ri/	屢=樓/ru/	例=黎/re/	慮/rə/

이 음가 배당표의 O열에는 갑류의 ロ/ro/를 표기하는 음가나가 없는 대신에 을류의 ロ乙/rə/를 표기하는 '呂'와 '慮'만 있다. 그런데 이러한 상황은 ø행에서 이미 볼 수 있었으므로 특별한 것은 아니다. 중요한 것은 을류 모음 /ə/가 O열에만 오므로 여타의 음가 배당과 충돌하지 않는다는 점이다. 이것은 위의 ø행, N행, M행에서도 마찬가지였으므로, 199자 집합에서는 『일본서기』 음가나의 모음체계가 6모음체계였을 가능성이 더욱 커진다.

5.2.5. K행, カ行

K행의 표기에는 '伽, 箇, 介, 訶, 柯, 哿, 舸, 歌, 餓, 我, 鵝, 枳, 企, 耆, 岐, 紀, 基, 藝, 擬, 區, 勾/句, 俱, 玖, 矩, 遇, 虞, 鷄, 開, 該, 稽, 虛, 許, 古, 據, 故, 固, 姑, 擧, 渠, 誤, 渠'의 40자나 사용되었다. 이것은 청음과 탁음을 구별하지 않은 것인데, 일본어의 K·S·T·P의 4행에서는 청음과 탁음의 구별이 있다. 이에 따라 K행을 구체적으로는 K행과 G행의 둘로 다시 나눈다.

(161) K행의 『일본서기』 음가나 (음영 부분은 α군 음가나)

자음 \ 모음		A (ア)	I (イ)	U (ウ)	E (エ)	O (オ)
K カ	K	伽 箇 介 訶	枳 企 耆 岐 紀	區 勾/句 俱 玖6	鷄 開	虛 許 古 據 故 固 姑
		柯 哿 舸 箇 歌	枳 岐 企 紀 基	俱 矩	該 稽	古 擧 渠
	G	餓	藝	遇		誤6
		我 鵝	擬	虞		渠

5.2.5.1. KA 음절

KA 음절의 표기에는 '柯, 伽, 箇, 介, 哿, 舸, 訶, 歌, 餓, 我, 鵝'가 사용되었다. 먼저 '柯, 伽, 箇, 介, 哿, 舸, 訶'의 용례를 들어 보면 아래와 같다. 이 7자 중에서 β군과 α군에서 공통적으로 사용된 것은 '伽, 箇'의 두 자뿐이다. '介, 訶'의 두 자는 β군에서만 사용되었고, '柯, 哿, 舸'의 세 자는 α군에서만 사용되었다.

(162) 『일본서기』의 '柯' 용례 (권 14, 16, 17, 19, 24, 25, 26, 27 → α군)

KA: 柯{조사 か}, 柯武{조사 かむ}, 柯母{조사 かも}, 柯騰{조사 かど}, 柯枳{垣}, 柯武/柯微{神}, …

GA: 없음[20]

(163) 『일본서기』의 '伽' 용례 (권 2, 3, 5, 7, 9, 10, 11, 14, 22 → β군과 α군)

KA: 伽茂/伽墓{조사 かも}, 伽枳{垣}, 伽牟/伽未{神}, 那伽{中}, 多伽{高}, 阿伽{赤}, 伽之古{畏}, …

(164) 『일본서기』의 '箇' 용례 (권 2, 3, 5, 9, 11, 12, 13, 16, 22, 25, 26, 27 → β군과 α군)

KA: 箇{조사 か}, 箇茂{조사 かも}, 箇禰{조사 かね}, 箇柁/箇多{片}, 箇儺{金}, 柁箇{高}, 阿箇{赤}, 椰摩娜箇{山高}, …

(165) 『일본서기』의 '介' 용례 (권 2, 3, 5, 9, 10, 11, 13, 23 → β군)

KA: 介那{조사 かな}, 介茂{조사 かも}, 介逎{조사 かど}, 介麼{조사 かば}, 介者{垣}, 介多{片}, 介辭古{畏}, …

20 지면 절약을 위하여 아래에서는 용례가 있는 음절만 제시한다. 즉, 용례가 없다는 정보도 생략한다.

(166) 『일본서기』의 '笴' 용례 (권 15, 16, 17 → α군)

KA: 笴謨{조사 かも}, 笴枳{垣}, 陀笴{高}, …

(167) 『일본서기』의 '舸' 용례 (권 14, 24, 25, 26 → α군)

KA: 舸羅{조사 から}, 舸武{조사 かむ}, 舸斯固{畏}, 舸矩[かく], …

(168) 『일본서기』의 '訶' 용례 (권 2, 9, 10, 13, 22 → β군)

KA: 訶茂{조사 かも}, 那訶{中}, 訶武{神}, 訶那{金}, 訶之胡{畏}, 訶區[かく], …

의문조사 'か'가 포함된 문법 형태를 표기하는 데에 위의 7자가 모두 사용되었다. 따라서 이 7자가 동음 관계라고 바로 말할 수 있다. 또한 명사 'かき'{垣}의 첫째 음절을 표기하는 데에 '柯, 伽, 介, 笴'의 네 자가, 형용사 'たか'{高}의 둘째 음절을 표기하는 데에 '伽, 箇, 笴'의 세 자가 사용되었다. 동사 'かしこ'{畏}의 첫째 음절을 표기하는 데에 '伽, 介, 舸, 訶'의 네 자가, 명사 'かむ/かみ'{神}의 첫째 음절을 표기하는 데에 '柯, 伽, 訶'의 세 자가 사용되었다. 이들을 모두 종합하면 '柯, 伽, 箇, 介, 笴, 舸, 訶'의 7자가 동음 관계라는 결론이 나온다.

다음으로, '歌, 餓, 我, 鵝'의 용례를 모아 보면 아래와 같다. '歌'는 α군에서만 사용되었고, '餓, 我, 鵝'는 β군과 α군에 두루 사용되었다.

(169) 『일본서기』의 '歌' 용례 (권 14, 24, 26 → α군)

KA: 歌麻之之[山羊], 伊志歌孺{い及かず}

(170) 『일본서기』의 '餓' 용례 (권 1, 2, 3, 5, 7, 9, 10, 11, 13, 22, 26 → β군과 α군)

GA: 餓{조사 が}, 餓望{조사 がも}, 那餓{長}, 伽餓{日日}, 揶莽之呂餓波{山背河}, 夜覇餓岐/夜覇餓枳{八重垣}, …

(171) 『일본서기』의 '我' 용례 (권 2, 11, 13, 14, 15, 16, 17, 24, 25, 26, 27 → β군과 α군)

GA: 我{조사 が}, 那我{長}, 箇須我/哿須我{春日}, 阿須箇我播{飛鳥川}, 野磨我倶利{山隱り}, …

(172) 『일본서기』의 '鵝' 용례 (권 11, 14, 25, 26 → β군과 α군)

GA: 鵝騰{조사 がと}, 耶麻鵝播{山川}, 瀰於須譬鵝泥{御襲料}

그런데 '歌'가 『일본서기』의 가요 표기에 6회 사용되었지만, 그중에서 4회가 마침 미해독 가요인 권26의 113번 가요에 집중되어 있다. 미해독이므로 '歌'가 어느 단어를 표기한 것인지 확인할 수가 없다. (169)의 두 가지 용례만으로는 '歌'가 KA 음절의 여타 음가나와 동음 관계인지 이음 관계인지를 논의할 수가 없으므로, '歌'를 논의 대상에서 제외하기로 한다.

'餓, 我, 鵝'의 세 자는 조사 'が'를 표기하거나 이 'が'가 포함된 복합조사를 표기하는 데에 사용되었으므로, 이들이 동음 관계임을 금방 알 수 있다. 또한 형용사 '那餓'{長}와 '那我'{長}에서 '餓=我'의 등식이 성립한다. '鵝'는 용례가 많지 않아서 논의하기 어렵지만, '耶麻鵝播'{山川}가 복합어이고 '鵝'가 그 후행 성분의 첫째 음절을 표기한다는 점이 눈에 띈다. 즉 '耶麻鵝播'의 '鵝播'{川}는 '揶莽之呂餓波'{山背河}의 '餓波'와 동일어이고 '阿須箇我播'{飛鳥川}의 '我播'와도 동일어이다. 여기에서 '餓=我=鵝'의 등식이 성립하므로, 이들의 음가는 같다.

위의 용례 분석에서 '柯=伽=箇=介=哿=舸=訶'의 등식과 '餓=我=鵝'의 등식을 확인했다. 그런데 이 둘 상호 간에도 관계가 성립한다. 복합어에 적용되는 연탁 규칙이 발견되기 때문이다. 중첩어 '伽餓'{日日}의 둘째 음절 '餓'는 사실은 첫째 음절 '伽'에 연탁 규칙이 적용된 것이다. '揶莽之呂餓波'{山背河}의 '餓波'는 '箇播/箇破/箇波, 舸播'{川, 河}에 연탁 규칙이 적용된 것이고, '夜覇餓岐/夜覇餓枳'{八重垣}의 '餓岐/餓枳'는 '柯枳, 伽枳, 介者, 哿枳'{垣}에 연탁 규칙이 적용된 것이다. 또한 '瀰於須譬鵝泥'{御襲料}의 '鵝泥'{料}도 사실은 '箇儺'{金}와 어원이 같으므로 연탁 관계가 성립한다. 여기에서 '餓, 鵝'가 청음인 '伽, 箇, 舸, 柯, 介, 哿'의 탁음 짝임이 드러난다.

위의 용례 분석 결과를 한어 중고음으로 확인해 보자. '柯, 箇, 介, 哿, 舸'의 5자는 중고음 성모가 見母/k/이다. 『일본서기』 음가나에서 見母/k/를 수용하는 양상은 아래와 같다. 항상 /k/로 수용한다.

(173) 『일본서기』 음가나의 見母/k/ 수용 양상

1. 柯[見開1平歌]=/kɑ/^{L} 》カ/ka/
2. 箇[見開1去歌]=/kɑ/^{D} 》カ/ka/
3. 介[見開2去皆]=/kɛi/^{D} 》カ/ka/
4. 哿[見開1上歌]=/kɑ/^{R} 》カ/ka/
5. 舸[見開1上歌]=/kɑ/^{R} 》カ/ka/
6. 據[見中C去魚]=/kɪo~kɪə/^{D} 》コ乙/kə/
7. 擧[見中C上魚]=/kɪo~kɪə/^{R} 》コ乙/kə/
8. 該[見開1平咍]=/kəi/^{L} 》ケ/ke/
9. 鷄[見開4平齊]=/kei/^{L} 》ケ/ke/
10. 稽[見開4平齊]=/kei/^{L} 》ケ/ke/
    [溪開4上齊]=/k^{h}ei/^{R}
11. 固[見中1去模]=/ko/^{D} 》コ/ko/
12. 古[見中1上模]=/ko/^{R} 》コ/ko/
13. 故[見中1去模]=/ko/^{D} 》コ/ko/
14. 姑[見中1平模]=/ko/^{L} 》コ/ko/
15. 勾/句[見中C去虞]=/kɥo/^{D} 》ク/ku/
16. 玖[見開C上尤]=/kɪəu/^{R} 》ク/ku/
17. 矩[見中C上虞]=/kɥo/^{R} 》ク/ku/
18. 俱[見中C平虞]=/kɥo/^{L} 》ク/ku/
19. 紀[見開C上之]=/kɪə/^{R} 》キ乙/kə/
20. 基[見開C平之]=/kɪə/^{L} 》キ乙/kə/

(174) 『일본서기』 음가나의 見母/k/ 대체 수용

한어 중고음의 見母/k/는 『일본서기』 음가나에서 항상 /k/로 수용된다.

다음으로, '訶'의 중고음 성모는 曉母/h/이고, 『일본서기』 음가나의 曉母字는 아래의 세 자이다. 曉母/h/도 항상 /k/로 수용된다. 『고사기』 음가나에서도 曉母 /h/를 /k/로 수용한 바 있다.

(175) 『일본서기』 음가나의 曉母/h/ 수용 양상

1. 訶[曉開1平歌]=/hɑ/[L] 》 カ/ka/
2. 許[曉中C上魚]=/hɪo~hɪə/[R] 》 コ[乙]/kə/
3. 虛[曉中C平魚]=/hɪo~hɪə/[L] 》 コ[乙]/kə/

(176) 『일본서기』 음가나의 曉母/h/ 대체 수용

한어 중고음의 曉母/h/는 『일본서기』 음가나에서 항상 /k/로 수용된다.

森博達(1991)은 曉母/h/가 /k/로 수용된 것은 모두 β군이고, α군에서는 曉母字가 거의 사용되지 않았다고 했다. 따라서 음운론적으로 β군과 α군을 구별할 때에 曉母字의 유무는 가장 중요한 기준이 된다.

다음으로, '伽'의 중고음 성모는 群母/g/인데, 『일본서기』 음가나의 群母字 4자가 모두 /k/로 수용된다. 이것도 『고사기』 음가나의 群母/g/ 수용 양상과 같다.

(177) 『일본서기』 음가나의 群母/g/ 수용 양상

1. 伽[群開C平戈]=/gɥɑ/[L] 》 カ/ka/
2. 渠[群中C平魚]=/gɪo~gɪə/[L] 》 コ[乙]/kə/~ゴ[乙]/gə/
3. 岐[群開A平支]=/gje/[L] 》 キ/ki/
4. 耆[群開A平脂]=/gji/[L] 》 キ/ki/

(178)『일본서기』 음가나의 群母/g/ 대체 수용

한어 중고음의 群母/g/는 『일본서기』 음가나에서 항상 /k/로 수용된다.

마지막으로, '餓, 我, 鵝'의 중고음은 疑母/ŋ/이고, 『일본서기』 음가나에서는 疑母/ŋ/를 항상 /g/로 수용한다. 이것도 『고사기』 음가나의 수용 양상과 일치한다.

(179)『일본서기』 음가나의 疑母/ŋ/ 수용 양상

1. 餓[疑開1去歌]=/ŋɑ/D 》ガ/ga/
2. 我[疑開1上歌]=/ŋɑ/R 》ガ/ga/
3. 鵝[疑開1平歌]=/ŋɑ/L 》ガ/ga/
4. 藝[疑開A去祭]=/ŋɪɛi/D 》ギ/gi/
5. 誤[疑中1去模]=/ŋo/D 》ゴ/go/
6. 遇[疑中C去虞]=/ŋɥo/D 》グ/gu/
7. 虞[疑中C平虞]=/ŋɥo/L 》グ/gu/
8. 擬[疑開C上之]=/ŋɪə/R 》ギ乙/gə/ → ゲ/ge/

(180)『일본서기』 음가나의 疑母/ŋ/ 대체 수용

한어 중고음의 疑母/ŋ/는 『일본서기』 음가나에서 항상 /g/로 수용된다.

요컨대, 『일본서기』 음가나에서는 중고음의 見母/k/, 曉母/h/, 群母/g/를 모두 청음 /k/로 수용하고, 疑母/ŋ/만 탁음 /g/로 수용한다. 이 수용 양상은 『고사기』 음가나와 동일하다.

다음으로, '柯, 箇, 介, 哿, 舸, 訶, 伽, 餓, 我, 鵝'의 중고음 운모에 대한 논의로 넘어간다.

우선, '柯, 箇, 哿, 舸, 訶, 餓, 我, 鵝'의 여덟 가지 음가나는 중고음 운모가 歌韻/ɑ/이고, 歌韻/ɑ/은 『일본서기』 음가나에서 항상 /a/로 수용된다(위의 (12) 참조). 이 중에서 '柯, 箇, 哿, 舸, 訶'의 다섯 자는 성모가 /k/로 수용되고, '餓, 我, 鵝'의

세 자는 /g/로 수용된다. 따라서 앞의 다섯 자는 カ/ka/를 표기하고, 뒤의 세 자는 ガ/ga/를 표기한다.

'介'의 중고음 운모는 皆韻/ɛi/인데, 『일본서기』 음가나 중에서 皆韻字는 '介' 하나뿐이다. 그런데 이 '介'가 歌韻字인 '柯, 箇, 哿, 舸, 訶'와 동음 관계이므로, 皆韻/ɛi/도 『일본서기』 음가나에서 /a/로 수용되었다고 할 수 있다. 따라서 '介'는 『일본서기』 음가나에서 カ/ka/를 표기한다.

(181) 『일본서기』 음가나의 皆韻/ɛi/ 수용 양상

介[見開2去皆]=/kɛi/^{D} 》カ/ka/

(182) 『일본서기』 음가나의 皆韻/ɛi/ 대체 수용

한어 중고음의 皆韻/ɛi/은 『일본서기』 음가나에서 /a/로 수용된다.

'伽'의 중고음 운모는 戈韻/wɑ/인데, 戈韻/wɑ/은 자음 뒤에서 /a/로 수용된다(위의 (92) 참조). '伽'는 성모가 群母/g/이므로, '伽'는 『일본서기』 음가나에서 カ/ka/를 표기한다.

위의 논의를 종합하여 KA 음절을 정리해 둔다. 용례 분석에 따르면 '柯, 箇, 介, 哿, 舸, 訶, 伽'의 일곱 자가 동음 관계이고, '餓, 我, 鵝'의 세 자가 동음 관계이다. 그러면서 이 둘은 청음과 탁음의 짝이다.

(183) '柯, 箇, 介, 哿, 舸, 訶, 伽, 餓, 我, 鵝'의 중고음과 그 수용

1. 柯[見開1平歌]=/kɑ/^{L} 》カ/ka/
2. 箇[見開1去歌]=/kɑ/^{D} 》カ/ka/
3. 介[見開2去皆]=/kɛi/^{D} 》カ/ka/
4. 哿[見開1上歌]=/kɑ/^{R} 》カ/ka/
5. 舸[見開1上歌]=/kɑ/^{R} 》カ/ka/
6. 訶[曉開1平歌]=/hɑ/^{L} 》カ/ka/

7. 伽[群開C平戈]=/gɥɑ/^{L} 》カ/ka/

8. 餓[疑開1去歌]=/ŋɑ/^{D} 》ガ/ga/

9. 我[疑開1上歌]=/ŋɑ/^{R} 》ガ/ga/

10. 鵝[疑開1平歌]=/ŋɑ/^{L} 》ガ/ga/

중고음의 見母/k/, 曉母/h/, 群母/g/는 /k/로 수용되고 疑母/ŋ/는 /g/로 수용된다. 歌韻/ɑ/, 戈韻/wɑ/이 모두 /a/로 수용된다. 이에 맞추어 皆韻/ɛi/도 /a/로 수용된다고 기술하는 것이 좋다.

5.2.5.2. KI 음절

KI 음절의 표기에는 '枳, 岐, 企, 耆, 紀, 基, 擬, 藝'의 여덟 자가 사용되었다. '耆, 藝'는 β군에서만 사용되고, '基'는 α군에서만 사용된다. 나머지 다섯 자는 β군과 α군에 두루 사용된다.

(184) 『일본서기』의 '枳' 용례 (권 1, 3, 5, 7, 9, 10, 11, 13, 14, 16, 17, 22, 24, 25, 26 → β군과 α군)

KI: 伽枳/哿枳/柯枳{垣}, 枳瀰/枳彌{君}, 等枳{時}, 枳{酒}, 枳虚/枳許/枳擧/枳箇/枳舸/枳枳{聞}, …

GI: 枳枳始{雉, きぎし}(24)

(185) 『일본서기』의 '岐' 용례 (권 1, 7, 9, 11, 13, 14, 15, 16, 19, 24, 26, 27 → β군과 α군)

KI: 岐{衣}, 騰岐{時}, 岐勢{著せ}, 夜覇餓岐{八重垣}, …

(186) 『일본서기』의 '企' 용례 (권 2, 9, 11, 13, 14, 15, 17, 27 → β군과 α군)

KI: 企瀰/企弭{君}, 企{酒}, 阿企{秋}, 企箇{聞か}, …

(187) 『일본서기』의 '耆' 용례 (권 3, 5, 7, 11, 12, 22 → β군)

KI: 介耆{垣}, 耆瀰{君, 臣}, 阿耆{秋}, 耆氏{著て}, …

GI: 哆山耆摩知{當摩徑}(권12)

(188) 『일본서기』의 '紀' 용례 (권 5, 10, 11, 13, 15, 17, 22, 25, 26 → β군과 α군)

KI: 紀{木}, 紀{城}, 舸娜紀{鉗}, 宇多豆紀{歌獻き}, 阿資臂紀[あしひき]

(189) 『일본서기』의 '基' 용례 (권 19, 24 → α군)

KI: 基{城}, 佐基/作基{裂}

(190) 『일본서기』의 '擬' 용례 (권 7, 14, 15, 16 → β군과 α군)

GI: 須擬{過ぎ}, 耶都擬{八匹}, 野儺擬{楊}

(191) 『일본서기』의 '藝' 용례 (권 3, 5, 7, 9, 10, 11 → β군)

GI: 菟藝{繼ぎ}, 屠那藝弖{繫ぎて}, 阿藝{吾君}, 和藝毛{我妹}, 和藝幣{我家}, 菟藝泥赴[つぎねふ]

위의 용례에서 명사 '垣'의 둘째 음절을 '枳, 岐, 耆'가 표기한다. '君'을 뜻하는 명사의 첫째 음절을 '枳, 企, 耆'가 표기한다. 동사 '著'의 첫째 음절을 '枳, 岐, 耆'가 표기한다. 이들을 종합하면 '枳=岐=企=耆'의 등식이 성립한다.

또한 '紀, 基'{城}에서 '紀, 基'가 동음 관계이므로 '紀=基'의 등식이 성립한다. 그런데 '紀, 基'의 용례 중에서 '枳, 岐, 企, 耆'의 용례와 동일한 것이 없다. 이음 관계이므로 이 둘은 음가가 서로 다르다.

'擬'와 '藝'는 독특하게도 단어의 첫째 음절을 표기한 예가 없다. 이것은 '擬'와 '藝'가 탁음절임을 암시한다. 그러면서도 '擬'와 '藝'가 동일어의 동일 음절을 표기하지 않으므로, 이 둘은 이음 관계였을 가능성이 크다. 또한 '擬'뿐만 아니라 '藝'도 '枳=岐=企=耆'와 이음 관계이고 '紀=基'와도 이음 관계이다.

이 이음 관계를 용례 부족 탓으로 돌릴지도 모른다. 『고사기』 음가나에서는 이 용례 부족을 『만엽집』 음가나를 추가하여 해소했지만, 『일본서기』 음가나는 동일 계통의 자료가 없으므로 이 추가 보충이 불가능하다. 따라서 우리는 『일본서기』 음가나 상호 간의 이표기 관계만으로 동음 관계인지 이음 관계인지를 판단하기로 한다.

'擬'는 특히 용례가 셋뿐이므로, 우연히 동음 관계가 확인되지 않을 뿐이라고 의심할 수 있다. 그러나 '基'는 용례가 둘뿐인데도 '紀'와 동음 관계가 성립하므로, 마냥 용례 부족을 탓할 수만은 없다. 우리는 동음 관계가 확인되지 않는 것은 일단 이음 관계라고 기술한다. 그래야만 논의의 일관성을 유지할 수 있기 때문이다.

KI 음절의 용례 분석을 종합하면 '枳=岐=企=耆', '紀=基', '擬', '藝'의 네 가지가 이음 관계이다. 이것을 한어 중고음의 수용 과정으로 증명해 보자.

'企'는 중고음 성모가 溪母/k^h/이고, 『일본서기』 음가나의 溪母字는 아래의 세 자이다. 이들의 溪母/k^h/가 항상 /k/로 수용된다.

(192) 『일본서기』 음가나의 溪母/k^h/ 수용 양상

1. 開[溪開1平咍]=/k^həi/^{L} 》 ケ/ke/
2. 區[溪中C平虞]=/k^hɥo/^{L} 》 ク/ku/
3. 企[溪合B上支]=/k^hɥe/^{R} 》 キ/ki/

(193) 『일본서기』 음가나의 溪母/k^h/ 대체 수용

한어 중고음의 溪母/k^h/는 『일본서기』 음가나에서 항상 /k/로 수용된다.

森博達(1991: 18)에 따르면 溪母/k^h/와 같은 次淸字가 사용된 것은 거의 대부분 β군이고, α군에서는 차청자를 사용하지 않는다. 따라서 차청자의 사용 여부가 β군과 α군을 나눌 때에 중요한 기준이 된다.

'枳, 紀, 基'는 중고음의 성모가 見母/k/이고, '岐, 耆'는 群母/g/이다. 見母/k/와

群母/g/는 『일본서기』 음가나에서 항상 /k/로 수용된다(위의 (174)과 (178) 참조). 따라서 이들 다섯 자와 溪母字인 '企'는 자음이 /k/이다. 반면에 '擬'와 '藝'는 疑母字이므로 이들의 자음은 /g/이다(위의 (180) 참조).

'枳, 岐, 企'의 중고음 운모는 支韻/je~ɪe/이고, '耆'의 운모는 脂韻/ji~ɪi/이다. 支韻/je~ɪe/과 脂韻/ji~ɪi/은 항상 /i/로 수용된다(위의 (59)와 (18) 참조). 반면에, '紀, 基, 擬'의 운모는 之韻/ɪə/이고, 之韻/ɪə/은 설치음 뒤에서는 /i/로 수용되고 아후음 뒤에서는 /ə/로 수용된다(위의 (57) 참조). '紀, 基, 擬'의 성모는 모두 아음이므로 이들의 之韻/ɪə/은 을류의 /ə/로 수용된다. 마지막으로, '藝'의 중고음 운모는 祭韻/jɛi/이고, '藝'의 祭韻/jɛi/이 예외적으로 /i/로 수용된다(위의 (30) 참조).

(194) '枳, 岐, 企, 耆, 紀, 基, 擬, 藝'의 중고음과 그 수용

1. 枳[見開A上支]=/kje/^{R} 》 キ/ki/
2. 岐[群開A平支]=/gje/^{L} 》 キ/ki/
3. 企[溪合B上支]=/k^{h}ɥe/^{R} 》 キ/ki/
4. 耆[群開A平脂]=/gji/^{L} 》 キ/ki/
5. 紀[見開C上之]=/kɪə/^{R} 》 キ^{乙}/kə/
6. 基[見開C平之]=/kɪə/^{L} 》 キ^{乙}/kə/
7. 擬[疑開C上之]=/ŋɪə/^{R} 》 ギ^{乙}/gə/[21] → ゲ/ge/
8. 藝[疑開A去祭]=/ŋjɛi/^{D} 》 ギ/gi/[22]

지금까지의 논의를 종합한 것이 위의 (194)이다. 용례 분석에 따르면 '枳=岐=企=耆', '紀=基', '擬', '藝'의 네 가지가 이음 관계이다. 한어 중고음의 수용 양상에 따르면 이들에 각각 キ/ki/, キ^{乙}/kə/, ギ^{乙}/gə/, ギ/gi/를 배당할 수 있다. 따라서

21 재추가한 '疑'가 이것과 동음 관계이다.
疑[疑開C平之]=/ŋɪə/^{R} 》 ギ^{乙}/gə/. 須疑{過ぎ}9, 11), 奈疑{水葱}(27)

22 재추가한 '蟻'가 이것과 동음 관계이다.
蟻[疑開B上支]=/ŋɪe/^{R} 》 ギ/gi/. 枳蟻矢{雉}(17), 瀰儺蟻羅{漲}(26), 倭蟻慕{我妹}(17)

용례 분석의 결과와 중고음의 수용 결과가 서로 일치한다. (194.7)의 '擬'는 을류의 ギ乙/gə/이지만 아래에서 K행을 종합할 때에는 KE 음절의 ゲ/ge/로 수정할 것이다.

5.2.5.3. KU 음절

KU 음절의 표기에는 '俱, 區, 矩, 勾/句, 玖, 遇, 虞'가 사용되었다. 이 중에서 '區, 勾/句, 玖'는 β군에서만, '矩, 虞'는 α군에서만 사용된다. '俱, 遇'는 β군과 α군에서 두루 사용되었다.

(195) 『일본서기』의 '俱' 용례 (권 1, 3, 11, 14, 15, 16, 17, 19, 24, 25, 26, 27 → β군과 α군)

KU: -俱/俱母/俱慕/俱儞{활용 く, くも}, 俱珥/俱儞/俱爾{國}, 俱謨{雲}, 魔俱囉{枕}, 俱盧{黑}, 俱波絁{麗}, 俱屢/俱羅{來}, …

(196) 『일본서기』의 '區' 용례 (권 7, 9, 10, 11, 13, 23 → β군)

KU: -區{활용 く}, 區珥{國}, 區毛{雲}, 區暮/區屢/區例{來}, 菟區{作}, 摩區{枕く}, …

(197) 『일본서기』의 '矩' 용례 (권 14, 16, 17, 24, 26, 27 → α군)

KU: -矩謨{활용 くも}, 矩儞/矩彌/矩{國}, 摩矩羅{枕}, 矩盧{黑}, 豆矩梨{作り}, …

(198) 『일본서기』의 '勾/句' 용례 (勾- 권 3, 9, 13, 22; 句- 권 1, 2, 5, 10 → β군)

KU: 句茂/句毛{雲}, 伊句{幾}, 勾倍枳{來べき}, 菟勾利/菟句離{作り}, …

(199) 『일본서기』의 '玖' 용례 (권 7, 9, 11 → β군)

KU: -玖{활용 く}, 異玖{幾}, 周玖{小}, …

(200) 『일본서기』의 '遇' 용례 (권 7, 10, 11, 26 → β군과 α군)

GU: 都那遇{認ぐ}, 那瀰多遇{涙ぐ}, 多遇譬氐{偶ひて}, 幣遇利{平群}, 瀰菟遇利{三栗}, 于羅遇破{末桑}, 委遇比{堰杙}, 伽遇破志{香ぐはし}

(201) 『일본서기』의 '虞' 용례 (권 14, 25 → α군)

GU: 于羅虞波斯{うら麗し}, 陀虞毘/陀虞陛屢{偶}

위의 용례에서 활용형 '-く'나 '-くも'의 'く'를 표기하는 데에 '俱, 區, 矩, 玖'가 공통적으로 사용되었다. 명사 '國, 枕, 雲' 등의 단어를 표기할 때에 '俱, 區, 句'가 공통적으로 사용되었고, '伊句, 異玖'{幾}에서 '句=玖'의 등식이 성립한다. 이들을 종합하면 '俱=區=矩=句=玖'의 등식이 성립하므로 이들에는 동일 음가를 배당한다.

다음으로, (200)의 '伽遇破志'{香ぐはし}와 (201)의 '于羅虞波斯'{うら麗し}에 주목해 주기 바란다. 이들의 '遇破志'와 '虞波斯'는 복합어의 후행 성분으로서 형용사 '麗'를 뜻하고, 이 '麗'가 (195)에서는 '俱波絁'로 표기된다. 여기에서 '遇=虞'의 등식이 성립하고, '俱'에 연탁 규칙이 적용된 표기가 '遇=虞'임이 드러난다. 즉 '遇=虞'는 탁음이고 '俱=區=矩=句=玖'는 청음이다.

이제 한어 중고음으로 이것을 증명해 보자.

'俱, 矩, 勾/句, 玖'의 중고음 성모는 見母/k/이고, 見母/k/는 『일본서기』 음가나에서 항상 /k/로 수용된다(위의 (174) 참조). '區'의 중고음 성모는 溪母/k^h/이고, 溪母/k^h/는 항상 /k/로 수용된다(위의 (193) 참조). 반면에, '遇, 虞'의 중고음 성모는 疑母/ŋ/이고, 疑母/ŋ/는 항상 /g/로 수용된다(위의 (180) 참조). 따라서 '俱=區=矩=句=玖'가 청음을 가지고, '遇=虞'가 탁음을 가진다는 우리의 예상과 정확히 일치한다.

(202) '俱, 區, 矩, 勾/句, 玖, 遇, 虞'의 중고음과 그 수용

1. 俱[見中C平虞]=/kɥo/^{L} 》 ク/ku/

2. 區[溪中C平虞]=/kʰɥo/ᴸ》ク/ku/

3. 矩[見中C上虞]=/kɥo/ᴿ》ク/ku/

4. 勾/句[見中C去虞]=/kɥo/ᴰ》ク/ku/

5. 玖[見開C上尤]=/kɪəu/ᴿ》ク/ku/[23]

6. 遇[疑中C去虞]=/ŋɥo/ᴰ》グ/gu/

7. 虞[疑中C平虞]=/ŋɥo/ᴸ》グ/gu/

'俱, 區, 矩, 勾/句, 遇, 虞'의 중고음 운모는 虞韻/ɥo/이고, 虞韻/ɥo/은 『일본서기』 음가나에서 /u/로 수용되는 것이 원칙이다(위의 (27) 참조). '玖'의 운모는 尤韻/ɪəu/이고, 尤韻/ɪəu/은 /u/로 수용되는 것이 원칙이다(위의 (112) 참조). KU 음절의 일곱 자가 모두 수용 원칙을 지키므로, 이들의 모음은 모두 /u/이다.

KU 음절에는 '俱=區=矩=勾/句=玖'와 '遇=虞'의 두 가지 음절이 있다는 사실이 용례 분석으로 드러난다. 한어 중고음의 수용 양상으로도 두 가지이므로 용례 분석 결과와 서로 일치한다. 따라서 '俱=區=矩=勾/句=玖'에는 ク/ku/를, '遇=虞'에는 グ/gu/를 배당한다.

5.2.5.4. KE 음절

KE 음절의 표기에는 '鷄, 該, 稽, 開'가 사용되었다. '鷄, 開'는 β군과 α군에 사용되었고, '該, 稽'는 α군에서만 확인된다.

(203) 『일본서기』의 '鷄' 용례 (권 5, 9, 10, 11, 22, 25, 27 → β군과 α군)

KE: 鷄武/鷄務/鷄梅/鷄迷/鷄區/鷄麽{조동사 け-}, 曳鷄武{良けむ}, 辭鷄/之鷄{及け}, 波鷄{佩け}, 多鷄流{梟帥}

23 재추가한 '久'가 이것과 동음 관계이다.
久[見開C上尤]=/kɪəu/ᴿ》ク/ku/. －久{활용 －く}(7), 久波{鍬}(11), 伊久{幾}(5)

(204) 『일본서기』의 '稽' 용례 (권 14, 17 → α군)

KE: 柯稽{鷄}, 那稽麼{無けば}, 嗚思稽矩謀{惜しけくも}, 婆絁稽矩謨{愛しけくも},

(205) 『일본서기』의 '該' 용례 (권 14, 16, 25 → α군)

KE: 野該{宅}, 陀該{嶺}, 柯該{懸け}, 左該{咲け}, 挖摩該{玉笥}, 舸娜紀都該{鉗着け}

(206) 『일본서기』의 '開' 용례 (권 3, 5, 7, 17 → β군과 α군)

KE: 開{木}, 佐開{酒}, 輸開{助け}, 波開{佩け}, 阿開儞啓梨[あけにけり]

KE 음절의 『일본서기』 음가나는 위에서 볼 수 있는 것처럼 용례가 많지 않아서 용례 분석을 하기가 아주 어렵다. 우선 '鷄'와 '稽'의 용례를 대비해 보면 서로 일치하는 것이 없는 것처럼 보인다. 그런데 (204)의 '嗚思稽矩謀'{惜しけくも}와 '婆絁稽矩謨'{愛しけくも}에서 '稽矩'가 조동사로 사용되었을 가능성이 있다. 형태를 정확히 분석하기가 어려워서 (204)에서는 선행 동사에 붙였지만, '稽矩'를 분리해 내면 이 '稽矩'는 (203)의 '鷄區'{조동사 け-}와 동음 관계가 된다. 여기에서 '稽=鷄'의 등식이 성립한다.

또한 (203)의 '波鷄'{佩け}와 (206)의 '波開{佩け}가 동일어이므로 '鷄=開'의 등식이 성립한다. 이때 '波鷄'{佩け}와 '波開{佩け}의 '鷄'와 '開'가 활용형 '-け'를 표기한다는 점에서는 (204)의 '那稽麼'{無けば}와 (205)의 '柯該{懸け}, 左該{咲け}'에 사용된 '稽'와 '該'도 다를 바가 없다. 결국 KE 음절에서 '鷄=稽=該=開'의 등식이 성립한다.

이것을 한어 중고음으로 확인해 본다. '鷄, 稽, 該'의 중고음 성모는 見母/k/이고, 見母/k/는 『일본서기』 음가나에서 /k/로 수용된다. '開'의 중고음 성모는 溪母/kʰ/이고, 溪母/kʰ/도 /k/로 수용된다.

(207) '鷄, 稽, 該, 開'의 중고음과 그 수용

1. 鷄[見開4平齊]=/kei/ᴸ 》ケ/ke/

2. 稽[見開4平齊]=/kei/^{L} 》ケ/ke/

[溪開4上齊]=/k^hei/^{R}

3. 該[見開1平咍]=/kəi/^{L} 》ケ/ke/

4. 開[溪開1平咍]=/k^həi/^{L} 》ケ/ke/[24]

'鷄, 稽'의 중고음 운모는 齊韻/ei/이고, 齊韻/ei/은 항상 /e/로 수용된다(위의 (73) 참조). '該, 開'의 운모는 咍韻/əi/이고, 아후음 뒤의 咍韻/əi/은 /e/로 수용된다(위의 (80) 참조). 결론적으로 KE 음절에서는 '鷄=該=稽=開'의 등식이 성립하고 이들에는 ケ/ke/를 배당한다.

그런데 위의 (79~80)에서 우리는 설치음 뒤의 咍韻/əi/은 /ə/로 수용되고 아후음 뒤의 咍韻/əi/은 /e/로 수용된다고 했다. 이것을 정말로 믿을 수 있느냐고 의심할 수 있다. 그런데 『고사기』 음가나에서도 사실은 咍韻/əi/을 가지는 '乃'가 ノ^乙/nə/로 수용되고, 灰韻/wəi/(咍韻의 합구운)을 가지는 '倍'가 ベ/be/로 수용되었다. 이 ベ/be/의 /e/는 순음 뒤에서 灰韻/wəi/이 /e/로 수용된 것인데, 이 순음은 아후음과 하나로 병합되어 음운론적으로 설치음과 대립하는 것이 일반적이다. 따라서 『일본서기』 음가나뿐만 아니라 『고사기』 음가나에서도 咍韻/əi/과 그 합구운인 灰韻/wəi/이 설치음 뒤에서는 /ə/로 수용되고 순음과 아후음 뒤에서는 /e/로 수용된다고 일반화할 수 있다.

咍韻/əi/과 灰韻/wəi/의 운복모음 /ə/가 일본의 음가나에서 /e/로 수용되는 것을 활용하면, 당나라의 후기 중고음 시기에 咍韻/əi/이 齊韻/ei/과 합류하기 시작했다고 말할 수 있다. 그러나 한국 한자음에서는 이 합류가 발견되지 않으므로 朴炳采(1971)에서는 한국 한자음의 모태를 당대의 후기 중고음이 아니라 그 이전의 전기 중고음이라고 했다.

(207.4)에서 '開'가 『일본서기』 음가나에서 ケ/ke/로 수용된다고 했지만, 사실

24 재추가한 '氣'가 이것과 동음 관계이다.
氣[溪開C去微]=/k^hɪəi/^{D} 》け/ke/. 陀氣{竹}(22), 和氣{別}(11), 舍氣帝{放けて}(13), 氣{毛}(23)

은 을류의 ケ乙/kə/로 수용되었을 가능성도 있다. '開'의 용례에 '開'{木}가 있는데, 아래의 KO 음절의 용례에도 동일어인 '虚'{木}가 있다. 따라서 '나무'를 뜻하는 '開'가 '虚'와 더불어 을류의 /kə/를 표기했을 가능성을 배제할 수 없다.

5.2.5.5. KO 음절

KO 음절의 표기에는 '古, 故, 固, 姑, 虚, 許, 擧, 據, 渠, 誤'가 사용되었다. β군과 α군에서 공통적으로 사용된 것은 '古, 故, 固, 姑, 據'이고, β군에서만 사용된 것은 '虚, 許, 誤'이며, α군에서만 사용된 것은 '擧, 渠'이다.

(208) 『일본서기』의 '古' 용례 (권 10, 11, 13, 14, 16, 17, 22, 24, 25, 26, 27 → β군과 α군)

KO: 古{子}, 古磨/古摩{駒}, 古{小}, 于古珥{愚に}, 儞古{柔}, 伽之古俱/介辭古耆{畏}, 古武{產む}, 古喩/古曳{越}, 古破儀/古波儀[古破儀]

(209) 『일본서기』의 '故' 용례 (권 3, 13, 14, 19 → β군과 α군)

KO: 故{子}, 故{小}

(210) 『일본서기』의 '固' 용례 (권 3, 5, 7, 14 → β군과 α군)

KO: 固{子}, 固佐/固辭{越}, 固彌{畏み}

(211) 『일본서기』의 '姑' 용례 (권 9, 16, 26 → β군과 α군)

KO: 姑{子}, 姑裒/姑悲{戀}, 伊徒姑{親友}

(212) 『일본서기』의 '誤' 용례 (권 3, 5, 9 → β군)

GO: 阿誤{吾子}, 異佐誤{小石}, 多誤辭{手遞傳}

(213) 『일본서기』의 '虛' 용례 (권 3, 7, 9, 10, 11, 13, 23 → β군)

KO: −虛曾{활용 こそ}, 虛{지시대명사 こ}, 虛虛呂{心}, 虛等{言}, 虛呂望{衣}, 虛{木}, 虛等{琴}, 虛虛{九}, 曾虛[そこ], 虛虛[ここ], 等虛{常}, 虛務/虛禰/虛辭{來}, 枳虛{聞}, 於虛奈比{行ひ}, 虛茂羅{籠ら}, 瀰儺曾虛赴{水底ふ}, 用酒虛{夜床}, 等虛辭陪邇[とこしへに]

(214) 『일본서기』의 '許' 용례 (권 5, 7, 9, 10, 11, 13, 22 → β군)

KO: 許{지시대명사 こ}, 許居呂{心}, 許辭{腰}, 許莽{薦}, 枳許{聞}, 許夜勢{臥せ}, 許莽例{籠れ}, 許呂{弑}, 許等梅{同愛}, 許久波/許玖波{木鍬}

(215) 『일본서기』의 '擧' 용례 (권 14, 16, 24, 27 → α군)

KO: −擧曾{활용 こそ}, 擧{지시대명사 こ}, 擧騰{言}, 擧始{腰}, 擧騰{琴}, 擧慕{薦}, 騰擧{常}, 擧暮利{隱}, 枳擧{聞}

(216) 『일본서기』의 '據' 용례 (권 2, 14, 16 → β군과 α군)

KO: 賊據{そこ}, 據禰/據魔{來}, 據暮利{隱}, 據鄧馭㓷{盡}, 禰耐據{寢床}

(217) 『일본서기』의 '渠' 용례 (권 24, 25 → α군)

KO: 渠騰{言}, 渠梅{米}, 渠農{來ぬ}

GO: 模騰渠等{本每}

위의 용례에서 '아들' 즉 '子'의 표기에 '古, 故, 固, 姑'가 공통적으로 사용되었고, 형용사 '작다' 즉 '小'의 표기에 '古, 故'가 사용되었다. 여기에서 '古=故=固=姑'의 등식이 성립하므로 이들에는 동일 음가를 배당해야 한다. 그런데 (212)의 '阿誤'{吾子}에서는 '子'가 복합어의 후행 성분이다. 이곳의 '誤'는 연탁 규칙이 적용된 결과이므로, '誤'가 '古=故=固=姑'의 탁음 짝이라고 할 수 있다.

지시대명사 'こ'의 표기에는 '虛, 許, 擧'가 공통적으로 사용되었고, 활용형 '−こ

そ'의 'こ'를 표기할 때에는 '虛, 擧'가 사용되었다. 명사 '言'의 표기에는 '擧, 渠'가 공통적으로 사용되고, 동사 '隱'의 표기에는 '擧, 據'가 사용되었다. 이들을 종합하면 '虛=許=擧=據=渠'의 등식이 성립하므로 이들에는 동일 음가를 배당해야 한다. 그런데 '虛=許=擧=據=渠'의 용례와 '古=故=固=姑'의 용례 중에는 동일어가 없다. 따라서 이 둘은 이음 관계이다. 다만, (217)의 '模騰渠等'{本毎}에서는 복합어의 후행 성분에 연탁 규칙이 적용되어 '渠'가 탁음을 표기한다.

위의 용례 분석 결과를 한어 중고음으로 확인해 본다. KO 음절의 '古, 故, 固, 姑, 誤, 虛, 許, 擧, 據, 渠' 중에서 '誤'만 중고음 성모가 疑母/ŋ/이고, 나머지는 見母/k/·曉母/h/·群母/g/이다. 『일본서기』 음가나에서 疑母/ŋ/만 /g/로 수용되고 見母/k/·曉母/h/·群母/g/는 /k/로 수용된다는 것을 위에서 이미 정리한 바 있다. 특히 '渠'의 중고음 성모는 群母/g/이므로 /k/로 수용되지만, 연탁 규칙이 적용되면 /g/를 표기한다.

(218) '古, 故, 固, 姑, 誤, 虛, 許, 擧, 據, 渠'의 중고음과 그 수용

1. 古[見中1上模]=/ko/^{R} 》 コ/ko/
2. 故[見中1去模]=/ko/^{D} 》 コ/ko/
3. 固[見中1去模]=/ko/^{D} 》 コ/ko/[25]
4. 姑[見中1平模]=/ko/^{L} 》 コ/ko/
5. 誤[疑中1去模]=/ŋo/^{D} 》 ゴ/go/
6. 虛[曉中C平魚]=/hɪo~hɪə/^{L} 》 コ^{乙}/kə/
7. 許[曉中C上魚]=/hɪo~hɪə/^{R} 》 コ^{乙}/kə/
8. 擧[見中C上魚]=/kɪo~kɪə/^{R} 》 コ^{乙}/kə/[26]

25 재추가한 '胡'가 이것과 동음 관계이다.
胡[匣中1平模]=/ɦo/^{L} 》 コ/ko/. 訶之胡瀰弖{畏みて}(22), 異利寐胡{入彦}(5), 毛胡{對手}(11)

26 재추가한 '去'가 이것과 동음 관계이다.
去[溪中C去魚]=/kɪo~kɪə/^{D} 》 コ^{乙}/kə/. 去鐏去曾{今夜こそ}, 去牟鋤{來むぜ}, 去等{言}(이상 13)

9. 據[見中C去魚]=/kɪo～kɪə/D 》 コ乙/kə/[27]

10. 渠[群中C平魚]=/gɪo～gɪə/L 》 コ乙/kə/ → ゴ乙/gə/ (연탁)

'古, 故, 固, 姑, 誤'의 중고음 운모는 模韻/o/ 개구이고, 模韻/o/ 개구는 『일본서기』 음가나에서 /o/로 수용되는 것이 원칙이다(위의 (65) 참조). 이 다섯 자는 이 원칙을 지키므로 이들의 모음은 /o/이다.

'虛, 許, 擧, 據, 渠'의 중고음 운모는 魚韻/ɪo～ɪə/인데, 魚韻/ɪo～ɪə/은 『일본서기』 음가나에서 항상 /ə/로 수용된다(위의 (37) 참조). 따라서 이 다섯 자의 모음은 을류의 /ə/이다.

결론적으로 동음 관계인 '古=故=固=姑'에는 コ/ko/를 배당하고, 그 탁음 짝인 '誤'에는 ゴ/go/를 배당한다. 이들과 이음 관계인 '虛=許=擧=據=渠'에는 을류의 コ乙/kə/를 배당한다. KO 음절에서도 용례 분석의 결과가 중고음 수용 원칙과 일치한다.

5.2.5.6. K행의 요약 정리

K행의 논의를 요약 정리하여 음가 배당표를 작성하면 아래와 같다.[28] K행에서는 기본모음 5종과 을류 모음 /ə/가 설정된다.

아래의 표에서는 을류 모음 /ə/가 KI 음절에도 배당되고 KO 음절에도 배당되어 문제가 된다. 즉, KI 음절의 '紀=基'에도 /kə/를 배당하고 KO 음절의 '虛=許=據=擧=渠'에도 /kə/를 배당했는데, 이것을 믿을 수 있을까?

27 재추가한 '御, 語'가 이것의 탁음 짝이다.
御[疑中C去魚]=/ŋɪo～ŋɪə/D 》 ゴ乙/gə/. 御等[ごと](14), 逗摩御暮屢/陛御暮梨{隱}(16).
語[疑中C去/上魚]=/ŋɪo～ŋɪə/D/R 》 ゴ乙/gə/. 語等{如}(10), 府保語茂利{ふほごもり}(10), 菟磨語味爾{妻ごめに}(1)

28 森博達(1991: 15～16)에서는 曉母字 '許, 虛, 訶'와 匣母字 '胡, 河'가 α군에서는 사용되지 않고 β군에서만 사용된다고 했다. 이 중에서 匣母字 '胡, 河'는 용례가 아주 적어서, 우리의 대표자에서는 제외되었다.

(219) K행『일본서기』음가나의 음가 배당 (음영 부분은 α군 음가나)

자음＼모음		A(ア)	I(イ)	U(ウ)	E(エ)	O(オ)
K カ	K	伽=箇=介=訶/ka/	枳=企=耆=岐/ki/, 紀/kə/	區=勾/句=俱=玖/ku/	鷄=開/ke/	古=故=固=姑/ko/, 虛=許=據/kə/
		柯=哿=舸=箇=歌/ka/	枳=岐=企/ki/, 紀=基/kə/	俱=矩/ku/	該=稽/ke/	古/ko/, 擧=渠/kə/
	G	餓/ga/	藝/gi/	遇/gu/		誤/go/
		我=鵝/ga/	擬/gə/	虞/gu/		渠/gə/

이 의문을 해소하기 위해 '紀=基'의 용례와 '虛=許=據=擧=渠'의 용례를 비교해 보았다. 그랬더니 이 두 가지 음가나가 동일어의 동일 음절을 표기한다. KI 음절의 '紀'{木}와 KO 음절의 '虛'{木}가 그 예이다. KO 음절의 복합어 '許久波/許玖波'{木鍬}에서도 '許'{木}가 확인된다. 따라서 KI 음절의 '紀'{木}에 /kə/를 배당하면서 동시에 KO 음절의 '虛=許'에 /kə/를 배당하더라도 잘못될 것이 없다. 오히려 이것이 정확하다. 이들은 동음 관계이고, 동음 이표기에는 동일 음가를 배당하는 것이 우리의 일관된 음가 배당 원칙이기 때문이다.

우리는 KE 음절의 논의를 마치면서 '開'의 용례에 '나무' 즉 '木'을 뜻하는 '開'{木}가 있다는 점을 지적했다. KE 음절에서는 '開'와 '鷄'가 동음 관계였기 때문에 이들에 갑류의 /ke/를 배당했다. 그런데 '開'{木}는 '紀'{木}뿐만 아니라 '虛=許'{木}와도 동음 관계이다. 이것은 KI, KE, KO의 세 가지 음절에 을류의 /ə/ 모음이 있었음을 암시한다. 그런데 '開=鷄'의 동음 이표기를 고려하면, KE 음절에서는 을류의 ケ乙/kə/와 갑류의 ケ/ke/가 하나로 합류하여 /ke/가 되었다고 할 수 있다. 반면에, KI 음절과 KO 음절에서는 이 합류가 아직 일어나지 않았으므로, KI 음절의 갑류 キ/ki/와 을류 キ乙/kə/가 음운론적으로 대립하고 KO 음절에서도 갑류 コ/ko/와 을류 コ乙/kə/가 음운론적으로 대립했다고 할 수 있다.

이것을 알기 쉽게 도표로 설명해 보자. 아래 도표의 직선은 음운대립이 성립함을 뜻하고 점선은 그 반대이다.

(220) 갑류와 을류의 음운대립

1. 8모음설의 모음체계

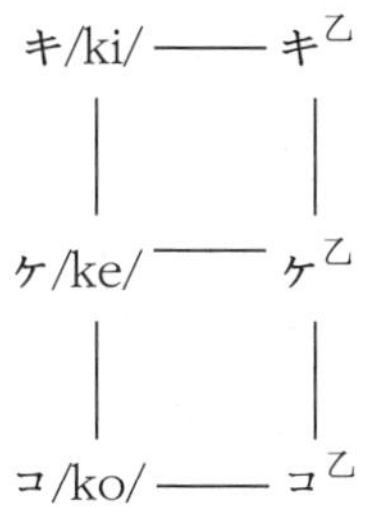

2. KE 음절에서 갑류와 을류가 합류

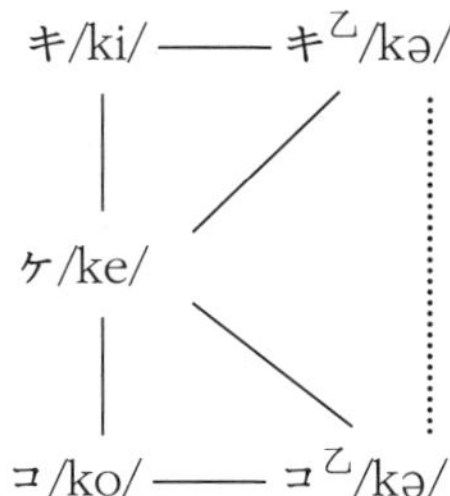

3. 『일본서기』 음가나의 음운대립

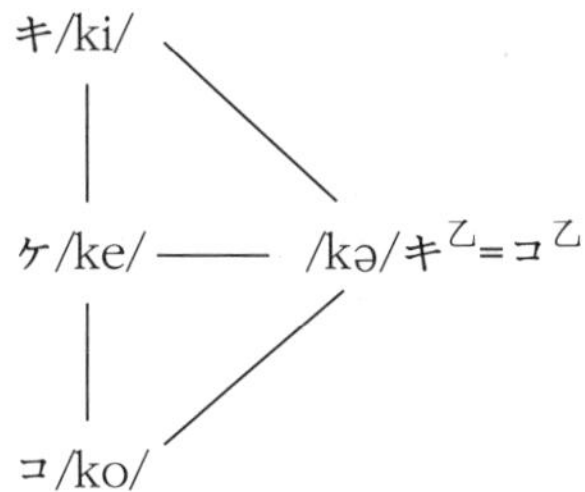

K행을 기준으로 삼아 8모음설에서는 모음체계를 (220.1)과 같이 그린다. 이것은 /a, i, u, e, o/의 기본모음에다 キ乙, ケ乙, コ乙의 세 가지를 더한 이론적 8모음 체계이다. 이때 キ乙, ケ乙, コ乙의 모음에 구체적으로 어느 모음을 배당할 것인지 그 표기 방법이 학자마다 다르다.[29]

그런데 KE 음절에서 ケ甲과 ケ乙의 합류가 먼저 일어났다. 이것을 반영한 것이 (220.2)이다. 을류의 ケ乙이 갑류에 합류했으므로, 을류에는 キ乙과 コ乙의 둘만 남게 된다. 을류의 모음 중에서 하나가 없어지면 나머지 을류 모음이 영향을 받는다. 그리하여 キ乙과 コ乙의 음운대립도 동요하기 시작했을 것이다. 이

29 이에 대해서는 4장의 K행 요약 정리를 참고하기 바란다.

동요의 결과로 '紀'{木}와 '虛=許'{木}와 같은 동음 이표기 쌍이 출현한다. 이 동음 관계는 キ乙과 コ乙의 음운대립이 없음을 뜻한다. 이것을 반영하여 (220.2)를 수정한 것이 (220.3)이다. (220.3)에서는 을류 모음이 /ə/ 하나뿐이라는 점이 중요하다.

한편, (219)의 음가 배당표에서는 G행의 GI 음절과 GO 음절의 을류에 동시에 /gə/를 배당했다. 이처럼 동음을 배당하려면, '擬'의 ギ乙/gə/와 '渠'의 ゴ乙/gə/가 동음 관계임을 확인할 수 있어야 한다. 그런데 이 둘의 동음 이표기 쌍을 열심히 찾아보아도 없다. 따라서 ギ乙/gə/와 ゴ乙/gə/는 이음 관계이다. 이 이음 관계는 (190)의 '擬' 용례와 (217)의 '渠' 용례가 아주 희소한 데에 그 원인이 있을지도 모른다. 따라서 '擬' 용례에다 각주 20의 '疑' 용례를 추가하여 ギ乙/gə/의 용례를 모두 모으고, 또한 '渠' 용례에다 각주 26의 '御, 語' 용례를 추가하여 ゴ乙/gə/의 용례를 최대한으로 모았다. 그런 다음에 ギ乙/gə/와 ゴ乙/gə/의 용례를 대비해 보아도, '擬'와 '渠'는 여전히 이음 관계이다.

그렇다면 GI 음절의 '擬'에다 ギ乙/gə/를 배당하면서 동시에 GO 음절의 '渠'에도 ゴ乙/gə/를 배당하면 안 된다. 이음 관계인 '擬'와 '渠'에 동음인 /gə/를 배당하는 것은 우리의 음가 배당 원칙에 어긋나기 때문이다. 따라서 '擬'의 ギ乙/gə/과 '渠'의 ゴ乙/gə/ 중에서 하나를 골라 다른 음가를 배당해야 한다.

이 문제를 해소하는 방법에는 두 가지가 있다. 첫째는 제7의 모음 /ɨ/를 설정하여 '擬'에 ギ乙/gɨ/를 배당하는 방법이다. 이것은 을류 모음에 /ə/뿐만 아니라 /ɨ/도 있었다고 보는 방법으로서, 『고사기』 음가나에서 이미 기술한 바 있다. 둘째는 (219)의 음가 배당표에서 공백으로 남아 있는 GE 음절을 활용하는 방법이다. 공백인 GE 음절을 남아도는 '擬'로 채움으로써 체계를 맞추는 방법이다. 이것을 틀 맞추기(pattern congruity)라 한다(허웅 1965: 165, 168).

둘째 방법을 부연 설명해 둔다. '擬'와 '渠'의 용례가 특이하게도 대부분 α군에서만 사용되었다는[30] 특이성이 눈에 띈다. 그렇다면 제7의 모음 /ɨ/를 설정해야

30 '擬'와 '渠'의 용례가 모두 α군에서 사용되었는데, 딱 하나의 예외가 있다. '須擬'가 모두 7회 사용되었는데, 권7에 딱 한 번 사용된 '須擬'{過ぎ}만 β군 용례이다.

할 명분이 약하다. 그런데 마침 『일본서기』 음가나에서는 이상하게도 GE 음절이 공백이다. 이 공백은 『일본서기』의 모든 음가나를 분석한 森博達(1991: 64)에서도 거론된 바 있다.[31] 그렇다면 이 공백을 활용하여 '擬'에 /ge/를 배당하면 '擬'와 '渠'의 모순 관계를 해소할 수 있다. 남아도는 '擬'를 공백인 GE 음절로 이동하면 '擬'가 ゲ/ge/가 되고, 그리하면 '擬'의 ゲ/ge/가 이음 관계인 '渠'의 ゴ乙/gə/와 음운론적으로 대립하게 된다. 틀 맞추기를 활용하여 '擬'에 ゲ/ge/를 배당하더라도 이 ゲ/ge/가 G행의 여타 음가와 상호 모순되는 일이 없으므로, 이 둘째 방법도 설득력을 갖춘 유력한 방법이다.

두 가지 기술 방법 중에서 어느 것을 택할까? 이것은 10행 전체를 다 분석한 다음에 결정하는 것이 바람직하다. 그러나 논의의 편의를 위하여 우리의 결론을 먼저 제시하면, 우리는 둘째 방법을 선호한다. 199자 집합에서는 제7의 /ɨ/ 모음을 설정할 필요가 전혀 없을뿐더러, GE 음절이 공백이라는 사실이 오히려 모음체계와 긴밀히 관련되어 있다고 보기 때문이다. 이것을 체계적으로 기술하려면 『일본서기』 음가나의 모음체계를 6모음체계라고 하는 것이 좋다.

199자 집합에서 (220.3)의 모음체계는 아래 (221.A)의 6모음체계이다. /a, i, u, e, o/의 기본모음에 중설평순중모음 /ə/가 더해진 체계이다. 이때의 /ə/는 (220.1)의 을류 모음 キ乙, ケ乙, コ乙이 하나로 합류한 것이라고도 할 수 있다. 우리는 『일본서기』 음가나의 모음체계가 일단 아래의 (221.A)와 같은 6모음체계였다고 기술한다. 지금까지 ø·N·M·R·K의 다섯 행을 검토했는데, 모든 행에서 6종의 모음만으로도 모음 상호 간의 음운대립을 충분히 기술할 수 있기 때문이다.

(221) 『일본서기』 음가나의 모음체계

A.	i		u	B.	i	ɨ	u
	e	ə	o		e	ə	o
		a				a	

31 용례가 희소한 음가나를 재추가하여 검토해 보아도, GE 음절은 여전히 공백이다.

이 결론은 동음 이표기 쌍을 기반으로 한다. 『일본서기』 음가나에서는 '紀=虛=許'{木}의 동음 관계가 성립한다. 이것은 KI 음절의 을류 キ^{乙}/kə/와 KO 음절의 을류 コ^{乙}/kə/가 음운론적으로 대립하지 않았음을 증명해 준다. 따라서 '紀=虛=許'{木}의 동음 이표기 쌍은 『일본서기』 음가나의 모음체계를 논의할 때에 가장 중요한 자료이다.

그런데 37자를 재추가한 236자 집합에서는 사정이 달라진다. 위의 MI 음절에서 논의한 것처럼 제7의 모음 /ɨ/를 설정하여 '未, 微'에 ミ^{乙}/mɨ/를 배당할 필요가 있다. 위의 (221.B)는 중설평순고모음 /ɨ/를 추가한 7모음체계이다.

5.2.6. S행, サ行

S행의 표기에는 '佐, 瑳, 娑, 左, 辭, 之, 志, 始, 嗣, 斯, 絁, 思, 珥, 須, 輸, 素, 孺/儒, 勢, 齊, 制, 世, 西, 曾, 素, 蘇' 등이 사용되었다. 이들을 음절별로 분류해 보면 아래와 같다.

(222) S행의 『일본서기』 음가나 (음영 부분은 α군 음가나)

자음 \ 모음		A (ア)	I (イ)	U (ウ)	E (エ)	O (オ)
S サ	S	佐 瑳	辭 之 志 始 嗣5	須 輸 素	勢 齊	曾 素 蘇5
		佐 娑 左	之 斯 志 始 絁 思	須	制 世 西	曾
	Z			孺/儒		
			珥	孺/儒 須		

5.2.6.1. SA 음절

SA 음절의 표기에는 '佐, 瑳, 娑, 左'가 사용되었다. '瑳'는 β군에만 사용되었고, 나머지는 β군과 α군에서 두루 사용되었다.

(223) 『일본서기』의 '佐' 용례 (권 2, 3, 5, 7, 9, 10, 11, 12, 13, 14, 15, 16, 17, 22, 24 → β군과 α군)

SA: 佐{접두사 さ}, 佐箇/佐介{坂}, 佐開/佐階{酒}, 阿佐{朝}, 佐杜{里}, 佐區羅{櫻}, 佐波{多}, 臂佐{久}, 阿佐{淺}, 佐例{去れ}, 佐箇{離}, 伊比佐倍{飯さへ}, 莽紀佐俱{眞木さく}, …

(224) 『일본서기』의 '瑳' 용례 (권 3, 11, 13 → β군)

SA: 瑳{접두사 さ}, 瑳介{坂}, 瑳者{崎}, 阿豆瑳{梓}, 瑳破{多}, 瑳介{榮}, 枳許瑳怒{聞さぬ}, 伊那瑳[伊那瑳], …

(225) 『일본서기』의 '娑' 용례 (권 11, 14, 15, 16, 24, 26 → β군과 α군)

SA: 矩娑{草}, 婆娑摩{谷}, 娑駐岐{鷦鷯}, 阿娑理{漁り}, 娑播{多}, 阿娑{淺}, 娑柯{榮}, 娑之{刺}

(226) 『일본서기』의 '左' 용례 (권 7, 17, 25 → β군과 α군)

SA: 左勢{插せ}, 左該/左枳{咲}, 左棄逗囉{柝葛}, 武哿左履樓[むかさくる]

위의 용례에서 접두사 'さ'의 표기에 '佐, 瑳'가 사용되고, 형용사 '多'의 표기에 '佐波, 瑳破, 娑播'{多}의 '佐, 瑳, 娑'가 사용된다. 여기에서 '佐=瑳=娑'의 등식이 성립한다. 또한 (223)의 '莽紀佐俱'{眞木さく}와 (226)의 '左該/左枳'{咲}에서 '佐俱'와 '左該/左枳'가 동일어일 가능성이 크다. 이에 따르면 '佐=左'라고 할 수 있다. 결국 SA 음절에서 '佐=瑳=娑=左'의 등식이 성립하므로, 이들의 음가는 서로 같다.

한어 중고음에서 '佐, 左'의 성모는 精母/ʦ/이고, 『일본서기』 음가나에서는 精母/ʦ/를 항상 /s/로 수용한다. 상대 일본어에는 파찰음이 없고 마찰음만 있었기 때문에 精母/ʦ/를 /s/로 대체하여 수용한다.[32]

32 이에 대해서는 4.3.2의 『고사기』 음가나 자음체계에서 자세히 거론한 바 있다.

(227)『일본서기』 음가나의 精母/ʦ/ 수용 양상

1. 佐[精開1去歌]=/ʦɑ/^{D} 》 サ/sa/
2. 左[精開1上歌]=/ʦɑ/^{R} 》 サ/sa/
3. 曾[精開1平登]=/ʦəŋ/^{L} 》 ソ^{乙}/sə/
   [從開1平登]=/dzəŋ/^{L}

(228)『일본서기』 음가나의 精母/ʦ/ 대체 수용

한어 중고음의 精母/ʦ/는『일본서기』 음가나에서 항상 /s/로 수용된다.

다음으로, '娑'의 중고음 성모는 心母/s/이고, 心母/s/는 항상 /s/로 수용된다.

(229)『일본서기』 음가나의 心母/s/ 수용 양상

1. 娑[心開1平歌]=/sɑ/^{L} 》 サ/sa/
   [生開2平麻]=/ʂɛ/^{L}
2. 斯[心開AB平支]=/sɪe/^{L} 》 シ/si/
3. 思[心開C平之]=/sɪə/^{L} 》 シ/si/
4. 西[心開4平齊]=/sei/^{L} 》 セ/se/
5. 素[心中1去模]=/so/^{D} 》 ス/su/～ソ/so/
6. 蘇[心中1平模]=/so/^{L} 》 ソ/so/
7. 須[心中C平虞]=/sɥo/^{L} 》 ス/su/

(230)『일본서기』 음가나의 心母/s/ 대체 수용

한어 중고음의 心母/s/는『일본서기』 음가나에서 항상 /s/로 수용된다.

마지막으로, '瑳'의 중고음 성모는 清母/ʦʰ/이고,『일본서기』 음가나 중에서 清母字는 아래 (232.2)의 '瑳' 하나뿐이다. '瑳'의 清母/ʦʰ/도 /s/로 수용된다.

(231) 『일본서기』 음가나의 淸母/ʦʰ/ 대체 수용

한어 중고음의 淸母/ʦʰ/는 『일본서기』 음가나에서 /s/로 수용된다.

이제 '佐, 瑳, 娑, 左'의 운모에 대한 논의로 넘어간다. 이들의 중고음 운모는 모두 歌韻이다. '娑'가 心母·歌韻과 生母·麻韻의 두 가지 음가를 가지는 다음자이지만, 『일본서기』 음가나 중에는 生母字가 없고 心母字만 있으므로 '娑'가 心母·歌韻을 수용한 것이라고 간주한다. 중고음의 歌韻/ɑ/은 『일본서기』 음가나에서 항상 /a/로 수용된다(위의 (12) 참조).

(232) '佐, 瑳, 娑, 左'의 중고음과 그 수용[33]

1. 佐[精開1去歌]=/ʦɑ/D 》 サ/sa/
2. 瑳[淸開1平歌]=/ʦʰɑ/L 》 サ/sa/
   [淸開1上歌]=/ʦʰɑ/R
3. 娑[心開1平歌]=/sɑ/L 》 サ/sa/
   [生開2平麻]=/ʂɛ/L
4. 左[精開1上歌]=/ʦɑ/R 》 サ/sa/

결론적으로, SA 음절에서는 '佐=瑳=娑=左'의 등식이 성립하고, 이들은 공통적으로 サ/sa/의 음가를 갖는다. 반면에 『일본서기』 음가나 중에는 탁음 ザ/za/를 표기하는 것이 없다. 아마도 우연한 공백일 것이다.[34]

---

33 재추가한 '舍'는 이들과 동음 관계가 확인되지 않는다. '舍'는 권13에서만 사용되었다.
舍[書開AB去麻]=/ɕɪɛ/D 》 サ/sa/. 異舍[いさ], 舍氣帝{放けて}, 幡舍[幡舍](이상 13)

34 용례가 극소수인 음가나까지 확대했더니, '奘'이 ZA 음절을 표기한다. '奘'은 권9에서만 사용되었다.
奘[莊開C平陽]=/ʈʂɪɑŋ/L 》 ザ/za/. 伊奘[いざ](9, 3회)

5.2.6.2. SI 음절

SI 음절의 표기에는 '之, 志, 辭, 斯, 始, 絁, 嗣, 思, 珥'가 사용되었다. '珥'는 NI 음절에서 이미 정리한 바 있으므로(위의 (50) 참조) 여기에서는 용례 제시를 생략한다. '辭, 嗣'는 β군에서만 사용되고, '絁, 思'는 α군에서만 사용된다. 나머지 다섯 자는 β군과 α군에서 두루 사용된다.

(233) 『일본서기』의 '之' 용례 (권 3, 5, 7, 9, 10, 11, 13, 14, 15, 16, 22, 24, 25, 26, 27 → β군과 α군)

SI: −之{활용 −し}, 之{조사 し}, 之{지시대명사 其}, 之利/之呂/于之廬{後, 背}, 之之{猪鹿, 羊}, 之痲/之摩/之魔{嶋}, 異之{石}, 之叙{동사 し−}, …

(234) 『일본서기』의 '志' 용례 (권 2, 3, 5, 7, 9, 10, 11, 13, 14, 16, 17, 19, 22, 25, 27 → β군과 α군)

SI: −志{활용 −し}, 志{대명사 其}, 磨志{조동사 まし}, 志哆{下}, 志磨/志摩{嶋}, 異志{石}, 志−{동사 し−}, …

(235) 『일본서기』의 '辭' 용례 (권 5, 7, 9, 10, 11, 13 → β군)

SI: 辭{조사 し}, 豫辭{조사 よし}, 摩辭{조동사 まし}, 辭豆{下}, 辭呂{背}, 辭摩/辭莽{嶋}, 伊辭{石}, 辭漏{白}, 辭−{동사 し−}, 辭羅{知}, '豫呂辭'{寄ろし}, …

(236) 『일본서기』의 '斯' 용례 (권 13, 14, 15, 16, 17, 22, 24 → β군과 α군)

SI: 斯哆{下}, 斯痲{嶋}, 斯斯{猪鹿}, 斯−{동사 し−}, …

(237) 『일본서기』의 '始' 용례 (권 11, 14, 16, 24 → β군과 α군)

SI: −始{활용 し}, 始柯{접미사 しか}, 始陀{下}, 擧始{腰}, 始−{동사 し−}, 始羅{知}, …

(238) 『일본서기』의 '絁' 용례 (권 14, 17 → α군)

SI: 婆絁{愛し}, 倶波絁{麗し}, 絁−{동사 し−}, 野絁磨{八島}

(239) 『일본서기』의 '嗣' 용례 (권 2 → β군)

SI: 以嗣{石}, 豫嗣{寄し}, 和柁嗣{渡し}

(240) 『일본서기』의 '思' 용례 (권 14, 16 → α군)

SI: 思寐{鮪}, 鳴思稽矩謀{惜しけくも}, 故思麼{小嶋}

위의 (50)에서 볼 수 있듯이, '珥'는 NI 음절도 표기하고 ZI 음절도 표기한다. 그런데 NI 음절을 표기하는 '珥'는 항상 β군에서만 사용되고 α군에서는 사용되지 않는다. α군의 '珥'는 항상 ZI 음절만 표기한다.

위의 용례에서 'する' 동사의 'し−'형을 표기하는 데에 '之, 志, 辭, 斯, 始, 絁'가 사용되었고, '섬'을 뜻하는 '嶋'의 표기에 '之, 志, 辭, 斯, 思'가 공통적으로 사용되었다. 여기에서 '之=志=辭=斯=始=絁=思'의 등식이 성립한다. 또한 동사 '寄'의 표기에 '豫呂辭'{寄ろし}와 '豫嗣'{寄し}가 사용되었는데, 여기에서 '辭=嗣'의 등식을 세울 수 있다. 이것만 종합해도 '之=志=辭=斯=始=絁=思=嗣'의 8자가 동음 관계임을 알 수 있다. 반면에 '珥'는 위의 8자와 더불어 동일어의 동일 음절을 표기하는 일이 없다. 이것은 '珥'가 위의 8자와 이음 관계임을 뜻한다.

한어 중고음에서 '之, 志'의 성모는 章母/ʨ/이고, 『일본서기』 음가나 중에서 章母字는 아래의 세 자이다. 상대 일본어에는 구개파찰음이 없으므로 이들이 모두 /s/로 수용된다.[35]

(241) 『일본서기』 음가나의 章母/ʨ/ 수용 양상

1. 制[章開AB去祭]=/ʨɪɛi/^{D} 》 セ/se/

35 이것은 4.3.2의 『고사기』 자음체계에서 자세히 거론한 바 있다.

2. 志[章開C去之]=/tɕɪə/[D] 》シ/si/

3. 之[章開C平之]=/tɕɪə/[L] 》シ/si/

(242) 『일본서기』 음가나의 章母/tɕ/ 대체 수용

한어 중고음의 章母/tɕ/는 『일본서기』 음가나에서 항상 /s/로 수용된다.

다음으로, '始, 絁'의 중고음 성모는 書母/ɕ/이고, 書母/ɕ/는 항상 /s/로 수용된다. 상대 일본어에 구개음이 없었기 때문에 구개음 /ɕ/를 치조음 /s/로 대체하여 수용한다.

(243) 『일본서기』 음가나의 書母/ɕ/ 수용 양상

1. 勢[書開AB去祭]=/ɕɪɛi/[D] 》セ/se/

2. 世[書開AB去祭]=/ɕɪɛi/[D] 》セ/se/

3. 輸[書中C平虞]=/ɕɥo/[L] 》ス/su/

4. 絁[書開AB平支]=/ɕɪe/[L] 》シ/si/

5. 始[書開C上之]=/ɕɪə/[R] 》シ/si/

(244) 『일본서기』 음가나의 書母/ɕ/ 대체 수용

한어 중고음의 書母/ɕ/는 『일본서기』 음가나에서 항상 /s/로 수용된다.

다음으로, '斯, 思'의 중고음 성모는 心母/s/인데, 心母/s/는 『일본서기』 음가나에서 항상 /s/로 수용된다(위의 (230) 참조).

마지막으로, '辭, 嗣'의 중고음 성모는 邪母/z/이고 『일본서기』 음가나 중에서 邪母字는 이 두 자뿐이다. 아래의 (246.3)과 (246.7)에 제시했듯이, 邪母/z/가 『일본서기』 음가나에서 /s/로 수용된다고 보아야 한다. 유성음인 邪母/z/가 청음인 /s/로 수용된다는 것이 이상하게 느껴질지도 모른다. 그러나 '辭, 嗣'가 '之, 志, 斯, 始, 絁, 思'와 동음 관계이므로, '辭, 嗣'의 邪母/z/가 /s/로 수용된다고 해

야 정확하다. 더욱이 위의 K행에서도 유성음인 群母/g/가 『일본서기』 음가나에서 청음인 /k/로 수용되므로, K행과 S행을 평행적으로 기술하기 위해서도 邪母/z/가 /s/로 수용된다고 보아야 한다.

(245) 『일본서기』 음가나의 邪母/z/ 대체 수용

한어 중고음의 邪母/z/는 『일본서기』 음가나에서 항상 /s/로 수용된다.

이제, 운모를 논의한다. '之, 志, 辭, 始, 思, 嗣, 珥'의 중고음 운모는 之韻/ɪə/인데, 之韻/ɪə/은 설치음 뒤에서 /i/로 수용된다(위의 (57) 참조). '斯, 絁'의 운모는 支韻/je~ɪe/이고, 支韻/je~ɪe/은 항상 /i/로 수용된다(위의 (59) 참조). 지금까지의 논의를 종합하여 SI 음절의 음가나를 정리하면 아래와 같다.

(246) '之, 志, 辭, 斯, 始, 絁, 思, 嗣, 珥'의 중고음과 그 수용

1. 之[章開C平之]=/ʨɪə/^{L} 》 シ/si/
2. 志[章開C去之]=/ʨɪə/^{D} 》 シ/si/[36]
3. 辭[邪開C平之]=/zɪə/^{L} 》 シ/si/[37]
4. 斯[心開AB平支]=/sɪe/^{L} 》 シ/si/
5. 始[書開C上之]=/ɕɪə/^{R} 》 シ/si/[38]
6. 絁[書開AB平支]=/ɕɪe/^{L} 》 シ/si/

36 재추가한 '旨', '資'가 이것과 동음 관계이다. '資'는 권13에서만 사용되었다.
旨[章開AB上脂]=/ʨɪi/^{D} 》 シ/si/. 旨{대명사 其}(14), 庾麻旨珥[ゆましじ], 旨屢俱之[しるくし](이상 26)
資[精開AB平脂]=/ʦɪi/^{L} 》 シ/si/. 資哆{下}, 資利奴{知りぬ}, 阿資臂紀[あしひき](이상 13)

37 재추가한 '伺'가 이것과 동음 관계이다. '伺'는 권14에서만 사용되었다.
伺[心開C去之]=/sɪə/^{D} 》 シ/si/. −伺{활용 −し}(14, 3회)

38 재추가한 '矢'가 '始, 斯, 之' 등과 동음 관계이다. '矢'는 권17에서만 사용되었다.
矢[書開AB上脂]=/ɕɪi/^{R} 》 シ/si/. 枳蟻矢{雉}, 矢泊{鹿}, 矩矢慮[くしろ], 禰矢{寝し}(이상 17)

7. 嗣[邪開C去之]=/zɪə/^{D} 》シ/si/

8. 思[心開C平之]=/sɪə/^{L} 》シ/si/

9. 珥[日開C去之]=/nɪə/^{D} 》ニ/ni/～ジ/zi/

SI 음절에서는 '之=志=辭=斯=始=絁=思=嗣'의 8자가 동음 관계이므로 이들에는 공통적으로 シ/si/를 배당한다. '珥'는 위의 8자와 이음 관계이므로 '珥'에는 ZI 음절의 ジ/zi/를 배당한다.

이 ジ/zi/는 NI 음절의 /ni/와 관련되어 있다. 위의 (50)에 열거한 바 있듯이, '珥'의 용례 중에서 대부분은 /ni/로 수용되고 일부의 예에서 /zi/로 수용된다. 이 /zi/는 日母/n/가 유사 탈비음화를 경험한 결과이다. 위에서 우리는 泥母/n/가 『일본서기』 음가나에서 /d/로 수용된 것과 明母/m/가 /b/로 수용된 것을 탈비음화의 결과라고 했다. 그런데 日母/n/에 탈비음화가 일어나면 이상하게도 /d/가 아니라 /z/가 된다. 泥母/n/와 日母/n/에 탈비음화가 일어나면 둘 다 /d/가 되어야 하는 것 아닌가? 이런 의문을 지울 수가 없으므로, 日母/n/가 /z/로 바뀐 변화를 우리는 유사 탈비음화라고 지칭한다.

日母/n/에서 일어난 변화도 탈비음화의 일종이기는 하지만, 파열음으로 변한 것이 아니라 마찰음인 /z/로 변화했다는 점에서 차이가 난다. 한어에서는 泥母/n/와 明母/m/에 탈비음화가 일어나면 마찰음이 아니라 파열음 /d/와 /b/가 된다. 또한 한어에서 日母/n/는 탈비음화를 겪은 다음에 다시 兒/ər/化가 일어나지만, 泥母/n/와 明母/m/에서는 탈비음화가 일어나더라도 兒/ər/化가 일어나지 않는다. 이 두 가지 차이에 주목하여 日母/n/가 /z/로 바뀐 변화를 우리는 유사 탈비음화라고 지칭한다.

그런데 위에서 이미 언급했듯이, '珥'가 /ni/로 수용된 것은 모두 β군 자료이다. α군에서는 '珥'가 항상 ジ/zi/를 표기한다. 이 차이를 강조하여 β군과 α군의 차이를 부각할 수 있다. 그러나 비록 하나의 예에 지나지 않지만 β군에서도 '珥'가 ジ/zi/를 표기할 때가 있다. '和素邏珥'{忘らじ}(권 2)가 그 예이다.

5.2.6.3. SU 음절

SU 음절의 표기에는 '須, 輸, 素, 儒/孺'가 사용되었다. '輸'는 β군에서만 사용되지만, 나머지는 β군과 α군에서 두루 사용된다.

(247) 『일본서기』의 '須' 용례 (권 2, 5, 7, 9, 11, 14, 15, 16, 17, 19, 22, 23, 24, 26 → β군과 α군)

SU: −須{활용 −す}, 須惠/須衛{末}, 阿須{明日}, 伊須{石}, 須彌{黑}, 須區禰[宿禰], 須儒{鈴}, 揶須{安}, 于須家苔{薄けど}, 倭須羅庚{置らゆ}, 須擬/須疑{過ぎ}, 夢須{結}, 菟伽破須羅志{使はすらし}, 箇須我/訶須我{春日}, 阿須箇{飛鳥}, 瀰於須譬鵝泥{御襲料}, 佐須[さす], 野須瀰斯志[やすみしし], 須羅句塢志羅珥[すらくをしらに]

ZU: 須疑{過ぎ},

(248) 『일본서기』의 '輸' 용례 (권 3, 9, 11, 13 → β군)

SU: −輸{활용 −す}, 于輸{臼}, 輸區泥[宿禰], 輸孺{小鈴}, 輸開{助け}, 輸疑{過ぎ}, 涴輸例{忘れ}, 夜輸瀰始之[やすみしし]

(249) 『일본서기』의 '素' 용례 (권 2, 5, 10, 11, 27 → β군과 α군)

SU: 素磨屢{統}, 和多邏素{渡らす}, 和素邏珥{忘らじ}, 阿泥素企{味耜}

SO: 那素寐殊望/阿素弭爾{遊}, 阿羅素破儒{爭はず}, 揶素麼{八十葉}

(250) 『일본서기』의 '儒/孺' 용례 (儒− 권 3, 9, 10, 11, 14, 15, 16, 24, 25, 27; 孺− 권 5, 9, 12, 13, 14, 15, 17, 24 → β군과 α군)

ZU: 儒/孺{부정 조동사 ず}, 須儒/輸孺{鈴}, 痲矩儒{眞葛}

활용의 '−す'를 표기하는 데에 '須, 輸'가 사용되었고, '和多邏素'{渡らす}의 '素'도 이 용법이라 할 수 있다. '須擬/須疑'{過ぎ}와 '輸疑'{過ぎ}에서 '須=輸'의 등식이 성립하고, '浣輸例'{忘れ}와 '和素邏珥'{忘らじ}에서 '輸=素'의 등식도 성립한다. '須=輸=素'의 등식이 성립하므로 이들은 음가가 같다.

이 등식은 '須儒'{鈴}와 '輸孺'{小鈴}의 첫째 음절에서도 성립하는데, 흥미롭게도 이들의 둘째 음절은 '須=輸'가 아니라 '儒'와 '孺'이다. 그러면서 이 '儒/孺'가 부정 조동사 'ず'를 표기하는 데에 아주 많이 사용되었다. 따라서 '儒/孺'는 '須=輸'의 탁음 짝임이 분명하다. '儒'와 '孺'가 서로 다른 자임이 분명하지만, 『일본서기』 음가나에서는 동일자라고 판단한다. 행서나 초서에서는 '亻'변이 '子'변과 혼동될 수 있기 때문이다.

그런데 '素'는 (249)에 열거한 것처럼 SU 음절을 표기하기도 하고 SO 음절을 표기하기도 한다. SU 음절의 예가 SO 음절의 예보다 더 많다. 이처럼 일자일음의 원칙을 위반하게 된 원인은 아마도 중고음에서 模韻의 운복모음 /o/가 /u/로 상승하기 시작한 데에 원인이 있을 것이다. 위의 (64~65)에서 이미 기술한 것처럼 模韻/o/이 『일본서기』 음가나의 '怒, 奴, 素'에서는 /u/로 상승하기 시작하고 이 상승이 '都, 菟, 蘆, 布'에서는 이미 완성되었다. 따라서 당나라의 후기 중고음을 그 이전의 전기 중고음과 구별할 때에, 模韻의 /o/ 모음이 /u/로 상승한 것도 하나의 기준이 된다.

'須'와 '素'의 중고음 성모는 心母/s/이고, 心母/s/는 『일본서기』 음가나에서 항상 /s/로 수용된다(위의 (230) 참조). '輸'의 성모는 書母/ɕ/이고, 書母/ɕ/도 항상 /s/로 수용된다(위의 (244) 참조).

孺/儒의 중고음 성모는 日母/n/이고, 日母/n/는 /n/과 /z/의 두 가지로 수용된다(위의 (49) 참조). '爾, 儞'의 日母/n/는 항상 /n/으로 수용되지만, '珥'에서는 /n/과 /z/의 두 가지로 수용되고 '孺/儒'에서는 항상 /z/로 수용된다.

『일본서기』 음가나에서 泥母/n/가 /d/를 표기한 것은 중고음의 泥母/n/에 탈비음화가 일어났음을 의미한다. 『일본서기』 음가나에서 日母/n/가 /z/를 표기한 것은 유사 탈비음화인데, 泥母/n/의 변화 시기와 日母/n/의 변화 시기가 일치한다. 이 점에서 『일본서기』 음가나가 당나라 시기의 후기 중고음을 수용한 것이라는 논의가 성립한다. 이것을 일본에서는 일본 한음이라 지칭한다. 반면에 『고사기』 음가나에서는 이 변화의 증거가 발견되지 않으므로, 『고사기』 음가나는 위진남북조의 전기 중고음을 수용한 것이라고 해야 한다. 이것을 일본에서는 일본 오음이라 지칭한다.

(251) '須, 輸, 素, 儒/孺'의 중고음과 그 수용

1. 須[心中C平虞]=/sɥo/[L] 》 ス/su/
2. 輸[書中C平虞]=/ɕɥo/[L] 》 ス/su/[39]
3 素[心中1去模]=/so/[D] 》 ス/su/～ソ/so/
4. 孺/儒[日中C平虞]=/nɥo/[L] 》 ズ/zu/
   孺[日中C去虞]=/nɥo/[D]

'素'의 模韻/o/이 『일본서기』 음가나에서 /o/와 /u/의 두 가지로 수용된다는 것은 위에서 이미 말했다. 반면에 '須, 輸, 儒/孺'의 중고음 운모는 虞韻/ɥo/이고, 虞韻/ɥo/은 /u/로 수용되는 것이 원칙이다(위의 (27) 참조).

결론적으로, SU 음절의 '須, 輸'는 ス/su/를 표기하고, '素'는 ス/su/ 또는 ソ/so/를 표기하며, '孺/儒'는 탁음절 ズ/zu/를 표기한다.

5.2.6.4. SE 음절

SE 음절의 표기에는 '勢, 齊, 制, 世, 西'가 사용되었다. '勢'는 β군에서만 사용되고, '制, 世'는 α군에서만 사용되었다. '齊, 西'는 β군과 α군에서 두루 사용되었다.

(252) 『일본서기』의 '勢' 용례 (권 2, 3, 7, 10, 13, 22, 23 → β군)

SE: 勢屢/勢儒/勢麼/勢利{조동사 せ-}, 勢{夫}, 許夜勢屢{臥せる}, 塢勢{食せ}, 左

39 용례가 희소한 '殊', '周'가 이것과 동음 관계이다. '殊'는 권5에서만 사용되었다.
殊[常中C平虞]=/zɥo/[L] 》 ス/su/. －殊{활용 す}, 農殊末句{竊まく}(이상 5)
周[章中C平尤]=/tɕɪəu/[L] 》 ス/su/. 周{臼}(10), 周玖那{小}(9)

勢{插せ}, 農岐勢{著せ}, 和之勢{走せ}

(253)『일본서기』의 '齊' 용례 (권 3, 5, 9, 11 → β군과 α군)

SE: 齊{兄}, 齊{瀨}, 伊幣齊{言へせ}, 苔羅齊{取らせ}, 塢齊{飮せ}, 志齊務{弑せむ}, 介豆岐齊奈{潛せな}, 伊齊[伊勢]

(254)『일본서기』의 '制' 용례 (권 14, 24, 27 → α군)

SE: 制{夫}, 制利{芹}, 制{瀨}, 制始{姧し}, 枳制播{著せば}, 伊制[伊勢]

(255)『일본서기』의 '世' 용례 (권 15, 16, 25 → α군)

SE: 宇世儒{失せず}, 世{瀨}, 比枳涅世儒{引出せず}, 瑜屢世登耶[ゆるせとや]

(256)『일본서기』의 '西' 용례 (권 2, 14, 27 → β군과 α군)

SE: 西麼{조동사 せ-}, 西渡{迫門}, 伊提麻西古{出でませ子}, 阿西嗚[あせを]

위의 용례에서 조동사 'せ-'의 표기에 '勢, 西'가 사용되었다. '苔羅齊'{取らせ}와 '志齊務'{弑せむ}의 '齊', '枳制播'{著せば}의 '制', '宇世儒'{失せず}와 '比枳涅世儒'{引出せず}의 '世'도 조동사 'せ-'를 표기한 것일 가능성이 크다. 또한 명사 '여울' 즉 '瀨'의 표기에 '齊, 制, 世'가 공통적으로 사용되었다. 이들에서 '勢=齊=制=世=西'의 등식이 성립하므로, 이 다섯 자의 음가는 같다.

'勢, 世'의 한어 중고음 성모는 書母/ɕ/이고, 書母/ɕ/는 항상 /s/로 수용된다(위의 (244) 참조). '制'와 '西'의 성모는 각각 章母/tɕ/와 心母/s/이고, 이들도 항상 /s/로 수용된다(위의 (242)와 (229) 참조).

'齊'의 성모는 從母/dz/이고, 從母/dz/는 『일본서기』 음가나에서 /s/로 수용된다.

(257) 『일본서기』 음가나의 從母/dz/ 수용 양상

1. 齊[從開4平齊]=/dzei/^{L} 》 セ/se/
2. 曾[從開1平登]=/dzəŋ/^{L} 》 ソ乙/sə/
   [精開1平登]=/ʦəŋ/^{L}

(258) 『일본서기』 음가나의 從母/dz/ 대체 수용

한어 중고음의 從母/dz/는 『일본서기』 음가나에서 /s/로 수용된다.

한어 중고음의 從母/dz/는 유성음인데, 이것이 『일본서기』 음가나에서 청음인 /s/로 수용된다는 것을 믿을 수 있을지 의문이다. 그러나 위에서 유성음인 群母/g/와 邪母/z/가 각각 청음인 /k/와 /s/로 수용되었으므로, 이것을 믿을 수 있다. 나아가서 『일본서기』 음가나에서는 중고음의 유성음 계열을 청음 계열로 수용한다는 일반화도 가능하다.

위에서 논의한 성모의 수용 양상을 SE 음절의 음가나에 반영하면 아래와 같다.

(259) '勢, 齊, 制, 世, 西'의 중고음과 그 수용[40]

1. 勢[書開AB去祭]=/ɕɪɛi/^{D} 》 セ/se/
2. 齊[從開4平齊]=/dzei/^{L} 》 セ/se/
3. 制[章開AB去祭]=/ʨɪɛi/^{D} 》 セ/se/
4. 世[書開AB去祭]=/ɕɪɛi/^{D} 》 セ/se/
5. 西[心開4平齊]=/sei/^{L} 》 セ/se/

'勢, 制, 世'의 중고음 운모는 祭韻/ɪɛi/이고, 祭韻/ɪɛi/은 『일본서기』 음가나에서 /e/로 수용되는 것이 원칙이다(위의 (30) 참조). '齊, 西'의 운모는 齊韻/ei/이고, 齊韻/ei/은 항상 /e/로 수용된다(위의 (73) 참조).

---

40 재추가한 '栖'가 '齊, 制, 世'와 동음 관계이다.
栖[心開4平齊]=/sei/^{L} 》 セ/se/. −栖{활용 セ}(24, 27), 栖{瀬}(24)

결론적으로, SE 음절에서는 '勢=齊=制=世=西'의 등식이 성립하고, 이들에는 공통적으로 セ/se/를 배당한다. SE 음절에서는 탁음인 ゼ/ze/를 표기하는 음가나가 없는데, ZE 음절이 공백인 것은 SA 음절에서 ZA 음절이 공백인 것과 마찬가지이다.

5.2.6.5. SO 음절

SO 음절의 표기에는 '曾, 素, 蘇'가 사용되었다. 셋 다 β군과 α군에 두루 사용되었다. '素'의 용례는 위의 SU 음절에서 다시 가져왔다.

(260) 『일본서기』의 '曾' 용례 (권 3, 7, 9, 11, 13, 14, 15, 16, 24, 27 → β군과 α군)

SO: -虚曾/去曾/擧曾{활용 こそ}, 曾{접두사 そ}, 曾{지시대명사 そ}, 摩曾{全}, 曾虚赴{底ふ}, 曾曾矩{灌く}, 曾褒遲{沾ち}, 阿曾{朝臣}, 作基泥曾母野{裂手そもや}

(261) 『일본서기』의 '素' 용례 (권 2, 5, 10, 11, 27 → β군과 α군)

SU: 素磨屢{統}, 和多邏素{渡らす}, 和素邏珥{忘らじ}, 阿泥素企{味耜}

SO: 那素寐殊望/阿素弭爾{遊}, 阿羅素破儒{爭はず}, 揶素麼{八十葉}

(262) 『일본서기』의 '蘇' 용례 (권 14, 16, 22 → β군과 α군)

SO: 蘇羅{空}, 阿蘇麼/阿蘇寐{遊}, 蘇餓{蘇我}, 摩蘇{眞蘇}, 椰蘇河礙{八十陰}, 蘇羅瀰豆[そらみつ]

위의 용례에서 '阿素弭'{遊}와 '阿蘇麼/阿蘇寐'{遊}의 '素'와 '蘇'가 동음 관계이고, '揶素麼{八十葉}'와 '椰蘇河礙'{八十陰}에서도 마찬가지이다. 따라서 '素=蘇'의 등식이 성립하는데, 이들의 용례가 '曾'의 용례와 전혀 일치하지 않는다. 즉 '素=蘇'와 '曾'은 이음 관계이다.

'曾'은 중고음 성모가 精母/ʦ/이거나 從母/dz/인 다음자이다. 이 둘 중에서 어느 것을 택하든 『일본서기』 음가나에서는 /s/로 수용된다. 위에서 언급한 것처럼

『일본서기』 음가나에서는 유성음인 從母/dz/도 청음인 /s/로 수용되기 때문이다. '素, 蘇'의 중고음 성모는 心母/s/이고, 心母/s/는 항상 /s/로 수용된다.

(263) **'曾, 素, 蘇'의 중고음과 그 수용**

1. 曾[精開1平登]=/tsəŋ/^{L} 》 ソ乙/sə/[41]
   [從開1平登]=/dzəŋ/^{L}
2. 素[心中1去模]=/so/^{D} 》 ス/su/～ソ/so/
3. 蘇[心中1平模]=/so/^{L} 》 ソ/so/

'曾'의 중고음 운모는 登韻/əŋ/이고, 登韻/əŋ/은 『일본서기』 음가나에서 대부분 /ə/로 수용된다(위의 (78) 참조). 반면에, '素, 蘇'의 운모는 模韻/o/ 개구이고, 模韻/o/ 개구는 /o/로 수용되는 것이 다수이다. 그런데도 '素'의 模韻/o/ 개구는 /o/로 수용된 용례보다 /u/로 수용된 용례가 더 많다.

SO 음절에서는 '素=蘇'의 등식이 성립하지만, '素=蘇'가 '曾'과는 이음 관계이다. '素=蘇'에 갑류의 ソ/so/를 배당하고 '曾'에 을류의 ソ乙/sə/를 배당하면, 용례 분석 결과와 중고음의 수용 양상이 서로 일치한다. 다만, '素'의 模韻/o/ 개구는 /o/로 수용된 용례보다 /u/로 수용된 용례가 더 많다는 점에 주의할 필요가 있다.

SO 음절의 분석을 마치면서 한 가지 강조해 둘 것이 있다. '曾'의 수용 양상이 『고사기』 음가나와 『일본서기』 음가나가 서로 다르다는 점이다. 『고사기』 음가나에서는 '曾'이 ソ乙/sə/와 ゾ乙/zə/ 두 가지를 표기했지만, 『일본서기』 음가나에서는 ソ乙/sə/ 하나만 표기한다. '曾'은 성모가 精母/ts/와 從母/dz/의 두 가지인 다음자인데, 『고사기』 음가나에서는 이 두 가지 중고음을 모두 수용해서 '曾'이 /sə/와 /zə/의 두 가지를 표기한다. 반면에 『일본서기』 음가나에서는 /sə/ 하나만을 표기한다.

---

41 재추가한 '層'이 이것과 동음 관계이다.
層[從開1平登]=/dzəŋ/^{L} 》 ソ乙/sə/. 層{조사 そ}(9, 11), -虛層{활용 -こそ}(11), 阿層{朝臣}(9)

『일본서기』 음가나에서는 유성음을 청음으로 수용하는 것이 원칙이므로, '曾'의 성모가 유성음인 從母/z/라 하더라도 /s/로 수용할 수밖에 없다. 전기 중고음에서는 아직 탁음청화가 일어나지 않았지만 후기 중고음에서는 유성음이 무성음으로 바뀌는 변화가 일어난다. 이것을 확인할 때에 『일본서기』 음가나가 결정적인 역할을 담당한다. 일본의 오음에서는 탁음청화를 확인할 수 없지만 한음에서는 탁음청화가 확인되기 때문이다. 『고사기』 음가나는 오음이고 『일본서기』 음가나는 한음이므로, 오음과 한음의 차이를 논의할 때에 다음자 '曾'의 수용 양상은 아주 중요한 논거가 된다.

5.2.6.6. S행의 요약 정리

S행의 논의를 요약 정리하여 음가 배당표를 작성해 보면 아래 (264)와 같다. S행에서는 이상하게도 탁음 계열의 ZA, ZE, ZO 음절을 표기하는 음가나가 없다. 흥미롭게도 이들의 모음이 모두 비고모음 즉 [−high]인 모음인 데에 비하여, 珥/zi/와 孺/儒/zu/의 모음은 고모음이다. S행에서는 /a, i, u, e, o, ə/의 여섯 가지 모음이 설정된다.

S행에서도 을류의 /ə/ 모음은 SO 음절의 '曾' 즉 ソ乙/sə/에만 분포한다. 우리는 K행에서 『일본서기』 음가나의 모음체계가 6모음체계일 것이라고 추정했는데, S행에서도 이것이 확인된다.

(264) S행 『일본서기』 음가나의 음가 배당 (음영 부분은 α군 음가나)

자음 \ 모음		A (ア)	I (イ)	U (ウ)	E (エ)	O (オ)
S サ	S	佐=瑳/sa/	辭=之=志=始=嗣/si/	須=輸=素/su/	勢=齊/se/	曾/sə/, 素=蘇/so/
		佐=娑=左/sa/	之=斯=志=始=絁=思/si/	須/su/	制=世=西/se/	曾/sə/
	Z			孺/儒/zu/		
			珥/zi/	孺/儒/zu/		

5.2.7. T행, タ行

T행의 표기에는 '多, 陀, 拕/柁, 哆, 駄, 娜, 儺, 智, 知, 致, 泥, 菟, 都, 豆, 逗, 底, 弖/氐, 涅, 提, 等, 苔, 滕/騰, 登, 斗, 度, 迺, 耐'가 사용되었다. 이들을 음절별로 분류해 보면 아래와 같다.

(265) T행의 『일본서기』 음가나 (음영 부분은 α군 음가나)

자음＼모음		A (ア)	I (イ)	U (ウ)	E (エ)	O (オ)
T タ	T	多 哆	智 知	菟 都	弖/氐	等 苔 斗
		陀 拕/柁 多 駄	致 智	都 豆	底 提	滕/騰 登 等 度 都 斗
	D	娜 儺	泥	豆 都	涅6 泥	迺 耐6
		娜 陀 拕 多	泥	豆 逗 都	泥 提 底	滕/騰 迺 耐 怒

5.2.7.1. TA 음절

TA 음절의 표기에는 '多, 陀, 拕/柁, 哆, 娜, 儺, 駄'가 사용되었다. '哆, 儺'는 β군에서만 사용되었고, 나머지는 β군과 α군에 두루 사용되었다.

(266) 『일본서기』의 '多' 용례 (권 1, 2, 3, 5, 7, 9, 10, 11, 13, 14, 16, 17, 22, 23, 24, 25, 26, 27 → β군과 α군)

TA: 多例{誰}, 多磨/多麻{玉}, 敷多/赴多{二}, 多儺{唯}, 多伽{高}, 多陀/多拕{直}, 之多{細}, 和多{渡, 濟}, 多羅{足ら}, …

DA: 曳多曳多{枝枝}(27), 渠梅多儞母{米だにも}(24), 比騰陛多爾{一重だに}(27)

(267) 『일본서기』의 '陀' 용례 (권 2, 7, 11, 14, 15, 16, 17, 19, 22, 24, 25, 26, 27 → β군과 α군)

TA: 陀黎{誰}, 始陀{下}, 陀磨/陀魔/陀麻{玉}, 柯陀{形}, 陀該{嶺}, 陀氣{竹}, 陀哿

{高}, 多陀{直}, …

DA: 曳陀{枝}(14), 烏陀氏{小楯 をだて}(11), 那陀須暮{撫だすも}(14)

(268) 『일본서기』의 '拕/柁' 용례 (拕- 권 14, 15, 16, 24, 25, 27 → α군; 柁- 권 2, 14, 16, 24, 26 → β군과 α군)

TA: 柁例/拕例/拕{誰}, 柁磨/柁摩/拕磨/拕摩{玉}, 箇柁{片}, 輔柁/賦拕{二}, 柁箇{高}, 和柁/倭柁{渡}, …

DA: 多拕{直}(27), 伊麻拕{いまだ}(27)

(269) 『일본서기』의 '哆' 용례 (권 3, 7, 12, 13 → β군)

TA: 斯哆/志哆/資哆{下}, 箇哆{片}, 哆哆瀰/哆多瀰{疊}, 哆哆{楯}, 哆駄{直}, 異哆{甚}, 和哆羅{渡}, 哆㠀摩{當摩}

(270) 『일본서기』의 '娜' 용례 (권 2, 9, 11, 13, 17, 25, 26 → β군과 α군)

NA: 舸娜{鉗}(25)

DA: 阿比娜{間}, 多娜武枳{腕}, 區娜輸{壞す}, 椰摩娜{山田}, 阿軻娜磨{赤玉}, 于多娜濃芝{うた樂し}, 泮娜布例{膚觸れ}, 俱謨娜尼母{雲だにも}, 伊麻娜[いまだ], 矩娜利/俱娜梨[くだり]

(271) 『일본서기』 음가나의 '儾' 용례 (권 3, 10, 11, 13 → β군)

DA: 儾伽多{誰かた}, 夜儾利{宿り}, 多儾{唯}, 毘儾利{一人}, 之多儾瀰{細螺}, 茂茂智儾蘆{百千足る}, 阿摩儾霧{天飛む}, 古破儾[古破儾], 伊莽儾而毛{今だにも}

(272) 『일본서기』 음가나의 '駄' 용례 (권 11, 12, 17 → β군과 α군)

TA: 苛駄{方}, 赴駄{二}, 枳駄樓{來る}, 和駄{渡}

DA: 哆駄{直}(12)

'多, 陀, 拕/柁, 駄'는 대부분의 용례가 TA 음절을 표기하지만 소수의 용례에서 DA 음절도 표기한다. 흥미롭게도 DA 음절의 부사 '多拕'{直}와 '哆駄'{直}가 동일어인데, 이들이 TA 음절의 '多陀/多拕'{直}와도 동일어이다. 이처럼 이 부사의 둘째 음절이 TA 음절과 DA 음절의 두 가지로 동요하는 원인은 연탁 규칙의 적용 여부에서 찾을 수 있다.

이 부사를 /ta/가 중복된 복합어로 인식할 때에는 둘째 음절에 연탁 규칙을 적용하고, 단일어로 인식할 때에는 연탁 규칙을 적용하지 않았다. 만약에 DA 음절의 용례에서 연탁 규칙으로 기술할 수 있는 것을 제외하면, 기원적인 DA 음절의 용례를 극소수로 한정할 수 있다. 따라서 '多, 陀, 拕/柁, 駄'가 DA 음절을 표기한 것은 예외적인 표기로 보아 음가 추정의 자료에서 제외한다.

또한, 명사 '誰'의 표기에 '多例{誰}, 陀黎{誰}, 柁例/拕例/拕{誰}, 儺伽多{誰かた}'의 '多, 陀, 柁/拕, 儺'이 공통적으로 사용되었으므로, '多, 陀, 柁/拕, 儺'이 동음 관계이다. 그런데 사실은 '多, 陀, 柁/拕'는 TA 음절에 속하고 '儺'은 DA 음절에 속한다. '儺'의 중고음 성모는 泥母/n/이고 이 泥母/n/에 탈비음화가 일어났으므로, '儺'이 TA 음절이 아니라 DA 음절을 표기하는 것이 원칙이다. 그런데도 '儺'이 마치 '多, 陀, 柁/拕'와 동음 관계임을 보여 주는 자료가 있어 당혹스럽다. 따라서 우리는 위의 용례에서 열거한 한두 가지 예외적인 표기를 음운론 기술에서 제외하기로 한다.

위의 용례에서 동사 '渡, 濟'를 의미하는 '和多, 和柁/倭柁, 和哆羅, 和駄'의 '多, 柁, 哆, 駄'가 동음 관계이다. 명사 '片'을 뜻하는 '箇多/介多, 箇柁, 箇哆'에서 '多, 柁, 哆'도 마찬가지이다. 또한 형용사 '高'를 의미하는 '多伽, 陀搿, 柁箇'에서 '多, 陀, 柁'가 동음 관계이다. 여기에서 '多=陀=拕/柁=哆=駄'의 등식이 성립한다.

'娜'의 용례 중에서 '俱謨娜尼母'{雲だにも}는 '儺'의 용례 '伊莽儺而毛'{今だにも}와 관련된다. 이 둘의 형태론적 구성이 같으므로 '娜=儺'의 등식이 성립한다. 그런데 '娜=儺'의 용례와 '多=陀=拕/柁=哆=駄'의 용례가 서로 공통되지 않는다.[42]

42 위에서 거론한 '儺伽多'{誰かた}는 예외이다.

따라서 이 둘은 이음 관계이다.

이제, 한어 중고음으로 이것을 확인해 보자. '多'의 중고음 성모는 端母/t/이고, 『일본서기』 음가나에서는 端母/t/를 항상 /t/로 수용한다.

(273) 『일본서기』 음가나의 端母/t/ 수용 양상

1. 多[端開1平歌]=/tɑ/^{L} 》 タ/ta/
2. 都[端中1平模]=/to/^{L} 》 ツ/tu/
3. 斗[端中1上侯]=/təu/^{R} 》 ト/to/
4. 等[端開1上登]=/təŋ/^{R} 》 ト^乙/tə/
5. 登[端開1平登]=/təŋ/^{L} 》 ト^乙/tə/

(274) 『일본서기』 음가나의 端母/t/ 대체 수용

한어 중고음의 端母/t/는 『일본서기』 음가나에서 /t/로 수용된다.

다음으로, '陀, 駄'의 중고음 성모는 定母/d/이고, 『일본서기』 음가나에서는 定母/d/를 /t/와 /d/의 두 가지로 수용한다.[43] 이 두 가지 수용을 음운론적 환경으로 나누어 기술할 수 없으므로 개별적으로 일일이 음가나를 명시할 수밖에 없다.

(275) 『일본서기』 음가나의 定母/d/ 수용 양상

1. 度[定中1去模]=/do/^{D} 》 ト/to/
2. 騰[定開1平登]=/dəŋ/^{L} 》 ト^乙/tə/
3. 拕/柁[定開1上歌]=/dɑ/^{R} 》 タ/ta/
   [透開1平歌]=/tʰɑ/^{L}
4. 陀[定開1平歌]=/dɑ/^{L} 》 タ/ta/
5. 駄[定開1平歌]=/dɑ/^{L} 》 タ/ta/

43 羅常培(1933: 36~42)에서 거론한 것처럼 유독 定母/d/ 仄聲字에서는 탁음청화의 속도가 아주 느렸다. 그 결과로 定母/d/가 여전히 /d/를 표음한 것이라 할 수 있다.

6. 苔[定開1平咍]=/dəi/^{L} 》ト^{乙}/tə/

7. 提[定開4平齊]=/dei/^{L} 》デ/de/～テ/te/

8. 豆[定中1去侯]=/dəu/^{D} 》ヅ/du/

9. 逗[定開1去侯]=/dəu/^{D} 》ヅ/du/

[澄合C去虞]=/dɥo/^{D}

(276)『일본서기』 음가나의 定母/d/ 대체 수용

한어 중고음의 定母/d/는 『일본서기』 음가나에서 /t/ 또는 /d/로 수용된다. '度, 騰, 拕/柁,[44] 陀, 駄, 苔'에서는 /t/로, '提, 豆, 逗'에서는 /d/로 수용된다.

다음으로, '拕/柁'의 중고음 성모는 透母/tʰ/ 또는 定母/d/이다. 定母/d/인 경우는 (275.3)에 이미 열거했으므로, 여기에서는 透母/tʰ/일 때를 거론한다. 아래에 제시한 것처럼 透母/tʰ/는 항상 /t/로 수용된다.

(277)『일본서기』 음가나의 透母/tʰ/ 수용 양상

1. 菟[透中1去模]=/tʰo/^{D} 》ツ/tu/

2. 拕/柁[透開1平歌]=/tʰɑ/^{L} 》タ/ta/

[定開1上歌]=/dɑ/^{R}

(278)『일본서기』 음가나의 透母/tʰ/ 대체 수용

한어 중고음의 透母/tʰ/는 『일본서기』 음가나에서 항상 /t/로 수용된다.

다음으로, '哆'의 중고음 성모는 아래의 (280.4)에 보인 것처럼 徹母/tʰ/이고, 『일본서기』 음가나 중에서 徹母字는 '哆' 하나뿐이다. '哆'는 '多, 陀, 拕/柁'와 동음 관계이므로, 徹母/tʰ/가 이들의 성모와 더불어 /t/로 수용된다고 보아야 한다.

---

44 透母/tʰ/와 定母/d/의 두 가지를 가지는 다음자이지만, 여기에서도 열거했다.

(279) 『일본서기』 음가나의 徹母/t^h/ 대체 수용

한어 중고음의 徹母/t^h/는 『일본서기』 음가나에서 항상 /t/로 수용된다.

마지막으로, '娜, 儺'의 중고음 성모는 泥母/n/인데, 여기에 탈비음화가 일어나 DA 음절을 표기한다. 이것은 위의 (46~47)에서 이미 거론했으므로 논의를 생략한다.

위에서의 논의를 종합하여 TA 음절의 표기에 사용된 '多, 陀, 拕/柁, 哆, 駄, 娜, 儺'의 중고음과 그 수용 양상을 정리하면 아래와 같다.

(280) '多, 陀, 拕/柁, 哆, 駄, 娜, 儺'의 중고음과 그 수용

1. 多[端開1平歌]=/$tɑ/^L$ 》タ/ta/
2. 陀[定開1平歌]=/$dɑ/^L$ 》タ/ta/
3. 拕/柁[透開1平歌]=/$t^hɑ/^L$ 》タ/ta/
   [定開1上歌]=/$dzɑ/^R$
4. 哆[徹開2平麻]=/$t^hɛ/^L$ 》タ/ta/
   [昌開AB上支]
5. 駄[定開1平歌]=/$dɑ/^L$ 》タ/ta/
6. 儺[泥開1去唐]=/$nɑŋ/^D$ 》ダ/da/
7. 娜[泥開1上歌]=/$nɑ/^R$ 》ダ/da/

이제 한어 중고음의 운모를 논의한다. '多, 陀, 拕/柁, 娜, 駄'의 중고음 운모는 歌韻/ɑ/이고, 歌韻/ɑ/은 항상 /a/로 수용된다(위의 (12) 참조). '哆'의 운모는 麻韻/ɛ/이고, 麻韻/ɛ/은 항상 /a/로 수용된다(위의 (94) 참조). '儺'의 운모는 唐韻/ɑŋ/인데, 唐韻/ɑŋ/은 항상 /a/로 수용된다(위의 (96) 참조).

결론적으로, TA 음절에서는 '多=陀=拕/柁=哆=駄'의 등식이 성립하고 '娜=儺'의 등식도 성립한다. '多=陀=拕/柁=哆=駄'에 タ/ta/를 배당하고 '娜=儺'에 ダ/da/를 배당하면, 용례 분석 결과를 두루 충족할 수 있다.

TA 음절에 대한 논의를 마치면서 강조해 둘 것이 있다. 群母/g/, 從母/dz/, 邪母/z/는 한어 중고음에서 유성음이지만 『일본서기』 음가나에서는 대체 수용의 과정을 겪어 청음인 /k/, /s/, /s/로 각각 수용되었다. 이것은 한어 중고음에서 일어난 탁음청화를 반영한 표기이다. 그런데 定母/d/는 청음인 /t/로도 수용되지만 탁음인 /d/로도 수용된다. 이것은 羅常培(1933)이 언급한 바 있듯이, 定母/d/는 탁음청화의 속도가 유독 느렸기 때문이다. 定母/d/가 탁음인 /d/로도 수용된다는 점이 독특하기 때문에 여기에서 특별히 언급해 둔다.

5.2.7.2. TI 음절

TI 음절의 표기에는 '智, 知, 致, 泥'가 사용되었다. 이들은 모두 β군과 α군에서 두루 사용되었다.

(281) 『일본서기』의 '智' 용례 (권 2, 3, 9, 10, 11, 13, 14, 15, 22, 23, 24 → β군과 α군)

TI: 智{父}, 瀰智{道}, 智{千}, 烏智{彼}, 多智麽那{橘}, 多智/柁智/陀智{立}, 于智{擊, 打}, 於智{落ち}, 多智{太刀}, …

(282) 『일본서기』의 '知' 용례 (권 5, 7, 9, 10, 11, 12, 13, 22, 26, 27 → β군과 α군)

TI: 異能知{命}, 于知/宇知{內}, 彌知/瀰知{道}, 知{千}, 于知{打}, 多知{立}, 茂知{持ち}, 多知{太刀}, …

(283) 『일본서기』의 '致' 용례 (권 3, 11, 14, 19, 27 → β군과 α군)

TI: 勾致{口}, 伊能致{命}, 瀰致{道}, 多致{橘}, 陀致{立}

(284) 『일본서기』의 '泥' 용례[45] (권 2, 9, 14, 16, 22, 24 → β군과 α군)

DI: 于泥{菟道}(9), 阿泥素企多伽{味耜高}(2)

---

45 이것은 위의 (69)에서 DI·DE 음절의 용례를 다시 가져온 것이다.

DE: 異泥{出で}(22), 厤泥爾[までに](14), 儞古泥{柔手}(24), 佐基泥/作基泥{裂手}(24), 簸多泥{鰭手}(16)

위의 '多智/柁智/陀智, 多知, 陀致'{立}에서 '智=知=致'의 등식이 성립한다. 또한 '瀰智, 彌知/瀰知, 瀰致'{道}의 이표기 쌍에서도 마찬가지이다. 반면에 '泥'의 용례 중에서 DI 음절을 표기한 것은 (284) DI 음절의 둘뿐이다. 따라서 '泥'는 DE 음절을 표기한다고 보는 것이 좋을 것이다.

'智, 知, 致'의 중고음 성모는 知母/t/이고, 『일본서기』 음가나 중에서 知母字는 이 세 자뿐이다. 아래에 정리한 것처럼 知母/t/는 항상 /t/로 수용된다.

(285) 『일본서기』 음가나의 知母/t/ 대체 수용

한어 중고음의 知母/t/는 『일본서기』 음가나에서 항상 /t/로 수용된다.

'智, 知'의 중고음 운모는 支韻/je~ɪe/이고, 支韻/je~ɪe/은 항상 /i/로 수용된다(위의 (59) 참조). '致'의 운모는 脂韻/ji~ɪi/이고, 脂韻/ji~ɪi/은 항상 /i/로 수용된다(위의 (18) 참조).

(286) '智, 知, 致'의 중고음과 그 수용

1. 智[知開AB去支]=/tɪe/^{D} 》 チ/ti/[46]
2. <u>知</u>[知開AB平支]=/tɪe/^{L} 》 チ/ti/
   [知開AB去支]=/tɪe/^{D}
3. 致[知開AB去脂]=/tɪi/^{D} 》 チ/ti/

결론적으로, TI 음절에서는 '智=知=致'의 등식이 성립하므로 이들에 チ/ti/를 배당한다. 이 음가는 중고음의 수용 과정을 두루 충족한다. DI 음절은 용례가 극

46 재추가한 '旎'가 '智, 知, 致'의 탁음 짝이다.
旎[娘開AB上支]=/nɪe/^{R} 》 ヂ/di/. 于旎{菟道}(11), 阿波旎{淡路}(10)

소수인 '旎'에서만 확인된다(위의 각주 46 참조).

5.2.7.3. TU 음절

TU 음절의 표기에는 '菟, 都, 豆, 逗'가 사용되었다. '菟'는 β군에서만 사용되었고, '逗'는 α군에서만 사용되었다. '都, 豆'는 β군과 α군에서 두루 사용되었다. '都, 豆, 逗'에는 극소수의 예외적 표기가 있는데, 이들은 음운론 분석에서 역시 제외하기로 한다.

(287) 『일본서기』의 '菟' 용례 (권 1, 2, 5, 7, 9, 10, 11, 13, 22, 23 → β군)

TU: 菟磨/菟摩{妻}, 那菟{夏}, 菟{津}, 比苔菟{一つ}, 瀰菟{三}, 麻菟{松}, 菟豆彌{鼓}, 摩菟利{奉り}, 多菟{立}, 菟俱/菟區/菟句/菟勾{作}, 菟伽{使}, 禰菟{寢}, 菟藝/菟餓{繼}, 比菟菟[ひつつ], …

(288) 『일본서기』의 '都' 용례 (권 1, 2, 3, 14, 15, 16, 17, 22, 24, 25, 26, 27 → β군과 α군)

TU: 都摩/都磨{妻}, 賦拕都{二つ}, 都麼{端}, 都都伊{椎い}, 麻都{待}, 于都俱之{愛し}, 都矩屢{盡くる}, 麻都羅武/摩都羅武{奉らむ}, 毘都都[ひつつ], …

DU: 瀰都{水}(26), 伊都毛{出雲}(1)

(289) 『일본서기』의 '豆' 용례 (권 2, 7, 9, 10, 11, 13, 14, 17, 22, 24, 26 → β군과 α군)

TU: 蘇羅瀰豆[そらみつ](14)

DU: 瀰豆{水}, 伽豆/箇豆羅{葛}, 菟豆彌{鼓}, 阿岐豆{蜻蛉}, 梅豆留{愛づる}, 介豆岐/伽豆區{潛}, 阿佐豆磨{朝嬬}, 阿豆瑳由瀰{梓弓}, 于磋由豆流{儲弦}, 許辭那豆瀰{腰煩み}, 多多儺豆久{疊づく}, 陀豆矩梨{手作り}, 擧始豆矩羅{腰作ら}, …

(290) 『일본서기』의 '逗' 용례 (권 15, 16, 17 → α군)

TU: 逗摩{妻}(16)

DU: 瀰逗/寐逗{水}, 麼左棄逗囉{眞柝葛}, 謨謀逗挖甫{百傳ふ}, 阿娑理逗那{漁り出な}

위의 용례에서 '菟磨/菟摩'{妻}와 '都摩/都磨'{妻}가 동음 이표기 쌍이고, '比菟菟'[ひつつ]와 '毘都都'[ひつつ]가 동음 이표기 쌍이다. 여기에서 '菟=都'의 등식이 성립한다. 또한, '瀰豆'{水}와 '瀰逗/寐逗'{水}가 동음 이표기 쌍이고, '伽豆/箇豆羅'{葛}와 '麼左棄逗囉'{眞柝葛}에서 '豆'와 '逗'가 동음 관계이다. 여기에서 '豆=逗'의 등식이 성립한다. 그런데 '菟=都'의 용례와 '豆=逗'의 용례가 서로 일치하지 않는다. 따라서 '菟=都'와 '豆=逗'는 이음 관계이다.

'菟'의 중고음 성모는 透母/t^h/이고, 透母/t^h/는 『일본서기』 음가나에서 항상 /t/로 수용된다(위의 (278) 참조). '都'의 중고음 성모는 端母/t/이고, 端母/t/는 /t/로 수용된다(위의 (274) 참조). '豆, 逗'의 성모는 定母/d/이고, '豆, 逗'의 定母/d/는 /d/로 수용된다(위의 (276) 참조). 위의 논의를 정리하면 아래와 같다.

(291) '菟, 都, 豆, 逗'의 중고음과 그 수용

1. 菟[透中1去模]=/t^ho/^{D} 》ツ/tu/
2. 都[端中1平模]=/to/^{L} 》ツ/tu/
3. 豆[定中1去侯]=/dəu/^{D} 》ヅ/du/
4. 逗[定開1去候]=/dəu/^{D} 》ヅ/du/
   [澄合C去虞]=/dɥo/^{D}

'菟, 都'의 운모는 模韻/o/ 개구이고, 模韻/o/은 /o/로 수용되는 것이 많지만 일부의 模韻/o/은 /u/로 수용된다(위의 (65) 참조). 바로 이 일부의 模韻에 '菟, 都'의 模韻/o/이 포함된다. '豆, 逗'의 운모는 侯韻/əu/인데, 侯韻/əu/은 /u/ 또는 /o/로 수용된다(위의 (129) 참조). 그런데 '逗, 豆'에서는 /u/로 수용하므로, '逗, 豆'는 ヅ/du/를 표음한다.

결론적으로, TU 음절에서는 '菟=都'가 동음 관계이고, '豆=逗'가 동음 관계이

다. 그런데 '菟=都'와 '菟=都'는 이음 관계이므로 이 둘은 음가가 서로 다르다. '菟=都'에 ツ/tu/를 배당하고 '豆=逗'에 ヅ/du/를 배당하면, 이 관계를 두루 충족할 수 있다.

5.2.7.4. TE 음절

TE 음절의 표기에는 '底, 氐/弖, 提, 涅, 泥'가 사용되었다. '底'는 α군에서만 사용되었고, 나머지는 β군과 α군에서 두루 사용되었다.

(292) 『일본서기』의 '底' 용례 (권 14, 15, 16, 17, 19, 24, 25, 26, 27 → α군)

TE: −底{활용 −て}, 底{手}, 奴底{鐸}, 陀底屢{立てる}, 婆底底{泊てて}, 都底{傳}

DE: 伊底枕智{出で立ち}, 和斯里底{走り出}

(293) 『일본서기』의 '氐/弖' 용례 (氐− 권 5, 7, 9, 10, 11, 16; 弖− 권 3, 22 → β군과 α군)

TE: −氐/弖{활용 −て}, 多氐/太氐/陀氐{立て}, 氐屢{照る}, 于智弖之/于箇弖之{撃ちてし}, 伊多氐{痛手}, 烏陀氐{小楯}, 固辭介氐務介茂{越しかてむかも}

(294) 『일본서기』의 '提' 용례 (권 22, 24, 27 → β군과 α군)

TE: 於謀提{面}(24), 斯那提流[しなてる](22)

DE: 伊提{出で}(27), 多麻提{玉手}(27)

(295) 『일본서기』의 '涅' 용례 (권 11, 13, 14, 25 → β군과 α군)

NE: 比登涅羅賦{人ねらふ}(14)

DE: 涅{出}(11), 梅涅{愛で}(13), 涅渠農{出來ぬ}(25), 比枳涅{引出}(25), 和多利涅{渡手}(11)

(296) 『일본서기』의 '泥' 용례[47] (권 2, 9, 14, 16, 22, 24 → β군과 α군)

DE: 異泥{出で}(22), 麻泥爾[までに](14), 儞古泥{柔手}(24), 佐基泥/作基泥{裂手}(24), 簸多泥{鰭手}(16), 于泥{菟道}(9), 阿泥素企多伽{味耜高}(2)

위의 용례에서 '底'와 '氐/弖'는 활용의 '-て'를 표기하는 데에 아주 많이 사용되었다. 또한 명사 '手'의 용례인 '底'{手}와 '伊多氐'{痛手}에서 '底=氐/弖'의 등식이 성립한다.

탈비음화가 일어나 '涅'과 '泥'가 DE 음절을 표기한 것이 적지 않다. '涅'에서는 탈비음화가 거의 완성 단계이지만, 위의 (69)에서 볼 수 있듯이 '泥'의 용례 중에는 탈비음화가 일어나지 않은 예가 더 많다. 그런데 '손'을 뜻하는 '手'의 표기에 '和多利涅'{渡手}의 '涅'과 '佐基泥/作基泥{裂手}, 簸多泥{鰭手}'의 '泥'가 사용되었다. 이들은 동음 관계이므로 '涅=泥'의 등식이 성립한다.

문제는 '提'이다. 위의 (294)에서 DE 음절과 TE 음절로 나누어 정리한 것은 『대계』의 해독을 그대로 따른 것이다. '底'의 용례 중에도 DE 음절과 TE 음절의 두 가지가 있지만, TE 음절을 표기한 것이 압도적으로 많다. 그런데 '提'의 용례에서는 상황이 역전된다. 총 7회의 용례 중에서 DE 음절 표기가 5회이고 TE 음절 표기가 2회이다. 따라서 우리는 '提'가 『일본서기』 음가나에서 원칙적으로 DE 음절을 표기했다고 본다. 2회 사용된 '多麻提'{玉手}가 마침 복합어이고, 이곳의 '提'{手}가 '儞古泥{柔手}, 佐基泥/作基泥{裂手}, 簸多泥{鰭手}'의 '泥'처럼 복합어의 후행 성분이다. 이에 따라 우리는 '提=泥'의 등식이 성립한다고 본다.

요컨대, TE 음절에서는 '底=氐/弖'와 '提=涅=泥'의 등식이 성립한다. 그런데 이 둘이 마치 동음 관계인 것처럼 보이기도 한다. '手'를 표기할 때에 '底{手}, 伊多氐{痛手}'의 '底=氐/弖'도 사용되고, '多麻提{玉手}, 和多利涅{渡手}, 儞古泥{柔手}, 佐基泥/作基泥{裂手}, 簸多泥{鰭手}'의 '提=涅=泥'도 사용되었기 때문이다. 그러나 '提=涅=泥'로 표기된 '手'는 항상 복합어의 후행 성분이므로, 여기에는 연탁 규칙이

47 이것은 위의 (69)에서 DE 음절을 다시 가져왔다.

적용되었다고 할 수 있다. 이 점을 감안하여 '底=氐/弖'와 '提=涅=泥'의 관계를 이음 관계라고 판단한다.

'底'와 '氐/弖'는 한어 중고음에서 다음자이다. '底'는 端母/t/·齊韻/ei/과 章母/ʨ/·脂韻/ji~ɪi/의 두 가지 음가이고, '氐/弖'는 端母/t/·齊韻/ei/과 知母/ţ/·脂韻/ji~ɪi/의 두 가지 음가이다. 그런데 '底'와 '氐/弖'가 『일본서기』 음가나에서는 동음 관계이면서 TE 음절을 표기한다. 이에 따르면 『일본서기』 음가나에서는 '底'와 '氐/弖'의 두 가지 음가 중에서 端母/t/·齊韻/ei/을 수용한 것이 분명하다.

'涅, 泥'의 중고음 성모는 泥母/n/이고, 위의 (133)에 정리한 것처럼 『일본서기』 음가나에서는 泥母/n/의 탈비음화가 다양하게 반영되어 있다. '涅'은 탈비음화가 거의 완성 단계이지만, '泥'는 탈비음화를 겪지 않은 용례가 훨씬 더 많다. 그렇더라도 탈비음화를 겪은 泥母/n/가 /d/를 표기한다는 것만은 분명하다.

'提'의 중고음 성모는 定母/d/이고, 『일본서기』 음가나에서 定母/d/를 수용하는 양상은 아주 복잡하다(위의 (276) 참조). '度, 騰, 拕/柁, 陀, 苔'에서는 /t/로, '提, 豆, 逗'에서는 /d/로 수용한다. /t/로 수용되는 것과 /d/로 수용되는 것의 경계선을 긋기가 아주 어려운데, 이러한 상황을 '提'가 대변해 준다. 『일본서기』 음가나에서는 다수의 용례에서 '提'의 성모를 /d/로 수용하지만, 소수의 용례에서는 /t/로 수용하기 때문이다.

위에서 논의한 바를 반영하여 '底, 氐/弖, 提, 涅, 泥'의 중고음과 그 수용 양상을 정리하면 아래와 같다.

(297) '底, 氐/弖, 提, 涅, 泥'의 중고음과 그 수용

1. 底[端開4上齊]=/tei/^{R} 》テ/te/~デ/de/
   [章開AB上脂]=/ʨɪi/^{R}
2. 弖/氐[端開4平齊]=/tei/^{L} 》テ/te/
   [知開B平脂]=/ţɪi/^{L}
3. 提[定開4平齊]=/dei/^{L} 》デ/de/~テ/te/
4. 涅[泥開4入先]=/net/^{E} 》デ/de/~ネ/ne/

5. 泥[泥開4平齊]=/nei/^{L} 》ネ/ne/～デ/de/
[泥開4去齊]=/nei/^{D}

이제, 운모에 대한 논의로 넘어간다. '底, 氐/弖, 提, 泥'의 중고음 운모는 齊韻 /ei/이고, 齊韻/ei/은 『일본서기』 음가나에서 항상 /e/로 수용된다(위의 (73) 참조). '涅'의 중고음 운모는 先韻/en, et/이고, 『일본서기』 음가나 중에서 先韻字는 '涅' 하나뿐이다. 이 '涅'이 '泥'와 동음 관계이므로 先韻/en, et/이 /e/로 수용되었다고 할 수 있다.

(298) 『일본서기』 음가나의 先韻/en, et/ 대체 수용

한어 중고음의 先韻/en, et/은 『일본서기』 음가나에서 /e/로 수용된다.

요컨대, TE 음절에서는 '底=氐/弖'와 '提=涅=泥'의 등식이 성립한다. '底=氐/弖'에는 テ/te/를 배당하고 '提=涅=泥'에는 그 탁음 짝인 デ/de/를 배당하면 중고음의 수용 양상도 두루 충족한다.

5.2.7.5. TO 음절

TO 음절의 표기에는 '等, 苔, 滕/騰, 登, 斗, 度, 迺/迺, 耐'가 사용되었다. 위의 (60)과 (61)에서 '怒'와 '奴'가 DO 음절을 표기한 바 있으나, 용례가 각각 하나뿐이라서 '怒'와 '奴'를 논의 대상에서 제외한다. '苔, 迺/迺, 耐'는 β군에서만 사용되고, '滕/騰'은 α군에서만 사용되었다. '等, 登, 斗, 度'는 β군과 α군에서 두루 사용되었다.

(299) 『일본서기』의 '等' 용례 (권 3, 5, 7, 9, 10, 11, 12, 13, 14, 17, 19, 22, 25 → β군과 α군)

TO: 等{조사 と}, 比等/臂等{人}, 虚等/去等{言}, 塢等咩/塢等綿/烏等謎/烷等賣

{孃女, 少女}, 虚等{琴}, 椰磨等/揶莽等/野磨等/耶魔等{倭, 日本}, 等利{鳥}, 茂等{本}, 等邏/等羅/等利{取, 捕}, …

(300) 『일본서기』의 '苔' 용례 (권 3, 5, 7, 9, 11, 23 → β군)

TO: 苔{조사 と}, 比苔/譬苔/臂苔{人}, 烏苔咩{少女}, 夜摩苔/夜莽苔{倭}, 苔利{鳥}, 茂苔/毛苔/望苔{本}, 苔羅/苔禮{取}, …

DO: 于須家苔{薄けど}(23)

(301) 『일본서기』의 '縢/騰' 용례 (권 14, 16, 24, 25, 26, 27 → α군)

TO: 騰{조사 と}, 比騰{人}, 渠騰/擧騰{言}, 野麻騰{大和}, 擧騰{琴}, 模騰/母縢{本, 下}, 騰羅{取}, …

DO: 禰始柯騰{寝しかど}(24), 左該騰摸{咲けども}(25), 那例例騰母{生れれども}(27)

(302) 『일본서기』의 '登' 용례 (권 2, 14, 15, 16 → β군과 α군)

TO: 登{조사 と}, 登慕{접속조사 とも}, 比登{人}, 乙登{弟}, 居登{事}, 野麻登{倭}

(303) 『일본서기』의 '斗' 용례 (권 10, 11, 16 → β군과 α군)

TO: 斗{門}, 斗羅牟{取らむ}, 斗波輸{問はす}

(304) 『일본서기』의 '度' 용례 (권 12, 17, 26, 27 → β군과 α군)

TO: 度{門}, 度{間}, 度珥{刀自}, 度沛{問へ}

(305) 『일본서기』의 '迺/廼' 용례[48] (迺 : 권 5, 10, 廼 : 권 1, 2, 3, 9, 11 → β군)

NO: 廼{조사 の}, 飫廼{己}, 廼煩{登}

DO: 枳虚曳之介廼{聞えしかど}, 易陪廼毛{云へども}, 異枳廼倍呂之{憤し}, 珥倍

48 위의 (75)를 다시 가져왔다.

迺利{鴫鳥}, 謎迺利{雌鳥}, 用迺虛{夜床}

(306) 『일본서기』의 '耐' 용례 (권 2, 11 → β군)

DO: 耐{접속조사 ど}, 耐母{접속조사 ども}, 禰耐據{寢床}, 智耐理{千鳥}

위의 용례에서 조사 'と'의 표기에 '等, 苔, 騰, 登'가 공통적으로 사용되었다. 또한 명사 '人'과 국명 '倭, 日本'의 표기에서 '等=苔=騰=登'의 등식이 성립한다.

반면에 '斗, 度, 迺/廼, 耐'는 명사 '人'이나 국명 '倭, 日本'을 표기하지 않는다. 그런데 명사 '門'을 뜻하는 '斗'와 '度'에서 '斗=度'의 등식이 성립한다. 한편, '耐'는 접속조사 'ども'를 표기하는데 '易陪迺毛'{云へども}의 '迺毛'가 바로 이 접속조사이다. 따라서 '耐=迺'의 등식이 성립한다. 복합어인 '珥倍迺利{鴫鳥}, 謎迺利{雌鳥}'와 '智耐理{千鳥}'에서도 이 등식이 성립한다.

그렇다면 TO 음절에서 동음 관계가 확인되는 것은 '等=苔=滕/騰=登', '斗=度', '迺/廼=耐'의 세 가지이다. 이 세 가지는 동일어의 동일 음절을 표기하는 일이 없으므로 이 셋은 이음 관계이다.

이제 한어 중고음과 그 수용 양상을 논의해 보자. '等, 登, 斗'의 중고음 성모는 端母/t/이고, 端母/t/는 /t/로 수용된다(위의 (274) 참조). '苔, 滕/騰, 度'의 성모는 定母/d/이고, 이들의 定母/d/는 /t/로 수용된다(위의 (276) 참조). '迺/廼, 耐'의 성모는 泥母/n/이고, 탈비음화가 일어난 泥母/n/는 『일본서기』 음가나에서 /d/로 수용된다(위의 (46~47) 참조).

(307) '等, 苔, 滕/騰, 登, 斗, 度, 迺/廼, 耐'의 중고음과 그 수용

1. 等[端開1上登]=/təŋ/^{R} 》 トᄌ/tə/
2. 苔[定開1平咍]=/dəi/^{L} 》 トᄌ/tə/
3. 滕/騰[定開1平登]=/dəŋ/^{L} 》 トᄌ/tə/[49]

49 재추가한 '鄧'이 '等=苔=騰=登'와 동음 관계이다. '鄧'은 권2에서만 사용되었다. 鄧[定開1去登]=/dəŋ/^{D} 》 トᄌ/tə/. 比鄧{人}, 鄧利{鳥}, 據鄧馭劉母{盡も}(이상 2)

4. 登[端開1平登]=/təŋ/^{L} 》ト乙/tə/

5. 斗[端中1上侯]=/təu/^{R} 》ト/to/

6. 度[定中1去模]=/do/^{D} 》ト/to/[50]

7. 迺/廼[泥開1上咍]=/nəi/^{R} 》ノ乙/nə/～ド乙/də/

8. 耐[泥開1去咍]=/nəi/^{D} 》ド乙/də/

다음으로 운모를 논의한다. '等, 滕/騰, 登'의 중고음 운모는 登韻/əŋ/이고, 登韻/əŋ/은 『일본서기』 음가나에서 /ə/로 수용된다(위의 (78) 참조). '苔, 迺/廼, 耐'의 중고음 운모는 咍韻/əi/이고, 咍韻/əi/이 설치음 뒤에서는 /ə/로 수용된다(위의 (80) 참조). '斗'의 운모는 侯韻/əu/이고, '斗'의 侯韻/əu/은 /o/로 수용한다(위의 (129) 참조). '度'의 운모는 模韻/o/이고, 模韻/o/은 /o/로 수용되는 것이 원칙이다. '度'의 模韻/o/도 마찬가지이다(위의 (65) 참조). 이들을 모두 반영한 것이 위의 (307)이다.

요컨대, TO 음절에는 '等=苔=滕/騰=登', '斗=度', '迺/廼=耐'의 세 가지 동음 이표기 쌍이 있다. '等=苔=滕/騰=登'에는 을류의 ト乙/tə/를 배당하고, '斗=度'에는 갑류의 ト/to/를 배당하며, '迺/廼=耐'에는 을류의 ド乙/də/를 배당한다. 이처럼 배당하면 용례 분석 결과뿐만 아니라 중고음 수용 과정도 정확하게 반영할 수 있다.

5.2.7.6. T행의 요약 정리

T행에서 논의된 바를 요약하여 정리하면 아래와 같다. DI 음절의 표기는 공백이다. (69)에서 '泥'가 DI 음절도 표기하지만, 그 예가 둘뿐이라서 배당표에 넣지 않았다.

50 재추가한 '妬, 渡, 圖'가 '斗=度'와 동음 관계이다. '圖'는 권17에서만 사용되었다.
妬[端中1去模]=/to/^{D} 》ト/to/. 妬{戸}(5), 妬{門}(5), 多輔妬句{貴く}(2)
渡[定中1去模]=/do/^{D} 》ト/to/. 渡{門}(2), 渡{門}(5)
圖[定中1平模]=/do/^{L} 》ト/to/. 圖{戸}, 圖唎{取り}(이상 17)

(308) T행『일본서기』음가나의 음가 배당 (음영 부분은 α군 음가나)

자음＼모음		A (ア)	I (イ)	U (ウ)	E (エ)	O (オ)
T タ	T	多=哆/ta/	智=知/ti/	菟=都/tu/	弖/氐/te/	等=苔/tə/, 斗/to/
			致=智/ti/	都/tu/	底/te/	縢/騰=登=等/tə/, 度=斗/to/
	D	*娜=*儺/da/		豆/du/	*涅=*泥/de/	*迺=*耐/də/
		*娜/da/		豆=逗/du/	*泥=提/de/	*迺=*耐/də/

T행에서도 /a, i, u, e, o/의 기본모음에 을류의 /ə/를 더한 6종의 모음이 설정된다. /ə/는 O열에만 오고 이것이 갑류의 /o/와 음운론적으로 대립한다.

중요한 것은 탁음인 D행은 대부분 탈비음화를 겪은 음가나로 표기한다는 사실이다. *娜=*儺/da/, *涅=*泥/de/, *迺=*耐/də/의 6자가 泥母/n/를 가지는데, 여기에 탈비음화가 일어나 /d/를 표기한다. 豆=逗/du/의 '豆'와 '逗'는 중고음 성모가 定母/d/인데, 定母/d/는 탁음청화의 진행 속도가 가장 느렸다. 그리하여 定母/d/가 /t/로 수용될 때가 많지만 이 두 자에서는 여전히 /d/로 수용된다. '豆'는 특히 『고사기』, 『일본서기』, 『만엽집』에서 항상 대표자의 지위에 있었던 음가나이다.

5.2.8. P행, ハ行

P행의 표기에는 '波, 破, 播, 婆, 麼, 比, 臂, 譬, 毘, 避, 寐, 弭, 幣/弊, 陛, 倍, 陪, 赴, 賦, 輔'가 사용되었다. 이들을 음절별로 분류하면 아래와 같다.

(309) P행의『일본서기』음가나 (음영 부분은 α군 음가나)

자음＼모음		A (ア)	I (イ)	U (ウ)	E (エ)	O (オ)
P ハ	P	波 破 播	比 臂 譬	赴 布 輔6	弊/幣 陪 倍	朋 保 陪 倍
		播 波 婆 簸	比 毘	賦 符 甫	陛 倍	裒
	B	麼	弭		陪 倍	朋
		麼 播 磨 婆 魔	寐		謎	裒

5.2.8.1. PA 음절

PA 음절의 표기에는 '波, 破, 播, 簸, 婆, 麼'가 사용되었다. '磨'와 '魔'도 PA 음절을 표기할 때가 있지만, 용례가 각각 둘뿐이라서[51] 논외로 했다. '破'는 β군에서만 사용되고, '簸'는 α군에서만 사용되었다. 나머지는 β군과 α군에서 두루 사용되었다.

(310) 『일본서기』의 '波' 용례 (권 2, 3, 5, 7, 9, 10, 11, 13, 14, 16, 17, 22, 24, 27 → β군과 α군)

PA: 波{조사 は}, 波那{花}, 伊波{岩}, 波志{橋}, 箇波/餓波{河}, 波摩{濱}, 波揶/波椰{速, 早}, 波利{張}, 于蘆波辭/波辭{愛し}, 那珥波[難波], …

BA: 波波箇屢{憚る}[52]

(311) 『일본서기』의 '破' 용례 (권 3, 5, 7, 9, 10, 11, 12, 22 → β군)

PA: 破{조사 は}, -破孺{はず}, 伽破/箇破{川, 河}, 破莽{濱}, 破餌{山}, 以破{磐}, 遇破/愚破{桑}, 破揶{速}, 那珥破[難波], …

(312) 『일본서기』의 '播'의 용례 (권 2, 5, 9, 11, 14, 15, 16, 17, 24, 25, 26, 27 → β군과 α군)

PA: 播{조사 は}, 播屢{春}, 播羅{原}, 播志{橋}, 播磨{濱}, 儞播{庭}, 以播{岩}, 以嗣箇播{石川}, 耶麻鵝播{山川}, 舸播杯{川上}, 阿須箇我播{飛鳥川}, …

BA: -播{활용 ば}, 多致播那{橘}, 農播[ぬば]

(313) 『일본서기』의 '簸' 용례 (권 14, 15, 16 → α군)

PA: 簸{조사 は}, 呵簸{川}, 簸囉{原}, 簸多{鰭}

---

51 위의 (87)의 VA 음절과 (88)의 VA 음절을 참고하기 바란다.

52 『대계』에서는 첫째 음절을 PA 음절로, 둘째 음절을 BA 음절로 주음했다.

(314)『일본서기』의 '婆' 용례 (권 2, 14, 15, 16, 17, 19, 25, 26 → β군과 α군)

PA: 婆{조사 は}, 婆那{花}, 婆絁{愛し}, 那儞婆[難波], 阿婆例[あはれ], …

BA: -婆{활용 ば}, 乙登多奈婆多{弟織女}

(315)『일본서기』의 '麼' 용례 (권 3, 7, 9, 10, 11, 12, 13, 14, 15, 16, 17, 22, 24 → β군과 α군)

MA: 野麼/夜麼/耶麼{山}, 思麼{嶋}, 宇麼{馬}, 都麼{端}, 麼{眞}, 麼都羅符[まつらふ]

BA: -麼{활용 ば}, 麼{葉}, 多智麼那{橘}, 麻菟麼邏/摩菟麼邏{松原}, 知麼{千葉}, 烏麼志{小橋}, 烏麼野始{小林}, 珥比麼利{新治}, 多曳麼{絶え間}, …

위에 열거한 것처럼 '播'와 '婆'는 PA 음절과 BA 음절의 두 가지를 표기한다. 그러나 BA 음절의 용례는 극소수에 불과하므로 PA 음절을 기준으로 '播'와 '婆'의 음가를 논의한다. '麼'도 BA 음절과 MA 음절의 두 가지를 표기하는데, BA는 탈비음화를 겪은 표기이다.

위의 용례에서 조사 'は'의 표기에 '波, 破, 播, 簸, 婆'가 공통적으로 사용되었다. 또한 지명 '難波'의 표기에 '波, 破, 婆'가 사용되고, 명사 '川, 江'의 표기에 '破, 播, 簸'가 사용되었다. 여기에서 '波=破=播=簸=婆'의 등식이 성립한다.

반면에, '麼'는 명사 '麼'{葉}를 제외하면 대부분 둘째 음절 이하의 위치에 온다. 더군다나 복합어인 '麻菟麼邏/摩菟麼邏'{松原}의 '麼'가 단일어인 '播羅, 簸囉'{原}에서는 '播, 簸'로 표기된다. 이것을 고려하면 '麼'가 '播, 簸'의 탁음 짝이라고 예상할 수 있다.

'波, 簸, 播'의 중고음 성모는 幫母/p/이고,『일본서기』음가나에서는 幫母/p/를 항상 /p/로 수용한다.

(316)『일본서기』음가나의 幫母/p/ 수용 양상

1. 保[幫中1上豪]=/pɑu/^{R} 》ホ/po/
2. 臂[幫中A去支]=/pje/^{D} 》ヒ/pi/

3. 比[幇中A去脂]=/pji/^{D} 》 ヒ/pi/

4. 播[幇中1去戈]=/pwɑ/^{D} 》 ハ/pa/～バ/ba/

5. 波[幇中1平戈]=/pwɑ/^{L} 》 ハ/pa/

6. 簸[幇中1去戈]=/pwɑ/^{D} 》 ハ/pa/

7. 布[幇中1去模]=/po/^{D} 》 フ/pu/

(317) 『일본서기』 음가나의 幇母/p/ 대체 수용

한어 중고음의 幇母/p/는 『일본서기』 음가나에서 항상 /p/로[53] 수용된다.

다음으로, '破'의 중고음 성모는 滂母/pʰ/이고, 『일본서기』 음가나에서는 滂母/pʰ/를 항상 /p/로 수용한다.

(318) 『일본서기』 음가나의 滂母/pʰ/ 수용 양상

1. 陪[滂中1平灰]=/pʰwəi/^{L} 》 ヘ乙/pə/～ベ乙/bə/～ホ乙/pə/

2. 譬[滂中A去支]=/pʰje/^{D} 》 ヒ/pi/

3. 破[滂中1去戈]=/pʰwɑ/^{D} 》 ハ/pa/

(319) 『일본서기』 음가나의 滂母/pʰ/ 대체 수용

한어 중고음의 滂母/pʰ/는 『일본서기』 음가나에서 항상 /p/로 수용된다.

다음으로, '婆'의 중고음 성모는 並母/b/이고, 『일본서기』 음가나에서는 並母/b/를 /p/로 수용하는 것이 원칙이다. 소수의 용례에서 탁음 /b/를 표기하기도 하는데, 이것은 並母/b/가 탁음청화하기 이전의 표기라고 할 수 있다.

---

53 α군에서는 PA 음절의 표기에 脣重音만 사용했으므로(森博達 1991: 114) 우리는 /f/ 대신에 /p/로 표기한다.

(320)『일본서기』음가나의 並母/b/ 수용 양상

1. 倍[並中1上灰]=/bwəi/^{R} 》ヘ^{乙}/pə/～ホ^{乙}/pə/～ベ^{乙}/bə/
   [並中1去灰]=/bwəi/^{D}
2. 褒/裒[並中1平侯]=/bəu/^{L} 》ホ/po/～ボ/bo/
   褒[幫中1平豪]=/pɑu/^{L}
3. 朋[並中1平登]=/bəŋ/^{L} 》ホ/po/～ボ/bo/
4. 毘[並中A平脂]=/bji/^{L} 》ヒ/pi/
5. 婆[並中1平戈]=/bwɑ/^{L} 》ハ/pa/～バ/ba/
6. 弊/幣[並中A去祭]=/bɪɛi/^{D} 》ヘ/pe/
7. 陛[並中4上齊]=/bei/^{R} 》ヘ/pe/
8. 避[並中A去支]=/bje/^{D} 》ヒ/pi/

(321)『일본서기』음가나의 並母/b/ 대체 수용

한어 중고음의 並母/b/는『일본서기』음가나에서 /p/로 수용된다.

마지막으로, '麽'의 중고음 성모는 明母/m/이고,『일본서기』음가나에서 明母 /m/를 /m/으로 수용하지만 탈비음화가 일어난 /b/로도 수용한다(위의 (90) 참조).

위에서 정리한 것을 종합하여 PA 음절을 표기하는 '波, 破, 簸, 播, 婆, 麽'의 중고음과 그 수용 양상을 정리하면 아래와 같다.

(322) '波, 破, 簸, 播, 婆, 麽'의 중고음과 그 수용

1. 波[幫中1平戈]=/pwɑ/^{L} 》ハ/pa/[54]
2. 破[滂中1去戈]=/p^{h}wɑ/^{D} 》ハ/pa/

54 재추가한 '皤'가 '波, 破, 簸, 播'와 동음 관계이다. '皤'는 권14에서만 사용되었다.
皤[幫中1平戈]=/pwɑ/^{L} 》ハ/pa/ 皤{조사 は}, 儺皤{繩}(이상 14)
[並中1平戈]

3. 簸[幇中1去戈]=/pwɑ/^{D} 》ハ/pa/

4. 播[幇中1去戈]=/pwɑ/^{D} 》ハ/pa/～バ/ba/

5. 婆[並中1平戈]=/bwɑ/^{L} 》ハ/pa/～バ/ba/

6. 麽[明中1上戈]=/mwɑ/^{R} 》バ/ba/～マ/ma/

'波, 破, 簸, 播, 婆, 麽'의 중고음 운모는 모두 戈韻/wɑ/이다. 『일본서기』 음가나에서는 자음 뒤의 戈韻/wɑ/을 /a/로 수용하는 것이 원칙이다(위의 (92) 참조).

결론적으로, PA 음절에서는 '波=破=簸=播=婆'의 등식이 성립하고 '麽'는 그 탁음 짝이다. 따라서 '波=破=簸=播=婆'에는 ハ/pa/를 배당하고 '麽'에는 バ/ba/를 배당한다. '播'와 '婆'가 탁음인 バ/ba/를 표기할 때도 있지만, 그 용례가 극소수이다.

5.2.8.2. PI 음절

PI 음절의 표기에는 '比, 臂, 譬, 毘, 避, 寐, 弭'가 사용되었다. '臂'는 β군에서만 사용되고, 나머지는 β군과 α군에 두루 사용되었다.

(323) 『일본서기』의 '比' 용례 (권 2, 3, 5, 7, 9, 10, 11, 13, 14, 15, 16, 17, 19, 22, 24, 25, 26, 27 → β군과 α군)

PI: －比{활용 －ひ}, 比苔/比等/比登/比騰{人}, 比賣/比謎{姫}, 比{日}, 豫比{夕}, 比苔/比等/比騰{一}, 比訶利{光}, 比母{紐}, 阿比{相}, 珥比{新}, 伊比志{言ひし}, 伊比{飯}, 比岐/比枳{引}, …

(324) 『일본서기』의 '臂' 용례 (권 3, 5, 11, 13 → β군)

PI: －臂{활용 －ひ}, 臂苔/臂等{人}, 臂謎{媛}, 豫臂{夕}, 臂毛{紐}, 臂佐{久}, 阿由臂{足結}, 阿資臂紀能[あしひきの]

(325) 『일본서기』의 '譬' 용례 (권 3, 9, 10, 11, 14, 22 → β군과 α군)

PI: －譬{활용 －ひ}, 譬苔{人}, 譬{日}, 譬務始{蠶}, 譬句{彈く}, 多遇譬{偶}, 介譬{飼}, 瀰於須譬鵝泥{御襲料}

(326) 『일본서기』의 '毘' 용례 (권 3, 17, 24, 25, 26 → β군과 α군)

PI: －毘{활용 －ひ}, 毘苔{一}, 毘稜{廣}, 毘羅枳{開き}, 陀虞毘{偶}, 多牟伽毘{抵抗}, 毘儺利{一人}, 毘都都[ひつつ]

(327) 『일본서기』의 '避' 용례 (권 2, 11, 16, 17 → β군과 α군)

PI: 避顧{彦}, 避奈{夷}, 避{檜}, 阿避{相}, 避介[避介]

(328) 『일본서기』의 '寐' 용례[55] (권 5, 16 → β군과 α군)

MI: 寐逗{水}(15)

BI: 於寐{帶}(16), 婀波寐{鰒}(16), 思寐{鮪}(16), 那素寐/阿蘇寐{遊}(5/16), 夢須寐{結び}(16), 異利寐胡{入彥}(5), 於辭寐羅箇禰{押し開かね}(5)

(329) 『일본서기』의 '弭' 용례[56] (권 3, 10, 11, 13, 27 → β군과 α군)

MI: 企弭{君}(2), 儺弭企{靡き}}(15)

BI: 那羅弭{並び}(10, 11), 等弭{飛び}(11), 阿素弭{遊}(27), 佐杜弭等{里人}(13), 勾致弭比倶{口疼く}(3)

위의 용례에서 활용의 '－ひ'를 표기하는 데에 '比, 臂, 譬, 毘'가 공통적으로 사용되었다. 명사 '人'을 뜻하는 단어에서 '比=臂=譬'의 등식이 성립하고, 이들이 복합어인 '佐杜弭等'{里人}에서는 '弭'로 표기되었다. 또한 수사 '一'의 표기에서 '比=毘'의 등식이 성립하고 동사 '相'을 의미하는 '阿比, 阿避'에서 '比=避'의 등식이 성

55 위의 (102)에서 다시 가져왔다.
56 위의 (101)에서 다시 가져왔다.

립한다. 이들을 종합하면 '比=臂=譬=毘=避'의 등식이 성립한다.

반면에 동사 '遊'의 뜻인 '那素寐/阿蘇寐, 阿素弭'에서는 '寐=弭'의 등식이 성립한다. 그런데 복합어인 '佐杜弭等'{里人}에서 '弭'는 연탁 규칙으로 탁음화한 것이다. 이와 마찬가지로, 역시 복합어인 '異利寐胡'{入彦}의 '寐'는 '避顧'{彦}의 '避'가 연탁 규칙으로 탁음화한 것이다. 따라서 '寐=弭'는 '比=臂=譬=毘=避'의 탁음 짝임이 분명하다.

한어 중고음에서 '比, 臂'의 성모는 幫母/p/이고, 『일본서기』 음가나에서는 幫母/p/를 항상 /p/로 수용한다(위의 (317) 참조). '譬'의 중고음 성모는 滂母/p^h/이고, 『일본서기』 음가나에서는 滂母/p^h/를 항상 /p/로 수용한다(위의 (319) 참조). '毘, 避'의 중고음 성모는 並母/b/이고, 並母/b/는 『일본서기』 음가나에서 /p/로 수용된다(위의 (321) 참조). 따라서 '比=臂=譬=毘=避'의 자음은 모두 /p/라고 할 수 있다.

반면에 '寐, 弭'의 중고음 성모는 明母/m/이고, (328～329)의 '寐'와 '弭'는 明母/m/에 탈비음화가 일어난 것이다. /m/에 탈비음화가 일어나면 /b/가 된다.

중고음 성모의 수용 양상에 대한 위의 논의를 종합하여 음가를 배당하면 아래와 같다.

(330) '比, 臂, 譬, 毘, 避, 寐, 弭'의 중고음과 그 수용

1. 比[幫中A去脂]=/pji/^{D} 》 ヒ/pi/
2. 臂[幫中A去支]=/pje/^{D} 》 ヒ/pi/
3. 譬[滂中A去支]=/p^hje/^{D} 》 ヒ/pi/
4. 毘[並中A平脂]=/bji/^{L} 》 ヒ/pi/
5. 避[並中A去支]=/bje/^{D} 》 ヒ/pi/
6. 寐[明中A去脂]=/mji/^{D} 》 ビ/bi/～ミ/mi/
7. 弭[明中A上支]=/mje/^{R} 》 ビ/bi/～ミ/mi/

'比, 毘, 寐'의 중고음 운모는 脂韻/ji～ɪi/이고, '臂, 譬, 避, 弭'의 운모는 支韻/je

~ɪe/이다. 『일본서기』 음가나에서는 脂韻/ji~ɪi/과 支韻/je~ɪe/을 항상 /i/로 수용한다(위의 (18)과 (59) 참조).

용례 분석에 따르면, PI 음절에서는 '比=臂=譬=毘=避'의 등식이 성립하고 '寐=弭'는 그 탁음 짝이다. '比=臂=譬=毘=避'에 ヒ/pi/를 배당하고 '寐=弭'에 ビ/bi/를 배당하면, 용례 분석 결과와 중고음 수용 양상을 두루 충족한다.

5.2.8.3. PU 음절

PU 음절의 표기에는 '布, 赴, 甫, 賦, 輔, 符'가 사용되었다. '布, 赴'는 β군에서만 사용되고, '甫, 賦, 符'는 α군에서만 사용되었다. '輔'는 β군과 α군에서 두루 사용되었다.

(331) 『일본서기』의 '布' 용례 (권 9, 10, 12, 13 → β군)

PU: -布{활용 ふ}, 布儺{船}, 阿布{淡}, 阿布{遇ふ}, 洋娜布例{膚觸れ}

(332) 『일본서기』의 '赴' 용례 (권 3, 11 → β군)

PU: -赴{활용 ふ}, 赴{生}, 赴多/赴駄{二}, 赴泥{船}, 菟藝泥赴[つぎねふ], 菟怒瑳破赴[つのさはふ]

(333) 『일본서기』의 '甫' 용례 (권 14, 15, 19 → α군)

PU: -甫{활용 ふ}, 甫囉須/甫羅須{振}, 阿甫瀰{近江}, 伊裒甫流{五百經る}

(334) 『일본서기』의 '賦' 용례 (권 14, 16, 25, 26 → α군)

PU: -賦{활용 ふ}, 賦拕{二}, 耶賦{八節}, 賦屢[布留]

(335) 『일본서기』의 '輔' 용례 (권 2, 10, 17 → β군과 α군)

PU: 輔{生}, 輔{言}, 輔柁{二}, 輔曳{笛}, 輔智{淵}, 多輔妬句{貴く}, 輔枳{吹き}

(336) 『일본서기』의 '符' 용례 (권 14, 17, 24 → α군)

PU: -符{활용 ふ}, 符須{伏す}, 符枳{吹き}, 陀俱符羅{手腓}, 阿符美{近江}, 麼都羅符[まつらふ]

PU 음절을 표기하는 음가나는 많지만 BU 음절을 표기하는 음가나는 없다. BU 음절이 공백인데, 이것이 체계적인 공백인지 우연한 공백인지 가늠하기 어렵다. 그러나 『고사기』 음가나에서는 '夫'가 BU 음절을 표기한 바 있으므로, 『일본서기』의 이 공백은 우연한 공백일 가능성이 크다.

위의 용례에서 활용의 '-ふ'를 표기하는 데에 '布, 赴, 甫, 賦, 符'가 공통적으로 사용되었다. 수사 '二'의 표기에서 '赴=賦=輔'의 등식이 성립한다. 또한 명사 '船'을 표기하는 단어에서 '布=赴'의 등식이, 명사 '生'을 뜻하는 '赴, 輔'에서 '赴=輔'의 등식이, 지명 '近江'을 의미하는 '阿甫瀰, 阿符美'에서 '甫=符'의 등식이 성립한다. 이들을 모두 종합하면 '布=赴=甫=賦=輔=符'의 등식이 된다.

'布'의 중고음 성모는 幫母/p/이고, 『일본서기』 음가나에서는 幫母/p/를 항상 /p/로 수용한다(위의 (317) 참조).

'赴'의 성모는 敷母/pʰ/이고, 『일본서기』 음가나 중에서 敷母字는 '赴' 하나뿐이다. 이 '赴'의 성모가 아래의 (340.2)에 제시한 것처럼 /p/로 수용된다. '赴'가 위의 '布'와 동음 관계이기 때문이다.

(337) 『일본서기』 음가나의 敷母/pʰ/ 대체 수용

한어 중고음의 敷母/pʰ/는 『일본서기』 음가나에서 /p/로 수용된다.

'甫, 賦'의 중고음 성모는 非母/p/이고, 『일본서기』 음가나 중에서 非母字는 이 둘뿐이다. 이 '甫, 賦'의 성모가 아래의 (340.3~4)에 제시한 것처럼 /p/로 수용된다. '甫, 賦'가 위의 '布'와 동음 관계이기 때문이다.

(338) 『일본서기』 음가나의 非母/p/ 대체 수용

한어 중고음의 非母/p/는 『일본서기』 음가나에서 /p/로 수용된다.

'輔, 符'의 중고음 성모는 奉母/b/이고, 『일본서기』 음가나 중에서 奉母字는 이 둘뿐이다. 이 '輔, 符'의 성모가 아래의 (340.3~4)에 제시한 것처럼 /p/로 수용된다. '輔, 符'가 위의 '布'와 동음 관계이기 때문이다.

(339) 『일본서기』 음가나의 奉母/b/ 대체 수용

한어 중고음의 奉母/b/는 『일본서기』 음가나에서 /p/로 수용된다.

奉母는 전기 중고음에서 유성음 /b/로 추정되는데도, 奉母/b/가 『일본서기』 음가나에서 청음 /p/로 수용된다. 위에서 우리는 이미 群母/g/, 從母/dz/, 邪母/z/가 한어 중고음에서 유성음이지만 『일본서기』 음가나에서는 대체 수용의 과정을 겪어 청음인 /k/, /s/, /s/로 각각 수용되었다고 한 바 있다. 이와 평행적으로 奉母/b/도 청음인 /p/로 수용된다.[57]

위의 논의를 반영하여, PU 음절 음가나의 수용 양상을 정리하면 아래와 같다.

(340) '布, 赴, 甫, 賦, 輔, 符'의 중고음과 그 수용

1. 布[幫中1去模]=/po/^{D} 》 フ/pu/
2. 赴[敷中C去虞]=/p^{h}ɥo/^{D} 》 フ/pu/[58]
3. 甫[非中C上虞]=/pɥo/^{R} 》 フ/pu/
4. 賦[非中C去虞]=/pɥo/^{D} 》 フ/pu/
5. 輔[奉中C上虞]=/bɥo/^{R} 》 フ/pu/

57 森博達(1991: 48)에서는 '凡'과 '梵'의 예를 들어 奉母/b/도 탁음청화의 속도가 느렸다고 보았다.

58 재추가한 '敷'가 '赴=賦=輔'와 동음 관계이다. 이 '敷'는 권10에서만 사용되었다. 敷[敷中C平虞]=/p^{h}ɥo/^{L} 》 フ/pu/. 敷多{二}, 敷例{觸れ}(이상 10)

6. 符[奉中C平虞]=/bɥo/L》フ/pu/

이제 운모의 수용 양상을 정리한다. '赴, 甫, 賦, 輔, 符'의 중고음 운모는 虞韻/ɥo/이고, 『일본서기』 음가나에서는 虞韻/ɥo/을 /u/로 수용한다(위의 (27) 참조).

그런데 특이하게도 '布'의 중고음 운모는 模韻/o/이다. 模韻/o/은 『일본서기』 음가나에서 /o/로 수용되는 것이 원칙이지만, 일부의 模韻/o/은 /u/로 수용된다(위의 (65) 참조). 바로 이 '布'가 그 일부의 模韻字에 속한다. '布'의 模韻/o/이 특이하게도 /u/로 수용된다는 것은 분명하다. '赴, 甫, 賦, 輔, 符'의 虞韻/ɥo/을 /u/로 수용하듯이 '布'의 模韻/o/을 역시 /u/로 수용한다고 해야만, 이 둘의 동음 관계를 기술할 수 있기 때문이다.

결론적으로, PU 음절에서는 '布=赴=甫=賦=輔=符'의 동음 관계가 성립하고, 이들에는 공통적으로 フ/pu/를 배당한다. BU 음절을 표기하는 음가나가 없는데, 이것은 우연한 공백일 것이다.

5.2.8.4. PE 음절

PE 음절의 표기에는 '幣/弊, 陛, 陪, 倍'가 사용되었다. (113.2)의 '謎'도 BE 음절을 표기하지만 그 용례가 둘 뿐이라서 논의 대상에서 제외했다. '幣/弊, 陛, 陪, 倍'의 네 자 모두 β군과 α군에서 두루 사용되었다.

(341) 『일본서기』의 '幣/弊' 용례 (幣 권 7, 11, 13, 26; 弊 권 7, 24 → β군과 α군)

PE: 伊弊{家}, 摩幣{前}, 幣{平}, 幣{邊}, 幣{重}, 魔弊菟{群}, 伊幣齊{言へせ}, 餓幣利{還り}, 霧伽幣{向へ}, 和藝幣{我家}

(342) 『일본서기』의 '陛' 용례 (권 2, 14, 15, 16, 19, 25, 26, 27 → β군과 α군)

PE: 陛{조사 へ}, 磨陛{前}, 陛{邊}, 陛{重}, 陀虞陛{偶へ}

(343) 『일본서기』의 '陪' 용례 (권 3, 9, 10, 11, 13, 14, 19, 22 → β군과 α군)

PE: 易陪{云へ}, 多具陪{副へ}, 都柯陪/菟伽陪{仕へ}, 破陪鷄區{延へけく}, 多多介陪麼{戰へば}, 基能陪{城の上}, 等虛辭陪邇[とこしへに]

PO: 茂苔陪之{廻ほし}(9)

BE: 奈羅陪{並べ}(11), 于陪{宜}(11), 資利奴陪瀰{知りぬべみ}(13)

(344) 『일본서기』의 '倍' 용례 (권 3, 7, 9, 11, 13, 14, 16, 22, 27 → β군과 α군)

PE: 宇倍{上}, 多倍{栲}, 伊比佐倍{飯さへ}, 瀰逗佐倍{水さへ}, 等邏倍菟{捕へつ}, 施麻倍{島傍}

PO: 珥倍{鳰}(9), 異枳迺倍呂之{憤し}(9), 茂等倍{廻}(3), 摩倍邏摩[まほらま](7)

BE: 奈倍氐{並べて}(7), 勾倍枳{來べき}(13), 宇倍之{諾し}(22)

위의 용례에서 '摩幣=磨陛'{前}, '幣=陛'{邊}, '幣=陛'{重}의 세 쌍이 동음 이표기 쌍이므로, '幣=陛'의 등식이 성립한다.

'陪'와 '倍'는 우선 PE, PO, BE의 세 가지 음절을 표기한다는 점에서 동일하다. 이 세 가지 음절 중에서 PE 음절의 용례가 가장 많으므로 여기에서 논의한다. PE 음절에서는 '基能陪'{城の上}의 '陪'와 '宇倍'{上}의 '倍'가 동일어의 동일 음절을 표기하고, BE 음절에서는 '奈羅陪'{並べ}의 '陪'와 '奈倍氐'{並べて}의 '倍'가 동음 관계이다. 따라서 '陪=倍'의 등식이 성립한다. 반면에, '陪=倍'의 용례와 '幣=陛'의 용례 중에는 서로 일치하는 것이 없으므로 이 둘은 이음 관계이다.

PE 음절의 중고음과 그 수용 양상을 기술하기 전에 반드시 언급해야 할 것이 있다. '陪'와 '倍'가 PO 음절과 BE 음절을 표기하는 예들이 모두 β군에 분포한다는 사실이다. 이것을 달리 말하면 α군에서는 '陪'와 '倍'가 PE 음절만 표기한다는 뜻이다.[59] β군과 α군의 표기법적·음운론적 차이를 강조하고자 할 때에는 이것

59 이러한 차이를 森博達(1991)이 누누이 강조한 바 있다. 그리하여 β군에서는 수용 규칙을 일반화하기가 어렵지만 α군은 아주 쉽다는 것을 강조한다. 이에 따라 α군은 당나라 북방음을 재구할 때에 아주 중요한 자료가 된다고 했다.

을 빠뜨려서는 안 될 것이다.

'陛, 幣/弊, 倍'의 중고음 성모는 並母/b/이고, 並母/b/는 『일본서기』 음가나에서 항상 /p/로 수용된다(위의 (321) 참조). '陪'의 성모는 滂母/pʰ/이고, 滂母/pʰ/도 항상 /p/로 수용된다(위의 (319) 참조).

(345) '陛, 幣/弊, 陪, 倍'의 중고음과 그 수용

1. 陛[並中4上齊]=/bei/ᴿ 》 ヘ/pe/[60]
2. 弊/幣[並中A去祭]=/bɪɛi/ᴰ 》 ヘ/pe/
3. 陪[滂中1平灰]=/pʰwəi/ᴸ 》 ヘ乙/pə/[61] ～ベ乙/bə/ ～ホ乙/pə/
4. 倍[並中1上灰]=/bwəi/ᴿ 》 ヘ乙/pə/ ～ホ乙/pə/ ～ベ乙/bə/
   [並中1去灰]=/bwəi/ᴰ

'陛'와 '幣/弊'의 중고음 운모는 각각 齊韻/ei/과 祭韻/jɛi～ɪɛi/이고, 이들은 /e/로 수용되는 것이 원칙이다(위의 (73)과 (30) 참조). 반면에 '陪'와 '倍'의 중고음 운모는 灰韻/wəi/이고, 灰韻/wəi/은 『일본서기』 음가나에서 항상 /ə/로 수용된다(위의 (118) 참조).

요컨대, PE 음절에서는 '陛=幣/弊'와 '陪=倍'의 두 가지 등식이 성립하고, 이 둘은 이음 관계이다. (345)처럼 '陛=幣/弊'에 ヘ/pe/를 배당하고 '陪=倍'에 을류의 ヘ乙/pə/를 배당하면, 용례 분석 결과와 중고음 수용 양상을 두루 충족할 수 있다.

그런데 '陪'와 '倍'가 공통적으로 PE, PO, BE의 세 가지 음절을 표기한다고 하여 '陪'와 '倍'에 각각 세 가지 음가를 배당해야 할까? 우리는 이에 대해 부정적이다. '陪'와 '倍'의 모음이 그만큼 유동적이라서 표면에서 세 가지 음절로 실현될

60 재추가한 '鞞'가 '陛=幣/弊'와 동음 관계이다. '鞞'는 권27에서만 사용되었다.
鞞[並中4平齊]=/bei/ᴸ 》 ヘ/pe/. 伊鞞/鞞{家}, 野鞞{八重}(이상 27)
[幫中A上支], [幫中A平支], [幫中4上青]

61 재추가한 '杯'가 '陪=倍'와 동음 관계이다.
杯[幫中1平灰]=/pwəi/ᴸ 》 ヘ乙/pə/. 禹杯/杯{上}(24, 26)

뿐이고, 심층에서는 단일한 모음이라고 보기 때문이다. 이 단일한 모음을 을류의 /ə/라고 하면 PE, PO, BE 음절을 각각 ヘ乙/pə/, ホ乙/pə/, ベ乙/bə/라고 할 수 있다. 이들이 표면에서는 각각 ヘ乙, ホ乙, ベ乙이므로 서로 다른 음가인 것처럼 보이지만, 심층에서는 이들의 모음이 모두 /ə/ 하나로 귀결된다.

상대 일본어의 모음체계를 7모음체계 또는 8모음체계로 보는 견해에서는 PE 음절의 을류 모음과 PO 음절의 을류 모음이 서로 다르다고 기술할 것이다. 그런데 '陪'와 '倍'의 용례에서 볼 수 있듯이, 이 두 가지 을류 모음이 사실은 동일 음가나 즉 '陪' 또는 '倍'로 표기된다. 이것은 PE 음절의 을류 모음과 PO 음절의 을류 모음이 음운론적으로 차이가 없었다는 것을 증명해 주는 결정적인 자료가 된다. 따라서 우리는 『일본서기』 음가나의 모음체계를 기본모음 5종에 /ə/가 추가된 6모음체계일 가능성이 크다고 기술한다.

5.2.8.5. PO 음절

PO 음절의 표기에는 '朋, 裒, 保'가 사용되었다. 이들은 β군과 α군에서 두루 사용된다. '陪, 倍'가 PO 음절을 표기할 때도 있지만, 이것은 위의 PE 음절에서 이미 다룬 바 있다.

(346) 『일본서기』의 '朋' 용례 (권 3, 5, 10, 11, 12, 13, 17, 22 → β군과 α군)

PO: 朋母{秀も}, 於朋/淤朋/飫朋{大}, 朋辭{欲し}, 豫呂朋譬[寄ろほひ]

BO: 能朋利/能朋例/能朋樓{泝, 翔, 上}(10, 11, 17)

(347) 『일본서기』의 '裒' 용례 (권 13, 14, 16, 24, 26 → β군과 α군)

PO: 之裒{潮}, 於裒/飫裒{大}, 姑裒之枳{戀しき}, 裒屢{欲る}, 曾裒遲{沾ち}, 伊裒甫{五百經}, 嗚佐裒{小佐保}

BO: 能裒利{緣り}(14), 騰裒囉栖{通らせ}(24)

(348) 『일본서기』의 '保' 용례 (권 9, 10, 11, 15, 26 → β군과 α군)

PO: 保枳{壽き}, 等保{遠}, 保指{欲し}, 於母保{思ほ}, 保菟曳{上枝}, 府保語茂利[ふほごもり]

위의 용례 중에서 '朋辭{欲し}, 裒屢{欲る}, 保指{欲し}'가 동일어이고, '於朋/淤朋/飫朋{大}, 於裒/飫裒{大}'가 동일어이다. 여기에서 '朋=裒=保'의 등식이 성립한다.

그런데 '朋'과 '裒'는 위에 제시한 것처럼 PO 음절을 표기한 것이 대부분이지만 극소수의 용례에서 BO 음절도 표기한다. 그 원인의 하나로 '朋'과 '裒'의 중고음 성모가 유성음인 並母/b/라는 점을 들 수 있다. 탁음청화가 일어나기 이전에는 並母/b/가 /b/로 수용될 수 있다.

'朋, 裒'의 중고음 성모는 並母/b/이고, 並母/b/는 『일본서기』 음가나에서 항상 /p/로 수용된다(위의 (321) 참조). 이것은 탁음청화가 일어난 이후의 음가이다. '保'의 성모는 幫母/p/이고, 幫母/p/도 항상 /p/로 수용된다(위의 (317) 참조). '朋, 裒'가 소수의 용례에서 BO 음절을 표기하지만 '保'는 그런 일이 없다. '朋, 裒'의 중고음 성모가 유성음인 並母/b/인 데에 반하여 '保'는 무성음인 幫母/p/이기 때문에, BO 음절의 표기 여부에서 차이가 난다고 할 수 있다.

(349) '朋, 裒, 保'의 중고음과 그 수용

1. 朋[並中1平登]=/bəŋ/^{L} 》 ホ/po/～ボ/bo/
2. 裒[並中1平侯]=/bəu/^{L} 》 ホ/po/～ボ/bo/
3. 保[幫中1上豪]=/pɑu/^{R} 》 ホ/po/

'朋'의 중고음 운모는 登韻/əŋ/이고, 登韻/əŋ/은 『일본서기』 음가나에서 /ə/로 수용되지만 '朋'에서는 예외적으로 /o/로 수용된다(위의 (78) 참조). 이 예외적 수용의 원인은 아마도 성모가 순음이라는 데에 있을 것이다. 순음 뒤에 오는 을류의 /ə/는 원순모음화를 일으켜서 /o/가 될 때가 많기 때문이다.

'裒'의 운모는 侯韻/əu/이고, 『일본서기』 음가나에서는 侯韻/əu/을 /u/ 또는

/o/로 수용한다(위의 (129) 참조). 음가나마다 수용 양상이 다른데, '褒/裒'에서는 侯韻/əu/이 /o/로 수용된다. '保'의 운모는 豪韻/ɑu/이고, 豪韻/ɑu/은 /o/로 수용된다(위의 (131) 참조). /o/로 수용되는 음가나의 성모가 모두 순음이라는 점에 주목할 필요가 있다.

요컨대, PO 음절에서는 '朋=裒=保'의 등식이 성립하므로, 이들에는 공통적으로 ホ/po/를 배당한다. '朋, 裒'가 BO 음절도 표기하지만 그런 예는 극소수이다.

5.2.8.6. P행의 요약 정리

위의 논의를 종합하여 P행 음가나의 음가 배당표를 작성해 보면 아래와 같다. 원인을 정확히 알 수 없지만 /pu/의 탁음 짝인 /bu/를 표기하는 음가나가 없다. 탈비음화의 결과로 /b/를 표기하게 된 음가나에는 왼쪽 어깨에 '*'를 달았다.

(350) P행 『일본서기』 음가나의 음가 배당 (음영 부분은 α군 음가나)

자음 \ 모음		A (ア)	I (イ)	U (ウ)	E (エ)	O (オ)
P ハ	P	波=破=播/pa/	比=臂=譬/pi/	赴=布=輔/pu/	陛=弊/幣/pe/, 陪=倍/pə/	朋=裒=保/po/
		播=波=婆=簸/pa/	比=毘/pi/	賦=符=甫/pu/	陛/pe/, 倍/pə/	朋=裒=保/po/
	B	*麼/ba/	*弭/bi/		陪=倍/bə/	朋=裒/bo/
		*麼=播=婆/ba/	*寐/bi/			裒/bo/

P행에서도 /a, i, u, e, o, ə/의 6종의 모음만 확인된다. 그런데 을류의 /ə/ 모음이 E열에만 분포하므로 특이하다. 여타의 행에서는 대개 O열에서 갑류와 을류 모음이 음운론적으로 대립하는데, P행에서는 E열에서 갑류와 을류 모음이 대립한다.

P행은 자음이 순음이므로 뒤따르는 을류 모음이 원순모음화하기 쉬운 환경이다. 이 원순모음화는 위의 MO 음절에서도 이미 확인한 바 있다. 登韻/əŋ/이 을

류의 /ə/로 수용되는 것이 원칙이지만, 이 원순모음화에 따라 PO·BO 음절에서는 '朋'의 登韻/əŋ/도 원순모음 /o/로 대체되어 수용된다.

중요한 것은 P행에서는 특이하게도 청음의 /p/와 탁음의 /b/를 동시에 표기하는 음가나가 많다는 점이다. 성모가 幫母/p/인 '播', 滂母/p^h/인 '陪', 並母/b/인 '婆, 倍, 朋, 裒' 등 모두 6자나 된다. 여기에서 유성음인 並母/b/만 청음과 탁음의 두 가지로 수용된 것이 아니라는 점에 주의해야 한다. 幫母字와 滂母字도 두 가지로 수용되므로 한어 중고음의 유·무성 대립만으로는 『일본서기』 음가나의 수용 양상을 정확히 기술할 수 없다.

하나의 음가나가 청음과 탁음을 동시에 표기한다는 것은 거꾸로 청탁 구별이 없어지기 시작했다는 것을 암시한다. 이와 관련된 한어의 음운변화로 탁음청화가 있다. 유성무기음인 全濁이 무성음인 全淸이나 次淸으로 변하는 것을 탁음청화라 한다.

'播, 陪, 婆, 倍, 朋, 裒'의 여섯 자는 한어에서 탁음청화가 일어났음을 암시하는 자료가 된다. 일본어에서는 고래로 유·무성 대립이 확고하므로, 하나의 음가나가 청음과 탁음의 두 가지를 표기하는 현상은 일본어 고유의 내재적 현상이 아니다. 따라서 한어 중고음에서 탁음청화가 일어났고 이 외래적 요인 탓으로, 동일 음가나가 청음과 탁음의 두 가지를 표기하게 되었다고 기술해야 할 것이다.

5.2.9. J행, ヤ行

J행에서는 활음 /j/가 모음의 앞에 온다. 이 활음 /j/를 반모음, 반자음 등으로 부르기도 하는데, 만엽가요의 음가나에서는 /j/를 자음의 일종으로 분류하는 것이 정확하다. 만엽가요의 음가나에서는 자음과 모음 사이에 활음이 개재하는 CGV 음절형이 없고 CV의 음절형만 있다. 이 CV 음절형에 GV 음절형이 포함된다.

J행의 표기에는 '夜, 野, 椰/揶, 耶, 喩, 由, 豫, 與, 余, 譽, 用'이 사용되었다. 이들을 음절별로 분류하면 아래와 같다. JI 음절과 JE 음절이 일단은 체계적 공백이라고 기술해 둔다.

(351) J행의 『일본서기』 음가나 (음영 부분은 α군 음가나)

자음 \ 모음	A (ア)	I (イ)	U (ウ)	E (エ)	O (オ)
J ヤ	夜 椰/揶		由 喩		豫 譽5 用5
	野 耶		喩		與 余 用5

5.2.9.1. JA 음절

JA 음절의 표기에는 '夜, 野, 椰/揶, 耶'가 사용되었다. '椰/揶'는 β군에서만 사용되고, '耶'는 α군에서만 사용되었다. '夜, 野'는 β군과 α군에서 두루 사용되었다.

(352) 『일본서기』의 '夜' 용례 (권 1, 2, 3, 7, 10, 11, 12, 13, 14, 22 → β군과 α군)

夜{조사 や}, 夜{접두사 や}, 夜{屋, 家}, 於夜{親}, 夜摩/夜莽/夜麼{山}, 夜摩苔/夜莽苔{倭}, 夜{八}, 夜莽/夜梅{止}, 伊夜[いや], 阿阿時夜塢[ああしやを], 夜輸瀰始之/夜酒瀰志斯[やすみしし], …

(353) 『일본서기』의 '野' 용례 (권 9, 14, 15, 16, 17, 24, 26, 27 → β군과 α군)

野{조사 や}, 野{宅}, 野麼/野磨{山}, 野父{藪}, 野磨等/野麻登/野麻騰{倭}, 瀰野{宮}, 野{八}, 野儺擬{楊}, 野倶{燒く}, …

(354) 『일본서기』의 '椰/揶' 용례 (椰 권 3, 5, 9, 10, 11, 13, 22, 23; 揶 권 5, 11 → β군)

椰/揶{조사 や}, 椰{접두사 や}, 椰摩/揶莽{山}, 椰磨等{倭}, 瀰椰/瀰揶{宮}, 椰/揶{八}, 椰{矢}, 椰主/揶須{安}, 波椰/破揶{早}, …

(355) 『일본서기』의 '耶' 용례 (권 14, 16, 19, 25, 26 → α군)

耶{조사 や}, 耶麻/耶麼{山}, 耶{八}, 耶魔等{日本}, 耶黎夢{破れむ}, 瑜屢世登耶[ゆるせとや]

위의 용례에서 어말조사 'や'의 표기에 '夜, 野, 椰/揶, 耶'가 공통적으로 사용되었음이 드러난다. 명사 '山'의 표기에도 '夜, 野, 椰/揶, 耶'가 공통되고, 국명 '倭, 日本'의 표기에도 '夜, 野, 椰/揶, 耶'가 공통된다. 따라서 '夜=野=椰/揶=耶'의 등식을 세울 수 있다.

'夜, 野, 椰/揶, 耶'의 중고음 성모는 모두 羊母/j/이고, 羊母/j/는 『일본서기』 음가나에서 항상 /j/로 수용된다(위의 (20) 참조). 또한 '夜, 野, 椰/揶, 耶'의 중고음 운모는 모두 麻韻/ε/이고, 麻韻/ε/은 항상 /a/로 수용된다(위의 (94) 참조).

(356) '夜, 野, 椰/揶, 耶'의 중고음과 그 수용

1. 夜[羊開AB去麻]=/jɪε/[D] 》 ヤ/ja/
2. 野[羊開AB上麻]=/jɪε/[R] 》 ヤ/ja/
3. 椰/揶[羊開AB平麻]=/jɪε/[L] 》 ヤ/ja/
4. 耶[羊開AB平麻]=/jɪε/[L] 》 ヤ/ja/

요컨대, JA 음절에서는 '夜=野=椰/揶=耶'의 등식이 성립하므로, 이들에는 공통적으로 ヤ/ja/를 배당한다.

5.2.9.2. JU 음절

JU 음절의 표기에는 '喩, 由'가 사용되었다. '喩'는 β군과 α군에서 두루 사용되지만, '由'는 β군에서만 사용되었다.

(357) 『일본서기』의 '喩' 용례 (권 3, 9, 10, 11, 14, 15, 16, 17, 19, 24, 26, 27 → β군과 α군)

-喩{활용 -ゆ}, 喩彌{弓}, 賀駄喩{方ゆ}, 阿喩{鮎}, 喩者/喩祇/喩企/喩區/喩玖{行}, 枳擧喩{聞ゆ}, 於母保喩屢{思ほゆる}, 古喩{越ゆ}, 喩衛爾[ゆゑに], …

(358) 『일본서기』의 '由' 용례 (권 3, 5, 7, 10, 11, 13 → β군)

由瀰/由彌{弓}, 伽多由{方ゆ}, 由介{行か}, …

위의 용례에서 '喩彌, 由瀰/由彌'{弓}가 동음 이표기 쌍이고, '箇駄喩, 伽多由'{方ゆ}도 마찬가지이다. 여기에서 '喩=由'의 등식이 성립한다.

'喩, 由'의 중고음 성모는 羊母/j/이고, 羊母/j/는 항상 /j/로 수용된다. '喩'의 중고음 운모는 虞韻/ɥo/이고, 『일본서기』 음가나에서는 虞韻/ɥo/을 /u/로 수용한다(위의 (27) 참조). '由'의 운모는 尤韻/ɪəu/이고, 尤韻/ɪəu/은 /u/로 수용되는 것이 원칙이다(위의 (112) 참조).

(359) '喩, 由'의 중고음과 그 수용

1. 喩[羊中C去虞]=/jɥo/[D] 》 ユ/ju/[62]
2. 由[羊中C平尤]=/jɪəu/[L] 》 ユ/ju/

요컨대, JU 음절에서는 '喩=由'의 등식이 성립하고, 이들에는 ユ/ju/를 배당한다.

5.2.9.3. JO 음절

JO 음절의 표기에는 '豫, 與, 余, 譽, 用'이 사용되었다. '豫, 譽'는 β군에서만 사용되었고, '與'는 α군에서만 사용되었다. '余, 用'은 β군과 α군에 두루 사용되었다.

(360) 『일본서기』의 '豫' 용례 (권 2, 3, 7, 9, 10, 11, 13, 22 → β군)

豫{조사 よ}, 豫{世}, 豫嗣/豫利/豫屢/豫呂辭{寄}, 豫區{横}, 等豫{動}, 豫辭[よし], …

62 재추가한 '庾'가 '喩=由'와 동음 관계이다. '庾'는 권26에서만 사용되었다.
庾[羊中C上虞]=/jɥo/[R] 》 ユ/ju/. 庾舸武{行かむ}, 庾麻旨珥[ゆましじ](이상 26)

(361) 『일본서기』의 '與' 용례 (권 14, 15, 16, 17, 26 → α군)

與{조사 よ}, 與慮志{宜し}, 與鼇{震り}, 與慮斯企[よろしき], 婀嗚儞與志[あをによし]

(362) 『일본서기』의 '余' 용례 (권 13, 16, 17, 22, 24 → β군과 α군)

余{代}, 等余/騰余謀{響}, 余留{寄}, 騰余瀰{動み}

(363) 『일본서기』의 '譽' 용례 (권 2 → β군)

譽{조사 よ}, 譽{世}, 譽贈比志{裝し}, 譽戻耐母{寄れども}

(364) 『일본서기』의 '用' 용례 (권 7, 11, 13, 15 → β군과 α군)

用利{조사 より}, 用{夜}

위의 용례에서 어말조사 'よ'의 표기에 '豫, 與, 譽'가 공통적으로 사용되었고, 명사 '世, 代'의 표기에는 '豫, 余, 譽'가 공통적으로 사용되었다. 여기에서 '豫=與=余=譽'의 등식이 성립한다. 반면에 '用'은 용례가 둘뿐이지만, '豫=與=余=譽'의 용례와 공통되지 않는다. 따라서 '用'과 '豫=與=余=譽'는 이음 관계라고 할 수 있다.

'豫, 與, 余, 譽, 用'의 중고음 성모는 모두 羊母/j/이고, 羊母/j/는 『일본서기』 음가나에서 항상 /j/로 수용된다(위의 (20) 참조).

'豫, 與, 余, 譽'의 중고음 운모는 魚韻/ɪo~ɪə/이고, 魚韻/ɪo~ɪə/은 『일본서기』 음가나에서 항상 을류의 /ə/로 수용된다(위의 (37) 참조). 반면에 '用'의 중고음 운모는 鍾韻/ɪoŋ/이고, 『일본서기』 음가나에 사용된 鍾韻字는 '用' 하나뿐이다. '用'이 '豫=與=余=譽'와는 이음 관계이므로, 아래의 (366.5)처럼 '用'이 갑류의 /o/로 수용된다고 하는 것이 자연스럽다.

(365) 『일본서기』 음가나의 鍾韻/ɪoŋ/ 대체 수용

한어 중고음의 鍾韻/ɪoŋ/은 『일본서기』 음가나에서 /o/로 수용된다.

요컨대, JO 음절에서는 '豫=與=余=譽'의 등식이 성립하고, 이들이 '用'과는 이음 관계이다. '豫=與=余=譽'에 을류의 ヨ乙/jə/를 배당하고 '用'에 갑류의 ヨ/jo/를 배당하면, 동음 관계와 이음 관계를 정확히 반영할 수 있다.

(366) '豫, 與, 余, 譽, 用'의 중고음과 그 수용

1. 豫[羊中C去魚]=/jɪo~jɪə/D 》 ヨ乙/jə/[63]
2. 與[羊中C平魚]=/jɪo~jɪə/L 》 ヨ乙/jə/
   [羊中C上魚]=/jɪo~jɪə/R
3. 余[羊中C平魚]=/jɪo~jɪə/L 》 ヨ乙/jə/
4. 譽[羊中C去魚]=/jɪo~jɪə/D 》 ヨ乙/jə/
5. 用[羊中C去鍾]=/jɪoŋ/D 》 ヨ/jo/

『고사기』 음가나에서는 '用'에 을류의 ヨ乙/jə/를 배당한 바 있다. 반면에 『일본서기』 음가나에서는 갑류의 ヨ/jo/를 배당하므로, 텍스트에 따라 '用'의 수용 양상이 서로 달라진다는 점에 주의해야 한다. 만약에 『일본서기』 음가나에서 '用'과 '豫=與=余=譽'의 동음 관계가 확인된다면 『일본서기』도 '用'이 을류의 ヨ乙/jə/로 수용되었다고 할 수 있지만, 이 동음 관계가 확인되지 않는다.

5.2.9.4. J행의 요약 정리

위의 논의를 종합하여 J행 음가 배당표를 작성하면 아래와 같다. J행에서는 /a, u, o, ə/의 4종 모음이 설정된다. 그러나 øE 음절의 曳/je/를 J행으로 옮기면 /e/ 모음이 추가된다.

---

63 재추가한 '預'가 '豫=與=余=譽'와 동음 관계이다. '預'는 α군에서만 사용되었다.
預[羊中C去魚]=/jɪo~jɪə/D 》 ヨ乙/jə/. 預{조사 よ}(14), 預{世}(24), 陀虞毘預倶{偶よく}(25)

(367) J행 『일본서기』 음가나의 음가 배당 (음영 부분은 α군 음가나)

자음＼모음	A (ア)	I (イ)	U (ウ)	E (エ)	O (オ)
J(ヤ)	夜=椰/揶/ja/		由=喩/ju/	曳/je/	豫=譽/jə/, 用/jo/
	野=耶/ja/		喩/ju/	曳/je/	與=余/jə/, 用/jo/

위의 음가 배당표에서 JI 음절은 체계적인 공백이다. 활음 /j/와 모음 /i/는 조음위치가 동일하기 때문에, /ji/가 존재한다 하더라도 /i/로 인식될 가능성이 크기 때문이다.

반면에 JE 음절은 공백이 아니다. 이것을 증명해 주는 것이 위의 øE 음절에서 거론한 '曳'이다. '曳'의 음가를 /je/라고 한 바 있는데, 이 /je/는 정확히 말하면 ø행에 속하는 음가가 아니라 J행에 속하는 음가이다.

J행에서도 을류의 모음 /ə/가 O열에서 설정된다. 결론적으로, J행에 오는 모음은 /a, u, e, o, ə/의 5종이다. /ji/는 체계적인 공백이므로, J행에서도 6종의 모음이 모두 확인된다고 해도 틀리지 않는다.

5.2.10. W행, ワ行

W행은 자음 자리에 후설원순활음 /w/가 오는 행이다. 자음 자리에 왔으므로 상대 일본어의 /w/를 마치 자음인 것처럼 분류해도 무방하다. 이 점에서 W행은 위의 J행과 같다.

W행의 표기에는 '和, 倭, 衛, 謂, 威, 惠, 衛, 烏, 塢, 嗚/鳴, 乎, 弘'가 사용되었다. 이들을 50음도에 맞추어 분류하면 아래와 같다.

(368) W행의 『일본서기』 음가나 (음영 부분은 α군 음가나)

자음＼모음	A (ア)	I (イ)	U (ウ)	E (エ)	O (オ)
W ワ	和	謂 委2		惠4	烏 塢 弘
	倭 和	謂 威3		衛	嗚/鳴 烏 乎 弘

5.2.10.1. WA 음절

WA 음절의 표기에는 '和, 倭'가 사용되었다. '和'는 β군과 α군에서 두루 사용되지만, '倭'는 α군에서만 사용된다.

(369) 『일본서기』의 '和' 용례 (권 2, 3, 5, 7, 9, 10, 11, 13, 14, 16, 17, 22, 23, 26 → β군과 α군)

和/和例{我}, 和氣{別}, 和俱/和區{若}, 和之/和斯{走}, 和柁/和多/和哆/和駄{渡, 濟}, 和素邏{忘ら}, 瀰和{三輪}, 佐和佐和珥[さわさわに]

(370) 『일본서기』의 '倭' 용례 (권 14, 17, 24, 26 → α군)

倭/倭例{我}, 倭俱/倭柯矩/倭柯俱/倭柯枳{若}, 倭須羅庾靡旨珥{置らゆましじ}, 倭柁/倭柁{渡}

위에서 인칭대명사 '我'를 뜻하는 '和/和例'와 '倭/倭例', 형용사 '若'을 뜻하는 '和俱'와 '倭俱', 동사 '渡, 濟'를 뜻하는 '和柁'와 '倭柁'가 동음 이표기 쌍이다. 따라서 '和=倭'의 등식이 성립한다.

'和'의 중고음 성모는 匣母/ɦ/이고, 『일본서기』 음가나에서 匣母/ɦ/를 수용하는 양상은 아래와 같다. 匣母/ɦ/는 항상 삭제되어 수용된다.

(371) 『일본서기』 음가나의 匣母/ɦ/ 수용 양상

1. 惠[匣合4去齊]=/ɦwei/^{D} 》 ヱ/we/
2. 乎[匣中1平模]=/ɦo/^{L} 》 ヲ/wo/
3. 弘[匣合1平登]=/ɦwəŋ/^{L} 》 ヲ/wo/
4. 和[匣合1平戈]=/ɦwɑ/^{L} 》 ワ/wa/
   [匣合1去戈]=/ɦwɑ/^{D}

(372) 『일본서기』 음가나의 匣母/ɦ/ 대체 수용

한어 중고음의 匣母/ɦ/는 『일본서기』 음가나에서 항상 삭제되어 수용된다.

'倭'의 중고음 성모는 影母/ʔ/이고, 影母/ʔ/는 『일본서기』 음가나에서 항상 삭제되어 수용된다(위의 (10) 참조).

'和, 倭'의 중고음 운모는 戈韻/wɑ/이고, 戈韻/wɑ/은 자음 뒤에서 /a/로 수용되는 것이 원칙이지만 앞에 자음이 없을 때에는 /wa/로 수용된다(위의 (92) 참조). '和, 倭'의 匣母/ɦ/가 삭제되어 수용되므로 이들의 戈韻/wɑ/은 /wa/로 수용된다.

(373) '和, 倭'의 중고음과 그 수용

1. 和[匣合1平戈]=/ɦwɑ/^{L} 》 ワ/wa/
   [匣合1去戈]=/ɦwɑ/^{D}
2. 倭[影合1平戈]=/ʔwɑ/^{L} 》 ワ/wa/

요컨대, WA 음절에서는 '和=倭'의 등식이 성립하고, 이들은 ワ/wa/를 표기한다.

5.2.10.2. WI 음절

WI 음절의 표기에는 '謂, 委, 威'가 사용되었다. '謂'는 β군과 α군에, '委'는 β군에, '威'는 α군에 사용되었다.

(374) 『일본서기』의 '謂' 용례 (권 2, 14, 16 → β군과 α군)

謂{猪}, 謂爾志{率寢し}, 枳謂屢{來居る}

(375) 『일본서기』의 '委' 용례 (권 10 → β군)

委餓羅辭{居枯らし}, 委遇比{堰杙}

(376) 『일본서기』의 '威' 용례 (권 25, 26 → α군)

威底{居て}, 威爾{率に}

위의 용례에서 동사 '率'을 '謂'와 '威'의 두 가지로 표기하고, 동사 '居'를 '謂, 委, 威'의 세 가지로 표기했음을 알 수 있다. 여기에서 '謂=委=威'의 등식이 성립하므로, 이들의 음가는 서로 같다.

'謂'의 중고음 성모는 云母/ɦ/이고, 『일본서기』 음가나에서는 云母/ɦ/가 항상 삭제된다(위의 (25) 참조). '委, 威'의 중고음 성모는 影母/ʔ/이고, 影母/ʔ/도 항상 삭제되어 수용된다(위의 (10) 참조).

'謂, 威'의 중고음 운모는 微韻/ɪəi/이고, 『일본서기』 음가나 중에서 微韻字는 이 둘뿐이다. 그런데 '謂, 威'의 等이 3등이고 개합이 마침 합구이다. 3등 합구인 개음은 전설원순활음 /ɥ/이고, 이것을 『일본서기』 음가나에서 수용할 때에는 후설원순활음 /w/로 대체하여 수용한다. 상대 일본어에 전설원순활음 /ɥ/가 없었기 때문에 대체 수용이 일어난다.

중고음에서 微韻 3등 합구는 /ɥəi/인데, 이곳의 운복모음 /ə/는 [+high]인 /ɥ/와 /i/에 동화되어 음성학적으로는 고모음 [ɨ]로 실현되었을 가능성이 크다. 이 [ɨ]와 운미 [i]가 결합된 것을 『일본서기』 음가나에서는 /i/ 모음으로 대체해서 수용했을 가능성이 크다. 그 결과로 『일본서기』 음가나에서 微韻 3등 합구음 /ɥəi/를 /wi/로 대체하여 수용했을 것이다. 이 대체 수용은 한국 중세 한자음에서 微韻 3등 합구의 /ɥəi/를 'ㅟ'로 수용한 데에서도 확인된다. 이것을 우리는 아래와 같이 정리한다. 그 구체적인 예는 아래의 (378.1~2)이다.

(377) 『일본서기』 음가나의 微韻 3등 합구음 /ɥəi/의 대체 수용

한어 중고음의 微韻 3등 합구음 /ɥəi/은 『일본서기』 음가나에서 /wi/로 수용된다.

'謂, 威'의 微韻 3등 합구음 /ɥəi/가 『일본서기』 음가나에서 /wi/로 수용된다는

것은 '謂, 威'가 '委'와 동음 관계라는 데에서도 확인된다. '委'의 중고음 운모는 支韻 합구의 /ɥe/인데, 『일본서기』 음가나에서 3등 합구음 /ɥ/는 /w/로 수용되고, 개구인 支韻/je~ɪe/은 항상 /i/로 수용된다(위의 (59) 참조). 즉 '委'의 支韻 3등 합구음 /ɥe/가 『일본서기』 음가나에서 /wi/로 대체되어 수용된다. 이처럼 기술하면 『일본서기』 음가나의 '謂, 威'가 /wi/를 표음할 뿐만 아니라 '委'도 /wi/를 표음하므로, 이 둘의 동음 관계를 충족한다.

위의 논의에 따르면 '謂, 委, 威'의 중고음과 그 수용 양상을 아래와 같이 정리할 수 있다.

(378) '謂, 委, 威'의 중고음과 그 수용

1. 謂[云合C去微]=/ɦɥəi/^{D} 》 ヰ/wi/
2. 威[影合C平微]=/ʔɥəi/^{L} 》 ヰ/wi/
3. 委[影合B上支]=/ʔɥe/^{R} 》 ヰ/wi/

요컨대, WI 음절에서는 '謂=委=威'의 등식이 성립하므로, 이들에 공통적으로 ヰ/wi/를 배당한다.

5.2.10.3. WE 음절

WE 음절의 표기에는 '惠, 衛'가 사용되었다. '惠'는 β군에서만 사용되고, '衛'는 α군에서만 사용된다.

(379) 『일본서기』의 '惠' 용례 (권 3, 11, 22 → β군)

須惠{末}, 惠弖{飢て}, 宇惠志{植ゑし}

(380) 『일본서기』의 '衛' 용례 (권 14, 16, 27 → α군)

須衛{末}, 喩衛爾[ゆゑに], 俱流之衛{苦しゑ}

위에서 볼 수 있듯이 '惠, 衛'의 용례는 아주 적다. 그런데도 '須惠'{末}와 '須衛'{末}가 동음 이표기 쌍이다. 따라서 이 둘의 음가는 같다.

'惠'의 중고음 성모는 匣母/ɦ/이고, 『일본서기』 음가나에서는 匣母/ɦ/가 삭제되어 수용된다(위의 (372) 참조). '衛'의 성모는 云母/ɦ/이고, 云母/ɦ/도 항상 삭제되어 수용된다(위의 (25) 참조).

'惠'와 '衛'의 중고음 운모는 각각 齊韻 합구 /wei/와 祭韻 합구 /ɥɛi/이다. 이들의 합구음 /w/와 /ɥ/는 『일본서기』 음가나에서 /w/로 수용되고 齊韻과 祭韻은 /e/로 수용되는 것이 원칙이다(위의 (73)과 (30) 참조).

(381) '惠, 衛'의 중고음과 그 수용

1. 惠[匣合4去齊]=/ɦwei/^{D} 》 ヱ/we/
2. 衛[云合B去祭]=/ɦɥɛi/^{D} 》 ヱ/we/

요컨대, WE 음절에서는 '惠=衛'의 등식이 성립하므로, 이들에 공통적으로 ヱ/we/를 배당한다.

5.2.10.4. WO 음절

WO 음절의 표기에는 '烏, 嗚/鳴, 塢, 乎, 弘'이 사용되었다. '烏, 弘'은 β군과 α군에서 두루 사용되었다. '塢'는 β군에서만 사용되고, '嗚/鳴, 乎'는 α군에서만 사용되었다.

(382) 『일본서기』의 '烏' 용례 (권 3, 5, 7, 9, 10, 11, 12, 13, 22, 24, 25, 26 → β군과 α군)

烏{조사 を}, 烏{命}, 烏箇{岡}, 烏{尾}, 烏{嶺}, 佐烏{棹}, 烏智{彼}, 烏志{鴛鴦}, 烏苔咩/烏等謎{少女}, 烏{小}, 阿烏{青}, 烏利{居り}, 莽烏輸{申す}, 烏呂餓瀰{拜み}, 烏膩{老翁}

(383) 『일본서기』의 '嗚/鳴' 용례 (嗚- 권 14, 15, 16, 17; 鳴- 권 14, 16, 17, 24 → α군)

嗚/鳴{조사 を}, 嗚{尾}, 嗚{峰}, 嗚{小}, 嗚思{惜し}, 痲嗚須{奏す}, 阿理嗚{在丘}, 儺嗚理{波折}, 阿西嗚[あせを], 婀嗚儞與志[ぁをによし]

(384) 『일본서기』의 '塢' 용례 (권 3, 5, 7, 9, 10 → β군)

塢{조사 を}, 塢等咩/塢等綿{孃女}, 苔塢{十}, 塢齊/塢勢{飮せ}, 阿阿時夜塢[ああしやを]

(385) 『일본서기』의 '乎' 용례 (권 24, 25, 26 → α군)

乎{조사 を}, 乎{小}

(386) 『일본서기』의 '弘' 용례 (권 13, 26, 27 → β군과 α군)

弘{조사 を}, 弘儞{緒に}

위의 용례에서 '烏, 嗚/鳴, 塢, 乎, 弘'이 모두 대격조사 'を'를 표기했음이 드러난다. 형용사 '小'의 표기에는 '烏, 嗚, 乎'가 공통적으로 사용되었고, 명사 '少女, 孃女'의 표기인 '烏苔咩/烏等謎'와 '塢等咩/塢等綿'에서 '烏'와 '塢'가 동음 관계이다. 따라서 '烏=嗚/鳴=塢=乎=弘'의 등식이 성립한다.

'烏, 嗚/鳴, 塢'의 중고음 성모는 影母/ʔ/이고, 『일본서기』 음가나에서는 影母/ʔ/가 항상 삭제되어 수용된다(위의 (10) 참조). '乎, 弘'의 중고음 성모는 匣母/ɦ/이고, 匣母/ɦ/도 삭제되어 수용된다(위의 (372) 참조).

(387) '烏, 嗚/鳴, 塢, 乎, 弘'의 중고음과 그 수용

1. 烏[影中1平模]=/ʔo/^{L} 》ヲ/wo/
2. 嗚/鳴[影中1平模]=/ʔo/^{L} 》ヲ/wo/
3. 塢[影中1上模]=/ʔo/^{R} 》ヲ/wo/
4. 乎[匣中1平模]=/ɦo/^{L} 》ヲ/wo/

5. 弘[匣合1平登]=/ɦwəŋ/^{L} 》 ヲ /wo/

'烏, 嗚/鳴, 塢, 乎'의 중고음 운모는 模韻/o/이고, 후음 뒤에서 模韻/o/은 합구로 인식되어 /wo/로 수용된다(위의 (65) 참조). (387.1~4)에서 '烏, 嗚/鳴, 塢, 乎'의 개합을 중립이라 표시한 것은 이토 지유키(2011)(이진호 역)을 따른 것인데, 이와는 달리 중국 학자들은 模韻에서도 개구와 합구를 구별하여 개구라고 본다(이승재 2018: 234). 개구라면 '烏, 嗚/鳴, 塢, 乎'가 WO 음절이 아니라 øO 음절로 수용되는 것이 정상적이다.

그런데도 '烏, 嗚/鳴, 塢, 乎'의 模韻/o/이 WO 음절로 수용되는 것이 분명하므로,[64] 『일본서기』 음가나에서는 影母/ʔ/나 匣母/ɦ/ 등의 후음 뒤에 오는 模韻/o/을 독특하게도 합구로 수용했다고 말할 수밖에 없다. 후음 뒤의 模韻/o/을 합구로 인식하게 되면 (387.1~4)의 '烏, 嗚/鳴, 塢, 乎'가 (387.5)의 '弘'과 마찬가지로 합구가 된다.

이처럼 기술하면 중고음의 합구음 /w/가 『일본서기』 WO 음절의 /w/로 수용된다고 간단하고도 효과적으로 기술할 수 있다. 나아가서 WA, WI, WE 음절에서도 중고음의 합구음 /w/가 『일본서기』 음가나에서 항상 /w/로 수용되므로, 아래와 같이 일반화할 수 있다.

(388) 『일본서기』 음가나의 합구음 /w/의 대체 수용

한어 중고음의 합구음 /w/는 『일본서기』 음가나에서 항상 /w/로 수용된다.

'弘'의 중고음 운모는 登韻/əŋ/ 합구이다. 登韻/əŋ/은 『일본서기』 음가나에서 /ə/로 수용되지만 '朋'과 '弘'에서는 예외적으로 /o/로 수용된다(위의 (78) 참조). '朋'의 登韻/əŋ/이 예외적으로 /o/로 수용되는 원인을 원순모음화에서 찾은 바 있다. 이와 마찬가지로 '弘'의 登韻/əŋ/이 /o/로 수용되는 원인을 원순모음화에서 찾을 수 있다. 즉 '弘'은 합구이므로 /w/가 있는데, 이 /w/의 원순성에 동화

64 5.2.2.3의 NU 음절에서 거론한 것처럼 모음충돌을 회피해야 하기 때문이다.

되어 뒤에 오는 을류 모음 /ə/가 원순화한다. 이에 따라 '弘'의 登韻/əŋ/ 합구가 /wo/로 수용된다고 기술할 수 있다.

결론적으로, WO 음절에서는 '烏=嗚/鳴=塢=乎=弘'의 등식이 성립하고, 이들에는 한결같이 ヲ/wo/를 배당한다. 이때에는 후음 뒤의 模韻/o/을 합구음 /w/가 있는 /wo/로 수용한다는 예외적 조치가 필요하다.

5.2.10.5. W행의 요약 정리

W행의 논의를 종합하여 음가 배당표를 적성해 보면 아래와 같다.

(389) W행 『일본서기』 음가나의 음가 배당 (음영 부분은 α군 음가나)

자음 \ 모음	A(ア)	I(イ)	U(ウ)	E(エ)	O(オ)
W(ワ)	和/wa/	謂=委/wi/		惠/we/	烏=塢=弘/wo/
	倭=和/wa/	謂=威/wi/		衛/we/	嗚/鳴=烏=乎=弘/wo/

W행에서는 WU 음절이 체계적 공백이다. 활음 /w/와 모음 /u/의 조음위치가 동일하기 때문이다.

『일본서기』의 W행에서는 /a, i, e, o/의 네 가지 모음이 설정된다. 을류의 모음 /ə/가 없다. 이것은 WO 음절에서 을류 모음의 /ə/가 원순성을 가지는 /w/의 뒤에서 원순모음화를 겪었기 때문이다. 원순모음화가 일어난다는 점에서 W행은 위의 M·P행과 평행적이다. 이와는 달리 『고사기』에서는 WO 음절이 갑류의 /wo/가 아니라 을류의 /wə/이다. 텍스트에 따라 원순모음화의 적용 여부가 달라진다는 점에 유의해야 한다.

5.3. 『일본서기』 음가나의 음운체계

우리는 『일본서기』 음가나의 표기법을 논의하기 위해, 3장에서 『일본서기』 β군과 α군의 대표자를 각각 123자씩 선정한 바 있다. 이 두 벌의 123자를 하나로 통합하되, 용례가 적지만 음운 분석을 위해 몇몇 음가나를 추가함으로써 위의 (3)에서 199자의 『일본서기』 음가나 집합을 작성했다. 이 199자를 음절별로 나누어 음가를 모두 추정했으므로, 이들을 하나로 종합하여 『일본서기』 음가나의 음운체계를 논의하기로 한다.

5.3.1. 『일본서기』 음가나의 음가 배당표

위에서 행별로 나누어 정리했던 음가 배당표를 하나로 종합하면 아래 (390)과 같다. 이것은 50음도에 기반을 둔 것이므로 동일 칸에 갑류와 을류의 두 가지 모음이 들어가기도 한다. 여기에서는 øE 음절의 曳/je/를 JE 음절로 옮겼다.

(390)의 음가 배당표에서 빈칸으로 남아 있는 것이 적지 않다. øE·GE·ZA·ZE·ZO·DI·BU·JI·WU 등의 음절이 완전 공백이다. 이 중에서 øE·JI·WU 음절은 체계적인 공백이고, 나머지는 우연한 공백이다. øE 음절의 曳/je/를 JE 음절로 옮겼으므로, 거꾸로 øE 음절이 공백이 된다.

우연한 공백은 자음이 모두 탁음이다. GE·ZA·ZE·ZO·DI·BU 등의 음절은 『고사기』 음가나에서는 공백이 아니었는데, 『일본서기』 음가나에서는 공백이다. 『고사기』 음가나 집합은 107자에 불과하지만 『일본서기』 음가나 집합은 199자나 된다. 그런데도 『일본서기』 음가나에서 이 6종의 음절이 공백이므로, 공백의 총량이 음가나 총량에 반비례하는 것이 아님을 알 수 있다. 즉 음가나 총량이 늘어난다고 하여 거꾸로 공백이 줄어드는 것이 아니라는 뜻이다.

(390) 『일본서기』 음가나의 음가 종합 (음영 부분은 α군 음가나)

자음＼모음		A (ア)	I (イ)	U (ウ)	E (エ)	O (オ)
ø ア		阿/a/	伊=異=以/i/	于=宇/u/		於/ə/
		阿=婀/a/	以/i/	于=宇/u/		於=飫/ə/
K カ	K	伽=箇=介=訶/ka/	枳=企=耆=岐/ki/, 紀/kə/	區=句=俱=玖/ku/	鷄=開/ke/	虛=許=據/kə/, 古=故=固=姑/ko/
		柯=哿=舸=箇=歌/ka/	枳=岐=企/ki/, 紀=基/kə/	俱=矩/ku/	該=稽/ke/	擧=渠/kə/, 古/ko/
	G	餓/ga/	藝/gi/	遇/gu/		誤/go/
		我=鵝/ga/	擬/gə/	虞/gu/		渠/gə/
S サ	S	佐=瑳/sa/	辭=之=志=始=嗣/si/	須=輸=素/su/	勢=齊/se/	曾/sə/, 素=蘇/so/
		佐=娑=左/sa/	之=斯=志=始=絁=思/si/	須/su/	制=世=西/se/	曾/sə/
	Z			*孺/儒/zu/		
			*珥/zi/	*孺/儒/zu/		
T タ	T	多=哆/ta/	智=知/ti/	菟=都/tu/	弖/氐/te/	等=苔/tə/, 斗/to/
		陀=拕/柁=多=駄/ta/	致=智/ti/	都/tu/	底/te/	縢/騰=登=等/tə/, 度=斗/to/
	D	*娜=*儺/da/		豆/du/	*涅=*泥/de/	*迺=*耐/də/
		*娜/da/		豆=逗/du/	*泥=提/de/	*迺=*耐/də/
N ナ		那=儺=奈/na/, *娜/da/	爾/ni/, 珥/ni～zi/		禰/ne/, *泥/ne～de/	能/nə/, *迺/廼/nə～də/, *怒/no～do～nu/
		儺=那/na/, *娜/da/	儞=爾=尼/ni/	農/nu/	*泥/ne～de/	能/nə/, *奴/no～do～nu/

P ハ	P	波=破=播/pa/	比=臂=譬/pi/	赴=布=輔/pu/	陛=幣/pe/, 陪=倍/pə/	朋=裒=保/po/
		播=波=婆=簸/pa/	比=毘/pi/	賦=符=甫/pu/	陛/pe/, 倍/pə/	朋=裒=保/po/
	B	*麼/ba/	*弭/bi/		陪=倍/bə/	朋=裒/bo/
		*麼=播=婆/ba/	*寐/bi/			裒/bo/
M マ		摩=莽=麻=磨/ma/, *麼/ba～ma/	瀰=彌/mi/, *弭=*寐/bi～mi/, 未/mə→mɨ/	務=牟=武/mu/	梅/mə/ 謎/me/	茂=母=毛=望/mo/
		麻=摩/ma/, *磨=*魔/ma～ba/, *麼/ba～ma/	瀰=彌=美/mi/, *弭=*寐/bi～mi/, 微/mə→mɨ/	武/mu～mo/	梅=每/mə/, *謎/me～be/	母=謀=慕=暮=謨/mo/
J ヤ		夜=椰/揶/ja/		由=喩/ju/	曳/je/	豫=譽/jə/, 用/jo/
		野=耶/ja/		喩/ju/	曳/je/	與=余/jə/ 用/jo/
R ラ		羅=邏/ra/	利=離/ri/	屢=流=蘆/ru/	例=禮/re/	呂/rə/
		羅=囉/ra/	理=利=梨/ri/	屢=樓/ru/	例=黎/re/	慮/rə/
W ワ		和/wa/	謂=委/wi/		惠/we/	烏=塢=弘/wo/
		倭=和/wa/	謂=威/wi/		衛/we/	嗚/鳴=烏=乎=弘/wo/

음가나 총량보다 중요한 것은 음운대립의 유무이다. 『고사기』 음가나에서는 청음과 탁음이 엄격하게 구별된 데에 반하여 『일본서기』 음가나에서 청탁 구별이 느슨해진다. 당나라의 후기 중고음에서는 탁음청화가 일어나 한어의 유성음이 무성화하는 음운변화가 일어났고, 이 후기 중고음을 수용함으로써 『일본서기』 음가나에서는 청탁 구별이 무의미해진다. 이에 따라 GE, ZA, ZE, ZO, DI, BU 등의 음절에서 탁음이 표기에 정확하게 반영되지 않았다고 말할 수 있다. 그

렇다고 하여 이것이 대세라고 말할 수는 없다. 여타의 음절에서는 청음과 탁음을 엄격히 구별하기 때문에 이 6종의 음절이 오히려 예외적이라고 기술해야만 정확하다.

위의 음가 배당표에는 하나의 음가나가 둘 이상의 칸에 들어간 것이 있다.

우선, 탈비음화와 관련된 것으로는 '*娜, *儺, *耐, *泥, *迺/廼, *怒, *奴, *磨, *魔, *麼, *弭, *寐, *謎' 등이 있다. 이들은 모두 泥母字 또는 明母字이다. '*娜, *儺'는 항상 /da/를 표기하고 '*耐'는 항상 /də/를 표기하여 탈비음화가 완성된 모습을 보인다. *麼/ba~ma/, *弭/bi~mi/, *寐/bi~mi/에서도 탈비음화의 용례가 훨씬 더 많지만, '*泥/ne~de/, *迺/廼/nə~də/, *怒/no~do~nu/, *奴/no~do~nu/, *磨/ma~ba/, *魔/ma~ba/, *謎/me~be/'에서는 이제 막 탈비음화가 시작된 느낌을 준다. *孺/*儒/zu/에서는 유사 탈비음화가 완성되었고, 珥/ni~zi/의 /zi/도 유사 탈비음화가 일어나 日母/n/가 /z/로 수용된 예이다.

4장에서 이미 논의한 것처럼 『고사기』 음가나에서는 탈비음화의 증거를 찾을 수 없다. 반면에 『일본서기』 음가나에서는 위의 여러 음가나에서 탈비음화가 일어난다. 탈비음화의 여부를 기준으로 삼아, 한어 중고음을 전기 중고음과 후기 중고음의 둘로 나눌 수 있고 나아가서 일본의 상대 한자음을 오음과 한음의 둘로 나눌 수 있다. 이 이분법의 논거를 제공한다는 점에서 『고사기』와 『일본서기』의 음가나는 한어 음운사 연구에서도 아주 중요하다.

다음으로, 동일 음가나가 청음과 탁음의 두 가지를 모두 표기하는 예를 찾아본다. '渠'는 α군에서만 사용되었는데, /kə/ 또는 /gə/를 표기한다. '播'는 /pa/를 표기하는 것이 원칙이지만, α군에서는 バ/ba/도 표기한다. '陪'와 '倍'는 ヘ乙/pə/를 표기하는 것이 기본이지만, β군에서는 ベ乙/bə/도 표기한다. '朋'과 '裒'는 ホ/po/가 기본이지만, β군에서는 ボ/bo/도 표기한다. 중요한 것은 두 가지 이상의 자음을 표기하는 음가나가 P행에 가장 많다는 점이다. 『고사기』 음가나에서도 청탁 구별이 선명하지 않은 행이 P행이었으므로, 이것은 상대 일본어의 특징이라고 일반화할 수 있다.

다음으로, 모음이 둘 이상인 음가나를 찾아본다. *怒/no~do~nu/, *奴/no~

do~nu/, 武/mu~mo/의 세 가지 음가나에서 /o~u/가 동요하는 것을 제외하면, 모음이 동요하는 일이 거의 없다. 이것은 『일본서기』 음가나의 모음체계가 아주 안정적이었음을 말해 준다.

이제, (390)의 음가 배당표에서 동일 음절에 갑류와 을류의 모음이 옴으로써 갑류와 을류가 음운론적으로 대립하는 음절을 정리해 본다. 번거로움을 피하여 I·E·O열만 정리하되, 을류 모음이 설정되는 음절도 정리한다.

(391) 『일본서기』 음가나의 을류 모음과 갑을 대립

자음＼모음		I (イ)	E (エ)	O (オ)
ø (ア)				ə : -
K (カ)	K	i : ə		ə : o
	G	i : ə		ə : o
S (サ)	S			ə : o
	Z			ə : -
T (タ)	T			ə : o
	D			ə : -
N (ナ)				ə : o
P (ハ)	P		e : ə	
	B		- : ə	
M (マ)		(i : ɨ)	e : ə	
J (ヤ)				ə : o
R (ラ)				ə : -
W (ワ)				

위의 MI 음절에서 괄호를 쳐서 (i : ɨ)라고 한 것은 199자 집합에서는 이 갑을 대립이 성립하지 않지만 37자를 재추가한 236자 집합에서는 갑을 대립이 성립함을 뜻한다. 재추가한 '未=微'가 갑류의 '瀰=彌=美'와 이음 관계이므로 '未=微'에 일단 을류의 /mə/를 배당할 수 있다. 그런데 MI 음절의 '未=微'가 ME 음절의 梅=每/mə/와 이음 관계이므로, '梅=每'에 을류의 /mə/를 배당하면서 동시에 '未=

微'에 을류의 /mə/를 배당하면 안 된다. 이에 따라 제7의 모음 /ɨ/를 설정하여 '未=微'에 /mɨ/를 배당하기로 하는데, 이것을 (390)의 음가 배당표에서는 /mə→mɨ/라고 표시했다. 이처럼 제7의 모음 /ɨ/를 배당한 것은 '未=微'뿐인데, 『일본서기』 음가나의 199자 집합에서는 /ɨ/가 설정되지 않고 236자 집합에서만 설정되므로 (391)에선 괄호를 쳐서 (i : ɨ)라고 표시했다.

위에 정리한 것처럼 을류 모음 /ə/ 또는 /ɨ/가 설정되는 음절은 모두 16종의 음절이고, 동일 음절에서 갑류와 을류가 음운론적으로 대립하는 음절은 KI・GI・KO・GO・SO・TO・NO・PE・MI・ME・JO의 11종이다. 전체 14행 중에서 W행에서만 /ə/가 설정되지 않고[65] 나머지 13행에서는 항상 을류의 /ə/가 설정된다. 갑류와 을류 모음의 음운대립이 있는 행은 모두 8행이다. ø・Z・D・B・R의 5행에서는 을류 모음 /ə/가 설정되지만 동일 음절에서 갑류 모음과 음운대립을 이루지는 않는다. 이 5행에서는 갑류와 을류 모음이 하나로 합류했기 때문일 것이다.

(391)에서 가장 중요한 것은 설정되는 을류 모음이 /ə/와 /ɨ/의 둘이라는 점이다. 『고사기』 음가나에서는 MI・BI・GI의 세 음절에서 제7의 모음 /ɨ/를 설정할 필요가 있었지만, 『일본서기』 음가나에서는 MI 음절 하나에서만 설정된다. 이것은 /ɨ/가 여타의 모음과 합류함으로써 음운론적 대립 기능을 상실하기 직전이었음을 의미한다. 이 점에서 우리는 『일본서기』 음가나의 모음체계를 기본모음 /a, i, u, e, o/에 을류 모음 /ə/ 또는 /ɨ/가 더해진 6모음체계 또는 7모음체계라고 기술한다.

이것은 『일본서기』 음가나에서 행별로 설정되는 모음 목록을 정리해 보면 확연히 드러난다.

(392) 『일본서기』 음가나의 행별 모음 목록

1. Z행 – 2모음 /i, u/
2. ø행 – 4모음 /a, i, u, ə/

65 이것은 W의 뒤에서 을류의 /ə/가 원순모음화를 일으켜 갑류의 /o/로 합류했기 때문이다.

3. W행 – 4모음 /a, i, e, o/

4. B행 – 4모음 /a, i, ə, o/

5. D행 – 4모음 /a, u, e, ə/

6. R행 – 5모음 /a, i, u, e, ə/

7. J행 – 5모음 /a, u, e, ə, o/

8. K·G·S·T·N·P행 – 6모음 /a, i, u, e, ə, o/

9. M행 – 7모음 /a, i, ɨ, u, e, ə, o/

위의 Z행, B행, D행에는 우연한 공백인 음절이 있는데, 이 3행이 공통적으로 모두 탁음 행이다. ø행에서 /a, i, u, ə/의 4모음이 설정된다는 점은 『고사기』 음가나와 같다. 중요한 것은 (392.8)의 6행에서 공통적으로 /a, i, u, e, ə, o/의 6모음이 설정된다는 점이다. /ji/가 체계적 공백이기 때문에 (392.7)의 J행에서도 사실은 6모음이 설정된다고 할 수 있다. 6모음이 설정되는 행이 전체 14행 중에서 7행이나 되므로, 『일본서기』 음가나의 모음체계는 6모음체계일 가능성이 크다.

그러나 (392.9)의 M행에서 7모음이 설정된다는 점을 무시할 수가 없다. 비록 236자 집합에서만 설정된다 하더라도 제7의 모음 /ɨ/가 설정된다는 사실만은 틀림없다. 따라서 우리는 『일본서기』 음가나의 모음체계를 6.1모음체계라고 비유한다. 이것은 6모음체계가 기본이지만, 한 행에서는 7모음체계라는 뜻으로 사용한다.

그런데 (390)의 음가 배당표를 아래의 추정 음가표와 대비해 보면 아주 크게 차이가 난다. 森博達(1991)은 『일본서기』 음가나의 모음을 8종으로 보아, 기본모음 /a, i, u, e, o/에 3종의 을류 모음을 더했다. イ乙에 /ɪ/를, エ乙에 /əĕ/를, オ乙에 /ə/를 각각 배당하면서, 이들이 음운론적으로 서로 대립한 것처럼 기술했다. 아래 (393)의 표가 이것을 잘 보여 주는데, 이 표는 4장의 (300)에서 이미 제시한 바 있다.

(393) 森博達(1991: 135)의 추정 음가표

	ア열	イ열			ウ열	エ열			オ열		
		갑	1	을		갑	1	을	갑	1	을
ア행	ɑ		i		u		əĕ			ə	
カ행	kɑ	ki		kɪ	ku	ke		kəĕ	ko		kə
ガ행	ŋgɑ	ŋgi		ŋgɪ	ŋgu	ŋge		ŋgəĕ	ŋgo		ŋgə
サ행	^{t}sɑ		^{t}ʃi		su		^{t}ʃe		so		^{t}sə
ザ행	^{d}zɑ		^{d}ʒi		zu		^{d}ʒe		zo		^{d}zə
タ행	tɑ		ti		tu		te		to		tə
ダ행	dɑ		di		du		de		do		də
ナ행	nɑ		ni		nu		ne		no		nə
ハ행	pɑ	pi		pɪ	pu	pe		pəĕ		po	
バ행	bɑ	bi		bɪ	bu	be		bəĕ		bo	
マ행	mɑ	mi		mɪ	mu	me		məĕ	mo		mə
ヤ행	jɑ				ju		je		jo		jə
ラ행	lɑ		li		lu		le		lo		lə
ワ행	wɑ		wi				we			wo	

이 표에서는 8모음설을 좇아 /ɑ, i, ɪ, u, e, əĕ, o, ə/의 8모음을 설정한다. 그런데 갑류와 을류의 모음이 구별된다는 것을 한어 중고음으로만 논의하고 용례 분석은 거의 하지 않는다. 예컨대, PI·BI 음절의 표기에 사용된 比[帮中A去脂], 臂[帮中A去支], 譬[滂中A去支], 毘[並中A平脂], 弭[明中A上支], 寐[明中A去脂]의 한어 중고음을 기술하는 데에서 그치고, 이 6종의 음가나 용례를 서로 대비하지 않는다.

위의 PI·BI 음절에서 용례를 이미 분석한 것처럼, 『일본서기』 음가나에서 '比=臂=譬=毘'가 동음 관계이고 '弭=寐'가 동음 관계이며 이 둘은 서로 이음 관계이다. 이에 따라 우리는 '比=臂=譬=毘'에 /pi/를 배당하고 '弭=寐'에 /bi/를 배당했다. 결론적으로 우리의 용례 분석에 따르면 PI·BI 음절에서는 갑류와 을류의 구별이 없다. 한어 중고음을 참고하더라도 이것이 맞다. '比, 毘, 寐'의 운모는 脂

韻/ji~ɪi/이고 '臂, 譬, 弭'의 운모는 支韻/je~ɪe/인데, 『일본서기』 음가나에서는 脂韻/ji~ɪi/과 支韻/je~ɪe/이 항상 갑류의 /i/로 수용되기 때문이다(위의 (18)과 (59), 森博達 1991: 76 참조).

그런데도 森博達(1991)의 추정 음가표에서는 PI·BI 음절을 갑류와 을류 모음이 음운론적으로 대립하는 음절로 분류했다. 우리의 분석에 따르면 KE·GE·ZO·DO·PI·BI·MO·RO 음절에서도 갑류와 을류의 대립이 없는데, 森博達(1991)의 추정 음가표에서는 갑을 대립이 있다.

왜 이처럼 크게 차이가 날까? 그 답은 森博達(1991)의 추정 음가표가 『일본서기』에 한정된 것이 아니라 모든 텍스트의 모든 음가나를 하나로 뭉쳐 놓은 것이라는[66] 데에서 그 원인을 찾을 수 있다. 우리의 논의에 따르면 『고사기』의 JO 음절에서는 갑을 대립이 없지만, MO 음절에서는 갑을 대립이 있어서 母/mo/가 갑류이고 毛/mə/가 을류이다. 그러나 『일본서기』에서는 JO 음절에서 을류의 豫=譽=與=余/jə/와 갑류의 用/jo/가 음운론적으로 대립하고, 거꾸로 MO 음절에서는 갑을 대립이 없다. 이처럼 전도된 상황에서 『고사기』와 『일본서기』를 하나로 종합하면 JO 음절과 MO 음절에서 항상 갑을 대립이 있는 것처럼 둔갑하게 된다. 이러한 방법으로 종합한 것이므로 森博達(1991)의 추정 음가표는 모든 텍스트의 모든 음가나를 망라하여 정리한 것이라고 할 수 있다.

그러나 이 방법은 옳지 않다. 森博達(1991) 스스로 『일본서기』의 β군과 α군을 엄격히 구별하여 기술하면서, 『고사기』 음가나의 음운대립과 『일본서기』의 음운대립을 구별하지 않는다면 스스로 모순에 빠지기 때문이다.

『일본서기』 음가나의 M행은 아주 흥미롭다. 『고사기』 음가나에서는 MI·MO의 두 음절에서 갑류와 을류 모음이 음운론적으로 대립했다. 그러나 『일본서기』에서는 MO 음절의 갑을 대립이 없는 대신에, 새로이 ME 음절에서 갑류의 メ/me/와 을류의 メ乙/mə/가 음운론적으로 대립한다. 그러다가 60년가량이 지난 다음

66 『고사기』·『일본서기』·『만엽집』 자료를 두루 포괄하고, 細注·訓注 등의 주석에 사용된 음가나도 모두 포함했다는 뜻이다. 또한 우리가 원천적으로 배제한 훈가나도 논의에 포함했다는 뜻이다.

에 편찬된 『만엽집』 음가나에서는 ME 음절의 갑을 대립이 사라진다. 이것은 M행에서의 갑을 대립을 통시적 관점으로 기술해야 함을 암시한다. 을류 모음이 여타의 모음과 합류함에 따라, 갑류와 을류가 대립하는 음절이 두 가지 음절에서 한 가지 음절로 줄어들고 마침내는 갑을 대립이 MI 음절에서만 유지되기 때문이다. 이 통시적 변화를 놓쳐서는 안 된다.

5.3.2. 『일본서기』 음가나의 자음체계

위의 음가 배당표에 나오는 자음을 모두 모아서 분류해 보면 아래와 같다.

(394) 『일본서기』 음가나의 자음체계

방식＼위치		순음	설치음	아음
파열	무성	p	t	k
	유성	b	d	g
마찰	무성		s	
	유성		z	
비음		m	n	
유음			r	
반자음			j	w

GE, ZA, ZE, ZO, DI, BU 등의 음절이 공백이기는 하지만, 이들의 자음 /g/, /z/, /d/, /b/가 음소목록에 들어간다는 점에는 변함이 없다. 반자음 /j/와 /w/를 포함하여 모두 13종의 자음이 음소목록에 등록된다.

위의 자음체계에서는 구개음이 없고 후음이 분리되지 않은 상태이다. 이것은 『고사기』 음가나에서도 마찬가지였으므로, 자음체계에서는 『고사기』와 『일본서기』의 차이가 전혀 없다고 할 수 있다. 『고사기』와 『일본서기』에 차이가 있다면, 그것은 자음체계의 차이가 아니라 표기하는 음가나가 서로 달라진다는 점뿐이다.

5.3.3. 『일본서기』 음가나의 모음체계

위의 음가 배당표에서 동일 칸에 둘 이상의 모음이 들어가는 것을 모두 모아 보면 아래와 같다. β군과 α군으로 나누어 정리했다.

(395) 동일 칸에 들어가는 β군의 두 모음

1. /i/와 /ə/ : 枳=企=耆=岐/ki/와 紀/kə/, 瀰=彌/mi/와 未/mə→mɨ/
2. /o/와 /ə/ : 古=故=固=姑/ko/와 虛=許=據/kə/, 素=蘇/so/와 曾/sə/, 斗/to/와 等=苔/tə/, *怒/no～do～nu/와 能/nə/ *迺/廼/nə～də/, 用/jo/와 豫=譽/jə/
3. /e/와 /ə/ : 謎/me/와 梅/mə/

(396) 동일 칸에 들어가는 α군의 두 모음

1. /i/와 /ə/ : 枳=岐=企/ki/와 紀=基/kə/, 瀰=彌/mi/와 微/mə→mɨ/
2. /o/와 /ə/ : 古/ko/와 擧=渠/kə/, 度=斗/to/와 縢/騰=登=等/tə/, *奴/no～do～nu/와 能/nə/, 用/jo/와 與=余/jə/
3. /e/와 /ə/ : *謎/me～be/와 梅=每/mə/

위의 정리에서 볼 수 있듯이, β군과 α군에서 공통적으로 /i/와 /ə/가 동일 칸에 들어가고 /o/와 /ə/가 동일 칸에 들어가며 /e/와 /ə/가 동일 칸에 들어간다. 이때의 /ə/가 모두 을류의 모음임은 두말할 필요도 없다. (395)와 (396)을 대비해 보면 β군과 α군의 차이가 전혀 없다. 이 점에서 음운론적 관점에서는 『일본서기』 가요를 β군과 α군의 둘로 나눌 필요가 없다. 그러나 표기법의 관점에서는 이 둘을 당연히 나눠야 한다. 음운론적 관점과 표기법의 관점이 서로 다를 수 있다는 점에 유의해야 할 것이다.

중요한 것은 위의 (391)에서 을류의 모음 /ə/가 대부분 매 행의 어느 한 음절에만 배당된다는 점이다. 예외적으로 K·G의 두 행에서 I열과 O열에 /ə/가 오고,

M행에서 I열과 E열에 /ə/가 온다. ø·S·T·N·J·R의 여섯 가지 행에서는 O열에만 /ə/가 배당되고, P행에서는 E열에만 /ə/가 배당된다. 이것은 대부분의 행에서 기본모음 /a, i, u, e, o/에 을류의 /ə/가 추가된 6종의 모음이 배당된다는 것을 뜻한다.[67] 따라서 『일본서기』 음가나의 모음체계가 기본적으로 6모음체계임이 분명하다.

P·M의 두 가지 행에서는 O열에 을류 모음이 오지 않는데, 그 원인이 무엇일까 하는 의문이 제기된다. 그 답은 아마도 P·M 행의 자음이 /p, m/ 등의 순음이라는 데에서 찾아야 할 것이다. 순음은 보편적으로 후속하는 모음을 원순화하는 힘이 강하다. 한어 중고음에서도 음소 /p, b, m/의 뒤에서는 개합이 중립인데, 그 원인은 이들 순음이 음성학적으로 [p^w, b^w, m^w]라고 해석할 수 있을 만큼 원순성이 강하다는 데에 있다.

이것은 『일본서기』 음가나의 P·M의 순음도 마찬가지였던 것 같다. 순음 뒤에서는 O열에 갑류의 /po, bo, mo/가 오는 대신에 을류의 /pə, bə, mə/가 오지 않는다. 순음 뒤에서는 을류의 모음 /ə/가 E열에 오므로 /ə/와 /e/의 음운대립이 유지된다. 반면에 O열에서는 /o/ 모음 하나만 설정되므로, O열에서는 을류의 /ə/와 갑류의 /o/가 이미 하나로 합류했다고 할 수 있다. O열에서 일어난 이 합류의 근본적 원인은 앞에 오는 순음의 원순성에서 찾을 수 있다. 이것은 W행에서 /wə/ 대신에 /wo/가 설정된다는 데에서 다시 확인된다. W의 원순성에 동화되어 /wə/ 음절이 /wo/로 합류했다고 기술할 수 있기 때문이다.

위의 논의를 알기 쉽게 정리하면, P·B·M·W의 네 가지 행에서는 O열에 을류의 /ə/가 오지 않고 갑류의 /o/가 온다. 이것은 원순성을 가지는 자음 뒤에서 을류의 /ə/와 갑류의 /o/가 하나로 합류했음을 의미한다. 이와는 달리, ø·S·T·N·J·R의 여섯 가지 행에서는 O열에 갑류의 /o/뿐만 아니라 을류의 /ə/도 올 수 있다. 즉 이 여섯 가지 행의 O열에서는 갑류와 을류의 합류가 아직 일어나지 않았다.

67 이 6종의 모음 중에서 한두 모음이 없는 행도 있다.

그런데 K·G의 두 행만은 두 가지 음절에 을류의 /ə/가 배당되므로 예외적이다. K행에서는 O열의 コ乙/kə/뿐만 아니라 I열의 キ乙/kə/에도 을류의 /ə/가 배당된다. 이것은 G행에서도 마찬가지이다. 이처럼 한 행에서 두 가지 음절에 을류의 /ə/가 배당된다면, 『일본서기』 음가나의 모음체계가 6모음체계가 아니라 7모음체계일 가능성이 있다. キ乙/kə/는 KI 음절에 속하고 コ乙/kə/는 KO 음절에 속하므로, 이 둘의 모음이 서로 달랐을 가능성을 배제할 수 없다.

그러나 K행을 요약하여 정리하면서 이미 논의한 바 있듯이, KI 음절의 キ乙/kə/와 KO 음절의 コ乙/kə/가 동음 관계이다. キ乙/kə/를 표기하는 '紀'{木}와 コ乙/kə/를 표기하는 '虛=許'{木}가 그 논거이다. 동음 이표기 쌍에는 동일 음가를 배당하는 것이 우리의 일관된 원칙이므로, '紀'{木}에 배당한 キ乙/kə/와 '虛=許'{木}에 배당한 コ乙/kə/는 사실은 동일 음가이다. 달리 말하면 KI 음절의 을류 모음과 KO 음절의 을류 모음이 하나로 합류했다.

문제는 G행에서 GI 음절의 '擬'에 ギ乙/gə/를 배당하고 GO 음절의 '渠'에도 ゴ乙/gə/를 배당했다는 점이다. '擬'와 '渠'는 동음 관계가 아니라 이음 관계이므로, '擬'와 '渠'에 동일 음가 /gə/를 배당하면 안 된다. 따라서 제7의 모음을 설정해야 할지도 모른다.

그러나 제7의 모음 /ɨ/를 설정할 필요가 있는 것은 거의 없고, 더군다나 '擬'와 '渠'는 α군에서만 사용되므로 분포에서도 예외적이다. 이에 따라 대안이 없는지 모색해 보았는데, K행과 G행 전체에서 이상하게도 GE 음절만 공백이다. 이 공백을 활용하여 '擬'에 ゲ/ge/를 배당하되 '渠'에 ゴ乙/gə/를 배당하면 이 문제를 해결할 수 있다. 틀 맞추기(pattern congruity)를 적용하면, 달리 말하여 남아도는 '擬'를 빈칸 즉 GE 음절의 위치로 옮기면 전체 체계가 질서정연하게 꽉 들어찬다.

그렇다면 K·G행에서도 굳이 제7의 모음을 설정할 필요가 없다. 6종의 모음만으로도 음가나 상호 간에 성립하는 음운대립을 두루 기술할 수 있기 때문이다. 결론적으로 우리는 『일본서기』 음가나의 모음체계를 (397.1)과 같은 6모음체계라고 본다.

(397) 『일본서기』 음가나의 모음체계

1. 6모음체계

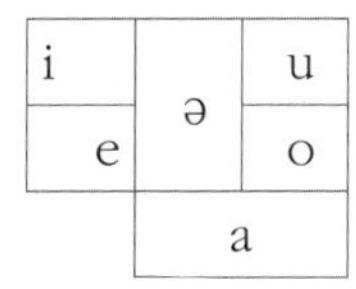

2. 7모음체계

i	ɨ	u
e	ə	o
	a	

그런데 37자를 재추가한 236자 집합에서는 MI·ME의 두 음절에서 을류 모음이 설정된다. MI 음절에서 갑류의 瀰=彌/mi/와 을류의 未=微/mə→mɨ/가 대립하고, ME 음절에서 갑류의 謎/me/와 을류의 梅=每/mə/가 대립한다. 따라서 M행에서는 '未=微'에 제7의 모음 /ɨ/를 배당해야 할 필요가 있으므로, 『일본서기』 음가나의 모음체계가 (397.2)와 같은 7모음체계가 된다.

우리는 『고사기』 음가나의 모음체계를 6.3모음체계라고 비유한 바 있다. 6.3모음체계는 기본적으로 6모음체계이되, 3종의 행에서는 7모음체계라는 뜻이다. 이와 마찬가지로 비유하면, 『일본서기』 음가나의 모음체계는 6.1모음체계이다. 이것은 을류 모음 상호 간의 음운대립이 『일본서기』 음가나에서는 완전히 사라지기 직전이었음을 뜻한다.

일찍부터 6모음설을 제창한 학자로는 服部四郎(1959)가 있지만, 8모음설을 부정하는 모음체계 논쟁은 松本克己(1975)와 宋敏(1975)로부터 시작된다. 宋敏(1975)는 을류 모음이 한국 한자음에서 대부분 'ㅓ, ㅡ'에 대응한다는 점에 주목한다. 우리는 宋敏(1975)의 6모음설에 동의하여 을류 모음을 /ə/라고 표기해 왔다. 松本克己(1975)와 服部四郎(1976a, 1976b)는 イ甲과 イ乙의 차이뿐만 아니라 エ甲과 エ乙의 차이를 앞에 오는 자음이 구개음인가 비구개음인가 하는 차이로 해석한다. 松本克己(1975)는 더 나아가 5모음설을 제창했다. オ甲과 オ乙이 상보적으로 분포한다는 점을 강조함으로써 이 둘이 음운론적으로 대립하지 않았다고 했다. 후술하겠지만 우리도 이 상보적 분포를 강조한다.

그런데 服部四郎(1976a, 1976b)는 有坂秀世(1932) 이래의 알타이어 모음조화

에[68] 집착하여 을류 모음을 /ö/로 표기했다. 이 /ö/는 オ乙을 중설원순모음으로 해석한 것이다. 그러나 オ乙을 표기하는 음가나가 한어 중고음에서 합구가 아니라 항상 개구이므로 이 학설은 옳지 않다. 『고사기』·『일본서기』·『만엽집』의 음가나를 통틀어 보더라도 개구와 합구를 엄격히 구별함으로써 합구는 원순모음 또는 /w/로 수용하고 개구는 평순모음으로 수용한다. 이 규칙에는 예외가 없으므로[69] 을류 모음을 원순모음이라 할 수 없다. 이 을류 모음은 원순모음인 オ甲의 평순 짝이기 때문이다. 이와는 달리 松本克己(1995: 140~142)는 무표적인 /ü/가 없는데 유표적인 /ö/를 먼저 설정해서는 안 된다는 점을 강조했다. 그러나 우리처럼 을류 모음을 /ö/가 아니라 /ə/라고 하면 이 비판이 성립하지 않는다.

6모음체계에서는 모음이 5종이 아니라 6종이므로, 50음도가 아니라 60음도로 정리하는 것이 정확하다. 이에 따라 (390)의 음가 배당표를 아래 (398)과 같이 수정한다. 문제가 되었던 G행의 '擬'를 GE 음절로 위치를 바꾸었다. øE 음절의 曳/je/도 JE 음절로 이동했다.

60음도에서는 전체 음절이 이론적으로 84종이다. 그런데 β군에서는 18종의 음절이 공백이고, α군에서도 마찬가지이다. 이 중에서 øE·JI·WU의 세 가지 음절은 체계적 공백이고, 나머지는 우연한 공백이다. 이 세 가지 음절을 제외하면, β군과 α군에서 공통적으로 공백인 음절은 øO·ZA·ZE·ZƎ·ZO·DI·DO·BU·BE·RO·WƎ의 12종이다. 대부분이 탁음절이다.

『일본서기』 음가나를 199자로 한정하면 이처럼 공백인 음절이 적지 않다. 만약 β군의 음가나 296자와 α군의 음가나 243자를 모두 분석의 대상으로 삼는다면 이들 공백이 아주 많이 줄어들 것이라고 예측할 수 있다. 이것을 증명하기 위하여 3~4회의 용례뿐이라서 분석 대상에서 제외했던 음가나 37자를 재추가하여 다시 검토해 보았다. 그랬더니 199자 집합에서는 우연한 공백이었던 ZA·DI

68 有坂秀世(1932)와 池上禎造(1932)는 세 가지 모음결합 법칙을 세웠는데, 이것을 有坂·池上법칙이라고 부른다(1장 참조).

69 다만, 운미가 /-u/인 운을 수용할 때에는 운미 /-u/와 그 앞에 오는 운복모음을 하나로 축약하여 수용한다.

음절이 236자 집합에서는 각각 '裝·旎'로 채워진다. 이처럼 자료의 총량이 많아지면 실제로 우연한 공백이 줄어든다.

(398) 『일본서기』 음가나의 60음도 (음영 부분은 α군 음가나)

모음 / 자음		A (ア)	I (イ)	U (ウ)	E (エ)	Ǝ	O (オ)
ø ア		阿/a/	伊=異=以/i/	于=宇/u/		於/ə/	
		阿=婀/a/	以/i/	于=宇/u/		於=飫/ə/	
K カ	K	伽=箇=介=訶/ka/	枳=企=耆=岐/ki/	區=句=俱=玖/ku/	鷄=開/ke/	紀/kə/, 虛=許=據/kə/	古=故=固=姑/ko/
		柯=哿=舸=箇=歌/ka/	枳=岐=企/ki/	俱=矩/ku/	該=稽/ke/	紀=基/kə/, 擧=渠/kə/	古/ko/
	G	餓/ga/	藝/gi/	遇/gu/			誤/go/
		我=鵝/ga/		虞/gu/	擬/ge/	渠/gə/	
S サ	S	佐=瑳/sa/	辭=之=志=始=嗣/si/	須=輸=素/su/	勢=齊/se/	曾/sə/	素=蘇/so/
		佐=娑=左/sa/	之=斯=志=始=絁=思/si/	須/su/	制=世=西/se/	曾/sə/	
	Z			*孺/儒/zu/			
			*珥/zi/	*孺/儒/zu/			
T タ	T	多=哆/ta/	智=知/ti/	菟=都/tu/	弖/氐/te/	等=苔/tə/	斗/to/
		陀=拕/柁=多=駄/ta/	致=智/ti/	都/tu/	底/te/	縢/騰=登=等/tə/	度=斗/to/
	D	*娜=*儺/da/		豆/du/	*涅=*泥/de/	*迺=*耐/də/	
		*娜/da/		豆=逗/du/	*泥=提/de/	*迺=*耐/də/	

N ナ		那=儺=奈/na/, *娜/da/	爾/ni/, 珥/ni～zi/		禰/ne/, *泥/ne～de/	能/nə/, *迺/廼/nə～də/	*怒/no～do～nu/
		儺=那/na/, *娜/da/	儞=爾=尼/ni/	農/nu/	*泥/ne～de/	能/nə/	*奴/no～do～nu/
P ハ	P	波=破=播/pa/	比=臂=譬/pi/	赴=布=輔/pu/	陛=幣/pe/	陪=倍/pə/	朋=裒=保/po/
		播=波=婆=簸/pa/	比=毘/pi/	賦=符=甫/pu/	陛/pe/	倍/pə/	朋=裒=保/po/
	B	*麼/ba/	*弭/bi/			陪=倍/bə/	朋=裒/bo/
		*麼=播=婆/ba/	*寐/bi/				裒/bo/
M マ		摩=莽=麻=磨/ma/, *麼/ba～ma/	瀰=彌/mi/, *弭/bi～mi/, *寐/bi～mi/	務=牟=武/mu/	謎/me/	梅/mə/, 未/mə→mɨ/	茂=母=毛=望/mo/
		麻=摩/ma/, *磨=*魔/ma～ba/, *麼/ba～ma/	瀰=彌=美/mi/, *弭/bi～mi/, *寐/bi～mi/	武/mu～mo/	*謎/me～be/	梅=每/mə/, 微/mə→mɨ/	母=謀=慕=暮=謨/mo/
J ヤ		夜=椰/揶/ja/		由=喩/ju/	曳/je/	豫=譽/jə/	用/jo/
		野=耶/ja/		喩/ju/	曳/je/	與=余/jə/	用/jo/
R ラ		羅=邏/ra/	利=離/ri/	屢=流=蘆/ru/	例=禮/re/	呂/rə/	
		羅=囉/ra/	理=利=梨/ri/	屢=樓/ru/	例=黎/re/	慮/rə/	
W ワ		和/wa/	謂=委/wi/		惠/we/		烏=塢=弘/wo/
		倭=和/wa/	謂=威/wi/		衛/we/		嗚/鳴=烏=乎=弘/wo/

위에서 우리는 199자 집합을 236자 집합으로 늘리면 제7의 모음 /ɨ/가 설정된다고 했다. 그런데 이 제7의 모음 /ɨ/가 상대 일본어 고유의 모음이 아니라 전기 중고음의 중뉴에서 비롯된 외래적 모음일 가능성이 크다.

(399) M행의 을류 모음 /ɨ/와 중고음의 중뉴

MI 음절: 彌[明中A平支]=/mje/^{L}, 瀰[明中A上支]=/mje/^{R} 〉 갑류 /i/

未[微中C去微]=/mɪəi/^{D}, 微[微中C平微]=/mɪəi/^{L} 〉 을류 /ɨ/

ME 음절: 梅[明中1平灰]=/mwəi/^{L}, 每[明中1平灰]=/mwəi/^{L} 〉 을류 /ə/

위에 정리한 것처럼 MI 음절에서 갑류의 '彌, 瀰'는 전기 중고음의 등이 3등 A인 데에 반하여, 을류의 '未, 微'는 3등 C이다. 이것을 강조하면 제7의 모음 /ɨ/는 전기 중고음의 중뉴대립을 그대로 반영한 것이라고 할 수 있다. 이것은 4장의 (306)에서 자세히 논의한 바 있으므로 여기에서는 논의를 생략한다.

5.3.4. 중고음 성모의 대체 수용

이제, 한어 중고음의 성모가 『일본서기』 음가나에서 어떻게 대체되어 수용되는지 그 양상을 정리하기로 한다. 아래 (400)의 대체 수용표에서 음가를 달지 않은 澄母, 莊母, 初母, 昌母, 船母, 崇母, 生母, 俟母, 常母는 『일본서기』 199자 집합에서 사용된 적이 없음을 나타낸다.

아래의 수용표에서 가장 먼저 눈길을 끄는 것은 전청, 차청, 전탁이 거의 대부분 청음으로 수용된다는 점이다. 특히 유성음인 전탁 계열이 『일본서기』 음가나에서 청음으로 수용된다는 점에 주목할 필요가 있다. 위의 (276)에서 정리한 바 있듯이, '提, 豆, 逗'의 定母/d/만 예외적으로 탁음인 /d/로 수용된다. 이것은 羅常培(1933)과 森博達(1991)이 지적한 것처럼 定母/d/의 탁음청화가 가장 늦었다는 것을 말해 준다. 이 예외만 제외하면, 한어 중고음의 전청음, 차청음, 전탁음이 모두 청음으로 수용된다.

(400) 한어 중고음 성모의 대체 수용 (『일본서기』 음가나)

<table>
<tr><th colspan="2">방식
위치</th><th>전청</th><th>차청</th><th>전탁</th><th>차탁</th></tr>
<tr><td colspan="2">순음</td><td>幫/p/
非/p/</td><td>滂/p/
敷/p/</td><td>並/p/
奉/p/</td><td>明/m∼b/
微/m/</td></tr>
<tr><td rowspan="2">설음</td><td>치조</td><td>端/t/
知/t/</td><td>透/t/
徹/t/</td><td>定/t∼d/
澄</td><td>泥/n∼d/
日/n∼z/
娘/n/</td></tr>
<tr><td>반설</td><td></td><td></td><td></td><td>來/r/</td></tr>
<tr><td rowspan="6">치음</td><td rowspan="3">파찰</td><td>精/s/</td><td rowspan="2">淸/s/
初</td><td>從/s/</td><td rowspan="3"></td></tr>
<tr><td>莊</td><td rowspan="2">船
崇</td></tr>
<tr><td>章/s/</td><td>昌</td></tr>
<tr><td rowspan="3">마찰</td><td>心/s/</td><td rowspan="2"></td><td>邪/s/</td><td rowspan="3"></td></tr>
<tr><td>生</td><td rowspan="2">俟
常</td></tr>
<tr><td>書/s/</td><td></td></tr>
<tr><td colspan="2">아음</td><td>見/k/</td><td>溪/k/</td><td>群/k/</td><td>疑/g/</td></tr>
<tr><td colspan="2">후음</td><td>影/ø/</td><td>曉/k/</td><td>匣/ø/
云/ø/</td><td>羊/j/</td></tr>
</table>

이와는 달리, 『고사기』 음가나에서는 群母/g/를 제외하면 전탁음이 모두 탁음으로 수용된다. 예외를 논외로 하면, 중고음의 전탁음이 『고사기』에서는 탁음으로 수용되지만 『일본서기』에서는 청음으로 수용된다고 일반화할 수 있다.

이처럼 전탁음의 수용 양상이 정반대로 달라진 것을 일본어 고유의 변화라고 기술할 수 있을까? 이것은 불가능하다. 일찍부터 일본어에서는 청음과 탁음이 엄격히 구별되었고 이것이 현대 일본어까지 이어진다는 것이 정설이기 때문이다. 더군다나 『고사기』는 712년에 완성되고 『일본서기』는 720년에 완성되었으므로, 편찬의 시차가 거의 나지 않는다. 따라서 전탁음의 수용 양상이 정반대인 상황을 일본어 내부의 통시적 변화로는 기술할 수가 없다.

그렇다면 이 전도된 상황의 원인을 한어 중고음에서 찾을 수밖에 없다. 여기에서 한어 중고음을 둘로 나눌 필요가 생긴다. 첫째는 위진남북조 시기의 전기 중고음이요, 둘째는 당나라에서 북송(北宋)까지의 후기 중고음이다. 전기 중고음을 백제를 거쳐 수용한 것이 일본의 오음이요, 당나라 초기의 후기 중고음을 수용한 것이 일본의 한음이다. 오음에서는 전탁음을 탁음으로 수용하지만 한음에서는 청음으로 수용한다. 바로 이 오음을 대표하는 것이 『고사기』 음가나이고, 한음을 대표하는 것이 『일본서기』 음가나이다.

이것은 기술 방향을 중고음에서 시작하여 『고사기』와 『일본서기』의 음가나까지 순차적으로 정리한 것이지만, 기술 방향을 거꾸로 잡는 것이 오히려 올바를 것이다. 전기 중고음과 후기 중고음의 차이를 드러낼 때에 『고사기』 음가나와 『일본서기』 음가나의 차이가 가장 중요한 실마리가 되기 때문이다.

위에서 우리는 '提, 豆, 逗'의 定母/d/가 『일본서기』 음가나에서 예외적으로 탁음인 /d/로 수용된다고 했다. 오음에서 한음으로 교체될 때에 일부에서 오음을 고수하면 예외가 발생하게 된다. '提, 豆, 逗'가 예외적 행동을 보인 것은 아마도 오음을 고수한 데에서 그 원인을 찾아야 할 것이다. 오음이 한음보다 일찍 수용되었으므로 이렇게 말할 수 있다.

한어의 전탁음을 『일본서기』 음가나에서 청음으로 수용했다면, 『일본서기』에서는 상대 일본어의 탁음을 어떻게 표기했을까 하는 의문이 제기된다. 그 답은 탈비음화에서 찾을 수 있다. '珥'의 日母/n/가 /z/로 수용된 것도 광의에서는 바로 이 부류에 든다. 泥母/n/와 明母/m/에 탈비음화가 일어나면 각각 /d/와 /b/가 되는데, 탈비음화한 泥母字와 明母字로 탁음 /d/와 /b/를 표기했다. 순음에서는 탈비음화한 明母字로 /b/를 표기하지만, 청음과 탁음의 구별 표기가 불투명할 때가 많다. 반면에 아음에서는 疑母/ŋ/를 활용하여 규칙적으로 탁음 /g/를 표기했다.

이제, 『일본서기』의 관점에서 한어 중고음을 어떻게 수용했는지를 아래의 (401)과 같이 정리하기로 한다. 여기에서는 예외적 수용을 반영하지 않았고 『일본서기』 음가나에서 전혀 사용된 바 없는 성모도 제외했다. 반면에 탈비음화를 적극적으로 반영했다. (401)에서 마지막 줄의 후음을 삭제하는 것이 더 나을 것이다. 影母·匣母·云母처럼 삭제되어 /ø/로 수용되는 성모는 사실은 음가가 없기 때문이다.

(401)『일본서기』 음가나의 성모 대체 수용

방식 / 위치		청음	탁음	차탁
순음		幫非滂敷並奉/p/	*明/b/	明微/m/
설음	치조	端知透徹定/t/	*泥/d/	泥日娘/n/
	반설			來/r/
치음	마찰	心書邪精清從章/s/	*日/z/	羊/j/
아음		見溪曉群/k/	疑/g/	/w/
후음		影匣云/ø/		

이와 같이 수용 양상을 재정리하면 자음의 조음위치는 순음, 설음, 치음, 아음의 4종으로 구별되고, 조음방식은 청음, 탁음, 차탁의 3종으로 구별된다. 이 4×3의 12자리에 각각 하나의 자음이 들어가는데, 여기에 유음 /r/를 더한 것이『일본서기』 음가나의 자음체계라고 할 수 있다. 아주 질서정연한 체계임이 분명하다. 이 자음체계에는 반자음 /j/와 /w/를 포함하여 총 13종의 자음이 등록된다.

이것을『고사기』 음가나의 (308)과 비교해 보면 전체 자음 목록에서는 전혀 차이가 없다. 그러나 질적으로는 차이가 아주 크다.『고사기』 음가나에서는 유성음인 並奉/b/, 定澄/d/, 從母/dz/, 崇母/dʑ/, 邪母/z/, 常母/ʑ/가 모두 탁음으로 수용되었다. 이것은 전기 중고음의 유·무성 구별을 정확하게 구별하여 수용한 것이다. 그러나『일본서기』 음가나에서는 유성음인 並奉/b/, 定母/d/, 邪母/z/, 從母/dz/를 모두 청음으로 수용했다. 이것은 중고음에서 일어난 탁음청화를 반영한 것이다. 탁음을 표기할 때에는『고사기』와 달리『일본서기』에서는 탈비음화한 *明母/b/, *泥母/d/, *日母/z/를 새로 사용한다. 이 표기법의 차이를 강조하면『고사기』와『일본서기』 음가나 사이에 아주 큰 변화가 있었다고 할 수 있다.

5.3.5. 중고음 운모의 대체 수용

이제, 한어 중고음의 운모가 『일본서기』 음가나에서 어떻게 대체되어 수용되는지를 정리한다. 이때에는 한어 중고음의 운미를 분류 기준으로 삼는 것이 편리하다. 아래 표에서 止攝·遇攝·果攝·假攝을 하나로 묶었는데, 이들에 속하는 운모에는 운미가 없다. 즉 /-ø/ 운미이다. 流攝·效攝의 운모는 /-u/ 운미를 가지고, 蟹攝 운모는 /-i/운미를 가진다. 通攝·江攝·宕攝·曾攝·梗攝의 운모는 /-ŋ, -k/ 운미를 가지고, 臻攝·山攝의 운모는 /-n, -t/ 운미를 가지며, 深攝·咸攝의 운모는 /-m, -p/ 운미를 가진다.

(402) 중고음 운모의 수용 양상 (『일본서기』 음가나)

섭 \ 운모 \ 등 개합		4등		3등		2등		1등	
		開	合	開	合	開	合	開	合
止遇 果假 /-ø/	脂韻			i					
	支韻			i	wi				
	之韻			i~ə					
	虞韻			u					
	魚韻			ə					
	模韻			u~o	wo				
	麻韻					a			
	戈韻							a	wa
	歌韻							a	
流效 /-u/	幽韻								
	尤韻			u					
	侯韻			u~o					
	蕭韻								
	宵韻								
	肴韻								
	豪韻							o	

蟹攝 /-i/	祭韻			e					
	廢韻								
	夬韻								
	泰韻							a	
	齊韻	e							
	微韻			(ɨ)	wi				
	皆韻					a			
	佳韻								
	咍韻							e～ə	
	灰韻							ə	
通江宕曾梗 /-ŋ/	鍾韻			o					
	江韻								
	冬韻							u	
	東韻								
	蒸韻								
	陽韻			o					
	登韻							ə	wo
	唐韻							a	
	青韻								
	淸韻								
	耕韻								
	庚韻								
臻山 /-n/	眞韻								
	臻韻								
	諄韻								
	文韻								
	欣韻								
	魂韻								
	痕韻								
	先韻	e							

	仙韻								
	元韻								
	删韻								
	山韻								
	桓韻								
	寒韻								
深咸 /-m/	添韻								
	侵韻								
	凡韻								
	嚴韻								
	鹽韻								
	咸韻								
	銜韻								
	覃韻								
	談韻								

『일본서기』 음가나 중에서 /-m, -p/ 운미를 가지는 것은 아예 없고, /-n, -t/ 등의 운미를 가지는 음가나도 '涅' 하나뿐이다. 대부분의 음가나가 /-ø/ 운미나 /-i/, /-u/, /-ŋ, -k/ 운미를 가진다.

위의 표에서 하나의 운모가 둘 이상의 음가를 표음하는 것이 있다. 그중에서 가장 중요한 것은 개구와 합구를 엄격히 구별하여 음가를 수용한 운모가 적지 않다는 점이다. 支韻/je~ɪe/의 개구는 /i/를 표기하고 합구는 /wi/를 표기한다. 模韻/o/의 개구가 /u~o/를 표기하는 데에 반하여 후음 뒤의 합구는 /wo/를 표기한다. 登韻/əŋ/도 개구일 때에는 /ə/를 표기하지만 합구음 /w/의 뒤에서는 /o/를[70] 표기한다. 따라서 『고사기』뿐만 아니라 『일본서기』 음가나에서도 개합이 정확하게 구별되어 수용된다고 할 수 있다.

다음으로, 설치음과 순음·아후음의 음운론적 환경에 따라 수용 양상이 달라지

70 이것은 합구음 /w/의 뒤에서 을류 모음 /ə/에 원순모음화가 일어난 것이다.

는 운모를 기술한다. 之韻/ɪə/은 설치음 뒤에서는 /i/로 수용되고 순음·아후음의 뒤에서는 /ə/로 수용된다. 咍韻/əi/도 설치음 뒤에서는 /ə/로 수용되고 아후음의 뒤에서는 /e/로 수용된다. 이것은 『일본서기』 음가나의 자음체계에서 설치음과 순음·아후음이 음운론적으로 서로 다르게 행동했음을 보여 주므로 주목할 필요가 있다.

두 가지 이상으로 수용되지만 그 음운론적 환경을 특정할 수 없는 운모도 있다. 模韻/o/과 侯韻/əu/이 대표적인 예이다. 이 두 운모는 /o/ 또는 /u/의 두 가지로 수용된다. 이 이중적 수용은 상대 일본어에서 /o/와 /u/의 음운론적 거리가 상당히 가까웠음을 의미할 것이다. 그렇다고 하여 이 두 모음이 구별되지 않는 것은 아니다.

위의 (64~65)에 정리한 것처럼, '固, 古, 故, 姑, 度, 暮, 慕, 謨, 蘇, 誤'의 模韻/o/은 /o/로 수용되지만, '都, 菟, 蘆, 布'의 模韻/o/은 /u/로 수용된다. '怒, 奴, 素'에서는 /o/ 또는 /u/로 수용된다. 『고사기』 음가나에서는 模韻/o/이 /o/로 수용된 것이 /u/로 수용된 것보다 더 많다. 侯韻/əu/도 위의 (128)에 정리한 것처럼 『일본서기』의 '逗, 豆, 樓'에서는 /u/로, '母, 茂, 斗, 褒/裒'에서는 /o/로 수용된다. 이것은 『고사기』 음가나와 거의 차이가 없다.

이제, 『일본서기』 음가나의 모음을 기준으로 아래 (403)과 같이 중고음 수용 양상을 정리해 본다.

『일본서기』 음가나의 /a/ 모음은 皆韻/ɛi/, 麻韻/ɛ/, 泰韻/ɑi/, 戈韻/wɑ/, 歌韻/ɑ/, 唐韻/ɑŋ/의 운복모음을 수용한 것이다. 한어 중고음에서는 전설저모음 /ɛ/와 후설저모음 /ɑ/의 음운대립이 있지만, 『일본서기』 음가나에서는 이 음운대립이 없다고 보아야 한다.

『일본서기』 음가나의 /i/ 모음은 脂韻/ji~ɪi/, 支韻/je~ɪe/, 微韻 합구 /ɥəi/, 설치음 뒤에 온 之韻/ɪə/ 등의 운복모음을 수용한 것이다. 여기에서 止攝에 속하는 이 네 운모가 당나라의 후기 중고음에서 하나로 합류했다는 논의가 가능해진다.

(403) 『일본서기』 음가나의 모음별 수용 양상

운모 \ 모음	a	i	u	e	ə	o
脂韻		i				
支韻		i				
微韻		(w)i (ɨ)				
之韻		i			ə	
魚韻					ə	
灰韻					ə	
登韻					ə	(w)o
咍韻				e	ə	
齊韻				e		
祭韻				e		
先韻				e		
虞韻			u			
尤韻			u			
冬韻			u			
侯韻			u			(o)
模韻			(u)			o
豪韻						o
鍾韻						o
陽韻						o
皆韻	a					
麻韻	a					
泰韻	a					
戈韻	(w)a					
歌韻	a					
唐韻	a					

『일본서기』 음가나의 /u/ 모음은 虞韻/ɥo/, 尤韻/ɪəu/, 冬韻/oŋ/, 侯韻/əu/을

수용한 것이다. 이때에는 운두개음 /ɥ-/ 또는 운미의 /-u/가 작용하여 운복모음이 마치 /u/인 것처럼 인식되었을 것이다. 또한 전기 중고음의 江冬韻/oŋ/이 후기 중고음 시기에 江韻과 冬韻의 둘로 분화하는 과정에서 冬韻/oŋ/의 운복모음이 /u/ 모음 쪽으로 이동했을 것이다.

『일본서기』 음가나의 /e/ 모음은 齊韻/ei/, 祭韻/jɛi~ɪɛi/, 先韻/en, et/, 순음·아후음 뒤의 咍韻/əi/ 등을 수용한 것이다. 祭韻/jɛi~ɪɛi/의 운복모음 /ɛ/가 /a/로 수용되지 않고 /e/로 수용되었다. 祭韻/jɛi~ɪɛi/의 운두와 운미의 위치에 고음성 자질을 가지는 /j-, ɪ-/와 /-i/가 오기 때문에 음성학적으로 운복모음도 상승하여 /e/로 인식되었을 가능성이 크다. 순음·아후음 뒤의 咍韻/əi/을 /e/로 인식한 것에도 운미의 /-i/가 영향을 미쳤을 것이다.

『일본서기』 음가나의 /ə/ 모음은 魚韻/ɪo~ɪə/, 灰韻/wəi/, 登韻/əŋ/, 아후음 뒤의 之韻/ɪə/, 설치음 뒤의 咍韻/əi/ 등을 수용한 것이다. 중고음에서 이들의 운복모음은 모두 /ə/이므로 규칙적으로 이 /ə/를 수용한 것이라고 할 수 있다. 전기 중고음에서는 魚韻이 /ɪo/와 /ɪə/의 사이에서 동요하는 상황이었지만, 『일본서기』 음가나에서는 魚韻을 모두 /ə/로 수용했으므로 후기 중고음의 魚韻에서는 'ɪo 〉 ɪə'의 통시적 변화가 완료되었으리라 추정할 수 있다.

『일본서기』 음가나의 /o/ 모음은 模韻/o/, 豪韻/ɑu/, 鍾韻/ɪoŋ/, 陽韻/ɪɑŋ/을 수용한 것이다. 侯韻/əu/의 일부도 /o/로 수용되는데 이것은 운복모음 /ə/와 운미 /-u/를 하나로 축약한 결과일 것이다. /-u/ 운미를 가지는 운모에서는 이 축약이 항상 일어난다고 보아도 된다. 陽韻/ɪɑŋ/을 /o/로 수용한 것은 예외적이다.

236자 집합에서는 제7의 모음 /ɨ/가 설정되는데, 이것은 전기 중고음의 중뉴대립을 대체하여 수용한 것이다.

『일본서기』 음가나에서는 예외적 수용이라 할 만한 것이 아주 적다. 模韻/o/이나 侯韻/əu/이 /o/ 또는 /u/의 두 가지로 수용되는 것을 진정한 의미의 예외에서 제외하고 定母/d/가 /t/와 /d/의 두 가지로 수용되는 것을 제외하면, '望·藝·烏·鳴/嗚·塢·乎'의 6자만 예외적으로 수용되었다고 할 수 있다. 전체 199자 중에서

193자 즉 97.0%가 정상적으로 수용되었으므로 그 비율이 아주 높다고 할 수 있다. 模韻/o/이나 侯韻/əu/을 예외적으로 수용한 것은 8자인데 이들을 포함하면 예외적 수용 비율이 7.0%로 높아진다. 그렇더라도 93.0%가 정상적·규칙적으로 수용되었으므로 『일본서기』 음가나를 신용할 수 있다.

『고사기』 음가나의 91.6%와 『만엽집』 음가나의 90.9%에 비해서도 『일본서기』 음가나의 정상적 수용 비율이 아주 높은 편이다. 따라서 당대의 북방음을 재구할 때에 『일본서기』 음가나가 귀중한 자료가 된다고 한 森博達(1991)의 논의는 정확하다. 반면에, 有坂秀世(1933/55: 192)는 상대 일본어의 음을 확정할 때에 만요가나는 거의 도움이 되지 않는다고 했는데, 우리는 이에 동의하지 않는다.

『일본서기』 음가나의 모음체계는 기본적으로 /a, i, u, e, o, ə/의 6모음체계이다. 이 체계에서는 /i/, /e/, /o/의 세 가지 갑류 모음에 대응하는 3종의 을류 모음이 설정되지 않는다. 을류 모음이 갑류 모음과 합류했거나 을류 모음끼리 서로 합류함으로써 결국에는 을류 모음으로 /ə/ 하나만 설정된다. 달리 말하면 イ乙, エ乙, オ乙의 세 가지 을류 모음이 음운론적으로 대립하지 않는다는 뜻이다. 이것을 논증했다는 것이 5장의 논의 중에서 가장 중요한 성과일 것이다. 236자 집합에서는 M행의 MI 음절에 제7의 모음 /ɨ/가 설정되지만, 이것은 중고음의 중뉴대립에 그 기원을 두고 있다.

『고사기』 음가나에서는 107자 집합만으로도 G·B·M의 3행에서 제7의 모음 /ɨ/를 설정할 필요가 있었다. 그러나 『일본서기』 음가나에서 199자 집합에서는 /ɨ/가 설정되지 않고 236자 집합의 M행에서 /ɨ/가 딱 한번 설정된다. 이것은 두 가지를 암시한다.

첫째, 음가나 종류가 늘어난다고 하여 설정해야 할 자음이나 모음이 비례적으로 늘어나는 것이 아니다. 음가나의 총량이 많으면 많을수록 바람직하지만, 음운론적으로 대립하는 자음과 모음의 전체 종류가 실제로는 이 총량에 비례하지 않는다.

둘째, 제7의 모음 /ɨ/가 전기 중고음의 중뉴대립에서 비롯된 것임을 확인해 준다. 제7의 모음 /ɨ/가 『고사기』 음가나에서는 3행에서 설정되지만, 『일본서기』 음가나에서는 딱 한 행에서만 설정된다. 널리 알려져 있듯이 『고사기』와 『일본서기』의 편찬 시기는 각각 712년과 720년이므로 그 시차가 거의 없다. 따라서 통시적 변화만으로는 /ɨ/ 모음의 설정 여부를 정확히 기술할 수가 없다.

통시적 변화보다 더 중요한 것은 전기 중고음과 후기 중고음의 차이이다. 『고사기』 음가나는 위진남북조 시기의 전기 중고음을 수용한 것이고, 이 전기 중고음에는 중뉴대립이 있다. 반면에, 『일본서기』 음가나는 당나라 초기의 후기 중고음을 수용한 것이고, 이 후기 중고음에서는 중뉴대립이 사라진다. 그런데 제7의 모음 /ɨ/를 배당한 '未=微'가 대부분 β군에서 사용되고(위의 (104) 용례 참조) α군에서 사용된 것은 '柯微'{神}(24)의 딱 하나뿐이다. 이 차이를 강조하여 제7의 모음 /ɨ/가 전기 중고음의 중뉴대립을 반영한 것이라고 할 수 있다. β군에는 전통적인 표기 관습이 남아 있지만 α군은 당대 이후의 새로운 표기법을 도입했기 때문이다. 결론적으로 우리는 제7의 모음 /ɨ/가 전기 중고음의 중뉴에서 비롯된 외래적 모음이라고 기술한다.

5.3.6. 『일본서기』 β군과 α군의 음운론적 차이

우리는 3장의 표기법을 서술하면서 『일본서기』의 β군과 α군이 표기법에서 차이가 난다는 것을 인정하면서도, 그 차이가 여타 텍스트와의 차이에 비하면 사소한 것이라는 점을 강조했다. 즉 『일본서기』 α군과 표기법에서 가장 가까운 텍스트는 역시 『일본서기』 β군이다.

이제, 음운론의 관점에서 『일본서기』 β군과 α군이 어떻게 차이가 나는지를 정리하기로 한다. 이때에 가장 먼저 활용해야 할 것은 위의 (398)에 정리한 『일본서기』 음가나의 60음도이다. 여기에서 β군과 α군을 따로따로 정리했으므로, β군과 α군이 음운론적으로 차이가 나는 것을 모아 본다.

(404) 『일본서기』 β군과 α군의 음운론적 차이

음절 \ 군	β군	α군
/gi/	藝	
/ge/		擬
/gə/		渠
/go/	誤	
/zi/		珥
/so/	素=蘇	
/nu/		農
/bə/	陪=倍	

이 표에서 공백인 칸은 해당 음절을 표기하는 음가나가 없음을 뜻한다. 이 중에서 /so/ 음절을 제외하면 모두가 탁음을 가지는 음절이다. 청음에서 β군과 α군의 음운론적 차이가 나는 것은 /so/ 음절 하나뿐이다. 더욱이 β군에서 공백인 것은 4종의 음절이고 α군에서 공백인 것도 4종의 음절이므로, 공백이 어느 한쪽으로 편중되지 않는다. 따라서 이 공백이 체계적인 공백이 아니라 우연한 공백일 가능성이 아주 크다.

β군과 α군의 음운론적 차이를 강조할 때에는, α군에서 '渠, 騰, 婆, 裒, 提' 등이 기본적으로는 탁음절을 표기하면서도 청음절을 표기하기도 한다는 점을 들어야 할 것이다. 이것은 표기법이 혼란스러워졌음을 의미하는데, 그 원인은 후기 중고음에서 일어난 탁음청화에서 찾을 수 있다. 반면에, β군에서는 동일 음가나가 청음절과 탁음절을 동시에 표기하는 혼란이 거의 눈에 띄지 않는다. 이 차이를 제외하면 β군과 α군의 음운론적 차이라고 할 만한 것을 찾기가 어렵다.

우리는 3장의 (49)에서 β군과 α군이 탁음청화의 수용 과정에서 차이가 난다고 했다. β군에서는 탁음청화의 증거를 P행에서만 찾을 수 있지만, α군에서는 T행에서도 찾을 수 있다고 했다. 이 차이를 제외한다면 α군과 β군 만요가나의 차이는 미미한 것이라고 할 수 있다.

탈비음화에서도 약간의 차이를 찾아낼 수 있다. '麼, 弭, 寐'의 세 가지 음가나는 β군과 α군에서 모두 탈비음화가 일어났으나, '磨, 魔, 謎'의 세 가지 음가나는 α군에서만 탈비음화가 일어난다. β군과 α군의 차이를 강조할 때에는 이 미세한 차이도 거론 대상이지만, 탈비음화가 일어났다는 점에서는 β군과 α군이 차이가 나지 않는다.

결론적으로, 표기법의 관점에서는 β군과 α군의 차이가 아주 크다고 말할 수 있지만 음운론의 관점에서는 β군과 α군의 차이가 그리 크지 않다. 대개는 개별적·부분적 차이에 불과하거나, 예외적 수용에서 차이가 나기 때문이다.

6. 『만엽집』 음운

『만엽집』 가요는 무려 4,516수에 이르는데, 표기법을 기준으로 삼아 이 4,516수를 두 가지로 나눌 수 있다. 첫째는 음표기 위주의 가요요, 둘째는 훈표기 위주의 가요이다. 우리는 이 둘을 각각 P군과 Q군이라 지칭하면서, 여기에 사용된 음가나 목록을 3장에서 이미 정리한 바 있다. 이들을 대상으로 삼아 『만엽집』 음가나의 음운체계를 논의하기로 한다.

음가나에서 『만엽집』의 P군과 가장 가까운 텍스트는 『만엽집』 Q군이고, 『만엽집』 Q군과 가장 가까운 텍스트도 『만엽집』의 P군이다. 표기법에서는 P군과 Q군이 아주 크게 차이가 날지라도, 이들의 음가나에서는 차이가 거의 없다. 따라서 우리는 이 P군과 Q군의 음가나를 하나로 뭉치기로 한다.

논의의 편의를 위해, 『만엽집』 P군과 Q군의 분류표를 3장의 (71)에서 다시 가져온다. 아래 분류표의 R군은 크게 보면 Q군의 일종이다. Q군은 모두 3,338수이고, P군은 1,043수 중에서 동국 방언 자료인 아즈마 노래와 사키모리 노래를 제외하면 720수이다.

(1) 『만엽집』 4,516수의 표기법 분류

표기 / 권차	음표기 가요 P군 (首)	훈표기 가요 Q군 (首)	음훈표기 가요 R군 (首)
1~4		1~792 (792)	
5	793~906 (114)		
6~13		907~3347 (2441)	
14	3348~3577 (230)		
15	3578~3785 (208)		
16		3786~3889 (104)	
17~18	3890~3956 (67)		
			3957 (1)
	3958~4073 (115)		
		4074 (1)	
	4075~4138 (64)		
19			4139~4208 (70)
	4209~4210 (2)		
			4211~4219 (9)
	4220~4223 (4)		
			4224~4261 (38)
	4262~4263 (2)		
			4264~4277 (14)
	4278~4281 (4)		
			4282~4283 (2)
	4284~4292 (9)		
20	4293~4397 (105)		
			4398 (1)
	4399~4516 (118)		
총 4,516	1,043 (−323=720)수	3,338수	135수

6.1. 『만엽집』 음가나의 50음도

우리는 3장에서 텍스트별로 표기법을 정리하면서 P군과 Q군의 50음도를 작성한 바 있다. 논의의 편의상 이들을 반복하면 아래와 같다.

(2) 『만엽집』 P군의 음가나 50음도 (17회(无/無) 이상 123자)

자음 \ 모음	A (ア)	I (イ)	U (ウ)	E (エ)	O (オ)
ø (ア)	安 阿	伊	宇 烏		於 意
K (カ)	可 加 迦 河 賀	伎 吉 奇 枳 岐	久	家 氣	許 古 己 故 孤
	我 賀 河 何 加 可	藝 疑 伎 岐	具	氣 家	其
S (サ)	佐 左	之 思 志 斯	須	世 勢	蘇 曾
	射	自	受 須		曾
T (タ)	多 太	知	都 追	弖/氐 提 天	等 登 刀 藤/騰
	太	治 知	豆 都	泥 提	杼 度 等 登
N (ナ)	奈 那	爾 仁	奴	祢	能 乃 努
P (ハ)	波 婆	比 非 悲 妣	布 敷	敝 倍 弊	保
	婆 波	妣 婢 比 備	夫 布	弊 倍 敝	保
M (マ)	麻 末	美 未 彌	牟 武 无/無	米 賣 梅	母 毛 聞
J (ヤ)	夜 也		由	要 延[1]	欲 與 餘
R (ラ)	良	里 利 理	流 留	禮	呂 路
W (ワ)	和	爲		惠	乎 遠

(3) 『만엽집』 Q군의 음가나 50음도 (123자, 9회 이상 122자 + 末)

자음 \ 모음	A (ア)	I (イ)	U (ウ)	E (エ)	O (オ)
ø (ア)	安	伊	宇		於

1 이 '要, 延'의 위치를 øE 음절에서 JE 음절로 옮겼다. (3)의 '要'도 마찬가지이다.

K (カ)	可 加	枳3	久 苦 口 九 君	家 兼 計 鷄 祁	許 巨
	我 何	藝	具		期
S (サ)	左 佐 沙	之 思 師四 志	須	世 勢	蘇 曾
	射		受		曾
T (タ)	多	知	都 築/筑 追 豆	弖 天	登 等 藤/騰 刀
			豆 頭 都	弖 天	杼 藤/騰 登 等
N (ナ)	奈 難	爾 二 仁 邇	奴	禰/祢 年	乃 能 努
P (ハ)	波	比	布 不	敝 倍	保 寶
	婆 波	備 妣	夫	便 倍	
M (マ)	麻 萬 末	美 彌	武 牟	賣5	毛 母 聞 文
J (ヤ)	也		遊3	要	餘 欲
R (ラ)	良 濫 羅	里 利 理	流 留	禮	侶5
W (ワ)	和	爲4		惠	乎 矣 遠

P군과 Q군의 대표자를 하나로 병합하면 165자 집합이 된다.[2] 그런데 개별 음절의 음운론적 대립관계를 확인하려면 50음도의 한 음절당 둘 이상의 음가나를 검토하는 것이 바람직하다. 예컨대 GE 음절 음가나의 음운대립을 확인하려면, '氣' 하나만 분석하는 것보다 '宜'를 추가하여 '氣'와 '宜'의 음운대립을 확인할 필요가 있다. 또한 透母/t^h/나 東韻/uŋ/의 수용 양상을 정리하려면 [透中1平東]의 음가를 가지는 '通'을 추가하는 것이 편리하다. 우리는 이러한 편의를 위하여 '例, 是, 紀, 農, 物, 煩, 宜, 移, 低, 遲, 通, 吳'의 12자를 추가했다. 그런데 분석 결과에 따르면 '矣'는 음가나가 아니라 훈가나의 일종이므로 '矣'를 분석 대상에서 제외해야 한다. 이에 따라 분석 대상인 음가나 목록을 아래의 176자로 확정한다.

2 『일본서기』 β군과 α군의 대표자 123자를 하나로 합하면 193자가 된다. 따라서 『일본서기』 음가나가 넓게 퍼져 있는 분포인 데에 비하여, 『만엽집』 음가나는 좁게 뭉쳐져 있는 분포라고 할 수 있다.

(4) 분석 대상인 『만엽집』 음가나 목록 (165+12자=177－1=176자)

加 家 迦 可 巨 兼 計 鷄 故 古 苦 孤 具 口 久 九 君 伎 岐 奇 其 期 己 氣 祁 吉 那 難 乃 奈 年 努 奴 能 泥 祢/禰 多 刀 都 度 豆 頭 登 等 藤/騰 羅 濫 良 呂 侶 禮 路 留 流 理 利 里 麻 萬 末 賣 梅 母 毛 牟 武 无/無 聞 文 彌 未 米 美 倍 寶 保 敷 夫 不 備 妣 悲 比 婢 非 射 師 斯 沙 四 思 勢 世 蘇 受 須 我 阿 安 也 夜 於 與 餘 延 藝 烏 要 欲 宇 遠 爲 由 遊 意 疑 矣[3] 伊 邇 二 爾 仁 自 杼 弖/氐 提 佐 左 曾 周 知 之 志 枳 天 追 筑/築 治 太 婆 波 便 敝 弊 布 賀 何 河 許 惠 乎 和(165자) 例 是 紀 農 物 煩 宜 移 低 遲 通 吳(177자)

『일본서기』 음가나에서 분석 대상으로 삼았던 199자에 비하면 『만엽집』의 176자는 23자나 적다. 『일본서기』 β군과 α군에서는 음가나 차이가 사뭇 크지만, 『만엽집』의 P군과 Q군에서는 음가나의 차이가 그리 크지 않다. 『일본서기』 β군과 α군의 표기법은 음가나에서 바로 차이가 나지만, 『만엽집』의 P군과 Q군에서는 문장 훈표기의 유무와 한어 통사구조의 사용 여부가 가장 큰 차이이므로, 상대적으로 음가나의 차이는 작은 편이다. 그리하여 『만엽집』의 대표자가 『일본서기』보다 상대적으로 줄어들게 된다.

『고사기』·『일본서기』·『만엽집』의 음가나를 상호 대비하는 것도 우리의 연구 대상 중의 하나이므로 『일본서기』의 대표자 199자에 맞추어 23자를 재추가하여 『만엽집』 음가나를 대표하는 199자 집합도 작성해 보았다. 이때에는 P군에서 8회 이상 사용된 음가나와 Q군에서 7회 이상 사용된 음가나를 추가하되, 주로 을류 모음이 설정되는 I·E·O열의 음가나를 택했다. 이 23자에 대해서는 항상 각주에서 언급할 예정이다.[4]

이제, 『만엽집』의 대표자 176자를 50음도에 넣어 보면 아래와 같다. 아래의 50

3 여기에서는 논의의 편의상 '矣'를 음가나 목록에 넣었지만, 최종 결론에서는 이를 제외할 것이다.

4 이 23자를 여기에 열거해 둔다.
播 毗 底 企 素 泊 閇 支 毗 底 尾 必 摩 用 散 袁(이상 P군) 邊 智 紫 增 得 序 胡(이상 Q군)

음도에서 음영을 넣은 것은 Q군 음가나이고 그렇지 않은 것은 P군 음가나이다. 동일 음가나가 둘 이상의 칸에 배당한 것이 적지 않은데, 이것은 해당 음가나가 두 가지 이상의 음가를 표기한다는 것을 의미한다.

(5) 『만엽집』 음가나의 50음도 (음영 부분은 Q군 음가나)

자음＼모음		A (ア)	I (イ)	U (ウ)	E (エ)	O (オ)
ø ア		安 阿	伊 移	宇 烏		於 意
		安 阿	伊	宇		於
K カ	K	可 加 迦	伎 吉 枳 岐 紀 奇	久 苦 君 口	家 祁 鷄 計 氣	許 己 巨 故 古 孤
		可 加	伎 吉 枳 紀 奇	久 苦 口 九 君	家 計 鷄 祁 兼 氣	許 己 巨 故 古 孤
	G	我 河 賀 何	藝 疑 宜	具	氣 宜	其 期 呉
		我 何 河 賀	藝 疑 宜	具	氣 宜	其 期 呉
S サ	S	佐 左 沙	之 志 思 斯 師 四	須 周	世 勢	蘇 曾
		佐 左 沙	之 志 思 斯 師 四	須 周	世 勢	蘇 曾
	Z	射	自	受	是	曾
		射	自	受		曾
T タ	T	多	知	都 築/筑 通 追	弖/氐 天 提	等 登 刀
		多	知	都 築/筑 通 追	弖/氐 天 提	登 等 刀
	D	太 大	治 遲	豆 頭 都	泥 弖/氐 低 提	度 藤/騰 杼
		太 大	治 遲	豆 頭 都	泥 弖/氐 低 提	度 藤/騰 杼
N ナ		奈 那 難	爾 仁 二 邇	奴 農	祢/禰 年	能 乃 努
		奈 難	爾 仁 二 邇	奴	祢/禰 年	能 乃 努
P ハ	P	波	比 非 悲	布 敷 不	敝 倍 弊	保
		波	比 悲	布 不	敝 倍 弊	寶

	B	婆	備 妣 婢	夫	便 倍	煩 保
		婆	備 妣 婢	夫	便 倍	
M マ		麻 末 萬	美 彌 未	牟 武 无/無	米 賣 梅	毛 母 文 聞 物
		麻 末 萬	美 彌 未	牟 武 无/無	米 賣	毛 母 聞 文 物
J ヤ		夜 也		由 遊	要 延	餘 與 欲
		夜 也		由 遊		餘 與 欲
R ラ		羅 良	利 里 理	流 留	禮 例	呂 路
		羅 良 濫	利 里 理	流 留	禮 例	呂 侶
W ワ		和	爲		惠	乎 遠
		和	爲		惠	乎 遠 矣

우리는 (4)의 176자를 대상으로 삼아 『만엽집』 음가나의 음운체계를 재구할 것이다. 논의의 편의를 위하여 (5)의 50음도를 분석의 토대로 삼는다. 지면 절약을 위하여 『만엽집』 음가나를 하나로 통합하여 논의하면서도, P군과 Q군이 음운론적으로 차이가 나는지 그렇지 않은지를 항상 염두에 둔다.

6.2. 『만엽집』 음가나의 음절별 분석

『만엽집』 음가나를 음절별로 분석하는 방법은 『고사기』와 『일본서기』의 음가나를 분석하는 방법과 동일하므로, 여기에서 반복하지 않는다.

그런데 『만엽집』 음가나와 『고사기』·『일본서기』의 음가나가 차이가 크게 나는 것이 하나 있다. 『만엽집』 가요는 4,516수나 되므로 용례의 다양성이 충분한 데에 반하여[5] 『고사기』·『일본서기』의 가요는 112수와 128수에 불과하여 용례가 다양하지 않다는 점이다. 이에 따라 『고사기』·『일본서기』 가요를 분석할 때에는 단 하나의 동음 이표기 쌍만 있어도 바로 동음 관계를 인정했지만, 『만엽집』 가

5 동국 방언을 반영하는 323수를 제외하면, 4,193수이다.

요에서는 적어도 3쌍 이상의 동음 이표기 쌍이 있을 때에만 동음 관계를 인정하기로 한다. 다만 조사·활용형·접사·조동사 등의 문법 형태를 표기할 때에 사용되는 음가나는 상대적으로 출현 빈도가 높으므로, 문법 형태의 표기에 사용된 음가나에는 3배의 가중치를 부여하기로 한다. 즉 동일 문법 형태를 표기하는 두 음가나는 바로 동음 관계라고 판정한다.

또한 『만엽집』 음가나의 용례는 아주 많은 편이다. 용례를 제시할 때에 P군과 Q군을 엄격히 구별하지만, 지면을 절약하기 위하여 용례의 권차나 노래 번호 등 그 출전을 모두 생략한다. 역시 지면 절약을 위하여 용례도 대폭적으로 생략하고, 생략했음을 '…'로 표시한다. 용례 배열의 순서는 조사/활용형/조동사-명사-부사-형용사-동사-고유명사-복합어-관용구의 순서이다.

6.2.1. ø행, ア行

ø행 즉 ア行의 표기에는 '安, 阿, 伊, 宇, 烏, 要, 延, 於, 意'가 사용되었다. 이들을 음절별로 분류해 보면 아래와 같다. '要, 延'은 편의상 øE 음절에서 논의한다.

(6) ø행의 『만엽집』 음가나 (음영 부분은 Q군 음가나)

자음＼모음	A (ア)	I (イ)	U (ウ)	E (エ)	O (オ)
ø (ア)	安 阿	伊 移	宇 烏	要 延	於 意
	安 阿	伊	宇	要	於

6.2.1.1. øA 음절

øA 음절의 표기에는 '安'과 '阿'가 사용되었다. 이들의 용례를 정리하면 아래와 같다.

(7)『만엽집』의 '安' 용례

P군 A: 安/安禮{我}, 安豆麻{東}, 安須{明日}, 安乎{青}, 安佐{淺}, 安都美{厚み}, 安良禮多{霰た}, 安夜之{異し}, 安良多{新た}, 安美{嗚呼}, 安流{歩}, 安倍牟{堪へむ}, 安氣{擧げ}, 安夜麻知之{過ちし}, 安氣{開け}, 安佐氣{朝明}, 安波治{淡路}, 安由{東風}, 安不知{楝}, 安夫美都{鐙漬}, 安吉豆之萬{蜻蛉島}, 安之婢{馬醉木}, …

Q군 A: 安{我}, 安麻{海人}, 安麻{天}, 安由{鮎}, 安由{東風}, 安可流{赤る}, 安禮爾{荒}, 安禮{生れ}, 安蘇婆祢{遊ばね}, 安牟佐武{浴むさむ}, 安良蘇布{爭ふ}, 安騰毛{率}, 安倍[安倍], 安母理/安母里{天降り}, 安志妣{馬醉木}, …

(8)『만엽집』의 '阿' 용례

P군 A: 阿/阿禮/阿例{我}, 阿比{相}, 阿米{天}, 阿須{明日}, 阿頭麻{東}, 阿佐{朝}, 阿麻{海, 海人}, 阿由{鮎}, 阿布知{楝}, 阿之{葦}, 阿可志{明}, 阿岐{飽}, 阿留伎斯{步}, 阿布藝{仰ぎ}, …

Q군 A: 阿{我, 吾}, 阿曾{朝臣}, 阿和{沫}, 阿和{泡}, 阿可思{明}, 阿禮奈牟{荒}, 阿禮{生れ}, 阿流久{步く}, 阿波受{逢はず}, 阿倍寸{喘き}, 阿騰母{率}, 阿胡[阿胡], 阿騎[安騎], …

위의 용례 중에서 '安'이나 '阿'가 어중에 오는 일이 없다는 것이 드러난다. 모음으로 시작하는 음절이 둘째 음절 이하에 오면 상대 일본어에서는 항상 모음충돌이 일어난다. 이 모음충돌을 회피하기 위하여 '安'이나 '阿'가 둘째 음절 이하에 오지 않는다. 여기에서 '安'과 '阿'가 모음으로 시작하는 음절임을 알 수 있다.

이것을 복합어에서 확인해 보기로 한다. 복합어의 선행 성분이 CV_1CV_2이고 후행 성분이 '安'이나 '阿'로 시작하는 V_3CV_4라면, 이론적으로는 복합어 'CV_1CV_2 # V_3CV_4'에서 모음충돌이 일어난다. 그런데 이때에는 V_2 또는 V_3가 탈락하거나 하나로 축약되어 $CV_1CV_{2\sim3}CV_4$로 실현되는 것이 일반적이다. 이 탈락이나 축약은 어중에서 두 개의 모음이 충돌하는 것을 회피하는 현상의 일종이다. 이 모음충돌 회피의 결과로 V_2V_3가 원래의 음절구조를 유지하지 못하고 V_2 또는 V_3의 어느 하나로 실현되거나 제3의 모음으로 축약된다.[6] 그런데 이 V_3의 위치에 '安' 또는 '阿'가 오는 일이 없다. 이것은 역설적으로 '安'과 '阿'가 모음으로 시작하는 음절임을 증명해 준다.

위의 용례를 두루 대비해 보면 P군뿐만 아니라 Q군에서도 '安'과 '阿'가 동음 관계이다. '安/安禮, 阿/阿禮'(我)를 비롯하여 동음 이표기 쌍이 아주 많다. '安=阿'의 등식이 성립하므로, 이 둘은 음가가 같다.

'安'의 한어 중고음은 影母/ʔ/·寒韻/ɑn/이고, '阿'는 影母/ʔ/·歌韻/ɑ/이다. 이들이 모음으로 시작하는 음절을 표기하므로 『만엽집』 음가나에서도 影母/ʔ/가 삭제되어 수용된다고 할 수 있다. 아래에서 확인할 수 있듯이, 여타 음가나의 影母/ʔ/도 항상 삭제되어 수용된다.

(9) 『만엽집』 음가나의 影母/ʔ/ 수용 양상

1. 阿[影開1平歌]=/ʔɑ/^{L} 〕 ア/a/
2. 安[影開1平寒]==/ʔɑn/^{L} 〕 ア/a/
3. 於[影中C平魚]=/ʔɪo～ʔɪə/^{L} 〕 オ^乙/ə/
   [影中1平模]=/ʔɪo/^{L}
4. 烏[影中1平模]=/ʔo/^{L} 〕 ウ/u/
5. 要[影中A平宵]=/ʔjɛu/^{L} 〕 エ/je/
6. 意[影開C去之]=/ʔɪə/^{D} 〕 オ^乙/ə/
7. 伊[影開A平脂]=/ʔji/^{L} 〕 イ/i/

(10) 『만엽집』 음가나의 影母/ʔ/ 대체 수용

한어 중고음의 影母/ʔ/는 『만엽집』 음가나에서 항상 삭제되어 수용된다.

---

6 'saki+ari 〉 sakeri' 등의 축약과 관련된 자료가 有坂秀世(1955/80: 408～410)에 기술되어 있다. 모음충돌을 회피하기 위한 모음탈락과 축약 또는 자음삽입에 대한 연구사가 山口佳紀(1985: 19～25)에 정리되어 있다. 山口佳紀(1985: 25～32)는 개구도가 좁은 것이 탈락한다고 했는데, 그 음운론적 환경으로 V_2와 V_3뿐만 아니라 V_1과 V_4도 참고한다는 점이 독특하다.

'安'의 중고음 운모는 寒韻/ɑn/이고, '阿'의 운모는 歌韻/ɑ/이다. '安'과 '阿'가 동음 관계이므로, 寒韻/ɑn/의 운미 /-n/을 삭제하여 수용했다고 보아야 한다. 『만엽집』 음가나 중에서 /-n/ 운미를 가지는 것은 아래와 같다. 이들에서 항상 /-n/ 운미를 삭제하여 수용한다.

(11) 『만엽집』 음가나의 /-n/ 운미 수용 양상

1. 君[見合C平文]=/kɥən/^{L} 〕 ク/ku/～クニ/kuni/
2. 難[泥開1平寒]=/nɑn/^{L} 〕 ナ/a/
   [泥開1去寒]=/nɑn/^{D}
3. 年[泥開4平先]=/nen/^{L} 〕 ネ/ne/
4. 萬[微中C去元]=/mɥɑn/^{D} 〕 マ/ma/
5. 聞[微中C平文]=/mɥən/^{L} 〕 モ/mo/
6. 文[微中C平文]=/mɥən/^{L} 〕 モ/mo/
7. 煩[奉中C平元]=/bɪɑn/^{L} 〕 ボ/bo/
8. 安[影開1平寒]==/ʔɑn/^{L} 〕 ア/a/
9. 延[羊開AB平仙]=/jɪɛn/^{L} 〕 エ/je/
10. 遠[云合C上元]=/ɦɥɑn/^{R} 〕 ヲ/wo/
    [云合C去元]=/ɦɥɑn/^{D}
11. 仁[日開AB平眞]=/nɪin/^{L} 〕 ニ/ni/
12. 天[透開4平先]=/t^{h}en/^{L} 〕 テ/te/～デ/de/
13. 便[並中A平仙]=/bɪɛn/^{L} 〕 ベ/be/

(12) 『만엽집』 음가나의 /-n/ 운미 대체 수용

한어 중고음의 /-n/ 운미는 『만엽집』 음가나에서 항상 삭제되어 수용된다.

한어 중고음의 /-n/ 운미가 『만엽집』 음가나에서 삭제되어 수용되므로, (11.1)의 '君'이 ク/ku/를 표기하는 것이 원칙이다. 그러나 일부의 용례에서는 '君'이 ク

ニ/kuni/를 표기한다. 따라서 '君'의 일부 예에서는 /-n/ 운미가 삭제되었다고 할 수 없다. '君'이 クニ/kuni/를 표기할 때에는 운미 /-n/을 유지하기 위하여 /i/ 모음이 첨가되었다고 보아야 정확하다.

운미 유지를 위하여 모음첨가가 일어난 음가나를 모두 모아 보면 아래와 같다.

(13) 운미 유지를 위한 모음첨가의 예[7]

1. 君[見合C平文]=/kɥən/^{L}〕クニ/kuni/
2. 兼[見中4平添]=/kem/^{L}〕ケム/kemu/
3. 濫[來中1去談]=/rɑm/^{D}〕ラム/ramu/
   [匣開2上銜]=/ɦɑm/^{R}
4. 筑/築[知中C入東]=/tɪuk/^{E}〕ツク/tuku/

위의 예처럼 중고음에 모음을 첨가함으로써 하나의 음가나가 2음절을 표기하는 현상은 『고사기』·『일본서기』의 가요에서는 볼 수 없다. 따라서 (13)처럼 모음을 첨가하여 중고음을 수용한 것은 『만엽집』 가요에서 새로 등장한 표기법이라 할 수 있다. 이 표기법은 고유명사 표기에서 특히 두드러진다.

(14) 『만엽집』의 고유명사 표기와 모음첨가

1. 筑: 築羽[筑波, つくは](Q383), 都久麻[筑摩](Q3323], 筑紫[筑紫, つくし](Q336), 都久紫/都久之[筑紫](P866/ P4094)
2. 難: 難波[難波](P896), 奈爾波[難波](P4362)
3. 飾: 思賀麻[飾磨](Q1178), 思可麻[飾磨](P3605)
4. 印: 印南[印南](P3596), 伊奈美[印南](P4301)

7 대표자에서 제외되었지만, '樂, 監, 甘, 覽'에서도 모음첨가가 일어나 각각 'ラク/raku/, ケム/kemu/, カム/kamu/, ラム/ramu/'를 표기한다. 이 4종의 음가나는 Q군에서만 사용된다.

위의 용례는 모두 고유명사 중에서도 지명을 표기한 것인데, (14.1)의 '筑/築'에 '都久'가 대응하고 (14.2)의 '難'에 '奈爾'가 대응한다. (14.3~4)의 '思賀/思可, 伊奈'는 후대 표기의 '餝, 印'에 각각 대응한다. '筑/築'과 '餝'은 /-k/ 운미를 가지고 '難, 印'은 /-n/ 운미를 가지므로, '都久'와 '奈爾'에서는 모음을 첨가함으로써 운미를 유지했다고 할 수 있다.

그런데 모음첨가가 일어나는 현상은 『고사기』·『일본서기』의 한문 기사에 나오는 고유명사 표기에서도 이미 확인할 수 있으므로, 지명이나 인명 등의 어휘표기에서는 아주 일찍부터 모음첨가가 일어났다고 할 수 있다.[8] 『만엽집』의 고유명사 표기인 (14)는 그 전통을 이어받은 것이다.

그러나 활용과 조사까지도 포괄하여 전면적으로 일본어를 표기한 문장표기에서 모음첨가가 일어난 것은 (13)의 '君, 兼, 濫' 등이 최초의 용례이다. 이 점에서 『고사기』·『일본서기』의 한문 기사에서는 지명이나 인명 등의 어휘표기에 한정하여 모음첨가가 일어났지만, 『만엽집』 가요에서는 모음첨가가 문장표기에서도 일어났다는 차이를 강조할 수 있다. 여기에서 어휘표기와 문장표기를 구별할 필요가 제기된다. 8세기 초엽까지는 어휘표기에서만 모음첨가가 확인되지만, 8세기 3/4분기에 이르면 문장표기에서도 모음첨가가 확인되기 때문이다.

다음으로, 운모의 운복모음을 논의한다. '安'의 중고음 운모 寒韻/ɑn/과 '阿'의 歌韻/ɑ/은 운복모음이 둘 다 /ɑ/이다. 따라서 '安'과 '阿'가 공통적으로 『만엽집』 음가나에서 ア/a/를 표기한다고 할 수 있다.

(15) '安, 阿'의 중고음과 그 수용

1. 安[影開1平寒]=/ʔɑn/^{L}〕ア/a/
2. 阿[影開1平歌]=/ʔɑ/^{L}〕ア/a/

8 沖森卓也(2009: 269)에 따르면, 7세기 말엽 이전의 금석문과 고문서 자료에서 모음첨가가 일어난 예로 '今, 德, 旦, 竹, 職, 筑, 各' 등이 있다. 이 중에서 '職, 筑, 各'은 『百濟記』와 『百濟新撰』에서 인용한 것이다.

『만엽집』 음가나 중에서 寒韻字는 '難'과 '安'의 둘뿐이지만, 寒韻/ɑn/이 /a/로 수용된다는 것은 분명하다.

(16) 『만엽집』 음가나의 寒韻/ɑn/ 수용 양상

1. 難[泥開1平寒]=/nɑn/L] ナ/na/
   [泥開1去寒]=/nɑn/D
2. 安[影開1平寒]==/ʔɑn/L] ア/a/

(17) 『만엽집』 음가나의 寒韻/ɑn/ 대체 수용

한어 중고음의 寒韻/ɑn/은 『만엽집』 음가나에서 항상 /a/로 수용된다.

『만엽집』의 176자 집합 중에서 歌韻字는 아래의 11자나 되는데, 이들의 歌韻/ɑ/이 항상 /a/로 수용된다.

(18) 『만엽집』 음가나의 歌韻/ɑ/ 수용 양상

1. 可[溪開1上歌]=/kʰɑ/R] カ/ka/
2. 那[泥開1平歌]=/nɑ/L] ナ/na/
3. 多[端開1平歌]=/tɑ/L] タ/ta/
4. 羅[來開1平歌]=/rɑ/L] ラ/ra/
5. 我[疑開1上歌]=/ŋɑ/R] ガ/ga/
6. 阿[影開1平歌]=/ʔɑ/L] ア/a/
7. 佐[精開1去歌]=/ʦɑ/D] サ/sa/
8. 左[精開1上歌]=/ʦɑ/R] サ/sa/
9. 賀[匣開1去歌]=/ɦɑ/D] ガ/ga/
10. 何[匣開1平歌]=/ɦɑ/L] ガ/ga/
11. 河[匣開1平歌]=/ɦɑ/L] ガ/ga/

(19)『만엽집』 음가나의 歌韻/ɑ/ 대체 수용

한어 중고음의 歌韻/ɑ/은『만엽집』 음가나에서 항상 /a/로 수용된다.

위의 논의를 종합하여 우리는 '安'과 '阿'에 ア/a/를 배당한다. '安'과 '阿'의 동음 관계가 확인되고, 중고음의 寒韻/ɑn/과 歌韻/ɑ/이『만엽집』 음가나에서 항상 /a/로 수용되기 때문이다.

6.2.1.2. øI 음절

øI 음절을 표기하는 대표자는 '伊' 하나뿐이다. 이처럼 특정 음절을 표기하는 음가나가 하나뿐일 때에는 음운대립을 논의하기가 어렵다. 따라서 대표자가 아닌 음가나를 추가하여 논의하기로 하는데, øI 음절에서는 '移'가 추가된다.

(20)『만엽집』의 '伊' 용례

P군 I: 伊{동사 접두사 い}, 伊麻須{조동사 座}, 伊毛/伊母{妹}, 伊保{廬}, 伊{寐}, 伊都{五}, 伊保{五百}, 伊奴{犬}, 伊呂{色}, 伊多{板}, 伊波{岩, 石}, 伊豆美{泉}, 伊氣{池}, 伊爾之敝[古], 伊都{何時}, 伊奈{否}, 伊等波延{厭はえ}, 伊{生}, 伊弖{出}, 伊多波斯{勞はし}, 加伊之自{櫂しじ}, 伊布/伊比{言}, 伊奈美[印南], 許伊布之/己伊布之{臥い伏し}, 伊夜/伊野[いや], …

Q군 I: 伊{동사 접두사 い}, 伊麻思{汝}, 妹伊{妹い}, 壯士伊{をとこい}, 守伊{守い}, 伊而/伊田{出}, 伊布/伊波{言}, 加伊/賀伊{櫂}, 眞可伊{眞櫂}, 伊都我里[いつがり], 伊夜[いや], …

(21)『만엽집』의 '移' 용례

P군 I: 移母{妹}, 移{寐}, 移比{言ひ}, 移都我利[いつがり], 移夜[いや], 移夫勢美等[いぶせみと]

Q군 I: 없음[9]

9 이처럼 용례가 전혀 없는 것은 지면 절약을 위해 아래에서는 모두 생략한다.

위의 용례에서 '伊毛/伊母, 移母'{妹}, '伊比, 移比'{言ひ}, '伊夜, 移夜'{いや} 등 동음 이표기 쌍이 아주 많다. 따라서 '伊'와 '移'는 동음 관계이다.

위에서 볼 수 있듯이, '伊'의 용례는 아주 많지만 '移'의 용례는 소수에 불과하다. 따라서 øI 음절을 표기할 때에는 '伊' 하나만 사용했다고 해도 과언이 아니다. 1음절에 1자체(字體)가 대응하면 표기법이 통일되었다고 할 수 있는데, 이 통일은 11세기에 가서야 비로소 확립된다(7장 7.2 참조).

흥미롭게도 음가나 '移'는 P군에서만 사용되고 Q군에서는 사용되지 않는다. Q군의 '移'는 항상 훈독하여 'うつろ, うつし'로 읽는다. 따라서 '移'를 훈독한 가요는 모두 Q군이라 할 수 있다.

음가나 '伊'와 '移'는 거의 대부분이 단어의 첫째 음절을 표기한다. 둘째 이하의 음절을 표기하지 않는 것이 원칙인데, 이것은 앞에서 논의한 모음충돌을 회피하는 현상에서 비롯된다. 따라서 '伊'와 '移'는 모음으로 시작하는 음절이라 할 수 있다.

그런데도 예외적으로 둘째 이하의 음절을 표기한 '伊'가 있다. 아래의 '妹伊{妹い}, 壯士伊{をとこい}, 守伊{守い}, 君い{君い}'가 대표적인 예이다.

(22) 둘째 이하의 음절을 표기한 '伊'

1. 家有妹伊 將欝悒 (Q3161)[10] → いへなるいもい いふかしみせむ / 家なる妹い いふかしみせむ
2. 後有 菟原壯士伊 (Q1809) → おくれたる うなひをとこい / 後れたる 菟原壯士い
3. 木乃關守伊 將留鴨 (Q545) → きのせきもりい とどめてむかも / 紀の關守い 留めてむかも
4. 君伊之哭者 (Q537) → きみいしなくは / 君いしなくは

10 Q는 Q군에 속하는 가요임을 가리키고, 3161은 가요 번호를 가리킨다. 이하 같다.

(22)의 '伊'가 항상 주어인 명사에 통합되므로 이들은 주격조사 'い'를 표기한 것이라고 할 수 있다. 상대 일본어의 주격조사는 'は'가 일반적이지만 특이하게도 'い'가 주격조사 위치에 올 때가 있는데, (22)의 '伊'가 바로 이에 해당한다.[11]

상대 일본어의 주격조사 '伊{い}'는 일본어의 문법으로는 설명할 수가 없는 예외적인 존재이다. 그리하여 그 기원을 고대 한국어의 주격조사 '-이'에서 찾는 것이 일반적인데, 흥미롭게도 (22)의 네 가지 용례가 모두 Q군에서만 발견된다. 이승재(2011)에서는 『고사기』·『일본서기』의 가요처럼 음가나로 일관한 표기법은 백제 계통의 표기법이고 『만엽집』의 훈표기 위주의 표기는 신라 계통의 표기법이라는 가설을 제기한 바 있는데, 이에 따르면 『만엽집』의 Q군은 신라 계통의 표기법이다. 그런데 마침 백제어에서는 주격조사 '-이'가 아직 확인된 바 없지만, 신라어의 주격조사에는 분명히 '-이'가 있다. 따라서 상대 일본어의 특수 주격조사 '伊{い}'의 기원이 신라어에 있다고 보는 것이 현재로서는 가장 정확하다. 여기에서도 『만엽집』 Q군의 표기가 신라 표기법의 영향을 받았다고 할 수 있다.

신라 표기법을 대표하는 것은 訓主音從 표기이고 이것은 향가 해독 과정에서 金完鎭(1980)이 정립한 바 있다. 이승재(2011, 2014, 2017)은 훈주음종 표기가 6세기 중엽에 이미 발생했는데, 백제 목간에는 나오지 않고 신라 목간에만 나온다는 것을 강조했다. 그런데 犬飼隆(2017b)와 瀨間正之(2017, 2019)에서 볼 수 있듯이, 일본에서 최근에 와서야 비로소 신라의 훈주음종 표기에 주목하고 있다. 犬飼隆(2017b: 543)에서는 상대 일본어 자료 중에서 7세기 말엽의 토기에[12] 기록된 '赤加'{あか}와 '服止'{はとり}를 그 첫째 예로 들었다.

그런데 犬飼隆(2017b: 540~541)에서 함안성산산성 목간의 '伊骨利'가 '伊骨'에 대한 훈주음종 표기라고 했으나, '伊骨利'가 '一古利'로도 표기되므로 '骨'은 훈독하지 말고 음독해야 한다. 따라서 '伊骨利'의 '利'는 훈독자에 대한 훈주음종 표

---

11 대표자 집합에서 제외되었지만, '以'가 주격조사 'い'를 표기할 때도 있다.
公以必 不相在目八 (Q3287) → きみいかならず あはずあらめやも / 君いかならず逢はずあらめやも

12 이 토기는 千葉縣 龍角寺 五斗蒔瓦窯에서 출토되었다고 한다.

기가 아니라 음독자에 대한 말음첨기이다(瀨間正之 2019).

우리는 7세기 말엽에 이미 신라의 훈주음종 표기가 일본에 전래되었다는 犬飼隆(2017b)의 견해에 동의한다. 奈良縣 飛鳥池 유적에서 출토된 宣命(센묘) 목간에서, 오른쪽 행에는 '世牟止言而…'로 기록하고 왼쪽 행에는 '□本止飛鳥寺…'라고 기록한 것이 있다(犬飼隆 2005b: 80). 왼쪽 행에서는 '止'를 유독 작은 글자로 표기하여 '□本止'라고 했는데, 이 작은 글자는 지명인 '櫟本'{いちのもと} 또는 '柳本'{やなぎもと} 등의 '本'을 훈독하여 'もと'로 읽으라는 것을 지시한 것으로 보인다. 즉 '本+止'는 'もと+と=もと'에 해당한다. 이 '本止'도 훈주음종 표기의 일종이므로, 신라의 훈주음종 표기가 7세기 후반에는 이미 일본에 전파되었다고 말할 수 있다.

이와는 달리, 瀨間正之(2019)는 『만엽집』에서만 훈주음종 표기를 확인할 수 있다고 했다. '물' 즉 '水'를 '水都'(권14, 3528)로 표기하고 '物' 즉 'もの'를 '物能'으로 표기한 것을 들었다. 이 '物能'은 권5의 802, 804, 892번 노래에 나오고 이들은 山上憶良의 작품이다. 권14의 3429, 3434, 3511, 3568에도 나오는데 이것은 아즈마 노래이다. 권17의 3903은 大伴書持의 작품이고, 권17의 3957, 3958, 3959, 3963, 3991, 권18의 4094, 4100, 4106은 大伴家持의 작품이며, 권18의 4128은 大伴池持의 작품이다. 瀨間正之(2019)는 '物能'이라는 표기가 아즈마 노래와 憶良·家持 주변 인물로 한정된다는 점에 주목하여 山上憶良(야마노우에노 오쿠라)가 훈주음종 표기를 創出했을 가능성이 있다고 했다. 그러나 오쿠라가 독자적으로 창출한 것이 아니라 신라에서 수입했다고 표현하는 것이 정확할 것이다.

널리 알려져 있듯이 오쿠라는 唐에 유학한 歌人이다. 그런데 당나라의 한어는 一單語一音節인 언어이므로 훈주음종 표기가 있을 수가 없다. 반면에 신라어는 一單語多音節 언어이므로 6세기 중엽 이래로 훈주음종 표기가 있었다. 따라서 오쿠라가 'から'에 유학했다고 할 때의 'から'는 唐이 아니라 신라였을 가능성이 크다. 일본의 고대 문헌에서는 'から'가 외국을 총칭할 때가 많기 때문이다. 그렇다면 신라의 훈주음종 표기인 '赤加'{あか}, '服止'{はとり}, '本止'{もと} 등이 7세기 말엽에 일본에 수입되기 시작했고, 오쿠라도 신라에 유학하여 그 표기법을 배웠

다고 할 수 있다. 오쿠라의 표기법이 家持 주변의 인물에도 전해졌다고 하면, 훈주음종 표기의 전파 과정이 일목요연해진다.

이승재(2011)은 일본 送り假名(오쿠리가나)의 기원을 신라의 훈주음종 표기에서 찾을 수 있다고 했다. 일본 학자들은 고대 일본과 백제의 동질성을 강조하면서도 상대 일본과 신라의 관계를 무시하는 경향이 있다. 그러나 신라의 薛聰이 한문 훈독의 선구자이고(李基文 1981) 『화엄경』 강의를 통하여 일본에서 신라의 훈독을 수용했다는 것이 분명해졌으므로(小林芳規 2002, 2017: 17~18), 신라와 상대 일본의 영향 관계를 무시해서는 안 될 것이다.

(22)의 '伊'도 신라에서 기원한 것인데, 주격조사이므로 모음충돌을 야기하지 않는다. 4~5장에서 이미 말한 바 있듯이 상대 일본어의 모음충돌 회피는 단일 형태소 내부에서만 적용되기 때문이다. 반면에, '노, 노젓다'를 의미하는 '加伊{櫂}, 加伊之自{櫂しじ}'와 '눕다'를 뜻하는 '許伊布之/己伊布之{臥い伏し}'에서는 모음충돌이 일어난다. '加伊/賀伊'와 '許伊'가 단일 형태소임이 분명하므로, 이 둘은 모음충돌 회피의 예외이다.

'伊'와 '移'가 동음 관계임은 위에서 이미 말했다. '伊'의 한어 중고음은 影母/ʔ/·脂韻/ji~ɪi/이고, '移'는 羊母/j/·支韻/je~ɪe/이다. 影母/ʔ/가 『만엽집』 음가나에서 항상 삭제되어 수용된다는 것은 위의 (10)에서 이미 정리한 바 있다. '移'의 羊母/j/가 어떻게 수용되는지를 정리하기 위해 176자 집합에서 羊母字를 모두 모아 본다.

(23) 『만엽집』 음가나의 羊母/j/ 수용 양상

1. 也[羊開AB上麻]=/jɪɛ/^{R}〕ヤ/ja/
2. 夜[羊開AB去麻]=/jɪɛ/^{D}〕ヤ/ja/
3. <u>與</u>[羊中C平魚]=/jɪo~jɪə/^{L}〕ヨ^{乙}/jə/
   [羊中C上魚]=/jɪo~jɪə/^{R}
4. 餘[羊中C平魚]=/jɪo~jɪə/^{L}〕ヨ^{乙}/jə/
5. 延[羊開AB平仙]=/jɪɛn/^{L}〕エ/je/

6. 欲[羊中C入鍾]=/jɪok/[E] 〕ヨ乙/jə/

7. 由[羊中C平尤]=/jɪəu/[L] 〕ユ/ju/

8. 遊[羊中C平尤]=/jɪəu/[L] 〕ユ/ju/

9. 移[羊開AB平支]=/jɪe/[L] 〕イ/i/

이들에서 볼 수 있듯이 羊母/j/는 /j/로 수용되는 것이 원칙이다. 이 원칙에 따르면 '移'의 羊母/j/도 /j/로 수용된다고 할 수 있다. 그런데 후술하겠지만 '移'의 支韻/je~ɪe/이 /i/로 수용됨으로써 『만엽집』 음가나에서는 '移'의 음가가 /ji/가 된다. 이 /ji/의 /j/와 /i/는 조음위치가 같으므로 실제로는 /ji/가 /i/로 실현된다. 이러한 기술이 가능하므로 羊母/j/는 항상 /j/로 수용된다고 일반화할 수 있다.

(24) 『만엽집』 음가나의 羊母/j/ 대체 수용

한어 중고음의 羊母/j/는 『만엽집』 음가나에서 항상 /j/로 수용된다.

다음으로, '伊'의 脂韻/ji~ɪi/이 어떻게 수용되는지를 논의한다. 아래에서 볼 수 있듯이, 脂韻/ji~ɪi/ 개구는 모두 /i/로 수용되고 脂韻/ji~ɪi/ 합구는 /u/로 수용된다. '伊'는 개합이 개구이므로 '伊'의 脂韻/ji~ɪi/은 /i/로 수용된다.

(25) 『만엽집』 음가나의 脂韻/ji~ɪi/ 수용 양상

1. 利[來開AB去脂]=/rɪi/[D] 〕リ/ri/

2. 美[明中B上脂]=/mɪi/[R] 〕ミ/mi/

3. 備[並中B去脂]=/bɪi/[D] 〕ビ/bi/

4. 妣[幫中A上脂]=/pji/[R] 〕ビ/bi/

5. 悲[幫中B平脂]=/pɪi/[L] 〕ヒ/pi/

6. 比[幫中A去脂]=/pji/[D] 〕ヒ/pi/

7. 師[生開AB平脂]=/ʂɪi/[L] 〕シ/si/

8. 四[心開AB去脂]=/sɪi/[D] 〕シ/si/

9. 伊[影開A平脂]=/ʔji/^{L} 〕 イ/i/

10. 二[日開AB去脂]=/nɪi/^{D} 〕 ニ/ni/

11. 自[從開AB去脂]=/dzɪi/^{D} 〕 ジ/zi/

12. 遲[澄開AB平脂]=/dɪi/^{L} 〕 ヂ/di/

13. 追[知合AB平脂]=/tɥi/^{L} 〕 ツ/tu/

14. 祁[見開B平脂]=/kɪi/^{L} 〕 ケ/ke/

(26) 『만엽집』 음가나의 脂韻/ji~ɪi/ 대체 수용

한어 중고음의 脂韻/ji~ɪi/ 개구는 『만엽집』 음가나에서 항상 /i/로 수용되고, 합구일[13] 때에는 /u/로 수용된다. 다만, '祁'에서는 예외적으로 /e/로 수용된다.

(25.13)의 '追'는 脂韻 합구 즉 /ɥi/인데, 전설원순활음 /ɥ-/의 영향으로 脂韻 합구 /ɥi/가 /u/로 수용된다. (25.14)의 '祁'는 脂韻字인데도 독특하게 /e/로 수용된다. '祁'의 특이성은 『고사기』 음가나의 KE 음절에서 자세히 거론한 바 있으므로 여기에서는 논의를 생략한다.

다음으로, '移'의 支韻/je~ɪe/이 어떻게 수용되는지를 논의한다. 支韻/je~ɪe/은 대부분 /i/로 수용되지만, 예외적 수용도 적지 않다.[14]

(27) 『만엽집』 음가나의 支韻/je~ɪe/ 수용 양상

1. 伎[群開B上支]=/gɪe/^{R} 〕 キ/ki/

13 이처럼 개합이 합구임을 지적하지 않은 것은 모두 개구이다. 이하 같다.

14 滋賀縣 北大津 유적에서 출토된 字書木簡(7세기 후반)에서 '誈'를 '阿佐ム加ム移母'로 주석했다. 犬飼隆(2005b: 67)는 이곳의 '移'를 'や'로 읽으면서, '移'가 'や'를 표기한 것은 古韓音이라 했다. 推古朝 유문의 예에는 있으나 姜斗興(1982:11)에서 한국 자료 대응형이 없는 것으로 확인한 이래로 우리는 고대 한국어 자료에서 '移'가 /ja/를 표기한 예를 아직도 본 적이 없다. '移'가 'や'를 표기한 예로는 오히려 『만엽집』 P군의 아래 예를 드는 것이 더 나을 것 같다. 『고사기』·『일본서기』 가요에서는 '移'가 사용되지 않았다.
都地爾意加米移母 (P812) → つちにおかめやも / 地に置かめやも

2. 岐[群開A平支]=/gje/^{L}〕キ/ki/

3. 枳[見開A上支]=/kje/^{R}〕キ/ki/

4. 彌[明中A平支]=/mje/^{L}〕ミ/mi/

5. 婢[並中A上支]=/pje/^{R}〕ビ/bi/

6. 斯[心開AB平支]=/sɪe/^{L}〕シ/si/

7. 移[羊開AB平支]=/jɪe/^{L}〕イ/i/

8. 邇[日開AB上支]=/nɪe/^{R}〕ニ/ni/

9. 爾[日開AB上支]=/nɪe/^{R}〕ニ/ni/

10. 知[知開AB平支]=/tɪe/^{L}〕チ/ti/
    [知開AB去支]=/tɪe/^{D}

11. 奇[群開B平支]=/gɪe/^{L}〕キ^{乙}/kə/

12. 宜[疑開B平支]=/ŋɪe/^{L}〕ゲ/ge/～ギ^{乙}/gə→gɨ/[15]

13. 是[常開AB上支]=/zɪe/^{R}〕ゼ/ze/

14. 爲[云合B平支]=/ɦɥe/^{L}〕ヰ/wi/
    [云合B去支]=/ɦɥe/^{D}

(28)『만엽집』 음가나의 支韻/je~ɪe/ 대체 수용

한어 중고음의 支韻/je~ɪe/은 『만엽집』 음가나에서 /i/로 수용되는 것이 원칙이다. 다만, '奇'에서는 /ə/로, '宜'에서는 /e, ə→ɨ/로, '是'에서는 /e/로, 합구인 '爲'에서는 /wi/로 수용된다.

(27.11)에서 '奇'의 支韻/je~ɪe/이 예외적으로 /ə/를 표음하는 원인을 설명하기가 쉽지 않고, (27.12~13)에서 '宜, 是'의 支韻/je~ɪe/이 예외적으로 /e/를 표음하는 것도 설명하기 어렵다. 이들 예외를 음운론적 환경으로 기술할 수 없기 때문에 '奇, 宜'와 '是'의 예외적 수용을 인정한다. 예외의 원인은 이들이 후기 중

15 이곳의 /gə/는 을류 모음으로 /ə/ 하나만을 설정할 때의 음가이고, /gɨ/는 제7의 모음 /ɨ/를 설정할 때의 음가이다. 이하 같다.

고음에서 일어난 止攝의 합류를[16] 거부했기 때문이라고 막연히 추정해 둔다.

반면에 (27.14)의 '爲'에서 支韻/je～ɪe/ 합구가 /wi/로 수용된 것은 정상적이다. 『만엽집』 음가나에서는 개구와 합구를 엄격히 구별하여 합구음을 /w/로 수용하는 것이 원칙이다. 이에 따르면 '爲'의 支韻 합구음 /ɥe/를 /wi/로 수용한 것은 정상적 수용이다. 상대 일본어에는 현대 일본어와 마찬가지로 전설원순활음 /ɥ/가 없으므로, 이것을 후설원순활음 /w/로 대체하여 수용하게 된다. 이것과 支韻/je～ɪe/이 /i/로 대체되어 수용되는 과정이 정상적이므로, /ɥe/를 /wi/로 수용한 것도 정상적인 과정이다.

위의 논의에 따라 '伊'와 '移'의 한어 중고음과 그 수용 양상을 정리해 보자. '伊'와 '移'는 동음 관계이고 이들의 支韻/je～ɪe/이 /i/로 수용되므로, '伊'와 '移'는 공통적으로 イ/i/를 표기한다.

(29) '伊, 移'의 중고음과 그 수용

1. 伊[影開A平脂]=/ʔji/L 〕 イ/i/
2. 移[羊開AB平支]=/jɪe/L 〕 イ/i/

6.2.1.3. øU 음절

øU 음절의 표기에는 '宇, 烏'가 사용되었다.

(30) 『만엽집』의 '宇' 용례

P군 U: 宇治{氏}, 宇乎{魚}, 宇{卯}, 宇美{海}, 宇良{浦}, 宇知{內}, 宇良{裏}, 宇利{瓜}, 宇{鵜}, 宇具比須{鶯}, 宇思奈波受{失はず}, 麻宇之/麻宇勢{申}, 麻宇氣受{設けず}, 宇奈比[宇奈比], 宇良敝{占部}, 安里宇流[ありうる], …

Q군 U: 宇奈{童女}, 宇知{內}, 宇倍{上}, 宇禮{末}, 宇{卯}, 宇毛{芋}, 宇{鵜}, 宇之{憂

16 이것은 止攝의 脂韻/ji～ɪi/, 支韻/je～ɪe/, 之韻/ɪə/, 微韻/ɪəi/이 후기 중고음에서 /i/로 합류한 것을 가리킨다.

し}, 宇之波伎{領き}, 飫宇[意宇], 宇陀[宇陀], 宇良[うら], 宇知[うち], …

(31) 『만엽집』의 '烏' 용례

P군 U: 烏梅{梅, 34회}

Q군 WO: 烏德{男, をとこ, 1회}

'宇'의 용례는 아주 많은 반면에 '烏'의 용례는 극소수이다. øU 음절의 표기는 '宇' 하나로 표기법이 통일되었다고 해도 과언이 아니다. 그러나 (31)의 '烏梅'가 34회나 표기되었으므로 이 표기의 '烏'를 함부로 무시할 수가 없다. 반면에 (31)의 '烏德'은 딱 한 번 사용되었으므로 논의에서 제외해도 된다.

대부분의 '宇'도 단어의 첫째 음절을 표기하는 데에 사용된다. 따라서 øU 음절에서도 모음충돌 회피 현상을 확인할 수 있고, 나아가서 '宇'도 모음으로 시작하는 음절이라고 할 수 있다.[17] '麻宇之/麻宇勢{申}, 麻宇氣受{設けず}, 安里宇流[ありうる], 飫宇[意宇]'가 모음충돌 회피 현상의 예외이지만 '安里宇流'는 복합어라고 할 수 있으므로 진정한 예외는 셋으로 줄어든다.

'宇梅=烏梅'{梅}의 동음 이표기 쌍에서 '宇=烏'의 등식이 성립한다. 더욱이 '梅'가 '于梅'(P864)로도 표기되었으므로 '烏'가 '宇'와 더불어 øU 음절에 속한다는 것은 분명하다.

'宇'의 한어 중고음은 云母/ɦ/·虞韻/ɥo/이고, '烏'는 影母/ʔ/·模韻/o/이다. 影母/ʔ/는 항상 삭제되어 수용되므로(위의 (10) 참조), '宇'의 云母/ɦ/에 대한 논의로 바로 넘어간다. 『만엽집』 음가나에서 云母字를 모두 골라 그 수용 양상을 정리하면 아래와 같다. 한어 중고음의 云母/ɦ/는 『만엽집』 음가나에서 삭제되어 수용되는 것이 원칙이다.

17 馬淵和夫(1999: 128)에서는 øU 음절을 [̯ju]로 표기했고, U열의 여러 가나에도 [̯j]가 있는 것처럼 표기했다. 그러나 [̯j]가 있다고 하면 øU 음절의 모음충돌 회피 현상을 기술하기가 어려워진다.

(32) 『만엽집』 음가나의 云母/ɦ/ 수용 양상

1. 宇[云中C上虞]=/ɦɥo/[R] 〕 ウ/u/
2. <u>遠</u>[云合C上元]=/ɦɥɑn/[R] 〕 ヲ/wo/
   [云合C去元]=/ɦɥɑn/[D]
3. <u>爲</u>[云合B平支]=/ɦɥe/[L] 〕 ヰ/wi/
   [云合B去支]=/ɦɥe/[D]
4. 矣[云開C上之]=/ɦɪə/[R] 〕 ヲ/wo/

그런데 (32.4)의 '矣'에서도 云母/ɦ/가 삭제된다고 하면 ヲ/wo/의 /w/가 어디에서 유래한 것인가 하는 문제가 새로이 제기된다. 이 문제를 해결하는 방법으로 云母/ɦ/가 /w/로 수용된다고 기술하는 방법이 떠오른다. 매력적이기는 하지만, 『고사기』·『일본서기』의 음가나에서는 云母/ɦ/를 삭제하여 수용했으므로 이 대안을 취하기 어렵다. 여기에서는 云母/ɦ/가 삭제되어 수용된다는 원칙을 고수하되, '矣'는 독특한 예외라고 기술해 둔다. W행에서 더 자세히 기술할 예정인데, '矣'는 음가나가 아니라 훈가나이다. '矣'를 음가나에서 제외하면 云母/ɦ/는 항상 삭제되어 수용된다.

(33) 『만엽집』 음가나의 云母/ɦ/ 대체 수용

한어 중고음의 云母/ɦ/는 『만엽집』 음가나에서 삭제되어 수용된다.

다음으로 운모를 논의한다. '宇'의 운모는 虞韻/ɥo/이고 『만엽집』 음가나 중에서 虞韻字는 아래의 7자이다. 한결같이 /u/로 수용되므로, 바로 虞韻/ɥo/이 /u/로 수용되었다고 일반화할 수 있다.

(34) 『만엽집』 음가나의 虞韻/ɥo/ 수용 양상

1. 具[群中C去虞]=/gɥo/[D] 〕 グ/gu/
2. 武[微中C上虞]=/mɥo/[R] 〕 ム/mu/

3. 无/無[微中C平虞]=/mɥo/^{L} 〕 ム/mu/

4. 敷[敷中C平虞]=/p^{h}ɥo/^{L} 〕 フ/pu/

5. 夫[非中C平虞]=/pɥo/^{L} 〕 ブ/bu/

6. 須[心中C平虞]=/sɥo/^{L} 〕 ス/su/～ズ/zu/

7. 宇[云中C上虞]=/ɦɥo/^{R} 〕 ウ/u/

(35) 『만엽집』 음가나의 虞韻/ɥo/ 대체 수용

한어 중고음의 虞韻/ɥo/은 『만엽집』 음가나에서 항상 /u/로 수용된다.

'烏'의 운모는 模韻/o/이고, 『만엽집』 음가나 중에서 模韻字는 아래의 14자이다. 模韻/o/이 (36.1～5)에서는 /o/로 수용되지만 (36.6～10)에서는 /u/로 수용되고 (36.11～14)에서는 /ə/로 수용된다.

(36) 『만엽집』 음가나의 模韻/o/ 수용 양상

1. 故[見中1去模]=/ko/^{D} 〕 コ/ko/

2. 古[見中1上模]=/ko/^{R} 〕 コ/ko/

3. 孤[見中1平模]=/ko/^{L} 〕 コ/ko/

4. 吳[疑中1平模]=/ŋo/^{L} 〕 ゴ/go/

5. 乎[匣中1平模]=/ɦo/^{L} 〕 ヲ/wo/

6. 苦[溪中1上模]=/k^{h}o/^{R} 〕 ク/ku/

7. 奴[泥中1平模]=/no/^{L} 〕 ヌ/nu/

8. 都[端中1平模]=/to/^{L} 〕 ツ/tu/～ヅ/du/

9. 烏[影中1平模]=/ʔo/^{L} 〕 ウ/u/

10. 布[幇中1去模]=/po/^{D} 〕 フ/pu/

11. 蘇[心中1平模]=/so/^{L} 〕 ソ^{乙}/sə/

12. 路[來中1去模]=/ro/^{D} 〕 ロ^{乙}/rə/

13. 努[泥中1上模]=/no/^{R} 〕 ノ^{乙}/nə/

14. 度[定中1去模]=/do/^{D} 〕ド^{乙}/də/

그런데 어느 模韻字가 /o/로 수용되고 어느 模韻字가 /u/ 또는 /ə/로 수용되는지를 음운론적 환경으로 기술하기가 어렵다. 따라서 아래와 같이 개별적으로 模韻字의 수용 양상을 정리할 수밖에 없다.

(37) 『만엽집』 음가나의 模韻/o/ 대체 수용

한어 중고음의 模韻/o/은 『만엽집』 음가나에서 /o/, /u/, /ə/의 세 가지로 수용된다. '故, 古, 孤, 吳, 乎'에서는 /o/로, '苦, 奴, 都, 烏, 布'에서는 /u/로, '蘇, 路, 努, 度'에서는 /ə/로 수용된다.

이처럼 模韻/o/의 대체 수용을 개별적으로 기술할 수밖에 없다는 것은 한어 중고음에서 일어난 模韻의 분화와 관련된다. 후기 중고음에서는 模韻/o/이 /u/로 바뀌는 변화가 일어나는데, 이것이 만요가나에서도 관찰된다. 『고사기』 음가나에서는 模韻字의 30.0%가 /u/로 수용되고 『일본서기』 음가나에서는 23.8%가 /u/로 수용된다. 나머지는 모두 /o/로 수용된다. 그러나 『만엽집』 음가나에서는 /u/로 수용되는 模韻字의 비율이 35.7%(5/14)로 커진다. 문자의 보수성을 감안하면 이것은 아주 큰 변화이다. 따라서 8세기 4/4분기에는 이미 模韻이 /o/, /u/, /ə/의 세 가지로 분화했다고 할 수 있다. 이때의 /o/는 물론 オ甲에, /ə/는 オ乙에 해당한다.

위의 논의를 종합하여 øU 음절의 '宇'와 '烏'에 음가를 배당하면 아래와 같다. '宇'와 '烏'는 『만엽집』 음가나에서 동음 관계이므로, 이들에 동일 음가 ウ/u/를 배당한다.

(38) '宇, 烏'의 중고음과 그 수용

1. 宇[云中C上虞]=/ɦɥo/^{R} 〕ウ/u/
2. 烏[影中1平模]=/ʔo/^{L} 〕ウ/u/

6.2.1.4. øE 음절

øE 음절의 표기에는 '要, 延'이 사용되었다. 이들의 용례는 아래와 같다.

(39) 『만엽집』의 '要' 용례

P군 E: －要{활용 －え}, 要{江}, 要太{枝}, 母要奴/毛要都追{燃}, 祢良要奴毛{寝}, 多要弖毛{絶}, 見要氐{見}, 伎許要牟/伎己要受{聞}, 古要氐{越}, 奴要鳥{ぬえ鳥}

Q군 E: －要{활용 －え}, 比要{稗}, 毛要{萌え}, 之奈要/思奈要而{萎}, 多要奴{絶}, 見要奴我{見えぬが}, 奴要子鳥{ぬえこ鳥}, 毛要出{萌え出づる}, 安要奴我爾/阿要奴蟹{あえぬがに}, 爾太要{にほえ}

(40) 『만엽집』의 '延' 용례

P군 E: －延{활용 －え}, 乃延{吉}, 延{江}, 延/延太{枝}, 毛延之{萌えし}, 左加延{栄}, 祢良延奴爾{寝}, 母延農{燃えぬ}, 多延{絶}, 美延牟/美延農{見}, 之良延奴{知らえぬ}, 和周良延爾{忘}, 故延/古延氐{越}, 保里延{堀江}, 之豆延/志豆延{下枝}, 布可延{深江}, 奴延鳥{ぬえ鳥}, 延太伎里{枝伐り}, 伊夜佐加波延爾[いやさかはえに]

Q군 E: 佐賀延/左可延牟等{榮え}, 奴延鳥{ぬえ鳥}, 毛延爾{もえに}

『만엽집』 P군에서는 '延'을 대부분 øE 음절로 음독하지만, Q군에서는 '延'을 대부분 'はふ, びき'로 훈독하므로 음가나로 사용한 것이 많지 않다. 반면에, '要'는 Q군에서도 자주 음가나로 사용한다.

위의 용례 중에서 '要=延'{江}, '要太=延太'{枝}, '母要=母延'{燃}, '奴要鳥=奴延鳥'{ぬえ鳥} 등이 동음 이표기 쌍이다. '要=延'의 등식이 성립하므로 이 둘은 음가가 같다.

그런데 '要'와 '延'이 단어의 첫째 음절을 표기한 예가 적은 반면에 둘째 이하의 음절을 표기한 예가 아주 많다. 둘째 음절 이하에도 자유롭게 올 수 있었다는 것은 '要'와 '延'이 모음충돌을 야기하지 않는다는 것을 의미한다. 따라서 '要'와 '延'

이 모음으로 시작하는 음절을 표기한 것이 아니라고 해야 한다. 구체적으로 말하면 '要'와 '延'이 øE 음절이 아니라 JE 음절을 표기한다고 보아야 한다.[18]

'要'는 한어 중고음으로 影母/ʔ/·宵韻/jɛu/이고, '延'은 羊母/j/·仙韻/ɪɛn/이다. 『만엽집』 음가나에서 影母/ʔ/는 삭제되어 수용되지만(위의 (10) 참조), 羊母/j/는 항상 /j/로 수용된다(위의 (24) 참조).

『만엽집』 음가나 중에서 宵韻字는 아래 (41.18)의 '要' 하나뿐이다. 『고사기』·『일본서기』의 음가나에 宵韻字가 없었으므로, '要'는 가요 음가나 전체를 대상으로 하더라도 유일한 宵韻字이다. 전기 중고음의 宵韻은 /jɛu~ɪɛu/로 추정되므로(이승재 2018: 272~273), 宵韻의 운미 /-u/가 『만엽집』 음가나에서 어떻게 수용되는지를 논의할 필요가 있다.

(41) 『만엽집』 음가나의 /-u/ 운미 수용 양상

1. 久[見中C上尤]=/kɪəu/^{R}〕ク/ku/
2. 九[見中C上尤]=/kɪəu/^{R}〕ク/ku/
3. 留[來中C平尤]=/rɪəu/^{L}〕ル/ru/
4. 流[來中C平尤]=/rɪəu/^{L}〕ル/ru/
5. 牟[明中C平尤]=/mɪəu/^{L}〕ム/mu/
6. 不[非中C平尤]=/pɪəu/^{L}〕フ/pu/
7. 受[常中C上尤]=/ʑɪəu/^{R}〕ズ/zu/
8. 由[羊中C平尤]=/jɪəu/^{L}〕ユ/ju/
9. 遊[羊中C平尤]=/jɪəu/^{L}〕ユ/ju/
10. 口[溪中1上侯]=/k^{h}əu/^{R}〕ク/ku/
11. 豆[定中1去侯]=/dəu/^{D}〕ヅ/du/
12. 頭[定中1平侯]=/dəu/^{L}〕ヅ/du/

---

18 橋本進吉(1950: 205)에서는 『만엽집』 4116번 가요에 나오는 '古衣'를 '越え'로 읽고, 이 '衣'는 ア행의 표기에 사용한 것으로는 유일한 예외라고 했다. 이것은 우리의 øE 음절이 사실은 JE 음절임을 말해 준다.

13. 母[明中1上侯]=/məu/^{R}〕モ/mo/

14. 毛[明中1平豪]=/mɑu/^{L}〕モ/mo/

15. 寶[幇中1上豪]=/pɑu/^{R}〕ホ/po/

16. 保[幇中1上豪]=/pɑu/^{R}〕ホ/po/~ボ/bo/

17. 刀[端中1平豪]=/tɑu/^{L}〕ト^{乙}/tə/

18. 要[影中A平宵]=/ʔjɛu/^{L}〕エ/je/

(41.1~9)는 尤韻/ɪəu/의 수용 양상이고, (41.10~13)은 侯韻/əu/의 수용 양상이며, (41.14~17)은 豪韻/ɑu/의 수용 양상이다. 한어 중고음에서는 이들의 /-u/ 운미 앞에 후설모음 /ə/ 또는 /ɑ/가 온다. 그런데 『만엽집』 음가나에서는 尤韻·侯韻의 /əu/를 /u/로 수용하고,[19] 豪韻의 /ɑu/를 /o/ 또는 /ə/로 수용한다. 尤韻·侯韻의 /əu/가 /u/로 수용된 것은 후설모음 /ə/와 운미 /-u/가 하나로 결합하여 /u/로 축약된 것이다. 이와 마찬가지로, 豪韻의 /ɑu/가 /o/로 수용된 것은 후설모음 /ɑ/와 운미 /-u/가 하나로 결합하여 /o/로 축약된 것이다. 따라서 (41.1~16)에서는 운미 /-u/가 선행하는 후설모음 /ə/ 또는 /ɑ/와 축약되어 수용된다고 일반화할 수 있다. 다만, (41.17)의 '刀'에서는 축약되어 /o/로 수용되었는데, 이 /o/가 다시 乙류의 /ə/에 합류한 것이다.

(41.18)의 '要'에서는 운미 /-u/에 선행하는 운복이 후설모음이 아니라 전설모음 /ɛ/이다. 상대 일본어의 전설모음 중에는 원순모음이 없으므로[20] /-u/ 운미가 삭제될 수밖에 없다. 이에 따라 /ɛu/에서는 축약이 일어나는 것이 아니라 운미 /-u/가 삭제된다고 해야 한다. 그리하면 '要'와 '延'의 동음 관계를 자연스럽게 기술할 수 있다.

결론적으로, /-u/ 운미의 대체 수용을 아래와 같이 정리할 수 있다.

---

19 (41.13)의 '母'에서는 /o/로 수용되므로 '母'는 예외적이다.

20 우리는 乙류 모음으로 전설원순모음 /ö/ 대신에 후설평순모음 /ə/를 택한다.

(42) 『만엽집』 음가나의 /-u/ 운미 대체 수용

한어 중고음의 /-u/ 운미는 운복이 후설모음일 때에는 후설모음과 축약되어 수용되지만, 운복이 전설모음일 때에는 삭제되어 수용된다.

이에 따라 '要'의 宵韻/jɛu/이 『만엽집』 음가나에서 대체되어 수용되는 과정을 아래와 같이 정리한다. 상대 일본어에서는 전설저모음 /ɛ/와 전설중모음 /e/가 음운론적으로 대립하지 않으므로, 宵韻/jɛu/의 운복모음 /ɛ/가 /e/로 대체되어 수용된다.

(43) 『만엽집』 음가나의 宵韻/jɛu/ 대체 수용

한어 중고음의 宵韻/jɛu/은 『만엽집』 음가나에서 /je/로 수용된다.

'延'의 운모인 仙韻/ɪɛn/에도 운미가 있다. 『만엽집』 음가나 중에서 仙韻字는 (44)의 둘인데, 仙韻/ɪɛn/의 /-n/ 운미가 항상 삭제되어 수용된다(위의 (12) 참조). 또한 仙韻/ɪɛn/의 운복모음 /ɛ/가 /e/로 대체되어 수용된다.

(44) 『만엽집』 음가나의 仙韻/ɪɛn/ 수용 양상

1. 延[羊開AB平仙]=/jɪɛn/^{L}〕 エ/je/
2. 便[並中A平仙]=/bɪɛn/^{L}〕 ベ/be/

(45) 『만엽집』 음가나의 仙韻/ɪɛn/ 대체 수용

한어 중고음의 仙韻/ɪɛn/은 『만엽집』 음가나에서 항상 /e/로 수용된다.

위의 논의에 따라 우리는 øE 음절의 '要'와 '延'에 아래와 같이 음가를 배당한다. '要'와 '延'이 동음 관계이므로 이들에 공통적으로 エ/je/를 배당한다.

(46) '要, 延'의 중고음과 그 수용

1. 要[影中A平宵]=/ʔjɛu/ᴸ〕 エ/je/
2. 延[羊開AB平仙]=/jɪɛn/ᴸ〕 エ/je/

그런데 '要'에 エ/je/를 배당할 때에는 새로운 문제 하나가 제기된다. '延'에서는 エ/je/의 /j/가 羊母/j/를 수용한 것이라고 말할 수 있지만, '要'에서는 /j/의 근거가 무엇인가 하는 문제이다. '要'의 影母/ʔ/는 삭제되어 수용되므로(위의 (10) 참조), /j/의 근거를 성모에서는 찾을 수 없다.

그렇다면 '要'가 エ/je/를 표음한다고 할 때에는 /j/의 근거를 宵韻/jɛu/의 운두개음 /j-/에서 찾을 수밖에 없다. 한어 중고음에서 3등 A에 분포하는 운두개음 /j-/가[21] 『만엽집』 음가나에서 어떻게 수용되는지를 정리하면 아래와 같다.

(47) 『만엽집』 음가나의 운두개음 /j-/ 수용 양상

1. 岐[群開A平支]=/gje/ᴸ〕 キ/ki/
2. 吉[見開A入眞]=/kjit/ᴱ〕 キ/ki/
3. 彌[明中A平支]=/mje/ᴸ〕 ミ/mi/
4. 妣[幇中A上脂]=/pji/ᴿ〕 ビ/bi/
5. 比[幇中A去脂]=/pji/ᴰ〕 ヒ/pi/
6. 婢[並中A上支]=/pje/ᴿ〕 ビ/bi/
7. 枳[見開A上支]=/kje/ᴿ〕 キ/ki/
8. 伊[影開A平脂]=/ʔji/ᴸ〕 イ/i/
9. 要[影中A平宵]=/ʔjɛu/ᴸ〕 エ/je/

(47.1~7)에서는 /j-/의 바로 앞에 일반적인 자음이 온다. 이때에는 /j-/가 항상 삭제되어 수용된다. 반면에 (47.8~9)에서는 /j-/의 바로 앞에 오는 성모가

21 4장의 (2)에 제시한 음가 배당표 또는 이승재(2018: 413)에 제시한 종합 음가 배당표 Q'를 참고하기 바란다.

影母/ʔ/이고, 『만엽집』 음가나에서는 이 影母/ʔ/가 항상 삭제되어 수용된다(위의 (10) 참조). 그 결과로 /j-/의 앞에 자음이 오지 않으므로 이때에는 /j-/가 삭제되지 않는다.

요컨대, /j-/의 앞에 자음이 있으면 /j-/가 삭제되고 그렇지 않으면 /j-/를 유지한다. 이것은 CGV의[22] 음절형을 회피하고 CV 또는 GV의 음절형을 선호하는 상대 일본어의 음절구조제약에 따른 것이다. 따라서 운두개음 /j-/의 대체 수용을 아래와 같이 정리할 수 있다. 이처럼 운두개음 /j-/의 대체 수용이 아주 자연스러우므로, '要'에 エ/je/를 배당하더라도 잘못될 것이 없다.

(48) 운두개음 /j-/의 대체 수용

한어 중고음의 운두개음 /j-/는 자음 뒤에서 삭제되어 수용된다. 만약에, 앞에 오는 자음이 탈락하면 /j-/를 그대로 수용한다.

宋敏(1975)와 服部四郎(1976a, 1976b) 등의 6모음설과 松本克己(1975, 1976)의 5모음설에서는 운두개음 /j-/ 즉 구개적 활음 /j/의 유무를 활용하여 イ乙·エ乙과 イ甲·エ甲을 구별한다. 예컨대, (47)의 음가나는 운모가 항상 3등 A이고 이것이 전기 중고음에서는 /j-/로 추정된다. 그런데 イ甲·エ甲은 실제로 /j-/를 가지는 /ji/·/je/인 데에 반하여, イ乙·エ乙은 /j-/가 없는 /i/·/e/라고 하면 모음체계에 구태여 イ乙·エ乙을 독자적 모음으로 등록할 필요가 없다. 한어 중고음에서 (47)의 脂韻 3등 A, 支韻 3등 A, 眞韻 3등 A, 宵韻 3등 A 등은 항상 운두개음 /j-/를 가지고, 상대 일본어에서 이들 운이 갑류로 수용된다. 반면에 중고음의 등이 3등 B 또는 3등 C인 운은 운두개음이 /ɪ-/이고, /ɪ-/는 대부분 삭제되어 수용된다.[23] 따라서 イ甲·エ甲의 음가를 각각 /ji/·/je/로 추정하고, イ乙·エ乙의 음가를

22 C와 V는 각각 자음과 모음을 가리키고, G는 활음(glide) 즉 운두개음을 가리킨다. 이 CGV 음절형이 차용 한자어의 오음에서는 그대로 유지된다. '京'을 오음에서 /kjou/로 수용한 것이 대표적인 예이다.

23 河野六郎(1968)에서는 비구개적인 개음 즉 우리의 /ɪ-/가 후속하는 모음에 흡수된다고 했다.

각각 /i/·/e/로 추정하는 방법이 일단 설득력이 있다고 말할 수 있다. 이처럼 기술한 다음에 /j-/의 앞에서만 구개음화가 일어난다고 하면 이때에는 イ甲·エ甲과 イ乙·エ乙의 구별이 모음의 차이에서 비롯된 것이 아니라 구개적 자음과 비구개적 자음의 차이에서 비롯된 것이 된다. 이러한 방법으로 イ甲·エ甲과 イ乙·エ乙의 차이를 기술하는 것이 6모음설 또는 5모음설이다.

그런데 구개 자음이 상대 일본어의 자음체계에 설정되는 것인지 의심스럽다. 구개 자음은 변이음으로는 존재할 수 있지만 자음 음소였을 가능성은 희박하다. 널리 알려져 있듯이 한어 중고음에서는 書母/ɕ/·常母/ʑ/·章母/tɕ/·船母/dʑ/·崇母/dʐ/ 등이 구개 자음이다. 상대 일본어에서 이들을 수용할 때에 구개음이 아니라 치조음인 /s, z/로 수용한다. 구개음조차도 치조음으로 대체하여 수용하는 상황인데, /j-/의 앞에 온 자음이 구개음화한다고 말할 수 있을까? 우리는 이에 대해 부정적이다.[24]

이와는 다른 의문도 제기된다. (47.1~7)의 성모는 아음 /k, g/ 또는 순음 /p, m/이다. 이들이 구개음화한다면 그 음가가 무엇일까? 언어적 보편성에 따르면 아음이나 순음에서는 구개음화가 잘 일어나지 않는 반면에 설치음 /t, d, n, s, z/에서는 구개음화가 잘 일어난다. 아음이나 순음이 구개음화한다고 하더라도 그것은 대개 /k, g/ 또는 /p, m/의 변이음인 [k^j, g^j] 또는 [p^j, m^j]에 지나지 않지만, /t, d, n, s, z/에 구개음화가 일어나면 /tɕ, dʑ, ɲ, ʃ, ʑ/로 바뀌어 독자적 음소의 지위에 오를 때가 많다. 그런데 (47.1~7)의 성모는 구개음화하더라도 그 결과가 변이음일 수밖에 없는 [k^j, g^j] 또는 [p^j, m^j]이다. 이것은 イ甲·エ甲과 イ乙·エ乙의 차이를 /j-/의 유무와 구개음화로 기술하는 방법이 잘못된 것임을 말해 준다.

森博達(1981)은 7모음설을 택하되 エ乙을 /e/로 표음하지 않고 /ei/로 해석하는 방법을 택했다. 그러나 이때에는 /-i/ 운미를 가지는 齊韻/ei/과 祭韻/ɪɛi/이 /ei/가 아니라 /e/로 수용된다는 문제에 봉착하게 된다. 더군다나 齊韻/ei/과 祭韻/ɪɛi/은 을류로 수용되는 것이 아니라 갑류로 수용되는 것이 원칙이다(森博達

24 金完鎭(1968)에서도 고구려어에서는 구개음화가 일어났지만, 이에 대응하는 상대 일본어에서는 구개음화가 일어나지 않았다고 했다.

1991: 62). 그런데도 エ乙을 /ei/로 해석한 것은 납득할 수 없다.

우리는 (47)의 운두개음 /j-/가 (48)에 정리한 것처럼 자음 뒤에서 항상 삭제되어 수용된다는 원칙을 세운다. 이 원칙을 고수하더라도 イ乙·エ乙에 배당되는 모음을 아주 쉽게 기술할 수 있기 때문이다. 『만엽집』 음가나에서는 I열에서 갑류와 을류가 대립하는 음절이 KI·GI·MI 음절의 셋뿐이고, E열에서는 갑류와 을류가 대립하는 음절이 아예 없다. 따라서 I·E열의 을류 모음에 특별히 /j-/를 가정할 필요도 없고 나아가서 구개 자음을 설정할 필요도 없다. K행의 I열에서 을류 모음인 キ乙이 설정되고 O열에서 コ乙이 설정되지만, 『만엽집』에서는 이미 キ乙과 コ乙이 /kə/ 하나로 합류했으므로, I열에서 특별히 을류 모음을 설정할 필요가 없다. 후술하겠지만 오직 GI 음절에서만 제7의 모음 /ɨ/를 설정한다.

øE 음절을 표기하는 '延'의 중고음 운모는 仙韻/ɪɛn/이고, 여기에도 운두개음 /ɪ-/가 있다. 이 개음은 한어 중고음에서 等이 3등 B 또는 3등 C일 때에 개재한다(이승재 2018: 254~255). 『만엽집』 대표자 176자 중에서 운두개음 /ɪ-/를 가지는 것은 67자에 이를 정도로 아주 많다.[25] 지면 절약을 위해 이들을 일일이 열거하지 않고 대체 수용의 결론만 정리하면 아래와 같다.

(49) 운두개음 /ɪ-/의 대체 수용

한어 중고음의 운두개음 /ɪ-/는 『만엽집』 음가나에서 항상 삭제되어 수용된다.

이에 따라서 '延'의 仙韻/ɪɛn/에서도 /ɪ-/가 삭제되고 운복모음 /ɛ/만 /e/로 대체되어 수용된다. /ɪ-/가 항상 삭제되어 수용된다는 결론은 河野六郎(1968)에서 개음 /ɪ-/가 주위의 운복모음에 흡수된다고 한 것과 사실은 동일하다. 이 점에서 개음 /ɪ-/는 음운론적으로 개음 /j-/와 크게 차이가 난다. 이 차이를 반영하여 Karlgren(1954)와 이승재(2018: 248)에서는 /ɪ-/를 모음적 활음이라 하고 /j-/를 자음적 활음이라 한 바 있다. /j-/를 가지는 운은 갑류로 수용되고 /ɪ-/를 가지

25 권미의 [부록]을 참고하기 바란다.

는 운은 을류로 수용된다는 것을 위의 (47)로 예측할 수 있다. (47)의 음가나는 모두 갑류에 속하기 때문이다.

'要'와 '延'은 둘째 음절 이하의 위치에도 올 수 있으므로 모음으로 시작하는 음절이 아니다. 또한 이 둘은 동음 관계이므로 음가가 같다. 『만엽집』 음가나에서 한어 중고음을 대체하여 수용하는 과정도 아주 자연스럽게 기술할 수 있다. 이에 따라 우리는 위의 (46)에 제시한 것처럼 '要'와 '延'에 エ/je/를 배당한다. '要'와 '延'이 /j/를 가지므로 아래에서는 '要'와 '延'을 ø열에 배열하지 않고 J열에 배열할 것이다.

6.2.1.5. øO 음절

øO 음절의 표기에는 '於, 意'가 사용되었다.

(50) 『만엽집』의 '於' 용례

P군 O: 於母{母}, 於毛{面}, 於夜{祖}, 於伎/於吉{沖}, 於久/於支{奥}, 於保{大}, 於久/於吉/於伎{置}, 於之{押}, 於母布{思}, 於久流/於久理/於久利{送, 贈}, 於敷/於敝流{追}, 於煩保之久[おほほしく], 於知受[おちず], …

Q군 O: 於{조사 を}, 於毛{乳母}, 於夜{親}, 於毛{面}, 於久禮{後}, 於伎{沖}, 於久{奥}, 於富{大}, 於保伎{多}, 於母布{思}, 於保爾/於凡爾[おほに], 於保保思久[おほほしく], …

(51) 『만엽집』의 '意' 용례

P군 O: 意夜{親}, 意母提{面}, 意吉/意枳{沖}, 意久{奥}, 意伎弖{置}, 意久利{送り}, 意斯{押し}, 意比{追ひ}, 意母布/意毛比{思}, 意保保斯久[おほほしく], 意知受[おちず], …

Q군 O: 意吉[意吉], 意保爾毛[おほにも]

위의 용례에서 볼 수 있듯이 Q군에 사용된 '意'는 극소수에 불과하다. 3장에서 이미 언급한 것처럼, Q군에서는 '於'가 조사 'に' 또는 명사 'うへ'{上}로 훈독될 때가 아주 많다. 이 점이 P군과 Q군의 차이이다.

위의 모든 예에서 '於'와 '意'는 단어의 첫째 위치에 오는 øO 음절만 표기한다. '於'와 '意'가 둘째 음절 이하의 위치에 오는 일이 없는데, 이것은 모음충돌 회피의 결과이다. 따라서 '於'와 '意'는 모음으로 시작하는 음절을 표기한 것이 분명하다.

이처럼 정리할 때에 조사 'を'의 표기에 사용된 '於'가 문제가 된다. 이 '於'가 모음으로 시작한다면 조사의 '於'가 모음충돌을 야기할 수 있기 때문이다. 그러나 모음충돌 회피 현상은 위에서 이미 지적한 것처럼 단일 형태소 내부에서만 적용되고, '於'가 조사 'を'를 표기한 용례는 딱 하나뿐이다.[26] 따라서 '於'와 '意'가 모음으로 시작하는 음절을 표음한다는 것을 믿기로 한다.

위의 용례에서 '於夜, 意夜'{祖, 親}, '於吉/於枳, 意吉/意枳'{沖}, '於之, 意斯'{押} 등의 동음 이표기 쌍을 아주 많이 찾을 수 있다. 따라서 '於'와 '意'는 동음 관계이다.

'於'의 한어 중고음은 影母/ʔ/·魚韻/ɪo～ɪə/이고, '意'는 影母/ʔ/·之韻/ɪə/이다. 둘 다 影母字인데, 影母/ʔ/는 『만엽집』 음가나에서 항상 삭제되어 수용된다(위의 (10) 참조). 이것은 위에서 '於'와 '意'가 모음으로 시작하는 음절을 표음한다고 한 것과 부합한다.

'於'는 다음자로서 중고음의 운모가 魚韻/ɪo～ɪə/이거나 模韻/o/이다. 이 둘 중에서 어느 것이 『만엽집』 음가나에 수용되었는지를 먼저 논의할 필요가 있다. 전기 중고음에서는 魚韻의 음가가 /ɪo/였을 가능성이 크지만 후기 중고음에서는 /ɪə/로 바뀌었다(이승재 2018: 263～264). 또한 模韻은 전기 중고음에서는 /o/를 표음했지만 후기 중고음에서는 /u/를 표음하게 된다(李榮 1956: 142～147, 고노 로쿠로 2010: 232(이진호 역주)). 이러한 중고음의 변화를 고려하면 『만엽집』의 '於'는 模韻일 가능성보다 魚韻일 가능성이 더 크다. 더욱이 模韻/o/은 『만엽집』 음가나에서 /o/, /u/, /ə/의 세 가지로 수용되지만(위의 (37) 참조), 魚韻/ɪo～ɪə/은 아

---

26 구체적으로는 아래의 예 하나뿐이다.
河瀬於踏 (Q2018) → かはせを ふむに/ 川瀬を 踏むに

래의 (53)에 정리한 것처럼 항상 /ə/로 수용된다. 이 세 가지를 두루 고려하여 우리는 『만엽집』의 '於'가 魚韻字의 일종이라고 본다.

(52) 『만엽집』 음가나의 魚韻/ɪo~ɪə/ 수용 양상

1. 呂[來中C上魚]=/rɪo~rɪə/^{R} 〕 ロ^{乙}/rə/
2. 侶[來中C上魚]=/rɪo~rɪə/^{R} 〕 ロ^{乙}/rə/
3. 於[影中C平魚]=/ʔɪo~ʔɪə/^{L} 〕 オ^{乙}/ə/
   [影中1平模]=/ʔɪo/^{L}
4. 與[羊中C平魚]=/jɪo~jɪə/^{L} 〕 ヨ^{乙}/jə/
   [羊中C上魚]=/jɪo~jɪə/^{R}
5. 餘[羊中C平魚]=/jɪo~jɪə/^{L} 〕 ヨ^{乙}/jə/
6. 杼[澄中C上魚]=/dɪo~dɪə/^{R} 〕 ド^{乙}/də/
7. 巨[群中C上魚]=/gɪo~gɪə/^{R} 〕 コ^{乙}/kə/
8. 許[曉中C上魚]=/hɪo~hɪə/^{R} 〕 コ^{乙}/kə/

(53) 『만엽집』 음가나의 魚韻/ɪo~ɪə/ 대체 수용

한어 중고음의 魚韻/ɪo~ɪə/은 『만엽집』 음가나에서 항상 /ə/로 수용된다.

'意'의 운모는 之韻/ɪə/이고, 『만엽집』 음가나 중에서 之韻字의 수용 양상을 정리하면 아래와 같다. 之韻/ɪə/은 아후음 뒤에서는 /ə/로 수용되고, 설치음 뒤에서는 /i/로 수용된다. 이처럼 음운론적 환경에 따라 之韻/ɪə/이 두 가지로 수용되는 것은 『고사기』·『일본서기』의 음가나에서 이미 지적한 바 있다.

(54) 『만엽집』 음가나의 之韻/ɪə/ 수용 양상

1. 其[群開C平之]=/gɪə/^{L} 〕 ゴ^{乙}/gə/
2. 期[群開C平之]=/gɪə/^{L} 〕 ゴ^{乙}/gə/
3. 己[見開C上之]=/kɪə/^{R} 〕 コ^{乙}/kə/

4. 紀[見開C上之]=/kɪə/^{R} 〕キ^{乙}/kə/

5. 意[影開C去之]=/ʔɪə/^{D} 〕オ^{乙}/ə/

6. 疑[疑開C平之]=/ŋɪə/^{L} 〕ギ^{乙}/gə→gɨ/

7. 理[來開C上之]=/rɪə/^{R} 〕リ/ri/

8. 里[來開C上之]=/rɪə/^{R} 〕リ/ri/

9. 思[心開C平之]=/sɪə/^{L} 〕シ/si/

10. 之[章開C平之]=/ʨɪə/^{L} 〕シ/si/

11. 志[章開C去之]=/ʨɪə/^{D} 〕シ/si/

12. 治[澄開C平之]=/dɪə/^{L} 〕ヂ/di/
    [澄開C去之]=/dɪə/^{D}

(55) 『만엽집』 음가나의 之韻/ɪə/ 대체 수용

한어 중고음의 之韻/ɪə/은 아후음 뒤에서는 /ə/로 수용되고, 설치음 뒤에서는 /i/로 수용된다.

위의 대체 수용에 따라, '意'의 之韻/ɪə/은 아후음의 일종인 影母/ʔ/의 뒤에 오므로 /ə/로 수용된다. 이 /ə/는 을류 모음인데, '於'의 魚韻/ɪo~ɪə/이 /ə/로 수용될 때의 을류 모음 /ə/와 동일하다.

(56) '於, 意'의 중고음과 그 수용

1. 於[影中C平魚]=/ʔɪo~ʔɪə/^{L} 〕オ^{乙}/ə/
    [影中1平模]=/ʔɪo/^{L}

2. 意[影開C去之]=/ʔɪə/^{D} 〕オ^{乙}/ə/

'於'와 '意'는 동음 관계이므로 음가가 같다. 또한 둘째 음절 이하에 오는 일이 없으므로 '於'와 '意'는 모음으로 시작한다. 이에 따라 '於'와 '意'에 オ^{乙}/ə/을 배당하면, 한어 중고음을 대체하여 수용하는 과정도 아주 자연스럽게 기술할 수 있다.

6.2.1.6. ø행의 요약 정리

지금까지의 논의를 요약하여 정리하면 아래와 같다.

(57) ø행 『만엽집』 음가나의 음가 배당 (음영 부분은 Q군 음가나)

모음 / 자음	A (ア)	I (イ)	U (ウ)	E (エ)	O (オ)
ø (ア)	安=阿/a/	伊=移/i/	宇=烏/u/	(要=延/je/)	於=意/ə/
	安=阿/a/	伊/i/	宇/u/	(要/je/)	於/ə/

øE 음절의 '要'와 '延'은 /e/를 표음하는 것이 아니라 /je/를 표음하므로, '要'와 '延'를 ø행이 아니라 J행에 배열해야 옳다. 이에 따라 이들에는 ( )를 쳤다.

ø행에 오는 모음은 /a, i, u, ə/의 4종이다. /o/가 보이지 않는데, 이것을 믿을 수 있을까? 5모음체계라면 /a, i, u, e, o/의 5종이 보편적이므로 이러한 의문이 제기된다. 그런데 아래에서 강조하겠지만, ø행처럼 O열에 /o/ 모음이나 /ə/ 모음의 어느 하나만 오는 행이 적지 않다. 이런 행에서는 /o/와 /ə/가 음운론적으로 대립하지 않았다고 기술할 수 있다. 즉 갑류의 オ/o/와 을류의 オ^{乙}/ə/가 상보적으로 분포하므로 음운론적으로는 하나로 합류했다고 기술해도 잘못될 것이 없다.

상보적 분포를 기준으로 삼아, 松本克己(1975)는 O열에서 갑류의 /o/와 을류의 /o_2/가[27] 음운론적으로 대립하지 않았다고 보았다. 우리는 이 견해에 적극적으로 동의한다. 그런데 松本克己(1995: 185~186)의 회고담에 따르면, O열에서 갑류와 을류 모음이 하나로 합류했다는 자신의 학설이 별로 호응을 얻지 못했다고 한다. 여기에는 그럴 만한 이유가 있다. 4장과 5장에서 확인할 수 있듯이, 『고사기』·『일본서기』 음가나에서는 이 합류가 아직 발견되지 않는다.[28] 오직 『만엽

27 松本克己의 논저에서는 을류 모음임을 /o_2/의 아래첨자 2로 지칭한다.

28 馬淵和夫(1999: 141)도 『고사기』 음가나의 원순성 자음 뒤에서 갑류와 을류가 대립했다고 보았다.

집』 음가나에서만 합류가 일어났기 때문에 학자들의 지지를 받을 수 없었다고 판단된다. 텍스트에 따라 이처럼 합류 여부에서 차이가 나므로 우리는 이 세 가지 텍스트를 분리하여 분석한다.

6.2.2. N행, ナ行

N행의 표기에는 '奈, 那, 難, 爾, 二, 仁, 邇, 奴, 農, 禰/祢, 年, 能, 乃, 努'가 사용되었다. 이 중에서 '農'은 대표자가 아니지만 NU 음절의 음운대립을 확인하기 위해 추가했다. 이들을 50음도로 분류해 보면 아래와 같다.

(58) N행의 『만엽집』 음가나 (음영 부분은 Q군 음가나)

자음 \ 모음	A (ア)	I (イ)	U (ウ)	E (エ)	O (オ)
N (ナ)	奈 那 難	爾 仁 二 邇	奴 農	祢/祢 年	能 乃 努
	奈 難	爾 仁 二 邇	奴	禰/祢 年	能 乃 努

위의 ø행에서는 모음충돌 회피를 확인하기 위하여 해당 음가나의 용례를 생략하더라도 적지 않은 양을 제시했다. 그러나 지면을 절약하기 위하여, 아래에서는 동음 관계를 확인해 주는 용례를 중심으로 자료를 제시하고 잉여적인 자료는 대폭적으로 생략하기로 한다. 그러나 이음 관계일 때에는 대부분의 용례를 제시함으로써 이음 관계가 투명하게 드러나도록 할 것이다.

6.2.2.1. NA 음절

NA 음절의 표기에는 '奈, 那, 難'이 사용되었다. 이들의 용례 중에서 대비의 의미가 있는 자료만 골라 제시하면 아래와 같다.

(59) 『만엽집』의 '難' 용례

P군 NA: 難久{부정 동사 な-}, 難吉曾{鳴きそ}, 難波[難波]

Q군 NA: 難彌{浪}, 難可/難二加{何}, 難麻理弖{隱りて}, 難波[難波], 夕難岐爾{夕なぎに}

(60) 『만엽집』의 '那' 용례

P군 NA: 那{조사 な}, -那{활용 -な}, 那久{부정 동사 な-}, 那留{조동사 成}, 那須/那左{無}, 那美多{涙}, 波那{花}, 楊那宜{柳}, 那我/那我岐{長}, 那良毗{竝}, 那毗枳{靡き}, 那久{泣, 鳴}, 那宜久{嘆く}, 那何列{流れ}, 那周{寢}, …

Q군 NA: 那彌{波}, 彌那{蜷}

(61) 『만엽집』의 '奈' 용례

P군 NA: -奈{어말 활용 -な}, 奈{동사 접두사 な}, -奈牟/奈武{활용 -なむ}, -奈波/奈婆{활용 -なば}, 奈何良/奈我良{활용 -ながら}, 奈久/奈須{부정동사 な-}, 奈流/奈理{成}, 奈{汝}, 奈美{涙}, 波奈{花}, 夜奈義/也奈宜/楊奈疑{柳}, 奈何久/奈我{長}, 奈良倍弖{竝}, 奈久/奈伎{泣, 鳴}, 奈何流{流}, 奈爾波[難波], …

Q군 NA: 奈{조사 な}, -奈{활용 -な}, -奈牟/奈武{활용 -なむ}, -奈我良{활용 -ながら}, 奈/奈久/奈吉/奈須{부정동사 な-}, 奈流/奈里/奈武{조동사 成}, 奈{汝}, 波奈{花}, 奈我久{長く}, 奈我良{流}, 奈世流{寢せる}, 奈吳[奈吳], …

위에서 부정 조동사 '難久, 那久, 奈久'를 비롯하여 많은 양의 동음 이표기 쌍을 찾을 수 있다. 따라서 '奈=那=難'의 등식이 성립하고, 이 세 가지 음가나의 음가는 동일하다.

'奈'의 한어 중고음은 泥母/n/·泰韻/ɑi/이고, '那'는 泥母/n/·歌韻/ɑ/이며, '難'은 泥母/n/·寒韻/ɑn/이다.

이 세 가지 음가나의 성모는 모두 泥母/n/인데, 『만엽집』 음가나 중에서 泥母字를 모두 골라 그 수용 양상을 정리하면 아래와 같다.

(62) 『만엽집』 음가나의 泥母/n/ 수용 양상

1. 那[泥開1平歌]=/nɑ/^{L}〕ナ/na/
2. 難[泥開1平寒]=/nɑn/^{L}〕ナ/na/
   [泥開1去寒]=/nɑn/^{D}
3. 乃[泥開1上咍]=/nəi/^{R}〕ノ^{乙}/nə/
4. 奈[泥開1去泰]=/nɑi/^{D}〕ナ/na/
5. 年[泥開4平先]=/nen/^{L}〕ネ/ne/
6. 努[泥中1上模]=/no/^{R}〕ノ^{乙}/nə/
7. 奴[泥中1平模]=/no/^{L}〕ヌ/nu/
8. 農[泥中1平冬]=/noŋ/^{L}〕ヌ/nu/
9. 能[泥開1平登]=/nəŋ/^{L}〕ノ^{乙}/nə/
10. 祢/禰[泥開4上齊]=/nei/^{R}〕ネ/ne/
11. 泥[泥開4平齊]=/nei/^{L}〕デ/de/
   [泥開4去齊]=/nei/^{D}

(63) 『만엽집』 음가나의 泥母/n/ 대체 수용

한어 중고음의 泥母/n/는 『만엽집』 음가나에서 /n/으로 수용된다. 다만, '泥'의 泥母/n/는 /d/로 수용된다.

(62.11)의 '泥'를[29] 제외한 나머지 10자의 泥母/n/가 모두 /n/으로 수용된다. 따라서 '奈, 那, 難'의 泥母/n/도 /n/을 표음한다고 할 수 있다.

'那'는 歌韻字인데, 歌韻/ɑ/은 『만엽집』 음가나에서 항상 /a/로 수용된다(위의 (19) 참조). 또한 '難'은 寒韻字이고, 寒韻/ɑn/도 『만엽집』 음가나에서 항상 /a/로 수용된다(위의 (17) 참조). '那, 難'과 동음 관계이므로 '奈'의 泰韻/ɑi/도 /a/로 수용된다고 보아야 한다. 『만엽집』 음가나 중에서 泰韻字는 '奈'와 '太'의 두 자인데,

29 이 '泥'는 탈비음화의 결과로 /de/를 표음한다. 아래의 TE 음절을 참고하기 바란다.

이들의 泰韻/ɑi/이 공통적으로 /a/로 수용된다.

(64) 『만엽집』 음가나의 泰韻/ɑi/ 수용 양상

1. 奈[泥開1去泰]=/nɑi/^{D} 〕 ナ/na/
2. 太[透開1去泰]=/tʰɑi/^{D}
   =大[定開1去泰]=/dɑi/^{D} 〕 ダ/da/

(65) 『만엽집』 음가나의 泰韻/ɑi/ 대체 수용

한어 중고음의 泰韻/ɑi/은 『만엽집』 음가나에서 항상 /a/로 수용된다.

그런데 이것을 확신할 수 있으려면 泰韻/ɑi/의 /-i/ 운미를 삭제하고 수용한다는 것을 먼저 증명해야 한다. 따라서 /-i/ 운미를 가지는 음가나를 모두 골라 그 수용 양상을 정리하기로 한다.

(66) 『만엽집』 음가나의 /-i/ 운미 수용 양상

1. 奈[泥開1去泰]=/nɑi/^{D} 〕 ナ/na/
2. 太[透開1去泰]=/tʰɑi/^{D}
   =大[定開1去泰]=/dɑi/^{D} 〕 ダ/da/
3. 例[來開AB去祭]=/rɪɛi/^{D} 〕 レ/re/
4. 勢[書開AB去祭]=/ɕɪɛi/^{D} 〕 セ/se/
5. 世[書開AB去祭]=/ɕɪɛi/^{D} 〕 セ/se/
6. 敝[並中A去祭]=/bɪɛi/^{D} 〕 ヘ/pe/
7. 弊[並中A去祭]=/bɪɛi/^{D} 〕 ヘ/pe/
8. 計[見開4去齊]=/kei/^{D} 〕 ケ/ke/
9. 鷄[見開4平齊]=/kei/^{L} 〕 ケ/ke/
10. 泥[泥開4平齊]=/nei/^{L} 〕 デ/de/
    [泥開4去齊]=/nei/^{D}

11. 祢/禰[泥開4上齊]=/nei/^{R} 〕 ネ/ne/

12. 禮[來開4上齊]=/rei/^{R} 〕 レ/re/

13. 米[明中4上齊]=/mei/^{R} 〕 メ/me/

14. 低[端開4平齊]=/tei/^{L} 〕 デ/de/

15. 弖/氐[端開4平齊]=/tei/^{L} 〕 テ/te/～デ/de/

[知開B平脂]=/tɪi/^{L}

16. 提[定開4平齊]=/dei/^{L} 〕 デ/de/～テ/te/

17. 惠[匣合4去齊]=/ɦwei/^{D} 〕 ヱ/we/

18. 乃[泥開1上咍]=/nəi/^{R} 〕 ノ乙/nə/

19. 藝[疑開A去祭]=/ŋɪɛi/^{D} 〕 ギ/gi/

20. 未[微中C去微]=/mɪəi/^{D} 〕 ミ乙/mə/

21. 非[非中C平微]=/pɪəi/^{L} 〕 ヒ/pi/

22. 氣[溪開C去微]=/k^{h}ɪəi/^{D} 〕 ケ/ke/～ゲ/ge/

23. 賣[明中2去佳]=/məi/^{D} 〕 メ/me/

24. 梅[明中1平灰]=/mwəi/^{L} 〕 メ/me/

25. 倍[並中1上灰]=/bwəi/^{R} 〕 ヘ/pe/～ベ/be/

[並中1去灰]=/bwəi/^{D}

위의 (66.1～18)에서는 /-i/ 운미가 바로 삭제되어 수용된다. (66.19)의 '藝'는 예외적 수용의 대표적인 예이다. 반면에 (66.20～25)는 성모가 모두 순음 또는 아후음인데, 이들과 /-i/ 운미가 음운론적 환경이 되어 운복모음의 변화를 유도한 다음에 /-i/ 운미가 삭제된다. 이런 차이가 있기는 하지만 『만엽집』 음가나에서 /-i/ 운미가 삭제되어 수용된다는 것만은 분명하다.

(67) 『만엽집』 음가나의 /-i/ 운미 대체 수용

한어 중고음의 /-i/ 운미는 『만엽집』 음가나에서 항상 삭제되어 수용된다. 다만, 삭제되기 이전에 운복모음의 수용에 영향을 줄 수 있다.

(65)와 (67)의 대체 수용 과정을 거쳐, 중고음의 泰韻/ɑi/이 『만엽집』 음가나에서 /a/로 수용된다.

위의 논의를 종합하여 우리는 아래의 (68)에 정리한 것처럼 '奈, 那, 難'에 공통적으로 ナ/na/를 배당한다. 그리하면 이 세 가지 음가나가 동음 관계라는 사실과 한어 중고음의 대체 수용 과정을 두루 충족할 수 있다.

(68) '奈, 那, 難'의 중고음과 그 수용

1. 奈[泥開1去泰]=/nɑi/D 〕 ナ/na/

2. 那[泥開1平歌]=/nɑ/L 〕 ナ/na/

3. 難[泥開1平寒]=/nɑn/L 〕 ナ/na/
   [泥開1去寒]=/nɑn/D

6.2.2.2. NI 음절

NI 음절의 표기에는 '爾, 仁, 二, 邇'가 사용되었다. 이들은 탈비음화를 겪지 않는다.

(69) 『만엽집』의 '邇' 용례

P군 NI: 邇{조사 に}, 久邇{國}, 奈邇{何}, 邇久麻延{憎まえ}

Q군 NI: 邇{조사 に}, 久邇{國}

(70) 『만엽집』의 '仁' 용례

P군 NI: 仁{조사 に}, 君仁{國}, 奈仁{何}, 末仁麻爾/麻爾麻仁[まにまに], 仁保布良牟/仁保比[にほ-]

Q군 NI: 仁{조사 に}, 思自仁思{繁にし}, 仁寶布/仁保布/仁寶比[にほ-]

(71) 『만엽집』의 '二' 용례

P군 NI: 二{조사 に}, 之久之久二[しくしくに]

Q군 NI: 二{조사 に}, 朝名寸二{朝なぎに}, 左右二{までに}, 無二四天{なしにして}, 四時二{繁に}, 敷布二{しくしくに}, 二寶鳥{にほ鳥}, 二寶比天[にほひて], 二布夫爾[にふぶに], 君者聞之二二{君は聞こしし}, 二二火四吾妹{死なむよ我妹}, 如是二二知三{かくし知らさむ}, 生友奈重二{生けりともなし}

(72) 『만엽집』의 '爾' 용례

P군 NI: 爾{조사 に}, -爾{부사형 -に}, 久爾{國}, 奈爾{何}, 麻爾麻爾/末爾麻爾[まにまに], 爾比{新}, 爾抱布/爾保敷[にほ-]

Q군 NI: 爾{조사 に}, -爾{부사형 -に}, 奈爾{何}, 眞爾眞荷/隨爾{まにまに}, 麻弖爾/麻天爾/萬代爾/萬弖爾/麻泥爾/及爾/二手爾{までに}, 名伎爾/名寸爾{なぎに}, 及及爾{しくしくに}, 爾苦久{憎く}, 爾保布[にほ-], 二布夫爾[にふぶに]

(71)의 Q군 NI 음절에 제시한 것처럼 '二'는 정상적으로 NI 음절을 표기한다.[30] 그런데 흥미롭게도 Q군 NI 음절의 마지막 네 가지 용례에서 '二二'와 '重二'는 구구단의 일부이고 '2×2=4'의 '4'[si]를 표기한다. '二二'에서도 '二'를 /ni/로 읽었을 것이다. NI 음절의 '邇, 仁, 二, 爾'에는 탈비음화를 반영한 표기가 없다.

위의 용례에서 '邇, 仁, 二, 爾'{조사 に}, '久邇, 君仁, 久爾'{國} 등이 동음 이표기 쌍이다. '仁=二=邇=爾'의 등식이 성립하므로, 이들의 음가는 동일하다. 우리는 이 넷의 한어 중고음과 그 대체 수용을 아래와 같이 정리한다.

(73) '仁, 二, 邇, 爾'의 중고음과 그 수용

1. 仁[日開AB平眞]=/nɪin/^{L}〕 =/ni/

2. 二[日開AB去脂]=/nɪi/^{D}〕 =/ni/

30 Q군에서는 '二'를 'ふた' 이외에도 'ま'로 훈독할 때가 있다. '二袖持'{ま袖もち}, 内二手{内まで}, 二梶繁貫{まかぢしじぬき / 眞楫しじ貫き}' 등의 예가 있다.

3. 邇[日開AB上支]=/nɪe/^{R}〕ニ/ni/

4. 爾[日開AB上支]=/nɪe/^{R}〕ニ/ni/

이 넷의 중고음 성모는 日母/n/이고, 『만엽집』 음가나 중에서 日母字는 이 넷뿐이다. 이들이 모두 NI 음절을 표기하므로 중고음의 日母/n/가 『만엽집』 음가나에서 모두 /n/으로 수용되었다고 할 수 있다.

(74) 『만엽집』 음가나의 日母/n/ 대체 수용

한어 중고음의 日母/n/는 『만엽집』 음가나에서 항상 /n/으로 수용된다.

중요한 것은 『일본서기』 음가나와는 달리 『만엽집』 음가나에서는 탈비음화가 적용된 것이 없다는 점이다. 이 점에서 『만엽집』 음가나가 『일본서기』 음가나 계통이 아니라 『고사기』 음가나 계통이라는 논의가 성립한다.[31] 『고사기』·『만엽집』 음가나는 일본 오음 계통이고, 『일본서기』 음가나는 일본 한음 계통이라는 것은 널리 알려져 있다.

'仁'의 운모는 眞韻/ɪin/이고, 『만엽집』 음가나 중에서 眞韻字는 아래의 두 자뿐이다.

(75) 『만엽집』 음가나의 眞韻/ɪin, jit/ 수용 양상

1. 仁[日開AB平眞]=/nɪin/^{L}〕ニ/ni/

2. 吉[見開A入眞]=/kjit/^{E}〕キ/ki/

(75.1)에서 眞韻/ɪin/의 /-n/ 운미는 항상 삭제되어 수용되고(위의 (12) 참조), (75.2)의 /-t/ 운미도 삭제되어 수용된다(아래의 (108) 참조). 또한 眞韻/ɪin/의 운

31 大野晉(1957: 32~35)은 『만엽집』 해설에서 '나라시대의 음절과 만요가나 일람'을 제시하면서 '推古조, 고사기·만엽집, 일본서기'의 세 그룹으로 나눔으로써 『고사기』와 『만엽집』을 한 그룹으로 묶었다.

두개음 /ɪ-/는 항상 삭제되어 수용된다(위의 (49) 참조). 이에 따라 '仁'의 眞韻/ɪin/이 『만엽집』 음가나에서 /i/ 모음으로 수용된다.

(76) 『만엽집』 음가나의 眞韻/iin, jit/ 대체 수용

한어 중고음의 眞韻/ɪin, jit/은 『만엽집』 음가나에서 /i/로 수용된다.

'二'의 중고음 운모는 脂韻/ji~ɪi/이고, 脂韻/ji~ɪi/ 개구는 『만엽집』 음가나에서 /i/로 수용된다(위의 (26) 참조). '邇'와 '爾'의 운모는 支韻/je~ɪe/이고, 支韻/je~ɪe/은 『만엽집』 음가나에서 /i/로 수용되는 것이 원칙이다(위의 (28) 참조). '邇'와 '爾'의 支韻/je~ɪe/은 이 원칙을 지켜 /i/로 수용된다.

여기까지의 논의를 종합한 것이 위의 (73)이다. 우리는 NI 음절의 '仁, 二, 邇, 爾'에 공통적으로 ニ/ni/를 배당한다. 이렇게 배당하면 이 네 자의 동음 관계를 제대로 반영할 수 있고 한어 중고음의 대체 수용 과정도 정상적으로 기술할 수 있다.

6.2.2.3. NU 음절

NU 음절의 표기에는 '奴, 農'이 사용되었다. '農'은 대표자가 아니지만 음운대립을 확인하기 위해 추가했다.

(77) 『만엽집』의 '農' 용례

P군 NU: -農{어말활용 ぬ}, 農/農比{조동사 ぬ-}, 農斯{主}, 斯農波由{偲はゆ}, 泊農等{泊てぬと}, 斯奈佐農{寝なさぬ}, 斯農等母{死ぬとも}

Q군 NU: 佐農{佐農, さぬ}

(78) 『만엽집』의 '奴' 용례

P군 NU: -奴{어말활용 -ぬ}, 奴流{조동사 ぬ-}, 奴之{主}, 奴{野}, 之奴敝等{偲へ

と}, 奴流{寢}, 之奴/思奴/志奴{死}

Q군 NU: −奴{어말활용 −ぬ}, 奴流/奴留{조동사 ぬ−}, 宿奴{寢ぬ}

Q군에서는 '農'의 용례가 지명 '佐農' 하나뿐이다. 위의 용례에서 조동사 'ぬ'를 표기할 때에 '農'과 '奴'가 사용되고, '農斯, 奴之'{主} 등의 동음 이표기 쌍도 적지 않다. '奴=農'의 등식이 성립하므로 이 둘은 음가가 같다.

'奴, 農'의 한어 중고음 성모는 泥母/n/이고, 泥母/n/는 『만엽집』 음가나에서 /n/으로 수용된다(위의 (63) 참조).

(79) '奴, 農'의 중고음과 그 수용

1. 奴[泥中1平模]=/no/^{L}〕ヌ/nu/
2. 農[泥中1平冬]=/noŋ/^{L}〕ヌ/nu/

'奴'의 중고음 운모는 模韻/o/이고, 模韻/o/은 『만엽집』 음가나에서 /o/, /u/, /ə/의 세 가지로 수용된다(위의 (37) 참조). '農'의 운모는 冬韻/oŋ/이고 『만엽집』 음가나 중에서 冬韻字는 (79.2)의 '農' 하나뿐이다. 이 '農'이 ヌ/nu/를 표기한다.

위에서 模韻/o/이 분화하여 /u/를 표음할 수 있다고 했는데, 冬韻/oŋ/도 후기 중고음 시기에 분화를[32] 경험한다. 전기 중고음 시기에는 江韻과 冬韻이 미분화 상태인 江冬韻/oŋ/이었지만, 후기 중고음 시기에는 분화가 일어나 江韻의 운복모음이 저모음화하여 /ɑ/로 하강하고 冬韻의 운복모음이 고모음화하여 /u/로 상승한다. 이처럼 冬韻의 운복모음이 /o/에서 /u/로 상승한 것은 模韻이 /o/에서 /u/로 상승한 것과 평행적이다. 이 평행적 기술이 가능하므로 우리는 冬韻字인 '農'뿐만 아니라 模韻字인 '奴'에도 ヌ/nu/를 배당한다. 그리하면 '農'과 '奴'의 동음 관계도 정확히 반영할 수 있다.

32 이에 대해서는 『일본서기』 음가나의 NU 음절에서 이미 자세히 논의한 바 있다.

(80) 『만엽집』 음가나의 冬韻/oŋ/ 대체 수용

한어 중고음의 冬韻/oŋ/은 『만엽집』 음가나에서 /u/로 수용된다.

그런데 위와 같이 논의하려면 冬韻/oŋ/의 /-ŋ/ 운미가 삭제되어 수용된다는 것을 전제해야 한다. 『만엽집』 음가나 중에서 /-ŋ/ 운미를 가지는 것을 모아 보면, /-ŋ/ 운미가 항상 삭제되어 수용된다. 이 삭제 수용에 따르면 '農'이 ヌ/nu/를 표기할 수 있다.

(81) 『만엽집』 음가나의 /-ŋ/ 운미 수용 양상

1. 農[泥中1平冬]=/noŋ/[L] 〕 ヌ/nu/
2. 能[泥開1平登]=/nəŋ/[L] 〕 ノ乙/nə/
3. 登[端開1平登]=/təŋ/[L] 〕 ト乙/tə/
4. 等[端開1上登]=/təŋ/[R] 〕 ト乙/tə/
5. 藤/騰[定開1平登]=/dəŋ/[L] 〕 ド乙/də/
6. 良[來開C平陽]=/rɪɑŋ/[L] 〕 ラ/ra/
7. 曾[精開1平登]=/ʦəŋ/[L] 〕 ソ乙/sə/
   [從開1平登]=/dzəŋ/[L] 〕 ゾ乙/zə/

(82) 『만엽집』 음가나의 /-ŋ/ 운미 대체 수용

한어 중고음의 /-ŋ/ 운미는 『만엽집』 음가나에서 항상 삭제되어 수용된다.

위의 (79)에 정리한 것처럼, 우리는 '農'과 '奴'에 ヌ/nu/를 배당한다. 그리하면 이들의 동음 관계를 정확히 반영할 수 있고, 후기 중고음 시기에 일어난 평행적 변화도 반영할 수 있다.

6.2.2.4. NE 음절

NE 음절의 표기에는 '祢/禰, 年'이 사용되었다. '泥'는 DE 음절을 표기하므로 여기에서는 다루지 않고 DE 음절로 미룬다.

(83) 『만엽집』의 '年' 용례

P군 NE: 都年能{常の}, 年良延奴爾{寢}, 可年弖{不勝, 不得}

Q군 NE: -行年{조사 そね}, 許年/來年{來ね}, 百岐年{ももきね}

(84) 『만엽집』의 '禰/祢' 용례

P군 NE: -祢{활용 -ね}, -祢波{활용 -ねば}, 曾祢{조사 そね}, 彌祢{峰}, 都祢{常}, 可佐祢{重ね}, 許祢{來ね}, 祢波{鳴}, 祢斯/祢牟{寢}, 可祢都/可祢弖{不勝, 不得}

Q군 NE: -祢{활용 -ね}, -祢波{활용 -ねば}, -佐祢{활용 -さね}, 祢而/祢良比{寢}, 可祢都母/可祢津藻{不勝, 不得}

'祢'는 '禰'의 이체자이므로 이 둘을 하나로 묶어 동일자로 간주한다. '都年, 都祢'{常}, '可年弖, 可祢弖'{不勝, 不得} 등의 동음 이표기 쌍에서 '祢/禰=年'의 등식이 성립하므로 '祢/禰'와 '年'은 『만엽집』 음가나에서 음가가 같다.

'祢/禰'와 '年'의 중고음 성모는 泥母/n/이고, 泥母/n/는 『만엽집』 음가나에서 /n/으로 수용된다(위의 (63) 참조).

'祢/禰'의 운모는 齊韻/ei/이고, 齊韻/ei/은 아래에서 볼 수 있듯이 『만엽집』 음가나에서 /e/로 수용된다. 齊韻/ei/ 합구는 /we/로 수용되는데, 이것도 정상적이다.

(85) 『만엽집』 음가나의 齊韻/ei/ 수용 양상

1. 計[見開4去齊]=/kei/^{D}〕ケ/ke/
2. 鷄[見開4平齊]=/kei/^{L}〕ケ/ke/

3. 泥[泥開4平齊]=/nei/^{L}〕デ/de/

[泥開4去齊]=/nei/^{D}

4. 祢/禰[泥開4上齊]=/nei/^{R}〕ネ/ne/

5. 禮[來開4上齊]=/rei/^{R}〕レ/re/

6. 米[明中4上齊]=/mei/^{R}〕メ/me/

7. 低[端開4平齊]=/tei/^{L}〕デ/de/

8. 弖/氐[端開4平齊]=/tei/^{L}〕テ/te/～デ/de/

[知開B平脂]=/tɪi/^{L}

9. 提[定開4平齊]=/dei/^{L}〕デ/de/～テ/te/

10. 惠[匣合4去齊]=/ɦwei/^{D}〕ヱ/we/

(86) 『만엽집』 음가나의 齊韻/ei/ 대체 수용

한어 중고음의 齊韻/ei/은 『만엽집』 음가나에서 /e/로 수용된다. 다만, 齊韻/ei/ 합구는 /we/로 수용된다.

이처럼 齊韻/ei/의 /-i/ 운미가 삭제되어 수용되는 것은 위의 (67)에서 이미 정리한 바 있다. 합구일 때에는 /w/가 덧붙는데, 이것은 支韻/je～ɪe/이 합구이면 /w/가 덧붙어 /wi/를 표음하는[33] 것과 평행적이다.

'年'의 중고음 운모는 先韻/en/이고, 『만엽집』 음가나 중에서 先韻字는 아래의 두 자이다. 先韻/en/의 /-n/ 운미는 항상 삭제되어 수용되므로(위의 (12) 참조), 운복모음 /e/만 『만엽집』 음가나에 수용된다.

(87) 『만엽집』 음가나의 先韻/en/ 수용 양상

1. 年[泥開4平先]=/nen/^{L}〕ネ/ne/

2. 天[透開4平先]=/t^{h}en/^{L}〕テ/te/～デ/de/

33 위의 (32.3)에서 열거한 '爲'가 대표적인 예이다.

(88)『만엽집』 음가나의 先韻/en/ 대체 수용

한어 중고음의 先韻/en/은『만엽집』 음가나에서 항상 /e/로 수용된다.

위의 논의를 종합하면 '祢/禰'뿐만 아니라 '年'도 ネ/ne/를 표기한다. 이처럼 음가를 배당하면 '祢/禰'와 '年'의 동음 관계뿐만 아니라 중고음의 수용 과정도 말끔하게 기술할 수 있다.

(89) '祢/禰, 年'의 중고음과 그 수용

1. 祢/禰[泥開4上齊]=/nei/^{R}〕ネ/ne/
2. 年[泥開4平先]=/nen/^{L}〕ネ/ne/

6.2.2.5. NO 음절

NO 음절의 표기에는 '能, 努, 乃'가 사용되었다.

(90)『만엽집』의 '乃' 용례

P군 NO: 乃{조사 の}, 乃未{부조사 のみ}, 伊乃知{命}, 母乃/毛乃{物, もの}, 乃知{後}, 乃{野}, 曾乃{園}, …

Q군 NO: 乃{조사 の}, 志乃岐羽{しのぎ羽}(Q3302)

(91)『만엽집』의 '努' 용례

P군 NO: 努{조사 の}, 努{野}, 志努波牟/之努波无{偲}

P군 NU: 許夜斯努禮[臥やしぬれ]

Q군 NO: 努{조사 の}, 努{野}, 思努布/師努布/之努波受/思努播武{偲}

Q군 NU: 陳努/知努{茅渟, 智渟}

(92) 『만엽집』의 '能' 용례

P군 NO: 能{조사 の}, 能尾/能未{부조사 のみ}, 伊能知{命}, 伎能布/伎能敷{昨日}, 能知{後}, 等能{殿}, 曾能/則能{園}, 母能/毛能/物能{物}, 能彌弖/能麻牟{飲}, …

Q군 NO: 能{조사 の}, 毛能{物}

Q군에서는 (90)의 '乃'가 1,660여 회나 사용되었고, 대부분 속격조사 'の'만을 표기한다. 딱 한 가지 예외가 있는데, '志乃岐羽'(しのぎは, Q3302)의 '乃'이다. 예외가 거의 없으므로, Q군에서는 '乃'가 어휘 형태의 음절을 표기하는 일이 없다고 일반화할 수 있다. 이에 따르면 '乃'가 어휘 형태의 음절을 표기한 가요는 모두 P군이라는 명제가 성립한다.

'努'는 (91)에 제시한 것처럼, NU 음절을 표기한 용례가 적지 않다. 이것은 /o/ 모음과 /u/ 모음이 아주 가까운 거리였음을 의미하지만 '努'의 운모가 模韻/o/이라는 점도 고려할 필요가 있다. 위에서 이미 정리한 것처럼 模韻/o/은 /o/, /u/, /ə/의 세 가지로 수용되기 때문이다.

(90~92)의 용례에서 조사 '乃, 努, 能'{조사 の}뿐만 아니라 '乃, 努'{野}, '伊乃知, 伊能知'{命} 등이 동음 이표기 쌍이다. '乃=努=能'의 등식이 성립하므로 이 셋에는 동일 음가를 배당해야 한다. 이 세 가지 음가나의 중고음 성모는 공통적으로 泥母/n/이고, 泥母/n/는 『만엽집』 음가나에서 /n/으로 수용된다(위의 (63) 참조).

'乃'의 중고음 운모는 咍韻/əi/이고, 『만엽집』 음가나 중에서 咍韻字는 아래 (96.1)의 '乃' 하나뿐이다. '努'의 중고음 운모는 模韻/o/이고, 模韻/o/은 /o/, /u/, /ə/의 세 가지로 수용된다. '能'의 운모는 登韻/əŋ/이고, 登韻/əŋ/은 아래에 열거한 것처럼 항상 /ə/로 수용된다.

(93) 『만엽집』 음가나의 登韻/əŋ/ 수용 양상

1. 能[泥開1平登]=/nəŋ/^{L}] ノ^{乙}/nə/
2. 登[端開1平登]=/təŋ/^{L}] ト^{乙}/tə/
3. 等[端開1上登]=/təŋ/^{R}] ト^{乙}/tə/

4. 藤/騰[定開1平登]=/dəŋ/L〕ドᄅ/də/

5. 曾[精開1平登]=/ʦəŋ/L〕ソᄅ/sə/

[從開1平登]=/dzəŋ/L〕ゾᄅ/zə/

(94)『만엽집』 음가나의 登韻/əŋ/ 대체 수용

한어 중고음의 登韻/əŋ/은 『만엽집』 음가나에서 항상 /ə/로 수용된다.

따라서 '乃=努=能'의 등식을 충족하려면 '乃'의 咍韻/əi/도 /ə/로 수용된다고 하는 것이 가장 간단하다. '努'의 模韻/o/이 /ə/로 수용될 수 있고, '能'의 登韻/əŋ/은 항상 /ə/로 수용되기 때문이다.

(95)『만엽집』 음가나의 咍韻/əi/ 대체 수용

한어 중고음의 咍韻/əi/은 『만엽집』 음가나에서 /ə/로 수용된다.

이에 따라 우리는 '乃, 努, 能'에 공통적으로 ノᄅ/nə/를 배당한다. 咍韻/əi/의 /-i/ 운미가 삭제되어 수용되는 것은 위의 (67)에서 이미 정리한 바 있고, 登韻/əŋ/의 /-ŋ/ 운미가 삭제되어 수용되는 것은 위의 (82)에서 이미 정리한 바 있다.

(96) '乃, 努, 能'의 중고음과 그 수용

1. 乃[泥開1上咍]=/nəi/R〕ノᄅ/nə/
2. 努[泥中1上模]=/no/R〕ノᄅ/nə/
3. 能[泥開1平登]=/nəŋ/L〕ノᄅ/nə/

'努'는 한어 중고음을 기준으로 하면 갑류의 ノ/no/로 수용되는 것이 원칙인데도, 『만엽집』 음가나에서 을류의 ノᄅ/nə/를 표기한다. 이것은 『만엽집』 음가나의 NO 음절에서 갑류 모음과 을류 모음이 하나로 합류했음을 의미한다.

6.2.2.6. N행의 요약 정리

N행의 논의를 요약하여 정리하면 아래와 같다.

(97) N행 『만엽집』 음가나의 음가 배당 (음영 부분은 Q군 음가나)

모음 자음	A (ア)	I (イ)	U (ウ)	E (エ)	O (オ)
N (ナ)	奈=那=難 /na/	爾=仁=二 =邇/ni/	奴=農/nu/	祢/祢=年 /ne/	能=乃=努 /nə/
	奈=難/na/	爾=仁=二 =邇/ni/	奴/nu/	禰/祢=年 /ne/	能=乃=努 /nə/

N행에서 설정되는 모음은 /a, i, u, e, ə/의 5종이다. 기본모음의 하나인 /o/ 대신에 을류의 /ə/가 5종에 들어간다. 이것은 갑류의 /o/와 을류의 /ə/가 하나로 합류한 결과일 것이다. 실제로 NO 음절의 '努'는 운모가 模韻/o/이므로 기본적으로는 갑류의 /o/ 모음을 갖는다. 그런데도 을류의 모음 /ə/을 가지는 '能, 乃'와 동음 관계이다. 따라서 NO 음절에서 /o/와 /ə/가 하나로 합류했다고 해도 잘못될 것이 없다.

6.2.3. M행, マ行

M행의 표기에는 '麻, 末, 萬, 美, 彌, 未, 牟, 武, 无/無, 米, 賣, 梅, 毛, 母, 文, 聞' 등이 사용되었다. 이들을 음절별로 분류하면 아래와 같다.

(98) M행의 『만엽집』 음가나 (음영 부분은 Q군 음가나)

모음 자음	A (ア)	I (イ)	U (ウ)	E (エ)	O (オ)
M (マ)	麻 末 萬	美 彌 未	牟 武 无/無	米 賣 梅	毛 母 文 聞 物
	麻 末 萬	美 彌 未	牟 武 无/無	米 賣	毛 母 聞 文 物

6.2.3.1. MA 음절

MA 음절의 표기에는 '萬, 末, 麻'가 사용되었다.

(99) 『만엽집』의 '萬' 용례

P군 MA: 夜萬登{大和}, 安萬{天}, 多萬{玉}, 宇萬{馬}, 夜萬{山}, …

Q군 MA: 萬弖/萬代/萬田{준조사 まで}, 萬世/萬思/萬旨{조동사 まー}, 八萬{山}, …

(100) 『만엽집』의 '末' 용례

P군 MA: 末低/末弖{준조사 まで}, 太末不{조동사 たまふ}, 夜末等{大和}, 安末{天}, 都末{妻}, 阿末/安末{海人}, 末比{賄}, 多末{玉}, 末{間}, 伊末{今}, 也末{山}, …

Q군 MA: 末世/末世波/末之/末思{조동사 まー}, 都末{夫}, 海末{海人}

(101) 『만엽집』의 '麻' 용례

P군 MA: 麻弖/麻提/麻低/麻泥/麻涅{준조사 まで}, 多麻布/多麻比{조동사 賜, たまふ}, 阿麻/安麻/雨麻{天, 雨}, 都麻/豆麻{妻, 夫}, 阿麻{海人}, 多麻{玉}, 夜麻/野麻{山}, …

Q군 MA: 麻弖/麻低/麻泥{준조사 まで}, 伊麻須{조동사 まー}, 安麻{海人}, 都麻/豆麻{妻}, 伊麻{今}, 夜麻{山}, …

위에서 볼 수 있듯이 '萬, 末, 麻'가 공통적으로 준조사 'まで'의 'ま'를 표기하고, '夜萬, 也末, 夜麻/野麻'{山} 등의 동음 이표기 쌍도 아주 많다. '萬=末=麻'의 등식이 성립하므로 이들의 음가는 동일하다.

먼저, 이들의 중고음 성모를 논의한다. '萬'의 성모는 微母/m/이고, '末, 麻'의 성모는 明母/m/이다. 아래에서 볼 수 있듯이 微母/m/와 明母/m/는 『만엽집』 음가나에서 항상 /m/으로 수용된다.

(102)『만엽집』 음가나의 微母/m/ 수용 양상

1. 萬[微中C去元]=/mɥɑn/^{D}〕マ/ma/
2. 武[微中C上虞]=/mɥo/^{R}〕ム/mu/
3. 无/無[微中C平虞]=/mɥo/^{L}〕ム/mu/
4. 聞[微中C平文]=/mɥən/^{L}〕モ/mo/
5. 文[微中C平文]=/mɥən/^{L}〕モ/mo/
6. 物[微中C入文]=/mɥət/^{E}〕モ/mo/
7. 未[微中C去微]=/mɪəi/^{D}〕ミ乙/mə/

(103)『만엽집』 음가나의 明母/m/ 수용 양상

1. 麻[明中2平麻]=/mɛ/^{L}〕マ/ma/
2. 末[明中1入桓]=/mwɑt/^{E}〕マ/ma/
3. 賣[明中2去佳]=/məi/^{D}〕メ/me/
4. 梅[明中1平灰]=/mwəi/^{L}〕メ/me/
5. 母[明中1上侯]=/məu/^{R}〕モ/mo/
6. 毛[明中1平豪]=/mɑu/^{L}〕モ/mo/
7. 牟[明中C平尤]=/mɪəu/^{L}〕ム/mu/
8. 彌[明中A平支]=/mje/^{L}〕ミ/mi/
9. 米[明中4上齊]=/mei/^{R}〕メ/me/
10. 美[明中B上脂]=/mɪi/^{R}〕ミ/mi/

(104)『만엽집』 음가나의 微母/m/와 明母/m/ 대체 수용

한어 중고음의 微母/m/와 明母/m/는『만엽집』 음가나에서 항상 /m/으로 수용된다.

'萬'의 중고음 운모는 元韻/ɪɑn/인데,『만엽집』 음가나 중에서 元韻字는 아래의 세 자이다. 元韻/ɪɑn/은 /-n/ 운미와 운두개음 /ɪ-/를 가진다. /-n/ 운미는 항상

삭제되어 수용되고(위의 (12) 참조), 모음적 전설평순활음 /ɪ-/도 역시 삭제되어 수용된다(위의 (49) 참조). 그러나 전기 중고음에서 (105.3)의 '遠'처럼 元韻이 합구일 때에는 /ɪ-/와 합구음 /w/가 동시적으로 결속되어 전설원순활음 /ɥ-/가 된다. 이 /ɥ-/를 『만엽집』 음가나에서는 /w/로 대체하여 수용한다.

(105) 『만엽집』 음가나의 元韻/ɪɑn/ 수용 양상

1. 萬[微中C去元]=/mɪɑn/^{D} 〕マ/ma/
2. 煩[奉中C平元]=/bɪɑn/^{L} 〕ボ/bo/
3. 遠[云合C上元]=/ɦɥɑn/^{R} 〕ヲ/wo/
    [云合C去元]=/ɦɥɑn/^{D}

문제가 되는 것은 운두개음 /ɪ-/ 또는 /ɥ-/와 운복모음 /ɑ/의 수용 양상이다. (105)에서 볼 수 있듯이 이들의 수용 양상이 음가나마다 서로 다르다. (105.1)의 '萬'에서는 /ɪ-/가 삭제되어 수용된다.

그런데 (105.2)의 '煩'에서는 개합이 중립인 환경이지만[34] 개합이 합구라고 인식했던 것 같다. 元韻이 합구이면 운두개음이 /ɪ-/가 아니라 전설원순활음 /ɥ-/가 된다. 이 /ɥ-/가 운복모음 /ɑ/를 /ə/로 끌어올리면 /ɥə/가 되고 다시 이 /ɥə/가 /wə/가 되면,[35] 여기에 원순모음화가 일어나 '煩'의 모음이 /o/가 된다. /w/는 원순성을 가지므로 뒤에 오는 /ə/를 /o/로 바꿀 수 있다. 그런 다음에 /w/가 자음 뒤에서 삭제된다. 아주 독특하지만 이렇게 전제해야만 '煩'이 『만엽집』 음가나에서 /bo/를 표음한다는 사실을 자연스럽게 기술할 수 있다. 이 방법을 제외하면, /bo/의 원순모음 /o/를 기술할 수가 없다.

(105.3)의 '遠'에서도 전설원순활음 /ɥ-/가 운복모음 /ɑ/를 /ə/로 끌어올리면 /ɥə/가 되고 다시 이 /ɥə/가 /wə/가 되었다고 할 수 있다. 이 /wə/에 원순모음화

---

34 일본 학자들은 개합이 순음 뒤에서는 항상 중립이라고 기술한다.

35 /ɥ-/가 후설원순활음 /w-/로 대체되어 수용된 것은 정상적 수용이다. 상대 일본어에서는 전설원순활음 /ɥ-/가 없었으므로 /ɥ-/를 /w-/로 대체하여 수용한다.

가 일어나 /wo/로 바뀌는데, 이때에는 /w/가 삭제되지 않는다. 앞에 자음이 없기 때문이다.

(105.2)의 '煩'과 (105.3)의 '遠'에서 공통적으로 元韻의 운복모음 /ɑ/가 /ə/로 수용되고 이 /ə/에 원순모음화가 일어난다. 차이가 나는 것이 있다면, '煩'에서는 앞에 자음이 있으므로 /ɥ-/에서 비롯된 /w/가 삭제되지만, '遠'에서는 앞에 오는 자음인 云母/ɦ/가 먼저 삭제되므로 /w/가 살아남는다는 점이다.

이러한 설명이 가능하지만 元韻/ɪɑn/의 운복모음 수용 과정을 개별적으로 기술할 수밖에 없다.

(106) 『만엽집』 음가나의 元韻/ɪɑn/ 대체 수용

한어 중고음의 元韻/ɪɑn/은 『만엽집』 음가나에서 특이하게도 개별적으로 수용된다. '萬'에서는 /a/로, '煩'과 '遠'에서는 /o/로 수용된다.

다음으로, '末'을 논의한다. 전기 중고음에서 桓韻 입성자인 '末'은 /mwɑt/^{E}의 음가이고, 『만엽집』 음가나에서 /-t/ 운미는 아래에서 볼 수 있듯이 항상 삭제되어 수용된다.

(107) 『만엽집』 음가나의 /-t/ 운미 수용 양상

1. 吉[見開A入眞]=/kjit/^{E} 〕 キ/ki/
2. 末[明中1入桓]=/mwɑt/^{E} 〕 マ/ma/
3. 物[微中C入文]=/mɥət/^{E} 〕 モ/mo/

(108) 『만엽집』 음가나의 /-t/ 운미 대체 수용

한어 중고음의 /-t/ 운미는 『만엽집』 음가나에서 항상 삭제되어 수용된다.

『만엽집』 음가나 중에서 桓韻 입성인 것은 (107.2)의 '末' 하나뿐이다. 그런데 '末'이 '萬, 麻'와 동음 관계이므로, '末'의 桓韻 입성이 /a/로 수용되었다고 보아

야 한다. 이 /a/는 물론 桓韻/wɑn, wɑt/의 운복모음 /ɑ/를 정상적으로 수용한 것이다.

(109) 『만엽집』 음가나의 桓韻/wɑn, wɑt/ 대체 수용

한어 중고음의 桓韻/wɑn, wɑt/은 『만엽집』 음가나에서 /a/로 수용된다.

다음으로, '麻'를 논의한다. '麻'의 중고음 운모는 麻韻/ɛ/이고, 麻韻/ɛ/은 『만엽집』 음가나에서 /a/로 수용되는 것이 원칙이다.

(110) 『만엽집』 음가나의 麻韻/ɛ/ 수용 양상

1. 加[見開2平麻]=/kɛ/^{L}〕カ/ka/
2. 麻[明中2平麻]=/mɛ/^{L}〕マ/ma/
3. 射[船開AB去麻]=/dʑɛ/^{D}〕ザ/za/
4. 沙[生開2平麻]=/ʂɛ/^{L}〕サ/sa/
5. 也[羊開AB上麻]=/jɪɛ/^{R}〕ヤ/ja/
6. 夜[羊開AB去麻]=/jɪɛ/^{D}〕ヤ/ja/
7. 家[見開2平麻]=/kɛ/^{L}〕ケ/ke/

(111) 『만엽집』 음가나의 麻韻/ɛ/ 대체 수용

한어 중고음의 麻韻/ɛ/은 『만엽집』 음가나에서 /a/로 수용된다. 다만, '家'에서는 특이하게 /e/로 수용된다.

이 원칙에 따라 '麻'가 /ma/를 표음한다고 하면, '萬, 末, 麻'의 세 가지 음가나가 동일한 음가가 된다. 이들의 중고음 수용 과정도 정상적이므로 우리는 이들에 공통적으로 マ/ma/를 배당한다.

(112) '萬, 末, 麻'의 중고음과 그 수용

1. 萬[微中C去元]=/mɥɑn/^{D} 〕 マ/ma/
2. 末[明中1入桓]=/mwɑt/^{E} 〕 マ/ma/
3. 麻[明中2平麻]=/mɛ/^{L} 〕 マ/ma/[36]

6.2.3.2. MI 음절

MI 음절의 표기에는 '未, 彌, 美'가 사용되었다.

(113) 『만엽집』의 '未' 용례

P군 MI: 乃未/能未{준조사 のみ}, 可未/加未{神}, 未{身}, 未{實}, 也未{闇}, 未奈{皆}, 未{廻}, 毛未知{黄葉}

Q군 MI: 能未{준조사 のみ}

(114) 『만엽집』의 '彌' 용례

P군 MI: −彌{형용사활용 −み}, 彌{접두사 御}, 伎彌{君}, 彌許等{命}, 彌夜古/彌夜故{都}, 彌祢{峰}, 宇彌{海}, 彌流/彌禮婆{見}, …

Q군 MI: −彌{형용사활용 −み}, 多多彌{疊}, 彌那{蜷}, 彌豆{瑞}, …

(115) 『만엽집』의 '美' 용례

P군 MI: −美{형용사활용 −み}, 美{접두사 御}, 伎美{君}, 可美{上}, 美許等{命}, 美夜古{都}, 宇美{海}, 美禮婆{見}, …

Q군 MI: −美{형용사활용 −み}, 美{접두사 御}, 伎美/吉美{君}, 美許等/美己等{命}, 奈美/名美{波}, 毛美知{黄葉}, 美{見}, …

---

36 재추가한 '摩'가 '萬=末=麻'와 동음 관계이다.
摩[明中1平戈]=/mwɑ/^{L} 〕 マ/ma/. 伊摩須{조동사 ま−}, 都摩{妻}, 伊摩陀/伊摩他[いまだ], 意久利摩遠志弖{送りまをして}

위의 여러 용례에서 '伎彌, 伎美'{君}, '彌許等, 美許等'{命}, '彌夜古, 美夜古'{都} 등이 동음 이표기 쌍이다. 따라서 '彌=美'의 등식이 성립한다.

그런데 이 '彌=美'가 '未'와 동음 관계인지 이음 관계인지를 판단하기가 아주 어렵다.[37] '毛美知, 毛未知'{黃葉}의 동음 이표기 쌍을 강조하면 '彌=美'와 '未'가 동음 관계라고 할 수 있다. 문제는 동음 이표기 쌍이 딱 하나뿐이라는 점이다. '伎彌, 伎美'{君}, '彌許等, 美許等'{命}, '彌夜古, 美夜古'{都} 등의 '彌'나 '美'를 '未'로 표기하는 일이 없다. '可未/加未'{神}의 '未'를 '彌'나 '美'로 표기하는 일도 없다. 이 점을 강조하면 '未'와 '彌=美'는 이음 관계이다. 『만엽집』 음가나에서는 동음 이표기 쌍이 3쌍 이상일 때에만 동음 관계를 인정하기로 했으므로 우리는 '未'와 '彌=美'가 이음 관계인 것으로 판단한다.

'美, 彌'의 중고음 성모는 明母/m/이고 '未'는 微母/m/이지만, 이들은 『만엽집』 음가나에서 항상 /m/으로 수용된다(위의 (104) 참조). 우리는 '美, 彌'가 동음 관계이고 '未'가 이들과 이음 관계임을 고려하여 이들의 음가를 아래와 같이 배당한다.

(116) '美, 彌, 未'의 중고음과 그 수용

1. 美[明中B上脂]=/mɪi/^{R}〕ミ/mi/
2. 彌[明中A平支]=/mje/^{L}〕ミ/mi/
3. 未[微中C去微]=/mɪəi/^{D}〕ミ乙/mə/[38]

'美'의 중고음 운모는 脂韻/ji~ɪi/인데, 脂韻/ji~ɪi/은 『만엽집』 음가나에서 /i/로 수용된다(위의 (26) 참조). '彌'의 운모는 支韻/je~ɪe/이고, 支韻/je~ɪe/은 /i/로 수용된다(위의 (28) 참조).

---

37 동국 방언에서는 준조사 'のみ'의 표기에 '能彌, 能美/乃美'가 사용되었는데, 이것이 '乃未/能未'와 동음 이표기 관계이다. 따라서 동국 방언에서는 '彌=美'와 '未'가 동음 관계이다.

38 재추가한 '尾'가 '未'와 동음 관계이다.
尾[微中C上微]=/mɪəi/^{R}〕ミ乙/mə/. 乃尾/能尾{준조사 のみ}, 可尾{神}

'未'의 운모는 微韻/ɪəi/이고, 『만엽집』 음가나 중에서 微韻字는 아래와 같다.

(117) 『만엽집』 음가나의 微韻/ɪəi/ 수용 양상

1. 未[微中C去微]=/mɪəi/^{D}〕ミ乙/mə/
2. 非[非中C平微]=/pɪəi/^{L}〕ヒ/pi/
3. 氣[溪開C去微]=/k^{h}ɪəi/^{D}〕ケ/ke/～ゲ/ge/

『고사기』 음가나의 MI 음절에서는 微韻字인[39] '微'가 을류의 ミ乙/mə→mɨ/를 표음했다. 이와 마찬가지로 『만엽집』 음가나의 微韻字인 '未'가 을류의 ミ乙/mə/를 표음한다고 본다. (117.2)의 '非'가 ヒ/pi/를 표음하는 것은 을류의 /ə/가 갑류의 /i/로 합류한 것이라고 해석할 수 있다. (117.3)의 '氣'가 ケ/ke/～ゲ/ge/를 표음하는 것이 특이하기는 하지만 이것도 사실은 을류의 모음이 갑류로 합류한 양상이다. '氣'는 K행에서 자세히 거론하기로 하고, 여기에서는 微韻/ɪəi/ 수용 양상을 아래와 같이 정리해 둔다.

(118) 『만엽집』 음가나의 微韻/ɪəi/ 대체 수용

한어 중고음의 微韻/ɪəi/은 『만엽집』 음가나에서 /ə/ 또는 /i/로 수용된다. 다만, '氣'에서는 특이하게 /e/로 수용된다.

지금까지의 논의를 종합한 것이 위의 (116)이다. '美, 彌'는 동음 관계이므로 동일한 음가 ミ/mi/를 배당한다. 이들과 이음 관계이므로, 微韻字인 '未'에는 을류의 ミ乙/mə/를 배당한다.

39 『일본서기』에 사용된 微韻字는 모두 합구이다.

6.2.3.3. MU 음절

MU 음절의 표기에는 '无/無, 武, 牟'가 사용되었다.

(119) 『만엽집』의 '无/無' 용례

P군 MU: -無{활용 -む}, 家無{조동사 けむ}, 可無{神}, 無良{群}, …

Q군 MU: -無/无{활용 -む}, 无氣{向け}

(120) 『만엽집』의 '武' 용례

P군 MU: -武{활용 -む}, -良武{활용 -らむ}, 可武{조사 かむ}, 勢武/世武{조동사 爲む}, 家武{조동사 けむ}, 可武{神}, 武良{群}, …

Q군 MU: -武{활용 -む}, -良武{활용 -らむ}, 可武{神}, …

(121) 『만엽집』의 '牟' 용례

P군 MU: -牟{활용 -む}, -良牟{활용 -らむ}, 勢牟/世牟{조동사 爲む}, 家牟{조동사 けむ}, 可牟{神}, 牟良{群}, …

Q군 MU: -牟{활용 -む}, -良牟{활용 -らむ}, …

위의 용례에서 활용의 '-む'를 '无/無, 武, 牟'가 공통적으로 표기하고, '可無, 可武, 可牟'{神}, '無良, 武良, 牟良'{群} 등이 동음 이표기 쌍이다. '无/無=武=牟'의 등식이 성립하므로 이들의 음가는 동일하다.

'无/無'와 '武'의 중고음 성모는 微母/m/이고 '牟'는 明母/m/인데, 이 두 성모는 『만엽집』 음가나에서 항상 /m/으로 수용된다(위의 (104) 참조). '无/無'와 '武'의 운모는 虞韻/ɥo/이고, 虞韻/ɥo/은 『만엽집』 음가나에서 항상 /u/로 수용된다(위의 (35) 참조).

'牟'의 운모는 尤韻/ɪəu/인데 『만엽집』 음가나로 사용된 尤韻字는 아래와 같다. 이들에서 尤韻/ɪəu/이 항상 /u/로 수용된다.

(122) 『만엽집』 음가나의 尤韻/ɪəu/ 수용 양상

1. 久[見中C上尤]=/kɪəu/R〕ク/ku/
2. 九[見中C上尤]=/kɪəu/R〕ク/ku/
3. 留[來中C平尤]=/rɪəu/L〕ル/ru/
4. 流[來中C平尤]=/rɪəu/L〕ル/ru/
5. 牟[明中C平尤]=/mɪəu/L〕ム/mu/
6. 不[非中C平尤]=/pɪəu/L〕フ/pu/
   [非中C入文]=/pɥət/E
7. 受[常中C上尤]=/ʑɪəu/R〕ズ/zu/
8. 周[章中C平尤]=/ʨɪəu/L〕ス/su/
9. 由[羊中C平尤]=/jɪəu/L〕ユ/ju/
10. 遊[羊中C平尤]=/jɪəu/L〕ユ/ju/

(123) 『만엽집』 음가나의 尤韻/ɪəu/ 대체 수용

한어 중고음의 尤韻/ɪəu/은 『만엽집』 음가나에서 항상 /u/로 수용된다.

우리는 MU 음절의 '无/無, 武, 牟'가 동음 관계이므로 이들에 공통적으로 아래와 같이 ム/mu/를 배당한다. 한어 중고음을 수용하는 과정도 정상적이므로 이 음가 배당에는 전혀 문제될 것이 없다.

(124) '无/無, 武, 牟'의 중고음과 그 수용

1. 无/無[微中C平虞]=/mɥo/L〕ム/mu/
2. 武[微中C上虞]=/mɥo/R〕ム/mu/
3. 牟[明中C平尤]=/mɪəu/L〕ム/mu/

6.2.3.4. ME 음절

ME 음절의 표기에는 '梅, 賣, 米'가 사용되었다. '梅'는 훈독하여 'うめ'로 읽을 때가 많지만, 음가나로 사용되어 ME 음절을 표기하기도 한다.

(125) 『만엽집』의 '梅' 용례

P군 ME: 烏梅/宇梅/于梅{梅}

(126) 『만엽집』의 '賣' 용례

P군 ME: 志賣之/之賣師/之賣須{조동사 しめ-}, 須賣呂伎{天皇}, 比賣{姬}, 越等賣/乎等賣{娘子}, …

Q군 ME: 之賣良爾/之賣志弖{조동사 しめ-}, 須賣/須賣呂伎{皇}, 越賣{娘子}, …

(127) 『만엽집』의 '米' 용례

P군 ME: -米{활용 -め}, 之米受{조동사 しめ-}, 比米{姬}, 宇米/有米{梅}, …

Q군 ME: -米{활용 -め}, 比米{姬}, 見良米{見らめ}

위의 용례에서 '烏梅/宇梅/于梅, 宇米/有米'{梅}, '比賣, 比米'{姬} 등이 동음 이표기 쌍이다. '梅' 용례는 명사 '梅'의 표기 하나뿐이지만, '米=賣=梅'의 등식이 성립하므로 이 셋의 음가가 같다고 본다.

'米, 賣, 梅'의 중고음 성모는 明母/m/이고, 明母/m/는 『만엽집』 음가나에서 항상 /m/으로 수용된다(위의 (104) 참조).

'米'의 중고음 운모는 齊韻/ei/ 개구이고, 齊韻/ei/ 개구는 『만엽집』 음가나에서 항상 /e/로 수용된다(위의 (86) 참조). 따라서 '米'는 /me/를 표음한다.

'賣'의 중고음 운모는 佳韻/əi/인데, 『만엽집』 음나가 중에서 佳韻字는 아래 (133.2)의 '賣' 하나뿐이다. 이 '賣'가 위의 '米'와 동음 관계이므로 '賣'도 /me/를 표음한다고 보아야 한다. 여기에서 佳韻/əi/이 『만엽집』 음가나에서 /e/로 수용된다는 논의가 성립한다.

(128) 『만엽집』 음가나의 佳韻/əi/ 대체 수용
  한어 중고음의 佳韻/əi/은 『만엽집』 음가나에서 /e/로 수용된다.

'梅'의 중고음 운모는 灰韻/wəi/이고, 『만엽집』 음가나 중에서 灰韻字는 '梅'와 '倍'의 두 자이다. 이들이 모두 /e/로 수용되므로, 아래와 같이 灰韻/wəi/의 대체 수용을 정리할 수 있다.

(129) 『만엽집』 음가나의 灰韻/wəi/ 수용 양상
1. 梅[明中1平灰]=/mwəi/[L] 〕 メ/me/
2. 倍[並中1上灰]=/bwəi/[R] 〕 ヘ/pe/~ベ/be/
   [並中1去灰]=/bwəi/[D]

(130) 『만엽집』 음가나의 灰韻/wəi/ 대체 수용
  한어 중고음의 灰韻/wəi/은 『만엽집』 음가나에서 /e/로 수용된다.

『만엽집』 음가나 중에서 佳韻字는 한 자뿐이고 灰韻字는 딱 두 자에 불과하므로, 佳韻/əi/과 灰韻/wəi/이 『만엽집』 음가나에서 /e/로 수용된다는 것을 의심할 수도 있다. 그러나 한어 중고음에서 灰韻/wəi/이 佳韻/əi/의 합구 짝이라는 사실을 고려하면, '賣'와 '梅'의 중고음 수용 과정이 정상적이라 할 수 있다. '賣'의 佳韻/əi/과 '梅'의 灰韻/wəi/이 평행적으로 /e/로 수용될 뿐만 아니라, 灰韻/wəi/의 운두개음 /w-/는 자음 뒤에서 삭제되어 수용되기 때문이다.

(131) 『만엽집』 음가나의 운두개음 /w-/ 수용 양상
1. 末[明中1入桓]=/mwɑt/[E] 〕 マ/ma/
2. 梅[明中1平灰]=/mwəi/[L] 〕 メ/me/

3. 婆[並中1平戈]=/bwɑ/[L] 〕バ/ba/～ハ/pa/

4. 波[幫中1平戈]=/pwɑ/[L] 〕ハ/pa/～バ/ba/

5. 惠[匣合4去齊]=/ɦwei/[D] 〕ヱ/we/

6. 和[匣合1平戈]=/ɦwɑ/[L] 〕ワ/wa/

[匣合1去戈]=/ɦwɑ/[D]

한어 중고음에서 운두개음 /w-/는 桓韻·灰韻·戈韻에 개재하고, 1·2·4등의 합구에[40] 개재한다. 이 후설원순활음 /w-/가 『만엽집』 음가나에서는 앞에 자음이 있으면 삭제되어 수용된다. 이것을 (131.1～4)에서 확인할 수 있다. 그런데 /w-/의 바로 앞에 자음이 없으면 /w-/가 삭제되지 않고 유지된다. 이것을 (131.5～6)에서 확인할 수 있다. (131.5～6)에서는 후음인 匣母/ɦ/가 항상 삭제되어 수용되기 때문에[41] 합구음 /w-/의 앞에 자음이 없다. 따라서 (131.5～6)에서는 /w-/가 그대로 유지된다. 운두개음 /w-/의 대체 수용을 아래와 같이 정리할 수 있다.

(132) 『만엽집』 음가나의 /w-/ 대체 수용

한어 중고음의 운두개음 /w-/는 『만엽집』 음가나에서 두 가지로 수용된다. 앞에 자음이 있으면 삭제되어 수용되고, 자음이 없으면 /w/로 수용된다.

위의 논의에 따르면 '梅'의 灰韻/wəi/이 『만엽집』 음가나에서 /e/로 수용된 것은 정상적 수용이다. 이에 따라 '梅'에 /me/를 배당하면 위에서 거론한 '米, 賣'의 음가 /me/와 같아진다. 우리는 '米, 賣, 梅'가 동음 관계라는 사실과 이들의 중고음 수용 과정을 두루 고려하여 이들에 아래와 같이 メ/me/를 배당한다.

40 3등 합구에는 전설원순활음 /ɥ-/가 개재한다.

41 이것은 아래의 (185)에서 다시 정리한다.

(133) '米, 賣, 梅'의 중고음과 그 수용

1. 米[明中4上齊]=/mei/^{R} 〕 メ/me/
2. 賣[明中2去佳]=/məi/^{D} 〕 メ/me/
3. 梅[明中1平灰]=/mwəi/^{L} 〕 メ/me/

『고사기』 음가나에서도 佳韻/əi/과 灰韻/wəi/이 갑류의 /e/로 수용된다. 반면에 『일본서기』 음가나에서는 灰韻/wəi/이 항상 을류의 /ə/로 수용된다. 여기에서 『만엽집』 음가나가 『고사기』 계통임을 알 수 있다.

6.2.3.5. MO 음절

MO 음절의 표기에는 '物, 文, 聞, 母, 毛'가 사용되었다. 이 중에서 '文'은 조사 'も'의 표기에만 사용되었지만, 그 사용 횟수는 아주 많다. '聞'도 용례가 적지만, 조사 'も'의 표기에 사용된 횟수가 많다.

MO 음절의 표기에서는 '物'이 음가나인지 훈가나인지를 구별하기 어려우므로, 음가나 목록에서 '物'을 제외하기도 한다.

(134) 『만엽집』의 '物' 용례

P군 MO: 物{조사 も}, 物能{物}, 物知提{持ちて}

Q군 MO: 物{조사 も}

위의 '物'이 조사 'も'를 표음하는데, 일부에서는 이 'も'가 명사 'もの'의 'も'를 딴 것으로 보아 '物'를 훈가나로 보기도 한다.[42] 그러나 '物'의 전기 중고음이 [微中C入文]=/mųət/^{E}이고 이것이 『만엽집』 음가나에서 정상적으로 モ/mo/를 표음한다고 할 수도 있다. 微韻/m/은 /m/으로 수용되고(위의 (104) 참조) 文韻/ųən~

42 이 견해에서는 '物能'{物}가 신라의 훈주음종 표기를 수용한 것이라고 본다. 이에 대해서는 위의 6.2.1.2의 øI 음절에서 이미 기술한 바 있다.

ɥət/은 /o/로 수용되기(아래 (144) 참조) 때문이다. 따라서 우리는 '物'을 음가나로 간주하여 분석 대상에 포함한다.[43]

(135) 『만엽집』의 '文' 용례

P군 MO: 文{조사 も}

Q군 MO: 文{조사 も}

(136) 『만엽집』의 '聞' 용례

P군 MO: 聞{조사 も}, 登聞爾之[ともにし]

Q군 MO: 聞{조사 も}, 登聞思佐{羨しさ}

(137) 『만엽집』의 '母' 용례

P군 MO: 母{조사 も}, 於母{母}, 古騰母/胡藤母{子ども}, 伊母{妹}, …

Q군 MO: 母{조사 も}, 異母{妹}, 等母{伴}, 等母{艫}, …

(138) 『만엽집』의 '毛' 용례

P군 MO: 毛{조사 も}, 古杼毛{子ども}, 於毛{面}, 伊毛{妹}, 等毛{伴}, …

Q군 MO: 毛{조사 も}, 等毛{伴}, 於毛{面}, 伎毛能{衣}, 毛等{本}, 毛能{物}, …

조사 'も'의 표기에 '物, 母, 毛, 聞, 文'이 공통적으로 사용되었으므로, '物=母=毛=聞=文'의 등식이 성립한다. '物, 聞, 文'의 용례는 '母, 毛'에 비하여 아주 적은 편이지만, 조사 'も'의 표기에 자주 사용되었으므로 이들을 논의 대상에 넣었다.

'母, 毛'의 중고음 성모는 明母/m/이고, '聞, 文'의 성모는 微母/m/이다. 明母/m/와 微母/m/는 『만엽집』 음가나에서 항상 /m/으로 수용된다(위의 (104) 참조).

'母'의 중고음 운모는 侯韻/əu/이고, 『만엽집』 음가나 중에서 侯韻字는 아래의

43 有坂秀世(1955/80: 184), 大野晋(1953), 築島裕(1977/85) 등이 음가나로 다룬 바 있다.

네 자이다. '口, 豆, 頭'의 侯韻/əu/은 /u/로 수용되는 데에 비하여 유독 '母'에서만 /o/로 수용된다.

(139)『만엽집』 음가나의 侯韻/əu/ 수용 양상

1. 口[溪中1上侯]=/k^həu/^{R}〕ク/ku/
2. 豆[定中1去侯]=/dəu/^{D}〕ヅ/du/
3. 頭[定中1平侯]=/dəu/^{L}〕ヅ/du/
4. 母[明中1上侯]=/məu/^{R}〕モ/mo/

『고사기』 음가나에서는 '豆'의 侯韻/əu/은 /u/로 수용되고, '母, 斗, 漏'의 侯韻/əu/은 /o/로 수용된다. 『일본서기』 음가나에서는 '豆, 逗, 樓'의 侯韻/əu/은 /u/로 수용되고, '母, 斗, 茂, 褒/裒'의 侯韻/əu/은 /o/로 수용된다. 시간의 흐름에 따라 /o/로 수용되는 것보다 /u/로 수용되는 것이 많아진다. 그런데도 제자리를 굳건히 지키는 것이 있는데, 3종의 텍스트에서 '豆'는 항상 /u/를 표음하고 '母'는 항상 /o/를 표음한다. 따라서 『만엽집』 음가나에서 侯韻/əu/을 수용하는 양상을 아래와 같이 정리하는 것이 좋을 것이다.

(140)『만엽집』 음가나의 侯韻/əu/ 대체 수용

한어 중고음의 侯韻/əu/은 『만엽집』 음가나에서 /u/로 수용된다. 다만, '母'의 侯韻/əu/은 /o/로 수용된다.

'毛'의 중고음 운모는 豪韻/ɑu/이고, 『만엽집』 음가나에서 豪韻/ɑu/은 /o/로 수용되는 것이 원칙이다.[44] 따라서 '毛'가 /mo/를 표음한다는 것은 분명하다. 『만엽집』에서는 '母'와 '毛'의 음가가 /mo/로 같다.

---

44 이것이 축약 현상의 일종이라는 것은 위의 (41)을 기술하면서 이미 말한 바 있다.

(141)『만엽집』 음가나의 豪韻/ɑu/ 수용 양상

1. 毛[明中1平豪]=/mɑu/^{L} 〕 モ/mo/
2. 寶[幇中1上豪]=/pɑu/^{R} 〕 ホ/po/
3. 保[幇中1上豪]=/pɑu/^{R} 〕 ホ/po/～ボ/bo/
4. 刀[端中1平豪]=/tɑu/^{L} 〕 ト^{乙}/tə/

(142)『만엽집』 음가나의 豪韻/ɑu/ 대체 수용

한어 중고음의 豪韻/ɑu/은『만엽집』 음가나에서 /o/로 수용된다. 다만, '刀'에서는 /ə/로 수용된다.

다음으로, '聞, 文'의 운모인 文韻/ɥən, ɥət/을 논의한다.『만엽집』 음가나 중에서 文韻字는 아래의 네 자이다.[45] '聞, 文'은 성조가 평성이므로 운미가 /-n/이고, /-n/ 운미는 항상 삭제되어 수용된다(위의 (12) 참조). '物'은 성조가 입성이므로 운미가 /-t/이고, /-t/ 운미도 항상 삭제되어 수용된다(위의 (108) 참조).

(143)『만엽집』 음가나의 文韻/ɥən, ɥət/ 수용 양상

1. 君[見合C平文]=/kɥən/^{L} 〕 ク/ku/～クニ/kuni/
2. 聞[微中C平文]=/mɥən/^{L} 〕 モ/mo/
3. 文[微中C平文]=/mɥən/^{L} 〕 モ/mo/
4. 物[微中C入文]=/mɥət/^{E} 〕 モ/mo/
5. 不[非中C平尤]=/pɪəu/^{L} 〕 フ/pu/

 [非中C入文]=/pɥət/^{E}

그런데 상대 일본어에는 전설원순활음 /ɥ-/가 없으므로 /ɥə/가 하나로 축약되어 수용된다. (143.1)의 '君'에서는 /ɥə/가 /u/로 대체되어 수용되는 데에 비하

45 '不'는 尤韻과 文韻의 두 가지 음가를 가지는 다음자인데, 우리는 '不'를 尤韻字로 간주한다.

여, (143.2~4)의 '聞, 文, 物'에서는 /ɥə/가 축약되어 /o/로 수용된다. 이처럼 차이가 나는 까닭을 알 수 없다. /ɥə/가 /k/ 등의 아음 뒤에서는 /u/로 수용되고 여타의 환경에서는 /o/로 수용된다고 할 수 있을까? 이것이 확실하지 않으므로, 우리는 '君'의 /u/를 예외적 수용으로 보아 文韻/ɥən/의 대체 수용을 아래와 같이 기술해 둔다.

(144) 『만엽집』 음가나의 文韻/ɥən/ 대체 수용

한어 중고음의 文韻/ɥən/은 『만엽집』 음가나에서 /o/로 수용된다. 다만, '君'의 文韻/ɥən/은 /u/로 수용된다.

위와 같이 정리하면 '聞, 文, 物'은 /mo/를 표음한 것이 되어 위의 '母, 毛'의 음가와 같아진다. '母, 毛, 聞, 文, 物'의 5자가 동음 관계이므로 우리는 이들에 공통적으로 モ/mo/를 배당한다.

(145) '母, 毛, 聞, 文'의 중고음과 그 수용

1. 母[明中1上侯]=/məu/R〕モ/mo/
2. 毛[明中1平豪]=/mɑu/L〕モ/mo/
3. 聞[微中C平文]=/mɥən/L〕モ/mo/
4. 文[微中C平文]=/mɥən/L〕モ/mo/
5. 物[微中C入文]=/mɥət/E〕モ/mo/

『고사기』 음가나에서는 '母'가 갑류의 モ/mo/를 표기하고 '毛'가 을류의 モ乙/mə/를 표기하여 음운론적으로 서로 대립한다. 그런데 『일본서기』 음가나에서는 '母'와 '毛'가 공통적으로 갑류의 モ/mo/를 표기한다. 『일본서기』 음가나에서 갑류와 을류 모음이 하나로 합류했는데, 이 합류가 『만엽집』에서 다시 확인된다.

6.2.3.6. M행의 요약 정리

M행의 음가 배당을 요약하여 정리하면 아래와 같다.

(146) M행 『만엽집』 음가나의 음가 배당 (음영 부분은 Q군 음가나)

자음＼모음	A (ア)	I (イ)	U (ウ)	E (エ)	O (オ)
M (マ)	麻=末=萬/ma/	美=彌/mi/, 未/mə/	牟=武=无/無/mu/	米=賣=梅/me/	毛=母=文=聞=物/mo/
	麻=末=萬/ma/	美=彌/mi/, 未/mə/	牟=武=无/無/mu/	米=賣/me/	毛=母=聞=文=物/mo/

M행에서는 /a, i, u, e, ə, o/의 여섯 가지 모음이 설정된다. MI 음절에서 을류의 /ə/가 설정되지만, ME·MO 음절에서는 /ə/가 설정되지 않는다. 위의 N행에서는 /a, i, u, e, ə/의 5종만 설정된 바 있다. ø행과 N행에서는 O열에 을류의 /ə/가 오지만 M행에서는 갑류의 /o/가 온다.

O열에서 을류와 갑류 모음이 서로 배타적인데, 이것이 무엇을 의미할까? 이것을 논의할 때에는 MO 음절의 표기에 사용된 '母, 毛, 聞, 文, 物'의 중고음 음가를 유심히 살펴볼 필요가 있다. 위의 (145)에서 볼 수 있듯이, 이들의 중고음 운복은 원순모음 /o, u/가 아니라 평순모음 /ə, ɑ/이다. 이 평순모음 /ə, ɑ/가 앞에 오는 운두개음 /ɥ-/ 또는 뒤에 오는 운미 /-u/와 축약되어 モ/o/로 수용된다. 따라서 이 モ/o/의 기원이 되는 중고음 운복은 사실은 갑류 모음이 아니라 을류 모음이다. 달리 말하면 이 モ/o/가 표면적으로는 갑류이지만 기원적으로는 을류에 속한다.

그런데 MO 음절에서 갑류와 을류의 합류가 일어나면 갑류와 을류의 구별이 사실은 무의미해진다. ø행과 N행에서는 O열에 을류의 /ə/가 있지만 갑류의 /o/는 없다. 반대로 M행의 O열에서는 을류의 /ə/가 없고 갑류의 /o/만 있다. 이것은 상보적 분포의 일종으로서 을류의 /ə/와 갑류의 /o/가 하나로 합류했음을 의미한다. 따라서 ø행, N행, M행의 세 행을 하나로 종합할 때에는 O열 모음을 /o=ə/이라고 표시하는 것이 정확할 것이다.

6.2.4. R행, ラ行

R행의 표기에는 '羅, 良, 濫, 利, 里, 理, 流, 留, 禮, 例, 呂, 侶, 路'가 사용되었다. 이들을 음절별로 분류해 보면 아래와 같다.

(147) R행의 『만엽집』 음가나 (음영 부분은 Q군 음가나)

자음 \ 모음	A (ア)	I (イ)	U (ウ)	E (エ)	O (オ)
R (ラ)	羅 良	利 里 理	流 留	禮 例	呂 路
	羅 良 濫	利 里 理	流 留	禮 例	呂 侶

6.2.4.1. RA 음절

RA 음절의 표기에는 '濫, 羅, 良'이 사용되었다. '濫'은 RAMU를 표기한다고 기술하는 것이 정확하지만 편의상 RA 음절에 넣고, RAMU의 RA 음절만 논의 대상으로 삼는다. 이 '濫'은 Q군에서 활용의 '-らむ'를 표기할 때에만 사용되었지만, 그 사용 횟수가 아주 많다.

(148) 『만엽집』의 '濫' 용례

Q군 RA/RAMU: -濫{활용 らむ}

(149) 『만엽집』의 '羅' 용례

P군 RA: 阿羅祢婆/阿羅慈迦{ある 동사 활용형}, 可羅{唐}, 提羅周{照らす}, 麻通羅{松浦}, 麻周羅[ますら], …

Q군 RA: 赤羅/朱羅{赤ら}, 行羅二{ゆくらに}, 思羅霜{思ふらしも}, 吹羅之{吹くらし}, …

(150)『만엽집』의 '良' 용례

P군 RA: -良牟/良武{활용 らむ}, 阿良祢婆{ある 동사 활용형}, 可良{唐}, 安可良/安加良{赤ら}, 麻都良{松浦}, 布久良之{吹くらし}, 由久良[ゆくら], 奈良[奈良], …

Q군 RA: -良牟/良武/良無{활용 らむ}, 安良祢波{ある 동사 활용형}, 行良武{ゆくら-}, 麻須良[ますら], …

활용형 '-らむ'의 표기에 '-濫'과 '-良牟/良武'가 공통적으로 사용되었고, '可羅, 可良'{唐}, '赤羅/朱羅, 安可良/安加良'{赤ら}, '麻周羅, 麻須良'[ますら] 등의 동음이표기 쌍에서 '羅=良'의 등식이 성립한다. 따라서 이들의 음가는 동일하다.

'濫, 羅, 良'의 중고음 성모는 공통적으로 來母/r/이고, 아래에서 확인할 수 있듯이 來母/r/는 항상 /r/로 수용된다.

(151)『만엽집』 음가나의 來母/r/ 수용 양상

1. 羅[來開1平歌]=/rɑ/^{L} 〕 ラ/ra/
2. 濫[來中1去談]=/rɑm/^{D} 〕 ラム/ramu/
   [匣開2上銜]=/ɦɑm/^{R}
3. 良[來開C平陽]=/rɪɑŋ/^{L} 〕 ラ/ra/
4. 呂[來中C上魚]=/rɪo~rɪə/^{R} 〕 ロ乙/rə/
5. 侶[來中C上魚]=/rɪo~rɪə/^{R} 〕 ロ乙/rə/
6. 例[來開AB去祭]=/rɪɛi/^{D} 〕 レ/re/
7. 禮[來開4上齊]=/rei/^{R} 〕 レ/re/
8. 路[來中1去模]=/ro/^{D} 〕 ロ乙/rə/
9. 留[來中C平尤]=/rɪəu/^{L} 〕 ル/ru/
10. 流[來中C平尤]=/rɪəu/^{L} 〕 ル/ru/
11. 理[來開C上之]=/rɪə/^{R} 〕 リ/ri/
12. 利[來開AB去脂]=/rɪi/^{D} 〕 リ/ri/
13. 里[來開C上之]=/rɪə/^{R} 〕 リ/ri/

(152)『만엽집』 음가나의 來母/r/ 대체 수용

한어 중고음의 來母/r/는 『만엽집』 음가나에서 항상 /r/로 수용된다.

‘濫’의 중고음 운모는 談韻/ɑm/이고 『만엽집』 음가나 중에서 談韻字는 (151.2)의 ‘濫’ 하나뿐이다. ‘濫’이 RAMU를 표기하고 이때의 RA는 ‘羅, 良’와 동음 관계이므로, ‘濫’의 談韻/ɑm/ 중에서 운복모음 /ɑ/가 『만엽집』 음가나에서 /a/로 수용된다고 할 수 있다.

(153)『만엽집』 음가나의 談韻/ɑm/ 대체 수용

한어 중고음의 談韻/ɑm/은 『만엽집』 음가나에서 /a/로 수용된다.

또한 ‘濫’이 RAMU를 표기하므로 談韻/ɑm/의 /-m/ 운미가 표기에 반영되었다고 보아야 한다. 위의 (13~14)에서 이미 예외적으로 모음첨가가 일어난 예들을 제시한 바 있는데, ‘君, 難’ 등의 /-n/ 운미 뒤에는 /-i/ 모음이 첨가되고,[46] ‘兼, 濫, 筑/築’ 등의 /-m/ 운미와 /-k/ 운미 뒤에는 /-u/가 첨가된다.

(154)『만엽집』 음가나에서의 모음첨가

한어 중고음의 운미 뒤에 독특하게 모음을 첨가하여 운미를 수용할 때가 있다. 『만엽집』 음가나에서 /-n/ 운미 뒤에는 /-i/ 모음이 첨가되고, /-m/·/-k/ 운미 뒤에는 /-u/가 첨가된다.

다음으로, ‘羅’와 ‘良’을 논의한다. ‘羅’의 중고음 운모는 歌韻/ɑ/이고, 歌韻/ɑ/은 『만엽집』 음가나에서 항상 /a/로 수용된다(위의 (19) 참조). 따라서 ‘羅’는 /ra/를 표음한다. ‘良’의 운모는 陽韻/ɪɑŋ/인데, 『만엽집』 음가나 중에서 陽韻字는 아래 (156.2)의 ‘良’ 하나뿐이다. ‘良’이 ‘羅’와 동음 관계이므로, 陽韻/ɪɑŋ/이 /a/로 수

46 지명 ‘伊奈佐’[引佐]에서는 독특하게 /-a/가 첨가된다.

용된다고 보아야 한다.

(155) 『만엽집』 음가나의 陽韻/ɪaŋ/ 대체 수용
　한어 중고음의 陽韻/ɪaŋ/은 『만엽집』 음가나에서 /a/로 수용된다.

이러한 결론에 도달하려면 陽韻/ɪaŋ/의 /-ŋ/ 운미가 삭제되어 수용된다는 논의가 필요하다. 위의 (82)에서 이미 /-ŋ/ 운미가 항상 삭제되어 수용된다고 했으므로, '良'의 陽韻/ɪaŋ/에서도 /-ŋ/ 운미가 삭제된다고 보아야 한다.

위의 논의를 종합하여 RA 음절의 음가 수용을 아래의 (156)과 같이 정리할 수 있다. '濫'의 첫째 음절과 '羅, 良'이 동음 관계이므로 이들의 음가가 같아야 한다. 이들에 ラ/ra/를 배당하면 중고음의 수용 과정도 정상적으로 기술할 수 있다.

(156) '濫, 羅, 良'의 중고음과 그 수용
1. 濫[來中1去談]=/rɑm/[D] 〕 ラム/ramu/
　　[匣開2上銜]=/ɦɑm/[R]
2. 羅[來開1平歌]=/rɑ/[L] 〕 ラ/ra/
3. 良[來開C平陽]=/rɪɑŋ/[L] 〕 ラ/ra/

6.2.4.2. RI 음절

RI 음절의 표기에는 '理, 里, 利'가 사용되었다.

(157) 『만엽집』의 '理' 용례
P군 RI: 欲理{조사 より}, -理{활용 り}, 布多理{二人}, 登理/等理{鳥}, 左由理{百合}, 奇理/紀理{霧}, 保理{堀}, 母理{守}, 保理{欲り}, …
Q군 RI: -理{활용 り}, 佐由理{百合}, 可我理左之{篝さし}, 伊理{入}, …

(158) 『만엽집』의 '里' 용례

P군 RI: 欲里/餘里{조사 より}, －里{활용 り}, 佐由里{百合}, 奇里{霧}, 等里/登里/杼里{鳥, 鷄}, 等保里{通り}, 伊里{入}, 保里{欲り}, …

Q군 RI: 餘里/欲里{조사 より}, －里{활용 り}, 比等里{獨}, 可多里{語り}, 登里/十里{鳥}, 登保里{通り}, 許毛里{隱り}, …

(159) 『만엽집』의 '利' 용례

P군 RI: 欲利{조사 より}, －利{활용 り}, 布多利{二人}, 等利/登利{鳥, 鷄}, 佐由利{百合}, 保利{欲り}, …

Q군 RI: －利{활용 り}, 可多利{語り}, 由利{百合}, 伊射利{漁り}, 保利{欲り}, …

위의 여러 용례에서 조사 'より'의 표기에 '理, 里, 利'가 공통적으로 사용되었다. '佐由里, 佐由里, 佐由利'{百合}, '保理, 保里, 保利'{欲り} 등을 비롯하여 동음 이표기 쌍도 아주 많다. '理=利=里'의 등식이 성립하므로 이들의 음가는 동일하다.

'理, 里, 利'의 중고음 성모는 來母/r/로 동일하다. 위의 (152)에서 정리한 것처럼, 來母/r/는 『만엽집』 음가나에서 항상 /r/로 수용된다.

'理'와 '里'의 중고음 운모는 之韻/ɪə/이고, 之韻/ɪə/은 아후음 뒤에서는 /ə/로 수용되고 설치음 뒤에서는 /i/로 수용된다(위의 (55) 참조). '理'와 '里'의 성모인 來母/r/는 설치음의 일종이므로, '理'와 '里'는 /ri/를 표음한다.

'利'의 운모는 脂韻/ji～ɪi/이고, 脂韻/ji～ɪi/은 『만엽집』 음가나에서 /i/로 수용된다(위의 (26) 참조). 이에 따라 '利'도 /ri/를 표음한다.

(160) '理, 里, 利'의 중고음과 그 수용

1. 理[來開C上之]=/rɪə/^{R} 〕 リ /ri/
2. 里[來開C上之]=/rɪə/^{R} 〕 リ /ri/
3. 利[來開AB去脂]=/rɪi/^{D} 〕 リ /ri/

위의 논의를 종합하여 '理, 里, 利'에 공통적으로 リ/ri/를 배당한다. 그리하면 이들이 동음 관계라는 점과 중고음의 수용 과정을 정상적으로 기술할 수 있다.

6.2.4.3. RU 음절

RU 음절의 표기에는 '留, 流'가 사용되었다.

(161) 『만엽집』의 '留' 용례

P군 RU: -留{활용 る}, 之留思/思留事{驗}, 阿留伎斯{歩きし}, 美留{海松}

Q군 RU: -留{활용 る}

(162) 『만엽집』의 '流' 용례

P군 RU: -流{활용 る}, 比流{晝}, 之流思{驗}, 安流氣騰{歩}, …

Q군 RU: -流{활용 る}, 阿流久爾{歩くに}, …

'留'와 '流'는 활용형 '-る'를 표기하는 데에 많이 사용되는 대신에, 어휘의 음절을 표기한 용례는 많지 않은 편이다. 그렇더라도 문법 형태에서 '留=流'의 등식이 성립하므로 이 둘의 음가는 같다.

그런데 한어 중고음에서도 '留'와 '流'의 음가가 동일하다. 따라서 이들의 중고음과 그 수용 과정을 바로 기술할 수 있다.

(163) '留, 流'의 중고음과 그 수용

1. 留[來中C平尤]=/rɪəu/^{L}〕ル/ru/
2. 流[來中C平尤]=/rɪəu/^{L}〕ル/ru/

'留, 流'의 성모인 來母/r/는 항상 /r/로 수용되고(위의 (152) 참조), 이들의 운모인 尤韻/ɪəu/은 항상 /u/로 수용된다(위의 (123) 참조). 따라서 우리는 '留, 流'에 공통적으로 ル/ru/를 배당한다.

6.2.4.4. RE 음절

RE 음절의 표기에는 '例, 禮'가 사용되었다. '例'는 대표자에서 제외되지만 대비를 위하여 추가한 음가나이다.

(164) 『만엽집』의 '例' 용례

P군 RE: 例{1인칭 접미사 れ}, –例{활용 –れ}, –例弖{활용 –れて}, –例婆{활용 –れば}, –例杼/例等{활용 –れど}, 比例/必例{領巾}

Q군 RE: –例{활용 –れ}, 可例西{離れにし}

(165) 『만엽집』의 '禮' 용례

P군 RE: 禮{1인칭 접미사 れ}, –禮{활용 –れ}, –禮弖{활용 –れて}, –禮婆{활용 –れば}, –禮杼/禮登{활용 –れど}, 比禮/必禮{領巾}, 安良禮多{霰}, 和可禮{別}, 伊都禮/伊頭禮[何, いづれ], …

Q군 RE: 禮{1인칭 접미사 れ}, –禮{활용 –れ}, –禮婆{활용 –れば}, –禮杼/禮騰{활용 –れど}, 比禮{領巾}, 可禮受{離}, …

위의 용례에서 1인칭 접미사 'れ'와 활용형 '–れ'의 표기에 '例'와 '禮'가 공통적으로 사용되었다. '例=禮'의 등식이 성립하므로 이 둘의 음가는 같다.

'例'와 '禮'의 중고음 성모는 來母/r/이고, 來母/r/는 항상 /r/로 수용된다(위의 (152) 참조).

'例'의 중고음 운모는 祭韻/ɪɛi/이고, 『만엽집』 음가나 중에서 祭韻字는 아래의 여섯 자이다. 祭韻/ɪɛi/은 /e/로 수용되는 것이 원칙이고, '藝'만 예외적으로 수용된다. 이에 따르면 '例'가 /re/를 표음한 것이 된다.

(166) 『만엽집』 음가나의 祭韻/ɪɛi/ 수용 양상

1. 例[來開AB去祭]=/rɪɛi/D] レ/re/
2. 勢[書開AB去祭]=/ɕɪɛi/D] セ/se/
3. 世[書開AB去祭]=/ɕɪɛi/D] セ/se/
4. 敝[並中A去祭]=/bɪɛi/D] ヘ/pe/
5. 弊[並中A去祭]=/bɪɛi/D] ヘ/pe/
6. 藝[疑開A去祭]=/ŋjɛi/D] ギ/gi/

(167) 『만엽집』 음가나의 祭韻/ɪɛi/ 대체 수용

한어 중고음의 祭韻/ɪɛi/은 『만엽집』 음가나에서 /e/로 수용된다. 다만, '藝'에서는 /i/로 수용된다.

'禮'의 운모는 齊韻/ei/ 개구이고, 齊韻/ei/ 개구는 『만엽집』 음가나에서 항상 /e/로 수용된다(위의 (86) 참조). 이에 따라 '禮'도 /re/를 표음한다.

(168) '例, 禮'의 중고음과 그 수용

1. 例[來開AB去祭]=/rɪɛi/D] レ/re/
2. 禮[來開4上齊]=/rei/R] レ/re/

우리는 '例, 禮'의 중고음과 그 수용을 위와 같이 정리한다. 동음 관계인 이들에 レ/re/를 배당하면 중고음의 수용 과정도 정상적으로 기술할 수 있다.

6.2.4.5. RO 음절

RO 음절의 표기에는 '侶, 路, 呂'가 사용되었다.

(169) 『만엽집』의 '侶' 용례

Q군 RO: 武思侶{席}, 毛侶{諸}, 根毛居侶{ねもころ}, 己呂其侶{ころごろ}, 三毛侶{みもろ}, 音杼侶毛{音どろも}

(170) 『만엽집』의 '路' 용례

P군 RO: 安路自{主人}, 之路/志路/思路{白}, 久路{黑}, 波里夫久路{針袋}, 宇都路布麻泥爾[うつろふまでに], …

Q군 RO: 福路{袋}, 麻之路{眞白}

(171) 『만엽집』의 '呂' 용례

P군 RO: 許呂母/己呂母{衣}, 許呂/己呂[ころ], 母呂/毛呂{諸}, 之呂{白}, 波呂婆呂爾/波呂波呂爾[はろはろに], 許呂其呂[ころごろ], 宇都呂布[うつろふ], …

Q군 RO: 許呂[ころ], 夜之穗杼呂{夜のほどろ}, 己呂其侶{ころごろ}, 宇都呂布/宇都呂比[うつろ-], …

'侶'는 용례가 많지 않은 편인데도 '毛侶, 母呂/毛呂'{諸}, '己呂其侶, 許呂其呂'[ころごろ]에서 '侶'와 '呂'가 동음 이표기 관계이다. 여기에서 '侶=呂'의 등식이 성립한다. '之路/志路/思路, 之呂'{白}, '宇都路布, 宇都呂布'[うつろふ]에서는 '路=呂'의 등식이 성립한다. '侶, 呂, 路'가 동음 관계이므로 이들의 음가는 동일하다.

'侶, 呂, 路'의 셋 다 중고음 성모가 來母/r/이고, 來母/r/는 항상 /r/로 수용된다(위의 (152) 참조).

'侶, 呂'의 중고음 운모는 魚韻/ɪo~ɪə/이고, 魚韻/ɪo~ɪə/은 『만엽집』 음가나에서 항상 /ə/로 수용된다(위의 (53 참조). 따라서 '侶, 呂'는 /rə/를 표음한다.

'路'의 운모는 模韻/o/인데, 模韻/o/은 『만엽집』 음가나에서 /o/, /u/, /ə/의 세 가지로 수용된다(위의 (37) 참조). '路'가 '侶, 呂'와 동음 관계이므로, '路'의 模韻/o/은 이 셋 중에서 /ə/로 수용되었다고 보아야 한다. 즉 '路'도 /rə/를 표음한다.

(172) '侶, 呂, 路'의 중고음과 그 수용

1. 侶[來中C上魚]=/rɪo～rɪə/[R] 〕 ロ乙/rə/
2. 呂[來中C上魚]=/rɪo～rɪə/[R] 〕 ロ乙/rə/
3. 路[來中1去模]=/ro/[D] 〕 ロ乙/rə/

우리는 위와 같이 '侶, 呂, 路'에 을류의 ロ乙/rə/를 배당한다. 이 음가는 이들의 동음 관계와 한어 중고음의 수용 과정을 두루 충족한다.

'路'의 模韻/o/은 원래 갑류로 수용되는 것이 원칙이다. 그러나 '路'가 을류 모음을 가지는 '侶, 呂'와 동음 관계이므로, RO 음절에서는 갑류와 을류가 하나로 합류했다고 보아야 한다. 을류인 '呂'의 용례가 가장 많으므로 갑류가 을류로 합류하여 ロ乙/ə/가 되었다고 기술하는 것이 정확하다.

6.2.4.6. R행의 요약 정리

R행의 논의를 요약·정리하여 음가 배당표를 작성하면 아래와 같다.

(173) R행 『만엽집』 음가나의 음가 배당 (음영 부분은 Q군 음가나)

자음 \ 모음	A (ア)	I (イ)	U (ウ)	E (エ)	O (オ)
R (ラ)	羅=良/ra/	利=里=理/ri/	流=留/ru/	禮=例/re/	呂=路/rə/
	羅=良=濫/ra/	利=里=理/ri/	流=留/ru/	禮=例/re/	呂=侶/rə/

R행에는 /a, i, u, e, ə/의 5모음이 설정된다. 이 5모음은 N행의 5모음과 같고, 이들의 O열에는 을류의 /ə/가 온다. 반면에 M행에서는 O열에 을류의 /ə/가 오지 않고 갑류의 /o/가 온 바 있다. O열에서 ø·N·R의 세 행은 을류의 /ə/이고 M행은 갑류의 /o/이므로, O열에서 을류와 갑류가 마치 상보적 분포인 듯한 느낌을 준다.

R행의 음가나는 거의 대부분 단어의 첫째 음절에 오지 않는다. 이것은 『고사

기』·『일본서기』 음가나에서도 마찬가지였으므로, 상대 일본어에서 /r/이 어두에 오지 않는다는 두음법칙을 세울 수 있다. 이 법칙은 고유 일본어에만 적용되고 한어 차용어에는 적용되지 않는다.

6.2.5. K행, カ行

K행의 표기에는 '可, 加, 迦, 何, 賀, 河, 我, 伎, 吉, 奇, 枳, 岐, 紀, 藝, 疑, 久, 苦, 口, 九, 君, 具, 家, 計, 鷄, 祁, 氣, 兼, 宜, 許, 古, 己, 故, 其, 期, 孤'가 사용되었다. 이들을 음절별로 분류해 보면 아래와 같다. K행에는 청음인 음절과 탁음인 음절의 두 가지가 있으므로 이 둘을 나누어 정리했다. 또한 '兼'은 KEMU를 표기하지만 편의상 KE 음절에 넣었다.

(174) K행의 『만엽집』 음가나 (음영 부분은 Q군 음가나)

모음 자음		A (ア)	I (イ)	U (ウ)	E (エ)	O (オ)
K カ	K	可 加 迦 河 賀	伎 吉 奇 枳 岐 紀	久 苦 君 口	家 氣 祁 鷄 計	許 古 己 故 孤
		可 加 何 賀 河	伎 吉 枳 奇 紀	久 苦 口 九 君	家 計 鷄 祁 氣 兼	許 古 己 故 孤
	G	我 河 賀 何 加	藝 疑 伎 岐 枳	具 久	氣 宜	其 期 吳
		我 何 河 賀	藝 疑 伎 枳	具	宜 氣	其 期 吳

6.2.5.1. KA 음절

KA 음절의 표기에는 '何, 我, 河, 賀, 迦, 加, 可'가 사용되었다. KA 음절에는 청음절의 KA와 탁음절의 GA가 있다. 논의의 편의상 GA 음절부터, 용례가 적은 음가나부터 정리한다.

(175) 『만엽집』의 '何' 용례

P군 GA: 何{조사 が}, 奈何良[ながら], 奈何久{長く}, 奈何流/那何列{流}, …

Q군 KA: 何{의문조사 か}

Q군 GA: 何{조사 が}, 何毛{조사 がも}, 小棹毛何毛{小棹もがも}, 足何久{足掻く, あがく}

(176) 『만엽집』의 '我' 용례

P군 GA: 我{조사 が}, 我母/我毛/我聞/我祢{조사 が-}, 可我美/可我見{鏡}, 都我{栂}, 可我里{篝}, 須我良爾[すがらに], 那我/奈我伎/奈我美{長}, 麻我比多流{亂ひたる}, 奈我佐敝流{流さへる}, 多麻爾母我毛奈{玉にもがもな}, 可牟奈我良{神ながら}, …

Q군 GA: 我{조사 が}, 毛我母/母我毛{조사 もがも}, 奈我良{조사 ながら}, 都我/刀我{栂}, 可我理{篝}, 奈我久{長く}, 奈我良倍{流らへ}, 都具我祢/都我受/告我祢{繼}, 志我/思我[志賀], 足我枳{足掻}, 置奴我二{置きぬがに}, 須我良爾[すがらに], 安要奴我爾[あえぬがに], …

(177) 『만엽집』의 '賀' 용례

P군 KA: 賀{의문조사 か}, 賀母{조사 かも}, 之賀[志賀], …

P군 GA: 賀{조사 が}, 賀母{조사 がも}, 可賀布利{被り}, 可賀里{篝}, 都賀比計理{繼がひけり}, 等利爾母賀母夜{鳥にもがもや}, …

Q군 KA: 賀{의문조사 か}, 志賀[志賀], …

Q군 GA: 賀{조사 が}, 賀茂{조사 がも}, 都賀{栂}, 賀欲布{通ふ}, 志賀/思賀/四賀[志賀], …

(178) 『만엽집』의 '河' 용례

P군 KA: 河泊/河波{川}, 河治{楫}, …

P군 GA: 河{조사 が}, 麻河比波{亂ひは}, 麻都良河波{松浦川}, 夜麻河泊{山川}, 與

之努河波{吉野川}, …

Q군 KA: 河波{川}, 河毛低河毛低{かけてかけて}

Q군 GA: 河{조사 が}, 駿河{するが}, 葦河爾{葦蟹, あしがに}

위에 열거한 '何, 我, 賀'의 용례에서 이들의 자음이 청음이 아니라 탁음임을 금방 알 수 있다. '何'의 용례 중에 청음인 의문조사 'か'를 표기한 것이 있지만, 이것은 Q군에만 분포하고 용례가 극소수이다. 또한 '我'의 용례 중에는 청음인 것은 없고 탁음인 것만 있다. 한편, '河'의 용례에서는 청음인 예가 소수이고 탁음인 예가 다수이다. 그런데 위의 여러 용례에서 '何, 我, 賀'가 동음 관계이므로, 이들의 음가는 동일하다.

문제는 (178)의 '河'이다. '河'는 의문조사 'か'의 표기에는 사용되지 않는 대신에 속격조사 'が'의 표기에는 아주 많이 사용되었다. 이것은 '河'가 '何, 我, 賀'와 동일 부류임을 뜻한다. 반면에 '河'가 어휘 형태의 음절을 표기한 것은 '河泊/河波'{川}의 '河'가 대부분이다. 그런데 코퍼스에서는 '河'를 소수의 예에서 KA 음절로 표음하고, 다수의 예에서 GA 음절로 표음했다. 우리는 '河'가 GA 음절을 표기한 것이 맞다고 간주하여 이것을 속격조사의 음가와 마찬가지로 'が'로 읽는다. (178)에서 확인할 수 있듯이 '河'의 용례가 대부분 복합어의 후행 성분을 표기하고 여기에 연탁 규칙이 적용되었다고 보기 때문이다.

(179) 『만엽집』의 '迦' 용례

P군 KA: 迦{의문조사 か}, 迦牟{조사 かむ}, 迦婆{조사 かば}, 迦祢{조사 かね}, 迦{접두사 か}, 奈迦{間}, 迦久{各, かく}, 阿迦{赤}, 佐迦利{盛り}, 迦奈斯佐{悲しさ}, …

(180) 『만엽집』의 '加' 용례

P군 KA: 加{의문조사 か}, 加母/加毛{조사 かも}, 加武{조사 かむ}, 加婆/加波{조사 かば}, 思加{접미사 しか}, 加度{門}, 美加度{朝廷}, 佐加/左加{酒}, 加武/加未{神}, 奈加{中, 間}, 安加/安加良{赤}, 加奈之{悲し}, …

P군 GA: 加{조사 が}, …

Q군 KA: 加{조사 か}, 加母/加聞{조사 かも}, 加波{川}, 加座{風}, 奈加{中}, 加伊{櫂}, 伐加利[ばかり], …

(181) 『만엽집』의 '可' 용례

P군 KA: 可{의문조사 か}, 可母/可毛/可聞/可問/可蒙/可忘{계조사 かも}, 可武/可儛{조사 かむ}, 可良{조사 から}, 可{접두사 か}, 之可{접미사 しか}, 可多{方}, 可度{門}, 美可等/美可度{朝廷}, 可是{風}, 可波{川}, 奈可{中, 間}, 婆可里[ばかり], 伊可爾[如何に], 可久{各 かく}, 安可/阿可{赤}, 多可久/多可{高}, 可奈之{悲}, …

P군 GA: 可{조사 が}, 毛毛可{百日}

Q군 KA: 可{조사 か}, 可母/可毛/可文/可聞/可問{조사 かも}, 可良{조사 から}, 可多{方}, 可多{形}, 可波{川}, 安可{赤}, …

위에 정리한 '迦'의 용례 중에는 청음인 예만 있고 탁음인 예가 없다. 또한 '加'와 '可'의 용례는 거의 모두 청음이고 탁음은 극소수이다. '奈迦, 奈加, 奈可'{中, 間}, '阿迦, 安加, 安可'{赤}, '迦多良比, 加多良久/加多良比斯/加多利, 可多良/可多良比氐/可多利'{語-} 등을 비롯하여 아주 많은 동음 이표기 쌍이 있다. '迦, 加, 可'가 동음 관계이므로 이들의 음가는 동일하다.

KA 음절에서는 '何, 我, 賀, 河'가 탁음절 GA를 표기하고 '迦, 加, 可'는 청음절 KA를 표기한다. 청음과 탁음을 두루 표기하는 것으로 '河'가 있지만, '河'는 속격 조사 'が'와 연탁 규칙이 적용된 GA 음절을 더 많이 표기한다.

탁음절을 표기하는 '我, 賀, 何, 河'의 중고음 운모는 모두 歌韻/ɑ/이다. 歌韻/ɑ/은 『만엽집』 음가나에서 항상 /a/로 수용된다(위의 (19) 참조).

그런데 '我'의 중고음 성모가 疑母/ŋ/인 데에 비하여 '賀, 何, 河'의 성모는 匣母/ɦ/이다. 아래에서 확인할 수 있듯이, 疑母/ŋ/는 항상 /g/로 수용된다.

(182) 『만엽집』 음가나의 疑母/ŋ/ 수용 양상

1. 我[疑開1上歌]=/ŋɑ/^{R} 〕 ガ/ga/
2. 藝[疑開A去祭]=/ŋjɛi/^{D} 〕 ギ/gi/
3. 疑[疑開C平之]=/ŋɪə/^{L} 〕 ギ^{乙}/gə→gɨ/
4. 宜[疑開B平支]=/ŋɪe/^{L} 〕 ゲ/ge/～ギ^{乙}/gə→gɨ/
5. 吳[疑中1平模]=/ŋo/^{L} 〕 ゴ/go/

(183) 『만엽집』 음가나의 疑母/ŋ/ 대체 수용

한어 중고음의 疑母/ŋ/는 『만엽집』 음가나에서 항상 /g/로 수용된다.

반면에, 匣母/ɦ/는 두 가지로 나뉘어 수용된다. 개합이 개구일 때에는 匣母/ɦ/가 /g/로 수용되고, 합구일 때에는 삭제되어 수용된다. 아래 (184.6)의 '乎'가 이토 지유키(2011)(이진호 역)에서는 개합이 중립이지만, 중국 학자들은 模韻/o/을 개구로 보는 것이 일반적이다(이승재 2018: 234). 그런데도 『일본서기』 음가나의 WO 음절에서 이미 논의한 것처럼 후음 뒤에 온 模韻/o/은 합구로 인식된다. 이에 따라 (184.6)에서 '乎'의 模韻/o/은 독특하게 /wo/로 수용된다.[47]

(184) 『만엽집』 음가나의 匣母/ɦ/ 수용 양상

1. 賀[匣開1去歌]=/ɦɑ/^{D} 〕 ガ/ga/
2. 何[匣開1平歌]=/ɦɑ/^{L} 〕 ガ/ga/
3. 河[匣開1平歌]=/ɦɑ/^{L} 〕 ガ/ga/
4. 惠[匣合4去齊]=/ɦwei/^{D} 〕 ヱ/we/
5. 和[匣合1平戈]=/ɦwɑ/^{L} 〕 ワ/wa/
   [匣合1去戈]=/ɦwɑ/^{D}
6. 乎[匣中1平模]=/ɦo/^{L} 〕 ヲ/wo/

47 이것은 아래의 WO 음절에서 다시 거론한다.

(185)『만엽집』 음가나의 匣母/ɦ/ 대체 수용

한어 중고음의 匣母/ɦ/는 『만엽집』 음가나에서 개합이 개구일 때에는 /g/로 수용되고, 합구일 때에는 삭제되어 수용된다.

위의 대체 수용에 따르면 '我'도 /ga/를 표음한다. 또한 '賀, 何, 河'도 개합이 개구이므로 匣母/ɦ/가 /g/로 대체되어, 역시 /ga/를 표음한다. 따라서 '我'와 '賀, 何, 河'의 동음 관계가 충족된다. 이와는 달리 '迦, 加, 可'에는 カ/ka/를 배당했다.

(186) '我, 賀, 何, 河, 迦, 加, 可'의 중고음과 그 수용

1. 我[疑開1上歌]=/ŋɑ/^{R}〕ガ/ga/
2. 賀[匣開1去歌]=/ɦɑ/^{D}〕ガ/ga/
3. 何[匣開1平歌]=/ɦɑ/^{L}〕ガ/ga/
4. 河[匣開1平歌]=/ɦɑ/^{L}〕ガ/ga/
5. 迦[見開C平戈]=/kɥɑ/^{L}〕カ/ka/
6. 加[見開2平麻]=/kɛ/^{L}〕カ/ka/
7. 可[溪開1上歌]=/k^{h}ɑ/^{R}〕カ/ka/

이제, 이 음가 배당이 옳다는 것을 논의한다. '迦, 加'의 중고음 성모는 見母/k/이고, 『만엽집』 음가나에서 見母/k/는 항상 /k/로 수용된다. '可'의 성모는 溪母/k^{h}/이고, 溪母/k^{h}/도 항상 /k/로 수용된다.

(187)『만엽집』 음가나의 見母/k/ 수용 양상

1. 加[見開2平麻]=/kɛ/^{L}〕カ/ka/
2. 家[見開2平麻]=/kɛ/^{L}〕ケ/ke/
3. 迦[見開C平戈]=/kɥɑ/^{L}〕カ/ka/
4. 兼[見中4平添]=/kem/^{L}〕ケム/kemu/
5. 計[見開4去齊]=/kei/^{D}〕ケ/ke/

6. 鷄[見開4平齊]=/kei/^{L} 〕 ケ/ke/

7. 故[見中1去模]=/ko/^{D} 〕 コ/ko/

8. 古[見中1上模]=/ko/^{R} 〕 コ/ko/

9. 孤[見中1平模]=/ko/^{L} 〕 コ/ko/

10. 久[見中C上尤]=/kɪəu/^{R} 〕 ク/ku/

11. 九[見中C上尤]=/kɪəu/^{R} 〕 ク/ku/

12. 君[見合C平文]=/kɥən/^{L} 〕 ク/ku/～クニ/kuni/

13. 己[見開C上之]=/kɪə/^{R} 〕 コ乙/kə/

14. 紀[見開C上之]=/kɪə/^{R} 〕 キ乙/kə/

15. 祁[見開B平脂]=/kɪi/^{L} 〕 ケ/ke/

16. 吉[見開A入眞]=/kjit/^{E} 〕 キ/ki/

17. 枳[見開A上支]=/kje/^{R} 〕 キ/ki/

(188) 『만엽집』 음가나의 溪母/k^{h}/ 수용 양상

1. 可[溪開1上歌]=/k^{h}ɑ/^{R} 〕 カ/ka/

2. 苦[溪中1上模]=/k^{h}o/^{R} 〕 ク/ku/

3. 口[溪中1上侯]=/k^{h}əu/^{R} 〕 ク/ku/

4. 氣[溪開C去微]=/k^{h}ɪəi/^{D} 〕 ケ/ke/～ゲ/ge/

(189) 『만엽집』 음가나의 見母/k/·溪母/k^{h}/ 대체 수용

한어 중고음의 見母/k/·溪母/k^{h}/는 『만엽집』 음가나에서 항상 /k/로 수용된다.

다음으로, '迦, 加, 可'의 운모를 논의한다. '加'의 운모는 麻韻/ɛ/이고, 麻韻/ɛ/은 『만엽집』 음가나에서 /a/로 수용되는 것이 원칙이다(위의 (111) 참조). '可'의 운모는 歌韻/ɑ/인데, 歌韻/ɑ/은 항상 /a/로 수용된다(위의 (19) 참조). 이에 따라 '加'와 '可'는 /ka/를 표음한다.

'迦'의 운모는 戈韻 3등인데, 戈韻 1등의 /wɑ/와는 달리 戈韻 3등은 /ɥɑ/이다.

『만엽집』 음가나 중에서 戈韻 3등자는 (186.5)의 '迦' 하나뿐이다. 이 '迦'가 /a/를 표음하는 '加, 可'와 동음 관계이므로, 戈韻 3등의 /ɥɑ/가 /a/로 수용된다고 할 수 있다.

(190) 『만엽집』 음가나의 戈韻 3등 /ɥɑ/의 대체 수용

한어 중고음의 戈韻 3등 /ɥɑ/는 『만엽집』 음가나에서 /a/로 수용된다.

위의 논의를 종합하여 우리는 KA 음절 음가나에 위의 (186)처럼 음가를 배당한다. 동음 관계인 '我=賀=何=河'에 ガ/ga/를 배당하고, 역시 동음 관계인 '迦=加=可'에 カ/ka/를 배당한다. 이처럼 배당하면 한어 중고음의 수용 과정도 정상적으로 기술할 수 있다.

이처럼 음가를 배당할 때에 '我=賀=何=河'가 예외적으로 カ/ka/를 표기하고, '迦=加=可'가 역시 예외적으로 ガ/ga/를 표기하는 현상을 어떻게 기술할 것인가 하는 문제가 남는다. 우리는 소수의 예외를 그대로 인정하는 태도를 취하여, 이들을 음운론적 기술의 대상에서 제외한다. 즉, 음운론적으로 기술할 수 없는 예외로 남겨 둔다.

6.2.5.2. KI 음절

KI 음절의 표기에는 '伎, 吉, 奇, 枳, 岐, 紀, 藝, 疑'가 사용되었다. '宜'는 GE 음절을 표기하는 것이 다수이지만 GI 음절을 표기한 것도 적지 않으므로, 여기에서도 다룬다. GI 음절을 정리한 다음에 KI 음절을 정리한다.

(191) 『만엽집』의 '藝' 용례

P군 GI: 奈藝佐/奈藝左{渚}, 可藝里/可藝利{限り}, 都藝/都藝弖/都藝氏{繼ぎ-}, 奈藝爾/奈藝思多理[なぎ-], 阿布藝/安布藝弖{仰ぎ-}, 麻藝之{求ぎし}, 許藝/許藝弖{漕ぎ}, 多藝[たぎ], 和藝毛{我妹子}, 和藝弊{我家}, 爾藝之{石川}, 都流藝多

知{劍太刀}, 都藝都藝爾{繼ぎ繼ぎに}, 多爾藝利{手握り}, 安佐奈藝爾/安左奈藝爾{朝なぎに}, 由敷奈藝爾{夕なぎに}, 布奈藝保布{舟競ふ}, 波麻藝欲伎{浜清き}, 於知多藝都{落ちたぎつ}, 安伎波疑之努藝{秋萩しのぎ}, 保等登藝須{霍公鳥}, …

Q군 GI: 志藝{鴫}, 都藝{繼ぎ-}, 許藝/己藝{漕ぎ}, 多藝[たぎ], 暮奈藝爾{夕なぎに}, 朝奈藝爾/朝名藝爾{朝なぎに}, 秋芽子師弩藝/秋芽子之努藝{秋萩しのぎ}, 菅葉之努藝{菅の葉しのぎ}, 荻之葉左夜藝{荻の葉さやぎ}

(192)『만엽집』의 '疑' 용례

P군 GI: 夜疑/也疑/楊疑/楊奈疑{柳}, 波疑{萩}, 餘母疑{蓬}, 須疑/周疑南{過ぎ-}, 安佐疑里/安佐疑理{朝霧}, 由布疑里{夕霧}, 祢疑多麻比{ねぎたまひ}

Q군 GI: 須疑{杉}, 波疑{萩}, 宇波疑[うはぎ], 須疑/須疑都追{過ぎ-}, 奈疑之/奈疑牟等[なぎ-]

(193)『만엽집』의 '宜' 용례

P군 GE: 可宜{影}, 多比良宜弖{平らげて}, 斯宜志{繁し}, 安宜{上げ}, 都宜都夜{告げつや}, 那宜久/奈宜伎/奈宜吉{嘆}, 久之宜{櫛笥}, 咩佐宜多麻波祢{召上げたまはね}, 麻宜伊保{曲廬}, 比宜[ひげ]

P군 GI: 也奈宜/楊那宜{柳}, 安左宜理{朝霧}

Q군 GE: 多宜麻之{食げまし}

Q군 GI: 祢宜賜{ねぎたまふ}

위에 제시한 것처럼, '藝, 疑, 宜'는 GI 음절만 표기하고 KI 음절은 표기하지 않는다. '藝'와 '疑'의 용례 중에서 '奈藝爾/奈藝思多理'[なぎ-]와 '奈疑之/奈疑牟等'[なぎ-]이 동음 이표기 관계이다. 그러나 동음 이표기 쌍이 이것 하나뿐이라서 '藝'와 '疑'의 동음 관계를 믿기가 어렵다. 『만엽집』 음가나에서는 3쌍 이상의 동음 이표기 쌍을 찾을 수 있을 때에만 동음 관계를 인정하기 때문이다.

그런데 흥미롭게도 '楊奈疑, 楊那宜'{柳}와 '安佐疑里/安佐疑理, 安左宜理'{朝霧}

의 2쌍에서 GI 음절의 '疑'와 GE 음절의 '宜'가 동음 관계이다. '疑'의 之韻/ɪə/과 '宜'의 支韻/je~ɪe/이 독특하게도 동음으로 수용된다. 여기에서 '疑=宜'의 등식이 성립하지만, '疑'와 '宜'의 동음 이표기 쌍이 2쌍뿐이라는 점과 '宜'의 용례 중에서 GI 음절보다 GE 음절의 용례가 훨씬 많다는 점을 고려할 필요가 있다. 이 점을 고려하여 우리는 '宜'가 GE 음절에 속한다고 판단한다.

'疑'의 용례 중에서 '安佐疑里/安佐疑理{朝霧}, 由布疑里{夕霧}'의 '疑里/疑理'{霧}가 아래에서는 '紀利/奇里/奇利'{霧}로도 표기된다. '紀利/奇里/奇利'의 청음절 '紀/奇'가 복합어의 후행 성분일 때에는 연탁 규칙이 적용되어 '疑'로 교체된다. 여기에서 '疑'가 청음절 '紀/奇'의 탁음절 짝임을 알 수 있다.

위의 논의에 따르면 '藝, 疑, 宜'는 서로 이음 관계이므로 이들의 음가는 서로 다르다. '藝'는 갑류의 ギ/gi/이고, '疑'는 을류의 ギ乙/gə→gɨ/이며, 후술하겠지만 '宜'는 GE 음절일 가능성이 있다.

(194) 『만엽집』 가요의 '紀' 용례

P군 KI: 紀{城}, 紀{木}, 都紀{月}, 紀利/紀理{霧}, 安之比紀/安志比紀[あしひき]

Q군 KI: 佐紀[佐紀], 百式紀/百師紀[ももしき], …

Q군 KO: 紀{木, こ}

(195) 『만엽집』의 '奇' 용례

P군 KI: 奇{城}, 奇{木}, 都奇/追奇{月}, 奇里/奇利{霧}, 久佐奇{草木}, 之奇嶋/之奇志麻{磯城島}, 安之比奇{あしひき}, …

Q군 KI: 足比奇/安志比奇{あしひき}, …

위의 용례에서 '紀'와 '奇'가 GI 음절을 표기하지 않고 KI 음절을 표기한다는 것을 알 수 있다. '紀'와 '奇'가 동음 관계이므로 '紀=奇'의 등식이 성립하고 이들의 음가는 같다. 그런데 위에서 '疑'가 청음절 '紀=奇'의 탁음절 짝이었으므로, 이들의 모음은 같다.

(196) 『만엽집』의 '岐' 용례

P군 KI: 岐美{君}, 登岐{時}, 那我岐{長き}, 阿岐{飽き}, 多努之岐{樂しき}, 岐多流良斯{來るらし}, 遊岐{行き}, 奈岐弖{鳴きて}, 乎岐都都{招きつつ}, 志岐{敷}, 岐布得母{來經とも}, …

P군 GI: 都岐爾{繼ぎに}, …

Q군 KI: 讚岐[讚岐], 百岐年{ももきね}, …

Q군 GI: 夕難岐爾{夕なぎに}, …

(197) 『만엽집』의 '枳' 용례

P군 KI: 枳美{君}, 作枳{先}, 登枳/等枳{時}, 於枳/意枳{沖}, 奈我枳{長き}, 於枳弖{置きて}, 末枳{蒔き}, 扶枳{吹}, 佐枳多流{咲きたる}, 奈枳/奈枳之{鳴き}, 那毗枳{靡き}, 伊枳豆伎{息づき}, 宇枳{浮}, 波枳{佩き}, 古保志枳{戀しき}, 加受奈枳/可受奈枳{數なき}, 夜麻夫枳{山吹}, 安我枳{足掻き}, …

Q군 KI: 伊伎都枳{息づき}, …

Q군 GI: 許枳{漕ぎ}

(198) 『만엽집』의 '吉' 용례

P군 KI: –吉{활용 –き}, 倍吉{조동사 べき}, 吉美/吉民{君}, 佐吉{先}, 登吉/等吉{時}, 由吉/遊吉{雪}, 於吉/意吉{沖}, 多努之吉{樂しき}, 於吉/於吉弖{置きて}, 思吉/之吉/之吉氐{敷き}, 奈妣吉{靡き}, 久夜思吉{悔しき}, 加受奈吉{數なき}, 都吉{付き}, …

Q군 KI: –吉{활용 –き}, 倍吉{조동사 べき}, 吉美{君}, 由吉氐{行きて}, 波之吉/波之吉也思/波思吉香聞[愛, はしき–], …

(199) 『만엽집』의 '伎' 용례

P군 KI: –伎{활용 –き}, 倍伎{조동사 べき}, 伎彌/伎美{君}, 登伎/等伎{時}, 宇伎氐之{浮きてし}, 志伎提{敷きて}, 伎留/伎牟{着}, 夜麻夫伎{山吹}, 宇伎祢{浮寢}, …

P군 GI: 都伎弖{繼ぎて}, 己伎{漕ぎ}, …

Q군 KI: −伎{활용 −き}, 伎美{君}, 於伎{沖}, 安伎氐牟{飽きてむ}, 伊伎都枳{息づき}, 伎禰杼{着ねど}, 可伎{搔き}, 波伎{佩き}, 乎伎都追{招きつつ}, 頭伎氐{付きて}, …

Q군 GI: 許伎{漕ぎ}, 朝奈伎爾/旦名伎爾{朝なぎに}, …

(196~199)에 열거한 '岐, 枳, 吉, 伎'의 용례에서, '吉'이 GI 음절을 표기한 예는 아예 없고 '岐, 枳, 伎'가 GI 음절을 표기한 예도 극소수이다. 따라서 이 네 자는 GI 음절이 아니라 KI 음절을 표기한다. 또한 이 네 자가 동음 관계임을 말해주는 용례가 위에 열거한 것처럼 아주 많다. '岐=枳=吉=伎'의 등식이 성립하므로 이들에는 동일 음가를 배당해야 한다.

'吉, 枳, 紀'의 중고음 성모는 見母/k/이고, 見母/k/는 항상 /k/로 수용된다(위의 (189) 참조). '岐, 伎, 奇'의 성모는 群母/g/이고, 아래에서 확인할 수 있듯이 『만엽집』 음가나에서는 群母/g/가 /k/와 /g/의 두 가지로 수용된다. 『고사기』·『일본서기』의 음가나에서는 群母/g/가 항상 /k/로 수용되었으므로 아래의 (200.5~7)에서 '具, 其, 期'가 /g/로 수용된 것은 새로 일어난 변화라고 할 수 있다.

(200) 『만엽집』 음가나의 群母/g/ 수용 양상

1. 伎[群開B上支]=/gɪe/^{R} 〕 キ/ki/
2. 岐[群開A平支]=/gje/^{L} 〕 キ/ki/
3. 奇[群開B平支]=/gɪe/^{L} 〕 キ^{乙}/kə/
4. 巨[群中C上魚]=/gɪo~gɪə/^{R} 〕 コ^{乙}/kə/
5. 具[群中C去虞]=/gɥo/^{D} 〕 グ/gu/
6. 其[群開C平之]=/gɪə/^{L} 〕 ゴ^{乙}/gə/
7. 期[群開C平之]=/gɪə/^{L} 〕 ゴ^{乙}/gə/

위에서 확인할 수 있듯이, 群母/g/가 어느 환경에서 /k/로 수용되고 어느 환경에서 /g/로 수용되는지 그 경계선을 긋기가 아주 어렵다. 따라서 群母/g/의 대체 수용을 아래와 같이 개별적으로 기술할 수밖에 없다.

(201) 『만엽집』 음가나의 群母/g/ 대체 수용

한어 중고음의 群母/g/는 『만엽집』 음가나에서 /k/와 /g/의 두 가지로 수용된다. '伎, 岐, 奇, 巨'에서는 /k/로 수용되고, '具, 其, 期'에서는 /g/로 수용된다.

'疑, 藝'의 중고음 성모는 疑母/ŋ/이고, 疑母/ŋ/는 『만엽집』 음가나에서 항상 /g/로 수용된다(위의 (183) 참조).

결국, KI 음절의 표기에 사용된 8자 중에서 성모가 /g/로 수용되는 것은 '疑, 藝'의 둘이고, 나머지 6자는 성모가 /k/로 수용된다.

다음으로, 운모를 논의한다. '吉'의 중고음 운모는 眞韻 입성의 /jit/이고, 『만엽집』 음가나에 사용된 眞韻 입성자는 아래 (202.1)의 '吉' 하나뿐이다. 그런데 眞韻/ɪin, jit/은 위의 (76)에 정리한 것처럼 『만엽집』 음가나에서 /i/로 수용된다. 따라서 '吉'은 /ki/를 표음한다.

'枳, 岐, 伎, 奇' 중고음 운모는 支韻/je~ɪe/이고, 支韻/je~ɪe/은 『만엽집』 음가나에서 /i/로 수용되는 것이 원칙이다(위의 (28) 참조). 이 원칙에 따라 '枳, 岐, 伎'의 支韻/je~ɪe/이 /i/로 수용됨으로써, '枳, 岐, 伎'가 『만엽집』 음가나에서 /ki/를 표음하게 된다.

반면에 '奇'의 支韻/je~ɪe/은 이 원칙의 예외로서, 특이하게도 /ə/로 수용된다. 이에 따라 '奇'는 『만엽집』 음가나에서 /kə/를 표음하게 된다. '紀'의 之韻/ɪə/은 아후음 뒤에서 /ə/로 수용되므로, '紀'가 /kə/를 표음하는 것은 중고음의 수용 과정에서 정상적이다. 그런데 이 '紀'가 『만엽집』 음가나에서 '奇'와 동음 관계이다. 이 점을 중시하여 '奇'의 支韻/je~ɪe/이 예외적으로 /ə/를 표음한다고 본다.

'紀'와 '疑'의 중고음 운모는 之韻/ɪə/이고, 之韻/ɪə/은 아후음 뒤에서는 /ə/로 수용되고 설치음 뒤에서는 /i/로 수용된다(위의 (55) 참조). '紀'와 '疑'의 성모인 見母/k/와 疑母/ŋ/는 아후음의 일종이므로, '紀'와 '疑'의 之韻/ɪə/은 을류의 /ə/로 수용된다. 이에 따라 '紀'는 /kə/를 표음한다. 그런데 '疑'가 용례 분석에서 청음절 '紀=奇'의 탁음절 짝이었으므로, '紀'와 '疑'의 之韻/ɪə/이 을류의 /ə/로 수용된다는 것이 다시 확인된다.

위의 논의를 알기 쉽게 정리한 것이 (202)의 음가 배당이다. 여기에는 중고음의 수용 양상뿐만 아니라 '吉=枳=岐=伎'가 동음 관계이고, '紀=奇'가 동음 관계이며, '疑'와 '藝'가 이음 관계라는 사실이 두루 반영되어 있다.

(202) '吉, 枳, 岐, 伎, 紀, 奇, 疑, 藝, 宜'의 중고음과 그 수용

1. 吉[見開A入眞]=/kjit/^{E}〕キ/ki/
2. 枳[見開A上支]=/kje/^{R}〕キ/ki/[48]
3. 岐[群開A平支]=/gje/^{L}〕キ/ki/
4. 伎[群開B上支]=/gɪe/^{R}〕キ/ki/[49]
5. 紀[見開C上之]=/kɪə/^{R}〕キ^{乙}/kə/
6. 奇[群開B平支]=/gɪe/^{L}〕キ^{乙}/kə/
7. 疑[疑開C平之]=/ŋɪə/^{L}〕ギ^{乙}/gə→gɨ/
8. 藝[疑開A去祭]=/ŋjɛi/^{D}〕ギ/gi/
9. 宜[疑開B平支]=/ŋɪe/^{L}〕ゲ/ge/～ギ^{乙}/gə→gɨ/

그런데 (202.7)의 '疑'와 (202.9)의 '宜'에 ギ^{乙}/gə/를 배당하면, 후술할 GO 음절의 '期, 其'에 배당한 ゴ^{乙}/gə/와 동음 관계가 된다(아래의 (228) 참조). GI 음절의 '疑, 宜'와 GO 음절의 '期, 其'는 이음 관계임이 분명하므로, 둘 중에서 하나를 골라 음가를 수정해야 한다. 이 필요에 따라 GI 음절의 '疑, 宜'에는 제7의 모음 /ɨ/

48 재추가한 '企'가 이것과 동음 관계이다.
企[溪合B上支]=/k^{h}ɥe/^{R}〕キ/ki/. －企{활용 －き}, 由企{雪}, 佐企弖{咲きて}, 伊企陀{息だ}, 曾牟企弖{背きて}, 企久/企許斯{聞}, 和企弊{我家}

49 재추가한 '支'가 이것과 동음 관계이다. 소수의 예에서 탁음절을 표기하는 것도 같다.
支[章開AB平支]=/ʨɪe/^{L}〕キ/ki/～ギ/gi/. 支美/支見{君}, 由支{雪}, 於支{奥}, 由支{行き}, 支奈久{來鳴く}

를 설정하여 ギ乙/gi/를 배당하기로 한다. 이 수정을 위에서는 '→'로 표시했다.

4장의 (142)와 5장의 (193)에서 우리는 『고사기』·『일본서기』 음가나의 '藝'가 독특하게도 ギ/gi/로 수용된다고 했다. 『만엽집』 음가나에서도 마찬가지이다.

6.2.5.3. KU 음절

KU 음절의 표기에는 '具, 口, 苦, 九, 君, 久'가 사용되었다.

(203) 『만엽집』의 '具' 용례

P군 KU: 具良之{暮らし}, 等能具毛理/等乃具母利{との曇り}

P군 GU: 之具禮/志具禮{時雨}, 宇具比須{鶯}, 可具呂伎/迦具漏伎{か黑き}, 奈具流[なぐる], 米具利{廻り}, 周具斯{過ぐし}, 都具{繼ぐ}, 許具{漕}, 都具{告ぐ}, 米具斯/米具美{惠}, 奈具佐{慰}, 爾故具左{にこ草}, 宇既具都{穿沓}, 己許呂具志{心ぐし}, 心奈具佐爾/許己呂奈具也等{心なぐ-}, 宇良具波之[うらぐはし], 比具良之/日具良之[ひぐらし], …

Q군 GU: 牟具良{葎}, 斯具禮/之具禮/志具禮/四具禮{時雨}, 米具禮婆{廻れば}, 左具利{探り}, 都具我祢/都具倍久{繼ぐ-}, 水具麻{水隈}, …

'具'의 용례에서 '具'가 KU 음절을 표기하는 것은 극소수이고 거의 대부분이 GU 음절을 표기한다. 이 '具'가 탁음절이라는 사실은 연탁 규칙으로도 증명된다. 단일어에서는 '久佐/久左{草}, 久路{黑}, 久良之{暮}, 久麻{隈}'의 '久'로 표기되던 것이 복합어의 후행 성분에서는 '爾故具左{にこ草}, 可具呂伎/迦具漏伎{か黑き}, 比具良之/日具良之[ひぐらし], 水具麻{水隈}'의 '具'로 표기된다. 여기에서 '具'가 '久'의 탁음 짝이라는 논의가 성립한다.

(204) 『만엽집』의 '口' 용례

P군 KU: −口{활용 −く}

Q군 KU: －口{활용 －く}, 口{口}

(205) 『만엽집』의 '苦' 용례

P군 KU: －苦{활용 －く}, 伊多家苦/伊多家苦之{痛けく－}, 加苦思氐也[かくしてや], 志苦思苦爾[しくしくに]

Q군 KU: －苦{활용 －く}, 莫苦二/莫苦荷{なくに}, 可苦佐布{隱さふ}, 爾苦久{憎く}, …

(206) 『만엽집』의 '九' 용례

P군 KU: 九久{莖}

Q군 KU: －九{활용 －く}, 加九[かく], 四九四[しくし], 見九四{見らくし}, 九良三{暮らさむ}, …

(207) 『만엽집』의 '君' 용례

P군 KU: －君{활용 －く}, 君母{조사 くも}, 君仁{國}, …

Q군 KU(NI): －君{활용 －く}, 君志{串}, 莫君爾/莫君二/名君/不有君{なくに}, 須疑由君{過ぎゆく}, …

(208) 『만엽집』의 '久' 용례

P군 KU: －久{활용 －く}, 久爾/久邇{國}, 久毛/久母{雲}, 可久/迦久[かく], 久路{黑}, 久禮/久良志/久良之{暮}, 久流思伎/久流思母/久流之美{苦}, 伊久豆君{息づく}, 可久里{隱}, 邇久麻延{憎まえ}, 久奴知{國內}, 思久思久/之久之久二[しくしく－], …

Q군 KU: －久{활용 －く}, 倍久/應久{조동사 べく}, 久思{串}, 久流留/久良佐祢{暮}, 從久久流{ゆくくる}, …

(204)의 '口'가 어휘 형태를 표기하는 것은 '口'{口} 하나뿐이고, 대부분의 용례

가 활용의 '-く'를 표기한다. '苦, 九, 君, 久'도 활용의 '-く'를 표기하므로 '口'는 이들과 동음 관계이다. '苦, 九, 君, 久'가 동일어의 동일 음절을 표기하는 예는 아주 많으므로, 이들 상호 간에도 동음 관계가 성립한다. '口=苦=九=君=久'의 등식이 성립하고 이들의 음가는 동일하다.

'具'의 중고음 성모는 群母/g/이고, 群母/g/는 위의 (201)에 정리한 것처럼 개별적으로 수용되는데, '具'에서는 /g/로 수용된다. 또한 '具'의 虞韻/ɥo/은 /u/로 수용되므로(위의 (35) 참조), 『만엽집』 음가나의 '具'는 결국 /gu/를 표음한다.

'君, 九, 久'의 중고음 성모는 見母/k/이고, '苦, 口'의 성모는 溪母/k^h/이다. 見母/k/와 溪母/k^h/는 『만엽집』 음가나에서 /k/로 수용된다(위의 (189) 참조). '君'의 운모는 文韻/ɥən/인데, 文韻/ɥən, ɥət/이 /o/로 수용되는 것이 원칙이지만, '君'의 文韻/ɥən/은 예외적으로 /u/로 수용된다(위의 (144) 참조). 이처럼 '君'의 文韻/ɥən/ 수용 과정을 예외적으로 처리한 것은 동음 관계인 '苦, 九, 久'가 /ku/를 표음하기 때문이다. '君'에 /-i/ 모음이 첨가되어 '君'이 /kuni/를 표음할 때도 있는데, 이것은 위의 (154)에서 이미 정리한 바 있다.

'苦'의 운모는 模韻/o/이고, '口'의 운모는 侯韻/əu/이며, '九, 久'의 운모는 尤韻/ɪəu/이다. 模韻/o/은 『만엽집』 음가나에서 /o/, /u/, /ə/의 세 가지로 수용되지만, 위의 (37)에 정리한 것처럼 '苦'의 模韻/o/은 /u/로 수용된다. '苦'의 模韻/o/이 /u/로 수용된다고 한 것은 '苦'가 '口, 九, 久'와 동음 관계이기 때문이다. '口'의 侯韻/əu/은 /u/로 수용되고(위의 (140) 참조), '九, 久'의 尤韻/ɪəu/도 /u/로 수용된다(위의 (123) 참조). 이에 따라 '苦, 口, 九, 久'가 한결같이 /ku/를 표음하게 된다.

(209) '具, 君, 苦, 口, 九, 久'의 중고음과 그 수용

1. 具[群中C去虞]=/gɥo/^{D} 〕グ/gu/
2. 君[見合C平文]=/kɥən/^{L} 〕ク/ku/～クニ/kuni/
3. 苦[溪中1上模]=/k^ho/^{R} 〕ク/ku/
4. 口[溪中1上侯]=/k^həu/^{R} 〕ク/ku/
5. 九[見中C上尤]=/kɪəu/^{R} 〕ク/ku/

6. 久[見中C上尤]=/kɪəu/^{R}〕ク/ku/

KU 음절의 음가나에 위와 같이 음가를 배당하면, 동음 관계와 중고음의 수용 과정을 두루 충족할 수 있다. 다만, '君'의 文韻/ɥən/이 /u/를 표음한 것은 예외적이다.

6.2.5.4. KE 음절

KE 음절의 표기에는 '宜, 兼, 祁, 鷄, 計, 家, 氣'가 사용되었다. '宜'의 용례는 위의 (193)에서 이미 열거한 바 있으므로 여기에서는 용례 제시를 생략한다.

위의 (193)에서 확인할 수 있듯이, '宜'는 KE 음절을 표기하는 일이 없고, 항상 GE·GI 음절만 표기한다. 특히 활용의 '-け' 또는 조동사 'け-'를 표기하는 일이 없는데, 이것은 '宜'의 음가가 여타의 음가나와 다르다는 것을 의미한다. 아래의 '家, 計, 鷄, 祁, 氣'는 활용의 '-け' 또는 조동사 'け-'를 생산적으로 표기하기 때문이다. 따라서 '宜'가 GE 음절을 표기한다고 확신할 수 있다.

(210) 『만엽집』의 '兼' 용례

Q군 KEMU: 兼{활용 -けむ}

KE 음절의 7자 중에서 운미 /-m/을 가지는 '兼'은 Q군에서 '-けむ'를 표기할 때에만 사용되고 어휘 형태를 표기하는 일이 없다. '兼'의 운미 /-m/이 '-けむ'의 둘째 음절에 반영되었으므로 '兼'을 KE 음절이 아니라 KEMU를 표기한다고 말하는 것이 정확하다. 그렇더라도 '兼'을 여타의 KE 음절 표기자와 대비하여 성모와 운복모음의 수용 과정을 논의할 수 있다. 또한 P군과 Q군의 표기법을 대비할 때에도 '兼'은 유용하다. '兼'이 Q군에서만 사용되었기 때문이다.

(211) 『만엽집』의 '祁' 용례

P군 KE: 祁流{조동사 け-}, 祁布{今日}

Q군 KE: 祁流/祁留/祁禮婆/祁利/祁里/祁牟{조동사 け-}

(212) 『만엽집』의 '鷄' 용례

Q군 KE: 鷄類/鷄里/鷄利{조동사 け-}, 繁鷄鳩{繁けく}, 思多鷄備弖{思ひたけびて}, 多鷄蘇香仁{たけそかに}, …

(213) 『만엽집』의 '計' 용례

P군 KE: 計理{조동사 け-}, 計布{今日}, 佐夫志計米夜母{寂しけめやも}, 伊多波斯計禮婆{勞はしければ}, …

Q군 KE: 計類/計留/計禮/計武{조동사 け-}, 繁計久{繁けく}, 通計萬口波{通ひけまくは}, 所念計米可{思ほしけめか}, …

(214) 『만엽집』의 '家' 용례

P군 KE: 家流/家留/家利/家理/家禮婆/家牟/家武{조동사 け-}, -家{활용 -け}, -家武{활용 -けむ}, -家登/家杼/家騰{활용 -けど}, 家布/家敷{今日}, 波思家夜之/波之家也思[はしけやし], 伊登祢多家口[いとねたけく], …

Q군 KE: 家流/家類/家禮騰/家利/家武/家牟{조동사 け-}, -家{활용 -け}, 佐家禮抒{咲けれど}, 伊家流{生ける}, 波之家也思[はしけやし]

(215) 『만엽집』의 '氣' 용례

P군 KE: -氣{활용 け}, 氣伎/氣之{조동사 け-}, 可氣{影, 蔭}, 可氣{懸, 掛}, 久之氣{櫛笥}, 氣比{笥飯}, 可氣麻久[かけまく], 由多氣伎[ゆたけき], …

P군 GE: 思氣美{繁}, 安氣{擧げ, 上げ}, …

Q군 KE: -氣{활용 -け}, 氣師/氣思{조동사 け-}, 多氣{조사 たけ}, 多氣婆奴禮[たけばぬれ], …

Q군 GE: 之氣久登毛{茂くとも}, 奈氣{嘆げ}, 追氣{告げ}

위의 '祁, 鷄, 計, 家, 氣'가 GE 음절을 표기한 예는 없거나 극소수인 반면에 대부분의 예에서 KE 음절을 표기한다. '祁, 鷄, 計, 家, 氣'가 활용형의 '-け' 또는 조동사 'け-'를 공통적으로 표기하고, '祁布, 計布, 家布/家敷'{今日}, '繁鷄鳩, 繁計久, 思氣久'{繁けく} 등이 동음 이표기 쌍이다. 여기에서 '祁=鷄=計=家=氣'의 등식이 성립하므로 이들의 음가는 서로 같다.

그런데 (193)의 '宜'가 '祁, 鷄, 計, 家'와 동음 관계인 것은 없지만, 흥미롭게도 '宜'와 '氣'가 동음 관계인 쌍이 적지 않다. '氣'의 KE 음절에서 '可宜=可氣{影}, 那宜/奈宜=奈氣{嘆}, 久之宜=久之氣{櫛笥}'가 동음 이표기 쌍일 뿐만 아니라, GE 음절에서도 '斯宜=思氣/之氣{繁}, 安宜=安氣{上げ}, 那宜/奈宜=奈氣{嘆げ}, 都宜=追氣{告げ}'가 동음 이표기 쌍이다. 이들을 중시하면 '宜=氣'의 등식을 세우고, 이들의 음가가 동일하다고 해야 한다. 결론적으로 '氣'는 KE 음절을 표기하면서도 GE 음절도 표기하는 이중성을 보인다.

문제는 '氣'의 모음이다. '氣'의 중고음 운모는 微韻/ɪəi/인데, '祁=鷄=計=家=氣'의 등식에 따르면 '氣'의 모음이 을류의 /ə/라고 할 수가 없다. '鷄=計=家'의 모음은 갑류의 /e/이기 때문이다. 이에 따라 '氣'에 /ke/ 또는 /ge/를 배당해야 하고, 이에 연동되어 '宜'에도 /ge/를 배당해야 한다.

'宜'의 중고음 성모는 疑母/ŋ/이고, 疑母/ŋ/는 『만엽집』 음가나에서 항상 /g/로 수용된다(위의 (183) 참조). '宜'의 운모는 支韻/je~ɪe/이고, 支韻/je~ɪe/은 /i/로 수용되는 것이 원칙이지만 '宜'의 支韻/je~ɪe/은 특이하게 /e/로 수용된다(위의 (28) 참조). 이처럼 '宜'에 /ge/를 배당한 것은 '宜'와 탁음의 '氣'가 동음 관계이기 때문이다. 위의 GI 음절에서 '宜'에 ギ乙/gə→gɨ/를 배당한 바 있으므로 '宜'는 ゲ/ge/와 ギ乙/gə→gɨ/의 두 가지 음가를 갖는다.

위의 논의에 따르면 '祁=鷄=計=家'에 /ke/를 배당하고 이들과 동음 관계인 '氣'에도 /ke/를 배당해야 한다. '兼'이 표기하는 KEMU의 KE에도 마찬가지이다.

(216) '宜, 氣, 祁, 鷄, 計, 家, 兼'의 중고음과 그 수용

1. 宜[疑開B平支]=/ŋɪe/L〕 ゲ/ge/~ギ乙/gə→gɨ/

2. 氣[溪開C去微]=/k^hɪəi/^{D} 〕ケ/ke/～ゲ/ge/

3. 祁[見開B平脂]=/kɪi/^{L} 〕ケ/ke/

4. 鷄[見開4平齊]=/kei/^{L} 〕ケ/ke/

5. 計[見開4去齊]=/kei/^{D} 〕ケ/ke/

6. 家[見開2平麻]=/kε/^{L} 〕ケ/ke/

7. 兼[見中4平添]=/kem/^{L} 〕ケム/kemu/

우리는 KE 음절 음가나에 위와 같이 음가를 배당한다. 그리하면 '鷄'와 '計'의 齊韻/ei/이 /e/로 수용되는 과정을 정상적으로 기술할 수 있다. 齊韻/ei/ 개구는 『만엽집』 음가나에서 항상 /e/로 수용되기 때문이다(위의 (86) 참조). 또한 '兼'의 첫째 음절이 /ke/인 것도 정상적이다. 添韻/em/의 운복모음 /e/가 그대로 수용되었기 때문이다.

『만엽집』 음가나 중에서 添韻字는 (216.7)의 '兼'이 유일하므로 添韻/em/의 대체 수용을 아래와 같이 정리해 둔다. 添韻/em/에는 /-u/ 모음의 첨가가 일어나는데 이것은 위의 (154)에서 이미 정리한 바 있다.

(217) 『만엽집』 음가나의 添韻/em/ 대체 수용

한어 중고음의 添韻/em/은 『만엽집』 음가나에서 /-u/ 모음의 첨가가 일어나 /emu/로 수용된다.

그런데 (216.1), (216.3), (216.6)에서 '宜'의 支韻/je～ɪe/, '祁'의 脂韻/ji～ɪi/, '家'의 麻韻/ε/이 두루 /e/로 수용되는 과정은 예외적이다. 支韻/je～ɪe/과 脂韻/ji～ɪi/은 『만엽집』 음가나에서 /i/로 수용되는 것이 원칙이고(위의 (28)과 (26) 참조), 麻韻/ε/은 /a/로 수용되는 것이 원칙이기(위의 (111) 참조) 때문이다.

'祁'는 『고사기』 음가나에서[50] 乙류의 ケ^{乙}/kə/와 甲류의 キ/ki/ 사이에서 동요

50 『일본서기』 가요에서는 극소수의 용례뿐이라서 '祁'가 논의 대상에서 제외되었다.

하는 음가였다. 그런데 『만엽집』 음가나에서 갑류의 ケ/ke/를 표기하고 헤이안 초기 이후에는 갑류인 ケ/ke/로 고정된다. 이와 마찬가지로 (216.2)의 '氣'도 『고사기』 음가나에서는 을류의 ケ乙/kə/를 표기했는데, 『만엽집』 음가나에서는 갑류의 ケ/ke/～ゲ/ge/를 표기한다. 이것은 『고사기』에서는 을류였던 모음이 『만엽집』에서는 갑류로 합류하는 변화가 일어났음을 보여 준다. 따라서 『고사기』·『일본서기』·『만엽집』 음가나를 하나로 합하여 갑류와 을류의 어느 하나로 고정하여 기술하는 것은 옳지 않다. 통시적 변화 과정에서 갑류와 을류의 합류가 얼마든지 일어날 수 있기 때문이다.

6.2.5.5. KO 음절

KO 음절의 표기에는 '許, 己, 巨, 古, 故, 孤, 期, 其, 吳'가 사용되었다. 이 중에서 '期, 期, 吳'는 GO 음절을 표기하고, 나머지는 KO 음절을 표기한다. '吳'는 음운대립 확인을 위하여 추가한 음가나이다.

(218) 『만엽집』의 '期' 용례

P군 GO: 期等/期等久{如}, 比等期等爾{人ごとに}, 許等期等[ことごと], 和期大皇/和期於保伎美{我ご大君}

Q군 GO: 期呂{頃, ごろ}, 和期大王/吾期大王{我ご大君}, 虛知期知爾[こちごちに]

(219) 『만엽집』의 '其' 용례

P군 GO: 其等/其等久/其登久[如], 比登其等/比登其等{人言}, 奈禮其呂母{なれ衣}, 安左宜理其問理{朝霧隱り}, 波奈其米{花ごめ}, 許等其等/許登其等[ことごと], 許呂其呂[ころごろ], 許其志可[こごしか], …

Q군 GO: 其登久/其等久/其等爾/其登毛{如}, 其呂{頃, ごろ}, 欲其母理{夜隱り}, 石根許其思美{いはねこごしみ}, 己知其智乃[こちごちの], 己呂其侶波[ころごろは]

(220)『만엽집』의 '吳' 용례

P군 GO: 奈吳/那吳[奈吳], 思多吳非爾{下戀に}, 宇良吳悲須{うら戀す}, 許己呂都吳枳弖{心つごきて}

Q군 GO: 奈吳[名兒, 奈吳], 三沙吳居/三佐吳集{みさご居る}

'期, 其가 탁음절임은 중첩어인[51] '許等期等/許等其等/許登其等[ことごと], 虛知期知/己知其智[こちごち], 許呂其呂/己呂其侶[ころごろ]'에서 확인된다. 중첩어의 선행 성분에서는 '許, 虛, 己'로 표기되던 것이 후행 성분에서는 '期, 其'로 바뀌어 표기된다. 중첩어를 복합어의 일종이라 판단하게 되면 후행 성분에서 연탁 규칙이 적용된다. 중첩어의 '期, 其'는 연탁 규칙이 적용된 표기이므로, '期, 其'가 GO 음절임이 분명하다. 복합어에서 연탁 규칙이 적용된 것으로는 '比登其等/比登其等{人言}, 左其呂毛{さ衣}, 奈禮其呂母{なれ衣}, 安左宜理其問理{朝霧隱り}, 麻乎其母{まを薦}, 波奈其米{花ごめ}, 欲其母理爾{夜隱り}'의 '其'가 있다. 여기에서도 '期, 其'가 '許, 虛, 己'의 탁음 짝임이 확인된다.[52]

위의 여러 용례에서 '期'와 '其'가 동음 관계이다. '期=其'의 등식이 성립하므로 이 둘의 음가는 동일하다. '吳'도 항상 탁음절만 표기하지만 '吳'는 '期=其'와는 이음 관계이다. 이 둘이 동일어의 동일 음절을 표기하는 일이 없기 때문이다.

그런데 복합어인 '思多吳非爾{下戀に}, 宇良吳悲須{うら戀す}'에서 동사 '戀'이 '吳非/吳悲-'로 표기되었지만, 아래의 (224~226)에서는 '孤悲, 故非/故悲, 古非/古飛'로 표기되었다. 이것은 '吳'가 '孤, 故, 古'의 탁음 짝임을 말해 준다.

51 『만엽집』 가요에서는 첩어나 반복어가 자주 사용되는데, 이들 중첩어에서 앞의 글자를 뒤에서 그대로 반복한 것을 同字法이라 하고 뒤에서 서로 다른 글자로 표기한 것은 變字法이라 한다(大野透 1962: 201). 大野透는 이 동자법과 변자법에 주목하여 만엽가나를 면밀히 분석한 대표적 학자이다.

52 한 가지 예외가 있다. '期呂/其呂'{頃, ごろ}에서는 GO 음절로 표기되던 것이 '許呂/己呂'{頃}에서는 KO 음절로 표기되었다.

(221) 『만엽집』의 '巨' 용례

P군 KO: 巨騰{琴}, 巨禮也己[これやこ], …

Q군 KO: 巨勢[巨勢], 母寸巨勢友{ははきこせども}, 續巨勢奴鴨{繼ぎこせぬかも}, 有巨勢奴香聞/有巨勢濃香問{ありこせぬかも}

(222) 『만엽집』의 '己' 용례

P군 KO: 己曾{조사 こそ}, 己{지시대명사 こ}, 己許/許己{지시대명사 ここ}, 曾己{지시대명사, そこ}, 己呂毛/己呂母{衣}, 己許呂{心}, 己等{言}, 美己等{命}, 己{木}, …

Q군 KO: 己曾/己所{조사 こそ}, 己{지시대명사, こ}, 己知{지시대명사, こち}, 所己{지시대명사, そこ}, 己許/許己{지시대명사 ここ}, 許己呂{心}, 美己等{命}, …

(223) 『만엽집』의 '許' 용례

P군 KO: 許{지시대명사 こ}, 許許/己許{지시대명사 ここ}, 曾許/則許{지시대명사 そこ}, 許曾{조사 こそ}, 許呂母{衣}, 許許呂/己許呂{心}, 許登/許等{琴}, 許登/許等{言}, 美許等/美許登/彌許等{命}, 許{木}, …

Q군 KO: 許{지시대명사 こ}, 許己/己許{지시대명사 ここ}, 曾許/所許{지시대명사 そこ}, 許曾/許增{조사 こそ}, 許己呂{心}, 美許等{命}, 許{木}, 許世/許湍[巨勢], …

위의 용례에서 '巨, 己, 許'가 항상 GO 음절이 아니라 KO 음절을 표기한다. '巨禮也己'[これやこ]의 지시대명사 '巨'가 '己, 許'와 동음 이표기 관계이고 '巨騰, 許登/許等'{琴}, '己等, 許登/許等'{言}를 비롯하여 동음 이표기 쌍이 아주 많다. '巨, 己, 許'가 동음 관계 즉 '巨=己=許'이므로, 이들의 음가는 같다.

그런데 중요한 것은 '巨=己=許'가 아래의 '孤, 故, 古'와는 이음 관계라는 점이다. 이 두 가지가 동일어의 동일 음절을 표기하는 예가 전혀 없다. '巨=己=許'와 '孤, 故, 古'가 항상 서로 다른 단어를 표기하므로, '巨=己=許'와 '孤, 故, 古'의 음가는 서로 달라야 한다.

(224)『만엽집』의 '孤' 용례

P군 KO: 孤悲{戀}, 孤布流{戀ふる}

Q군 KO: 孤悲/孤悲而{戀}, 喚孤鳥{呼子鳥}

(225)『만엽집』의 '故' 용례

P군 KO: 故{子}, 美夜故/美也故/彌夜故{都}, 可斯故斯/可之故美/可之故伎{畏}, 故飛/故非/故布/故敷{戀}, 故要/故延/故之/故事/故酒{越}, 伊故麻{生駒}, …

Q군 KO: 故志爾之{越にし}, 爾故餘漢[にこやかに]

(226)『만엽집』의 '古' 용례

P군 KO: 古{子}, 美夜古/美也古/彌夜古{都}, 古{小}, 可之古久母{畏}, 古布流/古敷流/古保/古非/古飛{戀}, 古之/古思/古衣/古延弖/古要牟{越}, 爾古餘可爾之母[にこよかにしも], …

Q군 KO: 可之古家米也母{畏けめやも}, …

지금까지 우리는 번거로움을 피하여 동음 관계인 용례만 남기고 나머지 자료는 모두 생략해 왔다. 그런데도 (224~225)의 용례에서 볼 수 있듯이, '故'와 '古'의 동음 이표기 쌍이 적지 않다. 또한 '孤悲'{戀}의 '孤'가 '故非, 古非/古飛'{戀}의 '故, 古'와 동음 관계이고, '喚孤鳥'{呼子鳥}의 '孤'가 '故, 古'{子}와 동음 관계이다. '孤=故=古'의 등식이 성립하므로 이 셋의 음가는 동일하다.

위의 자료 분석을 종합하면 '期=期', '吳', '巨=己=許', '孤=故=古'의 네 가지 단위가 나온다. '期=期'와 '吳'는 GO 음절이고 나머지는 KO음절이다. KO 음절의 '巨=己=許'는 을류 모음을 가지고, '孤=故=古'는 갑류 모음을 가진다.

그런데 동국 방언에서는 '아들'을 뜻하는 'こ'의 표기에 갑류의 '故=古'{子}뿐만 아니라 을류의 '許'{子}도 사용됨으로써 '巨=己=許'와 '孤=故=古'가 음운대립을 이루지 않았을 가능성이 제기된다. 을류의 '許'{子}로 표기된 것은 아즈마 노래인 권14의 3361, 3368, 3369번 가요에 나온다. 또한 '古胡登'[こごと]가 역시 권14의

3502번 노래에서는 '己其登'로 표기되기도 한다. 이들에서 을류의 모음을 가지는 '許'와 '己'가 모두 방언적 특징을 보이는 아즈마 노래에 나오므로 동국 방언에서는 '巨=己=許'와 '孤=故=古'가 음운대립을 이루지 않았다고 할 수 있다. 그러나 야마토코토바로 한정하면 을류와 갑류가 엄격히 구별된다. 따라서 '孤=故=古'의 コ甲과 '巨=己=許'의 コ乙이 나라의 중앙어에서는 음운론적으로 대립했다고 보아야 한다.

예컨대, 용례가 아주 많은 명사 'こころ'(心)를 표기할 때에 '己=許'만 사용하고 '故=古'는 사용하지 않았다. 동사 '戀'을 표기한 용례도 아주 많은데, 항상 '孤=故=古'만 사용하고 절대로 '己=許'는 사용하지 않았다. 이 점을 중시하여 우리는 '己=許'와 '孤=故=古'가 이음 관계였다고 본다.

'期, 朞, 巨'의 중고음 성모는 群母/g/인데, '期, 朞'의 群母/g/는 /g/로 수용되지만 '巨'의 群母/g/는 /k/로 수용된다(위의 (200) 참조). 이처럼 群母/g/가 서로 다르게 수용되는 까닭이 무엇인지 아직 알 수 없다. '己, 故, 古'의 성모는 見母/k/이고, 見母/k/는 항상 /k/로 수용된다(위의 (189) 참조).

'吳'의 성모는 疑母/ŋ/이고, 疑母/ŋ/는 『만엽집』 음가나에서 항상 /g/로 수용된다(위의 (183) 참조).

'許'의 성모는 曉母/h/인데, 『만엽집』 음가나 중에서 曉母字는 아래 (228.6)의 '許' 하나뿐이다. 이 '許'가 '巨, 己'와 동음 관계이므로 '許'의 曉母/h/가 /k/로 수용된다고 할 수 있다. 『고사기』·『일본서기』의 음가나에서도 曉母/h/가 /k/로 수용된다.

(227) 『만엽집』 음가나의 曉母/h/ 대체 수용

한어 중고음의 曉母/h/는 『만엽집』 음가나에서 /k/로 수용된다.

위의 논의를 종합하여 KO 음절 음가나에 음가를 배당해 보면 아래와 같다.

(228) '期, 其, 吳, 巨, 己, 許, 故, 古, 孤'의 중고음과 그 수용

1. 期[群開C平之]=/gɪə/^{L} 〕 ゴ^{乙}/gə/
2. 其[群開C平之]=/gɪə/^{L} 〕 ゴ^{乙}/gə/
3. 吳[疑中1平模]=/ŋo/^{L} 〕 ゴ/go/[53]
4. 巨[群中C上魚]=/gɪo~gɪə/^{R} 〕 コ^{乙}/kə/
5. 己[見開C上之]=/kɪə/^{R} 〕 コ^{乙}/kə/
5. 許[曉中C上魚]=/hɪo~hɪə/^{R} 〕 コ^{乙}/kə/
6. 故[見中1去模]=/ko/^{D} 〕 コ/ko/
7. 古[見中1上模]=/ko/^{R} 〕 コ/ko/
8. 孤[見中1平模]=/ko/^{L} 〕 コ/ko/

'期, 其, 己'의 운모는 之韻/ɪə/인데, 之韻/ɪə/은 아후음 뒤에서는 /ə/로 수용되고 설치음 뒤에서는 /i/로 수용된다(위의 (55) 참조). '期, 其, 己'의 성모가 모두 아음이므로 이들의 之韻/ɪə/은 /ə/로 수용된다. '巨, 許'의 운모는 魚韻/ɪo~ɪə/인데, 魚韻/ɪo~ɪə/은 『만엽집』 음가나에서 항상 /ə/로 수용된다(위의 (53) 참조). 따라서 '期, 其, 巨, 己, 許'의 운모는 위에 제시한 것처럼 을류의 /ə/로 수용된다.

'吳'와 '孤, 故, 古'의 운모는 模韻/o/인데, 『만엽집』 음가나에서는 模韻/o/을 개별적으로 수용한다(위의 (37) 참조). '吳'와 '孤, 故, 古'의 模韻/o/은 /o/로 수용하므로, '吳'는 갑류의 ゴ/go/를, '孤, 故, 古'는 갑류의 コ/ko/를 표음한다.

(228)과 같이 음가를 배당하면 동음/이음 관계뿐만 아니라 중고음의 수용 과정을 말끔하게 기술할 수 있다. KO 음절에서는 을류의 コ^{乙}/kə/·ゴ^{乙}/gə/가 각각 갑류의 コ/ko/·ゴ/go/와 음운론적으로 대립한다.[54]

53 재추가한 '胡'가 이것과 동음 관계이다. 다만, '胡'는 コ/ko/를 표기할 때도 있다. 胡[匣中1平模]=/ɦo/^{L} 〕 ゴ/go/~コ/ko/. 奈胡也[なごや], 都麻胡非{夫戀ひ}, 伊敝胡悲{家戀}, 宇良胡非{うら戀}, 胡藤母{子ども}

54 그러나 위에서 이미 거론한 것처럼 동국 방언에서는 KO 음절에서 갑류의 /o/모음과 을류의 /ə/ 모음이 합류했을 가능성이 있다.

6.2.5.6. K행의 요약 정리

K행의 『만엽집』 음가나에 대한 논의를 요약하여 정리하면 아래와 같다.

(229) K행 『만엽집』 음가나의 음가 배당 (음영 부분은 Q군 음가나)

자음＼모음		A (ア)	I (イ)	U (ウ)	E (エ)	O (オ)
K カ	K	可=加=迦 /ka/	伎=吉=枳 =岐/ki/, 紀=奇/kə/	久=苦=君 =口/ku/	家=祁=鷄= 計=氣/ke/	許=己=巨 /kə/, 孤= 故=古/ko/
		可=加/ka/	伎=吉=枳/ki/, 紀=奇/kə/	久=苦=口 =九=君/ku/	家=計=鷄= 祁=兼=氣 /ke/	許=己=巨 /kə/, 孤= 故=古/ko/
	G	我=河=賀 =何/ga/	藝/gi/, 疑=宜/gə→gɨ/	具/gu/	宜=氣/ge/	其=期/gə/, 吳/go/
		我=何=河 =賀/ga/	藝/gi/, 疑=宜/gə→gɨ/	具/gu/	宜=氣/ge/	其=期/gə/, 吳/go/

위의 음가 배당표에서 '氣'는 KE 음절과 GE 음절의 두 곳에, '宜'는 GE 음절과 GI 음절의 두 곳에 들어가 있다. 이것은 '氣'와 '宜'가 이중성을 보인다는 것을 의미한다. 특히 '宜'는 GE 음절애서는 갑류의 /ge/이지만, GI 음절에서는 을류의 /gə→gɨ/이다. /ge/를 표음한 예가 /gə→gɨ/를 표음한 예보다 훨씬 많으므로, 을류의 /ə→ɨ/가 갑류의 /e/로 합류하는 중이었다고 할 수 있다.

K행에서 설정된 모음은 /a, i, u, e, o, ə/의 6종이고 G행의 모음은 /a, i, ɨ, u, e, o, ə/의 7종이다. 이것은 5종의 기본모음에 을류의 /ə/와 /ə, ɨ/가 각각 추가된 것이다. 모음이 6종과 7종이라는 점에서 K행과 G행은 위의 ø·N·M·R 행과 차이가 난다. ø·N·R 행의 O열에서는 을류의 /ə/가 설정되었고, M행의 O열에서는 갑류의 /o/가 설정되었다. N·R행과 M행을 하나로 병합하여 5종의 모음을 열거한다면 /a, i, u, e, o=ə/의 5종이라 할 수 있다. 이때의 /o=ə/는 O열에서 갑류의 /o/와 을류의 /ə/가 상보적으로 분포한다는 것을 나타낸다. 이와는 달리 K행과

G행에서는 갑류의 /o/와 을류의 /ə/가 음운론적으로 대립하여 K행에서는 /a, i, u, e, o, ə/의 6종이 설정되고, G행에서는 제7의 모음 /ɨ/가 추가된다.

그런데, K행에서 이 6종의 모음을 설정할 때에, KI 음절의 을류에 キ乙/ə/를 배당하면서 KO 음절의 을류에도 コ乙/ə/를 배당할 수 있을까 하는 의문이 제기된다. 이 두 가지 을류 모음이 동일하다고 하려면 キ乙/kə/와 コ乙/kə/가 동음 관계임을 증명해야 한다. 쉽게 말하여 KI 음절의 '紀=奇'에 /kə/를 배당하면서 KO 음절의 '許=己=巨'에도 /kə/를 배당하려면, '紀=奇'와 '許=己=巨'의 동음 관계가 확인되어야 한다. 만약에 이들의 동음 관계가 확인되지 않는다면 일곱째 모음을 새로 설정하여 K행에서 7종의 모음이 음운론적으로 대립했다고 기술해야 한다.

그런데 KI 음절과 KO 음절의 동음 관계를 확인해 주는 예가 있다. 번거롭지만 여기에서는 출전을 명시한다.

(230) 을류 모음 상호 간의 '木' 동음 이표기

KI – 奇{木, 권17 P4006}, 久佐奇{草木, 권20 P4314}, 紀{木, 권5 P812, 권10 Q1875}, 伊波紀{石木, 권5 P800}

KO – 許{木, 권17 P4026, 권18 P4051, 권18 P4053, … 권8 Q1495, 권19 Q4166, 권19 Q4187, 권19 Q4192}, 許奴禮{木末, こぬれ, 권5 P827, 권17 P3957, 권17 P3991, 권18 P4111, 권18 P4136}, 己{木, 권5 P867}

(230)의 '木' 즉 '나무'는 『만엽집』 음가나에서 KI 음절인 '奇=紀'와 KO 음절인 '許=己'의 두 가지로 표기된다.[55] '木' 즉 '나무'는 기초 어휘이므로 그 용례도 아주 많다. '奇=紀'와 '許=己'가 동음 관계이므로 이들의 음가가 같다고 할 수 있다. 이 동음 관계를 가장 쉽게 기술하려면 '奇=紀'에 キ乙/kə/를 배당하고 '許=己'에 コ乙/kə/를 배당하되, 이들 상호 간에는 음운대립이 성립하지 않는다고 기술하면 된

55 동국 방언에서는 '나무'를 KE 음절의 '氣'로 표기하기도 한다. '氣'{木, 권20 P4375}와 '麻氣波之良'{眞木柱, 권20 P4342}가 그 예인데, 그 출전이 사키모리 노래이다. 우리는 나라시대의 중앙어만을 분석하므로, 이 방언 자료를 논의에서 제외한다.

다. 음운대립이 성립하지 않는다는 것은 キ乙/kə/과 コ乙/kə/의 두 가지가 /kə/ 하나로 합류했다는 것을 뜻한다.

반면에 GI 음절의 '疑=宜' 즉 ギ乙/gə→gɨ/와 GO 음절의 '其=期' 즉 ゴ乙/gə/의 동음 이표기 쌍은 전혀 찾을 수 없다. 이것은 '疑=宜'와 '其=期'가 이음 관계임을 말해 주므로, 이 둘에 동일 음가 /gə/를 배당할 수가 없다. 이 이음 관계를 정확하게 기술하는 방법의 하나로 제7의 모음 /ɨ/를 설정하는 방법이 있다. 이 /ɨ/는 『고사기』·『일본서기』 음가나에서 설정한 바 있는 후설평순고모음이다. 예컨대, GO 음절의 '其=期'에는 /gə/를 배당하되, GI 음절의 '疑=宜'에는 /gɨ/를 배당하는 방법이다. 이 방법이 가장 간단하므로, GI 음절에서는 제7의 모음 /ɨ/를 설정하기로 한다. 이것을 위의 (229)에서는 疑=宜/gə→gɨ/로 표기했다. 『고사기』 음가나에서는 BI·MI·GI의 세 가지 음절에서 제7의 모음 /ɨ/가 설정되고 『일본서기』에서는 MI 음절에서만 설정되는데, 『만엽집』 음가나에서는 GI 음절에서만 제7의 모음 /ɨ/가 설정된다.

『만엽집』 음가나의 M행에서는 MI 음절에서 갑류의 /i/와 을류의 /ə/가 대립했지만, 을류의 모음을 /ə/와 /ɨ/의 둘로 나눌 필요가 없었다. O열에서 갑류와 을류가 하나로 합류하여 갑류의 /o/만 설정되기 때문이다. 그러나 G행에서는 GI 음절뿐만 아니라 GO 음절에서도 을류의 모음이 설정되고, 이 두 가지 을류 모음이 이음 관계이다. 따라서 『만엽집』 음가나의 G행에서는 제7의 모음 /ɨ/를 설정해야만 한다.

상대 일본어의 8모음설에서는 キ乙, ケ乙, コ乙의 세 가지가 서로 다른 음가였다고 본다. 그러나 이 세 가지 을류 모음 중에서 ケ乙이 가장 먼저 대립적 가치를 잃었을 가능성이 크다. GI 음절과 GO 음절에서는 을류 모음 /ɨ/와 /ə/가 설정되지만, GE 음절에서는 을류 모음이 설정되지 않기 때문이다. 따라서 8모음설을 부정할 수 있는데, 이것은 『고사기』와 『일본서기』 음가나에서도 마찬가지였다.

6.2.6. S행, サ行

S행 즉 サ행의 표기에는 '佐, 左, 沙, 射, 之, 志, 思, 自, 須, 周, 受, 世, 勢, 是, 蘇, 曾' 등이 사용되었다. 이들을 음절별로 분류하면 아래와 같다.

(231) S행의 『만엽집』 음가나 (음영 부분은 Q군 음가나)

자음 \ 모음		A (ア)	I (イ)	U (ウ)	E (エ)	O (オ)
S サ	S	佐 左 沙	之 志 思 斯 師 四	須 周	世 勢	蘇 曾
		佐 左 沙	之 志 思 斯 師 四	須 周	世 勢	蘇 曾
	Z	射	自	受 須	是	曾
		射	自	受		曾

6.2.6.1. SA 음절

SA 음절의 표기에는 '射, 沙, 左, 佐'가 사용되었다. 아래의 용례에서 볼 수 있듯이, '射'는 ZA 음절을 표기하고 '沙, 左, 佐'는 SA 음절을 표기한다.

(232) 『만엽집』의 '射' 용례

P군 ZA: 伊射{감동사 いざ}, 比射{膝}, 佐射禮{細, さざれ}, 加射之/可射之[かざし], 美延射良{見えざら}, 孤悲射良牟{戀ひざらむ}, 伊射奈比{誘ひ}, 伊射流/伊射里{漁}, 安麻射可流/安麻射加流{天離る}, …

Q군 ZA: 伊射{감동사 いざ}, 和射{技}, 左射禮{細}, 加射之[冠花], 伊射利/伊射里{漁}, 射可流{離}, 牟射佐毗[むざさび]

'佐射禮/左射禮'{細, さざれ}의[56] 첫째 음절을 표기하는 데에는 '佐/左'가 사용되지만, 둘째 음절을 표기하는 데에는 '射'만 사용된다. 이것은 '佐/左'가 SA 음절인

56 이 단어는 '沙邪禮'{細, さざれ}로도 표기된다. 이곳의 '邪'는 극소수의 용례뿐이다.

데에 반하여, '射'가 ZA 음절임을 암시한다. 상대 일본어에서는 단어의 첫째 음절이 탁음절인 예가 드물기 때문이다.

또한 복합어 '伊夜射可里{いや離り}, 安麻射可流/安麻射加流{天離る}'에서 '射'로 표기되던 것이 단일어인 '左可里弖'{離}에서는 '左'로 표기된다. '射'는 복합어의 후행 성분에서 연탁 규칙이 적용된 것이므로, '射'는 '左'의 탁음 짝이라고 할 수 있다.

'고기 잡다, 고기잡이'의 의미를 가지는 '伊射流/伊射里'{漁}에서는 둘째 음절이 '射'로 표기되었는데, '阿佐里'{漁}에서는 둘째 음절이 '左, 佐'로 표기되어 '射'와 '左, 佐'가 동음 관계인 것처럼 보인다. 그러나 '伊射流'와 '阿佐里'는 첫째 음절이 서로 다르므로, 동일 단어가 아니라 서로 다른 단어이다.[57] 별개의 단어이므로 이들을 동음 이표기 자료에서 제외하면, '射'와 '左, 佐'는 모두 이음 관계이다. 따라서 위의 '射'와 아래의 '左, 佐'는 음가가 서로 다르다.

(233) 『만엽집』의 '沙' 용례

P군 SA: 安沙{朝}, 沙加利{盛り}, …

Q군 SA: 沙{조사 さ}, 沙{접두사 さ}, 沙邪禮{細, さざれ}, 鳴而沙{鳴きてさ}, 爲便奈沙{すべなさ}, 見何明沙{見るがさやけさ}, 美沙[みさ], 沙穗內{佐保の內}, 三沙吳/水沙兒{みさご}, …

(234) 『만엽집』의 '左' 용례

P군 SA: 左{조사 さ}, 左倍{조사 さへ}, 麻左奴{조동사 ます-}, 都可左{官}, 安左{朝}, 左伎/左吉{崎}, 左刀{里}, 左加里/左加利{盛}, 左加延{榮}, …

Q군 SA: 左倍/左閇/左叡{조사 さへ}, 左曾{조사 さぞ}, -左{활용 -さ}, 左{접두사 さ}, 左久/左牟{조동사 さ-}, 安左里{漁}, 左佐羅/左射禮{細-}, 左可延牟等{榮えむと}, 言左敝久{言さへく}[58], …

57 '사냥'{獵}의 뜻이 있는지 없는지의 차이가 아닐까?

58 '韓, 百濟'에 붙는 마쿠라코토바이다.

(235) 『만엽집』의 '佐' 용례

P군 SA: −佐{활용 −さ}, −佐祢{활용 −さね}, 佐{접두사 さ}, 麻佐/麻佐禮留/伊麻佐受{조동사 います−}, 佐武/佐受/佐布{조동사 さ−}, 都可佐{官}, 安佐/阿佐{朝}, 佐刀{里}, 久佐{草}, 佐可理/佐可利/佐迦利{盛}, 佐可延牟{榮}, 佐射禮{細}, …

Q군 SA: −佐{활용 −さ}, 佐{접두사 さ}, 佐武/佐須{조동사 さ−}, 佐賀延/佐可遙{榮え}, …

Q군 ZA: 折可佐寒{折りかざさむ}

위의 많은 용례에서 '沙, 左, 佐'가 동음 관계이므로 '沙=左=佐'의 등식이 성립하고 이들의 음가는 동일하다.

한어 중고음에서 '射'는 다음자로서 네 가지 음가를 가진다. 성모가 船母/dʑ/이면서 麻韻/ɛ/과 淸韻 입성의 /ɪɛk/일 때가 있는가 하면, 성모가 羊母/j/이면서 麻韻/ɛ/과 淸韻 입성의 /ɪɛk/일 때가 있다. 이 중에서 우리는 船母/dʑ/·麻韻/ɛ/을 택한다. '射'가 『만엽집』 음가나에서 ZA 음절을 표기하기 때문이다.

『만엽집』 음가나 중에서 船母字는 아래 (241.1)의 '射' 하나뿐이므로, 船母/dʑ/가 /z/로 대체되어 수용되었다고 바로 말할 수 있다. 상대 일본어에는 파찰음이 없었고 마찰음만 있었기 때문에[59] /dʑ/가 /z/로 대체된다. '射'의 麻韻/ɛ/은 /a/로 수용되므로(위의 (111) 참조) '射'는 /za/를 표음한다.

(236) 『만엽집』 음가나의 船母/dʑ/ 대체 수용

한어 중고음의 船母/dʑ/는 『만엽집』 음가나에서 /z/로 수용된다.

'沙'의 중고음 성모는 生母/ʂ/이고, 『만엽집』 음가나로 사용된 生母字는 아래 (237)의 '師'와 '沙' 두 자이다. 전기 중고음의 生母/ʂ/는 권설음이지만, 상대 일본어에는 권설음이 없었으므로 /s/로 대체되어 수용된다. '沙'의 운모는 麻韻/ɛ/이

---

59 이것은 『고사기』 음가나의 4.2.6.1 SA 음절에서 자세히 기술한 바 있다.

고 麻韻/ɛ/은 /a/로 수용되므로 '沙'는 /sa/를 표음한다.

(237) 『만엽집』 음가나의 生母/ʂ/ 수용 양상

1. 師[生開AB平脂]=/ʂɪi/^{L} 〕 シ/si/
2. 沙[生開2平麻]=/ʂɛ/^{L} 〕 サ/sa/

(238) 『만엽집』 음가나의 生母/ʂ/ 대체 수용

한어 중고음의 生母/ʂ/는 『만엽집』 음가나에서 항상 /s/로 수용된다.

'左'와 '佐'의 성모는 精母/ʦ/이고 운모는 歌韻/ɑ/이다. 『만엽집』 음가나 중에서 精母字는 아래의 세 자이고, 이들의 精母/ʦ/는 항상 /s/로 수용된다. 상대 일본어에 파찰음이 없는 대신에 마찰음만 있었기 때문에 대체 수용이 일어난다.

(239) 『만엽집』 음가나의 精母/ʦ/ 수용 양상

1. 佐[精開1去歌]=/ʦɑ/^{D} 〕 サ/sa/
2. 左[精開1上歌]=/ʦɑ/^{R} 〕 サ/sa/
3. 曾[精開1平登]=/ʦəŋ/^{L} 〕 ソ^{乙}/sə/
   [從開1平登]=/dzəŋ/^{L} 〕 ゾ^{乙}/zə/

(240) 『만엽집』 음가나의 精母/ʦ/ 대체 수용

한어 중고음의 精母/ʦ/는 『만엽집』 음가나에서 항상 /s/로 수용된다.

이에 따르면 '左'와 '佐'는 /sa/를 표음한다. 이들의 精母/ʦ/가 /s/로 수용되고, 歌韻/ɑ/은 /a/로 수용되기 때문이다(위의 (19) 참조).

SA 음절의 '射, 沙, 左, 佐'에 아래와 같이 음가를 배당하면, '沙=左=佐'가 동음 관계이면서 '射'가 이들의 탁음 짝임을 정확하게 반영할 수 있다. 뿐만 아니라 중고음의 수용 과정도 정상적으로 기술할 수 있다.

(241) '射, 沙, 左, 佐'의 중고음과 그 수용

1. 射[船開AB去麻]=/dʑɛ/[D] 〕 ザ/za/

   [船開AB入清]=/dʑɪɛk/[E]

   [羊開AB去麻]=/jɛ/[D]

   [羊開AB入清]=/jɪɛk/[E]

2. 沙[生開2平麻]=/ʂɛ/[L] 〕 サ/sa/

3. 左[精開1上歌]=/ʦɑ/[R] 〕 サ/sa/

4. 佐[精開1去歌]=/ʦɑ/[D] 〕 サ/sa/[60]

6.2.6.2. SI 음절

SI 음절의 표기에는 '之, 思, 斯, 志, 師, 四, 自'가 사용되었다. '自'는 ZI 음절을 표기하고 나머지는 SI 음절을 표기한다.

(242) 『만엽집』의 '自' 용례

P군 ZI: 自{조사 じ}, 自{조동사 じ}, 和禮自久{我れじく}, 安路自{主人}, 波自米/婆自米{初}, 可母自{鴨じ}, 美自可伎{短き}, 於奈自/於夜自{同じ}, 安良自{有}, 麻自倍{交へ}, 等伎自久{時じ-}, 等許自母能{床じもの}, 勢自等許等太弖{せじと言立て}, 之自爾安禮登毛[しじにあれども], …

Q군 SI: 自努比{偲ひ, しのひ}

Q군 ZI: 自{조동사 じ}, 刀自[刀自], 於夜自{同じ}, 之自二/思自仁思{繁}, 阿自呂{網代}, 伊許自而殖之{いこじて植ゑし}

'安良自'{有}에 사용된 ZI 음절의 '自'와 '有良師, 有四, 安良思, 安良之'{有}에 사

60 재추가한 '散'이 '沙=左=佐'와 동음 관계이다.
散[心開1上寒]=/sɑn/[R] 〕 サ/sa/. 散{접두사 さ}, 散禮婆{조동사 されば}, 散度{里}, 左散{樂}, …

용된 SI 음절의 '師, 四, 思, 之'는 의미가 다르다. '自'는 부정 조동사이고 '師, 四, 思, 之'는 부조사이다. 이 둘은 동일 단어가 아니므로 동음 이표기 자료가 아니다. 또한 '加伊之自{櫂しじ}, 可治之自{楫しじ}, 之自爾安禮登毛[しじにあれども]' 등의 예에서 SI 음절이 중첩되는데, 앞의 음절은 '之, 思'로 표기되는 데에 반하여 뒤의 음절은 항상 '自'로 표기된다. 이것은 '之'와 '自'가 별개의 음절임을 말해 주고, '之'보다는 '自'가 탁음절일 가능성이 상대적으로 크다는 것을 말해 준다.

중요한 것은 위의 '自'와 아래에 열거한 '師, 四, 斯, 志, 思, 之'가 이음 관계라는 점이다.[61] 이것은 '自'의 음가가 아래에 열거한 음가나와는 음가가 서로 다르다는 것을 의미한다.

(243) 『만엽집』의 '師' 용례

P군 SI: 師{부조사 し}, 師流{知る}

Q군 SI: 師{부조사 し}, −師{활용 −し}, 師弖/師手{동사 し−}, 子師{鹿猪}, 師努布{偲}, 百師紀/百師木{ももしき}, 師吉名倍手{しきなべて}, …

Q군 ZI: 土師{土師, はじ}

(244) 『만엽집』의 '四' 용례

Q군 SI: 四{부조사 し}, −四{활용 −し}, 四而/四手{동사 し−}, 四香{鹿}, 四具禮[時雨], 四間{島}, 四寸流[しきる], 四時{繁}, 四寶{潮}, …

(245) 『만엽집』의 '斯' 용례 (P군에서는 권14까지만 등장)

P군 SI: 斯{부조사 し}, −斯{활용 −し}, 倍斯{조동사 べし}, 勢斯/世利斯{조동사 せ−}, 斯弖{동사 し−}, 斯多{下}, 斯麻{島}, 斯宜志{繁}, …

Q군 SI: 斯{부조사 し}, −斯{형용사 활용 −し}, 斯具禮[時雨]}, 斯努波久{偲はく}, …

61 이 둘의 동음 이표기 쌍이 없다는 것을 확인할 수 있도록, 번거롭더라도 (242)에서 '自'의 용례를 모두 열거했다.

(246) 『만엽집』의 '志' 용례

P군 SI: 志{부조사 し}, −志{활용 −し}, 倍志{조동사 べし}, 志米之/志賣之{조동사 しめ−}, 志弖{동사 し−}, 志多{下}, 志具禮{時雨}, 等志{年}, 志麻{島}, 志保{潮}, …

Q군 SI: 志{부조사 し}, −志{형용사 활용 −し}, 倍志{조동사 べし}, 志氐{동사 す−}, 志鹿{鹿}, 志具禮{時雨}, 志怒布{偲ふ}, …

(247) 『만엽집』의 '思' 용례

P군 SI: 思{부조사 し}, −思{형용사 활용 −し}, 倍思{조동사 べし}, 登思{年}, 思多{下}, 思麻{島}, 思保{潮}, …

Q군 SI: 思{부조사 し}, −思{활용 −し}, 倍思{조동사 べし}, 思手{동사 す−}, 思具禮{時雨}, 思努布{偲}, 思自仁思{繁にし}, …

(248) 『만엽집』의 '之' 용례

P군 SI: 之{부조사 し}, −之{활용 −し}, 倍之{조동사 べし}, 麻之{조동사 まし}, 之米/之賣須{조동사 しめ−}, 之弖{동사 し−}, 之多{下}, 等之/登之{年}, 之麻{島}, 之保{潮}, 之可/之加{鹿}, …

Q군 SI: 之{부조사 し}, 之可/之賀{계조사 しか}, −之{활용 −し}, 倍之{조동사 べし}, 麻之{조동사 まし}, 之賣志弖{조동사 しめ−}, 之弖{동사 す−}, 等之{年}, 之具禮{時雨}, 之氣思{繁}, 之良受{知らず}, …

위의 용례에서 '之, 志, 思, 斯, 師, 四'가 ZI 음절을 표기한 것이 전혀 없거나 극소수임을 알 수 있다. 따라서 이들이 SI 음절을 표기한 것이 분명하다. 위에 열거한 아주 많은 용례에서 '之, 志, 思, 斯, 師, 四'가 동음 관계이다. 따라서 '之=志=思=斯=師=四'의 등식이 성립하고 이들의 음가는 동일하다.

'自'의 중고음 성모는 從母/dz/이고, 『만엽집』 음가나 중에서 從母字는 아래 (249)의 '自, 曾' 두 자이다. 이들의 從母/dz/가 『만엽집』 음가나에서 /z/로 수용된다. '曾'은 다음자로서 성모가 精母/ʦ/와 從母/dz/의 두 가지이다. 아래의 SO

음절에서 후술하겠지만 '曾'의 精母/ʦ/는 /s/로 수용되고 從母/dz/는 /z/로 수용된다.

(249) 『만엽집』 음가나의 從母/dz/ 수용 양상

1. 自[從開AB去脂]=/dzɪi/^{D} 〕ジ/zi/
2. <u>曾</u>[從開1平登]=/dzəŋ/^{L} 〕ゾ^{乙}/zə/
    [精開1平登]=/ʦəŋ/^{L} 〕ソ^{乙}/sə/

(250) 『만엽집』 음가나의 從母/dz/ 대체 수용

한어 중고음의 從母/dz/는 『만엽집』 음가나에서 항상 /z/로 수용된다.

다음으로, '師'의 중고음 성모는 生母/ʂ/이고 生母/ʂ/는 『만엽집』 음가나에서 항상 /s/로 수용된다(위의 (238) 참조).

'思, 斯, 四'의 중고음 성모는 心母/s/이고, 『만엽집』 음가나의 心母字는 아래의 다섯 자이다. 이들의 心母/s/가 항상 /s/로 수용된다.

(251) 『만엽집』 음가나의 心母/s/ 수용 양상

1. 斯[心開AB平支]=/sɪe/^{L} 〕シ/si/
2. 四[心開AB去脂]=/sɪi/^{D} 〕シ/si/
3. 思[心開C平之]=/sɪə/^{L} 〕シ/si/
4. 蘇[心中1平模]=/so/^{L} 〕ソ^{乙}/sə/
5. 須[心中C平虞]=/sɥo/^{L} 〕ス/su/～ズ/zu/

(252) 『만엽집』 음가나의 心母/s/ 대체 수용

한어 중고음의 心母/s/는 『만엽집』 음가나에서 항상 /s/로 수용된다. 다만, '須'에서는 /z/로도 수용된다.

‘之, 志’의 중고음 성모는 章母/tɕ/이고,『만엽집』 음가나 중에서 章母字는 ‘之, 志, 周’의 셋이다. 이들이 ‘思, 斯, 師, 四’와 동음 관계이므로 章母/tɕ/도 /s/로 수용되었다고 보아야 한다.

(253)『만엽집』 음가나의 章母/tɕ/ 수용 양상

1. 之[章開C平之]=/tɕɪə/L〕シ/si/
2. 志[章開C去之]=/tɕɪə/D〕シ/si/
3. 周[章中C平尤]=/tɕɪəu/L〕ス/su/

(254)『만엽집』 음가나의 章母/tɕ/ 대체 수용

한어 중고음의 章母/tɕ/는『만엽집』 음가나에서 항상 /s/로 수용된다.

SI 음절의 성모 수용 양상을 종합하면, ‘自’의 성모만 /z/로 수용되고 나머지 음가나의 성모는 모두 /s/로 수용된다. 따라서 SI 음절 음가나에 아래와 같이 음가를 배당한다.

(255) ‘之, 志, 思, 斯, 師, 四, 自’의 중고음과 그 수용

1. 之[章開C平之]=/tɕɪə/L〕シ/si/[62]
2. 志[章開C去之]=/tɕɪə/D〕シ/si/
3. 思[心開C平之]=/sɪə/L〕シ/si/
4. 斯[心開AB平支]=/sɪe/L〕シ/si/
5. 師[生開AB平脂]=/ʂɪi/L〕シ/si/
6. 四[心開AB去脂]=/sɪi/D〕シ/si/
7. 自[從開AB去脂]=/dzɪi/D〕ジ/zi/

---

62 재추가한 ‘紫’가 ‘之=志’와 동음 관계이다.
紫[精開AB上支]=/tsɪe/R〕シ/si/. 都久紫/筑紫[筑紫]

아래에서는 위의 음가나 운모가 모두 /i/ 모음으로 수용된다는 점을 논의한다.

'之, 志, 思'의 운모는 之韻/ɪə/인데, 之韻/ɪə/은 아후음 뒤에서는 /ə/로 수용되고 설치음 뒤에서는 /i/로 수용된다(위의 (55) 참조). '之, 志, 思'의 성모는 모두 설치음이므로 이들의 之韻/ɪə/은 /i/로 수용된다.

'斯'의 운모는 支韻/je~ɪe/이고, 支韻/je~ɪe/은 『만엽집』 음가나에서 /i/로 수용되는 것이 원칙이다(위의 (28) 참조). '斯'는 이 원칙을 따르므로 /si/를 표음한다.

'師, 四, 自'의 운모는 脂韻/ji~ɪi/ 개구이고, 脂韻/ji~ɪi/ 개구는 『만엽집』 음가나에서 항상 /i/로 수용된다(위의 (26) 참조).

요컨대, 위의 (255)와 같이 음가를 배당하면, SI 음절에서 성모와 운모를 수용하는 과정이 모두 정상적이다. 또한 '之=志=思=斯=師=四'가 동음 관계이면서, 이들이 '自'와는 엄격히 구별된다는 사실도 잘 반영한다.

6.2.6.3. SU 음절

SU 음절의 표기에는 '受, 須, 周'가 사용되었다. SU 음절이 중첩된 '須受{鱸}, 須受{鈴}, 須受之伎{涼しき}'에서 '須'는 첫째 음절을 표기하고 '受'는 둘째 음절을 표기한다. 따라서 '須'보다는 '受'가 탁음절일 가능성이 더 크다.

(256) 『만엽집』의 '受' 용례

P군 SU: 宇知比佐受[うちひさす]

P군 ZU: 受{부정 조동사 ず}, 須受{鱸}, 須受{鈴}, 久受{葛}, 須受之伎{涼しき}, 可受/加受{數}, 氣受弖{消ずて}, …

Q군 ZU: 受{부정 조동사 ず}, 久受{葛}, 弓波受{弓弭}, 足受利四{足ずりし}, 宇受爾左之{うずに刺し}

위의 예에서 '受'가 대부분 ZU 음절을 표기하고 더욱이 부정 조동사 'ず'를 표기한다. '受'와 '須'의 용례 중에서 '氣受弖'{消ずて}와 '旣夜須伎'{消やすき}가 마치

동음 이표기 쌍인 것처럼 보인다. 그러나 전자는 부정의 의미이고 후자는 긍정의 의미이므로 동일어의 동음 이표기 자료가 아니다. '受'와 '須'의 동음 이표기 쌍을 전혀 찾을 수 없으므로 이 둘은 음가가 서로 다르다.

(257) 『만엽집』의 '須' 용례

P군 SU: -須{활용 す}, 須流{동사 す-}, 須賣呂伎{天皇}, 麻須良(乎/袁/雄){大夫}, 須受{鈴}, 須我多{姿}, 須受{鱸}, 須泥爾[すでに], 須受之伎{涼しき}, 夜須米受{休めず}, 須疑/須義-{過-}, …

P군 ZU: 須{부정 조동사 ず}

Q군 SU: -須{활용 す}, 須良思{동사 す-}, 麻須良乎{大夫}, 須疑{杉}, 須美禮[すみれ], …

(258) 『만엽집』의 '周'의 용례

P군 SU: -周{활용 す}, 麻周羅{大夫}, 周弊[すべ], 周無等/周麻{住}, 夜周米受{休めず}, 周具/周疑{過ぐ}, 和周良志/和周良延{忘}, 夜周伊{安寐}, …

(257~258)에서 '須, 周'가 동음 이표기 관계임이 드러난다. 지면 절약을 위하여 아주 많은 용례를 생략했지만 '須=周'가 '受'와는 이음 관계임이 분명하다.

'受'의 중고음은 常母/ʑ/·尤韻/ɪəu/이다. 『만엽집』 음가나 중에서 常母字는 '受'와 '是'의 둘뿐이고, 이들의 常母/ʑ/가 /z/로 수용된다. 尤韻/ɪəu/은 『만엽집』 음가나에서 항상 /u/로 수용된다(위의 (123) 참조). 따라서 '受'는 /zu/를 표음한다.

(259) 『만엽집』 음가나의 常母/ʑ/ 수용 양상

1. 受[常中C上尤]=/ʑɪəu/^{R} 〕 ズ/zu/
2. 是[常開AB上支]=/ʑɪe/^{R} 〕 ゼ/ze/

(260)『만엽집』 음가나의 常母/ʑ/ 대체 수용

한어 중고음의 常母/ʑ/는 『만엽집』 음가나에서 항상 /z/로 수용된다.

다음으로, '須'의 중고음은 心母/s/·虞韻/ɥo/이다. 心母/s/는 『만엽집』 음가나에서 항상 /s/로 수용되고(위의 (252) 참조), 虞韻/ɥo/은 항상 /u/로 수용된다(위의 (35) 참조). 따라서 '須'는 /su/를 표음한다.

(257)의 P군에서 볼 수 있듯이 '須'가 ZU 음절도 표기하는데, 적지 않은 용례에서 이들이 부정 조동사 'ず'를 표기한다. '須'가 부정 조동사를 표기하면, 코퍼스에서는 후대의 독법을 좇아 '須'를 항상 탁음인 'ず'로 해독했다. 따라서 '須'가 /zu/를 표기하는 것은 부정 조동사라는 형태론적 특수성 탓이라고 해석한다. Q군에서는 '須'가 /zu/를 표기하는 일이 없다.

'周'의 章母/tɕ/는 /s/로 수용되고, '周'의 尤韻/ɪəu/은 『만엽집』 음가나에서 항상 /u/로 수용된다(위의 (123) 참조). 따라서 '周'는 /su/를 표음한다.

(261) '受, 須, 周'의 중고음과 그 수용

1. 受[常中C上尤]=/ʑɪəu/^{R} 〕 ズ/zu/
2. 須[心中C平虞]=/sɥo/^{L} 〕 ス/su/～ズ/zu/
3. 周[章中C平尤]=/tɕɪəu/^{L} 〕 ス/su/

우리는 SU 음절의 '受'와 '須=周'에 각각 ズ/zu/와 ス/su/를 배당한다. 그리하면 이들의 이음 관계와 중고음의 수용 과정을 두루 충족한다. 다만, '須'가 ズ/zu/를 표기할 때가 있는데, 이때의 ズ/zu/는 대개 부정 조동사이다.

6.2.6.4. SE 음절

SE 음절의 표기에는 '世, 勢, 是'가 사용되었다. '是'는 ZE 음절을 표기하고 '世, 勢'는 SE 음절을 표기한다.

(262) 『만엽집』의 '是' 용례

P군 ZE: 可是/加是{風(8/4회)}

먼저 '是'를 논의한다. 관용구 '如是'가 'かくし'를 표기할 때가 있으므로 '如是'의 '是'가 'し'를 표음한다고 오해하기 쉽다. 그러나 '如是'의 '是'는 음가나가 아니다. '可是/加是'{風}에서 볼 수 있듯이, '是'가 음가나라면 SI 음절의 /si/가 아니라 ZE 음절의 /ze/를 표기하기 때문이다. (262)에서 볼 수 있듯이 '是'가 음가나로 사용된 것은 '可是/加是'{風} 하나뿐이므로, 아래의 '世, 勢'와 더불어 동일어의 동일 음절을 표기하는 예가 없다. '是'와 '世, 勢'가 이음 관계이므로, 이 둘의 음가는 서로 다르다.

(263) 『만엽집』의 '世' 용례

P군: -世{활용 -せ}, 世流/世武/世受{조동사 せ-}, 世{背}, 世{瀨}, 與世{寄せ}, 美世摩斯/見世受弖{見せ-}, 伊麻世[いませ], 阿利己世奴加毛[ありこせぬかも], …

Q군 SE: -世{활용 -せ}, 世流/世武/世須/世受{조동사 せ-}, 世{背}, 世{狹}, 世{瀨}, 許世[巨勢], 有許世奴香裳{ありこせぬかも}, 宇都世美[うつせみ]

Q군 ZE: 久世[久世, くぜ]

(264) 『만엽집』의 '勢' 용례

P군 SE: -勢{활용 -せ}, 勢流/勢牟{조동사 せ-}, 勢{背}, 勢伎{關}, 勢{瀨}, 勢{狹}, 餘勢天{寄せて}, 美勢追都/美勢牟{見せ-}, 敷奈低婆勢之可{船出はせしか}, …

Q군 SE: -勢{활용 -せ}, 勢流/勢武{조동사 せ-}, 勢{背}, 勢{狹}, 巨勢[巨勢], 國看之勢志氐{くにみしせして}, 有巨勢奴香聞{ありこせぬかも}, 於己勢多流[おこせたる], 宇都勢美[うつせみ], …

'世'와 '勢'는 거의 대부분 청음절을 표기하고 '世, 勢'{背}, '世, 勢'{瀨}, '世, 勢'{狹} 등의 여러 용례에서 동음 관계이다. '世=勢'의 등식이 성립하므로 이 둘의 음가는 같다.

'是'의 중고음 성모는 常母인데, 常母/ʑ/는 『만엽집』 음가나에서 항상 /z/로 수용된다(위의 (260) 참조). 문제는 '是'의 운모 支韻/je~ɪe/이다. 支韻/je~ɪe/은 『만엽집』 음가나에서 /i/로 수용되는 것이 원칙이다(위의 (28) 참조). 그런데 '是'의 支韻/je~ɪe/은 이상하게도 /e/로 수용되어, '是'가 /ze/를 표음한다.

많은 수의 支韻字가 후기 중고음에서 脂韻字와 합류하여 /i/를 표음하는데, ZE 음절의 '是'는 이 합류를 거부한다. 이 합류 거부의 원인이 무엇인지 알 수 없지만, 합류 거부가 청음절에서는 일어나지 않고 탁음절에서만 부분적으로 일어난다는 점이 흥미롭다.

'世'와 '勢'의 중고음은 동일하다. 이들의 중고음 성모는 書母/ɕ/이고, 『만엽집』 음가나 중에서 書母字는 이 둘뿐이다. 이들이 위의 용례에서 SE 음절을 표기한다. 상대 가요에서는 구개음이 없었으므로 書母/ɕ/가 /s/로 수용된다고 할 수 있다.

(265) 『만엽집』 음가나의 書母/ɕ/ 대체 수용

한어 중고음의 書母/ɕ/는 『만엽집』 음가나에서 항상 /s/로 수용된다.

'世'와 '勢'의 중고음 운모는 祭韻/ɪɛi/이고, 祭韻/ɪɛi/은 /e/로 수용되는 것이 정상이다(위의 (167) 참조). 따라서 '世'와 '勢'는 /se/를 표음한다.

(266) '是, 世, 勢'의 중고음과 그 수용

1. 是[常開AB上支]=/ʑɪe/ᴿ 〕 ゼ/ze/
2. 世[書開AB去祭]=/ɕɪɛi/ᴰ 〕 セ/se/
3. 勢[書開AB去祭]=/ɕɪɛi/ᴰ 〕 セ/se/

우리는 SE 음절의 '是, 世, 勢'에 위와 같이 음가를 배당한다. 그리하면 '是'와 '世, 勢'의 이음 관계와 '世=勢'의 등식을 두루 반영할 수 있다. 다만, '是'의 支韻/je~

ɪe/이 /e/로 수용된 것은 예외적이다.

6.2.6.5. SO 음절

SO 음절의 표기에는 '蘇, 曾'이 사용되었다. 아래에서는 '蘇'와 '曾'의 동음 이표기 쌍만 남기고 나머지는 대부분 생략했다.

(267) 『만엽집』의 '蘇' 용례

P군 SO: 蘇{조사 そ}, 阿蘇夫/安蘇夫/阿蘇比/安蘇比{遊}, 奈氣久蘇良{嘆くそら}, 古布流蘇良{戀ふるそら}, 於等能可蘇氣伎{音のかそけき}, …

Q군 SO: 蘇{조사 そ}, 安蘇婆祢{遊ばね}, 念蘇良{思ふそら}, 嘆蘇良{なげくそら}, 可蘇氣伎野邊{かそけき野辺に}, …

위의 용례에서 볼 수 있듯이 '蘇'는 ZO 음절은 표기하지 않고 SO 음절만 표기한다. 반면에 아래의 '曾'은 SO 음절뿐만 아니라 ZO 음절도 표기한다.

(268) 『만엽집』의 '曾' 용례

P군 SO: 曾{종조사 そ}, 許曾/己曾{종조사 こそ}, 曾{지시대명사 そ}, 安曾敝{遊べ}, 故敷流曾良{戀ふるそら}, …

P군 ZO: 曾{종조사 ぞ}

Q군 SO: 曾{종조사 そ}, 許曾/己曾{종조사 こそ}, 曾尼{종조사 そね}, 曾{지시대명사 そ}, 宇都曾美/宇都曾臣[うつそみ], …

Q군 ZO: 曾{종조사 ぞ}

'曾'의 Q군 SO 음절 용례에서 '宇都曾美/宇都曾臣'[うつそみ]가 우리의 눈길을 끈다. 마쿠라코토바의 일종인데 위의 SE 음절에서는 '宇都世美/宇都勢美'[うつせみ]로 표기된다. 용례의 수에서는 SE 음절의 '世/勢'가 SO 음절의 '曾'보다 압도적으로 많다. 이것은 ソ乙의 '曾'가 セ甲의 '世/勢'로 합류할 수 있었음을 암시한다.

'曾'의 용례는 대부분 SO 음절이고 ZO 음절의 용례는 종조사 'ぞ' 하나뿐이다. 이에 따르면 '曾'이 SO 음절만 표기한다고 하기 쉽다. 그러나 코퍼스에서 종조사 '曾'을 청음인 'そ'로 읽은 예보다 탁음인 'ぞ'로 읽은 예가 압도적으로 많다. 이처럼 많은 종조사 'ぞ'의 용례를 함부로 무시할 수가 없으므로, 우리는 '曾'이 SO 음절과 ZO 음절의 두 가지를 두루 표기한다고 본다.

(267~268)에서 볼 수 있듯이, '蘇'와 '曾'의 동음 이표기 쌍은 많지 않다. 동음 이표기 쌍임이 확실한 것은 '安蘇=安曾'{遊}과 '蘇良=曾良'{そら}뿐이다. 그러나 종조사 'ぞ'의 표기에 '蘇'와 '曾'이 공통적으로 사용되므로, 우리는 '蘇'와 '曾'의 동음 관계를 인정한다.

위에서 이미 지적한 바 있듯이, '曾'은 성모가 精母/ʦ/와 從母/dz/의 두 가지인 다음자이다. 精母/ʦ/와 從母/dz/는 『만엽집』 음가나에서 각각 /s/와 /z/로 수용된다(위의 (240)과 (250) 참조). '曾'의 운모는 登韻/əŋ/이고, 登韻/əŋ/은 항상 /ə/로 수용된다(위의 (94) 참조). 따라서 '曾'은 『만엽집』 음가나에서 /sə/와 /zə/를 표음한다.

'蘇'의 중고음 성모는 心母/s/이고, 心母/s/는 『만엽집』 음가나에서 항상 /s/로 수용된다(위의 (252) 참조). '蘇'의 운모는 模韻/o/이고, 模韻/o/은 『만엽집』 음가나에서 /o/, /u/, /ə/의 세 가지로 수용된다(위의 (37) 참조). 그런데 '蘇'는 위의 '曾'과 동음 관계이므로 이 셋 중에서 /ə/를 택해야 한다. 이에 따르면 '蘇'는 /sə/를 표음한다.

(269) '曾, 蘇'의 중고음과 그 수용

1. 曾[精開1平登]=/ʦəŋ/^{L}〕ソ乙/sə/
   [從開1平登]=/dzəŋ/^{L}〕ゾ乙/zə/[63]

63 재추가한 '序'가 이것과 동음 관계이다.
序[邪中C上魚]=/zɪo~zɪə/^{R}〕ゾ乙/zə/. 序{조사 ぞ}, 許序{去年, こぞ}

2. 蘇[心中1平模]=/so/^{L}〕ソ^{乙}/sə/[64]

우리는 SO 음절의 '曾'과 '蘇'에 위와 같이 음가를 배당한다. '曾'이 청음절 ソ^{乙}/sə/와 탁음절 ゾ^{乙}/zə/의 두 가지를 표기한다고 보는데, 이처럼 하나의 음가나가 두 가지 자음을 표기한 것은 이 '曾'과 위에서 논의한 '氣'가 있다. 『고사기』 음가나의 SO 음절에서도 '曾'이 ソ^{乙}/sə/와 ゾ^{乙}/zə/를 표기한 바 있으므로, 『만엽집』 음가나는 『고사기』 음가나의 전통을 이어받은 것이라 할 수 있다.

그런데 『고사기』·『일본서기』의 음가나에서는 '蘇'가 갑류의 ソ/so/를 표기하는 데에 반하여, 『만엽집』 음가나에서는 을류의 ソ^{乙}/sə/를 표기하여 차이가 나다. 『고사기』·『일본서기』의 음가나에서는 '曾'과 '蘇'가 동일어의 동일 음절을 표기하는 쌍이 없다. 이음 관계이므로 '曾'에는 을류의 ソ^{乙}/sə/를 배당하고 '蘇'에는 갑류의 ソ/so/를 배당한 바 있다.

이와는 달리 『만엽집』 음가나에서는 '曾'과 '蘇'의 동음 이표기 쌍이 있으므로 이들에 동일 음가를 배당해야 한다. '曾'의 용례가 '蘇'의 용례보다 훨씬 많으므로 '曾'의 을류 모음을 좇아 '蘇'에 새로이 을류의 ソ^{乙}/sə/를 배당한 것인데, 이 변화는 바로 갑류의 ソ/so/와 을류의 ソ^{乙}/sə/가 하나로 합류한 것을 반영한 것이다. SO 음절에서의 이 합류가 『만엽집』 음가나에서 처음으로 일어났다는 것을 강조해 둔다.

6.2.6.6. S행의 요약 정리

S행의 논의를 요약하여 정리하면 아래와 같다.

64 재추가한 '素, 增'이 '曾=蘇'와 동음 관계이다.
素[心中1去模]=/so/^{D}〕ソ^{乙}/sə/. 素{대명사 そ}, 阿素毗{遊び}
增[精開1平登]=/ʦəŋ/^{L}〕ソ^{乙}/sə/. 許增{조사 こそ}, 餘增能未[よそのみ]

(270) S행 『만엽집』 음가나의 음가 배당 (음영 부분은 Q군 음가나)

모음 자음		A (ア)	I (イ)	U (ウ)	E (エ)	O (オ)
S サ	S	佐=左=沙/sa/	之=志=思=斯 =師=四/si/	須/su/	世=勢/se/	蘇=曾/sə/
		佐=左=沙/sa/	之=志=思=斯 =師=四/si/	須/su/	世=勢/se/	蘇=曾/sə/
	Z	射/za/	自/zi/	受/zu/	是/ze/	曾/zə/
		射/za/	自/zi/	受/zu/		曾/zə/

S행에서 설정되는 모음은 /a, i, u, e, ə/의 5종이다. 이것은 위의 N·R행에서 설정되는 5종의 모음과 같다. M행과 K행에서는 /a, i, u, e, ə, o/의 6종이었다. G행에서는 /a, i, u, e, ə, o/의 6종에 제7의 모음 /ɨ/가 추가된 7종이었다. 이처럼 행마다 설정되는 모음의 수가 달라지므로, 『만엽집』 음가나의 모음체계를 어느 하나로 고정하기가 어렵다. 따라서 모든 행을 다 분석한 다음에 다시 종합하기로 한다.

한어 중고음에서 파찰음과 마찰음으로 구별되었던 성모가 『만엽집』 음가나에서 마찰음인 /s/ 또는 /z/로 수용된다. 이 음가 배당은 음운론적 기술에 충실한 것으로서, 음성학적 기술과 차이가 난다.

한어 중고음에서는 '佐, 左, 曾'의 精母/ʦ/, '之, 志, 周'의 章母/ʨ/, '自, 曾'의 從母/dz/, '射'의 船母/ʥ/ 등이 파찰음이고, '思, 斯, 四, 須, 蘇'의 心母/s/, '沙, 師'의 生母/ʂ/, '世, 勢'의 書母/ɕ/, '受, 是'의 常母/ʑ/는 마찰음이다. 8자가 파찰음이고, 11자가 마찰음이다. 음성학적 기술에서는 파찰음이 [ʦ, ʨ, dz, ʥ]로 수용된다고 기술하고 마찰음이 [s, ɕ, ʑ]로 수용된다고 기술한다. 그러나 이렇게 기술하면 '佐, 左'와 '沙'가 동음 관계이고, '之, 志'와 '思, 斯, 四'가 동음 관계이며, '曾'와 '蘇'가 동음 관계라는 사실을 기술할 수 없다.

음성학적 기술은 한어의 원음을 충실히 따른다는 장점이 있지만, 차용음운론의 대체 차용을 무시하는 태도이다. 松本克己(1995: 145)가 지적한 바 있듯이, 음성학적으로 다양한 표기는 "외래적 표기에 반영된 동일 음소의 변이음 현상"

에 불과하다. 따라서 [ʦ, ʨ, s, ɕ]의 네 가지 음성을 구별하고 [dz, dʑ, z]의 세 가지 음성을 구별해서 발음했다 하더라도, 우리는 음운론적 태도를 취하여 이들을 각각 음소 /s/와 /z/의 변이음이라고 기술한다.

6.2.7. T행, タ行

T행의 표기에는 '多, 太, 知, 治, 遲, 都, 追, 築/筑, 豆, 頭, 弖/氏, 提, 天, 泥, 低, 等, 登, 刀, 藤/騰, 度, 杼'가 사용되었다. 이들을 음절별로 분류해 보면 아래와 같다.

(271) T행의 『만엽집』 음가나 (음영 부분은 Q군 음가나)

모음 자음		A (ア)	I (イ)	U (ウ)	E (エ)	O (オ)
T タ	T	多	知	都 追 豆 築/筑	弖/氏 提 天	等 登 刀 藤/騰 度
		多	知	都 築/筑 追 豆	弖/氏 天	登 等 刀 藤/騰
	D	太	治 遲	豆 頭 都	泥 弖/氏 提 低	杼 度 等 登 藤/騰
		太	治 遲	豆 頭 都	泥 天 低 提 弖/氏	杼 藤/騰 度 等

6.2.7.1. TA 음절

TA 음절의 표기에는 '太, 多'가 사용되었다. 아래의 용례에서 볼 수 있듯이, '太'는 대부분 DA 음절을 표기하고 '多'는 대부분 TA 음절을 표기한다. 지면 절약을 위하여 용례를 아주 많이 생략했다.

(272) 『만엽집』의 '多' 용례

P군 TA: 多/多流{조동사 た}, 多{접두사 た}, 多知{복수접미사 たち}, 多麻布{조동사 賜, 給}, 須我多{姿}, 那美多{涙}, 多氣/多可{竹}, 之多{下}, 多可{高}, 多良志{足}, 多太/多陀{直, 正}, 多流{垂}, 多都/多知{立}, 多良志/多良思{足日}, …

P군 DA: 多太/多陀爾{直, 正}, 伊能知多爾{命だに}, 邊多天留{隔てる}

Q군 TA: 多流{조동사 たー}, 多{접두사 た}, 多智{접미사 たち}, 多氣{접미사 たけ}, 之多{下}, 多奈{棚}, 多都/多知{立}, …

Q군 DA: 甚多毛{はなはだも}

(273)『만엽집』의 '太' 용례

P군 TA: 久佐太{草手}, 比太照爾{ひた照りに}, 末支太末不{任きたまふ}

P군 DA: 太{조동사 だ}, 奈美太{涙}, 多太{直}, 敝太弖{隔}, 久太利/久太理{下}, 敷奈太那{舟棚}, 許太加久氐{木高くて}, 佐須太氣{さす竹}, 許等太弖氐{言立てて}, 安伎太良奴{飽き足らぬ}, 已許呂太良比爾{心足らひに}, …

Q군 TA: 戀卷裳太口{戀ひまくもいたく}

Q군 TE: 五十殿寸太{いとのきて}

Q군 DA: 太{조동사 だ}, 敝太{隔}, 多太{直}, 波太禮/波太列{はだー}, 久太里{下り}, 極太{ここだ}, 波太須珠寸{はだすすき}, …

우선, '之多'{下}와 '久太利/久太理'{下}는 동일 단어가 아니다. 'した'는 명사로서 '아래, 밑'의 뜻이고, 'くだる'는 동사로서 '내리다, 하사하다'의 뜻이다. 따라서 '之多'의 '多'와 '久太利/久太理'의 '太'는 동음 관계가 아니다.

동일 음절이 중첩된 '多太'{直, 正}에서 첫째 음절은 항상 '多'로 표기되는 데에 반하여 둘째 음절은 항상 '太/陀'로 표기된다. 이것은 '多'가 청음절인 데에 반하여 '太'가 탁음절임을 암시한다. 또한 (272)의 P군 TA 음절에서는 단일어인 '多氣/多可{竹}, 多可{高}, 多良志{足}, 多都/多知{立}' 등의 첫째 음절이 모두 '多'로 표기된다. 그런데 (273)의 P군 TA 음절에 열거한 복합어 '許太加久氐{木高くて}, 佐須太氣{さす竹}, 安伎太良奴{飽き足らぬ}, 許等太弖{言立て}' 등에서는 '多'가 '太'로 교체되어 표기된다. 이것은 복합어의 후행 성분에 연탁 규칙이 적용된 결과이다. 여기에서 '太'가 '多'의 탁음절 짝이라는 논의가 성립한다.

'多'의 중고음 운모는 歌韻/ɑ/이고, 歌韻/ɑ/은 『만엽집』 음가나에서 항상 /a/로 수용된다(위의 (19) 참조). '多'의 성모는 端母/t/이고, 아래에 제시한 것처럼 端母/t/

는 /t/로 수용되는 것이 원칙이다. 이에 따르면 『만엽집』 음가나의 '多'는 /ta/를 표음한다.

(274) 『만엽집』 음가나의 端母/t/ 수용 양상

1. 多[端開1平歌]=/tɑ/^{L} 〕 タ/ta/
2. 刀[端中1平豪]=/tɑu/^{L} 〕 ト^{乙}/tə/
3. 都[端中1平模]=/to/^{L} 〕 ツ/tu/～ヅ/du/
4. 登[端開1平登]=/təŋ/^{L} 〕 ト^{乙}/tə/
5. 等[端開1上登]=/təŋ/^{R} 〕 ト^{乙}/tə/
6. 弖/氐[端開4平齊]=/tei/^{L} 〕 テ/te/～デ/de/
   [知開B平脂]=/tɪi/^{L}
7. 低[端開4平齊]=/tei/^{L} 〕 デ/de/

(275) 『만엽집』 음가나의 端母/t/ 대체 수용

한어 중고음의 端母/t/는 『만엽집』 음가나에서 /t/로 수용된다. 다만, '低'에서는 /d/로 수용된다.

'太'의 중고음 성모는 透母/t^h/이고, 『만엽집』 음가나에 사용된 透母字는 아래에 제시한 것처럼 '天, 通, 太'의 세 자이다. 그런데 '天, 通'의 透母/t^h/는 /t/로 수용되는 데에 반하여, 이상하게도 '太'의 透母/t^h/는 /d/로 수용된다. 우리는 透母/t^h/가 /t/로 수용되는 것이 원칙이라고 본다.[65]

(276) 『만엽집』 음가나의 透母/t^h/ 수용 양상

1. 天[透開4平先]=/t^hen/^{L} 〕 テ/te/～デ/de/
2. 通[透中1平東]=/t^huŋ/^{L} 〕 ツ/tu/

---

65 이것을 확인하기 위하여 '通'을 분석 대상에 추가했다.

3. 太[透開1去泰]=/t^hɑi/^{D}
=大[定開1去泰]=/dɑi/^{D} 〕 ダ/da/

(277) 『만엽집』 음가나의 透母/t^h/ 대체 수용
한어 중고음의 透母/t^h/는 『만엽집』 음가나에서 /t/로 수용된다.

(276.1)의 '天'에서는 透母/t^h/가 /t/로 수용되지만 (276.3)의 '太'에서는 /d/로 수용되는데, (277)처럼 정리해도 될까? 이처럼 의심할 수 있지만, 우리는 '太'의 수용이 예외적이라고 보아 (277)을 유지한다.

'太'의 透母/t^h/가 예외적으로 /d/로 수용되는 것을 기술하는 방법이 없지 않다. '太'가 '大'와 통용자 관계라는 점을 이용하는 방법이다. 한어 중고음에서 '大'는 [定開1去泰]이고 '太'는 [透開1去泰]이므로, 이 둘은 성모에서만 차이가 난다. 그런데 '大'의 성모인 定母/d/는 『만엽집』 음가나에서 항상 /d/로 수용된다.

(278) 『만엽집』 음가나의 定母/d/ 수용 양상
1. 度[定中1去模]=/do/^{D} 〕 ド乙/də/
2. 豆[定中1去侯]=/dəu/^{D} 〕 ヅ/du/
3. 頭[定中1平侯]=/dəu/^{L} 〕 ヅ/du/
4. 藤/騰[定開1平登]=/dəŋ/^{L} 〕 ド乙/də/
5. 提[定開4平齊]=/dei/^{L} 〕 デ/de/～テ/te/

(279) 『만엽집』 음가나의 定母/d/ 대체 수용
한어 중고음의 定母/d/는 『만엽집』 음가나에서 항상 /d/로 수용된다.

중요한 것은 고래로 '太'와 '大'가 통용자 관계였다는 점이다. 이것을 활용하여 '太'의 음가를 '大'의 음가로 대체했다고 하면, '太'가 『만엽집』 음가나에서 /d/로 수용된 원인을 기술할 수 있다. 大野透(1962: 534～535)에서도 '太'와 '大'가 통

용 관계라 했고, 둘 다 탁음을 표기한다고 했다. 이에 따라 우리는 透母/t^h/가 『만엽집』 음가나에서 /t/로 수용된다는 (277)의 원칙과 定母/d/가 /d/로 수용된다는 (279)의 원칙을 고수한다.

성모에 대한 논의를 종합하여 '多'와 '太'에 음가를 배당해 보면 아래와 같다.

(280) '太=大, 多'의 중고음과 그 수용

1. 多[端開1平歌]=/tɑ/^{L} 〕 タ/ta/
2. 太[透開1去泰]=/t^hɑi/^{D}
   =大[定開1去泰]=/dɑi/^{D} 〕 ダ/da/

'太=大'의 중고음 운모는 泰韻/ɑi/이고, 泰韻/ɑi/은 『만엽집』 음가나에서 항상 /a/로 수용된다(위의 (65) 참조). 이에 따르면 '太'가 /da/를 표음할 수 있다. 우리는 '太'의 특이성을 기술하기 위해 '太'와 '大'가 통용자 관계라는 사실을 적극적으로 활용했다. 이 방법 이외에는 '太'가 『만엽집』 음가나에서 /da/를 표기한다는 사실을 설명할 길이 없다.

6.2.7.2. TI 음절

TI 음절의 표기에는 '遲, 治, 知'가 사용되었다. '遲'는 대표자가 아니지만 음운 대립을 확인하기 위해 추가했다. '遲, 治'는 GI 음절을 표기하고 '知'는 TI 음절을 표기한다.

(281) 『만엽집』의 '遲' 용례

P군 DI: 加遲{楫}, 伊弊遲{家道}, 奈良遲{奈良道}, 麻都良遲{松浦道}, 阿麻遲{天道}, 阿遲可遠志[あぢかをし]

Q군 DI: 于遲[宇治], 安遲[あぢ], 毛美知遲良久波{もみち散らくは},

(282) 『만엽집』의 '治' 용례

P군 DI: 可治{楫}, 與治{攀}, 播奈治流{花散}, 夜麻治{山道}, 奈良治{奈良道}, 安治[あぢ], …

Q군 DI: 與治{攀}, 山治{山ぢ}, 靈治{靈ぢ}, 宇治[うぢ], 安治[あぢ]

위의 용례에서 확인할 수 있듯이, '遲, 治'는 탁음절만 표기한다. 더욱이 '遲, 治'가 단어의 첫째 음절을 표기하는 예가 없는데, 이것은 '遲, 治'가 탁음절임을 확인해 준다.

그런데 (281)의 '加遲'{楫}와 (282)의 '可治'{楫}에서 '遲'와 '治'가 동음 관계이다. 또한 명사 '道, 路'를 뜻하는 '遲'와 '治'에서도 마찬가지이다. '遲=治'의 등식이 성립하므로 이 둘의 음가는 동일하다.

중요한 것은 위의 '遲=治'와 아래의 '知'가 연탁 규칙으로 연결된다는 점이다. 위의 '奈良遲{奈良道}, 夜麻治{山道}'에서 '遲, 治'로 표기되던 것이 아래의 '美知{道}, 於保知{大道}'에서는 '知'로 표기되었다. '길'을 뜻하는 단어는 '美知'인데, 복합어에서는 '美'가 삭제되어[66] '知'만 남기도 한다. 이 '知'가 복합어의 후행 성분일 때에는 연탁 규칙이 수의적으로 적용되어 '遲, 治'로 표기되었다고 할 수 있다. 더욱이, 위의 복합어 '毛美知遲良久波'{もみち散らくは}에서는 '遲'로 표기되던 것이 아래의 단일어 '知流/知良久'{散}에서는 '知'로 표기되었다. 따라서 '遲, 治'는 '知'의 탁음 짝임이 분명하다.

(283) 『만엽집』의 '知' 용례

P군 TI: －知{활용 －ち}, 多知{복수접미사 たち}, 美知{道}, 宇知{內}, 迦多知{形}, 多知婆奈{橘}, 可知{楫}, 毛美知{黃, 黃葉}, 知可久{近}, 知流/知利{散}, 毛知/母知弖{持}, 知波{千葉}, 已太知/許太知{木立}, …

Q군 TI: －知{활용 －ち}, 宇知{內, うち}, 虛知/曾知/與知{處}, 知{千}, 多知弖{立ち

66 첫째 음절의 '美'가 삭제되는 원인은 알 수 없다.

て}, 知流/知里{散}, 毛知{持ち}, …

위의 용례에서 볼 수 있듯이, '知'는 청음절만 표기하고 탁음절은 표기하지 않는다. 더욱이 '遲=治'의 용례를 '知'의 용례와 대비해 보면 동음 이표기 쌍을 거의 찾을 수 없으므로, '遲=治'와 '知'는 이음 관계라고 할 수 있다.[67]

'遲'와 '治'의 중고음 성모는 澄母/d/이고, 澄母/d/는 『만엽집』 음가나에서 항상 /d/로 수용된다. 후기 중고음에서 탁음청화가 일어나지만, 『만엽집』 음가나는 『고사기』 음가나와 더불어 오음 계통이므로 탁음청화를 반영하지 않는다. 더욱이 澄母/d/는 定母/d/와 마찬가지로 탁음청화의 속도가 느렸다는 점도 참고가 된다.

(284) 『만엽집』 음가나의 澄母/d/ 수용 양상

1. 杼[澄中C上魚]=/dɪo～dɪə/^{R} 〕ド^{乙}/də/
2. 遲[澄開AB平脂]=/dɪi/^{L} 〕ヂ/di/
3. 治[澄開C平之]=/dɪə/^{L} 〕ヂ/di/
   [澄開C去之]=/dɪə/^{D}

(285) 『만엽집』 음가나의 澄母/d/ 대체 수용

한어 중고음의 澄母/d/는 『만엽집』 음가나에서 항상 /d/로 수용된다.

'遲'의 중고음 운모는 脂韻/ji～ɪi/ 개구이고, 脂韻/ji～ɪi/ 개구는 『만엽집』 음가나에서 항상 /i/로 수용된다(위의 (26) 참조). '治'의 운모는 之韻/ɪə/이고, 설치음 뒤의 之韻/ɪə/은 /i/로 수용된다(위의 (55) 참조). 따라서 '遲'와 '治'는 공통적으로 /di/를 표음한다.

다음으로 '知'의 중고음 성모는 知母/t/이고, 知母/t/는 『만엽집』 음가나에서 항

67 딱 하나 예외가 있다. '加遲'{楫}에서는 '遲'로 표기되던 것이 '可知'{楫}에서는 '知'로 표기되었다.

상 /t/로 수용된다.

(286) 『만엽집』 음가나의 知母/t/ 수용 양상

1. 弖/氐[端開4平齊]=/tei/[L] 〕テ/te/～デ/de/

   [知開B平脂]=/tɪi/[L]

2. 知[知開AB平支]=/tɪe/[L] 〕チ/ti/

   [知開AB去支]=/tɪe/[D]

3. 追[知合AB平脂]=/tʮi/[L] 〕ツ/tu/

4. 筑/築[知中C入東]=/tɪuk/[E] 〕ツク/tuku/

(287) 『만엽집』 음가나의 知母/t/ 대체 수용

한어 중고음의 知母/t/는 『만엽집』 음가나에서 항상 /t/로 수용된다.

'知'의 운모는 支韻/je～ɪe/이고, 支韻/je～ɪe/은 /i/로 수용되는 것이 원칙이다 (위의 (28) 참조). '知'는 이 원칙을 따르므로, 『만엽집』 음가나에서 /ti/를 표음한다.

(288) '遲, 治, 知'의 중고음과 그 수용

1. 遲[澄開AB平脂]=/dɪi/[L] 〕ヂ/di/

2. 治[澄開C平之]=/dɪə/[L] 〕ヂ/di/

   [澄開C去之]=/dɪə/[D]

3. 知[知開AB平支]=/tɪe/[L] 〕チ/ti/[68]

   [知開AB去支]=/tɪe/[D]

위와 같이 TI 음절 음가나에 음가를 배당하면 '遲=治'의 동음 관계뿐만 아니라

---

68 재추가한 '智'가 이것과 동음 관계이다.
智[知開AB去支]=/tɪe/[D] 〕チ/ti/. 多智{복수접미사 たち}, 知智[ちち], 多智{太刀}, 都智{地}, 遠智[越智], 母智騰利{もち鳥}

‘遲=治’와 ‘知’의 이음 관계를 두루 반영할 수 있다. 중고음의 수용 과정도 모두 정상적이다.

6.2.7.3. TU 음절

TU 음절의 표기에는 ‘頭, 豆, 筑/築, 通, 追, 都’가 사용되었다. ‘通’은 대표자가 아니지만, 중고음의 수용 양상을 정확히 밝히기 위하여 추가한 음가나이다.

(289) 『만엽집』의 ‘頭’ 용례 (권14 이후에서만 사용)

P군 DU: 頭{조사 づ}, 多頭{鶴}, 阿頭麻{東}, 伊頭禮{何}, …

Q군 TU: 八頭{八つ}

Q군 DU: 多頭{鶴}, 可頭氣氏{潛けて}, 可多頭伎氏{片付きて}, …

(290) 『만엽집』의 ‘豆’ 용례

P군 TU: 豆麻{妻}, 乎都豆爾/宇豆都仁[うつつに], …

P군 DU: 豆{조사 づ}, 多豆{鶴}, 安豆麻{東}, 伊豆久/伊豆知{何}, 可豆久知布{潛くちふ}, 由布豆久{夕月}, 波奈豆末{花妻}, 於久豆麻{奧妻}, 名豆氣{名付け}, 摩久良豆久{枕付く}, 之麻豆多比{島傳ひ}, …

Q군 TU: 佐豆人{さつひと}, 見豆良牟可{見つらむか},

Q군 DU: 豆{조사 づ}, 多豆{鶴}, 己母利豆麻可母{隱り妻かも}, …

위의 용례에서 볼 수 있듯이, ‘頭’와 ‘豆’는 대부분 DU 음절을 표기한다. DU 음절 중에서 ‘多頭=多豆’{鶴}, ‘阿頭麻=安豆麻’{東}, ‘可頭氣氏=可豆久知布’{潛}를 비롯한 여러 용례에서 ‘頭=豆’의 등식이 성립하므로, 이 둘의 음가는 같다.

그런데 아래 (293~294)에 제시한 ‘追麻/都麻/都摩/都末{妻, 夫}, 追奇/都久/都奇{月}, 都氣/都祁/都吉/都伎/都枳{付}, 都氏{傳て}’의 네 단어에서 각각 ‘追=都, 追=都, 都, 都’로 표기되는 것이 (289~290)의 복합어 ‘於久豆麻{奧妻}, 由布豆久{夕

月}, 可多頭伎氏{片付きて}, 之麻豆多比{島傳ひ}'에서는 각각 '豆, 豆, 頭, 豆'로 표기된다. 여기에서 '追=都'의 탁음절 짝이 '豆=頭'임을 알 수 있다.

(291) 『만엽집』의 '筑/築' 용례

P군 TUKU: 筑紫[筑紫, つくし]

Q군 TUKU: 筑紫[筑紫, つくし], 筑波/築羽[筑波, つくは]

(292) 『만엽집』의 '通' 용례

P군 TU: -通{활용 つ}, 通彌{摘み}, 都可倍追通{仕へつつ}, 麻通/萬通{松}

P군 DU: 伊麻乃乎追通爾{今のをつづに}

Q군 TU: 通都{접속조사 つつ}, -通{활용 つ}, 左耳通良布{さ丹つらふ}, 阿可思通良久茂{明かしつらくも}

(293) 『만엽집』의 '追' 용례

P군 TU: 追{조사 つ}, -追{활용 -つ}, 都追/追通{접속조사 つつ}, 追麻{妻}, 追奇{月}, 麻追{松}, 都追美氏{包みて}

Q군 TU: -追{활용 -つ}, 都追{접속조사 つつ}, 追氣奈久毛{告げなくも}, 散追良布{さ丹つらふ}, 都追伎破夫利{つつき破り}

(294) 『만엽집』의 '都' 용례

P군 TU: 都{조사 つ}, -都{활용 -つ}, 都追/都豆/都流{조동사 つ-}, 都麻{妻, 夫}, 都久/都奇{月}, 麻都{松}, 都{津}, 伊都{何}, 都久里{作り}, 都氣{付}, 都氐{傳て}, 牟都奇/武都紀{正月}, 佐都奇{五月}, …

P군 DU: 加都{門}, 多都{鶴}, 可都良{蘰}, 美都{水}, 目都良之[めづらし], 可都伎{潛き}, …

Q군 TU: 都{조사 つ}, -都{활용 -つ}, 都流/都追{조동사 つ-}, 都麻/都末{妻, 夫}, 伊都{何時}, 三都良武{滿つらむ}, 多都祢{尋ね}, …

Q군 DU: 目都良之久{めづらしく}, 可都良久[かづらく], …

(291)의 지명 '筑紫'[筑紫]와 '筑波'[筑波]의 '筑'은 모음첨가가 일어나 TUKU 음절을 표기한다. 이 '筑'이 동국 방언에서는 '都久'로 표기된다. 또한 '麻通/萬通, 麻追, 麻都'{松}의 동음 이표기 쌍에서 '通=追=都'의 등식이 성립한다. '通=都'와 '追=都'의 동음 이표기 쌍도 적지 않으므로 이 등식을 믿을 수 있다. 결국 '筑'의 첫째 음절과 '通, 追, 都'도 음가가 서로 같다.

그런데 '都'는 TU 음절을 표기하는 것이 원칙이지만 DU 음절을 표기한 것도 의외로 많다. '加都{門}, 多都{鶴}, 可都良{蘰}, 美都{水}' 등의 예에서 '都'가 DU 음절을 표기한다. 이런 예가 적지 않으므로 '都'는 TU 음절뿐만 아니라 DU 음절도 표기한다고 기술해 둔다.

이제, 중고음 수용 양상을 논의한다. '頭'와 '豆'의 한어 중고음은 성조만 다르고 나머지는 모두 같으므로, 바로 '頭=豆'의 등식을 세울 수 있다. 이들의 중고음 성모는 定母/d/이고, 『만엽집』 음가나에서는 定母/d/가 항상 /d/로 수용된다(위의 (279) 참조). 이들의 운모는 侯韻/əu/이고, 侯韻/əu/은 /u/로 수용되는 것이 원칙이다(위의 (140) 참조). 따라서 '頭=豆'는 『만엽집』 음가나에서 /du/를 표음한다.

'筑/築'의 중고음 성모는 知母/t/이고, 知母/t/는 『만엽집』 음가나에서 항상 /t/로 수용된다(위의 (287) 참조). '筑/築'의 운모는 東韻 3등 입성의 /ɪuk/이고 『만엽집』 음가나 중에서 東韻字는 '筑/築'과 '通'의 둘이다. '筑/築'은 3등 입성이고 '通'은 1등 평성이라는 차이가 있지만 이들의 운복모음이 /u/로 수용된다는 점에서는 차이가 없다. 따라서 '筑/築'은 /tuku/를 표음한다.

(295) 『만엽집』 음가나의 東韻/uŋ, uk/ 운복모음 수용 양상

1. 筑/築[知中C入東]=/tɪuk/^{E} 〕ツク/tuku/
2. 通[透中1平東]=/t^{h}uŋ/^{L} 〕ツ/tu/

(296) 『만엽집』 음가나의 東韻/uŋ, uk/ 운복모음 대체 수용

한어 중고음의 東韻/uŋ, uk/ 운복모음은 『만엽집』 음가나에서 항상 /u/로 수용된다.

'通'의 중고음 성모는 透母/t^h/이고, 透母/t^h/는 /t/로 수용된다(위의 (277) 참조). '通'의 운모인 東韻/uŋ/은 /u/로 수용되므로, 『만엽집』 음가나에서 '通'은 /tu/를 표음한다.

'追'의 성모는 知母/t/이고, 知母/t/는 항상 /t/로 수용된다(위의 (287) 참조). '追'의 운모는 脂韻 합구의 /ɥi/이다. 脂韻/ji~ɪi/ 개구는 항상 /i/로 수용되지만, 脂韻/ji~ɪi/ 합구의 /ɥi/일 때에는 /u/로 수용된다(위의 (26) 참조). '追'는 脂韻/ji~ɪi/ 합구이므로 『만엽집』 음가나에서 /u/로 수용되어, '追'가 /tu/를 표음한다.

'都'는 성모가 端母/t/이고, 端母/t/는 /t/로 수용된다(위의 (275) 참조). '都'의 운모는 模韻/o/이고, 模韻/o/은 『만엽집』 음가나에서 /o/, /u/, /ə/의 세 가지로 수용되는데 '都'의 模韻/o/은 /u/로 수용된다(위의 (37) 참조). 따라서 '都'는 /tu/를 표음한다. '都'에서 模韻/o/이 /u/로 수용된다고 한 것은 '都'가 '通, 追'와 동음 관계임을 고려한 것이다.

(297) '頭, 豆, 筑/築, 通, 追, 都'의 중고음과 그 수용

1. 頭[定中1平侯]=/dəu/^{L} 〕ヅ/du/
2. 豆[定中1去侯]=/dəu/^{D} 〕ヅ/du/
3. 筑/築[知中C入東]=/tɪuk/^{E} 〕ツク/tuku/
4. 通[透中1平東]=/t^huŋ/^{L} 〕ツ/tu/
5. 追[知合AB平脂]=/tɥi/^{L} 〕ツ/tu/
6. 都[端中1平模]=/to/^{L} 〕ツ/tu/~ヅ/du/

위와 같이 TU 음절 음가나에 음가를 배당하면, '頭=豆'의 등식과 '追=通=都'의 등식뿐만 아니라 '頭=豆'가 '追=通=都'의 탁음절 짝이라는 사실을 두루 충족할 수

있다. 또한 중고음의 수용 과정도 정상적으로 기술할 수 있다. 다만, '都'가 ツ/tu/를 표기하는 것이 원칙이지만 일부의 무시할 수 없는 용례에서 ヅ/du/도 표음하는데, 그 원인은 설명하기 어렵다.

6.2.7.4. TE 음절

TE 음절의 표기에는 '低, 泥, 提, 天, 弖/氐'가 사용되었다. '低'는 음운대립 확인을 위하여 추가했다. '低, 泥'는 DE 음절의 표기에 주로 사용되었다.

(298) 『만엽집』의 '低' 용례

P군 DE: 末低/麻低{조사 まで}, 蘇低{袖}, 低弖/伊低{出}, 敷奈低{船出}, 爾保比爾米低弖[にほひにめでて], …

Q군 TE: 河毛低河毛低{かけてかけて}

Q군 DE: 麻低{조사 まで}

(299) 『만엽집』의 '泥' 용례

P군 DE: 麻泥{조사 まで}, 蘇泥{袖}, 須泥爾[すでに], 泥/泥米/伊泥{出}, 許呂毛泥/己呂母泥{衣手}, 安麻泥良須{天照らす}, 之多泥流{下照る}, 泥許之{出來-}, 奈泥之故[なでしこ]

Q군 TE: 麻泥騰{待てど},

Q군 DE: 麻泥{조사 まで}, 伊泥氐{出でて}, 之泥而{垂でて}, 奈泥{撫で}, 四泥[思泥], 左泥{小網}, 奈泥之故[なでしこ]

위의 용례에서 볼 수 있듯이, '低, 泥'는 대부분 DE 음절을 표기하고 극소수의 예에서 TE 음절을 표기한다. 이것은 '低, 泥'가 조사 'まで'의 'で'를 자주 표기하지만, 활용의 '-て'를 거의 표기하지 않는다는 데에서 다시 확인된다.

그런데 아래의 '提, 天, 弖/氐'는 활용의 '-て'뿐만 아니라 조사 'まで'의 'で'도

자주 표기한다. 이들은 또한 어휘 형태의 TE 음절뿐만 아니라 DE 음절도 표기한다. '提'는 상대적으로 DE 음절을 더 많이 표기하고, '天, 弖/氐'는 TE 음절을 상대적으로 더 많이 표기한다는 미세한 차이가 있다. 그렇더라도 '提, 天, 弖/氐'에서는 청탁 구별이 무의미한 듯한 느낌을 지울 수가 없다.

(300) 『만엽집』의 '提' 용례

P군 TE: -提{활용 -て}, 意母提{面}, 提羅周{照らす}, …

P군 DE: 麻提{조사 まで}, 提{手}, 提志{出し}, …

Q군 DE: 井提越浪之{ゐで越す波の}, 左提刺爾{小網さすに}

(301) 『만엽집』의 '天' 용례

P군 TE: -天{활용 -て}, 邊多天留{隔てる}, 天禮流/天良佐比{照}, …

P군 DE: 伊天多知{出で立ち}

Q군 TE: -天{활용 -て}

Q군 DE: 麻天{조사 まで}

(302) 『만엽집』의 '弖/氐' 용례

P군 TE: -弖/氐{활용 -て}, 弖/氐{手}, 敝太弖弖{隔てて}, 弖流/弖利{照}, 古乃弖{兒手}, …

P군 DE: 麻弖/末弖{조사 まで}, 蘇弖{袖}, 伊弖/伊氐{出}, 許呂母弖/己呂毛弖{衣手}, 奈我弖{長手}, 奈弖之故[なでしこ], …

Q군 TE: : -弖{활용 -て}, 弖流{照る}, 見我弖利{見がてり}, …

Q군 DE: 麻弖/萬弖{조사 まで}

'提, 天, 弖/氐'는 활용의 '-て'도 표기하고 조사 'まで'도 표기한다는 점에서 공통된다. 따라서 '提=天=弖/氐'의 등식이 성립한다.

그런데 중고음 성모를 수용할 때에도 TE·DE 음절은 독특한 경향을 보인다.

'低'의 성모는 端母/t/이고, 端母/t/는 『만엽집』 음가나에서 /t/로 수용되는 것이 원칙이다(위의 (275) 참조). 그런데도 '低'의 端母/t/는 위의 (298)에서 볼 수 있듯이 독특하게도 /d/로 수용된다. 이것은 예외적 수용임이 분명한데, 그 원인을 찾을 수가 없다. 따라서 TE·DE 음절의 특수성이라고 기술해 둔다.[69]

'泥'의 중고음 성모는 泥母/n/이고, 泥母/n/는 『만엽집』 음가나에서 /n/으로 수용되는 것이 원칙이다(위의 (63) 참조). 그런데 '泥'의 泥母/n/는 독특하게도 /d/로 수용된다. 이것도 역시 TE·DE 음절의 특수성을 반영한다. 성모가 泥母/n/인 '泥'가 /d/로 수용된 것은 '泥'에 한정하여 탈비음화가[70] 적용되었기 때문이다. 여타의 T행 음가나에서는 탈비음화를 경험한 것이 전혀 없다. 유독 DE 음절의 '泥'에서만 탈비음화가 일어났는데, 그 원인이 무엇인지 설명하기가 어렵다. '泥'의 특수성에서 그 원인을 찾아야 할 것이다.

'提'의 중고음 성모는 定母/d/이고, 定母/d/는 『만엽집』 음가나에서 항상 /d/로 수용된다(위의 (279) 참조). 이에 따라 '提'가 DE 음절을 표기한 것이 많지만 특이하게도 TE 음절도 자주 표기한다.

'天'의 성모는 透母/t^h/이고, 透母/t^h/는 /t/로 수용된다(위의 (277) 참조). 이에 따라 '天'의 透母/t^h/도 /t/로 수용된 예가 많지만, 특이하게 /d/로 수용된 예도 적지 않다.

'弖/氐'의 성모는 端母/t/인데, 端母/t/는 『만엽집』 음가나에서 /t/로 수용된다(위의 (275) 참조). '弖/氐'의 端母/t/도 /t/로 수용되지만, 이에 못잖게 /d/로 수용된 예도 많다.

위의 논의를 종합하면 TE·DE 음절에서는 여타의 음절과 달리 성모의 수용 양상이 특이하다는 결론이 나온다. 따라서 TE·DE 음절에서는 독특하게도 청탁 구별이 무의미해진 것이 아닌가 하고 의심하게 된다. 이 점을 고려하여 TE·DE 음절의 음가나에 아래와 같이 음가를 배당한다.

69 大野透(1962: 534)에서는 '低'를 청탁 不明字로 분류했다.
70 탈비음화는 3장과 5장에서 자세히 논의한 바 있다.

(303) '低, 泥, 提, 天, 弖/氐'의 중고음과 그 수용

1. 低[端開4平齊]=/tei/^{L} 〕デ/de/
2. 泥[泥開4平齊]=/nei/^{L} 〕デ/de/
   [泥開4去齊]=/nei/^{D}
3. 提[定開4平齊]=/dei/^{L} 〕デ/de/~テ/te/
4. 天[透開4平先]=/t^{h}en/^{L} 〕テ/te/~デ/de/
5. 弖/氐[端開4平齊]=/tei/^{L} 〕テ/te/[71]~デ/de/
   [知開B平脂]=/tɪi/^{L}

다음으로 운모를 논의한다. '低, 泥, 提, 弖/氐'의 중고음 운모는 모두 齊韻/ei/이다. '弖/氐'는 운모가 齊韻/ei/ 또는 脂韻/ji~ɪi/인 다음자이지만, '弖/氐'가 TI 음절이 아니라 TE 음절을 표기하는 것이 분명하므로 齊韻/ei/을 택한다. 齊韻/ei/ 개구는 『만엽집』 음가나에서 항상 /e/로 수용되므로(위의 (86) 참조), '低, 泥, 提, 弖/氐'의 모음은 /e/이다. '天'의 운모는 先韻/en/이고, 先韻/en/은 『만엽집』 음가나에서 항상 /e/로 수용된다(위의 (88) 참조). 따라서 '天'의 모음도 /e/이다.

6.2.7.5. TO 음절

TO 음절의 표기에는 '度, 杼, 藤/騰, 刀, 登, 等'이 사용되었다. '迹/跡'도 TO 음절을 표기하지만 '迹/跡'은 음가나가 아니라 훈가나일 가능성이 더 크므로 분석 대상에서 제외했다. '度, 杼, 藤/騰'은 DO 음절을 표기하고 '刀, 登, 等'은 TO 음절을 표기한다. 아래에서 단어별로 다시 정리할 예정이므로 용례 제시를 최소화했다.

---

71 재추가한 '底'가 '天=弖/氐'와 동음 관계이다. 다만, '底'는 탁음절을 표기한 예가 없다.
底[端開4上齊]=/tei/^{R} 〕テ/te/. −底{활용 て}, 底里爾{照りに}
[章開AB上脂]=/ʨɪi/^{R}

(304) 『만엽집』의 '度' 용례

P군 TO: 比度{人}, 加波度{川門}

P군 DO: 度母{조사 ども}, -禮度{활용 -れど}, 可度/加度{門}, 度{戸}, 夜度{宿}, 美加度{朝廷}, 寢屋度{寢屋處}, …

Q군 TO: 散度{里}

Q군 DO: 度知[どち], 田度伎[たどき], …

(305) 『만엽집』의 '杼' 용례

P군 TO: 安氣世受杼母{擧げせずとも}

P군 DO: 杼{조사 ど}, 杼里{鳥}, 安杼[あど], 等杼米弖{留めて}, 登杼呂爾[とどろに], …

Q군 DO: 杼{조사 ど}, 音杼侶{おとどろ}, 保杼呂{ほどろ}, 屋杼{宿, やど}, …

(306) 『만엽집』의 '藤/騰' 용례

P군 TO: 騰{조사 と}, 巨騰{琴}, 騰保久{遠く}, 餘其騰{吉事}, …

P군 DO: 騰{조사 ど}, 與騰{淀}, 等騰米/等騰尾{留}, 安騰母比弖{率ひて}, …

Q군 TO: 騰{조사 と}, 騰毛{艫}, 碁騰{如}, 騰遠依子等者{とをよる子らは}

Q군 DO: 騰{조사 ど}, 餘藤/與騰{淀}, 等騰米{留め}, 阿騰母比/安騰毛比{率ひ}, …

위의 용례에서 조사 'ど'의 표기에 '度, 杼, 藤/騰'가 공통적으로 사용된다. 따라서 이들은 동음 관계이다. 그런데 '度'는 갑류에 속하고 '杼, 藤/騰'은 을류에 속하므로 이 동음 관계를 의심할 수도 있다.

'度, 杼, 藤/騰'은 TO 음절이 아니라 DO 음절을 주로 표기한다. '杼'와 '藤/騰' 사이에는 '等杼米=等騰米'{留}와 같은 동음 이표기 쌍이 있지만, '度'의 용례 중에서 '杼, 藤/騰'와 동일어인 것이 전혀 눈에 띄지 않는다. 여기에서 '杼'와 '騰'은 동음 관계이지만, 이 '杼=騰'과 '度'는 이음 관계임을 알 수 있다.

'度'는 거꾸로 아래의 '刀'와 동음 관계인 것처럼 보인다. '度=刀{處}, 度=刀{戸},

(可/加)度=刀{門}' 등이 동음 이표기 쌍이므로, DO 음절인 '度'는 TO 음절인 아래의 '刀'와 모음이 같았을 가능성이 크다.

(307) 『만엽집』의 '刀' 용례

P군 TO: 刀爾{조사 とに}, 遠刀古{男}, 刀{外}, 刀{處}, 刀{戶}, 刀{門}, …

Q군 TO: 刀母{조사 とも}, 刀爾{조사 とに}, 刀自[刀自], 伊刀古[いとこ], …

위의 용례에서 볼 수 있듯이, '刀'는 항상 TO 음절을 표기하고 DO 음절을 표기하지 않는다. 위에서 '刀'가 '度'와 동음 관계인 예를 찾을 수 있었는데, 아래에서는 갑류인 '刀'와 을류인 '登, 等'의 동음 이표기 쌍도 찾을 수 있다. '男, 壯士', '問', '解', '取, 捕' 등의 단어에서도 '刀, 登, 等'의 동음 이표기 쌍이 있으므로, '刀=登=等'의 등식을 세울 수 있다.

(308) 『만엽집』의 '登' 용례

P군 TO: 登{조사 と}, 比登{人}, 乎登賣{娘子}, 登母/登毛{伴, 友}, 美許登{命}, 許登{言}, 許登{事}, 比登{一}, …

P군 DO: 登{조사 ど}, 餘登{淀}, 等登牟流/等登尾/等登米牟{留}, 須登利{渚鳥}, …

Q군 TO: 登{조사 と}, 比登{人}, 乎登古{壯士}, 其登/其登久{如}, 登聞思佐{羨しさ}, …

(309) 『만엽집』의 '等' 용례[72]

P군 TO: 等{조사 と}, 比等{人, 他}, 乎等古{男, 壯士}, 越等賣/乎等女{娘子}, 等母{伴}, 夜末等/也麻等{大和}, 美許等{命}, 於等{音}, 比等{一}, …

P군 DO: 等{조사 ど}, 等等尾迦袮{留みかね}, 可保等利{貌鳥}, 柔保等里{にほ鳥}, 阿末能古等母{海人の子ども}

72 '等'을 'ども'로 훈독한 것은 음가나의 용례에서 제외했다.

Q군 TO: 等{조사 と}, 乎等女{娘子}, 美許等{命}, 等毛/等母{件}, 毛等{本}, 己等{事}, 等之{年}, …

Q군 DO: 等{조사 ど}, 知等理{千鳥}

Q군에서는 '等'을 훈독하여 'ら, れ, たち' 등의 복수접미사로 읽을 때가 많다. 또한 이 'ら'가 복수의 의미와 전혀 관계가 없는 것도 표기한다. 그러나 P군에서는 이런 용법은 없고 대부분 음가나로 사용된다.

위의 여러 용례에서 동일 음가나가 격조사나 접속조사의 'と'를 표기하기도 하고, 역접이나 가정을 의미하는 접속조사 'ど'를 표기하기도 한다. 따라서 TO 음절에서는 청음과 탁음을 구별하는 것이 무의미하다는 논의도 나올 법하다. 그러나 용례의 다양성을 기준으로 삼으면 '刀, 登, 等'가 청음의 TO 음절을 표기하는 데에 반하여 '杼, 度, 藤/騰'이 탁음의 DO 음절을 표기한다는 것을 금방 알 수 있다.

이것은 첫째와 둘째 음절에서 TO 음절이 반복된 '登杼呂爾[とどろに], 等騰呂爾[とどろに], 等騰呂爾{とどろに}, 等騰己保里{とどこほり}' 등에서 다시 확인된다. 첫째 음절의 표기에는 '等'이 사용되었지만, 둘째 음절의 표기에는 '杼, 騰'가 사용되었다. 또한 '留'를 뜻하는 단어인 '等杼米弖, 等騰米, 等騰尾/等騰米/等騰米毛/等杼米弖' 등에서 '杼, 騰'는 첫째 음절을 표기하는 일이 없고 항상 둘째 음절만 표기한다. 이것도 '杼, 騰'이 탁음의 DO 음절인 반면에 '等'이 청음의 TO 음절임을 말해 준다.

그런데도 TO·DO 음절의 표기 양상은 아주 복잡하다. TO·DO 음절의 표기에 사용된 6종의 음가나가 동음 이표기 관계인 단어를 간단히 정리하면 아래와 같다. 괄호를 친 것은 소수의 예이다.

(310) TO·DO 음절에서 동음 이표기 관계인 자료

1. 조사 'と' : ①刀, ②登, ③等, ④(藤/騰)
2. 조사 'ど' : ①度, ②杼, ③藤/騰, ④(登)
3. '門' : ①度 – 可度/加度 ②刀 – 刀, 奈我刀{長門}

4. '處' : ①度 – 寢屋度{寢屋處} ②刀 – 刀
5. '宿' : ①度 – 夜度/屋度, ②杼 – 屋杼禮流/夜杼里/夜杼里/也杼里, ③登 – 也登里
6. '躍' : ①杼 – 乎杼利, ②騰 – 乎騰流
7. '留'의 둘째 음절 : ①杼 – 等杼米弖, ②騰 – 等騰米, ③登 – 等登尾/等登米牟
8. '男, 壯士' : ①刀 – 遠刀古, ②登 – 乎登古, ③等 – 乎等古/乎等故
9. '問' : ①刀 – 刀敷爾/刀比, ②等 – 等布/等波須
10. '解' : ①刀 – 刀氣氏, ②登 – 登吉/登伎, ③等 – 等伎/等伎弖
11. '取, 捕' : ①刀 –刀利/刀良斯弖, ②登 – 登流/登里/登理/登利, ③等 – 等流/等里/等理天/等理弖婆/等良受波
12. '鳥': ①杼 – 乎之杼里{鴛鴦}, 美夜故杼里{都鳥}, 知杼里/智杼利{千鳥}, 爾保杼里{にほ鳥}, ②騰 – 母智騰利{もち鳥}, 爾保騰里{にほ鳥}, 須騰理{渚鳥}, ③登 – 知登理{千鳥}, 伊保都登里{五百つ鳥}, ④等 – 等利/等里{鳥, 鷄}, 無良等理{群鳥}, 毛毛等利{百鳥}
13. '人, 他': ①登 – 比登/必登{人}, ②等 – 比等/必等, ③度 – 安米比度
14. '淀': ①杼 – 餘杼/與杼, ②藤/騰 – 餘藤/與騰, ③登 – 餘登, ④等 – 與等武
15. '床': ①登 – 登許, ②等 – 等許
16. '遠': ①登 – 登保/登保久/登保美, ②等 – 等保/等富/等保久/等保伎, ③騰 – 騰保久, 佐刀騰保美{里遠み}, 多騰保美/多騰保彌{た遠み}, ④杼 – 伊敝杼保久{家遠く},

먼저 '度'를 논의한다. 첫째, (310.3～4)의 이표기에서 '度=刀'의 등식이 성립한다. 둘째, '度'와 '刀'의 용례 전체를 두루 살피면 '度'는 탁음절 표기에 주로 사용되고 '刀'는 주로 청음절 표기에 사용된다. 그런데 첫째와 둘째는 서로 모순 관계이다. '度'와 '刀'가 동음 관계라고 하면서 동시에 '度'는 탁음절이고 '刀'는 청음절이라 하는 것은 서로 모순이기 때문이다. 이런 문제점을 해소하기 위하여 (310.3

~4)의 명사 '門'과 '處'를 어떻게 표기했는지 역으로 추적해 보았다. 그 결과 대부분의 예에서 '門'과 '處'를 TO 음절로 표기하지 않고 DO 음절로 표기했다. 이에 따르면 (310.3~4)의 '刀'는 예외적인 표기가 된다. 결론적으로 '度'는 '刀'의 탁음절 짝이다.

(310.2)에서 '杼'는 '度'뿐만 아니라, '藤/騰'과도 동음 관계이다. '杼'와 '度'는 (310.5)에서 동음 관계이고, '杼'와 '藤/騰'는 (310.6~7), (310.12), (310.16)에서 동음 관계이다.

다음으로 '杼'와 '登'의 관계를 논의한다. '杼'는 DO 음절을 표기하고 '登'은 TO 음절을 표기하므로 이 둘은 이음 관계이다. 그런데도 (310.5), (310.7), (310.12), (310.16)에서 동음 관계인 것처럼 보이는 원인은 '杼'의 용례가 대부분 복합어의 후행 성분이라는 데에서 찾을 수 있다. 단일어에서는 '登'으로 표기되던 것이 복합어에서는 연탁 규칙이 적용되어 '杼'로 표기되었다. 여기에서 '杼'가 '登'의 탁음절 짝이라는 논의가 성립한다.

'藤/騰'이 '杼'와 동음 관계임은 위에서 이미 말했다. (310.14), (307.16)에서는 '藤/騰'이 '登, 等'과도 동음 관계인 것처럼 보인다. 그런데 (310.14)에서 명사 '淀'을 '餘登, 與等武'로 표기한 것은 소수의 예외적 표기이다. 대부분의 예에서 '淀'이 '餘杼/與杼, 與騰/餘藤'로 표기되기 때문이다. 예외적 표기를 제외하면, '藤/騰'이 '登, 等'과 동음 관계인 것처럼 보이는 예들은 모두 연탁 규칙으로 기술할 수 있다. 즉 '藤/騰'도 '登, 等'의 탁음절 짝이다.

우리는 '度'가 '刀'의 탁음 짝이라고 했다. 그런데 이 '刀'가 (310.1)에서 조사 'と'를 표기하고, 위의 (310.8~10)에서 다시 정리한 것처럼 '刀'가 '男(壯士), 解, 取(捕)' 등의 단어에서 '登, 等'과 동음 관계이다.

위의 논의를 종합하면, '登=等=刀'와 '杼=騰=度'의 두 가지가 이음 관계가 된다. 이것이 TO 음절의 표기에 사용된 6종의 음가나 상호 간의 핵심적 관계이다. 우리는 이 관계를 고려하여 6종의 음가나에 아래와 같이 음가를 배당한다.

(311) ‘度, 杼, 藤/騰, 刀, 登, 等’의 중고음과 그 수용

1. 度[定中1去模]=/do/^{D}〕ド^{乙}/də/
2. 杼[澄中C上魚]=/dɪo～dɪə/^{R}〕ド^{乙}/də/
3. 藤/騰[定開1平登]=/dəŋ/^{L}〕ド^{乙}/də/
4. 刀[端中1平豪]=/tɑu/^{L}〕ト^{乙}/tə/
5. 登[端開1平登]=/təŋ/^{L}〕ト^{乙}/tə/
6. 等[端開1上登]=/təŋ/^{R}〕ト^{乙}/tə/[73]

‘度’는 模韻字이므로 기본적으로는 그 모음이 갑류의 /o/이다. 그러나 ‘度’가 을류의 모음 /ə/를 가지는 ‘杼, 藤/騰’과 동음 관계이므로 우리는 갑류 모음 /o/가 을류 모음 /ə/로 합류했다고 기술한다.[74] ‘度’의 용례보다 ‘杼, 藤/騰’의 용례가 훨씬 더 많을뿐더러, 3쌍 이상의 동음 이표기 쌍이 있거나 문법 형태에서 동음 이표기 관계가 성립하면 우리는 동음 관계를 인정하기 때문이다. 이와 마찬가지로 ‘刀’가 豪韻字이므로 기본적으로 그 모음이 갑류의 /o/이지만, ‘刀’가 ‘登, 等’과 동음 관계이므로 을류의 /ə/를 배당하기로 한다. 동음 이표기 쌍이 3쌍 이상이고 ‘登, 等’의 용례가 ‘刀’의 용례보다 훨씬 더 많으므로 갑류의 /o/가 을류의 /ə/로 합류했다고 기술한다.

이제, 어찌하여 (311)처럼 음가를 배당하는지를 한어 중고음으로 기술해 보기로 한다.

‘度, 藤/騰’의 중고음 성모는 定母/d/이고, 定母/d/는 『만엽집』 음가나에서 항상 /d/로 수용된다(위의 (279) 참조). ‘杼’의 중고음 성모는 澄母/d/이고, 澄母/d/도 항상 /d/로 수용된다(위의 (285) 참조). ‘刀, 登, 等’의 성모는 端母/t/이고, 端母/t/는 /t/로 수용되는 것이 원칙이다(위의 (275) 참조). 따라서 TO 음절의 음가나 6자에서 모두 중고음의 성모가 정상적으로 수용되었다.

---

73 재추가한 ‘得’이 ‘登=等’과 동음 관계이다.
得[端開1入登]=/tək/^{E}〕ト^{乙}/tə/. 得{조사 と}, 得母/得毛/得物{조사 とも}, 比得{人}, 得伎波爾[ときはに], 得志/得之{年}, 得保{遠}, 得夫{飛ぶ}

74 위의 SO 음절에서도 을류의 ‘曾’과 갑류의 ‘蘇’가 선구적으로 합류한 바 있다.

'度'의 중고음 운모는 模韻/o/이고, 模韻/o/은 『만엽집』 음가나에서 /o/, /u/, /ə/의 세 가지로 수용되는데(위의 (37) 참조) '度'의 模韻/o/은 /ə/로 수용된다. '刀'의 운모는 豪韻/ɑu/이고, 豪韻/ɑu/은 /o/로 수용되는 것이 원칙인데, '刀'에서는 /ə/로 수용된다(위의 (142) 참조). '度'와 '刀'의 모음이 기본적으로 갑류의 /o/이므로, 위에서 '度'가 '刀'의 탁음절 짝이라고 한 것과 부합한다.

'杼'의 운모는 魚韻/ɪo~ɪə/이고, 魚韻/ɪo~ɪə/은 『만엽집』 음가나에서 항상 /ə/로 수용된다(위의 (53) 참조). '藤/騰, 登, 等'의 운모는 登韻/əŋ/이고, 登韻/əŋ/은 항상 /ə/로 수용된다(위의 (94) 참조). '杼'와 '藤/騰, 登, 等'의 운모가 공통적으로 을류의 /ə/로 수용되므로, '杼, 藤/騰'이 '登, 等'의 탁음절 짝이라고 한 것과 부합한다.

결론적으로, 위의 (311)처럼 음가를 배당하면 TO·DO 음절 음가나의 용례 분석 결과와 중고음의 수용 과정을 두루 충족할 수 있다. 무시할 수 없는 용례에서 갑류의 /o/가 을류의 /ə/ 하나로 합류하기 시작했다는 점을 다시 강조해 둔다. 이 합류 때문에 용례 분석 과정이 아주 어려웠다는 점도 고백해 둔다.

6.2.7.6. T행의 요약 정리

T행의 논의를 요약하여 정리하면 아래와 같다.

(312) T행 『만엽집』 음가나의 음가 배당 (음영 부분은 Q군 음가나)

모음 자음		A (ア)	I (イ)	U (ウ)	E (エ)	O (オ)
T タ	T	多/ta/	知/ti/	都=築/筑=通=追/tu/	弖/氐=天=提/te/	等=登=刀/tə/
		多/ta/	知/ti/	都=築/筑=通=追/tu/	弖/氐=天=提/te/	等=登=刀/tə/
	D	太=大/da/	治=遲/di/	豆=頭=都/du/	泥=弖/氐=低=提/de/	藤/騰=杼=度/də/
		太=大/da/	治=遲/di/	豆=頭=都/du/	泥=弖/氐=低=提/de/	藤/騰=杼=度/də/

이 음가 배당표의 TE 음절에서는 '提'가 DE 음절과 TE 음절의 두 군데에 들어가 있고, 마찬가지로 '弖/氐'도 TE 음절과 DE 음절의 두 군데에 들어가 있다. 이처럼 청탁 구별이 혼란스럽지만, 그렇더라도 '提'는 /de/를 표기하고 '弖/氐'는 /te/를 표기하는 것이 원칙이다.

DE 음절의 '泥'는 중고음 성모가 泥母/n/인데도, 『만엽집』 음가나에서 /de/를 표음한다. 이것은 탈비음화의 결과인데, 여타의 泥母字에서는 탈비음화를 반영하지 않는다. 이에 따라 『만엽집』 음가나가 『일본서기』 계통이 아니라 『고사기』 계통이라고 말할 수 있다(大野晉 1957).

T·D행에서는 /a, i, u, e, ə/의 다섯 가지 모음이 설정된다. 이 5종이 설정되는 행은 S·Z·N·R의 4행이 있는데, 여기에 T·D행을 더하여 모두 6행이 된다.

중요한 것은 TO·DO 음절의 '刀, 度'가 갑류의 /o/에서 을류의 /ə/로 합류했다는 점이다. '刀, 度'가 갑류의 /o/를 가진다고 할 수도 있으나 문법형태 'と'의 표기에 '等=登'와 더불어 '刀'도 사용되고, 문법형태 'ど'의 표기에 '藤/騰=杼'뿐만 아니라 '度'도 사용되었다. 이것을 중시하여 '刀, 度'가 을류의 /ə/를 가진다고 기술해 둔다.

人麻呂의 단가에서 '生跡毛無'(Q212)와 '生刀毛無'(Q215)의 독법이 오랫동안 문제가 되어 왔다. 기존의 훈이 '生けりともなし'였으나, 本居宣長은 大伴家持의 '伊家流等毛奈之'(Q4170)를 들어 '生けるともなし'로 읽고 'と'는 조사가 아니라 '利心'{とごころ} 즉 '마음의 움직임'을 의미하는 단어라 하였다. 그 후로 '跡=ト乙'과 '刀=ト甲'으로 나누어 읽는 변화가 일어났다. Q215의 'と'는 宣長의 명사 '利'이므로 '生'을 연체형인 'いける'로, Q212에서는 인용의 조사이므로 '生'을 종지형인 'いけり'로 읽어야 한다는 것이다. 이것은 작자인 人麻呂가 '生'을 하나의 노래 군에서 'いけり'뿐만 아니라 'いける'로도 사용했음을 의미한다.

그런데 이때에는 家持 노래에서 연체형이 'いける'인데 '等'이 을류라는 점과 가나로 'いけり'라고 표기한 예가 없다는 점 등의 의문이 제기된다. 우리의 논의에 따르면 'と'의 두 종류는 비교적 일찍이 혼동이 시작되어, 『만엽집』 음가나에서 ト/to/와 ト乙/tə/가 하나로 합류했다. 본래 'いけると甲もなし'였으나 관용구로 오래 쓰이다 보니 'いけると[甲]'에서 'と[甲]'의 의미가 불분명해졌고, 그 결과로 갑류의 '刀/戸'뿐만 아니라 을류의 '跡/友'로도 표기하게 되었을 것이다. 家持가 '等' 즉 ト[乙]/tə/로 표기한 것도 바로 이 때문이었다고 할 수 있다.

결론적으로, 우리의 논의에 따르면 TO·DO 음절에서는 갑을 대립이 없었으므로 '生跡毛'와 '生刀毛'를 모두 'いけるとも'로 읽을 수 있다. 'いけるともなし'에서 'と'의 음성적 실현이 이렇다 할 식별 기능을 갖지 못한다. 犬飼隆(1992: 166)도 이 문제를 논하고 훈자 '跡'에서는 TO 음절의 갑을 구별에 엄밀함을 기대하기 어렵다고 하였다. 상대 특수가나 표기법의 발견은 일본어학사에서 획기적인 성과이기는 하나, 갑을 구별이 반드시 단어의 차이를 의미한다고 하는 교조적인 적용은 삼가야 할 것이다(工藤力男 2003: 204).

6.2.8. P행, ハ行

P행 즉 ハ행의 표기에는 '波, 婆, 比, 非, 悲, 妣, 備, 婢, 布, 敷, 不, 夫, 敝, 倍, 弊, 便, 保, 煩, 寶'가 사용되었다. 이들을 음절별로 분류해 보면 아래와 같다.

(313) P행의 『만엽집』 음가나 (음영 부분은 Q군 음가나)

자음 \ 모음		A (ア)	I (イ)	U (ウ)	E (エ)	O (オ)
P ハ	P	波 婆	比 非 悲 妣	布 敷 不	敝 倍 弊	保
		波	比 悲	布 不	敝 倍 弊	
	B	婆 波	備 妣 婢	夫 布	倍 敝 便 弊	煩 保
		婆 波	備 妣 婢	夫	便 倍	寶

6.2.8.1. PA 음절

PA 음절의 표기에는 '婆, 波'가 사용되었다. '波'는 용례가 아주 많지만, 지면 절약을 위해 특히 많이 생략했다.

(314) 『만엽집』의 '婆' 용례

P군 PA: 婆{조사 は}, 婆自米{初め}, 之多婆倍弖{下延へて}, 波呂婆呂爾[はろはろに], …

P군 BA: 婆{조사 ば}, 婆{葉}, 之婆/志婆{柴}, 多知婆奈{橘}, 婆可流/婆加利/婆可里[ばか-], 比婆里/比婆理{ひばり}, 婆之流{走}, 多婆良婆{給, 賜}, 左由理婆奈{百合花}, 佐久良婆奈/〃婆那{櫻花}, 可保婆奈{かほ花}, 美也婆之良{宮柱}, 之婆奈久{しば鳴く}, 之婆之婆[しばしば], 都波良都婆良爾[つばらつばらに], …

Q군 PA: 保寶我之婆[ほほがしは]

Q군 BA: 婆{조사 ば}, 奴婆多麻{烏珠}, 腹婆布{腹這ふ}, 都婆良可爾[つばらかに], …

(315) 『만엽집』의 '波' 용례

P군 PA: 波{조사 は}, -波{활용 -は}, 多麻波祢{조동사 賜}, 波奈/波那{花}, 波{葉}, 河波{川}, 波自米/波都{初}, 波之流{走}, 波布/波布流/波比{延}, 波呂波呂爾/波漏波漏爾[はろはろに], …

P군 BA: -波{활용 -ば}, 志波{柴}, 多知波奈{橘}, 波之良{柱}, 知波{千葉}, 之波奈吉爾{しば鳴きに}, 都波良都婆良爾[つばらつばらに], …

Q군 PA: 波{조사 は}, -波{활용 -は}, 波奈{花}, 波布/波倍{延}, 波播蘇葉{ははそ葉}, …

Q군 BA: -波{활용 -ば}, 波羅門[ばらもに]

『만엽집』 가요에서 조건·가정의 'ば'는 '婆'로 표기되고, 주제·대조의 'は'는 '波'로 표기된다. 이 두 가지가 '婆'와 '波'를 구별하는 일차적 기준임은 두말할 필요도 없다.

단일어인 '波奈/波那{花}, 波之良{柱}' 등의 '波'가 '左由理婆奈{百合花}, 美也婆之良{宮柱}' 등의 복합어에서는 '婆'로 교체되어 표기된다. 여기에서 '婆'가 '波'의 탁음절 짝임을 바로 알 수 있다.

'婆'의 중고음 성모는 並母/b/이고, 『만엽집』 음가나에서는 並母/b/를 /b/와 /p/

의 두 가지로 수용한다.

(316) 『만엽집』 음가나의 並母/b/ 수용 양상

1. 備[並中B去脂]=/bɪi/^{D} 〕 ビ/bi/
2. 婢[並中A上支]=/pje/^{R} 〕 ビ/bi/
3. 婆[並中1平戈]=/bwɑ/^{L} 〕 バ/ba/～ハ/pa/
4. 便[並中A平仙]=/bɪɛn/^{L} 〕 ベ/be/
5. <u>倍</u>[並中1上灰]=/bwəi/^{R} 〕 ヘ/pe/～ベ/be/
   [並中1去灰]=/bwəi/^{D}
6. 敝[並中A去祭]=/bɪɛi/^{D} 〕 ヘ/pe/
7. 弊[並中A去祭]=/bɪɛi/^{D} 〕 ヘ/pe/

(317) 『만엽집』 음가나의 並母/b/ 대체 수용

한어 중고음의 並母/b/는 『만엽집』 음가나에서 /b/ 또는 /p/로 수용된다. '備, 婢, 婆, 便'에서는 /b/로, '倍, 敝, 弊'에서는 /p/로 수용된다.

그런데 並母/b/를 /b/와 /p/의 두 가지로 구별하여 수용한 원인을 찾기가 어렵다. 어느 때에 /b/로 수용하고 어느 때에 /p/로 수용하는지 음운론적 환경을 제시할 수가 없으므로, (317)처럼 개별적으로 기술할 수밖에 없다. BA 음절의 '婆'에서는 並母/b/가 /b/로 대체되어 수용된다.

청탁 구별이 무의미해진 것은 『만엽집』 음가나에 원인이 있는 것이 아니라, 한어 중고음에서 일어난 탁음청화에 그 원인이 있을 것이다. (316.5～7)의 '倍, 敝, 弊'에서는 탁음청화가 이미 일어났지만 (316.1～4)의 '備, 婢, 婆, 便'에서는 아직 일어나지 않았다고 하면, 並母/b/가 『만엽집』 음가나에서 /p/와 /b/의 두 가지로 수용되는 원인을 기술할 수 있다.

중요한 것은 탁음청화의 영향이 P행에서 유독 두드러진다는 점이다.[75] 『만엽

75 이것은 『고사기』 음가나에서도 마찬가지였다. P행의 예외적 수용은 4장의 4.2.8.6에

집』 음가나의 K행, S행, T행에서는 탁음청화의 영향이 거의 보이지 않는다. 반면에 P행에서는 탁음청화가 전면적으로 일어났다고 할 수 있다.[76] 이것은 후술할 非母/p/에서도 확인된다.

'波'의 중고음 성모는 幫母/p/이고, 幫母/p/는 『만엽집』 음가나에서 /p/로 수용되는 것이 원칙이다. 이에 따라 '波'의 幫母/p/도 /p/로 수용된다.

(318) 『만엽집』 음가나의 幫母/p/ 수용 양상

1. 寶[幫中1上豪]=/pɑu/^{R}〕ホ/po/
2. 保[幫中1上豪]=/pɑu/^{R}〕ホ/po/～ボ/bo/
3. 悲[幫中B平脂]=/pɪi/^{L}〕ヒ/pi/
4. 比[幫中A去脂]=/pji/^{D}〕ヒ/pi/
5. 波[幫中1平戈]=/pwɑ/^{L}〕ハ/pa/～バ/ba/
6. 布[幫中1去模]=/po/^{D}〕フ/pu/
7. 妣[幫中A上脂]=/pji/^{R}〕ビ/bi/

(319) 『만엽집』 음가나의 幫母/p/ 대체 수용

한어 중고음의 幫母/p/는 『만엽집』 음가나에서 /p/로 수용된다. 다만, '妣'에서는 /b/로 수용된다.

그런데 (318.7)에 보인 것처럼, '妣'의 幫母/p/는 특이하게도 /b/로 수용된다.[77] '妣'에서는 무성음이 탁음으로 바뀌어 수용되었기 때문에, 탁음청화와는 변화 방향이 정반대이다. 이처럼 역방향의 표기가 보인다는 것은 대개 과도교정(hyper-correction)의 산물이므로, P행에서는 탁음청화가 완성되었다고 해도 무방하다.

서 요약하여 정리한 바 있다.

76 탁음청화가 전면적으로 일어난 것은 『일본서기』 음가나이다. 이것이 부분적으로나마 『만엽집』 음가나에 영향을 미쳤을 가능성이 있다.

77 '妣'를 大野透(1962: 534)에서는 청탁 不明字로 분류했다.

'婆'와 '波'의 중고음 운모는 戈韻/wɑ/이고, 戈韻/wɑ/은 『만엽집』 음가나에서 /a/ 또는 /wa/로 수용된다.

(320) 『만엽집』 음가나의 戈韻/wɑ/ 수용 양상

1. 迦[見開C平戈][78]=/kɥɑ/^{L}〕カ/ka/
2. 婆[並中1平戈]=/bwɑ/^{L}〕バ/ba/～ハ/pa/
3. 波[幫中1平戈]=/pwɑ/^{L}〕ハ/pa/～バ/ba/
4. 和[匣合1平戈]=/ɦwɑ/^{L}〕ワ/wa/
   [匣合1去戈]=/ɦwɑ/^{D}

(321) 『만엽집』 음가나의 戈韻/wɑ/ 대체 수용

한어 중고음의 戈韻/wɑ/은 『만엽집』 음가나에서 /a/와 /wa/의 두 가지로 수용된다. 앞에 자음이 있으면 /a/로 수용되고, 자음이 없으면 /wa/로 수용된다.

戈韻/wɑ/의 대체 수용에서는 앞에 자음이 있는지 없는지가 중요한 기준이 된다. 위의 (132)에서 이미 정리한 바 있듯이, 운두개음 /w-/의 앞에 자음이 있으면 /w-/가 삭제되어 수용되고, 자음이 없으면 /w-/로 수용되기 때문이다. (320.4)의 '和'에서는 /w-/의 앞에 온 匣母/ɦ/가 삭제되어 수용되므로(위의 (185) 참조) 戈韻/wɑ/의 앞에 자음이 없다. 따라서 '和'에서는 戈韻/wɑ/이 /wa/로 수용된다.

(322) '婆, 波'의 중고음과 그 수용

1. 婆[並中1平戈]=/bwɑ/^{L}〕バ/ba/～ハ/pa/
2. 波[幫中1平戈]=/pwɑ/^{L}〕ハ/pa/[79]～バ/ba/

78 '迦'는 戈韻 3등자이다. 戈韻 3등에 대해서는 위의 (190)에서 따로 정리한 바 있다.

79 재추가한 '播, 泊'이 이것과 동음 관계이다. 소수이지만 '播'가 バ/ba/를 표기할 때도 있다.

위의 논의에 따르면, '婆'는 /ba/를 표음하고 '波'는 /pa/를 표음한다. 이처럼 음가를 배당하면, 이들의 용례 분석과 중고음의 수용 과정을 두루 충족한다. 다만, 『만엽집』 음가나의 P행에서는 청탁 구별이 혼란스러우므로, 원칙과 달리 '婆'가 청음절인 ハ/pa/를 표기할 때도 있고, '波'가 탁음절인 バ/ba/를 표기할 때도 적지 않다는 점을 지적해 둔다.

6.2.8.2. PI 음절

PI 음절의 표기에는 '婢, 備, 妣, 非, 悲, 比'가 사용되었다. '婢, 備, 妣'는 BI 음절을 표기하고 '非, 悲, 比'는 PI 음절을 표기한다.

(323) 『만엽집』의 '婢' 용례

P군 BI: 應婢{帶び}, 多婢{旅}, 等婢{飛び}, 奈婢久{靡}, 佐家婢{叫び}, 安之婢{馬醉木}, 伊弊婢等{家人}, 之多婢毛{下紐}, 毛婢伎{裳引き}, 安佐婢良伎{朝開き}, 宇須良婢{薄ら氷}, 多奈婢久[たなびー]

Q군 BI: 多婢{度}, 牟佐佐婢[むささび], 多奈婢久/多奈婢伎[たなびー], …

(324) 『만엽집』의 '備' 용례

P군 BI: 佐備/佐備弖[さびー], 神備{神び}, 波麻備{浜び}, 登毛之備{燈火}, …

Q군 BI: 佐備/左備手/佐備而[さびー], 甘南備/神南備/神奈備/神名備{神名火, 神なび}, 濱備{浜び}, 神備西{神びにし}, …

(325) 『만엽집』의 '妣' 용례

P군 PI: 美乎妣伎{水脈引き}

P군 BI: 多妣{旅}, 等妣/登妣{飛び}, 奈妣久/奈妣伎{靡き}, 與妣/欲妣{呼}, 伊敝妣

播[幫中1去戈]=/pwɑ/D〕ハ/pa/～バ/ba/. 播{조사 は}, 播奈{花}, 播倍多留{延へたる}
泊[滂中2入庚]=/pʰɛk/E〕ハ/pa/. 河泊{川}, 泊瀬{はつせ}

等{家人}, 左刀妣等{里人}, 麻欲妣伎{眉引き}, 須蘇妣伎{裾引き}, 安佐妣良伎/安佐妣良伎之弖{朝開き-}, 多奈妣久/多奈妣伎[たなび-], …

Q군 PI: 思努妣都流{偲ひつる}

Q군 BI: 安志妣{馬酔木}, 武佐左妣[むささび], 多奈妣久/多奈妣伎[たなび-], …

위의 용례에서 볼 수 있듯이, '婢, 備, 妣'는 BI 음절을 표기한 것이 대부분이고 PI 음절을 표기한 것은 극소수이다. 동사 'さぶ'{寂}의 명사형 'さび'를 '佐備/左備' 또는 '牟佐佐婢'[むささび]로 표기하는데, 여기에서 '備=妣'의 등식이 성립한다. 또한 '多婢, 多妣'{旅}, '等婢, 等妣/登妣'{飛び}의 이표기 쌍에서 '婢=妣'의 등식이 성립한다. 따라서 '婢, 備, 妣'는 동음 관계이다.

그런데 아래의 '比母/比毛{紐}, 比等/比登{人, 他}, 比伎{引}, 比良伎{開}'에서는 '比'로 표기되던 것이 위의 '之多婢毛{下紐}, 伊敝妣等{家人}, 麻欲妣伎{眉引き}, 安佐妣良伎{朝開き-}'에서는 '婢, 妣'로 표기된다. 따라서 '婢, 妣'는 '比'의 탁음절 짝임이 분명하다.

(326) 『만엽집』의 '非' 용례

P군 PI: 於非{生ひ}, 古非/胡非/故非{戀ひ}, 思多吳非爾{下戀}, 之保非{潮干}, 波夜非{早干}

(327) 『만엽집』의 '悲' 용례

P군 PI: 故悲/孤悲{戀}, 之保悲{潮干}, 宇良吳悲須{うら戀す}

Q군 PI: 孤悲/孤悲而{戀}

(328) 『만엽집』의 '比' 용례

P군 PI: -比{활용 -ひ}, 多麻比/多麻比弖{조동사 賜, たまふ}, 比母/比毛{紐}, 比等/比登{人, 他}, 比{氷}, 比伎{引}, 比良伎{開}, 古比{戀ひ}, 伊波比{齋}, 伊波比倍{齋瓮}, …

P군 BI: 等比{飛び}, 阿蘇比/安蘇比{遊び}

Q군 PI: -比{활용 -ひ}, 比登{人}, 伊波比{齋ひ}, …

Q군 BI: 多比{旅}

PI 음절에서는 '古非/胡非/故非, 故悲/胡悲/孤悲, 古比'{戀}의 '非, 悲, 比'가 동일어의 동일 음절을 표기한다. 또한 '之保非, 之保悲'{潮干}의 '非, 悲'도 마찬가지이다. 이들 동음 이표기 쌍에서 '非=悲=比'의 등식이 성립한다.

'妣'의 중고음 성모는 幫母/p/이고, '妣'의 幫母/p/는 독특하게도 /b/로 수용된다(위의 (319) 참조). 이처럼 '妣'의 특수성을 인정한 것은 '妣'가 '婢, 備'와 동음 관계임을 고려한 것이었다. '婢, 備'의 성모는 並母/b/이고, '婢, 備'의 並母/b/는 /b/로 대체되어 수용된다(위의 (317) 참조). '婢, 備'의 並母/b/가 /b/로 수용되므로 이와 동음 관계인 '妣'의 幫母/p/가 /b/로 수용되었다고 보았다.

'妣, 備'의 중고음 운모는 脂韻/ji~ɪi/ 개구이고, 脂韻/ji~ɪi/ 개구는 『만엽집』 음가나에서 항상 /i/로 수용된다(위의 (26) 참조). '婢'의 운모는 支韻/je~ɪe/이고, 支韻/je~ɪe/은 /i/로 수용되는 것이 원칙이다(위의 (28) 참조). 이에 따라 『만엽집』 음가나에서 '妣, 備, 婢'가 공통적으로 /bi/를 표음한다.

'比, 悲'의 중고음 성모는 幫母/p/이고, 幫母/p/는 『만엽집』 음가나에서 /p/로 수용되는 것이 원칙이다(위의 (319) 참조). '非'의 성모는 非母/p/이고, 『만엽집』 음가나에서 非母/p/를 수용하는 양상은 아래와 같다. '不, 非'에서는 /p/로, '夫'에서는 /b/로 수용된다. '不, 非'에서는 非母/p/가 /p/로 수용되므로 정상적이지만, '夫'에서는 /b/로 수용되므로 예외적이다.

(329) 『만엽집』 음가나의 非母/p/ 수용 양상

1. 不[非中C平尤]=/pɪəu/^{L} 〕フ/pu/

   [非中C入文]=/pɥət/^{E}

2. 非[非中C平微]=/pɪəi/^{L} 〕ヒ/pi/

3. 夫[非中C平虞]=/pɥo/^{L} 〕ブ/bu/

(330) 『만엽집』 음가나의 非母/p/ 대체 수용

한어 중고음의 非母/p/는 『만엽집』 음가나에서 /p/와 /b/의 두 가지로 수용된다. '不, 非'에서는 /p/로, '夫'에서는 /b/로 수용된다.

非母/p/가 '不, 非'에서는 /p/로 '夫'에서는 /b/로 수용된다는 것은 非母/p/의 수용 양상이 개별적이고 불규칙적임을 뜻한다. 『만엽집』 음가나에서는 並母/b/도 개별적·불규칙적으로 수용한다(위의 (317) 참조). 또한 '妣'의 幫母/p/는 독특하게도 탁음인 /b/로 수용된다(위의 (318.7) 참조). P행에서는 한어 중고음 성모가 이처럼 청탁에서 예외적으로 수용된 것이 적지 않다.[80]

'比, 悲'의 중고음 운모는 脂韻/ji~ɪi/ 개구이고,[81] 脂韻/ji~ɪi/ 개구는 『만엽집』 음가나에서 항상 /i/로 수용된다(위의 (26) 참조). '非'의 운모는 微韻/ɪəi/이고, '非'의 微韻/ɪəi/은 『만엽집』 음가나에서 /i/로 수용된다(위의 (118) 참조). 이에 따라 '比, 悲, 非'의 운모는 공통적으로 /i/를 표음한다.

(331) '妣, 婢, 備, 比, 悲, 非'의 중고음과 그 수용

1. 妣[幫中A上脂]=/pji/^{R} 〕 ビ/bi/
2. 婢[並中A上支]=/bje/^{R} 〕 ビ/bi/[82]
3. 備[並中B去脂]=/bɪi/^{D} 〕 ビ/bi/
4. 比[幫中A去脂]=/pji/^{D} 〕 ヒ/pi/[83]

---

80 大野透(1962: 535)에서는 청탁 불명자로 '汗, 酢, 奢, 緇, 曾, 低, 支, 岐, 駄, 比, 弊, 幣, 卞, 妣, 府'의 15자를 들었는데, 이 중에서 6자가 P행이다.

81 아래의 (331)에서 개합을 모두 중립이라 했는데, 이것은 일본 학자들의 기술 방식이다(이토 지유키 2011)(이진호 역).

82 재추가한 '毗'가 '妣=婢'와 동음 관계이다.
毗[並開A平脂]=/bji/^{L} 〕 ビ/bi/. 奈毗久/那毗枳{靡-}, 登毗{飛び}, 佐刀毗等{里人}, 麻欲毗伎{眉引き}, 須蘇毗伎{裾引き}

83 재추가한 '必'이 이것과 동음 관계이다. 소수이지만 '必'이 탁음절을 표기하기도 한다.
必[幫中A入眞]=/pjit/^{E} 〕 ヒ/pi/～ビ/bi/. 必登/必等{人}, 必禮/必例{領巾}, 安必{相}, 己餘必{今夜}

5. 悲[幫中B平脂]=/pɪi/^{L} 〕 ヒ/pi/

6. 非[非中C平微]=/pɪəi/^{L} 〕 ヒ/pi/

우리는 PI 음절 음가나에 위와 같이 음가를 배당한다. 이처럼 음가를 배당하면 '妣=婢=備'의 등식과 '比=悲=非'의 등식을 충족할 수 있고 '妣=婢=備'가 '比=悲=非'의 탁음절 짝이라는 사실도 잘 반영할 수 있다. 그러나 (331.1)에서 '妣'의 幫母/p/가 /b/를 표음한 것은 예외적이다.

6.2.8.3. PU 음절

PU 음절의 표기에는 '夫, 不, 敷, 布'가 사용되었다.

(332) 『만엽집』의 '夫' 용례

P군 BU: −夫{활용 −ぶ}, 佐夫之{寂}, 之夫/思夫{澁}, 登母之夫流{羨しぶる}, 等夫{飛}, 夫周{伏す}, 都里夫祢{釣舟}, 於保夫祢{大船}, 乎夫祢{小舟}, 夜麻夫伎/夜萬夫吉{山吹}, 美夫君志{み堀串}, 美夜故能提夫利{都のてぶり}, 比等奈夫理{人なぶり}, 爾布夫爾惠美天{にふぶに笑みて}, 知波夜夫流[ちはやぶる], …

Q군 BU: −夫{활용 −ぶ}, 佐夫之{寂}, 之夫{澁}, 破夫利{やぶり}, 美夫君志{み堀串}, 神左夫跡/神佐夫等{神さぶと}, 都夫禮石{つぶれ石}, …

위의 용례에서 볼 수 있듯이, '夫'는 PU 음절은 표기하지 않고 BU 음절만 표기한다. 이것은 일자일음의 원칙에 따라 코퍼스에서 '夫'를 항상 'ぶ'로 읽었기 때문이다.

그런데 '夫'가 '不, 敷, 布'의 탁음절 짝임을 말해 주는 자료가 아주 많다. 단일어인 '不祢/敷祢/敷奈/布祢/布奈{舟, 船}, 不吉弖/布久{吹きて}, 布久思{堀串}' 등에서 '不, 敷, 布'로 표기되던 것이 복합어인 '都里夫祢{釣舟}, 於保夫祢{大船}, 夜麻夫伎/夜萬夫吉{山吹}, 美夫君志{み堀串}' 등에서는 '夫'로 표기된다. 따라서 우리는 '夫'

가 '不, 敷, 布'의 탁음절 짝이라고 기술한다.

(333) 『만엽집』의 '不' 용례

P군 PU: –不{활용 ふ}, 太末不{조동사 賜}, 不{生}, 不祢{船}, 安不知{楝}, 多不刀久母{貴くも}, 不流登{降ると}, 不吉弖{吹きて}, 不盡[富士], …

Q군 PU: 絶多不{たゆたふ}, 不盡[富士], 不破山{不破山}

Q군 BU: 佐不之毛{寂しも}

Q군에서는 '不'가 무려 1,300여 회나 사용되었다. 거의 대부분은 한문의 부정 구문에 사용되었고, 음가나로 사용된 것은 (333) Q군의 네 가지 단어뿐이다.[84] 따라서 '不+V'의 한문 구성을 가지는 가요는 일단 Q군이라고 판단해도 거의 틀리지 않는다.

(334) 『만엽집』의 '敷' 용례

P군 PU: –敷{활용 –ふ}, 家敷{今日}, 伎能敷{昨日}, 由敷{夕}, 敷祢/敷奈{舟, 船}, 敷多{二}, 敷治{藤}, 敷刀{太}, 多敷刀伎{貴}, 敷禮受{觸れず}, 敷流/敷里{降}, 敷美{踏み}, 敷布美{含}, 乎敷[乎布], 敷勢[布勢], 可敷知{河內}, …

Q군 PU: 布敷賣流波[ふふめるは, 4283][85]

(335) 『만엽집』의 '布' 용례

P군 PU: –布{활용 –ふ}, 多麻布{조동사 賜}, 布{生}, 伎能布{昨日}, 家布/祁布{今日}, 由布{夕}, 布祢/布奈{船}, 布多都{二}, 布治{藤}, 阿布知{楝}, 布刀{太}, 布可{深}, 多布刀美/多布斗斯{貴}, 布久{吹}, 敷布賣利{含}, 爾布{丹生}, 故布{子負}, …

---

84 한문 구성인 '不知'를 독특하게도 'いさ'로 훈독할 때가 있다. 不知也河/不知哉川{いさやかは}, 不知魚取{鯨魚取り, いさなとり} 등의 예가 있다.

85 '敷'가 Q군에서 198회나 사용되었지만 음가나로 사용된 것은 이것 하나뿐이다. 그런데 4283번 가요가 사실은 R군에 속하므로 순수 Q군에서는 '敷'를 음독하지 않고 항상 훈독한다고 할 수 있다.

Q군 PU: -布{활용 -ふ}, 布里/布利{降り}, 布美{踏み}, 布久{吹く}, 布士/布仕[富士], 爾布{丹生}, 布久思{堀串}, 朝布麻須{朝踏ます}, 布敷賣流波[ふふめるは], …

위의 용례에서 볼 수 있듯이 '不, 敷, 布'는 대부분 PU 음절을 표기하고 BU 음절은 표기하지 않는다. 또한 아주 많은 이표기 쌍에서 '不=敷=布'의 등식이 성립하므로 이 세 음가나의 음가는 동일하다.

'夫'와 '不'의 중고음 성모는 非母/p/인데, 非母字가 『만엽집』 음가나에서 개별적·예외적으로 수용된다는 것은 위의 (330)에서 이미 말한 바 있다. '不'에서는 정상적으로 /p/로 수용되지만, '夫'에서는 예외적으로 /b/로 수용된다.

'敷'의 중고음 성모는 敷母/p^h/이고, 『만엽집』 음가나 중에서 敷母字는 아래 (337.3)의 '敷' 하나뿐이다.[86] 이 '敷'가 '不, 布'와 동음 관계이므로 敷母/p^h/가 /p/로 대체되어 수용되었다고 할 수 있다.

(336) 『만엽집』 음가나의 敷母/p^h/ 대체 수용

한어 중고음의 敷母/p^h/는 『만엽집』 음가나에서 /p/로 수용된다.

'布'의 성모는 幫母/p/이고, 幫母/p/는 『만엽집』 음가나에서 /p/로 수용되는 것이 원칙이다(위의 (319) 참조). 이에 따라 '布'의 幫母/p/도 /p/로 수용된다.

'夫, 敷'의 중고음 운모는 虞韻/ɥo/이고, 虞韻/ɥo/은 항상 /u/로 수용된다(위의 (35) 참조). 따라서 '夫'는 /bu/를 표음하고, '敷'는 /pu/를 표음한다.

'不'는 다음자로서 운모가 尤韻/ɪəu/과 文韻/ɥən, ɥət/의 두 가지이다. 『만엽집』 음가나에서는 尤韻/ɪəu/을 항상 /u/로 수용하고(위의 (123) 참조), 文韻/ɥən, ɥət/은 /o/로 수용하는 것이 원칙이다(위의 (144) 참조). 그런데 '不'가 /pu/를 표음하는 '敷'와 동음 관계이므로, 『만엽집』 음가나의 '不'는 文韻字가 아니라 尤韻字라고 하는 것이 합리적이다. 결론적으로, '不'는 /pu/를 표음한다.

86 음가 배당은 아래의 (337.3)을 참조하기 바란다.

'布'의 운모는 模韻/o/이고, 模韻/o/은 『만엽집』 음가나에서 /o/, /u/, /ə/의 세 가지로 수용된다(위의 (37) 참조). 그런데 '布'가 '不, 敷'와 동음 관계이므로, '布'의 模韻/o/은 /u/로 수용되었다고 보아야 한다. 결론적으로, '布'는 /pu/를 표음한다.

위의 논의를 종합하여, PU 음절 음가나에 음가를 배당하면 아래와 같다.

(337) '夫, 不, 敷, 布'의 중고음과 그 수용

1. 夫[非中C平虞]=/pɥo/^L 〕 ブ/bu/
2. 不[非中C平尤]=/pɪəu/^L 〕 フ/pu/
   [非中C入文]=/pɥət/^E
3. 敷[敷中C平虞]=/p^hɥo/^L 〕 フ/pu/
4. 布[幇中1去模]=/po/^D 〕 フ/pu/

위와 같이 음가를 배당하면 '不=敷=布'가 동음 관계라는 점과 이들의 탁음절 짝이 '夫'라는 점을 두루 반영할 수 있다. 다만, '夫'의 성모인 非母/p/가 /b/로 수용된 것은 예외적이다. P행에서 이런 개별적·예외적 대체 수용이 자주 발견된다는 것은 위에서 이미 지적한 바 있다.

6.2.8.4. PE 음절

PE 음절의 표기에는 '便, 弊, 敝, 倍'가 사용되었다.

(338) 『만엽집』의 '便' 용례

P군 BE: 須便[すべ]

Q군 BE: 須便/爲便[すべ]

위에서 볼 수 있듯이, '便'이 음가나로 사용된 것은 '須便/爲便'[統, すべ]의 '便'이 유일하다. 그런데도 '便'을 논의 대상으로 삼은 것은 사용 횟수가 아주 많기 때문이다. '全'의 의미를 가지는 'すべ'의 둘째 음절은 후대의 일본어에서 항상 탁음절

이다. 이에 따라 코퍼스에서는 '便'을 항상 /be/로 해독했다.

(339) 『만엽집』의 '弊' 용례

P군 PE: 弊{조사 へ}, 伊弊{家}, 弊{辺, 方}, 由布弊{夕}, 可弊流{歸}, 比里弊流{拾へる}, 於弊流{負へる}, 知弊{千重}, 和藝弊{我家}, …

P군 BE: 須弊/周弊[すべ]

Q군 PE: 弊{辺}, 念弊利{思へり}, 宇波弊無{うはへなき}

(340) 『만엽집』의 '敝' 용례

P군 PE: 敝{조사 へ}, −敝{활용 −へ}, 多麻敝流{조동사 賜}, 伊敝{家}, 宇敝{上}, 敝{辺, 方}, 由布敝{夕}, 敝{經}, 敝太弖{隔}, 可敝流/可敝之{歸, 返}, 宇良敝{占部}, 母利敝/毛利敝{守部}, 知敝{千重}, …

P군 BE: 須敝[すべ], 安曾敝{遊べ}, 牟須敝流{結べる}

Q군 PE: 敝{조사 へ}, 左敝{조사 さへ}, 敝{辺}, 敝太而{隔て}, 可敝里{歸り}, 爾保敝類[にほへる], …

Q군 BE: 須敝{統}

(341) 『만엽집』의 '倍' 용례

P군 PE: 倍{조사 へ}, 佐倍[조사 さへ], −倍{활용 −へ}, 宇倍/倍{上}, 奈倍[なへ], 倍{舳}, 倍{經}, 波倍弖{延}, 加倍氐{交}, 可邊佐倍波{返}, 伊波比倍{齋瓮}, …

P군 BE: 倍斯/倍久/倍伎{조동사 べ−}, 奈良倍弖{竝}, 須倍久{統, すべ}, …

Q군 PE: 左倍{조사 さへ}, −倍{활용 −へ}, 宇倍{上}, 倍{舳}, 可倍弖{交, 替}, …

Q군 BE: 倍{조사 べ}, −倍{활용 −べ}, 倍久/倍吉/倍美/倍思{조동사 べ−}, 宇倍[うべ], 師吉名倍手{しきなべて}, …

'弊, 敝'는 대부분 PE 음절을 표기하고, BE 음절을 표기한 것은 극소수이다. '倍'도 PE 음절을 표기한 것이 많지만, 적지 않은 용례에서 BE 음절도 표기한다.

(339~341)에서 볼 수 있듯이, '伊弊, 伊敝'{家}, '弊, 敝'{辺, 方}, '可弊流, 可敝流/加敝之'{歸, 返}가 동음 이표기 쌍이고, '宇敝, 宇倍/倍'{上}, '敝, 倍'{經}, '須敝, 須倍久'{統}도 동음 이표기 쌍이다. '弊=敝=倍'의 등식이 성립하므로, 이들의 음가는 동일하다.

'便, 弊, 敝, 倍'의 중고음 성모는 並母/b/이다. 並母/b/는 『만엽집』 음가나에서 /b/ 또는 /p/로 수용된다(위의 (317) 참조). 그런데 '便'은 'すべ'{統}의 'べ'만 표기하므로 '便'의 並母/b/가 /b/로 수용되었다고 말할 수밖에 없다. 반면에 '倍, 敝, 弊'의 並母/b/는 /p/로 수용된다고 해야만 위의 용례 분석을 충족한다. 이에 따라 위의 (317)에서 並母/b/의 수용 양상을 개별적이라 한 바 있다.

'便'의 중고음 운모는 仙韻/ɪɛn/이고, 『만엽집』 음가나 중에서 仙韻字는 '延, 便'의 둘뿐이다. 仙韻/ɪɛn/은 『만엽집』 음가나에서 항상 /e/로 수용된다(위의 (45) 참조).

'弊'와 '敝'의 한어 중고음은 동일하다. 이들의 운모는 祭韻/ɪɛi/인데, 祭韻/ɪɛi/은 /e/로 수용되는 것이 원칙이다(위의 (167) 참조). 이에 따라 '弊'와 '敝'는 /pe/를 표음한다.

'倍'의 운모는 灰韻/wəi/이고, 灰韻/wəi/은 『만엽집』 음가나에서 /e/로 수용된다(위의 (130) 참조). 이에 따라 '倍'는 /pe/를 표음한다. 그런데 BE 음절도 적잖이 표기하므로 부분적으로 /be/도 표음한다고 정리한다.

위의 논의를 종합하여 우리는 PE·BE 음절 음가나에 아래와 같이 음가를 배당한다.

(342) '便, 弊, 敝, 倍'의 중고음과 그 수용

1. 便[並中A平仙]=/bɪɛn/^{L} 〕 べ/be/
2. 弊[並中A去祭]=/bɪɛi/^{D} 〕 へ/pe/
3. 敝[並中A去祭]=/bɪɛi/^{D} 〕 へ/pe/[87]

87 재추가한 '閇, 邊'이 '弊=敝'와 동음 관계이다.
閇[帮中4去齊]=/pei/^{D} 〕 へ/pe/. 閇{조사 へ}, 左閇[조사 さへ], 閇{上}, 伊閇{家}, 可閇

4. 倍[並中1上灰]=/bwəi/^{R} 〕 へ/pe/～ベ/be/
[並中1去灰]=/bwəi/^{D}

'倍'가 『고사기』 음가나에서는 ベ/be/로 수용되고, 『일본서기』 음가나에서는 へ^{乙}/pə/～ホ^{乙}/pə/～ベ^{乙}/bə/로 수용되었다. '倍'의 성모인 並母/b/가 /p/로 수용되었다는 점에서 『만엽집』의 '倍'는 『일본서기』의 '倍'와 같다. 반면에, '倍'의 운모인 灰韻/wəi/이 갑류인 /e/로 수용되었다는 점에서는 『만엽집』의 '倍'는 『고사기』 계통이다. 이처럼 『만엽집』 음가나의 '倍'는 이중적 성격을 가지고 있다.

'倍'의 운모인 灰韻/wəi/은 운복모음이 을류의 /ə/이다. 이것을 『만엽집』 음가나에서 /e/로 수용했다는 것은 을류의 /ə/와 갑류의 /e/가 하나로 합류했음을 말해 준다. 『만엽집』 음가나에서는 을류와 갑류의 모음이 하나로 합류한 예가 많다. 후술하겠지만, 이것이 『만엽집』 음가나의 대표적인 특징이다.

6.2.8.5. PO 음절

PO 음절의 표기에는 '煩, 寶, 保'가 사용되었다. '煩'은 음운대립을 확인하기 위하여 추가한 음가나이다. '煩'은 BO 음절을 표기하고, '寶, 保'는 PO 음절을 표기한다.

(343) 『만엽집』의 '煩' 용례

P군 BO: 保呂煩散牟{滅ぼさむ}, 能煩流{上る}, 美都煩奈須{水泡なす}, 於煩保之久[おぼほしく], 於煩呂加爾[おぼろかに]

利/可閇理{返り}, 迦閇{交へ}, 意母閇騰母{思へども}
邊[幇中4平先]=/pen/^{L} 〕 へ/pe/. 邊{조사 へ}, 伊爾之邊{古}, 邊多天留{隔てる}, 可邊/可邊之{返}, 知邊{千重}, 須邊[すべ],

(344) 『만엽집』의 '寶' 용례

Q군 PO: 四寶{潮}, 等寶利氏{通りて}, 仁寶[仁寶], 佐寶[佐保], 二寶鳥{にほ鳥}, 爾寶敝流[にほへる], 保寶我之波/保寶我之婆[ほほがしは], …

(345) 『만엽집』의 '保' 용례

P군 PO: 之保/志保{潮}, 於保{大}, 於保久/於保伎{多}, 等保{遠}, 等保利{通, 廻}, 佐保[佐保], 爾能保奈須{丹のほなす}, 爾保[にほ], 爾保敝流[にほへる], 於保保思久/意保保斯久[おほほしく], …

P군 BO: 能保流/能保理{上}, 牟須保禮{結ぼれ}, 之保美可禮由苦{しぼみ枯れゆく}

'煩'의 용례에서는 '能煩流'{上る}가 가장 많은데, '煩'이 '能保流'에서는 '保'로 교체된다. 또한 '(물)거품'{泡}이 '於保保思久/意保保斯久'[おほほしく]와 '於煩保之久'[おぼほしく]의 둘째 음절에서도 '保'와 '煩'의 교체 관계가 확인된다. 이들을 토대로 '煩'이 '保'의 탁음절 짝이라고 할 수 있다.

'寶'와 '保'의 용례 중에서 '爾寶=爾保[にほ], 四寶=之保/志保{潮}, 等寶利=等保利{通}' 등이 동음 이표기 쌍이다. 이들에서 '寶=保'의 등식이 성립하므로, 이 둘의 음가는 같다.

'煩'의 중고음 성모는 奉母/b/이고, 『만엽집』 음가나 중에서 奉母字는 아래 (347.1)의 '煩' 하나뿐이다. 위의 (343)에 제시했듯이 '煩'이 BO 음절을 표기하므로, 奉母/b/가 /b/로 수용된다고 정리할 수 있다.

(346) 『만엽집』 음가나의 奉母/b/ 대체 수용

한어 중고음의 奉母/b/는 『만엽집』 음가나에서 /b/로 수용된다.

반면에, '寶, 保'의 한어 중고음은 동일하고 그 성모는 幫母/p/이다. 幫母/p/는 『만엽집』 음가나에서 /p/로 수용되는 것이 원칙이므로(위의 (319) 참조), '寶, 保'의 幫母/p/도 /p/로 수용된다.

'煩'의 중고음 운모는 元韻/ɪɑn/이고, 元韻/ɪɑn/은 특이하게도 개별적으로 수용된다. '萬'에서는 /a/로, '煩, 遠'에서는 /o/로 수용된다(위의 (106) 참조). 이에 따라 '煩'은 『만엽집』 음가나에서 /bo/를 표음한다. '煩'의 元韻이 원순모음 /o/로 수용된 것을 기술하려면, '煩'이 元韻 개구인 /ɪɑn/이 아니라 元韻 합구인 /ɥɑn/이라고 기술할 수밖에 없다. 일본 학자들은 '煩'의 개합을 순음 뒤의 환경이므로 중립이라 하지만, '煩'의 元韻은 독특하게 합구로 행동한다고 보아야만 『만엽집』 음가나에서 '煩'의 元韻이 /o/로 수용되는 현상을 기술할 수 있다.

'寶, 保'의 중고음 운모는 豪韻/ɑu/이고, 豪韻/ɑu/은 /o/로 수용되는 것이 원칙이다(위의 (142) 참조). 이에 따라 '寶, 保'는 『만엽집』 음가나에서 /po/를 표음한다. 다만, '保'는 일부의 용례에서 /bo/도 표기한다.

(347) '煩, 寶, 保'의 중고음과 그 수용

1. 煩[奉中C平元]=/bɪɑn/^{L}〕ボ/bo/
2. 寶[幇中1上豪]=/pɑu/^{R}〕ホ/po/
3. 保[幇中1上豪]=/pɑu/^{R}〕ホ/po/～ボ/bo/

PO 음절의 음가나에 위와 같이 음가를 배당하면 용례 분석의 결과를 두루 충족할 수 있다. 그러나 '煩'의 元韻/ɪɑn/이 독특하게 합구인 /ɥɑn/이고 이것이 /o/로 수용된다는 것은 개별적·예외적으로 기술할 수밖에 없다.

6.2.8.6. P행의 요약 정리

P행의 논의를 요약하여 정리하면 아래 (348)과 같다.

P·B행에서 설정되는 모음은 M행과 마찬가지로 /a, i, u, e, o/의 5종이다. 그런데 P·B행과 M행은 두음이 둘 다 순음이다. 따라서 순음 뒤의 환경에서는 O열의 모음으로 을류 모음 /ə/ 대신에 갑류 모음 /o/가 설정된다는 원칙을 세울 수 있다. 순음은 보편적으로 후행하는 모음을 원순모음으로 바꾸는 힘을 갖고 있으

므로 이 원칙을 신뢰할 만하다.

(348) P행 『만엽집』 음가나의 음가 배당 (음영 부분은 Q군 음가나)

자음＼모음		A (ア)	I (イ)	U (ウ)	E (エ)	O (オ)
P ハ	P	波/pa/	比=非=悲/pi/	布=敷=不/pu/	敝=倍=弊/pe/	保/po/
		波/pa/	比=悲/pi/	布=不/pu/	敝=倍=弊/pe/	寶/po/
	B	婆/ba/	備=妣=婢/bi/	夫/bu/	便=倍/be/	煩/bo/, 保/bo/
		婆/ba/	備=妣=婢/bi/	夫/bu/	便=倍/be/	

한어 중고음에서는 순음 /p/, /b/, /m/이 음성학적으로 각각 [p^w], [b^w], [m^w] 등으로 표기될 정도로 원순성이 강하다. 이것을 중시하여 일본 학자들은 순음 뒤에서 개합이 항상 중립이라는 기술 방식을 택한다. 그런데 『만엽집』 음가나의 M행과 P·B행에서도 이 원순성이 확인된다.

반면에 ø·N·R·S행에서 설정되는 O열의 모음은 갑류 모음 /o/가 아니라 을류 모음 /ə/였다. T·D행에서는 /o/와 /ə/가 하나로 합류했으므로 T·D행도 ø·N·R·S행처럼 O열에서 을류의 /ə/가 설정된다. 이들과 달리 K·G행의 O열에서는 /o/와 /ə/가 음운론적으로 대립한다.

6.2.9. J행, ヤ行

J행 즉 ヤ행의 표기에는 '夜, 也, 由, 遊, 餘, 與, 欲'이 사용되었다. 이들을 음절별로 분류해 보면 아래와 같다.

(349) J행의 『만엽집』 음가나 (음영 부분은 Q군 음가나)

자음＼모음	A (ア)	I (イ)	U (ウ)	E (エ)	O (オ)
J (ヤ)	夜 也		由 遊		餘 與 欲
	夜 也		由 遊		餘 與 欲

6.2.9.1. JA 음절

JA 음절의 표기에는 '也, 夜'가 사용되었다.

(350) 『만엽집』의 '也' 용례

P군 JA: 也{조사 や}, 也母{조사 やも}, 也麻等{大和}, 美也{宮}, 也麻{山}, …

Q군 JA: 也{조사 や}, 也毛/也物{조사 やも}, 伊也遠爾{いや遠に}, …

(351) 『만엽집』의 '夜' 용례

P군 JA: 夜{조사 や}, 夜母{조사 やも}, 於夜/意夜{祖, 親}, 夜麻登{大和}, 美夜{宮}, 夜麻{山}, 伊夜末思爾/伊夜麻之爾{いや増しに}, …

Q군 JA: 夜{조사 や}, 於夜{親}, 夜麻{山}, 伊夜益舛二{いやますますに}, 伊夜敷布二{いやしくしくに}, …

위의 용례에서 조사 'や'의 표기와 '산'을 뜻하는 '也麻, 夜麻'{山}의 표기에 '也, 夜'가 공통적으로 사용되었다. 그밖에도 동음 이표기 쌍이 많으므로, '也=夜'의 등식이 성립하고 이들의 음가는 동일하다.

'也, 夜'의 중고음 성모는 羊母/j/이고, 羊母/j/는 『만엽집』 음가나에서 항상 /j/로 수용된다(위의 (24) 참조). 또한 '也, 夜'의 운모는 공통적으로 麻韻 3등의 /ɪɛ/이다. 운두개음 /ɪ-/는 항상 삭제되어 수용되고(위의 (49) 참조), 麻韻/ɛ/은 /a/로 수용되는 것이 원칙이다(위의 (111) 참조). 이에 따라 '也, 夜'는 /ja/를 표음한다.

(352) '也, 夜'의 중고음과 그 수용

1. 也[羊開AB上麻]=/jɪɛ/^{R} 〕 ヤ/ja/
2. 夜[羊開AB去麻]=/jɪɛ/^{D} 〕 ヤ/ja/

위와 같이 JA 음절의 '也, 夜'에 공통적으로 ヤ/ja/를 배당하면 용례 분석과 중고음의 수용 양상을 두루 충족한다.

6.2.9.2. JU 음절

JU 음절의 표기에는 '遊, 由'가 사용되었다.

(353) 『만엽집』의 '遊' 용례

P군: 遊{조동사 ゆ}, 遊吉{雪}, 遊賀武{行}, 由遊思美[ゆゆしみ]

Q군: 遊{조동사 ゆ}, 遊久{行}, 由久遊久登[ゆくゆくと], 由遊志計禮抒母[ゆゆしけれども]

(354) 『만엽집』의 '由' 용례

P군: 遊{조동사 ゆ}, 由伎/由吉{雪}, 由久{行}, 由遊思美[ゆゆしみ], …

Q군: 遊{조동사 ゆ}, 由久{行}, 由久遊久登[ゆくゆくと], 由遊志計禮抒母[ゆゆしけれども], …

위의 용례에서 조동사 'ゆ'뿐만 아니라 명사 '雪'과[88] 동사 '行'을 뜻하는 단어의 표기에 '遊'와 '由'가 공통적으로 사용되었다. 동음 관계이므로 '遊'와 '由'의 음가는 같다.

'遊, 由'의 한어 중고음은 羊母/j/·尤韻/ɪəu/으로 동일하다. 羊母/j/는 『만엽집』 음가나에서 항상 /j/로 수용되고(위의 (24) 참조), 尤韻/ɪəu/은 항상 /u/로 수용된다(위의 (123) 참조). 따라서 '遊, 由'는 공통적으로 /ju/를 표음한다.

(355) '遊, 由'의 중고음과 그 수용

1. 遊[羊中C平尤]=/jɪəu/^{L}] ユ/ju/

88 Q군에서는 '눈'이 항상 '雪'로 표기된다.

2. 由[羊中C平尤]=/jɪəu/[L]〕ユ/ju/

6.2.9.3. JO 음절

JO 음절의 표기에는 '欲, 與, 餘'가 사용되었다.

(356) 『만엽집』의 '欲' 용례

P군 JO: 欲{조사 よ}, 欲里/欲利{조사 より}, 欲比{夕}, 欲/欲流/欲比{夜, 宵}, …

Q군 JO: 欲{조사 よ}, 欲里/欲利{조사 より}, 欲{夜}, …

Q군에서는 '欲'을 훈독하여 동사 'ほし/ほり' 또는 조사 'こそ'로 읽을 때가 많다. 또한 한문 구성의 '欲得, 欲成'을 조사 'がも'로 읽을 때도 많다.

(357) 『만엽집』의 '與' 용례

P군 JO: 與{조사 よ}, 與比{夜, 宵}, 與{世, 代}, 與呂頭{萬}, 與之{吉}, 與騰{淀}, …

Q군 JO: 與{조사 よ}, 與之{吉, よし}, 與杼/與騰{淀}, …

Q군에서는 '與'의 의미를 수용하여 조사 'と' 또는 'こそ'로 읽거나 동사 'あひこす, あたふ'로 읽을 때가 많다. 특히 '高山與 耳梨山與 相之時/ 香具山と 耳成山と 闘ひし時'(Q14)에서 '與'를 'と'로 읽었는데, 이곳의 '與'는 한국 구결의 '亠/ㆍ[여]'에 대응하는 것 같다. '亠/ㆍ'는 '亦'에서 온 구결자이므로 『만엽집』의 '與'와 정확히 일치하지는 않는다. 그러나 동등 병렬의 기능을 담당한다는 점에서 『만엽집』의 '與'와 한국 구결의 '亠/ㆍ[여]'는 기능이 같다. 한국에서는 '亦'을 '亠/ㆍ[여]'로 음독하지만, 일본에서는 '與'를 'と'로 훈독한다는 점만 차이가 난다.

(358) 『만엽집』의 '餘' 용례

P군 JO: 餘{조사 よ}, 餘里{조사 より}, 餘比{夕}, 餘比{夜}, 餘呂豆{萬}, 餘{世, 代}, 餘

之{吉}, 餘登{淀}, …

Q군 JO: 餘{조사 よ}, 餘里{조사 より}, 餘/餘思/{吉}, 餘杼/餘騰{淀}, …

Q군 JA: 爾故餘漢[にこやかに]

P군에서는 '餘'를 음독하여 JO 음절로 읽는다. 그러나 Q군에서는 '餘'를 훈독하여 인칭대명사 '我{わ, あ}'로 읽거나 부사 'あまり'로 읽을 때가 많다. 또한 '爾故餘漢'{にこやかに}에서 볼 수 있듯이 Q군에서는 '餘'를 특이하게도 JA 음절로 음독하기도 한다.

위의 용례에서 조사 'よ'의 표기에 '欲, 與, 餘'가 공통적으로 사용되었고, '欲比, 與比, 餘比'{夜, 宵}가 동음 이표기 쌍이다. 또한 조사 'より'의 표기에는 '欲里/欲利'와 '餘里'가 사용되었다. 이들에서 '欲=與=餘'의 등식이 성립하므로, 이들의 음가는 동일하다.

'欲, 與, 餘'의 중고음 성모는 羊母/j/이고, 羊母/j/는 『만엽집』 음가나에서 항상 /j/로 수용된다(위의 (24) 참조).

'與, 餘'의 중고음 운모는 魚韻/ɪo～ɪə/이고, 魚韻/ɪo～ɪə/은 『만엽집』 음가나에서 항상 /ə/로 수용된다(위의 (53) 참조).

'欲'의 중고음 운모는 鍾韻 입성의 /ɪok/이고, 『만엽집』 음가나 중에서 鍾韻字는 아래 (360.1)의 '欲' 하나뿐이다. 이 '欲'이 '與, 餘'와 동음 관계이므로, 우리는 鍾韻 입성 /ɪok/이 을류의 /ə/로 대체되어 수용되었다고 본다. /ɪok/의 운두개음 /ɪ-/는 항상 삭제되어 수용되고(위의 (49) 참조), /ɪok/의 /-k/ 운미도 삭제되어 수용된다.

(359) 『만엽집』 음가나의 /-k/ 운미 대체 수용

한어 중고음의 /-k/ 운미는 『만엽집』 음가나에서 삭제되어 수용된다.

그런데 우리는 위의 (154)에서 모음첨가를 논의하면서 /-n/ 운미 뒤에는 /-i/ 모음이 첨가되고, /-m/·/-k/ 운미 뒤에는 /-u/가 첨가된다고 한 바 있다. 따라서 (154)와 (359)의 대체 수용은 배타적 관계라고 해야 한다. 즉 모음첨가가 일어나면 운미가 삭제되지 않고, 운미가 삭제되면 모음첨가가 일어나지 않는다.

'欲'의 /ɪok/에서 /ɪ-/와 /-k/가 삭제되어 수용되므로, 『만엽집』 음가나의 '欲'은 운복모음 /o/를 /ə/로 대체하여 수용한 것이 된다. 이때에 중고음의 운복모음 /o/를 그대로 수용하지 않고 어찌하여 을류의 /ə/로 대체했는지를 기술할 필요가 있다.

'欲'은 '與, 餘'와 동음 관계인데, '與, 餘'가 을류의 /jə/를 표음한다. 따라서 '欲'의 운복모음 /o/를 을류의 /ə/로 대체하여 수용했다고 해야만 이 동음 관계가 유지된다. 한어 중고음에서 '欲'의 鍾韻 3등과 '與, 餘'의 魚韻 3등은 평행적 관계이다. 더 쉽게 말하면 鍾韻 3등과 魚韻 3등은 운미의 유무에서만 차이가 난다.[89] 더욱이 『고사기』 음가나에서 '用'의 鍾韻/ɪoŋ/이 /ə/로 수용된 바 있다. 따라서 鍾韻과 魚韻의 운복모음이 『만엽집』 음가나에서 동일하게 /ə/로 수용된다는 것은 아주 자연스럽다.

(360) '欲, 與, 餘'의 중고음과 그 수용

1. 欲[羊中C入鍾]=/jɪok/^{E} 〕 ヨ乙/jə/[90]
2. 與[羊中C平魚]=/jɪo~jɪə/^{L} 〕 ヨ乙/jə/
   [羊中C上魚]=/jɪo~jɪə/^{R}
3. 餘[羊中C平魚]=/jɪo~jɪə/^{L} 〕 ヨ乙/jə/

우리는 JO 음절 음가나에 위와 같이 음가를 배당한다. 그리하면 '欲=與=餘'의 동음 관계와 중고음의 수용 과정을 두루 충족할 수 있다.

JO 음절의 O열에서는 『고사기』도 『만엽집』과 마찬가지로 을류의 ヨ乙/jə/만 있고 갑류가 없다. 반면에 『일본서기』에서는 갑류의 ヨ/jo/와 을류의 ヨ乙/jə/가

---

89 이것은 이승재(2018: 413)의 종합 음가 배당표 Q′에서 확인할 수 있다.

90 재추가한 '用'이 '欲=與=餘'와 동음 관계이다.
用[羊中C去鍾]=/jɪoŋ/^{D} 〕 ヨ乙/jə/. 用利{조사 より}, 用/用流{夜}, 吉用伎{淸き}

음운론적으로 대립한다. 이처럼 텍스트에 따라 갑을 대립의 여부가 달라지므로, 3종의 가요 텍스트를 아무런 검증 없이 하나로 통합하여 논의하는 것은 옳지 않다.

6.2.9.4. J행의 요약 정리

J행의 논의를 요약하여 정리하면 아래와 같다.

(361) J행 『만엽집』 음가나의 음가 배당 (음영 부분은 Q군 음가나)

자음＼모음	A (ア)	I (イ)	U (ウ)	E (エ)	O (オ)
J (ヤ)	夜=也/ja/		由=遊/ju/	要=延/je/	餘=與=欲/jə/
	夜=也/ja/		由=遊/ju/	要=延/je/	餘=與=欲/jə/

J행에서는 JI 음절이 공백이다. JI 음절은 J와 I의 조음위치가 같으므로, 체계적인 공백이다. 반면에 JE 음절은 J와 E의 조음위치가 동일하지 않으므로, 체계적 공백이 아니다. 그런데 우리는 ø행 즉 ア행을 논의하면서, øE 음절의 '要, 延'이 /je/를 표기한다고 한 바 있다. 이에 따라 위의 음가 배당표에서는 øE 음절의 '要, 延'을 JE 음절로 옮겨 놓았다.

이처럼 '要, 延'을 JE 음절로 옮겨 놓을 때에는 이음 관계를 확인하기 위하여 새로이 JO 음절의 '餘, 與, 欲'과 대비할 필요가 있다. '要, 延'과 '餘, 與, 欲'의 용례를 대비해 보면 동음 이표기 쌍이 하나도 없다. '要, 延'과 '餘, 與, 欲'이 이음 관계임이 분명하므로 이들에 각각 /je/와 /jə/를 배당한 것은 정확하다.

JE 음절의 '要, 延'을 포함하면 J행에서 설정되는 모음은 /a, u, e, ə/의 4종이다. O열에서 설정되는 모음이 갑류의 /o/가 아니라 을류의 /ə/이므로, J행은 ø·N·R·S행의 부류에 속한다.

6.2.10. W행, ワ行

W행의 표기에는 '和, 爲, 惠, 乎, 遠, 矣'가 사용되었다. 이들을 음절별로 분류하면 아래와 같다.

(362) W행의 『만엽집』 음가나 (음영 부분은 Q군 음가나)

모음 / 자음	A (ア)	I (イ)	U (ウ)	E (エ)	O (オ)
W (ワ)	和	爲		惠	乎 遠
	和	爲		惠	乎 遠 矣

6.2.10.1. WA 음절

WA 음절의 표기에는 '和'만 사용되었다.

(363) 『만엽집』의 '和' 용례

P군 WA: 和/和禮{我}, 和多{腸}, 斯和{皺}, 和多{海}, 和可{若}, 佐和久/佐和伎{騷}, 和久/和可留{分, 別}, 和多流/和多之{渡}, 和須禮{忘}, 和豆良比{煩ひ}, 和藝毛{我妹}, 和期大皇{わご大君}, …

Q군 WA: 和/和禮{吾, 我}, 和氣{戯奴}, 彌和{三輪}, 阿和{泡, 沫}, 散和久/左和伎{騷}, 和備[わび-], 和多禮/和多思{渡}, 和豆香{和束}, 和射美{和射見}, 和多豆{柔田津}, …

WA 음절을 표기하는 음가나가 '和' 하나뿐이므로 음운대립을 논의하기 어렵다. 따라서 우리는 W행 음가나 전체를 대상으로 동음 이표기 쌍이 있는지를 검토해 보았다.

위의 용례를 WI, WE, WO 음절을 표기한 용례와 대비해 보면, 딱 하나의 동음 이표기 쌍을 찾을 수 있다. '佐和久/佐和伎'{騷}와 '佐爲/左爲'{騷}의 동음 이표기 쌍인데, 여기에서 '和=爲'의 등식이 성립한다. 그런데 여타의 음운대립을 검증할 때에는 동음 이표기 쌍이 대개 셋 이상이었으므로, '和=爲'의 등식을 신용하기가 어렵다.

더욱이 '和'와 '爲'의 중고음 음가가 너무나 차이가 크다. '和'의 중고음 운모는 戈韻/wɑ/이고 '爲'의 운모는 支韻 합구의 /ɥe/이다. 지금까지 거론한 많은 수의 동음 이표기 쌍에서 戈韻/wɑ/과 支韻 합구의 /ɥe/가 『만엽집』 음가나에서 동일 음가로 수용된 예가 없다. 따라서 우리는 '和'와 '爲'가 서로 다른 음가로 수용되었다고 판단한다.

(363)의 용례에서 '和'는 /wa/를 표음한다. '和'의 중고음 성모는 匣母/ɦ/인데, 匣母/ɦ/는 『만엽집』 음가나에서 개합이 개구일 때에는 /g/로 수용되고, 합구일 때에는 삭제되어 수용된다(위의 (185) 참조). '和'의 匣母/ɦ/에 후속하는 운모가 항상 합구인 戈韻/wɑ/이므로, '和'의 匣母/ɦ/는 삭제되어 수용된다. 그 대신에 戈韻/wɑ/의 운두개음 /w-/를 유지하여 '和'가 /wa/를 표음하게 된다. 戈韻/wɑ/이 앞에 자음이 없을 때에는 /wa/로 수용된다는 것은 위의 (321)에서 이미 정리한 바 있다.

(364) '和'의 중고음과 그 수용

和[匣合1平戈]=/ɦwɑ/^{L} 〕ワ/wa/

[匣合1去戈]=/ɦwɑ/^{D}

우리는 위와 같이 '和'에 ワ/wa/를 배당한다. 그리하면 중고음의 수용 과정을 정상적으로 기술할 수 있다.

6.2.10.2. WI 음절

WI 음절의 표기에도 '爲' 하나만 사용되었다.

(365) 『만엽집』의 '爲' 용례

P군: 久禮奈爲{紅}, 佐爲{騷}, 麻爲/末爲之{參ゐ}, 爲/爲弖{居}, 安治佐爲[あぢさゐ]

Q군: 左爲{騷}, 宇奈爲放爾{童女放髮に, うなゐはなりに}, 多奈引田爲爾{たなびく田居に, たなびくたゐに}, 腹婆布田爲乎{腹這ふ田居を, はらばふたゐを}

위에서 '佐爲/左爲'{騷}의 '爲'가 '佐和久/佐和伎'{騷}의 '和'와 동음 관계임을 말했는데, '爲'가 WO 음절의 '遠, 乎'와 동음 이표기 관계인 것처럼 보이는 용례도 있다. '爲/爲弖'{居}의 '爲'와 '遠留/遠良武/遠良牟, 乎流/乎良牟'{居}의 '遠, 乎'가 동일어의 동일 음절을 표기한다. 여기에서 '爲'와 '遠, 乎'가 동음 관계라고 할 수 있다. 이것을 강조하면 '爲'와 '遠, 乎'에 동일 음가를 배당해야 한다.

그러나 '爲'와 '遠, 乎'의 동음 이표기 쌍이 동사 '居' 하나뿐이다. 『만엽집』에서는 3쌍 이상의 동음 이표기 쌍이 확인될 때에만 동일 음가를 배당하는데, 이 기준에 미달한다. 또한 '爲'와 '遠, 乎'의 한어 중고음이 아주 크게 차이가 난다. 따라서 우리는 '爲'와 '遠, 乎'가 서로 다른 음가를 가진다고 기술한다.

'爲'의 중고음 성모는 云母/ɦ/이고, 云母/ɦ/는 『만엽집』 음가나에서 삭제되어 수용되는 것이 원칙이다(위의 (33) 참조). '爲'의 운모는 支韻 합구의 /ɥe/인데, 支韻/je~ɪe/이 /i/로 수용되는 것이 원칙이지만 합구일 때에는 /wi/로 수용된다(위의 (28) 참조). '爲'처럼 합구일 때에는 /ɥe/의 전설원순활음 /ɥ-/가 후설원순활음 /w-/로 대체되어 수용된다. 이에 따라 '爲'가 『만엽집』 음가나에서는 ヰ/wi/를 표음한다.

(366) '爲'의 중고음과 그 수용

爲[云合B平支]=/ɦɥe/^{L}] ヰ/wi/

[云合B去支]=/ɦɥe/^{D}

6.2.10.3. WE 음절

WE 음절의 표기에는 '惠'가 사용되었다. '惠'도 홀로 고립되어 있기 때문에 음운대립을 거론하기가 어렵다.

(367) 『만엽집』의 '惠' 용례

P군 WE: 須惠{末}, 許惠/己惠{聲}, 由惠{故}, 惠麻波/惠美天{笑}, 宇惠弖{植}, 須惠弖/宇惠之{据}, 於毛布惠爾{思ふゑに}, 多都可豆惠{手束杖}, 斯宜志惠夜{繁しゑや}, 與思惠夜之/與之惠也之[よしゑやし], …

Q군 WE: 須惠{末}, 由惠{故}, 左夫思惠{寂しゑ}, 吉惠{よしゑ}, 須惠弖{据ゑ}, 吉惠哉/縱惠也思/不欲惠八師{よしゑやし}, 惠具採跡{ゑぐ摘むと}, 惠良惠良爾[ゑらゑらに], …

이들 용례를 여타의 W행 음가나와 대비해 보면 전혀 공통되는 단어가 없다. 따라서 '惠'에는 여타의 W행 음가나와 다른 음가를 배당해야 한다. 이 음가 배당 과정에서는 한어 중고음의 수용 양상이 가장 중요한 기준이 된다.

'惠'의 중고음 성모는 匣母/ɦ/이고, 匣母/ɦ/는 개합이 합구이면 삭제되어 수용된다(위의 (185) 참조). '惠'의 운모는 齊韻 합구인 /wei/이므로 '惠'의 匣母/ɦ/가 삭제되어 수용된다. 齊韻/ei/은 『만엽집』 음가나에서 /e/로 수용되지만, 齊韻/ei/ 합구는 /we/로 수용된다(위의 (86) 참조). 이에 따라 『만엽집』 음가나의 '惠'는 ヱ/we/를 표음한다.

(368) '惠'의 중고음과 그 수용

惠[匣合4去齊]=/ɦwei/^{D} 〕 ヱ/we/

6.2.10.4. WO 음절

WO 음절의 표기에는 '矣, 遠, 乎'가 사용되었다. '矣'는 Q군에서만 사용되었고, 항상 조사 'を'만 표기한다. 따라서 P군과 Q군을 구별할 때에 '矣'는 중요한 지표가 된다.

(369) 『만엽집』의 '矣' 용례

Q군 WO: 矣{조사 を}

(370) 『만엽집』의 '遠' 용례

P군 WO: 遠{조사 を}, 遠/遠刀古{男}, 阿遠/安遠{青}, 遠志家騰{惜しけど}, 遠留/遠良牟{居}, 遠久{招く}, 遠周{食す}, 遠利{折}, 遠都豆爾[をつづに], …

Q군 WO: 遠{조사 を}, 遠智[越智], 遠近{をちこち}, …

(371) 『만엽집』의 '乎' 용례

P군 WO: 乎{조사 を}, 乎/乎等古{男, 壯士}, 阿乎/安乎{青}, 乎之{惜}, 乎流/乎良牟{居}, 乎岐{招き}, 乎須{食す}, 乎利{折}, …

Q군 WO: 乎{조사 を}, 乎登古{壯士}, 乎等女{娘子}, 乎流/乎良牟{居らむ}, 乎伎{招き}, 乎里{折り}, …

'矣, 遠, 乎'는 대격조사 'を'를 표기하는 데에 공통적으로 사용된다. 또한 위의 용례에서 볼 수 있듯이 '遠'과 '乎'의 동음 이표기 쌍이 아주 많다. 여기에서 '矣=遠=乎'의 등식이 성립하므로, 이들의 음가는 동일하다.

'矣'의 한어 중고음은 云母/ɦ/·之韻/ɪə/이다. 云母/ɦ/는 『만엽집』 음가나에서 삭제되어 수용되는 것이 원칙이고(위의 (33) 참조), 之韻/ɪə/은 아후음 뒤에서 /ə/로 수용되지만 설치음 뒤에서는 /i/로 수용된다(위의 (55) 참조). 이에 따르면 '矣'가 『만엽집』 음가나에서 /ə/를 표음하는 것이 정상이다. '矣'는 중고음에서 개합이 합구가 아니라 개구이므로, WO 음절의 W에 해당하는 음가를 가지지 않는다. 따라서 WO 음절의 표기에는 '矣'가 부적절하다.

그런데도 '矣'가 Q군에서 대격조사 'を' 즉 WO 음절을 표기하므로, '矣'가 과연 음가나일지 의심스러워진다. '矣'의 현대 일본어 음독이 'を'가 아니라 'い'이므로 이 의심이 증폭된다. 만약에 '矣'가 음가나가 아니라 훈가나라고 하면 우리의 논의 대상에서 '矣'를 제외할 수 있다. 그런데 이때에는 '矣'의 일본어 훈이 무엇인지 확인하기 어렵다는 문제가 남는다.

이처럼 '矣'는 음가나라고 하기도 어렵고 훈가나라고 하기도 어렵다. 마침 沖森卓也(2003: 170~171)에서도 어조사 '矣'를 표의 의식의 용자라고 보고, '矣'가 점차 음가나 '乎'로 대체되어 간다고 설명한 바 있다. 이에 따르면 '矣'는 훈가나의 일종이므로, 우리도 '矣'를 음가나 목록에서 제외하기로 한다. 다만, '矣'가 음가나가 아니라는 사실을 역설적으로 강조하기 위하여 그 음운론적 기술은 그대로 남겨 둔다.

WO 음절을 표기한 음가나는 '遠'과 '乎'의 둘이고, 이 둘은 동음 관계이므로 음가가 같다. '遠'의 중고음 성모는 云母/ɦ/이고, 云母/ɦ/는 『만엽집』 음가나에서 삭제되어 수용되는 것이 원칙이다. '遠'의 운모는 元韻 합구의 /ɥɑn/이고, 元韻/ɪɑn/은 특이하게도 개별적으로 수용된다. '萬'에서는 /a/로, '煩, 遠'에서는 /o/로 수용된다(위의 (106) 참조).

'遠'과 마찬가지로 '乎'도 대격조사 'を'를 표기한다. 이것은 훈점 연구에서 'をことてん'[乎古止点]이라는 명칭을 사용한 데에서 잘 드러난다. 'をこと'의 'を'는 사실은 대격조사를 지칭하고, 'こと'는 한국어의 '것' 또는 '이'에 해당하는 형식명사를 지칭한다. 'をこと'의 'を'를 한자로 표기할 때에는 '乎'를 사용하므로 '乎'가 대격조사 'を'를 표기한다는 것은 확실하다. '乎'의 중고음 성모는 匣母/ɦ/이고, 匣母/ɦ/는 후속하는 운모의 개합이 개구일 때에는 /g/로 수용되고 합구일 때에는 삭제되어 수용되는 것이 원칙이다(위의 (185) 참조).

문제는 중고음 운모의 수용 양상이다. '遠'의 운모는 元韻 합구 /ɥɑn/이고 '乎'는 模韻/o/이다. 元韻은 『고사기』 음가나에서 기술한 바 있듯이 을류 모음으로 수용되고, 模韻/o/은 갑류 모음으로 수용되는 것이 원칙이다. 그런데 『만엽집』 음가나에서 '遠'과 '乎'가 동음 관계이므로 갑류와 을류가 하나로 합류했다고 기술해야만 한다.

『고사기』 음가나에서 WO 음절을 논의하면서 우리는 '遠'이 을류의 ヲ乙/wə/로 수용된다고 했고, 『일본서기』 음가나에서는 '乎'가 갑류의 ヲ/wo/로 수용된다고 했다. 이 두 가지 음가는 서로 다르므로 '遠'과 '乎'의 동음 관계와 어긋난다. 따라서 『만엽집』 음가나에서는 갑류와 을류가 하나로 합류했다고 기술할 수밖에 없다.

이때에 을류가 갑류로 합류한 것인지, 갑류가 을류로 합류한 것인지 하는 문제가 제기된다. (369~371)의 용례를 대비해 보면 '遠'의 용례보다 '乎'의 용례가 훨씬 많다. 따라서 『만엽집』 음가나에서는 을류가 갑류로 합류했다고 기술하는 것이 바람직하다. 有坂秀世(1955/80: 401)에서도 을류의 /wö/가 갑류의 /wo/로 변하는 것이 훨씬 자연스럽다고 한 바 있다.

『고사기』 음가나에서 '遠'이 WO 음절을 표기하는 것이 확실하므로 우리는 '遠'의 元韻 합구 /ɥɑn/이 독특하게 /wə/로 수용된다고 했다.[91] 이 특수성은 『만엽집』 음가나에서도 마찬가지인데, 음성학적으로는 이 특수성을 자연스럽게 기술할 수 있다. /ɥɑn/의 /ɥ-/는 전설원순활음이므로 후속하는 모음을 끌어올리는 힘을 갖는다. 이에 따라 운복모음 /ɑ/를 상대 일본어에서 /ə/로 수용했다는 기술이 가능하다. 한국 한자음에서도 '遠'이 '원'으로 수용되므로, 상대 일본어에서 '遠'이 /wə/를 표음한 것은 중고음을 정상적으로 수용한 것이라 할 수 있다.

『만엽집』 음가나에서는 '乎'의 匣母/ɦ/가 합구음 /w/ 앞에서 삭제되어 수용된다. 이토 지유키(2011)(이진호 역)에 따르면 '乎'의 운모인 模韻/o/이 개합에서 중립이지만, 중국 학자들은 模韻/o/을 개구로 보는 것이 일반적이다(이승재 2018: 234). 따라서 '乎'에는 합구음 /w/가 없다. 그런데도 '乎'가 WO 음절 특히 대격조사를 표기한다는 것이 분명하므로, 후음인 匣母/ɦ/ 뒤에서 模韻/o/이 /wo/로 수

91 /-n/ 운미가 삭제되어 수용된다는 것은 위의 (12)에서 이미 정리한 바 있다.

용되었다고 기술할 수밖에 없다(위의 (185) 참조). 影母/ʔ/나 匣母/ɦ/ 등의 후음 뒤에서 模韻/o/이 /wo/로 수용된다는 것은 『일본서기』의 WO 음절에서 이미 논의한 바 있다. 이에 맞춰 『만엽집』에서도 匣母/ɦ/ 뒤에서 模韻/o/이 /wo/로 수용되어, '乎'가 ヲ/wo/를 표기한다고 본다.

『고사기』 음가나에서 '遠'에 ヲᄅ/wə/를 배당한 것과 『일본서기』 음가나에서 '乎'에 ヲ/wo/를 배당한 것은 정확하다. 그런데 『만엽집』에서는 M·P행의 순음 뒤에서 을류의 /ə/가 갑류의 /o/로 바뀌는 원순모음화가 일어난다. 이와 마찬가지로 W행에서도 /w/의 뒤에서 원순모음화가 일어나 을류의 /ə/가 갑류의 /o/로 바뀌었다고 할 수 있다. 이 원순모음화를 가정하면 을류인 '遠'의 ヲᄅ/wə/가 갑류인 '乎'의 ヲ/wo/로 합류한 것을 가장 자연스럽게 기술할 수 있다.

위의 논의를 종합하여 WO 음절 음가나에 아래와 같이 ヲ/wo/를 배당한다. 동음 관계인 '矣, 遠, 乎'의 셋 중에서 용례가 가장 많은 것은 '乎'이므로, '乎'를 기준으로 삼아 이들의 모음에 갑류의 /o/를 배당했다.

(372) '矣, 遠, 乎'의 중고음과 그 수용

1. 矣[云開C上之]=/ɦɪə/^{R} 〕ヲ/wo/[92]
2. 遠[云合C上元]=/ɦɥɑn/^{R} 〕ヲ/wo/[93]
   [云合C去元]=/ɦɥɑn/^{D}
3. 乎[匣中1平模]=/ɦo/^{L} 〕ヲ/wo/

'矣'의 중고음 /ɦɪə/가 『만엽집』 음가나에서 ヲ/wo/로 수용된 것은 분명히 비정상적이므로, 최종 결론에서는 '矣'를 음가나 목록에서 제외할 것이다. 즉 (374)의 음가 배당표에서는 '矣'를 제외한다.

92 '矣'는 음가나가 아니라 훈가나이지만, 여기에서 그 음가를 표시해 둔다.
93 재추가한 '袁'이 '遠=乎'와 동음 관계이다.
袁[云合C平元]=/ɦɥɑn/^{L} 〕ヲᄅ/wə/. 袁{조사 を}, 麻須良袁{大夫}, 袁利{折り}

6.2.10.5. W행의 요약 정리

W행의 논의를 요약하여 정리하면 아래와 같다.

(373) W행 『만엽집』 음가나의 음가 배당 (음영 부분은 Q군 음가나)

자음＼모음	A (ア)	I (イ)	U (ウ)	E (エ)	O (オ)
W (ワ)	和/wa/	爲/wi/		惠/we/	乎=遠/wo/
	和/wa/	爲/wi/		惠/we/	乎=遠=矣/wo/

W행에서는 WU 음절이 체계적 공백이다. W와 U의 조음위치가 같기 때문에, WU 음절이 존재한다 하더라도 /u/로 실현된다.

W행에서 설정되는 모음은 /a, i, e, o/의 4종이다. O열에서 을류의 /ə/ 모음 대신에 갑류의 /o/ 모음이 설정되므로, W행은 위의 M·P·B행의 부류에 속한다.

한편, ø행의 øO 음절과 W행의 WO 음절은 『고사기』·『일본서기』와 마찬가지로 『만엽집』 음가나에서도 엄격히 구별된다. 그런데 11세기 말엽에 두 음절이 하나로 합류하는데, 흥미롭게도 /o/가 /wo/로 합류하는 방향이다. 이 /wo/가 에도시대에는 거꾸로 /o/로 변화했다고 기술하지만, 대격조사는 현재까지도 'を'로 표기함으로써 /wo/의 흔적을 남기고 있다.

6.3. 『만엽집』 음가나의 음운체계

위의 (5)에 제시한 50음도는 『만엽집』 가요를 현대 일본어로 해독한 결과를 대상으로 삼아 작성한 것이었다. 따라서 이 50음도는 현대 일본어의 자음 분류와 모음 분류를 토대로 한다. 그러나 상대 일본어의 음운 분류는 현대 일본어와 얼마든지 다를 수 있다. 이제, 위의 논의를 종합하여 『만엽집』 음가나의 음운체계를 재구하기로 한다.

우리는 『만엽집』 가요를 P군과 Q군으로 나누어 논의해 왔다. 그 표기법이 아주 크게 차이가 나기 때문이다. 그런데 아래 (374)의 음가 배당표에서 볼 수 있듯이, 음운체계에서는 P군과 Q군의 차이가 거의 없다. 오직 PO 음절에서만 차이가 날 뿐이다. PO 음절의 표기에는 P군에서는 '保'가 주로 사용되고 Q군에서는 '寶'가 주로 사용되어 차이가 난다. 그러나 이것은 표기에서의 차이일 뿐이고, 음운론적 차이가 아니다. '保'뿐만 아니라 '寶'가 동일하게 /po/를 표기하기 때문이다.

오히려 음운체계 논의에서 더 중요한 것은 Q군에서는 BO 음절을 표기하는 음가나가 보이지 않는다는 점이다. P군에서는 BO 음절의 표기에 '煩, 保'가 사용되었지만, Q군에서는 BO 음절을 표기하는 음가나가 없다. 이것은 Q군에서 PO 음절과 BO 음절의 음운론적 대립이 없었을 가능성을 제기하므로, 음운체계 논의에서는 /bo/의 부재가 중요한 의미를 갖는다.

만약에 Q군뿐만 아니라 P군에서도 /bo/가 없다면 이것은 체계적인 공백일 것이다. 이때에는 /bo/ 음절과 W행의 /wo/ 음절이 하나로 합류했다는 논의가 가능해진다. 이 가능성을 염두에 두고 PO·BO 음절의 표기에 사용된 '煩, 寶, 保'와 WO 음절의 표기에 사용된 '遠, 乎'의 용례를 서로 대비해 보았다. 그랬더니 공통되는 단어가 하나도 없다. 이것은 '煩, 保'와 '遠, 乎'가 이음 관계임을 뜻하므로, 『만엽집』 음가나에서는 PO·BO 음절과 WO 음절의 합류가 일어나지 않았다고 보아야 한다.[94]

그렇다면 Q군에서 /bo/가 보이지 않는 것은 아마도 우연의 소치일 것이다. 우연한 공백은 체계적인 공백과 엄격히 구별된다. 체계적인 공백이라면 음운체계 논의에 반드시 반영해야 하지만, 우연한 공백은 음운체계를 설정할 때에 필수적 논의 대상이 아니다. 따라서 우리는 P군과 Q군의 음운체계가 기본적으로 동일하되, Q군에서는 우연히 /bo/가 설정되지 않는다고 정리한다.

94 橋本進吉(1950: 223)에 따르면, FO(우리의 PO) 음절이 헤이안 중기에 WO 음절로 바뀐다.

6.3.1. 『만엽집』 음가나의 음가 배당표

6.2에서 행별로 나누어 정리한 음가 배당표를 하나로 종합하면 아래와 같다.

(374) 『만엽집』 음가나의 음가 배당 (음영 부분은 Q군 음가나)

자음 \ 모음		A (ア)	I (イ)	U (ウ)	E (エ)	O (オ)
ø (ア)		安=阿/a/	伊=移/i/	宇=烏/u/		於=意/ə/
		安=阿/a/	伊/i/	宇/u/		於/ə/
K カ	K	可=加=迦 /ka/	伎=吉=枳 =岐/ki/, 紀=奇/kə/	久=苦=君 =口/ku/	家=祁=鷄= 計=氣/ke/	許=己=巨 /kə/, 孤= 故=古/ko/
		可=加/ka/	伎=吉=枳 /ki/, 紀=奇/kə/	久=苦=口 =九=君 /ku/	家=計=鷄= 祁=兼=氣 /ke/	許=己=巨 /kə/, 孤= 故=古/ko/
	G	我=河=賀 =何/ga/	藝/gi/, 疑= 宜/gə→gɨ/	具/gu/	宜=氣/ge/	其=期/gə/, 吳/go/
		我=何=河 =賀/ga/	藝/gi/, 疑= 宜/gə→gɨ/	具/gu/	宜=氣/ge/	其=期/gə/, 吳/go/
S サ	S	佐=左=沙/sa/	之=志=思= 斯=師=四/si/	須/su/	世=勢/se/	蘇=曾/sə/
		佐=左=沙/sa/	之=志=思= 斯=師=四/si/	須/su/	世=勢/se/	蘇=曾/sə/
	Z	射/za/	自/zi/	受/zu/	是/ze/	曾/zə/
		射/za/	自/zi/	受/zu/		曾/zə/
T タ	T	多/ta/	知/ti/	都=築/筑= 通=追/tu/	弖/氐=天= 提/te/	等=登=刀 /tə/
		多/ta/	知/ti/	都=築/筑= 通=追/tu/	弖/氐=天= 提/te/	等=登=刀 /tə/
	D	太=大/da/	治=遲/di/	豆=頭=都 /du/	泥=弖/氐= 低=提/de/	藤/騰=杼 =度/də/
		太=大/da/	治=遲/di/	豆=頭=都 /du/	泥=弖/氐= 低=提/de/	藤/騰=杼 =度/də/

N (ナ)		奈=那=難 /na/	爾=仁=二 =邇/ni/	奴=農/nu/	祢/禰=年 /ne/	能=乃=努 /nə/
		奈=難/na/	爾=仁=二 =邇/ni/	奴/nu/	祢/禰=年 /ne/	能=乃=努 /nə/
P ハ	P	波/pa/	比=非=悲 /pi/	布=敷=不 /pu/	敝=倍=弊 /pe/	保/po/
		波/pa/	比=悲/pi/	布=不/pu/	敝=倍=弊 /pe/	寶/po/
	B	婆/ba/	備=妣=婢 /bi/	夫/bu/	便=倍/be/	煩/bo/, 保/bo/
		婆/ba/	備=妣=婢 /bi/	夫/bu/	便=倍/be/	
M (マ)		麻=末=萬 /ma/	美=彌/mi/, 未/mə/	牟=武=无/ 無/mu/	米=賣=梅 /me/	毛=母=文= 聞=物/mo/
		麻=末=萬 /ma/	美=彌/mi/, 未/mə/	牟=武=无/ 無/mu/	米=賣/me/	毛=母=聞= 文=物/mo/
J (ヤ)		夜=也/ja/		由=遊/ju/	要=延/je/	餘=與=欲/jə/
		夜=也/ja/		由=遊/ju/	要=延/je/	餘=與=欲/jə/
R (ラ)		羅=良/ra/	利=里=理/ri/	流=留/ru/	禮=例/re/	呂=路/rə/
		羅=良=濫/ra/	利=里=理/ri/	流=留/ru/	禮=例/re/	呂=侶/rə/
W (ワ)		和/wa/	爲/wi/		惠/we/	乎=遠/wo/
		和/wa/	爲/wi/		惠/we/	乎=遠/wo/

이 음가 배당표에서 공백인 칸은 위에서 말한 Q군의 BO 음절, øE 음절, JI 음절, WU 음절의 네 칸이다. Q군의 BO 음절은 Q군에서만 발견되는 우연한 공백이지만, 나머지 셋은 체계적 공백이다.

우리는 176자 집합에 23자를 재추가하여 우연한 공백을 최소화하려고 시도해 보았다. 그러나 이처럼 재추가한 199자 집합에서도 Q군의 BO 음절이 우연한 공백으로 남는다. 새로 추가되는 음절이 없으므로 176자 집합만으로도 『만엽집』 음가나의 음운체계를 기술할 수 있다. 설령 BO 음절처럼 우연한 공백이 있다 하더라도 그것은 음운체계 논의에서는 별로 중요하지 않다. P군에서는 BO 음절이 확인되기 때문이다. 더욱이 음운체계 논의에서는 몇 종의 자음과 모음이 있었고 음소 상호 간의 대립관계가 어떤 것이었는지가 훨씬 더 중요하다. 23자를 재추가하더라도 음운론적 대립관계에 변동이 없었다. 이것은 재추가한 23자가 음운론 연구에 잉여적임을 말해 준다.

ø행에서 자세히 논의한 것처럼, 상대 일본어에는 모음충돌을 회피하는 현상이 분명히 존재한다. 그런데도 '要, 延'이 둘째 음절 이하의 음절을 생산적으로 표기하므로, 『만엽집』 음가나의 '要, 延'은 모음으로 시작하는 음절이 아니다. øE 음절의 표기에 사용된 '要, 延'이 실제로는 /e/를 표기한 것이 아니라 /je/를 표기한다고 보아야 한다. 이에 따라 위의 음가 배당표에서는 '要, 延'을 JE 음절 칸으로 옮겨 놓았는데, 그 결과 øE 음절이 공백이 된다.

øE 음절이 공백인 대신에 JE 음절이 존재한다는 것은 『고사기』·『일본서기』·『만엽집』 음가나에서 공통된다. JI 음절의 공백도 세 가지 텍스트에 공통된다. 따라서 우리는 이 두 가지를 상대 일본어의 음운규칙으로 일반화하여 아래와 같이 기술하기로 한다.

JI 음절이 공백이라는 것은 아래의 (375.1)과 같이 음운규칙으로 기술할 수 있다. 이것은 전설고모음인 /i/의 앞에서 /j/가 삭제된다는 규칙이다. 반면에, 상대 일본어에서는 JE 음절의 '要, 延'에서 볼 수 있듯이 전설중모음 /e/의 앞에서는 이 /j/ 삭제 규칙이 적용되지 않는다. 따라서 상대 일본어에서는 /j/ 삭제 규칙의 음운론적 환경이 [V, +high, −back]인 모음 앞이다.

(375) 일본어의 /j/ 삭제 규칙

1. 상대: $j \rightarrow ø$ / __ [V, +high, −back]
2. 현대: $j \rightarrow ø$ / __ [V, −back]

반면에, 에도시대 이래로 현대 일본어에서는 /i/뿐만 아니라 /e/의 앞에서도 /j/ 삭제가 일어난다. 즉 /j/ 삭제 규칙의 음운론적 환경이 전설모음 즉 [V, −back]의 앞으로 확대된다. 따라서 음운론적 환경에서 [V, +high, −back]이

[V, −back]으로 바뀌는 통시적 변화가 일어났다고 할 수 있다. 이것은 (375.2)에 보인 것처럼 [+high]가 없어진 변화이므로, 규칙 적용의 환경이 단순화한 변화이다. 이것을 생성 음운론에서는 규칙 단순화(rule simplification)라고 부른다(Kiparsky 1965, King 1969).

이 규칙의 단순화는 WU 음절에서도 일어난다. 상대 일본어에서는 WU 음절이 체계적 공백이지만, øO 음절과 WO 음절이 즉 'お'와 'を'가 엄격하게 구별된다. 이에 따라 상대 일본어에서는 (376.1)의 /w/ 삭제 규칙이 적용된다. 이 규칙의 [V, +high, +round]는 /u/ 모음만을 가리킨다.

(376) 일본어의 /w/ 삭제 규칙

1. 상대: w → ø / __ [V, +high, +round]
2. 현대: w → ø / __ [V, +round]

그러나 에도시대 이래로 현대 일본어에서는 øO 음절의 'お'와 WO 음절의 'を'가 음운론적으로 대립하지 않으므로 /w/가 /u/ 모음뿐만 아니라 /o/ 모음 앞에서도 삭제된다. 즉 /w/ 삭제의 음운론적 환경이 원순모음 즉 [V, +round]의 앞이다. 결국, 상대 일본어에서는 /u/ 모음 즉 [V, +high, +round]의 앞에서만 일어나던 /w/ 삭제가 현대 일본어에서는 /u, o/ 모음 즉 [V, +round]의 앞으로 확대되어 일어난다. 이것은 규칙 적용의 환경이 [V, +high, +round]에서 [V, +round]으로 바뀐 것이므로, 이 통시적 변화도 규칙 단순화로 기술할 수 있다.

이러한 논의에 따라 일본어 음운사를 기술한다면, 에도시대에 규칙 단순화가 전면적으로 일어났다고 할 수 있다. 상대에는 JI 음절에서만 /j/ 삭제가 적용되지만 현대에는 JI 음절뿐만 아니라 JE 음절에서도 /j/ 삭제가 적용된다. 상대에는 WU 음절에서만 /w/ 삭제가 일어나지만 현대에는 WO 음절에서도 /w/ 삭제가 일어난다. 이것은 규칙 적용의 환경이 통시적으로 확대된 변화이다. 환경이 확대되었으므로, 생성 음운론의 음운규칙에서는 거꾸로 규칙이 단순해진다. 생성 음운론의 이 규칙 단순화는 일본어의 통시적 변화를 기술할 때에 안성맞춤인 기술 방법임을 강조해 둔다.

øE 음절이 체계적 공백이라는 사실은 기원적 일본어의 모음체계를 추정할 때에 아주 중요한 논거가 된다. 우리는 원시 일본어의 모음체계를 (377.A)의 5모음체계라고 추정한다.

(377) 원시 일본어와 상대 일본어의 모음체계

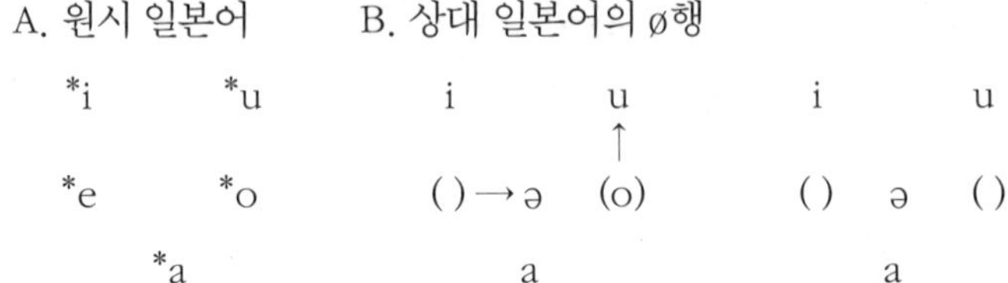

C. 상대 일본어의 T행

i u i u

( ) → ə o e ə o

a a

『고사기』·『일본서기』·『만엽집』 가요의 음가나에서 이상하게도 ø행에서는 /e/ 음절뿐만 아니라 /o/ 음절도 없다. 갑류 모음인 /e/와 /o/가 없고, 3종의 텍스트에서 공통적으로 /a, i, u, ə/의 4종 모음만 설정된다. 이것은 여타의 행과 크게 차이가 나므로 ø행을 따로 분리하여 기술할 필요가 있다.

기존의 연구에서는 (377.B)의 4종 모음 /a, i, u, ə/만을[95] 설정하여 기원적 모음체계가 4모음체계였다고 주장한다. 즉 (377.A)를 기원적 모음체계로 보지 않고 (377.B)의 오른쪽에 제시한 모음체계를 기원적인 모음체계라고 추정한다. 이 모음체계에서는 무표적인 기본모음 /e/·/o/가 없는 대신에 유표적인 을류의 /ə/를 설정한다는 점이 문제가 된다(松本克己 1975, 1976). 그런데 갑류의 /o/ 모음이

95 大野晋(1980: 146)은 우리의 /ə/를 /ö/로 표기한다.

ø행을 제외한 여타의 행에 존재하는데, 이 /o/가 어디에서 온 모음인지를 4모음 기원설에서는 기술하기가 어렵다.

이러한 문제가 있기 때문에 우리는 기원적 일본어의 모음체계가 (377.A)의 보편적 5모음체계였다고 가정한다. 여기에서 전설중모음 /*e/가 후설화(또는 중설화)하는 통시적 변화가 일어났다고 본다. 이 /*e/의 후설화는 한국 한자음에서 두루 관찰할 수 있다. 鷄[見開4平齊], 禮[來開4上齊], 西[心開4平齊], 底[端開4上齊] 등의 齊韻/ei/이 한국 중세 한자음에서 'ㅖ/jəi/, ㅕ/jə/'로 수용되고, 見[見開4去先], 年[泥開4平先], 天[透開4平先] 등의 先韻/en/이 'ㅕ/jə/'로 수용된다. 이들에 공통되는 모음은 'ㅓ/ə/'인데, 고대 한국어 시기에는 이 'ㅓ'의 음가가 /*ə/가 아니라 /*e/였다(金完鎭 1965). 고대의 이 /*e/가 후설화를 겪어 중세의 /ə/가 되었다는 논의가 성립하는데, 이와 마찬가지로 원시 일본어에서 상대 일본어로 내려오면서 /*e → ə/의 후설화를 겪었다고 추정할 수 있다. 특히 øE 음절이 3종의 가요 텍스트에서 공통적으로 공백이라는 점에서 이 추정이 성립한다.

그런데 ø행에서는 /*e → ə/의 후설화에 연동되어 /o/ 모음이 /u/ 모음으로 상승했다고 추정할 수 있다. 3종의 가요 텍스트에서 공통적으로 O열에 /o/가 설정되지 않으므로, 이것을 /o/ 모음이 상승한 것으로 보아 (377.B)의 왼쪽 그림에서 '↑'로 표시했다. 이 /o/ 모음의 상승은 새로 생성된 /ə/와의 음운론적 대립을 유지하기 위한 조치의 일환이었을 것이다. 중요한 것은 이 상승이 ø행에서만 일어나고 여타의 행에서는 거의[96] 일어나지 않았다는 점이다. 여타의 행을 (377.C)에서는 T행으로 대표했는데, 여기에서는 /o/ 모음의 상승이 거의 일어나지 않는다. 모음 앞에 온 자음이 의미분화의 기능을 담당하기 때문에 이들에서는 이 상승이 필수적인 것이 아니었을 것이다.

/*e → ə/의 후설화에 따라 /ə/가 새로이 모음체계에 설정된다. 이것이 (377.B)와 (377.C)의 을류 모음 /ə/이다. 宋敏(1975)가 강조한 바 있듯이 상대 일본어

96 일부의 음가나에서 NO 음절과 NU 음절이 구별되지 않거나 SO 음절과 SU 음절이 구별되지 않을 때가 있는데(3장의 3.2.4와 3.2.7 참조), 이것도 /o/ 모음이 /u/ 모음으로 상승한 데에 그 원인이 있을 것이다.

의 을류 모음 /ə/는 대부분 한국 중세 한자음의 'ㅓ/ə/, ㅡ/ɨ/'에 대응하고, 이 'ㅓ, ㅡ'는 慧琳의 『一切經音義』에 반영된 음가를 기반으로 하거나(河野六郞 1968/79) 전기 중고음을 기반으로 한다(이승재 2018). 'ㅓ, ㅡ'가 후설(또는 중설) 모음임이 분명하므로, 상대 일본어의 을류 모음 /ə/가 /*e → ə/의 후설화에 의해 발생했다는 논의가 성립한다.

이 후설화는 모음추이(vowel shift)의 일종이므로, 후설화가 일어나면 /e/ 모음 자리가 비게 된다. 이 공백 상태인 모음체계를 가정한 논의로 大野晋(1980)이 있다. (377.B)와 (377.C)에서는 이 공백을 ( )로 표시했는데, 이 공백을 증명해 주는 것이 바로 가요 텍스트의 øE 음절이다. øE 음절은 3종의 가요 텍스트에서 두루 공백이었을 뿐만 아니라 모음추이의 결과로 발생한 (377.B)와 (377.C)의 공백 ( )을 실증해 주므로 일본어 음운사 기술에서 아주 중요하다.

그러나 (377.C)의 왼쪽과 같은 모음체계는 전설모음이 /i/ 하나뿐이라는 점에서 균형을 잃은 모음체계이다. 松本克己(1976)도 이 모음체계가 보편성이 결여된 것임을 지적한 바 있다. 따라서 일종의 연쇄 작용으로서, (377.C)의 공백 ( )을 채우려는 변화가 나타나게 된다. /i+a/ 또는 /a+i/가 하나로 축약되어 エ甲 또는 エ乙 모음으로 바뀌는 변화가 일어난다. 이 변화가 완성되면 (377.C)의 오른쪽과 같은 모음체계가 된다. 이처럼 기술할 때에 (377.B)와 (377.C)의 오른쪽 모음체계가 상대 일본어 시기에 공존한다는 점에 주의할 필요가 있다. (377.B)는 ø행에서의 모음체계이고, (377.C)는 여타 행 즉 자음이 있는 행에서의 모음체계이다.

大野晋(1976)을 비롯한 대부분의 일본 국어학자들이 기원적 일본어 또는 원시 일본어의 모음체계를 4모음체계로 재구한다. 즉, (377.A)에서 /*e/와 /*o/를 제외하는 대신에 을류의 /*ö/를 넣어 /*i, *a, *u, *ö/의 4종만 모음체계에 등록한다. 이것을 기원적 4모음이라고 하는데, 우선 이 4모음체계가 흔한 것이 아니라서 의심스럽다. 상대 일본어의 8모음설에서는 특히 이 기원적 4모음과 후대의 8모음을 자연스럽게 연결하기가 쉽지 않다. 기존의 갑류 모음 /*i/에서 분화가 일어나 을류 모음 イ乙이 발생하고, 을류 모음 /*ö/에서 분화가 일어나 갑류 모음

オ甲이 새로 발생했다고 할 수 있을까? 한쪽은 갑류에서 을류가 분화하고 다른 한쪽에서는 을류에서 갑류가 분화했다고 할 수 있을까? 이처럼 분화의 방향이 정반대이므로 신빙하기가 어렵다. 또한 /*e/가 없는 상태에서 /*i+*a/ 또는 /*a+*i/가 축약되어 エ甲 또는 エ乙이 새로 발생했다고 기술할 수 있을까? イ乙은 분화로 기술하면서 エ乙은 두 모음이 하나로 축약되어 발생했다고 기술하면 균형이 맞지 않는다.

반면에 기원적 모음체계를 (377.A)의 5모음체계라고 추정하고 상대 일본어의 모음체계가 (377.C)의 오른쪽과 같은 6모음체계였다고[97] 기술하면 여러 가지 의문이 동시에 풀린다. 첫째로 (377.A)의 5모음체계나 (377.C)의 6모음체계는 보편성을 갖춘 모음체계이다. 둘째로 을류 모음의 발생 원인을 정확하게 제시할 수 있다. 우리의 6모음설에서는 일본 고유의 을류 모음이 /ə/ 하나뿐인데, /ə/의 발생 원인을 /*e → ə/의 후설화에서 찾을 수 있다. 셋째, øE 음절이 체계적 공백인 까닭을 설명할 수 있다. /*e → ə/의 모음추이가 일어나면 /*e/의 자리가 공백으로 남을 수밖에 없는데, 이것이 ø행에서 확인된다. 넷째, 모음체계에서 /*e/가 공백이라는 사실과 øE 음절이 공백이라는 사실을 체계적으로 연결할 수 있다. 이 두 가지 사실은 별개로 동떨어진 것이 아니므로 이 둘을 자연스럽게 연결해 주는 이론이 필요하다. 다섯째, ø행에서 /o/ 모음이 항상 공백인데, /*e → ə/의 후설화에 연동되어 /*o/ 모음이 /u/로 상승함으로써 이 공백이 발생했다고 기술할 수 있다. 이 점에서도 우리의 추정이 상대적으로 우위에 있다.

위의 다섯 가지 장점이 있기 때문에 우리는 기원적 일본어의 모음체계를 (377.A)의 5모음체계로 기술하고, 상대 일본어의 모음체계를 (377.C)의 오른쪽과 같은 6모음체계라고 기술한다. 다만, ø행으로 한정하면 (377.B)의 오른쪽과 같이 /i, a, u, ə/의 4모음체계가 된다.

이제, (374)의 음가 배당표에서 동일 음절에 갑류와 을류의 모음이 옴으로써 갑류와 을류가 음운론적으로 대립하는 음절을 정리해 본다. 번거로움을 피하여

---

97 4장에서 이미 거론한 것처럼, 『고사기』·『만엽집』 음가나에서 설정되는 제7의 /ɨ/ 모음은 전기 중고음의 중뉴대립에서 비롯된 것이므로 외래적 모음이다.

갑을 대립이 성립하는 I·E·O열만 정리하되, 갑을 대립이 없더라도 을류 모음이 설정되는 음절도 모두 정리한다.

(378) 『만엽집』 음가나의 을류 모음과 갑을 대립

자음＼모음		I (イ)	E (エ)	O (オ)
ø (ア)				ə : −
K (カ)	K	i : ə		ə : o
	G	i : ɨ		ə : o
S (サ)	S			ə : −
	Z			ə : −
T (タ)	T			ə : −
	D			ə : −
N (ナ)				ə : −
P (ハ)	P			−: o
	B			−: o
M (マ)		i : ə		−: o
J (ヤ)				ə : −
R (ラ)				ə : −
W (ワ)				−: o

위에 정리한 것처럼 을류 모음 /ə/ 또는 /ɨ/가 설정되는 음절은 모두 13종의 음절이고, 동일 음절에서 갑류와 을류가 음운론적으로 대립하는 음절은 KI·GI·KO·GO·MI의 5종이다.

『일본서기』 음가나에서는 PE·ME의 두 가지 음절에서 갑류의 /e/와 을류의 /ə/가 음운론적으로 대립한다. 반면에, 『만엽집』 음가나의 E열에서는 갑류와 을류 모음이 동일 칸에 오지 않는다. 이것은 『고사기』 음가나에서도 마찬가지이므로, 『만엽집』은 『고사기』 계통이라 할 수 있다.

『만엽집』 음가나의 I열에서 갑류와 을류 모음이 동일 칸에 온 것은 KI·GI·MI

의 세 음절이다. 『고사기』 음가나에서는 KI·GI·PI·BI·MI의 5종 음절에서, 『일본서기』 음가나에서는 KI·GI의 2종 음절에서 갑류와 을류 모음이 대립한다. 따라서 KI·GI 음절은 3종의 텍스트에서 항상 갑을 대립이 있다.

『만엽집』 음가나의 O열에서는 KO·GO의 2종 음절에서 갑을 대립이 있다. 『고사기』 음가나에서는 KO·GO·SO·TO·DO·NO·MO·RO의 8종 음절에서, 『일본서기』 음가나에서는 KO·GO·SO·TO·NO·JO의 6종 음절에서 갑류와 을류가 대립한다.

이처럼 텍스트마다 갑류와 을류 모음이 대립하는 음절이 차이가 난다. 그런데도 이 차이를 무시하고 대부분의 일본 학자들이 『고사기』·『일본서기』·『만엽집』의 세 가지 텍스트를 하나로 묶어서 상대 일본어의 음운체계를 기술한다. 이것은 옳지 않다. 갑류와 을류 모음이 음운론적으로 대립하는 음절이 시간이 흐름에 따라 점점 줄어들기 때문이다. 특히 동일 계통인 『고사기』와 『만엽집』 음가나의 음운대립에서 '『고사기』 〉 『만엽집』'의 통시적 변화가 감지되기 때문에 이들을 일단 따로따로 나누어서 음운체계를 기술하는 것이 바람직하다.

한편, 4장의 (300)과 5장의 (393)에 제시한 森博達(1991)의 추정 음가표에 따르면 KI·GI·KE·GE·KO·GO·SO·ZO·TO·DO·NO·PI·BI·PE·BE·MI·ME·MO·JO·RO의 총 20종 음절에서 갑류와 을류의 모음이 음운론적으로 대립한다. 이처럼 8모음설에서는 20종의 음절에서 갑류와 을류의 대립이 있다고 기술한다.

그러나 우리처럼 3종의 텍스트를 분리하여 기술하면 갑류와 을류가 대립하는 음절이 『고사기』의 15종, 『일본서기』의 11종, 『만엽집』의 5종으로 줄어든다. 특히 KE·GE·ZO·BE의 4종 음절에서는 3종 텍스트에서 모두 갑류와 을류의 음운대립이 없다. 이 4종의 음절에서 갑류와 을류 모음이 음운론적으로 대립한다면, 이것은 3종의 텍스트를 하나로 통합하거나 용례가 극소수인 음가나를 논의 대상에 포함할 때로 한정된다는 점을 강조해 둔다.

6.3.2. 『만엽집』 음가나의 자음체계

위의 음가 배당표 (374)에 등록된 자음은 /p, b, t, d, k, g, s, z, m, n, r, j, w/의 13종이다. 이것은 『고사기』나 『일본서기』에서도 마찬가지였다. 이들을 조음위치와 조음방식으로 구별하는 방법도 동일하다.

(379) 『만엽집』 음가나의 자음체계

방식 \ 위치		순음	설치음	아음
파열	무성	p	t	k
	유성	b	d	g
마찰	무성		s	
	유성		z	
비음		m	n	
유음			r	
반자음			j	w

조음위치에 따라 자음을 양순음, 설치음, 연구개음의 셋으로 나눌 수 있다. 구개음과 후음이 아직 독립하지 못한 상태이다. 현대 일본어에서도 구개음이 /i/ 모음과 /j/ 앞에만 분포하므로, 구개라는 조음위치가 음운론적으로 독자성을 갖지 못한다.

조음방식에 따라 자음을 파열음, 마찰음, 비음, 유음, 반자음의 다섯으로 일단 나눌 수 있다. 파열음과 마찰음은 다시 청음과 탁음의 둘로 다시 세분되므로, 상대 일본어에서는 청탁 대립이 꾸준히 유지되었다고 보아야 한다.

우리는 상대 일본어의 /j/와 /w/를 활음이라고 지칭해 왔다. 그런데 일본어에서는 CV 음절형이 기본인데, /j/와 /w/가 마침 C의 위치에만 분포한다. 이 분포는 /j/와 /w/가 자음의 일종임을 말해 주므로, 상대 일본어에서는 반자음이라는 명칭이 적합하다.

『만엽집』 음가나에서 P행의 표기에 사용된 '波, 婆, 比, 非, 悲, 備, 妣, 婢, 布,

敷, 不, 夫, 敝, 倍, 弊, 便, 保, 寶, 煩'의 성모가 모두 한어 중고음에서 양순음이다. 중고음 시기에는 순치음 /f, v/나 순경음 /ф, β/가 아직 분화하지 않은 상태였으므로 이들의 성모가 양순음이라고 기술하는 것이 일반적이다.

『만엽집』 음가나에서는 『고사기』 음가나와 마찬가지로 탈비음화를 반영한 표기가 거의 없다. DE 음절의 표기에 사용된 '泥'를 제외하면 탈비음화의 증거를 찾을 수 없다. 반면에, 『일본서기』 음가나에서는 N행의 '娜, 泥, 迺/廼, 奴'에서 탈비음화가 일어났고, M행의 '磨, 魔, 麽, 弭, 寐, 謎'에서도 탈비음화가 일어났다. 이것을 증명해 주는 표기가 적지 않으므로, 『일본서기』 음가나는 후기 중고음을 수용한 것이라는 논의가 성립한다. 그런데 시기적으로는 『일본서기』보다 60년 이상 늦은 『만엽집』에서는 탈비음화의 증거를 찾기가 어려우므로, 『만엽집』 음가나가 『고사기』 음가나와 더불어 전기 중고음을 수용한 것이라는 논의가 성립한다.

6.3.3. 『만엽집』 음가나의 모음체계

『만엽집』 음가나의 모음체계는 (374)의 음가 배당표에서 바로 구할 수 있다. ø행에서는 /a, i, u, ə/의 4모음이, N·R·S·Z·T·D의 6행에서는 /a, i, u, e, ə/의 다섯 가지 모음이 설정되고, P·B·W의 3행에서는 /a, i, u, e, o/의 다섯 가지 모음이 설정된다. 흥미롭게도 이 M·P·B·W의 O열에서는 /ə/ 대신에 /o/가 설정되고, ø·N·R·S·Z·J·T·D의 8행에서는 /o/ 대신에 /ə/가 설정된다. O열에서 갑류 /o/와 을류 /ə/의 분포가 이처럼 상보적·배타적이므로, 이들 12행에서 갑류와 을류의 합류가 일어나 /a, i, u, e, ə=o/의 5종의 모음이 설정된다고 해도 잘못될 것이 없다. 달리 말하면 O열에서 갑류의 /o/와 을류의 /ə/가 음운론적으로 대립하는 행은 K·G의 두 행뿐이다.[98]

O열에서 갑류의 /o/와 을류의 /ə/가 상보적으로 분포한다는 것을 松本克己

98 M행에서는 /a, i, ə, u, e, o/의 여섯 가지 모음이 설정된다. M행의 O열에서도 갑류의 /o/만 오고 을류의 /ə/는 오지 않는 대신에 을류의 /ə/가 I열에 설정된다.

(1975, 1976)에서도 역설한 바 있다. 순음인 /m, p, b, w/의 뒤에는 갑류 모음이 오고 나머지 자음 뒤에는 을류 모음이 오는 상보적 분포를 강조했다. 또한 松本克己(1995: 104~105)는 O열의 특징을 지적하면서 무표적인 갑류보다 유표적인 을류가 더 많다는 문제를 제기했다. 보편적으로는 무표항이 유표항보다 더 많으므로, 이것은 올바른 지적이다. 그러나 O열에서 갑류와 을류의 구별이 없었다고 하면 즉 /ə=o/였다고 하면 이 문제는 바로 해결된다.

을류 모음 /ə/의 앞에 오는 자음은 원순성이 없는 /ø, n, r, s, z, j, t, d/이다. /ø/를 제외한 이들 자음은 설치음이라는 공통점을 갖는다. 생성음운론의 음운자질로는 [+coronal] 자음이다. 반면에 갑류 모음 /o/의 앞에 오는 자음은 원순성을 가지는 /m, p, b, w/이다. 생성음운론의 음운자질로는 [+labial] 자음이다. 따라서 원순성을 가지는 순음 또는 /w/의 뒤에서 원순모음화가 일어나 /ə/가 /o/로 교체된 것이라 할 수 있다. 위의 /ə=o/는 이 교체 관계를 나타낸 것인데, 이들 12행에서는 5모음체계라고 하는 것이 합리적이다. 청탁을 구별하여 전체 14행을 기준으로 하면 5모음이 설정되는 행이 12행이나 되므로, 『만엽집』 음가나의 모음체계를 /a, i, u, e, ə=o/의 5모음체계라고 해도 크게 잘못될 것이 없다.

『만엽집』 음가나에 관한 한, 松本克己(1975, 1976)의 논의는 정확하다. 그러나 이것을 일반화하여 『고사기』·『일본서기』 음가나에도 이 상보적 분포를 적용하면 안 된다. 우리의 논의에 따르면 『고사기』 음가나에서는 KO·GO·TO·DO 음절뿐만 아니라 SO·NO·MO·RO 음절에서도 갑류와 을류의 음운대립이 확인된다. 『일본서기』 음가나에서는 KO·GO·TO 음절뿐만 아니라 SO·NO·JO 음절에서도 갑류와 을류의 음운대립이 확인된다. 따라서 O열에서 M·P·B·W 등의 자음 뒤에는 갑류 모음이 오고 ø·N·R·S·Z·J·T·D 등의 자음 뒤에는 을류 모음이 온다는 상보적 분포는 『만엽집』 음가나 특유의 분포라고 하는 것이 옳다.

이 상보적 분포와 달리, K·G의 2행에서는 O열에서 을류의 /ə/와 갑류의 /o/가 음운론적으로 대립한다. /k, g/ 자음은 생성음운론에서 [−coronal, −labial]인 자음이다. 이 두 행에서는 /a, i, u, e, ə, o/의 여섯 가지 모음을 설정해야만 한다. 한편, M행에서도 /a, i, ə, u, e, o/의 6모음이 설정되지만, 이곳의 을류 모음 /ə/

는 I열에서 설정된다는 점이 위의 K·G행과 다르다.

가장 중요한 것은 K행과 G행에서는 O열뿐만 아니라 I열에서도 을류의 모음이 설정된다는 점이다. 그런데 K행에서는 '나무' 즉 '木'의 표기에 KI 음절의 '紀'와 KO 음절의 '許'가 공통적으로 사용되었으므로, キ乙/kə/와 コ乙/kə/는 동음 관계이다. 따라서 K행에서는 /a, i, u, e, ə, o/의 6모음만 설정해도 된다. 그러나 G행에서는 사정이 달라진다. GI 음절의 '疑=宜'와 GO 음절의 '其=期'가 이음 관계이다. 따라서 GO 음절의 '其=期'에 을류의 ゴ乙/gə/를 배당하면서 동시에 GI 음절의 '疑=宜'에 ギ乙/gə/를 배당할 수가 없다. 이 이음 관계를 제대로 반영하려면 제7의 모음 /ɨ/를 설정하여 GI 음절의 '疑=宜'에 ギ乙/gɨ/를 배당해야 한다.

(380) 『만엽집』 음가나의 행별 모음 목록

1. ø행 – 4모음 /a, i, u, ə/
2. J행 – 4모음 /a, u, e, ə/
3. W행 – 4모음 /a, i, e, o/
4. P·B행 – 5모음 /a, i, u, e, o/
5. N·R·S·Z·T·D행 – 5모음 /a, i, u, e, ə/
6. M행 – 6모음 /a, i, ə, u, e, o/[99]
7. K행 – 6모음 /a, i, u, e, ə, o/
8. G행 – 7모음 /a, i, ɨ, u, e, ə, o/

위의 논의를 종합하면 위의 (380)과 같다. 행별로 4~7종의 모음이 다양하게 설정된다. 이럴 때에 『만엽집』 음가나의 모음체계를 몇 모음체계라고 해야 할까? 아주 복잡하여 수치로 답하기가 어렵지만 분명한 것이 두 가지가 있다. 첫째는 (380.1~3)의 세 행은 체계적 공백이 있는 행이므로 『만엽집』 음가나의 모음체계가 4모음체계가 아니라 5모음체계일 가능성이 크다는 점이다. 이에 따르면

99 을류 모음 /ə/가 I열에 온다는 점을 반영하기 위하여 /ə/의 위치를 /i/의 바로 뒤에 두었다.

5모음을 가지는 행이 모두 11행이나 된다. 오직 M·K·G의 3행에서만 6~7모음이 설정된다. 둘째는 8모음체계가 부정된다는 점이다. 이것은 『고사기』·『일본서기』 음가나에서도 마찬가지이므로, 상대 일본어의 8모음설은 가요 텍스트에서는 성립하지 않는다고 일반화할 수 있다.

그런데 G행에서만 설정되는 제7의 모음 /ɨ/는 『고사기』 음가나에서 이미 논의한 것처럼 외래적인 모음일 가능성이 크다. 『고사기』 음가나에서는 /ɨ/가 MI·BI·GI 음절의 3종에서 설정되었는데, 이들의 음운론적 환경이 전기 중고음의 중뉴대립 환경과 일치한다는 점을 강조했다. 『일본서기』 음가나에서는 MI 음절에서 제7의 모음 /ɨ/가 설정되는데, 그 음운론적 환경도 전기 중고음의 중뉴대립 환경과 일치한다. 『만엽집』 음가나에서는 MI·BI·GI의 음절 중에서 GI 음절에서만 /ɨ/가 설정된다는 변화가 일어났지만, 이 GI 음절도 역시 전기 중고음에서 중뉴대립이 성립하는 음절이다. 전기 중고음의 중뉴대립이 성립하는 음절이 딱 하나로 한정된다는 점에서, 『일본서기』와 『만엽집』 음가나는 외래적인 중뉴대립이 사라지는 마지막 단계라고 할 수 있다.[100]

이 GI 음절을 포함하여 적어도 6모음 이상을 설정해야 하는 행이 M·K·G의 3행이다. 반면에, 4모음 또는 5모음만 설정해도 되는 행은 위에서 이미 말한 것처럼 11행이다. 『고사기』·『일본서기』 음가나의 모음체계와 대비하기 위하여 『만엽집』 음가나의 모음체계를 수치화하여 비유하면, 5.3모음체계라고 할 수 있다. 이 5.3모음체계는 기본적으로는 5모음체계이지만, 동시에 3행에서는 6모음 또는 7모음이 설정되는 모음체계를 가리킨다.

(381) 『만엽집』 음가나의 모음체계

A. 6모음체계

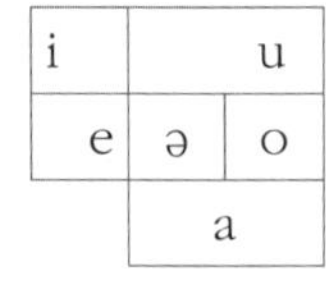

i		u
e	ə	o
	a	

B. 5모음체계

i	u
e	ə=o
	a

100 한국 중세 한자음에서도 중뉴대립이 '기 : 긔'와 '이 : 의'에만 남아 있다.

위의 (381.A)는 M·K의 두 행을 중시한 『만엽집』 음가나의 6모음체계이고, (381.B)는 나머지 행을 중시한 5모음체계이다. 결론적으로, 『만엽집』 음가나의 모음체계는 (381.A)의 6모음체계가 (381.B)의 5모음체계로 변화하는 마지막 단계이다. G행에서 설정되는 제7의 모음 /ɨ/는 탁음에서만 설정되는 외래적 모음이다. 이것을 포함하면 『만엽집』 음가나의 모음체계를 한마디로 결론짓기가 아주 어렵다.

3장에서 그린 『고사기』 음가나의 6모음체계 (303.1)과 4장에서 그린 『일본서기』 음가나의 6모음체계 (397.1)은 동일하다. 이해의 편의를 위하여 『고사기』·『일본서기』의 6모음체계를 아래의 (382)에 반복했다.

(382) 『고사기』·『일본서기』의 6모음체계

<table>
<tr><td>i</td><td rowspan="2">ə</td><td>u</td></tr>
<tr><td>e</td><td>o</td></tr>
<tr><td></td><td colspan="2">a</td></tr>
</table>

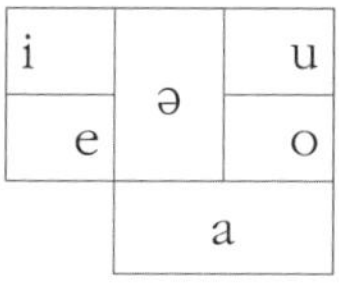

동일한 6모음체계라 하더라도, 『고사기』·『일본서기』의 (382)와 『만엽집』의 (381.A)는 차이가 난다. (382)에서는 을류의 /ə/ 모음이 /i, e, o/의 어느 모음과도 대립할 수 있는 관계이지만, 『만엽집』의 (381.A)에서는 을류의 /ə/가 음운론적으로 대립하는 것은 대부분 /o/ 모음 하나이다. 이것을 반영하여 『만엽집』의 6모음체계를 (381.A)처럼 그려야만 (381.B)의 5모음체계로 변화하는 과정도 아주 쉽게 기술할 수 있다.

大野透(1962: 952)에서는 상대 만요가나 중에서 특이한 예를 모아 정리한 바 있다. 이들 이례적 표기 중에서 기록 연대가 분명한 것으로 'ト(750년경), ド(754년), ノ(758년), ヨ(764년), ロ(762년), キ(769년), ヘ(789년)' 등을 들었다. 그런데 이들이 모두 8세기 후반의 용례라는 점이 눈길을 끈다. 이것은 아마도 갑류와 을류 모음이 하나로 합류하면서 새로 생긴 이례적 음가나임을 암시한다. 이들이 모두 기원적으로는 갑류와 을류 모음이 음운론적으로 대립하는 음절이기 때문이다.

또한 有坂秀世(1933/55: 417)에서는 772년에 편찬된 『歌經標式』의 만요가나를 분석하여 PE·BE 음절에서 갑류와 을류가 대립했을지 의문이라 했고, 沖森卓也(2009: 212~213)는 O열에서 갑류와 을류 모음의 구별이 혼란스러워진 예가 많다고 했다. 이것은 우리의 논의와도 부합한다. 8세기 중엽 이후에 オ甲과 オ乙이 하나로 합류하는 변화가 시작되었고, 이 변화가 8세기 4/4분기에 편찬된 『만엽집』에 그대로 반영되었다고 할 수 있기 때문이다.

6.3.4. 중고음 성모의 대체 수용

4장의 (1)에서 우리는 전기 중고음의 자음 음소를 제시한 바 있다. 이제 중고음의 성모가 『만엽집』 음가나에서 어떻게 대체되어 수용되는지 그 양상을 정리하기로 한다.

(383) 전기 중고음 성모의 대체 수용 (『만엽집』 음가나)

<table>
<tr><th colspan="2">방식
위치</th><th>전청</th><th>차청</th><th>전탁</th><th>차탁</th></tr>
<tr><td colspan="2">순음</td><td>幫/p/
非/p~b/</td><td>滂
敷/p/</td><td>並/b~p/
奉/b/</td><td>明微/m/</td></tr>
<tr><td rowspan="2">설음</td><td>치조</td><td>端知/t/</td><td>透/t/
徹</td><td>定澄/d/</td><td>泥日/n/
娘</td></tr>
<tr><td>반설</td><td></td><td></td><td></td><td>來/r/</td></tr>
<tr><td rowspan="6">치음</td><td rowspan="3">파찰</td><td>精/s/</td><td rowspan="2">淸初</td><td>從/z/</td><td rowspan="3"></td></tr>
<tr><td>莊</td><td rowspan="2">船/z/
崇</td></tr>
<tr><td>章/s/</td><td>昌</td></tr>
<tr><td rowspan="3">마찰</td><td>心/s/</td><td rowspan="2"></td><td>邪</td><td rowspan="3"></td></tr>
<tr><td>生/s/</td><td rowspan="2">俟
常/z/</td></tr>
<tr><td>書/s/</td><td></td></tr>
<tr><td colspan="2">아음</td><td>見/k/</td><td>溪/k/</td><td>群/k~g/</td><td>疑/g/</td></tr>
<tr><td colspan="2">후음</td><td>影/ø/</td><td>曉/k/</td><td>匣/g~ø/
云/ø/</td><td>羊/j/</td></tr>
</table>

위의 성모 대체 수용에서 음가를 달지 않은 滂母/p^h/, 徹母/t^h/, 娘母/n/, 莊母 /tʂ/, 淸初/ʦ^h/, 昌母/ʨ^h/, 崇母/ʣ/, 邪母/z/, 俟母/ʑ/는 『만엽집』 가요의 대표자 집합에서는 찾을 수 없다. 이들은 중고음에서 유기음이거나, 권설음이거나, 구개음이거나 셋 중의 하나이다.[101] 이들이 『만엽집』 음가나 표기에 사용된 바 없으므로, 8세기 4/4분기의 상대 일본어에 유기음, 권설음, 구개음이 없었다고 말할 수 있다.

(383)과 같이 중고음 성모의 대체 수용을 정리할 때에 일부의 음가나에서 예외적으로 수용되는 현상을 정리해 둘 필요가 있다. 중고음의 幇母/p/는 『만엽집』 음가나에서 /p/로 수용되지만, 유독 '妣'에서는 /b/로 수용된다. 端母/t/는 /t/로 수용되지만 '低'에서는 독특하게도 /d/로 수용된다. 이러한 예외적 수용은 『고사기』·『일본서기』 음가나에서는 볼 수 없었으므로, 『만엽집』 음가나에서 새로 일어난 변화라고 할 수 있다.

『만엽집』 음가나 176자 중에서 '母, 奇, 藝, 宜, 君, 氣, 祁, 家, 是, 低, 刀, 妣, 弊, 敝, 倍, 煩, 乎'의 17자만 예외적으로 수용되고 159자는 정상적으로 수용된다. 90.3%의 음가나가 정상적으로 수용되었는데, 이것은 『고사기』 음가나의 91.6%와 거의 차이가 없다. 정상적 수용 비율이 거의 같으므로, 『고사기』와 『만엽집』 음가나가 동일 계통이라고 말할 수 있다. 이와는 달리 『일본서기』 음가나에서는 정상적 수용의 비율이 무려 97.0% 또는 93.0%에 이른다.

泥母와 日母의 /n/은 /n/으로 수용되지만, '泥'의 泥母/n/만 /d/로 수용된다. 탈비음화와 관련된 대체 수용은 『일본서기』 음가나와 달리 '泥' 하나로 한정된다. 그렇더라도 탈비음화를 일부라도 수용했다는 점에서는 『만엽집』 음가나가 『일본서기』 음가나 또는 후기 중고음의 영향을 받았다고 기술해야 한다.

『만엽집』의 중고음 대체 수용을 『고사기』·『일본서기』의 대체 수용과 대비해 보면, 『만엽집』의 대체 수용은 『고사기』의 대체 수용과 거의 같다는 사실이 드러난다. 『만엽집』의 (383)을 『고사기』 대상의 3장 (305)와 대비해 보면 거의 모든

101 邪母/z/는 이들 부류에 들지 않지만 邪母字는 역시 사용되지 않았다.

대체 수용이 일치한다. 예컨대 『만엽집』에서 非母/p/가 /p/와 /b/의 두 가지로 수용되는데, 『고사기』에서도 마찬가지이다. 並母/b/가 /b/와 /p/의 두 가지로 수용되는데, 『고사기』에서도 마찬가지이다.

그렇다고 하여 『만엽집』과 『고사기』의 대체 수용이 완전히 일치하는 것은 아니다. 『고사기』에서는 群母/g/가 항상 /k/로 수용되지만,[102] 『만엽집』에서는 /k/와 /g/의 두 가지로 수용된다. 여기에서만 『만엽집』과 『고사기』는 미세하게 차이가 난다.

위의 (383)은 한어 중고음을 기준으로 대체 수용을 정리한 것인데, 이제 『만엽집』 음가나를 기준으로 대체 수용을 정리해 보자.

(384) 『만엽집』 음가나의 성모 대체 수용

위치 \ 방식		청음	탁음	차탁
순음		幫非敷/p/	並奉/b/	明微/m/
설음	치조	端知/t/	定澄/d/	泥日/n/
	반설			來/r/
치음		心書精章/s/	邪從崇常/z/	羊/j/
아음		見曉溪群/k/	群匣疑/g/	/w/[103]
후음		影匣云/ø/		

중고음의 群母/g/가 이중성을 보이므로 (384)에서는 청음 /k/와 탁음 /g/의 두 곳에 들어가 있다. 匣母/ɦ/도 /g/뿐만 아니라 /ø/로 수용되므로 두 곳에 들어가 있다.

운두개음 /w-/는 앞에 자음이 없으면 /w/로 수용된다. 상대 일본어에서는 이 /w/가 자음의 일종이므로, 위의 대체 수용표에서는 아음의 차탁 위치에 넣었다. 이 방법에서는 羊母/j/를 치음의 차탁 위치에 넣을 수 있다. 틀 맞추기(pattern

102 그러나 연탁 규칙이 적용된 결과까지를 고려하면 群母/g/가 /g/로 수용된다고 할 수도 있다.

103 '乎'의 匣母/ɦ/ 뒤에서는 예외적으로 模韻/o/이 /wo/로 수용된다.

congruity)를 활용하여 이렇게 위치를 조정하면 후음에는 影匣云/ø/만 남게 된다. 그런데 影匣云/ø/은 실제로는 음가가 없으므로 위의 표에서 후음 행을 제거해도 무방하다.

이에 따르면 『만엽집』 음가나의 조음위치는 순음, 설음, 치음, 아음의 넷으로 줄어들고, 조음방식은 청음, 탁음, 차탁의 세 가지가 된다. 그리하여 '4×3'의 12종의 자음이 있고, 여기에 /r/을 포함하여 자음 음소가 모두 13종이 된다. 이것은 『고사기』·『일본서기』 음가나의 자음체계도 마찬가지이다.

6.3.5. 중고음 운모의 대체 수용

한어 중고음의 운모체계에 맞추어 『만엽집』 음가나의 대체 수용을 정리하면 아래와 같다. 모두 34개 운모가 『만엽집』 가요의 표기에 사용되었다. 아래의 표에서 ( ) 안에 넣은 것은 예외적 수용을 가리키고, '~'표는 대등한 관계임을 나타낸다.

(385) 중고음 운모의 수용 양상 (『만엽집』 음가나)

섭 운모 \ 등 개합		4등		3등		2등		1등	
		開	合	開	合	開	合	開	合
止遇果假 /-ø/	脂韻			i (e)	u				
	支韻			i (e~ə~ɨ)	wi				
	之韻			i~ə (ɨ)					
	虞韻				u				
	魚韻			ə					
	模韻							o~ə~u	
	麻韻					a (e)			
	戈韻			(a)				a	wa
	歌韻							a	

流效 /-u/	幽韻								
	尤韻			u					
	侯韻							u (o)	
	蕭韻								
	宵韻			je					
	肴韻								
	豪韻							o (ə)	
蟹攝 /-i/	祭韻			e (ə, i)					
	廢韻								
	夬韻								
	泰韻							a	
	齊韻	e	we						
	微韻			i (ə, e)					
	皆韻								
	佳韻					e			
	咍韻							ə	
	灰韻					e			
通江宕曾梗 /-ŋ/	鍾韻			ə					
	江韻								
	冬韻							u	
	東韻							u	
	蒸韻								
	陽韻			a					
	登韻							ə	
	唐韻								
	青韻								
	淸韻								
	耕韻								
	庚韻								

臻山 /-n/	眞韻			i					
	臻韻								
	諄韻								
	文韻			o (u)					
	欣韻								
	魂韻								
	痕韻								
	先韻	e							
	仙韻			e					
	元韻			a～o					
	删韻								
	山韻								
	桓韻							a	
	寒韻							a	
深咸 /-m/	添韻	e							
	侵韻								
	凡韻								
	嚴韻								
	鹽韻								
	咸韻								
	銜韻								
	覃韻								
	談韻							a	

『고사기』·『일본서기』 음가나에서는 /−m/ 운미를 가지는 음가나가 전혀 없었지만, 『만엽집』 음가나에서는 /−m/ 운미를 가지는 '兼'과 '濫'이 음가나로 사용되었다. /−k/ 운미를 가지는 '欲, 筑/築, 餝'도 사용되었다. 따라서 『만엽집』 음가나에서는 /−m/ 운미와 /−k/ 운미를 가지는 음가나를 허용한다는 점이 무엇보다도 중요하다. 반면에 /−t/ 또는 /−p/ 운미를 가지는 음가나는 아예 없고, /−n/ 또는

/-ŋ/ 운미를 가지는 음가나가 사용되기는 하지만 이들 운미를 항상 삭제하여 수용한다.

『만엽집』 음가나는 개합의 차이를 충실히 반영한다. 脂韻/ji~ɪi/, 支韻/je~ɪe/, 齊韻/ei/의 합구가 각각 /u/, /wi/, /we/로 수용된다. 侯韻/əu/·豪韻/ɑu/의 /-u/ 운미도 삭제되지 않고 앞에 오는 운복모음 /ə/·/ɑ/와 축약됨으로써, /əu/·/ɑu/를 각각 /u/·/o/로 수용한다.[104] 이것도 /-u/ 운미의 원순성을 유지하여 수용하는 현상이라 할 수 있다. 다만, 宵韻/jɛu/에서는 /-u/ 운미가 삭제되어 수용되는데, 이것은 운복모음이 전설의 /ɛ/이기 때문이다. 상대 일본어의 전설모음 중에는 원순모음이 없으므로 /-u/ 운미가 삭제되어 수용된다.

/-i/ 운미를 가지는 음가나가 적잖이 사용되었지만, /-i/ 운미는 항상 삭제되어 수용된다. 그런데 微韻/ɪəi/, 咍韻/əi/의 /-i/ 운미는 바로 삭제되어 수용되지만, 灰韻/wəi/과 佳韻/əi/의 /-i/ 운미는 운복모음 /ə/를 /e/로 바꾼 다음에야 비로소 삭제된다. 전기 중고음에서는 咍韻/əi/과 佳韻/əi/의 음운대립이 없으므로 하나로 병합되어 咍佳韻/əi/이 되지만(이승재 2018: 299~300), 『만엽집』 음가나에서는 咍韻/əi/과 佳韻/əi/의 행동이 서로 다르다.

(385)처럼 한어 중고음을 기준으로 정리하면 『만엽집』 음가나에서의 대체 수용 양상이 얼른 드러나지 않는다. 따라서 아래의 (386)에서는 대체 수용 양상을 중심으로 정리하되, 『만엽집』 음가나의 모음체계가 5모음체계인 것으로 간주했다.

(386) 『만엽집』 음가나의 모음별 수용 양상

운모 \ 모음	a	i	u	e	ə=o
眞韻 /ɪin, jit/		i			
脂韻 /ji~ɪi/		i	(u)	(e)	
之韻 /ɪə/		i (ɨ)			ə
支韻 /je~ɪe/		i (ɨ)		(e)	(ə)

104 '刀'의 豪韻/ɑu/은 예외적으로 /ə/로 수용된다.

微韻 /ɪəi/		i		(e)	(ə)
灰韻 /wəi/				e	
佳韻 /əi/				e	
齊韻 /ei/				e	
祭韻 /ɪɛi/		(i)		e	(ə)
宵韻 /jɛu/				je	
先韻 /en, et/				e	
仙韻 /ɪɛn, ɪɛt/				e	
添韻 /em, ep/				e	
魚韻 /ɪo～ɪə/					ə
哈韻 /əi/					ə
登韻 /əŋ, ək/					ə
鍾韻 /ɪoŋ, ɪok/					ə
豪韻 /ɑu/					o (ə)
文韻 /ɥən, ɥət/			(u)		o
模韻 /o/			u		ə, o
虞韻 /ɥo/			u		
尤韻 /ɪəu/			u		
侯韻 /əu/			u		(o)
冬韻 /oŋ, ok/			u		
東韻 /uŋ, uk/			u		
麻韻 /ɛ/	a			(e)	
泰韻 /ɑi/	a				
戈韻 /wɑ/	a				
歌韻 /ɑ/	a				
寒韻 /ɑn, ɑt/	a				
元韻 /ɪɑn, ɪɑt/	a				o
桓韻 /wɑn, wɑt/	a				
陽韻 /ɪɑŋ, ɪɑk/	a				
談韻 /ɑm, ɑk/	a				

먼저, /i/ 모음으로 수용되는 운은 眞韻/ɪin, jit/, 脂韻/ji~ɪi/, 支韻/je~ɪe/, 微韻/ɪəi/, 之韻/ɪə/이다. 이들의 중고음 운복은 /i, e, ə/의 셋 중 하나이다. 여기에서 脂韻·支韻·微韻·之韻의 止攝이 후기 중고음 시기에 /i/ 하나로 합류했다는 논의가 성립한다.

/e/ 모음으로 수용되는 운은 灰韻/wəi/, 佳韻/əi/, 齊韻/ei/, 祭韻/ɪɛi/, 宵韻/jɛu/, 先韻/en, et/, 仙韻/ɪɛn, ɪɛt/, 添韻/em, ep/이다. 이들의 운복모음은 /ə, e, ɛ/의 셋 중 하나이다. 『고사기』 음가나에서는 灰韻/wəi/과 佳韻/əi/이 /ə/로 수용되었지만, 『만엽집』 음가나에서는 /e/로 수용된다는 점이 서로 다르다. 이것은 을류의 /ə/ 모음이 시간이 흐를수록 점점 줄어든다는 것을 보여 준다. 후술하겠지만, 麻韻/ɛ/은 /e/ 또는 /a/로 수용된다. 앞에 운두개음 /j-, ɪ-/가 있으면 즉 麻韻 3등이면 /e/로 수용되고, 이 운두개음이 없으면 즉 麻韻 1등이면 /a/로 수용된다.

/ə=o/ 모음으로 수용되는 운은 魚韻/ɪo~ɪə/, 咍韻/əi/, 登韻/əŋ, ək/, 鍾韻/ɪoŋ, ɪok/, 豪韻/ɑu/, 文韻/ɥən, ɥət/, 模韻/o/이다. 이들의 운복모음은 /ə, o, ɑ/의 셋 중 하나이다. 豪韻/ɑu/을 /o/로 수용한 것은 豪韻/ɑu/의 운복모음을 수용한 것이 아니라 운복모음 /ɑ/와 운미 /-u/를 하나로 축약하여 수용한 것이다. 文韻/ɥən, ɥət/을 /o/로 수용한 것도 운두개음 /ɥ-/와 운복모음 /ə/가 축약된 결과이다.

/u/ 모음으로 수용되는 운은 虞韻/ɥo/, 尤韻/ɪəu/, 侯韻/əu/, 冬韻/oŋ, ok/, 東韻/uŋ, uk/이다. 模韻/o/의 일부도 /u/로 수용된다. 이들의 운복모음은 /ə, o, u/의 셋 중 하나이다. 尤韻/ɪəu/과 侯韻/əu/을 /u/로 수용한 것은 운복모음 /ə/와 운미 /-u/를 하나로 축약하여 수용한 것이다. 전기 중고음에서는 江韻과 冬韻이 하나로 병합된 江冬韻/oŋ, ok/이었다(이승재 2018: 322). 그런데 『만엽집』 음가나에서 冬韻/oŋ, ok/이 /u/로 수용된 것을 보면, 江冬韻/oŋ, ok/이 후기 중고음 시기에 江韻/ɑŋ, ɑk/과 冬韻/uŋ, uk/으로 분화했다는 가설을 세울 수 있다. 이와 마찬가지로 模韻/o/의 일부도 /u/로 분화했다.

/a/ 모음으로 수용되는 운은 麻韻/ɛ/, 泰韻/ɑi/, 戈韻/wɑ/, 歌韻/ɑ/, 寒韻/ɑn, ɑt/, 桓韻/wɑn, wɑt/, 陽韻/ɪɑŋ, ɪɑk/, 談韻/ɑm, ɑk/이다. 元韻/ɪɑn, ɪɑt/의 일부도 /a/로 수용된다. 이들의 운복모음은 /ɛ, ɑ/의 둘 중 하나이다.

7. 만요가나 그 이후

한자 자형인 만요가나는 平安(헤이안) 시대가 되면 쇠퇴하고, 그 대신에 한자 자형의 일부를 생략하여 문자로 사용하거나 한자의 초서체 또는 그 일부를 문자로 사용하게 된다. 한자 자형이 크게 변형되어 약체화하는데, 이런 문자를 통칭하여 假名(가나)라고 부른다. 그 구체적인 예로 東大寺 聖語藏本의 『成實論』(828년)에 기입된 가나를 아래의 [그림]에 제시한다.

東大寺 聖語藏本의 『成實論』(828년)은 만요가나가 가나로 바뀌기 시작하는 초기 자료이다. 한문 경전을 일본어로 뒤쳐서 읽을 때에 작은 글자로 일본어의 조사나 활용형을 한문 원문에 기입하게 된다. 이것을 총칭하여 訓點이라 하는데, 이 훈점의 일종이 가나이고 초창기 가나의 글꼴은 아래의 [그림]과 같다.

『成實論』 이래로 훈점이 기입된 자료는 수천 점에 이른다. 이것을 모두 조사하여 가나의 발달 과정을 정리해 내는 일은 여간 어려운 일이 아니다. 따라서 일본 학자들의 연구 성과를 빌려 요약함으로써, 헤이안시대에 일어난 변화를 아주 간단하게 기술하기로 한다.

가나의 발전 과정은 개별 음절마다 서로 다를 정도로 아주 복잡하다. 이 복잡한 양상을 모두 그려 낸다는 것은 우리로서는 역부족이다. 그렇더라도 최소한

成実論天長五年点（聖語蔵・東大寺図書館蔵）所用仮名字体表

[그림] 『成實論』 가나 자형
(828년점) (築島裕 1981: 130)

아래의 두 가지 문제만큼은 반드시 논의해 둘 필요가 있다.

첫째, 갑류와 을류 모음 또는 을류와 을류 모음이 하나로 합류하여 5모음체계가 확립된 시기가 언제인가? 이 합류 시기를 확정하는 일은 일본어 음운사에서 아주 중요하다. 그 시기를 확정하기 위해 헤이안 초·중기의 자료를 검토해 볼 필요가 있다. 우리는 5모음체계가 헤이안 초기에 확립되었다는 有坂秀世(1933/55)의 막연한 기술에 안주할 수 없다. 더군다나 우리는 『만엽집』 음가나가 6모음체계에서 5모음체계로 변화하는 마지막 단계라고 했으므로, 이것을 헤이안 초·중기의 자료로 증명해야만 한다.

둘째, 일본어의 표기체계를 대변하는 50음도가 언제 확립되었는가? 일본어의 표기사에서는 50음도의 확립 시기가 아주 중요하다. 50음도가 확립되었다는 것은 표기법이 하나로 고정되었다는 것을 의미하기 때문이다.

위의 두 가지 문제로 한정하여, 만요가나 이후의 자료를 검토하기로 한다.

7.1. 헤이안 초·중기 가나의 계보

만요가나 이후의 가나를 논의할 때에는 헤이안 초·중기의 가나를 모두 조사하여 그 가나가 어느 계통을 이어받은 것인지를 먼저 논의할 필요가 있다. 그러나 우리는 이 시기의 가나를 직접 조사하여 정리해 본 적이 없으므로 일본의 전문가가 조사한 자료를 활용하기로 한다. 마침 小林芳規(2019)의 제3장에서 '훈점에서의 가나 자체 변천'을 자세하게 다룬 바 있으므로, 우리는 이것을 자료로 삼아 헤이안 초·중기의 가나를 정리하고 나아가서 이들 가나를 대상으로 삼아 5모음 체계의 확립 시기를 추정하기로 한다.

(1) 9세기 가타카나의 50음도 (字源으로 치환함)

자음 \ 모음	A(ア)	I(イ)	U(ウ)	E(エ)	O(オ)
ø(ア)	阿 安	伊	宇 有	衣	於
K(カ)	可 加 何 我	己 支 幾	久 九	氣 介	己 古 子
S(サ)	左 沙	之	須	世	曾
T(タ)	太 多 田 他	知 千 地	州? 津?	天 弖	止 刀
N(ナ)	奈 七	爾 仁 二	奴	祢 根 子	乃
P(ハ)	波 八 者	比	不	部	保
M(マ)	萬 末	彌 未 美 見 三	牟	米 目 女	毛
J(ヤ)	也 八		由	江 兄 延	與
R(ラ)	良	利	留 流	列 禮	呂
W(ワ)	和	爲 井		惠	乎

小林芳規(2019: 61~63)에서는 828년의 『成實論』부터 『菩薩善戒經古點』(聖

語藏本)까지의[1] 16점을 동질적인 자료로 보아 헤이안 초기 자료 즉 9세기 자료로 묶었다. 이 16점의 자료에 기입된 가타카나 자체를 인쇄의 편의상 字源 즉 한자 자형으로 치환하여 50음도를 작성해 보면 위와 같다.

小林芳規(2019: 64~66)에서는 또한 896년의 『蘇悉地羯羅經略疏』(京都大學藏)부터 『仁王經呪願文』(石山寺藏)까지의[2] 18점을 동질적이라 하여 헤이안 중기 자료라고 지칭했다. 이들은 대개 10세기의 자료인데, 여기에 나오는 가타카나 자체를 인쇄의 편의상 字源 즉 한자 자형으로 치환하여 50음도를 작성해 보면 아래와 같다.

(2) 10세기 가타카나의 50음도 (字源으로 치환함)

모음 / 자음	A (ア)	I (イ)	U (ウ)	E (エ)	O (オ)
ø (ア)	阿 安	伊 以	宇	衣 江	於
K (カ)	加 可	木 支 寸 幾	久	介 計 氣	己 去
S (サ)	左 佐 散	之	寸 須 爲 數	世	曾
T (タ)	多 太	千 知	州?	天 弖	止
N (ナ)	奈 七 那	二 仁 爾	奴	祢 子	乃 能
P (ハ)	八 波 者	比	不	部[3] 弊	保
M (マ)	萬 末	見 三 美	牟 无	女 米	毛 无
J (ヤ)	也		由	江	與
R (ラ)	良	利	流 留	禮 列	呂
W (ワ)	和	井 爲		惠	乎 遠

그런데 헤이안 초기와 헤이안 중기는 위의 표에서 확인할 수 있듯이 가타카나 사용에서 크게 차이가 나지 않는다. 따라서 小林芳規(2019: 60)에서는 이 둘을 하나로 묶어 헤이안 초·중기라고 했다. 이에 따라 우리도 위의 (1)과 (2)를 하나

1 어느 때에 훈점을 기입한 것인지 확실하지 않으나 885년 이후로 추정된다.
2 어느 때에 훈점을 기입한 것인지 확실하지 않으나 948년 이후로 추정된다.
3 실제의 자체는 'マ' 모양이다.

로 병합하여 9~10세기의 가타카나라고 지칭한다.

음운론 연구에서는 음가나가 대상이므로, 아래의 (3)에서는 훈가나인 江/e/, 木/ki/, 寸/ki, su/, 田/ta/, 千/ti/, 爲/su/, 七/na/, 子/ko/, 者/pa/, 目/me/, 女/me/, 部/be/, 見/mi/, 三/mi/, 八/ja/, 井/wi/, 兄/e/를 제외했다. 자원이 불투명한 것은 음운 분석에 활용할 수 없으므로, TU 음절의 '州?', 津?'도 분석 대상에서 제외했다.

(3) 9~10세기 가타카나의 50음도 (字源으로 치환함)

자음 \ 모음	A (ア)	I (イ)	U (ウ)	E (エ)	O (オ)
ø (ア)	阿 安	伊 以	宇 有	衣	於
K (カ)	可 加 何 我	己 支 幾	久 九	介 氣 計	己 古 去
S (サ)	左 沙 佐 散	之	須 數	世	曾
T (タ)	太 多 他	知 地		天 弖	止 刀
N (ナ)	奈 那	爾 仁 二	奴	祢	乃 能
P (ハ)	波	比	不	弊	保
M (マ)	萬 末	彌 未 美	牟 无	米	毛 无
J (ヤ)	也		由	延	與
R (ラ)	良	利	留 流	列 禮	呂
W (ワ)	和	爲		惠	乎 遠

(3)에 배열한 표음자는 모두 80자이다. '己'는 KI 음절과 KO 음절에 두 번 들어가고, '无'는 MU 음절과 MO 음절에 두 번 들어가 있다. 이 80자 중에서 아래 (4)의 66자가 『만엽집』 음가나와 일치하고, 더욱이 『만엽집』에서 배당한 음가와 9~10세기의 음가가 같다. 따라서 헤이안 초·중기의 음가나는 『만엽집』 음가나를 기반으로 한다고 바로 말할 수 있다.[4]

4 이에 따라 이들 음가나를 『고사기』·『일본서기』 음가나와 대비하는 작업은 생략한다.

(4)『만엽집』 음가나와 같은 음가나 (66자)

阿 安 伊 宇 於 可 加 何 我 己 久 九 氣 計 古 左 沙 佐 之 須 世 曾 太 多 知 天 弖 刀 奈 那 爾 仁 二 奴 祢 乃 能 波 比 不 弊 保 萬 末 彌 未 美 牟 无 米 毛 也 由 延 與 良 利 留 流 禮 呂 和 爲 惠 乎 遠

(5)『만엽집』 음가나와 다른 음가나 (14자)

以 有 衣 支 幾 介 去 散 數 他 千 地 止 列

(5)의 14자는 헤이안 초·중기에 새로 사용된 음가나이다. 이 중에서 '以, 介'는 『일본서기』에서 음가나로 사용된 바 있고 '止'도 목간 자료와 『만엽집』에[5] 나오므로, 헤이안 초·중기에 새로 사용된 음가나는 11자로 줄어든다. 이처럼 새로 등장한 음가나가 적다는 것은 헤이안 초·중기의 음가나가 『만엽집』 음가나 계통임을 증명해 준다.

7.2. 5모음체계의 확립

우리는 (3)의 50음도를 기반으로 삼아 헤이안 초·중기 즉 9~10세기의 음운대립을 기술한다. 4~6장과 마찬가지로, 동일 칸에 온 음가나가 음운론적으로 대립했는지를 검토하면 이 시기의 음운체계를 재구할 수 있다.

4~6장에서는 동일 칸에 온 음가나의 용례를 서로 대비함으로써 동음 관계인지 이음 관계인지를 판정했다. 9~10세기의 음운론적 기술에서도 이 방법을 따르는 것이 원칙이다. 그러나 우리는 수많은 훈점 자료를 직접 조사하여 (3)의 50음도를 작성한 것이 아니므로, 구체적인 용례를 서로 대비하여 제시할 수가 없

5 『만엽집』에서는 대표자가 아니라서 음가를 정리하지 않았다. 그런데 大野晋(1962)에 따르면, 『만엽집』 권18에 나오는 일부의 '止'는 헤이안시대에 새로 개정한 표기일 가능성이 있다고 한다.

다. 이런 한계가 있다 하더라도, 한어 중고음을 활용하면 갑류와 을류 모음이 음운론적으로 대립했는지 여부를 파악할 수 있다.

이제, 갑류 모음과 을류 모음이 (3)의 50음도에서 동일 칸에 옴으로써 음운론적으로 대립하는 것을 모두 찾아보면, KI·KO·TO의 세 가지 음절이 나온다. 나머지 음절에서는 갑류와 을류 모음의 음운대립이 없다. 예컨대 TE 음절의 표기에 '天'과 '弖'가 사용되지만 둘 다 갑류의 テ/te/를 표기하고, NO 음절의 '乃'와 '能'은 둘 다 을류의 ノ乙/nə/를 표기한다. WO 음절의 '乎'와 '遠'은 『만엽집』 음가나에서 이미 ヲ/wo/로 합류했다.

음운대립이 있는 세 음절 중에서, 먼저 KI 음절 '己, 支, 幾'의 중고음과 그 대체 수용을 정리하면 아래와 같다.

(6) KI 음절 '己, 支, 幾'의 중고음과 그 수용

1. 己[見開C上之]=/kɪə/R 』 キ乙/kə/ (『만엽집』과 동일)
2. 支[章開AB平支]=/ʨɪe/L 』 シ/si/
   (참고; 『고사기』의 伎[群開B上支]=/gɪe/R 〉 キ/ki/)
3. 幾[見開C平微]=/kɪəi/L 』 キ/ki/
   [見開C上微]=/kɪəi/R

(3)의 50음도에서는 (6.2)의 '支'가 KI 음절의 표기를 담당한다. 그런데 '支'의 한어 중고음 성모가 章母/ʨ/라는 점을 고려하면 이것을 선뜻 믿을 수가 없다. 章母/ʨ/는 상대 일본의 음가나에서 /s/로 수용되는 것이 원칙이기 때문이다. 章母字로는 『고사기』의 '志', 『일본서기』의 '制, 志, 之', 『만엽집』의 '志, 之' 등 모두 3자가 사용되었는데, 이들의 성모가 모두 /s/로 수용된다.

그렇다면 9~10세기에 '支'가 KI 음절을 표기하는 현상을[6] 정상적인 대체 수용이라 할 수가 없다. 이에 따라 우리는 (6.2)의 참고에 제시한 바와 같이, '支'가 사

6 あきはぎ 목간(760년대, 馬場南遺跡)에서도 '支'가 KI 음절을 표기한다(3장 참조).

실은 '伎'의 通假字라고 판단한다. 3장에서 목간 음가나를 정리하면서 '支'와 '伎'가 통가자라고 보아 '支'를 '伎'로 대체한 바 있다. '伎'는 『고사기』에서도 음가나로 사용되어 갑류의 キ/ki/를 표기한다. '支'와 '伎'가 통가자 관계라면 '支'가 KI 음절을 표기할 수 있다.

이처럼 기술하면 말끔하게 문제를 해소할 수 있는데, '支'와 '伎'가 과연 통가자 관계인지를 여전히 의심할 수 있다. 그런데 이와 마찬가지로, 헤이안 초·중기의 음가나 중에서 '亻'변의 유무로 '列'과 '例'가 통가자 관계인 듯하다. 小林芳規(2019: 63)에서는 가타카나 'ㇾ'가 '列'의 좌변에서 온 것으로 보아 'ㇾ'의 자원을 '列'이라 하고, '列'이 RE 음절을 표기한다고 했다.

이렇게 추정하면 헤이안 초·중기의 음가나 중에서 입성자인 것이 '末, 列'의 두 가지가 되는데[7] 이것을 믿을 수 있을까? 9~10세기의 음가나에서는 입성자를 기피하는 현상이 한눈에 들어오기 때문에 이처럼 의심할 수 있다. '末'은 나라시대의 음가나에서 이미 사용된 바 있으므로 신빙할 수 있다. 그러나 '列'은 『만엽집』 가요부터 RE 음절의 표기에 사용되기 시작했지만,[8] 그 용례가 '例'의 40회에 비하면 아주 적다. 나라시대의 음가나에서는 RE 음절을 '列'이 아니라 '礼' 또는 '例'로 표기하는 것이 일반적이다. 또한 '列'이 RE 음절을 표기한다는 것을 한어 중고음으로 기술하려면 나라시대의 '礼, 例'보다 더 복잡해진다. 따라서 '列'의 특수성을 해소할 때에는 '列'이 '例'의 통가자라고 가정하는 방법이 가장 쉬운 방법이다.

흥미롭게도 '伎, 支'뿐만 아니라 '例, 列'에서도 '亻'변의 유무에서만 차이가 난다. 그런데 '伊'의 '亻'변이 이미 가타카나 'イ'로 사용된다는 점이 중요하다. 이런 상황에서는 '伎'에서 '支'를 따서 KI 음절을 배당하고, '例'에서 'ㇾ'을 따서 RE 음절을 배당할 수밖에 없다. 이와 같이 '伎, 支'와 '例, 列'의 두 가지에서 통가자 관계를 인정하면 예외적인 음가 배당을 말끔히 해소할 수 있다. 이에 따라 우리는

7 '不'은 다음자이므로 순수 입성자가 아니다.

8 아래의 예가 있다.
那何列{流れ}(822), 比列{領巾}(868), 與久列杼{避くれど}(1697), 落波太列可{降りしはだれか}(1709), 失多列夜{失せたれや}(1782)

(6.2)에서 '支'를 '伎'로 대체하여 '支'가 갑류의 キ/ki/를 표기하고, '列'을 '例'로 대체하여 '歹'가 レ/re/를 표기한다고 본다.

요컨대, KI 음절에서는 '己'가 을류의 キ乙/kə/를 표기하고, '支'와 '幾'가 갑류의 キ/ki/를 표기했다고 판단한다. '幾'의 중고음 운모인 微韻/ɪəi/은 『고사기』에서 을류의 /ə/로 수용되었지만, 『만엽집』에서는 갑류와 을류가 하나로 합류함에 따라 /i/로 수용된 바 있다.

다음으로, KO 음절의 '己, 去, 古'를 논의한다. '己'는 위의 (6)에서 KI 음절의 キ乙/kə/을 표음했는데, 아래 (7)의 KO 음절에서는 コ乙/kə/을 표음한다. 이처럼 '己'는 KI 음절 을류와 KO 음절 을류의 두 가지를 표기하지만, 이 둘은 『만엽집』에서와 마찬가지로 동일 음가 /kə/였다고 판단한다. 반면에 '古'는 『만엽집』에서 갑류의 コ/ko/를 표음했고, 이것은 헤이안 초·중기에서도 마찬가지였을 것이다. 헤이안시대에 새로 사용되기 시작한 '去'는 중고음 운모가 魚韻/ɪo~ɪə/이므로 을류의 コ乙/kə/를 표음했다고 본다. 아래에 정리한 것처럼 KO 음절에서는 을류의 '己, 去'와 갑류의 '古'가 음운론적으로 대립한다.

(7) KO 음절 '己, 古, 去'의 중고음과 그 수용

1. 己[見開C上之]=/kɪə/R 』 コ乙/kə/ (『만엽집』과 동일)
2. 去[溪中C去魚]=/kɪo~kɪə/D 』 コ乙/kə/
3. 古[見中1上模]=/ko/R 』 コ/ko/ (『만엽집』과 동일)

마지막으로, TO 음절의 '止'와 '刀'를 논의한다. '刀'는 기본적으로 갑류에 속하지만 『만엽집』 음가나에서는 을류로 합류하여 ト乙/tə/를 표기한다. 그런데 '止'가 TO 음절을 표기한 것은 설명하기가 아주 어렵다.

(8) TO 음절 '止, 刀'의 중고음과 그 수용

1. 止[章開C上之]=/tɕɪə/R 』 シ/si/
   (참고; 상고음 /*tiəg/ → ト乙/tə/)

2. 刀[端中1平豪]=/tɑu/^{L} 】 ト/to/～ト乙/tə/ (『만엽집』에서는 ト乙/tə/)

‘止’는 자체가 ‘止’ 또는 ‘ト’이므로(築島裕 1981: 125～146, 小林芳規 2019: 62), 후대의 가타카나 ‘ト’와 히라가나 ‘と’의 자원임이 분명하다. 그런데 (8.1)의 한어 중고음 [章開C上之] 즉 /tɕɪə/^{R}를 상대 일본어에서 정상적으로 수용하면 シ/si/가 된다. 章母/tɕ/는 /s/로, 설치음 뒤의 之韻/ɪə/은 /i/로 대체하여 수용하는 것이 원칙이기 때문이다. 그런데도 9～10세기 음가나에서 ‘止’가 TO 음절을 표기하므로,[9] 갑자기 당황하게 된다.

이 문제의 해결 방안 하나를 우리는 3장의 (218)에서 이미 제시한 바 있다. 간단히 요약하면 ‘止’의 한어 상고음 /*tiəg/를 활용하는 방법이다. 상대 일본에서 이 음가를 수용한다면 정상적으로 ト乙/tə/가 된다. 마침 한국의 고려시대 석독구결에서도 ‘止’가 ‘부텨’(佛)의 ‘텨’를 표음하므로 이 기술 방법이 설득력을 가진다. 이러한 논의에 따르면 9～10세기 음가나에서 TO 음절을 표기하는 ‘刀’는 갑류의 ト/to/ 또는 을류의 ト乙/tə/이지만, ‘止’는 을류의 ト乙/tə/이다.

지금까지 KI·KO·TO의 세 음절에서 갑류와 을류의 모음이 음운론적으로 대립한다고 기술했다. KI 음절에서 ‘支, 幾’는 갑류의 キ/ki/로 추정하고, ‘己’는 을류의 キ乙/kə/로 추정했다. KO 음절에서 ‘古’는 갑류의 コ/ko/로 추정하고, ‘己, 去’는 을류의 コ乙/kə/로 추정했다. TO 음절에서 ‘刀’는 갑류의 ト/to/ 또는 을류의 ト乙/tə/로 추정하고, ‘止’는 을류의 ト乙/tə/로 추정했다.

9～10세기 음가나에서 갑류와 을류의 모음이 음운론적으로 대립하는 음절은 KI·KO·TO의 3종이다. 6장에서 논의한 바 있듯이, 『만엽집』 음가나에서는 KI·GI·MI·KO·GO의 다섯 가지 음절에서 갑류와 을류의 모음이 음운론적으로 대립했다. 헤이안 초·중기에는 KI·KO·TO의 3종에서 갑류와 을류 모음이 음운론적으로 대립한다. 달리 말하면, 헤이안 초·중기는 6모음체계가 5모음체계로 바뀌는 최종 단계라고 말할 수 있다. 이 최종 단계가 8세기 4/4분기에서 10세기

9 이것은 상대 일본의 목간 가요에서도 마찬가지이다. 용례가 8회나 된다.

말엽까지 대략 200년 동안 지속되었다는 것이 우리의 잠정적 결론이다.

그런데 200년이라는 기간이 너무 길지 않느냐고 질문할 수 있다. 이에 따라 우리는 위의 분석 방법을 재검토하기로 한다. 우리는 헤이안 초기의 훈점 자료 16점과 헤이안 중기의 18점을 하나로 종합하여 하나의 50음도를 작성했다. 만약에 34점의 자료를 따로따로 분리하여 분석한다면 5모음체계의 확립 시기가 더 빨라질 수 있다. 예컨대 TO 음절에서 '刀'를 갑류의 ㅏ/to/로 추정하고 '止'를 을류의 ㅏ^{ㄹ}/tə/로 추정했지만, 34점의 자료에서 '刀'와 '止'가 텍스트에 따라 또는 시기에 따라 상보적으로 사용되었다면 이 음가 추정은 잘못된 것이다. '刀'와 '止'가 상보적으로 분포한다면, 음운론적으로는 갑류와 을류 모음의 합류가 이미 완성되어 /to=tə/인 상태였음을 의미하기 때문이다.

이에 따라 우리는 위의 거시적 분석 방법을 아래의 미시적 분석 방법으로 바꾸어, 텍스트별로 음가나의 음운대립을 검토하기로 한다. 이때에는 거시적 분석에서 음운대립이 확인되는 KI·KO·TO의 세 가지 음절로 한정하여, 텍스트별로 상보적 분포 여부를 따지기로 한다.

KI 음절을 표기하는 을류의 '己'는 828년의 『成實論』부터 842년의 『大乘廣百論釋論』(大東急記念文庫藏)까지 사용되고, 그 이후에는 갑류의 '支, 幾' 또는 훈가나 '木, 寸'만 사용된다. 여기에서 을류의 '己'가 갑류의 '支, 幾'로 교체되었고, 그 교체 시기는 대략 9세기 중엽이라 할 수 있다. 그 이후에는 동일 자료에서 KI 음절을 표기할 때에 갑류와 을류 모음을 동시에 사용하는 일이 없으므로, KI 음절에서는 갑류와 을류의 합류 시기가 대략 9세기 중엽이 된다.

KO 음절에서는 '古'가 갑류이고 '己, 去'가 을류이다. 그런데 갑류의 '古'는 842년 이후의 『大般涅槃經集解』(白鶴美術館藏)부터 885년 이전의 『願經四分律古點』(小川家藏)까지 사용되었다. 이 시기에 기입된 6점의 훈점 자료에서 '古'를 사용하고 그 이후의 텍스트에서는 '古'를 사용하지 않는다. 반면에 을류의 '己'는 828년의 『成實論』부터 10세기 중엽의 『仁王經呪願文』(石山寺藏)까지 줄곧 사용되었다. 을류인 '去'는 10세기 초엽 자료인 『百法顯幽』(東大寺藏)에서만 사용되었다. 그렇다면 갑류의 '古'와 을류의 '己, 去'가 음운론적으로 대립한 것은 대략 9세기

3/4분기까지라고 할 수 있다. 결론적으로, KO 음절에서는 9세기 4/4분기부터 갑류와 을류 모음의 음운대립이 사라진다.

TO 음절에서는 '刀'가 갑류이고 '止'가 을류이다. '刀'는 828년의 『成實論』과 9세기 3/4분기의 자료인 『觀彌勒上生兜率天經贊』(山田本) 朱點의 두 자료에 사용되었다. 반면에 '止'는 828년의 『成實論』부터 10세기 말엽까지 두루 사용되었다. 따라서 TO 음절에서는 갑류와 을류 모음이 9세기 4/4분기부터 하나로 합류했다고 할 수 있다.

결론적으로, 9세기 중엽에 KI 음절의 갑류와 을류가 하나로 합류하고, 9세기 4/4분기에 KO·TO 음절의 갑류와 을류가 하나로 합류했다. 이 결론에 따르면 /a, i, u, e, o/의 5모음체계가 완성된 것은 9세기 4/4분기가 된다. 이것은 『만엽집』이 편찬된 뒤로 약 100년이 경과한 시점이다. 이 100년 사이에 5종의 음절에서 갑류와 을류의 모음이 음운론적으로 대립하다가, 9세기 4/4분기가 되면 이 5종 음절에서도 갑류와 을류의 합류가 일어나 5모음체계가 확립된다. 이것이 우리의 최종 결론이다.

이에 따르면 築島裕(1981)에서 10세기까지 øE 음절에서 갑류와 을류의 구별이 있었다고 한 것은 재고해야 하지 않을까 한다. øE 음절은 『고사기』·『일본서기』·『만엽집』의 음가나에서 한결같이 공백인 음절이고, JE 음절은 항상 갑류의 /je/만 설정되는 음절이다. 따라서 10세기 자료에서 갑류라고 한 '延'은 JE 음절의 /je/를 표기한 것이고, 을류라고 한 '衣, 依, 亞'는 øE 음절의 /e/를 표기한 것이라고 이해하는 것이 나을 것이다. 즉 이 둘은 동일 음절에서 갑을 대립을 이루는 쌍이 아니다. '延'은 기존의 JE 음절의 /je/을 표기한 것이고 새로 등장한 '衣, 依, 亞'는 øE 음절의 /e/을 표기한 것이라고 하면, 체계적 공백이었던 øE 음절이 '衣, 依, 亞'로 채워지는 변화가 10세기에 일어났다고 할 수 있다.

7.3. 50음도의 확립

위의 (3)에 정리한 것처럼 9~10세기에는 80종의 가타카나가 사용되었는데, 이것은 음가나로 한정한 것이었다. 여기에 江/e/, 木/ki/, 寸/ki, su/, 田/ta/, 千/ti/, 爲/su/, 七/na/, 子/ko/, 者/pa/, 目/me/, 女/me/, 部/be/, 見/mi/, 三/mi/, 八/ja/, 井/wi/, 兄/e/ 등의 훈가나를 포함하면, 9~10세기에 대략 100종 가까운 가타카나가 사용된 셈이다.

그런데 11세기가 되면 이 가타카나의 종류가 대폭적으로 줄어드는 변화가 나타난다. 변화의 방향은 하나의 음절에 하나의 字體를 대응시키는 방향이다. 1음절 1자체로 고정하는 변화가 일어나기 시작했다는 것은 11세기 이전에 이미 5모음체계가 확립되었다는 것을 함의한다. 또한 이 변화가 완성되면 50음도의 개별 칸마다 딱 하나의 자체가 배당된다. 이것을 대변해 주는 것이 以呂波 노래의 47자이다.

헤이안 초·중기에 사용된 음가나는 (3)의 80자이고 훈가나까지 포함하면 가나가 총 100자에 가까워진다. 그런데 11세기 이후 14세기 중엽까지 사용된 가나는 59자밖에 되지 않는다. 이것은 하나의 음절을 표기하는 가나가 하나의 자체로 고정되는 변화가 일어났음을 의미한다. 小林芳規(2019: 70~72)에 제시된 자료를 바탕으로, 이들 가나를 50음도로 정리하면 아래 (9)와 같다. ( ) 안에 제시한 것이 해당 가나의 자원이다.

아래의 50음도에서 하나의 음절을 표기하는 데에 둘 이상의 가나 자체가 사용된 것은 KI, SA, SU, TA, TI, NE, MA, MI 음절의 8종에 지나지 않는다. 나머지 39종의 음절에서는 1음절 1자체로 고정되었다.[10] 이것은 11세기 초엽부터 14세기 중엽까지의 21점의 텍스트를 거시적으로 종합한 것이다. 만약에 개별 텍스트별로 나누어 미시적으로 관찰한다면, 1음절 1자체로 고정되는 변화가 더욱더 두드러지고 그 변화의 시기도 빨라질 것이다.

---

10 JI, JE, WU의 3종은 체계적 공백이다.

(9) 10세기부터 14세기 중엽까지의 50음도

모음 / 자음	A (ア)	I (イ)	U (ウ)	E (エ)	O (オ)
ø (ア)	ア(阿)	イ(伊)	宀=于(宇)	エ(江)	オ(於)
K (カ)	力(加)	木, 寸, ヽ=キ(幾)	ク(久)	个=ケ(介)[11]	コ=己=ㄱ(己)
S (サ)	サ(散), 七(左)	⻌=㇏(之)	ス(爲), 寸, 丨, 欠(須)	七=せ(世)	ソ(曾)
T (タ)	タ(多), 大	チ(天), 矢(知), 地	⺌=ツ(川?)	千=テ(天)	ト=ト(止)
N (ナ)	ナ(奈)	ニ(二)	ヌ(奴)	子, ネ(祢)	ノ(乃)
P (ハ)	ハ(八)	ヒ(比)	フ=不(不)	へ(阝)	个[12]=ホ(保)
M (マ)	丅(万), ニ[13](末)	三, 見, 𭕄(美)	ム(牟)	乂=メ(女)	モ(毛)
J (ヤ)	ヤ(也)		丄=ユ(由)		ヨ(与)
R (ラ)	フ=ラ(良)	リ(利)	ル(流)	乚=レ(礼)	ロ(呂)
W (ワ)	ㅇ=禾(和)	井		ヱ[14](惠)	ヲ(乎)

築島裕(1981)에 따르면 1음절 1자체로 고정된 시기가 11세기이다. 1079년에 처음으로 등장하는 以呂波(이로하) 노래가 이것을 증명해 준다. 이 노래는 가나 학습용으로 창작되었고, 노래의 표기에 전체 47자가 딱 한 번씩만 사용되었다. 아래에서 볼 수 있듯이, 청탁 구별이 무시되었다. '千, 津, 女'의 세 자만 훈가나이고 나머지는 모두 음가나이다.

(10) 以呂波 노래

以呂波耳本へ止 千利奴流乎 和加餘多連曽 津祢那良牟

いろはにほへと ちりぬるを わかよたれそ つねならむ

11 小林芳規(2019: 70)에는 '計'도 KE 음절을 표기한다고 되어 있으나 '計'에서 비롯된 자체는 제시하지 않았다.

12 윗부분이 '△'가 아니라 'ㅁ'인 자형이다.

13 첫째 획이 둘째 획보다 더 긴 자형이다.

14 ㄱ'과 'ㄴ'이 상하로 결합하여 마치 'ㄹ'처럼 보이는 자형이다.

色は 匂へど 散りぬるを 我が 世 誰ぞ 常ならん

아름다운 꽃도 지고 마는데, 우리 세상 무엇이 영원하리

有為能於久耶万 計不己衣天 阿佐伎喩女美之 恵比毛勢須

うゐのおくやま けふこえて あさきゆめみし ゑひもせす

有為の 奥山 今日 越えて 浅き 夢 見じ 酔いもせず

이상향의 산을 넘으려 해도, 얄팍한 꿈조차 취해 보지 못하네

헤이안시대 이후에 가나가 발달해 가는 과정은 Tsukimoto(2011)과 강인선(2015)로 미루고, 헤이안시대 이후에 일어난 음운변화는 橋本進吉(1949, 1950, 1951/83)과 宋敏(1981)로 미룬다.

8. 마무리

우리는 상대 가요의 만요가나를 대상으로 삼아 그 표기법을 정리하고, 그 결과를 바탕으로 상대 일본어의 음운체계를 세우는 데에 목표를 두었다. 가요 텍스트를 『고사기』, 『일본서기』, 『만엽집』의 셋으로 나누어 논의한 결과를 통시적 관점에서 요약함으로써, 상대 일본어의 음운체계를 정리해 보기로 한다.

기존의 연구에서는 『고사기』, 『일본서기』, 『만엽집』의 만요가나를 개별적으로 분석해 왔다. 예컨대, 山口佳紀(1995)는 『고사기』를, 森博達(1991)은 『일본서기』를, 稲岡耕二(1976)은 『만엽집』을 택하여 텍스트별로 만요가나를 연구해 왔다. 그러나 여기에 안주한다면 만요가나 표기가 텍스트마다 달라진다는 점을 놓칠 수 있고, 나아가서 음운체계가 통시적으로 변화해 가는 모습을 체계적으로 기술할 수 없게 된다. 따라서 우리는 만요가나로 기록된 가요를 『고사기』 가요, 『일본서기』 가요, 『만엽집』 가요의 셋으로 나누어 이들의 공시적 음운체계를 설정하되, 3종 텍스트의 음운체계를 서로 대비함으로써 미세한 부분의 통시적 변화까지도 기술하기로 했다. 그리하여 상대 일본어를 대상으로 음운사를 기술하는 데에 궁극적인 목표를 두었다.

텍스트별 기술을 위하여 우리는 『일본서기』 가요를 森博達(1991)을 좇아 α군과 β군의 둘로 나누고, 『만엽집』 가요도 둘로 나누어 음표기 위주의 가요를 P군이라 지칭하고 훈표기 위주의 가요를 Q군이라 지칭했다. 그리하여 만요가나 전체 텍스트를 일단 『고사기』 가요, 『일본서기』의 α군과 β군, 『만엽집』의 P군과 Q군, 목간 가요의 6종으로 나누었다.

『만엽집』을 P군과 Q군의 둘로 나눌 때에는 음가나의 전체 분량도 중시하지만 문장 훈표기의 유무와 한어 통사구조의 유무를 가장 중요한 기준으로 삼았다. 예컨대, 훈가나의 일종인 '者'는 주제·대조의 'は'를 표기하거나 조건·가정의 '-ば'를 표기하는데, 문장 전체에 영향을 미치는 조건·가정의 '者'만을 문장 훈표기의 범주에 넣었다. 문장 훈표기는 대부분 한어의 통사구조를 그대로 차용한 표기라고 정의해도 무방하다.

이 두 가지 기준으로 『만엽집』 가요를 둘로 분류해 보았더니, 그 표기법이 권별로 나누어진다는 사실이 드러났다. 예컨대, 권1~4의 가요 792수는 모두 Q군으로 분류되고, 권5의 가요 114수는 모두 P군으로 분류된다. 따라서 『만엽집』 가요는 아래의 (1)에 제시한 것처럼 권별로 표기법이 달라진다고 말할 수 있다.

대부분 음가나로 표기했지만 부분적으로 문장 훈표기 또는 한어의 통사구조도 사용함으로써 분류하기가 어려운 가요도 있다. 논의의 편의상 이들을 음훈표기 가요 또는 R군이라 지칭했는데, 아래의 (1)에 제시한 것처럼 R군은 권19에 집중되어 있다. 새로운 표기법을 도입했다는 점에서 R군은 Q군과 차이가 없으므로, 음운론적 분석에서는 R군을 Q군에 포함했다.

P군 가요는 1,043수이지만 여기에는 아즈마 노래(東歌) 225수와 사키모리 노래(防人歌) 98수가 포함되어 있다. 이들 323수는 동국(東國) 방언 즉 현대의 관동 방언을 반영한다고 알려져 있으므로 분석 대상에서 제외했다. 나라시대의 중앙어 즉 大和語(야마토코토바)가 우리의 연구 대상이기 때문이다.

6종의 텍스트를 대상으로 자료를 정리할 때에는 음가나와 훈가나를 철저하게 구별하여 음가나 전체 집합을 구하는 데에 주력했다. 음가나를 중심으로 각종 텍스트의 표기법을 대비하는 것이 효과적이고, 음운론 연구에서는 훈표기를 제외하고 음가나만을 분석해야 하기 때문이다.

(1) 『만엽집』 4,516수의 표기법 분류

권차＼표기	음표기 가요 P군 (首)	훈표기 가요 Q군 (首)	음훈표기 가요 R군 (首)
1～4		1～792 (792)	
5	793～906 (114)		
6～13		907～3347 (2441)	
14～15	3348～3785 (438)		
16		3786～3889 (104)	
17～18	3890～3956 (67)		
			3957 (1)
	3958～4073 (115)		
		4074 (1)	
	4075～4138 (64)		
19			4139～4208 (70)
	4209～4210 (2)		
			4211～4219 (9)
	4220～4223 (4)		
			4224～4261 (38)
	4262～4263 (2)		
			4264～4277 (14)
	4278～4281 (4)		
			4282～4283 (2)
	4284～4292 (9)		
20	4293～4397 (105)		
			4398 (1)
	4399～4516 (118)		
총 4,516수	1,043 (−323=720)수	3,338수	135수

『고사기』 가요에 사용된 음가나를 모두 모으면 123자인데, 이 중에서 2회 이상 사용되어 신뢰도가 높은 것은 107자이다. 이에 맞추어, 사용 횟수 또는 용례 다

양성을 기준으로 삼아 각각의 텍스트를 대표하는 107자 집합을 작성했다.

『고사기』, 『일본서기』의 α군과 β군, 『만엽집』 P군과 Q군, 목간의 6종 텍스트를 대상으로 107자 집합을 상호 대비해 보았다. 그랬더니 『만엽집』 P군과 Q군의 음가나가 서로 일치하는 비율이 가장 높았고, 『일본서기』의 α군과 β군이 일치하는 비율이 다음으로 높았다. 반면에 『일본서기』의 α군은 『고사기』나 『만엽집』과는 아주 크게 차이가 났다. 목간 가요는 『만엽집』 가요와 거리가 가장 가까웠다. 텍스트별 대표자의 운미자 점유율을 대비해 보았는데, 역시 동일한 결과가 나왔다. 또한 5종의 텍스트를 대상으로 각 음절별 대표자를 상호 대비해 보았더니, P군과 Q군의 일치 비율이 가장 높았고 그 다음으로 α군과 β군의 일치 비율이 높았다. 『일본서기』의 α군은 역시 가장 멀리 동떨어진 텍스트였다. 목간 가요는 역시 『만엽집』 가요와 거리가 가장 가까웠다. 이들을 종합하여 6종 텍스트의 친소관계를 그림으로 나타내면 아래와 같다.

(2) 6종 텍스트 음가나의 친소관계

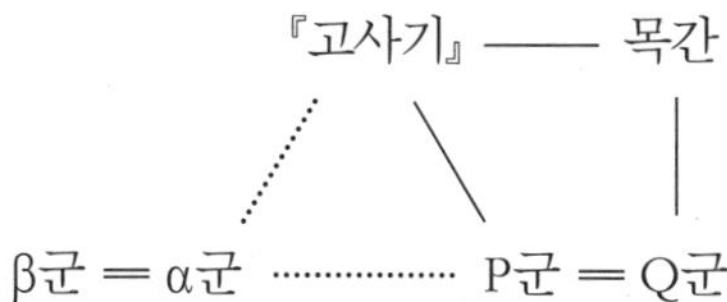

이 그림에서는 상대적 거리가 가장 가까운 관계를 '='로 표시하고, 거리가 가장 먼 관계를 '…'로 표시했다. 상대적 거리가 중간 정도인 것은 실선 '—'으로 표시했다. 이에 따르면 음운론적 분석에서는 『만엽집』의 P군과 Q군을 하나로 합치고, 『일본서기』의 α군과 β군을 하나로 합쳐도 무방하다. 『일본서기』 음가나는 중국인이 작성했다는 점에서 외래적인 데에 반하여, 『고사기』·목간·『만엽집』의 음가나는 일본의 전통적 음가나이다.

위의 친소관계에서는 목간 가요의 음가나도 포함했다. 이 음가나는 모두 68자인데, 이것을 5종 텍스트의 대표자와 대비해 보았더니 『만엽집』과 상대적 거리가 가장 가까웠고 다음으로 『고사기』와 가까웠다. 특히 목간의 음표기 가요가 표기법이 바뀌어 『만엽집』에서 훈표기 가요 즉 Q군으로 수록된다는 가설을 제기해 보았다.

목간 음가나를 정리할 때에는 기존의 판독을 대부분 수용하되, 우리의 독자적 해독안을 서너 가지 새로 제시했다. 첫째로, あまるとも 목간(762년경, 平城宮跡)의 '阿万留止毛'를 'あまるとも'로 음독하여 목간 명칭으로 삼았지만, 우리는 '留'를 'とまる'로 훈독하여 '阿万留止毛'를 '海人 留とも'로 해독한다. 둘째로, ものさし 轉用 목간(774년, 平城宮東張出部)의 '紀我許等乎志宜見賀毛'를 '木?が 言を 繁みかも'로 해독했지만(犬飼隆 2008) 우리는 '木?が'를 '城が'로 바꾸어 '城が 言を 繁みかも'로 해독한다.

셋째는 2014년에 平安京 左京 四條一坊에서 출토된 목간의 해독이다. 이 목간의 오른쪽 행에는 なにはつ 노래가 기록되었는데, 그 바로 왼쪽 행에 기록된 것을 吉野秋二(2015)는 아래의 (3.1)과 같이 분절하여 가요가 아니라 산문이라고 했다.

(3) あめなみ{天波} 노래 (9세기 후반, 平安京 左京 四條一坊)

1. × □□□□留 末良度 寸可多 曾□天 波阝留 □度□
   客人 姿 侍る (吉野秋二 2015)
2. □□□□□ □□□留末良 度寸可多 曾□天波阝 留□度□
   □□□□□ □□□とどまら わたすかた そ□あめなみへ とどめ□わた□
   □□□□□ □□□留まら 渡す潟 そ□天波へ 留□度□

그러나 (3.2)의 첫째 행처럼 분절하고 둘째 행처럼 '留, 度, 天, 波'를 훈독하면, 5·7·5·7·7의 음수율을 지키는 短歌가 된다. 『만엽집』 Q군에서는 '渡'를 통가자 '度'로 표기한 것이 아주 많았으므로, '度'를 '渡'의 뜻으로 해독했다. 그리하여 (3.2)의 마지막 행처럼 해독하면, 이 노래는 내용상으로도 오른쪽 행에 기록된 なにはつ 노래의 짝이 된다. 따라서 (3)은 산문이 아니라 만엽가이다. 만엽가 하나를 새로 찾아낸 셈인데, 우리는 이것을 あめなみ{天波} 노래라고 명명했다.

4~6장에서는 각각 『고사기』·『일본서기』·『만엽집』의 음가나를 음운론적으로 분석했다. 동일 음절을 표기하는 음가나의 용례를 서로 대비하여 同音 관계인지 異音 관계인지를 일일이 밝혔다. 그리하여 동음 관계인 음가나는 '='로 표시하고 동일 음가를 배당하지만, 이음 관계인 음가나에는 서로 다른 음가를 배당했다.

(4) 동음 관계와 이음 관계

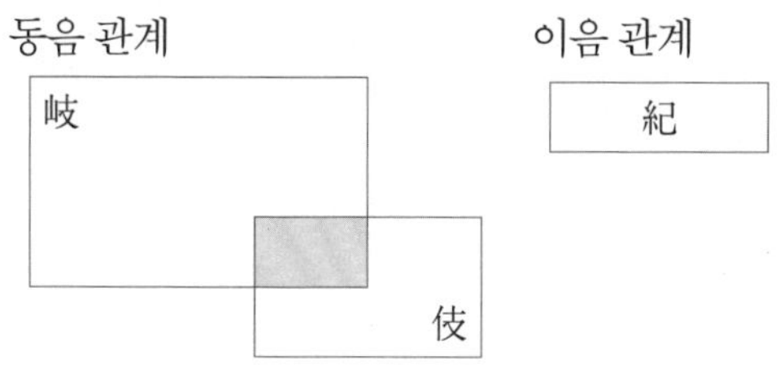

예컨대, 『고사기』 음가나에서 '岐, 伎, 紀'가 KI 음절의 표기에 사용되었는데, 이들의 용례가 위의 (4)와 같다. (4)의 음영 부분은 '岐'와 '伎'의 여러 용례 중에서 동일어의 동일 음절을 '岐' 또는 '伎'로 표기한 세 가지 단어를 가리킨다. 세 가지 동음 이표기 쌍을 찾을 수 있으므로 '岐=伎'는 동음 관계이다. 반면에 '紀'의 용례는 '岐=伎'의 용례와 전혀 일치하지 않으므로 '紀'와 '岐=伎'는 이음 관계이다. 이에 따라 '岐=伎'에는 갑류의 キ/ki/를 배당하고, '紀'에는 을류의 キ乙/kə/를 배당했다.

또한 이승재(2018)이 재구한 전기 중고음이 『고사기』 음가나에서 어떻게 대체되어 수용되는지를 모두 논의했다. 음가나의 용례 분석 결과와 한어 중고음의 대체 수용 과정이 서로 일치하면 정상적 수용이고 불일치하면 예외적 수용이다. 분석 결과에 따르면 90% 이상의 음가나가 음운론적으로 정상적인 대체 수용의 과정을 거쳤고, 소수의 음가나만 예외적으로 수용되었다.

이제 4~6장에서 설정한 상대 일본어의 음운체계를 요약해 보자. 먼저 모음체계를 논의한 다음에 자음체계를 논의한다.

현대 일본어의 50음도 체계를 유지하면서 『고사기』 음가나 107자에 음가를 배당해 보면 아래와 같다.

(5) 『고사기』 음가나의 50음도

모음 자음	A (ア)	I (イ)	U (ウ)	E (エ)	O (オ)
ø(ア)	阿/a/	伊/i/	宇/u/		淤=意/ə/
K(カ)	加=迦/ka/	岐=伎=祁/ki/, 紀/kə/	久=玖/ku/	祁=氣/kə/	許/kə/, 古=故/ko/
	賀=何/ga/	藝/gi/, 疑/gə→gɨ/	具/gu/	宜/ge/	碁=其/gə/, 胡/go/
S(サ)	佐/sa/	斯=志/si/	須/su/	勢=世/se/	曾/sə/, 蘇/so/
	邪/za/	士/zi/	受/zu/	是/ze/	叙=曾/zə/
T(タ)	多/ta/	知/ti/	都/tu/	弖/te/	登=等/tə/, 斗/to/
	陀/da/	遲≒治/di/	豆/du/	傳/de/	杼/də/, 度/do/
N(ナ)	那/na/	爾=迩/ni/	奴/nu/	泥/ne/	能=乃/nə/ 怒/no/
P(ハ)	波/pa/	比/pi/, 斐/pə/	布/pu/	閇/pe/, 幣/pe/	富=本/po/
	婆/ba/	毘/bi/, 肥=備 /bə→bɨ/	夫/bu/	倍=辨/be/	煩/bə/
M(マ)	麻=摩/ma/	美=彌/mi/, 微/mə→mɨ/	牟/mu/	米≒賣/me/	毛/mə/, 母/mo/
J(ヤ)	夜/ja/		由/ju/	延/je/	余=用=與 /jə/
R(ラ)	良≒羅/ra/	理/ri/	流=留/ru/	禮/re/	呂/rə/, 漏=路/ro/
W(ワ)	和/wa/	韋/wə/		惠/we/	袁=遠/wə/

현대 일본어의 50음도에서는 하나의 음절에 하나의 가나가 배당된다. 그러나

만요가나에서는 하나의 음절에 둘 이상의 음가나가 올 때가 많다. 예컨대, 『고사기』의 KI 음절 표기에는 '岐, 伎, 祁, 紀'의 네 자가 사용되었고, 용례 분석 결과에 따르면 '岐, 伎, 祁'의 세 자는 동음 관계이고, 이들과 '紀'는 이음 관계이다. 이에 따라 '岐=伎=祁'에는 キ/ki/를 배당하는 대신에 '紀'에는 キ乙/kə/를 배당하여 이음 관계를 기술한다. 이때에 /i/처럼 기본모음 /a, i, u, e, o/에 속하면 갑류라고 하고, /ə/처럼 기본모음이 아닌 것을 을류라고 지칭한다.

갑류와 을류 모음은 I·E·O의 세 가지 열에서 구별되는데, イ乙·エ乙·オ乙의 세 가지 모음이 음운론적으로 서로 대립했다면 상대 일본어의 모음은 갑류의 /a, i, u, e, o/와 을류의 3종을 합하여 8종이 된다. 이것을 8모음설이라 하는데, 우리처럼 가요 텍스트를 『고사기』·『일본서기』·『만엽집』 가요의 3종으로 나누면, 8모음설은 이론적인 가설일 뿐이고 실증되지 않는다. 이 이론적 8모음에서 갑류와 을류 모음의 합류가 일어나서 을류 모음이 두 가지로 줄어들면 7모음체계가 되고, 을류 모음이 한 가지 즉 /ə/ 모음 하나로 줄어들면 6모음체계가 된다. 우리의 분석 결과에 따르면 『고사기』 음가나는 7모음체계가 6모음체계로 변화하는 마지막 단계이고, 『일본서기』 음가나는 6모음체계에 가까우며, 『만엽집』 음가나는 6모음체계에서 5모음체계로 변화하는 마지막 단계이다.

우리는 이해의 편의를 위하여 위의 50음도에서 イ乙·エ乙·オ乙의 세 가지 모음을 모두 중설평순중모음 /ə/ 하나로 표시했다. 그런데 『고사기』에서는 이 /ə/ 모음을 가지는 음가나가 아주 많으므로, 구체적으로 말하면 13종의 음절과 10행에서 /ə/ 모음이 설정되므로, 모음체계에 최소한 /ə/ 모음 하나를 더 추가할 필요가 있다. 이 6모음설에서는 50음도보다는 60음도가 훨씬 더 적절하다. 이에 따라 위의 50음도를 아래의 60음도로 수정하되, 제6의 모음 /ə/를 E열과 O열 사이의 ヨ열에 배열했다.

아래 (6)과 같이 『고사기』 음가나를 재정리할 수 있으므로 『고사기』 음가나의 모음체계를 일단 6모음체계라고 말할 수 있다.

(6)『고사기』 가요 음가나의 60음도

모음 자음	A (ア)	I (イ)	U (ウ)	E (エ)	Ǝ	O (オ)
ø(ア)	阿/a/	伊/i/	宇/u/		淤=意/ə/	
K(カ)	加=迦/ka/	岐=伎/ki/, 祁/ki/	久=玖/ku/		紀≒氣=許/kə/, 祁/kə/	古=故/ko/
	賀=何/ga/	藝/gi/	具/gu/	宜/ge/	疑/gə→gɨ/, 碁=其/gə/	胡/go/
S(サ)	佐/sa/	斯=志/si/	須/su/	勢=世/se/	曾/sə/	蘇/so/
	邪/za/	士/zi/	受/zu/	是/ze/	叙=曾/zə/	
T(タ)	多/ta/	知/ti/	都/tu/	弖/te/	登=等/tə/	斗/to/
	陀/da/	遲≒治/di/	豆/du/	傳/de/	杼/də/	度/do/
N(ナ)	那/na/	爾=迩/ni/	奴/nu/	泥/ne/	能=乃/nə/	怒/no/
P(ハ)	波/pa/	比/pi/	布/pu/	閇/pe/, 幣/pe～be/	斐/pə/	富=本/po/
	婆/ba/	毘/bi/	夫/bu/	倍=辨/be/	肥=備/bə→bɨ/, 煩/bə/	
M(マ)	麻=摩/ma/	美=彌/mi/	牟/mu/	米≒賣/me/	毛/mə/, 微/mə→mɨ/	母/mo/
J(ヤ)	夜/ja/		由/ju/	延/je/	余=用=與/jə/	
R(ラ)	良≒羅/ra/	理/ri/	流=留/ru/	禮/re/	呂/rə/	漏=路/ro/
W(ワ)	和/wa/			惠/we/	韋=袁=遠/wə/	

그런데 이처럼 6모음체계로 기술하면, GƎ·BƎ·MƎ의 세 가지 음절이 문제가 된다. GƎ 음절에 '疑'와 '碁=其'의 두 가지가 오는데, 용례 대비의 결과 이 둘은 이음 관계이므로 이들에 서로 다른 음가를 배당해야 한다. 만약에 '碁=其'에 /gə/를 배당하면, '疑'에는 /gə/가 아니라 제7의 중설평순고모음 /ɨ/를 새로 설정하여 /gɨ/를 배당해야 한다. 이에 따라 위의 60음도에서는 '疑'의 음가를 /gə→gɨ/라고

수정했다. 이와 마찬가지로 BƎ 음절에서 '煩'과 '肥=備'가 이음 관계이므로 '煩'에 /bə/를 배당한 대신에 '肥=備'는 /bə→bɨ/로 수정했다. MƎ 음절의 毛/mə/와 微/mə→mɨ/도 마찬가지이다.

중요한 것은 제7의 모음 /ɨ/가 설정되는 GƎ·BƎ·MƎ 음절은 모두 탁음절이고 자음이 아음 /g/와 순음 /b, m/이라는 점이다. 8모음설을 따른다 하더라도, I열과 E열에서 갑류와 을류의 모음이 음운론적 대립하는 것은 그 음운론적 환경이 /k, g, p, b, m/ 등의 아음과 순음 뒤로 한정된다(有坂秀世 1933/55: 423~424). 宋敏(1975)와 服部四郎(1976a, 1976b)의 6모음설이나 松本克己(1975, 1976)의 5모음설에서는 I열과 E열의 갑을 대립을 순수한 /k, g, p, b, m/과 구개음화한 /kj, gj, pj, bj, mj/의 차이에서 구한다. 이에 따르면 I열과 E열에서는 모음의 차이가 아니라 활음 /j/의 개입 여부의 차이로 갑류와 을류가 음운론적으로 대립한다.

그러나 언어 보편적으로 /k, g, p, b, m/ 등의 자음에서는 구개음화가 잘 일어나지 않는 반면에, /t, d, s, z, n/ 등의 설치음에서는 거꾸로 구개음화가 생산적으로 일어난다. 더욱이 상대의 가요 표기에서는 CGV 음절형 즉 자음과 모음 사이에 활음이 개재하는 음절형이 없다. 따라서 /j/의 개입 여부나 구개음화의 적용 여부를 기준으로 삼아 I·E열의 갑류와 을류 차이를 기술하는 방법은 옳지 않다.

그 대신에 우리는 I·E열에서 을류의 모음이 설정되는 음운론적 환경이 /k, g, p, b, m/의 뒤 즉 아음과 순음 뒤라는 점에 주목한다. 전기 중고음에서는 3등운 상호 간에 중뉴대립이 성립하는데, 중뉴대립의 음운론적 환경이 바로 아후음과 순음 뒤이다. 따라서 /k, g, p, b, m/의 뒤에 오는 I·E열 모음이 갑류와 을류로 대립하는 것은 한어 중고음의 중뉴가 그대로 반영된 것이라고 할 수 있다. 더욱이 I열에 설정되는 제7의 모음 /ɨ/는 중고음의 운모가 모두 3등 B·C인 데에 반하여, 이에 대립하는 갑류 모음 /i/는 그 운모가 대부분 3등 A이다. 전기 중고음에서는 중뉴대립을 운두개음의 차이로 기술하지만, 상대 일본의 가요에서는 자음 뒤에 개음(즉 활음)이 오지 않으므로 중뉴대립을 모음의 차이로 수용할 수밖에 없다. 이에 따라 새로운 모음을 설정할 필요가 있었고 그 결과로 제7의 모음 /ɨ/가 설정되었다고 본다. 결국 이 /ɨ/는 전기 중고음의 중뉴대립이라는 외래적인 요인에 의해 설정된다고 할 수 있다.

제7의 모음 /ɨ/는 『고사기』·『일본서기』·『만엽집』 음가나에서 두루 설정된다. 그런데 한어에서 중뉴대립이 확연한 것은 위진남북조의 전기 중고음이고 당대의 후기 중고음에서는 이 중뉴대립이 사라진다. 그렇다면 『일본서기』 음가나에서 제7의 모음 /ɨ/가 설정되는 음절이 MI 음절 하나로 줄어든 것은 이러한 통시적 변화를 반영한 것이라고 할 수 있다. 반면에 『만엽집』 음가나의 GI 음절에서 제7의 모음 /ɨ/가 설정되는 것은 『고사기』의 음운대립을 부분적으로 답습한 것이라고 할 수 있다. 이처럼 조금씩 차이가 나지만, 제7의 모음 /ɨ/가 중뉴대립 환경에서만 설정된다는 것이 분명하므로 /ɨ/가 외래적인 요인에 의해 설정되는 모음이라고 할 수 있다.

외래적인 한자로 일본어를 표기할 때에는 동일한 음소인데도 외래적 요인을 좇아 그 표기가 다양해진다. 이 표기 현상을 松本克己(1995: 145)는 "외래적 표기에 반영된 동일 음소의 변이음 현상"이라고 불렀는데, 그 대표적인 예가 제7의 모음 /ɨ/이다. 반면에 제6의 모음 /ə/는 일본어 고유의 모음이다. 그 앞에 오는 자음의 음운론적 환경이 특정되지 않을뿐더러 /ə/ 모음은 I·E·O열에서 두루 설정된다. 이에 따르면 상대 일본어의 모음체계는 기본모음 5종에 /ə/가 추가된 6모음체계일 가능성이 아주 크다.

『고사기』 음가나의 음운대립을 곧이곧대로 반영하려면, GƎ·BƎ·MƎ의 세 가지 음절에서 제7의 모음 /ɨ/를 새로 설정해야 한다. 이에 따르면 『고사기』 음가나의 모음체계가 아래의 (7)이 된다.

(7) 7모음체계 (외래적)

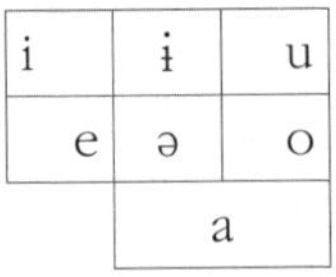

i	ɨ	u
e	ə	o
	a	

(8) 6모음체계

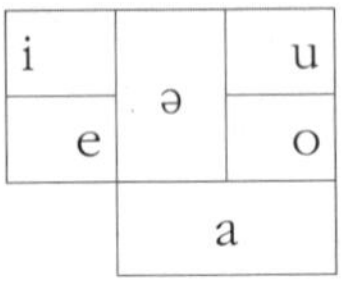

i	ə	u
e		o
	a	

그런데 GƎ·BƎ·MƎ의 세 가지 음절에서만 제7의 /ɨ/ 모음이 설정된다는 것은

/ɨ/ 모음의 분포가 극히 한정되었음을 의미한다. 전체 82종의 음절 중에서 오직 세 가지 음절에서만 /ɨ/ 모음이 설정될 뿐만 아니라 그 Gヨ·Bヨ·Mヨ 음절이 모두 탁음절이다. 청음절에서는 /ɨ/ 모음을 설정할 필요가 전혀 없으므로, 청음절을 기준으로 하면 『고사기』 음가나의 모음체계를 (8)의 6모음체계로 그리게 된다. 이 6모음체계에서는 Gヨ·Bヨ·Mヨ의 세 가지 음절을 한어의 중뉴대립이 반영된 예외적 음절로 간주하게 된다. 나머지 음절에서는 /a, i, u, e, o, ə/의 여섯 가지 모음만 설정해도 충분하므로 『고사기』 음가나의 모음체계를 6모음체계라고 말할 수 있다.

우리는 통시적 관점을 택하여 『고사기』 음가나의 모음체계가 7모음체계가 6모음체계로 바뀌는 마지막 단계라고 기술한다. 『고사기』 음가나에서는 세 가지 음절에서 을류의 /ɨ/와 /ə/ 모음이 음운론적으로 대립하지만, 『일본서기』 음가나에서는 한 가지 음절로 줄어든다.

『고사기』 음가나가 6모음체계에 가깝지만 G·B·M의 3행에 7모음체계의 흔적이 남아 있으므로, 이런 모음체계를 6.3모음체계라고 비유해 보았다. 이때의 6.3은 6모음이 기본이되, 3행에서는 7모음체계의 흔적을 가지고 있음을 가리킨다. 이에 따르면 『일본서기』 음가나의 음운체계는 6.1모음체계가 된다.

다음으로, 『일본서기』 음가나에 배당한 음가를 60음도로 정리하면 아래의 (9)와 같다. 아홉 가지 행에서 을류의 /ə/ 모음이 설정되므로, 『일본서기』 음가나의 모음체계에 을류의 /ə/ 모음이 포함된다는 것은 분명하다.

아래 (9)의 60음도에서는 을류의 /ə/ 모음이 오는 칸에 제7의 /ɨ/ 모음이 오는 것은 Mヨ 음절 하나뿐이다. 따라서 『일본서기』 음가나의 모음체계를 6.1모음체계라고 할 수 있고, 이것을 위의 (7~8)과 같이 그릴 수 있다. 『고사기』 음가나의 모음체계가 7모음체계에서 6모음체계로 변화하는 마지막 단계라면, 『일본서기』 음가나의 모음체계는 이 변화가 완성되기 바로 직전이다. Gヨ·Bヨ의 두 음절에서 /ɨ/와 /ə/ 모음이 하나로 합류했고, 오직 Mヨ 음절에서만 이 대립이 유지되기 때문이다.

(9) 『일본서기』 음가나의 60음도 (음영 부분은 α군 음가나)

모음 자음		A (ア)	I (イ)	U (ウ)	E (エ)	Ǝ	O (オ)
ø ア		阿/a/	伊=異=以/i/	于=宇/u/		於/ə/	
		阿=婀/a/	以/i/	于=宇/u/		於=飫/ə/	
K カ	K	伽=箇=介=訶/ka/	枳=企=耆=岐/ki/	區=句=俱=玖/ku/	鷄=開/ke/	紀/kə/, 虛=許=據/kə/	古=故=固=姑/ko/
		柯=哿=舸=箇=歌/ka/	枳=岐=企/ki/	俱=矩/ku/	該=稽/ke/	紀=基/kə/ 擧=渠/kə/	古/ko/
	G	餓/ga/	藝/gi/	遇/gu/			誤/go/
		我=鵝/ga/		虞/gu/		擬/gə/, 渠/gə/	
S サ	S	佐=瑳/sa/	辭=之=志=始=嗣/si/	須=輸=素/su/	勢=齊/se/	曾/sə/	素=蘇/so/
		佐=娑=左/sa/	之=斯=志=始=絁=思/si/	須/su/	制=世=西/se/	曾/sə/	
	Z			*孺/儒/zu/			
			*珥/zi/	*孺/儒/zu/			
T タ	T	多=哆/ta/	智=知/ti/	菟=都/tu/	弖/氐/te/	等=苔/tə/	斗/to/
		陀=拕/柁=多=駄/ta/	致=智/ti/	都/tu/	底/te/	縢/騰=登=等/tə/	度=斗/to/
	D	*娜=*儾/da/		豆/du/	*涅=*泥/de/	*迺=*耐/də/	
		*娜/da/		豆=逗/du/	*泥=提/de/	*迺=*耐/də/	
N ナ		那=儺=奈/na/, *娜/da/	爾/ni/, *珥/ni～zi/		禰/ne/, *泥/ne～de/	能/nə/, *迺/廼/nə～də/	*怒/no～do～nu/
		儺=那/na/, *娜/da/	儞=爾=尼/ni/	農/nu/	*泥/ne～de/	能/nə/	*奴/no～do～nu/
P ハ	P	波=破=播/pa/	比=臂=譬/pi/	赴=布=輔/pu/	陛=幣/pe/	陪=倍/pə/	朋=裒=保/po/
		播=波=婆=簸/pa/	比=毘/pi/	賦=符=甫/pu/	陛/pe/	倍/pə/	朋=裒=保/po/

B	*麽/ba/	*弭/bi/			陪=倍/bə/	朋=裒 /bo/
	*麽=播=婆 /ba/	*寐/bi/				裒/bo/
M マ	摩=莽=麻=磨/ma/ *麽/ba～ma/	瀰=彌/mi/, *弭=*寐 /bi～mi/	務=牟=武/mu/	謎/me/	梅/mə/ 未/mə→mɨ/	茂=母=毛 =望/mo/
	麻=摩/ma/, *磨=*魔 /ma～ba/, *麽/ba～ma/	瀰=彌=美 /mi/, *弭=*寐 /bi～mi/	武/mu ～mo/	*謎/me ～be/	梅=每 /mə/, 微 /mə→mɨ/	母=謀=慕=暮=謨/mo/
J ヤ	夜=椰/揶 /ja/		由=喩/ju/	曳/je/	豫=譽/jə/	用/jo/
	野=耶/ja/		喩/ju/	曳/je/	與=余/jə/	用/jo/
R ラ	羅=邏/ra/	利=離/ri/	屢=流=蘆/ru/	例=禮/re/	呂/rə/	
	羅=囉/ra/	理=利=梨/ri/	屢=樓/ru/	例=黎/re/	慮/rə/	
W ワ	和/wa/	謂=委/wi/		惠/we/		烏=塢=弘 /wo/
	倭=和/wa/	謂=威/wi/		衛/we/		嗚/鳴=烏 =乎=弘 /wo/

그런데 (6)과 (9)의 60음도를 유심히 살펴보면, 하나의 음가나가 둘 이상의 음가를 표기한 것이 있다. 『고사기』 음가나에서는 '祁'가 /ki/와 /ke/를 표음하는데, 이것은 을류 모음이 두 가지 방법으로 갑류 모음과 합류했음을 암시한다. 『일본서기』 음가나에서는 '怒, 奴, 武'의 세 가지 음가나는 모음이 /o/ 또는 /u/ 모음이다. 이것은 상대 일본어에서 /o/와 /u/ 모음이 아주 가까웠음을 암시한다. 또한 '陪=倍'가 /pə/와 /bə/의 두 가지를 표기한 것은 P행에서 청탁 구별이 흐려졌음

을 의미한다. 『일본서기』 음가나에서는 탈비음화와[1] 관련된 표기가 많은데, 이것은 아래의 자음체계에서 정리하기로 한다.

다음으로, 『만엽집』 음가나의 모음체계를 논의한다. 결론부터 말하면 『만엽집』 음가나의 모음체계는 6모음체계가 5모음체계로 변화하는 마지막 단계이다. 따라서 『만엽집』 음가나의 음가 배당표를 60음도보다는 아래와 같이 50음도로 작성하는 것이 효과적이다.

(10) 『만엽집』 음가나의 50음도 (음영 부분은 Q군 음가나)

자음＼모음		A (ア)	I (イ)	U (ウ)	E (エ)	O (オ)
ø (ア)		安=阿/a/	伊=移/i/	宇=烏/u/		於=意/ə/
		安=阿/a/	伊/i/	宇/u/		於/ə/
K カ	K	可=加=迦/ka/	伎=吉=枳=岐/ki/, 紀=奇/kə/	久=苦=君=口/ku/	家=祁=鷄=計=氣/ke/	許=己=巨/kə/, 孤=故=古/ko/
		可=加/ka/	伎=吉=枳/ki/, 紀=奇/kə/	久=苦=口=九=君/ku/	家=計=鷄=祁=兼=氣/ke/	許=己=巨/kə/, 孤=故=古/ko/
	G	我=河=賀=何/ga/	藝/gi/, 疑=宜/gə→gɨ/	具/gu/	宜=氣/ge/	其=期/gə/, 吳/go/
		我=何=河=賀/ga/	藝/gi/, 疑=宜/gə→gɨ/	具/gu/	宜=氣/ge/	其=期/gə/, 吳/go/
S サ	S	佐=左=沙/sa/	之=志=思=斯=師=四/si/	須/su/	世=勢/se/	蘇=曾/sə/
		佐=左=沙/sa/	之=志=思=斯=師=四/si/	須/su/	世=勢/se/	蘇=曾/sə/
	Z	射/za/	自/zi/	受/zu/	是/ze/	曾/zə/
		射/za/	自/zi/	受/zu/		曾/zə/

1 위의 음가 배당표에서 왼쪽 어깨에 '*' 표를 단 것은 모두 탈비음화와 관련된 음가나이다.

T タ	T	多/ta/	知/ti/	都=築/筑=通=追/tu/	弖/氐=天=提/te/	等=登=刀/tə/
		多/ta/	知/ti/	都=築/筑=通=追/tu/	弖/氐=天=提/te/	等=登=刀/tə/
	D	太=大/da/	治=遲/di/	豆=頭=都/du/	*泥=弖/氐=低=提/de/	藤/騰=杼=度/də/
		太=大/da/	治=遲/di/	豆=頭=都/du/	*泥=弖/氐=低=提/de/	藤/騰=杼=度/də/
N (ナ)		奈=那=難/na/	爾=仁=二=邇/ni/	奴=農/nu/	祢/禰=年/ne/	能=乃=努/nə/
		奈=難/na/	爾=仁=二=邇/ni/	奴/nu/	祢/禰=年/ne/	能=乃=努/nə/
P ハ	P	波/pa/	比=非=悲/pi/	布=敷=不/pu/	敝=倍=弊/pe/	保/po/
		波/pa/	比=悲/pi/	布=不/pu/	敝=倍=弊/pe/	寶/po/
	B	婆/ba/	備=妣=婢/bi/	夫/bu/	便=倍/be/	煩/bo/, 保/bo/
		婆/ba/	備=妣=婢/bi/	夫/bu/	便=倍/be/	
M (マ)		麻=末=萬/ma/	美=彌/mi/, 未/mə/	牟=武=无/無/mu/	米=賣=梅/me/	毛=母=文=聞=物/mo/
		麻=末=萬/ma/	美=彌/mi/, 未/mə/	牟=武=无/無/mu/	米=賣/me/	毛=母=聞=文=物/mo/
J (ヤ)		夜=也/ja/		由=遊/ju/	要=延/je/	餘=與=欲/jə/
		夜=也/ja/		由=遊/ju/	要=延/je/	餘=與=欲/jə/
R (ラ)		羅=良/ra/	利=里=理/ri/	流=留/ru/	禮=例/re/	呂=路/rə/
		羅=良=濫/ra/	利=里=理/ri/	流=留/ru/	禮=例/re/	呂=侶/rə/
W (ワ)		和/wa/	爲/wi/		惠/we/	乎=遠/wo/
		和/wa/	爲/wi/		惠/we/	乎=遠/wo/

이 50음도에서는 『고사기』·『일본서기』의 60음도와는 달리 공백인 음절이 거의 없다. P군과 Q군을 하나로 합하여 말하면 공백인 음절이 øE·JI·WU의 셋뿐

이다. 50음도의 47음절을 모두 채운다. øE 음절에 오는 '要, 延'이 사실은 /je/를 표기하므로 '要, 延'을 JE 음절로 옮겼다. 이에 따르면 øE·JI·WU의 세 가지 음절이 체계적 공백이 된다. 체계적 공백만 확인되므로 『만엽집』 음가나에서 50음도가 거의 완성되었다고 할 수 있다. 이에 따르면 『고사기』·『일본서기』의 60음도에서 발견되는 여타의 공백은 우연한 공백이라고 해야 할 것이다.

3종의 텍스트에서 공통적으로 øE 음절이 체계적 공백이라는 사실을 활용하여 우리는 기원적 일본어 또는 원시 일본어의 모음체계를 (11.A)와 같이 추정한다. (11.B)는 상대 일본어의 ø행에서의 모음체계이고 (11.C)는 여타 행에서의 모음체계이다.

(11) 원시 일본어와 상대 일본어의 모음체계

A. 원시 일본어　　　B. 상대 일본어의 ø행

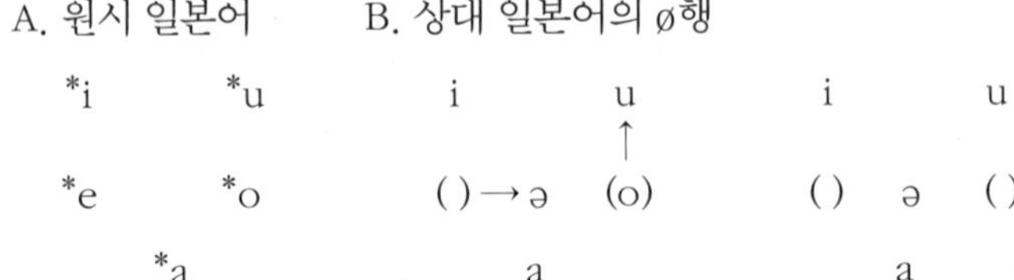

C. 상대 일본어의 T행

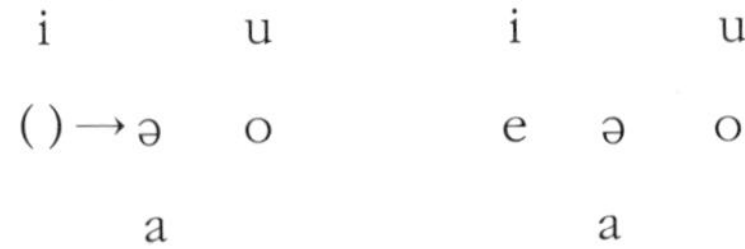

(11.A)에서 /*e → ə/의 후설화(또는 중설화)가 일어나면, 모음추이의 결과로 (11.B)의 공백 ( )이 남게 되고 새로이 을류 모음 /ə/가 발생한다. ø행에서는 이 을류 모음 /ə/와의 음운대립을 유지하기 위하여 /o/ 모음이 /u/ 모음 쪽으로 이동한다. 3종의 텍스트에서 공통적으로 øO 음절에서 을류의 /ə/만 있고 갑류의 /o/가 없으므로, /*e → ə/와 /o → u/의 모음추이가 연쇄적으로 일어났다고 할 수 있다. N행과 S행에서 /o/와 /u/가 예외적으로 구별되지 않은 듯한 예가 있는데, 이

것은 /o/ 모음의 상승에 그 원인이 있을 것이다.

/*e → ə/의 후설화에 연동되어 /o → u/의 모음 상승이 일어나면, ø행에서는 (11.B)의 오른쪽과 같은 4모음체계가 된다. 반면에, (11.C)에 보인 것처럼 여타의 행에서는 /*e → ə/의 후설화가 일어나더라도 /o/ 모음이 대부분 /u/ 모음으로 상승하지 않는다. 이런 상태에서 /e/ 모음이 새로 생성되어 ( )를 메우면 6모음체계가 된다. 이처럼 기술하면 øE 음절의 공백과 을류 모음 /ə/의 발생을 하나의 논리로 묶어서 기술할 수 있다.

다만, /*e → ə/의 후설화 현상이 실증되는가 하는 문제가 제기되는데, 그 증거를 한국 한자음에서 일어난 /*e → ə/의 후설화에서 찾을 수 있다. 한국 중세 한자음에서는 齊韻/ei/과 先韻/en/의 운복모음이 대부분 'ㅖ/jəi/, ㅕ/jə/'의 /ə/로 수용된다. 더욱이 한국 중세 한자음의 /ㅓ, ㅡ/는 宋敏(1975)가 지적한 바 있듯이 거의 대부분 상대 일본어의 을류 모음 /ə/에 대응한다. 이러한 대응 관계가 분명하므로, 상대 일본어에서도 기원적인 /*e/ 모음에 후설화가 일어나 을류 모음 /ə/가 발생했다고 할 수 있다. 이 /*e/의 후설화는 을류 모음 /ə/의 발생 원인과 øE 음절이 공백인 원인을 동시에 설명해 주므로 아주 매력적이다.

『만엽집』 음가나의 대체 수용 양상을 50음도로 작성할 때에는 KI·KO 음절, GI·GO 음절, MI 음절이 문제가 된다. 이들 3종의 행에서 갑류와 을류가 음운론적으로 대립한다.

(10)의 K행에서는 KI 음절의 '紀=奇'에도 /kə/를 배당하고 KO 음절의 '許=己=巨'에도 /kə/를 배당했다. 그런데 '나무'{木}를 '紀'로도 표기하고 '許'로도 표기하므로 '紀=奇'와 '許=己=巨'는 동음 관계이다. 따라서 キ乙과 コ乙이 하나로 합류했다고 보아, 이 둘에 동일한 음가 /kə/를 배당하는 것이 오히려 정확하다. 따라서 K행에서는 /a, i, u, e, ə, o/의 6모음만 설정해도 된다. M행에서도 이와 마찬가지인데, 을류의 /ə/ 모음이 O열이 아니라 I열에 온다는 점이 다르다.

그러나 G행에서는 사정이 달라진다. GI 음절의 '疑=宜'와 GO 음절의 '其=期'가 이음 관계이다. 따라서 GO 음절의 '其=期'에 을류의 ゴ乙/gə/를 배당하면서 동시에 GI 음절의 '疑=宜'에 ギ乙/gə/를 배당할 수가 없다. 이 이음 관계를 제대로 반영하려면 제7의 모음 /ɨ/를 설정하여 GI 음절의 '疑=宜'에 ギ[乙]/gɨ/를 배당해야 한다.

그런데 G행에서만 설정되는 제7의 모음 /ɨ/는 위에서 이미 논의한 것처럼 외래적인 모음일 가능성이 있다. 『고사기』 음가나에서는 /ɨ/가 MI·BI·GI 음절의 3종에서 설정되었는데, 이들의 음운론적 환경이 전기 중고음의 중뉴대립 환경과 일치한다는 점을 강조했다. 『만엽집』 음가나에서는 이 3종의 음절 중에서 GI 음절에서만 /ɨ/가 설정된다는 변화가 일어났지만, 이 GI 음절도 역시 전기 중고음에서 중뉴대립이 성립하는 대표적인 음절이다. 전기 중고음의 중뉴대립이 성립하는 음절이 딱 하나로 한정된다는 점에서, 『만엽집』 음가나는 외래적인 중뉴대립이 사라지는 최종 단계라고 할 수 있다.

결론적으로, 『만엽집』 음가나에서는 G행에서 7모음이, K·M행에서 6모음이, N·R·S·Z·T·D행과 P·B행에서 5모음이, ø·J·W행에서 4모음이 설정된다. ø·J·W행에서는 체계적 공백이 하나씩 있으므로 5모음이 설정된다고 해도 무방하다. 전체 14행 중에서 한 행이 7모음이고, 두 행이 6모음이며, 나머지 11행이 5모음이다.

우리는 이러한 모음체계를 5.3모음체계라고 비유한다. 5모음체계가 기본이 되, 3행에서 제6 또는 제7 모음의 흔적이 남아 있다는 뜻이다. 통시적 관점을 취하면 6모음체계가 5모음체계로 변화하는 마지막 단계라고 말할 수 있다.

이것을 을류 모음 /ə/와 갑류 모음 /o/의 분포로 다시 확인할 수 있다. ø·S·Z·N·J·R·T·D의 8행에서는 /a, i, u, e, ə/의 5모음이 설정되고, P·B·M·W의 4행에서는 /a, i, u, e, o/의 5모음이 설정된다. 이 두 가지 종류의 5모음에서 /ə/와 /o/의 분포가 상보적이다. /o/는 원순성 자음 뒤에서 설정되고, /ə/는 설치음 뒤의 환경에서 설정된다. 松本克己(1975, 1976)도 이 상보적 분포를 누누이 강조했지만, 우리의 분석에 따르면 『고사기』와 『일본서기』 음가나에서는 아직 상보적 분포가 아니다. 『만엽집』 음가나에서만 이 상보적 분포가 성립한다는 점에 주의할 필요가 있다. 전체 14행 중에서 12행이 상보적 분포이므로, /ə/와 /o/를 하나로 합치면 음운론적으로 /ə=o/의 등식이 성립한다.

위에서 우리는 『고사기』 음가나가 7모음체계에서 6모음체계로 변화하는 마지막 단계라고 했다. 『일본서기』 음가나에서는 이 변화가 완성되기 바로 직전이다. 그런데 『만엽집』 음가나는 6모음체계가 5모음체계로 변화하는 마지막 단계이다. 이처럼 시간의 흐름에 따라 7모음체계가 6모음체계로 바뀌고 다시 6모음체계가 5모음체계로 변화해 가는 모습을 정확히 그려낼 수 있다. 헤이안 초기 구체적으로 880년대까지 포함하면, '6.3모음 〉 6.1모음 〉 5.3모음 〉 5.0모음'의 통시적 변화이다.

제7의 모음 /ɨ/는 『고사기』의 G·B·M행, 『일본서기』의 M행. 『만엽집』 음가나의 G행에서 설정된다. /ɨ/가 전기 중고음의 중뉴대립을 반영한 외래적 모음이라 하더라도, 이처럼 /ɨ/를 설정해야 할 행이 『고사기』의 세 행에서 『일본서기』·『만엽집』에서 각각 한 행으로 줄어든다는 것은 통시적 변화의 일종이다. 널리 알려져 있듯이, 중뉴대립이 전기 중고음에서만 확인되고 후기 중고음에서는 사라진다. 따라서 『일본서기』 음가나에서 /ɨ/ 모음이 딱 한 번만 설정된다는 것은 후기 중고음에서 중뉴대립이 사라진 것을 반영한 것이라고 할 수 있다. 이에 따르면 제7의 모음 /ɨ/가 전기 중고음의 중뉴대립이라는 외래적 요인에 의해 설정된 모음이라는 점이 더욱 분명해진다.

(12) 『만엽집』 음가나의 모음체계

A. 6모음체계

i	u	
e	ə	o
	a	

B. 5모음체계

i	u
e	ə=o
	a

우리는 『만엽집』 음가나의 모음체계를 위의 두 가지 그림을 활용하여 기술한다. 위의 (8)에서 이미 『고사기』 음가나의 6모음체계를 제시한 바 있지만, (8)과 (12.A)의 6모음체계는 음운론적 대립관계가 서로 다르다. (8)에서는 /ə/ 모음이 /i, e, o/의 세 가지 모음과 두루 음운론적으로 대립하지만 (12.A)에서는 /ə/ 모음이 거의 대부분 /o/ 모음과 상보적으로 분포한다. 이 분포에 연동되어 (12.A)

의 6모음체계에서 을류의 /ə/ 모음과 갑류의 /o/ 모음이 합류하게 되면 (12.B)의 5모음체계가 된다. 이 합류가 일어나는 마지막 단계가 『만엽집』 음가나의 5.3모음체계이다.

이제, 50음도를 기준으로 했을 때에 『고사기』·『일본서기』·『만엽집』 음가나에서 갑류와 을류 모음이 대립하는 음절을 모아 서로 대비해 본다. A열과 U열에서는 갑을 대립이 없으므로 I·E·O의 세 가지 열만 제시하고, 청탁을 구별했다. 갑을 대립이 성립하는 음절에 ○를 치되, 을류 모음이 제7의 /ɨ/ 모음인 것은 /ɨ/를 덧붙였다.

(13) 3종 텍스트의 갑을 음운대립

모음 / 자음	I			E			O		
	記	紀	萬	記	紀	萬	記	紀	萬
ø									
W									
J							–	○	–
R							○	–	–
N							○	○	–
M	○/ɨ/	○/ɨ/	○	–	○	–	○	–	–
P	○	–	–	–	○	–			
B	○/ɨ/	–	–						
S							○	○	–
Z									
T							○	○	–
D							○	–	–
K	○	○	○				○	○	○
G	○/ɨ/	○	○/ɨ/				○	○	○

우리의 논의 결과에 따르면, 3종의 텍스트에서 공통적으로 ø·W·Z행의 세 행에서는 갑류와 을류 모음의 음운대립이 없다. 전체 14행 중에서 11행에서만 갑

을 대립이 성립한다. 또한 E열에서 갑을 대립이 성립하는 것은 『일본서기』 음가나의 ME·PE 음절 둘뿐이다.

전통적 8모음설에서는 총 20종의 음절에서 갑을이 구별되고 MO 음절은 『고사기』에서만 구별된다고 기술하지만(4장의 (300) 참조), 우리의 논의 결과는 이와 다르다. 3종의 가요 텍스트에서 공통적으로 KE·GE·ZO·BE의 4종 음절은 갑류와 을류 모음이 대립하지 않는다. 우리의 논의와 비슷하게 Lange(1973: 124)에서도 14종의 음절에서만 갑을의 대립이 있다고 했다.

(14) 갑류와 을류 모음이 대립하는 음절의 텍스트별 정리

음절 \ 텍스트	『고사기』	『일본서기』	『만엽집』
RO	○	–	–
MO	○	–	–
PI	○	–	–
BI	○ /ɨ/	–	–
DO	○	–	–
JO	–	○	–
NO	○	○	–
SO	○	○	–
PE	○	○	–
ME	○	○	–
TO	○	○	–
MI	○ /ɨ/	○ /ɨ/	○
GI	○ /ɨ/	○[2]	○ /ɨ/
KI	○	○	○[3]
GO	○	○[4]	○
KO	○	○	○

2 『일본서기』 음가나에서는 β군과 α군을 하나로 합쳤을 때에만 갑류의 /gi/와 을류의 /gə/가 대립한다.

8모음설과 우리의 논의 결과가 이처럼 차이가 나는데, 그 원인은 분석 방법이 서로 다르다는 데에서 찾을 수 있다. 3종의 텍스트를 하나로 합쳐서 분석했는가 그렇지 않고 따로따로 분리하여 기술했는가, 훈가나와 희소 음가나를 두루 포함했는가 제외했는가 하는 점에서 차이가 난다. 3종의 텍스트를 하나로 통합하여 분석하거나 훈가나뿐만 아니라 희소 음가나를 모두 포함하여 분석하면, KE·GE·ZO·BE의 4종 음절에서 갑류와 을류 모음이 음운론적으로 대립할 수 있다.

중요한 것은 우리처럼 3종의 텍스트를 서로 분리하여 기술하면, 시간의 흐름에 따라 갑을 대립이 있는 음절이 점진적으로 줄어든다는 점이다.

『고사기』에서는 15종, 『일본서기』에서는 11종, 『만엽집』에서는 5종의 음절에서 갑류와 을류 모음이 대립한다. 이 점진적 변화를 무시하고 3종의 텍스트를 하나로 통합하는 것은 옳지 않다. 이 변화에 맞추어 모음체계에서도 점진적 변화가 있었다고 보아야 하기 때문이다. 위에서 비유한 것처럼 구체적으로는 '6.3 〉 6.1 〉 5.3 〉 5.0'의 단계를 밟아 모음체계가 변화했다고 기술하는 것이 정확하다.

다음으로, 한어 중고음의 운복모음을 3종의 가요 텍스트에서 어떻게 수용하는지 그 양상을 통시적으로 정리해 둔다.

『고사기』 음가나의 모음체계를 7모음체계라고 할 수도 있는데, 이때에 설정되는 제7의 모음 /ɨ/는 脂韻/ji~ɪi/·之韻/ɪə/·微韻/ɪəi/을 /ɨ/로 대체하여 수용한 것이다. 이것을 (14~15)의 표에서는 /ɨ/로 표시했다. 『일본서기』의 M행과 『만엽집』의 G행에서도 제7의 모음 /ɨ/를 설정할 필요가 있는데 이것도 마찬가지이다. 아래의 대체 수용표에서 ( ) 안에 넣은 것은 용례가 소수임을 뜻하고, 용례가 대등한 대체 수용은 '/'로 병렬하되 우세한 것을 앞에 두었다.

3 KI 음절의 을류 キ乙/kə/는 KO 음절의 을류 コ乙/kə/와 동음 관계이다.

4 『일본서기』 음가나에서는 β군과 α군을 하나로 합쳤을 때에만 을류의 /gə/와 갑류의 /go/가 대립한다.

(15) 텍스트별 운모의 대체 수용표

운모 \ 텍스트	『고사기』	『일본서기』	『만엽집』
祭韻/ɪɛi/	e, (i)	e, (i)	e, (i)
齊韻/ei/	e	e	e
佳韻/əi/	e	–	e
灰韻/wəi/	e	ə	e
宵韻/jɛu/	–	–	(j)e
添韻/em, ep/	–	–	e
仙韻/ɪɛn, ɪɛt/	e	–	e
先韻/en, et/	–	e	e
虞韻/ɥo/	u	u	u
尤韻/ɪəu/	u, (o)	u, (o)	u
冬韻/oŋ, ok/	–	u	u
東韻/uŋ, uk/	–	–	u
眞韻/ɪin, jit/	–	–	i
脂韻/ji~ɪi/	i, (ə, e), (ɨ)	i, (e)	i, (e)
支韻/je~ɪe/	i	i	i, (e/ə), (ɨ)
之韻/ɪə/	i/ə, (ɨ)	i/ə	i/ə, (ɨ)
微韻/ɪəi/	ə, (ɨ)	(w)i, (ɨ)	i, (e)
魚韻/ɪo~ɪə/	ə	ə	ə=o
咍韻/əi/	ə	ə/e	ə=o
登韻/əŋ, ək/	ə	ə/o	ə=o
鍾韻/ɪoŋ, ɪok/	ə	o	ə=o
元韻/ɪɑn, ɪɑt/	ə	–	o/a
豪韻/ɑu/	ə	o	o=(ə)
侯韻/əu/	o/u	o/u	u/o
模韻/o/	o/u	o/u	u/o/ə
文韻/ɥən, ɥət/	–	–	o/u
魂韻/wən, wət/	o	–	–
陽韻/ɪɑŋ, ɪɑk/	a	o	a

唐韻/ɑŋ, ɑk/	–	a	–
寒韻/ɑn, ɑt/	–	–	a
桓韻/wɑn, wɑt/	–	–	a
談韻/ɑm, ɑk/	–	–	a
麻韻/ɛ/	a	a	a, (e)
皆韻/ɛi/	–	a	–
泰韻/ɑi/	a	–	a
戈韻/wɑ/	a	(w)a	a
歌韻/ɑ/	a	a	a

6모음체계를 기준으로 할 때에 중고음의 운모를 어떻게 대체하여 수용하는지를 간단히 정리하면 아래와 같다.

『고사기』에서 /a/ 모음을 표기할 때에는 麻韻/ɛ/의 운복모음 /ɛ/ 또는 泰韻/ɑi/·戈韻/wɑ/·歌韻/ɑ/·陽韻/ɪɑŋ, ɪɑk/의 운복모음 /ɑ/를 차용한다. 『일본서기』에서는 皆韻/ɛi/·麻韻/ɛ/의 운복모음 /ɛ/를 차용하거나 戈韻/wɑ/·歌韻/ɑ/·唐韻/ɑŋ, ɑk/의 운복모음 /ɑ/를 차용한다. 『만엽집』에서는 麻韻/ɛ/의 운복모음 /ɛ/를 차용하거나, 泰韻/ɑi/·戈韻/wɑ/·歌韻/ɑ/·元韻/ɪɑn, ɪɑt/·陽韻/ɪɑŋ, ɪɑk/·寒韻/ɑn, ɑt/·桓韻/wɑn, wɑt/·談韻/ɑm, ɑk/의 운복모음 /ɑ/를 차용한다. 여기에서 전기 중고음의 전설저모음 /ɛ/와 후설저모음 /ɑ/가 상대 일본어에서 /a/ 모음 한 가지로 수용된다는 것이 드러난다. 이것은 상대 일본어의 저모음에서 전설과 후설의 음운대립이 없었음을 말해 준다.

『고사기』에서는 脂韻/ji~ɪi/·支韻/je~ɪe/·之韻/ɪə/의 운복모음 /i·e·ə/를 각각 차용하여 /i/ 모음을 표기한다. 『일본서기』에서는 脂韻/ji~ɪi/·支韻/je~ɪe/·微韻/ɪəi/·之韻/ɪə/의 운복모음 /i·e·ə·ə/를 각각 차용하여 /i/ 모음을 표기한다. 『만엽집』에서는 『일본서기』와 같되, 眞韻/ɪin, jit/의 운복모음 /i/로도 /i/ 모음을 표기한다. /i/ 모음으로 수용되는 것은 대부분 止攝 운모의 운복모음이다. 『고사기』에서 支韻/je~ɪe/이 /i/ 모음의 표기에 사용되었다는 것은 支韻의 운복모음 /e/가 전기 중고음 시기부터 이미 /i/ 모음으로 변화하는 중이었음을 암시한다. 또한 제7의 모음 /ɨ/가 止攝 운모에서만 설정된다는 특징도 지적해 둔다. 이것은 /ɨ/가 전기 중고음의 중뉴대립에서 비롯된 것임을 증명해 준다. 전기 중고음에서 중뉴대립이 가장 뚜렷한 것은 止攝이기 때문이다.

『고사기』에서는 /u/ 모음을 표기할 때에 虞韻/ɥo/·尤韻/ɪəu/을 차용하고 模韻/o/·侯韻/əu/도 차용한다. 『일본서기』에서는 이밖에 冬韻/oŋ, ok/도 차용한다. 『만엽집』에서는 이 다섯 가지 운뿐만 아니라 東韻/uŋ, uk/·文韻/ɥən, ɥət/도 차용한다. 『일본서기』와 『만엽집』에서 /u/ 모음의 표기에 冬韻/oŋ, ok/을 차용한 것은 후기 중고음에서 冬韻의 운복모음이 /u/로 상승했음을 말해 준다. 『만엽집』에서 /u/ 모음의 표기에 模韻/o/을 차용한 것도 후기 중고음에서 模韻이 /u/ 모음으로 변했음을 말해 준다.

『고사기』에서는 /e/ 모음을 표기할 때에 齊韻/ei/·祭韻/ɪɛi/·仙韻/ɪɛn, ɪɛt/·灰韻/wəi/·佳韻/əi/을 차용한다. 『일본서기』에서는 齊韻/ei/·祭韻/ɪɛi/·先韻/en, et/·咍韻/əi/을 차용한다. 『만엽집』에서는 齊韻/ei/·祭韻/ɪɛi/·先韻/en, et/·仙韻/ɪɛn, ɪɛt/뿐만 아니라 灰韻/wəi/·佳韻/əi/·宵韻/jɛu/·添韻/em, ep/도 차용한다. 여기에서 눈여겨보아야 할 것은 『일본서기』에서 咍韻/əi/이 추가되고 『만엽집』에서 灰韻/wəi/·佳韻/əi/이 추가되었다는 점이다. 이 세 가지 운은 전기 중고음의 운복모음이 /ə/인데, 『일본서기』와 『만엽집』에서 /e/로 수용되었으므로 을류의 /ə/가 갑류의 /e/로 합류하는 변화가 있었음을 말해 준다.

『고사기』에서는 /o/ 모음을 표기할 때에 模韻/o/·侯韻/əu/·魂韻/wən, wət/을 차용하고, 『일본서기』에서는 模韻/o/·侯韻/əu/·豪韻/ɑu/·鍾韻/ɪoŋ, ɪok/·陽韻/ɪɑŋ, ɪɑk/을 차용한다. 『만엽집』에서는 模韻/o/·侯韻/əu/·豪韻/ɑu/·文韻/ɥən, ɥət/·元韻/ɪɑn, ɪɑt/을 차용한다. 『고사기』·『일본서기』에서는 /o/ 모음의 표기에 侯韻/əu/을 사용하지만 『일본서기』와 『만엽집』에서는 오히려 豪韻/ɑu/을 선호한다는 차이가 흥미롭다.

마지막으로, /ə/ 모음을 어떻게 표기했는지를 정리한다. 『고사기』에서는 魚韻/ɪo~ɪə/·之韻/ɪə/·咍韻/əi/·灰韻/wəi/·登韻/əŋ, ək/·鍾韻/ɪoŋ, ɪok/·豪韻/ɑu/·元韻/ɪɑn, ɪɑt/으로 /ə/를 표기했다. 위의 표에서 볼 수 있듯이, 『고사기』

에서 을류 모음 /ə/로 수용한 운이 8종이나 된다. 『일본서기』에서는 魚韻/ɪo～ɪə/·之韻/ɪə/·灰韻/wəi/·咍韻/əi/·登韻/əŋ, ək/으로 /ə/를 표기했다. /ə/로 수용된 운이 5종으로 줄어든다. 『만엽집』에서는 之韻/ɪə/·魚韻/ɪo～ɪə/·咍韻/əi/·登韻/əŋ, ək/·模韻/o/·鍾韻/ɪoŋ, ɪok/으로 /ə/를 표기했다.

언뜻 보기에 『만엽집』에서도 을류 모음 /ə/가 아주 많은 운에 대응하는 것 같지만 사실은 그렇지 않다. 위의 음가 배당표에서 /ə=o/로 표시한 것은 이미 을류의 /ə/ 모음과 갑류의 /o/ 모음이 하나로 합류했음을 뜻한다. 또한 을류의 /ə/ 모음으로 표시했더라도, 갑류 모음 /o/와 상보적으로 분포하는 /ə/ 모음이 대부분이다. 이들의 /ə/를 모음체계에서 제외하면, 음운론적 대립 가치를 가지고 있는 것은 之韻/ɪə/·魚韻/ɪo～ɪə/·登韻/əŋ, ək/의 /ə/뿐이다. 이 /ə/가 模韻/o/·豪韻/ɑu/의 갑류 모음 /o/와 음운론적으로 대립할 뿐이다. 따라서 『만엽집』에서도 을류 모음 /ə/가 실질적으로 대립적 가치를 가지는 것은 之韻/ɪə/·魚韻/ɪo～ɪə/·登韻/əŋ, ək/의 /ə/로 한정된다.

한편, 을류 모음의 일종인 제7의 모음 /ɨ/는 『고사기』에서 脂韻/ɪi/·微韻/ɪəi/·之韻/ɪə/을 수용한 것이다. 『일본서기』에서는 微韻/ɪəi/을, 『만엽집』에서는 支韻/ɪe/·之韻/ɪə/을 수용했다. 이들의 등이 모두 3등 B 또는 3등 C이다. 전기 중고음에서 3등 B·C가 음운론적으로 3등 A와 대립하는데(이승재 2018: 238～239), 이것을 상대 일본어에서는 각각 을류의 /ɨ/와 갑류의 /i/로 구별하여 수용했다. 따라서 제7의 모음 /ɨ/가 외래적인 모음임은 분명하다.

결론적으로 을류 모음은 『고사기』에서 8종의 운으로 표기되다가, 『일본서기』에서 6종으로 줄어들고, 『만엽집』에서 다시 4종으로 줄어든다. 이것은 3종의 텍스트에서 을류 모음이 점점 줄어드는 점진적 변화가 일어났음을 말해 준다.

이제, 『고사기』·『일본서기』·『만엽집』 음가나의 자음체계를 정리한다. 이때에도 위의 (6)·(9)·(10)에 제시한 세 가지 음도를 이용한다.

(6)의 『고사기』 60음도에서는 /p, b, t, d, k, g, s, z, m, n, j, r, w/의 13종 자음이 행에 배열된다. P행과 B행의 음절을 표기하는 만요가나는 모두 성모가 양순음인 한자이다. 이것은 P행과 B행에 온 만요가나의 한국 한자음으로 증명할 수

있다. 한국 한자음에서는 이들의 초성이 항상 양순음 'ㅂ' 또는 'ㅍ'으로 수용되므로, 상대 일본어에서도 순음이 마찰음 /ɸ, β/가 아니라 파열음 /p, b/로 수용되었다고 할 수 있다. 상대 일본어에서는 /j/와 /w/가 자음의 일종이므로 이들을 자음체계 논의에 포함하기로 한다.

중요한 것은 『고사기』의 자음목록이 『일본서기』·『만엽집』의 자음목록과 일치한다는 점이다. 이 점에서 나라시대의 자음목록과 자음체계는 통시적 변화를 겪지 않고 한 가지로 줄곧 유지된다고 해도 무방하다.

(16) 『고사기』·『일본서기』·『만엽집』 음가나의 자음체계

방식 \ 위치		순음	설치음	아음
파열	무성	p	t	k
	유성	b	d	g
마찰	무성		s	
	유성		z	
비음		m	n	
유음			r	
반자음			j	w

위의 표에서 볼 수 있듯이, 조음위치는 순음·설치음·아음의 3종이고 구개음은 독자적 조음 위치가 아니다. 조음방식은 파열음·마찰음·비음·유음·반자음의 5종이다. 파찰음이 없는 대신에, 파열음과 마찰음은 청음인 /p, t, k, s/와 탁음인 /b, d, g, z/의 둘로 각각 나뉜다.

우리는 S·Z행에서 파찰음을 인정하지 않았다. 『고사기』 음가나에서 '志'의 章母/tɕ/가 [ʦs] 또는 [ʧ]로 수용되고 '斯'의 心母/s/가 [s]로 수용된다고 하는 것은 한어 중고음을 『고사기』 음가나에 그대로 대입한 음성학적 기술에 불과하다. '志'의 章母/tɕ/와 '斯'의 心母/s/가 『고사기』 음가나에서 동음 관계이므로, 외래적 표기에 반영된 '志'의 [ʦs, ʧ]와 '斯'의 [s]는 동일 음소 /s/의 변이음에 해당한다(松本克己 1995: 145). 우리는 음운론적 기술 방법과 차용음운론의 대체 차용을 항상 중시

하므로 한어 중고음의 파찰음이 상대 일본어에서 마찰음으로 대체되어 수용되었다고 기술한다.

상대 일본어에서는 구개 자음의 존재도 부정된다. 전기 중고음의 구개음에는 章母/tɕ/, 昌母/tɕʰ/, 船崇/dʑ/, 書母/ɕ/, 常俟/ʑ/가 있지만, 이들이 가요 표기에서 구개음으로 수용되는 일이 없다. 표기에 사용되었다 하더라도 이들 구개음이 치조음과 동음 관계인 것이 대부분이다. 더욱이 가요 표기에서는 CjV 음절형이 원천적으로 부정되므로 구개음화가 일어날 일도 없다.

(16)의 13종 자음은 음운론적 환경에 구애받지 않고 모든 모음 앞에 두루 올 수 있었다. 다만, øE·JI·WU의 세 음절은 3종의 텍스트에서 항상 체계적 공백이다. JI·WU의 공백은 동기관적인 음소 연쇄 /j+i/와 /w+u/에서 각각 /j/와 /w/가 삭제된 것이므로 음운론적 설명이 가능하다. øE 음절이 3종의 텍스트에서 항상 공백이므로 우리는 이것도 체계적 공백이라고 본다. 원시 일본어에는 전설중모음 /*e/가 있었는데, /*e/가 후설화(또는 중설화)함으로써 øE 음절이 공백이 되었다고 기술한다. 이 후설화는 을류 모음 /ə/의 발생과도 관련되므로, 일본어 음운사에서 암시하는 바가 아주 크다.

(6)의 『고사기』 60음도에서는 øO·KE·ZO·BO·JO·WI·WO의 7종 음절이 우연한 공백이다. KE 음절을 제외한 나머지 음절은 한결같이 탁음절이다. 이 점을 강조하면 이들은 우연한 공백이다.

(9)의 『일본서기』 60음도에서 β군으로 한정하면 øO·GE·GƎ·ZA·ZI·ZE·ZƎ·ZO·DI·DO·NU·BU·BE·RO·WO의 15종 음절이 우연한 공백이다. 『일본서기』 α군에서는 우연한 공백이 øO·GI·GE·GO·SO·ZA·ZE·ZƎ·ZO·DI·DO·BU·BE·BƎ·RO·WO의 16종 음절이다. 이들도 거의 대부분 탁음절이다.

(10)의 『만엽집』 50음도에서 우연한 공백은 ZE·BO 음절의 둘뿐이다. 흥미롭게도 이 둘은 『만엽집』 Q군에서만 공백이고 P군에는 우연한 공백이 없다. 만약에 『만엽집』 음가나의 모음체계를 6모음체계로 보아 60음도로 정리하면, 당연히 공백이 늘어난다. øO·GO·SO·ZO·NO·PƎ·BƎ·MƎ·JO·RO·WƎ의 11종 음절이 추가된다. 그런데 PƎ·BƎ·MƎ·WƎ의 4종 음절에서는 /o/가 오고 나머지 7

종의 음절에서는 /ə/가 오므로, 이 11종의 음절에서는 갑류의 /o/와 을류의 /ə/가 상보적으로 분포한다. 원순성을 가지는 P·B·M·W의 뒤에 /o/가 오고 설치음 뒤에 /ə/가 오므로, 이 상보적 분포를 활용하여 /o/와 /ə/를 하나로 합쳐서 /o=ə/라고 할 수 있다. 따라서 이 11종의 음절에서 공백인 것은 모두 갑류와 을류 모음이 합류하여 발생한 체계적 공백이다.

『만엽집』 P군에서는 우연한 공백이 없으므로, Q군의 ZE·BO 음절은 우연한 공백임이 분명하다. P군은 음가나 총량이 아주 많은 데에 비하여 Q군은 아주 적다. 이것은 『만엽집』 P군처럼 자료가 많다면 체계적 공백만 남고 우연한 공백은 모두 사라진다는 것을 뜻한다. 『고사기』·『일본서기』 가요는 각각 112수와 128수에 불과하므로 『만엽집』 Q군과 대비하더라도 음가나 총량이 훨씬 적다. 따라서 우리는 공백인 『고사기』의 7종 음절, 『일본서기』 β군의 14종 음절, 『일본서기』 α군의 15종 음절이 모두 우연한 공백이라고 간주한다.

이처럼 장황하게 체계적 공백과 우연한 공백을 논의한 것은 (16)의 13종 자음에 분포제약이 없었음을 논증하기 위한 것이다. 만약에 분포제약이 있었다면 특정의 몇몇 음절에서는 특정의 몇몇 자음이 오지 않는다는 음절구조제약이 있었다고 기술해야 한다. 그런데 모든 자음에서 분포제약이 없었으므로, “모든 모음 앞에 모든 자음이 올 수 있었다”고 정리하는 것이 정확하다. 다만, 『만엽집』 음가나에서 원순성을 가지는 P·B·M·W의 뒤에 갑류의 /o/가 오고 설치음 뒤에 을류의 /ə/가 온다는 것은 체계적 현상이므로, 이 상보적 분포를 음절구조제약에 넣을 수 있다.

다음으로, 중고음 성모의 대체 수용을 정리한다. 아래의 표에서 羊母/j/는 편의상 치음 행에 넣었다. ‘-’을 친 것은 해당 성모가 사용되지 않았음을 뜻하고, ( )를 친 것은 용례가 소수임을 가리킨다. 두 가지 음가로 수용될 때에는 병렬하되, 우세한 음가를 앞에 두었다.

(17) 중고음 성모의 텍스트별 대체 수용표

<table>
<tr><th colspan="2">텍스트
성모</th><th>『고사기』</th><th>『일본서기』</th><th>『만엽집』</th></tr>
<tr><td rowspan="7">순음</td><td>滂/p^h/</td><td>–</td><td rowspan="3">p</td><td>–</td></tr>
<tr><td>敷/p^h/
幇/p/</td><td>p</td><td>p</td></tr>
<tr><td>非/p/</td><td>p, b</td><td>p, b</td></tr>
<tr><td>並/b/</td><td>b, p</td><td>p, b</td><td>b, p</td></tr>
<tr><td>奉/b/</td><td>b</td><td>p</td><td>b</td></tr>
<tr><td>明/m/</td><td rowspan="2">m</td><td>m, b</td><td rowspan="2">m</td></tr>
<tr><td>微/m/</td><td>m</td></tr>
<tr><td rowspan="9">설음</td><td>透徹/t^h/</td><td>–</td><td rowspan="3">t</td><td>–</td></tr>
<tr><td>端/t/</td><td rowspan="2">t</td><td>t, (d)</td></tr>
<tr><td>知/t/</td><td>t</td></tr>
<tr><td>定/d/</td><td rowspan="2">d</td><td>t, d</td><td rowspan="2">d</td></tr>
<tr><td>澄/d/</td><td>–</td></tr>
<tr><td>泥/n/</td><td rowspan="2">n</td><td>n, d</td><td>n, (d)</td></tr>
<tr><td>日/n/</td><td>n, z</td><td>n</td></tr>
<tr><td>娘/n/</td><td>–</td><td>n</td><td>–</td></tr>
<tr><td>來/r/</td><td>r</td><td>r</td><td>r</td></tr>
<tr><td rowspan="8">치음</td><td>淸/$ʦ^h$/</td><td>–</td><td rowspan="5">s</td><td>–</td></tr>
<tr><td rowspan="2">心/s/
書/ɕ/
精/ʦ/
章/ʨ/</td><td rowspan="2">s</td><td>s, (z)</td></tr>
<tr><td>s</td></tr>
<tr><td rowspan="2">邪/z/
從/dz/</td><td rowspan="4">z</td><td>–</td></tr>
<tr><td rowspan="2">z</td></tr>
<tr><td>常/ʑ/</td><td rowspan="2">–</td></tr>
<tr><td>崇/dʑ/</td><td>–</td></tr>
<tr><td>羊/j/</td><td>j</td><td>j</td><td>j</td></tr>
</table>

<table>
<tr><td rowspan="6">아후음</td><td rowspan="2">見/k/
曉/h/
溪/k^h/</td><td rowspan="2">k</td><td rowspan="2">k</td><td>k</td></tr>
<tr><td>k, (g)</td></tr>
<tr><td>群/g/</td><td>k, g</td><td>k, (g)</td><td>k, g</td></tr>
<tr><td>疑/ŋ/</td><td>g</td><td>g</td><td>g</td></tr>
<tr><td>匣/ɦ/</td><td>g, ø</td><td rowspan="2">ø</td><td>g, ø</td></tr>
<tr><td>云/ɦ/
影/ʔ/</td><td>ø</td><td>ø</td></tr>
</table>

위의 대체 수용표에서 가장 먼저 눈에 띄는 것은 『고사기』와 『만엽집』의 성모 대체 수용이 서로 유사한 데에 반하여 『일본서기』는 크게 차이가 난다는 점이다. 첫째는 유성음의 수용에서 차이가 나고 둘째는 탈비음화에서 차이가 난다.

첫째로, 『고사기』·『만엽집』에서는 중고음의 유성음을 대부분 탁음으로 수용하지만 『일본서기』에서는 거꾸로 청음으로 수용하는 것이 원칙이다. 유성음인 奉母/b/를 『고사기』·『만엽집』에서는 항상 탁음인 /b/로 수용하지만 『일본서기』에서는 항상 청음인 /p/로 수용한다. 並母/b/도 『고사기』·『만엽집』에서는 탁음인 /b/로 수용하는 것이 원칙이지만, 『일본서기』에서는 청음인 /p/로 수용하는 것이 원칙이다. 『고사기』·『만엽집』에서는 설음에서도 定母·澄母/d/를 항상 탁음 /d/로 수용하지만, 『일본서기』에서는 청음 /t/로 수용하는 것이 원칙이다. 『고사기』·『만엽집』에서는 치음의 從母/dz/와 常母/ʑ/를 항상 탁음 /z/로 수용하지만, 『일본서기』에서는 從母/dz/와 邪母/z/를 항상 청음 /s/로 수용한다. 이들에서 『고사기』·『만엽집』에서는 중고음의 유성음을 탁음으로 수용하는 것이 원칙이지만 『일본서기』에서는 청음으로 수용하는 것이 원칙임을 알 수 있다.

이 원칙에 따르면 아후음의 群母/g/를 『고사기』·『만엽집』에서는 /g/로 수용하고 『일본서기』에서는 /k/로 수용하는 것이 맞다. 『고사기』·『만엽집』에서는 群母 /g/를 청음 /k/로 수용하는 대신에, /g/의 표기에는 疑母/ŋ/를 사용한다. /g/의 표기에 疑母/ŋ/를 사용한다는 것은 『고사기』·『만엽집』뿐만 아니라 『일본서기』에서도 마찬가지였다. 이 둘이 차이를 보이는 것은 오히려 匣母/ɦ/이다. 『고사기』·『만엽집』에서는 匣母/ɦ/가 개구일 때에는 /g/로 수용되지만, 『일본서기』에서는 합구인 匣母字만을 사용함으로써 匣母/ɦ/가 항상 삭제된다.

이처럼 중고음의 수용 양상에서 『고사기』·『만엽집』의 음가나와 『일본서기』의 음가나는 아주 크게 차이가 난다. 이것을 대부분의 학자들이 전기 중고음과 후기 중고음의 차이로 이해한다. 즉, 『고사기』·『만엽집』이 수용한 한자음은 위진 남북조 시기의 전기 중고음을 백제를 거쳐 수용한 것이라 하고, 이것을 일본의 吳音이라고 부른다. 반면에, 『일본서기』가 수용한 한자음은 당나라로부터 직접 수용한 후기 중고음이고, 이것을 일본의 漢音이라고 부른다.

이 오음과 한음의 차이 중에서 가장 두드러진 것 중의 하나가 濁音淸化의 적용 여부이다. 전기 중고음을 수용한 오음에서는 청음과 탁음이 음운론적으로 대립했지만, 후기 중고음을 수용한 한음에서는 새로 탁음청화가 일어나 유·무성 구별이 음운론적으로 무의미해지기 시작했다. 이것이 『일본서기』 음가나에도 반영되어 유성음인 並母·奉母/b/, 定母·澄母/d/, 邪母/z/·從母/dz/, 群母/g/ 등이 청음인 /p/, /t/, /s/, /k/ 등을 각각 표기하게 되었다. 따라서 『일본서기』 음가나에서 이들 성모가 청음을 표기하게 된 것은 일본 고유의 변화가 아니라 한어에서 비롯된 외래적 변화라고 할 수 있다.

둘째로, 『고사기』·『만엽집』의 음가나와 『일본서기』의 음가나는 탈비음화의 수용 여부에서 크게 차이가 난다. 『일본서기』에서는 중고음의 明母/m/가 /b/를 표기하고, 泥母/n/가 /d/를 표기할 때가 많다. /m/과 /n/의 음운자질인 비음성이 없어져 /b/와 /d/가 되는 것을 탈비음화라 하는데, 우리는 日母/n/가 /z/로 바뀌는 것은 유사 탈비음화라 하여 구별했다. 탈비음화 또는 유사 탈비음화를 반영한 표기가 『일본서기』의 음가나에서 두루 확인된다.

반면에, 『고사기』 음가나에서는 탈비음화를 반영한 표기를 전혀 찾을 수 없다. 따라서 『고사기』 음가나는 전기 중고음 즉 오음 계통이고, 『일본서기』 음가나는 후기 중고음 즉 한음 계통임을 믿을 수 있다. 『만엽집』 음가나에서는 '泥'에만 탈비음화가 반영되는데, 이것은 『일본서기』의 탈비음화 표기가 후대의 『만엽집』에 전승된 것이다.

중요한 것은 『일본서기』 음가나에 탈비음화가 반영되어 있다 하더라도 이것이 동시에 전면적으로 일어난 것이 아니라 시간적 간격을 두고 점진적으로 일어났다는 점이다. '怒, 奴 〈 磨, 魔, 謎 〈 泥, 迺/廼, 瀰 〈 涅, 弭, 寐 〈 娜'에서 뒤쪽에 둔 음가나의 탈비음화 완성도가 높다. 따라서 『일본서기』 음가나의 탈비음화는 Wang(1968)의 어휘확산 이론으로 기술하는 것이 정확하다. 탈비음화가 처음에는 산발적으로 일어나다가 점진적으로 여러 어휘로 확산하는 양상을 보이기 때문이다.

위에 열거한 음가나는 탈비음화를 반영하는데, 이 중에서 /de/를 표기하는 '泥'만 『만엽집』에 전승된다. 나머지는 『만엽집』에서 사용되지 않거나, 탈비음화 이전의 음가를 표기한다. 이것을 언어의 통시적 변화로는 정확하게 기술할 수 없다. 『만엽집』에서 일어난 변화를 정확히 기술하려면, 오히려 한자음의 계통적 차이를 기준으로 삼는 것이 정확하다. 『만엽집』 음가나는 표기와 음운의 관점에서 『고사기』 계통이지, 『일본서기』 계통이 아니다. 森博達(1991)이 강조한 바 있듯이, 『일본서기』 α군에서는 음가나의 표기와 음운이 기본적으로 한어에 바탕을 두고 있다. 반면에 『만엽집』 음가나는 일본의 전통적 표기에 바탕을 둔 『고사기』 음가나를 이어받은 것이다(大野晋 1957: 32~35). 결론적으로, 『만엽집』 음가나는 기본적으로 『고사기』 음가나를 전승하면서 부분적으로는 『일본서기』 음가나의 특징을 새로이 수용한 것이라 할 수 있다.

이제, 목간의 음가나를 포괄함으로써 우리의 논의를 마무리하기로 한다. 목간 음가나는 상대 일본의 표기 전통을 7세기 중엽 이래로 꾸준히 이어온 대표적인 예이다. 목간 음가나는 청탁 구별을 무시하지만 『만엽집』 음가나와 가장 유사하고, 목간의 음표기 가요가 훈표기 위주의 표기로 바뀌어 『만엽집』 Q군에 수록되기도 한다. 『만엽집』 음가나뿐만 아니라 목간의 음가나를 충실하게 수용한 것이 헤이안 초기의 가나이다.

그 대표적인 가나가 TO 음절을 표기하는 '止'이다. 이 '止'는 『고사기』·『일본서기』에서는 전혀 사용된 바 없고, 『만엽집』에 와서야 비로소 모습을 살짝 드러낸다. 반면에 목간 가요에서는 일찍부터 TO 음절의 표기에 '止'를 꾸준히 사용해 왔다. 그런데 헤이안 초기부터 갑자기 TO 음절을 대표하는 가나로 '止'가 선택된다. 이 '止'를 문헌자료의 음가나로는 설명할 수 없지만, 목간의 음가나로는 아주 자연스럽게 설명할 수 있다. 목간 음가나에서는 TO 음절의 대표자가 지속적으로 '止'였기 때문이다. 따라서 헤이안 초기 이후의 가나는 『만엽집』과 목간의 두 가지 음가나를 기반으로 한다고 결론지을 수 있다. 물론 우리가 논외로 했던 훈가나가 헤이안 초기부터 가나로 선택된 것도 적지 않으므로 주의할 필요가 있다.

우리는 가요 텍스트를 『고사기』·『일본서기』·『만엽집』의 3종으로 나누고 분석 대상을 음가나로 한정하여 상대 일본어의 음운체계를 재구했다. 이 3종의 텍스트에서 자음체계는 전혀 변동이 없지만, 모음체계는 텍스트별로 점진적 변화를 경험했다. 『고사기』에서는 기본모음 /a, i, u, e, o/에 을류 모음 /ə/가 더해진 6모음체계가 기본이되, G·B·M의 3행에서 제7의 모음 /ɨ/가 설정된다. 이 /ɨ/는 전기 중고음의 중뉴대립에 그 기반을 두고 있으므로 외래적 모음이다. 『일본서기』 음가나도 기본적으로 6모음체계이되, M행에서만 제7의 모음 /ɨ/가 설정된다. 『만엽집』 음가나에서도 G행에서 /ɨ/가 설정된다. 『만엽집』 음가나는 5모음체계가 기본이되, K·G·M의 3행에만 을류 모음 /ə/ 또는 /ɨ/가 설정된다. 상호 대비를 위하여 이들을 수치로 비유하면, '6.3 〉 6.1 〉 5.3 〉 5.0'의 점진적 변화를 거쳐 9세기 4/4분기에 5모음체계가 확립된다.

橋本進吉(1917/49)와 有坂秀世(1933/55: 446) 이래로 상대 일본어의 8모음설은 "일본어학의 세계적 상식"으로 널리 알려져 있지만, 가요 표기의 음가나로 한정하면 이 8모음설이 실증되지 않는다. 8모음설은 희귀 음가나뿐만 아니라 훈가나도 포함하고 모든 상대 일본어 자료를 한군데로 망라하여 분석할 때에만 성립하는 이론적 모음체계일 뿐이다.

또한 만요가나는 상대 일본어의 음운체계 연구에 도움이 되지 않는다는 견해도 있지만(有坂秀世 1933/55: 192), 이승재(2018)이 재구한 전기 중고음을 기준으로 삼고 차용음운론의 대체 수용을 적용하면, 한어 중고음이 90% 이상의 음가나에서 정상적으로 수용되고 극히 일부에서만 예외적으로 수용된다. 따라서 우리는 상대 일본어의 음운론 연구에 만요가나의 음가나보다 더 좋은 자료는 없다고 본다.

참고문헌

姜信沆(2011), 南·北系 漢語와 韓國漢字音, 『韓國語硏究』 8, 서울: 韓國語硏究會.

姜信沆(2015), 전탁음에 대하여, 『韓國語硏究』 12, 서울: 韓國語硏究會.

강인선(1991), 일본한자음 연구사, 김방한(편)(1991), 서울: 서울대학교출판부.

康仁善(2004), 『萬葉集』의 人麻呂 表記에 관한 한 문제, 『일본어학연구』 11, 서울: 일본어학회.

강인선(2015), 가나의 역사와 현황, 『한글』 307, 서울: 한글학회.

고노 로쿠로(河野六郞)(2010)(李珍昊 譯註), 『한국 한자음의 연구』, 서울: 역락.

권경애(1995), 상대일본어에 나타나는 모음탈락형, 『일어일문학연구』 26, 서울: 한국일어일문학회.

권경애(1996), 상대일본어의 모음탈락과 액센트 높이와의 상관성, 『일어일문학연구』 29, 서울: 한국일어일문학회.

권경애(2001), 모음탈락을 전제로 한 차훈차용 표기에 대하여, 『일어일문학연구』 38, 서울: 한국일어일문학회.

김대성(2003), 상대일본어의 이(イ) 을류의 소릿값 연구, 『일어일문학연구』 45, 서울: 한국일어일문학회.

김방한(편)(1991), 『언어학 연구사』, 서울: 서울대학교출판부.

金思燁(1983), 『日本의 万葉集』, 서울: 民音社.

金完鎭(1965), 原始國語 母音論에 關係된 數三의 課題, 『震檀學報』 28, 서울: 震檀學會.

金完鎭(1968/71), 高句麗語에 있어서의 t 口蓋音化現象에 대하여, 『國語音韻體系의 硏

究』, 서울: 一潮閣.
金完鎭(1971),『國語音韻體系의 硏究』, 서울: 一潮閣.
金完鎭(1980),『鄕歌解讀法硏究』, 서울: 서울대출판부.
金完鎭(1983),『鷄林類事』와 音節末 子音,『國語學』 12, 서울: 國語學會.
모리 히로미치(森博達)(2006)(심경호 역),『일본서기의 비밀』, 서울: 황소자리.
朴炳采(1971),『古代國語의 硏究』, 서울: 고려대 출판부.
宋敏(1975), 上代日本語의 母音體系,『日本學報』 3, 서울: 韓國日本學會.
宋敏(1981),『日本語의 構造』, 서울: 教學硏究社.
오노 야스마로(太安万呂)(2007)(권오엽·권정 옮김),『고사기』 상·중·하, 서울: 고즈윈.
오키모리 타쿠야(沖森卓也)(2002)(강인선 역), 古代日本의 文字法,『口訣硏究』 9, 서울: 口訣學會.
李基文(1977),『國語音韻史 硏究』, 서울: 國語學會.
李基文(1981), 吏讀의 起源에 대한 一考察,『震檀學報』 52, 서울: 震檀學會.
이노우에 후미오(井上史雄)(2005)(강인선 역),『일본어 관찰하기』, 서울: 박이정.
李崇寧(1955/78),『新羅時代의 表記法體系에 關한 試論』, 서울: 탑출판사.
李丞宰(2011), 彌勒寺址 木簡에서 찾은 古代語 數詞,『國語學』 62, 서울: 國語學會.
이승재(2013),『漢字音으로 본 백제어 자음체계』, 서울: 태학사.
이승재(2016),『漢字音으로 본 고구려어 음운체계』, 서울: 일조각.
이승재(2017),『木簡에 기록된 古代 韓國語』, 서울: 일조각.
이승재(2018),『前期 中古音—世說新語 對話文 用字의 音韻對立』, 서울: 일조각.
이연숙(2012～18),『한국어역 만엽집 1-14』, 서울: 도서출판 박이정.
이연숙(2015),『한국어역 만엽집 8』, 서울: 도서출판 박이정.
이연숙(2017),『한국어역 만엽집 9』, 서울: 도서출판 박이정.
이토 지유키(伊藤智ゆき)(2011)(이진호 역),『한국 한자음 연구: 본문편』, 서울: 역락.
이토 지유키(伊藤智ゆき)(2011)(이진호 역),『한국 한자음 연구: 자료편』, 서울: 역락.
조대하(2009), 자음가나 '奇·宜·義' 에 대한 고찰—고대일본어의 모음체계와 관련하여,『일어일문학연구』 71-1, 서울: 한국일어일문학회.
칼그렌, 버나드(Karlgren, Bernhard)(1985)(崔玲愛 譯),『古代 漢語音韻學 槪要』, 서울: 民音社.
하시모토 신키치(橋本進吉)(2003)(김대성 역),『고대 일본어의 음운에 대하여』, 서울: 제이앤씨.
한미경·권경애·오미영(2006),『일본어의 역사』, 서울: 제이앤씨.
허웅(1965),『국어음운학』, 서울: 정음사.
후지이 모리(藤井茂利)(2001)(최광준 역),『고대 일본어의 표기법 연구—동아시아 한자의 사용법 비교—』, 서울: 제이앤씨.
히라야마 히사오(平山久雄)(2013)(李準煥 역), 中古 漢語의 音韻 (1)·(2), 『口訣研究』 30·31, 서울: 口訣學會.

姜斗興(1982), 『吏讀と萬葉假名の研究』, 大阪: 和泉書院.
乾善彦(2003a), 『漢字による日本語書記の史的研究』, 東京: 塙書房.
乾善彦(2003b), 漢字表現の多重性と假名書き歌の定位, 神野志降光(編)(2003), 東京: 學燈社.
乾善彦(2005), 万葉集假名書き歌卷論序說, 『大阪女子大學人文學科日本語日本文學専攻紀要』 56, 大阪: 大阪女子大學日本語日本文學研究室.
乾善彦(2012), 古代の假名使用と万葉歌木簡, 第43回 口訣學會 論文發表集, 서울: 口訣學會.
犬飼隆(1992), 『上代文字言語の研究』, 東京: 笠間書院.
犬飼隆(2000), 木簡から万葉集へ, 『古代日本の文字世界』, 東京: 大修館書店.
犬飼隆(2005a), 古代の「言葉」から探る文字の道, 平川南(編)(2005), 東京: 大修館書店.
犬飼隆(2005b), 七世紀の万葉假名, 平川南(編)(2005), 東京: 大修館書店.
犬飼隆(2005/11), 『木簡による日本語書記史』, 東京: 笠間書院.
犬飼隆(2006), 日本語を文字で書く, 上原眞人 外(編)(2006), 東京: 岩波書店.
犬飼隆(2008), 『木簡から探る和歌の起源』, 東京: 笠間書院.
犬飼隆(2017a), 平安京出土「難波津歌」木簡の價值, 『日本歷史』 824.
犬飼隆(2017b), 連合假名を文字運用の一般論から見る, 犬飼隆(編)(2017), 東京: 竹林舍.
犬飼隆(編)(2017), 『古代の文字文化』, 東京: 竹林舍.
工藤力男(2003), 万葉集を讀むための三つの視点, 神野志降光(編)(2003), 東京: 學燈社.
橋本万太郎 外(1987), 『漢字民族の決断』, 東京: 大修館書店.
橋本進吉(1917/49), 國語假名遣研究史上の一發見―石塚龍麿の假名遣奥山路について, 橋本進吉(1949/65), 東京: 岩波書店.
橋本進吉(1942), 『古代國語の音韻に就いて』, 東京: 明世堂.
橋本進吉(1949/65), 『文字及び假名遣の研究』(橋本進吉博士著作集 第3册), 東京: 岩波書店.
橋本進吉(1950), 『國語音韻の研究』(橋本進吉博士著作集 第5册), 東京: 岩波書店.
橋本進吉(1951/83), 『上代語の研究』(橋本進吉博士著作集 第4册), 東京: 岩波書店.
龜井孝(外編)(1963~1970), 『日本語の歷史 1~7』, 東京: 平凡社.
權景愛(2000), 『上代日本語における母音脫落』, 筑波大學博士學位論文.
吉野秋二(2015), 平安京左京四條一坊出土の「なにはつ」歌の木簡, 2015年 木簡學會發表.

吉田金彦(1976), 日本語の動詞構造と母音交替,『言語』5-6, 東京: 大修館書店.
吉川眞司(2016), 法會と歌木簡ー神雄寺遺跡出土歌木簡の再檢討,『萬葉集研究』36, 東京: 塙書房.
金大成(2000),『中古漢字音の再構成: 日韓資料による韻母音を中心に』, 福岡大學博士學位論文.
內田賢德(2001), 定型とその背景ー短歌の黎明期,『國語國文學』(2001年 11月), 東京大學國語國文學會.
大野晉(1953),『上代假名遣の研究ー日本書紀の假名を中心として』, 東京: 岩波書店.
大野晉(1954), 奈良時代のヌとノの萬葉假名について,『萬葉』12, 大阪: 萬葉學會.
大野晋(1955), 万葉時代の音韻,『万葉集大成』6, 東京: 平凡社. 大野晋(1982) 再錄.
大野晉(1957),『日本語の起源』(岩波新書), 東京: 岩波書店.
大野晉(1962), (校注の覺え書四) 卷十八の破損と平安時代の補修について,『日本古典文學大系 萬葉集 4』, 東京: 岩波書店.
大野晉(1974),『日本語をさかのぼる』, 東京: 岩波書店.
大野晉(1976), 上代日本語の母音體系について,『言語』5-6, 東京: 大修館書店.
大野晋(1977a), 音韻の變遷(1),『音韻』(岩波講座 日本語 5), 東京: 岩波書店.
大野晉(1977b), 主格助詞「が」の發達(上,下)『文學』45·46·47, 東京: 岩波書店.
大野晋(1980),『日本語の成立』(日本語の世界 1), 東京: 中央公論社.
大野晉(1982),『假名遣と上代語』, 東京: 岩波書店.
大野晉(外)(1957~62),『萬葉集 一~四』(日本古典文學大系), 東京: 岩波書店.
大野晉(外編)(1974),『岩波古語辭典』, 東京: 岩波書店.
大野透(1962/77),『新訂 萬葉假名の研究』, 東京: 明治書院.
大野透(1977),『續 萬葉假名の研究』, 東京: 明治書院.
稻岡耕二(1976),『万葉表記論』, 東京: 塙書房.
稻岡耕二(1979), 万葉集の用字, 稻岡耕二(編)(1979), 東京: 學燈社.
稻岡耕二(編)(1979),『万葉集必携』(別冊國文學·NO.3), 東京: 學燈社.
稻岡耕二(編)(1981),『万葉集必携』(別冊國文學·NO.12), 東京: 學燈社.
稻岡耕二(編)(1993),『万葉集事典』(別冊國文學·NO.46), 東京: 學燈社.
稻岡耕二(1999),『聲と文字 上代文學へのアプローチ』, 東京: 塙書房.
東野治之(1983), 平城京出土資料よりみた難波津の歌,『日本古代木簡の研究』, 東京: 塙書房.
東野治之(1999), 出土資料からみた漢文の受容,『國文學 解釋と教材の研究』44-11, 東京: 學燈社.
藤堂明保(1977), 漢字概說,『文字』(岩波講座 日本語 8), 東京: 岩波書店.

藤本幸夫(1986), '中'字攷, 『論集 日本語研究(二) 歷史編』, 東京: 明治書院.
藤本幸夫(1988), 古代朝鮮の言語と文字文化, 岸俊男(編)(1988), 東京: 中央公論社.
藤井茂利(1996), 『古代日本語の表記法研究』, 東京: 近代文藝社.
鈴木景二(2009), 平安前期の草假名墨書土器と地方文化一富山縣赤田 I 遺跡出土の草假名墨書土器, 『木簡研究』 31, 奈良: 木簡學會.
鈴木景二(2013), 平安京右京三條一坊六町(西三條第百花亭跡)出土の木簡·墨書土器一假名墨書土器の部, 2013年 木簡學會發表.
鈴木景二(2017), 出土資料に書かれた歌, 犬飼隆(編)(2017), 東京: 竹林舍.
瀨間正之(2015), 『記紀の表記と文字表現』, 東京: おうふう.
瀨間正之(2017) 高句麗·百濟·新羅·倭における漢字文化受容, 犬飼隆(編)(2017), 東京: 竹林舍.
瀨間正之(2019), 〈百濟=倭〉漢字文化圈, 『萬葉集研究』 39, 東京: 塙書房.
柳田征司(2003), 複合によって語中に生じた母音連續における母音の脫落, 『國語學』 54-1(通卷212號), 東京: 武藏野書院.
柳田征司(2014), 『音便の千年紀 日本語の歷史 5(上)』, 東京: 武藏野書院.
李成市(1997), 韓國出土の木簡について, 『木簡研究』 19, 奈良: 木簡學會.
李成市(2005a), 古代朝鮮の文字文化, 平川南(編)(2005), 東京: 大修館書店.
李成市(2005b), 朝鮮の文書行政一6世紀の新羅, 平川南 外(編)(2005), 東京: 吉川弘文館.
馬淵和夫(1962~5/85), 『日本韻學史の研究 I, II, III』, 東京: 日本學術振興會.
馬淵和夫(1970), 『上代のことば』, 東京: 至文堂.
馬淵和夫(1971), 『國語音韻論』, 東京: 笠間書院.
馬淵和夫(1973), 万葉集の音韻, 『萬葉集講座 3』, 東京: 有精堂.
馬淵和夫(1979), 萬葉時代の音韻, 稻岡耕二(編)(1979), 東京: 學燈社.
馬淵和夫(1999), 『古代日本語の姿』, 東京: 武藏野書院.
毛利正守(2009), 歌木簡と人麻呂歌集の書記をめぐって, 『萬葉』 205, 大阪: 萬葉學會.
毛利正守(2010), 萬葉集における訓假名と二合假名の運用, 『敍說』 37, 奈良: 奈良女子大學國語國文學會.
毛利正守(2011), 萬葉集の字余り一音韻現象と唱詠法による現象との間, 『日本語の研究』 7-1, 東京: 武藏野書院.
毛利正守(2017), 古代日本語の表記·文體, 犬飼隆(編)(2017), 東京: 竹林舍.
尾山慎(2007), 万葉集における略音假名と二合假名 韻尾ごとの偏向をめぐって, 『文學史研究』 47, 大阪: 大阪市立大學國語國文學研究室文學史研究會.
尾山慎(2008), 古事記における子音韻尾字音假名について一歌謠以外を中心に一, 『文學史研究』 48, 大阪: 大阪市立大學國語國文學研究室文學史研究會.

尾山慎(2009), 古事記における子音韻尾字音假名について一歌謠を中心に一,『文學史研究』49, 大阪: 大阪市立大學國語國文學研究室文學史研究會.
尾山慎(2012), 二合假名の定位,『文學史研究』52, 大阪: 大阪市立大學國語國文學研究室文學史研究會.
尾山慎(2014), 萬葉集歌表記における「表意性」と「表語性」を巡る一試論,『叙説』41, 奈良: 奈良女子大學日本アジア言語文化學會.
尾山慎(2016), 萬葉集「正訓」攷,『文學史研究』56, 大阪: 大阪市立大學國語國文學研究室文學史研究會.
白藤禮幸(1987),『奈良時代の國語』, 東京: 東京堂出版.
服部四郎(1959),『日本語の系統』, 東京: 岩波書店.
服部四郎(1960),『音韻論と正書法』, 東京: 大修館書店.
服部四郎(1976a), 上代日本語の母音體系と母音調和,『言語』5-6, 東京: 大修館書店.
服部四郎(1976b), 上代日本語の母音音素は六つであって八つではない,『言語』5-12, 東京: 大修館書店.
服部四郎(1983),「橋本進吉先生の學恩」補說(三),『言語』12-5, 東京: 大修館書店.
福田良輔(1965/88),『奈良時代東國方言の研究』, 東京: 風間書房.
本居宣長(1798/1969), 古事記伝,『本居宣長全集』, 東京: 筑摩書房.
峰岸明(1977), 記錄體,『講座日本語 10』, 東京: 岩波書店.
峰岸明(1986),『變體漢文』, 東京: 東京堂出版.
北川和秀(1982),『續日本記宣命 校本 總索引』, 東京: 吉川弘文館.
飛田良文(外編)(2007),『日本語學研究事典』, 東京: 明治書院
山口佳紀(1985),『古代日本語文法の成立の研究』, 東京: 有精堂.
山口佳紀(1993a), 古事記の音假名表記と訓字表記,『和漢比較文學叢書 10』, 東京: 汲古書院.
山口佳紀(1993b),『古代日本文體史論考』, 東京: 有精堂.
山口佳紀(1995),『古事記の表記と訓讀』, 東京: 有精堂.
山本崇(2006), 難波津の歌の新資料一姫路市辻井廢寺出土木簡の再釋讀,『奈良文化財研究所紀要』48, 奈良: 奈良文化財研究所.
山田孝雄(1940/58),『國語の中に於ける漢語の研究』, 東京: 寶文館出版.
森岡隆(2009), 安積山の歌を含む万葉歌木簡三點と難波津の歌,『木簡研究』31, 奈良: 木簡學會.
森繁敏(1984),『上代特殊假名音義』, 大阪: 和泉書院.
森博達(1977), 日本書紀における万葉假名の一特質一漢字原音より觀た書記區分論,『文學』45-2, 東京: 岩波書店.

森博達(1981), 漢字音より観た上代日本語の母音組織,『國語學』126, 東京: 國語學會.
森博達(1988a), 古代の音韻と日本書紀區分論, 岸俊男(編)(1988), 東京: 中央公論社.
森博達(1988b), 古代の文章と日本書紀の成立過程, 岸俊男(編)(1988), 東京: 中央公論社.
森博達(1991),『古代の音韻と日本書紀の成立』, 東京: 大修館書店.
森博達(1999),『日本書紀の謎を解く』, 東京: 中央公論社.
森博達(2011),『日本書紀成立の眞實ー書き換えの主導者は誰か』, 東京: 中央公論社.
上代語編修委員會(1967/83),『時代別 國語大辭典ー上代編』, 東京: 三省堂.
上原眞人 外(編)(2006),『言語と文字』(列島の古代史 6), 東京: 岩波書店.
西宮一民(1970/80),『日本上代の文章と表記』, 東京: 風間書房.
西條勉(2003), 万葉集の〈聲/文字〉, 神野志隆光(編)(2003), 東京: 學燈社.
石塚龍麿(1798)(正宗敦夫 編纂校訂 1929),『假字遣奧山路』, 東京: 伊藤書店.
小谷博泰(1986),『木簡と宣命の國語學的研究』, 大阪: 和泉書院.
小林芳規(1967),『平安鎌倉時代における漢籍訓讀の國語史的研究』, 東京: 東京大學出版會.
小林芳規(1979),『古事記音訓表(上・下)』, 東京: 岩波書店.
小林芳規(1998/99),『圖說 日本の漢字』, 東京: 大修館書店.
小林芳規(2002), 韓國における角筆文獻の發見とその意義ー日本古訓點との関係,『朝鮮學報』107, 天理: 朝鮮學會.
小林芳規(2004),『角筆文獻研究導論 上ー東亞細亞篇』, 東京: 汲古書院.
小林芳規(2017),『平安時代の佛書に基づく漢文訓讀史の研究 IIー訓點の起源』, 東京: 汲古書院.
小林芳規(2019),『平安時代の佛書に基づく漢文訓讀史の研究 IXー訓點表記の歷史』, 東京: 汲古書院.
小林芳規(外)(1982),『古事記』(日本思想大系 1), 東京: 岩波書店.
沼本克明(1986),『日本漢字音の歷史』, 東京: 東京堂出版.
沼本克明(1997),『日本漢字音の歷史的研究ー體系と表記をめぐって』, 東京: 汲古書院.
松本克己(1975), 古代日本語母音組織考ー內的再建の試み,『金澤大學法文學部論集 文學篇』22.
松本克己(1976), 上代日本語の母音組織,『言語』5-6, 東京: 大修館書店.
松本克己(1995),『古代日本語母音論』, 東京: ひつじ書房.
水谷眞成(1957), 唐代に於ける中國語語頭鼻音の進行過程,『東洋學報』30, 東京: 東洋文庫.
水谷眞成(1967), 上中古音の間における音韻史上の諸問題,『中國文化叢書 1 言語』, 東京: 大修館書店.

神野志隆光(編)(2003),『万葉集を讀むための基礎百科』, 東京: 學燈社.
神田秀夫(1950), 古事記の文體に関する一試論,『國語と國文學』, 1950年6月, 東京: 東京大學國語國文學會.
辻本春彦(1954), いわゆる三等重紐の問題,『中國語學研究會會報』24, 東京: 中國語學研究會.
岸俊男(1977/2011),『宮都と木簡』, 東京: 吉川弘文館.
岸俊男(編)(1988),『ことばと文字』(日本の古代 14), 東京: 中央公論社.
榮原永遠男(2007), 木簡として見た歌木簡,『美夫君志』75, 名古屋: 美夫君志會.
榮原永遠男(2011),『万葉歌木簡を追う』, 大阪: 和泉書院.
有坂秀世(1932), 古事記に於けるモの假名の用法について, 有坂秀世(1957/80), 東京: 三省堂.
有坂秀世(1944),『國語音韻史の研究』, 東京: 明世堂書店.
有坂秀世(1955/80),『上代音韻攷』, 東京: 三省堂.
有坂秀世(1957/80),『增訂 國語音韻史の研究』, 東京: 三省堂.
伊藤博(1974),『萬葉集の構造と成立 下』, 東京: 塙書房.
伊藤博(校注)(1985),『萬葉集 上下』, 東京: 角川書店.
伊藤智ゆき(2002),『朝鮮漢字音研究』, 東京大博士學位論文.
井上幸(2017), 一次資料として出土漢字, 犬飼隆(編)(2017), 東京: 竹林舍.
中西進(1985),『萬葉集』, 東京: 講談社.
中田祝夫(編)(1983),『古語大辭典』, 東京: 小學館.
增田正(1940), 万葉集假名書の卷々の使用假名字母に就いて,『國語國文』10-8, 京都: 京都大學國文學會.
池上禎造(1932), 古事記に於ける毛母について,『國語·國文』2-10, 京都: 京都大學國文學會.
津田左右吉(1963),『津田左右吉全集一』, 東京: 岩波書店.
築島裕(1969/78),『平安時代語新論』, 東京: 東京大學出版會.
築島裕(1977/85),『國語の歷史』, 東京: 東京大出版部.
築島裕(1981),『日本語の世界 5 假名』, 東京: 中央公論社.
築島裕(1985),『平安時代の國語』, 東京: 東京堂出版.
春日政治(1933/82), 假名發達史序説,『岩波講座 日本文學』, 東京: 岩波書店.
春日政治(1982),『假名發達史の研究』(春日政治著作集 1), 東京: 勉誠社.
春日政治(1946/83),『國語文體發達史序説』(春日政治著作集 2), 東京: 勉誠社.
沖森卓也(2000),『日本古代の表記と文體』, 東京: 吉川弘文館.
沖森卓也(2002), 訓假名用法の分類,『立教大學日本語研究』, 東京: 立教大學日本語研究會.

沖森卓也(2003),『日本語の誕生 古代の文字と表記』(歷史文化ライブラリ-151), 東京: 吉川弘文館.
沖森卓也(2006), 漢字の受容と訓讀, 沖森卓也 外(編)(2006), 東京: 吉川弘文館.
沖森卓也(2009),『古代日本の文字と表記』, 東京: 吉川弘文館.
沖森卓也(2010/11),『はじめて讀む日本語の歷史』, 東京: ベレ出版.
沖森卓也 外(編)(2006),『文字表現の獲得』(文字と古代日本 5), 東京: 吉川弘文館.
太田善麿(1962),『古代日本文學思潮論 III－日本書紀の考察』, 東京: 櫻楓社.
平山久雄(1967), 中古漢語の音韻,『中國文化叢書 1 言語』, 東京: 大修館書店.
平山久雄(1982), 森博達氏の日本書紀α群原音依據說について,『國語學』128, 東京: 國語學會.
平山久雄(1983), 森博達氏の日本書紀α群原音依據說について 再論,『國語學』134, 東京: 國語學會.
平山久雄(1991), 中古漢語における重紐韻介音の音價について,『東洋文化研究所紀要』114, 東京: 東洋文化研究所.
平山久雄(1998), 隋唐音系里的脣化舌根音韻尾和硬顎音韻尾,『言語學論叢』20, 東京: 言語學會.
平川南(2003),『古代地方木簡の研究』, 東京: 吉川弘文館.
平川南(編)(2000),『古代日本の文字世界』, 東京: 大修館書店.
平川南(編)(2005),『古代日本 文字の來た道』, 東京: 大修館書店.
平川南(編)(2014),『古代日本と古代朝鮮の文字文化交流』, 東京: 大修館書店.
平川南 外(編)(2005),『文字による交流』(文字と古代日本 2), 東京: 吉川弘文館.
品田悅一(1993), 万葉集の巻々, 稻岡耕二(編)(1993), 東京: 學燈社.
河野六郎(1957/80), 古事記に於ける漢字使用,『古事記大成－言語文字編』, 東京: 平凡社.
河野六郎(1968/79),『朝鮮漢字音の研究』, 東京: 平凡社.
河野六郎(1979a),『河野六郎著作集 第1卷』, 東京: 平凡社.
河野六郎(1979b),『河野六郎著作集 第2卷』, 東京: 平凡社.
河野六郎(1980),『河野六郎著作集 第3卷』, 東京: 平凡社.
紅林幸子(2003), 書體の變遷－'氐'から'弖'へ,『訓點語と訓點資料』110, 東京: 訓點語學會.

羅常培(1933),『唐五代西北方言』, 上海: 國立中央研究院歷史語言研究所.
李榮(1956),『切韻音系』, 臺北: 鼎文書局.
王力(1957),『漢語史稿』, 北京: 科學出版社.
鄭張尚芳(2003),『上古音系』, 上海: 上海教育出版社.
陳彭年(等)(1007/1982),『大宋重修廣韻』, 京都: 中文出版社.

黃淬伯(1931),『慧琳一切經音義反切考』, 上海: 國立中央硏究院歷史語言硏究所.

Bjarke Frellesvig and John Whitman (2004), The Vowels of Proto-Japanese, *Japanese Language and Literature* 38-2, American Association of Teachers of Japanese.

Karlgren, Bernhard (1954), *Compendium of Phonetics in Ancient and Archaic Chinese*, Stockholm: Bulletin of the Museum of Far Eastern Antiquities.

Kiparsky, Paul (1965), *Phonological change*, unpublished dissertation in MIT.

King, R. D. (1969), *Historical linguistics and generative grammar*, Englewood Cliffs, New Jersey: Prentice-Hall.

Lange, R. A. (1973), *The Phonology of Eighth-Century Japanese: a reconstruction based upon written records*, Tokyo: Sophia University Press.

Lee SeungJae (2013), A deciphering of two Silla poetry fragments inscribed on wooden tablets, *Seoul Journal of Korean Studies* 26-1, Seoul: The Kyujanggak Institute for Korean Studies.

Lee SeungJae (2014a), Old Korean writing on wooden tablets and its implications for Old Japanese writing, *Seoul Journal of Korean Studies* 27-2, Seoul: The Kyujanggak Institute for Korean Studies.

Lee SeungJae (2014b), Some Korean/Japanese linguistic implications of Korean wooden tablet inscriptions, *Japanese/Korean Linguistics* 22, Stanford University: CSLI Publications.

Lee SeungJae (2016), Developing a terminology for pre-Hangeul Korean transcription, *Scripta* 8, Seoul: The Hunmin jeongeum Society.

Martin S. E. (1959), Review of *Japanische phonetik*, vols.1-3 by Günther Wenck, *Language* 35.

Tsukimoto Masayuki (2011), The development of Japanese Kana, *Scripta* 3, Seoul: the Hunmin jeongeum Society.

Wang, W. S-Y. (1969), Competing changes as a cause of residue, *Language* 45.

[日文抄録]

上代日本語の音韻体系
― 万葉仮名の借用音韻論

李丞宰・康仁善

本書では上代歌謡における万葉仮名を対象に、その表記法を整理し、その結果を元に上代日本語の音韻体系を考察することを目標とした。歌謡テキストを『古事記』、『日本書紀』、『万葉集』の3つに分けて論じた結果を、通時的な観点から要約することによって、上代日本語の音韻体系を整理することとする。

従前の研究では、『古事記』、『日本書紀』、『万葉集』の万葉仮名を個別に分析してきた。例えば、山口佳紀(1995)は『古事記』を、森博達(1991)は『日本書紀』を、稲岡耕二(1976)は『万葉集』を対象に、テキストごとに万葉仮名を研究している。しかし、そこに安住していては万葉仮名の表記がテキストごとに異なる点を捕らえることができず、さらには音韻体系が通時的に変化していく姿を体系的に記述することは不可能となる。そのため本書では、万葉仮名によって記録された歌謡を『古事記』歌謡、『日本書紀』歌謡、『万葉集』歌謡の3つに分け、これらの共時的音韻体系を設定しつつ、3つのテキストの音韻体系を相互に対比することにより、微細な部分の通時的変化まで記述することを目指した。また、その作業を通じて、上代日本語の音韻史を記述することを最終的な目標とする。

テキスト別の記述のため、本書では、『日本書紀』を森博達(1991)に従いα群とβ群の二つに分け、また『万葉集』の歌謡も2つに分け、音表記を主とする歌謡をP群と呼び、訓表記を主とする歌謡をQ群と呼ぶこととした。そして、万葉仮名全体のテキストをまず『古事記』歌謡、『日本書紀』のα群とβ群、『万葉集』のP群とQ群、木簡歌謡の6つに分類した。

『万葉集』をP群とQ群の2つに分類するにあたっては、音仮名の総量も重視したものの、文章の訓表記の有無と漢語的統語構造の有無を最も重要な基準とした。例えば、訓仮名の一種である「者」は主題・対照の「は」を表記したり、条件・仮定の「-ば」を表記するが、文章全体に影響を及ぼす条件・仮定の「者」だけを文章訓表記の範疇に含めた。文章訓表記はほとんどの場合、漢語の統語構造をそのまま借用した表記であると定義できる。

この2つの基準に沿って『万葉集』の歌謡を2つに分類した結果、この表記法が巻別に別れているという事実が明らかになった。例えば、巻1 ～ 4の歌謡792首はすべてQ群に分類され、巻5の歌謡114首はすべてP群に分類される。従って、『万葉集』歌謡は下の(1)に示したように、巻別に表記法が異なると見ることができる。

歌の大部分が音仮名によって表記されているが、部分的に文章訓表記または漢語の統語構造も用いられており、分類が難しい歌謡もある。論議の便宜上、これらを音訓表記歌謡、またはR群と呼ぶが、下の(1)に示したようにR群は巻19に集中している。新しい表記法を導入したという点でR群はQ群と違いがなく、音韻論的分析ではR群をQ群に含める。

P群歌謡は1,043首あるが、ここには東歌225首と防人歌98首が含まれている。これら323首は東国方言、すなわち現代でいう関東方言を反映していることが知られているため、分析対照から除外した。奈良時代の中央語、すなわち大和の言語が私たちの研究対象であるためだ。

(1)『万葉集』4,516首の表記法分類

表記 巻次	音表記歌謡 P群(首)	訓表記歌謡 Q群(首)	音訓表記歌謡 R群(首)
1~4		1~792 (792)	
5	793~906 (114)		
6~13		907~3347 (2441)	
14~15	3348~3785 (438)		
16		3786~3889 (104)	
17~18	3890~3956 (67)		
			3957 (1)
	3958~4073 (115)		
		4074 (1)	
	4075~4138 (64)		
19			4139~4208 (70)
	4209~4210 (2)		
			4211~4219 (9)
	4220~4223 (4)		
			4224~4261 (38)
	4262~4263 (2)		
			4264~4277 (14)
	4278~4281 (4)		
			4282~4283 (2)
	4284~4292 (9)		
20	4293~4397 (105)		
			4398 (1)
	4399~4516 (118)		
計 4,516首	1,043 (−323=720)首	3,338首	135首

6種のテキストを対象に資料を整理する際には、音仮名と訓仮名を厳密に区別し、音仮名全体の集合を求めることに注力した。音仮名を中心に各

テキストの表記法を対比することが効果的であり、音韻論研究では訓仮名を除外し、音仮名だけを分析することが求められるためだ。

『古事記』歌謡に使用された音仮名をすべて集めると、123字となる。この中で2回以上用いられた信頼度が高いものは107字である。これに照らし、使用回数または用例の多様性を基準として、それぞれのテキストを代表する107字の集合を作成した。

『古事記』、『日本書紀』のα群とβ群、『万葉集』のP群とQ群、木簡等の6種のテキストを対象に107字の集合を相互に対比した。その結果、『万葉集』のP群とQ群の音仮名が一致する比率が最も高く、『日本書紀』のα群とβ群が一致する比率が次に高い。一方、『日本書紀』のα群は『古事記』や『万葉集』とは大きな違いを見せている。木簡歌謡は『万葉集』の歌謡と距離が最も近い。テキスト別の代表字の韻尾字の占有率を対比してみたところ、やはり同一の結果が現れた。また5種のテキストを対象に各音節別代表字を相互対比してみたところ、P群とQ群の一致率が最も高く、その次にα群とβ群の一致率が高い。『日本書紀』のα群は、やはり最も距離が離れたテキストである。木簡歌謡は、やはり『万葉集』の歌謡と距離が最も近い。これらを総合し、6種のテキストの親疎関係を示したものが下の図である。

(2) 6種のテキストの音仮名の親疎関係

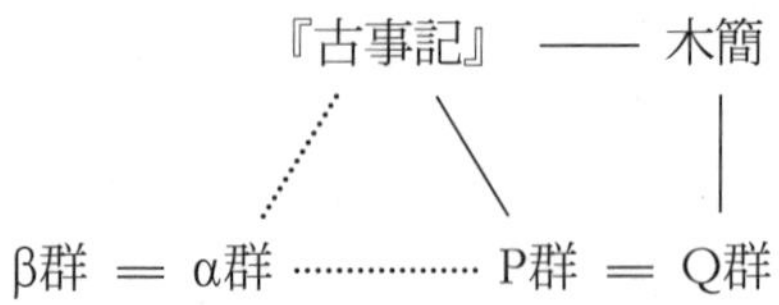

この図では相対的な距離が最も近い関係を「＝」で示し、距離が最も遠い関係を「…」で示した。相対的な距離が中間程度であるものは「–」で示した。これによると、音韻論的分析では『万葉集』のP群とQ群を一つに合わせ、『日本書紀』のα群とβ群を一つに合わせても問題がなさそうに見える。

『日本書紀』の音仮名は、中国人が作成したという点から外来的である一方、『古事記』・木簡・『万葉集』の音仮名は日本の伝統的な音仮名である。

上の親疎関係には、木簡歌謡の音仮名も含まれている。この音仮名は計68字あるが、これを5種のテキストの代表字と対比してみると、『万葉集』と相対的な距離が最も近く、次に『古事記』と近い。このことから本書では、木簡の音表記仮名の表記法が変更され、『万葉集』の訓表記歌謡すなわちQ群に収録されたという仮説を提起する。

木簡の音仮名を整理する際には、既存の判読を大部分受け入れた一方で、本書独自の解読案を新しく提示したものもいくつかある。まず、「あまるとも」木簡(762年頃、平城宮跡)の「阿万留止毛」は「あまるとも」と音読され、木簡の名称ともなっているが、本書では「留」を「とまる」と訓読し、「阿万留止毛」を「海人とまるとも」と解読した。次に、「ものさし」転用木簡(774年、平城宮東張出部)の「紀我許等乎志宜見賀毛」は「木?が 言を 繁みかも」と解読されたが(犬飼隆 2008)、本書では「木?が」を「城が」に変更し、「城が 言を 繁みかも」と解読した。

最後は、2014年に平安京左京四條一坊から出土した木簡の解読だ。この木簡の右側の行には「なにはつ」の歌が記録されていたが、そのすぐ左側の行に記録されたものを吉野秋二(2015)は下の(3.1)のように分節し、歌謡ではなく散文であるとした。

(3) あめなみ{天波}の歌 (9世紀後半、平安京左京四條一坊)

1. × □□□□留 末良度 寸可多 曾□天 波阝留 □度□
   客人 姿 侍る (吉野秋二 2015)

2. □□□□□ □□□留末良 度寸可多 曾□天波阝 留□度□
   □□□□□ □□□とどまら わたすかた そ□あめなみへ とどめ□わた□
   □□□□□ □□□留まら 渡す潟 そ□天波へ 留□度□

しかし、(3.2.)の1行目のように分節し、2行目のように「留、度、天、波」を訓読すると、5･7･5･7･7の音数律を守った短歌となる。『万葉集』のQ群では「渡」を通仮字「度」で表記することが多かったため、「度」を「渡」の意味として解釈した。そうして、(3.2.)の最後の行のように解読すると、この歌は内容も右の行に記録した「なにはつ」の歌と対になる。よって、(3)は散文ではなく万葉歌である。万葉歌1首を新たに発見したことになる。本書ではこれを「あめなみ{天波}」の歌と命名した。

4～6章では、『古事記』･『日本書紀』･『万葉集』それぞれの音仮名を音韻論的に分析した。同一音節を表記する音仮名の用例を相互に対比し、同音関係なのか異音関係なのかをひとつひとつ明らかにした。同音関係の音仮名は「＝」で示し、同一の音価を割り振ったが、異音関係の音仮名には相互に異なる音価を割り振った。

(4) 同音関係と異音関係

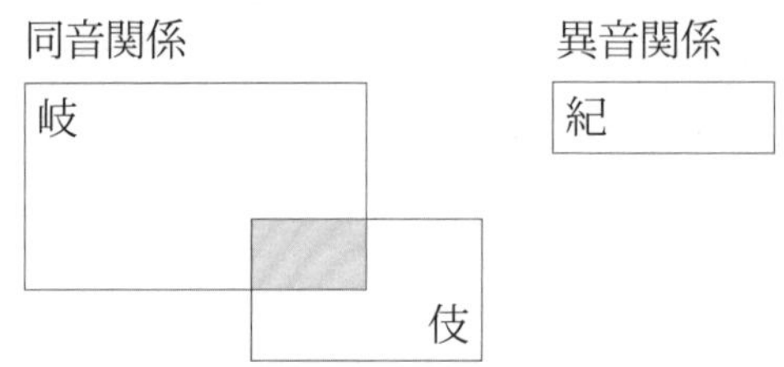

例えば、『古事記』の音仮名において、「岐、伎、紀」は音節KIの表記に用いられているが、これらの用例は上の(4)のように整理される。(4)のグレーの領域は、「岐」と「伎」の用例の中に同一語の同一音節を表記した例が3つあることを示している。3つの同音異表記の例が発見されることから、「岐=伎」は同音関係とみなす。一方、「紀」の用例は「岐=伎」の用例と全く一致しないため、「紀」と「岐=伎」は異音関係とみなす。そして、「岐=伎」には甲類のキ/ki/を割り当て、「紀」には乙類のキ乙/kə/を割り当てた。

また、李丞宰(2018)が再構築した前期中古音が、『古事記』の音仮名においてどのように代替されて受容されたのかを包括的に論じた。音仮名の用例分析の結果と漢語中古音の代替受容仮定が互いに一致すれば正常な受容であり、一致しなければ例外的な受容である。分析の結果によれば、90%以上の音仮名が音韻論的に正常な代替受容の過程を経ており、少数の音仮名だけが例外的に受容されていた。

これより、4～6章の議論の結果として設定した上代日本語の音韻体系について要約することにする。まず母音体系を論じ、その後に子音体系を論じる。

現代日本語の50音図体系を基盤に、『古事記』の音仮名107字に音価を割り当てると下の図(5)のようになる。

現代日本語の50音図では、1つの音節に1つの仮名が対応する。しかし、万葉仮名では1つの音節に2つ以上の音仮名が対応することが多い。例えば、『古事記』の音節KIの表記には「岐、伎、祁、紀」の四つの字が用いられるが、本書では用例分析の結果に従い、「岐、伎、祁」にはキ/ki/を割り当てる一方、「紀」にはキ乙/kə/を割り当て、異音関係を記述する。この際に/i/のように基本母音/a, i, u, e, o/に属すものを甲類、/ə/のように基本母音でないものを乙類と呼ぶ。

甲類と乙類の母音の区別がI•E•Oの3つの列で存在し、イ乙•エ乙•オ乙の3つの母音が音韻論的に相互に対立していたとすると、上代日本語の母音は甲類の/a, i, u, e, o/と乙類の3つを合わせた8つとなる。これを8母音説というが、本書のように歌謡テキストを『古事記』•『日本書紀』•『万葉集』歌謡の3種に分けて分析すると8母音説は実証されず、理論的な仮説に過ぎないことが分かる。この理論的8母音から甲類と乙類の母音の合流が起き、乙類の母音が2つに減少すると7母音になり、乙類の母音が1種類すなわち母音/ə/1つに減ると6母音体系になる。本書の分析結果によると、『古事記』の音仮名は7母音体系が6母音体系に変化する最後の段階であり、『日本書紀』音仮名は6母音体系に近く、『万葉集』音仮名は6母音体系から5母音体系に変化する最後の段階である。

(5)『古事記』音仮名の50音図

母音／子音	A(ア)	I(イ)	U(ウ)	E(エ)	O(オ)
ø(ア)	阿/a/	伊/i/	宇/u/		淤=意/ə/
K(カ)	加=迦/ka/	岐=伎=祁/ki/, 紀/kə/	久=玖 /ku/	祁=氣/kə/	許/kə/, 古=故/ko/
	賀=何/ga/	藝/gi/, 疑/gə→gɨ/	具/gu/	宜/ge/	碁=其/gə/, 胡/go/
S(サ)	佐/sa/	斯=志/si/	須/su/	勢=世/se/	曾/sə/, 蘇/so/
	邪/za/	士/zi/	受/zu/	是/ze/	叙=曾/zə/
T(タ)	多/ta/	知/ti/	都/tu/	弖/te/	登=等/tə/, 斗/to/
	陀/da/	遲≒治/di/	豆/du/	傳/de/	杼/də/, 度/do/
N(ナ)	那/na/	爾=迩/ni/	奴/nu/	泥/ne/	能=乃/nə/, 怒/no/
P(ハ)	波/pa/	比/pi/, 斐/pə/	布/pu/	閇/pe/, 幣/pe/	富=本/po/
	婆/ba/	毘/bi/, 肥=備 /bə→bɨ/	夫/bu/	倍=辨/be/	煩/bə/
M(マ)	麻=摩/ma/	美=彌/mi/, 微/mə→mɨ/	牟/mu/	米≒賣 /me/	毛/mə/, 母/mo/
J(ヤ)	夜/ja/		由/ju/	延/je/	余=用=與 /jə/
R(ラ)	良≒羅/ra/	理/ri/	流=留 /ru/	禮/re/	呂/rə/, 漏=路/ro/
W(ワ)	和/wa/	韋/wə/		惠/we/	袁=遠/wə/

本書では、理解の便宜のため、(5)の50音図においてイ乙・エ乙・オ乙の3

つの母音を全て中舌平唇中母音/ə/1つで表記した。しかし、『古事記』にはこの母音/ə/を持つ音仮名が非常に多く、具体的には13の音節と10の行で母音/ə/が設定されるため、母音体系に少なくとも母音/ə/1つを追加する必要がある。この6母音説には50音図よりも60音図がより適切である。そのため、上の50音図を下の60音図に修正し、第6の母音/ə/をE列とO列の間のƎ列に配列した。

下の(6)のように『古事記』の音仮名を再整理することができるので、『古事記』の音仮名の母音体系をとりあえず6母音体系とすることができる。

しかし、このように6母音体系として記述すると、GƎ・BƎ・MƎの3つの音節が問題となる。音節GƎに「疑」と「碁=其」の2つが来るが、用例対比の結果、この2つは異音関係であるため、これらに相違する音価を割り振らなければならない。仮に「碁=其」に/gə/を当てると、「疑」には/gə/ではなく、第7の中舌平唇高母音/ɨ/を新たに設定し、/gɨ/を当てることになる。これにより上の60音図では「疑」の音価を/gə→gɨ/と修正した。これと同じように音節BƎにおいて「煩」と「肥=備」が異音関係であるため、「煩」に/bə/を割り振る一方、「肥=備」は/bə→bɨ/と修正した。音節MƎの毛/mə/と微/mə→mɨ/も同様である。

重要なことは、第7の母音/ɨ/が設定される音節GƎ・BƎ・MƎは全て濁音節であり、子音が牙音/g/と唇音/b, m/であるという点だ。8母音説を受け入れるとしても、I列とE列で甲類と乙類の母音が音韻論的に対立することは、その音韻論的な環境が/k, g, p, b, m/などの牙音と唇音の後ろに限定される(有坂秀世 1933/55: 423~424)。宋敏(1975)と服部四郎(1976a, 1976b)の6母音説や松本克己(1975, 1976)の5母音説では、I列とE列の甲乙対立を純粋な/k, g, p, b, m/と口蓋音化した/kj, gj, pj, bj, mj/の違いと見る。これによると、I列とE列では、母音の違いではなく、滑音/j/の介入の有無の違いによって甲類と乙類が音韻論的に対立していることになる。

(6)『古事記』の歌謡音仮名の60音図

母音 / 子音	A(ア)	I(イ)	U(ウ)	E(エ)	Ǝ	O(オ)
ø(ア)	阿/a/	伊/i/	宇/u/		淤=意/ə/	
K(カ)	加=迦 /ka/	岐=伎 /ki/, 祁/ki/	久=玖 /ku/		紀≒氣=許 /kə/, 祁/kə/	古=故 /ko/
	賀=何 /ga/	藝/gi/	具/gu/	宜/ge/	疑/gə→gɨ/, 碁=其/gə/	胡/go/
S(サ)	佐/sa/	斯=志 /si/	須/su/	勢=世/se/	曾/sə/	蘇/so/
	邪/za/	士/zi/	受/zu/	是/ze/	叙=曾/zə/	
T(タ)	多/ta/	知/ti/	都/tu/	弖/te/	登=等/tə/	斗/to/
	陀/da/	遲≒治 /di/	豆/du/	傳/de/	杼/də/	度/do/
N(ナ)	那/na/	爾=迩 /ni/	奴/nu/	泥/ne/	能=乃/nə/	怒/no/
P(ハ)	波/pa/	比/pi/	布/pu/	閇/pe/, 幣/pe~be/	斐/pə/	富=本 /po/
	婆/ba/	毘/bi/	夫/bu/	倍=辨/be/	肥=備/bə→bɨ/, 煩/bə/	
M(マ)	麻=摩 /ma/	美=彌 /mi/	牟/mu/	米≒賣 /me/	毛/mə/, 微/mə→mɨ/	母/mo/
J(ヤ)	夜/ja/		由/ju/	延/je/	余=用=與 /jə/	
R(ラ)	良≒羅 /ra/	理/ri/	流=留 /ru/	禮/re/	呂/rə/	漏=路 /ro/
W(ワ)	和/wa/			惠/we/	韋=袁=遠 /wə/	

しかし、類型論的に/k, g, p, b, m/等の子音には口蓋音化が起きにくい反面、/t, d, s, z, n/等の舌歯音では逆に口蓋音化の対象となりやすい。さらに、上代の歌謡表記にはCGV音節、すなわち子音と母音の間に滑音が介在

する音節が存在しない。よって、/j/の介入の有無や口蓋音化の適用の有無を基準としてI•E列の甲類と乙類の違いを記述する方法は正しくない。

その代わりとして、本書ではI•E列において乙類の母音が設定される音韻論的環境が/k, g, p, b, m/の後ろ、すなわち牙音と唇音の後ろであるという点に注目する。前期中古音では3等韻相互の間に重紐の対立関係が成立するが、重紐の音韻論的環境がすなわち牙喉音と唇音の後ろである。よって、/k, g, p, b, m/に後接するI•E列母音が甲類と乙類として対立することは、漢語中古音の重紐がそのまま反映されたものであると考えられる。さらに、I列に設定される第7の母音/ɨ/は中古音の音価が大部分3等B•Cであるのに対し、これに対立する甲類母音/i/はその韻母が大部分3等Aである。前期中古音では重紐対立を韻頭介音の違いとして記述するが、上代日本の歌謡においては子音の後ろの介音(すなわち滑音)が来ないため、重紐対立を母音の違いとして受け入れるしかない。これにより、新しい母音を設定する必要があり、その結果として第7の母音/ɨ/が設定された。結論として、この/ɨ/は前期中古音の重紐対立という外来的な要素によって設定されたことになる。

第7の母音/ɨ/は、『古事記』•『日本書記』•『万葉集』音仮名のいづれにおいても設定される。しかし、漢語において重紐の対立が確実なのは魏晋南北朝の前期中古音であり、唐代の後期中古音ではこの重紐対立が消滅する。とすると、『日本書記』の音仮名において第7の母音/ɨ/が設定される音節がMIの1つに減ったことも、このような通時的変化を反映したものだということができる。反面、『万葉集』の音仮名の音節GIにおいて第7の母音/ɨ/が設定されるのは、『古事記』の音韻対立を部分的に踏襲したものだと言える。このように、少しずつ違いがあるものの、第7の母音/ɨ/が重紐対立の環境においてのみ設定されることが明らかであることから、/ɨ/は外来的な要素によって設定される母音だといわざるをえない。

外来的な文字である漢字によって日本語を表記する際には、同一の音素であっても外来的な要因によってその表記は多様となる。この表記現象を松本克己(1995: 145)は、「外来的表記に反映された同一音素の異音現象」と呼んだが、その代表的な例が第7の母音/ɨ/である。その一方で、第6の母音/ə/は日本語固有の母音である。その前に来る子音の音韻論的な環境が限定されていないというだけでなく、母音/ə/はI•E•O列において広く設定される。このことから、上代日本語の母音体系は基本母音5種に/ə/を加えた6母音体系である可能性が非常に高い。

『古事記』の音仮名の音韻対立をそのまま反映するなら、GƎ•BƎ•MƎの3つの音節で第7の母音/ɨ/を新しく設定しなければならない。これによると、『古事記』の音仮名の母音体系は下の(7)のようになる。

(7) 7母音体系 (外来的)

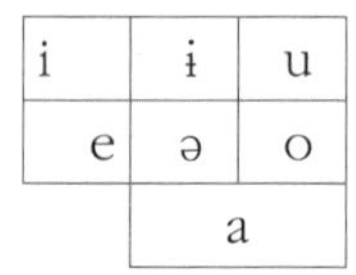

(8) 6母音体系

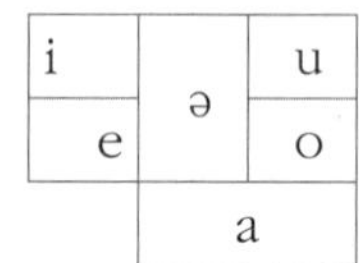

しかし、GƎ•BƎ•MƎの3つの音節でだけ第7の母音/ɨ/が設定されるのは、母音/ɨ/の分布が極めて限定されていることを意味する。総計81個の音節の中でたったの3つの音節でだけ母音/ɨ/が設定されるというだけでなく、その音節GƎ•BƎ•MƎが全て濁音節である。清音節では母音/ɨ/を設定する必要が全くなく、清音節を基準にすると、『古事記』の音仮名の母音体系を(8)の6母音体系として描くこととなる。この6母音体系では、GƎ•BƎ•MƎの3つの音節を漢語の重紐対立が反映された例外的音節として見なすことになる。残りの音節は/a, i, u, e, o, ə/の6つの母音だけで十分に説明が可能であるため、『古事記』の音仮名母音体系を6母音体系と言うことができる。

本書では、通時的観点を選び、『古事記』の音仮名の母音体系が7母音体系から6母音体系に変化する最後の段階だと記述する。『古事記』の音仮名では3つの音節において乙類の/ɨ/と/ə/が音韻論的に対立するが、『日本書紀』音仮名では1つの音節に減る。

『古事記』の音仮名は6母音体系に近いが、G•B•Mの3行に7母音体系の痕跡を残しているため、このような母音体系を6.3母音体系と呼ぶことにする。ここで「6.3」は、6母音を基本とするものの3行では7母音体系の痕跡を残していることを示している。これにより、『日本書紀』の音仮名の音韻体系は6.1母音体系と呼ばれることとなる。

次に、『日本書紀』の音仮名に割り当てた音価を60音図に整理すると、次の(9)のようになる。9つの行において乙類の母音/ə/が設定されることから、『日本書紀』の音仮名の母音体系に乙類の母音/ə/が含まれていることは明らかである。

(9)『日本書紀』音仮名の60音図 (暗い部分はα群の音仮名)

母音 子音		A(ア)	I(イ)	U(ウ)	E(エ)	Ǝ	O(オ)
ø ア		阿/a/	伊=異=以/i/	于=宇/u/		於/ə/	
		阿=婀/a/	以/i/	于=宇/u/	(曳/je/)	於=飫/ə/	
K カ	K	伽=箇=介=訶/ka/	枳=企=耆=岐/ki/,	區=句=俱=玖/ku/	鷄=開/ke/	紀/kə/, 虚=許=據/kə/	古=故=固=姑/ko/
		柯=哿=舸=箇=歌/ka/	枳=岐=企/ki/	俱=矩/ku/	該=稽/ke/	紀=基/kə/ 擧=渠/kə/	古/ko/
	G	餓/ga/	藝/gi/	遇/gu/			誤/go/
		我=鵝/ga/		虞/gu/		擬/gə/, 渠/gə/	

Sサ	S	佐=瑳/sa/	辭=之=志=始=嗣/si/	須=輸=素/su/	勢=齊/se/	曾/sə/	素=蘇/so/
		佐=娑=左/sa/	之=斯=志=始=絁=思/si/	須/su/	制=世=西/se/	曾/sə/	
	Z			孺/儒/zu/			
			珥/zi/	孺/儒/zu/			
Tタ	T	多=哆/ta/	智=知/ti/	菟=都/tu/	弖/氐/te/	等=苔/tə/	斗/to/
		陀=拕/柁=多=駄/ta/	致=智/ti/	都/tu/	底/te/	滕/騰=登=等/tə/	度=斗/to/
	D	*娜=*儺/da/		豆/du/	*涅=*泥/de/	*迺=*耐/də/	
		*娜/da/		豆=逗/du/	*泥=提/de/	*迺=*耐/də/	
Nナ		那=儺=奈/na/, *娜/da/	爾/ni/, 珥/ni~zi/		禰/ne/, *泥/ne~de/	能/nə/, *迺/廼/nə~də/	*怒/no~do~nu/
		儺=那/na/, *娜/da/	儞=爾=尼/ni/	農/nu/	*泥/ne~de/	能/nə/	*奴/no~do~nu/
Pハ	P	波=破=播/pa/	比=臂=譬/pi/	赴=布=輔/pu/	陛=幣/pe/	陪=倍/pə/	朋=裒=保/po/
		播=波=婆=簸/pa/	比=毘/pi/	賦=符=甫/pu/	陛/pe/	倍/pə/	朋=裒=保/po/
	B	*麼/ba/	*弭/bi/			陪=倍/bə/	朋=裒/bo/
		*麼=播=婆/ba/	*寐/bi/				裒/bo/

Mマ	摩=莽=麻=磨/ma/ *麽/ba~ma/	瀰=彌/mi/, *弭=*寐/bi~mi/	務=牟=武/mu/	謎/me/	梅/mə/ 未=微/mə→mɨ/	茂=母=毛=望/mo/
	麻=摩/ma/, *磨=*魔/ma~ba/, *麽/ba~ma/	瀰=彌=美/mi/, *弭=*寐/bi~mi/	武/mu~mo/	*謎/me~be/	梅=每/mə/	母=謀=慕=暮=謨/mo/
Jヤ	夜=椰/揶/ja/		由=喩/ju/	曳/je/	豫=譽/jə/	用/jo/
	野=耶/ja/		喩/ju/	曳/je/	與=余/jə/	用/jo/
Rラ	羅=邏/ra/	利=離/ri/	屢=流=蘆/ru/	例=禮/re/	呂/rə/	
	羅=囉/ra/	理=利=梨/ri/	屢=樓/ru/	例=黎/re/	慮/rə/	
Wワ	和/wa/	謂=委/wi/		惠/we/		烏=塢=弘/wo/
	倭=和/wa/	謂=威/wi/		衛/we/		嗚/鳴=烏=乎=弘/wo/

上の60音図では、乙類の母音/ə/が来る欄に第7の母音/ɨ/が来るのが音節MƎだけである。よって、『日本書紀』の音仮名の母音体系を6.1母音体系とすることができ、これを上の(7~8)にように描くことができる。『古事記』の音仮名の母音体系が7母音体系から6母音体系に変化する最後の段階だとすると、『日本書紀』の音仮名の母音体系はこの変化が完成する直前ということになる。GƎ・BƎの2つの音節において母音/ɨ/と/ə/が1つに合流し、唯一、音節MƎのみにおいてこの対立が維持されているためである。

ところで、(6)と(9)の60音図をよく見ると、1つの音仮名が2つ以上の音価の表記に用いられた例が見つかる。『古事記』の音仮名では「祁」が/ki/と/ke/の表音に用いられるが、これは乙類の母音が2通りの方法で甲類の母音と合流したことを暗示している。『日本書紀』の音仮名において「怒、奴、武」の3つの音仮名は母音が/o/または/u/の母音である。これは上代日本語において母音/o/と/u/が非常に近かったことを暗示する。また、「陪=倍」が/pə/と/bə/の二つを表記したことは、P行において清濁が曖昧だったことを意味する。『日本書紀』の音仮名では脱鼻音化と[1]関連した表記がほとんどであるが、これは次の子音体系で整理することとする。

次に、『万葉集』の音仮名の母音体系について論じる。結論から言えば、『万葉集』の音仮名の母音体系は6母音体系が5母音体系に変わる最後の段階である。従って、『万葉集』の音仮名の音価配当表は、60音図よりは次のように50音図として作成するのが効果的である。

(10)『万葉集』音仮名の50音図（暗い部分はQ群の音仮名）

子音＼母音		A（ア）	I（イ）	U（ウ）	E（エ）	O（オ）
ø（ア）		安=阿/a/	伊=移/i/	宇=烏/u/		於=意/ə/
		安=阿/a/	伊/i/	宇/u/		於/ə/
Kカ	K	可=加=迦/ka/	伎=吉=枳=岐/ki/, 紀=奇/kə/	久=苦=君=口/ku/	家=祁=鶏=計=氣/ke/	許=己=巨/kə/, 孤=故=古/ko/
		可=加/ka/	伎=吉=枳/ki/, 紀=奇/kə/	久=苦=口=九=君/ku/	家=計=鶏=祁=兼=氣/ke/	許=己=巨/kə/, 孤=故=古/ko/
	G	我=河=賀=何/ga/	藝/gi/, 疑=宜/gə→gɨ/	具/gu/	宜=氣/ge/	其=期/gə/, 呉/go/
		我=何=河=賀/ga/	藝/gi/, 疑=宜/gə→gɨ/	具/gu/	宜=氣/ge/	其=期/gə/, 呉/go/

1 上の音価配当表において左上に「*」を付したものは全て脱鼻音化と関連した音仮名である。

Sサ	S	佐=左=沙/sa/	之=志=思=斯=師=四/si/	須/su/	世=勢/se/	蘇=曾/sə/
		佐=左=沙/sa/	之=志=思=斯=師=四/si/	須/su/	世=勢/se/	蘇=曾/sə/
	Z	射/za/	自/zi/	受/zu/	是/ze/	曾/zə/
		射/za/	自/zi/	受/zu/		曾/zə/
Tタ	T	多/ta/	知/ti/	都=築/筑=通=追/tu/	弖/氐=天=提/te/	等=登=刀/tə/
		多/ta/	知/ti/	都=築/筑=通=追/tu/	弖/氐=天=提/te/	等=登=刀/tə/
	D	太=大/da/	治=遲/di/	豆=頭=都/du/	泥=弖/氐=低=提/de/	藤/騰=杼=度/də/
		太=大/da/	治=遲/di/	豆=頭=都/du/	泥=弖/氐=低=提/de/	藤/騰=杼=度/də/
N(ナ)		奈=那=難/na/	爾=仁=二=邇/ni/	奴=農/nu/	祢/禰=年/ne/	能=乃=努/nə/
		奈=難/na/	爾=仁=二=邇/ni/	奴/nu/	祢/禰=年/ne/	能=乃=努/nə/
Pハ	P	波/pa/	比=非=悲/pi/	布=敷=不/pu/	敝=倍=弊/pe/	保/po/
		波/pa/	比=悲/pi/	布=不/pu/	敝=倍=弊/pe/	寶/po/
	B	婆/ba/	備=妣=婢/bi/	夫/bu/	便=倍/be/	煩/bo/, 保/bo/
		婆/ba/	備=妣=婢/bi/	夫/bu/	便=倍/be/	
M(マ)		麻=末=萬/ma/	美=彌/mi/, 未/mə/	牟=武=无/無/mu/	米=賣=梅/me/	毛=母=文=聞=物/mo/
		麻=末=萬/ma/	美=彌/mi/, 未/mə/	牟=武=无/無/mu/	米=賣/me/	毛=母=聞=文=物/mo/

J (ヤ)	夜=也/ja/		由=遊/ju/	要=延/je/	餘=與=欲/jə/
	夜=也/ja/		由=遊/ju/	要=延/je/	餘=與=欲/jə/
R (ラ)	羅=良/ra/	利=里=理/ri/	流=留/ru/	禮=例/re/	呂=路/rə/
	羅=良=濫/ra/	利=里=理/ri/	流=留/ru/	禮=例/re/	呂=侶/rə/
W (ワ)	和/wa/	爲/wi/		惠/we/	乎=遠/wo/
	和/wa/	爲/wi/		惠/we/	乎=遠/wo/

上の50音図では、『古事記』・『日本書記』の60音図とは異なり、空白の音節がほとんどない。P群とQ群を一つに合わせて言えば、空白の音節がøE・JI・WUの3つのみである。50音図のうち47音節が埋まっている。音節øEに来る「要、延」は実際には/je/を表記するため、この2字は音節JEに移した。これにより、øE・JI・WUの3つの音節が体系的空白となる。体系的空白のみ確認されることから、『万葉集』の音仮名において50音図はほぼ完成されたと言える。このことから、『古事記』・『日本書紀』の60音図において発見されるその他の空白は、偶然の空白であるとせざるを得ない。

3つのテキスト全てにおいて音節øEが体系的空白であるという事実から、本書では起源的日本語または原始日本語の母音体系を(11.A)のように推定する。(11.B)は上代日本語のø行における母音体系であり、(11.C)はその他の行における母音体系である。

(11) 原始日本語と上代日本語の母音体系

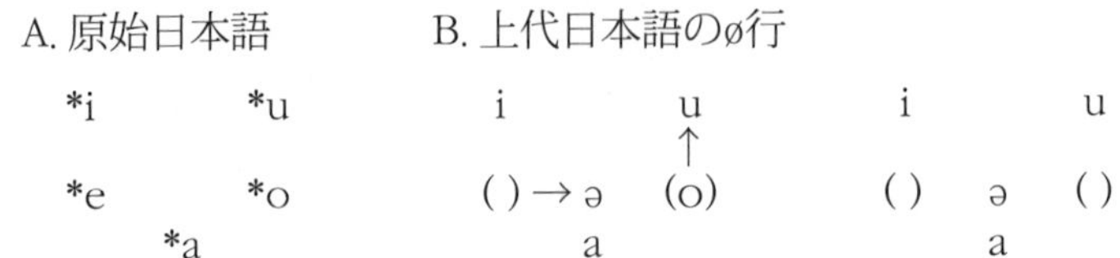

C. 上代日本語のT行

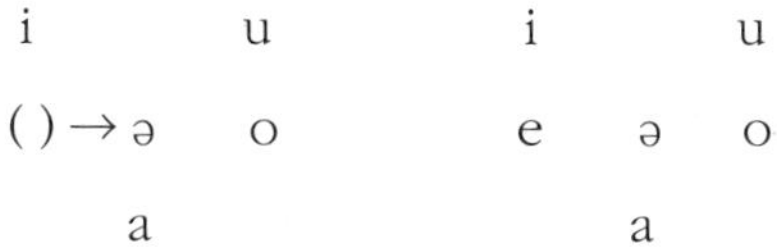

(11.A)における/*e → ə/の後舌化(または中舌化)が起きると、母音推移の結果として(11.B)の空白( )が残ることになり、新しく乙類の母音/ə/が発生する。ø行ではこの乙類の母音/ə/との音韻対立を維持するために母音/o/が母音/u/の方に移動する。3種類のテキストにおいて同じように音節øOで乙類の/ə/のみが存在し、甲類の/o/が存在しないことから、/*e → ə/と/o → u/の母音推移が起きたということができる。N行とS行でも/o/と/u/が例外的に区別されない例が見られるが、これは母音/o/の上昇にその原因があると考えられる。

/*e → ə/の後舌化に連動し、/o → u/の母音上昇が起こると、ø行では(11.B)の右側のような4母音体系となる。一方、(11.C)に見られるように、その他の行では/*e → ə/の後舌化が起こっても母音/o/が大部分、母音/u/に上昇しない。この状態で母音/e/が新しく発生することによって空白( )を埋めると、6母音体系となる。このような説明によって、音節øEの空白と乙類の母音/ə/の発生を1つの論理でまとめて記述することができる。

以上の説明と関連して、/*e → ə/の後舌化現象が実証されるかという問題が提起され得るが、その実証を韓国漢字音で起きた/*e → ə/の後舌化に求めることができる。韓国中世漢字音では齊韻/ei/と先韻/en/の韻腹母音が、大部分「ㅖ/jəi/、ㅕ/jə/」のように/ə/で受容される。さらに、韓国中世漢字音の/ㅓ、ㅡ/は宋敏(1975)が指摘したとおり、ほとんど大部分上代日本語の乙類の母音/ə/に対応する。このような対応関係が明白であることから、上代日本語でも、元々存在していた母音/*e/に後舌化が起こり乙類の母音/ə/が発生したと考えることが可能となる。この/*e/の後舌化は、乙類の母音/ə/の発生原因と音節øEが空白である原因を同時に説明できるという点で説得力を持つ。

『万葉集』の音仮名の代替受容様相を50音図として整理すると、音節KI・KO、音節GI・GO、音節MIが問題となる。これらの3つの行で甲類と乙類が音韻論的に対立するためだ。

(10)のK行では音節KIの「紀=奇」にも/kə/を割り当て、音節KOの「許=己=巨」にも/kə/を割り当てた。しかし、「木」を「紀」とも表記し、「許」とも表記するため、「紀=奇」と「許=己=巨」は同音関係にある。よって、キ乙とコ乙が一つに合流したとみなし、この2つに同一の音価/kə/を割り当てることがむしろ適当である。従って、K行では/a, i, u, e, ə, o/の6母音だけを設定すればことは足りる。M行に関しても同様であるが、乙類の母音/ə/がO列ではなくI列に来るという点が異なる。

しかし、G行では事情が異なる。音節GIの「疑=宜」と音節GOの「其=期」が異音関係にあるためだ。そのため、音節GOの「其=期」に乙類のゴ乙/gə/を割り当てると同時に、音節GIの「疑=宜」にギ乙/gə/を割り当てることとなる。ここに異音関係をきちんと反映させるとなると、第7の母音/ɨ/を設定し、音節GIの「疑=宜」にギ乙/gɨ/を割り当てることとなる。

しかし、G行にだけ設定される第7の母音/ɨ/は、既に論じたように外来的な母音である可能性が高い。『古事記』の音仮名では/ɨ/を音節MI・BI・GIの3つにおいて設定したが、これらの音韻論的環境が前期中古音の重紐対立環境と一致する点が重要となる。『万葉集』の音仮名では、この3つの音節の中で音節GIにだけ/ɨ/が設定されるという変化が起きたが、この音節GIもやはり前期中古音で重紐対立が成立する代表的な音節である。前期中古音の重紐対立が成立する音節がたった1つに限定されるという点において、『万葉集』の音仮名は、外来的な重紐対立が無くなる最終的な段階であると言える。

結論として、『万葉集』の音仮名では、G行で7母音が、K・M行で6母音が、

N・R・S・Z・T・D行とP・B行で5母音が、ø・J・W行で4母音が設定される。ø・J・W行では体系的な空白が1つずつあるので、5母音が設定されると言える。全14行の中で1つの行のみが7母音で、2つの行が6母音であり、残りの11行が5母音である。

本書では、このような母音体系を5.3母音体系と呼ぶ。5母音体系を基本とするものの、3行において第6または第7母音の痕跡が残っているという意味だ。通時的観点からは、6母音体系が5母音体系に変化する最後の段階だと言える。

これを、乙類の母音/ə/と甲類の母音/o/の分布として再確認することができる。ø・S・Z・N・J・R・T・Dの8つの行では/a, i, u, e, ə/の5つの母音が設定され、P・B・M・Wの4つの行では/a, i, u, e, o/の5母音が設定される。この2種類の5母音においては、/ə/と/o/の分布が相補的である。/o/は円唇性子音の後ろで設定され、/ə/は舌歯音の後ろの環境で設定される。松本克己(1975, 1976)もこの相補的な分布を何度も強調したが、本書の分析によると、『古事記』と『日本書紀』の音仮名ではまだ分布が相補的ではない。『万葉集』の音仮名でだけこの相補的分布が成立するという点に注意する必要がある。全14行中、12行が相補的分布であるため、/ə/と/o/を1つの音素にまとめると、音韻論的に/ə=o/の等式が成立する。

以上より、本書では『古事記』の音仮名が7母音体系から6母音体系に変化する最後の体系と見る。『日本書紀』の音仮名は、この変化が完成する直前の状態にある。そして、『万葉集』の音仮名は6母音体系が5母音体系に変化する最後の段階である。こうして時代の経過と共に7母音体系が6母音体系に変わり、また6母音体系が5母音体系に変わっていく姿を正確に描くことができる。平安初期、具体的には880年代まで含めれば、「6.3母音 〉6.1母音 〉5.3母音 〉5.0母音」という通時的な変化を観察することになる。

第7の母音/ɨ/は、『古事記』のG・B・M行、『日本書紀』のM行、『万葉集』のG行において設定される。/ɨ/が前期中古音の重紐対立を反映した外来的母音だとしても、このように/ɨ/を設定しなければならない行が、『古事記』の3つの行から『日本書紀』・『万葉集』でそれぞれ1行に減じたということは、通時的変化の一種である。広く知られているように、重紐対立は前期中古音でのみ確認され、後期中古音では消滅する。従って、『日本書紀』の音仮名で母音/ɨ/が1行だけに設定されることは、後期中古音で重紐対立が消滅することを反映したものだということができる。これによって、第7の母音/ɨ/が前期中古音の重紐対立という外来的要因によって設定された母音であるという点が、より明らかとなった。

(12)『万葉集』音仮名の母音体系

A. 6母音体系

i	u	
e	ə	o
	a	

B. 5母音体系

i	u
e	ə=o
	a

本書では、『万葉集』の音仮名の母音体系を上の2つの図を利用して記述する。上の(8)で既に『古事記』の音仮名の6母音体系を提示したが、(8)と(12.A)の6母音体系は音韻論的な対立の仕方が互いに異なる。(8)では母音/ə/が/i, e, o/の3つの母音と満遍なく音韻論的に対立するが、(12.A)では母音/ə/がほとんど大部分母音/o/と相補的に分布する。この分布に連動し、(12.A)の6母音体系で乙類の母音/ə/と甲類の母音/o/が合流すると、(12.B)の5母音体系となる。この合流が起こった最後の段階が、『万葉集』音仮名の5.3母音体系である。

これから、50音図を基準にした時に『古事記』・『日本書紀』・『万葉集』の音仮名で甲類と乙類の母音が対立する音節を集め、互いに対比してみる。A列とU列では甲乙の対立がないため、I・E・Oの3つの列のみ提示し、清濁を区別する。甲乙対立が成立する音節を○で示すが、乙類の母音が第7の母音/ɨ/である場合は、/ɨ/を添えて記した。

(13) 3つのテキストの甲乙音韻対立

母音＼子音	I			E			O		
	記	紀	萬	記	紀	萬	記	紀	萬
ø									
W									
J							–	○	–
R							○	–	–
N							○	○	–
M	○/ɨ/	○/ɨ/	○	–	○	–	○	–	–
P	○	–	–	–	○	–			
B	○/ɨ/	–	–						
S							○	○	–
Z									
T							○	○	–
D							○	–	–
K	○	○	○				○	○	○
G	○/ɨ/	○	○/ɨ/				○	○	○

本書の議論の結果によると、3つのテキスト全てにおいてø・W・Z行の3つの行で甲類と乙類の母音の音韻対立がない。全14行中、11行でのみ甲乙の対立が成立する。また、E列で甲乙の対立が成立するのは、『日本書紀』の音仮名の音節ME・PEの2つのみである。

伝統的な8母音説では、計20個の音節において甲乙が区別され、音節MOは『古事記』でだけ甲乙が区別されたと記述されているが(4章の(300)参照)、本書の議論の結果はこれとは異なる。3つの歌謡テキスト全てにおいて、KE・GE・ZO・BEの4つの音節は甲類と乙類の母音が対立しない。本書における議論と同様、Lange(1973: 124)でも14個の音節でのみ甲乙の対立を認めている。

8母音説と本書の議論の結果がこのように違いを見せる原因は、分析方法が異なるところにある。3つのテキストを1つに合わせて分析したか、そうではなく別々に分析して記述したのか、訓仮名と希少な音仮名を広く含めたか、除外したかによる違いが大きい。3つのテキストを1つに統合して分析したり、訓仮名だけではなく希少な音仮名を全て含めて分析すると、KE・GE・ZO・BEの4つの音節において甲類と乙類の母音が音韻論的に対立することなる。

重要なことは、本書のように3つのテキストを分離して記述すると、時間の流れに沿って甲乙の対立がある音節が漸進的に減少するという点である。

(14) 甲類と乙類の母音が対立する音節のテキスト別の整理

音節＼テキスト	『古事記』	『日本書紀』	『万葉集』
RO	○	–	–
MO	○	–	–
PI	○	–	–
BI	○ /ɨ/	–	–
DO	○	–	–
JO	–	○	–
NO	○	○	–
SO	○	○	–
PE	○	○	–
ME	○	○	–
TO	○	○	–
MI	○ /ɨ/	○ /ɨ/	○
GI	○ /ɨ/	○[2]	○ /ɨ/
KI	○	○	○[3]
GO	○	○[4]	○
KO	○	○	○

『古事記』では15個、『日本書紀』では11個、『万葉集』では5個の音節において甲類と乙類の母音が対立する。この漸進的な変化を無視して3つのテキストを1つに統合することは正しい処置ではない。この変化に合わせて母音体系にも漸進的な変化が起こったと見なければならないためだ。上の表記方法によれば、具体的に「6.3 〉6.1 〉5.3 〉5.0」の段階を踏んで母音体系が変化したと正確に記述することができる。

次に、漢語中古音の韻腹母音が3つの歌謡テキストでどのように受容されているのか、その様相を通時的に整理しておく。

『古事記』の音仮名の母音体系は7母音体系とみなせるが、この時に設定される第7の母音/ɨ/は脂韻/ji~ɪi/・之韻/ɪə/・微韻/ɪəi/を/ɨ/で代替して受容したものだ。これを(14~15)の表では/ɨ/と表示した。『日本書紀』のM行と『万葉集』のG行でも第7の母音/ɨ/を設定する必要があるが、これも同様である。下の代替受容表において丸括弧の中に入れたものは用例が少数であるものを意味し、用例が同等の代替受容は斜線の前後に並列し、比較的優勢なものを前に置いた。

(15) テキスト別韻母代替受容表

韻母 ＼ テキスト	『古事記』	『日本書紀』	『万葉集』
祭韻/ɪɛi/	e, (i)	e, (i)	e, (i)
齊韻/ei/	e	e	e
佳韻/əi/	e	–	e
灰韻/wəi/	e	ə	e
宵韻/jɛu/	–	–	(j)e

2 『日本書紀』の音仮名ではβ群とα群を一つに合わせた時にだけ甲類の/gi/と乙類の/gə/が対立する。

3 音節KIの乙類キ[乙]/kə/は音節KOの乙類コ[乙]/kə/と同音関係にある。

4 『日本書紀』の音仮名ではβ群とα群を一つに合わせた時にだけ乙類の/gə/と甲類の/go/が対立する。

添韻/em, ep/	–	–	e
仙韻/ɪɛn, ɪɛt/	e	–	e
先韻/en, et/	–	e	e
虞韻/ɥo/	u	u	u
尤韻/ɪəu/	u, (o)	u, (o)	u
冬韻/oŋ, ok/	–	u	u
東韻/uŋ, uk/	–	–	u
眞韻/ɪin, jit/	–	–	i
脂韻/ji~ɪi/	i, (ə, e), (ɨ)	i, (e)	i, (e)
支韻/je~ɪe/	i	i	i, (e/ə), (ɨ)
之韻/ɪə/	i/ə, (ɨ)	i/ə	i/ə, (ɨ)
微韻/ɪəi/	ə, (ɨ)	(w)i, (ɨ)	i, (e)
魚韻/ɪo~ɪə/	ə	ə	ə=o
咍韻/əi/	ə	ə/e	ə=o
登韻/əŋ, ək/	ə	ə/o	ə=o
鍾韻/ɪoŋ, ɪok/	ə	o	ə=o
元韻/ɪɑn, ɪɑt/	ə	–	o/a
豪韻/ɑu/	ə	o	o=(ə)
侯韻/əu/	o/u	o/u	u/o
模韻/o/	o/u	o/u	u/o/ə
文韻/ɥən, ɥət/	–	–	o/u
魂韻/wən, wət/	o	–	–
陽韻/ɪɑŋ, ɪɑk/	a	o	a
唐韻/ɑŋ, ɑk/	–	a	–
寒韻/ɑn, ɑt/	–	–	a
桓韻/wɑn, wɑt/	–	–	a
談韻/ɑm, ɑk/	–	–	a
麻韻/ɛ/	a	a	a, (e)
皆韻/ɛi/	–	a	–
泰韻/ɑi/	a	–	a
戈韻/wɑ/	a	(w)a	a
歌韻/ɑ/	a	a	a

6母音体系を基準に、中古音の韻母をどのように代替して受容するのかを簡単に整理すると以下のようになる。

『古事記』で母音/a/を表記する際には麻韻/ɛ/の韻腹母音/ɛ/または泰韻/ɑi/・戈韻/wɑ/・歌韻/ɑ/・陽韻/ɪɑŋ, ɪɑk/の韻腹母音/ɑ/を借りて用いる。『日本書紀』では皆韻/ɛi/・麻韻/ɛ/の韻腹母音/ɛ/を借り、戈韻/wɑ/・歌韻/ɑ/・唐韻/ɑŋ, ɑk/の韻腹母音/ɑ/を借りて用いる。『万葉集』では麻韻/ɛ/の韻腹母音/ɛ/を借用しながら、泰韻/ɑi/・戈韻/wɑ/・歌韻/ɑ/・元韻/ɪɑn, ɪɑt/・陽韻/ɪɑŋ, ɪɑk/・寒韻/ɑn, ɑt/・桓韻/wɑn, wɑt/・談韻/ɑm, ɑk/の韻腹母音/ɑ/を借りて用いる。ここで前期中古音の前舌母音/ɛ/と後舌低母音/ɑ/が、上代日本語で1つの母音/a/として受容されたことが明らかになる。これは上代日本語の低母音に前舌と後舌の音韻対立がなかったことを示している。

『古事記』では、脂韻/ji～ɪi/・支韻/je～ɪe/・之韻/ɪə/の韻腹母音/i・e・ə/を、それぞれ母音/i/の表記に用いた。『日本書紀』では、脂韻/ji～ɪi/・支韻/je～ɪe/・微韻/ɪəi/・之韻/ɪə/の韻腹母音/i・e・ə・ə/を、それぞれ母音/i/の表記に用いた。『万葉集』では、『日本書紀』と同様であるものの、眞韻/ɪin, jit/の韻腹母音/i/によっても母音/i/を表記した。母音/i/で受容されるものは、大部分が止攝韻母の韻腹母音である。『古事記』において支韻/je～ɪe/が母音/i/の表記に使用されたということは、支韻の韻腹母音/e/が前期中古音の時期から既に母音/i/に変化する過程にあったことを暗示している。また、第7の母音/ɨ/が止攝韻母でだけ設定されるという特徴も指摘しておく。これは/ɨ/が前期中古音の重紐対立に起源を持つものであることを証明している。前期中古音において重紐対立が最もはっきりしているのは止攝であるからだ。

『古事記』では、母音/u/を表記する際に虞韻/ɥo/・尤韻/ɪəu/を借りて用い、模韻/o/・侯韻/əu/も借りて用いる。『日本書紀』ではこの他に冬韻/oŋ, ok/も借りて用いる。『万葉集』ではこの5つの韻だけでなく、東韻/uŋ, uk/・文韻/ɥən, ɥət/も借りて用いる。『日本書紀』と『万葉集』のおいて母音/u/の表記に冬韻/oŋ, ok/を借りて用いたということは後期中古音において冬韻の韻腹母音が/u/に上昇したことを物語っている。『万葉集』で母音/u/の表記に模韻/o/を借りて用いているのも、後期中古音において模韻が母音/u/に変化したことを物語っている。

『古事記』においては、母音/e/を表記する際に齊韻/ei/・祭韻/ɪɛi/・仙韻/ɪɛn, ɪɛt/・灰韻/wəi/・佳韻/əi/を借りて用いる。『日本書紀』では齊韻/ei/・祭韻/ɪɛi/・先韻/en, et/・咍韻/əi/を借りて用いる。『万葉集』では齊韻/ei/・祭韻/ɪɛi/・先韻/en, et/・仙韻/ɪɛn, ɪɛt/だけではなく灰韻/wəi/・佳韻/əi/・宵韻/jɛu/・添韻/em, ep/も借りて用いる。ここで注目すべきことは、『日本書紀』で咍韻/əi/が追加され、『万葉集』で灰韻/wəi/・佳韻/əi/が追加されたという点である。この3つの韻は、前期中古音の韻腹母音が/ə/であるが、『日本書紀』と『万葉集』において/e/の表記に用いられており、乙類の/ə/が甲類の/e/に合流する変化があったことを物語っている。

『古事記』では母音/o/を表記する際に、模韻/o/・侯韻/əu/・魂韻/wən, wət/を借りて用い、『日本書紀』では模韻/o/・侯韻/əu/・豪韻/ɑu/・鍾韻/ɪoŋ, ɪok/・陽韻/ɪɑŋ, ɪɑk/を借りて用いる。『万葉集』では模韻/o/・侯韻/əu/・豪韻/ɑu/・文韻/ɥən, ɥət/・元韻/ɪɑn, ɪɑt/を借りて用いる。『古事記』・『日本書紀』では母音/o/の表記に侯韻/əu/を用いるが、『日本書紀』と『万葉集』ではむしろ豪韻/ɑu/を好むという違いが興味深い。

最後に、乙類の母音/ə/をどのように表記したのかを整理する。『古事記』では、魚韻/ɪo～ɪə/・之韻/ɪə/・咍韻/əi/・灰韻/wəi/・登韻/əŋ, ək/・鍾韻/ɪoŋ, ɪok/・豪韻/ɑu/・元韻/ɪɑn, ɪɑt/によって/ə/を表記した。上の表から読み取れるように、『古事記』において乙類の母音/ə/を表記するのに用いられた韻が8つにもなっている。『日本書紀』では、魚韻/ɪo～ɪə/・之韻/ɪə/・灰韻/wəi/・咍韻/əi/・登韻/əŋ, ək/で/ə/を表記した。/ə/の表記に用いられた韻が、5つに減少している。『万葉集』では、之韻/ɪə/・魚韻/ɪo～ɪə/・咍韻/əi/・登韻/əŋ, ək/・模韻/o/・鍾韻/ɪoŋ, ɪok/で/ə/を表記した。

一見すると、『万葉集』でも乙類の母音/ə/が非常に多くの韻に対応しているように見えるが、実はそうではない。上の音が配当表で/ə=o/と記されているものは、既に乙類の母音/ə/と甲類の母音/o/が1つの母音に合流していることを意味する。また、乙類の母音/ə/で記されていても、甲類の母音/o/と相補的に分布する母音/ə/が大部分である。これらの/ə/を母音体系から除外すると、音韻論的な対立価値を持っているのは之韻/ɪə/・魚韻/ɪo〜ɪə/・登韻/əŋ, ək/の/ə/だけである。この/ə/が模韻/o/・豪韻/ɑu/の甲類の母音/o/と音韻論的に対立するのみである。従って、『万葉集』でも乙類の母音/ə/が実質的に対立的価値を持つのは、之韻/ɪə/・魚韻/ɪo〜ɪə/・登韻/əŋ, ək/の/ə/に限られる。

一方、乙類の母音の一種である第7の母音/ɨ/は、『古事記』において脂韻/ɪi/・微韻/ɪəi/・之韻/ɪə/を受容したものだ。『日本書紀』では微韻/ɪəi/を、『万葉集』では支韻/ɪe/・之韻/ɪə/を受容した。これらの等は、全て3等Bまたは3等Cである。前期中古音で3等B・Cが音韻論的に3等Aと対立するが(李丞宰 2018: 238〜239)、これを上代日本語では、それぞれ乙類の/ɨ/と甲類の/i/を区別するために使用した。従って、第7の母音/ɨ/が外来的な母音であることは明らかである。

結論として、乙類の母音は『古事記』において8つの韻によって表記された後、『日本書紀』で6つに減少し、『万葉集』でさらに4つに減少する。これは3つのテキストにおいて、乙類の母音が次第に減少する漸進的な変化が起こったことを物語っている。

これから、『古事記』・『日本書紀』・『万葉集』の音仮名の子音体系について整理する。この際にも、上の(6)・(9)・(10)に示した3つの音図を利用したい。

(6)の『古事記』の60音図では、/p, b, t, d, k, g, s, z, m, n, j, r, w/の13個の子音が横の行に配置されている。P行とB行の音節を表記する万葉仮名は、全て声母が両唇音の字である。このことは、P行とB行に置かれた万葉仮名の韓国漢字音によって証明できる。韓国漢字音では、これらの初声が常に両唇音「ㅂ(p)」または「ㅍ(pʰ)」であるため、上代日本語においても唇音が摩擦音/ɸ, β/ではなく、破裂音/p, b/で受容されていただろうと推測される。上代日本語では/j/と/w/が子音の一種であるため、これらを子音体系の論議に含めることとする。

重要なことは、『古事記』の子音目録が『日本書紀』・『万葉集』の子音目録と一致するという点だ。この点において、奈良時代の子音目録と子音体系は通時的変化を経ずに同じまま維持されてきたと言える。

(16)『古事記』・『日本書紀』・『万葉集』の音仮名の子音体系

方式＼位置		唇音	舌歯音	牙音
破裂	無声	p	t	k
	有声	b	d	g
摩擦	無声		s	
	有声		z	
鼻音		m	n	
流音			r	
半子音			j	w

上の表から見て取れるように、調音位置は唇音・舌歯音・牙音の3つであり、口蓋音は独自的な調音位置に含まれない。調音方式は、破裂音・摩擦音・鼻音・流音・半子音の5つである。摩擦音がない代わりに、破裂音と摩擦音は清音の/p, t, k, s/と濁音の/b, d, g, z/の2グループにそれぞれ分かれる。

本書では、S・Z行に関して破擦音を認めない。『古事記』の音仮名において「志」の章母/ʨ/が[ʦ]または[ʧ]の表記に用いられ、「斯」の心母/s/が[s]の表記に用いられていることは、漢語中古音を『古事記』の音仮名にそのまま代入した音声学的な記述に過ぎない。「志」の章母/ʨ/と「斯」の心母/s/が『古事記』の音仮名において同音関係であることから、外来的な表記に反映された「志」の[ʦ, ʧ]と「斯」の[s]は、同一音素/s/の変異音に相当すると見るべきである(松本克己 1995: 145)。本書では、音韻論的な記述方法と借用音韻論の代替借用を常に重視するため、漢語中古音の破擦音が上代日本語で摩擦音に代替されて受容されたと記述する。

上代日本語では、口蓋子音の存在も否定される。前期中古音の口蓋音には章母/ʨ/, 昌母/ʨʰ/, 船崇/ʥ/, 書母/ɕ/, 常俟/ʑ/があるが、これらが歌謡表記において口蓋音を表していることはない。表記に使用されたとしても、これら口蓋音が歯茎音と同音関係であることがほとんどである。さらに、歌謡表記においてはCjV音節型が原則的に否定されるので、口蓋音化が起こることはない。

(16)の13個の子音は、音韻論的な環境と無関係に、全ての母音の前に現れることができた。しかし、øE・JI・WUの3つの音節は、3つのテキストで常に体系的な空白である。JI・WUの空白は同器官的な音素連続/j+i/と/w+u/からそれぞれ/j/と/w/が削除されたものであり、音韻論的な説明が可能である。音節øEが3つのテキストにおいて常に空白であるため、本書ではこれも体系的な空白と見る。原始日本語では、前舌中母音/*e/があったが、/*e/が後舌化(中舌化)することによって音節øEが空白になったと記述した。この後舌化は乙類の母音/ə/の発生とも関連しており、日本語の音韻史において多くのことを暗示している。

(6)の『古事記』の60音図の中に見られる、øO・KE・ZO・BO・JO・WI・WOの7つの音節は偶然の空白である。音節KEを除外した残りの音節は、全て濁音節である。この点を強調すると、これらは全て偶然の空白である。

(9)の『日本書紀』60音図でβ群に限定すると、øO・GE・GƎ・ZA・ZI・ZE・ZƎ・ZO・DI・DO・NU・BU・BE・RO・WOの15個の音節は偶然の空白である。『日本書紀』のα群において偶然の空白は、øO・GI・GE・GO・SO・ZA・ZE・ZƎ・ZO・DI・DO・BU・BE・BƎ・RO・WOの16個の音節である。これらもほとんど大部分が濁音節である。

(10)の『万葉集』の50音図において、偶然の空白はZE・BO音節の2つのみである。興味深いことに、この2つは『万葉集』Q群でだけ空白であり、P群には偶然の空白がない。もし、『万葉集』の音仮名の母音体系を6母音体系とし、60音図で整理すると、当然空白が多くなる。øO•GO•SO•ZO•NO•PƎ•BƎ•MƎ•JO•RO•WƎの11個の音節が追加される。しかし、PƎ•BƎ•MƎ•WƎの4つの音節に対しては/o/が存在し、残りの7つの音節に対しては/ə/が存在するので、この11個の音節では甲類の/o/と乙類の/ə/が相補的に分布する。円唇性を持つP•B•M•Wの後ろに甲類の/o/が来、舌歯音の後ろに乙類の/ə/が来ることから、この相補的分布を活用して/o/と/ə/を一つにまとめて/o=ə/とすることができる。従って、この11個の音節における空白は全て、甲類と乙類の母音が合流したことによって発生した体系的な空白である。

『万葉集』のP群には偶然の空白がないことから、Q群の音節ZE•BOは偶然の空白であることが明らかだ。P群は音仮名の総量が非常に多いのに対して、Q群は非常に少ない。これは、『万葉集』のP群のように資料が多ければ体系的な空白のみ残り、偶然の空白は全て消えることを意味する。『古事記』•『日本書紀』の歌謡はそれぞれ112首と128首に過ぎず、『万葉集』Q群と対比しても音仮名の総量がはるかに少ない。従って、本書では空白である『古事記』の7つの音節、『日本書紀』のβ群の14個の音節、『日本書紀』のα群の15個の音節がすべて偶然の空白であるとみなす。

このように長々と体系的空白と偶然の空白について論じてきたのは、(16)の13個の子音に分布制約が存在しなかったことを論証するためである。もし分布制約が存在したとしたら、特定のいくつかの音節では特定のいくつかの子音が来ない音節構造制約が存在したと記述しなければならない。しかし、全ての子音に分布制約が存在しなかったため、「全ての母音の前に全ての子音が来ることができる」とまとめることができる。ただ、『万葉集』の音仮名において円唇性を持っているP•B•M•Wの後ろに甲類の/o/が来、舌歯音の後ろに乙類の/ə/が来ることは体系的現象であるから、この補い合い分布は音節構造制約に当たる。

次に、中古音の声母の代替受容について整理する。下の表で羊母/j/は便宜上、歯音の行に入れた。「–」は該当する声母が使用されなかったことを意味し、丸括弧は用例が少数であったことを示している。2つの音価で受容されるものは並列し、優勢な音価を前に置いた。

(17) 中古音声母のテキスト別の代替受容表

<table>
<tr><th colspan="2">テキスト / 声母</th><th>古事記</th><th>日本書紀</th><th>万葉集</th></tr>
<tr><td rowspan="7">唇音</td><td>滂/p^h/</td><td>–</td><td rowspan="3">p</td><td>–</td></tr>
<tr><td>敷/p^h/
幇/p/</td><td>p</td><td>p</td></tr>
<tr><td>非/p/</td><td>p, b</td><td>p, b</td></tr>
<tr><td>並/b/</td><td>b, p</td><td>p, b</td><td>b, p</td></tr>
<tr><td>奉/b/</td><td>b</td><td>p</td><td>b</td></tr>
<tr><td>明/m/</td><td rowspan="2">m</td><td>m, b</td><td rowspan="2">m</td></tr>
<tr><td>微/m/</td><td>m</td></tr>
<tr><td rowspan="9">舌音</td><td>透徹/t^h/</td><td>–</td><td rowspan="3">t</td><td>–</td></tr>
<tr><td>端/t/</td><td rowspan="2">t</td><td>t, (d)</td></tr>
<tr><td>知/t/</td><td>t</td></tr>
<tr><td>定/d/</td><td rowspan="2">d</td><td>t, d</td><td rowspan="2">d</td></tr>
<tr><td>澄/d/</td><td>–</td></tr>
<tr><td>泥/n/</td><td rowspan="2">n</td><td>n, d</td><td>n, (d)</td></tr>
<tr><td>日/n/</td><td>n, z</td><td>n</td></tr>
<tr><td>娘/n/</td><td>–</td><td>n</td><td>–</td></tr>
<tr><td>來/r/</td><td>r</td><td>r</td><td>r</td></tr>
<tr><td rowspan="8">歯音</td><td>清/$ʦ^h$/</td><td>–</td><td rowspan="5">s</td><td>–</td></tr>
<tr><td rowspan="2">心/s/
書/ɕ/
精/ʦ/
章/ʨ/</td><td rowspan="2">s</td><td>s, (z)</td></tr>
<tr><td>s</td></tr>
<tr><td rowspan="2">邪/z/
從/dz/</td><td rowspan="4">z</td><td>–</td></tr>
<tr><td rowspan="2">z</td></tr>
<tr><td>常/ʑ/</td><td rowspan="2">–</td></tr>
<tr><td>崇/ʥ/</td><td>–</td></tr>
<tr><td>羊/j/</td><td>j</td><td>j</td><td>j</td></tr>
</table>

<table>
<tr><td rowspan="7">牙喉音</td><td>見/k/
曉/h/</td><td rowspan="2">k</td><td rowspan="2">k</td><td>k</td></tr>
<tr><td>溪/k^h/</td><td>k, (g)</td></tr>
<tr><td>群/g/</td><td>k, g</td><td>k, (g)</td><td>k, g</td></tr>
<tr><td>疑/ŋ/</td><td>g</td><td>g</td><td>g</td></tr>
<tr><td>匣/ɦ/</td><td>g, ø</td><td rowspan="2">ø</td><td>g, ø</td></tr>
<tr><td>云/ɦ/
影/ʔ/</td><td>ø</td><td>ø</td></tr>
</table>

上の代替受容表におぃて最も目を引くのは、『古事記』と『万葉集』の声母代替受容が互いに類似しているのに対し、『日本書紀』が大きく異なっているという点だ。1つ目は有声音の受容において異なっており、2つ目は脱鼻音化において異なっている。

1つ目、『古事記』・『万葉集』では中古音の有声音を大部分濁音として受容するが、『日本書紀』では反対に清音として受容するのが原則である。有声音の奉母/b/を『古事記』・『万葉集』では常に濁音の/b/として受容するが、『日本書紀』では常に清音の/p/として受容する。並母/b/も『古事記』・『万葉集』では濁音の/b/として受容することが原則であるが、『日本書紀』では清音の/p/として受容することが原則である。『古事記』・『万葉集』では舌音でも定母・澄母/d/を常に濁音/d/として受容するが、『日本書紀』では清音/t/として受容することが原則である。『古事記』・『万葉集』では歯音の従母/dz/と常母/ʑ/を常に濁音/z/として受容するが、『日本書紀』では従母/dz/と邪母/z/を常に清音/s/として受容する。これらにおいて『古事記』・『万葉集』では中古音の有声音を濁音として受容することが原則であるが、『日本書紀』では清音として受容することが原則であることを知ることができる。

この原則に従うと、牙喉音の群母/g/を『古事記』・『万葉集』では/g/で受容し、『日本書紀』では/k/で受容することになる。しかし、『古事記』・『万葉集』では群母/g/を清音/k/で受容する代わりに、/g/の表記には疑母/ŋ/を使用する。/g/の表記に疑母/ŋ/を使用することは、『古事記』・『万葉集』だけでなく、『日本書紀』でも同様である。この2つが違いを見せるのはむしろ匣母/ɦ/である。『古事記』・『万葉集』では匣母/ɦ/が開口の際は/g/で受容するが、『日本書紀』では合口の匣母字のみを借りて用いるために、匣母/ɦ/が常に削除される。

このように、中古音の受容様相において、『古事記』・『万葉集』の音仮名と『日本書紀』の音仮名は非常に大きな違いを見せる。大部分の研究者たちは、これを前期中古音と後期中古音の違いと見ている。すなわち、『古事記』・『万葉集』が受容した漢字音は魏晋南北朝時期の前期中古音が百済を経由して受容されたものだとし、これを日本の呉音と呼ぶ。その一方、『日本書紀』が受容した漢字音は唐から直接受容した後期中古音であり、これを日本の漢音と呼ぶ。

この呉音と漢音の違いの中で最も顕著なものの一つは、濁音清化の適用の是非である。前期中古音を受容した呉音では清音と濁音が音韻論的に対立するが、後期中古音を受容した漢音では新たに濁音清化が起こり、有・無声の区別は無意味になり始める。これが『日本書紀』の音仮名にも反映され、有声音である並母・奉母/b/、定母・澄母/d/、邪母/z/・従母/dz/、群母/g/等は清音である/p/、/t/、/s/、/k/などをそれぞれ表すようになる。従って、『日本書紀』の音仮名においてこれらの声母が清音を表記するようになったのは、日本固有の変化ではなく、漢語に始まった外来的な変化であると言える。

2つ目に、『古事記』・『万葉集』の音仮名と『日本書紀』の音仮名は脱鼻音化の受容の是非において大きな違いを見せる。『日本書紀』では、中古音の明母/m/が/b/を表記し、泥母/n/が/d/を表記することが多い。/m/や/n/の音韻素性から鼻音性がなくなり、/b/や/d/になることを脱鼻音化というが、本書では日母/n/が/z/に変わることを類似脱鼻音化として区別した。

脱鼻音化や類似脱鼻音化を反映した表記が、『日本書紀』の音仮名から広く確認される。

一方、『古事記』の音仮名からは、脱鼻音化を反映した表記が全く発見されない。従って、『古事記』の音仮名は前期中古音すなわち呉音系統であり、『日本書紀』の音仮名は後期中期音すなわち漢音系統であると考えることができる。『万葉集』の音仮名では、「泥」にだけ脱鼻音化が反映されているが、これは『日本書紀』の脱鼻音化表記が後代の『万葉集』に反映されたものと考えられる。

重要なことは、『日本書紀』の音仮名に脱鼻音化が反映されているといっても、この変化が一斉に起きたわけではなく、時間的な間隔を置いて漸進的に起こったという点である。「怒, 奴く磨、魔, 謎く泥、迺/廼, 㢐く涅、弭, 寐く娜」のように、後ろの方の音仮名の方が脱鼻音化の完成度が高い。よって、『日本書紀』における脱鼻音化は、Wang(1968)の語彙拡散理論で記述するべき性質の現象である。脱鼻音化が始めは散発的に起こり、漸進的に様々な語彙に拡散する様相を見せているためである。

上に列挙した音仮名は脱鼻音化を反映しているが、この中で/de/を表記した「泥」だけが『万葉集』に引き継がれる。残りは『万葉集』で使用されないが、脱鼻音化以前の音価の表記に用いられる。これを言語の通時的変化では正確に記述することができない。『万葉集』で起きた変化を正確に記述するためには、むしろ漢字音の系統的な違いを基準としたほうが正確である。『万葉集』の音仮名は表記と音韻の観点から、『古事記』系統であり『日本書紀』系統ではないと見られる。森博達(1991)が強調した通り、『日本書紀』のα群の音仮名の表記と音韻は基本的に漢語に基礎を置いている。一方、『万葉集』の音仮名は日本の伝統的な表記に基礎を置いた『古事記』の音仮名を引き継いだものである(大野晋 1957: 32~35)。結論として、『万葉集』の音仮名は基本的に『古事記』の音仮名を引き継ぎつつも、部分的に『日本書紀』の音仮名の特徴を新しく受容したものだといえる。

これから、木簡の音仮名の性質を整理することによって本書の論理をまとめることにする。木簡の音仮名は、上代日本の表記系統を7世紀中葉以来ずっと引き継いできた代表的な例である。木簡の音仮名は清濁の区別を無視するが、『万葉集』の音仮名と最も似ており、木簡において音表記されていた歌謡が訓表記を主とする表記に変わり『万葉集』のQ群に収録されることもある。平安初期の仮名には、『万葉集』の音仮名だけではなく、木簡の音仮名の影響も強く受けている。

その代表的な仮名が、音節TOを表記する「止」である。この「止」は『古事記』・『日本書紀』では全く用いられておらず、『万葉集』に至ってようやく姿を若干見せる程度である。一方、木簡歌謡では早くから音節TOの表記に「止」を頻繁に用いてきた。そして、平安初期から突然、音節TOを表記する代表的な仮名として「止」が選ばれる。この「止」は、文献資料の音仮名によっては説明することができないが、木簡の音仮名によれば非常に自然な説明が可能になる。木簡の音仮名においては、音節TOの代表字がずっと「止」であったためだ。従って、平安初期以降の仮名は、『万葉集』と木簡の2種の音仮名を基盤にしていると結論付けることができる。もちろん、本書で論じなかった訓仮名が平安初期から仮名として選択されたものも少なくないため、注意する必要がある。

本書では歌謡テキストを『古事記』・『日本書紀』・『万葉集』の3つに分け、分析対象を音仮名に限定して上代日本語の音韻体系を再構築した。この3つのテキストを通じて子音体系は全く変動がないが、母音体系はテキストごとに漸進的な変化を経験した。『古事記』では基本母音/a, i, u, e, o/に乙類の母音/ə/が加わった6母音体系が基本であるが、G・B・Mの3行で第7の母音/ɨ/が設定される。この/ɨ/は、前期中古音の重紐対立にその基盤を置くものであり、外来的な母音である。『日本書紀』の音仮名も基本的に6母音体系であるが、M行でだけ第7の母音/ɨ/が設定される。『万葉集』の音仮名でもG行において/ɨ/が設定される。『万葉集』の音仮名は5母音体系が基本であるが、K•G•Mの3行でだけ乙類の母音/ə/または/ɨ/が設定される。相互対比のためにこれらを数値で表すと、「6.3 〉6.1 〉5.3 〉5.0」のような漸進的な変化を経て9世紀の4/4分期に5母音体系が確立する。

橋本進吉(1917/49)と有坂秀世(1933/55: 446)以来、上代日本語の8母音説は「日本語学の世界的常識」として広く知られてきたが、歌謠表記の音仮名に限定する限り、この8母音説は実証されない。8母音説は音仮名だけではなく、訓仮名も含み、全ての上代資料を網羅して分析する時にのみ成立する理論的な母音体系であるにすぎない。

また、万葉仮名は上代日本語の音韻体系研究に寄与しないという意見もあるが(有坂秀世 1933/55: 192)、李丞宰(2018)が再構築した前期中古音を基準に借用音韻論の代替受容を適用すると、漢語中古音が90%以上の音仮名において正常に受容されており、ごく一部でだけ例外的に受容されている。このことから本書では、上代日本語の音韻論研究にとって万葉仮名の音仮名に勝る資料はないと考える。

[飜譯 伊藤貴祥(龍谷大) 教授]

[부록]

가요 텍스트별 한어 중고음의 대체 수용

〈일러두기〉

1. 아래의 일람표는 한어 중고음이 상대 일본어의 음가나로 대체되어 수용되는 양상을 정리한 것이다. 『고사기』·『일본서기』·『만엽집』의 가요 텍스트별로 나누어 논의한 것을 하나로 종합했다.
2. 정리 대상은 『고사기』 음가나 121자, 『일본서기』 음가나 199자, 『만엽집』 음가나 199자이고, 하나로 종합하면 총 333자이다. 단, 258번의 '矣'는 음가나가 아니므로 제외하는 것이 정확하다.
3. 음가나의 배열 순서는 현행 한국 한자음의 가나다 순을 따랐다.
4. 첫째 열의 음가나에서 028번의 '勾/句'처럼 병렬한 것은 '勾'와 '句'를 同字로 취급했음을 뜻한다.
5. 둘째 열에서 [見開1上歌]라고 표시한 것은 한어 중고음의 음가 표시인데, 이것은 이토 지유키(伊藤智ゆき)(2011)(이진호 역)의 자료집을 따랐다. 이 자료집에 나오지 않는 음가나는 『廣韻』의 반절과 이승재(2018)을 이용하여 재구했다.
6. 셋째 열의 전기 중고음은 劉義慶(403~444년)의 『世說新語』에 나오는 대화문 용자를 대상으로 삼아 이승재(2018)이 추정한 재구음이다.
7. 음가를 채우지 않고 빈칸으로 남겨 둔 것은 해당 텍스트에서 음가나로 사용되지 않았거나 용례가 극소수라서 정리 대상에서 제외한 것이다.
8. 두 가지 음가로 수용될 때에는 ケ/ke/~ゲ/ge/처럼 병렬하되 우세한 것을 앞에 두었다.
9. 대체 수용에서 'ク/ku/→グ/gu/'처럼 표시한 것은 연탁 규칙이 적용되어 최종 음가가 グ/gu/임을 가리킨다.
10. 대체 수용에서 'ビ乙/bə→bɨ/'처럼 표시한 것은 7모음체계에서 /bɨ/임을 가리킨다.

가나 \ 음가		한어 중고음	전기중고음	『고사기』	『일본서기』	『만엽집』
001	舸	[見開1上歌]	/kɑ/^{R}		カ/ka/	
002	哿	[見開1上歌]	/kɑ/^{R}		カ/ka/	
003	柯	[見開1平歌]	/kɑ/^{L}		カ/ka/	
004	加	[見開2平麻]	/kɛ/^{L}	カ/ka/		カ/ka/
005	家	[見開2平麻]	/kɛ/^{L}			ケ/ke/
006	迦	[見開C平戈]	/kɥɑ/^{L}	カ/ka/		カ/ka/
007	可	[溪開1上歌]	/k^{h}ɑ/^{R}	カ/ka/		カ/ka/
008	伽	[群開C平戈]	/gɥɑ/^{L}		カ/ka/	
009	訶	[曉開1平歌]	/hɑ/^{L}		カ/ka/	
010	箇	[見開1去歌]	/kɑ/^{D}		カ/ka/	
011	介	[見開2去皆]	/kɛi/^{D}		カ/ka/	
012	開	[溪開1平咍]	/k^{h}əi/^{L}		ケ/ke/	
013	據	[見中C去魚]	/kɪo～kɪə/^{D}		コ乙/kə/	
014	擧	[見中C上魚]	/kɪo～kɪə/^{R}		コ乙/kə/	
015	巨	[群中C上魚]	/gɪo～gɪə/^{R}			コ乙/kə/
016	渠	[群中C平魚]	/gɪo～gɪə/^{L}		コ乙/kə/～ ゴ乙/gə/	
017	兼	[見中4平添]	/kem/^{L}			ケム /kemu/
018	計	[見開4去齊]	/kei/^{D}			ケ/ke/
019	鷄	[見開4平齊]	/kei/^{L}		ケ/ke/	
020	<u>稽</u>	[見開4平齊] [溪開4上齊]	/kei/^{L} /k^{h}ei/^{R}		ケ/ke/	
021	鷄	[見開4平齊]	/kei/^{L}			ケ/ke/
022	固	[見中1去模]	/ko/^{D}		コ/ko/	
023	故	[見中1去模]	/ko/^{D}	コ/ko/	コ/ko/	コ/ko/
024	古	[見中1上模]	/ko/^{R}	コ/ko/	コ/ko/	コ/ko/
025	姑	[見中1平模]	/ko/^{L}		コ/ko/	
026	孤	[見中1平模]	/ko/^{L}			コ/ko/

027	苦	[溪中1上模]	/k^{h}o/^{R}			ク/ku/
028	勾/句	[見中C去虞]	/kɥo/^{D}		ク/ku/	
029	玖	[見開C上尤]	/kɪəu/^{R}	ク/ku/	ク/ku/	
030	矩	[見中C上虞]	/kɥo/^{R}		ク/ku/	
031	久	[見中C上尤]	/kɪəu/^{R}	ク/ku/		ク/ku/
032	九	[見中C上尤]	/kɪəu/^{R}			ク/ku/
033	俱	[見中C平虞]	/kɥo/^{L}		ク/ku/	
034	口	[溪中1上侯]	/k^{h}əu/^{R}			ク/ku/
035	區	[溪中C平虞]	/k^{h}ɥo/^{L}		ク/ku/	
036	具	[群中C去虞]	/gɥo/^{D}	ク/ku/→ グ/gu/		グ/gu/
037	君	[見合C平文]	/kɥən/^{L}			ク/ku/～ クニ/kuni/
038	貴	[見合C去微]	/kwəi/^{D}	キ^{乙}/kə/		
039	碁/棋	[群開C平之]	/gɪə/^{L}	コ^{乙}/kə/→ ゴ^{乙}/gə/		
040	祁	[見開B平脂]	/kɪi/^{L}	ケ^{乙}/kə/ ～キ/ki/		ケ/ke/
041	紀	[見開C上之]	/kɪə/^{R}	キ^{乙}/kə/	キ^{乙}/kə/	キ^{乙}/kə/
042	己	[見開C上之]	/kɪə/^{R}			コ^{乙}/kə/
043	基	[見開C平之]	/kɪə/^{L}		キ^{乙}/kə/	
044	棄	[溪開A去脂]	/k^{h}ji/^{D}	キ/ki/		
045	氣	[溪開C去微]	/k^{h}ɪəi/^{D}	ケ^{乙}/kə/		ケ/ke/～ ゲ/ge/
046	企	[溪合B上支]	/k^{h}ɥe/^{R}		キ/ki/	キ/ki/
047	岐	[群開A平支]	/gje/^{L}	キ/ki/	キ/ki/	キ/ki/
048	耆	[群開A平脂]	/gji/^{L}		キ/ki/	
049	伎	[群開B上支]	/gɪe/^{R}	キ/ki/		キ/ki/
050	奇	[群開B平支]	/gɪe/^{L}			キ^{乙}/kə/
051	其	[群開C平之]	/gɪə/^{L}	コ^{乙}/kə/→ ゴ^{乙}/gə/		ゴ^{乙}/gə/

052	期	[群開C平之]	/gɪə/^{L}			ゴ^{乙}/gə/
053	吉	[見開A入眞]	/kjit/^{E}			キ/ki/
054	奈	[泥開1去泰]	/nɑi/^{D}		ナ/na/	ナ/na/
055	娜	[泥開1上歌]	/nɑ/^{R}		ダ/da/	
056	那	[泥開1平歌]	/nɑ/^{L}	ナ/na/	ナ/na/	ナ/na/
057	儺	[泥開1平歌]	/nɑ/^{L}		ナ/na/	
058	難	[泥開1平寒] [泥開1去寒]	/nɑn/^{L} /nɑn/^{D}			ナ/na/
059	儾	[泥開1去唐]	/nɑŋ/^{D}		ダ/da/	
060	耐	[泥開1去咍]	/nəi/^{D}		ド^{乙}/də/	
061	乃	[泥開1上咍]	/nəi/^{R}	ノ^{乙}/nə/		ノ^{乙}/nə/
062	迺/廼	[泥開1上咍]	/nəi/^{R}		ノ^{乙}/nə/～ ド^{乙}/də/	
063	年	[泥開4平先]	/nen/^{L}			ネ/ne/
064	怒	[泥中1上模]	/no/^{R}	ノ/no/	ノ/no/～ ヌ/nu/～ ド/do/	
065	努	[泥中1上模]	/no/^{R}			ノ^{乙}/nə/
066	奴	[泥中1平模]	/no/^{L}	ヌ/nu/	ノ/no/～ ヌ/nu/～ ド/do/	ヌ/nu/
067	農	[泥中1平冬]	/noŋ/^{L}		ヌ/nu/	ヌ/nu/
068	能	[泥開1平登]	/nəŋ/^{L}	ノ^{乙}/nə/	ノ^{乙}/nə/	ノ^{乙}/nə/
069	祢/禰	[泥開4上齊]	/nei/^{R}		ネ/ne/	ネ/ne/
070	尼	[娘開AB平脂]	/nɪi/^{L}		ニ/ni/～ ネ/ne/	
071	泥	[泥開4平齊] [泥開4去齊]	/nei/^{L} /nei/^{D}	ネ/ne/	ネ/ne/～ デ/de/	デ/de/
072	多	[端開1平歌]	/tɑ/^{L}	タ/ta/	タ/ta/	タ/ta/
073	當	[端開1平唐] [端開1去唐]	/tɑŋ/^{L} /tɑŋ/^{D}	タ/ta/		

074	都	[端中1平模]	/to/^{L}	ツ/tu/	ツ/tu/	ツ/tu/～ ヅ/du/
075	弖/氐	[端開4平齊] [知開B平脂]	/tei/^{L} /tɪi/^{L}	テ/te/	テ/te/	テ/te/～ デ/de/
076	刀	[端中1平豪]	/tɑu/^{L}	ト乙/tə/		ト乙/tə/
077	度	[定中1去模]	/do/^{D}	ド/do/	ト/to/	ド乙/də/
078	菟	[透中1去模]	/t^{h}o/^{D}		ツ/tu/	
079	斗	[端中1上侯]	/təu/^{R}	ト/to/	ト/to/	
080	逗	[定開1去侯] [澄合C去虞]	/dəu/^{D} /dɥo/^{D}		ヅ/du/	
081	豆	[定中1去侯]	/dəu/^{D}	ヅ/du/	ヅ/du/	ヅ/du/
082	頭	[定中1平侯]	/dəu/^{L}			ヅ/du/
083	得	[端開1入登]	/tək/^{E}			ト乙/tə/
084	藤/騰	[定開1平登]	/dəŋ/^{L}			ド乙/də/
085	等	[端開1上登]	/təŋ/^{R}	ト乙/tə/	ト乙/tə/	ト乙/tə/
086	登	[端開1平登]	/təŋ/^{L}	ト乙/tə/	ト乙/tə/	ト乙/tə/
087	騰	[定開1平登]	/dəŋ/^{L}		ト乙/tə/	
088	邏	[來開1去歌]	/rɑ/^{D}		ラ/ra/	
089	囉	[來開4平歌]	/rɑ/^{L}		ラ/ra/	
090	羅	[來開1平歌]	/rɑ/^{L}	ラ/ra/	ラ/ra/	ラ/ra/
091	濫	[來中1去談] [匣開2上銜]	/rɑm/^{D} /ɦɑm/^{R}			ラム /ramu/
092	良	[來開C平陽]	/rɪɑŋ/^{L}	ラ/ra/		ラ/ra/
093	黎	[來開4平齊]	/rei/^{L}		レ/re/	
094	慮	[來中C去魚]	/rɪo～rɪə/^{D}		ロ乙/rə/	
095	侶	[來中C上魚]	/rɪo～rɪə/^{R}			ロ乙/rə/
096	呂	[來中C上魚]	/rɪo～rɪə/^{R}	ロ乙/rə/	ロ乙/rə/	ロ乙/rə/
097	禮	[來開4上齊]	/rei/^{R}	レ/re/	レ/re/	レ/re/
098	例	[來開AB去祭]	/rɪɛi/^{D}		レ/re/	レ/re/
099	路	[來中1去模]	/ro/^{D}	ロ/ro/		ロ乙/rə/
100	盧	[來中1平模]	/ro/^{L}	ロ/ro/		

101	蘆	[來中1平模]	/ro/^{L}		ル/ru/	
102	屢	[來開C去虞]	/rɥo/^{D}		ル/ru/	
103	漏	[來中1去侯]	/rəu/^{D}	ロ/ro/		
104	樓	[來中1平侯]	/rəu/^{L}		ル/ru/	
105	流	[來中C平尤]	/rɪəu/^{L}	ル/ru/	ル/ru/	ル/ru/
106	留	[來中C平尤]	/rɪəu/^{L}	ル/ru/	ル/ru/	ル/ru/
107	利	[來開AB去脂]	/rɪi/^{D}		リ/ri/	リ/ri/
108	離	[來開AB平支] [來開AB去支]	/rɪe/^{L} /rɪe/^{D}		リ/ri/	
109	梨	[來開AB平脂] [來開4平齊]	/rɪi/^{L} /rei/^{L}		リ/ri/	
110	理	[來開C上之]	/rɪə/^{R}	リ/ri/	リ/ri/	リ/ri/
111	里	[來開C上之]	/rɪə/^{R}			リ/ri/
112	麽	[明中1上戈]	/mwɑ/^{R}		バ/ba/～ マ/ma/	
113	摩	[明中1平戈]	/mwɑ/^{L}	マ/ma/	マ/ma/	マ/ma/
114	魔	[明中1平戈]	/mwɑ/^{L}		マ/ma/～ バ/ba/	
115	磨	[明中1平戈] [明中1去戈]	/mwɑ/^{L} /mwɑ/^{D}		マ/ma/～ バ/ba/	
116	麻	[明中2平麻]	/mɛ/^{L}	マ/ma/	マ/ma/	マ/ma/
117	萬	[微中C去元]	/mɥɑn/^{D}			マ/ma/
118	末	[明中1入桓]	/mwɑt/^{E}			マ/ma/
119	莽	[明中1上唐] [明中1上模]	/mɑŋ/^{R} /mo/^{R}		マ/ma/	
120	望	[微中C去陽]	/mɪɑŋ/^{D}		モ/mo/	
121	梅	[明中1平灰]	/mwəi/^{L}		メ^{乙}/mə/	メ/me/
122	每	[明中1平灰] [明中1上灰]	/mwəi/^{L} /mwəi/^{R}		メ^{乙}/mə/	
123	賣	[明中2去佳]	/məi/^{D}	メ/me/		メ/me/

124	寐	[明中A去脂]	/mji/^{D}		ビ/bi/～ ミ/mi/	
125	嗚/鳴	[影中1平模]	/ʔo/^{L}		ヲ/wo/	
126	暮	[明中1去模]	/mo/^{D}		モ/mo/	
127	慕	[明中1去模]	/mo/^{D}		モ/mo/	
128	母	[明中1上侯]	/məu/^{R}	モ/mo/	モ/mo/	モ/mo/
129	謨	[明中1平模]	/mo/^{L}		モ/mo/	
130	毛	[明中1平豪]	/mɑu/^{L}	モ乙/mə/	モ/mo/	モ/mo/
131	牟	[明中C平尤]	/mɪəu/^{L}	ム/mu/	ム/mu/	ム/mu/
132	謀	[明中C平尤]	/mɪəu/^{L}		モ/mo/	
133	无/無	[微中C平虞]	/mɥo/^{L}			ム/mu/
134	茂	[明中1去侯]	/məu/^{D}		モ/mo/	
135	務	[微中C去虞]	/mɥo/^{D}		ム/mu/	
136	武	[微中C上虞]	/mɥo/^{R}		ム/mu/～ モ/mo/	
137	武	[微中C上虞]	/mɥo/^{R}			ム/mu/
138	文	[微中C平文]	/mɥən/^{L}			モ/mo/
139	聞	[微中C平文]	/mɥən/^{L}			モ/mo/
140	謎	[明中4去齊]	/mei/^{D}		メ/me/～ ベ/be/	
141	米	[明中4上齊]	/mei/^{R}	メ/me/		メ/me/
142	弭	[明中A上支]	/mje/^{R}		ビ/bi/～ ミ/mi/	
143	瀰	[明中A上支]	/mje/^{R}		ミ/mi/	
144	彌	[明中A平支]	/mje/^{L}	ミ/mi/	ミ/mi/	ミ/mi/
145	美	[明中B上脂]	/mɪi/^{R}	ミ/mi/	ミ/mi/	ミ/mi/
146	味	[微中C去微]	/mɪəi/^{D}	ミ乙/mə/		
147	未	[微中C去微]	/mɪəi/^{D}		ミ乙 /mə→mɨ/	ミ乙/mə/
148	微	[微中C平微]	/mɪəi/^{L}	ミ乙 /mə→mɨ/	ミ乙 /mə→mɨ/	

149	尾	[微中C上微]	/mɪəi/^{R}			ミ/mi/
150	播	[幇中1去戈]	/pwɑ/^{D}			ハ/pa/～ バ/ba/
151	泊	[滂中2入庚]	/p^{h}ɛk/^{E}			ハ/pa/
152	陪	[滂中1平灰]	/p^{h}wəi/^{L}		ヘ^{乙}/pə/～ ベ^{乙}/bə/～ ホ^{乙}/pə/	
153	倍	[並中1上灰] [並中1去灰]	/bwəi/^{R} /bwəi/^{D}	べ/be/	ヘ^{乙}/pə/～ ホ^{乙}/pə/～ ベ^{乙}/bə/	ヘ/pe/～ べ/be/
154	煩	[奉中C平元]	/bɪɑn/^{L}	ボ^{乙}/bə/		ボ/bo/
155	辨	[並中B上仙]	/bɪɛn/^{R}	べ/be/		
156	邊	[幇中4平先]	/pen/^{L}			ヘ/pe/
157	保	[幇中1上豪]	/pɑu/^{R}		ホ/po/	
158	寶	[幇中1上豪]	/pɑu/^{R}			ホ/po/
159	保	[幇中1上豪]	/pɑu/^{R}			ホ/po/～ ボ/bo/
160	菩	[並中1平模]	/bo/^{L}	ホ/po/		
161	輔	[奉中C上虞]	/bɥo/^{R}		フ/pu/	
162	甫	[非中C上虞]	/pɥo/^{R}		フ/pu/	
163	本	[幇中1上魂]	/pwən/^{R}	ホ/po/		
164	符	[奉中C平虞]	/bɥo/^{L}		フ/pu/	
165	赴	[敷中C去虞]	/p^{h}ɥo/^{D}		フ/pu/	
166	敷	[敷中C平虞]	/p^{h}ɥo/^{L}			フ/pu/
167	賦	[非中C去虞]	/pɥo/^{D}		フ/pu/	
168	富	[非中C去尤]	/pɪəu/^{L}	ホ/po/		
169	夫	[非中C平虞]	/pɥo/^{L}	ブ/bu/		ブ/bu/
170	不	[非中C平尤] [非中C入文]	/pɪəu/^{L} /pɥət/^{E}			フ/pu/
171	朋	[並中1平登]	/bəŋ/^{L}		ホ/po/～ ボ/bo/	

172	譬	[滂中A去支]	/p^{h}je/^{D}		ヒ/pi/	
173	臂	[帮中A去支]	/pje/^{D}		ヒ/pi/	
174	比	[帮中A去脂]	/pji/^{D}	ヒ/pi/	ヒ/pi/	ヒ/pi/
175	妣	[帮中A上脂]	/pji/^{R}			ビ/bi/
176	悲	[帮中B平脂]	/pɪi/^{L}			ヒ/pi/
177	婢	[並中A上支]	/pje/^{R}			ビ/bi/
178	毘/毗	[並中A平脂]	/bji/^{L}	ビ/bi/	ヒ/pi/	ビ/bi/
179	備	[並中B去脂]	/bɪi/^{D}	ビ^{乙} /bə→bɨ/		ビ/bi/
180	肥	[奉中C平微]	/bɪəi/^{L}	ビ^{乙} /bə→bɨ/		
181	斐	[敷中C上微]	/p^{h}ɪəi/^{R}	ヒ^{乙}/pə/		
182	非	[非中C平微]	/pɪəi/^{L}			ヒ/pi/
183	邪	[邪開AB平麻] [羊開AB平麻]	/zɪɛ/^{L} /jɪɛ/^{L}	ザ/za/		
184	嗣	[邪開C去之]	/zɪə/^{D}		シ/si/	
185	辭	[邪開C平之]	/zɪə/^{L}		シ/si/	
186	沙	[生開2平麻]	/ʂɛ/^{L}			サ/sa/
187	師	[生開AB平脂]	/ʂɪi/^{L}			シ/si/
188	奢	[書開AB平麻]	/ɕɪɛ/^{L}	ザ/za/		
189	射	[船開AB去麻] [船開AB入清] [羊開AB去麻] [羊開AB入清]	/dʑɛ/^{D} /dʑɪɛk/^{E} /jɛ/^{D} /jɪɛk/^{E}			ザ/za/
190	士	[崇開C上之]	/dʐɪə/^{R}	ジ/zi/		
191	娑	[心開1平歌] [生開2平麻]	/sɑ/^{L} /ʂɛ/^{L}		サ/sa/	
192	四	[心開AB去脂]	/sɪi/^{D}			シ/si/
193	斯	[心開AB平支]	/sɪe/^{L}	シ/si/	シ/si/	シ/si/
194	思	[心開C平之]	/sɪə/^{L}		シ/si/	シ/si/
195	散	[心開1上寒]	/sɑn/^{R}			サ/sa/

196	叙	[邪開C上魚]	/zɪo～zɪə/^{R}	ゾ^{乙}/zə/		
197	序	[邪中C上魚]	/zɪo～zɪə/^{R}			ゾ^{乙}/zə/
198	西	[心開4平齊]	/sei/^{L}		セ/se/	
199	世	[書開AB去祭]	/ɕɪɛi/^{D}	セ/se/	セ/se/	セ/se/
200	勢	[書開AB去祭]	/ɕɪɛi/^{D}	セ/se/	セ/se/	セ/se/
201	素	[心中1去模]	/so/^{D}		ス/su/～ ソ/so/	ソ^{乙}/sə/
202	蘇	[心中1平模]	/so/^{L}	ソ/so/	ソ/so/	ソ^{乙}/sə/
203	受	[常中C上尤]	/zɪəu/^{R}	ズ/zu/		ズ/zu/
204	輸	[書中C平虞]	/ɕɥo/^{L}		ス/su/	
205	須	[心中C平虞]	/sɥo/^{L}	ス/su/	ス/su/	ス/su/～ ズ/zu/
206	是	[常開AB上支]	/zɪe/^{R}	ゼ/ze/		ゼ/ze/
207	絁	[書開AB平支]	/ɕɪe/^{L}		シ/si/	
208	始	[書開C上之]	/ɕɪə/^{R}		シ/si/	
209	阿	[影開1平歌]	/ʔɑ/^{L}	ア/a/	ア/a/	ア/a/
210	婀	[影開1平歌] [影開1上歌]	/ʔɑ/^{L} /ʔɑ/^{R}		ア/a/	
211	餓	[疑開1去歌]	/ŋɑ/^{D}		ガ/ga/	
212	我	[疑開1上歌]	/ŋɑ/^{R}		ガ/ga/	ガ/ga/
213	鵝	[疑開1平歌]	/ŋɑ/^{L}		ガ/ga/	
214	牙	[疑開2平麻]	/ŋɛ/^{L}	ゲ/ge/		
215	安	[影開1平寒]	/ʔɑn/^{L}			ア/a/
216	椰/揶	[羊開AB平麻]	/jɪɛ/^{L}		ヤ/ja/	
217	夜	[羊開AB去麻]	/jɪɛ/^{D}	ヤ/ja/	ヤ/ja/	ヤ/ja/
218	野	[羊開AB上麻]	/jɪɛ/^{R}		ヤ/ja/	
219	也	[羊開AB上麻]	/jɪɛ/^{R}			ヤ/ja/
220	耶	[羊開AB平麻]	/jɪɛ/^{L}		ヤ/ja/	
221	飫	[影中C去魚]	/ʔɪo～ʔɪə/^{D}		オ^{乙}/ə/	
222	淤	[影中C平魚] [影中C去魚]	/ʔɪo～ʔɪə/^{L} /ʔɪo～ʔɪə/^{D}	オ^{乙}/ə/		

223	<u>於</u>	[影中C平魚] [影中1平模]	/ʔɪo～ʔɪə/^{L} /ʔo/^{L}		オ^{乙}/ə/	オ^{乙}/ə/
224	余/餘	[羊中C平魚]	/jɪo～jɪə/^{L}	ヨ^{乙}/jə/	ヨ^{乙}/jə/	ヨ^{乙}/jə/
225	<u>與</u>	[羊中C平魚] [羊中C上魚]	/jɪo～jɪə/^{L} /jɪo～jɪə/^{R}	ヨ^{乙}/jə/	ヨ^{乙}/jə/	ヨ^{乙}/jə/
226	延	[羊開AB平仙]	/jɪɛn/^{L}	エ/je/		エ/je/
227	涅	[泥開4入先]	/net/^{E}		デ/de/～ ネ/ne/	
228	曳	[羊開AB去祭]	/jɪɛi/^{D}		エ/je/	
229	豫	[羊中C去魚]	/jɪo～jɪə/^{D}		ヨ^{乙}/jə/	
230	譽	[羊中C去魚]	/jɪo～jɪə/^{D}		ヨ^{乙}/jə/	
231	藝	[疑開A去祭]	/ŋjɛi/^{D}	ギ/gi/	ギ/gi/	ギ/gi/
232	塢	[影中1上模]	/ʔo/^{R}		ヲ/wo/	
233	烏	[影中1平模]	/ʔo/^{L}		ヲ/wo/	ウ/u/
234	誤	[疑中1去模]	/ŋo/^{D}		ゴ/go/	
235	吳	[疑中1平模]	/ŋo/^{L}			ゴ/go/
236	倭	[影合1平戈]	/ʔwɑ/^{L}		ワ/wa/	
237	畏	[影合C去微]	/ʔwəi/^{D}	ビ^{乙}/bə/		
238	要	[影中A平宵]	/ʔjɛu/^{L}			エ/je/
239	欲	[羊中C入鍾]	/jɪok/^{E}			ヨ^{乙}/jə/
240	用	[羊中C去鍾]	/jɪoŋ/^{D}	ヨ^{乙}/jə/	ヨ/jo/	ヨ^{乙}/jə/
241	宇	[云中C上虞]	/ɦɥo/^{R}	ウ/u/	ウ/u/	ウ/u/
242	于	[云中C平虞]	/ɦɥo/^{L}		ウ/u/	
243	遇	[疑中C去虞]	/ŋɥo/^{D}		グ/gu/	
244	虞	[疑中C平虞]	/ŋɥo/^{L}		グ/gu/	
245	<u>遠</u>	[云合C上元] [云合C去元]	/ɦɥɑn/^{R} /ɦɥɑn/^{D}	ヲ^{乙}/wə/		ヲ/wo/
246	袁	[云合C平元]	/ɦɥɑn/^{L}	ヲ^{乙}/wə/		ヲ/wo/
247	委	[影合B上支]	/ʔɥe/^{R}		ヰ/wi/	
248	威	[影合C平微]	/ʔɥəi/^{L}		ヰ/wi/	
249	衛	[云合B去祭]	/ɦɥɛi/^{D}		ヱ/we/	

250	爲	[云合B平支] [云合B去支]	/ɦʯe/[L] /ɦʯe/[D]			ヰ/wi/
251	謂	[云合C去微]	/ɦʯəi/[D]		ヰ/wi/	
252	韋	[云合C平微]	/ɦʯəi/[L]	ヰ乙/wə/		
253	孺/儒	[日中C平虞] [日中C去虞]	/nʯo/[L] /nʯo/[D]		ズ/zu/	
254	喩	[羊中C去虞]	/jʯo/[D]		ユ/ju/	
255	由	[羊中C平尤]	/jɪəu/[L]	ユ/ju/	ユ/ju/	ユ/ju/
256	遊	[羊中C平尤]	/jɪəu/[L]			ユ/ju/
257	意	[影開C去之]	/ʔɪə/[D]	オ乙/ə/		オ乙/ə/
258	矣	[云開C上之]	/ɦɪə/[R]			ヲ/wo/
259	宜	[疑開B平支]	/ŋɪe/[L]	ゲ/ge/		ゲ/ge/～ ギ乙 /gə→gɨ/
260	擬	[疑開C上之]	/ŋɪə/[R]		ギ乙/gə/	
261	疑	[疑開C平之]	/ŋɪə/[L]	ギ乙 /gə→gɨ/		ギ乙 /gə→gɨ/
262	移	[羊開AB平支]	/jɪe/[L]			イ/i/
263	異	[羊開C去之]	/jɪə/[D]		イ/i/	
264	以	[羊開C上之]	/jɪə/[R]		イ/i/	
265	伊	[影開A平脂]	/ʔji/[L]	イ/i/	イ/i/	イ/i/
266	二	[日開AB去脂]	/nɪi/[D]			ニ/ni/
267	爾	[日開AB上支]	/nɪe/[R]	ニ/ni/	ニ/ni/	ニ/ni/
268	儞	[日開AB上支]	/nɪe/[R]		ニ/ni/	
269	迩/邇	[日開AB上支]	/nɪe/[R]	ニ/ni/		ニ/ni/
270	珥	[日開C去之]	/nɪə/[D]		ニ/ni/～ ジ/zi/	
271	仁	[日開AB平眞]	/nɪin/[L]			ニ/ni/
272	自	[從開AB去脂]	/dzɪi/[D]			ジ/zi/
273	紫	[精開AB上支]	/ʦɪe/[R]			シ/si/

274	底	[端開4上齊] [章開AB上脂]	/tei/^{R} /ʨɪi/^{R}		テ/te/～ デ/de/	テ/te/
275	低	[端開4平齊]	/tei/^{L}			デ/de/
276	杼	[澄中C上魚]	/dɪo～dɪə/^{R}	ド^{乙}/də/		ド^{乙}/də/
277	傳	[澄合AB平仙] [澄合AB去仙]	/dɪɛn/^{L} /dɪɛn/^{D}	デ/de/		
278	制	[章開AB去祭]	/ʨɪɛi/^{D}		セ/se/	
279	提	[定開4平齊]	/dei/^{L}		デ/de/～ テ/te/	デ/de/～ テ/te/
280	齊	[從開4平齊]	/dzei/^{L}		セ/se/	
281	存	[從合1平魂]	/dzwən/^{L}	ゾ/zo/		
282	佐	[精開1去歌]	/ʦɑ/^{D}	サ/sa/	サ/sa/	サ/sa/
283	左	[精開1上歌]	/ʦɑ/^{R}		サ/sa/	サ/sa/
284	曾 曾	[精開1平登] [從開1平登]	/ʦəŋ/^{L} /dzəŋ/^{L}	ソ^{乙}/sə/ ゾ^{乙}/zə/	ソ^{乙}/sə/	ソ^{乙}/sə/ ゾ^{乙}/zə/
285	增	[精開1平登]	/ʦəŋ/^{L}			ソ^{乙}/sə/
286	周	[章中C平尤]	/ʨɪəu/^{L}			ス/su/
287	枳	[見開A上支]	/kje/^{R}		キ/ki/	キ/ki/
288	志	[章開C去之]	/ʨɪə/^{D}	シ/si/	シ/si/	シ/si/
289	芝	[章開C平之]	/ʨɪə/^{L}	シ/si/		
290	之	[章開C平之]	/ʨɪə/^{L}		シ/si/	シ/si/
291	支 (伎)	[章開AB平支]	/ʨɪe/^{L}			キ/ki/～ ギ/gi/
292	智	[知開AB去支]	/tɪe/^{D}		チ/ti/	チ/ti/
293	知	[知開AB平支] [知開AB去支]	/tɪe/^{L} /tɪe/^{D}	チ/ti/	チ/ti/	チ/ti/
294	遲	[澄開AB平脂]	/dɪi/^{L}	ヂ/di/		ヂ/di/
295	瑳	[清開1平歌] [清開1上歌]	/ʦ^{h}ɑ/^{L} /ʦ^{h}ɑ/^{R}		サ/sa/	
296	天	[透開4平先]	/t^{h}en/^{L}			テ/te/～ デ/de/

297	追	[知合AB平脂]	/tɥi/^{L}			ツ/tu/
298	筑/築	[知中C入東]	/tɪuk/^{E}			ツク/tuku/
299	致	[知開AB去脂]	/tɪi/^{D}		チ/ti/	
300	<u>治</u>	[澄開C平之] [澄開C去之]	/dɪə/^{L} /dɪə/^{D}	ヂ/di/		ヂ/di/
301	哆	[徹開2平麻] [昌開AB上支]	/t^{h}ɛ/^{L} /t^{h}ɪe/^{R}		タ/ta/	
302	拕/柁	[透開1平歌] [定開1上歌]	/t^{h}ɑ/^{L} /dɑ/^{R}		タ/ta/	
303	陀	[定開1平歌]	/dɑ/^{L}	ダ/da/	タ/ta/	
304	他	[透開1平歌]	/t^{h}ɑ/^{L}	タ/ta/		
305	駄	[定開1平歌]	/dɑ/^{L}		タ/ta/	
306	苔	[定開1平咍]	/dəi/^{L}		ト^{乙}/tə/	
307	太 (大)	[透開1去泰] [定開1去泰]	/t^{h}ɑi/^{D} /dɑi/^{D}			 ダ/da/
308	通	[透中1平東]	/t^{h}uŋ/^{L}			ツ/tu/
309	破	[滂中1去戈]	/p^{h}wɑ/^{D}		ハ/pa/	
310	簸	[幫中1去戈]	/pwɑ/^{D}		ハ/pa/	
311	播	[幫中1去戈]	/pwɑ/^{D}		ハ/pa/～ バ/ba/	
312	波	[幫中1平戈]	/pwɑ/^{L}	ハ/pa/	ハ/pa/	ハ/pa/～ バ/ba/
313	婆	[並中1平戈]	/bwɑ/^{L}	バ/ba/	ハ/pa/～ バ/ba/	バ/ba/～ ハ/pa/
314	便	[並中A平仙]	/bɪɛn/^{L}			ベ/be/
315	閉/閇	[幫中4去齊]	/pei/^{D}	ヘ/pe/		ヘ/pe/
316	弊/幣	[並中A去祭]	/bɪɛi/^{D}	ヘ/pe/	ヘ/pe/	ヘ/pe/
317	陛	[並中4上齊]	/bei/^{R}		ヘ/pe/	
318	敝	[並中A去祭]	/bɪɛi/^{D}			ヘ/pe/
319	褒/裒	[並中1平侯] [幫中1平豪]	/bəu/^{L} /pɑu/^{L}		ホ/po/～ ボ/bo/	

320	布	[幫中1去模]	/po/^{D}	フ/pu/	フ/pu/	フ/pu/
321	避	[並中A去支]	/bje/^{D}		ヒ/pi/	
322	必	[幫中A入眞]	/pjit/^{E}			ヒ/pi/～ ビ/bi/
323	賀	[匣開1去歌]	/ɦɑ/^{D}	ガ/ga/		ガ/ga/
324	何	[匣開1平歌]	/ɦɑ/^{L}	ガ/ga/		ガ/ga/
325	河	[匣開1平歌]	/ɦɑ/^{L}			ガ/ga/
326	該	[見開1平咍]	/kəi/^{L}		ケ/ke/	
327	許	[曉中C上魚]	/hɪo～hɪə/^{R}	コ^{乙}/kə/	コ^{乙}/kə/	コ^{乙}/kə/
328	虛	[曉中C平魚]	/hɪo～hɪə/^{L}		コ^{乙}/kə/	
329	惠	[匣合4去齊]	/ɦwei/^{D}	ヱ/we/	ヱ/we/	ヱ/we/
330	胡	[匣中1平模]	/ɦo/^{L}	ゴ/go/		ゴ/go/～ コ/ko/
331	乎	[匣中1平模]	/ɦo/^{L}		ヲ/wo/	ヲ/wo/
332	弘	[匣合1平登]	/ɦwəŋ/^{L}		ヲ/wo/	
333	和	[匣合1平戈] [匣合1去戈]	/ɦwɑ/^{L} /ɦwɑ/^{D}	ワ/wa/	ワ/wa/	ワ/wa/

찾아보기

ㄱ

ㄴ

ㄷ

ㄹ

ㅁ

ㅂ

ㅅ

ㅇ

ㅈ

ㅊ

ㅌ

ㅍ

이승재 李丞宰
1955년 전남 구례 출생.
서울대학교 인문대학 국어국문학과 문학사, 동 대학원 문학석사 및 문학박사.
전북대학교와 가톨릭대학교 국어국문학과 교수를 역임하고, 현재 서울대학교 인문대학 언어학과 교수로 재직 중.
『高麗時代의 吏讀』, 『50권본 화엄경 연구』, 『방언 연구』, 『角筆口訣의 解讀과 飜譯』(공저, 전 5권), 『漢字音으로 본 백제어 자음체계』, 『아이마라어 어휘』(공저), 『아이마라어 연구』(공저), 『漢字音으로 본 고구려어 음운체계』, 『木簡에 기록된 古代 韓國語』, 『前期 中古音: 『世說新語』 對話文 用字의 音韻對立』 등 23권의 저서(공저, 편저 포함)와 120여 편의 논문을 발표.

강인선 康仁善
1952년 서울 출생.
서울대학교 인문대학 언어학과 문학사, 동 대학원 문학석사 및 문학박사.
일본 도쿄대학 대학원 수학. 일본 도쿄외국어대학 조선어학과 외국인교수, 국립국어원 연구관, 성공회대학교 일어일본학과 교수 역임.
『일본어 관찰하기』(역서), 『일본어학개론』(공저) 등과 「上代日本語의 借字表記 연구」, 「일본한자음 연구사」, 「延喜式 祝詞의 漢字 索引」, 「延喜式 祝詞의 用字法에 대하여」 등의 논문을 발표.

上代 日本語의 音韻體系

萬葉假名의 借用音韻論

1판 1쇄 펴낸날 2020년 8월 1일

지은이 | 이승재·강인선
펴낸이 | 김시연

펴낸곳 | (주)일조각
등록 | 1953년 9월 3일 제300-1953-1호(구 : 제1-298호)
주소 | 03176 서울시 종로구 경희궁길 39
전화 | 02-734-3545 / 02-733-8811(편집부)
02-733-5430 / 02-733-5431(영업부)
팩스 | 02-735-9994(편집부) / 02-738-5857(영업부)
이메일 | ilchokak@hanmail.net
홈페이지 | www.ilchokak.co.kr

ISBN 978-89-337-0774-6 93700
값 70,000원

* 이 도서의 국립중앙도서관 출판예정도서목록(CIP)은 서지정보유통지원시스템 홈페이지(http://seoji.nl.go.kr)와 국가자료종합목록 구축시스템(http://kolis-net.nl.go.kr)에서 이용하실 수 있습니다.
(CIP제어번호 : CIP2020026002)